»Richtig reisen«

INDONESIEN

In der vorderen Umschlagklappe: Indonesien – westlicher Teil

In der hinteren Umschlagklappe: Indonesien – östlicher Teil

»Richtig reisen«

Indonesien

Reise-Handbuch

Roland Dusik

DuMont Buchverlag Köln

Umschlagvorderseite: Bäuerin in einem Reisfeld (Lombok)
Umschlaginnenklappe: Boote im Flußhafen von Pontianak (Westkalimantan)
Umschlagrückseite: Die Mesjid Raya Baiturrahman in Banda Aceh (Nordsumatra)
Signet S. 1: Das indonesische Staatswappen (›Bhinneka Tunggal Ika‹ – Einheit in der Vielfalt)
Frontispiz: Batak-Mädchen in Nordsumatra

3. Auflage 1991

Satz: Rasch, Bramsche
Druck und buchbinderische Verarbeitung:
C & C Offset Printing Co., Ltd.
Printed in Hong Kong ISBN 3-7701-1951-7

Inhalt

Städte, Inseln und Landschaften Indonesiens

(Ein ausführliches Ortsregister finden Sie auf S. 587).

Um dem Indonesien-Reisenden sämtliche Regionen dieses unvorstellbar großen Archipels in einem Band vorzustellen, gleichzeitig jedoch Gewicht und Umfang so gering wie möglich zu halten, haben sich Verlag und Autor entschlossen, die weniger besuchten Landesteile in einer kleineren Schrifttype zu drucken. Dazu gehören der Solor- und Alor-Archipel, Timor, Sumba, Kalimantan, Zentral- und Nordsulawesi, die Molukken und Irian Jaya.

Praktische Reiseinformationen

Der Autor dankt folgenden Personen und Institutionen für Hilfe und Mitarbeit: Pratikno Prayogo (Directorate General of Tourism, Jakarta), Tuti Soedtono (Visitor Information Centre, Jakarta), Ismi Margijanti (East Java Government Tourist Service, Surabaya), Silvio Santosa (Tourist Information Office; Ubud, Bali), Drs. Hasanuddin (West Sumatra Government Tourist Service, Padang), Lalu Ruspanudin Rosy (Regional Tourist Office; Mataram, Lombok), Abd. Rahim Hanafi (South Sulawesi Government Tourist Service, Ujung Pandang), Charles Salakay (Maluku Government Tourist Office, Ambon), Akhmad Arifin (South Kalimantan Government Tourist Service, Banjarmasin), Nurhadi Utomo (Direktorat Taman Nasional dan Hutan Wisata, Bogor), Ben Tobing (Indonesisches Fremdenverkehrsamt für Europa, Frankfurt), Wolfgang, Brigitte, Christiane und Julia Schröder (Jakarta), Dr. Budiman (Jakarta), Gunawan Alif (Jakarta), Burkhard Hannig (Wien), Göran Gfeller (Oberdiessbach, Schweiz), Graeme und Sara Thomson (Toronto), Ernst Lürken (München), Dr. Uwe Schubart (München), Prof. Dr. Günter Cisek und Eka Cisek (Zell am Main). Besonderen Dank für Beratung und wertvolle Hinweise verdienen Frank Rainer Scheck (Köln) und Dr. Michael Köhler (Köln) sowie für die intensive Betreuung dieses Buches Hans-Günter Semsek (Köln).

Indonesien im Überblick

Allgemeine Landeskunde

Geographische Lage und Größe

Indonesien – mit einer Landfläche von 2027087 km² und mehr als 3,3 Mill. km² Territorialgewässer der größte Archipel der Erde – erstreckt sich als gewaltiger Inselbogen beiderseits des Äquators, zwischen dem Indischen und dem Pazifischen Ozean von der Nordspitze Sumatras bis zur östlichen Grenze von Irian Jaya, dem westlichen Teil der Insel Neuguinea. Dem südöstlichen Kontinentalrand Asiens vorgelagert, eine Art Brücke bildend zwischen dem asiatischen Festland, Australien und Ozeanien, verteilt sich die Inselkette bei einer Ost-West-Ausdehnung von über 5100 km (94° 15′ bis 141° 05′ östlicher Länge – das ist etwa ein Achtel des Erdumfanges!) und einer Nord-Süd-Ausdehnung von knapp 1900 km (6° 08′ nördlicher bis 11° 15′ südlicher Breite) über einen Raum, der der achtfachen Fläche der Bundesrepublik Deutschland oder, anschaulicher ausgedrückt, einem Gebiet von Irland bis zum Uralgebirge und von Südschweden bis Süditalien entsprechen würde. Allein schon die Zeitdifferenz von drei Stunden zwischen der Landeshauptstadt Jakarta und dem Ort Jayapura an der Grenze zum 1975 unabhängig gewordenen Papua-Neuguinea verdeutlicht die geographischen Dimensionen. Der außerordentlich zersplitterte Inselstaat umfaßt den größten Teil des Malaiischen Archipels und nimmt gleichzeitig über 42 % der Gesamtfläche aller Staaten Südostasiens ein; damit rangiert Indonesien flächenmäßig unter allen Ländern auf unserem Globus an 14. Stelle.

Geographische Gliederung und Landschaftstypen

Der ausgedehnte, heute von einem Flachmeer bedeckte Sunda-Schelf (Schelf = Kontinentalsockel), über dem Sumatra, Java, Borneo und eine Vielzahl kleinerer Inseln aufragen, bildet geologisch und entstehungsgeschichtlich das Kernstück des Landes. Das geographische Zentrum des indonesischen Archipels sind die Inseln Borneo und Sulawesi, die im Süden von Sumatra, Java und den Kleinen Sunda-Inseln sowie im Osten von den Molukken umlagert sind und im Norden bis an die Südspitze der Philippinen heranreichen. Die südliche Inselkette verbindet die zur asiatischen Festlandsmasse gehörende Sunda-Platte mit dem Sahul-Schelf und damit dem australischen Kontinentalsockel, dem die Aru-Inseln und Teile Irian Jayas aufsitzen.

Kein anderer asiatischer Großraum – mit Ausnahme der Philippinen vielleicht – weist eine ähnliche naturgeographische Zergliederung in zahllose große und

Der Name

Der Name Indonesien ist eine westliche Schöpfung: Er wurde gegen Mitte des vorigen Jahrhunderts von den britischen Ethnologen G. W. Earl und J. R. Logan aus den griechischen Bezeichnungen für Indien (›Indos‹) und Inseln (›Nesoi‹) als wissenschaftlicher Terminus für alle Inseln zwischen Asien, Australien und Ozeanien – die Philippinen also eingeschlossen – entwickelt und seit 1884 durch den deutschen Völkerkundler Adolph Bastian in seinem Werk ›Indonesien oder die Inseln des Malaiischen Archipels‹ verbreitet. In der Kolonialzeit lautete der Name ›Niederländisch Ost-Indien‹. Andere, lange Zeit gebräuchliche Bezeichnungen für die Inselwelt des Malaiischen Archipels waren ›Insulinde‹ oder ›Inselindien‹. Nach der Erlangung der Unabhängigkeit (*Merdeka*) im Jahre 1949 bekam die junge Inselrepublik den Namen *Indonesia Raya* oder ›Großindonesien‹; die Bezeichnung ›Indonesien‹ wurde also zum politischen Begriff. In der indonesischen Sprache wird dieser weiträumige Archipel treffend auch mit den Worten *Tanah-Air-Kita* umschrieben, was wörtlich ›Unser Land und Wasser‹, sinngemäß jedoch ›Heimat‹ bedeutet.

kleine Einheiten, ähnlich starke topographische Kontraste zwischen Land und Meer, Ebene und Gebirge auf wie der indonesische Archipel, kaum ein anderes Land der Erde präsentiert sich morphologisch derart heterogen. Indonesien ist ein vorwiegend gebirgiges oder doch zumindest hügeliges Land, wo weit verbreiteter Vulkanismus eine vielgestaltige Kammerung der Einzellandschaften bewirkt hat.

Der indonesische Inselkomplex bildet größtenteils den Überrest einer zerbrochenen ehemaligen Landverbindung zwischen Asien und Australien. Als Teil des großen Sunda-Gebirgssystems und Fortsetzung des Arakan-Gebirges in Burma schwingen sich zwei parallel laufende Bergketten nach Südosten: Das äußere Faltensystem ist bereits im mittleren Miozän (vor etwa 20 Mill. Jahren) entstanden und nichtvulkanischen Ursprungs. Dieser Gebirgszug liegt größtenteils unter Wasser; er beginnt bei den der Westküste Sumatras vorgelagerten Inseln Simeuluë und Nias, setzt sich dann nach dem Mentawai-Archipel untermeerisch fort, um bei den Kleinen Sunda-Inseln Sawu und Roti wieder aufzutauchen und im großen Bogen über Timor, die Tanimbar-, Kai- und Watubela-Inseln nach Seram (Ceram) abzuschwenken, bis er schließlich in der Insel Buru endet. Der innere Faltengebirgszug bildete sich im späten Pliozän (vor 10 bis 12 Mill. Jahren) und ist charakterisiert durch starke vulkanische Aktivität (mehr als 300 Vulkane, von denen über 100 immer noch tätig sind!). Diese Gebirgskette verläuft über die Andamanen und Nikobaren, bildet das Rückgrat Sumatras, Javas sowie der nördlichen Inseln von Nusa Tenggara (Bali, Lombok, Sumbawa und Flores) und läßt sich schließlich über Alor und Wetar bis zu den Banda-Inseln im Osten verfolgen. Flankiert werden diese beiden quasi symmetrischen Bergketten von Tiefseegräben, die südlich von Java bis zu 7450 m, in der Flores-See bis über 5100 m und in der Banda-See bis zu 5400 m abfallen.

Die Gebirgszüge der zentralen Inseln Borneo und Sulawesi verlaufen vorwiegend in Nord-Süd-Richtung und setzen sich über Palawan bzw. die Sangihe-Inseln auf den Philippinen fort. Borneo stellt dabei einen alten und tektonisch stabilen nichtvulkanischen Kern dar, während Sulawesi, bedingt durch seine geographische Mittellage, geologisch die größte Variationsbreite aufweist: Die Erhebungen im Südwesten, im Zentrum und im Norden sind vulkanischen Ur-

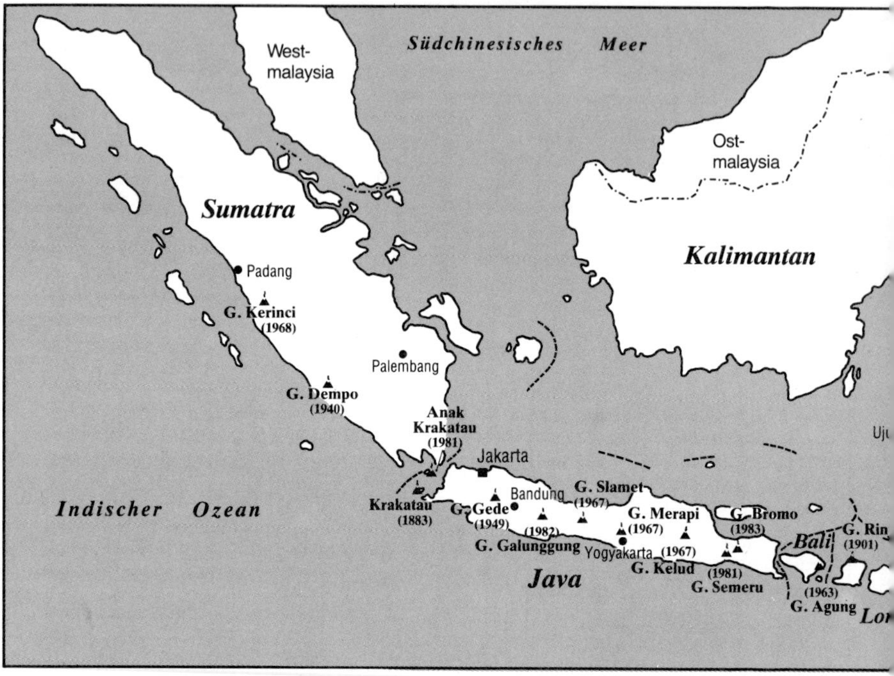

Die größten aktiven Vulkane Indonesiens (in Klammern das Jahr des letzten Ausbruchs)

sprungs und sitzen den geologisch älteren nichtvulkanischen östlichen und südöstlichen Halbinseln auf. Halmahera und die Gebirge der sonstigen Inseln der Nordmolukken schließlich gehören bereits zum melanesischen Gebirgssystem, das weiter östlich mit seiner Hauptkette Irian Jaya durchzieht und sich im zentralen Hochland von Papua-Neuguinea fortsetzt.

Vulkankegel dominieren die Landschaften Sumatras, Javas, Balis und der meisten Kleinen Sunda-Inseln. Im Gegensatz dazu stehen die aus Sandstein und Kalk aufgebauten nichtvulkanischen Sedimentgebirge. Als malerische, bizarr erodierte Felsformationen erheben sie sich vorwiegend an den südlichen Peripherien der größeren Inseln. In die zerklüfteten Gebirgssysteme eingebettet sind häufig weitläufige Gebiete mit hochplateauartigem Charakter; bisweilen handelt es sich dabei um ehemalige, inzwischen ausgetrocknete Bergseen. Die Bodenqualität ist sehr unterschiedlich: üppiges Kulturland auf mineralhaltigen, vulkanischen Böden kontrastiert mit von tropischem Regenwald überzogenen Landstrichen, die allerdings aufgrund ihrer Rot- und Gelblehmböden nur eine geringe Fruchtbarkeit aufweisen, und weitausgedehnten Karstgebieten (vor allem in den südlichen Regionen von Java, Sulawesi und Kalimantan, aber besonders auch auf Nordsumatra und der Insel Madura), die wegen ihrer Wasserdurchlässigkeit und Schroffheit landwirtschaftlich kaum genutzt werden können. Auf den östlichen der Kleinen Sunda-Inseln, die nicht nur unter bodenbedingter, sondern auch klimatischer Trockenheit leiden, finden sich sogar ausgedehnte steppenartige Zonen mit dürrer Gras-, Savannen- und Trockenbuschvegetation. Eine weitere bedeutende Landschaftsform stellen die

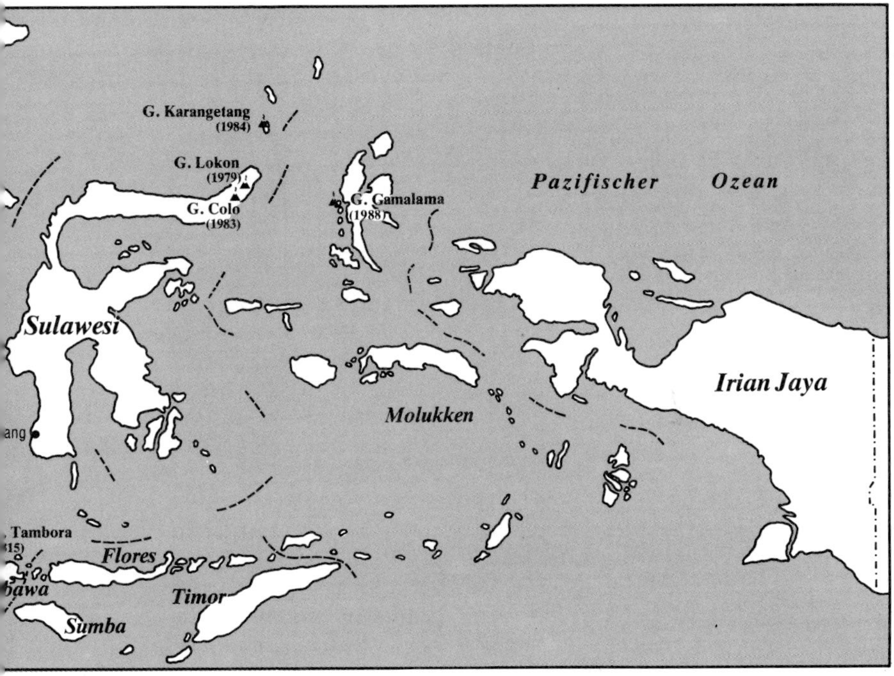

Schwemmgebiete der Küstenebenen (in der Regel konzentrieren sich hier die Besiedlung und das Wirtschaftsleben des Landes) dar, die als wechselnd breite Gürtel die meisten Inseln säumen. Auf Ostsumatra, Nordwestjava, Süd-, West- und Ostkalimantan, Teilen von Westsulawesi sowie dem Norden und Süden von Irian Jaya schließen sie sich zu weiträumigen Tieflandgebieten zusammen. In den großen Deltas der mäandrierenden, durch große Wasserstandsschwankungen gekennzeichneten Hauptflüsse sind diese Alluvialebenen von häufig tief in das Inselinnere reichenden Sumpfarealen (*Benjar*) durchsetzt. Allein auf Ostsumatra bedecken diese nur wenig über dem Meeresspiegel gelegenen, vielfach jahreszeitlich überschwemmten Sumpfgebiet rund 155 000 km², d. h., ungefähr ein Drittel der ganzen Insel. Die Gesamtverbreitung dieser siedlungsleeren Sümpfe und Moore in den ausgedehnten Küstentiefländern wird in Indonesien auf mehr als 350 000 km² (das entspricht über 17 % der Gesamtfläche des Landes) beziffert. Ein erdgeschichtlich junges Reliefelement sind die zahlreichen Korallenriffe und -inseln, die den Küsten vorgelagert sind bzw. dem Schelfsockel oder Vulkanen unter der Meeresoberfläche aufsitzen.

Indonesiens Vulkane

Vulkane, oftmals mit einer eleganten Konusform, bestimmen eindrucksvoll das Landschaftsbild vieler Regionen Indonesiens. Über 300 Vulkane, von denen 125 als besonders ausbruchgefährlich gelten, 76 in der Neuzeit (seit ca. 1600) aktiv gewesen sein sollen und 49 sich im Fumarolenstadium befinden (d. h., sie stoßen nur noch Schwefelgase aus), sitzen den von Burma herüberziehenden Gebirgsketten auf. Die lange Zone starker vulkanischer Aktivität läßt sich von Nordwestsumatra ausgehend über Java, Nusa Tenggara und die Molukken bis nach Minahasa, die nordöstliche Halbinsel Sulawesis, verfolgen. Allein auf Java, dem mit etwa 110 Mill. Bewohnern am dichtesten besiedelten Gebiet Südostasiens, finden sich 35 hochaktive, kaum berechenbare ›Feuerberge‹. Die Gefahr für die javanische Bevölkerung ist damit etwa so groß wie sie für die Menschen der Bundesrepublik wäre, wenn zwischen Hamburg und München drei Dutzend feuer- und aschespeiende ›Ätnas‹ stünden. Überwiegend handelt es sich dabei um tertiäre oder pleistozäne Schicht- oder Stratovulkane, das sind die aus wechsellagernden Lava- und Tuffschichten aufgebauten ›klassischen‹ Kegelvulkane (z. B. Semeru und Merapi auf Java; bekanntester Vertreter dieses Vulkantyps in Europa ist der Vesuv). Weitere vor allem auf Ostjava in besonders charakteristischer Form anzutreffende Vulkantypen sind die Asche- oder Tuffvulkane (weltweit auch als Ostjavatyp bezeichnet), die nur aus vulkanischem, sehr erosionsanfälligem Lockermaterial bestehen und durch eine plumpe, gedrungene Form auffallen (z. B. Bromo auf Ostjava). Sowohl Vulkane des Vesuv- als auch des Ostjavatyps besitzen teilweise riesige Calderen von Kubikkilometerdimension. Dies sind – weit umfangreicher als Krater – kesselartige Einbrüche über nach Eruptionen entleerten Magmakammern. Wiederum auf Ostjava findet man zwei der weltweit größten Calderen – die des Ijen mit 16 km Durchmesser (vgl. S. 259) sowie die des urzeitlichen Tengger mit einer Ausdehnung von 8,5 × 10 km (vgl. S. 256). In manchen dieser mächtigen Hohlräume bildeten sich Kraterseen von zum Teil gewaltigen Ausmaßen, beispielsweise der Toba-See auf Nordsumatra mit einer Wasserfläche von 1146 km^2 (vgl. S. 431).

Die indonesischen Vulkanherde konzentrieren sich besonders in der Nähe der Tiefseegräben und der tektonischen Bruchsysteme. Hier quillt Magma, glutflüssige Gesteinsschmelze, aus dem Untergrund. Man unterscheidet nach ihrem Eruptionsverhalten grundsätzlich zwei Vulkantypen: die sanften und die hochexplosiven Vulkane (auch ›Killer‹-Vulkane). Ersterer Typ ist mehr oder weniger berechenbar, da seine Lava relativ dünnflüssig ist. Ein Ausbruch bleibt vergleichsweise harmlos, weil sich die Lava ruhig in bekannten und daher ungefährlichen Bahnen ausbreiten kann und später erstarrt. Relativ harmlos sind auch schwache Ausbrüche, bei denen es nur zu einem Ascheausstoß kommt. Die Explosivladung der ›Killer‹-Vulkane aber ist eine sehr zähe Magmamasse, die leicht den Vulkanschlot verstopfen kann. Plötzlich und mit enormer Gewalt fliegt der Berg unter dem Druck des aus dem Erdinnern nachströmenden Magmas in die Luft – häufig nach jahrhundertelanger Ruhe und ohne jegliche Vorwarnung. Oftmalige Begleiterscheinungen dieser Naturkatastrophen sind u. a. Glutwolken (*Nuées Ardentes*), tödliche, weißglühende, mit flüssigen Magmapartikeln versetzte Gaswirbel, *Lahare,* gewaltige Schlammlawinen aus vulkanischem Aschenmaterial (sehr häufiges Auftreten in Indonesien!) sowie *Tsunamis,* durch vulkanische Aktivität ausgelöste Flutwellen (vgl. S. 177). Harmlose Begleiterscheinungen des Vulkanismus sind heiße Quellen und bizarre Sinterterrassen.

In Vergangenheit und Gegenwart war und ist diese längste geschlossene Vulkanreihe der Erde, deren höchste Kegel bis weit über 3000 m teilweise unvermittelt aus dem Flachland aufsteigen, Schauplatz schwerer Katastrophen, die in Stunden zu vernichten imstande sind, was der Mensch in Jahrhunderten an Kulturleistung geschaffen hat. Der plötzliche Untergang des Reiches von Mataram, des größten hindu-javanischen Machtzentrums, im frühen 11. Jh.

beispielsweise wird auf einen gewaltigen Ausbruch des Merapi bei Yogyakarta auf Zentraljava (vgl. S. 233) zurückgeführt. (*Merapi* übrigens bedeutet schlicht und einfach ›Feuerberg‹, d.h. aktiver Vulkan, weshalb der Name auf Java und Sumatra mehrfach auftritt.) In den vergangenen anderthalb Jahrhunderten waren auf dem indonesischen Archipel 70 Vulkanausbrüche größeren Ausmaßes zu verzeichnen. Eine Auflistung der verheerendsten Eruptionen liest sich wie eine Chronologie des Schreckens. In der bislang stärksten bekannten Explosion brach 1815 der Vulkan Tambora auf der Kleinen Sunda-Insel Sumbawa mit der Explosionskraft von 170000 Hiroshima-Atombomben aus und schleuderte etwa 150 km^3 Gestein in die Luft; 90000 Menschen starben. Im Jahre 1883 löste der Ausbruch des Krakatau eine riesige Flutwelle aus, die über 36000 Tote forderte (vgl. S. 177). 1963 wurde auf Ostbali der Agung während des größten balinesischen Tempelfestes, das nur einmal im Jahrhundert zelebriert wird, wieder aktiv – ihm fielen annähernd 2500 Menschen zum Opfer. 1979 kamen beim Ausbruch des erloschen geglaubten Vulkans Sinila auf dem zentraljavanischen Dieng-Plateau mehr als 200 Menschen ums Leben. Einen äußerst ernst zu nehmenden Warnschuß gab im August 1982 der Galunggung im Westen Javas ab: Er schleuderte eine gigantische Aschewolke mehr als 10000 m hoch; rund 60000 Menschen konnten noch rechtzeitig aus der Gefahrenzone flüchten, dennoch mußten 87 Sundanesen ihr Leben lassen.

Aufgabe der Wissenschaftler vom vulkanologischen Institut in Bandung (Westjava) ist es, derartige Katastrophen

Schwefelträger im Krater des Vulkans Gunung Sibayak bei Brastagi (Nordsumatra)

vorauszusagen und die Bevölkerung zu warnen. Doch es fehlt an Fachkräften (1976 verfügte Indonesien nur über sechs Vulkanexperten), Know-how und modernen Forschungsgeräten.

So gefährlich das Leben mit Vulkanen sein kann, so nützlich ist es. Zwar verwüsteten in der Vergangenheit Vulkane häufig mit ihren Lavamassen und gefährlichen Gas- und Staubwolken die umliegenden Täler, reicherten den Boden jedoch durch ihre mineralhaltige Asche – einem natürlichen Superdünger – wieder mit wichtigen Nährstoffen an. Neben den Alluvialebenen der Küstentiefländer zählen die vulkanischen Aschedecken und Tuffablagerungen zu den ertragreichsten Böden. Sie bieten äußerst günstige Voraussetzungen für die Landwirtschaft und haben dadurch die Entwicklung sehr hochstehender Kulturen auf Java und Bali sowie auf Teilen Sumatras und Sulawesis gefördert. Letztendlich ist es auch ihre Fruchtbarkeit, die die hohe Bevölkerungdichte auf Java und Bali ermöglicht.

Die Vulkankegel bewirken weiterhin einen Luftstau und damit auch außerhalb der Niederschlagsperiode Steigungsregen, was weitere Vorteile für die Landwirtschaft bringt. Nicht zu unterschätzen schließlich ist die Bedeutung des Vulkanismus als Energiequelle. In zahlreichen geothermischen Kraftwerken (z. B. Kawah Kamojang bei Garut, Westjava; vgl. S. 190) wird aus der Erde austretender oder in Bohrungen angezapfter Wasserdampf zur Stromerzeugung in Turbinen geleitet. Durch den Abbau von Sulfaten (z. B. Kawah Ijen, Ostjava; vgl. S. 260) zieht auch die chemische Industrie Nutzen aus dem Vulkanismus. Die unmittelbare Umgebung der Vulkane gehört deshalb, trotz des allgegenwärtigen Risikos erneuter Eruptionen, zu den bevorzugten Siedlungsgebieten Indonesiens. Selbst die Millionenstadt Bandung auf Westjava liegt in einem vulkanumrahmten Becken.

Gewässer

Der indonesische Archipel liegt wie ein Riegel zwischen dem Pazifischen und dem Indischen Ozean und wird von mehreren ihrer Nebenmeere durchdrungen. Diese besitzen wegen ihrer Inselumrahmung fast den Charakter von Binnenmeeren und werden daher häufig unter dem Begriff ›Indonesisches Mittelmeer‹ zusammengefaßt. Während sich gegen die innere See meist flache Küsten öffnen, fallen die Außenufer (speziell im Süden Javas) steil gegen Tiefseegräben ab. Die wichtigsten indonesischen Meeresgebiete sind die Java-, Bali-, Flores-, Sawu-, Timor-, Arafura-, Molukken-, Banda-, Seram-, Halmahera- und Sulawesi-See sowie die Sunda-, Makassar- und Malakka-Straße. Aufgrund seiner Lage zwischen zwei Ozeanen und zwei Kontinenten besitzt das Indonesische oder Australasiatische Mittelmeer eine enorme geostrategische Bedeutung. Das Haupttor zwischen dem Indischen Ozean und dem Südchinesischen Meer als Ausläufer des Pazifik ist die Meerenge von Malakka. Wer diese Meeresstraße oder andere Seedurchfahrten zwischen Ost und West beherrscht (z. B. Sunda-Straße zwischen Java und Sumatra, Lombok-Straße zwischen Bali und Lombok oder Ombai-Wetar-Straße nördlich von Timor), kontrolliert lebenswichtige Verkehrsverbindungen. Für Japan beispielsweise hat die Straße von Malakka eine enorme Bedeutung, denn durch sie erfolgen 65 % seiner Ölzufuhr aus dem Nahen Osten sowie auch wichtige Rohstofftransporte aus Afrika.

Die längsten Flüsse Indonesiens finden sich natürlich auf den großen Inseln Borneo, Sumatra und Neuguinea; zu ihnen zählen u. a.: Kapuas (1065 km), Barito (725 km) und Mahakam oder Kutai (840 km) auf Kalimantan, Batanghari (848 km), Musi (650 km) und Inderagiri (505 km) auf Südsumatra sowie Digul (897 km) auf Irian Jaya. Die javanischen

Flüsse sind zwar kürzer, z. B. Solo (490 km) und Brantas (300 km), aber von großer Bedeutung für die Bewässerung der ausgedehnten Agrargebiete. Charakteristisches Kennzeichen der indonesischen Hauptflüsse ist ihr gefällsarmer Mäanderlauf, auf dem sie aus den Regenwaldgebirgen gewaltige Mengen an Sedimenten transportieren. Dieser Flußschlick wird in den Deltagebieten abgelagert, baut dort alluviale Schlammebenen und Sümpfe auf und färbt das Meer in Küstennähe graubraun. Ein weiteres gemeinsames Merkmal dieser Ströme sind ihre großen Abflußschwankungen zwischen Regen- und Trockenzeit. Zur Eindämmung der Hochwasserschäden wären umfangreiche Baumaßnahmen (u. a. Flußregulierungen, Deichanlagen, Errichtung von Rückhaltebecken, Ausbaggerung von Sedimentationen), vor allem aber eine rasche Wiederaufforstung kahlgeholzter Bergwaldgebiete, die einst die heftigen Monsunregen speicherten, dringend notwendig. Vielfach boten die großen Flüsse (vor allem auf Java und Sumatra) die Leitlinien für die Siedlungs- und Territorialentwicklung, wie auch heute noch die mobilen Siedlungen mancher Stämme (z. B. der Dayak auf Borneo) mit Vorliebe den Flüssen folgen. Nicht nur während der Regenzeit sind die Hauptströme zumeist bis weit ins Landesinnere hinein schiffbar und haben damit maßgebliche Bedeutung für die wirtschaftliche Entwicklung mancher oftmals völlig straßenlosen Regionen. Vor allem auf Ostsumatra, Kalimantan und Irian Jaya sind die Flüsse die nahezu einzigen Transportwege für die Bevölkerung, obwohl häufig große Wasserstandsschwankungen, Stromschnellen und Untiefen den Flußverkehr stark beeinträchtigen. Die Nutzbarmachung des Potentials der Flüsse für die Energiegewinnung befindet sich, mit Ausnahme Javas, noch in den ersten Anfängen.

Weit verbreitet sind auf den indonesischen Inseln Binnenseen vulkanotektonischen Ursprungs. Die größeren von ihnen, beispielsweise der Toba-See auf Nordsumatra, können nicht ohne weiteres als Kraterseen bezeichnet werden; es sind riesenhafte, wassergefüllte Calderen, kesselförmige Einbrüche über den durch gewaltige Auswürfe von Krustenmaterial entstandenen Hohlräumen. Große Binnenseen entwickelten sich auch – nichtvulkanisch – durch Abdämmungen und Stromverengungen (z. B. auf West- und Ostkalimantan). Kleinere Stau- und Sumpfseen finden sich u. a. auf Sulawesi, Sumatra und Irian Jaya.

Fauna und Flora

Die praktisch allgemein akzeptierte Auffassung über die geologische Entwicklung des indonesischen Archipels, wonach noch vor etwa 10000 Jahren nicht nur weite Teile der indonesischen Inselwelt eine zusammenhängende Landmasse bildeten, sondern auch durch Landbrücken mit dem asiatischen und dem australischen Kontinent verbunden waren, wird von den heutigen Verbreitungsbereichen der euro- und australasiatischen Pflanzen- und Tierwelt gestützt. Im Brückenland Indonesien begegnen sich an der Wallace- bzw. Weber-Linie – eine der schärfsten biologischen Grenzen der Erde – die Faunen und Floren zweier Kontinente. Der prähistorische Landzusammenhang mit Asien einerseits und mit Australien andererseits spiegelt sich noch heute in zwei deutlich abgegrenzten Ausbreitungsgebieten von Vegetation und Tierwelt wider. Nicht an den Küstenlinien des asiatischen Festlandes, sondern an der Abbruchkante des Sunda-Schelfes liegen die Grenzen der frühen tierischen, pflanzlichen und vermutlich auch menschlichen Wanderungen.

Als erster erkannte Mitte des vergangenen Jahrhunderts der englische Biologe Alfred Russel Wallace (1823–1913) auf seiner achtjährigen Reise quer durch den Malaiischen Archipel diese Zusammenhänge (Hauptwerk: ›The Malay Archipelago‹). Die nach ihm benannte, später von dem Naturforscher M. Weber etwas modifizierte Trennungslinie verläuft durch die Meerenge zwischen Bali und Lombok und setzt sich nördlich davon entlang des Tiefseegrabens der Makassar-Straße zwischen Borneo und Sulawesi fort. Später wurden östlich der Wallaceschen Linie weitere biologische Verbreitungsgrenzen entdeckt. Die endgültige natürliche Ausbreitungsschranke für den größten Teil der asiatischen Fauna und Flora folgt der Lydekker-Linie zwischen den Kleinen Sunda-Inseln und den Molukken auf der einen sowie Australien und Neuguinea auf der anderen Seite. Die asiatische Großtierwelt gelangte nur bis zur Wallace-Linie. So erreichte der Tiger noch Sumatra, Java und Bali, Tapir und Orang-Utan Sumatra und Borneo, das Nashorn Sumatra, Java und Borneo und auch noch der Elefant Sumatra, während diese Großsäuger auf den Kleinen Sunda-Inseln östlich von Bali, den Molukken und Sulawesi völlig fehl(t)en. Dagegen tauchen hier bereits Vertreter der australischen Fauna auf, beispielsweise auf Lombok der weiße Kakadu (eine Art Wahrzeichen der Insel), der auf Bali schon nicht mehr vorkommt, oder auf Sulawesi zwei Kuskusen (Kletterbeuteltierarten), die man auf den westlichen Inseln nicht kennt. Jedoch finden sich auch östlich der Wallaceschen Verbreitungsgrenze noch viele asiatische Pflanzen und niedrige Tiere, was die meisten Forscher veranlaßte, von einer Übergangszone zu sprechen, wo im wesentlichen eine australisch-asiatische Mischfauna und -flora existiert.

Vegetation

Infolge des sehr regenreichen äquatorialtropischen Klimas sind immer noch über 50% des indonesischen Staatsgebietes mit Wald bedeckt, allerdings sehr unterschiedlich in der regionalen Verteilung. Während auf Kalimantan, Irian Jaya und auch noch weiten Teilen Sumatras bis zu 80% der Landfläche mit teilweise sogar geschlossenen Primärwaldbeständen überzogen sind, beträgt der Anteil auf Java und Madura nur noch etwa 20% und sinkt auf den Kleinen Sunda-Inseln noch deutlich unter diese Marke ab.

Die am weitesten verbreitete Vegetationsform ist der tropische immergrüne Regenwald, der die Gebirge und die äquatornahen Gebiete mit 2000 bis 6000 mm Jahresniederschlag bedeckt. Neben der Malaiischen Halbinsel stehen auf Borneo die ältesten Regenwälder der Erde. Seit rund 130 Mill. Jahren hat sich die Natur dort ungestört entwickeln können. Vor allem auf Borneo (hier erstreckt sich der nach dem Amazonastiefland ausgedehnteste Primärwald auf unserem Globus) sind Berge erhalten, die ununterbrochen seit dem frühen Tertiär tropischen Regenwald tragen. Diese Stabilität und das ganzjährig gleichmäßig hohe Angebot an Feuchtigkeit und Wärme haben aus dem Regenwald-Ökosystem die üppigste Pflanzenformation der Erde geschaffen. Nirgendwo sonst gibt es so viele Arten von Bäumen und Blütenpflanzen wie im tropischen Regenwald. Auf einem Hektar wachsen viele hundert, oft bis zu tausend Pflanzenarten, davon 300 Baumarten, das sind fast doppelt so viele, wie in ganz Europa vorkommen. Charakteristisches Kennzeichen des Regenwaldes ist seine mehr oder weniger deutlich ausgeprägte vertikale Gliederung. Beherrscht wird dieser Urwald von Baumkronen, die das oberste Stockwerk der maximal 50–60 m hohen Holzgiganten (sogenannte Überständer) bilden. Ihnen folgen zwei weitere Etagen von Kronendächern, die Licht und Regen filtern und damit das Klima bis zum Boden bestimmen. Dazwischen siedeln als typische Florenelemente des tropischen Regenwaldes Parasiten und Epiphyten (Pflanzen, die auf anderen Pflanzen wachsen, sich aber, im Gegensatz zu Parasiten, selbständig ernähren), wie z. B. Orchideen, Farne, Feigen, Lianen und Rhododendren. Wegen des geringen Lichteinfalls ist die Bodenflora des Urwalds vergleichsweise arm. Bekannt sind die Kletterpalmen, die das berühmte Malakkarohr oder Rattan (Rotang) liefern. Eine biologische Kuriosität der Flora Borneos und Sumatras stellt die erst 1818 entdeckte Rafflesia dar (benannt nach Sir Stamford Raffles), die als Wurzelparasit die größten Blüten der Erde (etwa 6 kg schwer bei einem Durchmesser von fast einem Meter) bildet. Diese weiß-rosa gefleckten Riesenblüten entfalten sich aus kohlkopfartigen Knospen und verströmen einen charakteristischen Fäulnisgeruch. Den Boden bedeckt nur eine dünne Humusschicht aus Laubstreu und vermoderten Resten kollabierter Baumriesen, deren Nährstoffe vom Wald sofort wieder aufgenommen werden. Der tropische Regenwald bildet also einen in sich geschlossenen, sehr sensiblen Organismus, wächst ausschließlich aus seiner eigenen verwesenden organischen Substanz und braucht den meist sehr nährstoffarmen Lehmboden, auf dem er steht, nicht als Nahrungsquelle. Die ökologisch und forstwirtschaftlich bedeutendste Baumartenfamilie sind die Dipterocarpaceen; da ihr Anteil an der Biomasse dieser Wälder bei über 50% liegt, bezeichnet man sie auch oft als Dipterocarpus-Wälder.

Der ›klassische‹ tropische Regenwald geht in einer Höhe von etwa 1500 m über in den Gebirgsregenwald (gekennzeichnet durch das Auftreten verschiedener Eichenarten und Baumfarne), an den sich in 2000–2200 m Höhe der Nebelwald mit krüppelwüchsigen Bäumen sowie Kleinfarnen, Flechten und Moosen anschließt. Der geschlossene Wald endet in etwa 3500 m Höhe und wird von offenem Grasland tropisch-alpinen Charakters ersetzt.

In der wechselfeuchten monsunal-tropischen Klimazone Süd- und Südostindonesiens mit weniger als 2000 mm Regenfall pro Jahr herrscht der lichtere und artenärmere regengrüne Trocken- bzw. Monsunwald vor, der unter 1000 mm jährlichen Niederschlags in eine Savanne übergeht. Dieser auf Ostjava und den Kleinen Sunda-Inseln verbreitete Vegetationstyp besteht aus in der Trockenzeit meist Laub abwerfenden, ›wintertrokkenkahlen‹ Bäumen, z. B. dem Teakbaum, der ein begehrtes Nutzholz liefert.

Artenarme, relativ niedrige Sumpf- oder Flußwälder überziehen vor allem auf Ostsumatra und Südkalimantan riesige Gebiete. Im Gezeitenbereich der Küstensäume, Flußdeltas und Korallenriffe wuchern auf langen Stelz- und Luftwurzeln salzwassertolerante, 5–30 m hohe, fast undurchdringliche Mangrovenwälder, die in Pfahlbaudörfern lebenden Fischern und Sammlern einen amphibischen Existenzraum bieten. Diese Küstenwälder schützen als Pufferzone zwischen Meer und Land die Binnenebenen vor den Gezeiten und der Erosion; zusammen mit den von Regenwäldern überzogenen Mooren und Süßwassersümpfen nehmen sie etwa 14% der gesamten Waldfläche Indonesiens ein.

Die Vegetation Indonesiens zeichnet sich insgesamt durch eine besondere Artenvielfalt aus, der Archipel gehört zu den botanisch reichsten Ländern auf unserem Planeten. Es existieren über 40 000 Pflanzenarten, die zu 3000 Familien gehören; etwa 10% aller weltweit registrierten Pflanzen kommen hier vor. Einmalig ist das weite Blumenspektrum: Man kennt annähernd 10 000 verschiedene Arten von Blumenpflanzen, darunter allein mehr als 2500 heimische Orchideen, die in einem Feuerwerk von Farben miteinander konkurrieren und von Zuchtbetrieben bis nach Europa exportiert werden. Am bekanntesten ist die Tigerorchidee (*Grammatophyllum specio-*

Exkurs: Der Bambus

Diese in verschiedensten Arten über nahezu den gesamten Globus verteilte Pflanze bildet seit Jahrtausenden die Lebensgrundlage vieler asiatischer Völker. Botanisch gehört Bambus zu den Gräsern, doch viele der rund tausend Arten (in Indonesien sind ca. 250 vertreten) werden so hoch wie Bäume. Einmalig in der Natur ist das Tempo, mit dem das Riesengras wächst: Japanische Botaniker haben bei einer speziellen Art ein Rekordwachstum von weit über einem Meter in nur 24 Stunden gemessen. Erstaunlich aber auch ist die Art, wie Bambus wächst: Der verholzende Halm kommt nicht als Schößling aus der Erde, der schließlich im Laufe der Zeit durch Anlegen von Jahresringen zu einem dicken Stamm wird, sondern erscheint völlig ausgebildet in seinem endgültigen Durchmesser und schiebt sich teleskopartig durch Zellstreckung bis zur entsprechenden Höhe auseinander. Das größte Exemplar, der Riesenbambus, erreicht bei einem Durchmesser von 30 cm eine Höhe von bis zu 40 m. Das Baumgras, das auf ein Alter von 40–60 Jahren kommen kann, stellt keine besonderen Ansprüche an das Klima. Außer in den kühleren Zonen der Nordhalbkugel und der arktischen Regionen wächst Bambus fast überall – besonders gut in Indien, China und Südostasien.

Bambus ist die Pflanze der tausend Möglichkeiten. Der Anwendungs- und Verwertungsbereich spannt sich vom Blasrohr nomadisierender Dschungelvölker über den Haus- und Brückenbau bis hin zu traditionellen Musikinstrumenten (in einem Vorort der philippinischen Hauptstadt Manila gibt es sogar eine Kirchenorgel aus Bambus!) Die Stäbe, aus denen Gitter und Zäune errichtet oder Flöße konstruiert sind, werden durch dünne Bambusstreifen zusammengehalten. Aus Bambusholz sind Wasserleitungen, Möbel, Behälter und Bestecke. Aus gespleißtem Bambus werden Körbe und Matten geflochten und auch das neben dem ägyptischen Papyrus älteste Schreibmaterial stammt von der gleichen Pflanze, deren Sprossen eine beliebte Delikatesse sind, die man natürlich mit Bambusstäbchen ißt. Auch noch in unserem Weltraumzeitalter verdrängt die geradezu klassisch bodenständige Universalpflanze bisweilen moderne Technik: Weil sie hart und elastisch zugleich sind, eignen sich Bambusstäbe als Gerüststangen vorzüglich beim Bau von sogar 30- bis 40stöckigen Wolkenkratzern. Die Riesenhalme sind billiger als Stahlrohre und halten selbst Monsunstürmen und leichten Erdbeben stand. Einziger Nachteil der Allzweckpflanze: Der Bambushalm wird leicht von Pilzen und Termiten befallen. Ein Imprägnierverfahren, an dem derzeit Experten arbeiten, soll dem aber Abhilfe schaffen. Die schnellwüchsige, baumhohe Nutzpflanze könnte, nach Meinung von Wissenschaftlern, in zukünftigen Jahren unter Umständen die Rohstoffquelle Wald ersetzen. Während ein Baum in der Regel mindestens zwei Jahrhunderte braucht, bis er gefällt werden kann, ist ein Bambushalm nach durchschnittlich drei Jahren, wenn er seine volle Höhe erreicht hat, hiebreif und kann dann in Fabriken beispielsweise zu Papier verarbeitet werden.

Kein moderner Werkstoff hat bislang das vielfältige und seit Menschengedenken bewährte Naturprodukt Bambus ersetzen oder verdrängen können. Über die materiellen, praktischen Nutzungsmöglichkeiten hinaus wurde dieser überaus bedeutsamen Pflanze im malaiischen Kulturkreis auch eine geistig-moralische Komponente zugeordnet: Bambus gilt als ein Symbol für Standfestigkeit, charakterliche Stärke und moralische Integrität.

sum), die größte der Welt. Weitere charakteristische Pflanzen sind die Lotosblüten, die als Symbol für Reinheit, Schönheit sowie ewiges Leben gelten, deren Wurzeln und Samen aber auch gerne – ganz profan – zu einem schmackhaften Gemüse verarbeitet werden, und der heilige Banyan-Baum mit seinen charakteristischen Luftwurzeln (auch Würgerfeige – *Ficus bengalensis* – oder auf indon.: *Waringin* genannt), ein Sinnbild für Fruchtbarkeit und Wohlstand, sowie Frangipani (ein bis zu 7 m hoher Baum, der weiße oder karmesinrote, wohlriechende Blüten trägt), Kasuarinen (Hartholzgewächse), Bougainvillea (eine Rankenpflanze mit rot bis lila getönten kelchartigen Blüten), Hibiskus (ein farbenprächtiger Strauch mit nur einen Tag lang blühenden Blüten) und Bambus, der mit 250 Arten im Archipel vertreten ist. Als bedeutendste Kulturpflanzen bleiben zu nennen Reis, Kokosnuß, Zuckerrohr, Ananas, Banane, Tabak, Tee, Kaffee, Kakao und Kautschuk sowie eine Vielzahl von Gewürzen (u. a. Nelken, Zimt, Pfeffer, Muskat, Ingwer).

Artenreiche tropische Regenwälder bedeckten noch vor zwei Jahrhunderten fast alle Inseln des indonesischen Archipels, drastische Eingriffe des Menschen haben das Bild jedoch seither überall stark verändert, auch in den ›klassischen‹ Regenwaldgebieten auf Borneo und Sumatra. Nur wenige Jahrzehnte genügten, um dieses Paradies auf Erden so zu schänden, daß es sich von den Wunden des Holzeinschlags, die ihm eine expandierende Forstwirtschaft zufügte, der umfangreichen Brandrodungen zur Gewinnung von Ackerland im Rahmen staatlicher Umsiedlungsprogramme (vgl. S. 29) und der daraus resultierenden Erosion nicht mehr wird erholen können. Mehr noch – der Raubbau an der Natur spart teilweise nicht einmal Nationalparks und Naturschutzgebiete aus, die sowieso nur 6 % der gesamten Landfläche einnehmen. Dabei kann die Forstwirtschaft nur relativ wenige Baumarten verwerten. Beim Fällen und Abtransport der Nutzhölzer aber werden darüber hinaus zahlreiche andere Bäume niedergerissen oder zumindest beschädigt. Wenn die Rodungsmaßnahmen im bisherigen Umfang weitergehen, wird bis zum Ende unseres Jahrhunderts in Indonesien kein Primärurwald mehr vorhanden sein.

Allein etwa 3,5 Mill. ha (das ist ungefähr die Hälfte des Waldbestandes der Bundesrepublik!) wurden vernichtet, als vom Herbst 1982 bis zum Frühjahr 1983 auf Ostkalimantan einer der schlimmsten Waldbrände der überlieferten Menschheitsgeschichte wütete. Nicht nur der Mangel an Erfahrung und Ausrüstung zur Brandbekämpfung war es damals, der dem Feuer Vorschub leistete, sondern auch die Überzeugung mancher Leute, daß ein Waldbrand gewissermaßen als natürliche Brandrodung nicht eben ungelegen komme. Auch nach dem Erlöschen des riesigen Feuers, dem eine schlimme Dürre vorausgegangen war, gehen die Verwüstungen weiter – durch Insekten und Pilze, die sich in dem gestörten Ökosystem rasch ausbreiten. Als unmittelbare Ursache des Desasters gilt außer Kontrolle geratenes Feuer, das Siedler zur Brandrodung entfacht hatten. Der ökonomische Verlust allein wird auf etwa 5,5 Mrd. US-$ berechnet, der ökologische Schaden entzieht sich jeglicher Schätzung.

Ein gesunder Waldbestand aber ist entscheidend für Klima, Wasserhaushalt und Bodenfruchtbarkeit. Als Feuchtigkeitsspender saugt er wie ein riesiger Schwamm das Regenwasser auf und sorgt für einen regulierten Strom der Bäche und Flüsse. Fehlt der schützende Pflanzenbewuchs, so reißen die sintflutartigen Monsunregen die fruchtbare Erdkrume fort; es kommt zu Erosion und Verkarstung sowie nicht selten zu verheerenden Überschwemmungen. Im günstigsten Fall klammern sich terrassierte Felder an die kahlgeschlagenen Berghänge. Fehlt auch diese von Menschenhand geschaffene Anlage, ist der Weg endgültig frei für Steinschläge, Erdrutsche und Schlammlawinen. Was die Verwitterung in Jahrhunderten aufgebaut hat, kann mit nur einem einzigen heftigen Monsunregen im wahrsten Sinne des Wortes den Bach hinuntergehen. Wo der Mensch den Primärwald gerodet hat, entstanden vielfach Kulturlandschaften wie Plantagen und Reisterrassen. Häufig aber auch wurde der ursprüngliche Urwald nach den Rodungsmaßnahmen von unbedeutendem Sekundärbewuchs ersetzt, beispielsweise von den kaum zu rekultivierenden bis zu 2 m hohen Alang-Alang-Grassavannen, die mittlerweile bereits rund 350 000 km^2 (!) bedecken. Effektive staatliche Wiederaufforstungsprogramme sind bislang unterblieben.

Tierwelt

Die Fauna Indonesiens weist in ihrer Verbreitung – deutlicher noch als die Flora – einen charakteristischen Unterschied zwischen der westlichen und der östlichen Hälfte des Archipels, also zwischen der asiatischen und der australischen Landmasse auf. Dazwischen hat sich, wie bereits erwähnt, eine Übergangszone mit einer Mischfauna entwickelt. Die einst mit Kontinentalasien verbundene westliche Zone mit den Inseln Sumatra, Borneo, Java und Bali beherbergt vorwiegend eine asiatische Tierwelt. In der westindonesischen Faunenregion leben große Landsäugetiere wie Elefanten, Rhinozerosse, wilde Büffel, Tiger, Tapire, Wildschweine und eine Vielzahl von Affen. Jedoch sind (und waren) einige dieser Säuger nicht auf allen der westlichen Inseln beheimatet. So existieren Tiger nur noch auf Sumatra (früher auch auf Java und Bali, niemals zuvor aber auf Borneo); Orang-Utans findet man lediglich auf Sumatra sowie Borneo und Elefanten ausschließlich auf Sumatra.

Drastische Eingriffe des Menschen (vor allem übermäßige Jagd in der Vergangenheit und Einengung des Lebensraumes durch Rodungsmaßnahmen in der Gegenwart) haben die Bestände an Großsäugern in erschreckendem Maße verringert. So leben auf Sumatra nur noch einige hundert Exemplare des zweihornigen Sumatra-Nashorns und ausschließlich im Ujung Kulon-Natio-

Das vom Aussterben bedrohte Sumatra-Nashorn (hier in einer Darstellung aus dem letzten Jahrhundert)

nalpark (Westjava) gerade noch 30–40 der nur ein Horn tragenden javanischen Panzernashörner, die weltweit die kleinste Art dieser bis zu 2 t schweren Tiere darstellen. Stark gefährdet sind auch der Sumatra-Elefant und der nur auf Sumatra und Borneo vorkommende Orang-Utan (vgl. S. 423). Vor dem Aussterben steht der indonesische Königstiger. Diese mitunter auch Menschen anfallende Großkatze ist auf Java und Bali so gut wie ausgerottet; auf Sumatra gibt es schätzungsweise noch 300 Exemplare. An weiteren, vielfach in ihrer Existenz stark bedrohten Raubtieren sind zu nennen der schwarze Panther und der gefleckte Leopard sowie eine Reihe von Kleinkatzen (u. a. Zibetkatze, Goldkatze und Nebelparder). Zu den ebenfalls bereits enorm dezimierten Tierarten gehören auch der Tapir (auf Sumatra der Schabrackentapir mit einer großflächigen schwarzweißen Tarnfärbung des Felles) und der nur katzengroße Zwerghirsch Kancil. Dieses scheue, geweihlose Tier gilt als sehr listig und nimmt in vielen indonesischen Märchen den Part unseres Reinecke Fuchs ein. Nur noch in Tierreservaten auf Java, Bali und Borneo lebt der bis zu einer Tonne schwere Banteng, die stark gefährdete Wildform des später domestizierten Bali-Rindes. Markante Kennzeichen dieses scheuen Herdentieres sind ein kräftiges, elegant geschwungenes Gehörn, weiße Fesseln sowie ein auffallender, heller Fleck im hinteren Rumpfbereich. Zu den Kuriosa der westindonesischen Fauna gehören das sich ausschließlich von Ameisen und Termiten ernährende echsenähnliche Schuppentier, das nur nachts auf Nahrungssuche gehende Stachelschwein sowie der Süßwasserdelphin (indo.: *Lumba-Lumba Air Tawar*) des mächtigen Mahakam-Flusses auf Ostkalimantan. Regional weit verbreitet sind Wildschweine, die bisweilen erhebliche Verwüstungen auf Feldern und Pflanzungen anrichten. Zu den erwähnenswerten Kleinsäugern zählen verschiedene Hörnchenarten, z. B. das Flughörnchen, das mit seinen Häuten zwischen den Vorder- und Hinterläufen mehr als 50 m weit durch die Luft gleiten kann. Diese Nagetiere haben sich, ähnlich wie das Millionenheer der Ratten, dem alljährlich große Teile der Reisernte zum Opfer fallen, vielerorts zu einer wahren Landplage entwickelt. Vampirisch anmutende Flughunde (indon.: *Kalong*), große Fledermäuse, deren Flügelspannweite über ein Meter betragen kann, bevölkern oft zu Hunderten dichte Baumkronen. Ähnlich wie die ebenfalls häufig auftretenden Fledermäuse verlassen diese harmlosen Fruchtfresser, die im übrigen von vielen Einheimischen als Delikatesse geschätzt werden, während der Abenddämmerung ihre Ruheplätze, um zur gemeinsamen Nahrungssuche auszuschwärmen. Erwähnung verdienen unter den etlichen auf verschiedenen indonesischen Inseln vertretenen Primatenarten die einzelgängerischen Orang-Utan (vgl. S. 423), die geselligen Gibbons (Langarmaffen ohne sichtbaren Schwanz) sowie verschiedene, bisweilen Menschen gegenüber sehr freche bis zudringliche Makakenarten (Javaner Affe, Rhesusaffe u. a.) und die glotzäugigen Koboldmaki.

Da die ostindonesischen Inseln (Molukken und Irian Jaya) über Jahrtausende hinweg durch Landbrücken mit Australien verbunden waren, findet man dort zahlreiche Vertreter der australischen Fauna, darunter vor allem eine ganze Reihe von Beuteltieren (u. a. Beutelbär, Baumkänguruh und Wallaby, ein Kleinkänguruh, sowie Beutelkatzen, -ratten und -mäuse). Während die westindonesische Vogelwelt relativ artenarm ist, wartet die ostindonesische mit der ungewöhnlichen Vielfalt von etwa 1500 bekannten Arten auf. Zur weiten Palette gehören die buntgefiederten Paradiesvögel (mehr als 40 bekannte Arten!), deren männliche Exemplare einst wegen ihrer prächtigen Schmuckfedern gejagt wurden (heute sind Jagd und Ausfuhr strikt verboten), ebenso wie die flugunfähigen Kasuare (große, straußenähnliche Vögel), die Kakadu (eine Papageienart) und die bemerkenswerten Großfußhühner, die ihre Eier, Reptilien gleich, im warmen Sand vergraben und die geschlüpften Jungen sich selbst überlassen. Weniger exotisch erscheinen die weißen Reiher, die man, auf Beute lauernd, in Naßreisfeldern auf dem gesamten indonesischen Archipel zuhauf sehen kann. In Regionen mit von Höhlen durchlöcherten Kalksteinklippen (z. B. Karangbolong bei Gombong auf Zentraljava; vgl. S. 233) finden sich häufig die schwalbenartigen Salangane, Produzenten der eßbaren Vogelnester.

Sulawesi und andere Inseln der eingangs erwähnten biologischen Übergangszone sind relativ arm an höheren Tierarten. Allerdings sind auf dem früheren Celebes zwei bemerkenswerte Säugetiere endemisch: der Wildzwergbüffel (*Anoa*) und der Hirscheber (*Babirusa*), letzterer mit charakteristischen Hauern.

Die Tierwelt Gesamtindonesiens umfaßt schließlich noch eine Vielzahl von Amphibien sowie vor allen Dingen auch Reptilien. Zu den erwähnenswerten Kriechtieren zählen mehrere Krokodilarten (wegen des wertvollen Leders eifrig gejagt und besonders auf Java schon sehr selten; häufiges Vorkommen in den Mangrovensümpfen und den schlammig-brackigen Flußdeltas von Sumatra, Borneo und Irian Jaya), eine Reihe von Schildkröten (z. B. die über 500 kg schwere Lederschildkröte, die periodisch Sandstrände zur Eiablage aufsucht), einige Arten von Leguanen und Waranen (u. a. der urzeitliche Komodo-Waran; vgl. S. 375) sowie vor allem rund 350 Schlangenarten (u. a. Python, Kobra, Grubenotter, Viper und giftige Wasserschlangen sowie verschiedene Baumnattern, die sich mit flachgespreiztem Körper im Gleitflug von Baum zu

Der Tokeh oder auch Gecko

Baum bewegen können). Von den über 100 Eidechsenarten verdienen der kleine, mit Saugnäpfen an den Füßen ausgerüstete *Cicak* und der bis zu 30 cm große *Tokeh* (bekannter unter dem Namen Gecko) Erwähnung. Als eifrige Insektenvertilger sind beide beliebte Hausgenossen. Die Einheimischen zählen übrigens die heiseren Baritonrufe des *Tokeh* mit; eine bestimmte Anzahl bringt Glück, eine andere kündigt Schicksalsschläge an.

Eine enorme Diversifizierung weist die Insektenfauna auf, die im feuchtwarmen Klima perfekte Lebensbedingungen vorfindet. Neben farbenprächtigen Schmetterlingen, von denen Herkules- und Atlasspinner beeindruckende Flügelspannweiten von bis zu 30 cm erreichen, existiert auch eine Unzahl sehr lästiger, teils auch extrem schädlicher Insekten, beispielsweise die Malaria übertragende Anopheles-Mücke.

Ein geradezu phantastisch anmutender Reichtum an Lebewesen findet sich in den Meeren, die den indonesischen Inselbogen umspülen. Einen Überblick über die bekannten (Speise-) Fischsorten, Schalen- und Krustentiere kann man sich auf den zahllosen Fischmärkten (*Pasar Ikan*) verschaffen. Die faszinierende Unterwasserfauna und -flora der Korallenriffe kann in ihrer verwirrenden Vielfalt hier nicht beschrieben werden; kurz erwähnt seien aber noch die Muscheln und Schnecken, von denen längst noch nicht alle in den indonesischen Gewässern vorkommenden Arten auch wissenschaftlich erfaßt sind. Zu den bemerkenswertesten Exemplaren gehört die von Sammlern heißbegehrte Goldene Kaurie, die ebenfalls hochgeschätzte und sehr seltene Conus Gloria Maris (sie zählt zur Gattung der giftigen Kegelschnecken) sowie die riesige Venusmuschel.

Obwohl die indonesische Tierwelt ungeheuer vielfältig ist, wird man die Raritäten (Tiger, Nashörner, Elefanten u. a.) in freier Wildbahn nur sehr selten zu Gesicht bekommen. Aus diesem Grund und auch, um sich in einem knapp bemessenen Zeitraum umfassend über die reiche Fauna des Archipels zu informieren, empfiehlt sich der Besuch von wenigstens einem der bedeutenderen Zoologischen Gärten, beispielsweise des Ragunan-Zoos in Jakarta (vgl. S. 168) oder der Tiergärten von Yogyakarta (vgl. S. 217) sowie Surabaya (vgl. S. 250).

Exkurs: Der Kerbau

Der Kerbau, der domestizierte Wasserbüffel (*Bubalus bubalis*), ist als vielseitig einsetzbares Last- und Zugtier die effektivste ›Landwirtschaftsmaschine‹ des indonesischen Bauern. Trotz zunehmender Technisierung sind die nach Millionen zählenden Kerbau, die auf den indonesischen Inseln leben, unentbehrlich für das kleinbäuerliche Agrarwesen. Die Vorfahren der heutigen genügsamen und schwerfälligen Fleischkolosse, die als Zugtiere ihre Holzpflüge durch den Morast abgeernteter Reisfelder ziehen oder vor großrädrige, einachsige Lastkarren gespannt werden, kamen vor langer Zeit zusammen mit der Reiskultur auf den Archipel. Trotz seines furchteinflößenden, sichelförmigen Gehörns und der imposanten Schulterhöhe gilt der Wasserbüffel als geduldig und überaus gutmütig. Seine im Vergleich zum Rind drei- bis fünfmal dickere, porenarme Haut ist empfindlich gegen Sonneneinstrahlung, weswegen er sich gerne in schlammigen Tümpeln suhlt, um sich eine schützende Lehmschicht zuzulegen. Außer als Arbeitstier ist der vielseitige Kerbau (er trägt unter anderem den Beinamen ›indonesischer Traktor‹) auch für die Milch- und Käsegewinnung sowie als Fleischquelle von Bedeutung. Weiterhin liefert er wertvollen Dünger und – aus getrocknetem Mist – Brennmaterial. Nicht zu vergessen die Büffelhaut, die als begehrtes Leder teuer zu Markte getragen wird.

Bei den Toraja auf Südsulawesi (vgl. S. 483), aber nicht nur bei ihnen, ist der Besitz an Wasserbüffeln ein Maß für Wohlstand. Geradezu als ein Symbol für Reichtum gilt der kostbare, bis zu 10000 DM teure, rosafarbene Wasserbüffel mit glasklaren blauen Augen und gescheckem Fell. Diese Tiere spielen auch eine Hauptrolle im Totenritual; sie werden geopfert, damit ihre Seelen den Verstorbenen ins Jenseits begleiten. Solche Prachtstücke müssen bis zu ihrem Opfertod nicht, wie ihre Artgenossen, im Schlamm der Reisfelder ackern. Sie dürfen sich in Tümpeln und Flüssen aalen und werden liebevoll gehätschelt und gepflegt – bis eines Tages der Tod eines besonders noblen Toraja auch ihr Ende bedeutet und ihnen ein Schwertstreich die Gurgel aufschlitzt.

Bevölkerung

Mit einer geschätzten Gesamtbevölkerung von 185 Mill. (1991) ist der Vielvölkerstaat Indonesien nach der Volksrepublik China und Indien das menschenreichste Land Asiens und steht in dieser Beziehung nach der UdSSR und den USA weltweit an fünfter Stelle. Bei der bislang letzten Volkszählung wurde im Herbst 1980 eine Bevölkerungszahl von knapp 147,5 Mill. ermittelt. Im Vergleich mit dem vorletzten Zensus (1971: 119,2 Mill.) ergibt sich daraus eine sehr hohe durchschnittliche jährliche Wachstumsrate von etwa 2,15 % (1985: Geburtenrate 3,3 %; Sterberate: 1,15 %). Damit wächst die Einwohnerzahl Indonesiens mindestens fünfmal so rasch wie die der meisten westlichen Industrieländer. In absoluten Zahlen ausgedrückt heißt dies, daß sich die indonesische Bevölkerung pro Jahr um annähernd 4 Mill.

Reklame für die staatliche Familienplanung (›Dua Anak Cukup‹ – Zwei Kinder sind genug)

Menschen vermehrt. Diese rapide Entwicklung resultiert aus einer Drosselung der Sterblichkeit und einer Steigerung der Lebendgeburten, beides zurückzuführen auf Fortschritte bei der medizinischen Versorgung und der allgemeinen Hygiene sowie auf die insgesamt bessere Ernährungssituation.

Das Ticken der Zeitbombe ›Überbevölkerung‹ vernahm man zwar bereits 1957, seit diesem Jahr existiert die ›Indonesian Family Planning Association‹ (IFPA), doch wurde diese Behörde erst nach dem Putsch von 1965 aktiv. Eine Reduzierung der Geburtenraten – das ließ sich mit der Ideologie des früheren Staatschefs Sukarno, wonach ein volkreiches Indonesien zugleich auch ein starkes Indonesien darstelle, nicht vereinbaren. Erst von der Regierung Suharto wird seit dem Ende der 60er Jahre eine aktive Bevölkerungspolitik betrieben. Das bisweilen mit sanftem Druck forcierte nationale Familienplanungsprogramm umfaßt sowohl großangelegte Aufklärungskampagnen über freiwillige Geburtenkontrolle, wie z. B. die Aktion *Kondomisasi* (noch Anfang der 80er Jahre wurden in Indonesien jährlich gerade ca. 200 000 Präservative verbraucht!), als auch drastische Maßnahmen wie die Streichung der Kinderbeihilfen für alle Staatsangestellten ab dem dritten Kind. Aus dem Erscheinungsbild indonesischer Städte und Dörfer kaum mehr wegzudenkende Schilder und Tafeln werben für eine effektive Familienplanung *(Keluarga Berencana)*, selbst Briefmarken und Geldstücke wurden in den nationalen Feldzug gegen die hohen Geburtenquoten einbezogen.

Die staatliche Forderung *Dua Anak Cukup!* (›Zwei Kinder sind genug!‹) und das damit propagierte Leitbild der zukünftigen indonesischen Musterfamilie aber kollidiert vielfach mit den traditionellen Vorstellungen und Bedürfnissen der (ländlichen) Bevölkerungsmehrheit sowie auch mit deren im Islam wurzelnden Bewußtsein, daß ein reicher Kindersegen Gottes Wille sei. Immer noch stärken in einem kinderfreudigen und -freundlichen Land wie Indonesien möglichst zahlreiche Nachkommen das soziale Ansehen der Eltern. Zudem gelten bei grassierender Armut und mangelhafter staatlicher Sozialfürsorge viele Kinder als beste Investition: Sie leisten häufig als unentbehrliche Arbeitskräfte mit kleineren Jobs einen wichtigen Beitrag zur Sicherung des Familieneinkommens und sind überdies durchweg die einzige Garantie für die Altersversorgung der Eltern. Kinderlosigkeit gilt nach wie vor vielfach als schwerer Schicksalsschlag und rechtfertigt sogar die Verstoßung durch den Ehemann, denn in der Regel wird sie der Frau angelastet. Bildung scheint einer der Schlüssel im Kampf gegen das Problem der Überbevölkerung zu sein: Mit dem Bildungsgrad der Eltern (vor allem der Frauen), das zeigen Untersuchungen, nimmt die Zahl der Kinder pro Familie ab. Wenn die Geburtenrate nicht drastisch reduziert und damit das Bevölkerungswachstum stabilisiert werden kann, muß im Jahr 2000 mit einer Gesamtbevölkerung von 220 bis 240 Mill. Menschen (120 bis 140 Mill. allein auf Java!) gerechnet werden. Diese Bevölkerungsexplosion stellt jetzt, und mehr noch in zukünftigen Jahren, das größte Hindernis bei der Lösung der komplexen entwicklungspolitischen Aufgaben dar. Bereits heute werden die geringen Steigerungen des Sozialproduktes von dem rasanten Wachstum der Bevölkerung aufgezehrt. Die hohe Geburtenquote hat bei gefallenen Sterbeziffern die Altersstruktur entscheidend verändert: 40% aller Indonesier sind unter 15 Jahre alt (zum Vergleich: frühere BRD 21%), nur etwa 3,5% gehören zur Gruppe der über 65jährigen. Gegenwärtig wachsen also starke Jahrgänge heran, so daß das Arbeitskräfteangebot (und damit die Zahl der Erwerbslosen!) sprunghaft steigen wird. Das anvisierte Ziel eines Bevölkerungswachstums von 1% im Jahr 2000 wird Indonesien wohl kaum erreichen können.

Die durchschnittliche Bevölkerungsdichte Indonesiens liegt bei nur 93 Einw./km^2 (zum Vergleich: frühere BRD 250), jedoch bestehen extreme Unterschiede in der regionalen Verteilung. Ein größerer Gegensatz als der zwischen Java, einem der dichtest besiedelten und landwirtschaftlich intensivst genutzten Gebiete der Erde, und dem, abgesehen von einigen urbanen Zentren, relativ menschenarmen Sumatra oder gar Kalimantan ist auf so engem geographischem Raum kaum vorstellbar. Der Grund für die einseitige Bevölkerungskonzentration sind primär die günstigen natürlichen Erzeugungsbedingungen (nährstoffreiche Böden und vorteilhaftes Agrarklima) auf Java und Bali. Für viele Entwicklungsplaner liegt dennoch die Zukunft Indonesiens in den siedlungsleeren Gebieten der ›Außeninseln‹ (vgl. S. 29).

Nicht Tausende von Kilometern entfernte, oftmals unwirtliche Gegenden locken häufig jene, für die es in ihren Heimatdörfern scheinbar keine Existenzmöglichkeiten mehr gibt, sondern die Großstädte. Obwohl Indonesien immer noch ein vorwiegend agrarisches Land ist (rund 75% der Indonesier leben in rund 68000 Dörfern auf dem Lande), weisen die meisten Großstädte ein rapides, beinahe explosionsartiges Wachstum auf. Die Metropolen ufern aus, legen Jahr für Jahr einen Ring nach dem anderen um ihre überquellenden Kerne, die im Wildwuchs der Vororte, der Slums und des zersiedelten Umlands zu ersticken drohen. In der trügerischen Hoffnung auf sozialen und wirtschaftlichen Aufstieg ziehen Millionen von Menschen in die Großstädte, um dort im Meer der Obdach- und Hoffnungslosen zu versinken, aus dem es kaum mehr ein Zurück gibt. Für die Mehrzahl der Abwanderer vom Dorf erfüllen sich die Träume von einer festen Beschäftigung

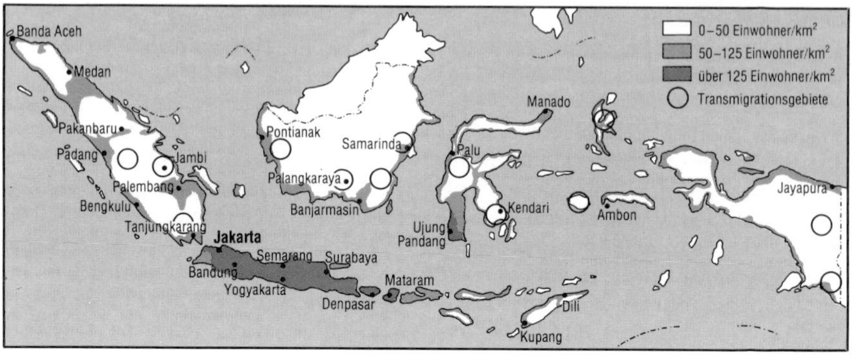

Bevölkerungsdichte und Transmigrationsgebiete

ganz und gar nicht. Weder Behörden noch Industriebetriebe können den endlosen Strom der zugewanderten und nachgewachsenen Arbeitssuchenden aufnehmen. Endstation für die Entwurzelten sind schon bald die ausgedehnten Slums *(Gubuk)*, die an den Peripherien der Millionenstädte wuchern. Diese elenden, menschenunwürdigen, häufig aus Holz-, Papp- und Plastikabfällen zusammengezimmerten Squatter-Behausungen, ohne Elektrizität, Kanalisation, Trinkwasserversorgung und Abfallbeseitigung, gelten als Brutstätten von Krankheitsepidemien und Seuchen und sind überdies Herde sozialer Spannung und Kriminalität. Weiterhin sind die Migranten aus der Provinz im großstädti-

Squatter-Siedlung (›Gubuk‹) in der Nähe von Jakartas Hafen Sunda Kelapa

schen Existenzkampf meist ganz allein auf sich gestellt und können in Notlagen nicht mehr wie früher auf Unterstützung und Schutz der Familien- oder Dorfgemeinschaft zählen, die trotz der bescheidenen Lebensverhältnisse auf dem Lande noch relativ gut funktionieren. Motive für die Landflucht liegen in den oftmals zweifellos schlechten Lebensverhältnissen in ruralen Gebieten, die eine Reihe von Ursachen haben können (überholte Besitzstrukturen, abnehmende Beschäftigungs- und Subsistenzmöglichkeiten im Agrarsektor, Benachteiligung gegenüber der Stadtbevölkerung hinsichtlich medizinischer Versorgung und Ausbildung). Dennoch fangen auf dem Lande meist Sippe und Dorfverband den Sturz in die absolute Armut auf, garantieren das Überleben, auch bei Einkommen, die selbst für indonesische Verhältnisse gleich Null sind. Wiederholt unternahmen städtische Verwaltungsbehörden Versuche, die Migration aus den Provinzen zu stoppen, trotzdem aber übersteigen weiterhin die lawinenartigen Zuwanderungsraten in Verbindung mit einer hohen Wachstumsquote die Aufnahmekapazität der meisten Städte bei weitem. Viele Großstädte Indonesiens haben sich in der Gegenwart, obwohl die städtische Siedlungsform Menschen malaiischer Herkunft jahrtausendelang völlig fremd war, zu urbanen Ballungszentren gewaltigen Ausmaßes mit allen damit verbundenen Problemen entwickelt. Nur wenn es gelingt, die Menschen auf dem Lande und in den kleineren Städten zu halten und so die Migration zu stoppen, kann eine gänzlich chaotische Entwicklung der Millionenmetropolen aufgehalten werden.

Exkurs: ›Transmigrasi‹ – Die organisierte Völkerwanderung

Die indonesische Antwort auf die Überbevölkerung der Inseln Java, Bali und Madura heißt *Transmigrasi,* die staatlich organisierte Umsiedlung von Millionen Menschen. Diese gewaltige Transmigrationsaktion soll mit internationaler Hilfe nicht nur Menschen in dünner besiedelte periphere Gegenden des Archipels bringen, sondern auch die als dringend erachtete Erschließung und Entwicklung bislang ungenutzter Regionen des ausgedehnten Inselreiches vorantreiben. Rund 65 Mill. Indonesier sollen – so die kühne Zielsetzung der Zentralregierung in Jakarta – bis zum Jahr 2000 auf die ›Außeninseln‹ verfrachtet werden – ein Projekt, das weltweit nicht nur begeisterte Zustimmung findet, sondern auch auf heftigste Ablehnung stößt.

Transmigration hat in Indonesien eine lange Geschichte. Schon die holländischen Kolonialherren schickten Anfang dieses Jahrhunderts Arbeitskräfte für ihre Plantagen von Java auf die Randinseln des Archipels. Unter dem Strich ist das Ergebnis bis heute jedoch bescheiden. Seit 1905 wurden lediglich 3,6 Mill. Menschen in neue Lebensräume verschickt, zwei Drittel davon im Laufe des dritten Fünfjahresplanes von 1979 bis 1984. Für REPELITA V, den laufenden Fünfjahresplan, wird die ehrgeizige Quote von 4 Mill. Menschen anvisiert.

Jede Transmigranten-Familie erhält als Minimum 2 ha gerodetes Brachland, ein Holzhaus, Saatgut, Schädlingsbekämpfungs- und Düngemittel sowie landwirtschaftliches Gerät. Eineinhalb Jahre lang garantiert der Staat den Lebensunterhalt der Umsiedler, danach müssen sie für sich selbst sorgen. Nach fünf Jahren, wenn die Verwaltung der Siedlung vom Ministerium für Transmigration auf die jeweilige Provinzregierung übergegangen ist, werden die Umsiedler zu rechtmäßigen Besitzern des von ihnen bewirtschafteten Landes. Die Regierung hat insgesamt 350 Siedlungsgebiete ausgewiesen, die in der Regel jeweils etwa 2000 Familien umfassen. Zielgebiete der Transmigranten von Java, Bali und Madura sind die größeren Inseln Sumatra und Sulawesi sowie gegenwärtig vor allem Kalimantan und Irian Jaya.

Nicht nur eine Korrektur der asymmetrischen Bevölkerungsverteilung steht hinter dem Mammutprogramm, sondern auch ein bedeutsames politisch-militärisches Motiv – die ›Javanisierung‹ des ethnisch überaus heterogenen Archipels, d. h. die Stabilisierung der javanischen Vorherrschaft auf den ›Außeninseln‹. Weiterhin gilt der periphere Bereich des indonesischen Staatsgebietes wegen der insularen Zersplitterung als schwer zu kontrollieren und folglich leicht infiltrierbar, beispielsweise von kommunistischen Guerillas. Durch die gezielte Ansiedlung ehemaliger Armeeangehöriger soll dem entgegengewirkt und zudem Befreiungsbewegungen, die die Autonomie verschiedener Randgebiete anstreben (z. B. Irian Jaya und Osttimor), der Boden entzogen werden.

Auf den ersten Blick erscheint es durchaus plausibel, durch Transmigrationsprogramme der verheerenden Bevölkerungsexplosion auf den zentralen Inseln ein Ventil zu öffnen. Doch das Zauberwort ›Umverteilung‹ birgt auch eine ganze Reihe komplexer Probleme in sich. Wegen der dortigen sehr geringen Bevölkerungsdichte von teilweise nur 3 bis 5 Einw./km^2 sind Kalimantan und Irian Jaya die derzeit favorisierten Zielgebiete. Der niedrige Dichtequotient aber hat auch seinen guten Grund. Während Java und Bali vulkanischen Ursprungs und damit sehr fruchtbar sind, bestehen die beiden Rieseninseln Borneo und Neuguinea aus Gesteinen und Böden, die sich, weil relativ arm an mineralischen Nährstoffen, für die Agrarwirtschaft nur bedingt eignen. Unter enormem Zeitdruck stehend, unterliefen der indonesischen Regierung bei der Standortsuche für neue Siedlungen teilweise gravierende Fehler. Aufgrund überstürzter oder gar ganz unterbliebener Durchführbarkeitsstudien wurden Transmigranten in Gebiete mit den armseligsten Böden, die man sich überhaupt vorstellen kann, verpflanzt. Nach Meinung ausländischer Experten hätten viele als Siedlungsareale ausgewiesene Bezirke wegen der minderwertigen Bodenqualität (zumeist lehmige oder sandige Böden, die nur wenig Wasser speichern können und sehr arm an Nährstoffen sind) niemals besiedelt werden dürfen. Wiederholte Mißernten führten bereits in manchen Transmigrationszonen zu Hungersnöten. Für die Erschließung von Siedlungsgebieten opfert Indonesien bedenkenlos riesige Regenwälder (allein während des gegenwärtigen Fünfjahresplanes über 3,3 Mill. ha). Aber die Versuche, das Land zu kultivieren, ziehen oft fatale Folgen nach sich, da Kahlschlag und Brandrodung schwere Erosionsschäden bewirken. Sind die Areale endlich urbar gemacht und bestellt, verhindert häufig eine denkbar schlechte Infrastruktur eine effektive Vermarktung der landwirtschaftlichen Produkte. Nicht zu vergessen schließlich eine zutiefst menschliche Komponente der Transmigrationsproblematik: der Zusammenprall verschiedener Kulturen. Meist werden Umsiedler in Regionen verschlagen, wo sie mit ortsansässigen Leuten in Kontakt kommen, die außer der Nationalität nichts mit ihnen gemein haben. Mehr noch: Transmigration in Verbindung mit dem Raubbau an den Regenwäldern entzieht endemischen Kulturen (z. B. Brandrodungswanderfeldbauern oder als Jäger und Sammler normadisierenden Naturvölkern) die alte Lebensgrundlage. Die Urbevölkerung wird, in der Regel ohne Entschädigung, von ihrem angestammten Land vertrieben und häufig als Lumpenproletariat in die neu entstandenen Siedlungen ›integriert‹. Ausländische Kritiker sahen sich bereits veranlaßt, von ›Ethnozid‹ und ›Kulturmord‹ zu sprechen. Verschiedentlich widersetzten sich auch Stämme der Landenteignung – blutige Aktionen des indonesischen Militärs (vor allem auf Irian Jaya) waren die Folge. Von einer Integration der verschiedenen Volksgruppen durch Transmigration, einem weiteren erklärten Ziel der Zentralregierung in Jakarta, kann also nicht die Rede sein.

Es steht außer Frage, daß die Überbevölkerung Javas und Balis eines der schwerwiegendsten Probleme und zugleich eine der dringendsten Aufgaben zur Lösung der vielfältigen sozio-ökonomischen Probleme Indonesiens darstellt. Mit Transmigration alleine aber können, bei einer jährlichen Zunahme von mehr als 2 Mill. Menschen nur auf Java, die Folgen der Bevölkerungsexplosion kaum gedämpft werden. Vielmehr wird durch die Umsiedler, die überdies vielfach mit mehr oder minder starkem staatlichen Druck zu ihrem Entschluß gedrängt wurden, das Problem des Bevölkerungswachstums nur verlagert. Man muß sich die Frage stellen, ob die gewaltigen finanziellen Mittel (jeder Siedlungsplatz kostet rund 27000 DM!) nicht besser in ein effektives nationales Familienplanungsprogramm investiert werden sollten.

Mosaik der Völker

Die geotektonische Zersplitterung und heterogene Natur der indonesischen Inselwelt spiegelt sich in der Mannigfaltigkeit des aus über 360 Ethnien (zuzüglich mehrerer hundert ethnischer Gruppen auf Irian Jaya) bestehenden bunten Völkermosaiks wider. Dies allerdings sind nur übergeordnete Stammesgruppen, die wiederum in zahlreiche kleinere, sich sprachlich und kulturell teilweise stark voneinander unterscheidende Einheiten zerfallen. Im Indonesien der Gegenwart begegnet man Volksgruppen und Stämmen, die sämtliche sozio-kulturellen Entwicklungsstufen der Menschheitsgeschichte der vergangenen 4000 Jahre repräsentieren: Der weite Bogen spannt sich von den steinzeitlichen Jägern und Sammlern der Regenwälder Kalimantans oder Irian Jayas bis hin zu der modernen, urbanen Elite, deren Mitglieder vielfach im Ausland studiert haben und sich häufig an westlichen Leitbildern orientieren. Die heutige ethnische Gliederung der Bevölkerung Indonesiens sowie die enorme Bandbreite kultureller Diversifikation sind das Ergebnis verschiedener Einwanderungswellen, die jedesmal zu weitreichenden Umschichtungen, Verschmelzungen und Verdrängungen führten. Die Bezeichnung ›Indonesier‹ übrigens wird im allgemeinen Sprachgebrauch, heute zumeist, politisch verstanden, auf die Staatsangehörigen der Republik Indonesien eingeengt, völkerkundlich aber auf die gesamte autochthone Bevölkerung der Inselwelt Südostasiens (die Malaiische Halbinsel und die Philippinen also einbezogen) erweitert.

In prähistorischen Zeiten siedelten in der Region des heutigen indonesischen Staatsgebiets verschiedene Altvölker unterschiedlicher ethnischer Abkunft, deren Nachkommen heute meist als sehr kleine, im Aussterben begriffene, archaische Restgruppen zurückgedrängt in kaum zugänglichen binnenländischen Rückzugsgebieten leben. Diese Urbevölkerung umfaßt in erster Linie negritoide, weddide und melaneside Völkergruppen. Ob es sich bei den Negritos (= ›Negerlein‹), deren Name aufgrund ihrer äußeren Erscheinung (zwergenhafter Wuchs, dunkle Hautfarbe sowie Kraushaar) von den Spaniern auf den Philippinen geprägt wurde, um frühe Zuwanderer vom asiatischen Festland oder Relikte ältester menschlicher Gruppen handelt, die sich aus im Archipel heimischen Hominiden entwickelten, ist wissenschaftlich bislang noch strittig. Zu den Reststämmen der negritoiden Urbevölkerung, die sich in geographischer Abgeschiedenheit der Assimilation an spätere Einwanderer entzogen haben, gehören u. a. die Orang Akit auf Sumatra. Ebenfalls zu den ältesten Bevölkerungssubstraten Indonesiens rechnet man die Punan auf Kalimantan, die Toala auf Sulawesi sowie die Kubu auf Sumatra; diese Völkersplitter zählen zu den in Indien und auf Sri Lanka stärker verbreiteten Weddiden. Dem östlichen Bereich der Negriden gehören die gleichfalls dunkelhäutigen und kraushaarigen, aber großwüchsigen und kräftigen Melanesiden an, deren Verbreitungsgebiet auf den östlichen Kleinen Sunda-Inseln beginnt und sich über die Südmolukken und Neuguinea bis zu den Fidschi-Inseln erstreckt. Ihr Anteil an der Bevölkerung Indonesiens wurde nach der Angliederung Westirians und Osttimors erheblich aufgestockt. Heute leben über 1 Mill. Angehörige dieser ethno-linguistischen Gruppe, die sich in die eigentlichen Melanesier und in die Papua untergliedert, in Indonesien. Gemeinsam ist diesen Altvölkern, daß sie, von später eingewanderten Ethnien in abgelegene oder gebirgige Fluchtgebiete abgedrängt, noch im Stadium nomadisierender steinzeitlicher Jäger und Sammler leben, autark und zum Teil ohne jegliches Bewußtsein um die Existenz eines indonesischen Staates. Einige dieser animistischen Rest- und Rückzugsgruppen, beispielsweise die Eipo-Pygmäen im schwer zugänglichen zentralen Bergland Irian Jayas, wurden erst in jüngster Vergangenheit quasi vom Mesolithikum in die Gegenwart katapultiert.

In verschiedenen Einwanderungswellen kamen später die Paläomongoliden aus dem südchinesischen Raum (der heutigen Provinz Yünnan) auf die Inseln. Sie werden wissenschaftlich als Indonesier oder Malaien bezeichnet und wegen ihrer zeitlich gestaffelten Ankunft in Alt- bzw. Protomalaien oder auch Altindonesier und Jung- bzw. Deuteromalaien oder auch Jungindonesier unterteilt. Als älteste Einwanderer der paläomongoliden Rassengruppe erreichten die Protomalaien, Träger einer neolithischen Kultur, das Gebiet des heutigen Indonesiens zwischen 2500 und 1500 v. u. Z. Sie drängten die Altbevölkerung in die binnenländischen Waldgebirge ab oder assimilierten deren Reste. Aus altmalaiischen Völkern gingen vorwiegend die Bergstämme hervor; zu den Protomalaien aber zählen auch einige Fischer- und Seefahrergruppen (z. B. die Orang Laut, die Nomaden der Sulu- und Celebes-See). Die zahlenmäßig stärksten altindonesischen Völker, deren Anteil an der Gesamtbevölkerung heute bei rund 12–13 Mill. liegen dürfte, sind mit je 2–3 Mill. Menschen die Batak (Nordsumatra) und die Dayak (Kalimantan), gefolgt von den Toraja (Sulawesi), Tengger (Ostjava) und Sasak (Lombok). Darüber hinaus existiert noch eine Vielzahl kleinerer, sprachlich und kulturell eigenständiger Gruppen (z. B. auf Nias, den Mentawai-Inseln und dem Riau-Archipel). Diese Völkergruppen protomalaiischer Herkunft haben in der Neuzeit zumeist ihre traditionelle Lebensweise als halbnomadische Brandrodungswanderfeldbauern zugunsten eines seßhaften Daseins in dauerhaften Siedlungen aufgegeben. Überaus bemerkenswert sind ihre zum Teil außergewöhnlichen künstlerisch-architektonischen Leistungen (vgl. S. 431, 488). Ihre Kulturen unterscheiden sich von denen der Jungindonesier insbesondere durch ständische, meist von patrilinearen Verwandtschaftsgruppen geprägte, traditionelle Gesellschaftsordnungen sowie durch seit Jahrtausenden praktizierte Stammesreligionen und tradierte animistische Glaubensvorstellungen, die sich in vielfältigen Formen von Anbau- und Ernteriten, Schamanismus und Geisterabwehrzauber sowie vor allem in vielfach äußerst aufwendigen Totenriten und Ahnenverehrungskulten äußern. Weitere charakteristische Kennzeichen altindonesischer Kultur sind die häufig anzutreffenden megalithischen Steinmale (vor allem auf Nias; vgl. S. 436), aber auch die bis in die jüngere Vergangenheit hinein ausgeübte Kopfjagd. Während der Islam bei protomalaiischen Völkern kaum Fuß fassen konnte, bekennt sich heute ein Großteil der Batak und Toraja sowie anderer Stämme zum christlichen Glauben. Auf-

Dayak-Frau und Dayak-Krieger in einer Darstellung aus dem letzten Jahrhundert

grund ihrer häufig lange Zeit ausgeprägten geographischen Isolation und der räumlichen Distanz voneinander, repräsentieren die altindonesischen Völkerschaften in der Gegenwart ein unerwartet großes ethnisch-kulturelles Spektrum, so daß hinsichtlich Sprache, Sozialstruktur sowie Kultur-, Lebens- und Wirtschaftsformen zum Teil ganz erhebliche Unterschiede bestehen. Dennoch verbinden gewisse kulturelle Parallelen nicht nur die protomalaiischen Völker Indonesiens untereinander, sondern auch mit altmalaiischen Ethnien anderer südostasiatischer Länder (z. B. mit den Igorot auf den Philippinen, mit den Karen in Thailand oder den Montagnards in Vietnam).

Der Grundstock des weitaus größten Teils der heutigen Bevölkerung Indonesiens ging aus der jüngeren deuteromalaiischen Einwanderungswelle hervor. Die Jungmalaien sind die ›eigentlichen‹ Malaien, die *Bumi Putera* oder *Pribumi*, die staatstragende, das wirtschaftliche und politische Leben bestimmende Bevölkerung Indonesiens wie auch Malaysias und der Philippinen. Sie leben vorwiegend in den Ebenen und Küstenniederungen und sind die Träger der hochentwickelten malaiischen Kultur, in die sie indische, chinesische, arabische und europäische Fremdeinflüsse aufgenommen und mit ihren eigenen Schöpfungen verschmolzen haben. Ihre außerordentlichen kulturell-architektonischen Leistungen manifestieren sich besonders eindrucksvoll in den buddhistisch-hinduistischen Tempelanlagen von Borobudur und Prambanan auf Zentraljava sowie in den Tausenden von Tempeln auf Bali.

In starken Wander- und Siedlungsbewegungen verbreiteten sich die Jungindonesier von ihren angestammten Regionen ausgehend über den gesamten Archipel. Auf diese Weise entwickelten sich verschiedene neue, gemischte Volksgruppen wie z.B. die Banjaresen, die Küstenbevölkerung Südkalimantans, oder die Belunesen und Atoni auf Timor sowie die Bima und Sumbawaner auf Sumbawa. Größte verbindende Gemeinsamkeit aller jungindonesischen Völker ist, trotz der bestehenden enormen sozio-kulturellen Heterogenität und der höchst verschiedenartigen Gesellschaftsordnungen (die Bandbreite reicht von egalitären Dorfformen bis zu überaus differenzierten höfischen Strukturen in urbanen Zentren), der im 12. Jh. von arabischen Kaufleuten importierte islamische Glaube, dem knapp 90% der Gesamtbevölkerung anhängen. Bemerkenswert erscheint das Beharren vieler, auch kleinerer Volksgruppen auf einer weitgehenden kulturellen Eigenständigkeit, die dem indonesischen Kaleidoskop weitere bunte Facetten hinzufügt. Deutlich zum Ausdruck kommt diese Tatsache in einem geläufigen indonesischen Sprichwort: *Lain desa, lain adat* (›Ein anderes Dorf, andere Sitten und Gebräuche‹). Betont werden muß noch, daß trotz vielfältiger ethnisch-kultureller Unterschiede keine starre Grenze zwischen den alt- und jungindonesischen Völkergruppen verläuft, da es eine ganze Reihe jungindonesischer Ethnien gibt, bei denen sich gewisse altindonesische Merkmale erhalten haben (z.B. die matrilineare Gesellschaftsordnung der Minangkabau auf Westsumatra, die sich kaum mit den Lehren des Koran deckt). Andererseits gelten beispielsweise die zu den Altindonesiern zählenden Batak auf Nordsumatra als eine der fortschrittlichsten Volksgruppen des modernen indonesischen Staates. Insgesamt konzentrieren sich die Indonesier malaiischer Abkunft mehr auf den bevölkerungsreichen westlichen Inseln des Archipels, während im Osten die melanesiden Gruppen stärker hervortreten. Hier haben sich vielfach auch Mischbevölkerungen aus Protomalaien und Melanesiern gebildet, deren Angehörige mit einem sprachwissenschaftlichen Begriff als Austronesier bezeichnet werden.

Eine wirtschaftlich enorm einflußreiche Minderheit stellen die rund 4,5–5 Mill. Chinesen dar, von denen etwa zwei Drittel die indonesische Staatsangehörigkeit führen. Abgerundet wird das Völkermosaik durch indische, pakistanische, arabische und indo-europäische (eurasische) Minderheiten, die zwar zahlenmäßig kaum ins Gewicht fallen, aber ähnlich wie die Chinesen für die Wirtschaft des Landes von sehr großer Bedeutung sind. Von den früheren Kolonialherren, den Holländern, lebt nur noch eine verschwindend kleine Minorität permanent im Lande.

Exkurs: Traditionelle Hausformen in Indonesien

Der Pfahl- oder Stelzbau der herkömmlichen *Kampung* (zumeist lockere Haufendörfer) ist die klassische Hausform Indonesiens. Dieser Gebäudetyp beschränkt sich nicht nur auf die Gezeiten-, Überschwemmungs- und Sumpfgebiete der Küstenniederungen, man findet ihn vielmehr auch an Hanglagen und im Gebirge. Diese klimakonforme Bauweise wird sowohl von alt- als auch jungindonesischen Völkern angewendet. In der Regel bestehen Pfahlbauten aus extrem leichten Bauteilen (Bambusstangen, Holzbrettern oder nur armdickem Stamm- und Astwerk). Vielfach besitzen sie weit überstehende ›Palmwedelblätterdächer‹, die durchweg sehr steil sind, damit das

Regenwasser schnell ablaufen und keine Dachfäulnis entstehen kann. Aufgrund der natürlichen Ventilation schafft der dauernd aus der Bodenfeuchtigkeit herausgehobene Pfahlbau die klima-ökologisch optimale Wohnweise im inneren Tropengürtel, zugleich bietet er einen guten Schutz gegen Bodenungeziefer, Parasiten, Schlangen u. a. (früher vielfach auch vor Feinden und wilden Tieren). Weiterhin entsteht ein regengeschützter, schattiger und gut durchlüfteter Sekundärraum unter dem eigentlichen Wohnhaus, der zumindest temporär, außerhalb der Regenzeit, vielfältige Verwendung finden kann (Geräte- und Vorratsraum, Bereich für Kleintierhaltung u. a.). Warum die Häuser auf Stelzen stehen, begreift der Indonesien-Besucher spätestens während eines tropischen Gewitters oder zur Monsunzeit: Die Sintfluten können so nicht von unten in die Wohnungen steigen. Bewährt haben sich Pfahlkonstruktionen vor allem bei einer typisch malaiischen Siedlungsform – den *Kampung Air* (›Wasserdörfer‹), das sind im Gezeitenwasser der Küsten sowie in den Deltas oder Mündungstrichtern der großen Tieflandströme stehende, teilweise nur per Boot oder über Lauf-

stege erreichbare (Fischer-)Dörfer (vor allem auf Süd- und Westkalimantan). Neben jenem Pfahlbautyp findet sich auf Kalimantan (z. B. in Banjarmasin; vgl. S. 456) sowie Südsumatra (z. B. in Palembang; vgl. S. 400) noch eine weitere Bauform: Das ›schwimmende Haus‹ *(Rumah Lanting),* das auf in Ufernähe verankerten floßartigen Plattformen errichtet wird. Neben der Klimaanpassung spielt bei diesen ›amphibischen‹ Haustypen auch die hygienisch sehr vorteilhafte Reinigung durch ›natürliche Wasserspülung‹ (Ebbe und Flut) eine wichtige Rolle.

Weitgehend ungebräuchlich sind Pfahlbauten auf Zentral- und Ostjava sowie Bali und Lombok; dort dominieren ebenerdige, meist aus Lehmziegeln errichtete Häuser.

Ebenfalls auf Java zeigen ältere Gebäude vielfach deutlich europäischen Einfluß, dabei handelt es sich vor allem um in der holländischen Kolonialzeit entwickelte, gut durchlüftete, gegen Insekten abgeschirmte, halboffene bungalowartige Bauten mit Ziegeldächern.

Als besonders markanter Siedlungstyp ist hauptsächlich im gebirgigen Binnenland Kalimantans und Sulawesis das Langhaus vertreten. Vielfach beherbergt es einen ganzen Dorfverband mit Hunderten von Mitgliedern in einem einzigen langgestreckten Gebäude, das sich auf einer Unmenge von Pfählen aus äußerst widerstandsfähigem Hartholz 3–5 m über dem Erdboden erhebt. Darunter tummeln sich Schweine, Hunde und Hühner und vertilgen die durch die Ritzen des Bambusfußbodens gefegten Abfälle. Die Wohnform ›Langhaus‹ wird besonders bei den Dayak-Völkern Borneos gepflegt und geht in ihrem Ursprung häufig auf die familiären Bindungen in Sippen- und Clanverbänden zurück. Für gewöhnlich sind diese langen, geschlossenen Reihenhäuser ca. 100 m lang und bieten mitunter bis zu 70 Familien Unterkunft. Bei den meisten Langhäusern liegen vor den nach Familienzugehörigkeit gegliederten Wohnabteilen schattige, überdachte, bisweilen sehr breite Veranden und offene Plattformen, die normalerweise dem ›Durchgangsverkehr‹ dienen, bei speziellen Anlässen aber auch als Versammlungs- und Festplätze genutzt werden. Vor allem mit dem Übergang vom gruppengebundenen Brandrodungswanderfeldbau zum modernen marktwirtschaftlichen Daueranbau zerbrechen heute vielfach auch die traditionellen Langhaus-Gemeinschaften.

Die ethnisch-kulturelle Zersplitterung Indonesiens zeigt sich auch in einem weiten Spektrum regional verschiedener traditioneller Haustypen. Zu diesen künstlerisch-architektonisch durchweg außerordentlich eindrucksvollen Bauformen gehören die Familienhäuser der Toba-Batak (Nordsumatra) mit ihren buntbemalten, reichornamentierten Wänden und weit ausladenden Giebeln ebenso wie die stilverwandten malerischen Häuser der Toraja auf Sulawesi (vgl. S. 487) und die kunstvollen Bauten der Minangkabau (Westsumatra) mit ihren pagodenartig gestaffelten Dächern (vgl. S. 409). Obwohl diese stammesspezifischen Hauskonstruktionen mittlerweile als ein schützenswertes nationales Erbe gelten, haben hier bedauerlicherweise vielfach auch westliche Bauelemente und -stoffe Eingang gefunden. Nicht selten sieht man rostiges, uniformes Wellblech auf elegant geschwungenen Sattel- oder Walmdächern. Dabei ist dieses Baumaterial in Tropenzonen denkbar unpraktisch: Tagsüber staut sich unter den Wellblechdächern die Hitze, und bei starkem Regen herrscht ein unbeschreiblicher Lärm.

Einen ersten, aber bereits recht umfassenden Überblick über den Formenreichtum indonesischer Architektur vermittelt ein Besuch des ›Taman Mini‹ in Jakarta (vgl. S. 166).

Sozialordnung

In der Sozialstruktur des Landes hat sich trotz seiner Befreiung von der Kolonialherrschaft nichts Wesentliches geändert. Wie bereits vor 50, 100 oder 200 Jahren bilden die sich ständig vergrößernden, besitzlosen oder einkommensschwachen ländlichen sowie, heute auch, städtischen Bevölkerungsschichten die breite Basis der gegenwärtigen indonesischen Sozialpyramide; dies sind die *Wong Cilik*, die ›Kleinen Leute‹. Zahlenmäßig relativ unbedeutend ist die vorwiegend urbane Mittelschicht, der in erster Linie die sogenannten *Priyayis* (höhere Staatsbeamte, leitende Angestellte, Akademiker in gehobenen Positionen) sowie ein Großteil der chinesischen Bevölkerungsminorität (zumeist Geschäftsleute) angehören. Den obersten Rang der sozialökonomischen Hierarchie nehmen einige zum Teil überaus wohlhabende Führungsgruppen in Wirtschaft, Verwaltung, Militär und Politik ein. Die Kluft in den Einkommens- und Lebensverhältnissen zwischen diesen Eliten sowie der Bevölkerungsmehrheit ist außerordentlich kraß.

Seit alters her ist die indonesische Gesellschaft in allen Bereichen vertikal gegliedert, d. h., sie orientiert sich traditionell von unten nach oben. Diese obrigkeitsbezogene und seit Jahrhunderten statische Gesellschaftsform findet sich bei durchweg allen Volksgruppen und Ethnien Indonesiens. Die streng hierarchische Struktur der indonesischen Gesellschaft enthält überdies noch zahlreiche paternalistische Elemente. *Bapak* (›Vater‹) – so nennt man nicht nur einen Familienvater, mit dieser respektvollen Anrede wendet man sich auch an sozial höher stehende Persönlichkeiten oder in Politik, Verwaltung und Wirtschaft anerkannte Führungskräfte. Ohne beleidigend zu werden, kann sogar jedermann das Staatsoberhaupt mit *Bapak Presiden* anreden. Das männliche Familienoberhaupt findet also gesamtgesellschaftlich seine Entsprechung im Staatspräsidenten, was auch der vom früheren Präsidenten Sukarno geprägten Staatsideologie entspricht, der zufolge das indonesische Gesellschaftssystem ein auf die Gesamtgesellschaft übertragenes Familiensystem darstellt. Der indonesische *Bapakisme,* also das Verhältnis zwischen Patron und Untergebenen, schließt dabei die soziale Pflicht des Höhergestell-

Beinamputierter Bettler in Jakarta

ten ein, für seine Klientel innerhalb des gegebenen Rahmens, falls nötig aber auch außerhalb der Legalität, zu sorgen.

Die Großfamilie ist das tragende Element der traditionellen indonesischen Sozialordnung. Für jeden Indonesier bedeutet die Familiengemeinschaft die Basis seines Lebens. Vor allem in ländlichen Regionen, wo immer noch ca. 80% der Bevölkerung leben und wo der Staat mit seinen Organen vielfach heute noch als eine anonyme Macht empfunden wird, sind sehr häufig auch in der Gegenwart Sippe und übergeordnete Dorfgemeinschaft ebenso wie in der Vergangenheit die einzigen gesellschaftlichen Einheiten, denen sich das Individuum verpflichtet fühlt. Immer noch kommt – wenngleich es hier ein offensichtliches Stadt-Land-Gefälle gibt – den meist unendlich verzweigten Großfamilien eine überragende Bedeutung zu.

Eine Sozialversicherung westlichen Musters ist in Indonesien unbekannt; die (Groß-)Familie bildet das soziale Netz und garantiert jedem ihrer Mitglieder eine Absicherung im Falle von Altersgebrechlichkeit, bei Krankheit oder bei allen nur denkbaren Schicksalsschlägen. Was das Überleben angesichts einer Arbeitslosenquote von über 30% ermöglicht, ist die Zugehörigkeit zur Sippe, die noch immer die solideste Grundlage sozialer Bindung und Sicherheit gewährt. Die Großfamilie bietet den besten Schutz gegen äußere Bedrohung und bildet den Rahmen für gegenseitige Unterstützung und verwandtschaftliche Hilfe bis hin zum Nepotismus. Vetternwirtschaft muß dabei nicht notwendigerweise negativ gewertet werden. Man könnte sie in diesem Zusammenhang auch als Versuch interpretieren, ein wenig von dem ländlichen Ideal zu retten, bei dem die wirtschaftlichen und sozialen Beziehungen nicht wie im städtischen Umfeld voneinander getrennt werden. Eine enge Verbundenheit zur Familie und Respektverhalten gegenüber den Eltern sind für die allermeisten Indonesier, unbeachtet ihrer ethnischen Zugehörigkeit, Zeit ihres Lebens eine Selbstverständlichkeit.

Neben den Kernfamilien bilden in den ländlichen Räumen vor allem die Dorfverbände die entscheidenden Einheiten im wirtschaftlichen und sozialen Leben. Das Dorf *(Desa)* ist immer noch die Gemeinschaft, in der über drei Viertel aller Indonesier aufwachsen und ihr Leben verbringen. Das starke dörfliche Solidaritätsgefühl beschützt die einzelnen Mitglieder der Gemeinschaft in Notlagen und Gefahrensituationen durch ein althergebrachtes System der gegenseitigen Hilfeleistung und Zusammenarbeit, das auf indonesisch *Gotong Royong* genannt wird. In dieser Gemeinschaftskultur, die sich in ihrer heutigen Form Anfang des vergangenen Jahrhunderts u. a. als Reaktion auf die zunehmende Ausbeutung der Landbevölkerung durch die holländischen Kolonialherren entwickelte, deren eigentliche Ursprünge aber mit der Einführung des stark gruppengebundenen Terrassen-Reisanbaus der frühen protomalaiischen Einwanderer zusammenfallen, unterscheidet man zwei Formen kollektiver Hilfe: zum einen die wechselseitige Nachbarschafts- bzw. Sippenhilfe (beispielsweise bei der Feldarbeit, beim Hausbau oder bei der Vorbereitung von Festen), zum anderen die im Interesse des gesamten Dorfverbandes verrichteten Arbeiten (z.B. beim Bau oder der Instandhaltung von Straßen, Brücken, Bewässerungsanlagen, Dämmen, Schulgebäuden, aber auch Hilfeleistungen bei Katastrophen wie Überschwemmungen, Vulkanausbrüchen u.a.). Die gegenseitige Nachbarschaftshilfe kennt kein Arbeitgeber-Arbeitnehmer-Verhältnis und damit auch keine finanzielle Entlohnung erbrachter Dienste. Wohl aber existiert eine Entschädigung in Naturalien für geleistete Erntearbeit. Diese traditionelle soziale Überlebensstruktur schafft im dörflichen Rahmen einen gewissen materiellen Ausgleich zwischen arm und reich, und erklärt auch, weshalb Indonesier vielfach ohne ein regelmäßiges Geldeinkommen überleben können. Damit kompensiert das *Gotong Royong*-System in hohem Maße die Mängel der gegenwärtigen, überaus lückenhaften Sozialpolitik. Die Koordination der Gemeinschaftsarbeit für das Gesamtwohl des Dorfes obliegt für gewöhnlich dem gewählten (neuerdings bisweilen auch von der Regierung eingesetzten) Dorfoberhaupt (*Lurah* oder *Kepala Desa*). Ein bedeutender Wesenszug der gemeinschaftlichen Arbeit, aber darüber hinaus des Lebens im Kollektiv schlechthin, ist die zu einem wichtigen Grundsatz erhobene Forderung, auf eine persönliche Profilierung zugunsten der Loyalität gegenüber Familien- und Dorfverband zu verzichten, d.h. sich von den anderen nicht durch besondere Leistungen abzuheben.

Die bewährte Praxis, im indonesischen Dorf alles gemeinschaftlich zu tun, zeigt sich auch bei wichtigen Entscheidungen, die das dörfliche Leben betreffen. In der Dorfversammlung wird versucht, in ausgiebigen Beratungen *(Musyawarah)*, unter Berücksichtigung aller Einzel- und Gruppeninteressen sowie nach langem Abwägen des Für und Wider, möglichst einstimmige, alle zufriedenstellende Beschlüsse *(Mufakat)* herbeizuführen. Dieser Prozeß der Entscheidungsfindung wird geprägt vom Leitmotiv des sozialen Miteinanders – dem Geist des Ausgleichens und der Harmonie *(Rukun)*. Zum Zwecke der Konfliktvermeidung machen in der Regel alle Beteiligten Zugeständnisse, andererseits aber soll nach der Diskussion jeder einzelne in der gefällten Entscheidung Elemente seiner Vorstellungen wiedererkennen. Das Prinzip der Beratungen ist also die Harmonisierung der Gegensätze, auf Konfrontation ausgerichtete Diskussionen entsprechen nicht dem Naturell der meisten Indonesier. Daraus resultiert ein von unseren Vorstellungen abweichendes Demokratieverständnis; Lösungen und Entscheidungen für 51% zu Lasten der unterlegenen 49% gibt es nicht. Natürlich ist diese Methode der Entscheidungsfindung sehr zeitaufwendig und führt häufig erst nach wiederholter Vertagung zum gewünschten Ergebnis.

Die Bewahrung oder Erlangung sozialer Harmonie nimmt bei fast allen Kulturen Indonesiens einen hohen Stellenwert ein. Eine wichtige Einrichtung zur Stärkung der Harmonie in der sozialen Umgebung (im Familien- und Dorfverband, im Arbeitskollektiv u.a.) sind neben *Musyawarah* und *Mufakat* die *Selamatan*, ursprünglich Speiseopfer, heute gemeinschaftliche Festmahle bei bestimmten Anlässen. Der einzelne ist stets bemüht, im Gleichklang mit seinen Mitmenschen zu leben und tunlichst jedem offenem Konflikt, der die soziale Harmonie der Gemeinschaft beeinträchtigen könnte, aus dem Wege zu gehen. Von großer Wichtigkeit ist hierbei der Begriff des *Malu* (›Scham‹, ›Schande‹), was ein starkes Schuldgefühl, die soziale Harmonie gestört zu haben, bedeutet. *Malu* entsteht durch gesellschaftliche Sanktionen für ein Fehlverhalten und kann beim Betroffenen bis zum Selbstmord führen.

All diese Regulative für das Zusammenleben innerhalb der Gruppe oder Gemeinschaft sind eingebettet in das umfassende Gesamtgefüge des *Adat*. Dies ist ein kulturelles Phänomen, das bei aller ethnischen Vielfalt in Indonesien, regional modifiziert, für alle Volksgruppen, unabhängig von ihrer Größe, gilt. Frei übersetzt kann *Adat* als Tradition oder auch Sitte bzw. Brauchtum wiedergegeben werden. Als unkodifiziertes, aber äußerst differenziertes Gewohnheitsrecht beherrscht und regelt *Adat* weite Bereiche des alltäglichen und nichtalltäglichen Lebens, sowohl im öffentlichen als auch privaten Sektor. Es beinhaltet Sitten- und Anstandsregeln ebenso wie strafrechtliche Angelegenheiten oder das wirtschaftliche und religiöse Recht. Die außerordentlich vielfältigen und fein verästelten Vorschriften des *Adat* werden lokal auf Dorf- und Gemeindeebene ausgeübt und richten sich jeweils nach den örtlichen Gepflogenheiten, die sich im Laufe vieler Generationen herausgebildet haben. Als ein traditionelles, enggeflochtenes System sozialer Pflichten und Rechte sowie elementarer Verhaltensvorschriften und religiös untermauerter Wertvorstellungen durchdringt *Adat* vielfach noch immer das gesamte menschliche Leben von der Geburt bis zum Tod. Alles im Gemeinschaftsleben ist *Adat* und alles wird von *Adat* geregelt. *Adat*-Zeremonien charakterisieren alle wichtigen Lebensstationen wie Geburt, Beschneidung, Heirat oder Tod. *Adat* gibt dem Bauern Anleitungen für die Feldbestellung, die Bewässerung und die Ernte sowie für die Viehzucht. Nach *Adat*-Normen werden Siedlungen, Wohnhäuser und Kultstätten angelegt. Das gesamte religiöse Leben und das allgemeine Rechtsverhalten sind durch *Adat* bis ins Detail reguliert. *Adat* hat überdies sehr viel mit der Ahnenverehrung in den Stammesreligionen zu tun; auf diese Weise bestimmt es nicht nur das Zusammenleben der Lebenden, sondern auch deren Beziehung zu ihren verstorbenen Vorfahren. Eine bedeutende Rolle haben die *Adat*-Vorsteher oder -Räte inne. Sie wachen über die Einhaltung der Regeln, geben bei Bedarf Ratschläge zu ihrer Anwendung und schreiten bei Streitigkeiten innerhalb ihrer Gruppe als allgemein anerkannte Richter ein. *Adat* konnte auch von den nach Indonesien einfließenden Religionen nicht verdrängt werden. Das Gewohnheitsrecht lebte und lebt vielmehr in friedlicher Koexistenz mit Hinduismus, Buddhismus, Islam und Christentum, wobei es zu wechselseitiger Durchdringung und Anpassung kommt. Bei der offiziellen Rechtssprechung dagegen können tradierte *Adat*-Regeln bisweilen durchaus mit modernen staatlichen Gesetzen kollidieren. Das Ordnungs- und Wertegefüge des *Adat* wurzelt immer noch tief im Denken des Indonesiers, bestimmt nach wie vor maßgeblich seine Philosophie und Ethik. Ohne *Adat* würde womöglich das gesamte geistige, religiöse und soziale Leben zusammenbrechen. Unter anderen Blickwinkeln betrachtet, behindert *Adat* aber auch in manchen Beziehungen die Weiterentwicklung von Staat und Gesellschaft. *Adat* nämlich zementiert auch jahrhundertealte starre Wertesysteme und verkrustete Sozialstrukturen, stemmt sich vielfach gegen jedwede Neuerung und unterbindet damit Veränderungen in der statischen indonesischen Gesellschaft.

Die Stellung der Frau

Natürlich gibt es ›die‹ indonesische Frau ebensowenig wie ›die‹ deutsche Frau. Die ethnische Vielfalt des Archipels hat auch die jeweilige soziale Stellung der Frauen in den zahlreichen Insel- und Regionalkulturen mit ihren unterschiedlichen Bräuchen und gesellschaftlichen Normen geprägt. Eine weitere Verallgemeinerung wird zusätzlich erschwert durch die krasse Trennung zwischen arm und reich. Die gesellschaftliche Position der Frauen variiert von Insel zu Insel mitunter sehr stark: Während Frauen in der matrilinearen Gesellschaftsordnung der Minangkabau auf Westsumatra einen dominierenden Platz einnehmen, leben sie in der paternalistischen Gesellschaftsstruktur Javas, nach islamischem Recht und eingefügt in *Adat*-Tradition und Familienbindung, immer noch weitgehend im Schatten ihrer Männer.

Im Vergleich zu anderen islamischen Ländern hat die Gleichberechtigung der indonesischen Frau sicherlich Fortschritte gemacht. Obwohl indonesische Frauen, die im übrigen keinen Schleier, sondern allenfalls ein aus zartem Stoff gearbeitetes Kopftuch tragen, zumeist über einen weitaus größeren Handlungsspielraum verfügen als arabische Frauen, werden sie im Alltagsleben trotzdem immer noch unterdrückt und benachteiligt. Vor allem bei ärmeren Bevölkerungsgruppen und ganz besonders auf dem Land, wo sich *Adat*-bestimmte Sozialstrukturen am unverfälschtesten erhalten haben, ist die rechtliche und gesellschaftliche Stellung der Frau der des Mannes deutlich untergeordnet. Im Dorf werden Mädchen bereits einige Jahre früher in die Arbeitswelt der Erwachsenen eingegliedert als Jungen. Geheiratet wird so früh wie möglich, oft schon im gesetzlich vorgeschriebenen Mindestalter von 16 Jahren. Meist helfen die Eltern bei der Partnersuche, denn aufgrund der gesellschaftlichen Etikette, die oftmals eine offene Begegnung zwischen Jungen und Mädchen verbietet, haben Indonesierinnen häufig keine Möglichkeit, selbst einen Mann zu finden. In ländlichen Gebieten werden laut einer Studie immer noch 80% aller Erst-Ehen von den Eltern arrangiert. Während bei Männern sexuelle Erfahrung vor der Ehe mitunter sogar als wünschenswert erachtet wird, gilt nach wie vor die Jungfräulichkeit der Braut als ein unumstößliches Gebot. Wird ein unverheiratetes Mädchen schwanger, so setzt seine Familie alles daran, es zu verheiraten, bevor die Schwangerschaft sichtbar wird. Kommt das Kind allerdings unehelich zur Welt, so wird die junge Frau aus der Familien- und Dorfgemeinschaft ausgestoßen. Ihr Weg führt dann sehr häufig direkt in die Slums der Großstädte und in die Prostitution. Nach offiziellem Recht dagegen darf ein indonesischer Mann bis zu vier Frauen haben, allerdings nur, wenn es seine Religion zuläßt und die erste Frau ihr Einverständnis dazu gibt. Heute leben nur noch schätzungsweise 5% aller indonesischen Männer polygam. In sozial höheren, westlich orientierten Schichten wird diese Form der Ehe (die übrigens auch vom ehemaligen Staatspräsidenten Sukarno praktiziert wurde) mittlerweile nicht mehr akzeptiert. Dagegen sind Seitensprünge des Ehemannes gesellschaftlich toleriert, gilt eine Mätresse sogar als eine Art von Statussymbol. Wohlhabende indonesische Männer halten sich deshalb heute häufig eine Geliebte, die sich dann allerdings mit einem völlig rechtlosen Status abfinden muß. Eine starre, fest im Islam verankerte Familienmoral betrachtet die tugendhafte indonesische Frau als treusorgende Gattin und gute Mutter, die ihr Betätigungsfeld auf Familie, Haushalt und andere frauenspezifische Arbeiten beschränkt. Frauen, die aus diesem Rollendenken ausbrechen wollen, finden im allgemeinen schwerer Lohnarbeit als Männer, und sie werden schlechter bezahlt. Auf diese Art und Weise bilden Frauen ein billiges und gefügiges Arbeitskräftereservoir speziell für die Textil-, Elektro-, Nahrungsmittel- und Zigarettenindustrie. Vor allem Frauen der Unterschicht sind aber sehr häufig gezwungen, mit einer Nebentätigkeit (Heimarbeit wie Weben, Batiken und Töpfern oder Kleinhandel) zur Sicherung des Familieneinkommens beizutragen, was für sie meist eine Doppel- und Dreifachbelastung bedeutet. Besonders auf dem Lande verrichten Frauen oftmals Schwerstarbeit, wenn neben Kinderversorgung und Haushalt auch noch Feld- und Erntearbeiten anstehen.

Die indonesischen Frauen der sozial niedrigeren Gesellschaftsschichten spielen im öffentlichen Leben zumeist eine untergeordnete Rolle, häufig dominieren sie aber im familiären Bereich; ihre Positionen als Herrscherinnen hinter den Kulissen sind schon beinahe legendär. Das männliche Familienoberhaupt repräsentiert zwar als anerkannte Autorität die Familie nach außen hin, beispielsweise bei Dorfversammlungen, doch hält die Ehefrau und Mutter, die

Exkurs: Raden A. Kartini

Der 21. April ist in Indonesien der Kartini-Tag. Als eine der ersten indonesischen Frauenrechtlerinnen ist Kartini seit Beginn unseres Jahrhunderts eine Symbolfigur für Gleichberechtigung und Fortschritt. Ihr Name gilt als ein Mythos, der von der Unabhängigkeit der indonesischen Frau und von ihrer Befreiung aus dem Korsett, in das sie eine paternalistische Gesellschaftsordnung zwängt, kündet.

Raden Adjeng Kartini, am 21. April 1879 als Tochter einer Nebenfrau des einstigen Regenten von Jepara (Zentraljava) geboren, wurde ganz im Geiste des damaligen streng hierarchischen, feudalistischen *Adat*-Systems erzogen. Zwar genoß sie eine vergleichsweise umfassende Schulausbildung und lernte fließend holländisch, doch war sie als Tochter eines Adligen, gefangen in den Ketten der gesellschaftlichen Etikette und der familiären Tradition, zumeist an das väterliche Haus gebunden. In

Porträt von Raden A. Kartini auf einer gültigen 10 000 Rupiah-Note

den wenigen Jahren ihres kurzen Lebens lehnte sich Kartini gegen die Unfreiheit ihres Frauenschicksals in einer von Männern dominierten Welt auf. Ihre Briefe an eine holländische Freundin, die dieses Leben widerspiegeln, haben sie zum indonesischen Mythos werden lassen. In ihrer Korrespondenz setzte sie sich kritisch mit der javanischen Kultur, insbesondere mit den Konventionen in ihrem adligen Elternhaus auseinander. Immer wieder prangerte sie den Brauch an, schon junge Mädchen, gegen ihren Willen zu vermählen. Kartini forderte die freie Wahl des Ehepartners und protestierte energisch gegen die Polygamie. Sie verlangte nach Schulerziehung für die indonesische Frau und kämpfte für deren ökonomische Emanzipation. Kartini stellte die Lebensverhältnisse der Frauen ihrer Gesellschaftsschicht in Frage, rebellierte aber nicht dagegen; sich gegen die Wünsche ihres Vaters aufzulehnen, kam ihr niemals in den Sinn. Ihr sehnlichster Wunsch, in Holland zu studieren, ging nie in Erfüllung. Am 8. November 1903 wurde sie, die sich stets gegen die Vielehe zur Wehr gesetzt hatte, die zweite Hauptfrau des *Bupati* von Rembang.

Am 17. September 1904 starb Kartini wenige Tage nach der Geburt ihres Sohnes. Sieben Jahre nach ihrem Tod wurden ihre Briefe in Holland unter dem Titel ›Durch die Dunkelheit zum Licht‹ veröffentlicht. Das Buch erregte großes Aufsehen und verhalf vielen Indonesierinnen zu wachsendem Selbstbewußtsein. Kartini wurde zum Leitbild der modernen indonesischen Frauen.

Ibu, insgeheim meist die Zügel in der Hand. So verwaltet die Frau in der Regel die Familienfinanzen und fällt wichtige Entscheidungen, die viele praktische Belange der Familie betreffen (Kindererziehung, Ausbildung der Kinder u. a.). Die wirklich weitgehend, nach westlichem Vorbild, emanzipierten Frauen, die leitende Stellungen in Wirtschaftsunternehmen und staatlichen Behörden bekleiden, sind jedoch eine überwiegend der kleinen Mittel- und Oberschicht angehörende Minorität.

Die indonesische Frauenbewegung blickt auf eine ebenso lange Tradition zurück wie der Feminismus in westlichen Ländern. Bereits zu Beginn unseres Jahrhunderts entstanden im Rahmen der Unabhängigkeitsbewegung verschiedene Frauenorganisationen mit emanzipatorischem Anspruch, zunächst besonders hinsichtlich der Ausbildungschancen für Mädchen. Nach der Erklärung der Unabhängigkeit wurde 1946 als übergreifender Dachverband KOWANI (*Kongres Wanita Indonesia* = ›Indonesischer Frauenkongreß‹) gegründet, der sich vorwiegend für die Schaffung eines neuen Eherechts sowie das volle Wahlrecht für Frauen engagierte. Nach den Ereignissen von 1965 steckte Präsident Suhartos ›Neue Ordnung‹ die Freiräume und Richtlinien für die Frauenbewegung neu ab; feministische und linksorientierte Vereinigungen wurden verboten. Heute existieren in Indonesien verschiedene ›Frauenorganisationen‹, die von Staats wegen zur Mitgliedschaft verpflichten. Alles in allem unterdrücken diese staatlich dirigierten und kontrollierten Frauenorganisationen eher die Gleichberechtigung der indonesischen Frau als sie zu fördern. Andererseits aber sind feministische Bewegungen nach westlichem Vorbild in Indonesien allem Anschein nach überhaupt nicht gefragt. Mehr noch: Zahlreiche indonesische Frauen wehren sich dagegen, westliche Vorstellungen von Emanzipation unkritisch zu imitieren; sie streben vielmehr eine ihrer Kultur entsprechende Form der Gleichberechtigung an.

Staat und Verwaltung

Die Republik Indonesien ist nach der mehrfach geänderten Verfassung vom 18. August 1945 eine zentralistisch geführte Präsidialrepublik mit Volkssouveränität. Der frühere Präsident Sukarno formulierte genialisch einfach die als Präambel in die Verfassung aufgenommene philosophische Staatsgrundlage *Pancasila* (gesprochen: Pantscha Sila). Die fünf (*Panca*) moralischen Grundprinzipien *(Sila)*, auf denen der indonesische Staat beruht, lauten im einzelnen: Glaube an den allmächtigen und alleinigen Gott, gleich welcher Bekenntnis *(Ketuhanan)*, Humanität in Gerechtigkeit und Zivilisation *(Kemanusiaan)*, Nationalismus und Einheit Indonesiens *(Kebangsaan)*, Demokratie basierend auf dem Prinzip der harmonischen, einmütigen Entscheidungsfindung *(Kerakyatan)* sowie soziale Gerechtigkeit für das gesamte indonesische Volk *(Keadilan Sosial)*. *Pancasila,* oft interpretiert als ein dritter Weg jenseits von Kommunismus und Kapitalismus, dient als wichtiges politisch-ideologisches Instrument zur Bewahrung der nationalen Einheit und zur Mobilisierung der divergierenden Kräfte für den gemeinsamen Aufbau der Nation.

Die laut Verfassung beim Volke liegende Souveränität wird von der Beratenden Volksversammlung oder dem Volkskongreß (*Majelis Permusyawaratan Rakyat;* MPR) ausgeübt. Dieses höchste Staatsorgan Indonesiens besteht aus 920 Abgeordneten, nämlich zur Hälfte aus allen Abgeordneten des Volksrepräsentantenhauses (*Dewan Perwakilan Rakyat;* DPR) und zur anderen Hälfte aus Vertretern der Regionen, die von den 27 Provinzparlamenten entsandt werden, sowie aus Vertretern der politischen Parteien, der ›funktionellen Gruppen‹ (vgl. S. 49) und der Streitkräfte. Diese zusätzlichen 460 Abgeordneten werden vom Präsidenten und der Regierung proportional der Wahlergebnisse zum Repräsentantenhaus, teilweise auf Vorschlag der relevanten Parteien und Gruppen, ernannt. Der Beratende Volkskongreß amtiert für einen Zeitraum von fünf Jahren und soll laut Verfassung in dieser Periode mindestens einmal zusammentreten. Beschlüsse erfolgen durch Stimmenmehrheit; nach Möglichkeit aber ist dem Prinzip der harmonischen Entscheidungsfindung Rechnung zu tragen, d. h., Beratungen *(Musyawarah)* sollen so lange durchgeführt werden, bis ohne Abstimmung ein Konsens *(Mufakat)* erreicht wird. Die MPR-Mitglieder entscheiden über die Verfassung und die Grundzüge der Politik (u. a. legen sie die Fünfjahrespläne fest); zudem wählen sie den Präsidenten und den Vizepräsidenten der Republik. Der Beratende Volkskongreß ist formell das höchste Verfassungsorgan, seine Kompetenz indes ist stark eingeschränkt, beispielsweise durch das dem Präsidenten vorbehaltene absolute Veto- und Notverordnungsrecht. Die legislative Gewalt liegt beim Repräsentantenhaus oder Parlament (DPR), das sich aus 360 vom Volk in direkter und geheimer Wahl ermittelten und 100 vom Präsidenten auf Vorschlag des Verteidigungsministers delegierten Abgeordneten (75 Angehörige des Militärs, 25 zivile Vertreter) zusammensetzt. Gemäß der Verfassung soll das Parlament mindestens einmal im Jahr tagen; auch die DPR-Mitglieder sind angehalten, das *Musyawarah-Mufakat*-Konzept zu befolgen. Oberster Träger der Exekutivgewalt ist der für fünf Jahre gewählte Präsident, dessen Wiederwahl nach abgelaufener Amtsperiode beliebig oft möglich ist. Als Staatsoberhaupt, Regierungschef und Oberbefehshaber der drei Waffengattungen in Personalunion besitzt der Präsident weitreichende Vollmachten. Seine Position ist zwar verfassungskonform dem Beratenden Volkskongreß, der ihn wählt und ihm die Richtlinien der Politik vorgibt, untergeordnet, er kann aber den Notstand ausrufen und befristet mit Ausnahmegesetzen regieren. Weiterhin bestimmt der Präsident allein die Zusammensetzung des Kabinetts; die Minister sind nur ihm, nicht aber dem Parlament, verantwortlich. Als Beratergremium steht dem Präsidenten der Oberste Beratende Rat (*Dewan Pertimbangan Agung;* DPA) zur Seite. Die Angehörigen des 45köpfigen Ausschusses (eine Art ›Ältestenrat‹), der keine Entscheidungsbefugnis besitzt, werden vom Präsidenten aus den Reihen des Militärs, den Parteien und den ›funktionellen Gruppen‹ für die Periode von fünf Jahren ausgewählt. Es herrscht allgemeines aktives Wahlrecht für alle Bürger ab 17 Jahren, von dem allerdings sämtliche Militärangehörige ausgenommen sind; das passive Wahlrecht gilt ab 21 Jahren.

Das allgemein gültige indonesische Recht ist eine Synthese aus europäischen (vor allem holländischen) Elementen und Bestandteilen des tradierten, bislang noch nicht vollständig kodifizierten Gewohnheitsrechts *Adat.* An der Spitze der Jurisdiktion steht der Oberste Gerichtshof. Er gilt laut Verfassung neben den Organen der Legislative und Exekutive als die drittwichtigste Kraft im Staate und wacht über die Unabhängigkeit der Gerichte. In Indonesien existiert keine Einheit von religiösem, gesellschaftlichem und staatlichem Recht im Sinne der islamischen *Schari'a.* Die vom Islam vermittelten sittlichen Werte prägen zwar das Leben strenggläubiger Moslems, gelten aber nicht als Gesetze, die im Rechtssystem eine allgemeine Gültigkeit besitzen. Bedingt durch die *Adat*-Tradition gibt es in Indonesien eine verwirrende

Präsident Suharto – ›Der Vater der Nation‹

Vielfalt von Rechtsgrundlagen in Form regional unterschiedlicher Gewohnheitsregeln, die in der Rechtssprechung berücksichtigt und von Fall zu Fall neu interpretiert werden müssen. Bleibt schließlich noch der Oberste Rechnungshof zu nennen, der die Finanzen der Verwaltung kontrolliert.

Administrativ gliedert sich die unitarische Republik Indonesien seit dem formellen Anschluß Osttimors im Jahre 1976 in 27 Provinzen *(Propinsi)* bzw. ›Regionen 1. Ordnung‹ *(Daerah Tingkat I)* mit überwiegend nur geringen Selbstverwaltungsbefugnissen. Die Provinzen dieses riesigen Landes haben durchweg die Größe mittlerer und kleiner europäischer Staaten; drei von ihnen besitzen als Spezialregionen Sonderrechte (Landeshauptstadt Jakarta, Yogyakarta und Aceh).

Staats- und Ministerpräsident der Republik ist Suharto (nach alter Schreibweise auch Soeharto; kein Vorname). Er wurde im März 1967 aufgrund seiner Schlüsselrolle bei der Niederwerfung der angeblich kommunistischen Revolte vom September 1965 (vgl. S. 103) und der Zerschlagung der Kommunistischen Partei Indonesiens amtierender Präsident und 1968, 1973, 1978, 1983 sowie 1988 für jeweils fünf Jahre zum Präsidenten gewählt. Der am 8. Juni 1921 geborene Suharto stammt aus einer einfachen Bauernfamilie auf Zentraljava. Er wuchs auf dem Lande auf, genoß nur eine bescheidene Schulausbildung und sah als 18jähriger seine Lebenschance in der Möglichkeit, in die niederländische Kolonial-Militär-Akademie in Bandung einzutreten. Er gehörte zunächst der Königlich Niederländisch-Indischen Armee, später der japanischen Truppe in Indonesien an, um schließlich am Unabhängigkeitskampf gegen die Holländer teilzunehmen und nach der Befreiung

Offizier der Indonesischen Nationalarmee zu werden, in der er rasch Karriere machte. Nach den Ereignissen von 1965 und der Entmachtung des früheren Präsidenten Sukarno, konzentrierte sich ein Großteil der Macht im Staate auf die Person Suhartos. Der sich im Gegensatz zum flamboyanten, charismatischen Sukarno stets nüchtern-pragmatisch gebende Suharto spielte einen entscheidenden Part bei der Konsolidierung und Stabilisierung des Landes nach den Wirren der Jahre 1965/66. Der strikt antikommunistische Suharto trat und tritt für eine kontinuierliche wirtschaftliche Liberalisierung ein sowie für eine außenpolitische Umorientierung, d. h. eine verstärkte Anlehnung an die westlichen Industrienationen.

Der Wechsel von der Präsidentschaft Sukarnos zu jener des ›lächelnden Generals‹ Suharto, oft als Übergang von der ›Alten Ordnung‹ *(Orde Lama)* zur ›Neuen Ordnung‹ *(Orde Baru)* umschrieben, führte nur bedingt zu einem Wechsel im politischen System des Landes. Toleranz und Demokratie sind zwar als Prinzipien politischen Lebens fest in der indonesischen Verfassung verankert, aber Indonesien ist keine Demokratie westlicher Prägung. Im Land herrscht eine sogenannte ›Gelenkte Demokratie‹ *(Demokrasi Terpimpin)*, ein Regierungssystem, das die Attribute autoritär, bürokratisch und korrupt verdient und das – obwohl dies eine gefährliche Erosion rechtsstaatlicher Prinzipien bedeutet – ganz auf den ersten Mann im Staat zugeschnitten ist. Der Präsident hat das Sagen, er beruft und entläßt die Minister; Parlament und Volkskongreß haben vor allem eine akklamatorische Funktion.

Eine dominierende Rolle in der indonesischen Gesellschaft spielt seit den Ta-

Verwaltungsgliederung Indonesiens

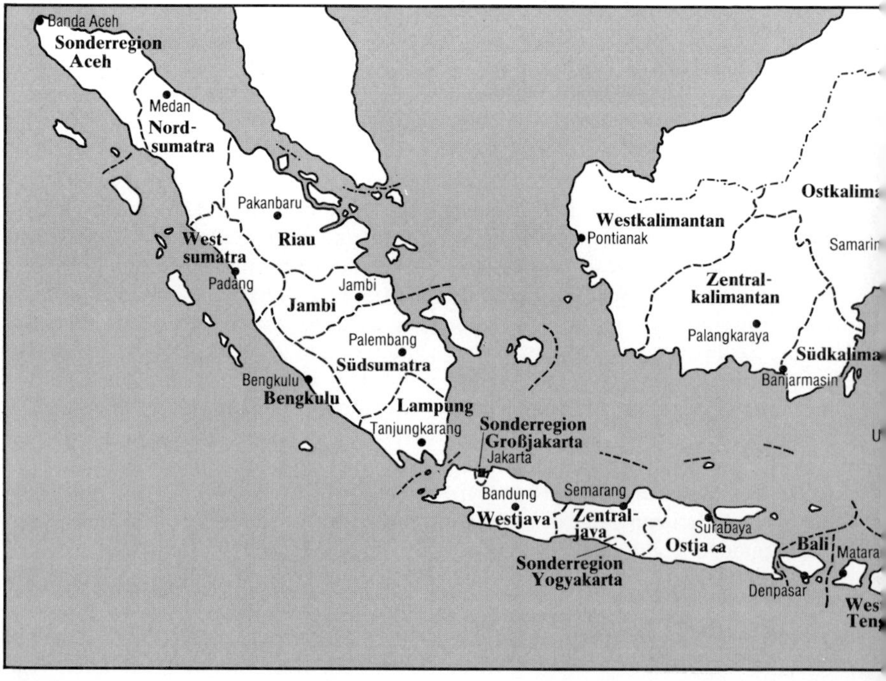

gen des Unabhängigkeitskampfes die Armee. Die Militärs sehen sich als Garanten der äußeren Sicherheit sowie als Instrument zur Erhaltung der staatlichen Einheit, einer stabilen politischen Ordnung und der gesellschaftlichen Entwicklung. Als Präsident Suhartos wichtigste Stütze stellen die Streitkräfte den einzigen Apparat dar, der die ganze zersplitterte Inselrepublik umspannt. Ihre Doppelfunktion *(Dwifungsi)* für Verteidigung (nach außen wie nach innen) und nationalen Aufbau ist in der Verfassung verankert. Die Militärs sitzen fest im Sattel. Die Spitzenministerien sind mit Generälen besetzt, Offiziere überwiegen in den Staatssekretariaten und stellen über die Hälfte der 27 Provinzgouverneursposten. Die gezielte Besetzung von Schlüsselpositionen mit (ehemaligen) Militärs geht über alle Verwaltungsebenen bis hinunter zu den Dorfbürgermeistern. Generäle und Offiziere operieren vielfach auch an den Schalthebeln der wirtschaftlichen Macht. Der indonesische Militarismus prägt überdies das tägliche Leben: Paramilitärische Exerzierübungen gehören zum Schulalltag und parademäßige Aufmärsche bilden bei allen offiziellen Feierlichkeiten den Höhepunkt; bereits im Kindergarten steht Disziplin an erster Stelle des Lehrplans. Niemand kennt die exakte numerische Stärke der indonesischen Armee, die als machtvollste Streitkraft Südostasiens gilt; Schätzungen schwanken zwischen 350000 und 450000 Mann. Bestenfalls 20 % der Militärausgaben sind im Staatshaushalt ausgewiesen (1984/85 gerade knapp 2,5 Mrd. US-$). Der große Rest kommt u. a. – in unbekannter Höhe – aus Gewinnen von verstaatlichten Wirtschaftsunternehmen. Hinzuzurechnen ist auch noch die ausländische – insbe-

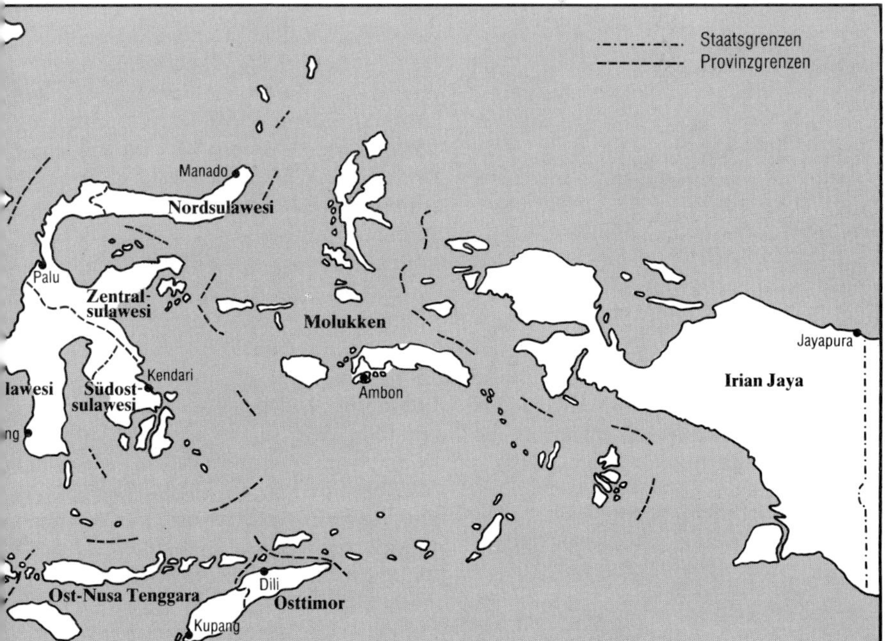

sondere amerikanische – Militärhilfe. Die indonesischen Streitkräfte haben die Funktion eines reglementierenden Machtinstruments, das Demokratisierungsprozesse bereits im Keim erstickt. Die Militärs, die nach im Ausland weit verbreiteter Meinung 1965 mit Hilfe eines gewaltsamen Putsches, nach offizieller indonesischer Version zur Abwehr eines kommunistischen Umsturzversuches, an die Macht kamen, werden wohl auch auf längere Sicht ihre politische Führungsrolle nicht abgeben und sich auch nicht ausschließlich auf ihre Sicherheitsfunktionen beschränken. So wird vermutlich auch in Zukunft nicht demokratische Willensbildung in Indonesien entscheiden, sondern die Macht – und die liegt weiterhin bei den Militärs. Wiederholt wies ›Amnesty International‹ auf die Verletzung von Menschenrechten unter Indonesiens Militärregierung hin. Die Gefangenenrechtsorganisation spricht von Folter, willkürlichen Verhaftungen und Inhaftierungen sowie unfairen Prozessen politischer Gefangener. Weiterhin wird von drastischen Einschränkungen der Rechte auf freie Meinungsäußerung und Versammlungsfreiheit berichtet. Speziell auf Osttimor werden indonesischen Truppen ›Verschwindenlassen‹ und Ermordungen politischer Häftlinge vorgeworfen. ›Amnesty International‹ schätzt die Gesamtzahl der politischen Gefangenen in Indonesien auf rund 100000. In den Monaten nach dem Umsturzversuch vom September 1965 wurden nach Schätzungen westlicher humanitärer Organisationen zwischen 100000 und 1 Mill. Menschen umgebracht und Zehntausende ohne Anklage und Prozesse auf die Gefangeneninsel Buru (Zentralmolukken) abtransportiert. Diese politischen Gefangenen sind mittlerweile zum großen Teil freigelassen worden. Viele von den sogenannten *Ex-Tapols* leiden nach mehr als 20jähriger Haft unter schweren physischen und psychischen Schäden. Die ehemaligen politischen Häftlinge bekommen besondere Ausweise und müssen sich regelmäßig bei den Militärbehörden melden; Aussicht, einen normalen Arbeitsplatz zu erhalten, besteht für sie kaum. Mit Entsetzen und Empörung reagierte man im Ausland, als die indonesische Regierung im Herbst 1986 neun ehemals führende KP-Mitglieder, die nach dem Putschversuch von 1965 verhaftet und zum Tode verurteilt wurden, nach zwei Jahrzehnten hinrichten ließ. Beobachter werteten diesen unmenschlichen Akt als eine Warnung an die Kommunisten im Lande, obwohl es keinerlei Indizien für ein Wiederaufleben der kommunistischen Bewegung in Indonesien gab und gibt. Im Zusammenhang mit den Exekutionen bezichtigte eine Resolution des Europäischen Parlaments Indonesien des Terrors und der Repression und sprach explizit die katastrophale Situation in Irian Jaya und Osttimor an (vgl. S. 525, 388).

Nach einem Präsidentenerlaß vom Januar 1960 kann der Präsident Parteien, deren Politik dem Staatswohl zuwiderläuft, auflösen. Die zugelassene parlamentarische Opposition in Indonesien ist zahn- und machtlos, eine Opposition von Suhartos Gnaden. Sie wird von den beiden 1973 unter staatlichem Druck entstandenen Sammlungsbewegungen PPP und PDI gebildet. Die *Partai Persatuan Pembangunan* (PPP; Vereinigte Entwicklungspartei) ist das Sammelbekken von (orthodox) islamisch orientierten Parteien. In der *Partai Demokrasi Indonesia* (PDI; Demokratische Partei Indonesiens), die sich als bürgerlich-liberal versteht, sind fünf nationalistisch oder christlich ausgerichtete Parteien (darunter die *Partai Nasional Indonesia*, die Regierungspartei des ehemaligen Präsidenten Sukarno) zusammengeschlossen. Ein Phänomen ist GOLKAR *(Golongan Karya)*, als eine Art Nationaler Front Sammelorganisation für die weitgehend ideologiefreien, nach ständischen Prinzipien gegliederten rund 270 ›funktionellen Gruppen‹ (Beamte, Lehrer, Gewerkschaften, Frauenverbände, Studentenorganisationen u.a.). GOLKAR steht der Regierung nahe und bildet deren parlamentarische Basis. Die ›Regierungspartei‹ hat die letzten Parlamentswahlen jedesmal haushoch gewinnen können, aber der Stil dieser Wahlen widersprach allen Regeln indonesischen Verständnisses von Harmonie und sozialem Ausgleich. Die beiden Oppositionsparteien PPP und PDI hatten bislang nie die Chance einer fairen Wahl erhalten. Ihr Wahlkampf war auf wenige Regionen beschränkt worden, ihre Kandidaten mußten vom Innenministerium gebilligt werden und schließlich wurde die Korrektheit der Stimmauszählungen von ausländischen Beobachtern stark in Zweifel gezogen. Durch Erlasse und Gesetze versucht die Regierung, oppositionellen Gruppen und gewerkschaftlichen Bewegungen das Wasser abzugraben. Andererseits werden diverse Pflichtvereinigungen (vgl. S. 43) als wichtige Bestandteile eines politischen Systems, das stromlinienförmig alle Bevölkerungsgruppen unter einen nationalen Hut bringen will, großzügig gefördert. Ein echter Pluralismus ist nicht gefragt. Das Parteiensystem nach westlichem Vorbild, so ein Argument führender indonesischer Politiker, widerspreche dem Prinzip der Harmonie und sei somit für Indonesien ungeeignet.

Die 1973 gegründete Gewerkschaftsdachorganisation *Federasi Pekerja Seluruh Indonesia* (FPSI; Gesamtindonesischer Gewerkschaftsbund) setzt sich aus 21 landesweiten Einzelgewerkschaften zusammen. Die schwachen, vom Staat

Die dominierende Rolle der indonesischen Armee in Staat und Gesellschaft kommt auch in zahllosen martialischen Denkmalen zum Ausdruck (hier in Manado, Nordsulawesi)

kontrollierten Gewerkschaften besitzen u. a. kein Streikrecht und können die sozialen Interessen ihrer Mitglieder kaum wirksam vertreten; spontan entstandene Lohnkämpfe sind bislang unbekannt.

Nicht politischer, aber ethnischer und kultureller Pluralismus ist eines der Hauptprobleme des indonesischen Staates. *Bhinneka Tunggal Ika* (›Einheit in Verschiedenheit‹) heißt es auf einem Spruchband im Staatswappen. Indonesien aber ist wohl der Staat dieser Erde, der seiner Natur nach am wenigsten inneren Zusammenhang aufweist. Für die Regierung stellt es eine beinahe unlösbare Aufgabe dar, in einem derart zersplitterten geographischen Raum die zahlreichen grundverschiedenen Menschengruppen in einem homogenen Staatsgebilde zusammenzufassen. Die indonesischen Völker und Stämme lebten noch bis ins 20. Jh. mehr oder weniger beziehungslos nebeneinander. Die Grundlage für das heute bestehende Staatssystem wurde erst durch die holländische Kolonialmacht geschaffen. Die starke Zentrierung von Wirtschaft und Politik auf die Insel Java, Unterschiede in der Landesentwicklung sowie ethnische und religiöse Gegensätze führten zu einem Antagonismus zwischen Java und den übrigen Landesteilen. In den peripheren Inselregionen ist ein gewisses ›Anti-Java‹-Syndrom, eine zunehmend ablehnende Haltung der ethnischen Minoritäten gegenüber der dominierenden, staatstragenden javanischen Bevölkerung, deren politischer Elite Hegemoniestreben und eine Art Neokolonialismus unterstellt wird, zu beobachten. Die essentiellen politischen Entscheidungen werden von Javanern gefällt, die auch in außerjavanischen Provinzen die meisten leitenden Positionen der Verwaltung und des Militärs innehaben. Verschärft wird der Konflikt vor allem durch die Tatsache, daß die ›Außeninseln‹ mit ihrem Reichtum an natürlichen Ressourcen das Rückgrat der indonesischen Wirtschaft darstellen, bei der Verteilung von entwicklungspolitischen Förderungsmaßnahmen jedoch bislang weit hinter Java zurückstanden. Der Unmut richtet sich jedoch nicht nur gegen die Personal- und Entwicklungspolitik der Zentralregierung in Jakarta, sondern auch gegen die kulturelle und ideologische Übermacht der Javaner (beispielsweise in den Massenmedien), denen man vorwirft, mit einer Politik der *Assimilasi* ein einheitliches Volk entwickeln zu wollen, in dem es nur noch Indonesier, aber keine Batak, Dayak oder Toraja mehr gibt. Die Gegensätze zwischen dem ›Kernraum‹ und den ›Außeninseln‹ stellen das prinzipielle Hindernis für eine nationale Integration dar. Viele Bewohner der äußeren Inseln identifizieren sich nicht mit dem indonesischen Staat, der für sie vielfach eine unbegreifliche Abstraktion darstellt. Begünstigt durch den geographischen Landescharakter entwickelten sich regionale Eigeninteressen und separatistische Tendenzen. Die Spannungen zwischen Regionalismus und Zentralismus äußern sich in Aufständen und blutigen Unruhen, hinter denen Separatistenbewegungen wie die ›Organisation Freies Papua‹ (vgl. S. 525), die ›Bewegung Freies Aceh‹ sowie die Unabhängigkeitsbewegung Osttimors FRETELIN (vgl. S. 388) stehen.

Wirtschaft

Wirtschaftsexperten betrachten die Inselrepublik Indonesien dank ihrer Vorkommen an Bodenschätzen, gemessen an diesem Ressourcenpotential, als den nach den USA und der UdSSR reichsten Staat der Erde. Kein anderes Land der sogenannten Dritten Welt verfügt über einen derart immensen Reichtum an Rohstoffen wie der indonesische Archipel (bei Erdöl, Zinn, Nickel, Bauxit und

Kupfer ein Fünftel der Weltreserven!). Dennoch gilt Indonesien als Entwicklungsland, dessen Pro-Kopf-Einkommen im internationalen Vergleich am unteren Ende der Skala rangiert. Dominiert wird die Volkswirtschaft von der Erdölförderung und der Landwirtschaft; das verarbeitende Gewerbe ist nur wenig entwickelt. Das indonesische Wirtschaftssystem weist als Hauptmerkmal eine für die meisten Entwicklungsländer typische Doppelstruktur auf: Ausfuhr von Roh- oder Halbfertigwaren einerseits und Einfuhr von Fertigprodukten andererseits. Diese einseitige Weltmarkt- und Exportorientierung haben zu einem gefährlichen Grad an Abhängigkeit von den Märkten der dominierenden Industrieländer (vor allem USA und Japan) geführt und waren wiederholt mitverantwortlich für Perioden wirtschaftlicher Depression. Während die Importe immer teurer bezahlt werden mußten, sanken die Preise für die traditionellen Exportgüter kontinuierlich ab. Auch weiterhin stark betroffen von den verschlechterten Austauschbedingungen auf dem Weltmarkt (›Terms of Trade‹) ist aufgrund mangelnder Diversifizierung der Agrarsektor. Die Erlöse für die wichtigsten landwirtschaftlichen Exportprodukte rutschten in den letzten Jahren in den Keller (insbesondere die Weltmarktpreise für Zukker und Kopra sanken 1984/85 auf einen absoluten Tiefstand). Vor allem aber als Folge des Preisverfalls für Erdöl auf dem Weltmarkt befand sich das OPEC-Mitglied Indonesien, das damals 70 % seiner Deviseneinnahmen aus dem Petro-Geschäft ziehen konnte, Mitte der 80er Jahre in beträchtlichen ökonomischen Schwierigkeiten. Neben der eben skizzierten Doppelstruktur des indonesischen Wirtschaftsgefüges existiert noch ein Dualismus anderer – sozialer – Art: Die Polarität zwischen der Subsistenzwirtschaft betreibenden Bevölkerungsmehrheit (etwa drei Viertel aller Indonesier beschränken sich auf Ackerbau und Viehzucht für den Eigenbedarf) und einer Minorität, die in der gewinnorientierten Exportwirtschaft tätig ist.

Die heutige dualistische Wirtschafts- und Gesellschaftsstruktur Indonesiens und seine monostrukturelle Abhängigkeit von den internationalen Rohstoffmärkten wurzeln in der alten merkantilen Monopolpolitik, dem Kultivationssystem der niederländischen Kolonialherren. Über Jahrhunderte hatten die Holländer den Exportsektor entwickelt, aber die Versorgung des Landes völlig vernachlässigt. Seit der Gründung der ›Vereinigten Niederländisch-Ostindischen Compagnie‹ im Jahre 1602 war Indonesien bis zu seiner Unabhängigkeit 1945 eine sehr ertragreiche Kolonie. Die Niederländer haben in 350 Jahren die großen Inseln durch Anlage von Plantagen wirtschaftlich erschlossen. Nachdem Indonesien zunächst hauptsächlich einheimische Produkte lieferte, vor allem Gewürze, gewann später der Anbau von Industrie- und Handelspflanzen für den Export, besonders Tabak, Tee, Kaffee, Ölpalmen und Kautschukbäume, große Bedeutung. Am Ende der Kolonialepoche hinterließen die Holländer zwar riesige Plantagen und vor allem auch Bergwerke, in die Landwirtschaft, in die ländliche Kleinindustrie und in das Handwerk hatten sie aber nicht investiert. Nach dem Rückzug der Niederländer stand Indonesien praktisch vor einem vollständigen Neubeginn; kein anderes Land Asiens ist derart unvorbereitet in seine politische und wirtschaftliche Unabhängigkeit entlassen worden. Zahlreiche ernste Wirtschaftskrisen, denen ein komplexes Ursachengeflecht zugrunde lag, haben seit der Independenz den Staat erschüttert. Der Versuch, die Kolonialwirtschaft alten Stils in eine moderne Volkswirtschaft zu verwandeln, war zunächst zum Scheitern verurteilt. Eine verfehlte Wirtschafts- und Finanzpolitik führte in den Jahren nach 1960 zu anhaltenden Produktionsrückgängen, Qualitätsverschlechterungen, wachsenden Defiziten im Staatshaushalt, einer galoppierenden Inflationsrate von 650% und brachte damit das Land an den Rand des ökonomischen Ruins. Nach der Ablösung der ›Alten Ordnung‹ der Sukarno-Regierung und den Wirren der Jahre 1965/66 lag der Schwerpunkt des 1969 angelaufenen 1. Fünfjahresplanes (REPELITA I) auf einer Stabilisierung der Wirtschaft und einer Steigerung der landwirtschaftlichen Produktion sowie einer Liberalisierung des Außenhandels und Devisenverkehrs und einer Reintegration der indonesischen Ökonomie in das westliche Weltwirtschaftssystem (Exportorientierung, Begünstigung ausländischer Investoren, Rücknahme von Nationalisierungen). Ähnliche Ziele verfolgten auch REPELITA II und III (1974–79 bzw. 1979–84); höchste Priorität erhielten die Sicherung der Grundbedürfnisse der Bevölkerung (Ernährung, Bekleidung, Wohnung u. a.), der Ausbau der Infrastruktur, die Reduzierung der Arbeitslosigkeit sowie eine Dezentralisierung der Entwicklungsprogramme und eine Förderung der für den Export produzierenden Wirtschaftsbereiche. Zu einer schweren Krise der gesamten indonesischen Wirtschaft führte 1976 die Zahlungsunfähigkeit des staatlichen Öl- und Energiekonzerns PERTAMINA; nur durch Aufnahme von 10 Mrd. US-$ ausländischer Kredite konnte der drohende Staatsbankrott abgewendet werden. Der derzeit laufende Fünfjahresplan (1989–94) setzt eine jährliche Wachstumsquote von 5% an; Hauptziele sind die Förderung des industriellen Sektors sowie der Abbau der Abhängigkeit von Erdöl- und Erdgasexporten.

In der Gegenwart präsentiert sich die indonesische Wirtschaft als ein merkwürdiges Zwitterwesen aus kapitalistischem freiem Markt und staatlicher Planwirtschaft. Fast die Hälfte aller Steuereinnahmen kommt von staatlichen Betrieben; es bestand bis vor wenigen Jahren ein ausgeprägter Dirigismus. Die von zumeist an westlichen Universitäten ausgebildeten Technokraten der zentralen Behörde für Entwicklungsplanung (BAPPENAS) in Jakarta erarbeiteten Fünfjahrespläne, die etwas an osteuropäische Verhältnisse erinnern, zeichnen sich im Gegensatz zu wirtschaftspolitischen Vorhaben der Sukarno-Ära durch Realismus und eine relativ bescheidene Zielsetzung aus. Rückgänge bei der Erdölausfuhr sowie beim Export anderer Rohstoffe und Industrieprodukte, deren Ursachen in einer weltweiten Rezession zu suchen waren, sowie vor allem ein dramatischer Verfall der Erdölpreise um nahezu zwei Drittel führten Mitte der 80er Jahre zu einer deutlichen Drosselung des wirtschaftlichen Aufschwungs. Das reale Wachstum des Bruttoinlandsprodukts ging von durchschnittlich 7,5% der Jahre 1973 bis 1981 auf 3,3% der Jahre 1982 bis 1987 zurück. Angesichts der gravierenden ökonomischen Probleme wurden ab 1983 einige zum Teil drastische Maßnahmen ergriffen: u. a. deutliche Abwertungen der Rupiah (1983 und 1986); Durchführung einer rigorosen Steuerreform, um mehr Mittel von der vermögenden Oberschicht abzuziehen (bislang hatte lediglich 0,5% der Bevölkerung regelmäßig Einkommensteuern bezahlt); Sparprogramme, d. h. Reduzierung von Subventionen an die Wirtschaft; Drosselung von devisenzehrenden Großprojekten, die effektiv kaum dazu beitrugen, das Los der breiten Massen zu verbessern, sowie energische Schritte in Richtung ökonomische Diversifizierung, um die wirtschaftliche Abhängigkeit vom Erdöl zu beenden. Gegenwärtig (1991) herrscht in indonesischen Wirtschaftskreisen Zuversicht. Es gibt ermutigende Anzeichen dafür, daß sich die Ökonomie des Inselstaates allmählich von der Krise der letzten Jahre erholt. Indonesien hat den Ölschock überwunden, indem es zunächst seine

Wirtschaft liberalisierte. Um eine Diversifizierung voranzutreiben, verzichtete der Staat auf dirigistische Interventionen und überließ der privaten Wirtschaft und dem Markt das Spiel der Kräfte. 1985 basierten zwei Drittel der Exporte noch auf der Erdöl- und Gasförderung, 1989 war diese Abhängigkeit bereits auf weniger als 40 % reduziert. Nichterdölgebundene Exporte, vor allem im Bereich der exportorientierten Fertigungsindustrie, verzeichnen gegenwärtig (1991) einen kräftigen Anstieg. Diese Entwicklung ist vor allem einem liberaleren Investitionsklima zu verdanken. Indonesien gilt derzeit als das bevorzugte Investitionsparadies in Südostasien. Neben westlichen Industrienationen verlagern zunehmend auch ›newly industrialised countries‹ wie Südkorea und Taiwan ihre arbeits- und kostenintensiven Industrien in das Billiglohn-Land Indonesien. Nach offiziellen Angaben konnte die indonesische Volkswirtschaft 1990 ein Wachstum von 6,5 % verzeichnen. Der Optimismus der indonesischen Wirtschaftsstrategen wird allerdings gedämpft durch die nach wie vor hohe Auslandsverschuldung. Sie kletterte 1990 auf einen Rekordstand von über 55 Mrd. US-$ (das ist weit mehr als der Staatshaushalt eines Jahres) und wird Prognosen zufolge jährlich um weitere 3–4 Mrd. US-$ anwachsen. Für den Schuldendienst müssen per annum annähernd 20 % der Exporterlöse aufgewendet werden. Die jährliche Inflationsrate beträgt 6,5 %. Ein weiteres großes Problem stellt die Arbeitslosen- und Unterbeschäftigungsquote von mindestens 30 % bis 40 % dar. Jedes Jahr wächst das Arbeitskräftepotential, also der arbeitsfähige Teil der Bevölkerung (1990 ca. 77 Mill.), um rund 2,3 Mill. Alljährlich müßten also über 2 Mill. neue Arbeitsplätze geschaffen werden.

Entwicklungshilfe wird primär von der ›Inter-Governmental Group on Indonesia‹ (IGGi) geleistet. Diesem nach der Zerrüttung der Wirtschaft unter Sukarno 1966/67 auf Initiative des deutschen Bankiers Abs gegründeten Konsortium gehören u. a. Deutschland, die USA und Japan sowie verschiedene internationale Organisationen (Weltbank, Asiatische Entwicklungsbank u. a.) an. Dem finanziellen Volumen nach steht Indonesien unter den Empfängern deutscher Entwicklungshilfe weltweit an vierter Stelle und in Asien (nach Indien) an zweiter. Über die öffentliche Entwicklungszusammenarbeit hinaus ist Indonesien für Deutschland der wichtigste Wirtschaftspartner in Südostasien. Die seit Jahren enge bilaterale Zusammenarbeit erklärt sich vor allem aus den Möglichkeiten, die der weiträumige, bevölkerungsreiche Inselstaat als Absatzmarkt und Investitionsgebiet für die deutsche Wirtschaft bietet. Wichtigster Handels- und Wirtschaftspartner Indonesiens aber ist, noch vor den USA, Japan. Der An-

Sehr viele Indonesier müssen für einen Hungerlohn schuften – Becak-Fahrer in Surakarta (Zentraljava)

fang der wirtschaftlichen Zusammenarbeit mit Nippon war stark belastet durch weitverbreitete Ressentiments gegen die im Zweiten Weltkrieg als überaus grausam erfahrenen ›häßlichen Japaner‹. Reparationen und günstige Kredite öffneten langsam die Handelstore. Dank seines Öl- und Gasreichtums konnte sich Indonesien aus der Gruppe der ärmsten Nationen herausarbeiten. Während des großen Booms der 70er Jahre waren Tempo und Ausmaß des Wirtschaftswachstums der Bevölkerungsexplosion deutlich überlegen, dennoch haben die hohen Wachstumsquoten nicht zu einem sozialen Fortschritt geführt – der wirtschaftliche Aufschwung kam nur einer kleinen Machtelite zugute, an den breiten Unterbau der Sozialpyramide sickerte recht wenig durch. Bislang wurde noch keine befriedigende Antwort auf das folgende Grundproblem gefunden: Wie läßt sich das durch einige wenige leistungsstarke Produktionszentren bewirkte Wirtschaftswachstum in einen gesteigerten Lebensstandard umsetzen, der der breiten Masse in gerechten Anteilen zukommt?

Das jährliche Pro-Kopf-Bruttosozialprodukt beträgt 520 US-$ (1990; zum Vergleich: ehemalige BRD 14 460 US-$), wobei diese Zahl allerdings noch nichts über die tatsächliche Verteilung des Wohlstands im Lande aussagt. Nirgendwo in Südostasien, mit Ausnahme der Philippinen vielleicht, klafft der Spalt zwischen arm und reich weiter auseinander. Die Verteilungsungerechtigkeit spiegelt sich in folgendem sozialen Einkommensgefälle wider: Nach einer bereits 1978 veröffentlichten, aber ohne größere Abstriche auch heute noch gültigen Studie der ›Internationalen Organisation für Arbeit‹ (ILO) teilen sich in Indonesien etwa 20 % der Bevölkerung mehr als die Hälfte des Nationaleinkommens, während sich 40 % aller Haushalte mit 12 % bis 18 % begnügen müssen und auf 20 % der Allerärmsten – in provozierendem Kontrast zum Luxuskonsum der Oberschicht – sogar nur ein Anteil zwischen 4 % bis 7 % entfällt. Nach neueren offiziellen Statistiken zählt rund ein Viertel der 185 Mill. Indonesier zur Kategorie der extrem Armen mit einem durchschnittlichen Tageseinkommen von weniger als 800 Rupiah; damit stehen sie deutlich unter der statistischen Armutslinie, die bei 1100 Rupiah liegt. Zwar wird das absolute Elend bislang, zumindest in ländlichen Gebieten, meist immer noch von der Großfamilie oder der Dorfgemeinschaft aufgefangen, dennoch bleibt es für einen Europäer völlig unverständlich, wie über 40 Mill. aller Indonesier mit weniger als einer Mark pro Tag und Person leben können. Weltweit weist Indonesien eines der niedrigsten Lohnniveaus auf (durchschnittliches Monatseinkommen eines Industriearbeiters 50–80 DM, eines Verkehrspolizisten 70 DM, eines Rikschafahrers 80 DM, eines Grundschullehrers 150 DM, eines Bürgermeisters einer Mittelstadt 700 DM); zudem besteht ein deutliches Einkommensgefälle zwischen Stadt und Land, wo ein Großteil der Bevölkerung überhaupt nicht an der Geldwirtschaft teilnimmt. Eine gewisse Vorstellung von der Kaufkraft der indonesischen Währung erhält man, wenn man als Beispiel einen durchschnittlichen Tagesverdienst eines Rikschafahrers von 3000 Rp. (1991 knapp 3 DM) annimmt. Mit diesem Betrag kann er sich zwei einfache warme Mahlzeiten, 2–3 Tassen Tee und ein Päckchen Zigaretten pro Tag leisten. Mit dem offiziellen monatlichen Gehalt eines Grundschullehrers ließe sich der Haushalt einer sechsköpfigen Familie gerade zwei Wochen lang bestreiten. Aufgrund dieser Einkommenssituation sind Mehrfachjobs (über-)lebenswichtig. Der Zwang zur Doppelbeschäftigung ist bei allen Berufsgruppen gegeben, bei Lehrern und Professoren ebenso wie bei Landarbeitern und Polizisten. Um in diesem Armenhaus der Erde existieren zu können, sind die Eltern sehr oft auf die zusätzliche Arbeitskraft der Kinder angewiesen. Bei den ärmsten Bevölkerungsschichten entsteht bei diesen Verhältnissen ein ›circulus vitiosus‹, der in etwa folgendermaßen aussieht: Armut – Unterernährung – hohe Krankheitsanfälligkeit – niedrige Arbeitsleistung – größere Armut. Die Ausgangssituation (Armut) wird in diesem Teufelskreis also noch verschärft oder zementiert. Die Eliten in der indonesischen Gesellschaft fühlen sich nach der integralistischen *Pancasila*-Staatsphilosophie mit dem Volk eins – die sozialen Probleme der Massen aber teilen sie gewiß nicht. Zwischen den hehren *Pancasila*-Prinzipien, vor allem dem Anspruch auf soziale Gerechtigkeit für alle, und der Realität klafft eine gewaltige Lücke. In der Regel bleiben dem Indonesien-Touristen die Hinterhöfe Jakartas oder Surabayas verborgen, sofern er nicht in einem sozialen Schockerlebnis das Wissen um die Privilegien seiner eigenen Existenz vertiefen will. Wer dann aber durch die Elendsviertel der Großstädte geht, braucht keine Statistiken mehr, um die himmelschreienden Probleme zu erkennen.

Landwirtschaft und Viehzucht

Rund 75% aller Indonesier leben auf dem Lande, zwischen 55% und 60% aller Erwerbstätigen arbeiten im primären Sektor, dessen Methoden sich jedoch seit Jahrhunderten kaum verändert haben und dessen Anteil am Bruttosozialprodukt nur knapp 25% beträgt (alle Zahlenangaben, auch die folgenden, beziehen sich auf das Jahr 1988). Im dritten Fünfjahresplan (REPELITA III; 1979–84) wurde die Entwicklung der Landwirtschaft besonders hervorgehoben; vor allem die Sicherung der Versorgung mit Reis und anderen Grundnahrungsmitteln erhielt höchste Priorität. Das tropisch-feuchte Klima mit gleichmäßig hohen Temperaturen und in den meisten Landesteilen reichlichen Niederschlägen begünstigt die Landwirtschaft, trotzdem umfaßt die nutzbare Fläche lediglich rund 31,5 Mill. ha (= 16% der gesamten Landesfläche; zum Vergleich: frühere BRD ca. 13 Mill. ha). Etwa zwei Drittel der bäuerlichen Betriebe und annähernd 40% der gesamten agraren Wirtschaftsflächen entfallen allein auf Java (mit Madura) und Bali, wo fruchtbare Böden vulkanischen Ursprungs bei entsprechender Bewässerung bis zu drei Ernten pro Jahr ermöglichen. Dagegen ist die agrare Tragfähigkeit von weiten Regionen der großen ›Außeninseln‹ Sumatra, Borneo und Neuguinea sehr gering. Etwa zwei Drittel der landwirtschaftlichen Betriebsfläche dienen der Erzeugung von Nahrungsmitteln (›Food Crops‹), wobei Reis (41,6 Mill. t im Jahr 1988), Zuckerrohr (23 Mill. t), Maniok (15,3 Mill. t) und Mais (6,7 Mill. t) die Spitzenränge einnehmen. Weitere wichtige Agrarprodukte für den Binnenmarkt sind Süßkartoffeln, Erdnüsse, Sojabohnen und Bananen. Beinahe ein Drittel des kultivierten Landes wird mit sogenannten ›Cash Crops‹ (Industrie- und Handelspflanzen, die auf dem Weltmarkt gefragt sind), bebaut.

Die Formen der Bodennutzung erstrecken sich vom arbeitsintensiven, ganzjährigen Bewässerungsfeldbau *(Sawah)* und den ernährungsmäßig bedeutenden Hausgärten *(Pegarangan)* über den permanenten Trockenfeldbau *(Tegalan)* sowie den mit Brandrodung verbundenen Wanderfeldbau *(Ladang)* bis hin zu einfachen Formen der Sammelwirtschaft in den waldreichen Berg- und Küstentiefländern Sumatras, Kalimantans und Irian Jayas. Das für die Ernährung der Bevölkerung bedeutsamste Bodenkultursystem Indonesiens sind die *Sawah*, meist ständig benutzte Naßreis-

Reisterrassen-Landschaft nahe dem Maninjau-See bei Bukittinggi (Westsumatra)

felder, deren Anlage und Bewirtschaftung Seßhaftigkeit und Dauersiedlung der Bauern impliziert. *Sawah*-Kulturen dominieren in den Siedlungsgebieten jungmalaiischer Volksgruppen (vorwiegend auf Java und Bali). Vor allem bei nomadisierenden Stammesvölkern altmalaiischen Ursprungs ist der traditionelle, äußerst produktionsextensive, düngerlose Brandrodungswanderfeld-

Exkurs : Reis

Reis – Indonesiens Grundnahrungsmittel Nummer eins – wächst nur auf völlig waagerechten, ebenen Feldern, auf denen das Wasser knietief stehen kann. In vielen Regionen des Archipels aber gibt es nur steile Berge. Wollte man Reis auf ihnen pflanzen, so blieb nichts weiter übrig, als die Hänge in riesige Feldertreppen zu verwandeln. Nicht nur auf Bali, das in Indonesien für seine Reisterrassen wohl am berühmtesten ist, sondern auch auf Java, Sumatra und Sulawesi werden ganze Gebirgszüge von Menschenhand vollkommen umstrukturiert mit waagerechten Borden, die sich aufs innigste dem Gelände, seinen Kurven, Falten und Neigungen anpassen. Neben den protomalaiischen Igorot der Philippinen haben sich zahlreiche indonesische Völkerschaften zu den kühnsten Landschaftsarchitekten dieser Erde entwickelt. In den fruchtbaren Tieflandebenen ist die Anlage von Reisfeldern natürlich weniger mühsam. Der Boden wird in geometrische, durch Erdwälle voneinander getrennte Felder parzelliert.

Naßreiskultur im allgemeinen und Reisterrassenfeldbau im besonderen erfordern eine ausgeklügelte Irrigationstechnik – überwiegend Schwerkraftbewässerung, die auf Java und Bali eine jahrtausendealte Tradition besitzt. In den Gebirgsregionen (Reis wird in Indonesien bis zu einer Höhe von 1500 m gepflanzt) zapft man gefällestarke Flüsse und Bäche an. Durch ein verzweigtes System kleiner Kanäle, Gräben und Bambusrohrleitungen erreicht das lebensspendende Naß die oberste Etage der labyrinthartigen Terrassenanlage. Sind die höchstgelegenen Parzellen vollgelaufen, plätschert das Wasser durch Öffnungen in den Stützmauern in die jeweils darunterliegenden. Die Reisfelder der Tiefländer durchzieht ein Netz von Kanälen, die häufig aus höher gelegenen Stauseen gespeist werden.

Jeder Handvoll Reis geht mühsame Arbeit voraus – etwa zehnmal mehr als für andere Feldfrüchte. Der Reisanbau hat sich in Indonesien seit den Zeiten der frühen altmalaiischen Einwanderer im Prinzip kaum geändert. Auf gut bewässerten Keimbeeten läßt man das Saatgut zu Setzlingen heranwachsen. Nach 30–40 Tagen werden die kleinen Schößlinge einzeln in mühevoller Handarbeit in die großen, vorher gründlich bewässerten und gepflügten Felder versetzt. Je nach Sorte dauert die Reifezeit drei bis sieben Monate, während derer das Feld unter Wasser gehalten werden muß. Nach der Reife wird das Feld dann trocken gelegt. Man erntet meist nur die körnertragenden Rispen, nicht aber den ganzen Halm (wie bei anderen Getreidearten). Traditionell wurde bei alt- und jungindonesischen Völkern gleichermaßen Arbeitsteilung praktiziert: Männer verrichten in der Regel die gröberen Arbeiten wie das Anlegen und Instandhalten der Terrassen, Felder und Bewässerungsvorrichtungen, während Frauen für die arbeitszeitaufwendigen Tätigkeiten wie das Setzen der Reispflanzen, das Jäten von Unkraut und das Schneiden der Ähren bei der Ernte zuständig waren. Gemäß der religiösen Vorschrift – damit die ›Seele‹ des Reises nicht Schaden leiden muß und um die Reisgöttin Dewi Sri nicht zu erzürnen – wurde mit dem kleinen Erntemesser *Ani-Ani* Halm für Halm einzeln abgetrennt. Auch das Enthülsen der Reiskörner durch Stampfen mit einem Stößel war für gewöhnlich Frauenarbeit. Erst seit der Einführung neuer Agrartechniken und moderner Erntemethoden im Rahmen der Grünen Revolution (vgl. S. 59) geraten diese alten Traditionen zusehends in Vergessenheit. Die Modernisierung des Reisanbaus ermöglicht andererseits aber bis zu drei Ernten pro Jahr. Das führt mitunter dazu, daß sich benachbarte Terrassen und Felder in jeweils anderen Wachstumsperioden befinden und sich in einer Farbpalette vom zarten jungen Grün bis zum reifen alten Gold präsentieren.

Reis wird als göttliches Gewächs betrachtet und gilt als das Symbol des Lebens und Gedeihens schlechthin. Der Lebensrhythmus des Dorfes wird von den Wachstumsphasen des Reises bestimmt, das ganze bäuerliche Dasein dreht sich um diese

Kostbarkeit. Zahllos sind die religiösen Riten, Zeremonien und Opferfeste, alle mit dem Ziel, die Götter, Geister und Dämonen zu besänftigen und um eine reiche Reisernte zu bitten. Javaner und Balinesen, die Dewi Sri als Spenderin des Reises verehren, lassen nach jeder Mahlzeit ein wenig Reis auf dem Teller zurück, um dieser Göttin ihre Dankbarkeit zu zeigen. Den Teller ganz leer zu essen, wäre ein Zeichen von Habgier und Gefräßigkeit und würde als Charakterschwäche gedeutet.

In Indonesien dominieren die *Sawah*-Naßreiskulturen, es gibt aber auch einen rotkörnigen Berg- oder Trockenreis, der in weniger fruchtbaren Hochlagen angebaut wird und ohne Bewässerung nur mit den jeweiligen Regenniederschlägen auskommt. Ungeschälter Reis ist im Inselreich generell verpönt, obwohl gerade die sogenannte Silberhaut sehr viel Eiweiß und Vitamine enthält. Bei einseitiger Reisernährung kann dies zu schweren Vitaminmangelerscheinungen führen (Beriberi-Krankheit). In Indonesien ist Reis übrigens nicht gleich Reis. In der Ähre nennt man ihn *Padi,* mit *Gabah* wird gedroschener, aber ungeschälter Reis bezeichnet, enthülst und poliert heißt er *Beras,* gekocht auf dem Teller ist er *Nasi,* und wenn einer am Fluß seine Notdurft verrichtet, dann hat er *Buang Nasi* – Reis weggeworfen.

Praktischer Hinweis: Beim Begehen der Umfassungswälle von Reisterrassen oder -feldern sollte man unbedingt Vorsicht walten lassen, denn das durch Zertreten eines Erdwalls ungewollt abfließende Wasser kann für den Reisbauern die mühevolle Arbeit eines ganzen Tages zunichte machen.

bau (›Shifting Cultivation‹) verbreitet. Sie brennen gegen Ende der Trockenheit ein Waldstück ab und bestellen dann das Land zu Beginn der Regenzeit mittels einer Hacke oder eines Pflanzstocks. Auf den Brandrodungskulturen wird in der Regel drei- bis viermal geerntet, so lange, bis der ausgelaugte Boden keine Frucht mehr hergibt. Dann müssen neue Felder angelegt werden, während meist ein artenarmer Sekundärwald die alten Areale rasch überwuchert. Der Nachteil der *Ladang*-Brandrodungswirtschaft sind die Brachezeitverkürzungen (für gewöhnlich benötigt der erschöpfte Boden sechs bis acht Jahre zur Regeneration) und die großflächigen Abholzungen, die in vielen Regionen bereits zur Störung des ökologischen Gleichgewichts geführt haben. Die Natur revanchiert sich dann häufig mit beschleunigter, die Landschaft zerstörender Erosion.

Im Trocken- wie auch Wanderfeldbau wird oft Maniok (auch Cassava genannt) produziert. Dieses tropische Wolfsmilchgewächs bildet an den Wurzeln stärkereiche Knollen, aus denen Stärkemehl (Tapioka) gewonnen wird. Tapioka ist die Basis zahlreicher Nahrungsmittel und ersetzt bereits häufig Reis, enthält aber im Gegensatz zu ihm weniger Proteine. Weitere auf *Tegalan*-Kulturen erzeugte Feldfrüchte sind Süßkartoffeln, Mais, Sojabohnen, Erdnüsse und Gewürze.

Der weitaus größte Teil der landwirtschaftlichen Nutzfläche wird von bäuerlichen Klein- und Kleinstbetrieben bewirtschaftet. Bereits der Agrarzensus von 1973 machte deutlich, daß die durchschnittliche Größe gerade 1 ha Betriebsfläche betrug. Durch das starke Bevölkerungswachstum und die daraus resultierenden Familienneugründungen werden die Besitzflächen immer stärker zersplittert. Besonders auf Java sind viele kleinbäuerliche Betriebe aufgrund der vorherrschenden Realerbteilung in weiten Regionen auf bis zu 0,1 ha zusammengeschrumpft. Zahlreiche javanische Bauern müssen aus Kleinstparzellen, die kaum die Größe eines deutschen Schrebergartens erreichen, den Lebensunterhalt für eine vielköpfige Familie herausholen. Nach der Statistik verfügt jede Familie auf Java über durchschnittlich 0,7 ha kultivierbares Land. Tatsächlich aber sind zwei Drittel der bäuerlichen Bevölkerung ohne eigenen Grundbesitz; sie müssen sich als landlose Tagelöhner oder hochverschuldete Pächter verdingen. Vor allem im Zuge der sogenannten Grünen Revolution mit ihren teuren und aufwendigen Hochertragssorten haben sich die Eigentumsverhältnisse weiter polarisiert. Gegenwärtig ist die ländliche Grundbesitzverteilung auf Java und in anderen dichtbevölkerten Landesteilen gekennzeichnet durch ein krasses Mißverhältnis zwischen einem prozentual hohen Anteil landloser, verarmter Kleinbauern und Landarbeiter, die mit ihren Familien nicht selten bereits unter dem statistischen Existenzminimum leben, und einer hauchdünnen, oftmals überaus wohlhabenden Grundbesitzerschicht. Traditionell gehören dieser sozialen Elite, die überdies die ländlichen Arbeits- und Pachtverhältnisse kontrolliert und diktiert, alte aristokratische Familien (vor allem auf Bali) sowie Dorf- und Kleinstadtbürgermeister an, die vielfach auf Lebenszeit über Nutzungsrechte an Gemeindeländereien verfügen. Viele soziale Probleme, die ländliche Armut schlechthin, haben ihre Ursache in dieser insbesondere für Java und Bali charakteristischen ungerechten Landverteilung. Häufig bringen beispielsweise Zwischenhändler, die von den Großgrundbesitzern die Ernten auf dem Halm kaufen, gleich ihre Erntetrupps mit und nehmen so den landlosen Dörflern die Arbeit. Handwerkliche Betriebe oder eine Kleinindustrie, die zumindest einem Teil der besitzlosen Agrarbevölkerung Arbeitsplätze bieten könnten, existieren im ländlichen Indonesien so gut wie gar nicht. Landflucht und Massenabwanderung in die überquellenden Großstädte wurzeln nicht zuletzt in dieser Situation. Bereits Sukarno erkannte das Übel, aber eine tiefgreifende Landreform, die Abhilfe geschafft und gleichzeitig die schwelenden sozialen Spannungen abgebaut hätte, unterblieb während seiner Präsidentschaft ebenso wie später in der Suharto-Ära. Zwar schreibt das sogenannte Agrarreformgesetz (UUPA) vor, daß auf Java niemand mehr als 5 ha Grund und Boden besitzen dürfe, doch lassen sich diese Bestimmungen durch Überschreibung der Ländereien auf mehrere Familienmitglieder oder Strohmänner leicht umgehen. Nach Schätzung von Eingeweihten sollen drei Viertel aller von der Zentralregierung eingesetzten *Lurah* und *Bupati* in illegale Landtransaktionen verwickelt sein.

Im Rahmen der sogenannten Grünen Revolution konnte Indonesien vor allem bei der Produktion des traditionellen Grundnahrungsmittels Reis bemerkenswerte Fortschritte erzielen: 1980 mußte Indonesien als größter Reisimporteur der Welt zur Bedarfsdeckung noch mehr als 2 Mill. t dieses Massennahrungsmittels für annähernd 750 Mill. US-$ einführen, fünf Jahre später suchte die Landwirtschaftsbehörde nach Rekordernten einen Exportmarkt für die Reisüberschüsse und war sogar in der Lage, der FAO 100000 t Reis für die Hungernden Afrikas zur Verfügung zu stellen. Erreicht wurde dies nicht allein durch die Ausweitung der Anbauflächen (beispielsweise auf Südsumatra und Sulawesi) und bessere Anbaumethoden, sondern vor allem durch die bereits in den 70er Jahren angelaufene Einführung neuer, im ›International Rice Research Institute‹ (IRRI) in Los Baños bei Manila (Philippinen) entwickelten Hochertragssorten, die bis zu drei Ernten pro Jahr ermöglichen. Die Modernisierung des Reisanbaus umfaßt heute etwa 7,8 Mill. ha der 9,1 Mill. ha Agrarland unter Reisanbau. Der Pro-Hektar-Ertrag konnte auf durchschnittlich 5 t gegenüber 3,9 t 1979 gesteigert werden. Allerdings darf man nicht übersehen, daß diese Entwicklung eine erhebliche soziale Brisanz in sich birgt: Der Anbau von Hochertragssorten erfordert umfangreiche Be-

Exkurs : Die Kokospalme

Von Nordsumatra bis Irian Jaya – der ›Baum des Lebens‹ ist nicht zu übersehen. Erweckt die Kokospalme als Symbol für Tropen und Exotik in uns oft Fernwehgefühle und romantische Assoziationen, so stellt sie für die einheimische Bevölkerung das neben dem Bambus (vgl. S. 20) im alltäglichen Leben am vielfältigsten genutzte tropische Naturgeschenk dar. Praktisch jeder Teil dieses Universalbaums, der sich dank seiner schwimmfähigen Früchte über alle tropischen Küsten der Erde verbreitet hat und bis zu 60 Jahre alt werden kann, findet Verwendung: Das weiße, fetthaltige Fruchtfleisch der bis zu 5 kg schweren Nüsse *(Kelapa)* wird, von der dicken, zähfaserigen Steinschale gelöst und über Feuer oder an der Sonne getrocknet, als Kopra in große Ölmühlen geschafft, wo man daraus mechanisch und chemisch Kokosöl extrahiert; dieses geht vorwiegend in den Export und dient als Grundstoff für die Margarine-, Bratfett- und Seifenherstellung. Im indonesischen Archipel wird auf der Minahasa-Halbinsel Nordsulawesis mit 18000 t pro Monat am meisten Kopra erzeugt. Die Preßrückstände der Kopra (= Ölkuchen) liefern ein proteinhaltiges Kraftfutter für das Vieh. Eine köstliche Erfrischung ist die helltrübe Milch der Kokosnüsse; diese werden in manchen Regionen Indonesiens übrigens von eigens dafür abgerichteten Affen, die man an langen Leinen auf die Palmen schickt, gepflückt. Der aus dem Blütenschaft tropfende Saft wird zu dem begehrten Palmwein *Tuak* vergoren oder zu einem arrakähnlichen Branntwein destilliert. Aus den Fasern der reifen Kokosnuß fertigt man Seile, Teppiche, Matten, Säcke und Polsterfüllungen; darüber hinaus sind sie als billiger Brennstoff beliebt (der Rauch vertreibt zudem die Moskitos!). Mit den faserigen Fruchthüllen polieren Hausfrauen bisweilen ihre Fußböden. Da die Palmstämme relativ hart werden, wenn man sie einige Zeit im salzwasserhaltigen Küstenboden eingräbt, eignen sie sich hervorragend als Bauholz. Aus den Wedeln schließlich entstehen Dachbedeckungen oder – nachdem man den Kern der holzigen Mittelrippe herausgeschnitten hat – allerlei Flechtwaren, beispielsweise praktische Raumteiler. Kokosöl findet im übrigen vielfach auch Anwendung als Sonnenschutzmittel. Nicht unerwähnt bleiben soll abschließend der angenehme Halbschatten der Kokoshaine, innerhalb dessen sich häufig kleine Dörfer erstrecken.

Praktischer Hinweis: Man wandelt gelegentlich nicht ungestraft unter Kokospalmen – den Hinweisschildern, die vor herabfallenden Kokosnüssen warnen, sollte man im eigenen Interesse unbedingt Beachtung schenken!

wässerungsmaßnahmen sowie die Verwendung von kostspieligem Kunstdünger und eine ausreichende Dosierung von Insektiziden und Herbiziden. Kleinbauern, die das Gros der indonesischen Agrarbevölkerung stellen, verfügen meist nicht über die Kapitalkraft für die erforderlichen Investitionen. Teure Kredite und sinkende Absatzerlöse ruinierten während der Grünen Revolution Tausende von bäuerlichen Subsistenzbetrieben. Die Zahl der Notverkäufe und landlosen Wanderarbeiter stieg in den vergangenen Jahren alarmierend an. Überdies haben die neuen Hybridsorten einen schlechteren Nährwert als die traditionellen Reisarten und bleiben auch im Geschmack hinter ihnen zurück.

Plantagengebiete finden sich vorzugsweise auf Sumatra, Kalimantan, Sulawesi und den Molukken sowie in den höheren Lagen Javas, da der von den Niederländern eingeführte großflächige Anbau landwirtschaftlicher Exportprodukte dünnbesiedelte Regionen erforderte. Die eigentliche Heimat der monokulturalen Plantagenwirtschaft großen Stils ist Sumatra, speziell der Nordosten um die größte Inselstadt Medan und der Südosten um Jambi-Palembang. Ab Dezember 1957 erfolgte auch im Agrarsektor die Nationalisierung der holländischen Unternehmen. Insgesamt umfassen die zumeist staatlichen Plantagen bzw. agroindustriellen Großbetriebe, die seit der japanischen Besetzung (1942–45) viel an Bedeutung verloren haben, lediglich 2,2 Mill. ha (1976) der landwirtschaftlichen Nutzfläche. Infolge der durch den rapiden Ölpreisverfall bedingten Wirtschaftskrise plant man jedoch die Ausdehnung der weltmarktorientierten Plantagenwirtschaft. Insbesondere sollen kleinbäuerliche Pflanzungen von Exportkulturen, die den Großteil der für ›Cash Crops‹ genutzten Agrarfläche ausmachen, stärker gefördert werden. Indonesien gehört zur Spitzengruppe der Welterzeuger von Kokosnußprodukten (jährlich ca. 11,6 Mill. t Kokosnüsse; weltweit Platz zwei hinter den Philippinen), Naturkautschuk (jährlich ca. 1,1 Mill. t), Kaffee (jährlich ca. 350000 t; dritte Weltrangstelle hinter Brasilien und Kolumbien), Tabak (jährlich ca. 163000 t) und Tee (jährlich ca. 137000 t). Zu den wichtigsten Devisenbringern zählen weiterhin Palmöl (wegen starker Inlandsnachfrage wurde hier der Export gedrosselt), Kakao, Zuckerrohr sowie Pfeffer (jährlich ca. 32000 t, was über 20% der Weltproduktion entspricht) und andere Gewürze.

Die Viehwirtschaft ist in Indonesien bislang relativ unterentwickelt. Als Haus- und Fleischtiere werden in islamischen Gebieten hauptsächlich Ziegen, Schafe und Geflügel gehalten, in hinduistischen und christlichen Regionen sowie zum Teil von der chinesischen Minderheit auch Schweine. Zu den beliebtesten Nutztieren gehören landesweit Enten, für die vor allem die überschwemmten Reisfelder reiche Nahrung bieten (Würmer, Engerlinge). Wasserbüffel und Rinder dienen vorwiegend als Arbeitstiere und Düngerproduzenten. Darüber hinaus kommt diesen Tieren im kultisch-religiösen sowie sozialen Bereich als Opfertier bzw. Statussymbol eine große Bedeutung zu. Größere Rinderzuchtgebiete existieren nur auf Sulawesi und Westsumatra sowie traditionell auf Timor. Allgemein ist das Angebot an Milch und Milchprodukten im ganzen Land äußerst gering. Vor allem bei der ländlichen Bevölkerungsmehrheit finden sich Fleischgerichte fast nur auf Festtagstafeln.

Fischerei und Seefahrt

Von alters her hat der Fischfang für die Bewohner nahezu aller indonesischen Inseln eine herausragende Bedeutung. Die über 3,3 Mill. km² umfassenden Territorialgewässer bergen ein unermeßliches, bisher noch weitgehend unausgeschöpftes Reservoir an proteinreicher (nicht nur hungerstillender, sondern auch gesundheitsfördernder) Nahrung für die schnell wachsende Bevölkerung des Inselstaates. Traditionelle, überholte Fangmethoden und eine zum großen Teil noch unmotorisierte Fischereiflotte behinderten bislang allerdings die Entwicklung einer eigenen rationellen Fischereiwirtschaft. Gegenwärtig spielt das Fischereiwesen mit einem Beitrag zum Bruttosozialprodukt von gerade 1 % volkswirtschaftlich keine große Rolle. Auch der indonesische Pro-Kopf-Verbrauch an Fisch lag 1986 im internationalen Vergleich mit 13,8 kg pro Jahr äußerst niedrig (Südkorea 57 kg, Japan 65 kg). Rund 1,2 Mill. Indonesier verdienen derzeit in der Seefischerei hauptberuflich ihren Lebensunterhalt, meist als Kleinfischer, die in flachen Küstengewässern oder den weiten, fischreichen Mündungstrichtern der großen Flüsse mit einfachen Booten (oft mit starken Drucklampen ausgerüstet, um nachts die Fische anzulocken), mit auf Bambusflößen montierten Senknetzen *(Bagan Apung)* oder mit pfeilförmigen Fangreusen aus Bambusgestellen arbeiten. 1988 wurden in der Seefischerei etwa 2,6 Mill. t Fisch und Krustentiere angelandet (vorwiegend Heringe, Sardinen, Makrelen, Rotbarsche, Thunfische und Tintenfische sowie Krebse, Krabben, Langusten, Hummer, Muscheln und Austern). Dabei ist allerdings zu berücksichtigen, daß ein Großteil der Fänge kaum statistisch erfaßt werden kann, da er entweder sofort konsumiert oder auf lokalen Märkten verkauft wird. Experten beziffern das Fischfangpotential der indonesischen Meeresgebiete auf jährlich rund 7 Mill. t. Ende 1981 wurden die in den Jahren zuvor japanischen Fangunternehmen eingeräumten Fischereirechte in indonesischen Hoheitsgewässern gekündigt, da die moderne, hochtechnisierte Trawler-Fischerei der Japaner durch Überfischung vor allem küstennaher Gewässer eine ausreichende Regeneration der Fischbestände unmöglich machte, und weil sie dadurch auch die Existenz der kleinen Fischer bedrohte. Indonesiens Seefischerei befindet sich gegenwärtig in einer Phase der Umstrukturierung, die durch eine Förderung der Küsten-Kleinfischerei sowie einen Ausbau der Hochsee-Fischereiflotte (derzeit gibt es nur ca. 500 hochseetüchtige Fischkutter) und eine Modernisierung der Fangausrüstungen wie -techniken auf eine Steigerung der Fischproduktion auf mindestens 4–5 Mill. t pro Jahr abzielt. Wichtige Komponenten dieser Reformstrategie sind überdies die Schaffung eines funktionsfähigen Vermarktungsnetzes sowie die Errichtung von Kühlhäusern und Konservenfabriken. Verbessert werden die Aussichten auf höhere Fischfangergebnisse auch durch den 1980 erklärten Anspruch Indonesiens auf eine 200–Seemeilen-Wirtschaftszone.

Wachsende Bedeutung kommt der Teichwirtschaft zu, d. h. der nach taiwanesischem und philippinischem Vorbild praktizierten Fischzucht in eigens dafür angelegten Süßwasser-Aquakulturen sowie verschiedentlich auch in küstennahen Salz- und Brackwasserteichen(vielfach einstige Mangrovensümpfe). Eine wesentliche Nebenerwerbsquelle der Landwirtschaft stellen die Süßwasserfische in den Naßreisfeldern dar. Insgesamt belaufen sich die Erträge der Binnenfischerei, in der Kalimantan den Spitzenplatz einnimmt, auf jährlich annähernd 450000 t.

Aufgrund der geographischen Gegebenheiten stellt die Schiffahrt das Rückgrat des indonesischen Transportwesens dar. Obwohl ihr seit ältester Zeit die größte Bedeutung zukommt, gilt der gegenwärtige Zustand eines Großteils der im interinsularen Verkehr eingesetzten (zahlenmäßig kaum erfaßbaren) Schiffe als nicht besonders gut. Im Küsten- sowie auch

Fischerboote im Naturhafen von Labuhan Bajo (Flores)

im Hochseeverkehr spielen immer noch große Frachtensegler (*Prahu;* vgl. S. 150), die meist nur einen Hilfsmotor besitzen, eine bedeutende Rolle. Die Modernisierung der inländischen Passagier- und Handelsschiff-Flotte sowie auch der Hafenanlagen steht im Mittelpunkt der Entwicklungspläne. Die indonesische Handelsflotte für den internationalen Verkehr ist unbedeutend; der Linienschiffsverkehr mit Europa wird derzeit von einer polnischen Reederei bedient. Insgesamt verfügt Indonesien über 15 größere Häfen für die internationale Schiffahrt. Die vier bedeutendsten Häfen sind Tanjung Priok (Jakarta), über den ca. 40% des Imports abgewickelt werden, sowie Tanjung Perak (Surabaya; Ostjava), Belawan (bei Medan; Nordsumatra) und Ujung Pandang (Südsulawesi).

Forstwirtschaft

Zu den bedeutendsten, natürlichen Ressourcen Indonesiens gehören die ausgedehnten tropischen Regenwälder, die (noch) über die Hälfte der Landfläche des Inselreiches bedecken. Nach den Wäldern Brasiliens handelt es sich hierbei um die zweitgrößte tropische Waldfläche der Erde, die jedoch durch weitgehend unkontrollierten Raubbau und (Brand-)Rodung jährlich um ca. 900000 ha schrumpft. Obwohl nach offiziellen Angaben bislang erst rund ein Fünftel der riesigen Regenwaldgebiete wirtschaftlich erschlossen sind (vor allem auf Kalimantan, Sumatra, Sulawesi, den Molukken und dem Riau-Archipel), stellt die Forstwirtschaft neben dem Erdöl- und Erdgassektor die wichtigste Deviseneinnahmequelle dar; Indonesien ist mittlerweile weltweit der größte Holzexporteur. Der jährliche Einschlag beträgt derzeit (1991) über 160 Mill. m^3 (davon nur ca. 28 Mill. m^3 Nutzholz und der Großteil von rund 132 Mill. m^3 Brennholz und Holzkohle). Die wichtigste Rohstoffbasis sind die immergrünen Dipterocarpaceen-Regenwälder und dort vor allem die verschiedenen tropischen Edel- bzw. Hartholzarten, deren Gesamtbestand grob auf annähernd 12 Mrd. m^3 geschätzt wird. Trotz des immensen forstwirtschaftlichen Potentials der indonesischen Regenwälder wird deren realer Wert doch häufig überschätzt. Die enorme Artenvielfalt nämlich behindert ganz entscheidend die Exploitationsmöglichkeiten. Pro Hektar Waldfläche fallen in der Regel nur 10–15 Stämme an, die wertvolle und gut zu verarbeitende Nutzhölzer liefern. Selektiver Holzabbau heißt dann auch die griffige Formel der indonesischen Forstwirtschaft, mit der die internationalen Naturschutzverbände besänftigt werden sollen: Nur die ausgewachsenen Edelhölzer würden gefällt, das Umfeld bleibe stehen. Doch die schlaggkräftigen Trupps der Holzindustrie machen in den Wäldern tabula rasa, um an einen 50 m hohen Überständer zu kommen, der beim Niederfallen und später beim Abtransport noch einmal eine gewaltige Schneise in den ihn umgebenden Baumbestand reißt. Regional ist die Waldverwüstung zu einer gefährlichen Zeitbombe für das ökologische Gleichgewicht geworden. Die kurzfristigen Erträge des Raubbaus stehen in keinem Verhältnis zu den langfristigen, irreversiblen Schäden an der Natur. Auch in Indonesien ist der Mensch dabei, eine seiner Lebensgrundlagen zu vernichten. Die indonesischen Wälder befinden sich zwar de jure nahezu ganz in staatlichem Besitz, doch lag der hochmechanisierte Holzeinschlag bis 1981 fast ganz bei ausländischen Konzessionären (meist Unternehmen aus Japan, Südkorea, den Philippinen und den USA), die auch ihre eigenen Arbeitskräfte mitbrachten (vorwiegend Filipinos und Malaysier). Nach 1981 aufgestellte Entwicklungspläne sehen ein weitgehendes Verbot ausländischer Investitionen in der indonesischen Forstwirtschaft und eine stärkere Forderung der inländischen Holzverarbeitung vor. Mittlerweile hat die Regierung die Ausfuhr von (unbearbeiteten) Rundhölzern verboten und plant, die heimische Sägewerkindustrie weiter auszubauen, um hochwertige Exportprodukte zu erhalten. Seit 1981 soll der kommerzielle Holzeinschlag auch stärker staatlich kontrolliert werden, doch lassen sich die gesetzlichen Bestimmungen durch ent-

Gerodeter Regenwald bei Pontianak (Westkalimantan)

sprechende Bestechungsgelder an die zuständigen Regierungsbeamten leicht umgehen, ebenso wie die Pflicht zur Wiederaufforstung. Große ökonomische Bedeutung haben neben den Dipterocarpaceen-Wäldern auch die im Ostteil Javas forstwirtschaftlich angelegten Teakholzpflanzungen. Als weitere Forstprodukte werden neben den Edelhölzern vor allem Bambus, Rotang und Chinarinde (zur Chininherstellung; Malariamittel) gewonnen und teilweise ausgeführt. Bei der Versorgung des Binnenmarkts mit Brennholz und Holzkohle spielen die ausgedehnten Mangrovenwälder der Küstentiefländer eine wesentliche Rolle.

Bodenschätze

Indonesien ist enorm reich an Bodenschätzen, auch wenn bislang erst rund 25 % des Landes systematisch geophysikalisch untersucht und auch noch längst nicht alle Lagerstätten erschlossen wurden. Die gesamtökonomisch äußerst bedeutende Mineralwirtschaft ist ein wichtiger Devisenbringer, da ein Großteil der Produktion des Bergbaus, vor allem des Erdölsektors, in den Export geht. Der mit weitem Abstand wichtigste Bereich der extraktiven (rohstofffördernden) Industrie ist die Erdölwirtschaft. Das indonesische Erdöl liegt überwiegend dicht unter der Erdoberfläche und zeichnet sich überdies durch einen umweltfreundlichen, extrem niedrigen Schwefelgehalt (unter 1 %) sowie einen hohen Paraffinanteil aus, wodurch die Förder- und Raffinierungskosten relativ niedrig sind. Nach offiziellen Schätzungen verfügt der Inselstaat über Gesamtreserven an Erdöl von etwa 50 Mrd. Barrel (1 Barrel = 159 l; das entspricht etwa 80 % aller Erdölreserven Südostasiens und des pazifischen Raums), die bei einer potentiellen täglichen Förderkapazität von 1,6 Mill. Barrel für etwa 90 Jahre reichen würden (tatsächliche Fördermenge 1989 etwa 1,3 Mill. bl/Tag; Raffineriekapazität ca. 500000 bl/Tag). Zwar sprudeln derzeit Indonesiens Ölquellen wegen der rückläufigen Weltmarktnachfrage und den damit verbundenen Drosselungsbeschlüssen der OPEC (deren Mitglied Indonesien ist) weniger stark, doch ist die Inselrepublik nach der VR China immer noch der größte Erdölproduzent Asiens und behauptet nach wie vor weltweit den siebten Rang. Während der 70er Jahre hatten Rohöl und Erdölverarbeitungsprodukte mit einem Volumen von rund 70 % der gesamten Exporteinnahmen die ganze Volkswirtschaft in Schwung gebracht. Aufgrund veränderter weltwirtschaftlicher Bedingungen aber fiel der Wert der Erdölausfuhren Ende der 80er Jahre erstmals unter 40 % des gesamten Exportwertes. Während auf den rohstoffarmen zentralen Inseln Java und Bali Agrar- und Plantagenwirtschaft vorherrscht, sind die dünn bevölkerten äußeren Inseln reich an Bodenschätzen. Die Ölfelder im Tiefland Ostsumatras und neuerdings auch die ›Offshore‹-Bohrungen in den flachen Küstengewässern der gleichen Insel lieferten 1990 annähernd 60 % des indonesischen Rohöls. Über 20 % wurden im gleichen Jahr in den Küstengegenden von Balikpapan und Tarakan sowie bei Tanjung (Ost- bzw. Südkalimantan) gefördert. Geringere Mengen kamen von den Bohrstellen vor der Nordküste Westjavas sowie von der Molukkeninsel Seram. Noch kaum angetastet sind bislang dagegen die in Irian Jaya vermuteten reichen Öllagerstätten. Auf dem Gebiet der Ölraffination wurden entscheidende Schritte hin zur Autonomie getan. Indonesien besitzt mittlerweile acht staatliche Raffinerien, die größten befinden sich in Cilacap (Zentraljava), Balikpapan (Ostkalimantan) sowie Dumai (Ostsumatra). Am indonesischen Erdölgeschäft sind außer der staatlichen Gesellschaft PERTAMINA über 45 meist ausländische Firmen beteiligt, allerdings nur unter der

Bedingung des ›Production Sharing‹, d.h. 61%ige Beteiligung der PERTAMINA und nur 39%iger Anteil der ausländischen Kontaktgesellschaft. Rund 80% des indonesischen Erdölexports gehen nach Japan. Unter anderem wegen der relativ geringen Erschließungskosten hat auch Erdgas eine große wirtschaftliche Bedeutung erlangt. Indonesien ist der Welt größter Lieferant von verflüssigtem Erdgas (›Liquefied Natural Gas‹ = LNG; Hauptfördergebiet wiederum Sumatra), das vor allem nach Japan und Südkorea exportiert wird. Experten schätzen die Methanreserven des Landes auf 1000 Mrd. m^3 und damit gut 50 Produktionsjahre.

Volkswirtschaftlich aber spielen auch noch andere Bodenschätze eine wichtige Rolle. In den Graniten des Sunda-Schelfs sind bedeutende Zinnlagerstätten gebunden: Von Burma durch Thailand und Malaysia erstreckt sich der größte Zinngürtel der Erde bis zu den indonesischen Inseln Bangka, Belitung (Billiton) und Singkep und auch noch nach Borneo hinüber. Bei der Förderung von Zinnerz nimmt Indonesien weltweit hinter Malaysia den zweiten Rang ein. Weiterhin verfügt das Land über große abbaufähige Lager an Nickelerz (Platz drei in der Weltförderung; hauptsächlich auf Zentral- und Südostsulawesi). Manganerz (international Rang zwölf), Kupfererz (Abbau hauptsächlich auf Irian Jaya – ›Projekt Ertsberg‹) sowie Bauxit, ein Rohmaterial für die Aluminiumherstellung (Förderzentrum auf Bintan im Riau-Archipel; dreizehnte Stelle in der Welt). Die Kohleproduktion (vorwiegend Steinkohle von minderer Qualität) ist seit 1982 auf über 1,9 Mill. t jährlich angewachsen. Infrastrukturelle Probleme verhindern derzeit noch eine effektive Nutzung der vorhandenen abbaufähigen Kohlelager (meist auf Sumatra und Ostkalimantan). Über die Salzgewinnung (hauptsächlich durch Verdunsten in Salinen) besitzt der Staat ein Monopol. Trotz ihres hohen Beitrags zum Bruttosozialprodukt bietet die rohstofffördernde Industrie keine Lösung für das Problem der Massenarbeitslosigkeit, da die Ausbeutung der Bodenschätze in der Regel mit modernster Technologie betrieben wird und daher nur verhältnismäßig wenige Arbeiter benötigt werden.

Industrie

Der Agrarstaat Indonesien gehört noch zu den Ländern, wo ein qualmender Fabrikschornstein etwa so exotisch wirkt wie eine Kokospalme im Ruhrgebiet. Im Vergleich mit anderen ASEAN-Ländern ist die Inselrepublik auf dem Wege der Industrialisierung noch weit zurück. Das produzierende Gewerbe, das nach wie vor im wesentlichen auf der Verarbeitung landwirtschaftlicher Erzeugnisse beruht, beschäftigt gegenwärtig noch nicht einmal 10% aller Erwerbstätigen und leistet einen relativ bescheidenen Beitrag von lediglich rund 15% zum Bruttoinlandsprodukt (1988; dieser Anteil steigt auf 40%, wenn man die Erdöl- und Erdgasindustrie hinzuzählt). Zudem besteht ein deutliches regionales Ungleichgewicht: Etwa 80% der existierenden Industriebetriebe sind auf Java konzentriert und hier wiederum hauptsächlich auf die Ballungszentren Jakarta und Surabaya. In allen anderen Inselregionen (mit Ausnahme der Zentren der Erdöl- und Erdgasförderung bzw. -verarbeitung) befindet sich der industrielle Aufbau erst in der Anfangsphase oder hat überhaupt noch nicht begonnen. Doch laut REPELITA V ist Indonesien dabei, seine Entwicklungsstrategie zu ändern – Dezentralisierung bzw. ›Entzerrung‹ heißen die neuen Schlagworte (z.B. Aufbau von Industriezentren in Medan und Palembang auf Sumatra sowie auf der Insel Batam südlich von Singapur). Hauptzweige des verarbeitenden Gewerbes, das von Klein- und Mittelbe-

Exkurs : ›Kaki Lima‹ – Straßenhandel in Indonesien

Wahre Heerscharen von fliegenden Händlern *(Pedagang Kaki Lima)* halten in Stadt und Land die Versorgung der Haushalte mit Lebensmitteln und allen nur denkbaren Artikeln des täglichen Gebrauchs aufrecht. Die Bezeichnung *Kaki Lima* (wörtlich ›fünf Fuß‹) für den Straßenhandel in Indonesien ist sehr alt. Als Maßeinheit geht sie zurück auf die Zeit von 1811–16, als die Kolonie ›Niederländisch Ostindien‹ unter englischer Verwaltung stand. Die Briten führten damals nicht nur den Linksverkehr ein, sondern erließen auch ein Gesetz, das für alle Straßen in den Städten Bürgersteige vorschrieb, mit einer Höhe von 30 cm und einer Breite von 150 cm bzw. ›fünf Fuß‹ oder eben *Kaki Lima.* Auf diesen Trottoirs ließen sich die Straßenhändler (besser ›Bürgersteighändler‹) nieder und boten den Passanten ihre Waren oder Dienstleistungen an. *Kaki Lima* für Straßenhandel ist ein sehr umfassender Begriff. Dazu gehören die von Haus zu Haus eilenden Essensverkäufer, die ihre Minigarküchen mit wippenden Tragestangen oder zweirädrigen Karren transportieren, ebenso wie die ›ambulanten‹ Kleinsthändler der Gehsteige mit ihrem bunten Warenangebot von Plastikschüsseln und Billigspielzeug über Zigaretten und Kassetten bis zu knalligen Poster und Präsidentenfotos. Dazu zählen im weiteren Sinn aber beispielsweise auch Wasser- und Zeitungsverkäufer, Straßenfriseure, Schuhputzer, Reifenflicker, Altwarenhändler sowie Masseure und Heilkräutermixturen feilbietende *Jamu*-Frauen, die in ihren Bezirken regelmäßig ihre Runden machen. Ein *Kaki Lima*-Kleinbetrieb ist schnell entstanden: ein paar aufgestapelte Kisten, eine Matte auf dem Boden, ein paar Körbe und Blechdosen – das ist die ganze Verkaufseinrichtung. Manche Straßenhändler und -verkäufer tragen ihre Waren in der Hand oder in einem Bauchladen, sehr oft auch mittels Bambusstangen *(Pikulan),* die sie auf der Schulter balancieren. Alle führen Plastikplanen mit, um sich und die Ware bei einem tropischen Regenguß rasch gegen die sintflutartigen Wassermassen schützen zu können.

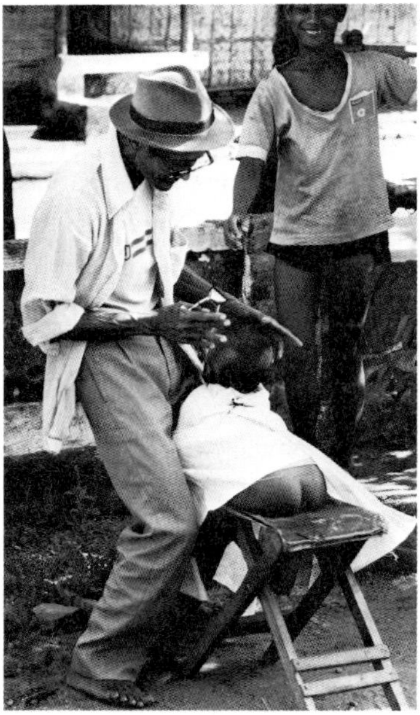

Fast alle diese kleinen Händler, Verkäufer und anderen ›Fünffüßigen‹, denen man in jeder indonesischen Stadt auf Schritt und Tritt begegnet, zählen zur Kategorie der latent Arbeitslosen bzw. Unterbeschäftigten im Dienstleistungsbereich. Sie befinden sich auf einer permanenten Gratwanderung zwischen Gelegenheitsjob und Betteln. Der Prozentsatz der real Arbeitslosen wäre noch wesentlich höher, wenn nicht eine große Zahl der Arbeitsfähigen diesen schlecht bezahlten Beschäftigungen im weiten Feld der sogenannten ›informellen Ökonomie‹ nachginge. In den Ballungszentren umfaßt dieser ›informelle Sektor‹, dem neben den ›Fünf-Fuß-Händlern‹ auch Becak-Fahrer, Aushilfsarbeiter, Bettler und Prostituierte zugerechnet werden, mittlerweile bereits 40–50 % aller Erwerbstätigen, vor allem aber von der ländlichen Armut in die Städte getriebene Zuwanderer.

trieben beherrscht wird, sind die Nahrungs- und Genußmittelindustrie (Reis- und Ölmühlen, Obst- und Fischkonservenfabriken, Brauereien, Zigarettenfabriken u. a.), die Textilherstellung, die Metall- und Holzverarbeitung (in der Sperrholzproduktion nimmt Indonesien inzwischen den ersten Platz in der Welt ein), die Baustoffproduktion sowie die Erzeugung von Lederwaren. In der kapitalintensiven Schwerindustrie dominieren Raffinerien und (petro-)chemische Großbetriebe (z. B. Produktion von Kunstdünger, Herbiziden und Pestiziden) sowie Zement- und Stahlwerke (beispielsweise das mit deutscher Hilfe errichtete Krakatau-Stahlwerk auf Westjava). Von Bedeutung ist weiterhin die nationale Autoindustrie, die 1985 über Kapazitäten zur Produktion von 350000 Einheiten verfügte, sowie die mit Unterstützung des deutschen Unternehmens Messerschmidt/Boelkow/Blohm und der spanischen Firma Casa erbaute prestigeträchtige Flugzeugfabrik NUSANTARA in Bandung (Westjava), die mehr als 12000 Mitarbeiter beschäftigt. Eine allgemein steigende Tendenz zeigt die Veredelung (und damit Exportwert-Erhöhung) von mineralischen und landwirtschaftlichen Rohstoffen. Hemmend auf die Industrialisierung wirkt sich in erster Linie eine mangelhafte Infrastruktur aus, vor allem die vielfach unzureichende Versorgung mit elektrischer Energie (häufiger Stromausfall auch in Metropolen wie Jakarta und Surabaya). Etwa zwei Drittel der Aktivitäten im Bereich der industriellen Produktion entfallen auf den Staat bzw. staatseigene Betriebe. Seit 1967 sind im Rahmen der Industrieentwicklung Auslandsinvestitionen in allen Bereichen willkommen, allerdings unter der Voraussetzung, mit einheimischen Partnern zusammenzuarbeiten (›Joint Ventures‹). Ausländische Investoren genießen nach wie vor großzügige Privilegien wie infrastrukturelle Vorleistungen, steuerliche und zollrechtliche Vorzugsbehandlung, freie Rückführung von Gewinnen sowie vor allem die Bereitstellung eines großen Reservoirs an gering entlohnten Arbeitskräften. Bislang haben sich in Indonesien japanische Investoren am stärksten engagiert. Bei ›Indonesiens Sprung nach vorn‹ setzen die Planungsstäbe der zuständigen Ministerien weiterhin auf den Ausbau der Fertigungsindustrien. Dort sollen die bei dem rapiden Bevölkerungswachstum (rund 2,3 Mill. zusätzliche Arbeitskräfte pro Jahr!) dringend benötigten industriellen Arbeitsplätze geschaffen werden. Zugleich ist geplant, durch die heimische Produktion von Konsumgütern den Devisenabfluß zu verringern und allgemein den Lebensstandard zu erhöhen. Das für die Jahrtausendwende angepeilte Fernziel der indonesischen Wirtschaftsplaner, den technologischen Stand der Industrieländer zu erreichen, hört sich angesichts der bestehenden Entwicklungsprobleme etwas utopisch an.

Geschichte

Besiedlungsgeschichte

Anthropologische Funde aus der pleistozänen Frühgeschichte des Menschen beweisen, daß der indonesische Archipel zu den am frühesten besiedelten Gebieten der Erde zählt. 1891 entdeckte der niederländische Militärarzt Eugène Dubois bei Trinil, einer ostjavanischen Ortschaft am Ufer des Solo-Flusses, fossile Schädel- und Beinknochen eines aufrecht gehenden Affenmenschen (Pithecanthropus erectus oder ›Java-Mensch‹), der dort vor über 500000 Jahren ansässig war und – ebenso wie der ›Peking-

Mensch‹ – als direkte Vorstufe des Homo sapiens zur Gruppe der Archanthropinen (= ältester Zweig der Frühmenschen) gehört. Jahre später wurden auf Java weitere Funde von zum Teil wesentlich jüngeren Hominidenresten gemacht, z. B. bei dem Dorf Sangiran unweit Solo und in der Nähe von Mojokerto. Lange Zeit galt Indonesien, zusammen mit China, als die Wiege der Menschheit. Nach den heutigen Erkenntnissen der Paläoanthropologie ist diese Vermutung nicht mehr aufrechtzuerhalten, weil die Entwicklung des Frühmenschen zum Homo sapiens sapiens in Ostafrika nachweislich schneller voranschritt als in Südostasien. Die ältesten Spuren des Homo sapiens sapiens auf dem Malaiischen Archipel (altsteinzeitliche Werkzeuge und fossile menschliche Knochenfragmente) entdeckten Anthropologen in den Niah-Höhlen in Sarawak, Ostmalaysia (Borneo) und in den Tabon-Höhlen auf der philippinischen Insel Palawan. Untersuchungen mit der Radiokarbonmethode lassen eine Datierung auf ca. 40000 bzw. 30000 v.u.Z. zu. Daß zu jener prähistorischen Zeit auch in der indonesischen Inselwelt Homo sapiens sapiens-Typen, also vollentwickelte, ›neuzeitliche‹ Menschen, existierten, beweisen Funde in einer Höhle bei dem Ort Wajak auf Südjava, deren Alter auf rund 12000 Jahre geschätzt wird. Aus der gleichen Periode stammen auch Höhlenzeichnungen auf Südwestsulawesi und Neuguinea.

Der Übergang vom Mesolithikum zum Neolithikum brachte Indonesien die Einwanderung mongolisch-kaukasischer (für gewöhnlich auch austronesisch genannter) Völkerschaften, die sich, von Yünnan in Südchina ausgehend, als hervorragende Seefahrer auf einer der längsten Völkerwanderungen der Menschheitsgeschichte über die halbe Erdkugel verbreiteten. Die indonesische Inselwelt erreichten diese wissenschaftlich als Alt- bzw. Protomalaien oder auch Altindonesier bezeichneten Stammesverbände auf dem Seeweg (die letzten Landbrücken waren gegen 10000 v.u.Z. nach dem Abschmelzen der eiszeitlichen Gletscher im Meer versunken) in mehreren Einwanderungsintervallen zwischen ca. 2500 und 1500 v.u.Z. Als Träger einer neolithischen Kultur hinterließen sie auf ihren Wanderbewegungen charakteristische Wegmarken, nämlich mit Tüllen versehene Rechteckbeile, anhand derer heute ihre Ausbreitung von Südchina über Laos, Vietnam, Thailand und die Malaiische Halbinsel bis zum indonesischen Archipel exakt rekonstruiert werden kann. Die Protomalaien zerstörten die ethnische Eigenständigkeit der wildbeuterischen Vorbevölkerung weitgehend, verdrängten diese in die Bergwälder oder assimilierten deren Reste.

Hauptmerkmale ihrer jungsteinzeitlichen megalithischen Kultur waren die Domestikation pflanzlicher und tierischer Wildformen (Anbau von Reis, Hirse, Taro – ein stärkehaltiges Knollengewächs –, Yams, Bananen u. a. sowie – meist für Opferzwecke – Aufzucht von Hühnern, Hunden, Ziegen, Schweinen und Büffeln), die Herstellung von Rindenstoffen, eine primitive Technik des Töpferns und erste Formen des Hausbaus. Auf die Altindonesier geht auch der traditionelle Brandrodungswanderfeldbau *(Ladang)* zurück. Im Zentrum ihrer Naturreligion standen Schamanismus und ein ausgeprägter Totenkult (u. a. die Errichtung megalithischer Monumente zum Andenken an die Verstorbenen oder für den Opferdienst). Ein weiteres wichtiges Element ihrer Kultur war zudem die (noch bis weit in unser Jahrhundert hinein praktizierte) rituelle Kopfjagd. Zu den direkten Nachkommen der Altmalaien gehören im heutigen Indonesien, als deren bekannteste Vertreter, die Batak auf Nordsumatra, die Dayak auf Kalimantan und die Toraja auf Sulawesi.

Vermutlich im dritten Jahrhundert vor der Zeitenwende gelangten in einer weiteren großen Einwanderungswelle austronesische Jung- bzw. Deuteromalaien oder Jungindonesier aus dem südchinesischen Raum auf den indonesischen Archipel. Diese Immigranten, die in maritim orientierten Sozialverbänden zusammengeschlossen waren (Beiname ›Küstenmalaien‹), verdrängten nun ihrerseits die Protomalaien aus den fruchtbaren Küstenstreifen und leicht zugänglichen Tiefebenen ins gebirgige Binnenland. Zu ihren bevorzugten Siedlungsgebieten zählten die Mündungsdeltas großer Ströme, entlang derer in der Folgezeit die Erschließung vieler binnenländischer Regionen fortschritt. Sehr deutlich kann man dieses Siedlungsmuster heute noch auf Kalimantan erkennen, dessen Entwicklung noch immer von einzelnen, durch riesige Wald- und Sumpfgebiete voneinander getrennten, einstigen jungmalaiischen Küstensiedlungen, wie beispielsweise Pontianak und Banjarmasin, entlang der großen Flüsse langsam ins Inselinnere vorrückt, wo die ausgedehnten Waldgebiete als Siedlungs- und Lebensraum noch weitgehend den altmalaiischen Dayak vorbehalten sind. Die Jungmalaien bildeten nicht nur den Grundstock für die heute staatstragende Bevölkerung Indonesiens, sondern brachten als Träger der ›Dong-son-Kultur‹ auch einen enormen Zivilisationsschub in die indonesische Inselwelt: den Sprung von der Stein- in die Bronze- und Eisenzeit.

Megalithe bei Rantepao (Sulawesi)

Das Metallzeitalter Südostasiens verbreitete sich im letzten vorchristlichen Jahrtausend von einem kleinen Ort namens Dong-son in Annam (etwa das heutige nördliche Vietnam).

Wesentliche Kulturmerkmale der deuteromalaiischen Einwanderer waren u. a. der Gebrauch von Metallwerkzeugen und -waffen, die Einführung einer bereits sehr hoch entwickelten Töpferkunst sowie die Entwicklung neuer Methoden in der Landwirtschaft (Naßreisfeldbau) und im Häuserbau (Pfahlbauten). Zwar existierten zur damaligen Zeit auf dem indonesischen Archipel noch keine größeren politischen Einheiten, doch lebten die Menschen jungmalaiischer Abkunft meist bereits in gefestigten Dorf- und Siedlungsgemeinschaften mit einem gewählten Häuptling oder einem Ältestenrat an der Spitze, der über sämtliche wichtigen Belange des Dorfes

entschied (Aussaat, Bewässerung, Ernte, Hausbau, rituelle Kulte u. a.). Alle Mitglieder dieser politisch autonomen und wirtschaftlich autarken Sozialverbände waren einem von Generation zu Generation überlieferten Gesetzesgefüge *(Adat)* verpflichtet. Auch die Deuteromalaien hingen wie die protomalaiischen Stammesgemeinschaften animistischen Naturreligionen an, in denen Geisterglaube und Ahnenverehrung sowie Fruchtbarkeitsrituale, Kopfjägerei und vielfach auch ritueller Kannibalismus eine zentrale Rolle spielten. Verschiedene Völkerschaften unter den seefahrenden ›Küstenmalaien‹ blieben den alten Traditionen treu. Sie entwickelten den Schiffsbau und begannen einen ausgedehnten Handelsverkehr innerhalb des indonesischen Archipels sowie auch mit Ländern Kontinentalasiens. Bereits in frühgeschichtlichen Zeiten entstanden an den Küstensäumen Handelsplätze und Häfen, die auch chinesische und indische Seekaufleute mit ihren Schiffen anliefen. Man tauschte Gewürze von den Molukken und Pfeffer aus Sumatra gegen chinesische Seide und Porzellan sowie Sandelholz aus Timor, eßbare Vogelnester und wilden Honig aus Java gegen indische Baumwollstoffe und Edelsteine. Eine besonders große Bedeutung erlangten die Wirtschaftsbeziehungen mit Indien. Schon sehr früh hat es im indonesischen Raum indische Handelsgesellschaften gegeben, die jedoch kaum als direkte Kulturübermittler in Frage kommen. Den indischen Kaufleuten aber folgten schon bald hinduistische Brahmanen und buddhistische Mönche nach, die fremde Religionen sowie andere, bislang unbekannte Sitten und Gebräuche ins Land brachten. Auf diese Weise erfuhr nach der Zeitenwende die indische Hochkultur eine kontinuierliche Verbreitung in der indonesischen Inselwelt.

Die hinduistisch-buddhistische Epoche

Die Anfänge der Indisierung des indonesischen Archipels

Die Anfänge des indischen Einflusses liegen offenbar im ersten Jahrhundert nach Beginn unserer Zeitrechnung. Die von Südostindien ausgehend in östliche Richtung vordringende indische Kolonisation war überwiegend friedlicher Natur und wurde in der Hauptsache nicht durch militärische Unternehmungen, sondern fast ausschließlich durch Handel und religiöse Missionierung erreicht. Die geographischen Gegebenheiten, die kontinentalen Dimensionen und die außerordentliche Zersplitterung der Inselwelt haben den indonesischen Raum von alters her offener (und anfälliger) als kontinentale Binnenländer für äußere Einflüsse gemacht. Manche Historiker nehmen an, daß während der Herrschaftszeit der autoritären und expansionsorientierten Pallava- und Gupta-Dynastien indische Fürsten Seefahrer, Kaufleute und Missionare in das östlich gelegene Land Suvarnadvipa (›Land aus Gold‹), das vermutlich mit dem heutigen Sumatra identisch ist, schickten. Andere wiederum bestreiten energisch, daß die Verbreitung der indischen Kultur auf eine Art indischen Imperialismus in Südostasien während der ersten nachchristlichen Jahrhunderte zurückzuführen sei. Sie vermuten vielmehr, daß die Initiative von den indonesischen Aristokraten selbst ausging, daß diese Brahmanen an ihre Höfe kommen ließen und die höhere Zivilisationsform selbst in ihr Inselreich importierten, um an den verschiedenen Ausprägungen indischer Kulturschöpfung zu partizipieren und dadurch ihre Macht und ihren Reichtum zu mehren. Auch scheinen die heiligen Schriften des Hinduismus *(Purana)* und insbesondere die Lehre von den Kasten *(Varna)* ganz im Sinne der sich damals formierenden Fürstenklasse Indonesiens gewesen zu sein, da die Herrschenden dadurch ihre eigene Position gefestigt und quasi legitimiert sahen und sich auf diese Weise sichtbar über die Masse des Volkes erheben konnten. Die Auffassung des Hinduismus vom Herrscher als göttliche Inkarnation erlaubte es überdies, die sich herausbildenden feudalen Machtstrukturen theokratisch zu begründen. Mit den Ausstrahlungen von Brahmanismus und Buddhismus begann nun das Einströmen indischen Geisteslebens, das seinen Niederschlag im Weltbild, in der Kunst und Architektur sowie in der politischen und sozialen Organisation der sich jetzt im indonesischen Archipel entwickelnden Gesellschaften fand. Allerdings berührte der indische Einfluß zunächst nur die aristokratische Elite, zu einer Verbreitung indischer Kulturelemente unter der bäuerlichen Bevölkerung kam es erst viel später während der Regentschaft verschiedener ostjavanischer Herrscher. Die Indisierung der Inselwelt war sicherlich kein kolonisatorischer Vorgang im eigentlichen Sinn, auch keine Invasion zahlenmäßig starker, fremder Bevölkerungsgruppen, sondern vielmehr ein Prozeß, in dessen Verlauf indische Einflüsse jeglicher Art freiwillig absorbiert und den Bedürfnissen und Vorstellungen der indonesischen Bevölkerung angepaßt wurden.

Nicht nur zu Indien, sondern auch zu China bestanden in jenen frühen Zeiten bereits Kontakte, die jedoch einen gänzlich anderen Charakter hatten – sie waren in erster Linie von wirtschaftlichen, aber weniger von politischen oder kulturellen Interessen geprägt. Es ist überhaupt erstaunlich, wie gering die Einflüsse waren, die von China her, neben Indien der zweite große, alte Macht- und Kulturblock der Erde, auf die gesamte malaiische Welt, also auch auf den indonesischen Archipel, wirkten. Die Anfänge der chinesisch-indonesischen Handelskontakte liegen nachweislich im zweiten vorchristlichen Jahrhundert, eine Intensivierung erfuhr der Warenaustausch dann in der Spätzeit der Han-Dynastie in den ersten beiden Jahrhunderten nach der Zeitenwende, als die Vorstöße chinesischer Kaufleute nach *Nan-Yang*, in die ›Südliche See‹, zahlreicher wurden. Um den gewinnbringenden (Über-)Seehandel nicht zu gefährden, akzeptierten viele der indonesischen Stammesfürsten zur damaligen Zeit (und auch noch später, vor allem während der Ming-Epoche vom 14.–17. Jh.) die ihnen von den chinesischen Herrschern zeitweise auferlegte Tributpflicht. Permanente Niederlassungen auf indonesischen Inseln gründeten chinesische Kaufleute vermutlich ab dem 9. Jh. Ungeachtet ihrer bedeutsamen wirt-

schaftlichen Rolle zeigten Seefahrer, Händler und Siedler aus dem ›Reich der Mitte‹ niemals größere Ambitionen, in Indonesien ihre Religion, ihre Kunst oder ihre Lebensweise zu verbreiten. Die Einflußnahme konzentrierte sich vorwiegend auf das Wirtschaftsleben; kulturelle Einwirkungen waren eher eine Begleiterscheinung. Von alters her brachten die Chinesen als ein wichtiges Kulturgut das Porzellan mit, das schon bald bei vielen indonesischen Bevölkerungsgruppen zu einem begehrten Artikel avancierte.

Nachdem in den ersten nachchristlichen Jahrhunderten in Kontinentalasien die hinduisierten Königreiche Funan am Mekong-Delta und Champa in Zentral- und Südvietnam entstanden waren, bildeten sich auch in Indonesien schon bald zahlreiche indisch beeinflußte, größere Fürstentümer. Diese unter dem Konzept vom sakralen Königtum stehenden Zentren politischer wie religiös-kultureller Macht traten an die Stelle der territorial eng begrenzten Dorfverbände, ehedem die einzigen und größten wirtschaftlichen, sozialen und politischen Einheiten. In der Folgezeit entwickelten sich zwei voneinander abweichende politische Grundstrukturen: die der agrarischen Inlandsstaaten und die der Küstenfürstentümer. Lebensgrundlage der Reiche im Landesinnern war eine durch Bewässerungssysteme ermöglichte Landwirtschaft, auf der letztendlich auch die große kulturelle Blüte in den späteren, sogenannten mittel- und ostjavanischen Perioden basierte. Die Hafenfürstentümer mit nur geringem Hinterland entlang der Küste und an Flußmündungen gingen aus den bereits vor der Zeitenwende entstandenen malaiischen Handelsplätzen hervor und lebten hauptsächlich vom Fern- und Regionalhandel, aber weniger vom Anbau landwirtschaftlicher Produkte. Durch ihre maritimen Wirtschaftsbeziehungen mit fremdländischen Kaufleuten nahmen diese Fürstentümer einen offenen, beinahe kosmopolitischen Charakter an und waren somit auch aufnahmebereiter gegenüber den verschiedensten kulturellen Einflüssen von außen. Im Gegensatz zu den binnenländischen Königreichen, deren Machtbasis eine tributpflichtige Bevölkerung darstellte, gründete sich der Herrschaftsanspruch der Seereiche fast ausschließlich auf ihre Kontrolle über den Handel.

Gemeinsames Kennzeichen der neuen, feudalistisch strukturierten Territorialstaaten aber war eine deutliche Vertiefung der Kluft zwischen den adligen Herrschern und Priestern auf der einen Seite und der breiten Masse des Volkes auf der anderen. Einige dieser frühen Königreiche waren hinduistisch, andere buddhistisch; im Laufe der Jahrhunderte jedoch verwischten sich diese Unterschiede immer mehr. Die ersten Hinweise auf Königreiche im indonesischen Archipel finden sich in Steininschriften in klassischem Sanskrit aus dem frühen 5. Jh., die man auf Ostborneo in der Provinz Kutai sowie auf Westjava unweit des heutigen Jakarta fand. Eine dieser Inschriften mit unverkennbar südindischem Pallawa-Duktus erwähnt einen König namens Purnavarman, der über das Reich Tarumanegara am Citarum-Fluß nahe dem heutigen Bogor auf Westjava herrschte. Dieses erste historisch bekannte westjavanische, hinduistische Königreich, dessen Macht vermutlich in erster Linie auf dem Seehandel basierte, dominierte im westindonesischen Raum rund zwei Jahrhunderte lang, bis sich dann gegen Ende des 7. Jhs. ein aufstrebendes buddhistisches Königreich, das in der Gegend von Palembang wurzelte, gegen alle Nachbar-Fürstentümer durchsetzte und die Kontrolle über die schon damals lebenswichtigen Meerengen von Malakka und Sunda an sich riß – das Sri Vijaya-Reich beherrschte fortan fast sechs Jahrhunderte lang weite Regionen Südostasiens.

Das buddhistische Sri Vijaya-Imperium

Seit der zweiten Hälfte des 7. Jhs. erlangte das indisierte buddhistische Großreich Sri Vijaya, ein Seestaat im Süden Sumatras, auf handelspolitischem Gebiet eine überragende, weit über die Grenzen des Malaiischen Archipels hinausreichende Bedeutung. Der Aufstieg dieses Handels- und Verkehrsknotenpunktes zur dominierenden politischen und wirtschaftlichen Macht im südostasiatischen Raum wurde durch den Zusammenbruch der zuvor führenden Seemacht Funan am Mündungstrichter des Mekong beschleunigt. Zudem gelang es, zwischen 683 und 689 den Nachbarstaat Malayu, dessen Zentrum im Gebiet des heutigen Jambi lag, als rivalisierende Handelsmacht auszuschalten und zwischen 700 und 755 den südlichen Teil der Malaiischen Halbinsel zu annektieren. Von seiner Hauptstadt Palembang aus beherrschte Sri Vijaya, in einer strategisch ausgesprochen günstigen Lage, die Straße von Malakka und kontrollierte damit den Seeverkehr von Indien nach China. Im Zenit seiner Macht (etwa im 9. und 10. Jh.) umfaßte sein Herrschafts- und Einflußbereich die Inseln Sumatra, Borneo und Sulawesi sowie die Malaiische Halbinsel, weite Regionen Hinterindiens und vorübergehend auch verschiedene Inseln der Philippinen und den Süden Formosas (Taiwan); sogar Ceylon (Sri Lanka) war ihm lange Zeit tributpflichtig. Auf Java allerdings konnte das expandierende Großreich nur den Westteil der Insel unter seinen Einfluß bekommen; Zentral- und Ostjava wurden nie von Sri Vijaya-Königen regiert.

Gegen Ende des 8. Jhs. hatten sich die Sri Vijaya-Dynastien der Mahayana-Form des Buddhismus zugewandt, während sich viele Aristokraten im mittleren und östlichen Java weiterhin zum Hinduismus bekannten. Schon bald gelangte der Buddhismus des ›Großen Fahrzeugs‹ im Reich von Sri Vijaya zu voller Blüte. Die Universitäten und Klöster dieses Seestaates entwickelten sich zu bedeutenden kulturellen Zentren für buddhistische Studien, da die Lehren Buddhas zu jener Zeit in ihrem Ursprungsland Indien zusehends unterdrückt und Anhänger dieser Glaubensrichtung vertrieben wurden.

Verschiedenen, in Altmalaiisch verfaßten Quellen zufolge sollen sich auf Zentraljava ab dem frühen 8. Jh. große indisierte (buddhistische und hinduistische) Königreiche gebildet haben. Während Sri Vijaya mit der buddhistischen Shailendra-Dynastie intensive und freundschaftliche Beziehungen unterhielt, eskalierten die Interessenskonflikte mit den hinduistischen Staaten, in deren Mittelpunkt vermutlich die Kontrolle über den profitablen Handel stand, im 10. und 11. Jh. zu kriegerischen Auseinandersetzungen. Unter dem ostjavanischen König Airlangga kam es Anfang des 11. Jhs. zu einem Waffenstillstand mit Sri Vijaya und wenig später zu einer Übereinkunft zwischen beiden Seiten, in der sie eine Art Kräftegleichgewicht herstellten und ihre Macht- und Interessensphären deutlich gegeneinander abgrenzten: Sri Vijaya behielt die Herrschaft über die (nord-) westliche Region, während sich die javanischen Königreiche nach Osten hin orientierten. Sri Vijaya konzentrierte sich fortan mit einer eigenen gewaltigen Kriegs- und Handelsflotte auf seine Rolle als dominierende Seemacht und festigte seine Herrschaft über den gesamten Schiffsverkehr im geographischen Dreieck zwischen Indien, dem Malaiischen Archipel und China. Alle in diesem Raum verkehrenden Segler wurden gezwungen, die Häfen Sri Vijayas anzulaufen, wo man sie mit hohen Zöllen belegte. Trotz eines verwüstenden Überfalls der tamilischen Chola-Dynastie aus Südindien im Jahre 1025, der Sri Vijayas vorherrschende Stellung in ihren Grundfesten erschütterte, konnte das buddhistische Großreich bis gegen Ende des 13. Jhs. weiter expandieren. Im Laufe der Zeit jedoch unterhöhlten chinesische und später vor allem arabische Kaufleute das Handelsmonopol des Sri Vijaya-Reiches, entzogen ihm damit die wirtschaftliche Basis und leiteten langfristig seinen politischen Niedergang ein. Im Laufe des 15. Jhs. schließlich löste sich das einst so gewaltige Imperium ganz auf, ohne der Nachwelt markante buddhistische Tempel oder andere überwältigende bauliche Zeugnisse seiner Macht und seines Reichtums zu hinterlassen.

Die mitteljavanische Periode

Das nicht in den Herrschaftsbereich des Sri Vijaya-Großreiches eingegliederte zentrale Java erlebte im 8. und 9. Jh. einen enormen politisch-wirtschaftlichen und kulturellen Aufschwung. Die ökonomische Grundlage der sich hier entwickelnden Binnenreiche stellte im wesentlichen der wegen der fruchtbaren Vulkanböden sehr ertragreiche Bewässerungsbodenbau (Reiskulturen) und nicht der Handel dar. Anfang des 8. Jhs. soll auf Mitteljava die hinduistische Sanjaya-Dynastie das ausgedehnte erste Reich von Mataram beherrscht haben. Als kultischer Mittelpunkt dieses hinduistisch-shivaistischen Imperiums werden die Tempelruinen auf dem Dieng-Hochplateau angesehen. Nach dem Zeugnis alter Dokumente existierten zu jener Zeit auf Mitteljava mehrere miteinander rivalisierende Herrscherfamilien, die entweder dem Hinduismus oder dem Buddhismus anhingen. Ein Wandel im Machtgefüge Zentraljavas bahnte sich mit dem Erstarken der buddhistischen Shailendra-Dynastie (›Könige der Berge‹) an, die enge verwandtschaftliche Beziehungen mit den Potentaten von Sri Vijaya verbanden. Den Shailendra, möglicherweise Abkömmlinge der kontinentalasiatischen, hinduisierten Funan-Dynastie, gelang es offensichtlich zumindest zeitweise, anderen Fürstengeschlechtern (z. B. den Sanjaya) einen Vasallenstatus aufzuerlegen und für etwa ein Jahrhundert die Vorherrschaft auf Zentraljava zu erringen. Während dieser relativ kurzen Zeitspanne erbauten sie imposante buddhistische Monumente. Macht und Ruhm der Shailendra demonstrieren am eindruckvollsten die Tempel Kalasan, Pawon, Mendut, Sari, Sewu, Plaosan und natürlich – allen voran – der grandiose Borobudur (vgl. S. 222). Kurz nach der Vollendung des Borobudur (gegen 830) setzte mit einer neuen, vorübergehenden Blüte des hinduistischen Mataram-Reiches der Niedergang der Shailendra und damit auch des Mahayana-Buddhismus auf Mitteljava ein. Nachdem die Sanjaya-Dynastie unter dem König Balitung und seinem Nachfolger Daksa erneut die Macht übernommen hatte, mußten die Shailendra Zuflucht im Sri Vijaya-Reich suchen. Aufgrund der bestehenden verwandtschaftlichen Verknüpfungen übernahm ein Shailendra dort Mitte des 9. Jhs. den Königsthron. Während der Renaissance des Sanjaya-Geschlechts entstand etwa zu Beginn des 10. Jhs., als hinduistisches Pendant zum buddhistischen Borobudur, die überwältigende Tempelanlage von Prambanan (vgl. S. 226).

Die ostjavanische Periode

Um 930, also kurz nach Vollendung des Prambanan-Komplexes, verlagerte sich das politische, wirtschaftliche und auch kulturelle Schwergewicht plötzlich nach dem östlichen Java, während das einst blühende Zentraljava in völlige Bedeutungslosigkeit versank. Alle Erklärungsversuche für das abrupte Ende der mitteljavanischen Periode sind rein hypothetischer oder spekulativer Natur. Manche Historiker vermuten die Ursache für diesen mysteriösen Vorgang in einer religiös motivierten Konfrontation, einer Art ›heiligen Krieges‹, zwischen den buddhistischen Shailendra und den hinduistischen Sanjaya. Plausibler erscheint der Standpunkt anderer Wissenschaftler, denen zufolge die überaus rege, mit Tributpflichten und Frondiensten verbundene Bauaktivität auf Mitteljava, die sich auf einen vergleichsweise knappen Zeitraum von gerade zwei Jahrzehnten konzentrierte, zu einer solchen Ausplünderung und Erschöpfung des Landes und seiner Bevölkerung geführt haben könnte, daß der wirtschaftliche Ruin und politische Untergang die zwangsläufigen Folgen waren. Auch Epidemien und Naturkatastrophen (eventuell ein verheerender Ausbruch des Vulkans Merapi) werden als Gründe in die Diskussion gebracht.

Die Anfänge der ostjavanischen Periode beschränkten sich unter einem Fürsten namens Sindok zunächst auf das fruchtbare Tal des Brantas-Flusses. Schon bald aber erlebte das neue Reich eine Blütezeit und erstarkte so weit, daß es im Jahre 992 unter König Dharmavangsa einen Angriff auf Sri Vijaya unternahm. Der Erfolg dieser militärischen Offensive wurde jedoch in den Jahren 1016/17 mit einer Gegenattacke des sumatranischen Seestaates zunichte gemacht. Mit einer riesigen Flotte überfiel Sri Vijaya das ostjavanische Königreich. Dabei wurde die Hauptstadt zerstört, der König Dharmavangsa getötet und sein Reich in viele kleine Fürstentümer zersplittert.

Die Einung und der Wiederaufstieg Ostjavas waren das Werk eines der bedeutendsten Herrscher dieser Periode – König Airlangga (1019–42). Airlangga (auch Erlangga) war von Geburt Balinese und ein Neffe des Königs Dharmavangsa. Seine Herkunft aus einem balinesischem Fürstengeschlecht erklärt auch die sich fortan intensivierenden Beziehungen zwischen Ostjava und Bali. Nachdem Airlangga Rivalen, die ihm die Königswürde streitig machten, ausgeschaltet hatte, gelang es ihm, das ganze ostjavanische Reich mit den Kerngebieten Madiun, Kediri und Malang zurückzuerobern und sogar deutlich über seine alten Grenzen hinaus auszudehnen. Airlangga knüpfte weitreichende Handelsbeziehungen in westlicher und östlicher Richtung; sein größer außenpolitischer Erfolg war der Waffenstillstand mit Sri Vijaya (1025). In die indonesische Geschichte aber ist Airlangga hauptsächlich als tiefreligiöser Asket und Kunstmäzen eingegangen. Während seiner Regentschaft gelangte die einheimische javanische Kunst zu einer ersten Hochblüte. Gegen Ende seiner Herrschaft änderte Airlangga seinen Namen und zog sich in das religiöse Leben zurück. Nach seinem Tode zerfiel sein Reich in die beiden Teilstaaten Kediri (oder Panjulu) und Janggala mit den Hauptstädten Daha bzw. Koripan. Kediri (1045–1222) entwickelte eine größere Machtentfaltung und umfaßte im 12. und frühen 13. Jh. ein weitaus umfangreicheres Gebiet als das frühere Airlangga-Reich.

1222 trat der legendenumwobene Ken Angrok ins Licht der Geschichte. Das Pararaton (›Buch der Könige‹), eines der ältesten Werke der javanischen Geschichtsschreibung, gibt eine mystische Darstellung von seinem Leben. Nach der Ermordung des Fürsten von Tumapel, eines Vasallen von Kediri, war es Ken Angrok demnach gelungen, dessen Witwe Dedes zu heiraten. Unter dem Titel König Rajasa unterwarf er das Janggala-Reich und erhob sich gegen seinen Souverän Kertajaya, den letzten König von Kediri. Mit Unterstützung der geistlichen Führer vereinigte der Usurpator Airlanggas altes Reich und gab ihm den Namen Singhasari. Die Herrschaft der Singhasari-Dynastie (1222–92), die ihre Hauptstadt nahe dem heutigen Malang gründete, war eine Kette von Intrigen, Morden und Kriegen. Ken Angrok selbst fiel vermutlich bereits 1227 einem Attentat zum Opfer.

Ein neues Kapitel der Geschichte Ostjavas begann, als Kertanagara (1268–92) den Thron von Singhasari bestieg. Kertanagara gilt vielen Historikern als eine machtbesessene und maßlose Herrscherpersönlichkeit. Aggressiv expansionsorientiert versuchte er, sein Reich in westliche wie östliche Richtung auszudehnen. 1284 griff er die Insel Bali an, nachdem er zuvor durch ein militärisches Unternehmen Teile Westjavas und Sumatras unter seine Kontrolle bekommen und damit auch ganz entscheidend zum Niedergang des Sri Vijaya-Seereiches beigetragen hatte. Unter Kertanagara, der der tantrischen Richtung des Buddhismus anhing, erlebte Singhasari aber auch eine neue kulturelle Hochperiode; während seiner Herrschaft entstanden so eindrucksvolle Zeugnisse ostjavanischer Architektur wie die Tempel von Kidal und Jago. Nach seiner Ermordung durch den Fürsten von Kediri im Jahre 1292 wurde Kertanagara in einer beispielslosen Übersteigerung von religiösem Synkretismus als Shiva-Buddha verehrt.

Das Großreich Majapahit

Die hinduistisch-buddhistische Epoche kulminierte in dem mächtigen Majapahit-Reich, dessen Aufstieg und Vormachtstellung im gesamten südostasiatischen Raum nach dem Niedergang Sri Vijayas über einen Zeitraum von mehr als zwei Jahrhunderten völlig unangefochten blieb. Majapahit entstand auf den Trümmern des Singhasari-Reiches, erwuchs aus einer Periode der inneren und äußeren Zwistigkeiten und Wirren. Nachdem Kertanagara internen Machtkämpfen zum Opfer gefallen war, erreichte Anfang des Jahres 1293 eine gewaltige Expeditionsarmee des Kublai Khan, des mongolischen Kaisers von China, Java. Raden Wijaya, der Schwiegersohn Kertanagaras und spätere Begründer Majapahits, verstand es sehr geschickt, die chinesischen Invasoren für seine Zwecke auszunutzen und sich mit ihrer Hilfe seiner innenpolitischen Rivalen zu entledigen. Danach wandte er sich jedoch gegen die ausländischen Truppen, lieferte ihnen einen zermürbenden Kleinkrieg und jagte sie schließlich aus seinem Reich. Während seiner 16jährigen, durch zahlreiche Aufstände charakterisierten Regentschaft setzte Raden Wijaya die expansionsorientierte Politik seines Vorgängers Kertanagara fort. Er versuchte, durch eine Reihe dynastischer Eheschließungen seine Position zu stärken und gründete 1293/94 an den Ufern des Flusses Brantas (nahe der heutigen Stadt Trowulan) als Zentrum seines Majapahit-Reiches eine neue Hauptstadt gleichen Namens (vgl. S. 247). Die Bezeichnung für das neue Imperium soll im übrigen auf die in der Brantas-Ebene gedeihenden hartschaligen, bitteren *(Pahit) Maja*-Früchte zurückgehen. Raden Wijaya starb im Jahre 1309. Auch sein Sohn Jayanagara (1309–28) war vollauf damit beschäftigt, die staatliche Autorität und seine persönliche Macht gegen Aufstände ostjavanischer Fürsten, die sich der Vorherrschaft Majapahits nicht beugen wollten, zu verteidigen. Nach dem gewaltsamen Tod Jayanagaras begann der Aufstieg einer der markantesten Persönlichkeiten der indonesischen Geschichte – Gajah Mada, ehedem Führer der königlichen Palastwache, betrat die politische Bühne und wurde bereits im Jahre 1331 *Mahapati* (›Generalgouverneur‹) und damit Premierminister des Reiches. Gajah Mada war ein brillanter und äußerst selbstbewußter Machtpolitiker, der sich keinesfalls nur als ausführendes Instrument der herrschenden Dynastie sah. Da die Funktion der Majapahit-Könige oder -Königinnen als gottähnliche Inkarnation primär religiöser Natur war, konzentrierte sich in den Händen Gajah Madas eine Machtfülle, wie sie für gewöhnlich nur bedeutenden Regenten zukam. Während der Herrschaftszeit von König Hayam Wuruk (1350–89) erreichte Majapahit den Höhepunkt seiner Macht, doch im Grunde genommen war es der geniale Erste Minister Gajah Mada, der das Reich in dieses sogenannte ›Goldene Zeitalter‹ führte.

Unser Wissen über Majapahit stammt hauptsächlich aus der altjavanischen Dichtung ›Nagarakertagama‹, die von dem Historiker und Hofdichter Prapanca 1365, ein Jahr nach dem Tode Gajah Madas, verfaßt wurde. Gajah Mada war demzufolge bestrebt, im Geiste des Reichsgründers Raden Wijaya, den Macht- und Einflußbereich Majapahits durch militärische Eroberungen auszudehnen. Einem Feldzug gegen Bali im Jahre 1343 folgte sieben Jahre später die Unterwerfung des sundanesischen Königreiches Pajajaran. Gegen Ende der Regierungszeit Gajah Madas hatte das in den fruchtbaren Regionen Mittel- und Ostjavas verankerte Großreich von Majapahit seinen Herrschaftsbereich zumindest nominell nicht nur über die ganze Weite des heutigen indonesischen Staates und die Malaiische Halbinsel ausgedehnt, sondern auch über große Gebiete des jetzigen Indochina. Indonesische Staatsmänner der Gegenwart werden nicht müde, dieses Reich als einen Höhepunkt der indonesischen Geschichte hervorzuheben, da sie in ihm ein Symbol für die Einheit des Landes sehen. Majapahit jedoch war kein gefestigter Einheitsstaat in unserem Sinne. Eine straffe staatliche Organisation bestand wohl nur in den zentralen Reichsteilen (Mittel- und Ostjava, Madura und Bali); die lokalen und regionalen Potentaten der zur Machtsphäre Majapahits gehörenden Randzonen waren vorwiegend als Vasallen nur durch eine jährliche Tributpflicht an das Kernland gebunden. Majapahits feudal strukturiertes Gesellschaftssystem beruhte im wesentlichen auf der Agrarwirtschaft, wobei die Landbevölkerung Steuern an die Herrscher zu entrichten hatte; einmal in Form von Naturalabgaben, die ein Drittel oder die Hälfte der Ernte ausmachen konnten, zum anderen durch Ableistung von Frondiensten. Administrative oder soziale Aufgaben erfüllten die politischen Machthaber, die *Raja, Maharaja* und später – nach der Islamisierung – Sultane, in der indonesischen Inselwelt nach der Herausbildung der Feudalgesellschaften kaum mehr. Allein durch seine bloße Existenz konzentrierte sich im jeweiligen Herrscher auf magisch sakrale Weise alle Macht im Lande – die politische wie religiöse. Sein Fürstenhof, der *Kraton,* entwickelte sich zu einem kleinen Staat im Staate. Dort sammelten sich die Höflinge und Günstlinge, dort wimmelte es von Sklaven, Leibwächtern, Hauptfrauen und Konkubinen. Der *Kraton* (oder *Keraton;* wörtlich: ›Ort des Herrschers‹) aber wurde auch zu einem Nukleus von Kunst und Kultur. Hier gab es Hofdichter und Schauspieler, Tänzer(innen) und Musikanten.

Im Gegensatz zu allen Vorgängerstaaten auf dem Archipel, die entweder agrarisch oder maritim orientiert waren, wurde Majapahit aufgrund seines hochentwickelten Schiffsbaus neben der dominierenden Land- auch zur vorherrschenden Seemacht. Für viele Nachbarländer im südostasiatischen Raum galt Majapahit ebenso wie zuvor Sri Vijaya als ein Inbegriff des Reichtums und der kulturellen Blüte. Zu den beeindruckendsten Beispielen der monumentalen Majapahit-Architektur gehören die Tempel Tigawangi und Tikus sowie vor allem der prächtige Panataran-Komplex nahe der heutigen Stadt Kediri (vgl. S. 244). Der Niedergang des mächtigen Imperiums setzte aber bald nach dem Tode von König Hayam Wuruk im Jahre 1389 ein. Anfang des 15. Jhs. lösten sich periphere Vasallenstaaten vom Kernreich. 1478 eroberte Ranavijaya, Regent des mittlerweile autonomen Fürstentums Kediri, Majapahit und gründete die neue hinduistische Dynastie Girindravardhana. Bereits während der ersten Hälfte des

15. Jhs. war Majapahit auf der Malaiischen Halbinsel mit dem Stadtstaat Malakka (1403–1511) ein ernstzunehmender Konkurrent erwachsen, der sich nicht nur zu einem erstrangigen Handelszentrum entwickeln konnte, sondern auch zu einer bedeutenden Keimzelle der islamischen Expansion in Südostasien. Im Laufe des 15. Jhs. zersplitterte Majapahit zusehends in zahlreiche vorwiegend von Moslemfürsten regierte Kleinstaaten und brach schließlich in den ersten Jahrzehnten des 16. Jhs. (während der Herrschaftszeit des moslemischen Potentaten Pati Unus von Demak) endgültig unter dem machtvollen Ansturm des Islam zusammen. Damit fand fast in ganz Indonesien die Periode der sogenannten indisierten Königreiche ihr Ende.

Die Islamisierung Indonesiens

Während des 15. Jhs. gewann in Südostasien der Islam die Oberhand über ein weites Gebiet, das von der Malaiischen Halbinsel bis zu den südphilippinischen Inseln reichte. In seinem Gefolge bildeten sich Moslemstaaten, in denen indische und islamische Elemente zu einer Einheit verschmolzen; als einzige rein hinduistische Enklave blieb Bali erhalten. Der Islam, der sich überall sonst auf der Erde Länder und Menschen mit Feuer und Schwert eroberte, kam auf friedliche Weise in den indonesischen Archipel; er breitete sich entlang der Haupthandelsrouten des Ostens aus. Bereits in den ersten nachchristlichen Jahrhunderten waren arabische und persische Händler vereinzelt in die westpazifische Inselwelt vorgestoßen. Diesen Kaufleuten ist ab dem 7. Jh. der islamische Glaube gefolgt; er verdankt seinen Siegeszug zu einem großen Teil deren führender wirtschaftlicher Stellung. Im 11. Jh. entstanden moslemische Handelsniederlassungen auf den Molukken, wenig später auch auf Java und Nordborneo sowie vor allem auf Ost- und Nordsumatra (Palembang und Aceh). Der Übertritt indonesischer Machthaber zum neuen Glauben und die darauf folgende Bekehrung eines größeren Teils der indonesischen Bevölkerung zu den Lehren des Propheten setzte erst im 13. Jh. ein, nachdem das indische Handelszentrum Gujarat unter islamische Herrschaft gefallen war. Während es bis zu diesem Zeitpunkt keine intensiven Bekehrungsversuche gab, begannen nun islamische Gelehrte, vor allem Mitglieder der mystischen ›Sekte‹ der Sufi, ihr Missionierungswerk. Aufgrund der Kombination Islam–Außenhandel vollzog sich die Ausbreitung der neuen Religion von den Küstenfürstentümern aus, wo sich die bedeutendsten Handelszentren befanden. Zu den ersten islamischen Königreichen Indonesiens entwickelten sich die Hafenorte Samudra, Perlak und Pasai, die an der Nordostküste Sumatras den strategisch wichtigen Zugang zur Meerenge von Malakka kontrollierten. In dieser Gegend wurde auch ein Grabstein mit der Jahreszahl 1297 entdeckt, der an das Todesjahr des ersten islamischen Monarchen der indonesischen Inselwelt, Sultan Malik al Saleh, erinnert. Wertvolle Aufschlüsse über die Anfänge der Islamisierung Indonesiens geben auch Berichte des berühmten venezianischen Reisenden Marco Polo, der 1292 auf seiner Rückreise von China in der damals bereits islamisierten Hafenstadt Perlak Zwischenstation machte. Zur gleichen Zeit war auf Ostjava das Reich von Majapahit im Entstehen, das nun für die kommenden zwei Jahrhunderte die islamische Expansion in östlicher Richtung blockierte. Schließlich aber fiel auch dieses Imperium der Wucht der neuen Lehre und ihrer Träger zum Opfer. Nachdem im Laufe des 15. Jhs. immer mehr Küstenfürstentümer, die sogenannten *Pasisir,* aus seinem Herrschaftsbereich abgebröckelt waren, eroberte im frühen 16. Jh. das neue islamische Königreich Demak das letzte große hinduistische Königreich auf Java. Die Hindu-Aristokraten traten nun ihren großen Exodus gen Osten an. Einige wenige Mitglieder der alten Dynastie konnten sich noch bis zum beginnenden 17. Jh. auf Ostjava halten, mußten dann aber ebenfalls nach Bali abwandern. Islamische Sultanate traten nun an die Stelle des zerfallenen javanischen Großreiches. Fast die gesamte Inselwelt in der Ausdehnung des heutigen Indonesiens wurde zu einem moslemischen Wirkungsfeld. Weitgehend unberührt von diesem radikalen Durchdringungsprozeß blieben allein die Insel Bali sowie die kaum zugänglichen, überwiegend von Protomalaien besiedelten Binnenräume verschiedener Inseln (vor allem Sumatra, Borneo und Sulawesi).

Das Vordringen des Islam war charakterisiert durch eine im allgemeinen unorthodoxe, tolerante und durch viele synkretistische Phänomene gekennzeichnete Art und Weise der Bekehrung. Vielfach erfolgte anfangs auch nur eine rein nominelle Akzeptanz des neuen Glaubens, während man in Wirklichkeit weiterhin den tradierten hindu-javanischen Kult praktizierte. Das Bekenntnis zum Islam hatte zumeist ökonomische Gründe: Im internationalen Wirtschaftsgeschehen waren zu jener Zeit moslemische Kaufleute tonangebend. Sie kontrollierten die Handelsrouten von China und Indien über den Mittleren und Vorderen Orient nach Europa. Wohl in erster Linie, um den Anschluß an das internationale Handelsnetz zu gewinnen, suchten indonesische Aristokraten den Kontakt zu den ›Söhnen Allahs‹. Ein Indiz für diese Annahme sind die wiederholt wegen handelspolitischer Vorteile zwischen islamischen Fürstentümern ausgebrochenen (kriegerischen) Auseinandersetzungen (z.B. im 16. Jh. der Konflikt zwischen den Sultanaten Ternate und Tidore auf den Nordmolukken). Mit dem Übertritt zum Islam konnten die Fürsten überdies von den großen Fortschritten der arabischen Wissenschaften in der Waffentechnik, der Verwaltung, der Mathematik, Astronomie, Geographie und Medizin profitieren.

Ganz anders sieht der javanisch-islamische Mystizismus den Übergang zum Islam. Überlieferten Erzählungen zufolge waren es neun islamische Heilige *(Wali Sanga)*, deren Gräber noch heute als geheiligte Wallfahrtsorte verehrt werden, die allein durch Predigten und kraft ihrer magischen Ausstrahlung die Lehre des Propheten auf friedliche Weise verbreiteten. Dem Islam folgten im allgemeinen lange Zeit nur die Eliten der damaligen Inselgesellschaften; zu einer wirklich weitverbreiteten, dynamischen und vor allem volkstümlichen Religion aber wurde er in Indonesien erst während des 18. Jhs. Eine Auflösung der feudalen Gesellschaftsstruktur hat aber auch der Islam nicht herbeigeführt, auch wenn er in seiner Akzentuierung der Gleichheit aller Menschen vor Gott doch egalitärer war als die kastenorientierten indischen Religionen, die vorher in Indonesien existiert hatten.

Zumindest für zwei indonesische Sultanate war nicht eine ökonomisch-opportunistische Motivation für die Konvertierung zum Islam maßgeblich. Das orthodoxe Aceh auf Nordsumatra, das nach der portugiesischen Eroberung Malakkas zu einem Zufluchtsort für viele moslemische Kaufleute wurde, führte über Jahrhunderte hinweg ›heilige Kriege‹ zur Ausbreitung des Islam, die Anfang des 19. Jhs. im sogenannten Padri-Krieg gegen die südsumatranischen Minangkabau kulminierten. Das andere, mit missionarischem Eifer für die Expansion der Religion Mohammeds kämpfende Sultanat war Demak im Norden Mitteljavas, das im frühen 16. Jh. Majapahit den Todesstoß versetzte und auf den Trümmern des alten hinduistischen Imperiums ein neues, islamisches Königreich errichtete. Unter dem Namen des klassischen hindu-javanischen Reiches des frühen Mittelalters, Mataram, begann nun dieses neue javanische Großreich, schwächere Küstenfürstentümer zu annektieren und damit zu islamisieren. Gegen Mitte des 16. Jhs. hatten die Herrscher von Mataram die Oberhoheit über fast alle Regionen Zentral- und Ostjavas erreicht. Beendet wurde der Aufstieg des expansionistischen islamischen Mataram-Reiches durch die Ankunft der europäischen Kolonialmächte in der indonesischen Inselwelt.

Indonesien unter kolonialer Herrschaft

Die portugiesisch-spanische Kolonialperiode

Europa wurde verhältnismäßig spät auf Südostasien aufmerksam. Nach der Rückkehr des Venezianers Marco Polo aus China gegen Ende des 13. Jhs. tauchten vereinzelt europäische Seefahrer und Kaufleute sowie christliche Missionare in südostasiatischen Hafenstädten auf. Aber erst mit der Entdeckung des Seewegs um das Kap der Guten Hoffnung und nachdem Ferdinand Magellan, einem portugiesischen Seefahrer in Diensten der spanischen Krone, die Umsegelung Südamerikas gelungen war, setzte das europäische Kolonialzeitalter im südöstlichen Asien quasi mit einem Paukenschlag ein. Portugiesen und Spanier, die einen von Westen, die anderen von Osten (von ihrem amerikanischen Kolonialbesitz) kommend, drangen auf der Suche nach den sagenhaften orientalischen Reichtümern Anfang des 15. Jhs. in Südostasien ein. Dabei standen zunächst nicht koloniale Eroberungen im Vordergrund, sondern die Schaffung und Sicherung von Handelswegen sowie der Aufbau von dauerhaften Niederlassungen. Ihr Hauptaugenmerk richteten die Iberer auf die legendären ›Gewürzinseln‹; dort, auf den Molukken, erfolgte auch ihr zirkumglobaler Zusammenstoß, der später in kriegerische Auseinandersetzungen münden sollte. Während sich die Spanier in der Folgezeit verstärkt auf die Kolonisation der Philippinen konzentrierten, breiteten sich die Portugiesen im indonesischen Archipel aus. Letztere waren mit einem politisch-wirtschaftlichen und einem theologischen Vorsatz gekommen: Sie wollten die ökonomische Vormachtstellung der Moslems, die den ertragreichen Handel vom Fernen Osten nach Europa kontrollierten, brechen und zugleich die einheimische Bevölkerung zum römisch-katholischen Glauben bekehren.

Nachdem die Portugiesen im Jahre 1509 auf Nordsumatra gelandet waren und im gleichen Jahr erste Kontakte zu Malakka geknüpft hatten, gelang es ihnen bereits zwei Jahre später unter Afonso d'Albuquerque überraschend schnell, das florierende Handelszentrum zu erobern und damit auch das islamische System wirtschaftlicher und politischer Allianzen in weiten Regionen Südostasiens zum Zusammenbruch zu bringen. Mehrfach, aber stets vergeblich, versuchten Moslemfürsten von Java aus, Malakka zurückzuerobern. Trotz wiederholter Belagerungen und Blockaden vermochten die Portugiesen, diesen überaus wichtigen Stützpunkt ihres Asienhandels bis in die Mitte des 17. Jhs. zu behaupten. Der plötzliche Zusammenbruch Malakkas und das rasche Vordringen der Portugiesen bis zu den Molukken erklären sich nicht nur aus ihrer militärischen Überlegenheit, sondern auch aus dem damals auf den indonesischen Inseln vorherrschenden desolaten Zustand innerer Schwäche und politischer Uneinigkeit der regierenden moslemischen Potentaten. Nach der Gründung einer Kette von etwa 40 Handelsniederlassungen entfalteten die Portugiesen ab 1522 in erster Linie auf den Molukken ihre merkantilen und missionarischen Aktivitäten. Diese ostindonesische Inselgruppe wurde zu jener Zeit von den beiden rivalisierenden Sultanaten Ternate und Tidore beherrscht. Ihr Ziel, die Monopolisierung des ungemein lukrativen Gewürzhandels (die Gewinnspannen bewegten sich um 1000 %!), erreichten die Portugiesen, indem sie ein halbes Jahrhundert lang die Herrscher von Ternate gegen ihre Widersacher unterstützten. Die Portugiesen waren nun die alleinigen Importeure der in Europa so begehrten Gewürze. Es gelang ihnen zwar, ihr Handelsmonopol auf bestimmte Regionen Sumatras und Javas auszuweiten, doch befand sich zur gleichen Zeit ihre Vormachtstellung auf den Molukken wegen sich verändernder Machtkonstellationen und vor allem unüberwindbarer Interessengegensätze mit den ehemaligen Verbündeten aus der einheimischen Aristokratie im Niedergang. Zu den Machtkämpfen mit lokalen Fürsten, die 1574 zum Fall des lebenswichtigen portugiesischen Forts auf Ternate führten, kamen Auseinandersetzungen mit den spanischen Konkurrenten, die wiederholt in die Machtsphäre der Portugiesen eindrangen, obwohl sie unter Karl V. im Vertrag von Saragossa (1529) alle Besitzansprüche auf die Molukken an die Portugiesen abgetreten hatten. Gegen Ende des 16. Jhs. tauchten dann weitere europäische Rivalen, wie Engländer, Franzosen und Holländer, in der indonesischen Inselwelt auf. Fast das gesamte 16. Jh. hindurch hatten die Portugiesen die bedeutsame Straße von Malakka und den Seehandel im Indischen Ozean unter ihrer Kontrolle. Ein Jahrhundert später aber war das Ende ihrer kolonialen Aktivitäten auf dem indonesischen Archipel nur noch eine Frage der Zeit. Nachhaltigen Einfluß auf politischem und wirtschaftlichem Gebiet konnten die Portugiesen ebenso wenig wie die Spanier hinterlassen. Von größerer, regional heute noch spürbarer Bedeutung (Ambon, Flores, Timor u. a.) jedoch waren die missionarischen Anstrengungen der beiden iberischen Mächte. Allein auf den Molukken, dem Zentrum des Missionierungswerks des Heiligen Franz Xavier, des spanischen ›Apostel Asiens‹, soll es gegen 1580 angeblich bereits annähernd 150000 getaufte Katholiken gegeben haben. Gerade diese mit einem beinahe aggressiven Kreuzfahrergeist vorangetriebenen Bekehrungsversuche mögen letztendlich aber auch zum kontinuierlichen Machtverfall und rasch schwindenden Ansehen der Portugiesen und Spanier auf den indonesischen Inseln beigetragen haben. Das Dilemma der katholischen Spanier und Portugiesen, die seit 1580 unter König Philipp II. von Spanien zu einer politischen Union zusammengeschlossen waren, bestand darin, daß sie einerseits die einheimischen Moslemfürsten als Handelspartner akzeptieren mußten, sie aber andererseits – noch gänzlich beherrscht vom Geiste der ›Reconquista‹ – als verhaßte ›Moros‹, wie sie die Moslems verächtlich nannten, auf der ganzen Welt verfolgen und bekämpfen sollten. Hart bedrängt vor allem von den protestantischen Holländern, die ihren Unabhängigkeitskampf gegen die spanische Krone in den Fernen Osten trugen, mußten die Iberer schließlich das Feld räumen. Dennoch aber waren sie es, die das Fundament für das sich nun unter den Niederländern entwickelnde Kolonialsystem in Indonesien legten.

Der Beginn der niederländischen Kolonialepoche und die Zeit der ›Vereinigten Ostindischen Compagnie‹

Nach der nationalen Einigung und Staatenbildung im Zeichen des Protestantismus entwickelten die jungen Niederlande koloniale Ambitionen und begannen, ihren spanischen, portugiesischen und britischen Konkurrenten viele überseeische Interessensgebiete streitig zu machen. Infolge der Eroberung Malakkas durch die Portugiesen hatte sich das Sultanat Banten auf Nordwestjava zu einem neuen Handelszentrum entwickelt. Hier trafen sich chinesische, indische und arabische Kaufleute, und hier leiteten auch im Jahre 1596 die Niederländer mit der Gründung eines Stützpunktes ihren Kampf gegen die Portugiesen und Spanier um den profitablen Gewürzhandel ein. Mit der Ankunft der ersten holländischen Flotte unter dem Oberkommando von Cornelis de Houtman begann für Indonesien die 350 Jahre währende, schicksalhafte niederländische Kolonialepoche. Die umfangreiche landeskundliche Beschreibung ›Itinerario‹ des Holländers Jan Huygen van Linschoten, in der er detailliert Auskunft über das ökonomische Potential des indonesischen Archipels gibt, löste unter den niederländischen Kaufleuten ein wahres Indonesien-Fieber aus. Um die internen Rivalitäten zu beenden, schlossen sich im Jahre 1602 die untereinander konkurrierenden holländischen Handelshäuser zur ›Vereinigten Ostindischen Compagnie‹ (›Vereenigde Oostindische Compagnie‹; VOC), eine der ersten Aktiengesellschaften der Geschichte (Gründungskapital 6,5 Mill. Gulden) zusammen. Diese Handelsgesellschaft erhielt von den niederländischen Generalstaaten das uneingeschränkte Monopol über allen holländischen Handel im Raum zwischen Südafrika und Südamerika. Mehr noch, die

Initialen der Vereinigten Ostindischen Compagnie (hier in der Festung Benteng Oranye in Ternate, Molukken)

VOC wurde mit einer ganzen Reihe souveräner Machtprivilegien ausgestattet: Sie hatte das Recht, im Namen der niederländischen Generalstaaten Bündnisse und Verträge zu schließen, Territorialbesitz zu erwerben, Festungen und Handelsstützpunkte anzulegen, Gouverneure und Verwaltungsbeamte zu ernennen sowie eine eigene Armee auszuheben. Fast zwei Jahrhunderte lang sorgte die VOC dafür, daß die Säcke der Gesellschafter mit Pfeffer und anderen Gewürzen sowie Reichtümern aller Art stets prall gefüllt wurden, was den holländischen Kaufleuten ihren Spitznamen ›Pfeffersäcke‹ eintrug. Etwa die Hälfte der VOC-Anteile gehörte Kaufleuten in Amsterdam, dort tagte auch das oberste Gremium der ostindischen Handelskompagnie, die ›Heeren Zeventien‹ (›17 Herren‹). Allein in der niederländischen Hauptstadt wurden in manchen Jahren mehr als 4 Mill. Pfund an Gewürzen (vor allem Pfeffer) umgeschlagen. Von den 22 000 Hochseefrachtern, die im 17. Jh. unter europäischen Flaggen registriert waren, sollen 16 000 im Auftrag der Ostindiengesellschaft gesegelt sein.

Von Anfang an besaß die VOC nicht nur den Charakter einer Handelsgesellschaft, sondern auch den eines politisch-militärischen Machtinstruments zur Erlangung des absoluten Handelsmonopols im indonesischen Inselimperium. Gekennzeichnet war das Vorgehen der Holländer dabei anfangs durch geschickte Vertragsverhandlungen und Ausnutzung von Machtkämpfen zwischen rivalisierenden indonesischen Herrschern, später mehr und mehr durch rücksichtslose Härte, die sich sowohl gegen die einheimischen Insulaner und asiatischen Händler als auch gegen europäische Gegenspieler wie Portugiesen und Engländer (die im Jahre 1600 das Pendant der VOC, die ›East India Company‹, gegründet hatten) richtete. Zur Durchsetzung ihrer Ziele bedienten sich die Niederländer der bereits vorhandenen Machtstrukturen. Sie banden einheimische Regenten durch Profitbeteiligung und Gewährung militärischer Hilfe gegen deren interne Widersacher eng an sich und benutzten sie als Instrument, um ihre Einflußsphäre innerhalb der Inselwelt kontinuierlich auszuweiten. Innerhalb kurzer Zeit gelang es den Holländern, die ihnen ökonomisch wichtig erscheinenden Regionen des Archipels mit einem Netz befestigter Handelsstützpunkte zu überziehen, die gleichzeitig den Schiffsverkehr in den indonesischen Territorialgewässern kontrollierten. Anno 1641 eroberte ein holländisches Expeditionsheer das portugiesische Malakka, damit sicherte sich die VOC nicht nur die enorm wichtige Meerenge zwischen Sumatra und der Malaiischen Halbinsel, sondern darüber hinaus auch endgültig das Handelsmonopol zwischen Ost und West.

Ziel der niederländischen Kolonialpolitik war es, aus den überseeischen Besitzungen ein Maximum an Profit herauszupressen. Die einheimische Bevölkerung von Insulinde, wie die Holländer in späteren Jahren ihre Kolonie zu nennen pflegten, wurde von der VOC und deren Vasallen gezwungen, landwirtschaftliche Exportgüter (Pfeffer, Gewürznelken und Muskatnüsse sowie später Kaffee, Tabak, Tee und Zuckerrohr) anzubauen. Die indonesischen Adligen, durch interne Auseinandersetzungen gelähmt und unfähig zu einem gemeinsamen und entschlossenen Handeln, gingen vielfach Allianzen mit den neuen Kolonialherren ein und wälzten alle Lasten auf die Landbevölkerung ab, aus deren Mitte man das für die Kolonialwirtschaft benötigte Zwangsarbeiterheer rekrutierte. Insbesondere auf Java und den Molukken, die als ›Gewürzinseln‹ von ganz besonderer ökonomischer Bedeutung waren, ruinierte die Willkürherrschaft der Ostindiengesellschaft das dortige Wirtschaftsgefüge und stürzte die Insulaner in eine wachsende Verelendung. Hungersnöte, Krankheiten und Bevölkerungsrückgang waren die Folgen.

Bereits 1605 kamen die Molukken in den Besitz der VOC, nachdem die Holländer ihre portugiesischen Rivalen aus Ambon vertrieben hatten. Aber erst Jahre später gelang es ihnen, unter dem 1618 von der ostindischen Handelscompagnie eingesetzten Generalgouverneur Jan Pieterszoon Coen, ihren Monopolanspruch durchzusetzen. Coen, der seine unglaubliche Laufbahn als Buchhalter bei der VOC begonnen hatte, gilt als eigentlicher Begründer der niederländischen Herrschaft in Indonesien, sein Name aber wurde auch schon bald zu einem Synonym für Willkür und Grausamkeit. Sein erster Schritt war die Verlegung des Hauptquartiers der VOC von Banten nach Jayakarta an der Nordwestküste Javas. Dort kam es schon bald zum Konflikt mit dem lokalen Moslemfürsten, der 1619 mit der Niederlage der Indonesier endete. Auf den Ruinen der javanischen Ansiedlung gründete Coen wenig später Batavia, eine Stadt, die große Ähnlichkeit mit Amsterdam hatte und bis zum Ausbruch des Pazifischen Krie-

Generalgouverneur Jan Pieterszoon Coen (Gemälde im Museum Rumah Budaya in Bandaneira, Banda-Archipel. Zentralmolukken)

ges Amtssitz der niederländischen Kolonialmacht blieb. Trotz dieser zentralen und dominierenden Stellung Batavias konzentrierten sich die Aktivitäten der VOC im 17. Jh. auf die ostindonesischen Molukken. Von allen asiatischen Kolonialbesitzungen waren es die Molukken, die »den meisten Nutzen brachten und die Compagnie das wenigste kosteten«, wie der holländische Seefahrer Nicolaus de Graaff feststellte. Ihre Kontrolle über die ›Gewürzinseln‹ aber konnten die Niederländer nur mit brutaler Gewalt erreichen. Als sich die Bewohner der winzigen, als Muskatinseln bekannten Banda-Eilande gegen die Willkürherrschaft der holländischen Kolonialisten erhoben, ließ Jan Pieterszoon Coen bei einer Strafexpedition in einem beispiellosen Massaker praktisch die gesamte, rund 15000 Köpfe zählende Inselbevölkerung niedermetzeln. Anschließend legte man auf den Bandas Muskatplantagen an, die von Sklaven (›Mardijker‹) unter Aufsicht holländischer Siedler (›Perkenier‹) bewirtschaftet wurden. Praktisch alle Inseln der Molukken befanden sich in der ersten Hälfte des 17. Jhs. in einem permanenten Kriegszustand. Je nach Weltmarktlage und Preissituation steigerten oder drosselten die Holländer die Gewürzproduktion. Bei der Durchsetzung dieser Kolonialpolitik wurden komplette Pflanzungen vernichtet und ganze Bevölkerungsgruppen zwangsumgesiedelt oder durch Aushungern und Strafexpeditionen, die berüchtigten ›Hongitochten‹, gefügig gemacht. Schätzungsweise die Hälfte der Molukken-Bewohner fiel zu jener Zeit dieser despotischen Monopolwirtschaft zum Opfer.

Zu einer Drehscheibe des Handels und zu einem wichtigen Stützpunkt der Gegner der Ostindiencompagnie entwickelte sich Mitte des 17. Jhs. das Sultanat von Makassar auf Südsulawesi. Nach wiederholten Handelsblockaden und blutigen Belagerungen zwangen die Holländer im Jahre 1666 schließlich Sultan Hasanuddin, ihren bis dahin bedeutendsten Konkurrenten in Ostindonesien, in die Knie. Briten und Portugiesen, Verbündete des Sultans, mußten die Stadt verlassen. Als steinernes Symbol ihrer Vormachtstellung im östlichen Teil des Archipels errichtete die VOC in Makassar (heute Ujung Pandang) das Fort Rotterdam.

Auf Westjava dagegen war auch nach Gründung Batavias die Position der Niederländer noch keineswegs gesichert. Dort hatten sich politisch stabile Königreiche entwickelt, die über eine gewaltige militärische Kraft verfügten und, in Allianz mit den europäischen Rivalen der Holländer, eine ständige Bedrohung für Batavia, den Nukleus des niederländischen Kolonialsystems in Indonesien, darstellten. Ein überaus ernstzunehmender Gegner der VOC war zu jener Zeit, vor allem während der Herrschaft von Sultan Agung (1613–45), Mataram, das sich gerade daran machte, seine Oberhoheit über ganz Java auszudehnen. Jedoch schlugen 1628/29 zwei Angriffe Matarams auf die holländische Bastion fehl. Die Javaner begannen mit der Zeit einzusehen, daß sie sich mit den ungebetenen Gästen in ihrem Land abzufinden hatten, und so kam es während der Regentschaft von Amangkurat I. (1646–77) zu erfolgreichen Friedensverhandlungen. 1646 erreichten die Niederländer einen Vertragsabschluß, der die Existenz der VOC und Batavias de facto legitimierte. Die Ostindiencompagnie verpflichtete sich im Gegenzug, jährlich eine tributleistende Gesandtschaft an den Hof von Mataram zu schicken und damit zumindest theoretisch die Souveränität des *Susuhunan,* des javanischen Herrschers, anzuerkennen. Trotz verschiedener Aufstände und Unruhen auf Java konnten die Holländer ihre Position im westlichen Indonesien auch weiterhin festigen. Größere Schwierigkeiten allerdings bereitete die Lage auf Ostjava. Dort hatte sich der Ort Pasuruan zu einem Sammelplatz aller antiholländischen Kräfte entwickelt. Surapati, ein entflohener balinesischer Sklave, machte sich zum Anführer der Opponenten und fügte den Niederländern in einem zermürbenden Kleinkrieg beträchtliche Verluste zu. Anfang des 18. Jhs. aber änderte sich auch die Situation auf Westjava. Jahrzehntelang hatten hier die Niederländer in den sogenannten javanischen Erbfolgekriegen, meist dank ihrer überlegenen Waffentechnik, die jeweiligen Aspiranten auf den Thron des Reiches von Mataram wie Schachfiguren zu ihren Gunsten hin und her geschoben. Der dritte javanische Erbfolgekrieg, dem ein schreckli-

Von Jan Pieterszoon Coen am 8. Mai 1621 veranlaßtes Massaker an den Insulanern des Banda-Archipels (Gemälde im Museum Rumah Budaya in Bandaneira, Zentralmolukken)

ches Massaker holländischer Extremisten an rund 10000 der Subversion verdächtigen chinesischen Bürgern Batavias vorausgegangen war (1740), begann 1749 und endete 1755 mit der Teilung Matarams. Es entstanden zwei verfeindete Sultanate mit den Hauptstädten Surakarta und Yogyakarta, die beide bis zum Ende der Kolonialzeit als sogenannte ›Vorstenlande‹ (›Fürstenländer‹) einen Sonderstatus besaßen, während die anderen, im 18. Jh. noch existierenden Fürstentümer im Laufe des folgenden Jahrhunderts in das jetzt entstehende eigentliche Kolonialreich ›Niederländisch-Indien‹ eingegliedert wurden.

Die VOC aber überlebte das 18. Jh. nicht. Rückläufige Profite aus dem Gewürzhandel, Mißwirtschaft, Korruption und Betrügereien sowie vor allem die immensen Kosten für militärische Unternehmungen auf Java hatten die ostindische Handelscompagnie in der zweiten Hälfte des 18. Jhs. an den Rand des wirtschaftlichen Ruins gebracht. Überdies führte der britisch-holländische Krieg (1780–83) zu einer deutlichen Dezimierung der niederländischen Flotte. Den endgültigen Todesstoß aber erhielt die VOC, als im Gefolge der Französischen Revolution 1799 in den Niederlanden die ›Batavische Republik‹ ausgerufen wurde. Nach der Auflösung der bankrotten Ostindiengesellschaft übernahm der neue niederländische Staat zusammen mit deren territorialen Besitzungen auch den enormen Schuldenberg von über 134 Mill. Gulden.

Britisch-niederländische Auseinandersetzungen um den Kolonialbesitz in Indonesien und das britische Interregnum

In der vom Geiste der Französischen Revolution durchdrungenen jungen Republik der Niederlande wurde die koloniale (Miß-)Wirtschaft der VOC als Skandal empfunden. 1807 entsandte die holländische Regierung den jakobinischen Patrioten Marschall Herman Willem Daendels als Generalgouverneur mit unbeschränkter Machtbefugnis nach Batavia. Sein Auftrag bestand in einer gründlichen Reform des maroden Kolonialsystems, insbesondere in einer Beseitigung der grassierenden Korruption. Daendels, der, inspiriert von den egalitären Idealen der Französischen Revolution, mit einem hohen moralischen Anspruch nach Indonesien gekommen war, trug effektiv zu einer Verschlimmerung des von der VOC hinterlassenen Chaos bei. Zwar führte er eine neue Verwaltungsstruktur ein und ließ das Post- und Verkehrswesen modernisieren (Bau des ›Großen Postweges‹ von Batavia nach Surabaya), doch schufen weitere, zum Teil mit höchst despotischen Mitteln durchgeführte vermeintliche Reformen ein Klima des Unfriedens und Hasses in der niederländischen Kolonie. Ohne jegliche Kenntnis des Landes, insbesondere der javanischen Mentalität, verletzte er mit vielen seiner Maßnahmen das Selbstwertgefühl des javanischen Volkes, vor allem das der Aristokraten, zutiefst. So führte er beispielsweise das Zwangsarbeitssystem für alle Javaner ein, erklärte alles javanische Land zum niederländischen Staatsbesitz, stockte die Kolonialarmee für die bevorstehenden Auseinandersetzungen mit den Briten auf, indem er Tausende von Einheimischen rekrutieren ließ, und brüskierte schließlich die Moslemfürsten durch die Abschaffung des bis dahin geduldeten Hofzeremoniells.

Schon seit der frühen Kolonialepoche Südostasiens waren Niederländer und Briten erbitterte Konkurrenten im Kampf um die dortigen kolonialen Besitzungen. Im ausgehenden 18. Jh. aber gingen im indonesischen Archipel fast alle holländischen Hoheitsgebiete außerhalb Javas nahezu kampflos in die Hand der Briten über. Zuvor schon hatten sie sich in Benkulen (Bengkulu) auf Westsumatra festgesetzt und dort mit dem Fort Marlborough ihren wichtigsten Stützpunkt in der Inselwelt gegründet. Mit der Eingliederung Hollands in den französischen Staatsverband während der napoleonischen Kriege wurde Java 1811 für sieben Monate französische Kolonie. Anfang August 1811 aber landete ein 12000 Mann starkes britisches Expeditionsheer auf Java und nahm die letzte bedeutende Bastion der Holländer (bzw. der Franzosen) in Indonesien ein, ohne auf nennenswerte Gegenwehr zu stoßen. Damit begann das bis 1816 währende britische Interregnum. Zum Gouverneur Javas wurde der erst 32jährige Thomas Stamford Raffles, der die erfolgreiche britische Invasion geplant und geleitet hatte, ernannt. Die wenigen Jahre der britischen Herrschaft hatten weitreichende Folgen in administrativer, politischer und wirtschaftlicher Hinsicht. Raffles, ein Anhänger der liberalen Theorien des Nationalökonomen Adam Smith sowie entschiedener Gegner von Zwangsarbeit und Monopolwirtschaft, wollte die alte merkantilistische Wirtschaftsordnung der Holländer durch eine neue ökonomische Struktur auf der Basis von freiem Handel und einem allgemeinen Steuersystem ersetzen. Raffles entmachtete konsequent die javanischen Regenten; dadurch veränderte er nicht nur die traditionelle Sozialstruktur von Grund auf, sondern ersetzte damit auch die indirekte Herrschaftsform der Niederländer, die die vorhandenen Machtstrukturen zur Realisierung der eigenen Ziele genutzt hatten, durch die direkte britische Kolonialverwaltung. Raffles aber war auch ein hervorragender Naturforscher und Sprachwissenschaftler. Besonders hervorzuheben ist seine monumentale Landeskunde ›History of Java‹, zudem machte er sich um die Entdeckung zahlreicher javanischer Kunstdenkmäler (vor allem des Borobudur-Tempels) überaus verdient.

Nach Napoleons Niederlage bei Leipzig im Jahre 1813 gab Großbritannien aufgrund der Vereinbarungen der Londoner Konvention von 1814 die indonesische Kolonie an die Niederlande zurück. Raffles, der diese Entwicklung mit größtem Mißfallen betrachtet hatte, verzögerte die Rückgabe allerdings um ganze zwei Jahre. Dann aber mußte er sich doch auf die Malaiische Halbinsel zurückziehen, wo er 1819 dem Sultan von Johore im Namen der englischen Krone die Insel Singapur abkaufte.

Die Rückkehr der Niederländer und der Java-Krieg

Nach dem kurzen, vergleichsweise liberalen britischen Intermezzo kehrten die Niederländer 1816 nach Indonesien zurück. Während der ersten Hälfte des 19. Jhs. erschütterten blutige Unruhen und Kriege die westlichen Regionen des Inselreiches. In der Zeit von 1803 bis etwa 1845 überzogen radikale Moslems aus Aceh auf Nordsumatra das westsumatranische Minangkabau mit den sogenannten Padri-Kriegen. Ursprung dieser Auseinandersetzungen waren religiöse Differenzen zwischen orthodoxen Mohammedanern *(Padri)* und konservativen Anhängern der tradierten *Adat*-Ordnung. Die Niederlage der *Padri* zeichnete sich ab, als die Holländer, die sich auf die Seite der *Adat*-Partei gestellt hatten, 1837 den wichtigsten Führer der orthodoxen Islamkräfte, Tuanku Imam Bonjol, gefangennahmen und deportierten. Im Grunde genommen hatten die Padri-Kriege auf Sumatra einen religiösen, nicht aber einen antikolonialen Charakter. Anders aber war die Situation auf Java. Dort kulminierten 1825 antiniederländische Proteste und Unruhen in dem großen javanischen Volksaufstand gegen die Kolonialmacht. Die Ausbeutung der Bevölkerung durch Zwangsarbeit und Frondienste, der durch ein rücksichtsloses Besteuerungssystem auf den Menschen lastende ökonomische Druck und schließlich auch die Bereitschaft der tief gedemütigten javanischen Adligen, sich am Kampf gegen die Kolonialherren zu beteiligen, schufen die Voraussetzungen für die große Erhebung breiter Volksschichten auf Java. An ihrer Spitze stand mit dem charismatischen Pangeran (Prinz) Diponegoro (1785–1855) ein führender Vertreter der javanischen Aristokratie. Diponegoro stammte aus dem traditionell antikolonial orientierten Sultanat Yogyakarta, dessen *Kraton* bereits 1812 von den Engländern gestürmt und geplündert worden war. Der sogenannte Java-Krieg (1825–30), der, geschürt von einflußreichen religiösen Kräften und unter den Vorzeichen eines allgemeinen Fremdenhasses, bald die Formen eines ›heiligen Krieges‹ gegen die Ungläubigen annahm, verwüstete weite Landstriche Javas und erschütterte das gesamte niederländische Kolonialsystem in seinen Grundfesten. Diponegoro, der heute noch als ein Symbol des nationalen Selbstbewußtseins gilt, vermied offene Feldschlachten gegen die waffentechnisch überlegenen Holländer; seine Taktik bestand im Guerillakampf, mit dem er ihnen schwere Verluste zufügte. Verrat und Meinungsverschiedenheiten im eigenen Lager sowie das Überlaufen ehemaliger Gefolgsleute zu den Niederländern schwächten die Position der Rebellen ganz entscheidend. Prinz Diponegoro mußte sich auf Friedensverhandlungen mit den Holländern einlassen, dabei wurde er gefangengenommen und nach Makassar (Südsulawesi) verbannt. Die Bilanz des Krieges war schrecklich: Auf Java, zu einem Großteil verödet und verarmt, hatte sich zunächst durch indirekte Kriegsauswirkungen

Aufständische Javaner unter Führung von Prinz Diponegoro (Wandrelief im Fürstenpalast von Yogyakarta, Zentraljava)

(Hunger, Krankheit) die Zahl der Opfer auf über 200000 Menschen summiert, die Holländer dagegen verloren 8000 Mann. Infolge der immensen Militärausgaben befanden sich die Niederländer nach dem Java-Krieg in einer wirtschaftlich desolaten Lage, die Staatsverschuldung hatte eine astronomische Höhe erreicht. Unter diesen Umständen war das auf dem Wiener Kongreß neugeschaffene Königreich der Niederlande unter Ignorierung aller ethischen Einwände bestrebt, in der Folgezeit aus der fernöstlichen Kolonie ein Maximum an Profit herauszuholen.

Das Zwangsanbausystem der Niederländer

Seit etwa 1830 setzte der niederländische Staat in seiner indonesischen Kolonie die alte merkantile Monopolpolitik der VOC fort. Der mit diktatorischen Vollmachten nach Java entsandte neue Generalgouverneur Johannes von den Bosch führte das sogenannte Zwangsanbausystem (›Cultuurstelsel‹) ein, das den Holländern erlaubte, einen sagenhaften Reichtum aus ihrer Kolonie zu ziehen. Dadurch wurden nicht nur die arg zerrütteten Staatsfinanzen saniert, sondern auch die Grundlagen für die nun im Mutterland einsetzende Industrialisierung geschaffen. Die Periode dieses Kultivationssystems war gekennzeichnet durch die Zwangsbewirtschaftung von teilweise über 50% der Agrarfläche mit landwirtschaftlichen Exportprodukten (Kaffee, Tee, Indigo, Kautschuk, Palmöl, Zucker, Tabak u. a.), schlecht entlohnter oder sogar unbezahlter Zwangsarbeit der einheimischen Bevölkerung auf den allmählich entstehenden Plantagen und einer zusätzlichen Erhebung von hohen Bodensteuern für die lokalen Bauern. Die Folgen dieser Kolonialpolitik reichen bis in die Gegenwart hinein, denn mit ihr wurde das Fundament für die heutige dualistische Wirtschafts- und Gesellschaftsstruktur Indonesiens und seine ökonomische Abhängigkeit von den führenden Industrienationen gelegt. Auch die gegenwärtig bestehenden deutlichen Entwicklungsdisparitäten zwischen Java, dem holländischen ›Kernraum‹, und den ›Außeninseln‹ wurzeln in dieser Epoche. Dieses System, das nichts weiter als eine brutale Ausbeutung darstellte, brachte dem niederländischen Staat gewaltige Gewinne von jährlich bis zu 20 Mill. Gulden ein. Insbesondere für die Bevölkerung Javas, Westsumatras und der Molukken bedeutete das Zwangsanbau- und Pflichtabgabesystem eine unvorstellbare Belastung, denn zu den Leistungen für und an die Kolonialregierung traten noch die traditionellen Steuern der heimischen Aristokraten. Durch die Kultivierung eines Großteils der agraren Nutzfläche mit Exportprodukten wurde der Anbau von Reis vernachlässigt.Als Folge davon kam es bei Mißernten vielfach zu Hungersnöten, die teilweise katastrophale Folgen annahmen. Anfangs entrüstete sich nur eine geringe Zahl von Holländern über diese Zustände. Großes Aufsehen aber erregte der 1860 erschienene Roman ›Max Havelaar‹, in dem der holländische Kolonialbeamte Eduard Douwes Dekker unter dem Pseudonym Multatuli (lat.: ›viel habe ich getragen‹) drastisch die Unterdrückung und Ausplünderung der javanischen (Land-)Bevölkerung durch die niederländischen Kolonialherren und deren Vasallen, die heimischen Fürsten, schildert. Bereits gegen Mitte des 19. Jhs. waren diese Mißstände von den Verfechtern einer liberaleren Kolonialpolitik scharf kritisiert worden. Der Angriff richtete sich wohlgemerkt nicht gegen den Kolonialismus als solchen, sondern gegen das praktizierte System von Zwangsbewirtschaftung und obligatorischen Arbeitsverpflichtungen. Man versprach sich von freier Lohnarbeit eine höhere Produktivität und mehr Profit.

In der ab ca. 1860 anbrechenden ›Liberalen Ära‹ wurde damit begonnen, das Zwangsanbausystem schrittweise abzuschaffen und auch die Handelsmonopole langsam freizugeben. Die 1870 erlassenen Agrargesetze ermöglichten nun auch Investitionen und Aktivitäten privater ausländischer Unternehmer in der kolonialen Wirtschaft. Folgen dieser neuen liberalen Gesetzgebung waren eine sich stürmisch entwickelnde private exportorientierte Plantagenwirtschaft (insbesondere im Deli-Gebiet auf Nordsumatra) sowie auch eine verstärkte Exploitation von Bodenschätzen zur Deckung des wachsenden Rohstoffbedarfs der Industriestaaten.

Die koloniale Expansion und die Ära der ›ethischen Politik‹

Die zweite Hälfte des 19. Jhs. stand aber auch ganz im Zeichen der Ausweitung der niederländischen Kolonialherrschaft auf sämtliche Regionen der weiträumigen Inselwelt. Doch erst Anfang des 20. Jhs. gelang es den Holländern, den gesamten Archipel politisch zu kontrollieren. Bis dahin setzte die Inselbevölkerung außerhalb Javas der kolonialen Expansion heftigen Widerstand entgegen. Am erbittertsten und blutigsten war der 30 Jahre dauernde Krieg um das islamische Königreich Aceh auf Nordsumatra. Erst 1903 konnten die Niederländer dieses freiheitsliebende Volk zur Anerkennung ihrer Oberhoheit zwingen. Widerstand, der jedoch rasch von den holländischen Streitkräften gebrochen werden konnte, gab es auch auf Süd- und Zentralsulawesi sowie Südborneo.

Der Insel Borneo schenkten die Holländer ihr Hauptaugenmerk, nachdem dort der englische Abenteurer James Brooke 1840 in seiner Privatkolonie Sarawak die Dynastie der ›Weißen Raja‹ begründet hatte. Die schrecklichsten Vorfälle aber ereigneten sich 1906 in den balinesischen Fürstentümern Badung und Klungkung. Um einer schmachvollen Niederlage und der damit verbundenen Kolonisation zu entgehen, wählten die Herrscher und ihre Familienangehörigen sowie eine große Zahl von Gefolgsleuten den Freitod *(Puputan)*, indem sie ihre Dolche *(Kris)* gegen sich selbst richteten oder direkt ins Gewehrfeuer der Holländer liefen. Erst gegen Ende des ersten Jahrzehnts unseres Jahrhunderts gelang es den Niederländern, die gesamte indonesische Inselwelt unter ihrer Herrschaft zu vereinigen. Ihre volle politische Kontrolle des Archipels währte mithin also nicht einmal 40 Jahre. Ohne den holländischen Kolonialzwang allerdings würde es das heutige Indonesien in seinen kontinental ausgedehnten Grenzen vermutlich gar nicht geben.

Anfang des 20. Jhs. begann in Indonesien eine neue Phase der Kolonialverwaltung. Viele liberal und humanistisch gesinnte Holländer setzten sich für eine Verbesserung der Lebensbedingungen der notleidenden indonesischen Bevölkerung ein. In einem Artikel mit dem Titel ›Eine Ehrenschuld‹ forderte der holländische Anwalt Conrad van Deventer den niederländischen Staat auf, seinen moralischen Verpflichtungen gegenüber den Indonesiern nachzukommen. Seine Appelle wurden schließlich als ›ethische Politik‹ zu einer Maxime der Kolonialpolitik erhoben. Generell sollte die sozio-ökonomische Situation der Bevölkerung verbessert werden. Man entwickelte ein bescheidenes Bildungs- und Gesundheitssystem, schuf Volkskreditbanken, um die Wuchergeschäfte der (meist chinesischen) Geldverleiher zu untergraben, steigerte die landwirtschaftlichen Erträge durch eine Verbesserung der Bewässerungsanlagen und begann in ersten Transmigrationsprogrammen damit, Bauern aus dem damals bereits regional übervölkerten Java nach Südsumatra umzusiedeln. Die Versäumnisse und Fehlentwicklungen der vergangenen drei

Jahrhunderte ließen sich damit aber nicht mehr korrigieren. Allerdings waren es gerade die im Rahmen der ›ethischen Politik‹ herangebildeten jungen Intellektuellen, die sich nun in Scharen der entstehenden Unabhängigkeitsbewegung anschlossen und ihr einen enormen Auftrieb gaben.

Der Beginn der nationalistischen Bewegung

Mit dem allmählichen Abbau der Zwangsbewirtschaftung und im Zuge der ›ethischen Politik‹ versuchten die Niederländer in zunehmenden Maße, Indonesier in den kolonialen Verwaltungsapparat einzubeziehen. Um die Jahrhundertwende wurde ein System von Grund- und Fachschulen errichtet, deren Absolventen im Kolonialdienst Verwendung finden sollten. Aus der Mitte der sich auf diese Weise entwikkelnden Elite gingen schließlich die Gründer und Führer der sich schon bald formierenden Unabhängigkeitsbewegung hervor. Das geistige Klima im Indonesien des beginnenden 20. Jhs. galt als geprägt vom Aufkommen des Nationalismus. Die Volksführer jener Zeit waren davon überzeugt, daß nur organisierter Widerstand und ein resolutes Nationalbewußtsein Aussicht auf Erfolg im Kampf gegen die Kolonialmacht haben könnte. Die nationalistische Bewegung begann 1908 mit dem von Studenten einer medizinischen Fachschule in Jakarta gegründeten Bund *Budi Utomo* (etwa ›Edle Ziele‹). Diese Vereinigung mit stark javanisch-kulturellen Bestrebungen erfaßte schon bald die intellektuelle Jugend in allen Teilen Indonesiens und nahm im Laufe der Zeit mehr und mehr einen nationalistisch-politischen Charakter an. Die Massen des Volkes konnte dieser Verband allerdings nicht ansprechen. Eine enorme Breitenwirkung aber hatten zwei um 1912 ins Leben gerufene moslemische Organisationen, die islamische Reformbewegung *Muhammadiyah* und die islamische Händlervereinigung *Sarekat Dagang Islamiyah.* Die Kernforderung des indonesischen Nationalismus, nämlich die Autonomie von den Niederländern, formulierte im gleichen Jahr die ›Indische Partei‹; deren Vorsitzende wurden ebenso wie viele nationalistische Führer in späteren Jahren von den Holländern verhaftet und in entlegene Inselregionen Ostindonesiens verbannt. Bis 1919 war die Vereinigung islamischer Kaufleute, unter dem neuen Namen *Sarekat Islam,* zu einer breiten Massenbewegung angeschwollen, die bald rund 2,5 Mill. Mitglieder zählte und landesweit Versammlungen abhielt. Parallel dazu wuchs auch die indonesische kommunistische Bewegung, die nach der russischen Oktoberrevolution von 1917 eng mit der Kommunistischen Internationale kooperierte und sich stark an der marxistisch-leninistischen Ideologie orientierte; 1920 wurde mit Hilfe holländischer Kommunisten in Indonesien die erste kommunistische Partei Asiens *(Perserikatan Komunis di Hindia;* spätere Bezeichnung *Partai Komunis Indonesia,* PKI) gegründet. Im Jahre 1923 bildeten indonesische Studenten in Holland die ›Indonesische Union‹ *(Perhimpunan Indonesia),* aus deren Reihen später so bedeutende Politiker wie Mohammad Hatta und Sutan Sjahrir hervorgingen.

Trotz der Neutralität Hollands erreichten die Auswirkungen des Ersten Weltkrieges auch Indonesien. Steuererhöhungen, Preissteigerungen, Arbeitslosigkeit und Hungersnöte verschärften die sozialen Konflikte und führten zu einem sprunghaften Anwachsen der nationalen Bewegung. Bereits 1918 war in Batavia erstmals ein ›Volksraad‹ zusammengetreten, der sich vorwiegend aus von der Kolonialregierung ernannten holländischen Beamten und einheimischen Aristokraten zusammensetzte. Nach dem Ersten Weltkrieg sahen sich die Niederländer gezwungen, breiteren Bevölkerungsschichten ein Mitspracherecht einzuräumen. In den ›Volksraad‹, der eine rein konsultative Funktion hatte und über keinerlei legislative oder exekutive Rechte verfügte, wurden nun zum Teil gewählte, zum Teil ernannte Vertreter der drei Bevölkerungsgruppen des Landes aufgenommen; diese allerdings nach einem sehr ungleichen und ungerechten Schema, nämlich ein Abgeordneter auf 10000 Holländer, einer auf 300000 Chinesen und einer auf 2250000 Indonesier.

In den frühen 20er Jahren wuchsen die Spannungen und Konflikte in der großen antikolonialen Sammlungsbewegung *Sarekat Islam* so stark an, daß sich Spaltungstendenzen bemerkbar machten, die schließlich in der Herausbildung von drei sich immer deutlicher voneinander abgrenzenden Strömungen mündeten. Die *Sarekat Islam* verlor bereits zehn Jahre nach ihrer Gründung weitgehend ihre Bedeutung und zersplitterte in nationalistische, islamische und sozialistische Parteien und Organisationen.

Die Unabhängigkeitsbewegung beschränkte sich seit dem nationalen Erwachen in erster Linie auf Java und Westsumatra. Hier kam es auch im Jahre 1926 zu vorwiegend von kommunistischen Kräften initiierten Streiks, Protestaktionen und lokalen Erhebungen. Allerdings bereitete es den holländischen Kolonialherren keinerlei Mühe, die schlecht bewaffneten und ungenügend organisierten Aufstände, die zudem keine nennenswerte Unterstützung seitens der Bevölkerung gefunden hatten, innerhalb kurzer Zeit zu zerschlagen. Die meisten der Rädelsführer (angeblich 13000 Personen) wurden nach West-Neuguinea deportiert. Die Kommunistische Partei Indonesiens sollte sich von dieser Niederlage bis zum Ende der Kolonialzeit nicht mehr erholen.

Aber bereits ein Jahr später erhielt die antikolonialistische Bewegung wieder enormen Auftrieb. Am 4. Juni 1927 gründete ein junger Ingenieur namens Sukarno, damals erster Sekretär des ›Bandung-Studienklubs‹, die *Partai Nasional Indonesia* (PNI). Zusammen mit der indonesischen Einheit proklamierte er als Hauptziel seiner Bewegung *Indonesia Merdeka*, die ›Freiheit für Indonesien‹. Sukarno sah in der Vereinigung der drei damals in Indonesien vorherrschenden ideologischen Hauptrichtungen (Islam, Nationalismus und Marxismus) die einzige Möglichkeit, die Unabhängigkeit des Landes zu erreichen. Als eloquentem Politiker mit großem Charisma gelang es ihm, unter Beschwörung des gemeinsamen Ziels einer von der Kolonialherrschaft befreiten Gesellschaft, eine Föderation aller politischen Parteien Indonesiens (*Perumfakatan Perhimpunan-Perhimpunan Politik Kebangsaan Indonesia*; PPPKI) zustande zu bringen. Auch die regionalen Jugendorganisationen schlossen sich nun immer mehr zu großen nationalen Verbänden zusammen. Im Jahre 1928 wurde während des zweiten gesamtindonesischen Jugendkongresses im sogenannten ›Eid der Jugend‹ (*Sumpah Pemuda*) geschworen, alles für die Erlangung der indonesischen Einheit und Unabhängigkeit zu tun. Auf dieser Konferenz erklang auch zum ersten Mal die Hymne *Indonesia Raya* (›Großes Indonesien‹), die später zur Nationalhymne der Republik erklärt wurde. Die Nationalisten benutzten fortan die ›Bahasa Indonesia‹ als Nationalsprache und begannen, als Symbol des nationalen Gedankens, den schwarzen Samtfez (*Kopiah*) zu tragen. Sukarno und vier weitere PNI-Führer wurden 1930 zum ersten Mal verhaftet und vor Gericht gestellt, aber ein Jahr später wieder freigelassen. 1933 klagte man ihn zusammen mit Mohammad Hatta und Sutan Sjahrir, die nach ihm bekanntesten nationalen Führer, erneut an und verbannte alle drei auf entlegene Inseln, wo sie bis zur ›Befreiung‹ durch die Japaner bleiben mußten.

Bereits 1931 hatte sich die PNI aufgelöst, war aber vom radikalen Flügel wenig später als *Partai Indonesia* (oder *Partindo*), der sich auch Sukarno zugehörig fühlte, wiedergegründet worden. Die gemäßigten Kräfte um Hatta und Sjahrir hatten sich zur ›PNI-*Baru*‹, zur ›neuen PNI‹, zusammengeschlossen, deren Initialen nun aber für *Pendidikan Nasional Indonesia* (›Nationale Erziehung Indonesiens‹) standen. Diese beiden Sammlungsbewegungen mußten sich Mitte der 30er Jahre unter dem Druck der Kolonialregierung auflösen. An ihre Stelle trat 1937 die ›Indonesische Volksbewegung‹ (*Gerakan Rakyat Indonesia* oder *Gerindo*), die sich zur Kooperation mit den Niederländern bereit erklärte. Die Ablehnung ihrer gemäßigten Forderungen durch die holländische Kolonialregierung hatte einen Linksrutsch und 1939 die Gründung der Einheitsfront GAPI (*Gabungan Politik Indonesia* = ›Politische Vereinigung Indonesiens‹) zur Folge.

Mittlerweile war der Zweite Weltkrieg ausgebrochen. Wiederholt boten die in der GAPI zusammengeschlossenen Parteien den Niederländern Zusammenarbeit und Unterstützung im gemeinsamen Kampf gegen das nationalsozialistische Deutschland und das japanische Kaiserreich an, forderten dafür aber die kurzfristige Einführung eines echten parlamentarischen Systems und, nach dem Vorbild der Philippinen, die Bildung einer eigenen Regierung mit autonomer Entscheidungsbefugnis in verschiedenen Bereichen. Aber die niederländische Kolonialmacht dachte überhaupt nicht daran, derlei Forderungen auch nur ernsthaft in Erwägung zu ziehen. Sie blieb nach wie vor bei ihrer oft wiederholten These, Indonesien sei noch nicht reif für die Unabhängigkeit. Kaum jemand, wohl auch nicht die glühendsten indonesischen Nationalisten, dachten im Traum daran, daß die holländische Kolonialherrschaft schon bald nach Ausbruch des Pazifischen Krieges der Vergangenheit angehören sollte.

Der Zweite Weltkrieg, die japanische Besetzung und die Anfänge der Republik

Mit dem Überraschungsangriff japanischer Tiefflieger auf Pearl Harbor, den amerikanischen Marinehafen auf der Hawaii-Insel Oahu, brach am 7. Dezember 1941 der Krieg im Stillen Ozean aus. Nach dem Fall von Hongkong, Manila und Singapur begannen Truppen der kaiserlich-japanischen Armee am 10. Januar 1942 mit dem Überfall auf Indonesien und besetzten innerhalb weniger Wochen die ganze weiträumige Inselwelt. Mit ihrer raschen Okkupation des an der strategisch bedeutsamen Südostflanke Asiens gelegenen Archipels kamen die Japaner in kurzer Zeit bis vor die Tore des fünften Kontinents. Von indonesischen Stützpunkten aus bombardierten japanische Flugzeuge im Verlauf des Pazifikkrieges dann auch die beiden nordaustralischen Städte Darwin und Broome und legten sie teilweise in Trümmer. Bei ihrer Eroberung Indonesiens stieß die japanische Invasionsarmee auf wenig Widerstand, denn das Volk unterstützte die holländischen Kolonialstreitkräfte nicht, die eine vernichtende Niederlage hinnehmen mußten und am 8. März 1942 kapitulierten. Ein Großteil der indonesischen Bevölkerung begrüßte die Japaner, ähnlich wie in anderen südostasiatischen Ländern, als Befreier vom Joch der europäischen Kolonialherrschaft. Die japanische Propaganda hatte während der Invasion noch die ethnische und kulturelle Einheit der Völker Asiens beschworen und damit unter den indonesischen Nationalisten große Erwartungen geweckt. Während ihrer dreijährigen Besatzungszeit errichteten die Japaner jedoch ein Regime des Schreckens und machten sich durch Akte der Willkür und Grausamkeit verhaßt. Schon bald mußten die Indonesier feststellen, daß das asiatische ›Brudervolk‹ nicht als Befreier, sondern als neuer Ausbeuter gekommen war. Das japanische Interesse galt vornehmlich den reichen Rohstoffvorkommen, insbesondere dem indonesischen Erdöl, das sie dringend für ihre Kriegsmaschinerie benötigten. Die anfängliche Begeisterung vieler Indonesier wich schon bald Ernüchterung und Empörung, als nicht nur sämtliche Aktivitäten der indonesischen Nationalisten strikt verboten wurden, sondern auch die Belastungen der Bevölkerung in einem unerträglichen Maße anwuchsen. Die Beschlagnahme eines Großteils der Reisernten durch die japanischen Militärbehörden führten zu noch nie erlebten Hungersnöten, in deren Folge sich auch Epidemien und Seuchen unkontrolliert ausbreiten konnten. Zudem wurden viele Indonesier im Rahmen des sogenannten ›Romusha‹-Programms als ›Kriegsdienstfreiwillige‹ zu verschiedenen Militärschauplätzen Südostasiens verschickt; nur etwa 10% der rund 300000 ›Romushas‹ kehrten wieder in die Heimat zurück. Indonesische Patrioten gründeten zu jener Zeit Organisationen, die im Untergrund die Unabhängigkeitsbewegung fortsetzten. Verschiedentlich kam es zu lokalen Erhebungen, die aber stets rasch von der japanischen Zivilgarde (›Keibodan‹) oder der gefürchteten Geheimpolizei (›Kenpeitai‹) unterdrückt wurden. Mit der Zeit jedoch erkannten die japanischen Besatzer, daß sie ohne die aktive Mithilfe des indonesischen Volkes nicht einmal ihre vorrangigen ökonomischen Vorhaben auf dem Archipel würden verwirklichen können. Daher versuchten sie, nationalistische Führerpersönlichkeiten wie Sukarno, Hatta und Sjahrir für ihre Politik zu gewinnen; diese wiederum sollten die Bevölkerung im Sinne der Japaner beeinflussen. Sukarno, später häufig als Kollaborateur und Söldner der Japaner beschimpft, sah in der Zusammenarbeit mit den Okkupanten eine Möglichkeit, für die Unabhängigkeit Indonesiens zu wirken. Als eine Organisation, die die japanische Politik unterstützen sollte, wurde unter Sukarnos Führung im März 1943 das ›Zentrum der Volkskraft‹ (*Pusat Tenaga Rakyat* oder *Putera*) gegründet. Die Japaner selbst schufen im Oktober 1943 die PETA (Sukarela Pembela Tanah Air = ›Freiwillige Verteidiger der Heimat‹), eine Armee, in der Indonesier von japanischen Offizieren ausgebildet wurden, und die den Kern der späteren republikanischen Streitkräfte darstellte. Als die USA im Juli 1944 die strategisch wichtige Insel Saipan und im Oktober des gleichen Jahres die Philippinen zurückeroberten, zeichnete sich langsam Japans Niederlage im Pazifischen Krieg ab. Um sich auch weiterhin die Unterstützung der indonesischen Nationalisten zu sichern, versprach der damalige japanische Ministerpräsident Koiso am 19. September 1944 die Unabhängigkeit Indonesiens. Diese Erklärung führte auf Java zu einem gewaltigen Auflodern nationalistischer Aktivitäten. Als weitere Verzögerungen seitens der Japaner erkennbar wurden, rebellierten verschiedene Einheiten der PETA. Doch erst als sich der Zweite Weltkrieg schon seinem Ende näherte, setzten die japanischen Behörden ein ›Komitee zur Untersuchung der indonesischen Unabhängigkeit‹ ein. Sukarnos Rede vor dieser Kommission (die u.a. die Aufgabe hatte, einen Verfassungsentwurf für die Republik auszuarbeiten) am 1. Juni 1945 ging als Geburtsstunde der *Pancasila*-Staatsphilosophie in die Geschichte ein. Am 9. August 1945, dem Tag, als die zweite Atombombe über Japan abgeworfen wurde, trafen Sukarno, Hatta und weitere indonesische Führer in Saigon mit Marschall Terauchi, dem japanischen Oberkommandanten für Südostasien, zusammen, um mit ihm die Modalitäten für die Übergabe der Souveränität zu besprechen. Nach der bedingungslosen Kapitulation Japans am 15. August 1945 und nach zwei Tagen der Wirren und Unsicherheit proklamierten Sukarno und Hatta am 17. August 1945 *Merdeka* – die Unabhängigkeit. Doch war damit die Freiheit noch lange nicht gewonnen. Versuche, die Paralyse der kolonialen Vergangenheit abzuschütteln,endeten in den folgenden Jahren zunächst im Chaos.

Die indonesische Revolution

Mit der Ausrufung der Unabhängigkeit schienen die Zeichen für das Ende der Kolonialperiode und den Beginn einer neuen Epoche klar gesetzt. Aber anders als die Engländer in Indien oder die Amerikaner auf den Philippinen konnten sich die Holländer in Indonesien nicht zu einem konsequenten Rückzug entschließen. Im Gefolge britischer Truppen, die im September 1945 mit dem Auftrag, die japanischen Soldaten zu entwaffnen, auf Java gelandet waren, kamen mehr und mehr Niederländer nach Indonesien zurück. Der Zwangswirtschaft der Japaner folgten nun blutige, kriegerische Auseinandersetzungen zwischen der holländischen Kolonialmacht und der jungen Republik. Schon bald übten die Holländer, die ihre Rückkehr von Australien aus gründlich vorbereitet hatten, wieder landesweit die Kontrolle über eine ganze Reihe der wichtigsten Zentren aus. Die Führer der jungen Republik mußten ihr Hauptquartier aus dem unsicher gewordenen Batavia (oder Jakarta, wie die ehemalige holländische Kolonialhauptstadt nun genannt wurde) nach Yogyakarta verlegen. Doch die alte, eher passiv-spekulative Haltung des indonesischen Volkes war einer echten Kampfbereitschaft und einem unerschütterlichen Willen zur Verteidigung der eben erlangten Freiheit gewichen. Überall im Inselreich flammte der bewaffnete Widerstand auf. Meist gingen die Erhebungen von den sogenannten *Pemuda*-Gruppen, militanten Kampfverbänden unter Führung des Kommunisten Tan Malaka, aus. Vielfach wurden sie aber auch, wie bei der ›Schlacht um Surabaya‹ im November 1945, von breiten Bevölkerungsteilen unterstützt. Nachdem Großbritannien im März 1946 begonnen hatte, seine Truppen (die bis dahin viele strategisch wichtige Orte besetzt gehalten hatten) aus Indonesien abzuziehen, sahen sich die Niederländer zu Verhandlungen mit der provisorischen indonesischen Regierung gezwungen. Aber das dabei erreichte Abkommen von Linggajati, in dem die Niederlande de facto die Unabhängigkeit der jungen Republik anerkannten, wurde nicht lange eingehalten. Schon bald brachen die Holländer den Vertrag, als sie versuchten, mit ihrer sogenannten ›Malino-Politik‹ als Gegengewicht zu den ›republikanischen‹ Landesteilen (in erster Linie Java, Sumatra,

Niederländische Truppen im Kampf gegen Freiheitskämpfer auf Java 1949

Madura und Bali) eine ganze Reihe neuer, hollandfreundlicher Staatsgebilde in den peripheren Regionen des Archipels (z. B. auf den Molukken) zu schaffen. Am 21. Juli 1947 landete auf Java dann ein holländisches Invasionscorps, um in der sogenannten ersten ›Polizeiaktion‹, einem unverschleierten Kolonialkrieg, ihre verlorenen kolonialen Besitzungen zurückzuerobern. Den schwerbewaffneten niederländischen Verbänden gelangen dabei große Territorialgewinne, die nach einem von den Vereinten Nationen erzwungenen Waffenstillstand im Januar 1948 im Renville-Abkommen festgeschrieben wurden. Nach diesen Ereignissen erschütterten schwere Auseinandersetzungen das republikanische Lager und führten schließlich zu einer deutlichen Polarisierung zwischen den gemäßigten, bürgerlichen Kräften um Sukarno, Hatta und Sjahrir sowie einer linken Volksfront mit Amir Sjarifuddin an der Spitze. Nach einer gründlichen Reorganisation der kommunistischen Partei unter ihrem Führer Musso brach im September 1948 mit einer Rebellion in Madiun ein kommunistischer Umsturzversuch aus. Doch konnten die überlegenen Regierungstruppen die Aufständischen binnen kurzer Zeit aufreiben; mehrere hundert Kommunisten kamen bei der Erhebung ums Leben, über 30000 wurden nach ihrer Niederschlagung inhaftiert. Die Niederländer versuchten, von der inneren Zerrissenheit

Niederländische Truppen verlassen ein Landungsboot, um vermutete Unterschlupfe der Freiheitskämpfer anzugreifen (Java 1948)

Indonesische Freiheitskämpfer 1949

und Schwäche der jungen Republik zu profitieren und führten im Dezember 1948 eine zweite ›Polizeiaktion‹ durch. Yogyakarta, die provisorische Hauptstadt, wurde eingenommen, Sukarno, Hatta und die wichtigsten Minister gefangengenommen und deportiert. Bis Anfang 1949 tobte nun ein unerbittlicher Guerillakrieg der republikanischen Armee gegen die technisch überlegenen Holländer. Trotz ihrer anfangs scheinbar ausweglosen Lage errangen die Indonesier schon bald wichtige militärische Erfolge. Aufgrund weltweiter Proteste gegen diesen zweiten holländischen Kolonialkrieg und infolge energischer Interventionen des UNO-Sicherheitsrates und der USA (Androhung der Einstellung der Marshallplan-Hilfe), stimmten die Niederländer der sogenannten ›Ronde-Tafel-Conferentie‹ (›Konferenz am runden Tisch‹) in Den Haag (23.8. – 2.11.1949) zu, wo man die Bedingungen für die Übertragung der Souveränitätsrechte aushandelte. Am 27. Dezember 1949 wurden die ›Vereinigten Staaten von Indonesien‹ (*Indonesia Serikat*) von den Niederländern als unabhängiger Staat anerkannt. Diese föderative Republik, in der 16 Teilstaaten zusammengeschlossen waren, umfaßte den gesamten ehemaligen niederländisch-ostindischen Kolonialbesitz mit Ausnahme von West-Neuguinea, dessen Unabhängigkeit zu gewähren, sich die Holländer zunächst noch weigerten.

Das unabhängige Indonesien

Indonesien als parlamentarische Demokratie

Die föderative Struktur der ›Vereinigten Staaten von Indonesien‹ war nicht von langer Dauer, denn die indonesischen Nationalisten hatten sich bei den Beratungen über die zukünftige Staatsform im Jahre 1945 ausdrücklich zu einem Einheitsstaat bekannt. Am 17. August 1950, dem fünften Jahrestag der *Merdeka*-Proklamation, wurde die ›Republik Indonesia‹ mit zentralistischem Charakter endgültig konstituiert sowie Sukarno und Hatta als Präsident bzw. Vizepräsident gewählt. Das offizielle, in das Staatswappen aufgenommene Motto *Bhinneka Tunggal Ika* (›Einheit in der Vielfalt‹) spiegelt deutlich die zentrale Problematik der Geburtswehen der indonesischen Republik wider. Autonomiebestrebungen einzelner, peripherer Landesteile charakterisierten Anfang des Jahres 1950 die innenpolitische Situation. Verschiedene, zum Teil von Niederländern initiierte Aufstände gegen die junge Republik wurden rasch niedergeschlagen. Allein die unter der ›Malino‹-Politik entstandene Republik der Südmolukken wollte sich nicht in den neuen, unitarischen Staat eingliedern lassen. Diese im April 1950 von ihrem Präsidenten Sumokil in Ambon ausgerufene Republik kämpfte noch bis Ende 1950 um ihre Selbständigkeit. Nach der Niederlage gingen Tausende von Molukkern freiwillig ins niederländische Exil.

Im August 1950 konnte schließlich die souveräne Einheitsrepublik an die Stelle des Staatenbundes treten. Doch Indonesien war nicht auf die Unabhängigkeit vorbereitet. Der niederländische Kolonialismus und die jahrelangen Kriegswirren hatten dem Land enorme wirtschaftliche und soziale Probleme hinterlassen. Die im Ansatz erkennbare parlamentarische Parteiendemokratie westlichen Stils sah sich in den 50er Jahren mit fast unüberwindlichen Schwierigkeiten konfrontiert. Ethnische, religiöse und ideologische Gegensätze innerhalb der Gesellschaft, Armut, Analphabetismus, wirtschaftliche Stagnation bzw. sogar Rezession, rasches Bevölkerungswachstum – das waren nur einige der kolonialen Hypotheken, die das indonesische Volk in die politische Autonomie begleiteten. Eine Vielzahl von untereinander rivalisierenden politischen Parteien aller Couleur paralysierte in der Periode der parlamentarischen Demokratie den Aufbau der Nation weitgehend. Die Heranbildung innenpolitischer Stabilität als Voraussetzung für jegliche soziale und wirtschaftliche Entwicklung wurde überdies durch orthodoxe Islamkreise (*Darul Islam*-Bewegung) erschwert, die an der Stelle eines säkularen Einheitsstaates lieber eine theokratische Staatsform gesehen hätten. Keine der damaligen großen Parteien verfügte über eine ausreichende Parlamentsmehrheit. Ständige Koalitionsbildungen und Kabinettswechsel sowie eine wachsende ideologische Polarisation machten eine kontinuierliche Aufbauarbeit praktisch unmöglich. Die einzelnen Parteien und ihre Vorsitzenden fühlten sich durchweg nur der jeweiligen sozialen Gruppe, die sie repräsentierten, verpflichtet, ohne sich um das Gesamtwohl der Gesellschaft zu kümmern. Mit der Zeit wuchs im indonesischen Volk, das sich von seinem Freiheitskampf greifbare Resultate (vor allem eine Verbesserung der Lebensbedingungen) erwartet hatte, die Enttäuschung und Verbitterung – die Unabhängigkeitseuphorie flaute langsam ab. Von außen anerkannt, war die staatliche Einheit Indonesiens auch in der Endphase der parlamentarischen Demokratie ständig internen Bedrohungen ausgesetzt.

Eine deutliche außenpolitische Aufwertung erfuhr die junge Inselrepublik beispielsweise durch die historische Bandung-Konferenz. Vom 18.–24. April

Das Kabinett von Staatspräsident Sukarno vor dessen Haus in Jakarta am 6. November 1945

1955 hatten sich in der westjavanischen Hauptstadt Bandung Vertreter von 29 afrikanischen und asiatischen Nationen versammelt, um erstmals nach dem Zweiten Weltkrieg das Mitspracherecht der sogenannten Dritten Welt bei Fragen der internationalen Politik zu fordern. Aus dieser Konferenz ging 1961 die Gruppe der ›Blockfreien Staaten‹ hervor, in der sich Indonesien stark profilierte.

Ebenfalls im Jahre 1955 fanden die ersten allgemeinen Parlamentswahlen statt. Sie brachten der Nationalpartei (PNI), der Kommunistischen Partei (PKI) sowie den zwei großen Islamparteien (*Masjumi* und *Nahdatul Ulama*) den größten Stimmanteil, aber keine Besserung der desolaten innenpolitischen Situation. Im Gegenteil, im Verlauf des Jahres 1956 häuften sich zusehends die Anzeichen für eine tiefgehende politische Krise. Die politischen Parteien und die sich in der Regel binnen Jahresfrist abwechselnden Regierungen versagten bei der Bewältigung der schwerwiegenden ökonomischen und sozialen Probleme auf ganzer Linie. Militärputsche begannen das Land zu erschüttern. Zudem verschärften sich zunehmend die Spannungen zwischen Zentralismus und Regionalismus in dem geographisch, ethnisch und kulturell so ungemein zersplitterten Archipel, der bislang primär nur durch die Klammer der niederländischen Kolonialherrschaft zusammengehalten worden war. Nach verschiedenen, von Separatistengruppen angestachelten (und angeblich vom amerikanischen Geheimdienst CIA unterstützten) Aufständen auf Sumatra, Nordsulawesi und Westjava verhängte Präsident Sukarno im Februar 1957 den Ausnahmezustand und ermächtigte die Streitkräfte, die Erhebungen niederzuschlagen.

Sukarnos ›Gelenkte Demokratie‹

Die junge, labile parlamentarische Demokratie mit einer angeschlagenen Wirtschaft, den innenpolitischen Konflikten zwischen extremen politischen und ideologischen Gruppierungen sowie den blutigen Kämpfen gegen separatistische Tendenzen hielt Ende der 50er Jahre dem ungeheuren Druck nicht mehr stand. Am 21. Februar 1957 verkündete Präsident Sukarno, in Übereinstimmung mit den Oberkommandierenden der Streitkräfte, seine Konzeption der ›Gelenkten Demokratie‹. Sukarnos Vorstellungen von einem neuen gesellschaftlichen System liefen auf eine Konzentration weitestgehender legislativer und exekutiver Vollmachten in der Person des Staatspräsidenten, also seiner eigenen, hinaus. Sukarno, dem die provisorische Verfassung von 1950 eine eher repräsentative Rolle zugewiesen hatte, lehnte das westliche Demokratiekonzept als ungeeignet für Indonesien ab und schränkte durch die im Juli 1959 per Dekret wiedereingeführte präsidiale Revolutionsverfassung von 1945 die Parteienherrschaft drastisch ein. Nicht mehr beim Parlament, sondern bei einem alle fünf Jahre tagenden Volkskongreß lag nun (theoretisch) die oberste Souveränität im Staate. Dieses Gremium aber hatte seine Machtbefugnisse an den Präsidenten zu übertragen, dem es lediglich die groben Leitlinien der Politik vorgeben konnte. Parteien, die Kritik am neuen System übten, wurden in der Folgezeit verboten. Sukarnos Rezept für die nationale Einigung und die Bewältigung der gravierenden innenpolitischen Krise bestand in der Formierung einer Art Volksfront unter Beteiligung von Nationalisten, islamischen Kreisen und Kommunisten, also jenen Kräften, die vor der Proklamation der Unabhängigkeit in vorderster Front des Freiheitskampfes gestanden hatten. Diese von Sukarno seit Jahrzehnten angestrebte Vereinigung der drei im Lande

Staatspräsident Sukarno in offizieller Pose (Foto aus dem Jahre 1962)

vorherrschenden ideologischen Hauptrichtungen wurde im Rahmen des *Nasakom*-Konzepts vollzogen (*Nasionalisme, Agama, Komunisme* = ›Nationalismus, Religion, Kommunismus‹). Lange Zeit brillierte Indonesiens erster Präsident mit innenpolitischen Balanceakten zwischen den Interessen der Streitkräfte, der radikalen Moslems, der Nationalisten und der Kommunistischen Partei, die als Massenorganisation enormen Einfluß hatte. Den Prinzipien der ›Gelenkten Demokratie‹ entsprach wirtschaftspolitisch eine zunehmende Reglementierung der Ökonomie. Die nationalistisch-autarkistische ›Gelenkte Wirtschaft‹ innerhalb einer spezifisch indonesischen Form des Sozialismus, der sich allen ausländischen Interessen und Investitionen an bzw. in der indonesischen Wirtschaft widersetzte, galt als einzige Alternative zu westlichen wie östlichen Ökonomiemodellen. Die Maßnahmen, die im Rahmen der neuen Wirtschaftspolitik eingeleitet wurden, waren drastisch und dilettantisch zugleich. Insbesondere die Verstaatlichung aller niederländischen Besitzungen (Banken, Plantagen, Handelsfirmen, Fabriken, Transportunternehmen u. a.) und die damit verbundene Abwanderung Tausender von Fachkräften sowie der Entzug von Konzessionen an chinesische Kaufleute, die den ländlichen Zwischenhandel dominiert hatten, brachte die geschwächte indonesische Wirtschaft an den Rand des Zusammenbruchs.

Trotz der schwerwiegenden ökonomischen Probleme, die eine deutliche Verschlechterung der Lebensbedingungen breiter Bevölkerungsschichten zur Folge hatten, verlor der charismatische Volkstribun Sukarno nicht seinen Nimbus unter den Massen. Die Schuld an den wirtschaftlichen und politischen Problemen Indonesiens wurde dem ausländischen ›Neokolonialismus und -imperialismus‹ in die Schuhe geschoben. Mit einer extrem emotional bestimmten Politik verstand es Sukarno, das Augenmerk der Bevölkerung von der wachsenden innenpolitischen Krise auf Brennpunkte nationalistischen Interesses zu lenken. Zunächst wurden militärische Operationen gegen West-Neuguinea eingeleitet, da sich die Niederländer mit dem Hinweis darauf, daß dieses Gebiet weder ethnisch noch kulturell dem eigentlichen Indonesien zugerechnet werden könne, nach wie vor weigerten, diese Region an den indonesischen Staat abzutreten. Nach Vermittlungen der Vereinten Nationen konnte Westirian im Jahre 1963 zunächst provisorisch indonesischer Verwaltung unterstellt werden. Dem Westirian-Problem folgte im Herbst 1963, trotz aller ethnischen und kulturgeschichtlichen Verbundenheit, die politische und militärische Konfrontation (*Konfrontasi*) mit dem Nachbarland Malaysia. Nach Sukarnos Auffassung manifestierte sich in der unter britischer Ägide geschaffenen Föderation von Malaysia ein Produkt des westlichen Neokolonialismus, dem entschlossener Widerstand entgegengesetzt werden müßte. Aktionen der indonesischen Streitkräfte richteten sich vor allem gegen die ostmalaysischen Provinzen Sarawak und Sabah auf der Insel Borneo. Sukarnos abenteuerliche Außenpolitik, seine wirtschaftlich-politische Anlehnung an China, die UdSSR und andere Ostblockstaaten sowie seine wachsende Ablehnung der USA (Enteignung und Vertreibung von Amerikanern aus Indonesien in den Jahren 1963–65) brachten ihm im Lager der westlichen Nationen rasch den Ruf eines ›enfant terrible‹ ein. Im Gefolge dieser von Sukarno vehement verfochtenen Konfrontations- und in gewissem Sinne auch Isolationspolitik, die 1965 im Austritt Indonesiens aus den Vereinten Nationen kulminierte, kam es zu einer atemberaubenden wirtschaftlichen Talfahrt. Eine galoppierende Inflationsrate von über 600 %, eine zunehmende Abhängigkeit von Auslandskrediten, die sich zu einer Verschuldung von annähernd 6 Mrd. US-$ summierten, sowie der drastische Ertragsrückgang verstaatlichter Betriebe führten letztendlich dazu, daß Sukarno die Zügel der politischen Führung mehr und mehr aus der Hand glitten. Mitte der 60er Jahre war Sukarno am Ende. Sein *Nasakom*-Konzept, das im Grunde genommen der Quadratur des Kreises gleichkam, zerbrach unter der zunehmenden Polarisierung zwischen den Streitkräften, den Moslemgruppen und der Kommunistischen Partei.

Die Ereignisse der Jahre 1965/66

Ob es sich bei den Ereignissen der für Indonesien so schicksalhaften Nacht vom 30. September zum 1. Oktober 1965 um einen kommunistischen Putschversuch oder einen verschleierten Staatsstreich der Armee handelte, darüber gehen die Meinungen auseinander. Nach der einen – offiziellen – Version, hatten die Führungszirkel der Kommunistischen Partei Indonesiens mit ihrem Vorsitzenden Aidit an der Spitze bei mehreren geheimen Konferenzen eine minutiös organisierte Rebellion zum Sturz der Regierung geplant. Gezielte Indiskretionen sollten eine Verschwörung von Armeegenerälen vermuten und der Umsturz somit wie eine Aktion der Militärs aussehen lassen. Nach der anderen Darstellung bereiteten einige hohe Offiziere, die mit dem linksnationalistischen Kurs Sukarnos zunehmend unzufrieden waren, einen ›coup d'état‹ vor, als der Staatspräsident, auf Vorschlag der PKI, ernsthaft in Erwägung zog, mit der Bewaffnung von Arbeitern und Bauern Volksmilizen, die nicht der Heeresleitung unterstehen sollten, zu schaffen.

Über den wirklichen Ablauf der Ereignisse jener Nacht herrscht bis heute Unsicherheit. Tatsache ist, daß am 30. September 1965 gegen Mitternacht radikale Teile der Kommunistischen Partei und sympathisierende Offiziere losschlugen, um einem angeblich oder tatsächlich bevorstehenden Staatsstreich konservativer Militärs zuvorzukommen. Einige ›progressiv-revolutionäre‹ Kompanien unter der Führung des Kommandanten der Leibwache Sukarnos, Oberstleutnant Untung, nahmen im Handstreich die sechs ranghöchsten Generäle fest und entführten sie. Der Oberkommandierende der Streitkräfte und Verteidigungsminister, General Nasution, entging seinen Entführern nur knapp. Nach der Ermordung der entführten Militärs gab Untung am Morgen des 1. Oktobers über okkupierte Rundfunkstationen den Staatsstreich bekannt und kündigte die Bildung eines Revolutionskomitees an. Doch der Kommandeur der strategischen Reserven der Landstreitkräfte, General Suharto, hatte keine Mühe, die insgesamt schlecht vorbereitete ›Bewegung 30. September‹ (*Gerakan September Tigapuluh* oder *Gestapu*) innerhalb von 24 Stunden unter Kontrolle zu bringen. Rasch wurde die Armee, zu deren Oberbefehlshaber sich Sukarno inzwischen erklärt hatte, Herr der Situation und ging sofort daran, ihren Hauptfeind zu vernichten: Noch am 1. Oktober wurde die PKI verboten. Da der (vermeintliche) kommunistische Putschversuch von einem Vertrauten Sukarnos geleitet wurde, ranken sich um die Rolle des Präsidenten bei jenen Vorfällen immer noch Gerüchte und Spekulationen. Für eine mögliche aktive Verwicklung Sukarnos in die Ereignisse dieser Schicksalsnacht aber gibt es bislang keine Beweise. Dem gescheiterten Umsturzversuch folgte die grausame Rache der Sieger. Nachdem Bilder der bestialisch verstümmelten Generäle veröffentlicht worden waren und fanatische Moslemorganisationen zur Verfolgung der ungläubigen Putschisten aufgerufen hatten, wurde in einem beispiellosen kollektiven Amoklauf jeder, auf den auch nur der geringste Verdacht fiel, ein Kommunist zu sein, niedergemetzelt. Der SPIEGEL sprach in einem Bericht über die Kommunistenjagd vom »größten Massaker seit Hitler«. Nach Schätzung von ›Amnesty International‹ starben in den Monaten nach dem Putschversuch 500000–1 Mill. Kommunisten, Sympathisanten, Bauern- und Gewerkschaftsführer sowie auch völlig Unbeteiligte. Zehntausende deportierte man in Konzentrationslager auf abgelegenen Inseln. Obwohl als Gesamtpartei an den Vorbereitungen des Coups nicht beteiligt, wurde die PKI nahezu völlig liquidiert. Sie war damals mit rund 3 Mill. Mitgliedern und weiteren 10–15 Mill. Aktivisten in ihren Massenorganisationen die nach der sowjetischen und chinesischen drittgrößte kommunistische Partei der Welt. Die ungezügelt losbrechenden Aggressionen, die kein ausländischer Beobachter bei den sonst so sanftmütigen und beherrschten Indonesiern vermutet hätte, richteten sich auch gegen die chinesische Bevölkerungsminorität, nachdem die neuen Militärmachthaber Peking als Drahtzieher des Putschversuches beschuldigt hatten. Auch die Zahl der Opfer der nun einsetzenden Chinesenpogrome ist Legion. Dieser Versuch eines Staatsstreiches, der heute die offizielle Codebezeichnung G-30-S/PKI (›Bewegung vom 30. September/Kommunistische Partei Indonesiens‹) trägt, markierte die politische Wende von der ›Gelenkten Demokratie‹ Sukarnos zur ›Neuen Ordnung‹ der Militärs unter dem gegenwärtigen Präsidenten Suharto.

Suhartos ›Neue Ordnung‹

Die Ereignisse der Jahre 1965/66 erschütterten den indonesischen Staat in seinen Grundfesten; sie brachten in der Folgezeit einen radikalen politischen Wandel und verankerten die Armee in politischen, administrativen und ökonomischen Schlüsselpositionen. Zunächst hatte sich der noch im Amt befindliche Präsident Sukarno geweigert, sein gescheitertes Volksfrontkonzept aufzugeben. Als jedoch sein Versagen auf wirtschaftlichem und politischem Gebiet immer deutlicher wurde, vollzog sich sein Abstieg unaufhaltsam. Anfang des Jahres 1966 eskalierte die schwelende Unruhe in der Bevölkerung zu heftigen Anti-Sukarno-Demonstrationen, die das ganze Land in ein allgemeines Chaos zu stürzen drohten. Auf Druck der militärischen Führung unterzeichnete Sukarno, der sich einst zum Präsidenten auf Lebenszeit hatte ernennen lassen, schließlich am 11. März 1966 ein Dokument, in dem er de facto die Regierungsgewalt an General Suharto als nun geschäftsführenden Präsidenten übertrug. Ein Jahr später, nach schweren Auseinandersetzungen zwischen Sukarnoisten und Anti-Sukarnoisten, wurde Sukarno vom provisorischen Volkskongreß seiner konstitutionellen Rechte und Pflichten enthoben. Wieder ein Jahr später, am 27. März 1968, trat der Volkskongreß erneut zu einer Sondersitzung zusammen und wählte Suharto zum Staatspräsidenten. Der General trat damit offiziell die Nachfolge Sukarnos an. Der charismatische ›Vater der Nation‹ verbrachte die letzten Jahre seines Lebens unter Hausarrest. Verbittert und isoliert, verstarb der schwerkranke Sukarno am 21. Juni 1970.

Die Regierung Suharto, eine Allianz aus Militärs und zivilen, in den USA oder den Niederlanden ausgebildeten Technokraten, ging nun daran, die ›Neue Ordnung‹ (*Orde Baru*) schrittweise zu etablieren. Politisch und wirtschaftlich vollzog sich eine Kehrtwendung um 180 Grad. Absolute Priorität in der Regierungspolitik erlangte die Reform der Volkswirtschaft, die sich zu dieser Zeit in einem desolaten Zustand befand. Außenpolitisch näherte sich die strikt antikommunistisch orientierte neue Regierung zusehends den westlichen Industrienationen an, wogegen die Beziehungen zu der UdSSR und zur Volksrepublik China auf Eis gelegt wurden. Einer der ersten Schritte der ›Neuen Ordnung‹ war die Rückgabe von verstaatlichten Betrieben. Es folgte ein Gesetz über ausländische Investitionen, das Steuererleichterungen, ungehinderten Kapitaltransfer und andere Anreize enthielt. Die Reaktion des westlichen Auslands ließ nicht lange auf sich warten: Internationales Kapital strömte ins Land, Indonesien entwickelte sich in den 70er Jahren zu einem Eldorado für ausländische Investoren. Noch Mitte der 60er Jahre beendete die neue Führung Indonesiens die Konfrontationspolitik mit Malaysia und wirkte 1967 aktiv an der Gründung der ›Assoziation Südostasiatischer Staaten‹ (ASEAN) mit. Bereits ein Jahr zuvor war die Rückkehr in die Vereinten Nationen erfolgt.

Insgesamt waren die 70er und frühen 80er Jahre durch eine relative politische Stabilität gekennzeichnet. Die vergleichsweise lange Periode der Ruhe wurde 1974 kurzfristig unterbrochen, als beim Staatsbesuch des japanischen Ministerpräsidenten Tanaka Tausende von Studenten den Sicherheitskräften Straßenschlachten lieferten. Sie demonstrierten gegen den japanischen Wirtschaftsimperialismus in Südostasien, meinten aber die Militärjunta selbst und deren Politik, ausländisches Kapital ins Land zu ziehen. 1975, wenige Monate nachdem die Portugiesen den Anachronismus ihrer Kolonialherrschaft in der östlichen Hälfte der Insel Timor beendet hatten, vollzog die Regierung Suharto die gewaltsame Annektion dieses Gebietes. Den bis heute anhaltenden militärischen Auseinandersetzungen zwischen Regierungstruppen und der Unabhängigkeitsbewegung FRETELIN sind bislang, direkt oder indirekt, mindestens 150000 Menschen zum Opfer gefallen (vgl. S. 388). Seit Jahren schon regt sich auch heftiger Widerstand in Indonesiens östlichster Provinz. Nach einem umstrittenen ›Act of Free Choice‹ durch 1025 Wahlmänner der Bevölkerung Westirians, der einer Oppositionsbewegung gegen den Anschluß keine Chance ließ und von UN-Beobachtern als ›Wahlfarce‹ bezeichnet wurde, konnte bereits im Jahre 1969 die heutige Provinz Irian Jaya auch formell in den indonesischen Staat integriert werden. Gegen diese Einverleibung wehren sich militante Papua, die sich in der schlecht bewaffneten, aber von großen Teilen der Bevölkerung getragenen Unabhängigkeitsbewegung OPM (›Organisation Freies Papua‹) zusammengeschlossen haben. Nach Schätzungen ausländischer Beobachter verloren auch auf Irian Jaya bislang rund 150000 Menschen während der Kampfhandlungen oder in deren Folge ihr Leben.

(Weitere Informationen zur jüngeren Geschichte Indonesiens sowie zur politischen und wirtschaftlichen Situation der Gegenwart finden Sie in den Kapiteln »Staat und Verwaltung«, S. 43 und »Wirtschaft«, S. 50.)

Zeittafel

Besiedlungsgeschichte

ab ca. 500000	Erste Besiedlungsspuren im Gebiet des heutigen indonesischen Archipels (›Java-Mensch‹)
ab ca. 30000	Erstes Auftreten des Homo sapiens sapiens
ab ca. 25000–3000	Besiedlung verschiedener indonesischer Inseln durch negritoide, weddide und melaneside Urvölker
ab ca. 2500–1500	Mehrere Einwanderungsintervalle proto- oder altmalaiischer Völker; Entstehung einer jungsteinzeitlichen Kultur
ab ca. 300	Einwanderung deutero- oder jungmalaiischer Völker (Träger der ›Dong-son-Kultur‹); Beginn der indonesischen Bronze-Eisenzeit
v. u. Z.	
u. Z.	

Die hinduistisch-buddhistische Epoche

ab ca. 100	Beginn der hinduistisch-buddhistischen Epoche
400	Erste hinduistische Königreiche auf Westjava und Ostborneo

ab ca. 650	Aufstieg des buddhistischen Großreiches Sri Vijaya auf Sumatra
700	Die hinduistisch-shivaistische Sanjaya-Dynastie gründet auf Mitteljava das erste Reich von Mataram
ab ca. 700–750	Sri Vijaya entfaltet seinen Herrschaftsbereich bis zur Malaiischen Halbinsel
800	Verbindung des Sri Vijaya-Imperiums mit der buddhistischen Shailendra-Dynastie auf Mitteljava; Bau der Tempelanlage von Borobudur
850	Renaissance des hinduistischen Mataram-Reiches auf Zentraljava. Die Shailendra verlagern ihre Macht nach Südsumatra und übernehmen den Thron von Sri Vijaya. Bau der Tempelanlage von Prambanan
ca. 850–1000	Höhepunkt der Machtentfaltung des Sri Vijaya-Reiches
930	Auf Java verlagert sich das politische, wirtschaftliche und kulturelle Schwergewicht nach Ostjava
992	Das neue ostjavanische Reich unter König Dharmavangsa attackiert Sri Vijaya
1016/17	Konterangriff von Sri Vijaya auf Ostjava; Dharmavangsa wird getötet und sein Reich zersplittert
1019	Beginn der Herrschaft Airlanggas auf Ostjava, Wiedervereinigung des ostjavanischen Reiches
1025	Angriff der südindischen Chola-Dynastie auf Sri Vijaya. Waffenstillstand zwischen Sri Vijaya und dem ostjavanischen Königreich unter Airlangga
1042	Tod Airlanggas und Teilung seines Imperiums in die Reiche von Kediri und Janggala
1222	Ken Angrok vereinigt das alte Airlangga-Reich und begründet die Singhasari-Dynastie (1222–92)
1268–1292	Herrschaft Kertanagaras auf Ostjava
1293	Strafexpedition des Kublai Khan von Raden Wijaya abgewehrt
1294	Raden Wijaya gründet das Königreich Majapahit
ca. 1330–1390	›Goldenes Zeitalter‹ Majapahits unter Premierminister Gajah Mada (1331–64) und König Hayam Wuruk (1350–89): Majapahit erreicht seine größte Ausdehnung, kulturelle Hochblüte (u. a. Bau der Tempelanlage von Panataran)
ca. 1520	Zusammenbruch des Großreiches von Majapahit unter dem Ansturm des Islam und Auszug der hinduistischen Aristokratie Javas nach Bali

Die Islamisierung Indonesiens

ab ca. 700	Erste islamische Einflüsse
ab ca. 1200	Übertritt indonesischer Herrscher zum Islam
ab ca. 1300	Starke Ausbreitung des Islam auf Nordsumatra
ab ca. 1400	Der Islam erobert weite Teile Javas
ca. 1520	Das islamische Königreich Demak erobert das hinduistische Majapahit-Reich
1575	Gründung des islamischen Reiches von Mataram

Indonesien unter kolonialer Herrschaft

1509	Erste portugiesische Expedition nach Sumatra
1511	Eroberung Malakkas durch die Portugiesen
1522	Die Portugiesen lassen sich auf den Molukken nieder und errichten ein Monopol im Gewürzhandel
1596	Die Niederländer gründen einen Handelsstützpunkt in Banten (Westjava) und leiten damit ihre Kolonisation der indonesischen Inselwelt ein
1602	Gründung der ›Vereinigten Ostindischen Compagnie‹ (VOC)
1619	Jan Pieterszoon Coen gründet Batavia
ca. 1620–1666	Die Holländer festigen ihre Vormachtstellung auf den Molukken und Sulawesi und setzen ihr Gewürzhandelsmonopol weitgehend durch
1740	Chinesenpogrom holländischer Extremisten in Batavia
1755	Der dritte javanische Erbfolgekrieg endet mit der Teilung des islamischen Königreiches Mataram in die Fürstentümer Yogyakarta und Surakarta
1799	Ende der VOC
1803–1845	Padri-Kriege auf Sumatra
1807	Herman Willem Daendels wird Generalgouverneur
1811–1816	Englisches Interregnum unter Thomas Stamford Raffles
1825–1830	Javanischer Volksaufstand (Java-Krieg) gegen die niederländische Kolonialmacht unter Prinz Diponegoro
ca. 1830–1860	Zwangsanbausystem (›Cultuurstelsel‹) der Holländer
ab. ca. 1860	Abbau der Zwangsbewirtschaftung in der ›liberalen Ära‹
1873–1903	Aceh-Krieg auf Sumatra; in der Folgezeit weitere Aufstände auf Sulawesi und Borneo
ab ca. 1900	Beginn der ›ethischen Politik‹
1906	Massenfreitod (*Puputan*) auf Bali, um der holländischen Kolonisation zu entgehen. Beginn der Unabhängigkeitsbewegung mit der Gründung der Vereinigung *Budi Utomo*. In der Folgezeit entstehen verschiedene islamische Bewegungen und politische Gruppierungen
1918	Einsetzung des ›Volksraad‹ als konsultative Institution
1927	Sukarno ruft die *Partai Nasional Indonesia* (PNI) ins Leben
ca. 1930–1940	Die Niederländer weisen die Forderungen der indonesischen Nationalisten nach eingeschränkter Autonomie zurück und inhaftieren deren Führer
1942–1945	Japanische Besetzung Indonesiens
17. August 1945	Unabhängigkeitserklärung Indonesiens durch Sukarno und Hatta
1947	Erste ›Polizeiaktion‹ der Niederlande
1948	Renville-Abkommen zwischen Indonesien und den Niederlanden, kommunistischer Umsturzversuch (Madiun-Affäre) und zweite niederländische ›Polizeiaktion‹
1949	›Konferenz am runden Tisch‹ in Den Haag, die mit der Anerkennung der ›Vereinigten Staaten von Indonesien‹ durch die Niederländer endet (nicht eingeschlossen in das Staatsgebiet ist West-Neuguinea)

Das unabhängige Indonesien

1950	Autonomiebestrebungen verschiedener ›Außeninseln‹ (u. a. Republik der Südmolukken)
17. August 1950	Konstitution der zentralistischen ›Republik Indonesia‹
1955	Erste afro-asiatische Konferenz in Bandung und erste allgemeine Parlamentswahlen
1957	Präsident Sukarno verkündet sein Konzept der ›Gelenkten Demokratie‹
1963	Westirian (Irian Jaya) wird nach UN-Vermittlung indonesischer Verwaltung unterstellt
1963–1965	Konfrontationspolitik mit Malaysia
30. September 1965	Putschversuch radikaler Kommunisten und sympathisierender Offiziere. Nach dem Scheitern Verbot der PKI und blutige Verfolgung der Opposition. In der Folgezeit kontinuierliche Entmachtung Sukarnos und Übergang von der ›Alten Ordnung‹ zur ›Neuen Ordnung‹
1966	Suharto übernimmt die Macht
1967	Abbruch der Beziehungen zur VR China
1968	General Suharto wird auf fünf Jahre zum Präsidenten von Indonesien gewählt
1969	Umstrittene Integration Westirians in den indonesischen Staat
1970	Tod Sukarnos
1971	Erste allgemeine Wahlen seit Sukarno (1955)
1973	Zweite Wiederwahl Suhartos
1974	Schwere antijapanische Demonstrationen in Jakarta
1975	Gewaltsame Annexion der ehemaligen portugiesischen Kolonie Osttimor durch Indonesien
1978	Dritte Wiederwahl Suhartos
1982	Parlamentswahlen, bei denen die ›funktionellen Gruppen‹ (GOLKAR) annähernd zwei Drittel der Sitze erhalten
1983	Vierte Wiederwahl Suhartos
1984	Proteste gegen die Regierung Suharto, die in blutigen Unruhen in Jakartas Hafenviertel Tanjung Priok kulminieren
1985	Anschläge fanatischer Moslems auf den Borobudur-Tempel und den Fürstenpalast von Surakarta
1988	Fünfte Wiederwahl Suhartos
Januar 1989	Offizielle Öffnung der Provinz Osttimor
1989	Fünftägiger Besuch von Papst Johannes Paul II. in Indonesien, u. a. auch in Osttimor
1990	Wiederaufnahme der diplomatischen Beziehungen mit der VR China

Kunst und Kultur

Kunst und Kultur der hinduistisch-buddhistischen Epoche

Im Rahmen einer friedlichen, wirtschaftlichen Kolonisation gelangten ab dem ersten Jahrhundert nach der Zeitenwende allmählich indische Glaubens- und Kulturvorstellungen in die indonesische Inselwelt. Die indische Kultur hat auf ein breites Gebiet ausgestrahlt. Sie fand ihren Niederschlag sowohl in der Organisation der damaligen Inselgesellschaften (Kastensystem, Konzeption vom Herrscher als göttliche Inkarnation) als auch in der Architektur und in der bildenden Kunst. Es war der Kontakt mit der indischen Welt, der für Indonesien den Übergang von einer verhältnismäßig niedrigen Entwicklungsstufe zu blühender Kultur brachte. Doch Indonesien war nicht nur der passive Rezipient der von außen herangetragenen, höheren Kulturform. Von Anfang an stellte die Übernahme indischer Kulturelemente kein bloßes Kopieren dar, sondern ein schöpferisches Umformen und Anpassen. So schrieb einst der indische Dichter Rabindranath Tagore über einen Besuch auf Java: »Ich sehe Indien überall, aber ich erkenne es nicht wieder.«

Mit Sicherheit entstanden bereits in der Frühphase der Indisierung Bauwerke in Indonesien, doch haben die organischen und anorganischen Zerstörungskräfte im feucht-warmen Monsunklima rasch alle Kulturdenkmäler, die nicht aus Stein gefertigt waren, vergehen lassen. Überdies ist zu vermuten, daß vielfach alte Steintempel abgerissen wurden, um das Baumaterial (meist vulkanischen Andesit) später wiederzuverwenden. Einblick in diese verlorene Welt geben uns lediglich archäologische Funde von bronzenen Buddha-Statuen oder Keramikgegenständen. Viele dieser Artefakte zeigen unverkennbare Merkmale des indischen Gupta-Stiles (4.–6. Jh.), in dem die buddhistische Kunst ihre höchste Ausdrucksform fand. Ein weit über die Grenzen der indonesischen Inselwelt hinaus bekanntes Zentrum des Mahayana-Buddhismus befand sich in Palembang, der Hauptstadt des Königreiches Sri Vijaya. Die bedeutendsten Kunstwerke aus nicht vergänglichem Material entstanden jedoch (unter dem Einfluß der indischen Religionen) auf Java.

Die Kunstgeschichte unterscheidet auf Java im allgemeinen zwei große Kulturphasen: die zentraljavanische oder indojavanische (8.–10. Jh.) und die ostjavanische (10.–15. Jh.). Die Entwicklung der überragenden Sakralarchitektur beider Epochen wurzelt in der politisch-religiösen Synthese des ›Gottkönigtums‹ *(Devaraja)*. Die meisten der bedeutenden Tempelanlagen sind auf die Vergöttlichung der Könige zurückzuführen und entstanden nach deren Willen. Die Ausführung der Sakralbauten oblag durchweg Priestern. Sie stimmten die Bauvorhaben mit den Herrschern ab und trugen die Verantwortung für die Organisation der Arbeiten. Die dominierenden Sakralbauten beider Perioden sind die Candi. Der Begriff Candi bedeutet ursprünglich Mausoleum, wird jedoch heute gebraucht, um die unter hinduistischem und buddhistischem Einfluß auf Java entstandenen Tempel im allgemeinen zu bezeichnen. Ein Candi, die symbolhafte Darstellung des Weltberges *(Meru)*, des Wohnsitzes der Götter, gliedert sich in seiner einfachsten Form in drei architektonische Grundelemente: den blockförmigen Unterbau mit rechteckigem Grundriß als Basis für den Tempel; den eigentlichen Tempel in Kubusform, um den, da er kleiner ist als der Unterbau, eine Terrasse verläuft; und schließlich das mehrgeschossige Tempeldach, das reich mit Nischen, Türmchen und kleinen Stupas dekoriert ist und einen zylinderförmigen oder konischen Aufsatz trägt, das Linga oder Phallussymbol des Gottes Shiva. In Indonesien existieren sowohl hinduistische wie buddhistische Candi. Gerade auf Ostjava aber finden wir Tempelbauten, bei denen der synkretistische Charakter so stark ist, daß es schwerfällt zu entscheiden, ob es sich um ein hinduistisches oder buddhistisches Bauwerk handelt. Die javanischen Candi besitzen durchweg außergewöhnlich kleine Innenräume, die gerade Götterstatuen, rituellem Kultgerät und, falls es sich um einen Grabtempel handelte, der Urne mit der Asche des verstorbenen Fürsten Platz boten. Variationen der geschilderten typischen Grundform treten häufig auf, beispielsweise durch Hinzufügen weiterer Anbauten. Obwohl die Relief- und Skulpturenkunst dieser Tempel in Inhalt wie Form zum Teil erhebliche Unterschiede aufweist, lassen sich dennoch gemeinsame Merkmale feststellen. Weit verbreitet ist das Kalamakara-Motiv für Tür- und Nischenumrahmungen, wobei sich über Tür oder Nische ein löwenköpfiges Ungeheuer, eine stilisierte Dämonenfratze *(Kala)* befindet, die durch ein Bandwerk mit zwei Köpfen von Tieren aus der indischen Mythologie *(Makara)* verbunden ist. Bei ostjavanischen Candi werden die Makara-Figuren (auch ›Elefantenfische‹ genannt) von Naga-Schlangen ersetzt. Ein weiteres wichtiges Motiv ist der Garuda-Vogel, das Reittier des Gottes Vishnu. In der Ornamentik dominieren Pflanzenmotive wie verschlungenes Blattwerk, Blumen und Ranken. Aufgrund der aus der indischen Mythologie stammenden Vorstellungen, daß die Götter aus der Blüte des Lotos *(Padma)* geboren worden seien, hat diese als Motiv im Reliefschmuck javanischer (später auch balinesischer) Tempel eine große Bedeutung erlangt.

Neben den Candi wurden sowohl auf Mittel- als auch Ostjava zahlreiche Stupas errichtet. Dies waren ursprünglich sehr einfache Bauwerke: halbkugelförmige Grabhügel, aus denen sich mit der Zeit die typische Glockenform entwikkelte. Von den meisten javanischen Stupas ist lediglich der Unterbau erhalten geblieben. Die höchste Vollendung fand diese Baugesinnung jedoch in dem hervorragendsten Denkmal der buddhistischen Kunst – dem Borobudur (vgl. S. 222).

In enger Verbindung mit der Entwicklung der Architektur stand die der Plastik. Für die Skulpturen war neben Stein die Bronze das gebräuchlichste Material, doch wurden auch Gold, Silber, Elfenbein und Holz verarbeitet. Die meisten

Candi Mendut, ein Tempel der Shailendra-Dynastie in der Nähe des Borobudur

der in mitteljavanischen Tempeln gefundenen Statuen stellen verstorbene Fürsten als Verkörperungen Vishnus, Shivas oder anderer Gottheiten des indischen Götterpantheon dar. Sehr häufig sind aber auch Bildnisse von Ganesha, dem elefantenköpfigen Gott der Gelehrsamkeit. Einen herausragenden Platz unter den Großplastiken nehmen die Raksasa-Figuren ein, mit Keulen bewaffnete Riesen, die meist die Eingangstore von Tempelanlagen flankieren und Dämonen fernhalten sollen. Die zahlreichen entdeckten kleinen Bronzefiguren dienten vermutlich Mönchen und Einsiedlern als Meditationsbilder; sie wurden vorwiegend im sogenannten Wachsausschmelzverfahren, in der Technik der ›verlorenen Form‹, hergestellt. Zwar basiert die indonesische Plastik der hinduistisch-buddhistischen Epoche letztlich auf der indischen Kunst der Gupta-Zeit, doch sind die Formen generell stärker abstrahiert und besitzen nicht die für die indische Kunst so typische Sinnlichkeit.

Den Beginn der mitteljavanischen Periode markieren die kleinen Candi, die im frühen 8. Jh. unter der shivaistischen Sanjaya-Dynastie auf dem Dieng-Plateau errichtet wurden und im großen und ganzen einen südindischen Charakter aufweisen. Ihre Hochblüte erreichte diese Kulturphase während der Herrschaft der Shailendra (›Bergherren‹). In dieser Zeit entstanden auf Zentraljava die bedeutendsten Sakralbauwerke, die zum Teil zu den eindrucksvollsten Meisterwerken der religiösen Architektur überhaupt zählen. Im gewaltigen Tempelbezirk des gegen 830 vollendeten Borobudur liegt zweifellos der Kulminationspunkt dieser Epoche. Weitere großartige Baudenkmäler der Shailendra-Dynastie sind die Tempel Kalasan, Pawon, Mendut, Sari, Sewu und Plaosan. Nach dem Wiedererstarken des Fürstengeschlechts der Sanjaya wurde unter deren Ägide das kaum weniger beeindruckende hinduistische Gegenstück zum buddhistischen Borobudur errichtet, der Tempelkomplex von Prambanan (vgl. S. 226). Stilistisch gesehen dominiert in allen Kunstgattungen der zentraljavanischen Periode der indische Einfluß deutlich.

Auf die Klassik der mitteljavanischen Epoche mit ihren strengen Formen und der auf Symmetrie bedachten Ordnung folgte ab ca. 930 die ostjavanische Periode, während der sowohl in der Baukunst wie in der Bildhauerei autochthone Elemente immer stärker hervortreten. Zur Zeit der großen ostjavanischen Reiche Kediri (11./12. Jh.), Singhasari (13. Jh.) und Majapahit (14./15. Jh.) entwickelten sich in der Kunst bemerkenswerte Stilwandlungen, so daß sich die ostjavanische Epoche deutlich von der mitteljavanischen unterscheidet. Sowohl Tempelarchitektur wie -plastik (darüber hinaus aber auch die geistige Kultur) lösen sich zusehends vom indischen Vorbild und offenbaren deutlich einen eigenständigen Charakter, so daß man von einer zunehmenden ›Javanisierung‹ sprechen könnte. Baukunst und Skulptur zeigen nun in der Gestaltung eine größere Vielfalt sowie eine freiere, weichere und geschmeidigere Formgebung. Originäres, das offensichtlich in der bodenständigen Volkskunst wurzelte, tritt zutage. Immer stärker wurde nun die Verschmelzung von Hinduismus und Buddhismus, was auch in den künstlerischen Darstellungen zum Ausdruck kommt. In der Baukunst besteht der wesentlichste Unterschied zur mitteljavanischen Periode darin, daß die strenge Symmetrie der Tempelkomplexe zugunsten einer freien, lockeren Gruppierung der einzelnen Candi aufgegeben wurde. Ein markantes stilistisches Kennzeichen vieler ostjavanischer Tempel ist überdies die architektonische Gestaltung der Eingänge. Oft handelt es sich dabei um sogenannte Candi Bentar, in der Mitte axial durchschnittene Steintore, zwischen deren beiden Hälften ein Korridor mit Treppe zum eigentlichen Heiligtum führt. Ab dem frühen 13. Jh. wird in den Tempelreliefs ein weiterer Stilwandel deutlich, nämlich der Übergang von der dreidimensionalen Bildhauerkunst Zentraljavas zur zweidimensionalen, die Plastizität kaum noch wahrenden Darstellung des sogenannten Wayang-Stiles. Durch eine starke Stilisierung wirken die Figuren dabei wie in Stein gehauene *Wayang Kulit*-Puppen (Schattenspielfiguren, vgl. S. 114).

Zu einer reichen Entfaltung architektonischen Schaffens kam es während der Herrschaft der Singhasari-Dynastie (Candi Kidal, Candi Jago, Candi Singhasari u. a.); das imposanteste Zeugnis ostjavanischer Baukunst jedoch ist der shivaistische Komplex von Panataran, in dem sich Macht und Reichtum des Majapahit-Imperiums widerspiegeln. Im großen und ganzen aber erreichte keine der ostjavanischen Tempelanlagen die grandiosen Dimensionen der berühmten Sakralbauten aus der mitteljavanischen Epoche.

Die Islamisierung der indonesischen Inselwelt (ca. 13.–16. Jh.) ließ auch die Kunst nicht unberührt. Obwohl der Islam während seiner Ausbreitung auf dem Archipel mit autochthonen religiösen und kulturellen Elementen verschmolzen wurde, schränkte er mit dem Verbot der Darstellung von Menschen und Tieren die kreativen Möglichkeiten der bildenden Kunst doch erheblich ein. Andere Kunstgattungen jedoch, bei denen figürliche Motive keine so große Rolle spielen (Batikkunst, Webkunst, Waffenschmiede-Kunst u. a.), erfuhren unter dem Einfluß der islamischen Ornamentik eine außerordentliche Verfeinerung und technische Vervollkommnung. Dies gilt allerdings ebenfalls für die Anfertigung der *Wayang*-Figuren, denn auch der abbildfeindliche Islam vermochte es

Drei Bauwerke der Tempelanlage Candi Gedong Songo bei Ambarawa (Zentraljava)

nicht, das so fest in der indonesischen Kultur verankerte Schattenspiel *(Wayang Kulit)* zu verdrängen.

Obwohl erstaunlicherweise die Portugiesen auf verschiedenen ostindonesischen Inseln ein unerwartet reiches Erbe in Sprache und Musik hinterlassen haben, blieben die kulturellen Einflüsse während der europäischen Kolonialepoche im Vergleich zu den vorangegangen, großen ›Kulturimporten‹ relativ unbedeutend.

Indonesische Kunst und Kultur heute

Das Wayang-Spiel

Das Wort *Wayang* bedeutet zwar ›Schatten‹, doch werden unter diesem Begriff verschiedene Formen des klassischen javanischen Bühnenspiels zusammengefaßt. Seit vielen Jahrhunderten schon ist das *Wayang* ein wesentlicher Bestandteil der javanischen Kultur sowie verschiedener indonesischer Regionalkulturen, die von Java beeinflußt wurden (insbesondere Bali, Südsumatra und Südkalimantan).

Als älteste sowie interessanteste und differenzierteste Form des *Wayang* gilt das *Wayang Kulit*, das eigentliche Schattenspiel mit flachen Puppen aus Leder *(Kulit)*. Genaue Herkunft und Entstehung von Puppe und Spiel liegen bis heute im dunkeln. Nach dem Zeugnis alter javanischer Schriften, waren *Wayang*-Spiele auf Zentraljava bereits im 10. Jh. allgemein bekannt. Die Wurzeln des indonesischen Schattentheaters aber reichen möglicherweise weit in die Zeit vor Beginn des indischen Kultureinflusses zurück. Es dürfte sich wohl einst als ritueller Teil des Ahnenkults aus animistischen Glaubensvorstellungen heraus entwickelt haben. Vermutlich diente das Schattenspiel einerseits der Abwehr böser Geister, andererseits der mystischen Kontaktaufnahme mit den Ahnen, die symbolisch in Gestalt der Schatten auf der Leinwand erscheinen. Eine fundamentale Rolle spielte das *Wayang* später bei der Verbreitung indischer Ideen und Vorstellungen. Es war das wichtigste Ausdrucksmittel zur Inszenierung der alten Hindu-Epen, des Ramayana und des Mahabharata (vgl. S. 118). Die Puppen waren so fest in der javanischen Tradition und Vorstellungswelt verankert, daß durch sie als ›Kulturträger‹ neues Gedankengut, das sich in Worten allein niemals hätte vollständig ausdrücken lassen, leicht vermittelt und assimiliert werden konnte. Auch während der Epoche der Islamisierung wurde das *Wayang* beibehalten und, der neuen Lehre angepaßt, sogar noch weiterentwickelt, um als Mittel zur Verbreitung des Islam unter der Bevölkerung zu dienen. Erstaunlicherweise kollidierten die Schattenspielfiguren dabei nicht mit dem Bilderverbot der islamischen Glaubenslehre. Mitunter werden sogar heutzutage noch *Wayang*-Spiele dazu verwendet, um aktuelle Thematiken zu vermitteln und zu unterstützen. Beispielsweise sollen in dem modernen *Wayang Pancasila* dem indonesischen Volk die fünf Staatsprinzipien nahegebracht werden. Aber auch zur Propagierung der Familienplanungsprogramme greift der Staat bisweilen auf das Medium Schattenspiel zurück. Ganz unabhängig von Inhalt und Spielort jedoch ist auch heute eine *Wayang*-Vorstellung weit mehr als eine einfache Theateraufführung. Es ist eine magische und kulthafte Handlung, in der Sage und Mythos der Vergangenheit lebendig in die Gegenwart hineinwirken. Schattenspiele dienen deshalb auch heute nicht einfach der Volksbelustigung, und sie werden auch nicht zu x-beliebigen Zeitpunkten aufgeführt (abgesehen von den eigens für Touristen organisierten Veranstaltungen), sondern durchweg im Zusammenhang mit bestimmten Ereignis-

Ein Puppenspieler (›Dalang‹) in Aktion

sen, wie religiösen Zeremonien oder Familienfesten (Hochzeiten u. a.).

Der technische Apparat für das *Wayang Kulit*, das insbesondere auf Java den Kern des gesamten *Wayang*-Komplexes darstellt, ist im Grunde genommen sehr einfach. Das wichtigste Requisit ist ein senkrechter, mannshoher, ca. 5–6 m langer und mit einem weißen transparenten Stoff bespannter Holzrahmen. Hinter dieser Leinwand *(Kelir)* sitzt der Puppenspieler *(Dalang)*, über dessen Kopf eine Lampe (oft ein Öllämpchen = *Belencong*) brennt, deren Licht die Schatten der Figuren auf die Leinwand wirft. Unmittelbar vor dem Projektionsschirm befinden sich zwei frisch abgehauene Bananenstämme, in die der Puppenspieler die für die Vorführung benötigten Figuren mit ihren spitzen Haltestielen aus Horn hineinsteckt, rechts von ihm die Guten und links die Bösen. Eine Truhe zu seiner Linken enthält weitere Figuren und sonstiges für die Aufführung wichtiges Zubehör. Hinter dem *Dalang* sitzt das *Gamelan*-Orchester (vgl. S. 120), das die Handlung musikalisch untermalt.

Die unbestreitbar wichtigste Person bei einem Schattenspiel ist der *Dalang*. Er ist Regisseur, Schauspieler und Dirigent in Personalunion. Ein Puppenspieler gilt als sozial hochangesehene Persönlichkeit; er hatte früher sogar die Bedeutung eines Priesters, der die Verbindung zwischen den Lebendigen und den Toten herstellte. Auf Java existieren spezielle *Dalang*-Schulen, in denen die Studenten eine jahrelange harte Ausbildung absolvieren müssen. Die virtuose Leistung eines guten *Dalang* ist kaum vorstellbar: Er führt nicht nur mit großem manuellem Geschick die Figuren, sondern spricht auch alle Rollen, wozu er die verschiedenen Ebenen der altjavanischen Sprache fließend beherrschen muß. Darüber hinaus hat er bisweilen auch zu singen und vor allem das *Gamelan*-Orchester zu dirigieren (mit einem Hämmerchen aus Horn oder Hartholz, das er sich zwischen die Zehen geklemmt hat, klopft er an die neben ihm stehende Kiste). Beeindruckend vor allem ist die enorme Gedächtnisleistung eines *Dalang*, denn es ist eine unabdingbare Voraussetzung, daß er sämtliche Texte *(Lakon)* auswendig beherrscht. Ein Puppenspieler, der das Publikum in seinen Bann ziehen will, muß aber auch ein ausgezeichnetes Improvisationstalent besitzen. Die Handlungen der Personen sind zwar festgelegt, doch die Gründe für das Handeln der Helden werden durch den Spieler immer wieder neu interpretiert. Ein guter *Dalang* versteht es während seiner Aufführung auch, aktuelle Bezüge herzustellen, beispielsweise die jeweiligen politischen Verhältnisse kritisch unter die Lupe zu nehmen.

Die *Wayang Kulit*-Figuren werden aus gegerbtem Büffelleder hergestellt. Der Kunsthandwerker beginnt mit dem Ausschneiden der äußeren Form und schlägt dann mit kleinen Meißeln die Details heraus. Nach dem Polieren des Pergaments grundiert er die Figur mit weißer Leimfarbe, auf die er dann alle weiteren Farben, die durchweg symbolische Bedeutung haben, aufträgt. Alle Schattenspielfiguren sind streng stilisiert, besitzen kaum noch menschliche Züge. Bei einer Frontalstellung des Körpers wird das Gesicht ausnahmslos im Profil gezeigt; die Beinstellung entspricht der Kopfstellung. Die dargestellten Gestalten und deren Charakter kann der Zuschauer in erster Linie an der Gesichtsform und -farbe erkennen. Bei Göttern und Helden sowie generell bei edlen Gestalten beispielsweise bilden Nase und Stirn eine gerade Linie; die Nase ist dabei fein gezeichnet, die Augen sind geschlitzt. Dämonen dagegen haben runde Glotzaugen und große, knollige Nasen, die mit der Stirnlinie einen Winkel bilden. Eine schwarze Gesichtsfarbe drückt in der Regel Tugend, Reife und Besinnlichkeit aus, eine rote charakterisiert einen aggressiven und leidenschaftlichen Typ, weiß steht für Jugend und Schönheit, eine goldene Farbe betont die Würde der dargestellten Person. Balinesische Schattenspielfiguren unterscheiden sich von javanischen durch eine gedrungenere Form und realistischere Gesichtszüge.

Der *Dalang* erweckt seine Lederfiguren mittels feiner Hornstäbe, deren Enden er in der Hand hält, zum Leben; die Arme kann er an dünnen Stäbchen bewegen, wogegen die Beine unbeweglich sind. Ein kompletter Figurensatz besteht in der Regel aus rund 300 Figuren.

Ein sehr wichtiges Requisit, das bei keiner *Wayang Kulit*-Aufführung fehlen darf, ist der javanische *Gunungan* (*Gunung* = Berg) oder der balinesische *Kekayon* (*Kayon* = Baum), beides Symbole für die Weltachse und damit Hinweis dafür, daß mit dem Schattenspiel eine magische Verbindung zwischen diesseitiger und jenseitiger Welt hergestellt wird. Der *Gunungan* ist blattförmig und endet oben spitz, der *Kekayon* dagegen ähnelt mehr einem flachgebogenen Schirm. Vor und nach der Vorstellung sowie in den Pausen stellt der *Dalang* dieses Requisit in die Mitte vor die Leinwand. Dabei muß die Spitze, den Werdegang des Menschen andeutend, vor Mitternacht nach links, um Mitternacht gerade nach oben und nach Mitternacht nach rechts weisen. Werden *Gunungan* oder *Kekayon* im Laufe der Vorführung benutzt, so stellen sie das Feuer dar.

Obwohl die Texte für das *Wayang*-Spiel längst nicht alle vollständig schriftlich festgelegt sind und der *Dalang* somit breiten Raum für Improvisationen besitzt, muß er sich doch an ein festes Schema halten. *Wayang*-Vorführungen beginnen für gewöhnlich gegen 20 Uhr. Nach der Eröffnung der Aufführung durch das *Gamelan*-Orchester macht der *Dalang* in einer langen Einleitung das Publikum mit den auftretenden Personen und dem Ort der Handlung be-

Javanische Wayang Kulit-Figuren; in der Mitte der ›Gunungan‹, das Symbol für die Weltachse

kannt. Gegen 21 Uhr beginnt dann die eigentliche Vorstellung, die in drei Teile zerfällt: Die erste Phase führt in den Konflikt ein, Probleme treten auf, Argumente prallen aufeinander, der Konflikt entwickelt sich und mündet im ersten Kampf, der jedoch ergebnislos verläuft; während der zweiten Phase (Mitternacht bis 3 Uhr) tritt der Hauptheld auf, wird in Kämpfe verwickelt, doch noch immer zeichnet sich keine Lösung des Konfliktes ab; erst in der dritten Phase (3–6 Uhr morgens) siegt das Gute über das Böse, nachdem die Entwicklung meist in einer gewaltigen Schlacht kulminierte.

Die beliebteste und am häufigsten gespielte Form des Schattentheaters ist das *Wayang Purwa,* das auf den indischen Epen Ramayana und Mahabharata basiert. Hauptrollen in den hierbei geschilderten Abenteuern spielen neben Menschen auch Götter, Riesen und Dämonen. Einer ganz besonderen Publikumsgunst erfreut sich Arjuna, einer der fünf edlen *Pandava;* als eine Inkarnation des Gottes Vishnu gilt er als der javanische Held schlechthin. Gemeinsam mit seinen Streitgenossen bekämpft er das Böse in Gestalt der *Kaurava.* Drei bedeutende Charaktere sind bei jeder Aufführung vertreten – die sogenannten *Panakawan,* nämlich Semar und seine beiden Söhne Petruk und Nalagareng, die den bäuerlichen Humor, die Komik in ihrer bodenständigen Art, repräsentieren. Semar tritt für gewöhnlich als Diener des jeweiligen Helden auf, fungiert aber auch als dessen Berater und Helfer. Weitere berühmte Gestalten, die von den Zuschauern sofort erkannt werden, sind der Affengeneral Hanuman, der als unerschrockener Verteidiger des Guten zusammen mit Rama dessen Gattin Sita aus dem Reich des Dämonen Dasamuka (in der indischen Originalfassung Ravana) befreit, sowie Arjunas Bruder Bima, der, obwohl zu den noblen *Pandava* gehörend, äußerlich eher einem Dämonen

Exkurs: Das Ramayana und das Mahabharata

Das große indische Heldenepos Ramayana, dessen Niederschrift eng mit dem legendären Dichter Valmiki in Verbindung gebracht wird, beschreibt in rund 24 000 Doppelversen die Lebensgeschichte des mythischen Helden Rama, vor allem die Entführung und Befreiung seiner Gattin Sita. Entstanden vermutlich in der Zeit zwischen dem dritten vorchristlichen bis zweiten nachchristlichen Jahrhundert, gleich den Homerischen Epen wohl als Zusammenfassung noch älterer Mythen, hat sich das Ramayana zu einem Leitbild des Hinduismus entwickelt. Wegen seiner Dramatik und seiner hohen moralischen Werte erfreut es sich im indonesischen Volk allgemeiner Beliebtheit. Aufgabe des in sieben Kanda-Bücher untergliederten Ramayana, wie auch anderer alter Hindu-Epen, war es einst, die Konzeption des Hinduismus vom Herrscher als göttliche Inkarnation zu popularisieren und damit zu legitimieren.

Rama besiegt den Riesenkönig Ravana

Der Inhalt des Ramayana: Rama oder Ramachandra (der ›Mondgleiche‹), eine Verkörperung Vishnus, ist der Sohn von Dasharatha, dem Herrscher über das nordindische Königreich Kosala. Wie seine Brüder Bharata, Lakshmana und Saturgua rühmt man auch ihn für seine tadellosen Charaktereigenschaften. Einem altarischen Brauch zufolge, erringt Rama in einem Bogenwettkampf die Tochter des Königs von Videha, Sita, als Frau. Nach dem Tode des Königs Dasharatha gelangt Ramas jüngerer Bruder Bharata durch ein geschickt inszeniertes Intrigenspiel seiner Mutter auf den Thron, der eigentlich Rama zugestanden hätte. Rama muß die Königstadt Ayodhya verlassen und zieht mit Sita und Lakshmana in die Einsamkeit des mythischen Waldes Dandaka. Hier treffen sie die in Rama verliebte Riesin Shurphanaka. Abgewiesen und gekränkt, stachelt sie ihren Bruder Ravana, den wie Proteus ständig die Gestalt wechselnden Dämonenkönig, zur Rache auf. Mit einer teuflischen List gelingt es Ravana, die mondäugige Sita in sein Reich auf dem ozeanischen Eiland Langka (Ceylon bzw. Sri Lanka) zu entführen. An dieser Stelle erreicht der Konflikt, der symbolische Kampf zwischen den Kräften des Guten und denen des Bösen, seinen Höhepunkt. Auf der Suche nach Sita treffen Rama und sein Bruder den weisen Affen Hanuman, den Berater und General des entmachteten Affenkönigs Sugriva. Aus Dankbarkeit dafür, daß ihm Rama wieder zum Thron verholfen hat, versichert ihm Sugriva seine Unterstützung bei der Befreiung Sitas. Hanuman wird als Kundschafter in die Hauptstadt des Dämonenreiches geschickt. Mit gewaltigen Kräften schwingt er sich übers Meer, entdeckt Sita in Ravanas Palast, wird dabei gefangengenommen, kann sich jedoch wieder befreien und bei seiner Flucht die Residenz des Dämonenkönigs in Flammen setzen. Das mächtige Affenheer hat es mittlerweile geschafft, einen Damm nach Langka zu bauen. Nun entbrennt eine grausame Schlacht zwischen den gegnerischen Truppen. Endlich gelingt es Rama, mit Indras magischem Pfeil den Unhold Ravana zu töten, nachdem diesem zuvor seine Köpfe hydraartig stets nachgewachsen waren. Vor der glücklichen Rückkehr nach Ayodhya aber muß sich Sita, die ja längere Zeit im Palast Ravanas weilte, einer Feuerprobe unterwerfen, um ihre Unberührtheit zu beweisen. Obwohl sie die Probe bestanden hat, ziehen böse Zungen weiterhin ihre Unschuld und Treue in Zweifel. Schließlich verbannt Rama seine schwangere Frau, die später in einer Einsiedelei Zwillingssöhnen das Leben schenkt. Nach 15 Jahren ruft Rama Sita und seine Kinder zurück nach Ayodhya, doch nun weigert sich Sita und wird auf ihr Gebet hin von der Mutter Erde in ihren Schoß zurückgenommen. Rama wird Asket und kehrt letztlich als Vishnu in den Götterhimmel zurück.

Das Mahabharata, das größte Nationalepos der Inder, umfaßt rund 100000 Doppelverse und entstand vermutlich zwischen dem vierten vor- und dem vierten nachchristlichen Jahrhundert. Es schildert den Machtkampf zwischen zwei Zweigen der Bharata-Dynastie, den Pandava und den Kaurava, die wiederum das Gute bzw. das Böse versinnbildlichen. Nach Intrigen und kriegerischen Auseinandersetzungen kommt es auf dem heiligen Schlachtfeld von Kurukshetra zum Entscheidungskampf, der mit dem Sieg der edlen Pandava endet. Die wichtigsten Figuren dieses Heldengedichts sind, als Verkörperungen des Guten, Arjuna, der drittälteste der fünf halbgöttlichen Pandava-Brüder, sein Bruder Bima und Krishna, eine Inkarnation Vishnus und Schwager Arjunas sowie, als Symbol des Bösen, Duryodhana, der Führer der Kaurava.

Die älteste javanische Version des Mahabharata erschien im Jahre 996; sie inspirierte jahrhundertelang zahllose fürstliche Hofpoeten zu Nachdichtungen und Bearbeitungen. Obwohl auch in der Gegenwart noch Themen aus dem Mahabharata im *Wayang*-Spiel lebendig sind, hat dieses Epos in Indonesien doch niemals die Popularität des Ramayana erreichen können.

gleicht, aber einen grundehrlichen und treuen Typ verkörpert.

Das *Wayang Kulit* als eigentliches javanisches Schattenspiel gliedert sich in verschiedene Untergruppen, die sich der Machart der Figuren nach und insbesondere durch die dargestellten Themen unterscheiden. Das bereits erwähnte *Wayang Purwa* gilt als älteste Form des Schattenspiels; in ihm gelangen, indonesisch abgewandelt, Legenden aus dem Ramayana und dem Mahabharata zur Aufführung. Das vor allem auf Zentral- und Ostjava beliebte *Wayang Gedog*, eine Abart des *Wayang Purwa*, verwendet ebenfalls Lederfiguren, entnimmt seine volkstümlichen Themen jedoch aus den ostjavanischen Panji-Legenden, die die Geschichte der späthinduistischen Periode auf Java illustrieren. Im weniger bekannten *Wayang Madya* werden Texte des Dichters Rang-Gawarsita aufgeführt.

Das *Wayang Klitik* oder *Wayang Kerutjil* wurzelt ebenfalls im Schattenspiel, jedoch verwendet man hier flache, bemalte Holzfiguren mit beweglichen Lederarmen; es werden dabei zudem nicht die Schatten, sondern die Puppen selbst vorgeführt. In dieser Form des *Wayang* stellt man Heldensagen aus der Pajajaran- und der Majapahit-Zeit dar, mit dem Prinzen Damar Wulan als Hauptperson. Aus dieser Art des *Wayang*-Spiels entwickelten sich die dreidimensional geschnitzten, bemalten und oft prächtig in Batik gekleideten Puppen des *Wayang Golek* (*Golek* = rund). Der *Dalang* kann die Köpfe dieser ca. 50 cm großen Holzpuppen mittels einer drehbaren Spindel sowie die Arme mit an den Händen befestigten Holzstäbchen bewegen.

Die Verbreitung dieser vor allem bei den Sundanesen auf Westjava sehr beliebten Gattung des *Wayang* vollzog sich mit der Islamisierung der indonesischen Inselwelt. Das Repertoire besteht hauptsächlich aus den Erlebnissen des arabischen Prinzen Amir Hamzah, mitunter gelangen aber auch Stücke aus dem *Wayang Purwa*-Themenkreis zur Aufführung. Eine heutzutage kaum noch gepflegte Form ist das *Wayang Beber.* Hierbei werden überhaupt keine Puppen benötigt. Wichtigstes Requisit ist ein langer Leinen- oder Papierstreifen mit gemalten Szenen, der zum Vortrag des *Dalang* abgerollt wird. Nicht unerwähnt bleiben darf das *Wayang Topeng* (*Topeng* = Maske). Dabei werden von Masken tragenden Akteuren Pantomimen aufgeführt, während die Dialoge ein *Dalang* spricht. Diese Spezies verbreitete sich vor allem auf Zentral- und Ostjava sowie auf Bali und Madura. Eine Weiterentwicklung des *Wayang Topeng* stellt das *Wayang Wong* oder *Wayang Orang* dar (*Wong* bzw. *Orang* = Mensch). Bei dieser erst in der zweiten Hälfte des vergangenen Jahrhunderts entstandenen Form imitieren die Darsteller in einem hochstilisierten Tanz *Wayang Kulit*-Figuren. Die Rolle des *Dalang* verliert an Bedeutung, da die Tänzer ihre Texte selbst sprechen. Der zugrunde liegende epische Stoff ist dem Ramayana und dem Mahabharata entnommen.

Trotz einer zunehmenden Konkurrenz durch Kino, Fernsehen, Video und andere westlich geprägte elektronische Massenunterhaltung erfreut sich das *Wayang*-Spiel auch heute noch einer ungebrochenen Popularität. Obwohl eine echte (nicht für Touristen inszenierte) Aufführung rund zehn Stunden dauert und im Grunde genommen nur Einheimische alle Schattierungen dieser Dramen verstehen und würdigen können, sollte man auch als Besucher Indonesiens, allein schon wegen der einzigartigen Atmosphäre, zumindest einmal einem *Wayang*-Spiel beiwohnen. Möglicherweise gelangt man gerade bei dieser Vorstellung zu einem tieferen Verständnis der javanischen oder balinesischen Mentalität. (Sehr gute Informationen über das Schattenspiel erhält man im übrigen im *Wayang*-Museum von Jakarta, vgl. S. 148.)

Das Gamelan-Orchester

Seit Claude Debussy Ende des vergangenen Jahrhunderts zum ersten Mal ein javanisches *Gamelan*-Orchester (Farbabb. 11) hörte, wird diese faszinierende Musik mehr und mehr von europäischen Fachleuten studiert. Die Musik der *Gamelan*-Instrumente klingt für abendländische Ohren zunächst recht exotisch. Europäern wird das Verständnis der javanischen oder balinesischen Musik insofern erschwert, als Grundelemente wie Melodik, Rhythmik und Harmonik in ganz anderen Erscheinungsformen auftreten als in der westlichen Musik. Die Tonleitern basieren auf uns nicht vertrauten, fremdartigen Intervallen, Modulationen existieren praktisch nicht, und die Melodien bauen nicht auf einem festen Grundton auf. Der Zugang zum Wesen der *Gamelan*-Musik führt vermutlich am ehesten über avantgardistische atonale Strömungen der westlichen Musik. Zu den rein formalen Elementen, die uns das Verständnis erschweren, tritt, ähnlich wie beim *Wayang*-Spiel, noch eine mystische, kulthafte Komponente. *Gamelan*-Musik ist weit mehr als Unterhaltungsmusik, sie ist ihren Ursprüngen (die weit in vorhinduistische Zeit zurückreichen) nach reine Magie. Die javanische und balinesische Musik besitzt nicht den Charakter einer selbständigen Kunst, sondern dient in erster Linie zur Begleitung der höfischen Tanzdramen und Ausdruckstänze sowie zur musikalischen Untermalung der Schattenspiel-Darbietungen. Aber auch große festliche (religiöse wie weltliche) Ereignisse sowie Familienrituale (Hochzeiten, Trauerzeremonien u. a.) sind ohne diese polyphone Musik undenkbar.

Im Unterschied zu unseren Orchestern, die sich vor allem der Saiten- und Blasinstrumente bedienen, ist das *Gamelan* hauptsächlich ein Ensemble von Schlaginstrumenten (das altjavanische Wort *Gamel* bedeutet Hammer). Ein komplettes Orchester besteht aus 30–40 Musikern, die bis zu 70 oder 80 Instrumente spielen. Auf der kleinen Insel Bali allein existieren rund 6000 *Gamelans*, auf Java sollen es fast dreimal so viele sein. Dabei ist kein Orchester, obwohl sich die einzelnen Instrumente immer wieder ähneln, in Spiel und Klang mit einem anderen identisch. Die *Gamelan*-Musik kennt zwei Tonleitern: die in gleiche Intervalle aufgeteilte Fünfstufenleiter *Slendro*, etwa unserem Dur vergleichbar, und *Pelog*, unserem Moll entsprechend, mit sieben Grund- und einigen Zwischentönen sowie unregelmäßigen Intervallen. *Pelog* ist die ältere Tonleiter und vermutlich bereits in vorhinduistischer Zeit entstanden, *Slendro* dagegen wurde erst um das 8. Jh. nach der Zeitenwende auf Mitteljava bekannt. Mitunter sind die Instrumente eines *Gamelan*-Orchesters in zwei verschiedene, aber sich ergänzende Sätze getrennt, wobei jeder in einer anderen Tonart gestimmt ist. Bei einem *Wayang*-Spiel beispielsweise unterstreichen dabei die Musikinstrumente im Fünftonsystem heitere, aber auch feierliche Szenen, während die im siebentonigen *Pelog* eher eine ernste und melancholische Stimmung verbreiten.

Die Vielfalt der Instrumente ist erstaunlich. Bronzegongs in allen Größen und verschiedenen Tonstufen bestimmen als phrasierende oder interpunktierende Instrumente die Grundstruktur des jeweiligen Musikstücks. Aufgabe der rhythmisch kontrapunktierenden *Kendang* (mit Fell bespannten und mit beiden Händen geschlagenen Trommeln) ist es, die Tempi vorzugeben. Der erste *Kendang*-Spieler fungiert gleichzeitig als Leiter des Orchesters. Von zentraler Bedeutung ist die Gruppe der *Saron*, dies sind kleine bis mittelgroße, kurztönende Metallophone. Sie bestehen aus sechs bis sieben gewölbten metallischen Klangstäben, die über einem hölzernen Resonanzkörper liegen und mit runden Hämmerchen angeschlagen werden. Vor allem auf Zentraljava übernehmen die *Saron* das Hauptthema.

Weitere wichtige Instrumente zum Spielen der Kernmelodie sind die *Slentem* (Metallophone mit Bambus-Resonanzkörpern), die *Gambang* (Xylophone mit Holztasten) sowie die *Gender* (ähnlich wie die *Slentem* Metallophone mit Bambus-Resonatoren, über die die Metallstäbe an zwei Fäden schwebend aufgehängt sind). Andere melodieführende Instrumente sind die *Bonang*, lang ausklingende Kesselgongspiele, die aus Doppelreihen kleiner liegender Gongs bestehen. Besondere tonale Akzente setzen die *Rebab*, zweisaitige Streichinstrumente, die wie Celli gespielt werden, sowie die *Celempung*, 36saitige Zupfinstrumente mit ziemlich großen Klangkörpern. Die einzigen Blasinstrumente sind Bambusflöten – die *Suling*. Zu einem *Gamelan*-Ensemble gehören schließlich noch Chor sowie Solosänger und -sängerinnen, deren Gesang sich durch einen charakteristischen nasalen Klang auszeichnet.

Das *Gamelan* war ursprünglich auf Java und Bali beheimatet, hat sich aber durch Auswanderer fast in der gesamten indonesischen Inselwelt verbreitet. Zwischen dem javanischen und dem balinesischen *Gamelan* bestehen markante Unterschiede, die auch einem ungeübten Ohr nicht entgehen. Javanische Orchester haben oft eine siebentonige *Pelog*-Stimmung und wirken von daher langsam, getragen und schwermütig, balinesische dagegen sind schriller, stürmischer, fast elektrisierend.

Die *Gamelan*-Musik, die vor allem in der höfischen *Kraton*-Kultur Yogyakartas und Surakartas sowie an den balinesischen Fürstenhöfen ihre Hochblüte erreichte, umfaßt nur einen bestimmten Zweig der Musik des indonesischen Archipels. Einer gänzlich anderen Musikauffassung begegnet man natürlich bei Bevölkerungsgruppen protomalaiischer Abstammung oder bei den sogenannten Alt- und Urvölkern. Jedoch gilt die javanisch-balinesische *(Gamelan-)*Musik als die mit Abstand bedeutendste.

Das Batiken

Die bekannteste Textilfärbetechnik Indonesiens ist das Batiken. Die Hauptzentren dieses Kunsthandwerks befinden sich heute vor allem auf West- und Mitteljava (Yogyakarta, Surakarta, Cirebon und Pekalongan), doch ist das Batiken auch auf Madura, Südsumatra und Südsulawesi bekannt (nicht aber auf Bali). Die Ursprünge der Batiktechnik sind bislang nicht vollständig geklärt; manches jedoch spricht dafür, daß sich das Batiken in Indonesien selbst entwikkelt hat und nicht, wie lange Zeit vermutet wurde, mit dem indischen Kultureinfluß auf den Archipel kam. Ein hohes künstlerisches Niveau erreichte die Batikherstellung im 16. und 17. Jh. besonders auf Zentral- und Ostjava. Für gewöhnlich wurden in früheren Zeiten die gebatikten Stoffe zu festlichen Kleidungsstücken für zeremonielle Anlässe verarbeitet; sie dienten jedoch auch als Opfergaben beim Begräbniskult hoher Persönlichkeiten. Heute fertigt man aus Batiktextilien auch Alltagskleider, vor allem den *Sarong,* ein sowohl bei Frauen wie Männern beliebtes und unerhört praktisches Kleidungsstück. Ein *Sarong* ist ein ca. 2,5–3 m langes und 1 m breites Hüfttuch, das man um den Leib windet, vorne ein- oder zweimal übereinanderschlägt und schließlich in der Gürtellinie zu einem Wulst zusammendreht. Weitere Produkte aus Batikstoff sind Brust- und Schultertücher *(Slendang)* und Kopftücher *(Kain Kepala).*

Das Batiken ist ein Aussparverfahren und gehört somit zu den reservierenden Techniken der Textilmusterung. Das Prinzip besteht darin, diejenigen Teile des Stoffes mit Wachs abzudecken, die bei den aufeinanderfolgenden Farbbädern nicht eingefärbt werden sollen. Der Prozeß des Batikens vollzieht sich in mehreren Schritten. Bei den kunstvollen, handgemalten Batiken *(Batik Tulis)* trägt zunächst ein Zeichner mit einem Bleistift einen Rohentwurf auf den weißen Baumwoll- oder Seidenstoff auf. Die Teile der Ornamente oder Motive, die die betreffende Farbe nicht annehmen sollen, werden auf der Vorder- und Rückseite mit erwärmtem, flüssigem (Bienen-)Wachs abgedeckt. Für das Auftragen des Wachses sind in Indonesien zwei Verfahren bekannt. Bei der *Batik Tulis*-Herstellung gießt man das Wachs mittels eines kleinen Kupfertiegels *(Canting),* der auf einem Bambushaltegriff befestigt ist, auf die Zeichnung. Meist arbeiten Frauen mit diesen feinen Instrumenten, mit denen auch noch sehr komplizierte Muster möglich sind. Dagegen handhaben vorwiegend Männer die schweren Kupferstempel, mit denen das Wachs bei der erst in der zweiten Hälfte des vergangenen Jahrhunderts aufgekommenen, rationelleren und billigeren Serientechnik der Stempelbatik *(Batik Cap)* aufgetragen wird. Die einzelnen Färbegänge, bei denen die präparierten Textilien in Bottiche mit (ursprünglich pflanzlichen) Farbstoffen getaucht werden, sind generell Angelegenheit der Männer. Nach dem ersten Farbbad, das die Grundfarbe festlegt, wird das applizierte Wachs entweder mit einer Art Messer *(Cawuk)* nur von ganz bestimmten Stellen abgekratzt oder durch Eintauchen des Stoffes in siedendes Wasser ganz gelöst. Diese drei Vorgänge wieder-

Batik-Gemälde des bekannten Künstlers Kuswadji K. aus Yogyakarta

holt man so viele Male, bis das angestrebte Muster und die gewünschte Anzahl Farben erzielt sind. Allein schon an der unterschiedlichen Farbgebung kann man die Herkunft verschiedener Batikstoffe erkennen. Textilkünstler der Batikwerkstätten Yogyakartas und Surakartas bevorzugen helle Braun- und tiefe Blautöne, während auf Nordjava und teils auch auf Madura leuchtende rote, gelbe und grüne Tönungen dominieren.

Die Schmuckelemente der relativ jungen Kunstgattung des Batikens sind teilweise ein uraltes Erbe aus der hinduistisch-buddhistischen Epoche, entwickelten sich aber vielfach auch erst unter dem Einfluß der abstrakten Ornamentkunst des Islam. Die Motive bestehen entweder aus stilisierten Tier- und Blumendarstellungen oder rein geometrischen Formen. Diese traditionell symmetrisch angeordneten Ornamente lassen sich grob in zwei große Gruppen gliedern: zum einen sind es Muster, deren geometrische Einteilung horizontal-vertikal verläuft, zum anderen solche mit diagonaler Gliederung. Zur ersten Gruppe gehören die rosettenartigen *Ceplokkan-* und die stern- oder rautenförmigen *Ganggong*-Motive ebenso wie die sich schneidenden Kreise des *Kawung*-Musters. Die Ornamente der zweiten Gruppe zerfallen in zwei Unterarten: in die *Garis Miring*-Motive, bei denen die schräg laufenden Bänder nicht durch Wellenlinien begrenzt sind, sowie die *Parang*-Muster, bei denen das diagonale Liniensystem durch gewellte Linien bereichert ist. Das *Parang*-Ornament war in seiner prächtigsten Ausführung, dem aus verschlungenen S-Formen aufgebauten *Parang Rusak*-Motiv, einstmals ausschließlich den fürstlichen Roben vorbehalten. Ein weiteres, auch sehr altes und ebenfalls diagonal angeordnetes Muster ist die Swastika *(Banji)*, das altindische Sonnen- und Fruchtbarkeitssymbol. Das charakteristische Merkmal einer anderen Gruppe von Batiktextilien ist eine freiere Konzeption. Diese sogenannten *Semen*-Muster sind lose verstreut und durch verschlungene Ranken aus Blatt- und Blütenmotiven miteinander verbunden.

Häufig findet man auch das *Mirong*-Ornament (ein einfaches oder doppeltes Flügelmotiv) und das *Sawat*- oder Garuda-Motiv (ein Doppelflügel mit einem breitgespreizten Vogelschwanz). Das verzierte, gleichschenkelige Dreieck *(Tumpal)* und die mythische Naga-Schlange erfreuen sich als Schmuckelemente ebenfalls großer Beliebtheit.

Mädchen von der Insel Flores mit einem ›Ikat‹-Tuch

Das ›Ikat‹-Verfahren

Ein wesentlich älteres und auch komplizierteres Verfahren der Textilmusterung als das Batiken ist die *Ikat*-Technik. Beim ›Ikatten‹, das bereits vor der Zeitenwende mit der Dong-son-Kultur nach Indonesien kam, verarbeiten Frauen gemusterte Fäden, die bereits vor dem Webvorgang nach einem bestimmten Plan gefärbt worden sind. Hierzu bindet man die Kett- oder/und Schußfäden an gewissen Stellen bündelweise mit farbresistentem Bast und Blättern eng zusammen (*Ikat* = binden), so daß sie beim Eintauchen in die Farbe diese nicht annehmen. Die so gemusterten Fäden werden anschließend verwebt und ergeben geometrische oder streng stilisierte Motive. Zum Abbinden benutzt man die Blätter der *Gebang*-Palme, die so glatt sind, daß sie keinen Farbstoff aufnehmen. In der indonesischen Inselwelt sind drei verschiedene *Ikat*-Techniken bekannt:

Auf den Webstuhl gespanntes ›Ikat‹-Tuch

Erstens – das Ketten-*Ikat*. Hierbei wird nur das Kettfädengarn eingefärbt, bevor man es verwebt. Die auf einen Rahmen gespannten, gebündelten und abgebundenen Fäden werden in das erste Farbbad getaucht. Bei diesem ersten Arbeitsschritt erhält man ein farbloses, quasi negatives Muster auf einfarbigem Grund. Den gewünschten Motiven entsprechend kann man, nach dem Trocknen, nun die vorher nicht abgebundenen Partien abdecken und in einem weiteren Bad die bislang farblosen Muster einfärben. Meister des *Ikat*-Verfahrens können diese Färbevorgänge mehrmals wiederholen und auf diese Weise sehr komplizierte Muster und Motive in den Stoff zaubern. Je mehr Phasen des Abbindens und Färbens erforderlich sind, desto wertvoller ist schließlich das Endprodukt. Die Technik des Ketten-*Ikat* wird heute vor allem noch von verschiedenen Völkern protomalaiischer Herkunft gepflegt, beispielsweise von den Dayak (insbesondere den Iban-Dayak) auf Borneo, den Batak auf Sumatra und den Toraja auf Sulawesi. Charakteristisch für die Kettenikatstoffe der Batak ist das Pfeilspitzenmotiv. Zu den begehrtesten Kostbarkeiten der indonesischen Textilkunst überhaupt zählen die traditionellen *Hinggi*-Stoffe von der Ostküste der Insel Sumba.

Zweitens – das Einschlag-*Ikat*. Bei diesem Verfahren werden vor dem Weben nur die Schußfäden eingefärbt. Diese *Ikat*-Technik ist weniger gebräuchlich und konzentriert sich fast ausschließlich auf Südsumatra.

Drittens – das Doppel-*Ikat*. Bei dieser höchst komplizierten Kombination von Ketten- und Einschlag-*Ikat* müssen beim Weben mit sehr viel Geduld und Kunstfertigkeit die Motive der Kette mit denen des Einschlags präzise in Einklang gebracht werden, damit sich die gewünschten Muster ergeben. Es kann Jahre in Anspruch nehmen, ein kunstvolles Tuch in der Technik des Doppel-*Ikat* herzustellen – entsprechend teuer werden diese Raritäten dann auch gehandelt. Dieses schwierige Färbe- und Webverfahren wird in Indonesien nur noch in dem Bergdorf Tenganan auf Ostbali gepflegt (vgl. S. 347).

Im *Ikat*-Verfahren hergestellte Textilien sind ein wesentlicher Bestandteil des kulturellen Lebens vieler indonesischer Völkerstämme. Sie werden nicht einfach zu alltäglichen Kleidungsstücken oder Gebrauchsartikeln verarbeitet, sondern spielen, beispielsweise als sakrale Gewänder oder rituelle Tücher, eine überaus wichtige Rolle bei zahlreichen Zeremonien und bedeutenden Ereignissen wie Geburt, Beschneidung, Heirat oder Tod. Die in Indonesien bekannten *Ikat*-Stoffe sind durchweg mystisch-kultischen Ursprungs. Bisweilen geht ihr magischer Charakter bereits aus ihrem Namen hervor. So heißen die auf ganz Bali bei allen relevanten zeremoniellen Anlässen verwendeten *Ikat*-Stoffe der Bali Aga von Tenganan *Geringsing*, was man mit ›Krankheit abwehrend‹ übersetzen könnte. *Geringsing*-Stoffe schützen, nach dem Glauben der Balinesen, vor bösen Einflüssen und gelten bei ihnen deshalb als heilig. Die von der jeweiligen *Adat*-Tradition genau vorgeschriebenen Muster der *Ikat*-Gewebe hängen eng mit deren magischer oder zeremonieller Funktion zusammen und werden von Generation zu Generation weitergegeben.

Manche Völker Indonesiens wickeln ihre Toten in *Ikat*-Stoffe. Diese Totentücher tragen beispielsweise auf Südsumatra ein Schmuckmuster aus Schiffsfiguren, denen die magische Aufgabe zufällt, die Seele des Toten in die jenseitige Welt zu transportieren. Vielfach ist bereits die Herstellung solcher Kulttücher mit strengen Riten verbunden.

Der Kris (›Keris‹)

Der Kris, der oft vergoldete oder juwelengeschmückte Dolch mit der doppelschneidigen, entweder geflammten oder geraden Klinge, ist mehr als eine Waffe. Er bildet einen elementaren Bestandteil der javanischen Hochkultur, seine Herstellung und Verwendung fand jedoch durch javanische Auswanderer auch in vielen anderen Regionen des indonesischen Archipels Verbreitung (u. a. auf Sumatra, Bali, Kalimantan und Sulawesi). Einstmals mußte jeder erwachsene Javaner im Besitz eines Krises sein. Als Zierat des Mannes bei zeremoniellen Anlässen sowie als sein Abzeichen schlechthin, hatte der Kris einen hohen Symbolcharakter und versinnbildlichte die soziale Stellung seines Trägers. Mehr noch, auf eine magische Art wurde der Kris mit seinem Besitzer identisch; dieser betrachtete seine Waffe als ein beseeltes Objekt, als sein ›Alter ego‹, als sein zweites ›Ich‹. Auf Java konnte einst der Kris seinen Besitzer bei wichtigen Versammlungen und Zeremonien (sogar bei der Hochzeitsfeier) vertreten. Mußte sich in früheren Zeiten ein Fürst außer Landes begeben, ließ er in der Regel seinen Kris, das Symbol seiner Macht, als allgemein anerkannten ›Stellvertreter‹ zurück. Der Kris war ehedem aber auch in religiös-sakraler Hinsicht von großer Bedeutung. Als wichtiges Element des Totenkultes stellte er eine Verbindung zu den Ahnen dar. Darüber hinaus schützte er vor Feuer, Unwetter, Krankheit und anderem Unheil. Die magischen Krise der Fürsten konnten sogar das Schicksal des ganzen Landes beeinflussen. Vor wichtigen Entscheidungen betete man zu dem Kris, mindestens einmal pro Jahr wurde ihm ein Opfer dargebracht (selbst der ehemalige Präsident Sukarno soll diesen mystischen Brauch noch gepflegt haben). Obwohl die traditionelle magisch-religiöse Funktion des Krises im Verlauf der Jahrhunderte an Bedeutung verloren hat, spielt er immer noch bei vielen Zeremonien eine wichtige Rolle: Der Bräutigam trägt ihn bei der Hochzeitsfeier, der Knabe beim Beschneidungsritual und der *Dalang* bei den Schattenspielaufführungen. Die oft jahrhundertealten, meist mit kostbaren Edelsteinen besetzten Krise alter Adelsgeschlechter gelten als Insignien der Nobilität und des Wohlstands. Diesen sakralen Erbstücken *(Pusaka)* begegnet man auch heute noch mit einer aufrichtigen Ehrfurcht.

Der Legende nach hat Prinz Panji, ein ostjavanischer Herrscher, den ersten Kris geschmiedet; diese Waffe soll ihm übernatürliche Kräfte verliehen und ihn unverwundbar gemacht haben. Die tatsächliche Herkunft des Krises aber liegt im dunkeln. Manche Wissenschaftler führen seine Entstehung auf die Dong-son-Bronzezeit zurück, andere auf den indischen Kultureinfluß. Der älteste erhaltene Kris trägt die Jahreszahl ›1264 Shaka‹, was dem Jahr 1342 unserer Zeitrechnung entspricht. Dies ist jedoch kein Beweis dafür, daß der Kris nicht schon Jahrhunderte vorher in Indonesien bekannt war.

Es existieren zwei deutlich voneinander unterscheidbare Arten des javanischen Krises. Als Grundform, aus der sich alle anderen Typen entwickelten, gilt der angeblich bereits im 6. oder 7. Jh. gebräuchliche sogenannte Majapahit-Kris. Das charakteristische Merkmal dieser Krisform ist, daß Griff und Klinge aus einem Stück Metall geschmiedet sind. Der Knauf hat dabei stets die Form einer hockenden menschlichen Figur, deren Arme entweder vor der Brust gekreuzt sind oder auf den Oberschenkeln ruhen; vermutlich handelt es sich dabei um Ahnenbildnisse. Seit dem 13. oder 14. Jh. entstanden Krise, bei denen der oft prachtvoll verzierte Griff auf die Klinge aufgesetzt ist. Das Heft, das durchweg die bekannten Figuren der hinduistisch-javanischen Mythologie zeigt, wurde meist aus Holz, teilweise aber auch aus Horn und Elfenbein geschnitzt oder aus Edelmetall geschmiedet. Die doppelschneidige Klinge beider Grundtypen symbolisiert stets die mythische Naga-Schlange, der eine besondere magische Kraft zugeschrieben wird, entweder im Zustand der Ruhe und Kontemplation (gerade Form) oder in Bewegung (gewellte bzw. geflammte Form). Die schlangenförmig gebogene Klinge weist dabei immer eine ungerade Zahl an Wellen auf (von drei bis 31). Ein gemeinsames Kennzeichen der meisten Klingen ist ihre mittels eines komplizierten Schmiedeverfahrens erreichte Damaszierung. Bei diesem als *Pamor*-Technik bekannten Verfahren werden nach einem bestimmten System mehrere Lagen gewöhnlichen Eisens mit nickelhaltigem, ursprünglich aus Meteoriten gewonnenem Eisen zusammengeschmiedet. Die gewünschten Ornamente schlägt der Schmied, der über eine große Kunstfertigkeit und reiche Erfahrungen verfügen muß, vorher in das Nickeleisen. Nach der Ätzung mit Arsen oder Essigsäure zeichnet sich das nun blanke Nickeleisen mit seiner helleren Farbe in den vorgesehenen Mustern an der Oberfläche ab.

Die Schmuckelemente auf den Klingen haben einen magischen Charakter und waren ursprünglich auf die fünf sogenannten *Pamor*-Motive beschränkt (Bruchreiskörner, Kokosblätter, Muskatnußblüte, stehende Blume und Ingwerblüte). Auf das Eingravieren weiterer Rillen, den sogenannten Blutrinnen, folgte als abschließender Arbeitsschritt die Tauschierung der Klinge mit Gold oder Silber. Der tassen- oder kegelförmige Heftring wurde gemäß der Bedeutung des jeweiligen Kristrägers aus Kupfer oder wertvolleren Metallen gefertigt und bisweilen, vor allem bei Adligen, mit kostbaren Edelsteinen geschmückt. Zu einem Kris gehört unbedingt auch eine Scheide. Das dafür verwandte Material mußte ebenso wie die Art der Ornamentierung dem sozialen Status des Trägers entsprechen. Die weite Palette unterschiedlicher Krisscheiden umfaßt einfache Holzvarianten ebenso wie kunstvoll ziselierte oder emaillierte Metallscheiden.

Da die Schmiedekunst nach alten Überlieferungen den Menschen einst von den Göttern anvertraut wurde, war und ist die Herstellung eines Krises ein von aufwendigen Zeremonien begleiteter sakraler Akt. Der Krisschmied (auf Java *Empu*, auf Bali *Pande Wesi*), eine hochgeachtete Persönlichkeit mit priesterähnlicher Funktion, darf seine Arbeit nur an einem Glückstag beginnen und muß vor und während des Schmiedens Opfer darbringen. Wie das Tragen der Krise ist auch ihre Fertigung ausschließlich Männern vorbehalten. In der Gegenwart stellt die Herstellung ›echter‹ Krise eine aussterbende, nur noch von wenigen Schmieden praktizierte Kunstgattung dar. Heutzutage sind die meisten Waffenschmiede Kunsthandwerker ohne magische Berufung, die billige Imitationen und Phantasiedolche für den Touristenmarkt produzieren. Einen Pseudo-

Kris kann man im Souvenirgeschäft für ein paar Mark erstehen; ein ›beseelter‹ Kris dagegen ist unverkäuflich.

Religion in Indonesien

Die indonesische Verfassung von 1945 garantiert die Freiheit für alle Religionen, die an eine höhere Macht glauben. Der erste Grundsatz der offiziellen Staatsphilosophie *Pancasila* verpflichtet zum ›Glauben an den einen allmächtigen Gott‹, nicht aber zum Bekenntnis zu einer bestimmten Religionsform. Da Atheismus de facto mit Kommunismus gleichgesetzt und dieser politisch verfolgt wird, ist jeder Indonesier praktisch dazu gezwungen, sich zu einer staatlich anerkannten Religion zu bekennen. Wie in keiner anderen Region der Erde existieren in Indonesien auf engstem Raum alle großen Religionen der Menschheit, mit Ausnahme des Judentums, mehr oder weniger friedlich nebeneinander. Der überwiegende Anteil der indonesischen Bevölkerung, nämlich 87% (1985), bekennt sich zum islamischen Glauben sunnitischer Richtung. Religiöse Minderheiten bilden die Christen (ca. 9,5%), die Hindu (ca. 2%; vorwiegend auf Bali) sowie die Buddhisten, Taoisten und Konfuzianer (ca. 1%; meist Chinesen). Neben diesen etablierten und offiziell anerkannten Religionen gibt es noch verschiedene regionale ethnische Glaubenssysteme bzw. animistische Stammesreligionen sowie zahlreiche Mysterienkulte. Trotz Spannungen, die sich hin und wieder zwischen einzelnen Religionsgruppen ergeben (vor allem zwischen radikalen Moslems und Christen), sind Toleranz sowie einträchtige Koexistenz und Kooperation die charakteristischen Kennzeichen des religiösen Lebens in Indonesien.

Die vielschichtige Religionslandschaft Indonesiens ist eine Folge der Jahrtausende währenden Durchdringung der Inselwelt mit fremden Völkern und Kulturen. Die großen Religionen des Orients sind wie aufeinanderfolgende Wogen gegen den indonesischen Archipel gebrandet. Die erste Welle war die indische, jene 1500 Jahre, in denen Java unter hinduistisch-buddhistischem Einfluß stand. Hinduismus und Buddhismus, in der Hinayana- wie Mahayanaform, konnten in Indonesien jahrhundertelang friedlich nebeneinander bestehen und sich gegenseitig befruchten.

Der Islam kam mit der zweiten großen Welle ab dem 13. Jh. an die Küsten von Sumatra und Java. Eine zusätzliche Erweiterung erfuhr das Spektrum des religiösen Lebens durch die Missionstätigkeit der verschiedenen christlichen europäischen Kolonialmächte. Die Religionen aus Indien, aus der arabischen Region und aus dem Westen hätten jedoch kaum in Indonesien Fuß fassen können, wären sie nicht fähig gewesen, auf irgendeine Weise an bereits vorhandenen Strukturen anzuknüpfen und charakteristische Elemente früherer Glaubensrichtungen aufzunehmen. Während der gesamten hinduistisch-buddhistischen Epoche konnten sich indonesische Eigentraditionen gegen die indischen Kultureinflüsse behaupten. Im Verlauf der Jahrhunderte haben Hinduismus und Buddhismus die archaischen, magisch-mythischen Wert- und Glaubensvorstellungen mehr absorbiert als verdrängt und dabei eine typisch indonesische Synthese mit den überlieferten Geister- und Ahnenkulten gebildet. Diesem wechselseitigen Durchdringungsprozeß waren die Lehren des Koran ebenfalls unterworfen. Der moslemische Glaubenseifer wurde schon bald in die hindu-javanische Tradition eingeschmolzen, wo er seine Radikalität rasch verlor. Und schließlich mußten auch die christlichen Religionen vielfach mit den bereits vorhandenen religiösen Wertesystemen friedliche Koalitionen eingehen. Die Hochreligionen veränderten durch die Berührung mit den lokalen indonesischen Kulturen ihre Formen und verbanden sich mit den alten Glaubensvorstellungen häufig zu neuen, dichten Geweben, die vielfältig und bunt gemustert sind. Oftmals läßt sich dabei kaum mehr unterscheiden, was ursprünglich malaiisch, was hinduistisch, was buddhistisch, was islamisch und was christlich ist.

Das markante Wesensmerkmal des religiösen Lebens in Indonesien ist ein ausgeprägter Synkretismus, also die Verschmelzung von Elementen einer Hochreligion mit traditionellen religiösen Vorstellungen und Kulturen zu einer neuen Religion. Diese synkretistische Glaubenswelt ist immer noch ein existentieller Bestandteil der indonesischen Kultur und damit von überaus großer Bedeutung für das Verständnis von Land und Leuten. Obwohl 99 % aller Indonesier einer der vier großen Weltreligionen anhängen, existieren tatsächlich innerhalb der jeweiligen Konfession zahllose Modifikationen und Variationen. Die Ursache dafür liegt darin, daß in der indonesischen Inselwelt Glaubensvorstellungen und religiöse Bräuche ganz eng mit den jeweiligen lokalen *Adat*-Traditionen (vgl. S. 39) verzahnt sind. Im *Adat*-Prinzip, das auch innerhalb einer ethnischen Gruppe in ganz verschiedenen Varianten ausgeprägt sein kann, sind Religion und Gesellschaft, sakrale und soziale Normen zu einer Einheit zusammengefaßt. Grundlegende religiöse Wertvorstellungen und heilige Zeremonien, praktisch das gesamte religiöse Leben der jeweiligen Gemeinschaft sind durch *Adat* bis ins Detail reguliert. Das synkretistische *Adat*, die eigentliche religiös-philosophische Lebensgrundlage für den größten Teil der indonesischen Bevölkerung, versteht es, an und für sich widersprüchliche religiöse Elemente harmonisch zu einem neuen, eigenständigen Glaubenssystem zu verschmelzen.

Islam

Fast 90 % der rund 185 Mill. Indonesier sind Moslems. Obwohl in keinem anderen Staat der Erde mehr Menschen zu Allah beten, spielt Indonesien in der islamischen Welt nur eine untergeordnete Rolle, denn orthodoxe oder radikale Moslems sind hier in der Minderheit, und ihre seit der Erlangung der Unabhängigkeit immer wieder erhobene Forderung nach der Errichtung eines islamischen Staates hat sich nie durchsetzen lassen.

Der Islam kam seit dem 13. Jh. nach Indonesien. Doch es war nicht die puristische Variante der Lehre des Propheten Mohammed, die indische und arabische Händler in das Inselreich brachten, sondern ein stark vom Sufismus, der islamischen Mystik, beeinflußter Islam, der auch sehr viel besser mit hinduistisch-buddhistischen Prinzipien vereinbar war. Streng orthodoxe Strömungen erreichten Indonesien erst, als in der zweiten Hälfte des vergangenen Jahrhunderts immer mehr Indonesier in arabischen Ländern studierten und dort die radikale islamische Erneuerungsbewegung kennenlernten. Im Indonesien der Gegenwart gibt es keine islamische Einheit, wie die mehrheitlich moslemische Bevölkerung vielleicht glauben machen möchte. Auf den ›Außeninseln‹ finden sich Gebiete mit ausgesprochen orthodoxer und auch politisch-religiös engagierter Anhängerschaft. Hierzu zählen beispielsweise die Sasak auf Mittel- und Ostlombok, die Bugis auf Südsulawesi und die Minangkabau auf Westsumatra. Eine der am festesten im Islam verankerten Regionen Indonesiens ist das an der Nordspitze Sumatras gelegene Aceh. Diese auch als ›Veranda Mekkas‹ bezeichnete Provinz besitzt einen Sonderstatus – hier gilt das islamische Recht *(Schari'a).* Diese orthodoxen Moslemgruppierungen haben eine ›Revitalisierung des Islam‹ auf ihre Flaggen geschrieben und weisen teilweise sehr militante Züge auf. Latente Spannungen zwischen reformislamischen und klerikal-konservativen Gruppen haben sich in Vergangenheit und Gegenwart wiederholt in Konflikten und blutigen Aufständen entladen. Die indonesische Zentralregierung hat beispielsweise mehr als 14 Jahre gebraucht (1948–62), um organisierte bewaffnete Erhebungen unter islamischer Führung zu unterdrücken, die unter dem Namen *Darul Islam* (›Haus des Islam‹) weite Teile von Westjava, Nordsumatra, Südsulawesi und Kalimantan erfaßt hatten. Ihr Ziel bestand u. a. darin, die säkulare Republik Indonesien in eine Theokratie mit dem Koran als Verfassung umzuwandeln. Insbesondere mit der Verschärfung der Wirtschaftskrise und der grassierenden Massenarbeitslosigkeit gewinnen gegenwärtig in weiten Regionen Indonesiens die sogenannten Fundamentalisten wieder an Terrain, werden offenbar die Moscheen mehr und mehr zu Foren des politischen und sozialen Unmuts. Fundamentalistische Zirkel erhielten vor allem enormen Zulauf, als im Jahre 1984 die religiösen Führer der beiden moslemischen Massenorganisationen *Muhammadiyah* und *Nahdatul Ulama* den religiösen Pluralismus der *Pancasila* als Leitlinie ihrer Politik anerkannten und damit eines der wichtigsten Ziele des orthodoxen Islam verwarfen: die Errichtung eines islamischen Staates. Trotz der aggressiver werdenden Mission der moslemischen Orthodoxie scheint der Islam in Indonesien, anders als in Vorderasien, aber nicht die Kraft zu haben, als politische Ideologie bzw. wie im Iran, als politisch-religiöses Regierungssystem zu fungieren. Die staatstragenden politischen Kräfte Indonesiens lehnen zudem eine Islamisierung des Staates ab und versuchen, ein Erstarken der fundamentalistischen Bewegung zu verhindern.

Der Islam, wie er in Java praktiziert wird, unterscheidet sich dagegen grundlegend von seiner orthodoxen Form. Mit Ausnahme der Sundanesen im Westen der Insel zählen die Javaner in ihrer überwiegenden Mehrheit nicht zu den Moslems strenger Observanz. Zwar bekennen sich laut Zensus von 1980 fast 96 % aller Menschen auf Java nominell zum Islam, aber schätzungsweise nur ein Drittel unter ihnen, die sogenannten *Santri,* ist tief im Glauben des Islam verwurzelt und hält sich streng nach dem Koran an die religiösen Pflichten. Die *Santri* unterhalten auch die sogenannten *Pesantren;* das sind private moslemische Internatsschulen im weiterführenden Bereich, die eine wichtige Rolle in Staat und Gesellschaft spielen und deren Einflüsse ins politische und wirtschaftliche Leben ausstrahlen. Vor allem im volkreichen Zentral- und Ostjava gelten dagegen nicht Koran und Sunna als höchste Autorität, sondern eine mystisch gefärbte, synkretistische Weltanschauung, die durch den Zusammenfluß altindonesischer, hindu-buddhistischer und islamischer Glaubenselemente gekennzeichnet ist. Dieser eklektischen, der hindu-javanischen Tradition angepaßten Variante des Islam, die wegen ihres spezifischen Charakters *Agama Jawa* (›javanische Religion‹) genannt wird, hängen die sogenannten *Abangan* an. Wie der deutsche Jesuitenpater Frans Magnis Suseno in seinem Werk ›Javanische Weisheit und Ethik – Studien zu einer östlichen Moral‹ bemerkt, ist für den Javaner Religion »weniger ein absoluter Wert als ein Weg, der zu einer tieferen Einheit mit Gott führt und seinem Leben eine formale Verankerung im Kosmischen gibt«. Das Entscheidende sei für den Javaner also nicht die spezifische Religion, sondern die Einheit mit Gott, die Harmonie mit sich selbst. Daraus erklärt sich auch die ausgesprochen hohe religiöse Toleranz

Exkurs: Die Lehre des Propheten Mohammed

Der Islam, die jüngste der großen Weltreligionen, ist die Lehre des Propheten Mohammed. Der Religionsstifter aus Mekka (ca. 570–632 u. Z.) verstand sich selbst als den letzten und vollkommensten einer Reihe von Propheten des einzigen und allmächtigen Gottes. Seine Lehren und Vorschriften aus den Jahren 610–632 u. Z., wie sie ihm der Erzengel Gabriel offenbarte, wurden kurz nach seinem Tode schriftlich aufgezeichnet. Diese kanonische Sammlung ist der Koran, das Heilige Buch des Islam und das Lebensfundament eines jeden Moslem. Unterteilt in 114 Suren, enthält es neben Aussagen über Gott, Paradies und Hölle auch gesetzliche Bestimmungen, Verhaltensregeln und politisch-moralische Prinzipien. Als Hauptquelle der islamischen Religion neben dem Koran und als Richtschnur des islamischen Lebens gilt die Sunna, in der die einzelnen Hadith, die überlieferten Aussprüche und Lebensgewohnheiten des Propheten zusammengefaßt sind.

Angefeindet und verfolgt, mußte Mohammed mit seiner kleinen Jüngerschar am 16. Juni 622 aus seiner Heimatstadt Mekka fliehen. In Jathrib (dem heutigen Medina), etwa 400 km nördlich von Mekka, wurde er feierlich als Prophet empfangen. Mit dieser Flucht aus Mekka, der sogenannten Hedschra, beginnen die Geschichte des Islam und die moslemische Zeitrechnung. Neben religiösem gewann Mohammed nun auch zunehmenden politischen Einfluß. Im Jahre 630 unterwarf er mit einem Beduinenheer Mekka, bis zu seinem Tod zwei Jahre später brachte er die gesamte Arabische Halbinsel unter seine Kontrolle. Seine Nachfolger, die Kalifen, eroberten innerhalb weniger Jahrzehnte Syrien, Mesopotamien, den Iran und Ägypten, nahmen Anfang des 8. Jhs. in einem weiten Siegeszug ganz Nordafrika und Spanien ein und dehnten schließlich ihr Weltreich gen Osten bis zum Indus-Tal aus.

Die von Mohammed begründete, absolut monotheistische Weltreligion erwuchs weitgehend aus jüdischen und christlichen Glaubensvorstellungen. Hauptanliegen des Religionsstifters war die erneute Hinwendung zur reinen, nach seiner Auffassung von Juden und Christen verfälschten Abrahamsreligion. Islam bedeutet: Ergebung in den Willen des einzigen, wahren Gottes (Allah), Hingabe, Gehorsam, Unterwerfung unter das göttliche Gesetz, welches das Universum nach strengen Ordnungen und in festgelegten Bahnen regiert. Seinem Glaubensinhalt nach besitzt der Islam einen weitgehend fatalistischen Grundcharakter: Alles hängt vom Willen Allahs ab, dem sich der Mensch zu unterwerfen hat; das Schicksal jedes Einzelnen, sein Lebensweg, alles ist vorausbestimmt. Fünf Hauptpflichten, gleichzeitig die Fundamente des Islam, regeln das Leben der Gläubigen:

1. Das Glaubensbekenntnis *(Shahada),* der uneingeschränkte Glaube an Allah und seinen Propheten Mohammed (*La il lah illa lah we Mohammed rasul lah* – Es gibt keinen Gott außer Allah, und Mohammed ist sein Prophet!‹).
2. Die Erfüllung von fünf Pflichtgebeten *(Salat)* pro Tag, die in ihren körperlichen Ritualen und in ihrer geistigen Haltung Ausdruck der Ergebenheit an den Einen Gott sind. Vor jedem Gebet (in der Morgendämmerung, zur Mittagszeit, am späten Nachmittag, nach Sonnenuntergang und vor der Nachtruhe) hat sich ein gläubiger Moslem rituellen Waschungen zu unterziehen, zweimal muß er auf die Knie sinken und dabei *Allahu akbar* (›Gott ist groß‹) ausrufen. Eine besondere Bedeutung kommt den Freitagsgebeten zu.
3. Die Pflicht des Almosengebens an Bedürftige *(Zakat).* Früher war die Höhe dieser Abgaben für karitative Zwecke exakt vorgeschrieben, heute liegen Höhe und Form der Spende im Ermessen des einzelnen Gläubigen.

4. Die Einhaltung der 30-tägigen Fastenzeit (Siyam) im Monat Ramadan, dem 9. Monat des islamischen Kalenders. Von Sonnenaufgang bis Sonnenuntergang ist absolute Enthaltsamkeit von Essen, Trinken und Rauchen zu üben.
5. Die Wallfahrt nach Mekka zur Kaaba *(Haj)*. Voraussetzung dafür ist, daß genügend finanzielle Mittel zur Verfügung stehen. Heimgekehrte Pilger dürfen den Titel Haji (Frauen Hajjah) tragen.

Darüber hinaus existiert ein Katalog von detaillierten Vorschriften, Rechten und Pflichten, der das gesamte private und öffentliche Leben regelt (u. a. Verbot von Alkohol und Schweinefleisch, von Glücksspiel und Geldverleih gegen Zinsen sowie Verbot der Anbetung von Götzenbildern). Der Islam ist weitaus mehr als nur eine Glaubensrichtung; er ist Lebensweise, Philosophie, Gesellschaftssystem und Gesetz zugleich. Seine humanitäre Botschaft, die in der Almosenpflicht sowie in der Betonung der Gleichheit und Brüderlichkeit aller Menschen zum Ausdruck kommt, machen den Islam zu einer egalitären Religion, in der Toleranz und Nächstenliebe – innerhalb der Glaubensgemeinschaft – einen besonders hohen Stellenwert haben.

und Liberalität der Javaner, die sich beispielsweise in der vergleichsweise emanzipierten Stellung der javanischen Frau innerhalb der Gesellschaft manifestieren. Die javanische Form des Islam kennt keine Diskriminierung der Frau, wie sie in arabischen Ländern vorkommt. Frauen auf Java haben weitaus mehr Rechte als Frauen in den Staaten des Nahen Ostens, selbst hohe Führungspositionen stehen ihnen offen. Rein äußerlich kommt die freiere Stellung der Frau im Fehlen der Verschleierung zum Ausdruck (vgl. hierzu auch S. 40).

Unter ›Islam‹ erscheinen in der Statistik auch die zahlreichen auf Java vertretenen Innerlichkeitsbewegungen *(Aliran Kebatinan)*. Das Glaubenssystem des *Kebatinan*, das in offiziell ca. 250 verschiedenen Strömungen *(Aliran)* ausgeübt wird, ist als spezielle Erscheinungsform der *Agama Jawa* ein weiterer Ausdruck des javanischen Synkretismus. Die Anhänger dieser heute zunehmend an Einfluß gewinnenden spirituellen, metaphysischen Bewegungen vernachlässigen, ähnlich wie die Sufis in verschiedenen Ländern des Vorderen und Mittleren Orients, die Gesetze des Koran, streben aber von religiösem Eifer erfüllt danach, die Mystik des hinduistisch-javanischen Erbes für unsere Zeit neu zu beleben. Die Hauptziele ihrer Religion, der direkte Kontakt des Individuums zu dem ›Einen Allmächtigen Gott‹ und das Leben im harmonischen Einklang mit den kosmischen Kräften, versuchen sie durch Meditation und geistige Selbstdisziplin, durch eine Entfaltung der inneren Seelenkräfte, zu erreichen. Die Anhänger des *Kebatinan* (*Batin* bedeutet ›inwendiges Ich‹) sehen die menschliche Existenz in einer Art mystischen Ganzheitsschau in einem kosmischen Zusammenhang, sie glauben an das Bestehen eines Über-Bewußtseins, einer großen, für den menschlichen Verstand nicht faßbaren Lebenskraft, die den Menschen und das gesamte Universum umhüllt. An dieser Kraft zu partizipieren und dadurch ihren Geist zu erleuchten, gilt ihr ganzes Streben. Westlichen Einflüssen und einer materialistischen Lebenseinstellung stehen sie ablehnend gegenüber, da sie dadurch eine Selbstentfremdung des Javaners befürchten. Die Mitglieder der mehr oder weniger esoterischen Innerlichkeitsbewegungen zählen vorwiegend zu den *Abangan*, dabei existiert für den Gläubigen jedoch kein Widerspruch zwischen seiner islamisch-javanischen ›Hochreligion‹ und *Kebatinan*. Allerdings werden diejenigen, die *Kebatinan* praktizieren, heftig von seiten der orthodoxen Moslems kritisiert.

Hinduismus und Buddhismus

Die beiden ältesten der großen Weltreligionen, der Hinduismus und der Buddhismus, die einst als wichtigste Medien des indischen Kultureinflusses rund 1500 Jahre lang in der Inselwelt dominierten, spielen im Indonesien der Gegenwart nur noch eine untergeordnete Rolle. Lediglich 2% der indonesischen Bevölkerung (also gerade etwas über 3,5 Mill. Menschen) bekennen sich heute noch zum Hinduismus, der sich seit der vehementen Expansion des Islam im 15. und 16. Jh. nur noch in wenigen Rückzugsgebieten behaupten konnte (auf Bali und Westlombok sowie in einigen Enklaven Ostjavas). Die beiden großen indischen Religionen waren einst mehr oder weniger zeitgleich eingeführt worden, standen sich aber trotz ihrer gegensätzlichen Ideen nie antagonistisch gegenüber, sondern verbanden sich vielfach miteinander und bildeten unter Einschmelzung älterer stammesreligiöser Vorstellungen die gemeinsame indische Kulturgrundlage. Zwischen dem 2. und 6. Jh. nach der Zeitenwende breitete sich in Indonesien das Hinayana, das ›Kleine Fahrzeug‹ des Buddhismus, aus, ab dem 7. Jh. folgte dann das Mahayana, das ›Große Fahrzeug‹, das später die Magie der tantrischen Lehre annahm. Der Hinduismus, wegen seiner höchsten Priesterkaste exakter als Brahmanismus bezeichnet, wurde allerdings stärker rezipiert als der Buddhismus, da er – wegen seines Kastenssystems und der von ihm propagierten Apotheose (Vergöttlichung des Fürsten) – von den damaligen indonesischen Herrschern als politisches Machtinstrument genutzt werden konnte.

Der Hinduismus besteht im Grunde genommen aus einer Vielzahl von gesellschaftlichen und religiösen Richtungen, die sich in ihren Göttern, Kulten, Religionsstiftern und heiligen Schriften teilweise erheblich unterscheiden. Es gibt kein gemeinsames Glaubensbekenntnis, keine gemeinsame, in sich geschlossene Lehre und keine gemeinsame, von allen diesen Religionen anerkannte Kirchenorganisation. Seit frühen Zeiten existiert in dieser großen Religion, deren Götter nach Millionen zählen, aber ein gemeinsames Leitbild, eine einzige oberste Gottheit, die sich dreifach auf Erden verkörpert, als *Trimurti:* Brahma, der Schöpfer; Vishnu, der Welterhalter und Shiva, der Heilbringer und Zerstörer. Der heute noch in den genannten Regionen Indonesiens praktizierte Hinduismus ist sehr stark überformt. Er hat sich bis heute als eine hinduistisch-buddhistische Mischreligion altjavanischer Prägung erhalten, weshalb man für gewöhnlich ebenfalls von einer eigenständigen Religion – Bali-Hinduismus *(Agama Hindu Bali)* – spricht (vgl. S. 270).

Buddhistische Traditionen werden nur noch von rund 0,5% der Bevölkerung gepflegt, vorwiegend von Chinesen und chinesischstämmigen Indonesiern. Fast durchweg aus der chinesischen Bevölkerungsminorität stammen auch die Anhänger der beiden anderen großen Religionen Chinas, des Taoismus und der konfuzianischen Ethik (etwa 0,5% der Bevölkerung). Bemerkenswert ist, daß die Grenzen zwischen den einzelnen chinesischen Religionen, die einen ausgeprägt eklektischen Charakter besitzen und eine Vielzahl von Gottheiten kennen, immer stärker verwischen.

Christliche Religionen

Die stärkste und einflußreichste religiöse Minderheit sind mit über 17 Mill. (etwa 9,5% der Gesamtbevölkerung die Chri-

Eigenwillige Kirchenarchitektur im Toraja-Land (Sulawesi); der Kirchturm wird durch ein traditionelles Toraja-Haus ersetzt

sten. Die christlichen Religionen konnten seit Beginn der portugiesischen und niederländischen Kolonisierung im 16. Jh. vor allem unter solchen Bevölkerungsgruppen Fuß fassen, die von der Indisierung und der nachfolgenden Islamisierung weitgehend unberührt geblieben waren. Demzufolge konzentrieren sich die Christen Indonesiens vorwiegend an den Flanken des Inselstaates. Die römisch-katholische Kirche ist die älteste christliche Kirche in Indonesien und zählt heute etwas über 5,5 Mill. Gläubige bzw. rund 3 % der Gesamtbevölkerung. Zentren des Katholizismus sind seit den Anfängen christlicher Missionierung durch die Portugiesen vor allem die Inseln Flores, Ambon und Timor. An der Spitze der frühen portugiesischen Missionare stand der heilige Franz Xavier (1506–52). Während der niederländischen Kolonialepoche bestimmte die holländische Reformierte Kirche die Missionstätigkeit, die sich allerdings vorwiegend auf die Gründung einheimischer Kirchen beschränkte. Regionale Schwerpunkte der Protestanten (annähernd 11 Mill. Gläubige bzw. 6 % der Gesamtbevölkerung) sind heute in erster Linie das Batakland auf Nordsumatra sowie Tanah Toraja auf Südsulawesi und Minahasa auf Nordsulawesi. Seit 1950 sind die etwa 50 protestantischen Kirchen des Inselstaates im ›Rat der Kirchen Indonesiens‹ *(Dewan Gereja di Indonesia;* DGI) zusammengefaßt. Die numerisch stärksten Mitgliedskirchen sind die ›Christliche protestantische Batak-Kirche‹ mit ca. 1,6 Mill. Gläubigen und die ›Christliche evangelische Minahasa-Kirche‹ mit ca. 900 000 Gläubigen.

Die meisten und größten der christlichen Kirchen Indonesiens haben ihre Anhänger zumeist aus dem Umkreis animistischer Stammesvölker gewonnen. Dabei kam es in den Missionsgebieten vielfach zu einer Zerstörung autochthoner Kulturen (z. B. in Minahasa auf Nordsulawesi oder auf Nordnias). Erst seit der jüngeren Vergangenheit zeigt sich vielerorts die Einsicht, daß es mit dem Verbrennen von Götzen und Idolen oder dem Verbot kultischer Tänze nicht getan ist. Damit vernichtete man zwar die Ausdrucksformen der jeweiligen Stammesreligion, aber das magische Weltbild selbst blieb unangetastet. Die christlichen Kirchen hatten daher keine andere Wahl, als differenziertere Formen der Bekehrung zu entwickeln und sich mit den bestehenden Glaubensvorstellungen, Weltanschauungen und Wertesystemen zu arrangieren, sofern diese nicht mit grundlegenden Normen des Evangeliums kollidierten. Bei den somit entstandenen sogenannten Stammeskirchen sind vielfach christliche Ethik und ursprüngliche *Adat*-Tradition, je nach Standpunkt, harmonische oder spannungsreiche Koalitionen eingegangen. Wo abendländische Christenmission auf bodenständigen Glauben traf, entstanden und entstehen bisweilen recht sonderbare Glaubensvarianten – bei den Missionierten und gelegentlich auch bei den Missionaren. Beispielsweise entstammen viele Rituale der Toraja aus Sulawesi, mit denen Wohlstand, Gesundheit oder eine gute Ernte gefeiert werden, der alten Stammesreligion, sind jedoch von den Missionaren übernommen und dem Christengott geweiht worden. Zwar haben die Missionare oft, zumindest was die zahlenmäßige Bekehrung angeht, ganze Arbeit geleistet, aber selbst bei den christianisierten Batak oder Toraja ist es ihnen bis heute nicht gelungen, deren Bindung an das kultisch-mystische Erbe zu lösen. Die Grenzen zwischen christlicher Religion und Stammesreligion sind oftmals gerade beim Totenkult fließend (vgl. S. 484).

Obwohl die Christen Indonesiens nur eine kleine Minderheit bilden, ist ihr öffentlicher Einfluß doch relativ groß. Christen nehmen, aufgrund ihres überdurchschnittlich hohen Bildungsstandards, in Verwaltung, Wirtschaft und Politik zum Teil führende Positionen ein. Zu den traditionellen Aktivitäten christlicher Kirchen im Bildungs- und Gesundheitswesen treten neuerdings eigene Projekte in der Entwicklungshilfe. Auf vielen verkehrsmäßig kaum erschlossenen Inseln Ostindonesiens sowie im Innern Kalimantans sind die Missionen wesentliche Träger der Infrastruktur geworden. Ihr Wirkungsfeld umfaßt dort neben Schulen, Krankenhäusern und Agrargenossenschaften beispielsweise auch missionseigene Charterflugunternehmen. Die indonesische Zentralregierung fördert die Harmonie zwischen den Religionen, und trotz gelegentlich aufflackernder Spannungen zwischen orthodoxen Moslems und Christen gilt Indonesien immer noch als ein Paradebeispiel dafür, daß Kreuz und Halbmond in enger Nachbarschaft friedlich koexistieren können.

Stammesreligionen

Als Kontinuum über Jahrtausende hinweg blieben in der indonesischen Inselwelt mitunter sehr differenzierte Stammesreligionen erhalten. Diese animistischen Volks- und Naturreligionen, in denen meist Schamanismus, Fetischismus und ein ausgeprägter Ahnenkult zentrale Rollen spielen, sind jeweils an ganz bestimmte ethnische Minoritäten gebunden und werden vor allem von den sogenannten Ur- und Altvölkern in den Binnenräumen Sumatras, Kalimantans, Sulawesis und Irian Jaya sowie in anderen insularen Rückzugsgebieten praktiziert. Für diese Menschen sind die Vorgänge in der Natur von größter Wichtigkeit. Jeder Baum, jeder Stein gilt den Anhängern der Naturreligionen als beseelt, was aber nicht ausschließt, daß diese Menschen nicht auch an einen Schöpfergott glauben. Im Mittelpunkt ihres magisch-religiösen Lebens stehen oft Schamanen, die als Mittelsmänner mit den Geistern und Seelen der Ahnen sowie auch mit den Göttern der Fruchtbarkeit, der Krankheit oder des Todes Verbindung aufnehmen. Die Zahl der Anhänger traditioneller Stammesreligionen ist heute stark rückläufig und wird offiziell mit nur 0,5% der Gesamtbevölkerung angegeben. Dabei ist aber nochmals anzumerken, daß in Indonesien in den sogenannten Hochreligionen neben den absorbierten altindonesischen, magisch-mythischen Komponenten vielfach auch animistische Glaubenselemente weiterleben. So nennen beispielsweise die Menschen in vielen Regionen der Kleinen Sunda-Inseln ihren Glauben *Islam Waktu Tiga* (›Islam hoch drei‹), denn in ihm stehen die Geister der Ahnen und hinduistische Götter gleichberechtigt neben dem Propheten Mohammed. Schamanen und Medizinmänner *(Dukun)* spielen im Indonesien der Gegenwart vor allem in ländlichen Gebieten ebenfalls noch eine ganz entscheidende Rolle. Sie werden konsultiert bei allen wichtigen Anlässen und Ereignissen, bei denen ganz bestimmte Regeln und Tabus einzuhalten sind, beispielsweise bei Familienzeremonien sowie beim Hausbau oder bei Aussaat und Ernte. Auch führende Politiker und einflußreiche Wirtschaftsexperten sollen gelegentlich den Rat ihres *Dukun*, der auf magische Weise die Zukunft zu deuten vermag, suchen und diesen dann auch befolgen.

Städte, Inseln und Landschaften Indonesiens

Jakarta

Allgemeines

Jakarta ist die Hauptstadt der Republik Indonesien, mit schätzungsweise 8,5–12 Mill. Einwohnern (1990) die bei weitem bevölkerungsreichste und dominierende Metropole des Inselreiches (die nächstgroßen Städte Surabaya, Medan und Bandung weisen jeweils gerade ein Viertel bis ein Drittel dieser Einwohnerzahl auf) und darüber hinaus eines der größten urbanen Ballungszentren der Welt. Die in der Küstentiefebene des nordwestlichen Java an der Jakarta Bay gelegene Kapitale besitzt verwaltungsmäßig einen Sonderstatus (offizielle Bezeichnung: *Daerah Khusus Ibukota Jakarta Raya* = ›Spezialregion Mutterstadt Großjakarta‹) und ist das unumstrittene politische, wirtschaftliche und kulturelle Zentrum der jungen Inselrepublik sowie der bedeutendste Verkehrsknotenpunkt des Landes.

Hier trafen seit Jahrhunderten die verschiedensten Völkerschaften aus dem gesamten Indonesischen Archipel – Javaner, Sundanesen, Balinesen, Batak, Minangkabau, Molukker, Chinesen – aufeinander und verschmolzen zu einem besonderen Typus von Menschen – den ›Bataviern‹, wie sie bereits von den Holländern genannt wurden. Wie in keinem anderen Ort Indonesiens prallen in Jakarta aber auch die Gegensätze (vor allem sozialer Natur) aufeinander, verdichten und potenzieren sich hier wie unter einem Brennglas, die vielfältigen Probleme der ganzen Nation. In der dynamischsten Stadt des Landes findet zudem ein spannungsvoller Reibungsprozeß zwischen indonesischen Kulturen und westlichen Einflüssen ökonomischer und ideologischer Art statt. Im rasanten Aufstieg Jakartas zur überragenden Metropole und Schaltzentrale der Inselrepublik spiegelt sich der enorme Wachstumsschub wider, den die indonesische Wirtschaft seit Ende der 60er Jahre vollzogen hat. Die Kapitale Indonesiens hat sich dabei zu einer ganz besonders gesichtslosen Dritte-Welt-Hauptstadt entwickelt und gibt darüber hinaus ein beeindruckendes Beispiel ab für den schnellen Wandel unserer Welt sowie für die unkritische Angleichung an internationale Normen.

Geschichte

Historiker nehmen an, daß im weiten Mündungsdelta des in die Java-See fließenden Ciliwung bereits seit einigen tausend Jahren Menschen siedeln. Erster konkreter Beleg dafür ist ein im Osten des heutigen Jakarta gefundener Gedenkstein aus dem fünften nachchristlichen Jahrhundert, der an König Purnawarman, den Herrscher des Hindureiches Tarumanegara, erinnert. Bereits zu jener Zeit diente die Siedlung am Ciliwung Seehändlern aus China und

Champa (Vietnam) sowie von Sumatra und anderen Inseln des indonesischen Archipels als Warenumschlagplatz. Aus dem Dunkel der Geschichte trat der Ort erst ein Jahrtausend später, als hier portugiesische Schiffe aus Goa, Malakka und Macao vor Anker gingen. Mittlerweile hatte sich in der weiten Schwemmlandebene ein Hafen namens Sunda Kelapa entwickelt, der zum Königreich von Pajajaran gehörte. Als der Hindu-Herrscher von Pajajaran unter dem Ansturm des Islam in große Bedrängnis geriet, entschloß er sich im Jahre 1512, mit den Lusitanen einen Handelsvertrag abzuschließen. Am 22. Juni 1527 gelang es jedoch dem Moslem-Prinzen Fatahillah, mit einer gewaltigen, von den Sultanaten Demak (Zentraljava) und Banten (Westjava) gestellten Streitmacht das portugiesische Fort in Sunda Kelapa zu stürmen und die feindliche Flotte zum Abzug zu zwingen. Prinz Fatahillah feierte seinen Triumph mit der Umbenennung der Hafenstadt in Jayakarta, was soviel bedeutet wie ›Großer Sieg‹. Dieses historische Datum gilt seit dem Jahre 1956 als offizieller Gründungstag der Hauptstadt Indonesiens. Als Vasall des mächtigen Sultanats von Banten entwickelte sich Jayakarta in der Folgezeit zu einem bedeutenden Ausfuhrhafen für Pfeffer.

Zu Beginn des 17. Jhs. landeten britische und holländische Handelsschiffe an Javas nordwestlicher Küste. Die niederländische Vereinigte Ostindische Compagnie (VOC) konnte dem Fürsten von Banten im Jahre 1611 die Konzession zur Niederlassung in Jayakarta abringen. Der offene Konflikt zwischen den Holländern und den einheimischen Herrschern brach aus, als Sultan Agung von Mataram, der ›Große Sultan‹, 1618 den niederländischen Handelsposten in Jepara zerstörte und kurz darauf der Potentat von Banten begann, das kleine holländische Küstenfort am Ciliwung zu belagern. Der von der VOC eingesetzte Generalgouverneur Jan Pieterszoon Coen mußte nach Ambon fliehen, kehrte jedoch fünf Monate später zurück und eroberte in nur zwei Tagen Jayakarta. Auf den Trümmern der niedergebrannten javanischen Pfahlbausiedlung gründeten die Holländer in strategisch günstiger Position eine neue Stadt – Batavia, die zukünftige Hauptstadt Niederländisch Ostindiens, die den Holländern während ihrer über 300 Jahre dauernden Kolonialherrschaft als militärisches Kommandozentrum, Handelsstützpunkt und Verwaltungssitz diente. An den Ufern des Ciliwung errichteten sie eine gewaltige Befestigungsanlage, die in den Jahren 1627 und 1629 erneuten Angriffen des Sultans Agung von Mataram standhielt. Planmäßig gingen die Holländer daran, Batavia nach niederländischen städtebaulichen Konzeptionen zum Zentrum ihres fernöstlichen Weltreichs auszubauen. Im Schutze der mächtigen Stadtmauern entfaltete sich eine rege Bautätigkeit. Rasch entwickelte sich die ›Königin des Ostens‹, wie die Stadt einst genannt wurde, zu einer Kopie des heimatlichen Amsterdam. Der Grundriß von Alt-Batavia ist von geometrischer Logik und übersichtlicher Klarheit. Wie in holländischen Hafenstädten wurden Handels- und Wohnhäuser an von Zugbrücken überspannten Kanälen errichtet. Es entstanden Kasernen für die niederländischen Soldaten, Docks, an denen Schiffe repariert werden konnten und große Warendepots, in denen die VOC Gewürze von den Molukken und andere wertvolle Handelsgüter zwischenlagerte. Im Herzen der Stadt gruppierten sich um einen zentralen Platz (heute Taman Fatahillah) das Rathaus und verschiedene Verwaltungsgebäude. Aus der Handelsfestung Batavia erwuchs ein wirtschaftlich florierendes Gemeinwesen, das Menschen aus aller Herren Länder anzog und 1673 bereits über 32000 Einwohner zählte (im Vergleich dazu Frankfurt/Main: 19000 Einwohner). Im 17. Jh. hatte Batavia die Funktion eines

Entrepot, durch das die Schätze zweier Hemisphären flossen. Hier wurden indonesische Produkte wie Gewürznelken, Muskat, Pfeffer, Tee und Edelhölzer ebenso umgeschlagen wie Stoffe und Indigo aus Indien oder Seide und Porzellan aus China.

Dem raschen Aufstieg Batavias aber folgte ein ebenso plötzlicher Niedergang. In der ersten Hälfte des 18. Jhs. erschütterten zahlreiche Krisen die Stadt: eine Stagnation des Handels aufgrund gefallener Weltmarktpreise, Auseinandersetzungen innerhalb der multiethnischen Stadtbevölkerung, die im grauenvollen Chinesen-Massaker von 1740 kulminierten, sowie eine Reihe periodisch auftretender todbringender Epidemien. Kapitän James Cook, den Ausbesserungsarbeiten an seinem Schiff ›Endeavour‹ im Jahre 1771 mehrere Monate lang in der holländischen Kolonialniederlassung festhielten, notierte in seinem Logbuch: »Batavia ist sicher kein Fleck, den zu besuchen sich Europäer drängen sollten.« Nachdem ein Großteil seiner Mannschaft an Ruhr, Cholera und Malaria krepiert war, kam er zu der Schußfolgerung: »Es ist meine feste Überzeugung, daß die Luft Batavias für den Tod von mehr Europäern verantwortlich ist, denn die Luft an irgendeinem anderen Platz des Globus.« Ein Engländer namens Macartney schrieb 1793: »Es wird angenommen, daß die Hälfte der Europäer aller Klassen, die sich in Batavia niederlassen, vor Ablauf eines Jahres stirbt.« Wegen der hier grassierenden Seuchen erlangte Batavia traurigen Ruhm als einer der größten Friedhöfe der weißen Kolonisation. Hauptursache für diese katastrophalen Verhältnisse war die den klimatischen Bedingungen wenig angepaßte, sich an europäischen Vorbildern orientierende Struktur der Stadt. Die den holländischen Grachten nachempfundenen Kanäle boten Milliarden von Malariamükken ideale Brutplätze, zudem verhinderte die enge Bebauung eine ausreichende Durchlüftung der Stadt. Erst zu Beginn des 19. Jhs. erhielt Batavia unter dem Generalgouverneur Willem Daendels ein neues Gesicht. Die Holländer verlagerten ihre Wohnviertel aus dem feucht-heißen Küstensumpf in weiter landeinwärts und höher gelegene, also trockenere, luftigere und klimatisch gesündere Gebiete. In der neuen Vorstadt ›Weltevreden‹, d. h. ›wohlzufrieden‹ (heute der Stadtteil Gambir), entstanden aufgelockerte, von Grünflächen durchsetzte Wohnsiedlungen. Daendels ließ im alten Batavia (heute Kota) Wälle und Gebäude niederreißen, einerseits um der Stadt Raum und Luft zu schaffen, andererseits um Baumaterial für seine ehrgeizigen Projekte zu gewinnen. Zum neuen Mittelpunkt Batavias avancierte der weitläufige ›Koningsplein‹ (›Königsplatz‹; heute Medan Merdeka). Um ihn herum wurden im damals vorherrschenden Baustil des Neoklassizismus der Gouverneurspalast sowie andere Repräsentationsbauten, darunter das Nationalmuseum, errichtet. Im neuen Batavia mit seinen alleeartigen Boulevards, großzügigen Parkanlagen und eleganten Wohnvierteln, die sich durchaus am europäischen Standard messen konnten, spiegelte sich die wirtschaftliche Renaissance wider, die die holländische Kolonie um die Jahrhundertwende erlebte. In Alt-Batavia dagegen begann der soziale Abstieg, in den alten Stadtkern rückten wirtschaftlich schwächere Bevölkerungsgruppen, vorwiegend Chinesen und Einheimische, nach.

Während der kurzen, aber grausamen japanischen Besatzungszeit erhielt Batavia, als ein Zugeständnis an die indonesischen Nationalisten, den Namen Jakarta, die Kurzform des alten Jayakarta. In der Zeitspanne zwischen der Unabhängigkeitserklärung Indonesiens durch Sukarno und Hatta am 17. August 1945 und der Anerkennung der ›Vereinigten Staaten von Indonesien‹ durch die Niederländer im Jahre 1949 wurden die Geschicke der Nation von Yogyakarta aus gesteuert. Nach diesem vierjährigen Provisorium erfolgte die offizielle Proklamation Jakartas zur Hauptstadt der Republik Indonesien. Seit dieser Zeit ist in Jakarta eine rasante Entwicklung vonstatten gegangen. Jährlich strömten Hunderttausende von Indonesiern aus allen Teilen des riesigen Archipels in die Metropole, die schon bald alle anderen indonesischen Städte an Größe und Bedeutung bei weitem übertraf. Als die junge Inselrepublik mit der Konsolidierung der politischen Lage nach den dramatischen Ereignissen der Jahre 1965/66 zu einer Art Investitionsparadies für ausländische Firmen und Konzerne wurde, erlebte Jakarta überdies eine explosionsartige Entwicklung auf dem Bausektor. Es wuchsen zahlreiche moderne Großbauten in den Himmel, die vor allem das Erscheinungsbild von Jakarta Pusat (›Zentraljakarta‹) entscheidend veränderten, aber auch in anderen Bezirken der Hauptstadt die architektonischen Überbleibsel aus der holländischen Vergangenheit immer mehr verdrängten. Erst in den letzten Jahren wich das bislang vorherrschende historische Desinteresse, und man begann mit der Restaurierung eines Teils der Bausubstanz aus der Kolonialepoche, statt wie früher die geschichtsträchtigen Baudenkmäler im antikolonialistischen Eifer rigoros aus dem Stadtbild zu tilgen.

Jakarta heute

Die Hauptstadt ist erklärter Mittelpunkt des indonesischen Archipels, ohne jede Konkurrenz im Westen oder Osten der Inselrepublik. In Jakarta befinden sich neben dem Sitz der Regierung auch die offizielle Residenz des Staatsoberhauptes sowie sämtliche Ministerien und die Verwaltungszentren großer nationaler und internationaler Firmen; hier konzentriert sich zudem über die Hälfte aller indonesischen Industriebetriebe, vor allem Lebens-, Genußmittel-, Textil- und Papierherstellung sowie Holz- und Metallverarbeitung und in kleinerem Umfang chemische und pharmazeutische Industrie. Über Jakartas Hafen, Tanjung Priok, wird der größte Teil des

Waschplatz an einem der öffentlichen Kanäle in Jakarta

indonesischen Außenhandels abgewickelt; Sukarno-Hatta Airport gehört zu den bedeutendsten Flughäfen im südostasiatischen Raum. Von Jakarta strahlen vielfältige politische, wirtschaftliche und kulturelle Impulse auf den gesamten Archipel aus, daher besitzt keine andere Stadt Indonesiens auch nur entfernt die magische Anziehungskraft der Hauptstadt.

Jakarta hat seit der Unabhängigkeit Indonesiens eine ähnlich problematische

Entwicklung durchlaufen wie vergleichbare Dritte-Welt-Metropolen. Die Hauptprobleme lassen sich in wenigen Stichworten zusammenfassen: Überbevölkerung durch eine hohe Geburtenrate und Landflucht, enorme Arbeitslosigkeit und Verelendung, Marginalisierung und Slumbildung. Der Einwohnerzu-

wachs Jakartas ist geradezu unvorstellbar: Seit dem Zweiten Weltkrieg hat sich die Stadtbevölkerung durch den Zuzug aus den ländlichen Regionen und die natürliche Vermehrung mehr als verzehnfacht; damit ist Jakarta eine der am schnellsten wachsenden Städte Asiens. Während 1948 erst 800000 Einwohner gezählt wurden, drängen sich heute in dem 650 km² großen Ballungsgebiet der hauptstädtischen Megalopolis schätzungsweise 4,5–6,5% der Landesbewohner, also 8,5–12 Mill. Menschen. Um es anschaulicher auszudrücken: Auf einer Fläche, die nur wenig größer ist als die des ehemaligen Westberlin, lebt die fünffache Einwohnerzahl. Die durchschnittliche Bevölkerungsdichte beträgt über 15000 Pers./km²; manche Stadtviertel weisen sogar extreme Bevölkerungskonzentrationen von 20000–40000 Einw./km² auf. Die Hauptstadt droht an sich selbst zu ersticken, mit maßloser Lebensgier pulsiert und wächst sie weit über ihre Grenzen hinaus. Trotz aller behördlichen Zuzugsbeschränkungen hat Jakarta allein einen jährlichen Wanderungszuwachs von rund 200000 Menschen zu verkraften. In verschiedenen Bezirken der Landeshauptstadt sind mittlerweile 80–90% der Einwohner Migranten, für die sich aber in den allermeisten Fällen durch die Flucht aus dem ländlichen Elend in die Großstadt die Probleme nur verlagert, nicht aber gelöst haben. Für das Jahr 2000 haben Experten eine Stadtbevölkerung von mindestens 18 Mill. hochgerechnet, falls sich die Wachstumsrate von gegenwärtig 4% nicht drastisch reduzieren läßt. Planer bedenken bereits die Möglichkeit einer Agglomeration ›Jabotabek‹, bestehend aus *Ja*karta und den drei großen Nachbarstädten *Bo*gor, *Ta*ngerang und *Bek*asi samt Umland. Die Ausmaße des urbanen Zusammenschlusses dieser in der Gegenwart ohnehin schon beinahe zusammengewachsenen Großstädte wären enorm: ›Jabotabek‹ würde 7500 km² umfassen, und wenn die Voraussagen der Experten zutreffen, dann kämen bis zum Jahr 2000 mehr als 25 Mill. Menschen in dieses Gebiet.

Um die gewaltigen Massen unterbringen zu können, ist Jakarta in den beiden vergangenen Jahrzehnten mehr in die Breite gegangen als in die Höhe gewachsen und wuchert auch heute noch krankhaft und ohne erkennbare Stadtplanung. Von der Aussichtsplattform des 137 m hohen National- bzw. Unabhängigkeitsdenkmals (*Monumen Nasional* bzw. *Monas*) aus betrachtet, erscheint die Metropole wie ein Riesen-Puzzle aus Einfamilienhäusern, zwischen die ein imaginärer Zyklop eine Reihe futuristischer Hochhäuser drapiert hat, um dem Ganzen das Flair einer polyglotten Großstadt zu geben. Es ist eine Welt aus Zehntausenden von ebenerdigen Gebäuden, zersplittert in kleine und kleinste Enklaven, ein Nebeneinander von Tausenden von *Kampungs,* kleinen dörflichen Siedlungen. Trotz aller weltstädtischen Züge ist Jakarta in Wirklichkeit ein riesiges Dorf geblieben. Mehrgeschossige Häuser oder gar Wolkenkratzer sind die Ausnahme und nicht charakteristisch für das Gesamtbild der Stadt. Allein entlang der zehnspurigen Hauptverkehrsader Jakartas, der Jl. Thamrin, sieht es aus wie in Dallas oder Manhattan. Hier schießen Hochhäuser mit vierzig und mehr Stockwerken aus dem Boden: Botschaften, Ministerien, Kaufhäuser, Banken, Versicherungen und Luxushotels, die mit den Nobelherbergen internationaler Metropolen wetteifern.

Der Panoramablick vom Monas offenbart aber auch in erschreckender Deutlichkeit noch andere Extreme und Widersprüche der Metropole. Kontraste der Dritten Welt prägen das janusköpfige Erscheinungsbild der Hauptstadt: Jakarta ist vornehm und verdreckt, schön und schäbig; Hochhäuser und Holzhütten, Pracht und Elend liegen auf Tuchfühlung nebeneinander. Im Schatten der Glasbetongiganten, den Insignien eines Staates, dessen dünne Oberschicht alles unternimmt, um dem sogenannten Fortschritt eine Bresche zu schlagen, schwären die *Gubuk,* provisorische und elende, aus allen Nähten platzende ›Shantytowns‹, deren Wegwerfhütten und Notbehausungen nicht mehr sind als ein paar Kubikmeter Luft, die mit Holzbrettern, Pappe und glattgehämmerten Blechplatten nach außen abgegrenzt sind. In diesen illegal errichteten *Kampungs,* die mit geisterhafter Geschwindigkeit wachsen, drängen sich, jenseits einer menschenwürdigen Existenz, die Gestrandeten im Überlebenskampf Jakartas. Zu diesen großflächigen Wucherzellen kommen noch die Zonen der ›Habenichtse‹ entlang den Bahngleisen, Kanälen und Nebenstraßen. Teile dieser Slums gehen mittlerweile auf Wanderschaft und legen sich wie Bänder um die modernen Betonklötze. Auch als Tourist kann man in Jakarta dem Anblick bitterster Armut nie für längere Zeit entfliehen, von jedem beliebigen Punkt aus gerät man innerhalb weniger Minuten in einen Slum.

Im Kielwasser der unkontrollierten Stadtentwicklung treten auch massive Umweltbeeinträchtigungen auf. Zu den großen Problembereichen gehören Gewässerschutz, Luftreinhaltung und vor allem eine geregelte Müll- und Abfallbeseitigung. Beispielsweise existiert in Jakarta noch kein umfassendes Abwasserkanalisations- und Entsorgungssystem. In der Jakarta Bay, wo die Schmutzkanäle der Zehn-Millionen-Bevölkerung und die Abwässer der größten Industrieanlagen ganz Indonesiens enden, hat die Verunreinigung bereits zu einer kritischen Beeinträchtigung der Wasserqualität geführt. Sehr gravierend ist auch das Müllbeseitigungs- und Verwertungsproblem. Nach Angaben der Stadtverwaltung produzieren die Bewohner Jakartas täglich 25 000 t Abfall; nur etwa zwei Drittel davon können von der organisierten Müllabfuhr beseitigt werden. Zu den Folgen der ungeplanten Entwicklung gehören auch die regelmäßig wiederkehrenden Überflutungen *(Banjir).* Alljährlich während der Regenzeit, vor allem im Dezember und Januar, stehen nach tropischen Wolkenbrüchen ganze Stadtviertel unter Wasser.

Jakarta ist weit davon entfernt, eine attraktive Weltstadt zu sein, die den Besucher auf Anhieb in ihren Bann zieht, sich ihm mit Charme und Schönheit von selbst offenbart. Die Hauptstadt ist relativ arm an kunstgeschichtlich bedeutenden Sehenswürdigkeiten, aber reich an Lärm, Verkehrsstauungen und Gestank aus Hunderttausenden von Auspuffen. Ein (kurzer) Aufenthalt in Jakarta muß wohl dennoch als ein unverzichtbarer Mosaikstein im Indonesien-Bild angesehen werden.

Stadtgliederung

Der Großraum Jakarta dehnt sich über annähernd 70 km in Nord-Süd- sowie über rund 30 km in Ost-West-Richtung aus. Die natürliche Grenze der Hauptstadt bildet im Norden die Jakarta-Bucht; im Süden grenzt die Metropole an den Nachbarort Bogor, im Westen an Tangerang und im Osten an Bekasi. Administrativ gliedert sich Großjakarta in fünf städtische Verwaltungsbezirke (*Walikota;* Zentral-, Süd-, West-, Ost- und Nordjakarta), die wiederum in 30 Unterbezirke *(Kecamatan)* sowie 236 kleinere, dorfähnliche Verwaltungseinheiten *(Kelurahan)* zerfallen.

Wie vielen anderen südostasiatischen Großstädten fehlt auch Jakarta ein erkennbares Profil, eine deutliche Gliederung. Eine Grobeinteilung könnte drei Gebiete unterscheiden: Altjakarta, Neujakarta und Kebayoran Baru. Altjakarta mit dem historischen Stadtkern Kota liegt in der vom Ciliwung gebildeten Schwemmlandebene im Norden der Hauptstadt. Südlich schließt sich, den Übergang zu Neujakarta bildend, das von Chinesen dominierte Handels- und Geschäftsviertel Glodok an. Als Zentrum des modernen Jakarta gelten Medan Merdeka (›Freiheitsplatz‹) mit dem Unabhängigkeitsdenkmal und zahlreichen Regierungsgebäuden sowie die in Nord-Süd-Richtung verlaufende Hauptverkehrsader Jl. M. H. Thamrin, östlich derer sich das vornehme Wohn- und Botschaftsviertel Menteng erstreckt. Rund 5 km weiter südlich ist nach dem

Bajaj in Jakarta – ›Transport‹-Zwitter aus Fahrrad-Rikscha und Motorrad

Zweiten Weltkrieg die Satellitenstadt Kebayoran Baru entstanden.

Unterkünfte aller Preisklassen befinden sich im Stadtteil Menteng, wobei sich die preiswerten Pensionen im nördlichen Menteng, in der Gegend um die Jl. Jaksa, und die Luxushotels entlang der Jl. Thamrin konzentrieren. Wegen der relativ zentralen Lage empfiehlt es sich, hier sein Standquartier zu wählen. Für die Besichtigung Jakartas sollten Sie zwei bis drei Tage veranschlagen. Da zwischen den einzelnen Stadtteilen beträchtliche Distanzen liegen (z. B. Monas – Kota ca. 5 km), ist eine Kombination zwischen Stadtrundgang und -fahrt zu empfehlen. In Jakartas Straßengeflecht, dem modernen Verkehrsaufkommen längst nicht mehr gewachsen, verknäulen sich tagtäglich rund 1,3 Mill. Busse, Lastautos, Pkws und Motorräder meist japanischer Herkunft zu einem beinahe permanenten Chaos. Kalkulieren Sie also bei einer Stadtbesichtigung das gewaltige Verkehrsaufkommen und chronische Straßenverstopfungen (vor allem zwischen 8 und 10 Uhr sowie zwischen 16 und 18 Uhr) ein.

Wichtige Hinweise: Viele Straßennamen wiederholen sich in Jakarta; man sollte sich (und gegebenenfalls den Taxifahrer) daher des richtigen Stadtteils vergewissern. Ebenso existieren mitunter in ein und derselben Straße identische Hausnummern mehrfach. Zur Verwirrung, besonders an Kreuzungen und Straßeneinmündungen, mag anfangs auch die Tatsache beitragen, daß Straßenschilder in Jakarta quer zur Fahrtrichtung angebracht sind.

Stadtbesichtigung

Das alte Batavia

Nach Kota, dem kolonialen Herz der Hauptstadt, führt von Neujakarta aus die Hauptverkehrsader Jl. Gajah Mada/ Jl. Hayam Wuruk, zwei parallel verlaufende Einbahnstraßen, die durch einen bereits 1648 angelegten grachtenartigen Kanal, dem früheren ›Molenvliet‹, getrennt sind. Am südlichen Ende der Jl. Gajah Mada erhebt sich an der Stelle des Anfang der 70er Jahre abgerissenen Hotel des Indes, das einst wie das Raffles in Singapur oder das Oriental in Bangkok zu den ›Grand Old Hotels‹ Südostasiens zählte, das Merlin Shopping Centre. Wir folgen nun der Jl. Gajah Mada, benannt nach dem überragenden Premierminister des Majapahit-Großreiches, in nördlicher Richtung und gelangen, vorbei an der Gajah Mada Plaza, einer weiteren modernen Ladenstadt von Weltklasse und entsprechend hohem Preisniveau, zu einem wahren Kleinod des alten Jakarta. Mit der Hausnummer 111 präsentiert sich, hart bedrängt von den benachbarten Geschäftshäusern, das Gebäude des **Nationalarchivs** *(Gedung Arsip Nasional Republik Indonesia)* in nostalgischer Bescheidenheit. Die mit viel Feingefühl und Sachverstand perfekt restaurierte Kolonialvilla wurde 1760 vom damaligen Generalgouverneur Reinier de Klerk als Landsitz erbaut und beherbergt seit 1925 einen Teil des Nationalarchivs. Sehenswert ist das zweigeschossige, von einem gepflegten Park umgebene Bauwerk vor allem wegen zahlreicher kunstvoller Holzschnitzereien. Öffnungszeiten: Mo–Sa 9–14 Uhr.

Weiter nördlich, etwa dort, wo die Jl. Gajah Mada in die Jl. Pintu Besar Selatan übergeht, breitet sich der Stadtteil Glodok aus. Nach dem schrecklichen Massaker holländischer Extremisten an rund 10000 zugewanderten Chinesen am 9. Oktober 1740 war im darauffolgenden Jahr außerhalb der Mauern Alt-Batavias das separate **Chinesenviertel Glodok** entstanden, das noch heute das Handels- und Gewerbezentrum Jakartas bildet. Angeblich sollen etwa 50% des gesamten indonesischen Geldumlaufs durch diese größte Chinesenstadt des Landes fließen. In der nahen Umgebung des riesigen, modernen Glodok Shopping Centre hat die Chinesen-Enklave viel von ihrem einstigen exotischen Glanz verloren. Etwas abseits davon jedoch, südlich der Jl. Pancoran, findet man sich in einem pittoresken Viertel voll wimmelnden, pulsierenden Lebens wieder. Geprägt wird das Bild der schmalen Straßen und Gassen von Fahrradrikschas und den im Erdgeschoß der vielfach zweistöckigen Häuserzeilen gelegenen, kleinen chinesischen Läden *(Toko).* In der Jl. Petak Sembilan lohnt sich unbedingt ein Besuch des **Vihara Dharma Bhakti,** des größten und ältesten chinesischen Tempels von Jakarta. Bereits um das Jahr 1650 unter dem Namen ›Klenteng Jin-de Yuan‹ (›Tempel der goldenen Tugend‹) gegründet, stellt Vihara Dharma Bhakti heute in erster Linie ein buddhistisches Heiligtum dar, weist aber auch einige taoistische Elemente auf. Interessant ist ein Besuch Glodoks nach Einbruch der Dunkelheit; dann werden hier Straßenküchen aufgebaut, die zu einem schmackhaften und preiswerten Abendessen einladen.

Kota, wie Alt-Batavia heute noch genannt wird, hatte keine sonderlich große Ausdehnung. Geschützt von einer Stadtmauer und einem Wassergraben, erstreckte sich die Kolonialstadt vom alten Hafen Sunda Kelapa in südlicher Richtung bis etwa in Höhe des heutigen Kota-Bahnhofs. Jakartas altes niederländisches Viertel, einst nach dem Vorbild von Amsterdam errichteter prunkvoller Mittelpunkt der Stadt, präsentiert sich, abgesehen von den perfekt restaurierten Bauwerken um den Fatahillah-Platz, leider in einem bedauernswerten Zustand chronischen Verfalls. Alte Kultur wirkt im Kota der Gegenwart lediglich noch wie ein museales Relikt; nur wenige der historischen Bauten aus der Kolonialepoche blieben von der Spitzhacke verschont und werden im Interesse der Tourismuswerbung als Museen ihrer selbst geduldet. Dieses Viertel erscheint teilweise auf geradezu abenteuerliche Weise unordentlich; hier hat sich die Metropole nicht herausgeputzt für den Besucher, hier zeigt sie sich ihm ungeschminkt in oftmals erschreckender Häßlichkeit. Zwangsläufig wird man in Kota mit Gestank und Schmutz konfrontiert, vor allem entlang der *Kali,* offenen, meist verschlammten und von Abfällen verstopften, ratten- und moskitoverseuchten Entwässerungskanälen, in deren trübschwarzen Wasseroberflächen sich die Fassaden der wenigen noch erhaltenen alten Handelskontore und Lagerhäuser schon lange nicht mehr reflektieren. Es empfiehlt sich, das alte Batavia, mit dem Bahnhof von Kota als Ausgangspunkt, auf einem vielleicht 3–4 km langen Spaziergang zu Fuß zu erschließen.

Wir setzen unseren Weg entlang der Jl. Pintu Besar Selatan fort, biegen in Höhe des Zentralbahnhofs *(Setasiun Kota)* nach rechts in die Jl. Jembatan Batu ein und stoßen nach wenigen hundert Metern an der Einmündung der Jl. Pangeran Jayakarta auf die älteste christliche Kirche Jakartas, die sogenannte **Portugiesische Kirche** *(Gereja Portugis).* Erbaut wurde das heute noch gut erhaltene Gotteshaus im Jahre 1695 außerhalb der Stadtmauern Batavias für die ›schwarzen Portugiesen‹, die indischen und eurasischen Sklaven, die von den Niederländern bei zahlreichen Kriegszügen gegen die Portugiesen in Indien und Malaya gefangengenommen wurden. In Batavia versprach man ihnen die Freiheit – unter einer Bedingung: Sie mußten ihren ursprünglichen römisch-katholischen Glauben ablegen und zum Protestantismus der Holländischen Reformierten Kirche konvertieren. Auf diese Tatsache geht auch der Beiname ›Mardijker-Kirche‹ zurück, eine Abwandlung des Sanskritwortes *Mardhika,* was soviel wie Freiheit bedeutet. Auch heute noch wird in dem Gotteshaus die heilige Messe gelesen; in unserem Jahrhundert fand hier die überwiegend chinesische protestantische Sion-Gemeinde ihr religiöses Zentrum. Öffnungszeiten: täglich 9–20 Uhr.

Wenn Sie nun zurückkehren zur Jl. Pintu Besar Utara und dieser Straße in nördlicher Richtung folgen, erreichen Sie schon bald den zentralen **Fatahillah-Platz** *(Taman Fatahillah)*, um den herum sich mehrere mit Hilfe der UNESCO restaurierte Kolonialgebäude gruppieren. Dieser eigentliche Stadtkern des historischen Batavia blieb Anfang des 19. Jhs. weitgehend verschont vom großen ›Aufräumen‹ des damaligen Generalgouverneurs Willem Daendels, dessen städtebaulichen Neuerungen der größte Teil des ursprünglichen Batavia aus dem frühen 18. Jh. zum Opfer fiel. Drei der geschichtsträchtigen Bauwerke beherbergen heute Museen, die zu den interessantesten Jakartas zählen: das **Historische Stadtmuseum** *(Museum Sejarah Jakarta)*, das **Haus der Bildenden Kunst** mit dem Keramikmuseum *(Balai Senirupa dan Museum Keramik)* sowie das **Schattenspiel-Museum** *(Museum Wayang)*. Öffnungszeiten für alle drei Museen: Di–Do 9–14 Uhr, Fr 9–11 Uhr, Sa 9–13 Uhr, So 9–15 Uhr, Mo geschlossen.

Als dominierendes Gebäude erhebt sich an der Südseite des Stadtplatzes das frühere **Rathaus** von Batavia (›Stadhuis‹). Der majestätische Bau mit dem beinahe zierlich wirkenden Glockenturm, bereits 1627 errichtet und in den Jahren 1707–10 unter Generalgouverneur Abraham von Riebeeck umgestaltet, symbolisierte früher als unbestrittene Schaltzentrale für ganz Niederländisch-Ostindien den bedingungslosen Herrschaftsanspruch der Holländer über den indonesischen Archipel. Das ›Stadhuis‹ war nicht nur administrativer Mittelpunkt Batavias, sondern auch militärisches Hauptquartier, Gerichtshof und Gefängnis. Nach einer umfassenden Re-

Jakarta: Sehenswürdigkeiten: 1 Nationalarchiv 2 Vihara Dharma Bhakti 3 ›Portugiesische Kirche‹ 4 Historisches Stadtmuseum 5 Haus der Bildenden Kunst und Keramikmuseum 6 Wayang-Museum 7 Taman Fatahillah 8 Kali Besar 9 ›Hühnermarktsbrücke‹ 10 Museum Bahari 11 Pasar Ikan (Fischmarkt) 12 Sunda Kelapa 13 Taman Impian Jaya Ancol 14 Taman Buaya Pluit (Krokodilfarm) 15 Nationaldenkmal (›Monas‹) 16 Nationalmuseum 17 Taman Prasasti 18 ›Club Harmonie‹ 19 Istana Merdeka (Freiheitspalast) 20 Istana Negara (Staatspalast) 21 Istiqlal-Moschee 22 Kathedrale 23 Irian Jaya-Befreiungsdenkmal 24 Immanuel-Kirche 25 Messegelände und Vergnügungspark Taman Ria Jakarta 26 Heldendenkmal 27 Gedung Joang ’45 28 Taman Ismail Marzuki 29 ›Flohmarkt‹ 30 Adam Malik-Museum 31 Museum Sasmita Loka 32 Taman Proklamasi 33 Pasar Burung (Vogelmarkt) 34 Begrüßungsdenkmal 35 Senayan-Sportzentrum 36 Taman Anggrek Gelora Senayan (Orchideengarten) 37 Taman Ria Remaja Senayan (Vergnügungspark) 38 Parlamentsgebäude 39 Denkmal der Jugend 40 Mesjid Agung 41 Museum ABRI Satriamandala (Museum der Streitkräfte) 42 Taman Mini Indonesia Indah 43 Monumen Pancasila Sakti 44 Ragunan-Zoo 45 Taman Anggrek Indonesia Permai (Orchideengarten) 46 Museum Tekstil **Öffentliche Einrichtungen:** 47 Visitor Information Centre 48 Directorate General of Tourism 49 Oberste Polizeibehörde 50 Hauptpostamt 51 Metropolitan Medical Centre 52 Botschaft der BRD 53 Botschaft von Österreich 54 Botschaft der Schweiz 55 Garuda (Buchungsbüro) 56 Garuda (Zentrale) 57 Bouraq (Zentrale) 58 Merpati (Zentrale) 59 Mandala (Zentrale) 60 Lufthansa 61 PELNI 62 Kaufhaus Sarinah 63 Blok M (Einkaufszentrum) 64 Pasar Baru 65 Pasar Senen 66 Ratu Plaza 67 Merlin Shopping Centre 68 Gajah Mada Plaza 69 Glodok Shopping Centre **Hotels:** 70 Hotel Borobudur 71 Hotel Indonesia 72 Hotel Sahid Jaya 73 Hotel Marcopolo 74 Billige Hotels und Pensionen

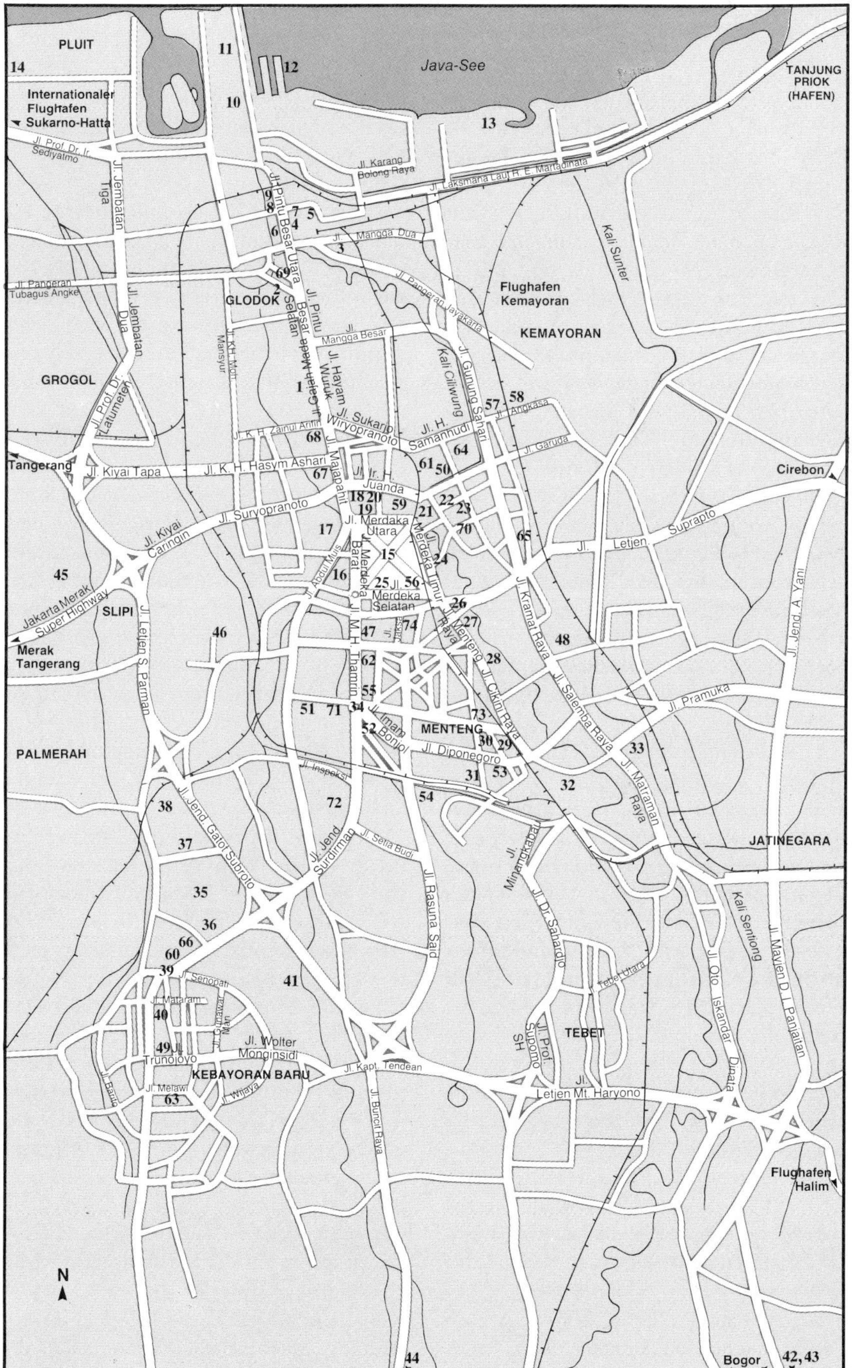

Java-See
PLUIT
14
11
12
10
13
Internationaler Flughafen Sukarno-Hatta
TANJUNG PRIOK (HAFEN)
Jl. Prof. Dr. Ir. Sediyatmo
Jl. Jembatan Tiga
Jl. Karang Bolong Raya
Jl. Laksmana Laut R. E. Martadinata
Jl. Pintu Besar Utara
9
8
7
5
4
6
3
Jl. Mangga Dua
69
2
Jl. Pangeran Tubagus Angke
GLODOK
Jl. Pangeran Jayakarta
Flughafen Kemayoran
KEMAYORAN
Kali Sunter
Jl. Pintu Besar Selatan
Jl. Mangga Besar
Jl. KH. Moh. Mansyur
Jl. Jembatan Dua
GROGOL
Jl. Hayam Wuruk
Jl. Gajah Mada
Kali Ciliwung
Jl. Gunung Sahari
1
57
58
Jl. Angkasa
Jl. Prof. Dr. Latumeten
Jl. K. H. Zainul Arifin
Jl. Sukarjo Wiryopranoto
Jl. H. Samanhudi
68
64
Jl. Garuda
Tangerang
Jl. Kiyai Tapa
Jl. K. H. Hasym Ashari
Jl. Majapahit
67
Jl. Ir. H. Juanda
61
50
Cirebon
18
20
19
59
22
23
21
Jl. Suryopranoto
Jl. Merdeka Utara
17
70
Jl. Kiyai Caringin
65
Jl. Letjen Suprapto
Jl. Merdeka Barat
15
24
Jl. Merdeka Timur
45
16
Jl. Abdul Muis
25
Jl. Merdeka Selatan
56
Jakarta Merak Super Highway
SLIPI
26
27
Jl. Menteng Raya
Jl. Kramat Raya
Jl. Jend. A. Yani
46
47
Jl. Jaksa
74
48
Merak Tangerang
Jl. Letjen S. Parman
Jl. M. H. Thamrin
62
28
Jl. Cikini Raya
Jl. Salemba Raya
55
Jl. Pramuka
51
71
34
Jl. Imam Bonjol
73
MENTENG
52
30
29
33
PALMERAH
Jl. Diponegoro
Jl. Inspeksi
31
53
32
Jl. Matraman Raya
54
38
72
Jl. Jend. Gatot Subroto
Jl. Setia Budi
Jl. Minangkabau
JATINEGARA
37
Jl. Jend. Sudirman
Jl. Rasuna Said
Jl. Dr. Sahardjo
Kali Sentiong
35
36
66
60
39
Jl. Senopati
Tebet Utara
Jl. Oto. Iskandar Dinata
Jl. Mayjen D. I. Panjaitan
41
Jl. Mataram
Jl. Gunawarman
40
Jl. Prof. Supomo SH
TEBET
49
Jl. Trunojoyo
Jl. Wolter Monginsidi
KEBAYORAN BARU
Jl. Kapt. Tendean
Jl. Barito
Jl. Melawai
63
Jl. Wijaya
Jl. Buncit Raya
Jl. Letjen Mt. Haryono
Flughafen Halim
N
44
Bogor
42, 43

staurierung dient es seit 1974 als ›Museum für die Geschichte der Stadt Jakarta‹ (bisweilen auch ›Fatahillah-Museum‹ genannt). Zu sehen sind zahlreiche Memorabilien aus der Kolonialzeit, eine interessante Sammlung von Möbeln aus dem 18. Jh., eine lange Galerie mit Porträts der früheren holländischen Gouverneure sowie Repliken frühgeschichtlicher Fundstücke. Im Souterrain, unterhalb der Eingangstreppe, befinden sich die Kerkeranlagen. Hier mußten die Gefangenen, meist einheimische Gegner der Kolonialherrschaft, Tag und Nacht in trüben Abwässern stehend, oft wochenlang auf ihre Verhandlungen warten. In einer derartigen Wasserzelle war auch der indonesische Nationalheld Prinz Diponegoro 1830 inhaftiert, bevor ihn die Holländer nach Nordsulawesi deportierten. Bis 1896 fanden hier auch regelmäßig Hinrichtungen statt.

Dem ›Stadhuis‹ gegenüber, auf der Nordseite des quadratischen, gepflasterten Rathausplatzes, ist die alte portugiesische Kanone Si Jagur aufgestellt, eine 1641 von den Holländern nach dem Fall Malakkas herbeigeschaffte Kriegstrophäe. Sie wird als ein Fruchtbarkeitssymbol angesehen, möglicherweise, weil das hintere Ende des Kanonenrohrs geschmückt wird von einer bronzenen Faust, die eine obszöne Geste (den zwischen Zeige- und Mittelfinger hindurchgestreckten Daumen) ausführt. Auch heute noch wird Si Jagur von Frauen, bei denen der erwünschte Nachwuchs ausbleibt, mit Blumenopfern verehrt; ein Ritt auf der Kanone gar gilt als Geheimtip, um die ersehnte Schwangerschaft herbeizuführen.

Das Anwesen Jl. Pintu Besar Utara 27 an der Westflanke des Fatahillah-Platzes beherbergt eines der wohl seltensten und einzigartigsten Museen der Welt – das Wayang-Museum. In den wegen der besonderen Kostbarkeit der Exponate zum Teil klimatisierten Räumen des zweigeschossigen Gebäudes sind mehrere hundert oft seltene Puppen und Masken ausgestellt. Hier finden sich neben den traditionellen indonesischen *Wayang*-Puppen, wie etwa den javanischen Schattenspielfiguren aus Büffelleder *(Wayang Kulit)* und dreidimensionalen sundanesischen Handspielpuppen aus Holz *(Wayang Golek)*, auch eine sehr interessante Sammlung von *Topeng*-Masken sowie zahlreiche ausländische Puppen aus Indien, China, Thailand und Malaysia. Das Museumsgebäude war nicht, wie oftmals behauptet, ursprünglich eine alte holländische Kirche, vielmehr wurde es im Jahre 1912 lediglich auf dem Fundament der bereits Anfang des 19. Jhs. von Daendels abgerissenen ›Kruis Kerk‹ (›Kreuzkirche‹) errichtet. Ab 1939 diente es als ›Museum von Alt-Batavia‹, bevor es 1975 von Gouverneur Ali Sadikin als Museum Wayang neu eröffnet wurde. Jeden Sonntag zwischen 10 und 12 Uhr werden hier *Wayang Kulit-* oder *Wayang Golek*-Aufführungen abgehalten. Vergessen Sie auch nicht, den Innenhof des Museums mit in Mauern eingelassenen Grabsteinplatten verschiedener holländischer Gouverneure zu besichtigen.

An der östlichen Seite des Taman Fatahillah wurde 1866–70 im damals üblichen neoklassizistischen Baustil der **Justizpalast** errichtet. Der mit seinem Portal aus weißen ionischen Säulen beinahe wie ein griechischer Tempel der Antike wirkende Monumentalbau enthält eine bemerkenswerte Sammlung traditioneller und moderner indonesischer Malerei (u. a. Werke des ›Vaters der modernen indonesischen Malerei‹ Raden Saleh und des zeitgenössischen Künstlers Affandi) sowie eine erstaunlich reiche Kollektion wertvoller Keramiken und Porzellane aus ganz Asien (u. a. einzigartige Terrakottafiguren aus der Majapahit-Epoche).

Wir folgen nun der Jl. Cengkeh (Gewürznelken-Straße), einer der in ein streng geometrisches Schachbrettmuster gepreßten Straßen Kotas, in nordwestlicher Richtung, halten uns an der Jl. Nelayan Timur links und stoßen schon bald auf den Kanal Kali Besar, der zwischen den beiden gleichnamigen Straßen fließt. Zwei alte Patrizierhäuser aus dem frühen 18. Jh. an der Jl. Kali Besar Barat verdienen Beachtung. Zur Linken (gen Süden) erhebt sich ein derzeit von einer großen Bank okkupiertes herrschaftliches Kolonialgebäude, in dem früher der deutsche Baron von Wurmb residierte. Drei Häuserblocks entfernt steht Toko Merah, ein gut erhaltenes Bürgerhaus mit einer auffallend roten Backsteinfassade, das vermutlich um 1730 von dem späteren Gouverneur Gustaaf Willem Baron van Imhoff erbaut wurde. Ein lebendiges Zeugnis von der kolonialen Vergangenheit, als Batavia noch eine holländische Stadt mit vielen grachtenähnlichen Kanälen war, legt die eiserne Zugbrücke (holl.: ›Hoenderpasarbrug‹ = ›Hühnermarktbrücke‹) ab, die etwas weiter nördlich den Kali Besar überspannt.

Wir setzen unseren Rundgang fort und erreichen über die Jl. Tongkol eine moderne Brücke über den Kali Besar. Hier, im ältesten Teil Batavias, wo vor Jahrhunderten der Ciliwung-Fluß in die Java-See mündete, ließ einst Jan Pieterszoon Coen eine mächtige Zitadelle errichten, die man jedoch ebenfalls während der Amtszeit von Generalgouverneur Daendels gegen 1810 abriß. Im Schutz ihrer Kanonen waren hier Lagerhallen für die VOC und Kasernen für die niederländischen Soldaten aus dem Boden gestampft worden. Jenseits der Brücke erhebt sich auf dem Fundament der Bastion Culemborg (einst ein wichtiger Teil der alten Verteidigungsanlage, jedoch bereits im 18. Jh. wieder abgetragen) ein restaurierter **Leucht- und Wachturm** aus dem Jahre 1839 (holl.: ›Uitkijk‹ = ›Aussichtsturm‹; indon.: *Menara Syah Bandar* = Turm des Hafenmeisters). Falls der Turm geöffnet ist, sollten Sie hinaufsteigen und die schöne

Die Hühnermarktbrücke über den Kali Besar

Exkurs: Ein Ausflug in die Vergangenheit

Das Taxi von der Jl. Thamrin mit ihrer futuristischen Hochhaussilhouette zum alten Hafen Sunda Kelapa wird zur Wells'schen Zeitmaschine: Man fühlt sich nach einer knappen halben Stunde Fahrtdauer um Jahrhunderte zurückversetzt. Am beinahe 2 km langen, seit Anfang des vergangenen Jahrhunderts benutzten Kai haben sie festgemacht: 70 oder 80, vielleicht auch mehr, dickbauchige Lastensegler; eine dichtgedrängte, farbenfrohe Parade der Nostalgie (Farbabb. 3). So weit das Auge reicht ein sich in der frischen Brise der Java-See wiegender Mastenwald. Unvermittelt findet man sich wieder inmitten der Kulisse für einen Abenteuerfilm.

Bereits im 15. Jh. wurde der Segelschiffhafen Sunda Kelapa von Gewürzhändlern aus Europa angelaufen, den Holländern war er später ihr wichtigster Handelshafen. Nur wenig hat sich seitdem geändert. Zwar transportieren sie heute keine kostbaren Gewürze oder andere orientalischen Schätze mehr, doch haben die hochseetüchtigen Frachtensegler für den Warentransport im Archipel der über 13 000 Inseln eine ähnlich große Bedeutung wie vor Jahrhunderten. Wie in alten Zeiten durchpflügen die schwerbeladenen ›Windjammer‹, den historischen Seewegen folgend, die indonesischen Gewässer zwischen der Meerenge von Malakka und der Banda-See. In zahlreichen abgelegenen Gebieten des Archipels stellen die sturmerprobten Segelschiffe die einzige Beförderungsmöglichkeit für die Einheimischen dar und sind zudem unentbehrlich für die Versorgung mit allem Lebensnotwendigen. Sie verkehren nicht nach festgelegten Fahrplänen, sondern nach Bedarf, nach Passagieraufkommen oder von Frachtauftrag zu Frachtauftrag.

Perahu oder *Pinisi* werden sie genannt, die schwerfälligen Lastensegler, die eine entfernte Ähnlichkeit mit chinesischen Dschunken besitzen. In Form und Güte stekken die meist zwischen 15 und 25 m langen und bis zu 150 t schweren Schiffe bis zum letzten Spant voller Tradition. Als wahre Meister des altüberlieferten Schiffbaus gelten die Bugis aus Südsulawesi, dem ehemaligen Makassar. Die Praus entstehen in zahlreichen, als kleine Familienbetriebe geführten Werften entlang der südlichen Küste Sulawesis, aber auch andernorts, wo sich Bugis niedergelassen haben (z. B. bei Banjarmasin auf Südkalimantan). Nach jahrhundertealter Tradition baut man die Schoner in mühevoller, langwieriger Handarbeit, und verzichtet dabei weitgehend auf moderne, technische Hilfsmittel. Rumpf und Aufbauten werden aus massiven, salzwasserresistenten Eisenholzplanken gefertigt, die mit langen Holzstiften zusammengefügt werden; kein Metallnagel findet hier Verwendung. Konstruktionszeichnungen und Pläne benötigen die geschickten Schiffszimmerleute nicht. Einzige Konzession an die Moderne sind Dieselmotoren zum bequemeren Manövrieren in Hafenbecken oder zur Unterstützung der Segel bei einer Flaute.

Besonders malerisch zeigt sich Sunda Kelapa bei Sonnenauf- oder Sonnenuntergang. Nachdem man am Eingang des *Pelabuhan Sunda Kelapa* einen kleinen Obolus entrichtet hat, ist man schon nach wenigen Schritten mitten im Trubel des Hafenlebens. Während Schauerleute die Fracht, meist Nutzholz aus Kalimantan, löschen, während stämmige Arbeiter mit meterlangen Holzbrettern auf den Schultern über schwankende Planken balancieren, werden an den Schiffen Reparaturarbeiten durchgeführt, wird gehämmert und geklopft, kalfatert und gepinselt. Hübsche Bugis-Frauen, den Säugling in einem Tragetuch umgebunden, fallen im hektischen Gewühl auf; es sind die Frauen von Matrosen. Lassen Sie sich mit einem kleinen Holzboot durch das Hafenbecken rudern, um das Treiben auch aus einer anderen Perspektive beobachten zu können. Sicherlich werden Sie auch einen Kapitän finden, der Sie zu einem kurzen Besuch auf sein Schiff einlädt. Die Makassar-Schoner bieten mit ihren kräftigen Farben und windgeblähten Segeln viele fabelhafte Fotomotive. Laden Sie Ihre Kamera mit einem Farbfilm, es lohnt sich!

Aussicht auf den alten Hafen Sunda Kelapa genießen. Unbedingt lohnend ist ein Besuch des **Museum Bahari** (auch ›Maritime Museum‹ genannt), nur ein paar Schritte entfernt vom Aussichtsturm. Das langgestreckte, zweigeschossige Gebäude wurde bereits 1652 erbaut und diente der VOC als Speicher für Pfeffer, Kaffee, Tee und Gewürze. Heute ist das sehenswerte einstige Lagerhaus in der Jl. Pasar Ikan 1 ein Seefahrtsmuseum, reich bestückt mit Schiffsmodellen und traditionellen Booten in Originalgröße aus dem ganzen Archipel, alten Seekarten und historischen Photographien sowie verstaubten Signallichtern und rostigen Ankern. Öffnungszeiten: Di–Do 9–14 Uhr, Fr 9–11 Uhr, Sa 9–13 Uhr, So 9–15 Uhr, Mo geschlossen.

In unmittelbarer Nachbarschaft des Museums breitet sich das weitläufige Areal des **Fischmarkts** *(Pasar Ikan)* aus. Hier drängen sich Hunderte von Buden, Geschäften und Ständen, wo auch heute noch, wie vor zig Jahren, der angelandete Tagesfang zum Verkauf feilgeboten wird. Am sehenswertesten und erlebnisreichsten ist der Pasar Ikan in der Morgendämmerung. Lassen Sie sich nun als krönenden Abschluß der Besichtigung Alt-Batavias unbedingt vom Fischmarkt aus zum malerischen Hafen **Sunda Kelapa** übersetzen. (Sie können natürlich auch den Landweg wählen: über die bereits erwähnte Brücke zurück zur Jl. Tongkol, dann links in die Jl. Maritim Raya einbiegen, die direkt zum Hafeneingang führt.) Ein Besuch des alten Frachtenseglerhafens ist schlicht und einfach ein ›Muß‹ und gehört zu den wirklich unvergeßlichen Erlebnissen einer Indonesien-Reise.

Das moderne Jakarta

Als Zentrum des modernen Jakarta gilt der **Freiheitsplatz** *(Medan Merdeka)*, der während der kolonialen Vergangenheit den Namen ›Koningsplein‹ (›Königsplatz‹) trug. Im Zuge der städtebaulichen Reformen des damaligen Generalgouverneurs Willem Daendels im Jahre 1809 angelegt, stellte der fast einen Quadratkilometer große Paradeplatz schon immer einen Mittelpunkt des kulturellen, sozialen und politischen Lebens in der Hauptstadt dar. Um den Medan Merdeka gruppieren sich im neoklassizistischen Pomp der Gründerzeit der ehemalige Gouverneurspalast, heute die offizielle Residenz des Staatsoberhauptes, das Nationalmuseum sowie verschiedene andere repräsentative Bauwerke. Den Platz der Freiheit selbst dominiert ein 137 m hoher Marmorobelisk – das **Nationaldenkmal** (*Monumen Nasional* oder kurz *Monas*). Gekrönt wird das weithin sichtbare Wahrzeichen Jakartas von einer 14,5 t schweren, mit 35 kg Gold überzogenen Bronzeflamme, die die Befreiung des indonesischen Volkes von dreieinhalb Jahrhunderten holländischer Bevormundung symbolisiert. Mit dem Bau des Monas wurde am 17. August 1961 auf Veranlassung des damaligen Staatspräsidenten Sukarno begonnen. Der Volksmund behauptet bisweilen spöttisch, es sei das größte phallische Monument der Welt und solle an die besondere Vorliebe erinnern, die Sukarno für das schöne Geschlecht hegte. Das Untergeschoß des Denkmals dient als **Historisches Museum** (›Hall of National History‹); hier werden in 48 Dioramen Meilensteine der indonesischen Geschichte anschaulich dargestellt. Dicht unterhalb der Freiheitsflamme, in einer Höhe von fast 120 m, befindet sich eine Aussichtsgalerie. Lassen Sie sich mit dem Aufzug hinaufbringen und verschaffen Sie sich aus der Vogelperspektive einen Eindruck von der gewaltigen Flächenausdehnung Jakartas. Öffnungszeiten: täglich 8–17 Uhr.

Nördlich des Monas sehen Sie ein Reiterstandbild des Freiheitskämpfers Prinz Diponegoro, etwas abseits davon eine

Jalan Gajah Mada, eine der Hauptverkehrsadern Jakartas, während der Rush-Hour

Büste des indonesischen Lyrikers Chairil Anwar (1922–49).

An der Westseite des Freiheitsplatzes (Jl. Medan Merdeka Barat), nur wenige Wegminuten vom Monas entfernt, stoßen Sie auf eines der größten und am besten bestückten Museen Südostasiens – das **Nationalmuseum** *(Museum Nasional)*. Die Ursprünge des Ausstellungsgebäudes gehen auf die Aktivitäten der 1778 von J. C. M. Rademacher ins Leben gerufenen ›Batavischen Gesellschaft für Kunst und Wissenschaften‹ zurück. Der neoklassizistische Museumsbau mit seinem charakteristischen dorischen Portikus wurde in den Jahren 1862–68 errichtet und beherbergt eine immense Fülle (fast 85 000 katalogisierte Exponate) vor- und frühgeschichtlicher Fundstücke, hindu-javanischer Antiquitäten, ethnographischer Objekte, ausländischer Keramiken und Porzellane sowie wertvoller Bücher und Manuskripte. Wegen der vor dem Haupteingang plazierten bronzenen Elefantenstatue, einem Geschenk des siamesischen Königs Chulalongkorn aus dem Jahre 1871, trägt das Museum auch den Beinamen *Gedung Gajah* (›Haus des Elefanten‹). Obwohl die beeindruckenden Artefakte nicht immer ausreichend beschriftet sind (teilweise nur auf indonesisch), verschafft das Nationalmuseum einen ausgezeichneten Ausblick über die indonesische Kultur in all ihren Aspekten von den frühesten Anfängen bis zur Gegenwart. In der Eingangshalle, dem Innenhof und dem umgebenden Säulengang sind Steinfiguren und -reliefs aus der hinduistisch-buddhistischen Epoche Javas und Sumatras ausgestellt. Im linken Flügel des Museums befindet sich neben der numismatischen und prähistorischen Abteilung die Nationalbibliothek mit einem Bestand von über 700 000 Bänden und einer einzigartigen Kollektion historischer Dokumente und Manuskripte (u. a. seltene Lontar- und Bambusmanuskripte). Die nach Inseln und Regionen untergliederte ethnographische Sammlung im rechten Flügel vermittelt einen umfassenden Einblick in das vielfältige Kunst- und Kulturschaffen der zahlreichen verschiedenen Ethnien des riesigen Archipels. Als eine der umfangreichsten und interessantesten ihrer Art außerhalb von China gilt die Sammlung chinesischer Porzellane und Tonwaren, deren älteste Stücke bis auf die Zeit der Han-Dynastie (ca. 300 v. u. Z. – 220 u. Z.) zurückdatieren. Im oberen Stockwerk finden Sie die Bronzeabteilung, reich bestückt mit erlesenen Artefakten aus dem ganzen Inselreich, sowie, als Hauptattraktion, die nur sonntags von 10–12 Uhr geöffnete ›Schatzkammer‹ (›Treasure Room‹), in der u. a. kunstvoll gearbeiteter Gold- und Silberschmuck, kostbare Götterstatuetten und Zeremonialgefäße sowie traditionsreiche, juwelenbesetzte Dolche *(Keris)* gezeigt werden. Öffnungszeiten: Di–Do 8.30–14 Uhr, Fr 8.30–11 Uhr, Sa 8.30–13 Uhr, So 8.30–15 Uhr, Mo geschlossen. Kostenlose Führungen (›Ganesha Tours‹) in englischer Sprache Di,

Mi, Do 9.30 Uhr, auf französisch Mi 9 Uhr. Jeden Sonntag zwischen 9.30 und 10.30 Uhr Vorführung traditioneller javanischer *Gamelan*-Musik.

Nur wenige hundert Meter nordwestlich des Nationalmuseums, entlang der Jl. Tanah Abang, erstreckt sich ein historischer Friedhof, auf dem zahlreiche bedeutende Persönlichkeiten der niederländischen, aber auch der kurzen britischen Kolonialperiode ihre letzte Ruhestätte fanden (unter ihnen auch die Gattin von Sir Thomas Stamford Raffles, des Gouverneurs von Java in den Jahren 1811–16, Olivia Mariane Raffles). Aus dem einstmals sehr weitläufigen Gottesacker, früher bekannt als Friedhof von Kebon Jahe, wurde eine kleine Parkanlage mit dem Namen **Taman Prasasti.** In die Umfassungsmauer rechts und links der mit klassizistischen Säulen geschmückten Eingangshalle sind große Grabsteinplatten eingelassen. Öffnungszeiten: Mo–Do 8–15 Uhr, Fr 8–11 Uhr, Sa 8–14 Uhr, So geschlossen.

Ein kleiner Abstecher bringt uns nun über die Jl. Suryopranoto zur Straßenkreuzung Jl. Majapahit/Jl. Veteran. Das hier stehende langgestreckte, weiße Gebäude aus dem frühen 19. Jh. beherbergte einst den exklusiven ›Club Harmonie‹, den gesellschaftlichen und kulturellen Mittelpunkt des niederländischen Batavia. Hier gaben sich einst einflußreiche Kolonialbeamte und hohe Offiziere, wohlhabende Kaufleute und Plantagenbesitzer ein Stelldichein. Der elitäre Zirkel des feinen Batavia ließ sich in seiner Luxusenklave nicht vom einfachen Volke stören – ein Hinweisschild am Eingang besagte einst »Für Hunde und Einheimische verboten«. Heute haben sich im mittlerweile recht heruntergekommenen *Gedung Harmonie* Büros, Werkstätten und Lagerhallen eingenistet; vom Glanz der großen Vergangenheit ist kaum noch etwas zu spüren.

Das Gebiet zwischen Jl. Veteran und Jl. Medan Merdeka Utara wird von zwei neoklassizistischen Bauwerken, imposanten Beispielen für die koloniale Architektur des vergangenen Jahrhunderts, beherrscht: **Istana Merdeka** (Freiheitspalast) und **Istana Negara** (Staatspalast). Der nach Süden hin an den Medan Merdeka grenzende Freiheitspalast (früherer Name ›Koningsplein Paleis‹) stammt aus dem Jahre 1879 und diente ehedem verschiedenen holländischen Generalgouverneuren als Stadtwohnsitz. Heute residiert in der prächtigen Kolonialvilla, deren Fassade von sechs korinthischen Säulen vertikal gegliedert ist, der Präsident der indonesischen Republik. Einen ähnlichen Baustil weist der etwas weiter nördlich gelegene, bereits um 1800 von einem wohlhabenden holländischen Kaufmann erbaute Staatspalast, früher zeitweise ebenfalls Gouverneursresidenz, auf. Im benachbarten Regierungsgebäude Bina Graha werden heute Kabinettssitzungen abgehalten. Eine Besichtigung der beiden Paläste ist nicht möglich, zudem ist vor dem gesamten Komplex das Fotografieren nicht erwünscht.

Unser Rundgang führt nun entlang der Nordseite des Freiheitsplatzes und bringt uns zum marmornen Monumentalbau der **Istiqlal-Moschee,** mit ihrer riesigen, weißen Kuppel und dem schlanken, durchbrochenen Minarett ein weiteres Wahrzeichen des modernen Jakarta. Die Moschee, deren Bau nach Plänen eines protestantischen Architekten noch in der Ära Sukarno begonnen, aber erst in den 70er Jahren vollendet wurde, bietet Platz für 20000 Gläubige; sie zählt damit zu den größten islamischen Gebetsstätten der Welt. Eine Besichtigung der Moschee ist möglich, allerdings nur in Begleitung eines der uniformierten Wächter.

Der Istiqlal-Moschee gegenüber liegt die moderne Verwaltungszentrale des staatlichen Öl- und Energiekonzerns PERTAMINA. Etwa an der gleichen Stelle stand vor gut drei Jahrhunderten das niederländische Palisadenfort Noordwijk, dessen Besatzung in erster Linie die auf dem ›Paviljoensveld‹ grasenden Rinderherden der Holländer zu bewachen hatte. Heute noch heißt das weitläufige Areal östlich der Istiqlal-Moschee *Lapangan Banteng*, was soviel bedeutet wie ›Platz der Rinder‹. Hier fällt sofort die 1963 errichtete, Ketten sprengende Monumentalstatue ins Auge, die an die Annexion Westirians erinnern soll. Das im besten Stil des sozialistischen Realismus erbaute, eher durch Dimension als durch Harmonie und Ästhetik beeindruckende Irian Jaya-Befreiungsdenkmal ist ein weiteres der zahlreichen monströsen Wahrzeichen, die Sukarnos Freude am Gigantischen der Stadt beschert hat.

Ein anderer pompöser, während der Amtsperiode von Willem Daendels 1808–11 errichteter Bau dominiert die Ostflanke des Platzes; heute befindet sich hier das Finanzministerium. Nördlich schließt sich das neoklassizistische Gebäude des Obersten Gerichtshofes an (vollendet 1848). Ein Gegengewicht zu den bombastischen Bauten der Gründerzeit bildet die 1901 entstandene neugotische Katholische Kathedrale *(Gereja Kathedral Santa Maria Diangkat Kesorga)* mit ihren fast verspielt wirkenden gußeisernen Türmen. An der Südseite schließlich ein gigantisches Bauwerk der Gegenwart – das 860-Betten-Luxushotel Borobudur, das jedem Vergleich mit den besten Nobelherbergen Europas standhalten kann.

Wenn Sie nun der Jl. Pejambon wieder in Richtung Medan Merdeka folgen, stoßen Sie, nachdem Sie den Ciliwung-Fluß überquert haben, gegenüber dem Gambir-Bahnhof auf die protestantische **Immanuel-Kirche** (früher ›Willemskerk‹, zu Ehren Wilhelms von Oranien). Das 1835 errichtete, in seiner unkonventionellen Architektur einzigartige Gotteshaus ist ein runder, von einer mächtigen Kuppel gekrönter Säulenbau mit einem streng klassizistischen, dorischen Säulenportal an der Westseite.

Das gesamte südliche Viertel des Freiheitsplatzes wird von den Pavillons und Ausstellungshallen des Messegeländes (›Jakarta Fair Ground‹) eingenommen. Südwestlich davon, im Winkel zwischen Jl. Medan Merdeka Barat und Jl. Medan Merdeka Selatan schließt sich der kleine Vergnügungspark Taman Ria Jakarta an. Öffnungszeiten: Mo–Sa ab 17, So ab 10 Uhr.

Die Jl. Menteng Raya führt als Verlängerung der Jl. Medan Merdeka Timur vom Stadtbezirk Gambir in südöstlicher Richtung nach Menteng, einem einstigen Wohnviertel der Holländer, in dem sich heute Angehörige der indonesischen Ober- und gehobenen Mittelschicht sowie zahlreiche ausländische Botschaften niedergelassen haben. Am Prapatan-Platz, dem großen Kreisverkehr gegenüber dem Hotel Aryaduta Hyatt, erhebt sich das Heldendenkmal (eine Bäuerin, die einem Guerillero eine Schale Reis anbietet; das Monument ist ein Geschenk der Sowjetunion) über dem tosenden Verkehr. Die Jl. Prapatan führt von hier ostwärts zu Pasar Senen, einem vorwiegend von Einheimischen frequentierten Einkaufszentrum mit vielen Ladengeschäften. Wir orientieren uns südlich und treffen in der Jl. Menteng Raya 31 auf das Gedung Joang '45, ein kleines Museum, das den indonesischen Freiheitskampf gegen koloniale Unterdrükkung dokumentiert.

In der Jl. Cikini Raya 73 liegt das **Kulturzentrum Taman Ismail Marzuki** (TIM), das sich sowohl der Pflege traditioneller Kunst als auch der Förderung moderner, avantgardistischer Kunstrichtungen widmet. Dieses nach dem Komponisten Ismail Marzuki benannte kulturelle Schaufenster Jakartas bietet ein sehr abwechslungsreiches Kulturprogramm: Theater, Tanz, Musik, Filme und Kunstausstellungen. Auf dem großzügig angelegten Gebäudekomplex be-

Antiquitätenladen in der Jalan Surabaya, dem Flohmarkt von Jakarta

finden sich neben dem 1983 eröffneten Theater Graha Bakti Budaya und dem Planetarium Jakarta (Öffnungszeiten: Di–Sa 20 Uhr, So 10, 11.30 und 13 Uhr) mehrere kleine Galerien (Öffnungszeiten: täglich 9–13 Uhr und 17–21 Uhr) sowie verschiedene Restaurants und Cafeterias (vgl. S. 164).

Nicht nur für Liebhaber und Sammler antiker Gegenstände lohnt sich ein Bummel durch die Jl. Surabaya, den **Flohmarkt** *(Pasar Barang Antik)* von Jakarta. Dicht gedrängt reihen sich hier Buden und Geschäfte, meist nur wenige Quadratmeter groß, aber bis zur Decke vollgestopft mit echten und unechten Antiquitäten und Souvenirs. Nota bene: Feilschen gehört zum guten Ton in der Jl. Surabaya. Öffnungszeiten der meisten Läden: täglich 9–17 Uhr.

Biegen Sie von der Jl. Surabaya in die Jl. Diponegoro ein (wegen der vielen hier angesiedelten Botschaften auch ›Embassy Row‹ genannt) und statten Sie dem sehr sehenswerten **Adam Malik-Museum** (Hausnummer 29) einen Besuch ab. Die ehemalige Residenz des inzwischen verstorbenen früheren Außenministers und Vizepräsidenten beherbergt seit 1985 ein ungemein reich bestücktes Kunstmuseum. Ausgestellt ist ein Teil der umfangreichen Privatsammlung von Adam Malik, u. a. Porzellane und Keramiken aus China, Japan, Vietnam und Europa, Stein- und Bronzestatuen aus der hindu-javanischen Epoche, Dayak-Holzskulpturen aus Kalimantan und andere Artefakte indonesischer Volkskunst, kostbare Elfenbeinschnitzereien sowie mehrere Dutzend russische Ikonen. Besondere Aufmerksamkeit verdient die angegliederte Gemäldegalerie mit Werken berühmter indonesischer Maler (Affandi, Sujoyono u. a.). Öffnungszeiten: Di–Sa 9.30–15 Uhr, So 9.30–16 Uhr, Mo geschlossen.

Falls Sie sich besonders für Indonesiens neuere Geschichte interessieren, sollten Sie einen Abstecher zum **Museum Sasmita Loka Pahlawan Revolusi** in der Jl. Lembang ebenfalls in Ihre Besichtigungstour einplanen. Das Museum im ehemaligen Wohnsitz des Generals Ahmad Yani informiert anschaulich über die dramatischen Ereignisse der Nacht vom 30. September zum 1. Oktober 1965. Eine im Boden eingelassene Marmortafel markiert die Stelle, wo General Yani nach dem fehlgeschlagenen Entführungsversuch unter den Kugeln aufständischer Offiziere zusammenbrach. Öffnungszeiten: Di–So 8–17 Uhr, Mo geschlossen.

Ein weiterer geschichtsträchtiger Ort und Ziel von Pflichtausflügen zahlreicher Schulklassen ist **Taman Proklamasi** (mit dem *Monumen Proklamator Republik Indonesia Sukarno-Hatta* und dem *Gedung Perintis Kemerdekaan*) in der Jl. Proklamasi. An dieser Stelle wurde am 17. August 1945 gegen 10 Uhr morgens von *Bung* Sukarno und *Bung* Hatta (*Bung* = respektvolle Bezeichnung für den älteren Bruder) die Unabhängigkeit Indonesiens ausgerufen.

Wenn Sie der Jl. Proklamasi in östlicher Richtung folgen, gelangen Sie über die Jl. Matraman zur Jl. Pramuka. Hier befindet sich nahe einem modernen Einkaufszentrum der sehens- und vor allem auch hörenswerte **Vogelmarkt** (*Pasar Burung*), wo Händler neben ›Nutztieren‹ wie Hühnern und Tauben auch exotische Singvögel zum Verkauf anbieten.

In der südwestlichen Ecke des Medan Merdeka beginnt die Jl. Mohamad Husni Thamrin, der von Sukarno als zentrale Achse und Lebensarterie des modernen Jakarta konzipierte Prachtboulevard. Wo noch vor gerade zwei Jahrzehnten Wasserbüffel gegrast haben, reihen sich nun beiderseits des gepflegten ›Vorzeigegesichts‹ der Hauptstadt in einer Parade ehrgeiziger Selbstdarstellung die Verwaltungszentralen bedeutender nationaler und internationaler Banken, Versicherungsgesellschaften und Wirtschaftsunternehmen sowie eine Anzahl internationaler Luxushotels und viele andere Repräsentationsbauten, die u. a. diplomatische Vertretungen und Büros von Fluglinien beherbergen. Hier ist Jakarta keine indonesische Stadt mehr, das Erscheinungsbild dieses Zentrums von Macht und Management ist deutlich geprägt vom Einfluß westlicher Planungsprinzipien; es zeigt die prunkvolle Präsentation moderner Zweckarchitektur aus Beton, Stahl und Glas.

Gegenüber dem Sarinah-Kaufhaus mit einer großen, sich über zwei Etagen ausbreitenden Kunsthandwerks- und Souvenirabteilung (Öffnunsgzeiten: Mo–Sa 9–18 Uhr), befindet sich im ›Jakarta Theatre Building‹ das **Visitor Information Centre**; hier erhalten Besucher des Landes kostenloses Informationsmaterial. Der verkehrsdurchflutete Platz vor dem noblen Hotel Indonesia wird von einem weiteren Freiheitsmonument aus der Sukarno-Ära überragt, dem anläßlich der Eröffnung der Asienspiele 1962 eingeweihten Begrüßungsdenkmal.

In weitem Bogen führt die Jl. Jendral Sudirman, als Verlängerung der Jl. Thamrin, zur Trabantenstadt Kebayoran Baru, die größtenteils während der 60er Jahre in Beton entstanden ist.

Zwischen dem Zentrum und diesem südlichen Vorort, westlich der großen kleeblattförmig angelegten Straßenkreuzung Jl. Sudirman/Jl. Gatot Subroto, breitet sich das weitläufige Areal des **Jakarta-Senayan-Sportzentrums** aus. Dieses Sportgelände wurde für die Asiatischen Spiele 1962 mit russischer Finanzhilfe errichtet; es besitzt u. a. ein überdachtes Hauptstadion mit 100000 Sitzgelegenheiten, Tennis- und Badminton-Anlagen, einen Golfplatz, ein olympischen Normen entsprechendes Schwimmbecken, eine Eislaufhalle sowie ein ›Canidrome‹ für Hunderennen. Ganz in der Nähe, im Winkel zwischen

Jl. Sudirman und Jl. Pintu Gelora, befindet sich der **Orchideengarten** Taman Anggrek Gelora Senayan. Öffnungszeiten: täglich 8–17 Uhr. Nördlich des Senayan-Komplexes schließen sich der auch bei Erwachsenen beliebte **Vergnügungspark** Taman Ria Remaja sowie das Parlamentsgebäude an.

Praktische Hinweise

Unterkunft

Jakarta verfügt über eine ausreichende Anzahl an Hotels, von der *****Kategorie bis zu einfachen Pensionen. Die gesamte Stadt ist auf Tourismus und Kongresse eingerichtet; Unterkunftsprobleme gibt es daher kaum. Allerdings werden die billigeren Hotels und Pensionen (Losmen, Penginapan, Wisma und Hostel) in der Hauptsaison (April bis September) stark von Touristen frequentiert, zu empfehlen ist dann eine rechtzeitige (morgendliche oder mittägliche) Hotelsuche. Meist haben auch die Unterkünfte der unteren Kategorie ein durchaus akzeptables Niveau. Mit dem Ende der 60er Jahre einsetzenden wirtschaftlichen Aufschwung sind in Jakarta eine ganze Reihe teurer Luxushotels entstanden, die durchweg internationalem Standard entsprechen und ihren Gästen neben erstklassigen Restaurants zum Teil auch Nachtklubs und Diskotheken sowie großzügige Sportanlagen (Swimming-pools, Tennis- und Squashplätze u. a.) bieten. Eingeleitet wurde diese neue Ära des Hotelbaus in Jakarta 1962, als das 14-stöckige Hotel Indonesia im Rahmen der japanischen Reparationszahlungen für die Asiatischen Spiele errichtet wurde. Von den ehrwürdigen Hotels aus der Kolonialepoche stehen nur noch das Royal und das Transaera; sie haben jedoch viel von ihrem früheren Flair verloren. Die meisten Touristenhotels und -pensionen der mittleren und billigeren Kategorie befinden sich im Norden des Stadtteils Menteng, in der Gegend um die Jl. Kebon Sirih und Jl. Jaksa, Nobelherbergen vorwiegend entlang der Jl. Thamrin und Jl. Jend. Sudirman.

Hotels höherer Kategorien: *****Borobudur Intercontinental, Jl. Lapangan Banteng Selatan, ✆ 370108; *****Hyatt Aryaduta, Jl. Prapatan 44–46, ✆ 376008; *****Jakarta Hilton International, Jl. Jend. Gatot Subroto, ✆ 583051, 587981; *****Jakarta Mandarin, Jl. M.H. Thamrin, ✆ 321307; *****Sahid Jaya Hotel, Jl. Jend. Sudirman 86, ✆ 587031; ****Hotel Indonesia, Jl. M.H. Thamrin, ✆ 320008, 322008; ****Sari Pacific, Jl. M.H. Thamrin, ✆ 323707; ***Jayakarta Tower, Jl. Hayam Wuruk 126, ✆ 6294408; ***Kartika Plaza, Jl. M.H. Thamrin 10, ✆ 321008; ***Sabang Metropolitan, Jl. H. Agus Salim 11, ✆ 345031 (zentral, nahe Medan Merdeka gelegen); ***Wisata International, Jl. M.H. Thamrin, ✆ 320308.

Mittlere Hotels: **Marcopolo, Jl. Cik Ditiro 19, ✆ 325409, 324355 (empfehlenswertes Mittelklassehotel; gutes und preiswertes indonesisches, chinesisches und europäisches Essen; Swimming-pool); **Menteng I, Jl. Gondangdia Lama 28, ✆ 325208; **Menteng II, Jl. Cikini Raya 105, ✆ 326311; **Natour Hotel Transaera, Jl. Merdeka Timur 16, ✆ 351373 (zentral, nahe Gambir-Bahnhof gelegen); *Royal, Jl. Ir.H.Juanda 14, ✆ 346694; *Sri Vijaya, Jl. Veteran 11, ✆ 370409 (zentral, bei Istiqlal-Moschee gelegen); *Wisma Indra, Jl. Wahid Hasyim 63, ✆ 337432 (zentral gelegen); *Yannie International Guest House, Jl. Raden Saleh Raya 35, ✆ 320012.

Nicht klassifizierte Hotels und Pensionen: Bali International, Jl. Wahid Hasyim 116, ✆ 334967; Bloom Steen Hostel, Jl. Kebon Sirih Timur Dalam, Gang I; Borneo Hostel, Jl. Kebon Sirih Barat Dalam 35, ✆ 320095; Celebes House, Jl. Menteng 35, ✆ 320226 (zentral gelegen, aber etwas schwer zu finden; Zimmer mit eigenem Bad, teilweise klimatisiert); Djody Hostel, Jl. Jaksa 27 und Jl. Jaksa 35; Karya Hotel, Jl. Jaksa 32–34, ✆ 340484; Kreshna Hostel, Jl. Kebon Sirih Timur Dalam, Gang I; Noordwijk Hostel, Jl. Jaksa 14, ✆ 330392 (Zimmer teilweise klimatisiert); Pondok Soedibyo, Jl. Kebon Sirih 23; Prapatan Hotel, Jl. Prapatan Raya 28, ✆ 341525; Wisma Delima, Jl. Jaksa 5; Wisma Shalom – Hotel Kristen International, Jl. Kramat Pulo 18A, ✆ 363960 (moderne Zimmer, gehobenere Preisklasse).

Jugendherbergen: Graha Wisata Mahasiswa Kuningan, Jl. H.Rangkayo Rasuna Said, Kuningan, ✆ 516922; Graha Wisata Remaja

Taman Mini Indonesia Indah, Jl. Pondok Gede, Kramat Jati, ✆ 849418; Graha Wisata Remaja Ragunan, Kompleks Gelanggang Olah Raga Jaya Raya Ragunan, Pasar Minggu, ✆ 782540; Graha Wisata Jaya Ancol, Jl. R. E. Martadinata, ✆ 681952. Reservierung und Information: Kantor Urusan Pembinaan Wisata Remaja, Oriental Bldg., Jl. M.H.Thamrin 51, ✆ 353103, 332067.

Fernverkehr

Jakarta ist der Hauptverkehrsknotenpunkt des Archipels, die Metropole besitzt den bedeutendsten internationalen Flughafen sowie den wichtigsten Überseehafen Indonesiens. Die Hauptstadt ist für einen Großteil der ausländischen Besucher Ausgangspunkt und Drehscheibe ihrer Indonesien-Reise. Für den interinsularen Transport und für Exkursionen auf Java sowie für den Stadt- und Vorortverkehr steht dem Reisenden ein weites Angebot an öffentlichen Verkehrsmitteln zur Verfügung (vgl. auch ›Reisen in Indonesien‹ im gelben Info-Teil, S. 543).

Flughafen: Jakartas Sukarno-Hatta International Airport (*Bandar Udara Internasional Sukarno-Hatta*) gehört zu den wichtigsten und modernsten Flughäfen Südostasiens und ist überdies das Haupteingangstor nach Indonesien. Nach fünfjähriger Bauzeit am 1. April 1985 eingeweiht, liegt er 25 km nordwestlich von Zentraljakarta nahe dem Vorort Cengkareng. Das 600 Mill. US-$ teuere Bauwerk hebt sich wohltuend von der sterilen Zweckarchitektur anderer internationaler Flughäfen ab. Die drei Abfertigungs- und Wartehallen (Terminal A: Internationale Flüge; Terminal B: Inlandsflüge der Garuda; Terminal C: Inlandsflüge anderer indonesischer Fluglinien) wurden im Stil des javanischen *Pendopo,* der nach allen Seiten offenen Säulenhalle mit weit ausladendem und tief herabgezogenem Dach, gestaltet. Auf dem Sukarno-Hatta-Flughafen werden der gesamte internationale Flugverkehr und fast alle Inlandsflüge abgewickelt. Der vormalige internationale Airport Halim Perdanakusuma dient heute vorwiegend militärischen Zwekken, darf aber auch von Chartergesellschaften benutzt werden; der frühere Inlandsflugplatz Kemayoran wurde in ein Erholungsgebiet umgewandelt.

Transport Jakarta – Sukarno-Hatta Airport: Zwischen Jakarta und dem Sukarno-Hatta-Flughafen verkehren klimatisierte Busse der Gesellschaft DAMRI. Abfahrt der Busse jede halbe Stunde zwischen 3 Uhr morgens und 18 Uhr ab Gambir-Bahnhof (Hintereingang, dem Monas zugewandt), Blok M (Jl. Bulungan, Kebayoran Baru), Kemayoran, Rawamangun Busterminal, Pasar Minggu Busterminal, Halim Perdanakusuma (Terminal am alten Flughafen). Abfahrt der DAMRI-Busse am Sukarno-Hatta-Flughafen meist vor Terminal B. Für Gäste verschiedener großer Hotels (Jakarta Hilton, Sahid Jaya, Kartika Plaza, Mandarin, Wisata, Sabang, Hyatt, Borobudur u. a.) besteht ein zusätzlicher Shuttlebus-Service. Taxen (sehr zu empfehlen die klimatisierten Blue Bird-Taxen) kosten ca. Rp. 20000 (1990) zuzüglich Rp. 3000 Mautgebühr für die neue Schnellstraße zum Flughafen. **Wichtig für abreisende Fluggäste;** Die Fahrt zum Sukarno-Hatta-Airport dauert bei normalem Verkehr ca. 45 Minuten, während der ›Rush Hour‹ bis zu 1 Std. und länger.

Flughafensteuer: Für internationale Flüge Rp. 11000; für Inlandsflüge Rp. 1500–3300 (bei im Land gekauften Tickets meist bereits im Kaufpreis enthalten).

Busterminals und Bahnhöfe in Jakarta
Busterminals für den Fernverkehr: A Busterminal Cililitan B Busterminal Pulo Gadung C Busterminal Kalideres D Busterminal DAMRI **Busterminals für den Stadtverkehr:** E Busterminal Blok M F Busterminal Grogol G Busterminal Rawamangun H Busterminal Pasar Minggu I Busterminal Kampung Melayu J Busterminal Manggarai K Busterminal Tanah Abang L Busterminal Senen M Busterminal Kota N Busterminal Tanjung Priok **Bahnhöfe:** O Bahnhof Kota P Bahnhof Gambir Q Bahnhof Pasar Senen R Bahnhof Tanah Abang S Bahnhof Manggarai T Bahnhof Jatinegara

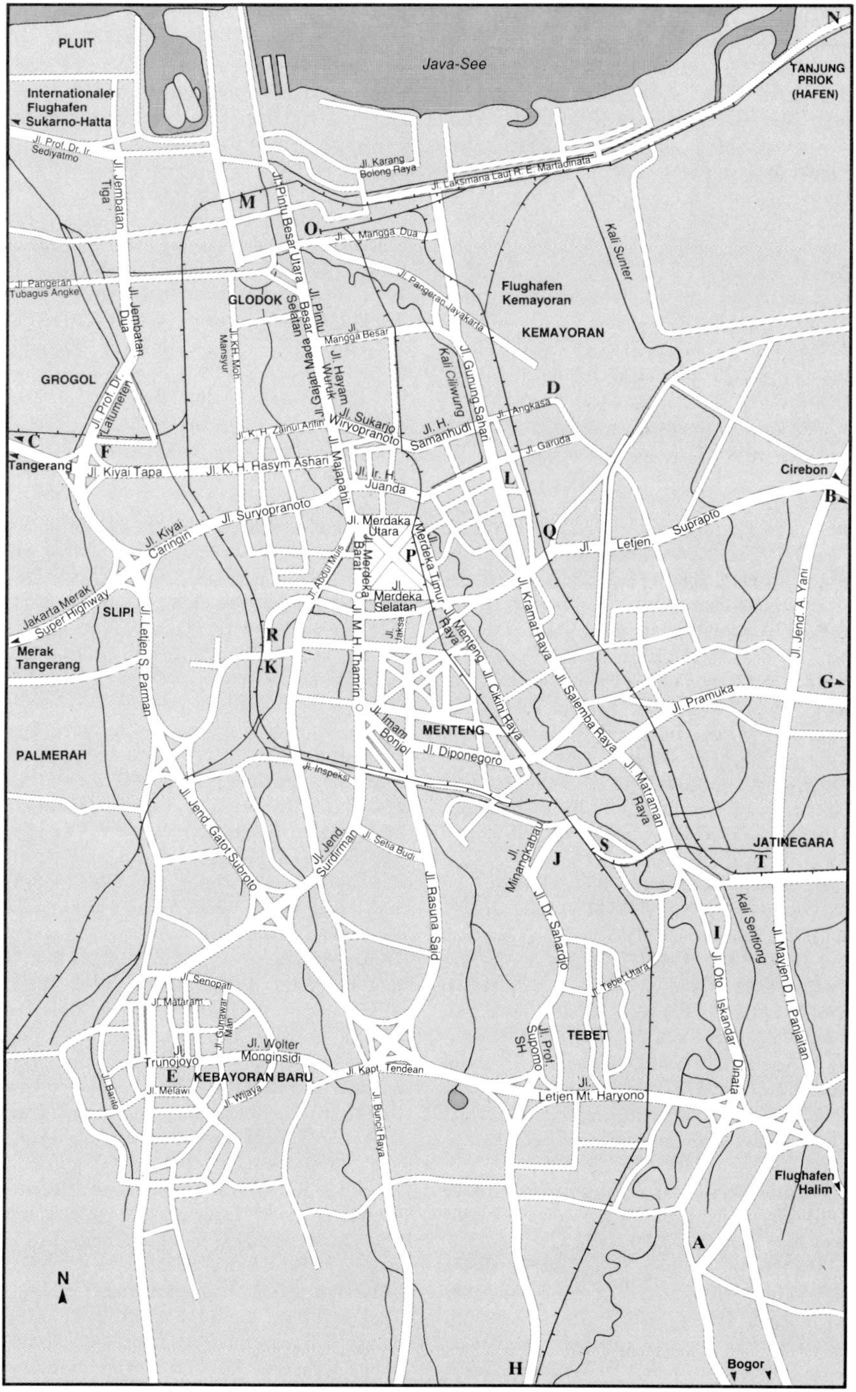

N
PLUIT
Java-See
TANJUNG PRIOK (HAFEN)
Internationaler Flughafen Sukarno-Hatta
Jl. Prof. Dr. Ir. Sediyatmo
Jl. Jembatan Tiga
Jl. Karang Bolong Raya
Jl. Laksmana Laut R. E. Martadinata
M
O
Jl. Pintu Besar Utara
Jl. Mangga Dua
Jl. Pangeran Tubagus Angke
Jl. Jembatan Dua
GLODOK
Jl. Pintu Besar Selatan
Jl. Pangeran Jayakarta
Flughafen Kemayoran
Kali Sunter
KEMAYORAN
Jl. Mangga Besar
Jl. KH. Moh Mansyur
Jl. Gajah Mada
Jl. Hayam Wuruk
Kali Ciliwung
Jl. Gunung Sahari
GROGOL
Jl. Prof. Dr. Latumeten
D
Jl. Angkasa
Jl. K. H. Zainul Arifin
Jl. Sukarjo Wiryopranoto
Jl. H. Samanhudi
Jl. Garuda
C
F
Tangerang
Jl. Kiyai Tapa
Jl. K. H. Hasym Ashari
Jl. Majapahit
Jl. Ir. H. Juanda
L
Cirebon
B
Jl. Kiyai Caringin
Jl. Suryopranoto
Jl. Merdaka Utara
Q
Jl. Letjen. Suprapto
Jl. Merdeka Barat
P
Jl. Merdeka Timur
Jakarta Merak Super Highway
SLIPI
Jl. Abdul Muis
Jl. Merdeka Selatan
Jl. Kramat Raya
Jl. Menteng Raya
Jl. Jend. A. Yani
Merak Tangerang
Jl. Letjen S. Parman
R
K
Jl. M. H. Thamrin
Jl. Jaksa
Jl. Cikini Raya
Jl. Salemba Raya
G
Jl. Pramuka
Jl. Imam Bonjol
MENTENG
PALMERAH
Jl. Diponegoro
Jl. Inspeksi
Jl. Matraman Raya
Jl. Jend. Gatot Subroto
Jl. Jend. Surdirman
Jl. Setia Budi
Jl. Minangkabau
J
S
JATINEGARA
T
Jl. Rasuna Said
Jl. Dr. Sahardjo
Kali Sentiong
I
Jl. Oto. Iskandar Dinata
Jl. Majyen D. I. Panjaitan
Jl. Senopati
Jl. Mataram
Jl. Gunawar Man
Jl. Tebet Utara
Jl. Trunojoyo
Jl. Wolter Monginsidi
Jl. Prof. Supomo SH
TEBET
E
KEBAYORAN BARU
Jl. Barito
Jl. Melawi
Jl. Wijaya
Jl. Kapt. Tendean
Jl. Letjen Mt. Haryono
Jl. Buncit Raya
Flughafen Halim
A
N
H
Bogor

Adressen von internationalen Fluglinien: Garuda, Jl. Merdeka Selatan 13 (Zentrale), ✆ 3801901; Garuda-Zweigstellen u. a. Sukarno-Hatta Airport, Cengkareng, ✆ 5507218, 5507200; BDN Bldg., Jl. M. H. Thamrin 5, ✆ 334425, 334429; Hotel Borobudur, Jl. Lapangan Banteng Selatan, ✆ 359901, 360048; Hotel Indonesia, Jl. M. H. Thamrin, ✆ 310056 8–70. Lufthansa, Panin Centre Bldg., 2. St., Jl. Jend. Sudirman 1, ✆ 710247; Swiss-Air, Hotel Borobudur, Jl. Lapangan Banteng Selatan, ✆ 373608; außerdem u. a. British Airways, Wisma Metropolitan I, Jl. Jend. Sudirman 29, ✆ 5782460; Cathay Pacific, Hotel Borobudur, Jl. Lapangan Banteng Selatan, ✆ 3806664; Czechoslovak Airlines, Hotel Wisata, Jl. M. H. Thamrin, ✆ 320408; Japan Airlines, Mid Plaza, Jl. Jend. Sudirman, ✆ 582758; KLM, Hotel Indonesia, Jl. M. H. Thamrin, ✆ 320708; Malaysian Airlines System, Hotel Indonesia, Jl. M. H. Thamrin, ✆ 320909; Pakistan International Airlines, Royal Oriental Bldg., Jl. M. H. Thamrin 51, ✆ 345278; Panam, Hotel Borobudur, Jl. Lapangan Banteng Selatan, ✆ 361707; Philippine Airlines, Hotel Borobudur, Jl. Lapangan Banteng Selatan, ✆ 370108; Quantas, BDN Bldg., Jl. M. H. Thamrin 5, ✆ 327707; Sabena, Hotel Borobudur, Jl. Lapangan Banteng Selatan, ✆ 370108; Singapore Airlines, Chase Bldg., Jl. Jend. Sudirman, ✆ 584011; Thai International Airlines, BDN Bldg., Jl. M. H. Thamrin 5, ✆ 320607; UTA, Jaya Bldg., Jl. M. H. Thamrin 12, ✆ 323609.

Adressen von nationalen Fluglinien: Airfast, Jl. Riau 10, ✆ 338164 (auch Flugzeug-Charter-Service); Bouraq, Jl. Angkasa 1–3, ✆ 655770; DAS (Dirgantara Air Service), Penas Bldg., Jl. Patrice Lumumba, ✆ 417312 (auch Flugzeug-Charter-Service); Mandala, Jl. Veteran I/34, ✆ 368107; Merpati, Jl. Angkasa 2, ✆ 417404; Pelita, Jl. Abdul Muis 52–56, ✆ 27508; Sempati, Jl. Merdeka Timur 7, ✆ 348760. (Informationen über das Flugnetz der einzelnen Inlandsfluglinien finden Sie im gelben Info-Teil, S. 544.)

Öffnungszeiten der Flugbüros: Mo–Fr 8–16 oder 17 Uhr, Sa 8–13, 14 oder 15 Uhr; bisweilen auch So 8–12 oder 13 Uhr.

Schiff: Mit Tanjung Priok besitzt Jakarta ca. 15 km nordöstlich des Zentrums einen der wichtigsten Häfen Südostasiens; hier wird auch der überwiegende Teil des Passagierverkehrs abgewickelt (alle PELNI-Schiffe legen hier an Pier 1 an). Kleinere Schiffe, meistens Frachter (vorwiegend sogenannte Praus, vgl. S. 150), die ohne regulären Fahrplan zwischen Jakarta und den ›Außeninseln‹ verkehren, gehen im alten Hafen Sunda Kelapa vor Anker. Falls Sie eine Mitfahrgelegenheit mit einem dieser Schiffe suchen, sollten Sie hinsichtlich Fahrziele und Abfahrtszeiten Informationen im Büro des Hafenmeisters (*Kantor Syah Bandar*) einholen. Transport Jakarta – Sunda Kelapa bzw. Kota: ab Blok M oder Jl. M.H.Thamrin Bus 70 oder P1, ab Jl. Pintu Air Bus 71, ab Senen Bus 72, ab Cililitan Bus 700 oder P11. Transport Jakarta – Tanjung Priok: ab Senen Bus 60 oder 602, ab Cililitan Bus 43A, ab Pulo Gadung Bus 50, 51 und 59, ab Kota Bus 64 oder Minibus M15.

PELNI (*Pelayaran Nasional Indonesia* = staatliche Schiffahrtsgesellschaft), Jl. Pintu Air 1, ✆ 358398, 347337.

Große, komfortable PELNI-Passagierschiffe verkehren beispielsweise einmal wöchentlich zwischen Jakarta und Ujung Pandang (Südsulawesi), Jakarta und Padang (Westsumatra) sowie Jakarta und Medan (Nordsumatra). Weitere Informationen über Fahrtrouten der verschiedenen PELNI-Schiffe finden Sie im gelben Info-Teil, S. 547.

Bus: In Jakarta gibt es jeweils einen Busbahnhof für Busse in südlicher, östlicher und westlicher Richtung; alle drei Terminals liegen in Außenbezirken. **Terminal Cililitan** (nahe Halim-Flughafen): Busse nach Süden und Südwesten, u. a. nach Bogor (1 Std.), Puncak Pass, Sukabumi, Bandung (5 Std.) und Banjar (9 Std.; östlich von Tasikmalaya, von hier Weiterfahrt nach Pangandaran). Transport Jakarta – Cililitan: ab Kota Bus 78, ab Gambir Bus 40 und 401, ab Blok M Bus 405. Transport Cililitan – Tanjung Priok: Bus P8 und 43A; Cililitan – Kalideres: Bus P6A und 46A; Cililitan – Pulo Gadung: Bus P9, 42 und 44. **Terminal Pulo Gadung** (Jl. Pemuda/Jl. Perintis Kemerdekaan): Busse nach Zentral- oder Ostjava sowie Bali; u. a. nach Cirebon (5 Std.), Semarang (12 Std.), Yogyakarta (12 Std.), Solo (13 Std.), Surabaya (16 Std.), Malang (19 Std.), Denpasar (26 Std.). Transport Jakarta – Pulo Gadung: ab Senen Bus 52 und 55, ab Blok M Bus 57, ab Kota Bus 77, ab Gambir Bus 502. Transport Pulo Gadung – Tanjung Priok: Bus 50, 51 und 59; Pulo Gadung – Cililitan: Bus P9, 42 und 44; Pulo Gadung – Kalideres: Bus P7A. **Terminal Kalide-**

res (Jl. Daan Mogot, Cengkareng): Busse an Javas Westküste und nach Sumatra, u. a. nach Serang (1½ Std.), Merak (2 Std.), Labuhan (4 Std.), Palembang (24 Std.), Padang (48 Std.). Transport Jakarta – Kalideres: ab Blok M Bus 20, ab Senen Bus 26, 30C und 208, ab Kota Bus 204, ab Gambir Bus 913. Transport Kalideres – Cililitan: Bus P6A und 46A; Kalideres – Pulo Gadung: Bus P7A. Fernbusse in alle Hauptrichtungen (auch nach Sumatra) setzt außerdem die Gesellschaft DAMRI ein, die ein eigenes Terminal in der Jl. Angkasa 178, Kemayoran besitzt. **Achtung:** Jakartas Busbahnhöfe gehören zu den bevorzugten Manövergebieten von Taschendieben!

Ferntaxen (Intercity-Taxen): Verschiedene Firmen offerieren einen Ferntaxi-Service zwischen Jakarta und Bandung sowie Jakarta–Bogor und Jakarta–Cirebon. Abfahrt für gewöhnlich tagsüber jede volle Stunde; bisweilen kann man sich im Hotel abholen lassen und wird am Zielort wieder am Hotel u. a. abgesetzt. Adressen: ›4848‹, Jl. Prapatan 34, ✆ 348048, 364488 und Jl. Kramat Raya 23, ✆ 357656; Media, Jl. Johar 15, ✆ 343643; Parahiyangan, Jl. Wahid Hasyim 13, ✆ 353434, 350124.

Eisenbahn: Von Jakarta breitet sich ein umfassendes Eisenbahn-Netzwerk aus. Die Hauptstadt verfügt über fünf große Bahnhöfe: **Jakarta Kota Station,** Jl. Stasiun 1, ✆ 278515, 277275. Hier werden die beiden komfortablen, klimatisierten Nacht-Expreßzüge Bima und Mutiara abgefertigt – Bima (Jakarta – Yogyakarta – Solo – Surabaya; ca. 10½ – 12 – 16 Std.), Mutiara (Jakarta – Cirebon – Semarang – Surabaya; ca. 5 – 10 – 16 Std.). Von hier startet auch der zwischen Jakarta und Bandung verkehrende Schnellzug Parahiyangan (3 Std.). Hinweis: Beachten Sie, daß man in der Hauptverkehrszeit von Zentraljakarta zum Kota-Bahnhof bis zu einer Stunde braucht. **Gambir Station,** Jl. Medan Merdeka Timur, ✆ 348612, 342777. Von hier fahren folgende nicht klimatisierte Schnellzüge ab: Parahiyangan (Jakarta – Bandung), Senja Maja (Jakarta – Yogyakarta – Madiun), Senja Utama (Jakarta – Yogyakarta – Solo), Senja Yogya (Jakarta – Yogyakarta), Gaya Baru Selatan (Jakarta – Yogyakarta – Surabaya) sowie stündlich Züge nach Bogor (1½ Std.; morgens und spätnachmittags oft völlig überfüllt). **Pasar Senen Station,** Jl. Medan Senen, ✆ 348809. Von hier fahren folgende nicht klimatisierte Schnellzüge ab: Gaya Baru Utara (Jakarta – Semarang – Surabaya), Cepat Solo (Jakarta – Yogyakarta – Solo), Senja Semarang (Jakarta – Semarang). **Tanah Abang Station,** Jl. Jatibaru. Von hier fahren Schnellzüge nach Merak ab (4 Std.). **Manggarai Station,** Jl. Stasiun Manggarai. Von hier fährt der Schnellzug Patas 206 (Jakarta – Banjar) ab.

Die meisten Expreßzüge starten nachmittags; die Parahiyangan-Züge nach Bandung fahren viermal täglich. Die Fahrkarten für die Luxuszüge Bima und Mutiara kann man einen Tag vor Reiseantritt am Kartenschalter des Bahnhofs kaufen, Tickets für andere Züge oftmals erst wenige Stunden vor Abfahrt. Viel Zeit und Mühe spart man, wenn man sich das Ticket gegen einen kleinen Aufpreis von einem zuverlässigen Reisebüro besorgen läßt, z. B. von Carnation Tours & Travel, Jl. Menteng Raya 24 (Jl. Kebon Sirih/Jl. Menteng Raya), ✆ 344027, 356728 und Jl. Kyai Maja 53, Blok E, Kebayoran Baru, ✆ 713943 oder von P.T.Bhayangkara, Jl. Wahid Hasyim 31 C, ✆ 336033. Achten Sie auf allen Bahnhöfen (vor allem auf dem Gambir) auf Taschendiebe!

Reiseagenturen: Zahlreiche Reisebüros offerieren Stadtbesichtigungen und organisierte Tagesausflüge in die Umgebung Jakartas (nach Bogor, Puncak Pass, Bandung u. a.), z. B. Nitour (staatliches indonesisches Reisebüro), Jl. Majapahit 2, ✆ 340955; Pacto, Jl. Surabaya 8, ✆ 348634; Tunas Indonesia, Jl. Abdul Muis 70, ✆ 355167.

Stadt- und Vorortverkehr

Stadtbusse: Dominierende öffentliche Verkehrsmittel im Großraum Jakarta sind Stadtbusse, die auf den Hauptrouten zwischen den einzelnen Stadtteilen pendeln; in der Regel dichte Folge ohne feste Abfahrtszeiten. Für die Busse existieren feste Haltestellen, bisweilen stoppen sie aber auch auf Handzeichen. Schilder an der Frontscheibe zeigen das Fahrtziel an (Straßenname oder Stadtteil); die Schaffner rufen oft nur die Kurzformen der Fahrtziele aus, z. B. ›Litan‹ statt ›Cililitan‹. Es gibt zwei große städtische Buslinien: die Patas-Expreßbusse (Patas = P) sowie die normalen Stadtbusse (oftmals Doppeldeckerbusse). Die wichtigsten Terminals für Stadtbusse (*Terminal Bis*) sind Gambir, Senen, Grogol, Kota, Pasar Baru, Tanah Abang und Blok M.

Während der Hauptverkehrszeiten sind die Stadtbusse meistens sehr überfüllt. Halten Sie genügend Kleingeld bereit und achten Sie auf Wertgegenstände, da sich unter den Mitfahrern bisweilen auch Taschendiebe tummeln (berüchtigt sind die Buslinien 40 und 70; viele ›Schlitzer‹). Einen Plan mit allen wichtigen Buslinien erhalten Sie beim ›Visitor Information Centre‹. Nachfolgend eine Zusammenstellung der wichtigsten Buslinien.

Expreßbusse (Patas): P1 Blok M – Kota, P2 Cililitan – Kota, P4 Pulo Gadung – Blok M, P5 Pulo Gadung – Kota, P6A Cililitan – Kalideres, P7A Pulo Gadung – Kalideres, P8 Cililitan – Tanjung Priok, P9 Cililitan – Pulo Gadung, P11 Cililitan – Kota.

Normale Stadtbusse: 12 Blok M – Lapangan Banteng, 10, 11, 13 und 14A Blok M – Senen, 20 Blok M – Kalideres, 26 Kalideres – Senen, 40 Cililitan – Pintu Air, 41A Cililitan – Pasar Baru, 42 Pulo Gadung – Cililitan, 45 Cililitan – Blok M, 46A Cililitan – Kalideres, 50 Pulo Gadung – Tanjung Priok, 52 und 55 Pulo Gadung – Senen, 57 Pulo Gadung – Blok M, 60 Senen – Tanjung Priok, 70 Kota – Blok M, 71 Kota – Pintu Air, 72 Kota – Senen, 401 Cililitan – Medan Merdeka Utara, 502 Pulo Gadung – Pintu Air, 700 Cililitan – Kota, 913 Kalideres – Gambir.

Taxen: Taxen (häufig klimatisiert) sind die weitaus bequemsten Transportmittel in Jakarta. Selten muß man in der Innenstadt länger als ein paar Minuten auf ein freies Taxi warten. Standplätze befinden sich bei allen großen Hotels sowie für gewöhnlich bei Märkten, Einkaufszentren, Bus- und Bahnterminals. In der Regel sind die Taxen mit einem Taxameter ausgestattet. Einschaltgebühr Rp. 600 (AC-Taxen Rp. 800); der Fahrpreis errechnet sich aus einer Kombination zwischen Fahrtdauer und Entfernung. Rechnen Sie für eine Fahrt von etwa 5 km mit ca. Rp. 2500 (inklusive Einschaltgebühr). Bestehen Sie stets darauf, daß das Taxameter eingeschaltet wird und lassen Sie sich nicht auf Pauschalzahlungen ein (überhöhte Preise werden vor allem am Taxistand beim Gambir-Bahnhof verlangt). Hinter vermeintlichen Umwegen des Chauffeurs müssen nicht unbedingt betrügerische Absichten stehen, meist ist daran das verzwickte Einbahnstraßensystem Jakartas schuld. Als sehr zuverlässig können die (überwiegend klimatisierten) Taxen der beiden großen Unternehmen Blue Bird (hellblau) und President (gelb) empfohlen werden (Blue Bird, Jl. H. O. S. Cokroaminoto, ✆ 333000, 325607; President Taxi, Jl. A. Yani 98, ✆ 411354). Taxen anderer Firmen sind meist nicht klimatisiert, u. a. Royal City (orange), Morante (weiß), Sri Medali (weiß-blau), Steady Safe (hell-dunkelbraun). Es könnte sich durchaus lohnen, für eine Stadtbesichtigung ein Taxi auf Stundenbasis zu mieten. Gelegentlich bieten an Taxistandplätzen auch Privatleute ohne die erforderliche Lizenz Taxidienste und Rundfahrten an; das kann eventuell mit gewissen Risiken verbunden sein.

Leihwagen: Internationale Leihwagenunternehmen haben Lizenzbetriebe in Jakarta, einheimische Verleiher sind aber oft billiger. Adressen: Avis Car Rental, Jl. Diponegoro 25, ✆ 333423 National Car Rental, Hotel Kartika Plaza, Jl. M. H. Thamrin, ✆ 322006; Hertz Car Rental, Jl. Cik Ditiro 11E, ✆ 332610.

Andere Transportmittel: Zu den ›Exoten‹ unter Jakartas innerstädtischen Transportmitteln gehören die Becak, Bajaj und Helicak. Die ehedem volkstümlichste Form des Transports ist das Becak, eine dreirädrige Fahrradrikscha für zwei Personen. In den 60er Jahren soll es noch über 150000 Becak in den Straßen Jakartas gegeben haben, heute werden sie zusehends aus dem Stadtbild verbannt und sind meist nur noch in verkehrsärmeren Randgebieten zu finden (Ausnahme das Chinesenviertel Glodok). Aus den Becak haben sich die verschiedensten motorisierten Vehikel für den Personentransport entwickelt. Ein Bajaj ist ein Bastard aus Fahrradrikscha und Motorrad mit einer Passagierkabine für zwei bis drei Personen; der Fahrer sitzt an einer Lenkstange davor. Ein Helicak ist ein dreirädriges Minitaxi mit stinkend-rußendem Zweitaktmotor. Die beiden Passagiere sitzen in einem kistenförmigen Aufbau vor dem Fahrer. Bei Bedarf ist fast immer ein Bajaj oder Helicak zur Hand. Dieses Überangebot trägt zwar zur Verkehrsverstopfung und Luftverschmutzung bei, hält aber auch die Preise niedrig. Solche Kleintaxen sind als originelle Transportmittel für Stadtbesichtigungen zu empfehlen. Vergessen Sie aber nicht, den Fahrpreis auszuhandeln, bevor Sie einsteigen. Verschiedentlich findet man in Jakarta auch Bemo, Minibusse, die bestimmte Routen fahren, aber praktisch überall anhalten, um Fahrgäste ein- und aussteigen zu lassen.

Essen, Einkauf, Unterhaltung

Restaurants (mittlere und höhere Preislage): **Indonesisch** (allgemein): Betawi Coffee Shop, Hotel Sabang, Jl. H. Agus Salim 11; Fatahillah, Jl. Fatahillah 14; Java Room, Hotel Indonesia, Jl. M. H. Thamrin; Marunda, Hotel Wisata, Jl. M. H. Thamrin; Rice Bowl, Wisma Nusantara, 30.St., Jl. M. H. Thamrin; Senayan Satay House, Jl. Kebon Sirih 31A, Jl. Pakubuwono VI/6 und Jl. Tanah Abang II/76. **Javanisch:** Ayam Bulungan, Jl. Bulungan I/64, Kebayoran Baru; Gudeg Bu Tjitro, Jl. Cikajang II/80, Kebayoran Baru; Jawa Timur (ostjavanisch), Jl. Jend. A. Yani 67. **Makassaresisch:** Angin Mamiri, Jl. K. H. Hasyim Ashari 49; Asia Afrika, Jl. Asia Afrika 3–5, Senayan; Ikan Bakar Kebon Sirih, Jl. Kebon Sirih 40; Tamatalea, Jl. Krekot I/40 G. **Menadonesisch:** Rumah Makan Manado Tinoor Asli, Jl. Gondangdia Lama 33A. **Padang:** Natrabu, Jl. H.Agus Salim 29A; Pepper Pot, Wisma Metropolitan, 18.St., Jl. Jend. Sudirman; Roda, Jl. Blora 11 und Jl. Matraman Raya 65; Salero Bagindo, Jl. Kebon Sirih; Sari Bundo, Jl. Ir.H.Juanda 27. **Sundanesisch:** Atithya Loka, Satriamandala Museum, Jl. Gatot Subroto; Ratu Sari, Glodok Plaza, Jl. Pinangsia Raya; Sari Kuning (sundanesische Fischgerichte), Jl. Batuceper 55A und Jl. Silang Monas Timur 88. **Fischspezialitäten:** Jun Nyan, Jl. Batuceper 69; Perahu Bugis, Hotel Horizon, Taman Impian Jaya Ancol; Mina, Hotel Sahid Jaya, Jl. Jend. Sudirman 86; Ratu Bahari, Jl. Batuceper 59 und Jl. Melawai VII/4; Sanur, Jl. Ir. H. Juanda III/31 J. **Chinesisch:** Bakmi Gajah Mada, Jl. Gajah Mada 92 und Jl. Melawai IV/25; Baharu, Jl. H. Agus Salim 45; Blue Ocean, Jl. Hayam Wuruk 5; Cahaya Kota, Jl. Wahid Hasyim 9; Jade Garden, Jl. Blora 5–6; Lim Thiam Kie, Jl. H. Agus Salim 53; Makmur, Jl. H. Agus Salim 55A; Spice Garden, Mandarin Hotel, Jl. M. H. Thamrin; Trio, Jl. Gondangdia Lama 29A. **Indisch:** King, Jl. Veteran I; Maharaja, Jl. H. Agus Salim 52; Omar Khayam, Jl. Antara 5–7. **Japanisch:** Akasaka, Jl. Wahid Hasyim; Benkay, President Hotel, Jl. M. H. Thamrin; Furusato, Hotel Sari Pacific, Jl. M. H. Thamrin; Seibu, Jl. Gondangdia Lama; Yamazato, Hotel Indonesia, Jl. M. H. Thamrin. **Koreanisch:** Korea Garden, Jl. Telukbetung 33; New Korean House, Kuningan Plaza, Jl. Rasuna Said. **Thai:** Ayothaya Thai, Jl. Ir. H. Juanda 35A; D'jit Pochana, Kompleks Kehutanan, Jl. Gatot Subroto. **Europäisch und amerikanisch** (allgemein): Casablanca, Kuningan Plaza, Jl. Rasuna Said 11–14; Gandy Steak House, Jl. Gajah Mada 82A; La Bodega, Jl. Terogong Raya, Cilandak; Oasis, Jl. Raden Saleh 47; Ponderosa Steak House, Widjojo Centre, Jl. Jend.Sudirman 57 und Wisma Antara, Jl. Medan Merdeka Selatan 17. **Deutsch:** Bavaria, Prince Centre Bldg., Jl. Jend.Sudirman 3–4. **Französisch:** Brasserie Le Parisien, Hotel Hyatt, Jl. Prapatan 44; Coq Hardi, Jl. Jaksa; Le Bistro, Jl. Wahid Hasyim 75. **Holländisch:** Art & Curio, Jl. Kebun Binatang III/8 A, Cikini; Club Noordwijk, Jl. Ir. H. Juanda 5A. **Italienisch:** Il Giordano, Jl. Pegangsaan Barat 6P; Rugantino, Jl. Melawai Raya 28; Pizza Hut, Jakarta Theatre Bldg., Jl. M. H. Thamrin 9. **Mexikanisch:** La Fonda, Jl. Ir. H. Juanda 4B; The Green Pub, Jakarta Theatre Bldg., Jl. M. H. Thamrin 9. **Spanisch:** Casa Espagnola, Jl. Sidoarjo 1, Menteng; Castelo do Mar, Jl. Kemang Raya 6A, Kebayoran Baru. **Vegetarisch:** Paradiso 2001, Jl. H.Agus Salim (gegenüber Baharu Restaurant).

Billigere Restaurants (einfache indonesische und chinesische Gerichte) sowie unzählige *Warung* (Essensstände) im ganzen Stadtgebiet. Gut und preiswert ißt man in den kleinen Restaurants und Straßenküchen des Chinesenviertels Glodok (vorwiegend gegen Abend). Ein modernes, preiswertes Restaurant mit *Warung*-Charakter ist das Puja Sera ind er Jl. Kedbon Sirih 63.

Einkauf: Jakarta ist die ideale Stadt zum Einkaufen von kunsthandwerklichen Produkten und Antiquitäten; man kann bereits in der Hauptstadt einen Souvenirstreifzug durch den ganzen Archipel unternehmen, allerdings kauft man vor Ort meistens billiger ein. **Kunsthandwerk:** Einen ausgezeichneten Überblick über das weite Spektrum indonesischen Kunsthandwerks kann man sich im Kaufhaus Sarinah, Jl. M. H. Thamrin verschaffen (3. St.: alle Arten von Kunsthandwerk und Souvenirs aus dem ganzen Archipel, Gemälde, Möbel, Schmuck u. a.; 4. St: Batik Keris-Abteilung; Öffnungszeiten: Mo–Sa 9–18 Uhr). Eine bunte Palette indonesischen Kunsthandwerks bieten auch der Pasar Seni Art Market im Freizeitpark Taman Impian Jaya Ancol (Öffnungszeiten: täglich 9–22 Uhr) und der Indonesian Bazaar im Jakarta Hilton International, Jl. Jend.Gatot

Subroto. **Antiquitäten:** Die am besten bestückten Antiquitätenläden konzentrieren sich entlang der Jl. Kebon Sirih Timur Dalam, Jl. Majapahit, Jl. H. Agus Salim und Jl. Palatehan (Kebayoran Baru). Sehr lohnend ist ein Besuch des Antiquitätenmarktes *(Pasar Barang Antik)* an der Jl. Surabaya (Öffnungszeiten: täglich 9–17 Uhr). Viele der nachfolgend aufgelisteten Antiquitätengeschäfte bieten auch kunsthandwerkliche Produkte an: Arjuna Craft Shop, Jl. Majapahit 16A; Bali Art & Curio, Jl. Kebon Sirih Timur Dalam 42; Bangka Tin Shop, Jl. Wahid Hasyim 178; Bima Art & Curio, Jl. Kebon Sirih Timur Dalam 257; Djelita Art Shop, Jl. Palatehan I/37; Djody Art & Curio, Jl. Kebon Sirih Timur Dalam 2; Irian Art and Gift Shop, Jl. Pasar Baru 16A; Johan Art Curios, Jl. H. Agus Salim 59A; Lee Cheong, Jl. Majapahit 32; Majapahit Arts & Curios, Jl. Melawai III/4, Blok M, Kebayoran Baru; Pigura Art & Gift Shop, Jl. Palatehan I/41. **Batik:** Das wohl größte Batik-Angebot in Jakarta bietet das bereits erwähnte Sarinah-Kaufhaus (4.St.); hier finden Sie nicht nur javanische, sondern auch balinesische und maduresische Batikstoffe, -kain, -hemden u. a. Weitere Batikgeschäfte: Amry Gallery (Batikbilder), Jl. Utan Kaya 66E; Batik Semar, Jl. Tomang Raya 54; GKBI (Indonesian Government Batik Cooperative), Jl. Jend.Sudirman 28; Iwan Tirta (sehr teuer), Jl. Panarukan 25 und Hotel Borobudur, Jl. Lapangan Banteng Selatan; Srikandi, Jl. Cikini Raya 90. **Einkaufszentren:** Dazu gehören traditionelle Einkaufszentren mit urwüchsigem Marktcharakter (u. a. Pasar Baru, Pasar Senen, Pasar Tanah Abang) ebenso wie hochmoderne, vollklimatisierte Ladenstädte, die jedem Vergleich mit den Konsumtempeln von Singapur und Hongkong standhalten können (u. a. Gajah Mada Plaza in der Jl. Gajah Mada, Glodok Shopping Centre in der Jl. Pintu Besar Selatan, Hayam Wuruk Plaza in der Jl. Hayam Wuruk, Ratu Plaza in der Jl. Jend.Sudirman). **Buchläden:** Gunung Agung, Jl. Kwitang 6 und Jl. Kwitang 24–25; Gunung Mulia, Jl. Kwitang 22–23; Gramedia, Jl. Gajah Mada 109, Jl. Pintu Air 72 und Jl. Melawai III/12–18, Kebayoran Baru; Indira, Jl. Sam Ratulangi 37 und Jl. Melawai V/6, Kebayoran Baru. Relativ gut bestückt mit englischsprachiger Literatur sind die Buchgeschäfte in den Ladenarkaden verschiedener großer Hotels (z. B. im Hotel Borobudur); hier erhält man in der Regel neben internationalen auch deutsche Zeitungen und Nachrichtenmagazine.

Unterhaltung: Kulturelle Veranstaltungen: Zahlreiche verschiedenartige Veranstaltungen finden regelmäßig im Kulturzentrum Taman Ismail Marzuki (TIM), Jl. Cikini Raya 73, statt. Das Kulturprogramm des TIM umfaßt modernes und traditionelles Theater, Ballett, Tanz, Dichterlesungen und Filmvorführungen ebenso wie verschiedene *Wayang*-Veranstaltungen (*Wayang Kulit, Wayang Orang* u. a.); Programmhinweise in einem monatlich erscheinenden Veranstaltungskalender (erhältlich in den Auskunftsbüros für Touristen sowie gelegentlich bei Reiseagenturen und in großen Hotels) und in der Tagespresse (vor allem in der englischsprachigen Jakarta Post); telefonische Auskünfte unter 334740, 334720 und 324616. Lebendige javanische Kultur kann man auch im Bharata Theatre, Jl. Kalilio, Senen, erleben; hier werden täglich außer Montag und Donnerstag ab 20.15 Uhr *Wayang Orang* bzw. *Wayang Wong*-Aufführungen abgehalten. Volkstümliche *Ketoprak*-Veranstaltungen finden jeden Montag und Donnerstag ab 20.15 Uhr statt.

Wayang Kulit oder *Wayang Golek* können Sie auch im Wayang-Museum, Jl. Pintu Besar Utara 27, Kota, und im Nationalmuseum, Jl. Medan Merdeka Barat, sehen. Die Aufführungen im Wayang Museum finden jeden Sonntagvormittag zwischen 10 und 12 Uhr statt, die Aufführungen im Nationalmuseum jeden Samstagabend ab 20 Uhr. Im Nationalmuseum werden zudem regelmäßig jeden Sonntagvormittag zwischen 9.30 und 10.30 Uhr öffentliche Gamelan-Proben abgehalten. Weitere Informationen erhalten Sie bei der Verwaltung des Nationalmuseums (✆ 360976); Verschiedene *Wayang*-Vorführungen und andere kulturelle Attraktionen bietet mehrmals im Monat auch der Pasar Seni Art Market im Freizeitpark Taman Impian Jaya Ancol; das genaue Programm erfahren Sie im Visitor Information Centre. Vorwiegend an Sonn- und Feiertagen (in der Regel zwischen 10 und 14 Uhr) finden in verschiedenen Pavillons des Taman Mini Indonesia Indah kulturelle Veranstaltungen (meist *Gamelan*-Musik, aber auch Theater und Tanz) statt; einen Veranstaltungskalender erhalten Sie am Informationsschalter im Verwaltungsgebäude am Haupteingang oder eventuell auch im Visitor

Information Centre. Sehr lohnenswert ist auch ein Besuch des Balinesischen Theaters im Indonesian Bazaar des Jakarta Hilton (Jl. Jend.Gatot Subroto); ein balinesisches *Gamelan*-Orchester begleitet hier traditionelle Tänze aus dem ganzen Archipel (Vorführungen täglich außer Mo 19–20 Uhr). Ganz in der Nähe, im Theater Ria Loka auf dem Gelände des Freizeitparks Taman Ria Remaja Senayan, werden jeden Abend von 20–23 Uhr *Srimulat*-Aufführungen, eine Art volkstümlicher Komödie, geboten (allerdings auf indonesisch). Ergänzt wird das kulturelle Angebot Jakartas durch Veranstaltungen einiger großer Hotels (indonesische Kulturabende finden regelmäßig vor allem im Hotel Borobudur, Jakarta Hilton und President Hotel statt) sowie verschiedener ausländischer Kulturinstitute, u. a. Alliance Française, Jl. Salemba Raya 25; British Council, Widjojo Centre, Jl. Jend. Sudirman 56, ✆ 5874411; Erasmus Huis, Jl. H.R. Rasuna Said Kav. S. 3, Kuningan; Goethe-Institut, Jl. Matraman Raya 23, ✆ 8504798; Indonesisch-Amerikanische Freundschaftsgesellschaft, Jl. Pramuka Kav. 30, ✆ 881241. Besonders hingewiesen sei auf die allwöchentlichen Vortrags- und Filmabende, die die Ganesha Society in Verbindung mit dem Erasmus Huis veranstaltet, sowie auf die ebenfalls einmal pro Woche stattfindenden Kulturabende der Indonesisch-Amerikanischen Freundschaftsgesellschaft. Über ausgezeichnete Bibliotheken verfügen das British Council und das Erasmus Huis.

Einen knappen Überblick über das reiche kulturelle Angebot der Stadt gibt die beim Visitor Information Centre erhältliche Broschüre ›Jakarta: Permanent Exhibitions and Regular Performances‹; über Veranstaltungstermine informiert auch die englischsprachige Tageszeitung Jakarta Post.

Nachtklubs, Bars und Diskotheken: Die meisten Hotels der oberen Kategorie verfügen über exklusive Nachtklubs, Bars und Diskotheken mit in der Regel erstklassigen Musikdarbietungen. Billigere Bars und Cocktail-Lounges findet man vereinzelt entlang der Jl. M.H. Thamrin, Jl. Gajah Mada und Jl. Hayam Wuruk sowie in der näheren Umgebung von Blok M, Kebayoran Baru. In verschiedenen Bars gibt es am späten Nachmittag bzw. frühen Abend (für gewöhnlich zwischen 17 und 20 Uhr) die Happy Hour, d. h. auf alle Getränke wird ein Rabatt von 50% gewährt. Indonesische Popgruppen treten regelmäßig im Taman Ria Jakarta (Jl. Medan Merdeka Selatan) auf (Öffnungszeiten: Mo–Sa 17–24 Uhr, So 10–24 Uhr). Einige teurere Nachtklubs und Diskotheken: Blue Ocean, Jl. Hayam Wuruk 5; Music Room, Hotel Borobudur, Jl. Lapangan Banteng Selatan; Oriental Club, Jakarta Hilton, Jl. Jend. Gatot Subroto; Pitstop, Sari Pacific Hotel, Jl. M.H.Thamrin; Stardust Disco, Jayakarta Tower Hotel, Jl. Hayam Wuruk 126. Einige billigere Nachtklubs und Diskotheken: Columbus Bar, Hotel Marcopolo, Jl. Cik Ditiro 19; Faces, Jl. Wahid Hasyim; Hotmen Bar, Hotel Menteng I, Jl. Gondangdia Lama 28; Pink Panther, Hotel Bali International, Jl. Wahid Hasyim 116; Tanamur Disco, Jl. Tanah Abang Timur 14. Nachtlokale mit Folk- und Jazzmusik: Captain's Bar, Mandarin Hotel, Jl. M.H. Thamrin; Federal Club, Jl. Hasanuddin 52, Blok M, Kebayoran Baru; George & Dragon, Jl. Telukbetung 32; Green Pub, Jakarta Theatre Bldg., Jl. M.H.Thamrin 9; Jaya Pub, Jaya Bldg., Jl. M.H.Thamrin 12; Permata Hijau Music Lounge, Bakrie Bldg., Jl. Rasuna Said, Kuningan; Pete's Club, Wisma Gunung Sewu, Jl. Jend. Gatot Subroto Kav.22. Ein Zentrum abendlicher und nächtlicher Vergnügungen aller Art stellt der Freizeitpark Taman Impian Jaya Ancol mit seinen verschiedenen Nachtklubs und Diskotheken dar.

Information und wichtige Adressen

Touristeninformation: Visitor Information Centre, Jakarta Theatre Bldg., Jl. M.H. Thamrin 9 (gegenüber Sarinah-Kaufhaus), Jakarta Pusat, ✆ 354094, 364093; Öffnungszeiten: Mo–Do 8.30–14.30 Uhr, Fr 8.30–11.30 Uhr, Sa 8.30–12.30 Uhr, So geschlossen (hier vor allem Informationen über Jakarta und Westjava); Visitor Information Service, Jakarta International Airport Sukarno-Hatta, ✆ 5505179, 550500, 5507080; Directorate General of Tourism, Jl. Kramat Raya 81, P.O.Box 409, Jakarta Pusat, ✆ 310317–9, 310352–5 (hier Informationen über ganz Indonesien); Jakarta Metropolitan City Tourism Development Board, Jl. Jend. Gatot Subroto/Jl. K.H. Abdul Rohim, Jakarta Selatan, ✆ 511073, 511369.

Informative Publikationen der Fremdenverkehrsbehörde: ›Jakarta: General Information‹, ›Jakarta: See for yourself‹, ›Jakarta: Permanent Exhibitions and Regular Performances‹, Stadtplan Jakarta, ›Calendar of Events‹ (Veranstaltungskalender für ganz Indonesien).

Polizei und Ausländerbehörde: Oberste Polizeibehörde, Jl. Trunojoyo, Mabak, Kebayoran Baru. Notruf ✆ 110. Ausländerbehörde (Kantor Imigrasi; für Visumverlängerung), Jl. Teuku Umar 1, ✆ 344695, 349951.

Post, Telefon und Telegramm: Kantor Pos Besar (Hauptpostamt), Jl. Pos Utara 2, Pasar Baru, ✆ 350004; weitere zentral gelegene Postämter: Kantor Pos Sarinah, Jl. M.H.Thamrin 11; Kantor Pos Gajah Mada, Jl. Gajah Mada 1; Kantor Pos Menteng, Jl. Sumenep 9; Kantor Pos Cikini, Jl. Cikini Raya; Kantor Pos Jakarta Kota, Jl. Fatahillah 3; Kantor Pos Kebayoran Baru, Jl. Wolter Monginsidi 85. Telefon: Ferngespräche innerhalb Indonesiens oder ins Ausland am besten über Hotelvermittlung oder vom rund um die Uhr geöffneten Pusat Pelayan Telekomunikasi Untuk Umum, Skyline Bldg., Jl. M.H. Thamrin 9 (hier auch internationaler Telex-Service). Telegramme: Telegrafenamt Gedung Telekomunikasi, Jl. Medan Merdeka Selatan 12.

Banken und Geldwechsel: Praktisch überall in Jakarta; internationale Geschäftsbanken vorwiegend entlang der Jl. M.H. Thamrin. Reiseschecks werden von praktisch allen größeren Banken akzeptiert, Eurocheques der Deutschen Bank von der Deutschen Bank Asia (vormals European Asian Bank), Jl. Imam Bonjol 80; Auszahlungen gegen Vorlage der ›Eurocard‹ bei Bank Central Asia, Jl. Wahid Hasyim 183A. Problemloser Geldumtausch (Bargeld und Reiseschecks) auch in verschiedenen authorisierten Wechselstuben. American Express Bank: Arthaloka Bldg., Jl. Jend.Sudirman 2, ✆ 587401. Wechsel außerhalb der allgemeinen Öffnungszeiten in den großen Hotels sowie im internationalen Flughafen (schlechte Kurse!).

Gesundheit: Metropolitan Medical Centre (Ärztezentrum mit Fach- und Zahnärzten), Hotel Wisata, Jl. M.H.Thamrin (hinter Hotel Indonesia), ✆ 320408; Rumah Sakit St.Carolus, Jl. Salemba Raya 41, ✆ 883091; Rumah Sakit Pertamina, Jl. Kyai Maja 43, ✆ 707211. Deutschsprachiger Arzt (Vertragsarzt der Lufthansa): Dr. med. Didid Tjindarbumi, Jl. Matraman Raya 13A, ✆ 884634 (Mo–Fr 16–18 Uhr). Notruf (Krankenwagen) ✆ 118.

Deutsche Organisationen in Jakarta: Goethe-Institut *(Yayasan Kebudayaan Jerman)*, Jl. Matraman Raya 23, ✆ 8504798, 8581139; Deutsch-Indonesische Industrie- und Handelskammer, Wisma Metropolitan, Jl. Jend. Sudirman Kav. 29, ✆ 584904.

Botschaften: Bundesrepublik Deutschland: Jl. M.H. Thamrin 1, ✆ 323908, 324292, 324357; Österreich: Jl. Diponegoro 44, ✆ 3338090, 338101; Schweiz: Jl. Rasuna Said, Blok E 3/2, Kuningan, ✆ 516061. Sonstige (Auswahl): Australien, Jl. M. H. Thamrin 15, ✆ 323109; Malaysia, Jl. Imam Bonjol 17, ✆ 332864, Niederlande, Jl. H. R. Rasuna Said Kav. S. 3, ✆ 511515, 512321; Papua-Neuguinea, Panin Centre Bldg., Jl. Jend. Sudirman 1, ✆ 711218; Philippinen, Jl. Imam Bonjol 68, ✆ 348917; Singapur, Jl. Rasuna Said, Blok X-Kav. 2/No. 4, ✆ 5201489; Thailand, Jl. Imam Bonjol 74, ✆ 349180; Vereinigte Staaten von Amerika, Jl. Medan Merdeka Selatan 5, ✆ 360360. Öffnungszeiten: im allgemeinen Mo–Fr 9–12 Uhr; bisweilen auch bis 15 oder 16 Uhr.

Ausflüge in Randgebiete von Jakarta

Am südlichen Stadtrand von Jakarta, etwa 10 km vom Zentrum entfernt und nahe dem alten Halim-Flughafen gelegen, entstand 1975 auf Initiative der Gattin des gegenwärtigen Staatspräsidenten, Mme. Tien Suharto, das wegen seiner hohen Kosten einst heftig kritisierte **Freilichtmuseum Taman Mini Indonesia Indah** (TMII). Das weitläufige, 160 ha große Gelände stellt eine Art Miniaturausgabe Indonesiens dar: Hier wurden unter Berücksichtigung des traditionellen Baustils und unter Verwendung von authentischem Baumaterial für jede einzelne der 27 Provinzen des Landes typische Wohnhäuser und Bauwerke nachgebildet. Somit offeriert Taman Mini auch dem eiligen Besucher, quasi im Schnellverfahren, einen Überblick über das reiche kulturelle Erbe der einzelnen Landesteile in seinen vielfältigen Ausprägungen. Jedes der stilechten, aber meist überdimensionierten *Adat*-Häuser stellt praktisch ein kleines, eigenständiges ethnographisches Museum dar, das über Kunst, Kultur und Brauchtum der jeweiligen Landesregion informiert. Vielfach werden auch kunstgewerbliche Arbeiten ausgestellt und zum Verkauf angeboten. Gruppiert sind die Pavillons um einen künstlichen

See; in seiner Mitte befindet sich eine dreidimensionale Reliefkarte des indonesischen Archipels, über die man mit einer Kabinenbahn schweben kann. Taman Mini präsentiert noch zahlreiche weitere Attraktionen, darunter einen Orchideengarten (*Taman Anggrek*), ein Aviarium mit Hunderten verschiedener exotischer Vögel (*Taman Burung*), ein philatelistisches Museum (*Museum Prangko*; Öffnungszeiten: täglich, außer Mo, 8–15 Uhr), das zoologische Museum Komodo in Form eines gigantischen Komodo-Warans (Öffnungszeiten: täglich, außer Mo, 8–15 Uhr) sowie das beeindruckende, als balinesischer *Puri* gestaltete Museum Indonesia mit einer umfangreichen Sammlung traditioneller Volkstrachten und Hochzeitskleider (Öffnungszeiten: täglich 9–15 Uhr). Vergessen Sie auch nicht, sich den wegen seiner zahlreichen Spezialeffekte faszinierenden Film Indonesia Indah (›Schönes Indonesien‹) anzusehen. Projiziert wird der Film auf die riesige (21,5 × 29,3 m) Leinwand des erst 1984 eingeweihten Keong Emas- (›Goldene Schnecke‹-) Filmtheaters (Vorführungen: Mo–Sa 12, 14, 16 Uhr; So und feiertags alle 45 Minuten von 10–17 Uhr.

An Sonn- und Feiertagen, bisweilen auch während der Woche, finden in einzelnen Pavillons Tanz- und Theateraufführungen statt; einen Veranstaltungskalender sowie einen Plan des Taman Mini erhalten Sie am Informationsschalter im Verwaltungsgebäude beim Haupteingang. Zwischen den einzelnen Sektionen des Taman Mini verkehren Busse und sogar eine Klein-Eisenbahn, doch ist es lohnender, zu Fuß zu gehen; für die Besichtigung sollten Sie mindestens einen halben Tag vorsehen: Öffnungszeiten des Taman Mini: täglich 8–17 Uhr. Transport Jakarta – Taman Mini: ab Gambir Bus 40, 401 oder 409 nach Cililitan, ab Blok M Bus 45 oder 405 nach Cililitan, ab Cililitan Metro Mini 55 oder Mikrolet zum Haupteingang des Taman Mini.

Wenige Kilometer östlich des Taman Mini erinnert im Dorf Lubang Buaya (›Krokodilsloch‹) das Monumen Pancasila Sakti an den grausamen Tod der sechs Generäle und des Offiziers, die während des kommunistischen Putschversuchs von 1965 hier ermordet wurden. Unter einem riesigen Garuda stehen die überlebensgroßen Statuen der Opfer. Im Zentrum der Gedenkstätte befindet sich der

Das Museum Komodo im Taman Mini Indonesia Indah

Brunnenschacht, in den die Leichname der sieben Militärs nach ihrer Folterung und Hinrichtung geworfen wurden. Im angegliederten Museum Pahlawan Revolusi informieren Dioramen über die Ereignisse jener Schicksalsnacht; zu sehen sind überdies die blutgetränkten Uniformen und persönliche Gebrauchsgegenstände der getöteten Männer sowie Fotos der geöffneten Särge und die von den Mördern benutzten Waffen. Öffnungszeiten: täglich 8–17 Uhr.

Ebenfalls an der südlichen Peripherie Jakartas, im Stadtteil Pasar Minggu, gelegen, bietet der 185 ha große, naturparkähnliche **Ragunan-Zoo** (*Kebun Binatang Ragunan*) eine willkommene Möglichkeit, der großstädtischen Hektik zu entfliehen. Vorwiegend in Freigehegen beherbergt der sehenswerte Zoologische Garten über 3600 Tiere, darunter Komodo-Warane, Sumatra-Tiger, Orang Utan und Paradiesvögel aus Irian Jaya. Öffnungszeiten: täglich 9–18 Uhr. Transport: ab Gambir Bus 87 nach Pasar Minggu, ab Blok M Bus 108 oder 605 zum Haupteingang des Zoos.

Auch Ausflüge in nördliche Randgebiete Jakartas bieten Abwechslung zum Großstadtleben. Im nordwestlich von Kota gelegenen Vorort Pluit finden Sie zwischen vornehmen Wohnvierteln in der Jl. Pluit Indah die **Krokodilfarm** Taman Buaya Pluit mit rund 500 Riesenechsen jeden Alters. Öffnungszeiten: täglich 8–16 Uhr. ›Crocodile Show‹: So 11 und 14 Uhr, an Feiertagen 12 Uhr. Südöstlich grenzt der **Freizeitpark Taman Rekreasi Tirta Loka** an. Transport: verschiedene Busse nach Kota (z. B. Bus 70 ab Jl. Thamrin), ab Terminal Kota mit einem Bajaj oder Becak zur Krokodilfarm.

Zwischen Jakartas Altstadt Kota und dem Handelshafen Tanjung Priok liegt auf einem 137 ha großen Neulandgebiet, das dem Meer durch Aufschüttung abgewonnen wurde, der Vergnügungs- und **Freizeitpark Taman Impian Jaya Ancol.** Das ›Traumland‹ (*Impi* = Traum) bietet rund um die Uhr Unterhaltung. Neben einem Ozeanarium mit dressierten Seelöwen und Delphinen finden Sie hier Dunia Fantasi (›Phantasiewelt‹), eine Imitation des amerikanischen Disneyland, ein Autokino, ein Kasino, das Nobelhotel Horizon, mehrere Restaurants, Nachtklubs sowie verschiedene Sportanlagen (Tennis, Bowling, Golf u. a.), einen großen Swimming-pool mit Gegenströmung und den Pantai Indah (›Schöner Strand‹), der jedoch wegen der Nähe zu den Industrie- und Hafenanlagen von Tanjung Priok nur mindere Qualität besitzt. Zu Ancols Hauptattraktionen gehört der ›Kunstmarkt‹ Pasar Seni, wo kunstgewerbliche Produkte aus dem ganzen Archipel zum Verkauf angeboten werden; verschiedentlich kann man auch Kunsthandwerker bei der Arbeit beobachten. Werfen Sie auch einen Blick in die Kunstgalerie des Pasar Seni, in der oft interessante Ausstellungen moderner indonesischer Malerei zu sehen sind. Da der Freizeitpark an Wochenenden sehr überlaufen ist, sollten Sie für Ihren Besuch einen Werktag vorsehen. Öffnungszeiten des ›Kunstmarkts‹: täglich 9–22 Uhr; des Schwimmbads: täglich 7–21 Uhr. Transport: ab Kota Bus 64 oder 65 Richtung Tanjung Priok, ab Senen Bus 60 oder 602 Richtung Tanjung Priok.

Gut 5 km östlich von Ancol breitet sich Jakartas ausgedehnter Hafen Tanjung Priok aus. Die Sedimentation des Ciliwung-Flusses war so stark, daß der damals an der flachen Küste gegründete Hafen Sunda Kelapa heute schon fast 2 km landeinwärts liegt. Aus diesem Grund wurde der neue Hochseehafen bereits in den Jahren 1877–83 an der freien Küste, ca. 10 km weiter östlich angelegt. Hinter dem Namen Tanjung Priok steht nicht nur der Hafen, sondern ein ganzer Stadtteil, ein ausgedehnter Kampung, in dessen Gassengewirr der zahllosen kleinen Häuschen und kümmerlichen Behausungen eng zusammengedrängt Tausende von Familien leben.

Kepulauan Seribu – der Archipel der ›Tausend Inseln‹: In der Java-See erstreckt sich nordwestlich von Jakarta eine etwa 150 km lange Inselkette, ein filigranes Geflecht von rund 150 kleinen und kleinsten tropischen Eilanden. Nur etwa 15 000 Menschen haben sich auf diesem Archipel niedergelassen, etwa die Hälfte von ihnen auf **Pulau Kelapa** (›Kokosnußinsel‹). Relativ einfach zu erreichen, und daher ein lohnenswertes Ziel für einen Tagesausflug, sind die küstennahen Inseln Pulau Onrust, Pulau Kahyangan, Pulau Bidadari, Pulau Kelor und Pulau Damar.

Auf **Pulau Onrust,** auch Pulau Kapal (›Schiffsinsel‹) genannt, befanden sich im 18. Jh. wichtige Trockendocks für die gesamte Handelsflotte der VOC. Hier wurde im Jahre 1771 auch Kapitän James Cook's leckgeschlagenes Schiff ›Endeavour‹ wieder instandgesetzt. Da die Engländer während ihres kurzen Interregnums Anfang des 19. Jhs. die Insel brandschatzten, sind heute die Fundamente einer Befestigungsanlage und einer Kirche sowie einige von tropischer Vegetation überwucherte Grabsteine die einzigen Relikte aus der holländischen Kolonialepoche. Vor dem Zweiten Weltkrieg fungierte Onrust eine Zeitlang als Quarantänestation für heimkehrende Mekka-Pilger. Auf eine ähnlich bewegte Geschichte blicken die Nachbarinseln **Pulau Kahyangan** (›Himmlische Insel‹) und **Pulau Kelor** zurück. Auf Kelor sind noch die mächtigen Außenmauern einer kreisförmigen Festung zu sehen, auf Kahyangan die Fundamente eines Forts und mehrere verrostete Schiffskanonen. **Pulau Bidadari** (›Insel der Nymphen‹), heute eines der beliebtesten Ausflugsziele in der Bucht von Jakarta, diente vor über drei Jahrhunderten als Leprakolonie. Auf **Pulau Damar** (›Fackelinsel‹), früherer Name Pulau Edam, befinden sich ein Leuchtturm, eine Radarstation für den nahegelegenen Flughafen von Cengkareng sowie die Überreste eines 1685 von Generalgouverneur Camphuijs im japanischen Stil errichteten Landhauses. Für den Besuch der Zwillingsinseln **Pulau Rambut** (›Haarinsel‹; der Name geht zurück auf die Legende von einer Meerjungfrau mit wunderschönem Haar, die hier einst Fischer betört haben soll) benötigen Sie eine spezielle Genehmigung. Auf den beiden zusammen etwa 40 ha großen, nur 15 km von Jakarta entfernten Inseln wurde ein Vogelschutzgebiet eingerichtet. Zwischen April und August brüten hier Tausende von Vögeln, darunter verschiedene Reiherarten, Ibisse (storchenähnliche Vögel), Kormorane und Wildenten; bisweilen machen hier auch kalifornische Fregattvögel und australische Pelikane halt. Als Dauergäste gelten Myriaden von Fledermäusen.

Die ca. 100 km von Jakarta entfernten Koralleninseln **Pulau Puteri** (›Insel der Prinzessin‹), **Pulau Pelangi** (›Regenbogeninsel‹), **Pulau Melinjo** (›Kugelinsel‹), **Pulau Sepa** und **Pulau ›Papa Theo‹** wurden zu exklusiven Wassersport- und Tauchzentren ausgebaut. Beinahe noch mit der Dunstglocke Jakartas in Sichtweite, finden Taucher und Schnorchler hier erstklassige, arten- und erlebnisreiche Unterwasserreviere (vor allem vor Pulau Genting mit ihrem spektakulären Korallenriff). Die südlich gelegene Insel **Pulau Panjang** (›Lange Insel‹) verfügt über ein Rollfeld für kleinere Flugzeuge. Exklusive Touristenunterkünfte befinden sich auch auf den Inseln **Pulau Antuk Barat** und **Pulau Antuk Timur.**

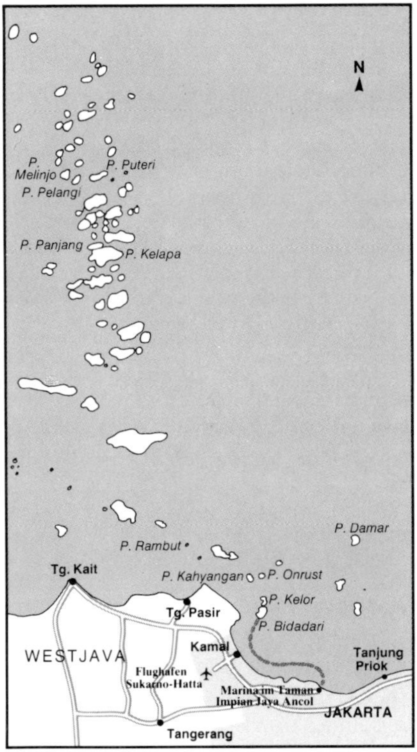

Kepulauan Seribu

Praktische Hinweise

Anreise: Vom Yachthafen ›Marina‹ auf dem Gelände des Freizeitparks Taman Impian Jaya Ancol legen reguläre Boote zu Pulau Bidadari ab; die Fahrt dauert ca. 1 Std. Abfahrtszeiten: Mo–Fr 10.30 Uhr (Rückfahrt 15 Uhr), Sa 10.30 und 14 Uhr /Rückfahrt 16 Uhr), So 8 und 10 Uhr (Rückfahrt 14 und 16 Uhr). Ebenfalls an der ›Marina‹ können Sie Boote für andere Inseln chartern; der Preis ist Verhandlungssache. Motorbootfahrten zu Pulau Puteri u. a. werden von der Gesellschaft ›Pulau Seribu Paradise‹ durchgeführt. Die Fahrt dauert ca. 3–4 Std. Abfahrt ab ›Marina‹ täglich 8 Uhr, Rückfahrt täglich 14 Uhr. Dieselbe Gesellschaft bietet auch Charterflüge ab Halim-Flughafen zu Pulau Panjang an (von dort Boottransfer zu den Nachbarinseln). Der Flug dauert 25 Min. Abflugzeiten: Mo–Fr 14 Uhr (Rückflug 15 Uhr), Sa und So 9 und 14 Uhr (Rückflug 10 und 15 Uhr).

Unterkunft: Auf Pulau Puteri und Pulau Pelangi sehr komfortable und teuere, durchweg klimatisierte Luxusbungalows; auf Pulau ›Papa Theo‹ einfachere Strandbungalows. Auf allen drei Inseln sind erstklassige Restaurants vorhanden. In den Strandhotels werden auch Tauchausrüstungen verliehen und Tauchgänge arrangiert.

Information und Buchung: P.T. Pulau Seribu Paradise, Setia Budi Bldg. 1, Ground Floor, Block C 1, Jl. H.R.Rasuna Said, Kuningan, Jakarta, ✆ 51 58 84, 51 78 03, 51 78 85.

Java

Die kleinste, aber bedeutendste der Großen Sunda-Inseln erstreckt sich, bei einer Breite von 65 bis 200 km, in Ost-West-Richtung über eine Länge von 1125 km zwischen der Java-See und dem Indischen Ozean. Javas geographische Struktur ist ausgesprochen vielfältig; im Relief unterscheiden sich fünf Zonen, die die Insel in klar umrissene Longitudinalstreifen untergliedern. Ganz Java wird in Längsrichtung von zwei annähernd parallelen Gebirgsketten durchzogen; dazwischen verläuft ein tiefer Mittelgraben, der sich von West nach Ost trichterförmig erweitert. Aneinandergereihte tätige (zum Teil nur im Fumarolenstadium, zum Teil noch hochaktiv und unberechenbar) und erloschene Einzelvulkane und Vulkangruppen bilden die zentrale zweigeteilte Längsachse der Insel. Unter Javas rund 120 Vulkanen befinden sich einige der höchsten Berge des Archipels (u. a. Semeru 3676 m, Slamet 3428 m, Sumbing 3371 m, Raung 3332 m, Arjuna 3329 m). Alle paar Jahre kommt es mit unerbittlicher Regelmäßigkeit zu verheerenden Vulkaneruptionen, bei denen bisweilen ganze Dörfer ausgelöscht werden sowie Hunderte von Menschen ihr Leben und Tausende ihr Hab und Gut verlieren. Die vorläufig letzte derartige Katastrophe ereignete sich 1982, als der westjavanische Galunggung (zwischen Bandung und Tasikmalaya gelegen) eine gigantische Aschenwolke mehr als 10 km hoch schleuderte. Zehntausende von Menschen mußten in aller Eile evakuiert werden, schätzungsweise 90 Personen kamen um, Millionen von Kubikmeter vulkanischen Materials verwandelten das umgebende, fruchtbare Agrarland in eine bizarre Mondlandschaft. Selbst die Luftfahrt kam damals ernsthaft in Gefahr: Zwei Jumbo-Jets wurden die Aschewolken beinahe zum Verhängnis, nur mit Mühe gelang den Piloten die Notlandung in Jakarta. Aber trotz ihrer eruptiven Gewalt und ihrer zerstörerischen Kraft sind die Vulkane ein Segen für Java: Sie sind letztendlich der Grund für die beinahe legendäre Fruchtbarkeit der Insel. Die aus den basischen Ergußgesteinen hervorgegangenen mineralreichen Böden ermöglichen in manchen Tieflandregionen bis zu drei Reisernten pro Jahr sowie auf verschiedenen Hochebenen eine intensive Plantagenwirtschaft (im Westen dominiert Tee, im Osten Kaffee). Besonders im Ostteil der Insel sind die unmittelbar aus dem Flachland aufsteigenden Vulkankomplexe durch Hochflächen und Tiefebenen getrennt. Im Westen haben die enggestaffelten jungtertiären Vulkane ein stark zerklüftetes, lange Zeit nahezu unzugängliches Bergland geschaffen. An den vulkanischen Hochlandgürtel schließt sich im Norden eine weite, fruchtbare Alluvialebene an, die durch Anschwemmungen der im seichten Meer mündenden Flüsse aufgeschüttet wurde; hier kultiviert man vor allem Naßreis und Zuckerrohr. Die schmale, steil zum Indischen Ozean hin abfallende, trockene und wenig fruchtbare Südküste wird größtenteils von hochliegenden Kalksteinplateaus und mittelhohen Bergmassiven eingenommen. Von unvergleichlicher Schönheit sind die javanischen Landschaften, die sich dem Reisenden bei der komplizierten geographischen Struktur der Insel in dramatischem, oftmals atemberaubend schnellem Wechsel präsentieren. Der weite Bogen javanischer Landschaftsformen spannt sich von den tropischen Regenwäldern verschiedener Nationalparks über bis zum Horizont reichende Reisfeld-Landschaften und bizarr-zerklüftete Klippenformationen bis hin zu urzeitlichen Vulkanmassiven mit zischenden Schwefelfumarolen und brodelnden Schlammkesseln.

Die optimalen landwirtschaftlichen und klimatischen Bedingungen ermöglichten eine sehr frühzeitige Besiedlung Javas. Auf der ökonomischen Grundlage des Naßreisanbaus konnte sich auf Java etwa ab der Zeitenwende unter indischem Einfluß eine reiche Kultur in ihrer ganzen Vielfalt entwickeln. Mit den Tempelkomplexen von Borobudur und Prambanan entstanden hier die bedeutendsten Baudenkmäler der südlichen Hemisphäre.

Java ist der Schmelztiegel der Nation, wo seit alters her malaiische, indische, moslemische, chinesische und holländische Einflüsse zusammentrafen und die eigentliche indonesische Welt geformt haben. Von hier strahlten komplexe kulturelle und wirtschaftliche Impulse auf die anderen Inseln des Archipels aus. Heute befinden sich auf Java nicht nur die wichtigsten historischen und kulturellen Kernräume des Landes, sondern auch die unbestrittenen Zentren von Politik und Wirtschaft. Das Java des 20. Jhs. ist aber auch eine der dichtestbesiedelten Regionen der Erde. Um 1800 zählte die Insel etwa 3,5 Mill. Einwohner, hundert Jahre später bereits knapp 30 Mill. Heute konzentrieren sich etwa zwei Drittel der indonesischen Gesamtbevölkerung, also rund 120 Mill. Menschen, auf Java und Madura, die mit zusammen 134703 km² gerade knapp 7% der gesamten Landfläche des Archipels darstellen. Anschaulicher ausgedrückt: Auf einer Fläche, die nur etwa der Hälfte der Ausdehnung der Bundesrepublik Deutschland entspricht, leben fast doppelt so viele Menschen. Die durchschnittliche Bevölkerungsdichte (etwa 820 Pers./km²) entspricht der des deutschen Ruhrgebietes, erreicht in manchen Ballungszentren (etwa ein Fünftel der Bevölkerung Javas drängt sich in den vier größten Städten der Insel: Jakarta, Bandung, Surabaya und Semarang) jedoch Spitzenwerte von einigen Zehntausend Menschen pro Quadratkilometer. Der extreme Bevölkerungsdruck ist überall spürbar. Auf Java reiht sich ein Dorf an das nächste; hier wachsen Großstädte zu urbanen Agglomerationen immensen Ausmaßes zusammen. Jeder Quadratmeter fruchtbaren Landes wird intensiv genutzt, viele Hügel sind bis in steilste Hanglagen für den Reis- und Gemüseanbau terrassiert. Obwohl 50% der Bodenfläche bewirtschaftet werden, muß Java Nahrungsmittel importieren, wäre das indonesische Kernland ohne die rohstoffreichen Außeninseln seit langem nicht mehr von sich aus lebensfähig. Dem starken Bevölkerungswachstum und dem Ausbau Javas zum wirtschaftlichen Mittelpunkt Indonesiens fiel die natürliche Vegetation zum Opfer: Nur noch ca. 20% der Gesamtfläche werden von Wäldern eingenommen. Die artenreichen, immergrünen Regenwälder sind durch weiträumige Rodungen bis auf Restbestände in den höheren Gebirgslagen zurückgedrängt worden.

Die Bevölkerung Javas setzt sich aus verschiedenen Völkern mit jeweils eigener Sprache und kultureller Identität zusammen. Die Javaner selbst stellen etwa zwei Drittel der Inselbewohner; sie leben vorwiegend auf Zentral- und Ostjava sowie in den Schwemmlandebenen der Nordküste. Die zweitwichtigste Bevölkerungsgruppe sind die sich im Westteil Javas konzentrierenden Sundanesen. Die sehr mobilen Maduresen siedeln nicht nur auf ihrer Heimatinsel, sondern auch in verschiedenen Regionen des nordöstlichen Java. In der geographischen Abgeschiedenheit entlegener west- bzw. ostjavanischer Hochlandgebiete leben die kleinen Volksgruppen der Badui und Tenggeresen, die beide noch an alten hindu-javanischen Traditionen festhalten. Ergänzt wird das bunte Völkermosaik durch Chinesen, Araber, Inder und Europäer, die sich vorwiegend in den Großstädten und Handelshäfen der Nordküste niedergelassen haben.

Die verkehrsmäßig ausgezeichnet erschlossene Insel teilt sich verwaltungsmäßig in fünf Provinzen: Westjava (Hauptstadt Bandung), Zentraljava (Semarang), Ostjava (Surabaya) sowie die beiden Sonderregionen mit Provinzstatus Jakarta und Yogyakarta. Mit seinen historischen Tempelstätten ist Java vor allem für den kunstgeschichtlich interessierten Reisenden ein sehr lohnenswertes Ziel. Neben den mächtigen Baudenkmälern aus längst versunkenen Zeiten existiert aber auch noch eine überaus lebendige Kulturtradition, die nicht nur in den höfischen Zentren der *Kraton* gepflegt wird, sondern ein unverzichtbarer Bestandteil des alltäglichen Lebens ist. Der Tourismus konzentriert sich auf Java in erster Linie auf die großstädtischen Zentren Jakarta, Bandung, Yogyakarta und Surakarta (Solo). Jedoch nur etwas abseits dieser in West-Ost-Richtung verlaufenden und nach Bali weiterführenden touristischen Hauptroute findet man in bislang vom Fremdenverkehr kaum tangierten Gebieten ebenfalls sehr lohnende Ziele; so stößt man dort vielfach auf alte, wenig bekannte hindu-javanische Tempel, auf bezaubernde Landschaften und mitunter auch auf traumhaft schöne Strände, die sich durchaus am Standard Balis messen lassen.

Westjava

Mit 46300 km^2 umfaßt die Provinz Westjava rund ein Drittel der Gesamtfläche der Insel. Westjava, nach seinen Bewohnern auch ›Sunda-Land‹ *(Tanah Sunda)* genannt, läßt sich in drei geographische Regionen untergliedern: das einst schwer zugängliche vulkanische Hochland Parahiyangan oder Priangan (›Sitz der Götter‹) mit der Hauptstadt Bandung im Zentrum, die fruchtbare, alluviale Küstentiefebene im Norden sowie den schmalen, felsigen Küstenstrei-

Westjava

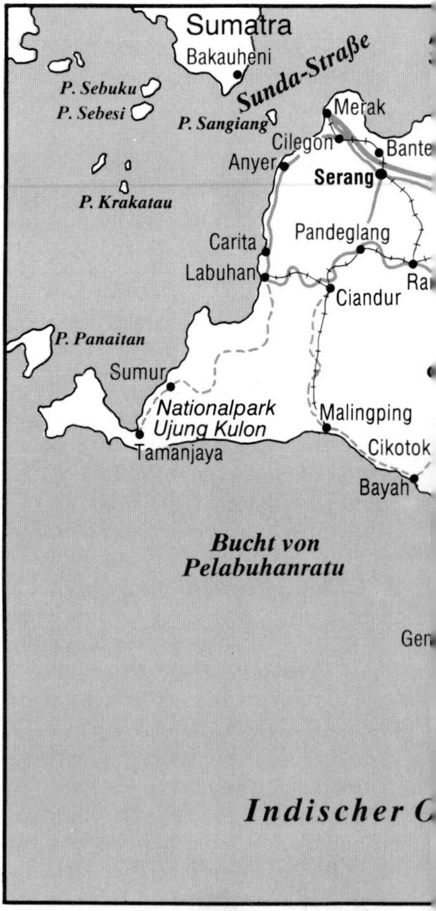

fen, an den im Süden der Indische Ozean brandet. Auf Westjava (einschließlich Jakarta, das eine Enklave in dieser Provinz bildet) leben rund 40 Mill. Menschen, meist Sundanesen, die sich weniger im Aussehen, aber doch erheblich in Kultur, Sprache und Volkscharakter von den Javanern des zentralen und östlichen Java unterscheiden. Die als fleißig, dynamisch und entschlußfreudig geltenden Sundanesen sprechen eine eigene, sanft-melodisch klingende Sprache. Im Gegensatz zu ihren östlichen Nachbarn ist ihr Hang zum Individualismus ebenso ausgeprägt wie ihr Geschäftssinn. Auf Westjava haben sich hindu-javanische Traditionen weniger stark erhalten als in den anderen Provinzen der Insel. Bezeichnend ist das unerschütterliche Festhalten von etwa 98 % aller Sundanesen an einem islamischen Glauben von eher orthodoxer Prägung. Mit rund 25 % stellt Westjava auch einen überproportional hohen Anteil aller indonesischen Mekka-Pilger.

Obwohl hier heute so gut wie keine monumentalen Baudenkmäler aus der hinduistisch-buddhistischen Epoche

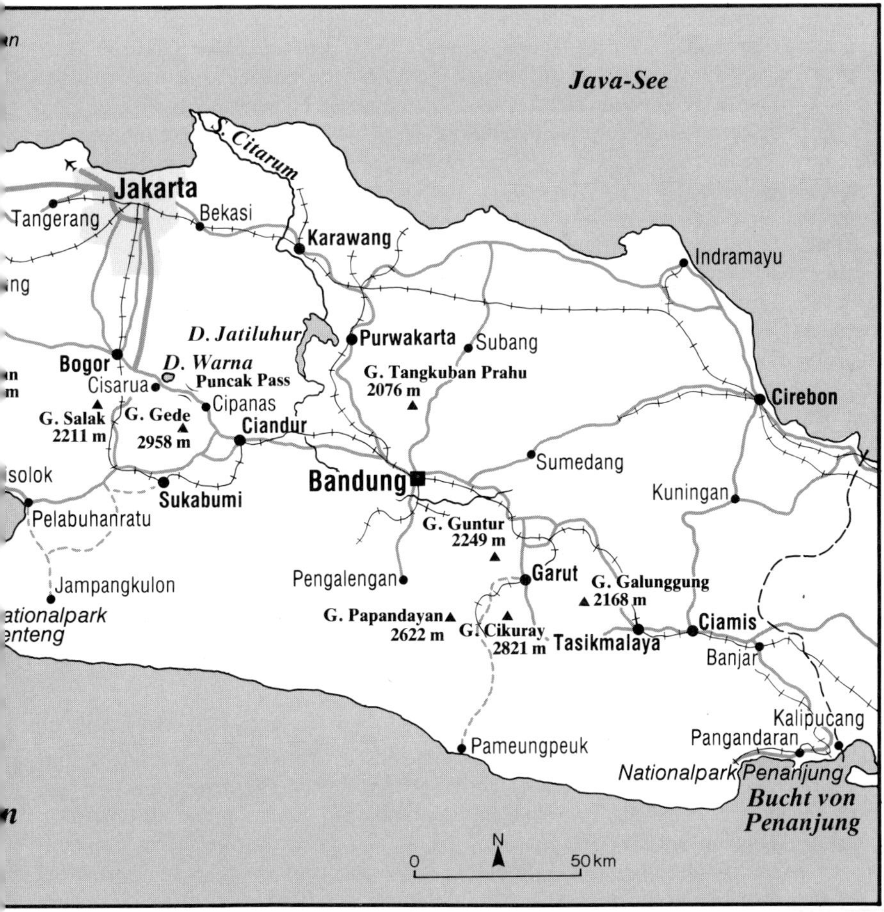

mehr erhalten sind, war Westjava einstmals doch der Brückenkopf für die Indisierung der gesamten Insel. Steininschriften aus dem frühen 5. Jh. geben Hinweise auf König Purnavarman, den Herrscher über Tarumanegara, das erste historisch belegte hinduistische Reich auf Java. Rund zwei Jahrhunderte lang dominierte Tarumanegara, das in der Gegend des heutigen Bogor wurzelte, den gesamten westindonesischen Raum. Anfang des 16. Jhs. überrollte die vereinte islamische Streitmacht der Sultanate Demak und Cirebon das westjavanische Hindureich Pajajaran, ein Nachfolgereich Tarumanegaras, und später die Städte Jayakarta und Banten. In der Folgezeit entwickelte sich Banten zu einem aufstrebenden Handelszentrum, dessen Wohlstand auf der Kontrolle des Pfefferhandels basierte. Hier trafen sich chinesische, indische und arabische Kaufleute, und hier leiteten auch Ende des 16. Jhs. die Niederländer mit der Gründung eines Stützpunktes ihren Kampf gegen die Portugiesen und Spanier um den profitablen Gewürzhandel sowie die Kolonisierung des gesamten indonesischen Archipels ein. Erst Anfang des 19. Jhs. allerdings hatten die Holländer das ganze ›Sunda-Land‹ unter ihre Kontrolle gebracht. Mit der Einführung des sogenannten Zwangsanbausystems (›Cultuurstelsel‹) erlangte das westjavanische Hochland eine fundamentale Bedeutung für die niederländische Kolonialwirtschaft. Großflächig angebaut wurden vor allem Kaffee, Tee, Chinarinde und Kautschuk. Nach der Erlangung der Unabhängigkeit formierte sich auf Westjava wiederholt bei Rebellionen der Widerstand gegen die junge Republik. Heute stellt Westjava eine der wohlhabendsten und wirtschaftlich entwickeltsten Regionen Indonesiens dar. Den Reisenden mag Tanah Sunda eher mit landschaftlichen Reizen als mit kulturellen Attraktionen anlocken, aber dennoch befindet man sich hier keinesfalls in einer kulturellen Diaspora. Über Jahrhunderte hinweg hat sich eine eigenständige sundanesische Kultur entwickelt, die im *Wayang Golek*, dem Spiel mit hölzernen Stabpuppen, und in der komplizierten, von Bambusinstrumenten erzeugten *Angklung*-Musik nur zwei ihrer Höhepunkte fand.

Javas Westküste

Für viele Indonesien-Reisende stellt der an kulturellen Sehenswürdigkeiten relativ arme nordwestliche Teil Javas lediglich eine Durchgangsstation auf dem Weg von Jakarta nach Sumatra dar. Vor allem einheimische Touristen sowie in Jakarta lebende Ausländer dagegen schätzen die herrlichen Sandstrände an Javas Nord- und Westküste als leicht zu erreichende Naherholungsgebiete.

Für historisch besonders Interessierte wird es sich lohnen, vom ca. 90 km westlich von Jakarta an der Hauptstraße gelegenen Ort Serang (keine nennenswerten Attraktionen) einen Abstecher zum Städtchen **Banten** (auch Bantam) zu unternehmen. Nachdem der Moslem-Prinz Fatahillah Anfang des 16. Jhs. von Cirebon aus das westliche Java erobert und islamisiert hatte, entwickelte sich Banten nicht nur zum Mittelpunkt eines mächtigen Sultanats, sondern auch zu einem der bedeutendsten Handelshäfen zwischen Indien und den ostindonesischen Gewürzinseln. Am 22. Juni 1596 gingen in der Bucht von Banten auch die ersten vier holländischen Schiffe vor Anker, und unter dem Oberbefehl von Kapitän Cornelis de Houtman wurde Banten zum Nukleus von Niederländisch Ostindien. Ziel der Holländer war es von Anfang an, das lukrative Pfeffermonopol an sich zu reißen. Jahrzehntelang verstanden es die Banten-Herrscher, geschickt die Rivalität der europäischen Kolonialmächte nutzend, ihre Souveränität zu bewahren. 1684 aber eroberten die Niederländer von ihrer Hochburg

Batavia aus das westjavanische Sultanat und errichteten als steinernes Symbol ihres Machtanspruchs das Fort Speelwijk. Danach begann Bantens Bedeutung als Handelsplatz zu schwinden. Der Todesstoß für die einst florierende Stadt kam jedoch erst Anfang des 19. Jhs. Der Regent von Banten hatte sich einer Anordnung des neuen Generalgouverneurs Willem Daendels widersetzt, bei einem Scharmützel war ein holländischer General getötet worden – die Rache Batavias folgte umgehend: Auf Anweisung Daendels wurde Banten am 21. November 1808 dem Erdboden gleichgemacht; das geschlagene Sultanat konnte sich von dieser Niederlage nie mehr erholen.

Heute ist die einstige merkantile Drehscheibe Südostasiens zur Bedeutungslosigkeit verkommen. Der kleine, schmuddelige, an einem Meeresarm gelegene Ort hat kaum mehr etwas von seiner einstigen Größe zu zeigen. Die wenigen Zeugen der glorreichen Vergangenheit dieses einstmals mächtigen Moslem-Königreichs liegen ausnahmslos in Trümmern. Etwa 2 km südlich des Ortes, unmittelbar an der Landstraße nach Serang, erheben sich als einzige erhaltene Überbleibsel des ehedem prachtvollen Sultanspalastes, des *Kraton Kaibon*, nur noch sieben gespaltene Backsteintore, die unverkennbar hinduistischen Einfluß aufweisen. Aus dem Jahre 1566 stammt die von Sultan Maulana Yusuf erbaute Große Moschee *(Mesjid Agung)*, deren mächtiges, gelb gestrichenes Minarett den Ort als weithin sichtbares Wahrzeichen überragt. Ein Nachbargebäude beherbergt die Grabmale von Mitgliedern der Sultansfamilie. Gegenüber der Moschee sind die Ruinen eines weiteren Palastes *(Kraton Surosowan)* zu sehen. Bei Ausgrabungsarbeiten stieß man hier auf ein kilometerlanges System aus Terrakottarohren, die die fürstlichen Bauten mit Süßwasser aus dem etwa 3 km entfernten Tasikardi-See versorgten. Besuchen Sie das nur wenige hundert Meter entfernte Museum Situs Kepurbakalaan Banten Lama; ausgestellt sind u.a. die bei Grabungen in der Nähe zutage geförderten Fundstücke, vor allem Keramiken und Porzellane chinesischer, japanischer und europäischer Herkunft. Öffnungszeiten: Di, Mi, Do, Sa, So 9–12 Uhr und 13–16 Uhr, Fr 9–11 Uhr und 13–15 Uhr, Mo geschlossen. Ebenfalls einen Besuch lohnt der nahe gelegene Vihara Avalokiteshvara Banten. Dieser buddhistisch-taoistische Tempel ist der Göttin der Mildtätigkeit geweiht und gehört zu den ältesten und bedeutendsten chinesischen Gebetsstätten Javas. Im Flußhafen von Banten *(Pelabuhan Karangantu)* besteht die Möglichkeit, ein Boot für eine Exkursion zur ca. 5 km entfernten Vogelinsel Pulau Dua, auf der alljährlich von April bis August 40000–50000 Zugvögel brüten, zu mieten.

Auf dem Weg von Serang zur Westküste passiert man **Merak,** den von Industrieanlagen geprägten Fährhafen nach Sumatra (Abfahrt der Autofähren tagsüber zu jeder vollen Stunde; Dauer der Überfahrt ca. 1½ Std.). Etwa 6 km nördlich der kleinen Hafenstadt erstreckt sich der vor allem von Wochenendausflüglern stark besuchte Florida-Strand *(Pantai Pulorida).* Salirah Indah Beach, ca. 15 km nordöstlich von Merak, ist einladender als die Strände in Ortsnähe, aber nur mit eigenem Fahrzeug zu erreichen.

Die Sunda-Straße westlich von Java, an der engsten Stelle durch die Insel Sangiang in zwei jeweils ca. 6 km breite und bis zu 60 m tiefe Engstrecken geteilt, verbindet die Java-See mit dem Indischen Ozean und ist neben der Meerenge von Malakka die wichtigste Seestraße für den Ost- und Südostasienverkehr. Entlang der Küstenstraße, die der ›Sunda Strait‹ in südwestlicher Richtung folgt, findet man herrliche kilometerlange Sandstrände. Vor allem der Küstenabschnitt zwischen dem Leuchtturm von Anyer und dem südlich gelegenen Fischerdorf Carita ist bei betuchten Städtern aus Jakarta ein sehr beliebtes Naherholungsgebiet. Das Bild wird geprägt von umzäunten Privatgrundstücken und luxuriösen Strandhotelanlagen (z. B. ›Anyer Beach Motel‹ der Ölgesellschaft PERTAMINA). Bei **Karangbolong,** ca. 7 km südlich von Anyer, bildet ein mächtiger, durchspülter Felsen eine Art Natursteinbrücke. Folgen Sie dem Stufenpfad hinauf – der Blick von hier auf die Vulkaninsel Krakatau ist beeindruckend. Die etwas nördlich von Karangbolong in östlicher Richtung abzweigende schmale und nur sporadisch von öffentlichen Verkehrsmitteln befahrene Straße führt nach **Batukuwung,** einem Heilbad mit schwefeligen Thermalquellen (ca. 20 km).

Ebenfalls von Ausflüglern und Kurzurlaubern stark frequentiert wird die malerische **Bucht von Carita,** an deren langgestrecktem, weißem Sandstrand sich Bungalowhotelanlagen reihen. Erholungssuchende finden hier ausgezeichnete, aber relativ teuere Unterkünfte sowie gute Schwimm-, Tauch- und Segelgelegenheiten. Sowohl in Carita als auch im 8 km weiter südlich gelegenen Marktflecken Labuhan lassen sich Bootsfahrten zu verschiedenen Inseln in der Sunda-Straße, vor allem zur Vulkaninsel Krakatau (vgl. S. 177) sowie zum Nationalpark Ujung Kulon (s. u.) organisieren.

Von Labuhan und dem östlich gelegenen Ciandur führen Stichstraßen an die Südküste. Landschaftlich ungemein reizvoll ist die Fahrt von Malingping über Cikotok (altes Goldbergwerk) nach Pelabuhanratu. Allerdings verkehren hier nur sporadisch öffentliche Verkehrsmittel, und der Streckenabschnitt durch das Küstengebirge (von Bayah über Cikotok nach Cisolok) ist während der Regenzeit oft völlig unpassierbar. Die Route von Labuhan über Rangkasbitung (vgl. S. 179) nach Bogor führt durch die sehr abwechslungsreiche Landschaft des Parahiyangan-Randgebietes.

Praktische Hinweise

Anreise und Verkehrsverbindungen: Ab Terminal Kalideres (Jl. Daan Mogot, Cengkareng) in Jakarta fahren tagsüber ständig Linienbusse an die Westküste. Alle Busse nach Merak kommen durch Serang, dort findet man am Pasar Lama Calung (Jl. Raya Banten) Colts nach Banten. Ab Serangs großem Busterminal Ciceri verkehren Busse nach Jakarta, Cilegon, Merak und Labuhan. Auf der Küstenstraße zwischen Labuhan und Merak bzw. Cilegon pendeln tagsüber Colts. Zwischen Labuhan, Pandeglang, Rangkasbitung und Bogor besteht eine regelmäßige Busverbindung. Ab Tanah Abang Station (Jl. Jatibaru) in Jakarta verkehren auch Schnellzüge nach Serang und Merak.

Unterkunft: Serang: *Abadi Hotel, Jl. Jend. Sudirman 36, ✆ 81641 (nahe Busterminal); *Serang Hotel, Jl. A. Yani 3, ✆ 81168; Hotel Pangestu, Jl. A. Yani 51. **Merak:** *Marcopolo Pulorida Village, Pantai Pulorida (Florida Beach); *Merak Beach Hotel, Jl. Raya 65, ✆ 771240 (in Ortsnähe gelegen, bescheidener Strand); Hotel Anda, Jl. Raya Pulorida (am Hafen); Hotel Robinson, Jl. Raya Pulorida (am Hafen); Vitha Beach Hotel, Pantai Pulorida. **Labuhan:** Citra Ayu Hotel, Jl. Raya Caringin 27; Hotel Caringin, Jl. Caringin 20. **Carita:** **Krakatau Beach Hotel, Jl. Raya Labuhan (Reservierung: Jakarta Office, Hotel Menteng, Jl. Gondangdia Lama 28, P. O. Box 4507, ✆ 330846, 325208; große Bungalowhotelanlage, preiswertere Zimmer im angegliederten Hostel Rakata); *Pondok Bakkara, Jl. Raya Labuhan; *Selat Sunda Wisata Seaside Cottage, Cibende, Carita Beach (Reservierung: Jakarta Office, Jl. Panglima Polim Raya 21, Kebayoran Baru, ✆ 714683); *Wisma Wira Carita, Jl. Raya Labuhan. **Anyer:** **Anyer Beach Motel, Jl. Raya Karangbolong (Reservierung: Jakarta Office, Gedung Patra, Jl. Jend. Gatot Subroto, ✆ 510322).

Der Nationalpark Ujung Kulon

Der Naturschutzpark Taman Nasional Ujung Kulon an der Südwestspitze Ja-

Exkurs: Die Krakatau-Katastrophe

In der Mitte der Sunda-Meerenge zwischen Java und Sumatra erhebt sich aus grünblauer, oftmals aufgewühlter See eine zerklüftete Felseninsel mit dem unheilvollen Namen Krakatau. Was im Jahre 1883 hier geschah, war eine der furchtbarsten Vulkaneruptionen in der überlieferten Geschichte der Menschheit. Wissenschaftler nehmen an, daß sich an jener Stelle, wo der Krakatau untermeerisch ausbrach, in prähistorischer Zeit schon einmal eine Zone starker vulkanischer Aktivität befand. Im Laufe der Jahrmillionen bildeten sich hier mehrere Inselvulkane (darunter der knapp 900 m hohe Rakata), die zu einem 33 km^2 großen Eiland zusammenwuchsen.

Nach eindeutigen Vorzeichen, die eine größere Eruption ankündigten, aber von kaum jemandem ernst genommen wurden, bricht am Vormittag des 27. August 1883 das Inferno los. Unvorstellbare Mengen von Gas und Magma, die sich seit Jahrhunderten aufgestaut haben, schießen durch den Schlot des Vulkans nach oben. Wie der Korken einer durchgeschüttelten Sektflasche knallt der oberste ›Propfen‹ der Erdkruste weg. Noch auf Sri Lanka, in Zentralaustralien, im philippinischen Manila und auf der 5000 km entfernten Insel Rodriguez im südwestlichen Indischen Ozean vernimmt man mit vierstündiger Verspätung den dumpfen Explosionsknall des Jahrtausend-Ausbruchs. Beinahe 20 Stunden lang schleudert der Vulkan fast ununterbrochen glutflüssige Magma (schätzungsweise 18 km^3) in die Atmosphäre und setzt dabei eine Energie frei, die 100000 Hiroshima-Atombomben entspricht. Nachdem sich die Magmakammern entleert haben, entsteht unter der Vulkaninsel ein Hohlraum von gigantischen Ausmaßen. Unter dem Gewicht des Bergkolosses bricht der Meeresboden ein, der Krakatau kracht wie ein Kartenhaus in sich zusammen und reißt zwei Drittel (über 20 km^2) der Vulkaninsel mit in die Tiefe. Gleichzeitig strömen Millionen Hektoliter Meerwasser in den Strudel und stoßen auf Tausende Tonnen glühendes Gestein. Durch die dabei entstehenden Gasexplosionen werden riesige Flutwellen aufgebaut. Die größte dieser ›Killer‹-Wellen ist fast 40 m hoch, als sie in weniger als einer halben Stunde die 40 km entfernte javanische Küste erreicht. Noch 25 km landeinwärts reißt sie alles in Tod und Verderben. Große Küstenschiffe werden später tief im Binnenland wiedergefunden.

Über 36000 Menschen finden durch die Fluten oder die heißen Auswürfe von Asche und Lava den Tod. 700 km weit ist die feuerflammende Eruption zu sehen. Bis zu einer Höhe von 80 km steigen die riesigen, glimmenden Staubwolken in die Stratosphäre und verdunkeln zwei Wochen lang über weiten Teilen beider Erdhälften die Sonne. An der Stelle der früheren Vulkaninsel ist eine tiefe, untermeerische Caldera mit einem Durchmesser von 7 km eingebrochen. Von der Krakatau-Vulkaninsel bleiben nur drei kleine Inselreste übrig.

44 Jahre lang versinkt der Krakatau dann in Vergessenheit. Am 29. 12. 1927 beobachten Fischer, wie dort, wo einst der Krakatau aufragte, Gasblasen und Wasserfontänen aus dem Meer steigen. Ausgelöst durch einen untermeerischen Vulkanausbruch taucht eine Insel aus den Fluten auf – *Anak Krakatau,* das ›Kind des Krakatau‹, wie die Einheimischen den neuen, heute bereits fast 200 m hohen Vulkan taufen. Der ›Sprößling‹ macht seinem Namen alle Ehre, war er doch zuletzt 1981 aktiv.

Praktische Hinweise: Boote für Ausflüge zur Vulkaninsel Krakatau kann man im Fischerdorf Carita mieten. Auch das Krakatau Beach Hotel in Carita organisiert teure Bootstouren. Es empfiehlt sich eine rechtzeitige Buchung, eventuell bereits in Jakarta: Krakatau Beach Hotel, Jakarta Office, Hotel Menteng, Jl. Gondangdia Lama 28, Menteng, Jakarta Pusat, ✆ 330846, 325208. Falls noch erforderlich, erhält man eine Genehmigung für den Besuch der Vulkaninsel beim regionalen Büro der Naturschutzbehörde PPA in Labuhan. Während der Regenzeit (November bis April) fahren nur bei ausgesprochen günstigen Witterungsverhältnissen Boote zum Krakatau.

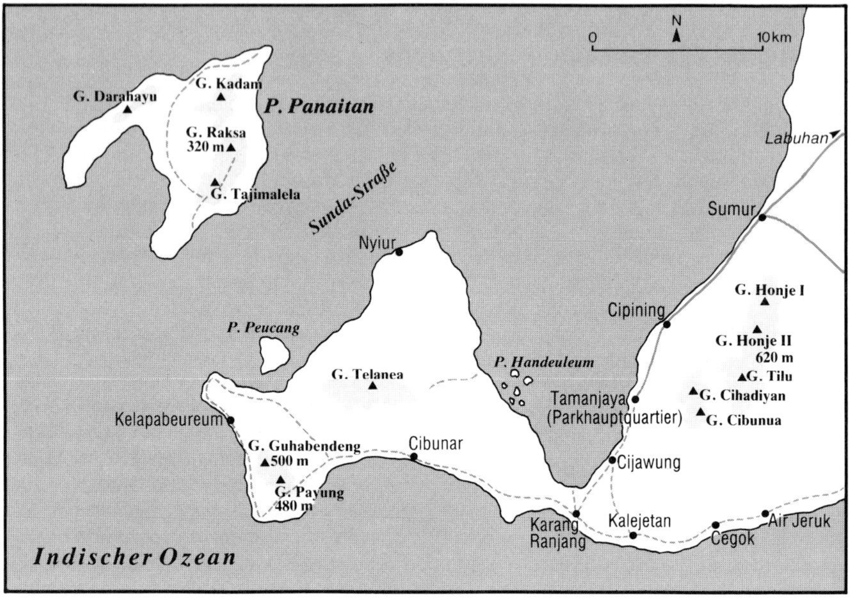

Nationalpark Ujung Kulon

vas, einer der ersten und bedeutendsten Nationalparks ganz Indonesiens, wurde ursprünglich als Wildreservat für das vom Aussterben bedrohte einhornige javanische Nashorn *(Rhinoceros sondaicus;* indon.: *Badak Jawa)* bereits 1921 von den Niederländern angelegt. Der 62 500 ha große Nationalpark umfaßt neben der Ujung Kulon-Halbinsel das Gunung Honje-Bergmassiv östlich des Isthmus sowie die beiden vorgelagerten Inseln Pulau Peucang und Pulau Panaitan. In diesem von Menschen nahezu unberührten Dschungelgebiet haben neben den vermutlich nur noch wenige Dutzend zählenden Java-Nashörnern auch andere seltene Tierarten ihre letzte Zufluchtsstätte gefunden, u. a. das ebenfalls stark gefährdete Wildrind Banteng und der Zwerghirsch Muncak. Häufiger als diese scheuen Tiere wird man von den im Park errichteten Aussichtstürmen Langschwanz-Makaken, Gibbons, Wildschweine und Rotwild sowie, bei Bootsfahrten durch die Mangrovensümpfe, Warane und Krokodile beobachten können. Den mit dichtem Urwald bedeckten Park durchzieht ein Netz von Wanderpfaden; der Rundwanderweg um die Halbinsel ist ca. 45 km lang. Gute Tauch- und Schnorchelgründe findet man nahe den vorgelagerten Inseln mit ihren spektakulären Korallenriffs.

Praktische Hinweise

Für die wegen der langen Bootstransporte relativ kostspielige Exkursion zum Nationalpark Ujung Kulon sollte man inklusive der An- und Rückfahrt etwa fünf Tage veranschlagen. Als beste Besuchszeit empfiehlt sich generell die Trockenperiode von Mai bis Oktober, allerdings können im Juli und August mitunter Stürme den Bootsverkehr beeinträchtigen. **Vorbereitung:** Für einen Besuch des Wildreservats ist eine schriftliche Genehmigung der staatlichen Naturschutzbehörde PPA *(Perlindungan Hutan dan Pelestarian Alam),* Jl. Juanda 100, in Bogor (links vom Haupteingang zum Botanischen Garten) erforderlich (Fotokopie des Reisepasses mitbringen!). Mittlerweile sollen diese Formalitäten auch bei der PPA-Zweigstelle in Labuhan, die man vor der Abfahrt zum Park wegen des obligatorischen Führers auf alle Fälle kontakten muß, erledigt werden können. Man erkundige sich in den PPA-Büros auch nach Unterkunftsmöglichkeiten. Mit einem ausreichenden Vorrat an Lebensmitteln muß man

Exkurs: Die Badui

Gerade 150 km vom kosmopolitischen Jakarta entfernt, südöstlich der Provinzstadt Rangkasbitung, leben in den schwer zugänglichen Bergwaldgebieten des Gunung Halimun die sagenumwobenen Badui. Diese kleine hindu-javanische Restgruppe, die sich bis heute erfolgreich gegen alle Einflüsse von außen abgeschottet hat, wird in die ›Inneren Badui‹ *(Badui Dalam)* und in die ›Äußeren Badui‹ *(Badui Luar)* unterteilt. Die 400 ›Inneren Badui‹ werden durch eine von ca. 6000 ›Äußeren Badui‹ bewohnte schützende Pufferzone nach außen hin, gegen sämtliche Einflüsse der modernen Zivilisation abgeschirmt. In seiner selbstgewählten Isolation ist es diesem geheimnisvollen Volk seit über vier Jahrhunderten gelungen, altüberlieferte soziale und religiöse Anschauungen, traditionelle Lebensformen und magische Riten zu bewahren. Die etwa 40 Familien der ›Inneren Badui‹, denen große mystische und hellseherische Kräfte nachgesagt werden, leben in den drei Dörfern Cibeo, Cikaratawarna und Cikeusik. Jedem dieser Dörfer steht ein *Pu'un* vor, ein heiliger Mann, der bedingungslos sowohl als geistig-religiöser als auch politischer Führer und oberster Richter respektiert wird. Die ausschließlich ihre selbstgewobenen weißen Tücher tragenden *Badui Dalam* müssen einen strengen Verhaltenskodex befolgen. Für sie gelten zahlreiche Verbote: u. a. der Genuß von Alkohol, das Tragen von Schmuck und der Gebrauch von Gegenständen, die nicht von Badui gefertigt wurden. Weiterhin lehnen die orthodoxen Badui den Gebrauch von Düngemitteln, elektrischem Strom, Motorfahrzeugen und jeglicher anderer technischer Hilfsmittel ab. Geld ist unbekannt und sogar das Benutzen von Betten, Tischen und Stühlen sowie das Tragen von Schuhen oder Sandalen ist verpönt. Die ›Inneren Badui‹ betreiben Brandrodungsfeldbau für den Eigenbedarf, lehnen aber den Anbau von Früchten und die Aufzucht von Tieren für den Verkauf ab. Ihre Religion, vermutlich eine mit animistischen Elementen durchsetzte Form des Hinduismus, betont den Ahnenkult. Legenden berichten von einem mysteriösen Heiligtum der Badui, dem Bergtempel ›Arca Domas‹. Nur Badui kennen seinen genauen Standort im Quellgebiet des Ciujung-Flusses, nur ihnen ist der Zutritt zum Allerheiligsten gestattet. Generell wünschen die ›Inneren Badui‹ keinen Kontakt mit Außenstehenden; vor unliebsamen Gästen bewahren sie sich durch einen magischen Zirkel, dessen Überschreitung Eindringlingen Unglück oder sogar den Tod bringen soll. Einziges Bindeglied der *Badui Dalam* zur Außenwelt sind die *Badui Luar,* die weniger streng nach den Stammesregeln leben und auch das rigorose Tabusystem lockerer handhaben. Für gewöhnlich begegnen die ›Äußeren Badui‹, die stets schwarze oder indigo-blaue, dunkle Kleidung tragen, Besuchern freundlich und aufgeschlossen.

Die genaue Herkunft der Badui liegt weitgehend im dunkeln. Vermutlich sind sie direkte Nachkommen der Aristokraten des hinduistischen Sunda-Königreiches von Pajajaran, das Anfang des 16. Jhs. von den moslemischen Sultanaten Cirebon und Demak erobert wurde. Um der Islamisierung zu entgehen, könnten sich die Vorfahren der heutigen Badui in die Abgeschiedenheit der Bergwälder am Gunung Halimun geflüchtet haben.

Hinweise für Besucher: Während das Gebiet der ›Inneren Badui‹ absolut tabu ist für sämtliche Außenstehenden, können verschiedene Dörfer der ›Äußeren Badui‹ problemlos besucht werden, u. a. Kaduketug, Kaduketer, Karakal und Gajebo.

sich bereits in Labuhan eindecken, eventuell auch mit Treibstoff für Bootsfahrten im Gebiet des Nationalparks (vorher mit den PPA-Beamten klären!). Vergessen Sie auch nicht persönliche Ausrüstungsgegenstände wie Schnorchel, Tauchermaske, Moskitonetz, Insektenschutzmittel u. a. **Anreise:** Man kann in Labuhan und Carita auf eigene Faust oder mit Hilfe der PPA-Beamten (in Carita möglicherweise über das Krakatau Beach Hotel) Fischerboote für den Ausflug zum Nationalpark mieten; eventuell steht auch ein regierungseigenes Boot zur Verfügung. Die Bootsfahrt dauert, abhängig von den Wetterbedingungen, zwischen 5 und 10 Std. Die, allerdings sehr lange, Anreise per Fischerboot ist auch von Pelabuhanratu (vgl. S. 183) möglich. Während der Trockenzeit kann man das noch vor der Halbinsel im Dorf Tamanjaya gelegene Parkhauptquartier auch per Motorrad oder Geländewagen über Sumur erreichen. **Unterkunft:** Gästebungalows stehen auf den beiden Inseln Pulau Handeuleum (ca. 5–7 Std. ab Labuhan) und Pulau Peucang (ca. 7–10 Std. ab Labuhan) zur Verfügung. Mobiliar, Bettwäsche und Kochutensilien sind vorhanden. Auf beiden Inseln ist auch Camping im eigenen Zelt möglich. Pulau Peucang erscheint als das geeignetere Standquartier. **Reiseagenturen:** Verschiedene Reisebüros veranstalten ab Jakarta drei- oder viertägige Ausflüge zum Nationalpark, im recht hohen Preis inbegriffen sind Anreise, Unterkunft, Verpflegung, Führer und PPA-Genehmigung. Adressen: Jatayu Mulya Utama, Jl. Ir. H. Juanda 313, Jakarta, ✆ 345215; Vayatour, Jl. Batutulis 38, Jakarta, ✆ 365666.

Bogor

Jakartas südliches Umland ist verkehrsmäßig ausgezeichnet erschlossen. Zwei Landstraßen, eine Eisenbahnlinie und, als Hauptverkehrsader, eine mehrspurige, mautpflichtige Autobahn *(Jalan Tol Jagorawi)* führen, mehr oder weniger parallel verlaufend, in südliche Richtung. Etwa 70 km landeinwärts von Jakarta, doch schon beinahe mit den peripheren Vororten der Metropole zusammengewachsen, liegt die Provinzstadt Bogor. ›Buitenzorg‹ (›Ohne Sorge‹) nannten die Niederländer diesen Ort wegen des hier in 270 m Höhe schon deutlich angenehmeren Klimas und nicht zuletzt wegen der malerischen Lage an den Ausläufern der mächtigen Vulkane Salak (2211 m), Gede (2958 m) und Pangrango (3019 m). Verglichen mit dem feuchtheißen Jakarta ist Bogor, trotz der regelmäßigen nachmittäglichen Gewitterregen (Beiname *Kota Hujan* = ›Regenstadt‹), für Europäer schon immer ein idealer Siedlungsplatz gewesen. Deshalb entwickelte sich die Stadt auch bereits im frühen 18. Jh. zur Sommerresidenz holländischer Generalgouverneure sowie zu einem wichtigen Verwaltungszentrum der Kolonialregierung. Das auf Anhieb sympathisch wirkende Städtchen macht mit seinen überwiegend eingeschossigen, ziegelgedeckten Häusern einen beinahe mediterranen Eindruck. Die Ziegeldächer übrigens wurden von den Holländern eingeführt, wegen der permanenten Brandgefahr waren sie zur damaligen Zeit Vorschrift.

Hauptattraktion der rund 250000 Einwohner zählenden Stadt ist der weltberühmte **Botanische Garten** *(Kebun Raya)*, der zu den größten und großartigsten seiner Art in ganz Südostasien zählt. 1817 von dem deutschen Professor Caspar Georg Reinwardt auf Wunsch des damaligen britischen Gouverneurs Sir Thomas Stamford Raffles angelegt, beherbergt er derzeit über 20000 verschiedene Pflanzenarten und gibt damit dem Besucher einen ausgezeichneten Einblick in die Flora des gesamten Malaiischen Archipels.

Wenn Sie vom Haupteingang an der Jl. Juanda (hier bieten sich mitunter sachkundige, englischsprechende Führer an) dem breiten Asphaltweg in nördlicher Richtung folgen, gelangen Sie, vorbei an einer kleinen Gedenkstätte für Olivia Mariane Raffles, Gattin des Parkinitiators, zu einem dichten Bambushain, in dessen düsterem Dickicht sich ein kleiner, verwunschener niederländischer

Friedhof versteckt. Hier, an seiner Nordwestseite, grenzt der Botanische Garten an das Areal des **Istana Bogor.** In einem weitläufigen, von Rudeln äsenden Rotwilds bevölkerten Park erhebt sich der 1745 von Baron Gustaf Willem van Imhoff erbaute Sommersitz der niederländischen Gouverneure. Der elegante weißgetünchte Palast enthält heute die umfangreiche Kunstsammlung Sukarnos (über 200 Gemälde und rund 150 Skulpturen) und dient bisweilen dem derzeitigen Staatspräsidenten als Empfangsgebäude für Staatsbesuche (eine Besichtigung ist nur mit einer Sondergenehmigung möglich; Informationen beim Fremdenverkehrsamt). Öffnungszeiten des Botanischen Gartens: täglich 8–16 Uhr (an Sonn- und Feiertagen sehr überlaufen).

Dem Botanischen Garten angegliedert ist ein um die Jahrhundertwende gegründetes **Zoologisches Museum** (Öffnungszeiten: täglich, außer Fr, 8–16 Uhr, Fr 8–11 Uhr und 13–16 Uhr) und eine mit über 120000 Bänden botanischer Fachliteratur reich bestückte Bibliothek.

In der näheren Umgebung Bogors befinden sich einige der ältesten steinernen Denkmäler Indonesiens – in Felsbrocken geschlagene Sanskrit-Inschriften. Etwa 2 km entfernt von der Ortschaft Ciampea (ca. 10 km südwestlich von Bogor, Minibus ab Jl. Veteran) stößt man am Ufer des Ciareuteum-Flusses auf eine Felsinschrift (*Batutulis*; *Batu* = Stein, *Tulis* = geschrieben), die auf das fünfte nachchristliche Jahrhundert zurückdatiert und von Tarumanegara, dem ältesten historisch nachweisbaren Hindureich im Malaiischen Archipel sowie dessen Herrscher Purnavarman berichtet. Neben einem Paar Fußabdrücke steht in Pallawa-Schriftzeichen zu lesen: »Diese

Der Botanische Garten mit dem Istana Bogor, dem ehemaligen Sommersitz der holländischen Gouverneure

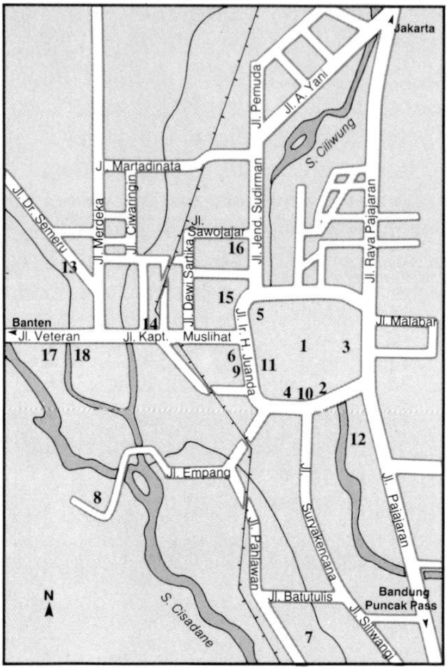

Bogor: Sehenswürdigkeiten: 1 Botanischer Garten 2 Eingang zum Botanischen Garten 3 Orchideenhaus 4 Zoologisches Museum 5 Istana Bogor 6 Herbarium und Bibliothek 7 Batutulis (Steininschrift) 8 Gongschmied **Öffentliche Einrichtungen:** 9 Tourist Information Centre 10 PPA (Forst- und Umweltbehörde) 11 Postamt 12 Busterminal (Stadt- und Nahverkehr) 13 Bemoterminal 14 Bahnhof **Hotels und Losmen:** 15 Hotel Salak 16 Hotel Elsana Transit 17 Losmen Ganda Sari 18 Penginapan Pasundan

Fußabdrücke, vergleichbar denen des Vishnu, sind die Schritte des heldenhaften Eroberers der Welt, des erhabenen Purnavarman, König von Tarumanegara«. Aus dem 16. Jh. stammt ein beschrifteter Stein, der sich in einer kleinen moslemischen Gebetsstätte in der Jl. Pahlawan, ca. 4 km von Bogors Ortsmitte entfernt, befindet. Dieser mit alten sundanesischen Schriftzeichen versehene *Batutulis* markiert die Stelle, an der einst die Könige des Hindureiches Pajajaran inthronisiert wurden (Bemo 01 oder 02 ab Bemoterminal oder Jl. Juanda).

Weiterhin lohnt sich in Bogor der Besuch einer der letzten Gongschmiede Westjavas. In der Gießerei von Pak Sukarna (Jl. Pancasan 17) werden in einem traditionellen Verfahren *Gamelan*-Gongs hergestellt; geöffnet ist die Werkstatt an Wochentagen von 8–14 Uhr.

Praktische Hinweise

Unterkunft: *Hotel Salak, Jl. Ir. H. Juanda 8, ✆ 22091 (etwas heruntergekommener Kolonialbau); Elsana Transit Hotel, Jl. Sawojajar 36, ✆ 22552 (ruhig); Penginapan Pasundan, J. Veteran 41, ✆ 28249; Wisma Parmata, Jl. Raya Pajajaran 35, ✆ 23402; Wisma Teladan, Jl. Sawojajar 3 A, ✆ 25327.

Verkehr: Anreise: Ab Terminal Cililitan in Jakarta fahren tagsüber in kurzen Abständen Linienbusse nach Bogor, ab Gambir-Bahnhof (Jl. Medan Merdeka Timur) stündlich Pendelzüge. Die Anreise ist auch mit sogenannten Intercity-Taxen möglich (vgl. S. 161). **Stadt- und Vorortverkehr:** Es gibt keine Stadtbusse, dominierende Nahverkehrsmittel sind Bemo und Bajaj (Terminals vgl. Stadtplan), **Fernverkehr:** Der Busbahnhof liegt etwas außerhalb im Süden der Stadt; von hier Busse in alle Hauptrichtungen (Jakarta, Bandung, Sukabumi, Puncak Pass, Pelabuhanratu, Rangkasbitung u. a.). Zwischen dem Terminal und der Innenstadt verkehren Bemo und Bajaj.

Restaurants: Chinesisch: Delima, Jl. Suryakencana 52; Mandala, Jl. Suryakencana 309; Ramayana, Jl. Dewi Sartika 42. **Padang:** Puti Bungsu, Jl. Kapt. Muslihat 12; Sari Bunda, Jl. Veteran 49. **Sundanesisch:** Fajar, Jl. Ir. H. Juanda 44; Kuring, Jl. Suryakencana 77.

Information und wichtige Adressen: Touristeninformation: Dinas Pariwisata Daerah Bogor, Jl. Ir. H. Juanda 38 A, ✆ 21350.

Zentrale der Forst- und Umweltbehörde: PPA *(Direktorat Perlindungan Hutan dan Pelestarian Alam)*, Jl. Ir. H. Juanda 100 (beim Haupteingang zum Botanischen Garten; hier Genehmigungen für Besuche von Nationalparks).

Die Umgebung von Bogor

Vorbei am majestätischen Gunung Salak windet sich von Bogor eine schmale, kurvenreiche Straße durch eine abwechslungsreiche, bergige und mit weiten Kautschukplantagen durchsetzte Landschaft an die zumeist felsige und steile Südküste. Ein beliebtes Ziel für Wochenendausflüge ist das wunderschön an einer weiten Bucht gelegene **Fischerdorf Pelabuhanratu,** der ›Hafen der Meereskönigin‹. Östlich und westlich des Ortes erstrecken sich, immer wieder unterbrochen von felsigen Abschnitten und bizarren Klippen, kilometerlange, grausandige Badestrände. Wegen der schweren Brandung und tückischen Unterwasserströmungen sind das Baden und Schwimmen allerdings nicht ungefährlich. Eine malerische Straße, die sich teilweise einer Achterbahn gleich an die Kliffküste schmiegt, führt westlich Richtung **Cisolok.** Nach ca. 5 km erreicht man das luxuriöse Samudra Beach Hotel, das über einen guten Badestrand verfügt, und nach weiteren 8 km **Karang Hawa,** einen felsigen Küstenabschnitt mit tosender Brandung und meterhohen Wellen. Von Cisolok, am westlichen Ende der Bucht, führt eine Asphaltstraße landeinwärts zu den heißen Quellen und Geysiren von **Cipanas** (ca. 4 km). Die etwa einstündige Wanderung von Pelabuhanratu zur östlich des Ortes gelegenen **Fledermaushöhle Gua Rawa Kalong** sollten Sie erst am späten Nachmittag unternehmen. Folgen Sie zunächst dem kleinen Flugfeld und dann dem parallel zum Strand verlaufenden Fußweg. Wenn Sie pünktlich gegen 17 Uhr bei der Grotte sind, werden Sie Zeuge eines ebenso seltenen wie grandiosen Naturspektakels: Wie auf ein geheimes Zeichen hin flattern Zehntausende von Fledermäusen in einem schier endlosen Schwarm aus der Höhle, um sich auf die nächtliche Futtersuche zu begeben.

Die gesamte Südküste des westlichen Java ist auch heute noch relativ unerschlossen. Zwar führen von Pelabuhanratu aus Straßen nach Nordwesten und Südosten, doch verkehren hier meist nur sehr sporadisch öffentliche Verkehrsmittel. Vor allem während der Regenperiode ist die Fahrt über Cikotok nach Labuhan an der Westküste kaum zu realisieren. Gleiches gilt für den Ausflug zum Genteng-Nationalpark am Südende der Bucht von Pelabuhanratu.

Östlich von Bogor führt eine serpentinenreiche Bergstraße durch ausgedehnte Teeplantagen hinauf zum 1450 m hohen Puncak Pass. Von einem Aussichtspunkt beim Restaurant Rindu Alam, kurz vor der Paßhöhe, bietet sich bei klarem Wetter ein herrlicher Panoramablick über die Täler und Berggipfel des fruchtbaren Parahiyangan-Hochlandes. Nur wenige Fußminuten sind es von hier zu dem von steil aufragenden Felswänden umrahmten Bergsee Telaga Warna (›See der Farben‹). Die Paßstraße schwingt nun hinab nach **Cipanas,** einem wegen seines angenehm kühlen Klimas (1065 m Meereshöhe) und seiner Thermalbäder viel besuchten Ferienort. Bei der Ortschaft Cimacan, einige Kilometer vor Cipanas, zweigt eine Straße zum sehr sehenswerten **Botanischen Garten von Cibodas** ab. Dieser Berggarten wurde 1862, als eine Erweiterung des berühmten *Kebun Raya* von Bogor, für die tropische Höhenflora angelegt. Der von einem engmaschigen Wegenetz durchzogene Park breitet sich über eine Fläche von rund 80 ha in einer Höhe von 1300–1425 m an den Hängen des Doppelvulkans Gede-Pangrango aus. Beide Vulkane, deren Massive einen 15000 ha großen Nationalpark umfassen, können vom Botanischen Garten aus bestiegen werden. Für die Wanderung auf den Gipfel des noch aktiven Gunung Gede, dessen Kraterwände beinahe senkrecht einige hundert Meter tief abfallen, muß man mit ca. 5–6 Std. rechnen; für den bereits erloschenen Gunung Pangrango, mit seiner ›klassischen‹ Konusform einer der schönsten Vulkane Indonesiens, benötigt man ca. 7–8 Std. Der Aufstieg führt bei beiden Bergen durch mehrere interessante Vegetationszonen und bringt den Wanderer zu heißen Quellen und malerischen Wasserfällen; besonders sehenswert ist der Cibeureum-Wasserfall in den unteren Lagen des Zwillingsmassivs. Informationen für die Bergtour sowie eine detaillierte Karte erhalten Sie bei der Naturparkverwaltung am Eingang zum Botanischen Garten.

Der langgezogene Ort Cipanas, an dessen Durchgangsstraße sich Hotels und Restaurants reihen, bietet sich als günstiges, wenn auch recht teures Standquartier für Ausflüge in die herrliche Landschaft um den Puncak Pass an. Einzige Sehenswürdigkeit der Stadt ist der Istana Cipanas, ein 1750 erbauter Gouverneurspalast, heute einer der Landsitze des gegenwärtigen Staatsoberhauptes.

Praktische Hinweise

Anreise und Verkehrsverbindungen: Keine Direktbusse von Jakarta nach Pelabuhanratu, umsteigen in Bogor erforderlich. Ab Cianjur Bus oder Bemo nach Sukabumi, von dort Direktbus nach Pelabuhanratu. Gelegentlich Flüge der Pelita von Jakarta nach Pelabuhanratu (Auskunft: Pelita, Jl. Abdul Muis 52–56, Jakarta, ✆ 375908). Ab Terminal Cililitan in Jakarta Direktbusse nach Cipanas über Puncak Pass oder in Bogor umsteigen. Ab Bandung Busse über Cianjur nach Cipanas. Die Anreise nach Cipanas ist auch mit den sogenannten Fern- oder Intercity-Taxen, die zwischen Jakarta und Bandung pendeln, möglich (vgl. S. 161).

Unterkunft: Pelabuhanratu: ****Samudra Beach Hotel, Sangkawayana (Reservierung über Hotel Indonesia Sheraton, Jl. M.H. Thamrin, Jakarta, ✆ 322008); *Pondok Dewata Seaside Cottage (Reservierung in Jakarta ✆ 772426); Bayu Amerta, Karang Pamulang 31 (sehr schön gelegene Bungalowanlage); Karang Sari, Desa Citepus (Bungalowanlage, etwas außerhalb); Penginapan Laut Kidul, Jl. Siliwangi 148; Wisma Karang Naya, Jl. Siliwangi 82. **Cipanas** (an Sonn- und Feiertagen sowie während der Sommerferien häufig alle Unterkünfte belegt): **Bukit Indah, Jl. Raya Puncak, ✆ (0255) 2904; **Bukit Raya, Jl. Raya Cipanas 219, ✆ (0255) 2505; **Puncak Pass Hotel, Jl. Raya Puncak, Sindanglaya, ✆ (0255) 2503; Pendawa, Jl. Raya Cipanas 37, ✆ (0255) 2224; Puri Meru, Jl. Sindanglaya; Jugendherberge Pondok Pemuda, Kebun Raya Cibodas (nahe Botanischem Garten; auch für Nichtmitglieder).

Bandung

Die Hauptstadt der Provinz Westjava, rund 200 Straßenkilometer südöstlich von Jakarta gelegen, breitet sich auf einem durchschnittlich 700 m hohen Plateau aus und ist umrahmt von 15 Vulkankegeln, dem größten zusammenhängenden vulkanischen Massiv Indonesiens. Die mit etwas über 2 Mill. Einwohnern nach Jakarta und Surabaya drittgrößte Metropole des Landes gehörte einst zum historischen Hindureich von Pajajaran und ist heute nicht nur unumstrittenes politisches und ökonomisches (Textilproduktion, Pharmaindustrie – ehemals Mittelpunkt der Chininverarbeitung –, staatliches Flugzeugwerk NUSANTARA mit 12000 Mitarbeitern), sondern als Universitätsstadt (30000 Studenten an zwei Dutzend höheren Lehranstalten) auch kulturelles Zentrum des Sunda-Landes. Historische Berühmtheit erlangte Bandung, als hier im Jahre 1955 die erste Asien-Afrika-Konferenz abgehalten wurde, zu der sich die Führer von 29 asiatischen und afrikanischen Nationen zusammenfanden, mit dem Ziel, wirtschaftliche und kulturelle Beziehungen zu fördern und einen gemeinsamen Standpunkt gegen den Kolonialismus einzunehmen. Der geläufige Begriff ›Geist von Bandung‹ steht seitdem als Synonym für den Beginn der Bewegung der Blockfreien. Trotz seiner Millionenbevölkerung ist der Lebensrhythmus von Bandung, in dem aufgrund der Höhenlage ganzjährig ein auch für Europäer sehr angenehmes Klima herrscht, wesentlich ruhiger und beschaulicher als der von Jakarta. Vor allem durch die forcierte Industrialisierung der vergangenen beiden Jahrzehnte hat Bandung viel von seinem alten Charme verloren, doch noch immer hat die Stadt als Zentrum der reichen sundanesischen Kultur dem Besucher einiges zu bieten.

Ungeheurer Beliebtheit erfreut sich in Bandung vor allem das *Wayang Golek*, das Spiel mit hölzernen Stabpuppen (vgl. S. 119). Auch wenn man des Sundanesischen nicht mächtig ist, sollte man sich den Besuch einer *Wayang Golek*-Aufführung nicht entgehen lassen; er mag sich als wichtiger Schlüssel zum Verständnis der sundanesisch-javanischen Mentalität erweisen. Anstelle des *Gamelan* benutzt man im Land der Sundanesen zur Begleitung bestimmter Tänze ein vermutlich bereits seit der neolithischen Periode bekanntes Instrument – das *Angklung*. In einem Bambusrahmen hängen unterschiedlich große Bambusröhren herab. Die einzelnen Holzteile schlagen beim Schütteln gegeneinander und erzeugen dabei Klänge. Jedes Instrument ergibt einen Ton von ganz bestimmter Höhe. Demzufolge braucht man, um eine Melodie zu spielen, so viele Instrumente, wie diese Melodie verschieden hohe Töne hat. Jeder *Angklung*-Spieler schüttelt sein Instrument, sobald sein Ton an die Reihe kommt. Ein Orchester mit zwei, drei Dutzend Musikern vermag auf diese Weise traditionelle indonesische Klänge ebenso zu spielen wie europäische Volkslieder.

Ein sehr beliebter ›Sport‹ im Preanger-Land sind Widderkämpfe: Zwei prächtige Ziegenböcke stürmen, von ihren Besitzern aufgehetzt, Schädel voran aufeinander los und kämpfen so lange miteinander, bis eines der Tiere ›k.o.‹ geht. Diese Wettbewerbe werden von *Pencak Silat*-Vorführungen (*Pencak Silat* = Kunst der Selbstverteidigung) begleitet.

Bandung ist durch eine Eisenbahnlinie, die die Stadt in west-östlicher Richtung durchschneidet, in eine nördliche und eine südliche Hälfte gegliedert. Die nördlichen Viertel, höher gelegen und langsam zu den Ausläufern des Tangkuban Prahu-Vulkans ansteigend, bieten mit holländischen Bauten aus den 20er und 30er Jahren noch Ansätze kolonialer Atmosphäre. Das deutlich indonesisch geprägte südliche Bandung ist, wie viele andere Großstädte des Archipels, von einem Kranz halb städtischer, halb noch ländlicher Kampungs umgeben.

Bandung
Sehenswürdigkeiten
1 Gedung Merdeka
2 Mesjid Agung
3 Geologisches Museum
4 Gedung Sate
5 Bandung Institute of Technology
6 Bandung-Zoo
7 Babakan Siliwangi Restaurant
8 Dago Tea House
9 Wasserfall Curug Dago
10 Gedung Bumi Siliwangi

Öffentliche Einrichtungen
11 Tourist Information Centre
12 Hauptpostamt
13 Flughafen Husein Sastranegara
14 Busterminal Kebun Kelapa
15 Bemo nach Lembang
16 Bahnhof
17 Kaufhaus Sarinah

Hotels und Losmen
18 Hotel Istana
19 Hotel Panghegar
20 Hotel Trio
21 Hotel Bungsu

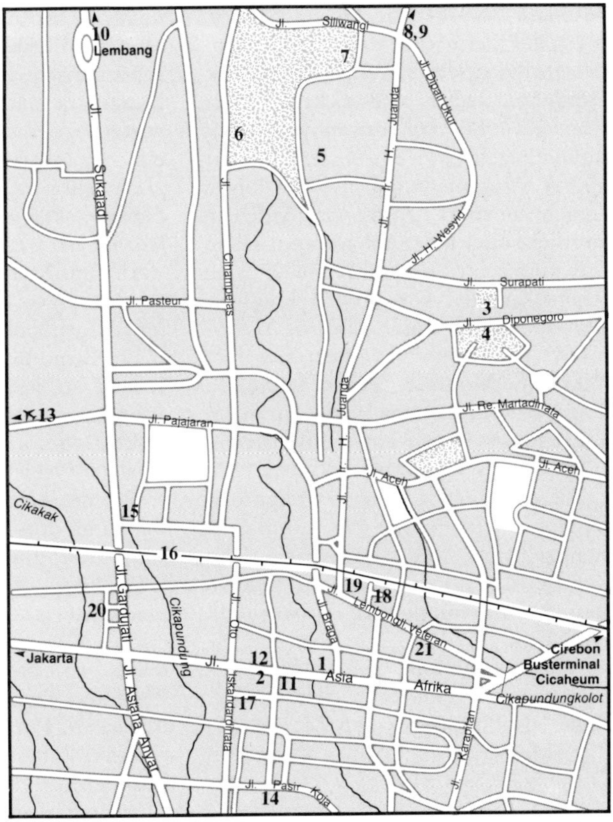

Ausgangspunkt unserer Stadtbesichtigung ist die Jl. Asia Afrika, die pulsierende Aorta der Stadt. An der Einmündung der Jl. Braga steht **Gedung Merdeka** (›Haus der Freiheit‹), das altersgraue Tagungsgebäude der Bandung-Konferenz von 1955. Hier trafen sich rund 300 Delegierte aus 23 asiatischen und sechs afrikanischen Ländern, Repräsentanten von über der Hälfte der damaligen Weltbevölkerung. Zu den prominestesten Konferenzteilnehmern gehörten u. a. Chou En Lai, Nehru, Nasser und U Thant. Heute beherbergt das 1895 errichtete Kolonialgebäude das Museum Konperensi Asia Afrika. Dokumente und Photographien informieren über das Ereignis; zu sehen ist überdies das Originalmobiliar der Konferenz. Öffnungszeiten: Di–Do 9–14 Uhr, Fr 9–11 Uhr, Sa 9–13 Uhr, So 9–14 Uhr, Mo geschlossen.

An der hier nach Norden abzweigenden Jl. Braga, der Hauptgeschäftsstraße Bandungs, reihen sich dicht an dicht Kunstgewerbe- und Souvenirläden, Antiquitätengeschäfte und Galerien sowie gute Restaurants und Cafés. Wir folgen jedoch zunächst der Jl. Asia Afrika in westliche Richtung und gelangen schon bald zum zentralen, parkähnlichen Alun Alun-Platz, der von großen Kaufhäusern und Kinos umrahmt wird. Als dominierendes Bauwerk erhebt sich hier die **Große Moschee** *(Mesjid Agung)*. In einem kleinen Pavillon finden Sie an der Ostseite des Alun Alun eine Filiale des regionalen Fremdenverkehrsamtes.

Die eigentlichen Sehenswürdigkeiten Bandungs liegen in den nördlichen Randgebieten, weit außerhalb des Zentrums. Auf jeden Fall lohnt sich ein Besuch im **Geologischen Museum** (Jl. Diponegoro 57), das u. a. über eine interessante Sammlung von Fossilien, Mineralien und Vulkanmodellen verfügt sowie als Prunkstück den Schädel des ›Java-Menschen‹ (vgl. S. 68) präsentiert. Öffnungszeiten: Mo-Do 9–14 Uhr, Fr 9–11 Uhr, Sa 9–13 Uhr, So geschlossen.

Gegenüber dem Museum erhebt sich Gedung Sate, der 1920 errichtete imposante Sitz der Provinzregierung.

Etwas weiter nordwestlich erstreckt sich der weitläufige Campus des namhaften, 1920 gegründeten **Bandung Institute of Technology** (ITB), eine der bedeutendsten Universitäten ganz Indonesiens. Hier werden nicht nur die besten Ingenieure des Landes ausgebildet, dem Institut angegliedert ist auch eine hervorragende Kunstakademie. Am ITB studierten bedeutende Persönlichkeiten der neueren indonesischen Geschichte; prominentester Absolvent war Sukarno. Nur wenige Wegminuten entfernt liegt der relativ unattraktive Zoologische Garten von Bandung. Öffnungszeiten: täglich 7–17 Uhr.

Sie könnten nun die Stadtbesichtigung unterbrechen und dem nahe gelegenen, sehr stilvoll eingerichteten und für seine sundanesische Küche weithin bekannten Restaurant Babakan Siliwangi (Jl. Siliwangi 79) einen Besuch abstatten, als eine der lokalen Spezialitäten gilt übrigens gebratener Goldfisch *(Ikan Mas Goreng)*. Der angeschlossene Souvenirladen bietet westjavanisches Kunsthandwerk zum Kauf an. Gelegentlich finden am Sonntagvormittag nahe dem Restaurant Ziegenbockkämpfe statt.

Ein Bemo bringt uns nun über die Jl. Juanda zu dem sehr schön gelegenen Ausflugsrestaurant Dago Tea House (Jl. Bukit Dago; unweit der Pajajaran-Universität). Genießen Sie hier bei einer Tasse Tee den beeindruckenden Blick über Bandung. Ein zehnminütiger Spaziergang führt, zunächst über die Jl. Bukit Dago Utara, dann einen steilen Lehmpfad talabwärts, zum kleinen, aber malerischen Wasserfall Curug Dago. Unmittelbar an die nördliche Peripherie Bandungs schließt der 590 ha große Naturpark Taman Hutan Raya Ir. H. Juanda an; als besondere Sehenswürdigkeit befinden sich hier in das Bergmassiv getriebene Stollen, die den Japanern während des Zweiten Weltkriegs als Munitionsdepots dienten.

Praktische Hinweise

Unterkunft: Hotels höherer Kategorien: ***Istana, Jl. Lembong 21, ✆ 57240; ***Panghegar, Jl. Merdeka 2, ✆ 432286–7. **Mittlere Hotels:** **Braga, Jl. Braga 8, ✆ 51685; **Grand Hotel Lembang, Jl. Raya Lembang 288, Lembang, ✆ 82392; **Sariater Bungalows, Ciater (Reservierung: Bandung Office, Jl. Ir. H. Juanda 28, ✆ 59530); **Trio, Jl. Gardujati 55–61, ✆ 615055. **Nicht klassifizierte Hotels und Pensionen:** Brajawijaya, Jl. Pungkur 28, ✆ 50673 (nahe Busterminal Kebun Kelapa); Bungsu, Jl. Veteran (Bungsu) 24, ✆ 57915; Embong, Jl. Embong 9; Gania Plaza, Jl. Veteran (Bungsu) 30, ✆ 56557; Sahara, Jl. Oto Iskandardinata 3, ✆ 51684.

Verkehr: Anreise: täglich Flüge der Garuda ab Jakarta, Yogyakarta, Surabaya, Denpasar und Ujung Pandang; der Merpati ab Jakarta, Yogyakarta, Surabaya, Denpasar und Ujung Pandang; der Bouraq ab Jakarta, Yogyakarta und Surabaya (weitere Fluginformationen vgl. S. 544).

Täglich zahlreiche Busse ab Jakarta, Terminal Cililitan sowie u. a. ab Bogor, Sukabumi, Cianjur, Cirebon, Yogyakarta. Anreise ab Jakarta auch mit Intercity-Taxen (vgl. S. 161).

Täglich vier Parahiyangan-Schnellzüge ab Jakarta, Gambir und Kota Station; weitere Anreisemöglichkeiten per Eisenbahn u. a. von Surabaya und Yogyakarta.

Stadt- und Vorortverkehr: Bandung besitzt ein gut ausgebautes Nahverkehrssystem. Dominierende öffentliche Verkehrsmittel im Großraum Bandung sind Stadtbusse. Weiterhin pendeln auf festen innerstädtischen Routen Bemo und Bajaj. Innerstädtische Terminals für Busse, Bemo und Bajaj sind den großen Busbahnhöfen Kebun Kelapa und Cicaheum angegliedert. Bemo nördliche Richtung (Lembang u. a.) ab Terminal beim Bahnhof, Jl. Gardujati. Zahlreich vertreten sind Becak. Taxen, meist nicht als solche gekennzeichnet und ohne Taxameter, vorwiegend bei den großen Hotels.

Fernverkehr: Flughafen Husein Sastranegara ca. 3 km nordwestlich. Fluglinien: Garuda, Jl. Asia Afrika 73–75, ✆ 51497; Bouraq, Hotel Preanger, Jl. Asia Afrika 83, ✆ 58061–3 und Jl. Cihampelas 27, ✆ 437896; Merpati, Jl. Lembong 5, ✆ 57474 und Jl. Veteran (Bungsu) 46, ✆ 437893 (Fluginformationen s. o. ›Anreise‹ und vgl. S. 544).

Es gibt zwei große Busbahnhöfe für den Fernverkehr: Terminal Kebun Kelapa (Jl. Dewi Sartika): Busse nach Westen, u. a. nach Jakarta, Puncak Pass, Sukabumi, Bogor, Pelabuhanratu; Terminal Cicaheum (außerhalb im Osten der Stadt; zu erreichen mit Stadtbus Nr. 1 über Jl. A. Yani): Busse nach Osten, u. a. nach Cirebon, Sumedang, Garut, Tasikmalaya, Banjar, Yogyakarta. Nachtbusse nach Yogyakarta: Apollo Express, Jl. A. Saleh 14, ✆ 78490; Yogya Express, Jl. Sunda 56, ✆ 52570. Intercity-Taxen nach Jakarta: ›4848‹, Jl. Trunojoyo 20, ✆ 59048; Media, Jl. Cihampelas 87, ✆ 82182; Parahiyangan, Jl. Kiai Gede Utama 2, ✆ 81363. Bandungs Hauptbahnhof Stasiun Bandung befindet sich in der Jl. Gardujati (Zugverbindungen s. o. ›Anreise‹). **Reiseagenturen:** Bhayangkara, Jl. Veteran 14, ✆ 51135; Nitour, Jl. Tamblong 2, ✆ 50576; Pacto, Jl. Asia Afrika 112, ✆ 58091.

Restaurants: Chinesisch: King's Garden, Jl. Gardujati 81; Queen, Jl. Dalem Kaum 53; Tjoen Kie, Jl. Jend. Sudirman 46. **Sundanesisch:** Babakan Siliwangi, Jl. Siliwangi 79; Ponyo, Jl. Malabar 60; Sunda, Jl. Asia Afrika 111. **Europäisch und international:** Braga Permai, Jl. Braga 74; Sukarasa, Jl. Tamblong 52; Tizi, Jl. Kidang Pananjung. **Cafés:** Canary, Jl. Braga; French Modern Bakery, Jl. Braga 18; Rasa Bakery, Jl. Tamblong 15.

Einkauf: Batik: Batik Keris, Jl. Tamblong 64; Batik Semar, Jl. Dalem Kaum 40. Lederwaren: Leather Palace, Jl. Braga; Wishnu Art Centre, Jl. Raya Lembang. *Wayang Golek*-Puppen: Pak Aming, Jl. Karapitan; Pak Roehiyat, Jl. Pangarang. Buchladen: Gramedia, Jl. Merdeka 43.

Kulturelle Veranstaltungen: Angklung: Saung Angklung, Pak Udjo Jl. Padasuka 118, ✆ 71714, Vorführung: täglich 15.30 Uhr. Sundanesische Tänze: Ketuk Tilu, Sanggar Langen Setra, Jl. Oto Iskandardinata, Vorführung: täglich 21 Uhr. *Wayang Golek:* Yayasan Pusat Kebudayaan, Jl. Naripan 7, Vorführung: Sa 21 Uhr. Widderkämpfe: Jeden Sonntagvormittag (außer im Fastenmonat) in Desa Sukarandeg bei Lembang.

Information und wichtige Adressen: Touristeninformation: Tourist Information Centre, Jl. Alun Alun Timur 1, ✆ 56644 (hier ist ein Stadtplan erhältlich sowie die vor allem hinsichtlich kultureller Veranstaltungen sehr informative Monatszeitung ›Bandung for the Visitor‹); West Java Regional Tourist Office, Jl. Cipaganti 151–153, ✆ 81490. **Post und Telefon:** Kantor Pos Besar (Hauptpostamt), Jl. Asia Afrika; Telefonamt, Jl. Lembong. **Banken:** Bank Dagang Negara, Jl. Asia Afrika 51; Bank Negara Indonesia, Jl. Asia Afrika 119. **Gesundheit:** Rumah Sakit Boromeus, Jl. Juanda 80, ✆ 84041; Rumah Sakit Hasan Sadikin, Jl. Pasteur 38, ✆ 84953. Notruf (Krankenwagen) ✆ 58000 und 81711. **Konsulate und Goethe-Institut:** Konsulat Österreichs, Jl. Prabu Dimuntur 2 A, ✆ 59385. Goethe-Institut, Jl. R. E. Martadinata 48, ✆ 51041, 436440.

Ausflüge in die nähere Umgebung von Bandung

Die Provinzhauptstadt Bandung bietet sich als idealer Ausgangspunkt für verschiedene Ausflüge in das landschaftlich sehr abwechslungsreiche Preanger-Hochland an. Schon fast zum touristischen Pflichtprogramm gehört die Tour zum 16 km entfernten Bergort **Lembang** und weiter zum Krater von Bandungs ›Hausvulkan‹, dem Tangkuban Prahu (Colts nach Lembang ab Bahnhof Stasiun Bandung, Jl. Gardujati). Etwa 8 km vom Zentrum entfernt, noch im Stadtbereich Bandungs, passiert man das Gedung Bumi Siliwangi, ein fast wie ein Märchenschloß wirkendes Bauwerk, in dem früher ein italienischer Aristokrat residierte. Die Umgebung von Lembang ist geprägt von weiten Gemüsegärten und -feldern. Der Ort selbst besitzt einen lebhaften Früchtemarkt und das luxuriöse Grand Hotel, ein altehrwürdiges Kolonialgebäude mit Golfplatz und Schwimmbad. Oberhalb von Lembang liegt neben einer Sternwarte (Bosscha-Observatorium) das SOS-Kinderdorf Desa Taruna. 3 km östlich von Lembang laden in Maribaya Thermalquellen zum Baden ein. Maribaya kann man

Kawah Domas, einer der aktiven Krater des Vulkans Tangkuban Prahu bei Bandung

auch auf einem gut zweistündigen Fußmarsch vom Dago Tea House in Bandung über den Juanda-Naturpark erreichen. Im Dorf Sukarandeg, zwischen Lembang und Maribaya, finden für gewöhnlich jeden Sonntagvormittag gegen 10 Uhr Widderkämpfe statt.

Die größte Attraktion des Umlands von Bandung jedoch ist der **Vulkan Tangkuban Prahu,** von Spöttern mitunter als ›Drive-in-Vulkan‹ bezeichnet, weil eine Fahrstraße bis unmittelbar an den Kraterrand (1830 m) führt. Wenn Ihnen die Taxifahrt von Bandung zum Krater zu kostspielig erscheint, können Sie in Lembang an der Jl. Tangkuban Prahu einen Minibus in Richtung Ciater/Subang nehmen und sich am Beginn der von der Hauptstraße abzweigenden asphaltierten Bergstraße absetzen lassen; von dort sind es etwa 4 km bis zum Krater. Sie können aber auch ab Lembang (Jl. Panorama Lembang) einen nicht allzu schwierigen, ca. 2½–3stündigen Fußmarsch zum Gipfel unternehmen. Vor allem an Sonn- und Feiertagen sind zahl-

reiche einheimische Wanderer unterwegs. Aber auch allein ist die Orientierung völlig unproblematisch, den ausgetretenen Lehmpfad übersieht man kaum. Ihre Tour sollten Sie aber auf alle Fälle frühzeitig starten, denn oft ziehen bereits in der Mittagszeit kalte Bergnebel auf und der nachmittägliche Regen setzt mit unerbittlicher Pünktlichkeit ein. Auf dem Plateau vor dem Kraterbereich finden Sie zahlreiche Souvenirstände und kleine Restaurants. Insgesamt besitzt der aktive Tangkuban Prahu zwölf Krater, der größte, Kawah Ratu, gilt als erloschen, andere, wie Kawah Baru und Kawah Domas, als sehr aktiv und unberechenbar. Vom Parkplatz nahe dem Kawah Ratu führt ein Weg hinab zu Kawah Domas mit seinen Schwefelfumarolen und Geysiren. Nach ca. ½ Std. erreicht man einen Aussichtspunkt mit beeindruckendem Blick in den Domas-Krater. In die Caldera selbst gelangt man nach einer weiteren Viertelstunde über einen steilen Stufenpfad. Von Kawah Domas soll es einen Weg durch schwieriges Terrain hinab zu den Teeplantagen von Ciater geben (ca. 3 Std.). Problemlos zu finden ist dagegen der schmale Dschungelpfad, der vom Domas-Krater (Beginn kurz vor den Holzstufen, die vom Hauptkrater herabführen) zur Tangkuban Prahu-Bergstraße zurückführt; von dort sind es dann etwa 2 km zur Hauptstraße Lembang–Ciater.

Die Landschaft um den 1050 m hoch gelegenen Ort **Ciater** an der Nordostflanke des Tangkuban Prahu ist geprägt von den ausgedehnten Teeplantagen des Staatsunternehmens P. T. Perkebunan. Eine Besichtigung der Pflanzungen ist ebenso möglich wie ein Besuch der Fabrik in Ciater, wo die geernteten Teeblätter weiterverarbeitet werden. Es empfiehlt sich eine rechtzeitige Kontaktaufnahme mit der Firmenleitung, am besten bereits in Bandung (P. T. Perkebunan, Bandung Office, Jl. Ir. H. Juanda 127, Dago). Ebenfalls in Ciater ist um heiße Quellen herum ein Freizeitpark mit Swimming-pools sowie ein luxuriöses Bungalowhotel entstanden.

Ein weiterer Ausflug ab Bandung führt in nordöstlicher Richtung zu dem ca. 45 km entfernten Ort **Sumedang** (Colts und Busse ab Terminal Cicaheum). Das von einer malerischen Bergkulisse umrahmte Städtchen erfreute sich früher großer Beliebtheit bei erholungssuchenden Holländern. Heute lohnt sich ein Besuch vor allem wegen des Yayasan Pangeran Sumedang-Museums, das in der 1706 errichteten ehemaligen Residenz der Sumedang-Fürsten untergebracht ist. Ausgestellt sind neben *Gamelan*-Instrumenten aus dem 17. Jh. vor allem Memorabilien der Sultansfamilie. Öffnungszeiten: Mo–Do 8–13 Uhr, Sa 8–12 Uhr, So 8–13 Uhr, Fr geschlossen. Von Sumedang führt eine malerische, aber sehr kurvenreiche Landstraße weiter an die Nordküste nach Cirebon.

Eventuell bereits während der Anreise von Jakarta nach Bandung lohnt sich ein Abstecher zum **Jatiluhur-See** bei Purwakarta (ca. 70 km nördlich von Bandung). Dieser vom aufgestauten Citarum-Fluß gebildete See bietet gute Wassersportmöglichkeiten (Wasserski, Windsurfen); teure Bungalowhotels sorgen für eine komfortable Unterkunft.

Das südöstliche Preanger-Land

Etwas abseits der west-östlich verlaufenden Hauptreiseroute liegt rund 60 km südöstlich von Bandung, inmitten einer fruchtbaren Reisfelderlandschaft, das verschlafene Provinzstädtchen **Garut.** Eine bedrohliche Kulisse bildend, umzingeln mehrere aktive Vulkane diesen typischen Sunda-Ort, u. a. G. Guntur (2249 m), G. Cikuray (2821 m), G. Telagabodas (2201 m) sowie G. Papandayan (2622 m), der bei einer katastrophalen Eruption im Jahre 1772 mehrere tausend Menschen tötete und heute noch als einer der gefährlichsten und unberechenbarsten Vulkane Javas gilt. Ein anderer ›Feuerberg‹, der etwas weiter südöstlich, bei Tasikmalaya gelegene G. Galunggung (2168 m), sorgte erst 1982 mit einem spektakulären Ausbruch für Aufregung (vgl. S. 15 u. S. 170).

Etwa 14 km nördlich von Garut findet man den einzigen Tempel Westjavas aus der hindu-javanischen Epoche. Fahren Sie mit einem Minibus in Richtung Bandung und lassen Sie sich im Dorf Leles absetzen. Ein knapp einstündiger Spaziergang durch Reisfelder bringt Sie zu dem malerischen See Situ Cangkuang, in dem sich der imposante Vulkan Gunung Haruman spiegelt. Auf einer Halbinsel im See, zu der man sich am besten mit einem Bambusfloß übersetzen läßt, steht versteckt zwischen dichter Tropenvegetation der erst vor wenigen Jahren restaurierte **Candi Cangkuang,** ein vergleichsweise schmuckloser Hindutempel aus dem 9. Jh. In den Baumkronen über dem Bauwerk veranstalten ›Fliegende Hunde‹ (*Pteropus vampyrus;* indon.: *Kalong*) eine ohrenbetäubende Kakophonie. Die alten Grabmale nahe dem Candi dienen als moslemische Andachtsstätten.

Sehr beeindruckend sind Ausflüge in die von vulkanischen Phänomenen geprägte nähere Umgebung von Garut. Etwa 5 km nordwestlich der Stadt, mit einem Minibus über Tarogong zu erreichen, liegt der wegen seiner Thermalbäder vielbesuchte Ort **Cipanas** (hier auch gute Unterkunftsmöglichkeiten; die größeren Hotels haben eigene Heißwasser-Pools). Ab hier dauert der Aufstieg zum Vulkan G. Guntur etwa sechs Stunden. Eine kleine Wanderung führt von Cipanas durch eine anmutige *Sawah*-Landschaft zu den beiden Wasserfällen Curug Citiis Kecil und Curug Citiis Besar an der Südflanke des Guntur-Vulkans.

Über Tarogong und Samarang erreichen Sie mit einem Colt den kleinen Ort **Kamojang** an den südwestlichen Ausläufern des Gunung Guntur. Etwa 2 km östlich des Dorfes ist inmitten einer gespenstischen Vulkanlandschaft, als indonesisch-neuseeländisches ›Joint Venture‹, ein geothermisches Projekt entstanden. Ein Netz silbergrauer Rohre leitet den heißen Dampf von rund zwei Dutzend Bohrstellen zum im Talkessel gelegenen Kraftwerk. Dazwischen brodeln heiße Seen, blubbern Schlammtümpel und schießen Geysire himmelwärts.

Reisende, welche die Einsamkeit nicht scheuen, locken rund 80 km südlich von Garut die herrlichen, weißen Sandstrände von Pameungpeuk (Pantai Santolo, Pantai Sayang Heulang u. a.). Wie an den meisten Abschnitten der Südküste gilt auch hier: Vorsicht beim Baden und Schwimmen!

Bevor Sie Garut verlassen und in Richtung Tasikmalaya weiterreisen, sollten Sie noch eine Spezialität des Ortes probieren – *Dodol,* eine süße Köstlichkeit aus Reis, Kokosnußmilch und Rohrzucker.

Tasikmalaya, knapp 60 km südöstlich von Garut, gilt als ein Zentrum der javanischen Rattanindustrie, ist aber auch landesweit bekannt für zwei weitere kunsthandwerkliche Produkte: handbemalte Papierschirme und qualitativ hochwertige Batiken *(Batik Tasik).* Der Ort selbst bietet keine nennenswerten Sehenswürdigkeiten, doch lohnt sich ein Abstecher zum 12 km nördlich gelegenen Dorf **Rajapolah,** an dessen Hauptstraße sich dicht an dicht Kunstgewerbeläden und -werkstätten reihen. Hergestellt und zum Verkauf angeboten werden hier vor allem Flecht- und Webarbeiten, Papierschirme und Batikstoffe.

Ausflüge in die nähere Umgebung von Tasikmalaya: Kampung Naga (ca. 30 km westlich): Dieses traditionelle Dorf präsentiert sich, romantisch eingebettet in eine reizvolle Reisterrassen-Landschaft, in einem beinahe museal gepflegten Zustand. Zahlreiche der alten *Adat*-Häuser sind noch mit Palmwedel eingedeckt. Besucher werden vom *Kepala Desa,* dem Dorfoberhaupt, freundlich empfangen; in seinem Haus ist auch, gegen angemessene Bezahlung, eine Übernachtung möglich. Kurze Wegbeschreibung: Mit Bus oder Colt ab Tasikmalaya in Richtung Garut, beim Dorf Neglasari aussteigen und dem zementierten Stufenpfad talwärts nach Kampung Naga folgen.

Rundfahrt Tasikmalaya – Panjalu – Kawali – Ciamis – Tasikmalaya: Dieser mit öffentlichen Verkehrsmitteln (Busse und Colts) leicht durchzuführende Tagesausflug bringt Sie zunächst zum malerischen, an der Nordseite des Vulkans G. Sawal (1784 m) nahe dem Dorf Panjalu gelegenen See Situ Lengkong. Die jahrhundertealten, mit Moos überwachsenen islamischen Grabmale auf der kleinen, dicht bewaldeten Insel im See werden heute noch als heilige Gebetsstätten verehrt. Eine Besichtigung ist nur in Begleitung des *Pak Kunci* (›Vater des Schlüssels‹), bei dem man sich mit einem kleinen Geldbetrag bedanken sollte, möglich. Etwa 2 km außerhalb der Kleinstadt Kawali verstecken sich in einem dichten, von unzähligen ›Fliegenden Hunden‹ bevölkerten Urwaldhain die Grabmonumente *(Astana Gede)* des Moslemherrschers Raja Linggawastu und seines Sohnes Wastukancana. Östlich von Ciamis, an der Hauptstraße Richtung Banjar, bietet der 25 ha große,

Der See Situ Cangkuang bei Garut; im Hintergrund der Vulkan Gunung Haruman

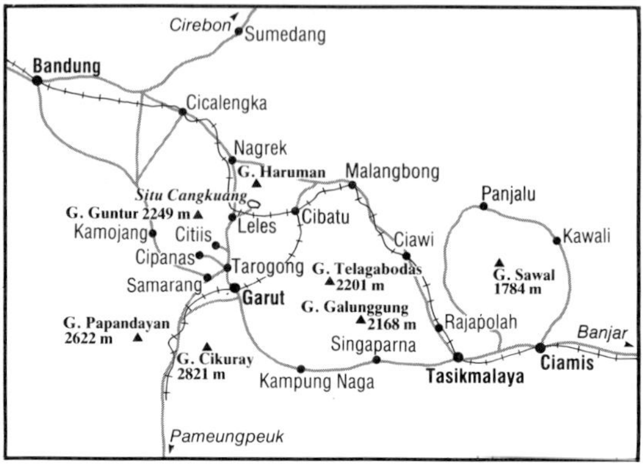

Das südöstliche Preanger-Land

von bequemen Spazierwegen durchzogene Naturpark Bojong Galuh Karang Kamulyan ein eindrucksvolles Dschungelerlebnis, ohne daß man sich dabei den Strapazen einer Urwaldwanderung aussetzen müßte.

In der südöstlichsten Ecke des Sunda-Landes, auf dem schmalen Isthmus, der die Halbinsel Penanjung mit Java verbindet, liegt der Fischerort **Pangandaran.** Wegen des herrlichen, kilometerlangen Sandstrands sowie der ausgezeichneten Unterkünfte und Restaurants, die durchweg ein sehr vernünftiges Preisniveau besitzen, erfreut sich Pangandaran bei in- und ausländischen Touristen einer zunehmenden Beliebtheit. Besonders reizvoll ist ein Aufenthalt in Pangandaran vor allem im Dezember, wenn die Fischer ihr farbenprächtiges Erntedankfest Hajat Laut feiern.

Fast die gesamte Penanjung-Halbinsel, knapp 500 ha, wird von einem **Naturschutzgebiet** *(Cagar Alam)* eingenommen. Ausflüge in dieses mit Aussichtstürmen für die Tierbeobachtung (vor allem Wildrinder – *Banteng*) ausgestattete Reservat unternimmt man sinnvollerweise nur in Begleitung geländekundiger Führer (Auskunft im Verwaltungsgebäude am Parkeingang). Etwa 40 ha im nördlichen Teil der Halbinsel sind als Taman Wisata (›Touristenpark‹) auch mühelos auf eigene Faust zu erkunden. Wanderwege führen zu zahlreichen Kalksteinhöhlen, die teilweise während des Zweiten Weltkriegs von den Japanern zu Munitionsbunkern und Geschützständen ausgebaut wurden. Über eine Leiter gelangt man in eine riesige Grotte mit bizarren Stalaktiten und Stalakmiten. Der schönste Badestrand (lang, breit und flach abfallend) erstreckt sich entlang der Bucht von Parigi im Westen von Pangandaran, der östliche Strand an der Penanjung-Bucht dagegen ist sehr schmal und recht verbaut.

Ausflüge in die nähere Umgebung von Pangandaran: Karang Nini (ca. 12 km östlich; Minibus in Richtung Banjar): Diese etwa 2 km von der Hauptstraße nach Banjar entfernte wilde Klippenlandschaft mit tosender Brandung ist ein beliebtes Ausflugsziel; Baden und Schwimmen sind hier aber nicht ungefährlich.

Batu Hiu (ca. 15 km westlich; Colt in Richtung Cijulang, ca. 1/2 km ab Hauptstraße): Hier finden Sie ebenfalls bizarre Klippen, an denen sich meterhohe Wogen brechen. Beiderseits von Batu Hiu erstrecken sich kilometerlange, grausandige Strände, die wegen der schweren Brandung von Wellenreitern geschätzt werden. Bisweilen legen bei Batu Hiu Meeresschildkröten ihre Eier ab.

Batu Karas (ca. 3 km südlich von Cijulang; Colt bis Cijulang, dann weiter mit Motorrad-Taxi oder zu Fuß): Dieses kleine Fischerdorf gilt wegen seines weiten Strandes und der herrlichen Brandung ebenfalls als Dorado für Surfer.

Von Pangandaran führt ein sehr interessanter Reiseweg in östliche Richtung: Im kleinen Flußhafen Kalipucang, 17 km nordöstlich von Pangandaran, legen am frühen Morgen und in der Mittagszeit kleinere Passagierschiffe nach Cilacap ab. Über den Tanduy-Fluß gelangt man in ca. einer Stunde zur Bucht von Segara Anakan. Weiter geht die Fahrt durch das von labyrinthartig verästelten Wasserläufen und Meeresarmen durchzogene Sumpf- und Mangrovenland zwischen Java und der dicht vorgelagerten Insel Nusa Kambangan (hier befindet sich eine Strafkolonie für politische Gefangene), bevor man nach weiteren zwei bis drei Stunden die Hafen- und Industriestadt Cilacap erreicht (von hier direkte Busverbindung nach Yogyakarta; s. u.).

Praktische Hinweise

Anreise und Verkehrsverbindungen: Ab Terminal Cicaheum in Bandung fahren tagsüber zahlreiche Busse und Colts nach Garut, Tasikmalaya und Banjar. Zwischen Banjar und Pangandaran pendeln tagsüber ständig Minibusse. Die Anreise per Bus nach Banjar ist auch direkt von Jakarta (Nachtbusse ab Terminal Cililitan) und Yogyakarta möglich. Ab Manggarai Station in Jakarta fährt der Schnellzug Patas 206 nach Banjar (Zusteigemöglichkeit in Bandung und Tasikmalaya). Die zwischen Yogyakarta und Bandung verkehrenden Schnellzüge halten ebenfalls in Banjar und Tasikmalaya. Frühmorgens und in der Mittagszeit verlassen Fährboote den Sleko-Hafen von Cilacap nach Kalipucang; von dort Colts nach Pangandaran oder Banjar. Wenn Sie in umgekehrter Richtung an einem Tag von Pangandaran/Kalipucang über Cilacap nach Yogyakarta reisen wollen, müssen Sie ein frühmorgens (7–8 Uhr) abfahrendes Schiff nehmen, um den Direktbus Cilacap – Yogyakarta noch zu erreichen.

Unterkunft: Garut (die meisten Unterkünfte im Ort sind von recht bescheidener Qualität, angenehmer ist es, in Cipanas zu übernachten): Ciptabela, Cipanas; Kota Baru, Jl. Merdeka 115 (nahe Busterminal); Mulia, Jl. Kenanga 17; Saripanas, Cipanas; Sumber Alam, Cipanas (hübsches Bungalowhotel); Tirtagangga, Cipanas; Wisma Lapau, Pantai Santolo, Pameungpeuk. **Tasikmalaya:** Kencana, Jl. Yudha Negara 17 (zentral gelegen); Mangkubumi Indah, Jl. Singaparna (ca. 7 km außerhalb, komfortabel); Priangan, Jl. Gg. Kamu 1. **Pangandaran** (an Wochenenden sowie vor allem in den Sommerferien sämtliche Unterkünfte oft überbelegt): Bumi Nusantara, Jl. Kalen Buaya (komfortabel, gehobene Preislage); Lugina, Jl. Penanjung; Mini I und II, Jl. Penanjung; Pananjung, Jl. Pantai Barat (hübsche Bungalows, gehobene Preislage); Panorama, Jl. Pantai Timur; Pantai Indah, Jl. Pantai Indah.

Cirebon

Auf halbem Weg zwischen Jakarta und Semarang, im Grenzbereich zwischen der sundanesischen und der mitteljavanischen Einflußsphäre gelegen, hat Cirebon Impulse von allen beiden großen Kulturen erhalten. Mehr noch, wie auch die anderen großen Handelshäfen der Nordküste West- und Zentraljavas war Cirebon jahrhundertelang den verschiedenartigsten fremden Einflüssen ausgesetzt. So präsentiert sich heute diese Stadt, die auf eine bewegte und reiche Vergangenheit zurückblicken kann, als ein faszinierender Schmelztiegel sundanesischer, javanischer, chinesischer, arabischer und europäischer Kultureinflüsse. Bezeichnenderweise geht der Name der Stadt auf das altjavanische Wort *Caruban* zurück, was soviel bedeutet wie ›Mischung‹. Nachdem sich im frühen 16. Jh. der vehement ausbreitende Islam mit Cirebon einen seiner ersten Brükkenköpfe auf Java geschaffen hatte, entwickelte sich diese Stadt zum Zentrum eines mächtigen Sultanats. Der bedeutendste Herrscher dieses Moslemreichs war Sultan Faletehan, gleichzeitig einer der neun Wali, die in Indonesien den Islam verbreiteten; seit seinem Tode erfährt er als Sunan Gunung Jati höchste Verehrung (vgl. S. 197). Heute hat Cirebon den Trubel der Geschichte längst vergessen; der verschlafene Ort mit dem Beinamen Kota Udang (›Stadt der Garnelen‹) führt das beschauliche Leben einer kleinen Hafenstadt, die allerdings immer noch über eine bedeutende Fischereiindustrie verfügt.

Die Sehenswürdigkeiten Cirebons lassen sich auf einer gemütlichen Halbtagestour teils zu Fuß, teils per Bemo oder Becak erschließen. Die ehemalige Sultansstadt besitzt zwei sehenswerte Paläste, die beide in ihrer heutigen Form aus dem Jahre 1677 stammen und damals für die beiden ältesten Sprosse der Herrscherfamilie erbaut wurden. Beginnen Sie Ihren Rundgang im Süden der Stadt beim **Kraton Kesepuhan,** dem ›Palast des älteren Bruders‹. Auf den Ruinen eines früheren hinduistischen Herrschersitzes errichtet, bietet der Kraton ein reizvolles Potpourri islamischer, hinduistischer, chinesischer und europäischer Stilelemente. Leider verfallen die mit roten Backsteinmauern umgebenen Vorhöfe zusehends. Dagegen präsentiert sich das Hauptgebäude, ein halboffener, javanischer *Pendopo,* im museal erhaltenen alten Glanz. Ganz besondere Aufmerksamkeit verdient das angeschlossene Museum, in dem sich ein wahres Sammelsurium von teils recht kuriosen Erinnerungsstücken der Sultansfamilie befindet. Unumstrittenes Prunkstück ist die königliche Kutsche Kereta Singa Barong: Ein prunkvolles, vergoldetes Gefährt in der Form eines geflügelten, behuften und Hörner tragenden Elefanten, der überdies einen Dreizack in seinem Rüssel schwingt, ein Zwitterwesen aus javanisch-hinduistischer und griechischer Mythologie.

Auf der gegenüberliegenden Seite des weitläufigen Platzes vor dem Palast steht

Der Kraton Kesepuhan, der ›Palast des älteren Bruders‹

die vollständig aus Holz errichtete **Mesjid Agung** (›Große Moschee‹), eine Spitzenleistung javanischer Baukunst und gleichzeitig eine der ältesten islamischen Gebetsstätten auf Java.

Östlich des quirligen Pasar Kanoman breitet sich das Areal des **Kraton Kanoman** (›Palast des jüngeren Bruders‹) aus. Bedauerlicherweise dominiert auch hier der Verfall. Unverkennbar hinduistischen Einfluß weisen die gespaltenen Tore aus rotem Backstein auf. Ein Nebengebäude, Gedung Pusaka, beherbergt die vielen hundert Erbstücke der Sultansfamilie, darunter zwei prächtige Kutschen.

Etwa 4 km außerhalb der Stadt, an der südlichen Umgehungsstraße gelegen, zeugt das bizarre Bauwerk **Gua Sunyaragi** vom extravaganten Geschmack des Prinzen Arya Carbon, auf dessen Wunsch es 1703 errichtet wurde. Dieser architektonische Spleen aus grobem Korallengestein, roten Ziegeln und Mörtel erscheint mit seinen verwinkelten Gängen, Treppen und Tunneln, die ins Leere führen, sowie mit seinen kleinen Pagoden, Springbrunnen, Lotusteichen und lauschigen Plätzen wie ein Tolkinsches Märchenland Fantasien, halb Lustschloß eines unverbesserlichen Romantikers, halb Abenteuerspielplatz eines pubertären Erwachsenen. Zwischenzeitlich diente Gua Sunyaragi auch ganz profan als Festung, in der sich bei verschiedenen Revolten der Widerstand gegen die holländischen Kolonialherren formierte. Anfahrt: Bemo G8, G9 oder G10 ab Zentrum.

Das königliche Grabmal des Faletehan bzw. Sunan Gunung Jati, ca. 6 km nördlich der Stadt an der Hauptstraße nach Jakarta gelegen, gilt als eine der heiligsten islamischen Stätten Javas und ist ständig Ziel zahlloser Pilger. Ganz in der Nähe befindet sich auch das Grab von Gunung Jatis fünfter Frau, der chinesischen Prinzessin Ong Tien. Anfahrt: Bemo G6 ab Jl. Siliwangi/Jl. Diponegoro.

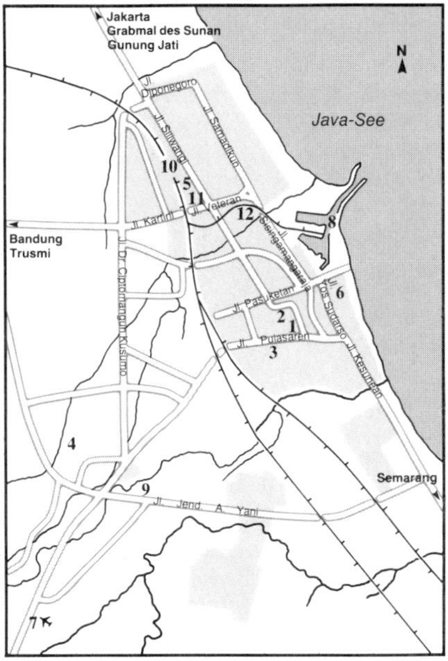

Cirebon: Sehenswürdigkeiten
1 Kraton Kesepuhan 2 Kraton Kanoman 3 Kraton Kecirebonan 4 Gua Sunyaragi

Öffentliche Einrichtungen
5 Tourist Office 6 Hauptpostamt 7 Flughafen 8 Seehafen 9 Busterminal 10 Bahnhof

Hotels und Losmen
11 Grand Hotel 12 Hotel Asia

Eine lange Tradition hat in Cirebon das Kunsthandwerk, vor allem das Schnitzen von *Topeng*-Masken und die Herstellung hochwertiger Batikstoffe, die mit ihren realistischen Motiven (Tiger, Felsen, Wolken u. a.) deutlich chinesischen Einfluß aufweisen. Die besten Batiken stammen aus dem 9 km westlich von Cirebon gelegenen Dorf Trusmi. Hier können Sie in einer der zahlreichen Werkstätten auch die Batikherstellung in allen ihren Phasen beobachten. Einen besonders guten Ruf genießt das Atelier von Ibu Masina. Anfahrt: Bemo G4 ab Zentrum.

Unterkunft: Hotels höherer Kategorien: ***Grand Hotel, Jl. Siliwangi 98, ✆ 2014–5; ***Patrajasa Motel, Jl. Tujuh Pahlawan Revolusi 11, ✆ 2792. **Mittlere Hotels:** **Cirebon Plaza, Jl. Kartini 54, ✆ 2061–3. **Nicht klassifizierte Hotels und Pensionen:** Asia, Jl. Kalibaru Selatan 11 A, ✆ 2183 (ruhig); Cordova, Jl. Siliwangi 87, ✆ 4677; Priangan, Jl. Siliwangi 128, ✆ 2929; Semarang, Jl. Siliwangi 124, ✆ 3231.

Verkehr: Anreise: täglich (Nacht-) Busse ab Jakarta, Terminal Pulo Gadung sowie u. a. Busse ab Bandung (Terminal Cicaheum), Semarang, Yogyakarta, Cilacap, Purwokerto. Hinweis: Die Anreise von Jakarta über Bandung und Sumedang ist wesentlich interessanter als die vergleichsweise langweilige Nordroute entlang der Küste.

Cirebon ist ein wichtiger Eisenbahnknotenpunkt – täglich zwei klimatisierte Nacht-Expreßzüge, Bima und Mutiara, ab Jakarta, Kota Station, sowie täglich verschiedene nicht klimatisierte Schnellzüge ab Jakarta, u. a. Gaya Baru Utara ab Pasar Senen Station und Senja Utama ab Gambir Station; weitere Anreisemöglichkeiten per Eisenbahn u. a. von Semarang, Surabaya und Yogyakarta. Keine Eisenbahnverbindung Bandung – Cirebon.

Stadt- und Vorortverkehr: Wichtigste öffentliche Verkehrsmittel sind auf festen Routen pendelnde Bemo, zentrales Terminal in Jl. Gunungsari. Zahlreiche Becak.

Fernverkehr: Der Busbahnhof für Busse in alle Hauptrichtungen liegt ca. 5 km südwestlich der Stadt (Anfahrt ab Zentrum mit Bemo G7 und G9). Cirebons Hauptbahnhof befindet sich in der Jl. Siliwangi (Zugverbindungen s. o. ›Anreise‹).

Restaurants: Cirebon Plaza, Jl. Kartini 54 (chinesisch, sundanesisch, europäisch); Kencana, Jl. Karang Kencana 2 (chinesisch, sundanesisch); Kopyor, Jl. Karanggetas 9 (chinesisch, sundanesisch); Maxim's, Jl. Bahagia 45 (Fischspezialitäten); Sinar Budi, Jl. Pasekutan 15 (Padang).

Touristeninformation: Kantor Pariwisata, Jl. Siliwangi 88, ✆ 6011.

Zentraljava

Zentraljava ist nicht nur geographischer, sondern vor allem auch kultureller Mittelpunkt Javas. Hier konzentrieren sich die großartigsten Kulturdenkmäler der buddhistisch-hinduistischen Vergangenheit, insgesamt rund 100 kleinere und größere Tempel. Mit den einzigartigen Tempelkomplexen von Borobudur und Prambanan begegnet der Reisende zweien der weltweit bedeutendsten Sakralbauwerke. Dieses historische Kernland des gesamten indonesischen Archipels war aber nicht nur das Zentrum indischen Kultureinflusses, hier errichtete auch der Islam seine ersten Brückenköpfe, von denen aus sich der neue Glaube über ganz Java verbreitete. Doch ebenso wie sich Jahrhunderte zuvor die aus Indien importierten Einflüsse mit autochthonen Elementen zu einer eigenständigen, abgrenzbaren Hochkultur entwikkelten, vermengten sich gerade auf Zentraljava die Lehren des Koran schon bald mit hindu-buddhistischen und sogar altindonesischen Glaubenselementen zu einer ganz spezifischen, synkretistischen Variante des Islam. Als Reste der einstigen javanischen Sultanate haben die Fürstenhöfe *(Kraton)* von Yogyakarta und Surakarta (Solo) die Zeitenläufe überlebt. Seit je waren diese beiden Herrschersitze besonders reich blühende Zentren der heimischen Künste. Auch in der Gegenwart wird hier die traditionelle höfische Hochkultur weitergepflegt. Im Mittelpunkt des Besucherinteresses stehen im zentralen Java nicht nur die steinernen Zeugen einer reichen Vergangenheit, sondern auch kulturelle Darbietungen wie alte hindu-javanische Tänze und Tanzdramen oder das Schattenspiel *Wayang Kulit.*

Die Provinz Zentraljava (Hauptstadt Semarang) ist überwiegend gebirgig, zählt jedoch aufgrund der mineralreichen Vulkanböden zu den ertragreichsten Regionen Indonesiens. Auf dem

Exkurs: Die Wali

Als die bedeutendsten Apologeten der Lehre des Propheten Mohammed im Java des 16. Jhs. gelten neun heilige Apostel – die *Wali Ullah* oder ›diejenigen, die Gott nahe sind‹. Um sie rankt sich ein dichtes Geflecht unzähliger Legenden. Dem javanisch-islamischen Mystizismus zufolge verbreiteten sie den neuen Glauben durch die Macht ihrer magischen Ausstrahlung auf friedliche Weise, ohne jegliche Anwendung von Gewalt. In der mündlichen Überlieferung erscheinen sie als geheimnisvolle Zauberpriester, die, indischen Traditionen folgend, mittels Askese und Konzentration in der Lage waren, Wunder zu vollbringen. Geschickt benutzten die Wali das hinduistische *Wayang*-Spiel und das *Gamelan,* um ihre von mystischen Elementen des Sufismus durchdrungene, weit von den Auffassungen des orthodox-puristischen Islam entfernte Glaubenslehre zu verbreiten. Diese Variante der Lehre des Propheten war auch sehr viel besser mit den ehedem vorherrschenden hinduistisch-buddhistischen Prinzipien vereinbar und somit schließlich auch für einen Großteil der Javaner akzeptabel. Von diesen neun heiligen Männern sind aber auch historische Tatsachen überliefert. Sie traten an die Stelle der Brahmanen und übernahmen deren Funktionen; so weihten sie die Herrscher und übten damit politische Macht aus. Eine bedeutende Rolle spielte beispielsweise Faletehan aus Pasai (Nordsumatra), der dem dritten Fürsten von Demak den Sultanstitel verlieh, die Wali-Dynastie von Banten begründete und schließlich das Königreich Cirebon unterwarf.

Die Grabstätten der neun Wali gelten noch heute als geheiligte Wallfahrtsorte und sind auch in der Gegenwart, obwohl der Islam in seiner reinen Form die Verehrung von Heiligen verbietet, das Ziel Zehntausender von Pilgern. Bezeichnenderweise errichtete man diese Grabmale, entsprechend der altjavanischen Tradition der Ahnenverehrung, auf Bergen. Nach ihrem Ableben erhielten die Wali den javanischen Titel *Sunan* (Priesterfürst).

Fundament dieser legendären Fruchtbarkeit beruhte letztendlich auch die Macht der bedeutenden Shailendra-Dynastie; die enormen Reisüberschüsse ermöglichten es dieser Adelsfamilie, sich Armeen von Soldaten und Arbeitern zu halten und ein gigantisches Bauwerk wie den Borobudur-Tempel zu schaffen. Doch nicht nur die Landschaft ist fruchtbar, auch die Menschen sind es – die Überbevölkerung ist eines der drükkendsten Gegenwartsprobleme Mitteljavas: Annähernd 35 Mill. Menschen leben auf einer Fläche von rund 34 000 km^2, was einer durchschnittlichen Bevölkerungskonzentration von fast 900 Pers./km^2 entspricht (einer der Spitzenwerte in Indonesien). Industrie ist auf Zentraljava erst in Ansätzen entwickelt. Die Produktivität der Landwirtschaft wird in nicht unerheblichem Maß durch die von der Realerbteilung bewirkte Besitzzersplitterung in kleine und kleinste Parzellen beeinträchtigt. Die Bewohner des zentralen Java sind arm und leben oft sogar unterhalb des statistischen Existenzminimums.

Die Nordküste Zentraljavas

Die Handelshäfen an der Nordküste des westlichen und zentralen Java gehörten in früheren Zeiten zu den blühendsten und wohlhabendsten Städten der ganzen Insel. Als Exporthäfen für Reis und andere landwirtschaftliche Produkte waren sie einst von lebenswichtiger Bedeutung für die Agrargebiete des Binnenlandes. Hier wickelten Kaufleute und Seefahrer aus aller Herren Länder ihre Handelsgeschäfte ab und gaben den javanischen Hafenstädten das heute noch vorhandene kosmopolitische Gepräge. Die merkantilen Knotenpunkte der Nordküste spielten aber auch als Einfallstor fremder Mächte eine bedeutende Rolle. Die nördlichen Küstenfürstentümer *(Pasisir)* waren die ersten Regionen Javas, in denen bereits im Laufe des 15. Jhs. der Islam Fuß faßte. Im Zeichen des Halbmondes erstarkten hier mächtige Sultanate, unter deren vehementer Ausbreitung schließlich auch das einstige Großreich Majapahit zerfiel. Heute sind die meisten dieser Häfen durch die starke Sedimentation der in die Java-See mündenden Flüsse seit langem versandet und zu relativer Bedeutungslosigkeit verkommen. Obwohl sich hier wichtige Zentren des Kunsthandwerks befinden, stellen die Städte der mitteljavanischen Nordküste für die meisten Indonesien-Reisenden lediglich Durchgangsstationen auf dem Weg nach Osten dar.

Einen zumindest kurzen Aufenthalt aber wäre bereits **Pekalongan,** ca. 100 km westlich von Semarang, wert. *Kota Batik* (›Batikstadt‹) nennt man diesen Ort, wo in zahlreichen Fabriken und Werkstätten die, nach Meinung von Kennern, schönsten und qualitativ hochwertigsten Batikstoffe Javas hergestellt werden. Der einzigartige Pekalongan-Stil zeichnet sich durch sanfte Pastellfarben aus und zeigt hinsichtlich der Motivwahl unverkennbar chinesischen und europäischen Einfluß. Während in den größeren Fabriken zumeist maschinenbedruckte oder gestempelte Batiken *(Batik Cap)* produziert werden, arbeitet man in den kleinen Ateliers vorwiegend im Handwachsverfahren *(Batik Tulis).* Für gewöhnlich ist es problemlos möglich, die Künstler in ihren Werkstätten zu besuchen und bei der Arbeit zu beobachten. Einen hervorragenden Ruf genießen u. a. Salim Alaydrus, Jl. H. Agus Salim 31 und Jane Hendromartono, Jl. Blimbing 36 sowie im ca. 9 km südlich gelegenen Batikdorf Kedungwuni Pak Oey Tjoen, Jl. Raya 104.

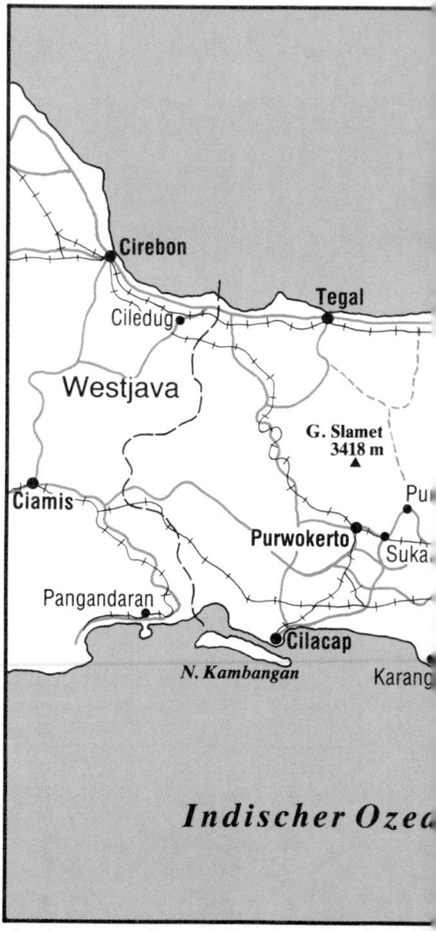

Zentraljava

Exakt 500 km östlich von Jakarta gelegen, fällt die Millionenstadt **Semarang,** die Verwaltungszentrale der Provinz Mitteljava, unter die Kategorie ›wenig attraktive Großstadt‹. Nachdem im späten 17. Jh. die Häfen der florierenden Nachbarstädte Demak und Jepara zu versanden begannen, erlebte der ehedem unbedeutende Fischerort einen steilen Aufstieg. Heute konzentriert sich in Semarang ein Großteil der wirtschaftlichen Aktivitäten Zentraljavas. Die fünftgrößte Stadt Indonesiens ist vergleichsweise arm an Sehenswürdigkeiten, bietet sich

aber wegen der guten Unterkunftsmöglichkeiten und Restaurants als Ausgangspunkt für Ausflüge in die nähere Umgebung an.

Ein wenig von der kosmopolitischen Atmosphäre der Nordküste spürt man bei einem Bummel durch das quirlige Gassengewirr von Semarangs Chinesenviertel, das sich westlich und östlich der Jl. Pekojan ausbreitet. Im Gang Lombok, einer schmalen Seitenstraße der Jl. Pekojan, versteckt sich zwischen Clan-Häusern und chinesischen Speiselokalen der kleine, pittoreske chinesische Tempel *(Klenteng)* Thay Kak Sie. 1772 erbaut, bildet er heute immer noch den geistig-religiösen Mittelpunkt für die über 200 000 in Semarang lebenden Chinesen.

Etwas weiter nördlich, an der Jl. Suprapto, erinnert eine der ältesten christlichen Kirchen Indonesiens, die 1753 errichtete Gereja Blenduk, an die Zeit, als Semarang noch ein bedeutendes holländisches Handels- und Verwaltungszentrum war. Das von einer kupferverkleideten Kuppel gekrönte Gotteshaus stellte einst den Mittelpunkt des Kolonialviertels dar, allerdings fielen die alten

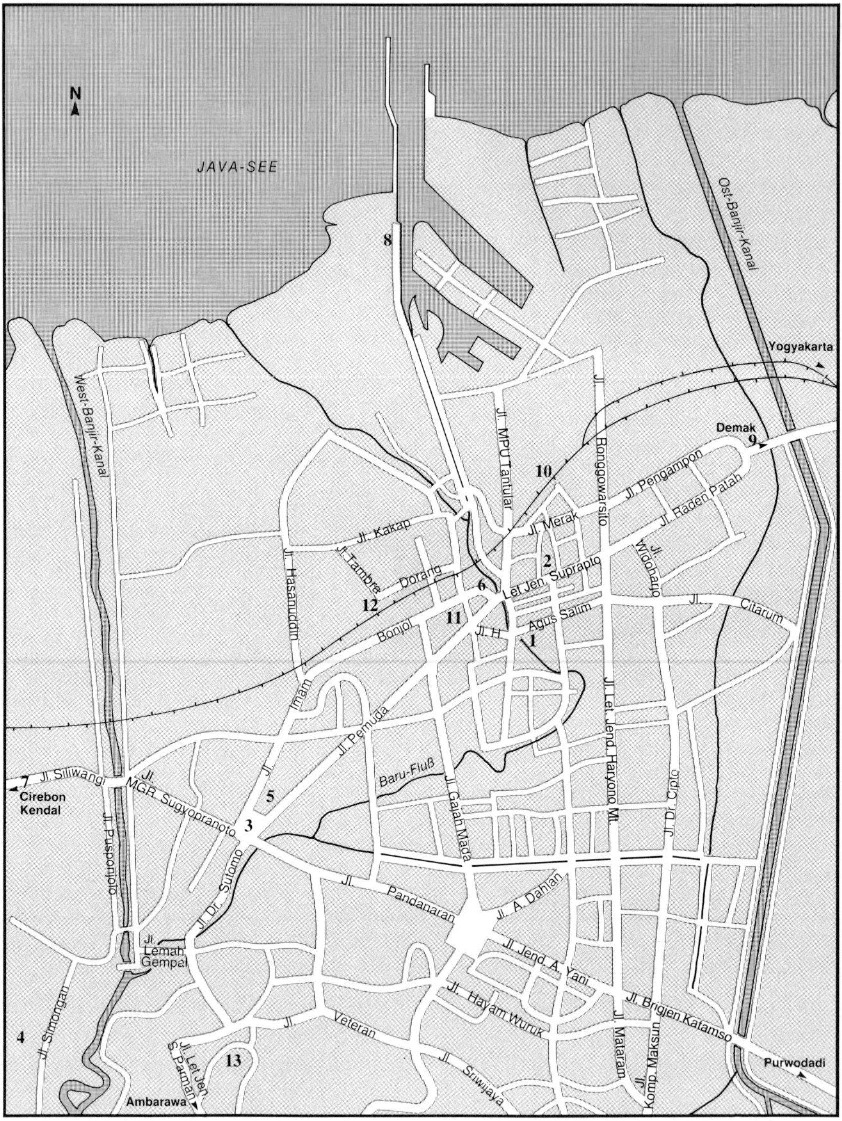

Semarang: Sehenswürdigkeiten: 1 Thay Kak Sie-Tempel 2 Gereja Blenduk 3 Tugu Mudu 4 Sam Po Kong-Tempel **Öffentliche Einrichtungen:** 5 Central Java Regional Tourist Office (in Jl. Pemuda) 6 Hauptpostamt 7 Flughafen Ahmad Yani 8 Seehafen 9 Busterminal Terboyo 10 Bahnhof Tawang **Hotels und Losmen:** 11 Metro Grand Park Hotel und Hotel Dibaya Puri 12 Penginapan Rahayu 13 Green Guesthouse niederländischen Patrizierhäuser fast ausnahmslos der Spitzhacke zum Opfer. Tugu Mudu, ein obeliskartiges Monument, auf das man am südlichen Ende der Jl. Pemuda stößt, ruft die Schrecken der Kämpfe gegen die Japaner während des Zweiten Weltkriegs in die Erinnerung zurück.

Besuchen Sie unbedingt Semarangs bedeutendste Sehenswürdigkeit, den an der südwestlichen Peripherie der Stadt gelegenen chinesischen Tempel Gedung Batu (auch Sam Po Kong-Tempel), ein steinernes Symbol für das kaufmännische Geschick und den daraus resultierenden Wohlstand der im Lande wenig geliebten Bevölkerungsminorität. Diese buddhistisch-taoistische Andachtsstätte, erwachsen aus einer einfachen, heute noch viel besuchten Meditationsgrotte, gilt als der älteste chinesische Tempel Javas. Geweiht ist Gedung Batu dem gottgleichen Admiral Cheng Ho (auch Sam Po Kong genannt), der als Abgesandter chinesischer Ming-Kaiser Anfang des 15. Jhs. ausgedehnte Seereisen im Malaiischen Archipel unternahm.

Der Ausflug von Semarang zu dem ca. 40 km südlich gelegenen Städtchen **Ambarawa** lohnt sich vor allem für Liebhaber alter Dampflokomotiven. Die große Attraktion des kleinen Ortes ist das Museum Kereta Api, ein weitläufiges Eisenbahn-Freilichtmuseum, das neben dem historischen Bahnhofsgebäude aus dem Jahre 1870 über zwei Dutzend altehrwürdiger Dampflokomotiven aus den Jahren 1892–1934 präsentiert. Öffnungszeiten: täglich 8–16 Uhr. Die altertümliche Zahnradbahn von Ambarawa (474 m ü. d. M.) zum 9 km entfernten Bedono (711 m ü. d. M.) fährt nur noch für zahlungskräftige Nostalgiker. Für die ›Railway Mountains Tour‹, an der maximal 100 Passagiere teilnehmen können und die man mindestens sieben Tage vorher anmelden sollte, müssen rund 300 US-$ berappt werden (Auskunft und Reservierung beim Kurator des Eisenbahnmuseums, Harmoyo Soemaryo, State Railway Museum, Ambarawa, Central Java).

Den in etwa 900 m Meereshöhe malerisch an den Ausläufern des Gunung Ungaran (2050 m) gelegenen Erholungsort **Bandungan** erreichen Sie von Ambarawa aus mit einem Minibus. Rund 6 km entfernt von dem Bergdorf breitet sich Candi Gedong Songo aus, eine der ältesten und sicherlich am schönsten gelegenen Tempelanlagen ganz Javas. Die ersten 3 km können Sie mit einem Colt bewältigen; an der Abzweigung der steil bergaufwärts führenden Stichstraße warten Ojek (Motorrad-Taxen). Die insgesamt neun Candi dieses unter der Sanjaya-Dynastie während der Hochblüte des Mataram-Reiches im 8. Jh. errichteten shivaistisch-hinduistischen Tempelkomplexes verstreuen sich auf verschiedenen Hügeln in einer Höhe zwischen 1350 und 1800 m. Für die Besichtigung der Tempelanlage sollten Sie etwa drei bis vier Stunden einplanen. Öffnungszeiten: täglich 6.15–17.15 Uhr.

Die Landstraße zwischen Ambarawa und Salatiga führt vorbei am Waduk Rawapening, dem größten Binnensee Zentraljavas. In dem seichten Gewässer wird der Fischfang vorwiegend mit auf Bambusgestellen montierten Senknetzen betrieben. Um die Universitätsstadt Salatiga dehnt sich ein ertragreiches Obst- und Gemüseanbaugebiet aus. Nach Kopeng, einen kühlen, 1200 m hoch gelegenen Bergort an der Südwestflanke des Gunung Merbabu (3142 m), gelangen Sie von Salatiga aus mit regelmäßig verkehrenden Minibussen (ca. 15 km).

Kulturhistorisch besonders Interessierten hat der Osten von Semarang einiges zu bieten. Ein kurzer Aufenthalt lohnt sich bereits nach 25 km in **Demak,** einer heute politisch und ökonomisch bedeutungslosen Stadt, die jedoch auf eine große Vergangenheit zurückblicken kann. Von Demak aus, dem ersten moslemischen Königreich auf Java, zerschlug der Islam im frühen 16. Jh. das Majapahit-Imperium, das letzte große javanische Hindureich. Später entwikkelte sich Demak neben Cirebon und Gresik zu einem der wichtigsten Handelshäfen Javas. Heute allerdings liegt der ehemals florierende Seehafen auf einer Alluvialebene weit im Binnenland. Demaks einzige Sehenswürdigkeit ist die Mesjid Agung, die älteste Moschee Mitteljavas (1478), deren Bau auf Sunan Gunung Jati zurückgeht, einen der neun Wali (vgl. S. 197). In umittelbarer Nachbarschaft dieses bedeutsamen islamischen Heiligtums, bei dem hinduistische und islamische Stilelemente eine interessante Mischung eingegangen sind, befindet sich ein Friedhof mit Grabmalen verschiedener Sultane.

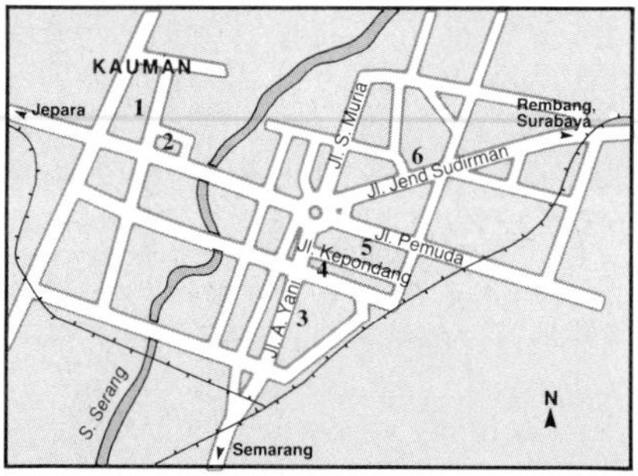

Kudus: Sehenswürdigkeiten: 1 Mesjid Agung Menara 2 Mesjid Bubur 3 Djarum-Zigarettenfabrik **Hotels und Losmen:** 4 Hotel Notosari 5 Hotel Air Mancur 6 Hotel Slamet

Die 24 km entfernte Nachbarstadt **Kudus** bietet dem Besucher in ihrem alten Viertel Kauman ein einzigartiges Bauwerk: die Mesjid Agung Menara. Diese islamische Gebetsstätte besteht aus einer kuppelgekrönten Moschee und einem Backstein-Minarett, das reinsten hindu-javanischen Baustil aufweist. Der 20 m hohe, nach dem Vorbild eines Candi im frühen 16. Jh. errichtete Turm diente ursprünglich den Dorfwächtern als Ausguck. Nachdem sich der Islam auch in dieser Gegend Javas verbreitet hatte, wurden der Turm und einige Nebengebäude in den Bau einer Moschee integriert. Ein geteilter Torweg, wie man ihn von balinesischen Hindutempeln her kennt, führt in den hinteren Teil des Komplexes, wo sich ein kleiner Friedhof mit dem Grabmal des Sunan Kudus, eines der neun Wali, befindet. Nur einige hundert Meter entfernt erinnern die Backstein-Ruinen der kleinen Mesjid Bubur ebenfalls an den Baustil der hindu-javanischen Candi.

Ausflüge in die nähere Umgebung von Kudus: Jepara (ca. 38 km nördlich, Minibus ab zentralem Terminal Simpang Lima): Die Geburtsstadt der Frauenrechtlerin Raden A. Kartini (vgl. S. 42; ihr Grab befindet sich in der weiter östlich gelegenen Stadt Rembang) ist ein bekanntes Zentrum der Teakholzschnitzerei. Etwa 500 m vom Alun Alun-Platz entfernt findet man in strategisch günstiger Position auf einem Hügel oberhalb der Stadt die spärlichen Überbleibsel einer Befestigungsanlage der Niederländer.

Colo (ca. 20 km nördlich, Minibus ab Terminal Simpang Lima): In der Nähe dieses am Hang des Gunung Muria (1602 m) gelegenen Bergorts befindet sich das Grab des Sunan Muria, eines der neun Wali. Vom Dorf führt ein langer Stufenpfad hinauf zum Grabmal, das heute, wie auch die Grabstätten der anderen Wali, eine bedeutende islamische Pilgerstätte darstellt. Allein schon der herrliche Panoramablick lohnt den schweißtreibenden Aufstieg. Ein gemütlicher, halbstündiger Spaziergang bringt Sie von der Grabstätte zum ca. 25 m hohen Wasserfall ›Air Terjun Montel‹.

Bleduk Kuwu (ca. 70 km südöstlich; ab Kudus Bus nach Purwodadi, von dort Minibus über Wirosari nach Kuwu): Im Zentrum eines weiten Schlammfelds kommt es in periodischen Abständen zu Gasexplosionen, bei denen mächtige

Exkurs: ›Kretek‹ – Die duftende Visitenkarte Indonesiens

Wäre man mit verbundenen Augen nach Indonesien verpflanzt worden, man hätte keine Schwierigkeit, zu ›erriechen‹, in welchem Teil des Globus man sich befindet. Knisternd brennen sie ab und verbreiten dabei einen würzig-süßlichen Duft, der an Weihnachtszeit und Lebkuchen erinnert. Die Rede ist von den weltbekannten indonesischen *Kretek,* den Zigaretten mit dem Aroma von Gewürznelken. Vor rund 80 Jahren wurde die erste Gewürznelken-Zigarette gedreht, und schon bald eroberte der duftende Glimmstengel in einem beispiellosen Siegeszug den ganzen Archipel. Leidenschaftliche *Kretek*-Raucher meinen, dies wäre die ›gesündeste‹ Art des

Nikotingenusses. Asthmakranke behaupten sogar, das Inhalieren des *Kretek*-Rauchs würde ihr Leiden lindern (Tatsache aber ist, daß *Kretek* einen zwei- bis dreimal so hohen Nikotin- und Teergehalt haben wie konventionelle Zigaretten). Alljährlich stellen die indonesischen *Kretek*-Fabriken über 100 Mrd. Zigaretten her, ihr Jahresumsatz liegt bei fast 3 Mrd. US-$. Die Lust am blauen Dunst (weit über 50 % aller indonesischen Männer frönen dem Rauchgenuß) verschafft rund 3 Mill. Arbeitskräften, von den Tabak- und Gewürznelken-Pflanzern über die Frauen in den Zigarettenmanufakturen bis hin zu den Zigarettenverkäufern, ihren Lebensunterhalt. Längst reicht die heimische Produktion an Gewürznelken (vorwiegend von den Molukken und Nordsulawesi) nicht mehr aus, um den Bedarf zu decken; Importe von den ostafrikanischen Inseln Sansibar und Madagaskar sind nötig. Ist die Mischung von Tabak und Gewürznelken heute kein Geheimnis mehr, so hat jeder Fabrikant doch sein eigenes, sorgsam gehütetes Rezept. Zur Herstellung von *Kretek* wird gewöhnlicher Tabak verwendet (heimischer Tabak oder Importe aus den USA und den Philippinen), dessen Blätter zwei Jahre trocknen müssen, bevor ihnen maschinell geriebene Gewürznelken beigemengt werden. Allgemein rechnet man mit ca. 800 g Gewürznelken für 1000 Zigaretten.

35 % der indonesischen *Kretek*-Produktion kommen aus Kudus, das in ganz Indonesien als *Kota Kretek* (*Kretek*-Stadt) bekannt ist. Die sieben größten Zigarettenfabriken in Kudus beschäftigen ca. 50000 Menschen, vorwiegend Frauen, deren Geschicklichkeit und Fingerfertigkeit für die Herstellung unabdingbar sind. Bei der Besichtigung einer Fabrik fühlt man sich in die frühe Epoche des Kapitalismus zurückversetzt. In beinahe fußballfeldgroßen Sälen sitzen dicht an dicht Hunderte von Frauen und rollen mittels simpler hölzerner Drehapparate Papier und mit Nelken versetzten Tabak zusammen. Durchschnittlich schafft eine Arbeiterin 5000–6000 Zigaretten pro Tag, die Spitzenzahlen liegen bei über 10000. Die Bezahlung erfolgt nach Leistung und beträgt pro 1000 gerollter Zigaretten rund 1200 Rp. (1989). Etwa 90 % aller *Kretek* werden wie vor Jahrzehnten in Handarbeit gefertigt, Maschinen setzt man nur für Filterzigaretten ein. Mag die Tätigkeit der Frauen in den Fabriken auch beinahe wie Sklavenarbeit erscheinen, so verschafft sie ihnen doch zumindest ein bescheidenes Einkommen. Würde die indonesische Zigarettenindustrie die manuelle Produktion zugunsten der (wesentlich teureren) Automaten aufgeben, verlören einige hunderttausend Arbeitskräfte ihren Job.

Verschiedene Fabriken in Kudus können besichtigt werden, u. a. das älteste und mit 35000 Mitarbeitern größte Unternehmen der Stadt, die Firma Djarum (Anmeldung bei der Direktion in der Jl. A. Yani). Sinnvoll ist es, sich vorher mit dem Verband der Zigarettenproduzenten, PPRK (Jl. Veteran 1, Kudus), in Verbindung zu setzen. Hier können Besichtigungen arrangiert und eventuell auch englischsprechende Führer gestellt werden. Interessant ist auch ein Besuch im erst 1986 eröffneten *Kretek*-Museum von Kudus. Weitere Zentren der *Kretek*-Produktion befinden sich in Kediri, Malang und Surabaya.

Schlammfontänen in die Höhe schießen. In der Nähe wird auf traditionelle Weise Salz gewonnen, indem man salzhaltiges Grundwasser aus Tiefbrunnen in halbierte Bambusrohre leitet und dort an der Sonne verdunsten läßt.

Praktische Hinweise

Unterkunft (Semarang): Hotels höherer Kategorien: ****Patrajasa Motel, Jl. Sisingamangaraja, Candi Baru, ✆ 314441; ***Metro Grand Park, Jl. H. Agus Salim 2–4, ✆ 27371. **Mittlere Hotels:** **Dibya Puri, Jl. Pemuda 11, ✆ 27821; **Siranda, Jl. Diponegoro 1, ✆ 313271; *Candi Baru, Jl. Rinjani 21, ✆ 315272. **Nicht klassifizierte Hotels und Pensionen:** Green Guesthouse, Jl. Kesambi 7, Candi Baru, ✆ 312528 (komfortabel, gehobene Preislage, etwas außerhalb); Rahayu, H. Imam Bonjol 35–37, ✆ 22532 (zentral gelegen); Singapore, Jl. Imam Bonjol 12, ✆ 23757; Surya, Jl. Imam Bonjol 28, ✆ 24250. **Unterkunftsmöglichkeiten außerhalb von Semarang: Ambarawa:** Aman, Lodoyong; Sederhana, Lodoyong. **Bandungan:** Blue Safir (komfortabel, gehobene Preislage); Daruki; Parahita I und II). **Kudus:** *Notosari, Jl. Kepondang 12, ✆ 21245; Air Mancur, Jl. Pemuda 70, ✆ 22514; Slamet, Jl. Sudirman 63, ✆ 22534. **Pekalongan:** **Nirwana, Jl. Dr. Wahidin 11, ✆ 41691; *Istana, Jl. Gajah Mada 23–25, ✆ 61581; Surya, Jl. K. H. Mansyur 43, ✆ 41593.

Verkehr: Anreise: täglich Flüge der Garuda ab Jakarta, Surabaya, Denpasar und Ujung Pandang; der Bouraq ab Jakarta und Banjarmasin; der Mandala ab Jakarta (weitere Fluginformationen vgl. S. 544).

Täglich (Nacht-)Busse ab Jakarta, Terminal Pulo Gadung sowie u. a. ab Bandung (Terminal Cicaheum), Cirebon, Yogyakarta, Surakarta, Surabaya.

Täglich ein klimatisierter Nacht-Expreßzug, Mutiara, ab Jakarta, Kota Station sowie täglich zwei nicht klimatisierte Schnellzüge, Gaya Baru Utara und Senja Semarang, ab Jakarta, Pasar Senen Station; weitere Anreisemöglichkeiten per Eisenbahn u. a. von Yogyakarta, Surakarta und Surabaya.

Stadt- und Vorortverkehr: Wichtigste öffentliche Verkehrsmittel sind auf festen Routen pendelnde Busse.

Fernverkehr: Flughafen Ahmad Yani ca. 5 km vom Zentrum entfernt. Fluglinien: Garuda, Jl. Gajah Mada 11, ✆ 20178; Bouraq, Jl. Pemuda 40 A, ✆ 23779; Mandala, Jl. Pemuda 40, ✆ 285319; Merpati, Jl. Gajah Mada 58 D, ✆ 23027 (keine Merpati-Flüge ab Semarang; Fluginformationen s. o. ›Anreise‹ und vgl. S. 544). PELNI, Jl. Mpu Tantular 25, ✆ 20917 (KM Kelimutu von Semarang nach Banjarmasin; weitere Informationen zu Schiffsverbindungen vgl. S. 547). Bus- und Colt-Terminal Terboyo ca. 5 km östlich an der Hauptstraße nach Demak, von hier Busse in alle Hauptrichtungen. Hauptbahnhof Tawang südlich des Hafens (Zugverbindungen s. o. ›Anreise‹).

Restaurants: Candi Baru, Jl. Rinjani 21 (chinesisch, indonesisch, europäisch); Gajah Mada, Jl. Gajah Mada 43 (chinesisch); Kompleks Warna Sari, Jl. Gajah Mada (chinesische und indonesische *Warung*); Ramayana, Jl. Sisingamangaraja 2 (chinesisch, indonesisch, europäisch); Toko Oen, Jl. Pemuda 42 (chinesisch, indonesisch, europäisch).

Information und wichtige Adressen: Touristeninformation: Central Java Regional Tourist Office, Jl. Pemuda 171, ✆ 24146 (hier ist der Veranstaltungskalender ›Calendar of Events – Central Java‹ erhältlich; auch Informationen über *Wayang Orang*- und *Ketoprak*-Aufführungen im Ngesti Pandowo Theater, Jl. Pemuda 116). **Ausländerbehörde:** Kantor Imigrasi, Jl. Dr. Cipto 64, ✆ 26795. **Bank:** Bank Central Asia, Jl. Let. Suprapto 30. **Gesundheit:** Rumah Sakit Umum Elizabeth, Jl. Kawi 1, ✆ 315345.

Traditionelle Art der Salzgewinnung

Das Dieng-Plateau

Eine knapp vierstündige, landschaftlich ausgesprochen reizvolle Busfahrt quer durch das javanische Zentralmassiv bringt uns von Semarang über den Kledung-Paß (1500 m; auf dem Bergsattel zwischen den inaktiven Vulkanen Sundoro und Sumbing) nach Wonosobo und weiter zum Dieng-Plateau, einem der Herzkammern des alten Java. Diese etwa 2100 m über dem Meeresspiegel gelegene, rund 10 km² große vulkanische Hochfläche ist eine geheimnisumwitterte Region voller Nebelschwaden und Wolken, stillen Bergseen, brodelnden Schwefelquellen und blubbernden Schlammtümpeln, eine Landschaft wie geschaffen für Götter, Geister und Dämonen. Rätselhaft sind auch die Tempelbauten, die sich hier befinden und zu den ältesten auf Java zählen. Vermutlich bereits seit dem Neolithikum haben in dieser rauhen, großartigen Landschaft Menschen gelebt. Schon in frühen Zeiten galt das Dieng-Plateau als heiliger ›Sitz der Götter‹, als der ›Olymp von Mitteljava‹. Hier errichteten die ersten Siedler Totenschreine und Kultstätten, um ihren Naturgottheiten und den Geistern ihrer Ahnen zu huldigen. Als sich nach der Zeitenwende auf Java der Hinduismus immer weiter ausbreitete, wurde die Hochfläche von Dieng zum Sitz Shivas, des Gottes der Zerstörung, erkoren, eine plausible Entscheidung angesichts des heftigen Vulkanismus in diesem Gebiet. Aller Wahrscheinlichkeit nach entstanden hier, obwohl die älteste Inschrift lediglich auf das Jahr 806 zurückgeht, bereits Anfang des 8. Jhs., also während der Herrschaft der hinduistischen Sanjaya-Dynastie, als kultischem Mittelpunkt des ersten Reiches von Mataram eine weitläufige Stadt und zahlreiche Tempel. Bei archäologischen Grabungen hat man die Fundamente eines Palastes freigelegt sowie Überreste einer perfekten Kanalisation entdeckt, die für die

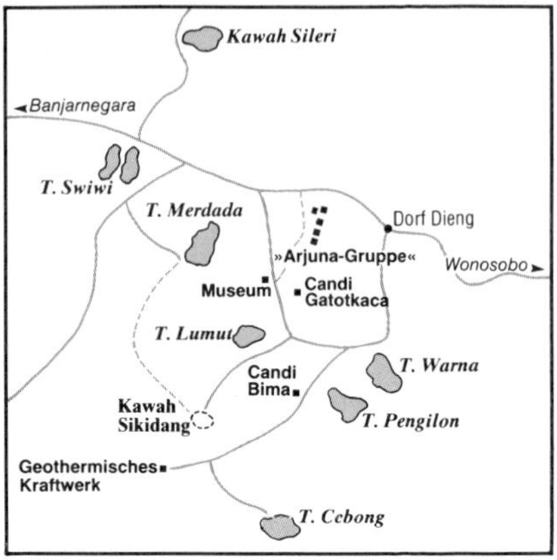

Dieng-Plateau

Entwässerung des sumpfigen Hochplateaus sorgte. Von den 40 zu Ehren Shivas errichteten Tempeln stehen heute nur noch acht; alle anderen wurden entweder durch Vulkanausbrüche zerstört oder von Menschenhand abgetragen. Im dunkeln liegen die Gründe, weshalb die Menschen ausgerechnet in dieser unwirtlichen Gegend ihre riesige Tempelstadt errichteten.

Der Ausflug zum Dieng-Plateau lohnt sich sicherlich nicht nur für ausgesprochen kunsthistorisch Interessierte, auch Naturliebhaber werden auf ihre Kosten kommen. Das Dieng-Plateau steht als Tagestour auf dem Programm verschiedener Reiseagenturen in Yogyakarta, doch erscheint es angesichts der mindestens dreistündigen Anreise (ca. 135 km) empfehlenswert, eine Übernachtung in einer der kleinen Pensionen im Dorf Dieng einzuplanen. Nur so kann man auch die phantastischen Morgen- und Abendstimmungen, wenn graue Nebelschleier die Tempel und die umliegenden Bergrücken umhüllen, erleben. Nach Sonnenuntergang wird es auf dem Dieng-Plateau empfindlich kalt – denken Sie an warme Kleidung!

Vom sympathischen Marktflecken Wonosobo schraubt sich eine enge und windungsreiche Bergstraße hinauf zum Dieng-Plateau, und führt dabei durch eine Landschaft, die sich durch besonders schöne Reis- und Gemüseterrassen auszeichnet. Einem ausgefüllten Tagesprogramm entspricht die nachfolgend beschriebene Rundwanderung.

Wir verlassen Desa Dieng in südlicher Richtung und gelangen, vorbei an einer kleinen Champignon-Konservenfabrik, zu den malerisch gelegenen und von terrassierten Berghängen umrahmten Zwillingsseen Telaga Warna (›Vielfarbiger See‹) und Telaga Pengilon (›Spiegelsee‹). Auf einem bequemen Fußpfad können Sie um die beiden Gewässer herumlaufen und dabei die stille Schönheit des Ortes genießen. Ganz in der Nähe befinden sich kleine Grotten (Gua Semar, Gua Sumur und Gua Jaran), die noch heute als Meditationsstätten dienen.

Am südlichen Ende der Hochfläche steht, vollkommen isoliert von den anderen Tempeln, **Candi Bima,** der größte und interessanteste Tempel des Dieng-Plateaus. Wie alle weiteren noch erhaltenen heiligen Stätten auf der Hochebene besitzt er einen dreiteiligen Baukörper: einen blockförmigen Unterbau mit quadratischem Grundriß, den eigentlichen Tempelkern mit umlaufender Terrasse für Zeremonialzwecke sowie die steil aufsteigende Dachkonstruktion, deren Architektur eine Verbindung aus süd- und nordindischen Stilelementen darstellt. Nach dem Glauben vieler Einheimischer sollen Wünsche, die man bei einer siebenmaligen Umrundung des Candi Bima ausspricht, auch tatsächlich in Erfüllung gehen.

Etwa 1,5 km westlich vom Bima-Tempel brodeln die Schwefelquellen von Kawah Sikidang. Aus tiefen Rissen in der dünnen Erdkruste schießt heißer Dampf senkrecht in die Höhe, aus Fumarolen wabern Schwaden beißenden Schwefelgases. Die staatliche PERTAMINA nutzt die vulkanischen Urgewalten in

Die Tempel der Arjuna-Gruppe auf dem Dieng-Plateau

einem geothermischen Kraftwerk, stört dabei aber mit ihren häßlichen Anlagen das Landschaftsbild erheblich. Weitere 2 km südöstlich erstreckt sich am Ufer des Sees Telaga Cebong Sembungan das höchstgelegene Dorf Javas (2150 m).

Wir kehren zurück zum Bima-Tempel, orientieren uns dort westlich und gelangen über den ebenfalls vereinzelt stehenden Candi Gatotkaca zum Hauptkomplex der erhaltenen Tempel, zur im Nordteil des Plateaus gelegenen **Arjuna-Gruppe**. Sie besteht aus fünf Candi, die die Namen der Heroen aus dem großen indischen Epos Mahabharata tragen: Candi Arjuna, Candi Puntadewa, Candi Srikandi, Candi Sembadra und Candi Semar. Die auf sumpfigem Boden errichteten, relativ kleinen Bauten stehen mit ihrer schlichten Eleganz und bescheidenen Ornamentik im krassen Gegensatz zur beinahe barocken Pracht der Tempel in der Prambanan-Ebene. Alle Heiligtümer öffnen sich nach Westen, was ihre Bestimmung als Totenanlage erkennen läßt. Etwas abseits der Arjuna-Gruppe beherbergt ein archäologisches Museum zahlreiche, bei Grabungen auf der Hochfläche zutage geförderte Fundstükke (Relieffragmente, Plastiken u. a.). Öffnungszeiten: täglich 8–13 Uhr.

Falls Sie noch über genügend Energiereserven verfügen, können Sie noch eine ca. 5 km lange Wanderung zu dem westlich von Desa Dieng gelegenen Kratersee Kawah Sileri unternehmen; auch über diesem See schweben Schwaden von Wasser- und Schwefeldampf. Daß die faszinierenden vulkanischen Phänomene des Dieng-Plateaus nicht immer ungefährlich sind, zeigt ein tragischer Vorfall aus dem Jahre 1980, als plötzlich austretendem Giftgas über 100 Menschen zum Opfer fielen.

Ein höchst beeindruckendes Erlebnis ist die nächtliche Wanderung auf einen der das Dieng-Plateau umgebenden Berge, die ihre Krönung mit dem Sonnenaufgang am nächsten Morgen erfährt. Einen besonders schönen Blick über die gesamte Hochebene bietet der Gunung Pangonan (2300 m), der sich im Süden über dem Bima-Tempel erhebt.

Praktische Hinweise

Anreise und Verkehrsverbindungen: ab Semarang mit einem Bus in Richtung Yogyakarta, dann beim Verkehrsknotenpunkt Secang in einen Minibus umsteigen und bis Wonosobo, dort erneuter Buswechsel und direkt zum Dieng-Plateau. Ab Yogyakarta (Mini-)Bus nach Magelang oder Secang, dann weiter wie oben. Ab Cilacap und Purwokerto Direktbusse nach Wonosobo. Ab Magelang tagsüber gute Verkehrsverbindung zum Borobudur.

Unterkunft: Desa Dieng: Losmen Asri, Losmen Bu Djono, Losmen Dieng Plateau (alle drei nahe Busterminal; Qualität: einfach bis spartanisch). **Wonosobo:** Losmen Jawa Tengah, Jl. A. Yani 54; Losmen Merdeka, Jl. Sindoro 2; Losmen Nirwana. Jl. Tanggung 34 (warmes Wasser).

Hinweis: Im Dieng-Restaurant (Jl. Kawedanan 29, Wonosobo) speist man nicht nur ganz vorzüglich, im Besitzer, L. Agus Tjugianto, findet man auch eine ausgezeichnete Informationsquelle. Offizielle Auskunftsbüros für Touristen befinden sich in Jl. Pemuda 2, Wonosobo, sowie nahe dem Busterminal in Desa Dieng.

Yogyakarta

Yogyakarta (›die blühende Macht‹), erst 1755 gegründet, ist eine verhältnismäßig junge Stadt. Doch bereits vom 8. bis ins frühe 10. Jh. existierten in dem fruchtbaren Kulturland des südöstlichen Mitteljavas indisierte Königreiche, die so überragende Kulturdenkmäler hervorbrachten wie die Tempelkomplexe von Borobudur und Prambanan. Um das Jahr 930 jedoch verlagerte sich das politische, wirtschaftliche und kulturelle Schwergewicht plötzlich und ohne ersichtlichen Grund nach Ostjava, während das einst blühende Zentraljava in

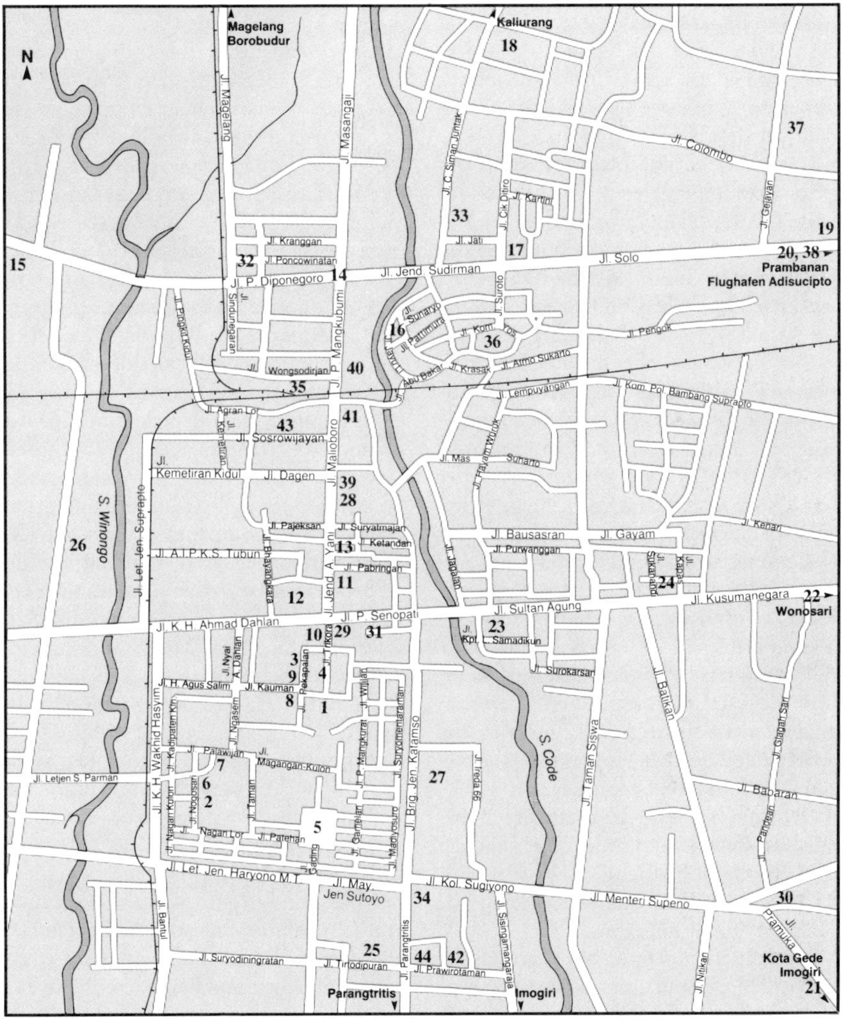

Yogyakarta: Sehenswürdigkeiten: 1 Kraton 2 Taman Sari 3 Mesjid Agung 4 Alun Alun Utara 5 Alun Alun Selatan 6 Batikgalerien 7 Vogelmarkt 8 Museum Kareta Karaton 9 Batikgalerie Kuswadji K. 10 Museum Sonobudoyo 11 Fort Vredeburgh 12 Gouverneurspalast 13 Pasar Beringharjo 14 Tugu 15 Monumen Diponegoro 16 Mesjid Synhada 17 Armeemuseum 18 Gajah Mada-Universität 19 Affandi-Museum 20 Yogyakarta Craft Centre 21 Königlicher Friedhof 22 Zoo 23 Biologisches Museum 24 Studienzentrum für Batik und Kunsthandwerk 25 Batikfabriken 26 Batikgalerie Amri 27 Taman Hiburan Rakyat (Volkspark) **Öffentliche Einrichtungen:** 28 Information Centre 29 Hauptpostamt 30 Busterminal (Fernverkehr) 31 Taxistand 32 (Mini-)Busse nach Borobudur 33 (Mini-) Busse nach Prambanan und Solo 34 (Mini-)Busse nach Parangtritis und Imogiri 35 Hauptbahnhof 36 Schwimmbad Umbang Tirto 37 Schwimmbad Colombo **Hotels und Losmen:** 38 Ambarrukmo Palace Hotel 39 Hotel Mutiara 40 Hotel Arjuna Plaza 41 Hotel Garuda 42 Kleine Hotels mittlerer Preislage 43 Preiswerte Unterkünfte 44 Restaurant Hanoman's Forest völlige Bedeutungslosigkeit versank. Erst gegen Ende des 16. Jhs., nach dem Untergang des gewaltigen Majapahit-Imperiums, bildete sich in Kota Gede, gleich östlich von Yogyakarta, das islamische Fürstentum Neu-Mataram, das schon bald seinen Herrschaftsbereich auf weite Gebiete ganz Javas ausdehnte. Mataram erreichte den Höhepunkt seiner Macht unter Sultan Agung (1613–45), und es schien so, als sollte dieses Sultanat die Nachfolge von Majapahit antreten. In der Folgezeit jedoch unterminierten interne Rivalitäten und Palastintrigen sowie holländischer Druck die Machtposition Matarams. Als mit Paku Buwono III. ein der VOC willfähriger Herrscher den Thron von Mataram bestieg, stellte sich ein nationalbewußter Prinz aus einer Nebenlinie an die Spitze einer antikolonialistischen Volksbewegung. Während Paku Buwono als *Susuhanan* in Surakarta residierte, wurde der rebellische Prinz in Yogyakarta als Hamengku Buwono I. zum Gegensultan ausgerufen. Den nun folgenden zweijährigen Bürgerkrieg beendete der von den Holländern vermittelte Friedensvertrag von Giyanti (1755), in dem die Teilung des alten Mataram-Reiches besiegelt wurde. Im gleichen Jahr begann Hamengku Buwono I. (1749–92) mit dem Bau einer prachtvollen Residenz, des Kraton.

Später sind von Yogyakarta sehr wesentliche Impulse im Freiheitskampf gegen holländische Bevormundung ausgegangen. Weil man Anweisungen der Kolonialmächte nicht befolgte, wurde Yogyakarta 1810 von holländischen und 1812 von britischen Truppen eingenommen. Einen der größten Aufstände gegen die Niederländer, den sogenannten Java-Krieg (1825–30), führte ein Sproß des Herrscherhauses von Yogyakarta an, der charismatische Prinz Diponegoro. Auch nach dem Zweiten Weltkrieg war Yogya das Zentrum der indonesischen Unabhängigkeitsbewegung gegen die Holländer. 1945 nahm der junge, freiheitsliebende Sultan Hamengku Buwono IX. die nationalistische Regierung Sukarnos in seiner Stadt auf, die damit für vier Jahre zur provisorischen Hauptstadt der jungen Republik wurde. Für kurze Zeit besetzten holländische Fallschirmspringer im Dezember 1948 Yogyakarta und nahmen die gesamte Führungselite Indonesiens gefangen. Ein Jahr später jedoch mußten die Niederländer die Souveränität Indonesiens akzeptieren. Während die indonesische Republik bei ihrer Staatsgründung alle Feudalherrschaft beseitigte, blieb das Sultanat Yogyakarta in Anerkennung seiner Bedeutung für den nationalen Befreiungskampf als *Daerah Istimewa,* als autonomes Sondergebiet, im indonesischen Staatsverband erhalten. Sultan Hamengku Buwono IX., 1988 verstorben, war Gouverneur der selbständigen Provinz und lange Zeit Vizepräsident der Gesamtrepublik. Sein ältester Sohn, Prinz Mengkubumi, wurde im März 1989 als sein Nachfolger zum Sultan Hamengku Buwono X. gekrönt.

Bis zum heutigen Tag wird den Sultanen von Yogyakarta als Träger der hindu-javanisch geprägten, höfischen Tradition eine fast göttliche Verehrung entgegengebracht. Mit dem Namen dieser Fürstendynastie verband sich nicht nur jahrhundertelang der Widerstand gegen den Kolonialismus, unter ihr erlebten auch Kunst und Kunsthandwerk eine beispiellose Blütezeit. Yogyakarta (auch kurz Yogya genannt; 550000 Einw.) im geographischen Mittelpunkt der 3169 km^2 großen Sonderregion gelegen, gilt heute als geistiges und kulturelles Zentrum Javas. Hier sind Kunst und Kultur nicht museal konserviert, sondern fester Bestandteil des Alltagslebens. Yogyakarta ist nicht nur weithin bekannt für seine Batikmanufakturen und Silberschmiede, hier sind auch javanische Tanz- und Bühnenkunst, die von den Motiven aus alten hinduistischen Epen leben, ebenso lebendig wie *Wayang* und

Sultan Hamengku Buwono IX. während seiner Krönung

Gamelan. Yogyas Ruf als Kulturhauptstadt wird noch gefestigt durch die nach einer der bedeutendsten Persönlichkeiten der indonesischen Geschichte benannte Gajah Mada-Universität.

Es wäre schade, Yogyakarta nur als Durchgangsstation auf dem Weg zu den großen mitteljavanischen Altertümern zu wählen. Die Stadt, die heute ein beschauliches Dasein im Schatten der reichen Vergangenheit führt, lohnt einen mehrtägigen Aufenthalt. Beschränken Sie sich dabei auch nicht nur auf die Besichtigung der bekannten Sehenswürdigkeiten. In Yogyas Ecken und Nischen werden Sie noch vieles entdecken, was in keinem Reiseführer beschrieben steht. Sie können das Zentrum der Stadt zu Fuß oder per gemietetem Fahrrad erkunden oder als bequemes und billiges Transportmittel eines der zahlreichen Becak nehmen. Überaus interessant und lohnenswert ist ein Aufenthalt in Yogyakarta vor allem während verschiedener islamischer Feste (vgl. S. 221), bei denen der gesamte Adel samt Gefolgschaft in farbenprächtigen Prozessionen vom Sultanspalast zur nahe gelegenen Großen Moschee pilgert.

Beginnen wir die Besichtigung dort, wo das Herz des alten Yogyakarta schlägt, beim königlichen **Kraton,** der sich im nordöstlichen Viertel der alten, umwallten Hofstadt befindet. Der Bau dieser Stadt in der Stadt, die ein Viereck von etwa einem Quadratkilometer einnimmt und vollständig von einer hohen, weißen Mauer umgeben ist, begann 1755 unter Sultan Hamengku Buwono I. und wurde in mehreren Phasen bis 1792 abgeschlossen. Der 1812 von den Engländern geplünderte Kraton beherbergte einst rund 15000 Menschen, die zum Hofstaat des Sultans gehörten. Der Grundriß des für Außenstehende sehr unübersichtlich wirkenden Palastkomplexes folgt strengen Anordnungsprinzipien, die fest in tradierten kosmologischen Vorstellungen wurzeln. Zur sorgsam geplanten Palastanlage gehören

Prozession mit einem ›Gunungan‹ vom Kraton zur Mesjid Agung anläßlich des Garebeg Sawal-Festes

neben der Residenz des Sultans das königliche Lustschloß Taman Sari, die Große Moschee sowie die beiden mit riesigen Waringin-Bäumen bestandenen Paradeplätze Alun Alun Utara und Alun Alun Selatan.

Zum eigentlichen, heute noch teilweise von der Sultansfamilie bewohnten Kraton (vollständiger Name *Ngayogyakarta Hadiningrat Karaton*), zählt heute nur noch ein innerer, nach außen hin von einem weiteren schneeweißen Umfassungswall abgegrenzter Palastbezirk, der sich zwischen den beiden Alun Alun-Plätzen ausbreitet. Er besteht aus mehreren verschachtelten Hofanlagen mit einer Vielzahl von Pavillons, die verschiedenen Zwecken dienen. Über den Eingangsportalen oder an den Innenseiten der Dächer verweist eine vielfältige Tiersymbolik mit Schlangen und Drachen auf die Jahreszahlen der Erbauung bzw. Restaurierung der einzelnen Höfe und Gebäude. In Begleitung eines offiziellen ›Guide‹ (die Führung ist im Eintrittspreis inbegriffen, ein angemessenes Trinkgeld wird jedoch erwartet) gelangen wir durch ein von zwei riesigen, keulenschwingenden Wächterfiguren (*Gupala*) flankiertes Tor in den inneren Palastbereich, wo sich eine verschwenderische Eleganz und Pracht entfaltet. Nirgendwo sonst in Yogyakarta sind die Spuren der großen Vergangenheit so gegenwärtig wie hier. Als dominierendes Bauwerk erhebt sich in dem weiten Innenhof der Goldene Pavillon (*Bangsal Kencono*), der zentrale Thronsaal des Palastes, in dessen Architektur sich altjavanische und moderne europäische Elemente zu einer harmonischen Einheit mischen. Es handelt sich um ein typisches javanisches *Pendopo,* eine nach allen Seiten offene Säulenhalle mit weit ausladendem, kühn geschwungenem Dach. Hier empfing der Sultan einst königliche Gäste, hier wurden Banketts zu großen Staatsanlässen abgehalten sowie klassische Tänze von besonders ausgebildeten höfischen Tänzern aufgeführt. Verschiedene andere Gebäude, Audienz- und Aufführungspavillons sowie die Privatgemächer der Sultansfamilie (*Gedung Kuning*) und die Bibliothek des Herrschers (*Panti Sumbaga*), säumen den Platz. Ein Museum mit den edelsteinübersäten Krönungsinsignien, Geschenken ausländischer Staatsgäste u. a. kann hier besichtigt werden sowie, im Vorhof, eine interessante Sammlung alter *Gamelan*-Instrumente.

Den Nordflügel des Kraton betreten wir durch den dem Alun Alun Utara zugewandten Eingang. Hier befinden sich ein Versammlungs- und ein Audienzpavillon (*Pagelaran* und *Siti Hinggil*) sowie zwei Glaspavillons mit einer Kollektion traditioneller Gewänder der Sultansfamilie und Uniformen der Palastwache. Das Wandrelief an der Südseite zeigt historische Ereignisse aus der Herrschaftszeit der Fürstendynastie. Öffnungszeiten des Kraton: täglich, außer Fr und Sa, 8.30–12.30 Uhr, Fr und Sa 8.30–11.30 Uhr, geschlossen an staatlichen und religiösen Feiertagen. Jeden Mo und Mi zwischen 10.30 und 12 Uhr Vorführung traditioneller javanischer *Gamelan*-Musik, jeden So zwischen 10.30 und 12 Uhr Tanzproben (keine Veranstaltungen im Kraton während des Fastenmonats)

Der eigentliche historische Kern Yogyakartas hat zwar nur vergleichsweise bescheidene Ausmaße, doch macht er es dem Besucher mit seinem labyrinthartigen Gassengewirr nicht leicht. Auf einem verwinkelten Weg gelangen wir vom Sultanspalast aus in südwestlicher Richtung zu dem über 10 ha großen Areal von **Taman Sari,** den königlichen Lustgärten. Ab 1761 auf Veranlassung von Hamengku Buwono I. erbaut, zeugen heute die moosbedeckten Ruinen, in denen man die Vergangenheit förmlich einatmen kann, von den extravaganten Launen des damaligen Herrschers. Ein ausländischer Architekt, angeblich por-

Pintu Agung, das ›Große Tor‹ zum Taman Sari

tugiesischer Herkunft, schuf dieses Märchenland, in dem heute der Verfall triumphiert. Die Stätten einstiger Pracht, die Audienzhallen, Haremsräume und königlichen Gemächer liegen seit einem schweren Erdbeben im Jahre 1867 fast ausnahmslos in Trümmern. Durch den Haupteingang an der Jl. Taman erreichen wir das ›Große Tor‹ *(Pintu Agung)*, das sich in den dahinter gelegenen Badeteichen spiegelt. Versuchen Sie im Gewirr schmaler Gassen und verschlungener Pfade Mesjid Soko Tunggal zu finden, eine kleine, pagodenartige Moschee, die dem Sultan früher als Meditationsraum diente. Nur durch einen unterirdischen Bogengang zugänglich ist Mesjid Sumur Gemuling, ein weiterer königlicher Zufluchtsort. Die verspielte Architektur des Taman Sari kulminiert in einem Bauwerk, das in der Kolonialzeit den Namen ›Wasserkastell‹ trug. Ursprünglich war das zweigeschossige Gebäude befestigt und von einem künstlichen See umgeben. Durch einen unterirdischen Gang konnte sich der Sultan einst von seinem Palast in dieses Wasserschloß, das durch kein Tor mit der Außenwelt verbunden war, zurückziehen. Der Tunnel ist mittlerweile verschüttet und der See ausgetrocknet. Heute breitet sich hier Yogyas Künstlerviertel aus, in dem sich vor allem Batikmaler niederließen.

Was fliegt und singt wird auf dem **Vogelmarkt Pasar Ngasem,** nördlich vom Wasserschloß, feilgeboten. Hier hängt der Himmel voller Vogelkäfige. Vor allem Vögel für Singwettbewerbe werden, zu teils astronomischen Preisen, zum Verkauf angeboten, aber auch Tauben, Papageien, Kakadus und ›Fliegende Hunde‹ gehören zu der gefiederten Ware. Andere Händler haben große Bastkörbe mit Käfern und Maden aufgestellt, Lebendfutter für die Vögel. Die beste Zeit für einen Besuch des Pasar Ngasem ist vormittags zwischen 8 und 10 Uhr.

Unser Rundgang führt zurück zum Alun Alun Utara, an dessen südwestlicher Ecke das **Museum Kareta Karaton** mehrere prunkvolle Pferdekutschen der Sultansfamilie beherbergt. Öffnungszeiten: täglich 8–16 Uhr. Der weitläufige Alun Alun-Platz ist gesäumt von 62 knorrigen Waringin-Bäumen, die das Alter des Propheten Mohammed symbolisieren. An wichtigen moslemischen Feiertagen versammeln sich hier Zehntausende zum Gebet an Allah. An der Westseite des großen Paradeplatzes erhebt sich Yogyakartas größte islamische Gebetsstätte, die **Große Moschee** (*Mesjid Agung*) aus dem Jahre 1773. Unweit der Moschee lohnt sich ein Besuch in der Galerie von Kuswadji K., eines Batikmalers, dessen Werk weltweit Anerkennung findet.

An der Nordwestflanke des Alun Alun steht das 1935 eröffnete **Museum Sonobudoyo.** Reich bestückt, präsentiert es heute erstklassige Sammlungen javanischer, maduresischer und balinesischer Kunst. Im Innenhof befindet sich die Replik eines balinesischen Tempels, im Nebengebäude eine Batikgalerie. Öffnungszeiten: Di–Do 8–13.30 Uhr, Fr 8–11 Uhr, Sa und So 8–11.30 Uhr, Mo geschlossen.

Yogyakartas in Nord-Süd-Richtung verlaufende Hauptverkehrsachse (Jl. A. Yani, Jl. Malioboro und Jl. Mangkubumi), einst von Hamengku Buwono I. für zeremonielle Prozessionen angelegt, beginnt unmittelbar vor dem Sultanspalast und endet 2 km nördlich an einem stelenartigen Monument (*Tugu*), das in früheren Zeiten dem Sultan von seinem Palast aus als Konzentrationspunkt für seine Meditationsübungen diente. An der verkehrsreichen Kreuzung Jl. A. Yani/Jl. P. Senopati, jenseits des nördlichen Stadttores, erheben sich zwei imposante Kolonialgebäude, die heute das Hauptpostamt bzw. eine große Bank beherbergen. Gegenüber erinnert das Monumen

Badeteich im Wasserkastell Taman Sari

Serangan Oemoem an die erfolgreiche Rückeroberung des von Holländern besetzten Yogyakarta durch indonesische Unabhängigkeitskämpfer am 1. März 1949. Unmittelbar nördlich, nur einen Kanonenschuß vom Kraton entfernt, steht die 1765 erbaute holländische Garnison **Fort Vredeburgh,** in deren düsteren Gemäuern in naher Zukunft ein Kulturzentrum Platz finden soll. Gegenüber, auf der anderen Straßenseite, sieht man die ehemalige Residenz der holländischen Statthalter; in den Jahren 1946–49 fungierte das elegante Bauwerk als Sitz der indonesischen Revolutionsregierung, heute wird es als Gouverneurspalast genutzt. Etwas weiter nördlich, am unteren Ende der Jl. Malioboro, breitet sich der fotogene **Pasar Beringharjo** aus, der aber eher auf die Bedürfnisse der einheimischen Käufer eingestellt ist.

Touristen, die sich weniger der Geschichte und Kultur, sondern mehr der Jagd nach preiswerten Souvenirs zuwenden wollen, finden in der Jl. Malioboro ihr Einkaufsparadies. Die sich hier dicht an dicht reihenden Geschäfte bieten eine bunte Palette indonesischen Kunsthandwerks zu vernünftigen Preisen an. Ladenarkaden, unter denen man, geschützt vor Regen oder Sonne, bummeln kann, prägen das Gesicht dieses vor allem in den Abendstunden sehr geschäftigen Boulevards. Etymologen übrigens meinen herausgefunden zu haben, daß der Straßenname ›Malioboro‹ nicht die Verballhornung des Familiennamens ›Marlborough‹ ist, den ein während der napoleonischen Kriege siegreicher englischer General trug. Vielmehr nehmen sie an, daß ›Malioboro‹ auf einen Begriff aus dem Sanskrit zurückgeht, der soviel bedeutet wie ›mit Girlanden dekoriert‹. Tatsächlich war die königliche Paradestraße bei religiösen Zeremonien auch immer mit Blumengebinden geschmückt. Nahe dem Hotel Mutiara finden Sie das Tourist Information Office.

Nördlich der Eisenbahnlinie geht die Jl. Malioboro in die auf das Tugu-Monument zuführende Jl. Mangkubumi über. Die an der Stele nach links abzweigende Jl. Diponegoro führt zu dem ca. 4 km außerhalb, in Tegalrejo, gelegenen Monumen Diponegoro, einem Ehrendenkmal und Museum zum Gedächtnis an Prinz Diponegoro (1785–1855) und den Java-Krieg. Öffnungszeiten: täglich 7.30–18 Uhr; Anfahrt mit Bus Nr. 2.

Ein kurzer Abstecher führt südlich der Jl. Sudirman zur wohl schönsten Moschee Yogyas, der **Mesjid Synhada,** die sich im Ufer des Kali Code in orientalischer Pracht präsentiert. Einen Besuch lohnt auch das **Armeemuseum** Angkatan Darat (Jl. Sudirman/Jl. Cik Ditiro), das den Widerstandskampf gegen die Holländer in den Jahren 1945–49 dokumentiert. Öffnungszeiten: Mo–Do 8–13 Uhr, Sa und So 8–12 Uhr, Fr geschlossen; Anfahrt mit Bus Nr. 3 ab Jl. Mataram. Die Jl. Cik Ditiro führt direkt zum Campus der Gajah Mada-Universität, der ältesten Hochschule des Landes mit fast 20000 immatrikulierten Studenten.

Zwei weitere Sehenswürdigkeiten befinden sich ca. 3 km bzw 5 km außerhalb an der nach Solo führenden Hauptstraße. Kurz vor der Brücke über den Gajah Uwong-Fluß fällt das **Affandi Museum** wegen seiner eigenwilligen Architektur sofort ins Auge. Hier werden einem breiten Publikum Werke von Affandi, einem der bekanntesten zeitgenössischen Maler Indonesiens, präsentiert. Öffnungszeiten: täglich 9–16 Uhr. Im **Yogyakarta Craft Center,** 2 km weiter östlich nahe dem Ambarrukmo Palace Hotel, können Sie sich einen ausgezeichneten Überblick über die Produkte des regionalen Kunsthandwerks verschaffen; allerdings scheint man das Preisniveau der Finanzkraft der Gäste im gegenüberliegenden Luxushotel angepaßt zu haben.

Abgerundet wird das Bild dieser vielschichtigen Stadt mit einer Fahrt nach

Exkurs: Klassische Tänze und Tanzdramen Zentraljavas

Insbesondere an den Fürstenpalästen Yogyakartas und Surakartas wird die klassische Bewegungskunst Javas, die hier einst aus tiefwurzelndem kultischem Ursprung heraus höfisch stilisiert und sublimiert wurde, auch noch in der Gegenwart weitergepflegt. In der Abgeschiedenheit der Kraton erteilen die Choreographen ihren Unterricht auch heute noch gemäß jahrhundertealter Traditionen. Die meisten Tänze Mitteljavas werden von einem getragen-schwermütig wirkenden, siebentonigen *Pelog-Gamelan* begleitet. Es sind durchweg sehr alte Gruppenvorstellungen mit einer tradierten sakralen Bedeutung, die jedoch ihre endgültige Prägung meist erst zwischen dem 16. und 18. Jh. unter islamischem Einfluß erfahren haben.

Als heiligster und geheimnisvollster aller mitteljavanischer Hoftänze gilt der über 400 Jahre alte Bedhaya Ketawang, der alljährlich am zweiten Tag des javanischen Monats Ruwah, dem Jahrestag der Krönung des *Susuhunan,* im Kraton von Surakarta aufgeführt wird. Neun Mädchen aus Adelsgeschlechtern inszenieren diese beeindruckenden Ritualbewegungen, die zu Ehren von Nyai Loro Kidul, der machtvollen Göttin des Südmeeres (damit ist das Meer im Süden von Java gemeint) geschaffen wurden. Sie soll einst dem Dynastiebegründer, Sultan Agung (1613–45), erschienen sein und ihm ihre Liebe erklärt haben. Um Geist und Körper zu reinigen, müssen die Tänzerinnen, dem heiligen Ritual entsprechend, vor jeder Probe und Aufführung fasten und Opfer darbringen. Die Göttin Nyai Loro Kidul selbst ist bei jeder Darbietung anwesend, und falls ihr der Tanz mißfallen sollte, so wird gesagt, würde sie eine der Akteurinnen mit in ihr Reich auf dem Meeresgrund hinabziehen. Bis vor kurzem durfte kein Fremder die Schritte, die vermutlich auf alten javanischen Fruchtbarkeitsriten basieren, beobachten.

Der Serimpi stellt den stilisierten Kampf zwischen zwei Mädchenpaaren dar, die die Heldinnen der altjavanischen Menak-Legende verkörpern. Dieser höfische Kunsttanz wird, in abgewandelter Form, mittlerweile auch von Schulen außerhalb der Fürstenpaläste gelehrt und gilt als eine Art Standardtanz für junge Frauen auf Mitteljava. Zu den höfischen Tänzen von Bedeutung zählen weiterhin der ursprünglich volkstümliche Gambyong, der heute nach Jahrzehnten der Verfeinerung und Perfektion in den Kraton als Willkommensgruß dargeboten wird, sowie die Kriegstänze Bambangan und Perang Kembang. Vor allem der Bedhaya Ketawang und der Serimpi sind mit äußerster Feinheit stilisiert und bestechen durch eine unglaubliche Differenziertheit der Bewegungen. In diesen zeremoniellen Aufführungen, die mit ihrer verzögernden Gebärdensprache beinahe wie Meditationsübungen wirken, zeigen sich perfekte Selbstbeherrschung und sanfte, weibliche Anmut in ihrer höchsten Vollendung.

Nicht weniger beeindruckend sind die Wayang-Tanzdramen – das Wayang Topeng und das später entstandene Wayang Wong (vgl. S. 120). Obwohl geistig mit alten javanischen Maskentänzen verwandt, zeigen die von maskierten Tänzern ausgeführten Wayang Topeng-Pantomimen doch einen sehr deutlichen hinduistischen Einfluß, was sich vor allem in bestimmten Formelementen widerspiegelt (z. B. in den symbolischen Handstellungen, den Mudra).

Neben diesen Kunst- und Ausdruckstänzen, die unverzichtbare Elemente der höfischen Kraton-Kultur bildeten und immer noch bilden, entwickelten sich auch Bewegungsspiele mit eher volkstümlichem Charakter; zu ihnen zählen u. a. verschiedene Trancetänze wie der Kuda Kepang, der Kuda Lumping oder der Reog Ponogoro. Bei ihnen agieren mehrere Akteure auf Spielzeugpferden aus Bambusstengeln oder Leder; gelegentlich tritt auch ein Tänzer mit einer Löwen-, Tiger- oder Krokodilsmaske auf. Die ›Reiter‹ wirbeln so lange im Kreis, bis einer von ihnen in einen Trancezustand gerät und beginnt, sich wie ein Pferd zu gebärden.

Kota Gede, einem kleinen, ca. 6 km südöstlich von Yogya gelegenen Städtchen, das durch seine verschlafene Zeitlosigkeit bezaubert. 1579 von Panembanan Senopati gegründet, bildete Kota Gede den Nukleus des Zweiten Reiches von Mataram (1586–1755). Das Grab des Dynastiebegründers versteckt sich auf einem uralten Friedhof hinter hohen Ziegelsteinmauern (Öffnungszeiten des Friedhofs: Mo, Mi und Fr 9–11 Uhr). Die einst prachtvolle Palastanlage hat die Zeitenläufe nicht überlebt; bewahrt hat sich allerdings die auf die damalige Zeit zurückgehende Silberschmiedekunst (vgl. S. 220).

Einplanen ließen sich noch, auf dem Weg von oder nach Kota Gede, Besuche im Zoologischen Garten Gembira Loka (Öffnungszeiten: täglich 8–18 Uhr) sowie im etwas verstaubten Museum Biologi, Jl. Sultan Agung 22 (Öffnungszeiten: Mo–Do 8–13.30 Uhr, Fr 8–11 Uhr, Sa 8–12.30 Uhr, So 8–12 Uhr).

Praktische Hinweise

Unterkunft: Yogyakarta verfügt über eine ausgesprochen große Anzahl an Hotels und Pensionen jeglicher Preiskategorie; die gesamte Stadt ist auf Tourismus eingerichtet. Unterkunftsprobleme gibt es für gewöhnlich nicht, allerdings können Hotels und Pensionen während der Aufführungen des Ramayana-Balletts in Prambanan kurzzeitig ausgebucht sein. Preiswerte Unterkünfte mit einem meist durchaus akzeptablen Niveau finden Sie vorwiegend südlich des Hauptbahnhofs entlang der Jl. Sosrowijayan und der Jl. Pasar Kembang sowie in den schmalen Gassen (*Gang*) zwischen diesen beiden Straßen. Ganz besonders zu empfehlen wegen ihrer ruhigen Lage, ihrer hübschen Gärten und der meist sehr familiären Atmosphäre sind verschiedene Pensionen (umgebaute Privathäuser) in der Jl. Prawirotaman im Süden der Stadt; obwohl meist nicht klassifiziert, weisen diese Unterkünfte oftmals den Standard von **oder *Hotels auf (allerdings auch hinsichtlich der Preislage).

Hotels höherer Kategorien: ****Ambarrukmo Palace, Jl. Adisucipto, P.O. Box 10, ✆ 88488; ****Garuda, Jl. Malioboro 72, ✆ 86457, 86353 (zentral gelegen); ***Mutiara, Jl. Malioboro 18, ✆ 4530–1 (zentral gelegen); ***Puri Artha, Jl. Cendrawasih 9, ✆ 5934 (sehr stilvoll; balinesisch-javanische Atmosphäre). **Mittlere Hotels:** **Arjuna Plaza, Jl. Mangkubumi 48, ✆ 3063; **Batik Palace, Jl. Pasar Kembang 29, ✆ 2149 (zentral gelegen).

Nicht klassifizierte Hotels und Pensionen: Agung Guest House, Jl. Prawirotaman 68, ✆ 5512 (teils AC-Zimmer); Airlangga Guest House, Jl. Prawirotaman 4, ✆ 3344 (teils AC-Zimmer); Asia Afrika, Jl. Pasar Kembang 25, ✆ 4489 (zentral gelegen); Aziatic, Jl. Sosrowijayan 6; Duta Guest House, Jl. Prawirotaman 20, ✆ 5219 (komfortabel, teils AC-Zimmer, Swimming-pool); Gandhi Losmen, Jl. Sosrowijayan, Gang II (schöner Garten); Indonesia, Jl. Sosrowijayan 7; Ratna, Jl. Pasar Kembang 17A, ✆ 2654 (ruhig); Sriwijaya Guest House, Jl. Prawirotaman 7, ✆ 2387.

Verkehr: Anreise: täglich Flüge der Garuda u.a. ab Jakarta und Denpasar; der Bouraq ab Jakarta, Bandung und Banjarmasin; der Merpati ab Jakarta, Surabaya und Denpasar (weitere Fluginformationen vgl. S. 544).

Täglich zahlreiche (Nacht-)Busse ab Jakarta, Terminal Pulo Gadung sowie u.a. ab Bandung, Cirebon, Semarang, Surakarta, Surabaya, Malang, Denpasar.

Täglich ein klimatisierter Nacht-Expreßzug, Bima, ab Jakarta, Kota Station sowie täglich fünf nicht klimatisierte Schnellzüge (Senja Maja, Senja Utama, Senja Yogya, Gaya Baru Selatan) ab Jakarta, Gambir Station und Cepat Solo ab Jakarta, Pasar Senen Station; weitere Anreisemöglichkeiten per Eisenbahn u.a. von Bandung, Banjar, Semarang, Surabaya, Malang.

Stadt- und Vorortverkehr: Innerhalb der Stadtgrenzen operieren auf acht festgelegten Routen orangefarbene Mikro-Busse. Wichtige Buslinien: Nr. 1 und Nr. 4 Jl. Malioboro – Busbahnhof, Nr. 2 Busbahnhof – Jl. Mataram, Nr. 5 Jl. Mataram – Jl. Magelang (dort Busse nach Borobudur). Minibusse in die nähere Umgebung fahren an den jeweiligen Ausfallstraßen ab. Ein Terminal für Colts nach Prambanan und Solo befindet sich in Jl. C. Simanjuntak. Die zahlreich vertretenen Becak eignen sich hervorragend für kürzere Distanzen sowie für Stadtrundfahrten (am besten Pauschalpreis auf Stundenbasis aushandeln). Für stilvolle Stadtbesichtigungen stehen auch Dokar-Pferdekutschen zur Verfügung (ungeeignet für längere Entfernungen). Taxen, meist nicht als solche gekennzeichnet und ohne Taxameter, erhält man über Hotelvermittlung. Ein zentraler Taxistand befindet sich östlich des Hauptpostamts an der Jl. Senopati (immer vor Fahrtantritt den Preis aushandeln!). Yogya ist eine sehr fahrradfahrerfreundliche Stadt; Räder kann man für geringe Beträge in verschiedenen Hotels entlang der Jl. Sosrowijayan mieten (z.B. Hotel Aziatic). Schließen Sie Ihr Fahrrad immer gut ab – Diebstähle sind häufig.

Fernverkehr: Flughafen Adisucipto ca. 10 km östlich. Bei Voranmeldung sorgen viele Hotels für den Transfer in die Innenstadt. Die Hauptstraße Yogyakarta–Surakarta ist nur ca. 300 m vom Terminal entfernt, dort (nach links) Minibusse ins Zentrum. Von Yogya zum Flughafen: Minibusse ab Terminal in Jl. C. Simanjuntak. Fluglinien: Garuda, Jl. Mangkubumi 56, ✆ 4400, 5184; Bouraq, Jl. Sudirman 37, ✆ 86664; Merpati, Jl. Sudirman 9–11, ✆ 4272 (Fluginformationen s.o. ›Anreise‹ und vgl. S. 544).

Der Busbahnhof für Überlandbusse befindet sich ca. 4 km südöstlich des Stadtzentrums an der Jl. Veteran (zu erreichen mit Mikro-Bus Nr. 1 und Nr. 4 ab Jl. Malioboro); von hier (Mini-)Busse in alle Hauptrichtungen. (Nacht-)Expreßbusse nach Jakarta und Denpasar (jeweils ca. 12–14 Std. Fahrzeit) fahren meist am späten Nachmittag bei den Büros der jeweiligen Gesellschaft ab (vorwiegend Jl. Mangkubumi, Jl. Diponegoro und Jl. Sosrowijayan). Tickets werden u.a. recht zuverlässig von den kleinen Reisebüros in der Jl. Sosrowijayan vermittelt (von hier auch gegebenenfalls Transfer zum Terminal der jeweiligen Busgesellschaft).

Yogyas Hauptbahnhof Stasiun Tugu befindet sich nahe Jl. Pasar Kembang (Zugverbindungen s.o. ›Anreise‹; Tickets eventuell bereits einen Tag vor Abreise besorgen!)

Reiseagenturen: Die sehr zahlreich in Yogya vertretenen Reisebüros offerieren Stadtrundfahrten und Tagestouren zu den Tempelstätten in der näheren Umgebung (auch Dieng-Plateau). Teilweise organisieren sie auch die Besichtigung von Batikmanufakturen sowie Besuche von kulturellen Veranstaltungen. Adressen: Intan Pelangi, Jl. Malioboro 18, ✆ 4531; Natrabu, Ambarrukmo Hotel, Jl. Adisucipto, ✆ 88488; Pacto, Jl. Malioboro 72, ✆ 2113–4; Vayatour, Ambarrukmo Hotel, Jl. Adisucipto, ✆ 88488.

Restaurants (mittlere und höhere Preislage): Cirebon, Jl. A. Yani 15 (chinesisch, europäisch); Colombo, Jl. Malioboro 25 (chinesisch); Gita Bujana, Jl. Diponegoro 52A (chinesisch, indonesisch, europäisch); Hanoman's Forest, Jl. Prawirotaman 9B (indonesisch, europäisch; während des Dinner, 19–21.30 Uhr, Aufführung von *Wayang* und klassischen Tänzen); Helen, Jl. Malioboro 44 (chinesisch, indonesisch, europäisch); Legian Garden, Jl. Malioboro/Jl. Perwakilan (chinesisch, indonesisch, europäisch); Malioboro, Jl. Malioboro 87 (chinesisch, indonesisch, europäisch); Nyonya Suharti, Jl. Adisucipto (unweit Ambarrukmo Hotel, Spezialität Brathühnchen); Riki French Grill, Jl. Prawirotaman 23 (indonesisch, europäisch). Billigere Restaurants, die aber ein sehr gutes, dem europäischen Geschmack angepaßtes Essen servieren, finden Sie in der Gegend um die Jl. Sosrowijayan und Jl. Pasar Kembang, u. a. Anna's Restaurant, Jl. Sosrowijayan, Gang III; Bu Si's Garden, Jl. Sosrowijayan, Gang I; Mama's Gado Gado, Jl. Pasar Kembang 76; Superman, Jl. Sosrowijayan, Gang I.

Einkauf: Yogya besitzt den Ruf eines Einkaufsparadieses mit niedrigem Preisniveau. Allerdings wird, vor allem von den fliegenden Händlern an der Jl. Malioboro, oft Ware minderer Qualität angeboten. Verschaffen Sie sich vor Ihrer Shopping Tour zunächst im Yogyakarta Craft Center (Jl. Adisucipto, unweit Ambarrukmo Hotel; Öffnungszeiten: täglich außer Fr und So 7.30–17 Uhr, Fr 7.30–11 Uhr und 13–17 Uhr, So geschlossen) einen Überblick über all das, was man in Yogya einkaufen kann. Achtung: Touristen werden häufig, vor allem in der Jl. Malioboro und in der Umgebung des Kraton, von ›Führern‹ und Becak-Fahrern angesprochen, die sie später zum Einkaufen in bestimmten Geschäften bewegen wollen; ihre Provision wird dann meist dem Kaufpreis aufgeschlagen.

Batik: Yogya gilt als eines der Zentren der Batikherstellung in Indonesien. Batikateliers, -fabriken und -läden verteilen sich über das gesamte Stadtgebiet. Man tut gut daran, sich vor dem Kauf von Batiken einen Überblick im ›Studienzentrum für Batik und Kunsthandwerk‹ (*Balai Penelitian Batik dan Kerajinan*) zu verschaffen. Es ist am östlichen Stadtrand gelegen (Jl. Kusumanegara 2) und verfügt über eine permanente Ausstellung von Batiken. Man kann hier auch den Prozeß der Batikherstellung in all seinen Phasen beobachten. Öffnungszeiten: Mo–Do 8–13.30 Uhr, Fr 8–11.30 Uhr, Sa 8–12.30 Uhr, So geschlossen. **Batikfabriken und -werkstätten:** Über zwei Dutzend größere Batikfabriken und zahlreiche kleinere -werkstätten haben sich in Yogya angesiedelt. Die Besichtigung eines Batikbetriebes sollten Sie unbedingt einplanen. Die größeren Manufakturen finden Sie vorwiegend im Süden der Stadt in der Jl. Tirtodipuran, die kleineren Werkstätten in der Gegend um den Vogelmarkt und in Taman Sari. In den meisten Betrieben werden sowohl Handwachsverfahren (*Batik Tulis*) als auch die rationellere Kupferstempeltechnik (*Batik Cap*) angewandt. Man kann den Handwerkern und Künstlern beim Arbeiten zusehen und danach in einem Verkaufsraum Stoffe erstehen. Es werden drei Qualitätsstufen unterschieden: *Biru* die billigste, *Prima* die mittlere und *Primissima* die beste Qualität. Einige Adressen: Batik Asmara, Jl. Tirtodipuran 8; Batik Plentong, Jl. Tirtodipuran 28; Batik Raradjonggrang, Jl. Tirtodipuran 6A; Batik Surya Kencana, Jl. Ngadinegaran MD VII/98; Batik Winotosastro, Jl. Tirtodipuran 34. **Batikläden:** Viele Geschäfte, die Batikstoffe zu Festpreisen verkaufen, konzentrieren sich an der Jl. Malioboro und Jl. A. Yani; als gute Adressen gelten Toko Terang Bulan, Jl. A. Yani 76 und Toko Batik Warga Mulya, Jl. Malioboro 39. **Batikgalerien:** Batikmaler haben sich vorwiegend in Taman Sari niedergelassen. Schöpfen die eher traditionell orientierten ihre Motive aus den Hinduepen Ramayana und Mahabharata, so experimentieren die jüngeren in expressionistischen und bisweilen avantgardistischen Bereichen. Vielfach wird herzerfrischender Kitsch vom Fließband angeboten, mitunter findet man aber auch hochwertige Stücke. Das Preisniveau weist eine enorme Spannweite auf: Serienfertigungen kann man für wenige Mark erstehen, für Batikgemälde bekannter Künstler muß man oft DM 1000 und mehr berappen. Preiswerte Batikbilder kann man in den

Ateliers um den Vogelmarkt, in Taman Sari sowie in der Gegend um Jl. Sosrowijayan/Jl. Pasar Kembang kaufen. Einige Adressen teurerer Batikgalerien: Affandi Gallery, Jl. Adisucipto (bei Brücke über den Gajah Uwong-Fluß; der 1990 verstorbene Expressionist hat auch einen hervorragenden Ruf als Batikmaler); Amri Gallery, Jl. Gampingan 67 (nahe ASRI, der Akademie der Schönen Künste; Amri Yahya gilt als führender Batikkünstler mit modernen Motiven; Öffnungszeiten: täglich, außer Mo, 9–17 Uhr); Bambang Oetoro, Jl. Taman Siswa 55; Kuswadji K., Jl. Alun Alun Utara (bei Mesjid Agung); Suhardi, Taman Sari, Kp. III/95. **Batikkurse:** Es bestehen vielfältige Möglichkeiten, an Lehrgängen zur Einführung in die Batikherstellung teilzunehmen. Die Kurse dauern für gewöhnlich drei bis sieben Tage, die Gebühren betragen pro Tag ca. Rp. 5000–8000. Informationen erhalten Sie im ›Studienzentrum für Batik und Kunsthandwerk‹, Jl. Kusumanegara 2 sowie in der Akademie der Schönen Künste, Jl. Gampingan 1, ✆ 2183. Batikkurse veranstalten u. a. Pak Pramusinto, Taman Sari, Kap. III/151 C (unmittelbar beim Vogelmarkt) und Tulus Warsito, Jl. Wates 31.

Silber: Die Tradition des Silberhandwerks wird in Kota Gede gepflegt und von Generation zu Generation weitervererbt. Hergestellt werden vor allen Dingen Silberfiligranschmuck, Tafelsilber, Vasen, Leuchter u. a. Die Muster der Ornamentierung stammen ursprünglich aus der hindu-javanischen Epoche; es dominieren Blätter, Blumen, Ranken u. a., figürliche Darstellungen sind verpönt. Besichtigungen einzelner Werkstätten, meistens mit angegliederten Verkaufsräumen, sind möglich. Einige Adressen: H. S. Silver, Jl. Mondorakan 1; M. D. Silver, Jl. Keboan; Tom's Silver, Jl. Kota Gede 3. Öffnungszeiten der Werkstätten: wochentags 8–17 Uhr; der Verkaufsräume: täglich 8–19 Uhr.

Wayang Kulit: Auch der Besuch von Werkstätten, in denen die flachen Lederpuppen für das javanische Schattenspiel hergestellt werden, ist möglich. Sie können alle Arbeitsphasen vom Ausstanzen des Leders, über die Bemalung, bis hin zum Zusammenfügen der einzelnen Teile verfolgen. *Wayang Kulit*-Figuren können von ca. Rp. 5000–100000 kosten. Ein wesentliches Qualitätsmerkmal ist die Lederart: Schafsleder ist dünn und billig, drei bis vier Figuren können in einem Arbeitsgang gestanzt werden (die Verarbeitung ist entsprechend grob und unsauber); Büffelleder ist kräftig und teuer, jede Figur wird individuell hergestellt (die Verarbeitung ist entsprechend feiner). Gebrauchte *Wayang Kulit*-Figuren kann man gelegentlich in Schattenspiel-Schulen erwerben. Einige Adressen von Werkstätten: Djaelani, Jl. Kadipaten Kulon Kp. I/265; Ledjar, Jl. Mataram DN I/370; Moeljosoehardjo, Jl. Taman Sari 37B; Swasthigita, Jl. Ngadinegaran MD VII/50.

Antiquitäten: Entlang der Jl. Malioboro und der Jl. Mangkubumi gibt es zahlreiche Antiquitätenläden, in denen man aber nur noch mit sehr viel Gück auf wertvolle Stücke wie alte *Topeng*-Masken oder authentische Krise stößt. Kenner bevorzugen die Antiquitätenläden von Surakarta. Einige Adressen: Edi Store, Jl. Malioboro 13A; Hastirin Store, Jl. Malioboro 99; Jul Shop, Jl. Mangkubumi 29; Naga Art Shop, Jl. Malioboro 61.

Kulturelle Veranstaltungen: Das Angebot an kulturellen Veranstaltungen ist sehr groß. Generell unterscheidet man zwischen Aufführungen, die für Touristen arrangiert werden (meistens Kurzfassungen authentischer Aufführungen) und solchen, die seit alten Zeiten fester Bestandteil des kulturellen Lebens der Einheimischen sind. Die bis zum Morgengrauen dauernde Vorstellung eines Schattenspiels inmitten eines gebannt zuschauenden javanischen Publikums ist ein weitaus faszinierenderes Erlebnis als die oftmals recht lieblos arrangierten Instant Shows der professionellen Bühnen. Aktuelle Veranstaltungshinweise erhalten Sie beim Tourist Information Office, Jl. Malioboro 16. Eintrittskarten bekommen Sie mitunter in Reisebüros, Restaurants, Hotels und Pensionen.

Gamelan: *Gamelan*-Proben im Kraton Mo und Mi 10.30–12 Uhr. **Wayang Kulit:** Agastya Art Institute, Jl. Gedongkiwo MD III/237: täglich, außer Sa, 15–17 Uhr; Ambar Budaya im Yogyakarta Craft Center, Jl. Adisucipto: Mo, Mi und Sa 21.30–23 Uhr; Arjuna Plaza Hotel, Jl. Mangkubumi 48: Di 19–21 Uhr; Ambarrukmo Palace Hotel, Jl. Adisucipto: Do 20–21 Uhr; Hanoman's Forest, Jl. Prawirotaman 9B: Mi und Fr 19–21.30 Uhr; Sasana Hinggi Dwi Abad (Pavillon am südlichen Palastplatz = Alun Alun Selatan): jeden zweiten Samstag im Monat von 21 Uhr bis ca. 5 Uhr morgens; Museum Sonobudoyo, Jl.

Trikora, Alun Alun Utara: So 10–13 Uhr. **Wayang Golek:** Agastya Art Institute, Jl. Gedongkiwo MD III/237: Sa 15–17 Uhr; Arjuna Plaza Hotel, Jl. Mangkubumi 48: Sa 19–21 Uhr; Ambarrukmo Palace Hotel, Jl. Adisucipto: Mo 20–21 Uhr; Hanoman's Forest, Jl. Prawirotaman 9B: Mo und Do 19–21.30 Uhr; Nitour-Reiseagentur, Jl. Ahmad Dahlan 71; täglich, außer So, 11–13 Uhr. **Wayang Orang:** Arjuna Plaza Hotel, Jl. Mangkubumi 48: Do 19–21 Uhr; Ambarrukmo Palace Hotel, Jl.; Adisucipto: Di, Mi, Fr, Sa und So 20–21 Uhr; Dalem Pujokusuman, Jl. Brig. Jend. Katamso: Mo, Mi und Fr 20–22 Uhr; Hanoman's Forest, Jl. Prawirotaman 9B: Di und Sa 19–21.30 Uhr; Sasanasuka Theatre Jl. Brig. Jend. Katamso: täglich 20–22 Uhr; Taman Hiburan Rakyat (THR), Jl. Katamso: täglich 20–22 Uhr. **Javanischer Tanz:** Tanzproben im Kraton So 10.30–12 Uhr sowie Tanzaufführungen im Dalem Pujokusuman, Jl. Katamso 45, Mo, Mi und Fr 20–22 Uhr. Nach vorheriger Kontaktaufnahme ist es auch möglich, bei den Proben in einer der Tanzschulen anwesend zu sein; verschiedentlich werden auch Lehrgänge zur Einführung in die traditionelle Tanzkunst angeboten. Einige Adressen: Bagong Kussudiarjo, Jl. Singosaren 9 (nahe Jl. Wates); Indonesische Tanzakademie, Jl. Colombo; Krido Bekso Wirama, Dalem Tejokusuman, Jl. K. H. Wahid Hasyim. **Ramayana-Ballett:** In den Monaten Mai bis Oktober wird während der vier Vollmondnächte im Prambanan-Tempelkomplex von ca. 200 Tänzern das Ramayana-Epos aufgeführt (Beginn jeweils 19 Uhr); 1. Abend: Shintas Entführung; 2. Abend: Hanomans Auftritt; 3. Abend: Kumbokarnos Tod; 4. Abend: Shintas Feuerprobe. **Jatilan Kuda Lumping** (›Pferde-Trancetanz‹): Aufführungen im Dorf Dukuh (ca. 17 km nördlich) Mo, Mi und Sa 10–12 Uhr; Buchung: Satria, Wilis Hotel, Jl. Sultan Agung 12, ✆ 3839.

Feste und Feiertage: Dreimal im Jahr werden die Garebeg-Zeremonien abgehalten; sie fallen zeitlich mit den drei wichtigsten Feiertagen des islamischen Kalenders zusammen und stellen wegen ihrer Farbenpracht besondere Touristenattraktionen dar. **Garebeg Sawal** (auch Garebeg Pasa): fällt mit dem großen islamischen Festtag Idul Fitri zusammen und markiert das Ende des Fastenmonats Ramadan. Am Vorabend Fackelumzüge zur Großen Moschee. Höhepunkt ist am nächsten Morgen gegen 8 Uhr eine Prozession, während der der *Gunungan,* ein ›Berg‹ aus Reis, Gemüse und Früchten, vom Kraton zur Mesjid Agung gebracht wird. Bereits am frühen Morgen versammeln sich bis zu 100000 gläubige Moslems zum gemeinsamen Gebet auf dem Alun Alun Utara. **Garebeg Maulud:** Fest zur Feier des Geburtstages des Propheten Mohammed, ähnelt dem Garebeg Sawal. **Garebeg Besar:** Dieses Fest steht am Beginn der Pilgerfahrt nach Mekka. Vor Moscheen und auf öffentlichen Plätzen werden Tieropfer dargebracht, die an die Bereitschaft Abrahams erinnern sollen, Gott seinen eigenen Sohn zu opfern. Das Fleisch der geopferten Tiere wird anschließend an Bedürftige verteilt. Es findet ebenfalls eine Prozession mit *Gunungan* vom Sultanspalast zur Großen Moschee statt.

Weitere Feste in Yogyakarta und Umgebung: Siraman: Eine alljährlich einmal, im javanischen Monat Suro, stattfindende Reinigungszeremonie, während der die königlichen Erbstücke (*Pusaka; Gamelan*-Instrumente, Krise, Banner u. a.) gesäubert werden. Dem hierfür verwendeten Wasser schreibt man magische Kräfte zu. **Labuhan:** Anläßlich des Geburtstags von Sultan Hamengku Buwono IX. werden in Parangtritis der ›Göttin des Südmeeres‹, Nyai Loro Kidul, Opfer dargebracht. **Sekaten:** ein großes, einwöchiges Volksfest zu Ehren des Geburtstags von Mohammed. In einer prunkvollen Prozession bringt man zwei *Gamelan* vom Kraton zur Großen Moschee, wo sie eine Woche lang ununterbrochen gespielt werden, bevor man sie in einer erneuten Prachtparade wieder in den Sultanspalast zurückbringt. **Waicak** (meist im Mai): der wichtigste buddhistische Feiertag, an dem Gläubige aus aller Welt während einer Prozession vom Mendut-Tempel zum Borobudur der Geburt, der Erleuchtung und des Todes von Buddha sowie seines Eintritts in das Nirvana gedenken. **Pilgermarsch nach Sendangsono** (Mai und Oktober): Tausende von Gläubigen der katholischen Gemeinde pilgern nach Sendangsono, dem Lourdes von Java, wo in einer Grotte eine heilige Marienstatue steht. **Hinweis:** Da sie dem islamischen Kalender folgen, verschieben sich die Termine der Moslem-Feste jährlich. Exakte Angaben entnehmen Sie bitte dem beim Touristenbüro erhältlichen Veranstaltungskalender.

Information und wichtige Adressen: Touristeninformation: Tourist Information Centre, Jl. Malioboro 16, ✆ 2811 und 3543; Öffnungszeiten: täglich 8–20.30 Uhr, So geschlossen (hier ist der sehr wichtige aktuelle ›Calendar of Events‹ erhältlich). **Ausländerbehörde:** Kantor Imigrasi, Jl. Solo Km 10, ✆ 4948 (nahe Flughafen). **Post:** Hauptpostamt (Kantor Pos Besar), Jl. Senopati. **Bank und Geldwechsel:** Bank Negara Indonesia 1946, Jl. Trikora/Jl. K.H.A. Dahlan; Bank Indonesia, Jl. Senopati; Dewata Giri (Geldwechsler), Shopping Arcade Garuda Hotel, Jl. Malioboro 72 (Öffnungszeiten: täglich 7–19 Uhr). **Gesundheit:** Rumah Sakit Umum Bethesda, Jl. Sudirman 7, ✆ 2281.

Altertümer in der Umgebung von Yogyakarta

Borobudur

Um die Mitte des 8. Jhs. ging auf Java die Herrschaft an die Shailendra-Dynastie über, die den Mahayana-Buddhismus förderte und verbreitete. Unter ihr brach ein goldenes Zeitalter für sämtliche Kunstrichtungen an. In dieser Epoche entstanden auf Mitteljava die meisten und bedeutendsten Bauwerke, die zum Teil zu den weltweit schönsten Meisterwerken monumentaler Sakralarchitektur zählen und ihren krönenden Höhepunkt im Kolossalbau des Borobudur-Tempels (Farbabb. 6, 7), der größten und großartigsten Manifestation des Weltbuddhismus, fanden. Etwa um das Jahr 780, also mehrere Jahrhunderte vor den großen Kathedralen Westeuropas und 300 Jahre vor Kambodschas vielgerühmtem Angkor Wat-Tempel, befahlen die mächtigen Shailendra-Herrscher ihren Untertanen den Bau einer Stufenpyramide, die alle bis dahin errichteten Tempelanlagen in den Schatten stellen sollte. Zehntausende, die meisten von ihnen wohl unter Zwang, arbeiteten an dem gigantischen Bau, für den begeisterte Kunsthistoriker den Begriff vom ›Achten Weltwunder‹ geprägt haben. Über 2 Mill. Steinquader mit einem Volumen von 56640 m^3 schleppten die Fronarbeiter heran, bearbeiteten sie kunstvoll und türmten sie himmelwärts – angesichts der damaligen primitiven mechanischen Hilfsvorrichtungen eine technisch-organisatorische Glanzleistung der genialen Architekten. Die hochentwickelte Reiskultur in der fruchtbaren Kedu-Ebene schuf die wirtschaftlichen Voraussetzungen zur Realisierung dieses Projekts. Knapp 80 Jahre später wurde Borobudur, das ›Tempelkloster auf dem Berg‹, vollendet. Damit hatte die Shailendra-Dynastie ein Jahrtausendwerk geschaffen, das die großen indischen Baudenkmäler der buddhistischen Kunst noch übertraf. Aber nur knapp einhundert Jahre diente der Tempel als bedeutender Wallfahrtsort für buddhistische Pilger. Gegen 930 wurde Mitteljava ohne ersichtlichen Grund, möglicherweise wegen eines Ausbruchs des Merapi-Vulkans, verlassen. Allmählich überwucherte tropische Vegetation den Borobudur, der nun für fast ein Millennium in Vergessenheit geriet.

Erst während des kurzen britischen Interregnums entdeckte ein Kolonialbeamter im Jahre 1814 den Tempelkomplex wieder. Auf Veranlassung des damaligen Gouverneurs von Java, Sir Stamford Raffles, wurde der Borobudur teilweise freigelegt, war dann aber rund ein Jahrhundert lang schutzlos Plünderungen ausgesetzt. Zahllose einzigartige Reliefs, Buddhastatuen und andere Artefakte landeten in zahlreichen Museen rund um den Globus. Eine planmäßige Restaurierung setzte erst ab 1907 ein; sie stand unter der Leitung von Dr. Theodor van Erp, der sich große Verdienste um die Erhaltung dieses Kulturdenkmals erwarb. Der holländische Ingenieur entdeckte auch, daß der Borobudur keinen Raum umschließt, sondern einen natürlichen Hügel. Aufgrund der beschränkten Mittel waren van Erps Sanierungsbemühungen kein dauerhafter Erfolg beschieden. Das über Jahrhunderte einsickernde Regenwasser hatte im irdenen Kern des Monuments zu Erosion geführt und die Steinummantelung an zahlreichen Stellen gelöst. An der Außenseite zernagten Tropenschauer, Pilzbefall, Sonne und Wind die Steinblöcke. Der Borobudur, dessen Mauerwerk ohne Mörtel zusammengesetzt ist, drohte wie ein Kartenhaus in sich zusammenzufallen. Unter der Ägide der UNESCO starteten 1973 Wissenschaftler aus allen Fachrichtungen und aller Welt ein gigantisches Restaurierungsprojekt. In einem Jahrzehnt mühseliger Arbeit wurden mit einem Kostenaufwand von über 20 Mill. US-$ mehr als 1,3 Mill. Steinblöcke, Reliefs und Statuen abgetragen, katalogisiert, chemisch konserviert und wieder zusammengesetzt. Überdies erhielt der Borobudur ein neues Stützkorsett aus Beton und ein kompliziertes Drainagesystem. Im Oktober 1982 waren die Restaurierungsarbeiten vollendet und am 23. Februar 1983 konnte die offizielle Wiedereinweihung durch Präsident Suharto stattfinden. Schwere Beschädigungen, die mittlerweile jedoch wieder behoben sind, erlitt das berühmte Bauwerk im Januar 1985 bei einem von fanatischen Moslems verübten Sprengstoffanschlag.

Das mächtige Massiv des Borobudur erhebt sich majestätisch aus der von Bergen umrahmten Kedu-Ebene. In diesem steingewordenen Symbol der buddhistischen Architektur verschmelzen drei religiös geprägte Baugedanken, hier verbindet sich die Idee des buddhistischen Stupa mit der des heiligen Weltenbergs Meru, dem symbolischen Sitz der Götter, und der des Mandala, der buddhistischen Meditationshilfe. Der Borobudur, der größte Stupa der Welt, ist im Grunde genommen eine Stufenpyramide, die aus sechs immer kleiner werdenden quadratischen und drei darüberliegenden kreisförmigen Terrassen besteht. Der gleichseitige Grundriß ist durch regelmäßige Anbauten zu einer Figur mit 36 Ecken

Der Tempelkomplex des Borobudur

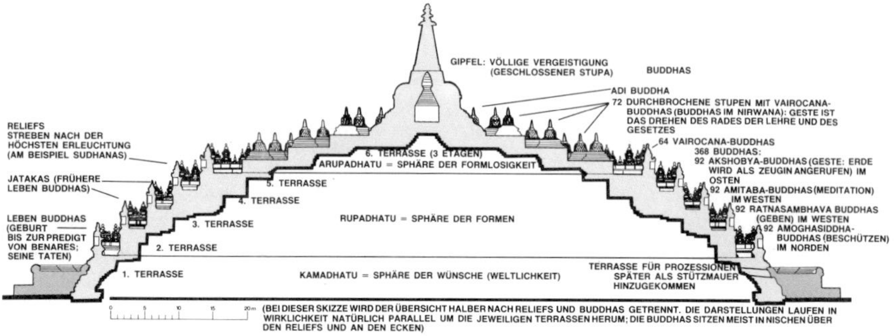

Borobudur

erweitert. Ursprünglich 42 m hoch, sackte der Tempel im Lauf der Jahrhunderte auf dem weichen Untergrund auf 33,5 m zusammen. An den Grundmauern hat der Bau Seitenlängen von je 123 m. In seiner Architektur spiegelt der Borobudur das Weltbild, die drei kosmischen Sphären, des Mahayana-Buddhismus wider: *Kamadhatu* (›Wunschsphäre‹), *Rupadhatu* (›Sphäre der Form‹) und *Arupadhatu* (›Sphäre der Formlosigkeit‹). Als ein Mandala, als ein riesiges buddhistisches Meditationsmotiv konzipiert, symbolisiert der Borobudur jenen Prozeß, in dessen Verlauf sich die Seele von dem irdisch gebundenen Leben löst und die durch den obersten Stupa verkörperte Vollkommenheit erreicht. Ein meditativer Pilgerweg also von den Niederungen des Lebens hinauf zum Nirvana, dem Ort völligen Seelenfriedens.

Wir nähern uns dem Borobudur von Osten her, dem traditionellen Weg der buddhistischen Pilger, betreten das Terrassenheiligtum durch einen der vier von Kalamakara-Darstellungen umrahmten Zugänge und beginnen, analog der überlieferten Meditationsübung, jede der neun Terrassen im Uhrzeigersinn abzuschreiten. Bei unserem Rundgang um den Sakralbau können wir nun die Reliefdarstellungen in ihrer logischen Abfolge betrachten. Am Anfang steht *Kamadhatu,* die unterste Sphäre menschlicher Existenz, die Ebene der weltlichen Lüste und Leiden. 160 Steinreliefs entlang der untersten und breitesten Terrasse, die früher rituellen Prozessionen diente, zeigen Szenen von Krieg und Kampf, von Sünde und Laster. Diese Reliefs wurden erst 1885 entdeckt, da man, offensichtlich noch vor Vollendung des Bauwerks, die gesamte untere Terrasse mit einem massiven Stützwall umgeben mußte. Unmerklich geht diese Ebene über in das *Rupadhatu,* die Sphäre der noch physischen Existenz, in der aber bereits die Suche nach dem tieferen Sinn des Lebens beginnt. In den nun folgenden vier Galerien der quadratischen Terrassen erzählen insgesamt 1300 kunstvoll in Basalt gemeißelte Basreliefs in ausdrucksvoller steinerner Bildersprache das Leben Gautama Buddhas von seiner Geburt über seine Erleuchtung bis zu seinem Eintritt ins Nirvana. Dargestellt werden zudem *Jataka*-Legenden, die von Ereignissen aus Buddhas zahllosen früheren Existenzen berichten. Die Bildtafeln der obersten Terrasse der Formsphäre zeigen Szenen aus dem Leben des Bodhisattva (= Mensch, der die höchste geistige Erleuchtung erreicht hat) Sudhana; hier erfolgt die Überleitung zur Loslösung von der irdischen und materialistischen Welt. Die Virtuosität der Bildhauer dokumentieren überdies 1212 weitere Paneele rein dekorativer Art, die als Einzelreliefs zu betrachten sind. Die Gesamtlänge der Bildtafeln beträgt rund 2,5 km – Bild für Bild eine faszinierende ›Dia-Show‹ aus dem 9. Jh. Von den insgesamt 505 vollplastischen Buddhas des Borobudur stehen 432 in offenen Nischen oberhalb der Galeriegänge, jede Figur mit einer typischen *Mudra* (Handhaltung). Die Buddhastatuen an der Ostseite zeigen das *Bhumisparca-Mudra* (Symbol der Beweisführung), die an der Südseite das *Wara-Mudra* (Symbol des Mitleids), die an der Westseite das *Dhyana-Mudra* (Symbol der Meditation) und die an der Nordseite das *Abhaya-Mudra* (Symbol der Furchtlosigkeit).

Oberhalb der Galerien folgen drei Rundterrassen; hier ist das *Arupadhatu* erreicht, die Sphäre der Formlosigkeit, die Erlösung von weltlichem Leid. Hier gibt es keine Mauern mit Bildreliefs mehr, der Blick ist unverstellt, frei der Himmel. Auf den drei oberen Ebenen ruhen 72 rhombenförmig durchbrochene Miniatur-Stupas (Dagobas), in denen sich jeweils eine Buddhafigur mit der *Dharmacakra-Mudra,* der symbolischen Handhaltung des Lehrens, befindet. Nach einem Volksglauben wird demjenigen ein sehnlicher Wunsch erfüllt, dem es gelingt, durch das Gitterwerk eines Stupa den Buddha zu berühren. Zwei Buddhastatuen sind unverhüllt geblieben. Im Zentrum, am höchsten Punkt des Heiligtums, erhebt sich der 8 m hohe unverzierte Hauptstupa, das Symbol der Perfektion und die Krönung einer großartigen Konzeption des Mahayana-Buddhismus.

Es bedarf der Ruhe, um den Borobudur in seiner ganzen Großartigkeit erfassen zu können. Die beste Zeit für eine Besichtigung des Tempels ist der frühe Morgen (Öffnungszeiten: täglich 6–17 Uhr), nicht nur weil man dann noch relativ ungestört ist, sondern vor allem auch weil das weich modulierende Morgenlicht auch feine Details der Basreliefs gut zur Geltung bringt. Zum Borobudur pilgern alljährlich weit über eine Million Besucher. Die indonesische Regierung plant, rund um die Tempelanlage einen großen ›Archäologischen Touristenpark‹ mit Hotels und Restaurants zu errichten, dem, gegen den Widerstand der Bewohner, mehrere Dörfer weichen sollen.

Zum Komplex von Borobudur gehören, aller Wahrscheinlichkeit nach, auch zwei kleinere, in der Nähe gelegene buddhistische Heiligtümer, Candi Mendut und Candi Pawon. Beide Tempel entstanden etwa zur gleichen Zeit wie der Borobudur, mit dem sie über eine imaginäre West-Ost-Achse in Verbindung stehen. Etwa 3 km östlich des Borobudur liegt Candi Mendut, der größere und bedeutendere der beiden Tempel. Nachdem sein ihn einst krönender Stupa zerstört ist, besitzt das Bauwerk eine Höhe von 26,5 m. Der auf einer quadratischen Basis ruhende Tempel zeichnet sich durch ungewöhnlich große und schöne, jedoch leider teilweise bereits zerstörte Basreliefs aus, die Szenen aus den altbuddhistischen *Jataka*-Erzählungen zeigen oder rein dekorativen Charakter haben. Im Unterschied zum Borobudur enthält der Candi Mendut eine Schreinkammer, in der sich drei aus je einem Monolithen gearbeitete Kolossalstatuen befinden. Auf dem Podest in der Mitte thront ein 3 m hoher, lehrender Buddha, den die Bildnisse der beiden Bodhisattvas Lokeshvara und Vajrapani flankieren. Vermutlich handelt es sich bei dem Candi Mendut um einen echten buddhistischen Tempel und nicht um ein Mausoleum. In der Nachbarschaft des Mendut-Tempels befindet sich eines der wenigen noch existierenden buddhistischen Klöster Indonesiens.

Etwa auf halbem Weg zwischen dem Borobudur und dem Mendut, in früheren Zeiten möglicherweise durch eine Zeremonienstraße mit diesen beiden Tempeln verbunden, steht Candi Pawon (etwa 200 m abseits der Straße zwischen Borobudur und Muntilan). Wenig ist bekannt über die Funktion dieses kleinen, schlichten Tempels, der erst 1903 freigelegt und restauriert wurde. Er ist Kubera, dem Gott des Reichtums, geweiht und diente eventuell als Eingangstempel zum Hauptheiligtum, dem Borobudur.

Praktische Hinweise

Anreise: Der Tempelkomplex von Borobudur liegt etwa 42 km nordwestlich von Yogyakarta. Nehmen Sie ab Yogya (Terminal in Jl. Veteran oder an der Ausfallstraße Jl. Magelang) einen (Mini-)Bus nach Muntilan, dort Anschluß nach Mendut und zum Borobudur.

Unterkunft in Desa Borobudur: Losmen Borobudur, Jl. Pramuda Wardhani (unweit Eingang zum Tempelkomplex); Losmen Saraswati, Jl. Disca Raya; Villa Rosita (ca. 1 km entfernt, gehobene Preislage).

Prambanan

Rund 16 km nordöstlich von Yogyakarta erhebt sich in einer ausgedehnten Ebene ein weiteres sakrales Baumonument, das als einer der absoluten Höhepunkte hindu-javanischer Tempelarchitektur gilt und neben dem Borobudur als bedeutendste Kulturstätte der südlichen Hemisphäre angesehen wird – der Tempelkomplex von Prambanan. Gegen Mitte des 9. Jhs. wurden die buddhistischen Shailendra von der aufstrebenen hinduistischen Mataram-Dynastie nach Sumatra abgedrängt. Als steinernes Symbol für den Sieg über die Shailendra und als hinduistisch-shivaistisches Pendant zum buddhistischen Borobudur errichtete man, vermutlich in der zweiten Hälfte des 9. Jhs. unter König Rakai Pikatan, diese großartige Tempelanlage. Die Intention war eindeutig: Es sollte etwas geschaffen werden, das imponierender war als alles bisher Erreichte. Wegen der mysteriösen Verlegung des Dynastiesitzes nach Ostjava wurde aber auch der Prambanan bereits wenige Jahrzehnte nach seiner Fertigstellung verlassen und begann zu verfallen. Den ursprünglich 232 Bauten umfassenden, nach dem benachbarten Städtchen benannten Tempelkomplex, dessen gesamtes Mauerwerk ohne Mörtel, allein nach dem Gesetz der Gravität zusammengefügt war, zerstörte 1549 ein verheerendes Erdbeben fast völlig. Drei Jahrhunderte lang diente der Prambanan anschließend als billiger Steinbruch für den Bau von Straßen und Häusern. Die Rekonstruktion der Hauptheiligtümer, ein gigantisches Puzzlespiel, begann 1937 und konnte 1953 abgeschlossen werden. Die Bauarbeiten an den Nebentempeln aber dauern bis heute an. Aufgrund der großen Schwierigkeiten beim Wiederaufbau gilt der Prambanan als ein Meisterwerk moderner Restaurationstechnik.

Die Anordnung der Sakralanlage ist von geometrischer Klarheit und Übersichtlichkeit. Der Tempelkomplex gliedert sich in drei, ehedem jeweils durch eine Mauer voneinander abgegrenzte Bereiche. Im zentralen, quadratischen Hof erheben sich auf einer rechteckigen, erhöhten Terrasse acht Tempel. Die drei größeren Candi sind in Nord-Süd-Richtung angeordnet; der 47 m hohe Haupttempel, dem Gott Shiva geweiht, wird von zwei kleineren, einem Brahma- (im Süden) und einem Vishnu-Tempel (im Norden) flankiert. Ihnen gegenüber sind drei nach Osten gerichtete Heiligtümer aufgereiht, die ehedem die mythischen ›Reittiere‹ der drei Gottheiten enthielten: Shivas Stier (Nandi), Brahmas Ganter (Hamsa) und Vishnus Sonnenvogel (Garuda); allein die Statue von Nandi blieb erhalten. Am nördlichen und südlichen Eingangstor zum inneren Tempelbereich stehen zwei kleinere, identische Bauten, deren Funktion bislang nicht eindeutig erwiesen ist. Diesen zentralen Komplex umrahmte eine Mauer von 110 m Seitenlänge. Im mittleren Bereich, umgeben von einem Wall mit 222 m Seitenlänge, standen einst in vier Reihen 224 gleichartige, 14 m hohe Heiligtümer, vermutlich Votivtempel, die heute ausnahmslos in Trümmern liegen. Au-

Der Tempelkomplex von Prambanan

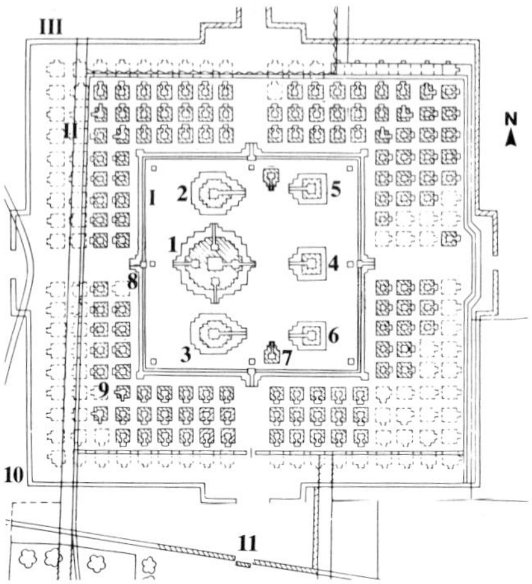

Tempelkomplex von Prambanan
I – Innerer Tempelbereich: 1 Shiva-Tempel (= ›Lara Jonggrang‹) 2 Vishnu-Tempel 3 Brahma-Tempel 4 Nandi-Tempel 5 Garuda-Tempel 6 Hamsa-Tempel 7 Kleine Tempel 8 Innere Ringmauer **II – Mittlerer Tempelbereich:** 9 224 kleine Heiligtümer (vermutlich Votivtempel) 10 Mittlere Ringmauer **III – Äußerer Tempelbereich (= Wohnbereich):** 11 Äußere Ringmauer

ßerhalb der zweiten Ringmauer, in der dritten Zone, befanden sich einst Wohnhäuser für Mönche, Tempeldiener und Pilger. Diese Bauten bestanden aus Holz und sind deshalb heute nicht mehr erhalten. Am Grundriß des Prambanan-Komplexes fällt auf, daß sich die Diagonalen des inneren Tempelhofes nicht in der Hauptcella des zentralen Shiva-Heiligtums schneiden, sondern neben der Osttreppe. Genau an dieser Stelle wurde bei den Wiederherstellungsarbeiten eine bronzene Aschenurne mit Beigaben gefunden. Dies läßt den Schluß zu, daß die Tempelanlage als monumentales Grabmal eines Mataram-Herrschers diente.

Shiva, dem Gott der Zerstörung und gleichzeitig der Welterneuerung, wurde im hinduistischen Java ganz besondere Verehrung zuteil. Der gesamte Tempelkomplex von Prambanan scheint der Apotheose, der Vergöttlichung, eines Herrschers als Shiva gegolten zu haben. Sein zentrales Heiligtum, der Shiva-Tempel, wird vom Volksmund auch als *Lara Jonggrang* bezeichnet. Der Name bedeutet ›Schlanke Jungfrau‹ und geht auf eine alte Legende zurück: Lara Jonggrang, Tochter des Königs Ratu Baka, wollte einen unerwünschten Freier zurückweisen, indem sie von ihm die Errichtung eines riesigen Tempels mit 1000 Statuen in einer einzigen Nacht verlangte. Als dieser mit Hilfe mächtiger Zauberer soeben im Begriffe war, die ihm gestellte Aufgabe bravourös zu erfüllen, griff die Prinzessin zu einer List und ließ die Hähne vorzeitig den Tagesanbruch ankündigen. Daraufhin verwandelte sie der geprellte Verehrer wutentbrannt in eine steinerne Statue, die ›Schlanke Jungfrau‹. Ihr Bildnis, in Wirklichkeit eine Statue von Parvati, der Gemahlin Shivas, steht heute in der Nordcella des Zentraltempels (als vielarmige Durga tötet sie den Büffeldämon Mahisasura). Die östliche Tempelkammer, das Allerheiligste, birgt eine 3 m hohe Statue von Shiva als Maha Deva (oberster Gott); diese Cella besitzt als einziger der vier Innenräume eine reiche ornamentale Ausschmükkung. In der südlichen Tempelkammer sehen wir Shiva als Maha Guru (oberster Lehrer), in der westlichen den dickbäuchigen Ganesha, den elefantenköpfigen Sohn Shivas.

Der Haupttempel steht auf einem 20eckigen Unterbau. Über dem Tempelkern steigt ein mehrstufiges Pyramidendach auf. In dieser architektonischen Dreigliederung des zentralen Heiligtums kommt die Dreiteilung der Welt im Sinne des Hinduismus zum Ausdruck: Die Basis symbolisiert die Ebene der einfachen physisch-materialistischen Existenz, im Tempelkern beginnt die Vergeistigung und Loslösung vom alltäglichen Dasein und der oberste Teil schließlich gilt als Sitz der Götter. Der

Shiva-Tempel ist, ebenso wie die beiden Nachbartempel, mit Basreliefs und anderen bauplastischen Verzierungen in reicher Fülle versehen. Am Sockelgürtel wiederholt sich vielfach das sogenannte Prambanan-Motiv: ein Löwe umgeben von Himmelbäumen, an deren Stämmen sich jeweils zwei Kinnara (mythologische Vogelfiguren mit dem Oberkörper einer Frau) befinden. Über von Makara-Gestalten flankierte Treppenaufgänge gelangen wir zu einer Galerie, die um den Tempelkern herumführt und früher rituellen Umwandlungen diente. Von hier aus führen weitere, steile Treppen zur bereits beschriebenen Hauptcella und den drei Nebenkammern. Auf der Balustrade stehen zahlreiche steinerne Gebilde, in denen sich buddhistische und hinduistische Elemente vermengen; sie können somit sowohl als Stupa, aber auch als Linga (Phallus, das Symbol Shivas) interpretiert werden. Die Innen- und Außenseiten der Balustraden sind mit Reliefplatten geschmückt. Die Bildtafeln bestechen durch handwerkliche Virtuosität und zeichnen sich durch einen strengen Realismus aus, der kaum durch irgendeine Idealisierung gemildert wird.

An der Ostseite beginnend und im Uhrzeigersinn fortschreitend, erzählen die Basreliefs Episoden aus dem Ramayana. Fortgesetzt wird der Zyklus auf der Balustrade des Brahma-Tempels. Die Reliefs des Vishnu-Tempels zeigen Szenen aus Krishnas Jugendjahren. Diese Vielfalt bildhauerischer Details ergibt, im Zusammenklang mit der ausgewogenen Axialsymmetrie und architektonischen Harmonie des Gesamtbauwerks einen vollkommenen Bauorganismus von einzigartiger Eleganz, der auch heute noch nichts von seiner Faszination verloren hat. In den Vollmondnächten der Monate Mai bis Oktober bildet der Lara Jonggrang die imposante Bühnenkulisse für das Ramayana-Ballett (vgl. S. 118).

Praktische Hinweise

Anfahrt ab Yogyakarta mit einem Colt ab Terminal in Jl. Simanjuntak (erreichbar ab Jl. Mataram mit Mikro-Bus Nr. 1, 2 und 3). Man kann sämtliche im Text beschriebenen Tempelkomplexe an einem Tag besichtigen, da sie jedoch weit auseinanderliegen, ist ein Fahrrad empfehlenswert. Den Prambanan-Tempel sollten Sie möglichst frühmorgens, vor dem großen Besucherandrang, besichtigen.

Weitere Tempel in der Prambanan-Ebene

Die mehrere Quadratkilometer große Ebene von Prambanan ist geradezu übersät mit Altertümern, bei denen es sich vielfach um Candi, also Grabmonumente für vergöttlichte Fürsten handelt.

Von der kurzen Blütezeit der buddhistischen Shailendra-Dynastie zeugt neben dem Borobudur auch der ca. 2 km nördlich des Prambanan gelegene **Candi Sewu.** Auf dem Weg zu dieser vermutlich in der zweiten Hälfte des 8. Jhs. erbauten Tempelanlage passiert man die Ruine des von auffallend vielen Lingas umgebenen **Candi Lumbung** sowie den **Candi Bubrah,** von dem nur noch der Sockel erhalten ist. Der am linken Opakufer gelegene buddhistische Candi Sewu (›Die tausend Tempel‹) gilt als die flächenmäßig größte aller Tempelgruppen auf Java, von der heute aber nicht mehr viel übriggeblieben ist. Das gesamte Ruinenfeld umfaßt ein Areal von rund 24 ha. Von seiner Konzeption her ähnelt Candi Sewu dem Prambanan.

Inmitten von Zuckerrohrfeldern steht, ca. 1,5 km östlich des Sewu-Tempels, der ebenfalls buddhistische **Candi Plaosan** (Farbabb. 8). Der Komplex bestand ursprünglich aus zwei Tempelgruppen, der Plaosan Lor-Gruppe und der Plaosan Kidul-Gruppe; letztere wurde bei einem Erdbeben vollständig zerstört. Aufgrund von Steininschriften, die man bei Restaurierungsarbeiten fand, nimmt man an, daß Candi Plaosan Mitte des 9. Jhs. gemeinschaftlich vom Shailendra-Herrscher Cri Kahuluan und dem damaligen König aus der Mataram-Dynastie, Rakai Pikatan, errichtet wurde.

Die Ruinen des königlichen Palastes **Ratu Boko** (auch Baka) liegen auf einer Hochfläche ca. 2 km südlich des Dorfes Prambanan. Folgen Sie der Landstraße bis zum Dorf Baki, von dort aus führt ein steiler Steinpfad hinauf auf den weiten Bergrücken. Sie stoßen zunächst auf ein monumentales dreigeteiltes Eingangstor mit einem wuchtigen Treppenaufgang. Die von einer Mauer umrahmten Palastfundamente sowie Badeplätze und künstliche Teiche breiten sich einige hundert Meter nordöstlich davon aus. Entstehungszeit und Zweckbestimmung des Ratu Boko-Palastes liegen im dunkeln; vermutlich wurde die Anlage noch unter den buddhistischen Shailendra erbaut und später von hinduistischen Mataram-Herrschern übernommen. Allein des beeindruckenden Rundblickes wegen, der weit über die Prambanan-Ebene bis zum Vulkan Merapi reicht, lohnt sich der Aufstieg. Fußpfade führen hinab vom Plateau zu verschiedenen kleinen Tempeln. Etwa 2 km südöstlich von Ratu Boko liegt der erst vor wenigen Jahren restaurierte **Candi Banyunibo,** ca. 1 km nordöstlich die Tempelanlagen **Candi Sojiwan** und **Candi Kalongan.**

Rund 3 km westlich von Prambanan, unmittelbar an der nach Yogyakarta führenden Hauptstraße, steht ein weiteres Shailendra-Bauwerk, das vermutlich in das späte 8. Jh. datiert – der **Candi Sari.** Dieses buddhistische Heiligtum, das wie Candi Plaosan eine rechteckige Form und zwei Stockwerke besitzt, ist mit ziemlicher Sicherheit kein Grabmal, sondern beherbergte früher vermutlich ein Kloster. Das obere Stockwerk diente dabei den Mönchen als Wohnstätte, während sich im unteren drei Tempelkammern für kultische Zwecke befanden.

Nur 1 km vom Sari-Tempel entfernt und möglicherweise in früherer Zeit mit ihm in Verbindung stehend, erhebt sich, ebenfalls an der Straße Prambanan–Yogyakarta, **Candi Kalasan.** An diesem buddhistischen Tempel, der in seiner Struktur der klassischen Dreigliederung (Podium, Tempelkörper, Dachkonstruktion) folgt, findet sich eine Sanskrit-Inschrift aus dem Jahr 778 n. Chr., die den Shailendra-König Rakai Panangkaran als Stifter des Heiligtums nennt. Damit ist Candi Kalasan der älteste zweifelsfrei datierte Tempel Zentraljavas. Er war der Göttin Tara geweiht und vermutlich zugleich die Grabstätte der Gemahlin des Fürsten, die den gleichen Namen trug.

Candi Sambisari, ca. 12 km östlich von Yogyakarta, ist ein kleineres Heiligtum, dessen Ursprünge noch weitgehend im dunkeln liegen. Erst 1966 unter einer dichten Schicht vulkanischen Ergußmaterials entdeckt, wurde der Tempel aus

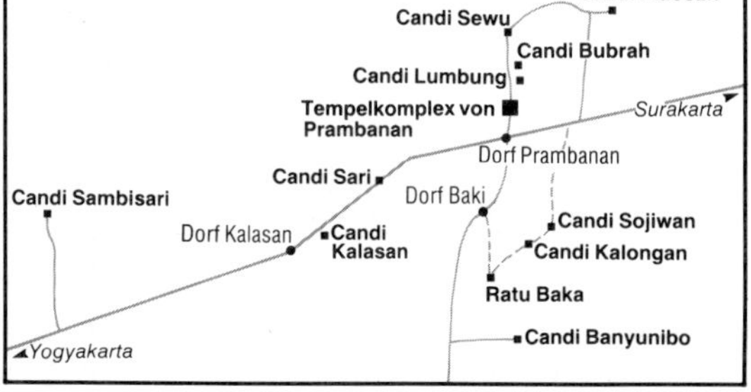

Tempel der Prambanan-Ebene

einer Tiefe von 6,5 m ausgegraben. Die Schlichtheit des Baukörpers und die bescheidene Ornamentierung lassen vermuten, daß der Sambisari-Tempel vor seiner endgültigen Vollendung bei einem Ausbruch des Merapi oder Merbabu verschüttet wurde (Anfahrt: ab Kalasan-Tempel ca. 4 km in Richtung Yogyakarta bis Kilometerstein 10, dann rund 2,5 km in nördliche Richtung; eventuell mit Motorradtaxi).

Weitere Ausflüge in die nähere Umgebung von Yogyakarta

Die Königsgräber von Imogiri: Auf einem Hügel am Rande des Städtchens Imogiri, ca. 15 km südlich von Yogyakarta, befinden sich die Begräbnisstätten der Königshäuser von Yogyakarta und Surakarta. Ein steiler, beiderseits von moosbewachsenen Grabmalen gesäumter Treppenpfad mit exakt 345 Stufen führt hinauf zur Nekropole. Der bedeutende Sultan Agung fand hier im Jahre 1645 als erster Herrscher seine letzte Ruhestätte. Seitdem wurden fast alle seine Nachfolger aus dem Hause Mataram und später die Sultane der königlichen Familien von Yogyakarta und Surakarta hier bestattet. Die von einer Mauer umfaßte kleine Totenstadt gliedert sich in drei Bereiche. Im Zentrum dominiert das Mausoleum von Sultan Agung, um das sich drei weitere Grabmale von Mataram-Herrschern gruppieren. Linker Hand, im Westen, breiten sich die Gräber der *Susuhunan* von Solo aus; die Nebenhöfe zur Rechten enthalten die Grabstätten der Sultane von Yogyakarta. Die Besichtigung der Grabanlagen ist nur montags (10–13 Uhr) und freitags (13.30–16 Uhr) möglich (im Fastenmonat durchgehend geschlossen). Der altehrwürdige Königsfriedhof von Imogiri gilt vielen Javanern als heilige Wallfahrtsstätte. Der Zutritt ist nur in der formellen javanischen

Die wuchtigen Eingangstore des königlichen Palastes Ratu Boko

Hofkleidung erlaubt, die man gegen eine geringe Gebühr am Eingang ausleihen kann. Ein ca. 15minütiger Spaziergang entlang der äußeren Umwallung lohnt sich sehr; die Aussicht auf die umgebende, sanfthügelige Landschaft ist prachtvoll.

Parangtritis: 28 km südlich von Yogyakarta fällt das fruchtbare mitteljavanische Hügelland zu einer grausandigen Dünenlandschaft von Saharaformat ab. Um das Dorf Parangtritis erstreckt sich ein kilometerlanger Sandstrand, doch die wilde Brandung und tückische Strömungen machen das Baden und Schwimmen zu einem gefährlichen Abenteuer. Eine bequeme Strandwanderung bringt Sie zum ca. 1 km entfernten Parangkusomo, einem heiligen Hain, wo sich, nach einer javanischen Volkssage, der Begründer der zweiten Mataram-Dynastie, Panembahan Senopati (auch Sultan Agung genannt) mit seiner Geliebten, Nyai Loro Kidul, der ›Königin des südlichen Ozeans‹, zum zärtlichen ›tête-à-tête‹ zu treffen pflegte. Seit alten Zeiten bringen die Sultane der Höfe Mitteljavas sowie zahllose Pilger während der Labuhan-Zeremonien der Meeresgöttin Opfer dar.

Praktische Hinweise

Die Besichtigung der Königsgräber von Imogiri kann mit dem Ausflug nach Parangtritis verbunden werden. **Anreise:** ab Yogyakarta, Jl. Malioboro mit Mikro-Bus Nr. 1 oder 4 zu Terminal Pojok Beteng Wetam (Jl Jend. Sutoyo/Jl. Parangtritis), von dort (Mini-)Bus nach Imogiri oder direkt nach Parangtritis. Für den Rückweg bietet sich eine Alternative an: von Parangtritis mit einem Bus nach Kretek, dort den Opak-Fluß auf einem Bambussteg oder mittels eines Floßes überqueren; am jenseitigen Ufer warten Colts nach Yogyakarta. In Parangtritis sind mehrere bescheidene Unterkünfte (empfehlenswert das Agung Garden Hotel) sowie kleine Restaurants vorhanden. Weitere herrliche Sandstrände erstrecken sich bei Samas (27 km südlich von Yogya, Bus ab Jl. Senopati; auf der Hinfahrt lohnt sich ein kurzer Aufenthalt im Keramikdorf Kasongan) sowie bei Baron, Kukup und Krakal (65 bzw. 80 km südöstlich von Yogya, Anfahrt über Wonosari; bescheidene Unterkünfte nur in Baron vorhanden).

Kaliurang: Die beste Möglichkeit, der drückenden Hitze des Tieflands zu entfliehen, ist der Ausflug zum 27 km nördlich von Yogyakarta gelegenen Bergstädtchen Kaliurang. Der in 900 m Höhe, am Südhang des Merapi-Vulkans gelegene Erholungsort bietet neben zahlreichen Pensionen und zwei Schwimmbädern einen 200 ha großen, von Spazierwegen durchzogenen Naturpark (*Hutan Wisata* = ›Touristenwald‹). Dem Trubel, der hier vor allem an Wochenenden herrscht, entgeht man mit einer knapp zweistündigen Wanderung zum 1296 m hochgelegenen Bergrücken Plawangan (der Aufstieg beginnt am Eingang des Hutan Wisata). Dort befindet sich eine vulkanologische Observationsstation zur Überwachung des Gunung Merapi. An klaren Tagen bietet sich von hier aus ein beeindruckender Blick auf den Vulkan, doch ist die Witterung an den Merapi-Ausläufern unberechenbar und es können unerwartet schnell dichte Wolken aufziehen. Der Aufstieg von der seismographischen Station zum Krater des Merapi soll ca. sechs bis sieben Stunden dauern.

Praktische Hinweise

Anreise: täglich mehrere Busse der Gesellschaft Baker, Jl. Remujung (östlich des Pasar Beringharjo), oder Minibusse ab Colt-Terminal, Jl. Simanjuntak.
Unterkunft: Hotel Djembranasari, Hotel Garuda, Hotel Merapi, Penginapan Cendani, Penginapan Muria, Villa Sarimulya.

Vulkan Merapi: Im Herzen einer der dichtest besiedelten Regionen der Welt erhebt sich der Gunung Merapi (›Feuerberg‹), ein kegelförmiger Stratovulkan von 2914 m Höhe. Eine dünne, weiße

Rauchfahne, die sich ständig aus seinem Krater kräuselt, erinnert ununterbrochen daran, daß der Vulkan seinen Namen nicht zu unrecht trägt: Der Merapi zählt zu den größten Sorgenkindern der indonesischen Vulkanologen und wird von ihnen als ›Killer‹ bezeichnet; seine Eruptionen forderten bislang schon Tausende von Todesopfern. Bei dem ersten historisch überlieferten größeren Ausbruch im Jahre 1006 u. Z. begruben die Lavamassen vermutlich eine ganze Kultur unter sich, denn diese Eruption fällt zeitlich mit dem Erlöschen des Reiches von Mataram zusammen. Seit Menschengedenken brach der Vulkan dann in periodischen Abständen von ca. 18 Monaten in meist kleinen, relativ harmlosen Eruptionen aus. Besonders gefährlich unter den jüngeren Ausbrüchen war die von 1930. Damals wurden mehrere Dutzend Dörfer am Sockel des Vulkans unter Lava, Aschenregen und vulkanischem Schlamm begraben; fast 1400 Menschen kamen ums Leben. Auch die weiteren Jahrzehnte sahen mehrfach erneute Ausbrüche. Zuletzt war der Merapi 1954, 1961 und 1967 stärker tätig, wobei wieder mehrere Dörfer von Lavaströmen verwüstet wurden. Heute ist diese Zeitbombe der Natur mit insgesamt sechs seismographischen Stationen der bestbeobachtete Vulkan Indonesiens.

Verschiedene Aufstiegsrouten führen auf den Gipfel des Merapi, der Luftlinie gerade 30 km von Yogyakarta entfernt liegt. Ausgangspunkt für die beliebteste und wohl auch einfachste Tour ist der Bergort Selo, der in rund 1600 m Höhe in dem Sattel zwischen dem Merapi und dem weiter nördlich aufragenden Vulkan Merbabu (3142 m) liegt (ab Yogya oder Solo Bus nach Kartasura, von dort nach Boyolali und nach erneutem Buswechsel weiter zum 20 km entfernten Selo; Fahrtdauer insgesamt 2½–3 Std.). Falls Sie Selo rechtzeitig erreicht haben, können Sie den Auf- und Abstieg (zusammen ca. 7–8 Std.) an einem Tag bewältigen. Die letzten Busse von Selo zurück nach Boyolali fahren gegen 17 Uhr. Wegen einer eventuellen Übernachtung und auch der Vermittlung eines geländekundigen Führers wenden Sie sich an Pak Wiryo oder erkundigen Sie sich bei den freundlichen Beamten in der Polizeistation, wo Sie sich vor Ihrer Bergwanderung anmelden müssen. Der Pfad auf den Merapi ist relativ gut erkenn- und begehbar, mit Ausnahme der etwas schwierigen Kletterei über loses Ergußmaterial im obersten Viertel. Aus Sicherheitsgründen, vor allem wenn Sie nachts aufbrechen, um den Sonnenaufgang auf dem Gipfel zu erleben, sollten Sie sich aber dennoch einem zuverlässigen Führer anvertrauen.

Reiseweg von Yogyakarta nach Pangandaran (Westjava)

Zahlreiche von Bali kommenden Touristen legen auf dem Weg von Yogyakarta nach Jakarta einen Zwischenstop in dem beliebten Badeort **Pangandaran** ein (vgl. S. 192). Bei der Anreise lassen sich kurze Aufenthalte in den Orten Gombong und Purwokerto einplanen. Gombong, 130 km westlich von Yogya gelegen, ist Ausgangspunkt für einen Abstecher nach **Karangbolong** (›Felsen mit Löchern‹). Eine parallel zu bizarr erodierten Kegelkarsten verlaufende Stichstraße führt von Gombong an die Südküste (ca. 20 km). Etwa 1 km südlich von Desa Karangbolong erheben sich steile Felsenklippen, die von zahllosen Höhlen durchsetzt sind, den Brut- und Niststätten Zehntausender von Seeschwalben und Salanganen (eine Art von Mauerseglern). Diese Tiere produzieren den Grundbestandteil einer der erlesensten Delikatessen der chinesischen Küche, der sogenannten Vogelnestersuppe. Das Einsammeln der eßbaren Vogelnester ist eine überaus gefahrvolle Arbeit, die schon manches Todesopfer gefordert hat. Mittels Strickleitern und wackeligen

Bambusgerüsten steigen wagemutige Männer in die Höhlen der zum Teil fast senkrecht abfallenden Kliffs ein. Modelle der drei größten Karangbolong-Höhlen sowie einige Vogelnester finden Sie im kleinen Touristenbüro neben dem chinesischen Tempel in Desa Karangbolong. Die riskante Arbeit der Nestsammler veranschaulichen Holzpuppen und Miniaturstrickleitern am Eingang der Höhle Gua Conto, etwa 1 km vom Dorf entfernt. Die Sandstrände um Karangbolong sind kilometerlang, aber die windgepeitschte Brandung vereitelt auch hier Badefreuden. Ab Gombong können Sie auch die Tropfsteinhöhle Gua Jatijajar erreichen.

Von Purowokerto, einer wenig attraktiven Mittelstadt, führt eine Straße zum Bergstädtchen **Baturaden** am Südhang des Vulkans Gunung Slamet (3418 m). Der ca. 650 m hochgelegene Erholungsort bietet neben kühlem Klima verschiedene Wasserfälle und Thermalquellen sowie eine Vielzahl schöner Wanderwege durch ausgedehnte Nadelwälder.

Praktische Hinweise

Anreise und Verkehrsverbindungen: von Yogya Busse ab Terminal, Jl. Veteran; weitere Anreisemöglichkeiten per Bus u. a. von Cilacap, Bandung, Cirebon und Semarang. Auf den geschilderten Nebenstrecken pendeln Minibusse. Wer an einem Tag von Yogya über Cilacap nach Pangandaran reisen möchte, muß einen frühmorgens (6–7 Uhr) abfahrenden (Mini-)Bus nehmen, um das in der Mittagszeit ablegende Fährboot Cilacap–Kalipucang/Pangandaran noch zu erreichen (vgl. auch S. 193).

Unterkunft: Gombong: Hotel Grafika, Jl. Yos Sudarso; Hotel Trio, Jl. Yos Sudarso; Losmen Baru, Jl. Yos Sudarso; Losmen Slamet, Jl. Yos Sudarso. **Purwokerto:** Losmen Mukti Jaya, Losmen Sampuina, Losmen Surya (alle drei nahe Busterminal). **Baturaden:** zahlreiche Hotels und Pensionen; insgesamt recht hohes Preisniveau.

Surakarta

Surakarta (auch Solo oder Sala genannt), gut 60 km nordöstlich von Yogyakarta gelegen, führt ein touristisches ›Aschenbrödeldasein‹ im Schatten der weltbekannten Nachbarstadt. Dabei ist diese Halbmillionenmetropole das ältere und damit eigentliche Kulturzentrum Mitteljavas. Bereits 1680 wurde die Hauptstadt des islamischen Königreiches von Mataram aus Kota Gede bei Yogyakarta in das Tal des Solo-Flusses verlegt. Zunächst diente der heute unbedeutende Ort Kartasura als königlicher Regierungssitz, ab 1745 dann Surakarta. Das Verhältnis zwischen Surakarta und Yogyakarta, die sich nach der Teilung des Mataram-Imperiums im Jahre 1755 (vgl. S. 88) als voneinander unabhängige Einzelsultanate entwickelten, war über Jahrhunderte hinweg von erbitterter Rivalität geprägt. Schon sehr frühzeitig hatten die Paku Suwono-Herrscher von Solo, ganz im Gegensatz zu den rebellischen Yogya-Sultanen, gute und freundschaftliche Beziehungen mit den Holländern unterhalten. Eine antikolonialistische Bewegung hat es in Surakarta nie gegeben. Im Java-Krieg (1825–30) standen die Aristokraten Yogyakartas geschlossen hinter Prinz Diponegoro, während man sich in Solo auf die Seite der Kolonialherren schlug. Auch während der indonesischen Revolution nach dem Zweiten Weltkrieg versagte der *Susuhunan* von Surakarta den Nationalisten die Unterstützung. Nach der Unabhängigkeit und der Gründung der Republik verlor er dann auch seine politische Macht und das Sultanat wurde administrativ der Provinz Zentraljava einverleibt. Gemeinsam mit Yogyakarta teilt sich Surakarta aber heute noch das reiche kulturelle Erbe des Mataram-Reiches. Nicht wenige vertreten die Meinung, in Solo hätte sich das traditionelle Kulturleben des alten Java besser erhalten als in der Nachbarstadt. In Surakartas historischen Vierteln ist

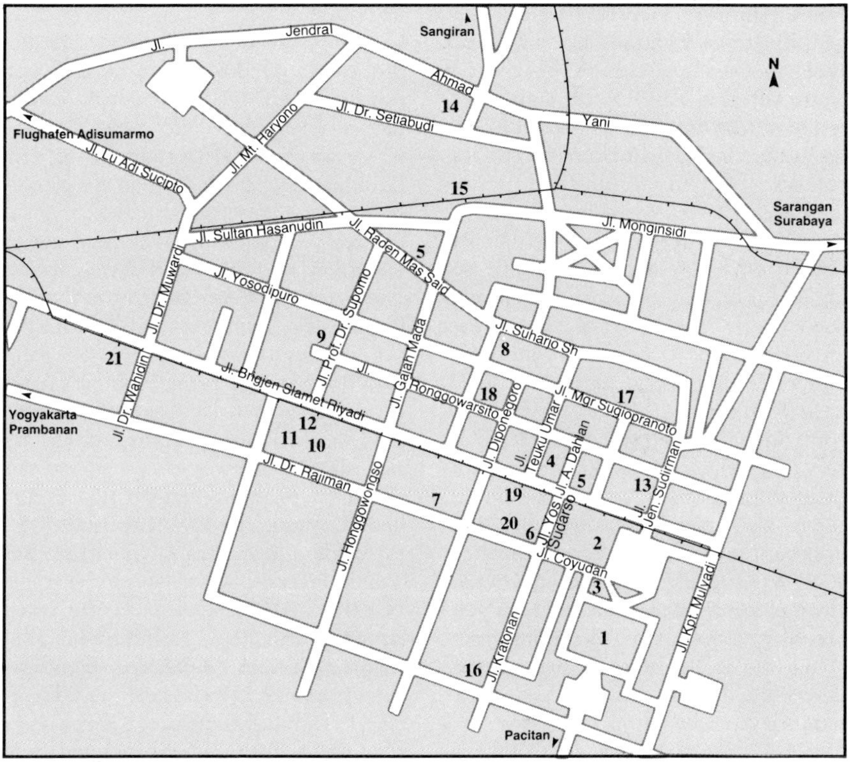

Surakarta: Sehenswürdigkeiten: 1 Kraton Surakarta 2 Mesjid Agung 3 Pasar Klewer 4 Pasar Triwindu 5 Batikfabrik Semar 6 Batikfabrik Keris 7 Batikfabrik Danar Hadi 8 Puro Mangkunegaran 9 Batikfabrik Serimpi 10 Museum Radyapustaka 11 Vergnügungspark Sriwedari
Öffentliche Einrichtungen
12 Tourist Information Centre 13 Hauptpostamt 14 Busterminal Tirtonadi 15 Hauptbahnhof 16 Taxistand
Hotels und Losmen
17 Hotel Kusuma Sahid Prince 18 Hotel Mangkunegaran Palace 19 Losmen Kota 20 Losmen »The Westeners« 21 Losmen Ramayana

das alte Ambiente noch greifbare Realität, abseits der großen west-östlichen Touristenströme folgt das Leben hier noch einem gemächlichen und beschaulichen Rhythmus. Nehmen Sie sich ausgiebig Zeit für einen Bummel durch diese faszinierende Mischung aus Kolonialzeit und Gegenwart. Solo gilt überdies als eines der Kunsthandwerk-Zentren Indonesiens; ein gutes Renommée besitzen vor allem die Solo-Batiken.

Wir beginnen unsere Besichtigung im Südosten der Stadt beim **Kraton Surakarta** (andere Namen Kraton Hadiningrat und Kraton Kasunanan). Von seiner Gesamtanlage her weist dieser 1745 von Paku Buwono II. erbaute Palast Parallelen zum Kraton von Yogyakarta auf. Auch Surakartas Hofstadt umgeben mächtige Mauern, innerhalb derer sich neben dem eigentlichen Fürstensitz eine große Moschee, zwei Paradeplätze sowie eine Vielzahl von Nebengebäuden befinden. Einem Großbrand fielen im Januar 1985 zahlreiche Gebäude im inneren Kraton-Bezirk zum Opfer; auch unersetzbare Kunstschätze wurden ein Raub der Flammen. Zu den vormals besonders bemerkenswerten (mittlerweile möglicherweise bereits wieder errichteten) Bauten zählten der an den nördlichen Palastplatz *(Alun Alun Lor)* grenzende königliche Empfangspavillon *(Pagelaran)*, der historische Thronsaal *(Pangrawit)* im Herzen des Kraton sowie die Zeremonienhalle Pendopo Agung. Im südlichen Palastareal erhebt sich der Panggung Songgo Buwono (›Turm des Universums‹), einstmals ein königlicher Zufluchtsort, an dem die Solo-Sultane, einem Volksmythos zufolge, ihre Rendezvous mit Nyai Loro Kidul abhielten. Das der Öffentlichkeit zugängliche Palastmuseum *(Suaka Budaya)* enthält neben den dynastischen Krönungsinsignien u. a. alte javanische Waffen, chinesische Porzellane und Keramiken, antike hindu-javanische Bronzen sowie drei prachtvolle Sultanskutschen. Öffnungszeiten: täglich, außer Fr, 9–12.30 Uhr.

Dem Kraton Surakarta angeschlossen und einen Besuch wert ist die Musik- und **Tanzakademie** ASKI *(Akademi Seni Karawitan Indonesia)*, die sich im Sasono Mulyo, einem Gebäude westlich des Haupteingangs zum Palast, befindet. Hier werden traditionelle javanische Tänze wie der Bedhaya Ketawang und der Serimpi gelehrt, aber auch Vorführungen von verschiedenen *Wayang*-Spielen abgehalten. Viele Mitglieder des Tanzensembles, das im Prambanan-Komplex das berühmte Ramayana-Ballett auf die Bühne bringt, erhalten hier ihre Ausbildung.

Gegenüber der Großen Moschee, die unübersehbar den Alun Alun Lor dominiert, beherbergt ein langgestrecktes, zweigeschossiges Gebäude den **Pasar Klewer,** den bekanntesten und größten Textilmarkt Indonesiens, der sich vor allem auf Batikstoffe spezialisiert hat. Im Gegensatz zu den Verkaufsräumen der großen Batikfabriken (vgl. S. 238), wo Festpreise *(Harga Pas)* gelten, gehört hier das Feilschen zum guten Ton. Jl. Coyudan, die Geschäftsstraße vor dem Batikmarkt, gilt als ›Straße der Goldschmiede‹; hier reihen sich dicht an dicht zahlreiche *Toko Mas.* Wenn Sie der Jl. Coyudan in westlicher Richtung folgen und bei der Jl. Gatot Subroto rechts abbiegen, gelangen Sie schon bald zum **Pasar Triwindu** an der Jl. Diponegoro. Hier breitet sich Solos Flohmarkt aus, ein Paradies für Antiquitätensammler, die zwischen allerlei Kram und Krusch sicherlich fündig werden.

Nur wenige Fußminuten sind es von hier zu Surakartas zweitem Palast, dem **Puro Mangkunegaran.** Dieses ganz aus Teakholz, angeblich ohne einen einzigen Nagel gefertigte Bauwerk, das durch seine unaufdringliche Noblesse besticht, wurde als eine Art Königshof ›en miniature‹ für einen Nebenzweig der königlichen Familie errichtet. Der unter Mangkunegoro II. 1787 begonnene und im Jahre 1866 vollendete Palast gliedert sich in den Pendopo (Audienz- und Tanzhalle) und den Dalem (Zeremonienhalle), die von den königlichen Privatgemächern Bale Peni und Bale Warni flankiert werden. Der von vier mächtigen Holzpfeilern gestützte und im sogenannten Joglo-Stil errichtete Pendopo ist ein Meisterwerk javanischer Holzbaukunst. Richten Sie Ihr Augenmerk vor allem auf die 1937 entstandene Deckenbemalung mit den acht mystischen Farben Javas: Das Modhang-Flammensymbol wird von Darstellungen der javanischen Tierkreiszeichen umrahmt und von traditionellen Schmuckelementen wie Makara-Köpfen ergänzt. In der Vorhalle des Dalem *(Pringgitan)* empfängt die Königsfamilie offizielle Gäste; hier finden auch die Aufführungen von Schattenspielen statt. Der im Limasan-Stil errichtete und von acht Holzpfeilern getragene Hauptpavillon Dalem Agung dient vorwiegend zeremoniellen Zwekken (Hochzeiten, Beschneidungen, Totenfeiern u. a.), beherbergt aber auch eine umfangreiche Kunstsammlung (Krise, Tanzschmuck, *Topeng*-Masken, Gold- und Bronzeartefakte aus der Mataram- und Majapahit-Epoche u. a.). Öffnungszeiten: täglich, außer Fr, und So 9–12.30 Uhr, Fr 9–11.30 Uhr, So geschlossen; Mi 10–12.30 Uhr finden *Gamelan*-Proben und ein Tanztraining statt.

Als eines der ältesten Museen Indonesiens gilt das **Museum Radyapustaka** (auch Surakarta Museum), etwas außerhalb an der Jl. Slamet Riyadi. Das Museum verfügt über ausgezeichnete Sammlungen von Krisen, *Wayang*-Puppen und *Topeng*-Masken sowie altjavanischen Schriften. Öffnungszeiten: Di, Mi, Do, Sa und So 9–12.30 Uhr, Fr 9–11 Uhr, Mo geschlossen. In der Nachbarschaft liegt der Vergnügungspark **Sriwedari,** eine Mischung aus Zoo, Rummelplatz und Volkskunstbühne; hier finden sehenswerte *Wayang Orang*-Aufführungen statt: täglich außer So 20–24 Uhr, So 9–12 Uhr. Am Rande des Parks befindet sich das Fremdenverkehrsamt.

Praktische Hinweise

Unterkunft: Hotels höherer Kategorien: ****Kusuma Sahid Prince, Jl. Sugiyo Pranoto 22, ✆ 6356, 7022; ***Cakra, Jl. Slamet Riyadi 171, ✆ 5847; **Mittlere Hotels:** **Mangkunegaran Palace, Jl. Mangkunegaran, ✆ 5683; **Sahid Sala, Jl. Gajah Mada 104, ✆ 5889; *Dana, Jl. Slamet Riyadi 232, ✆ 3891. **Nicht klassifizierte Hotels und Pensionen:** Central, Jl. A. Dahlan 32, ✆ 2842; Kota, Jl. Slamet Riyadi 133, ✆ 2841; Mawar Melati, Jl. Imam Bonjol 44, ✆ 6434; Mawardi Moeslich (besser bekannt als ›The Westerners‹) Jl. Kemlayan Kidul 11, ✆ 3106 (gute Informationen); Ramayana, Jl. Dr. Wahidin 15, ✆ 2814 (etwas außerhalb, gehobenere Preislage).

Verkehr: Anreise: Solo wird derzeit nur von Garuda angeflogen; täglich Flüge ab Jakarta und Surabaya sowie ab Denpasar (über Surabaya).

Täglich zahlreiche (Nacht-)Busse ab Jakarta, Terminal Pulo Gadung (meist über Yogyakarta) sowie u. a. ab Semarang, Malang, Surabaya, Denpasar. Tagsüber ständig (Mini-)Busse ab Yogya, Jl. Solo oder Jl. C. Simanjuntak.

Täglich ein klimatisierter Nacht-Expreßzug, Bima, ab Jakarta, Kota Station sowie verschiedene nicht klimatisierte Schnellzüge ab Jakarta, Gambir Station (Senja Maja und Senja Utama) und ab Jakarta, Pasar Senen Station (Cepat Solo); weitere Anreisemöglichkeiten per Eisenbahn u. a. von Yogya, Semarang, Surabaya, Malang.

Stadt- und Vorortverkehr: Dominierende Verkehrsmittel im innerstädtischen Verkehr sind Doppeldeckerbusse. Taxen, nicht als solche gekennzeichnet und in der Regel ohne Taxameter, findet man an einem zentralen Stand in der Jl. Kratonan (nahe Pasar Klewer). Zahlreich vertreten im ganzen Stadtgebiet sind Becak.

Fernverkehr: Flughafen Adisumarmo ca. 10 km westlich. Fluglinien: Garuda, Kusuma Sahid Prince Hotel, Jl. Sugiyo Pranoto, ✆ 6846; Bouraq, Jl. Gajah Mada 86, ✆ 4376 (Fluginformationen s. o. ›Anreise‹ und vgl. S. 544).

Der Busbahnhof Tirtonadi für Überlandbusse in alle Hauptrichtungen befindet sich an der nördlichen Umgehungsstraße ca. 3 km außerhalb (Anfahrt ab Zentrum nur per Becak oder Taxi möglich). (Mini-)Busse nach Yogya, Prambanan und Semarang auch ab Terminal Kartasura (Anfahrt mit Doppeldeckerbus). Colts in südliche Richtung (Pacitan u. a.) ab Terminal Jl. Kratonan/Jl. Veteran (südlich von Pasar Klewer). Solos Hauptbahnhof Stasiun Balapan befindet sich an der Jl. Monginsidi (Zugverbindungen s. o. ›Anreise‹).

Reiseagenturen: Electra Duta Wisata, Mangkunegaran Palace Hotel, Jl. Mangkunegaran, ✆ 5683, Natratour, Jl. Gajah Mada 86, ✆ 4376.

Restaurants: Bhakso Taman Sari, Jl. Gatot Subroto 42 C (chinesische Nudelgerichte); Centrum, Jl. Kratonan 151 (chinesisch, europäisch); Diamond, Jl. Slamet Riyadi 344 (chinesisch, indonesisch, europäisch); Mataram,

Jl. Slamet Riyadi 262 (chinesisch, Fischspezialitäten); Populair, Jl. A. Dahlan 52 (chinesisch); Sari, Jl. Slamet Riyadi 351 (indonesisches Restaurant gehobener Preislage; Spezialität *Nasi Liwet* = in Kokosmilch gekochter Reis).

Einkauf: Solo ist eines der führenden Zentren der Batikherstellung in Indonesien, hier haben sich die drei größten Batikfabriken des Landes niedergelassen: Batik Danar Hadi, Jl. Slamet Riyadi (Fabrik) und Jl. Rajiman 8 (Ausstellungsraum); Batik Keris, Jl. Yos Sudarso 37; Batik Semar, Jl. Slamet Riyadi 76 (Fabrik) und Jl. R. M. Said 132 (Ausstellungsraum). Ein Besuch lohnt sich auch in der kleineren Manufaktur Batik Serimpi, Jl. Dr. Supomo 15. Eine Besichtigung der Betriebe ist möglich; Öffnungszeiten: täglich, außer So, 8–16 Uhr. Zahlreiche Batikgeschäfte finden Sie überdies in der Jl. Rajiman; einen Überblick über das breite Angebot können Sie sich im Textilmarkt Pasar Klewer verschaffen.

Kulturelle Veranstaltungen: Gamelan und javanischer Tanz: *Gamelan*-Proben und Tanztraining im Puro Mangkunegaran Mi 10–12.30 Uhr; öffentliche Tanzproben täglich in der Musik- und Tanzakademie ASKI im Sasono Mulyo nahe Kraton Surakarta.

Wayang Orang: Aufführungen im Taman Sriwedari (Jl. Slamet Riyadi) täglich, außer So, 20–24 Uhr, So 9–12 Uhr.

Wayang Kulit: Jeden 3. Samstag im Monat von 20–4 Uhr im Gebäude der Rundfunkstation R. R. I. sowie einmal im Monat, ebenfalls eine ganze Nacht lang, im Anwesen von Anom Suroto, Jl. Notodiningratan 100 (nähere Auskünfte im Touristenbüro).

Information und wichtige Adressen: Touristeninformation: Tourist Information Centre, Jl. Slamet Riyadi 235, ✆ 6508; Öffnungszeiten: täglich, außer So, 8–17 Uhr (hier vor allem aktuelle Informationen über kulturelle Veranstaltungen). **Post und Telefon:** Hauptpostamt, Jl. Jend. Sudirman; Telefonamt, Jl. Kusmanto. **Bank und Geldwechsel:** Bank Bumi Daya, Jl. Slamet Riyadi 18; Bank Negara Indonesia 1946, Jl. Jend. Sudirman 19. **Gesundheit:** Rumah Sakit Pantikosala, Jl. Katamso, ✆ 3076.

Die Umgebung von Surakarta

Sangiran (ca. 18 km nördlich; Bus ab Terminal Tirtonadi in Richtung Purwodadi bis Kalijambe, dann noch ca. 3,5 km, eventuell per Motorrad-Taxi): An den Ufern des Solo-Flusses wurden bei archäologischen Grabungen nahe der Dörfer Sangiran und Trinil bedeutende prähistorische Funde gemacht. Hier entdeckte 1891 Eugène Dubois die fossilen Schädel- und Beinknochen des ›Java–Menschen‹ (Pithecanthropus erectus), die auf ein Alter von über 500000 Jahren geschätzt werden und damit zu den ältesten bislang zutage geförderten menschlichen Knochenfunden gehören (vgl. S. 68). Sangiran besitzt ein kleines Museum mit einer für Fachleute interessanten Fossiliensammlung. Der hier ausgestellte Schädel des ›Java-Menschen‹ ist allerdings nur eine Nachbildung, das Original befindet sich im Geologischen Museum von Bandung. Öffnungszeiten: täglich 8–14 Uhr.

Sarangan und die Tempelgruppe auf dem Gunung Lawu: Der Abstecher zu den Bergorten Tawangmangu und Sarangan sowie zu den Tempelanlagen von Sukuh und Ceta an den Hügeln des Gunung Lawu ist ein schöner Tagesausflug ab Surakarta, noch lohnenswerter aber wäre es, von einem der genannten Höhenorte als Standquartier die landschaftlich wie kulturell überaus interessante Bergregion am Fuße des mächtigen Lawu-Vulkans zu erkunden. Gleichzeitig bietet sich die Fahrt über die Vorberge des Gunung Lawu als eine alternative Reiseroute nach Ostjava an.

Rund 35 km von Surakarta entfernt, liegt der Candi Sukuh, in einer Höhe von 910 m, inmitten einer herrlichen Berglandschaft, an der Westflanke des Lawu-Vulkans (3265 m). Dieses Bima, einem Heros des Hinduepos Mahabharata, geweihte Terrassenheiligtum ist einmalig und nimmt in ganz Indonesien eine Sonderstellung ein. Von seiner Gesamtkonzeption und seinem Erscheinungsbild her weicht es deutlich von den hinduistisch-buddhistischen Tempelkomplexen Javas ab. Die Terrassenanlage weist mit ihrem pyramidenförmigen, sie krönenden Aufbau eine verblüffende Ähnlichkeit mit den Maya-Tempeln Mittelamerikas auf. Mit großer Wahrscheinlichkeit war Candi Sukuh bereits lange vor Beginn der Indisierung ein Heiligtum der Megalithkultur, das der Ahnenverehrung diente. In seiner heutigen Form erscheint der

Sukuh-Tempel aufgrund der Verschiedenartigkeit der dortigen Monumente als ein synkretistisch geprägtes Bauwerk. Mit Beginn des indischen Kultureinflusses nahmen vermutlich Brahmanenpriester Besitz von der Tempelanlage und ließen sie von hinduistischen Bildhauern mit einem eigenständigen Relief- und Skulpturenschmuck versehen. Die auf verschiedenen Steinbildwerken vorgefundenen Jahresdatierungen aus der Mitte des 15. Jhs. geben zwar Hinweise darauf, daß hier damals eine vielbesuchte Kultstätte existierte, sie lassen aber keine Schlüsse auf das eigentliche Alter des Terrassenheiligtums zu. Vieles ist ungeklärt am Candi Sukuh, vieles paßt nicht ins gewohnte Bild hinduistisch-buddhistischer Kultausübung auf Java. So unterscheiden sich die Reliefdarstellungen und die Skulpturen grundlegend von denen anderer javanischer Tempel. Die Bildwerke haben häufig einen erotischen Charakter und vereinen stilistisch Elemente des sogenannten Wayang-Stils mit einer Tendenz zur archaischen Vereinfachung. Verschiedene Skulpturen deuten darauf hin, daß hier möglicherweise im 15. Jh. ein Zentrum erotisch-tantrischer Geheimkulte bestanden haben könnte, so zum Beispiel die Linga-Yoni-Darstellung (Phallus bzw. Vagina), die in die Bodenplatten des wuchtigen Portaltors eingelassen ist.

Candi Ceta, 600 m höher gelegen als der Sukuh-Tempel und einen rund 10 km langen Fußmarsch von ihm entfernt, stammt vermutlich ebenfalls aus prähindu-buddhistischer, megalithischer Zeit. Auch dieses Heiligtum ist ein Terrassentempel weitläufigen Umfangs. Der ursprünglich aus 14 Terrassen bestehende Komplex hat in seinem Erscheinungsbild große Ähnlichkeit mit dem Candi Sukuh, befindet sich aber in einem schlechteren Zustand. Nicht unerwähnt bleiben darf der phantastische Ausblick über weite Teile der mitteljavanischen Ebene, den man bereits von Candi Sukuh aus hat.

Eine willkommene Abwechslung zum feucht-heißen Klima des Tieflands bieten die beiden Bergerholungsorte Tawangmangu und Sarangan. Tawangmangu, 42 km östlich von Surakarta, ist vor allem an Wochenenden ein beliebtes Ausflugsziel für Großstädter. Das knapp 900 m hoch gelegene Städtchen besitzt einen fotogenen Obst- und Gemüsemarkt. Ein lohnenswerter Ausflug führt zum etwa 50 m hohen Wasserfall Grojogan Sewu. Auf der landschaftlich ungemein reizvollen Fahrt von Tawangmangu nach Sarangan überquert man bei Cemarasewu nicht nur einen 1800 m hohen Paß, sondern auch die hier verlaufende Grenze zur Provinz Ostjava. Sarangan, 1287 m hoch und sehr malerisch am beinahe kreisrunden Kratersee Telaga Sarangan gelegen, erfreut sich ebenfalls großer Beliebtheit bei Wochenendausflüglern. Eine knapp einstündige Wanderung bringt Sie durch eine von Gemüseterrassen strukturierte Kulturlandschaft über das Dorf Ngluweng zum ca. 25 m senkrecht abstürzenden Wasserfall Ngadiloyo. Die Höhenstraße fällt östlich von Sarangan nach Magetan (kleines Eisenbahnmuseum mit alten Dampfloks) und Madiun ab; von dort bestehen gute Weiterreisemöglichkeiten nach Surabaya und Malang oder zu anderen Städten Ostjavas.

Praktische Hinweise

Anreise und Verkehrsverbindungen: Ab Terminal Tirtonadi in Solo fahren tagsüber zahlreiche Busse nach Tawangmangu, von dort allerdings weniger häufig Colts nach Sarangan. Wenn Sie von Solo aus nur einen Tagesausflug zu den Tempelanlagen am Gunung Lawu planen, nehmen Sie folgenden Weg: Bus ab Terminal Tirtonadi in Richtung Tawangmangu bis Karangpandan, dort Colt nach Kemuning und weiter nach Nglorok, von dort ca. 2 km (zu Fuß oder per Ojek) zum Candi Sukuh. Brechen Sie früh auf, wenn Sie am gleichen Tag nach Solo zurückkehren wollen. Zwischen Sarangan und Madiun pendeln Minibusse (eventuell in Magetan umsteigen).

Unterkunft (insgesamt recht hohes Preisniveau, auch in einfachen Losmen): **Tawangmangu:** Losmen Kemuning (nahe Hutan Wisata), Losmen Pak Amat (bei Busterminal), Losmen Pondok Garuda, Pondok Indah, Pondok Lawu. **Sarangan:** Grand View Cottage, Hotel Asia Jaya, Hotel Sarangan (sehr schön gelegen), Penginapan Purnama Jaya, Penginapan Tentrem.

Ostjava

Mit dem Niedergang des hinduistischen Reiches von Mataram verlagerten sich Mitte des 10. Jhs. die Macht- und Kulturzentren von Mittel- nach Ostjava. Als Wiege der großen ostjavanischen Königreiche, die sich um die Jahrtausendwende zu bilden begannen, gilt das von Vulkanen umrahmte Brantas-Tal im westlichen Drittel Ostjavas. Hier erlebte das Kediri-Reich vom 11. bis zum frühen 13. Jh. seine Hochblüte, hier befand sich vom späten 13. bis zum frühen 16. Jh. der Mittelpunkt des mächtigen Majapahit-Imperiums, das einzige alte Königreich, das fast ganz Indonesien, einschließlich Westirian, beherrschte. In diesen fünf Jahrhunderten vollzog sich auf Ostjava auch künstlerisch-kulturell eine eigenständige Entwicklung, die sich durch eine zunehmende ›Javanisierung‹ der Kunststile auszeichnete. Verzicht auf strenge Symmetrie, Gestaltung der Tempeleingänge in Form der durchschnittenen Candi Bentar, Übergang zum zweidimensionalen Wayang-Stil – das sind die Hauptmerkmale ostjavanischer Tempelbaukunst (vgl. S. 112). Die Blütezeit des hinduistisch geprägten Ostjava ging gegen 1520 zu Ende, als die islamischen Truppen des Sultanats Demak Majapahit eroberten und ein Großteil der Hindu-Bevölkerung ihren Exodus nach Bali antrat.

Ostjava (Hauptstadt Surabaya) umfaßt, einschließlich der Insel Madura, eine Fläche von knapp 48 000 km^2 und ist mit über 35 Mill. Einwohnern die bevölkerungsreichste Provinz Indonesiens. Der überwiegende Teil sind Javaner; in den nördlichen Küstengebieten leben auch Maduresen und Bugis. Die Tenggeresen im geographisch isolierten Bergland an der Nordflanke des Gunung Semeru betrachten sich als direkte Nachkommen der hindu-javanischen Flüchtlinge des zerschlagenen Majapahit-Reiches. Rund zwei Drittel Ostjavas bestehen aus Bergland; hier erhebt sich auch der mit 3676 m nach den Gipfeln Irian Jayas dritthöchste Berg Indonesiens, der Vulkan Semeru. Im (nord-)westlichen Teil der Provinz winden sich die Flüsse Brantas und Bengawan Solo durch ausgedehnte Tiefländer, die zu den fruchtbarsten Reisanbaugebieten Indonesiens zählen. Auch im östlichen Java wird das Land überwiegend von agraren Kleinbetrieben bestellt. Daneben existieren aber auch weitläufige, meist staatliche Plantagen (Kaffee, Tabak, Zucker u. a.). Weite Regionen Ostjavas werden zudem von ökonomisch bedeutsamen Teakholzwäldern bedeckt. Industrieanlagen konzentrieren sich vorwiegend in Surabaya. Touristisch ist Ostjava weitaus weniger erschlossen als Mitteljava; hier bieten sich vor allem Individualreisenden Möglichkeiten ganz persönlicher Entdeckungen. Zu den attraktiven Reisezielen Ostjavas gehören neben den zahlreichen kunsthistorisch relevanten Baudenkmälern auch bizarre Vulkanlandschaften, abgeschiedene Sandstrände sowie schwer zugängliche Naturschutzgebiete.

Malang

Surabaya mag die politische Hauptstadt und das ökonomische Zentrum Ostjavas sein, im alten kulturellen Kernland der

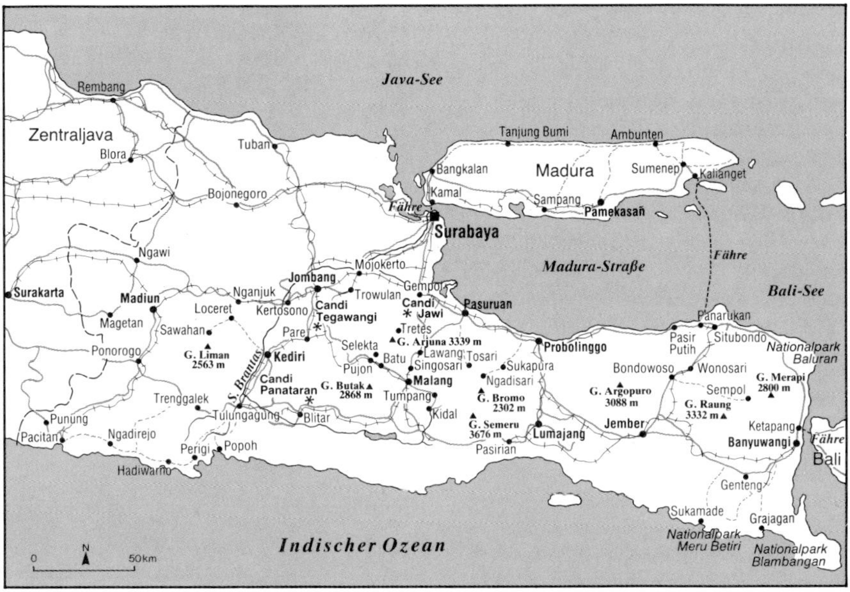

Ostjava

Provinz aber dominiert Malang. Hier befand sich einst mit dem Regierungssitz der Singhasari-Dynastie (1222–92) ein Dreivierteljahrhundert lang ein überragender Macht- und Kulturmittelpunkt ganz Indonesiens. Umgeben von Tabakplantagen, erstreckt sich Malang in einem von vier mächtigen Vulkanmassiven umrahmten Talkessel in einer Meereshöhe von 450 m. Früher galt der Ort als eine beschauliche Garnisons- und Beamtenstadt, die sich bei den Niederländern vor allem wegen des angenehmen Klimas einer großen Beliebtheit erfreute. Doch der einstige koloniale Charme Malangs wird zunehmend von der urbanen Hektik einer aufstrebenden Mittelstadt verdrängt, verschwindet zusehends hinter den neonglitzernden Fassaden einer funktionalen Stadtarchitektur.

Um den zentralen Merdeka- (Freiheits-)Platz, der in den Abendstunden zu quirligem Leben erwacht, gruppieren sich Verwaltungsgebäude, Banken, Kaufhausneubauten und, als beherrschendes Bauwerk, die Jami-Moschee. Lohnenswert ist ein Bummel durch den Großen Markt *(Pasar Besar)* südöstlich des Stadtplatzes und vor allem ein Besuch im Toko Oen in der Jl. Basuki Rahmat, einem Café-Restaurant, das immer noch einen Hauch von kolonialer Atmosphäre ausstrahlt. Zu den wenigen Sehenswürdigkeiten Malangs gehört das Armeemuseum Brawijaya am südlichen Ende der Jl. Besar Ijen, in dem neben allerlei Kriegsgerät auch Funde aus Tempelkomplexen in der Umgebung Malangs ausgestellt sind. Öffnungszeiten: Di, Do, Sa, So 8–12 Uhr.

Malang bietet sich als Ausgangspunkt für die nachfolgend beschriebene (kunsthistorische) Ostjava-Rundfahrt an. Haben Sie vor, einige Tage länger in der Gegend zu bleiben und Ausflüge in die von Vulkanen geprägte Landschaft zu unternehmen, sollten Sie Ihr Standquartier besser in einem der beiden ca. 20 bzw. 25 km entfernten Bergerholungsorte Batu oder Selekta aufschlagen.

Nach einer knapp halbstündigen Fahrt haben Sie bereits Batu erreicht, das 1200 m hoch in der Talsohle zwischen den Vulkanen Arjuna (3339 m) und Butak (2868 m) liegt. Hier finden Sie ebenso wie in den weiter nordwestlich gelegenen Orten Sidumulyo, Punten, Tulungrejo und Selekta eine Vielzahl von Unterkünften aller Preiskategorien. Ein Abstecher lohnt sich von hier aus zu den Thermalquellen von Songgoriti (ca. 3 km). Selekta, von Obst- und Gemüsepflanzungen umgeben und wohl das malerischste dieser Dörfer, besitzt eine hübsche Parkanlage und mehrere Swimming-pools. Landschaftlich sehr reizvoll ist die kurvenreiche Höhenstraße zwischen dem Arjuna-Butak-Massiv von Batu über Pujon nach Pare.

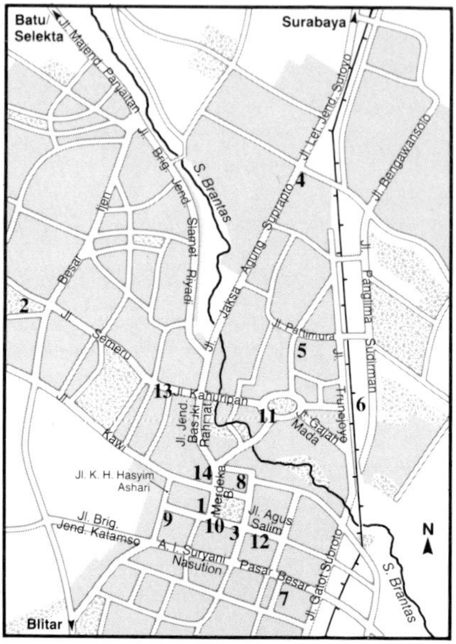

Malang: Sehenswürdigkeiten: 1 Mesjid Jami 2 Armeemuseum Brawijaya **Öffentliche Einrichtungen:** 3 Hauptpostamt 4 Merpati-Büro 5 Busterimal Pattimura 6 Bahnhof 7 Pasar Besar 8 Kaufhaus Sarinah 9 Minibusse nach Batu/Selekta **Hotels und Losmen:** 10 Hotel Pelangi 11 Hotel Splendid Inn 12 Losmen Santoso 13 Webb-Bamboo Inn 14 Restaurant Toko Oen

Praktische Hinweise

Unterkunft in Malang: Mittlere Hotels: **Pelangi, Jl. Merdeka Selatan 3, ✆ 27456 (zentral gelegen, im hinteren Trakt auch preiswertere Zimmer vorhanden); **Tugu Park, Jl. Tugu 3, ✆ 63891–4; *Splendid Inn, Jl. Majapahit 2–4, ✆ 23860. **Nicht klassifizierte Hotels und Pensionen:** Aloha, Jl. Gajah Mada 7, ✆ 26920; Richie, Jl. Basuki Rahmat 1, ✆ 25460; Santoso I, Jl. K.H. Agus Salim 24, ✆ 23889; Webb-Bamboo Denn Transito Inn, Jl. Semeru 35, ✆ 24859 (auch Schlafsaal vorhanden). **Unterkunft in Batu und Selekta:** Asida, Jl. Panglima Sudirman 99, Batu (komfortabel); Kawi, Jl. Panglima Sudirman, Batu; Mustikasari, Jl. Raya Selekta, Punten; Purnama, Jl. Raya Selekta, Punten; Punten, Jl. Raya Selekta, Punten; Santoso II, Selekta; Selekta Hotel, Selekta.

Verkehr: Anreise: Malang wird derzeit nur von Merpati angeflogen; täglich Flüge ab Jakarta und Denpasar.

Anreisemöglichkeiten per Bus u.a. von Surabaya, Probolinggo, Banyuwangi, Jember, Blitar, Kediri; Anreise von Yogya und Solo u.U. schneller über Surabaya; kommt man von Osten, sollte man unbedingt über Jember und Lumajang anreisen – die Fahrt Lumajang-Malang durch die südlichen Ausläufer des G. Semeru ist überaus reizvoll.

Mehrmals wöchentlich Schnellzüge ab Jakarta, Gambir Station über Yogya, Solo und Blitar; täglich mehrere Züge auf den Strecken Surabaya – Malang sowie Blitar – Malang.

Stadt- und Vorortverkehr: Weit verbreitete öffentliche Verkehrsmittel sind Bemo. Das wichtigste Bemoterminal befindet sich vor dem Pasar Besar, von hier Minibusse in die nähere Umgebung. Colts nach Batu/Selekta auch ab Jl. Kauman/Jl. K.H. Hasyim Ashari. Zahlreiche Becak.

Fernverkehr: Fluglinie: Merpati, Jl. Jaksa Agung Suprapto 50, ✆ 27962 (Fluginformationen s.o. ›Anreise‹ und vgl. S. 544).

Der Busbahnhof Pattimura für Überlandbusse in alle Hauptrichtungen befindet sich im Norden der Stadt (Jl. Suropati/Jl. Pattimura); Nachtbusse nach Bali: Bali Indah, Jl. Pattimura 11 A; Pemudi Express, Jl. Basuki Rahmat 1.

Malangs Hauptbahnhof befindet sich in der Jl. Trunojoyo (Zugverbindungen s.o. ›Anreise‹).

Reiseagenturen: Mujur Surya, Jl. Basuki Rahmat 1, ✆ 25460; Rajabally, Jl. Semeru 4, ✆ 24216.

Restaurants: Aneka Rasa, Jl. Basuki Rahmat 7 (chinesisch, indonesisch); Minang Jaya, Jl. Basuki Rahmat 111 (Padang); New Hong Kong, Jl. Arif Rahman Hakim (chinesisch); Toko Oen, Jl. Basuki Rahmat 5 (indonesisch, europäisch).

Rundreise durch Ostjavas kulturelles Kernland

Diese Rundreise führt zu den wichtigsten Kulturdenkmälern Ostjavas, bietet aber auch zahlreiche landschaftliche Höhepunkte. Drei bedeutende Altertümer liegen in der näheren Umgebung von Malang. Über Blimbing, einen Vorort von Malang, erreichen wir das ca. 20 km östlich gelegene Städtchen **Tumpang.** Noch im Ortsbereich steht der Candi Jago, ein terrassenförmig angelegtes Heiligtum, das 1268 als Grabmal für Vishnuvardhana, den Vater des Kertanagara, des bedeutendsten Fürsten der Singhasari-Dynastie, errichtet wurde. Auf der letzten von drei nach oben zu immer kleiner werdenden Terrassen erheben sich die Reste des eigentlichen Heiligtums, dessen Hauptcella einst drei Statuen enthielt. Als charakteristisches Baumerkmal wurde der quadratische Tempelkern nach hinten versetzt, wodurch sich ein breiter Aufgang ergab. Besondere Aufmerksamkeit verdient der reiche Reliefschmuck des Candi Jago, der buddhistische wie shivaistische Elemente aufweist. Die Basreliefs laufen in vier Bändern um den Tempel, eines am Podium, eines oberhalb der ersten Terrasse sowie jeweils eines am zweiten und am dritten Sockel. Die bei weitem noch nicht vollständig interpretierten Darstellungen zeigen teilweise Szenen aus den Hinduepen Ramayana und Mahabharata. Die Bildwerke am Tempelkern schildern Begebenheiten aus dem Leben Krishnas. Hier hat sich bereits der Übergang von der dreidimensionalen Bildhauerkunst zum zweidimensionalen, die Plastizität kaum noch wahrenden Wayang-Stil vollzogen. Durch die starke Stilisierung wirken die Figuren wie in Stein gemeißelte, flache Schattenspielpuppen.

Etwa 7 km südwestlich von Tumpang liegt **Candi Kidal** (am Rande von Desa Kidal, ca. 100 m von der Hauptstraße entfernt). Dieser Tempel wurde als Mausoleum für den 1240 verstorbenen König Anusapati, den zweiten Herrscher der Singhasari-Dynastie, errichtet. Mit seinem hoch aufragenden Podium und dem pyramidenartig aufsteigenden Tempelkern wirkt die Gesamtform dieses typischen ostjavanischen Tempels sehr schlank, beinahe graziös. Die überaus reiche ornamentale Verzierung findet ihre Krönung in den besonders schön ausgearbeiteten Kala-Köpfen über den Portalen und Nischen. Diese der Abwehr von Dämonen dienenden Schmuckelemente nahmen in der ostjavanischen Bauplastik eine bedeutende Stellung ein.

Ebenfalls über Blimbing gelangen wir von Malang aus zu dem 12 km nördlich gelegenen, langgestreckten Dorf **Singosari.** Rund 500 m westlich der Durchgangsstraße erhebt sich Candi Singhasari (auch Singasari oder Singosari geschrieben). Dieses dem Gott Shiva geweihte Heiligtum aus vulkanischem Gestein sollte vermutlich zum Hauptbegräbnistempel werden für den 1292 bei einer Palastrevolte ermordeten König Kertanagara, den letzten Herrscher der Singhasari-Dynastie. Candi Singhasari steht als steinernes Symbol für den Niedergang des gleichnamigen Herrscherhauses; aufgrund von Thronfolgestreitigkeiten oder allgemeinen Unruhen blieb er unvollendet.

Rund 25 km nördlich von Malang befindet sich an den östlichen Ausläufern des Arjuna-Vulkans, als ein Ableger des botanischen Gartens von Bogor, der **Kebun Raya Purwodadi.** Dieser 85 ha große, sehenswerte Naturpark besitzt als Hauptattraktion den Wasserfall Air Terjun Baung, der ca. 1 km vom Haupteingang entfernt über 50 m senkrecht in den Welang-Fluß abstürzt (Anfahrt: von Purwodadi ca. 1 km in Richtung Purwosari/Purworejo; Öffnungszeiten: täglich 7–16 Uhr). Auf dem Weg zu diesem Botanischen Garten kommt man durch den Ort Lawang, in dessen Zentrum sich, wie ein Märchenschloß, ein um die Jahrhundertwende erbautes, fünfstöckiges Herrenhaus erhebt; heute beherbergt das von einem brasilianischen Architekten entworfene Gebäude das Hotel Niagara.

Die Fahrt von Malang zum 80 km weiter westlich gelegenen Blitar führt vorbei an verschiedenen, für die Bewässerung des umliegenden Agrarlands sehr bedeutsamen Seen (Danau Karangkates u. a.). Das hervorragendste Kulturdenkmal der ostjavanischen Periode, der **Tempelkomplex von Panataran,** liegt 12 km nördlich von Blitar in 450 m Höhe an der Südwestflanke des Kelud-Vulkans (ab Blitar nur sporadisch reguläre Colts in diese Richtung; eventuell einen Minibus chartern oder per Ojek). Mit dem Bau dieses shivaistischen Heiligtums, das zu den größten Tempelanlagen ganz Javas zählt, wurde Ende des 12. Jhs., also noch unter der Singhasari-Dynastie, begonnen. Die Vollendung der wichtigsten Teile fiel jedoch bereits in die Majapahit-Epoche; die Bauzeit erstreckte sich also über 250 Jahre. In diesem Reichstempel, in dem sich Macht und Wohlstand der Majapahit-Herrscher sehr klar widerspiegeln, werden die Grundelemente der eigenständigen, vom indischen Vorbild abweichenden Tempelbaukunst Ostjavas besonders deutlich. Der asymmetrische Grundriß läßt den Panataren fast als eine antike Vorstufe der heutigen balinesischen Tempelarchitektur erscheinen und steht in ausgeprägtem Gegensatz zu den streng symmetrischen Tempelbezirken Mitteljavas. Öffnungszeiten des Panataran-Komplexes: täglich 7–17 Uhr.

In Sentul, einem Vorort von Blitar an der Straße nach Panataran, steht das 1978 errichtete Sukarno-Mausoleum, ein prachtvolles Bauwerk, das architektonisch moderne und altjavanische Stilelemente vermengt.

Eine Besonderheit Ostjavas sind zahlreiche Einsiedlerhöhlen, in die sich bereits die Herrscher der alten Königreiche von Kediri und Singhasari zur Meditation zurückzuziehen pflegten. Eine diese von Menschenhand vor fast einem Jahrtausend in den Fels geschlagenen östlich von Tulungagung (ab Tulungagung Bemo oder Ojek bis Sanggrahan, ab dort ca. 15 Minuten zu Fuß). Über dieser von Menschenhand vor fast einem Jahrtausend in den Fels geschlagenen Grotte blickt drohend eine furchterregende Kala-Dämonenfratze herab. Die in die Innenwände der Höhle gemeißelten Flachreliefs erzählen eine Episode aus dem Mahabharata; sie zeigen, wie

Tempelkomplex von Panataran: 1 Eingang mit ›Raksasa‹-Wächterfiguren 2 Sockelterrasse 3 Terrasse mit Reliefs 4 ›Jahreszahlentempel‹ (1369) 5 Sockelterrasse 6 Naga-Tempel 7 Haupttempel (1347) 8 Terrasse mit Reliefs 9 Badeplatz (1415)

Der Tempelkomplex von Panataran

Arjuna von Himmelsnymphen und göttlichen Tänzerinnen in Versuchung geführt wird. Nur wenige Meter oberhalb der Einsiedelei stößt man auf den Sockel eines kleinen Tempels, des Candi Mija. Etwa 2 km weiter nördlich erheben sich die Ruinen des Candi Cungkup.

Ein Abstecher an die Südküste: Die geruhsame, aber uninteressante Kleinstadt Tulungagung ist Durchgangsstation oder Ausgangspunkt für Ausflüge zu den einsamen Sandstränden der Südküste. Die gesamte Region im geographischen Dreieck zwischen den Orten Popoh, Pacitan und Balong wird beherrscht von einem nicht sehr hohen, aber breiten und unwirtlichen Gebirgszug, dem Gunung Sewu (›Tausendgebirge‹). Der Strand von Popoh ist von Tulungagung aus relativ leicht zu erreichen (ca. 28 km) und an Wochenenden entsprechend überlaufen. Eine im östlichen Abschnitt nur sporadisch von (Mini-) Bussen befahrene, teilweise recht schlechte Landstraße mäandert, dem Auf und Ab des Küstengebirges wie eine Berg- und Talbahn folgend, von Perigi nach Pacitan. Palmengesäumte, kilometerlange Sandstrände von makelloser Schönheit, im Wechsel mit bizarr zerfurchten Klippenlandschaften, kennzeichnen den überaus abwechslungsreichen Verlauf dieses rund 100 km langen Küstenabschnitts. Ein Zwischenstopp lohnt sich auf alle Fälle auf halbem Weg in Hadiwarno (Lorok). Eine Stichstraße zweigt von hier zum ca. 7 km westlich gelegenen Ort Sidumulyo ab (keine öffentlichen Verkehrsmittel). Lohnenswerter als der Asphaltstraße zu folgen ist die Wanderung entlang malerischer Buchten und über schmale Klippenpfade zur halbmondförmigen Traumbucht Teluk Tawang, an der sich das Fischerdorf erstreckt. In nördliche Richtung führt von Lorok eine rund 75 km lange Straße quer durch das Sewu-Gebirge nach Trenggalek (bis zum frühen Nachmittag regelmäßig Busse und Bemos). Die Höhenstraße von Lorok über Ngadirejo nach Pacitan eröffnet immer wieder spektakuläre Ausblicke; dramatische Bergkulissen wechseln hier mit sanftgeschwungenen Reisterrassenanlagen, die an Bali erinnern.

Das relativ isolierte und verschlafene Provinzstädtchen Pacitan lohnt einen längeren Aufenthalt. Der Ort selbst ist langweilig, aber die Umgebung äußerst reizvoll und zudem vom organisierten Fremdenverkehr bislang noch völlig unberührt. Allerdings ist die touristische Infrastruktur in dieser Gegend Javas ebenfalls noch recht unterentwickelt. Mit einem Becak, einer Dokar-Pferdekutsche oder zu Fuß erreichen Sie die ca. 4 km südlich des Ortes gelegene Bucht von Pacitan mit ihrem kilometerlangen Traumstrand, der keinen Vergleich mit dem berühmten Pantai Kuta auf Bali scheuen muß; allerdings beeinträchtigt auch hier die wilde Brandung die Bade- und Schwimmöglichkeiten. (Sie können ab Pacitan auch einen Bus in Richtung Solo nehmen und sich im Dorf Daleng absetzen lassen, von dort ca. 1 km bis zum Strand.)

Die zahlreichen, teils noch völlig unerforschten Tropfsteinhöhlen in der Karstlandschaft um Pacitan stellen eine ›terra incognita‹ für Speläologen aus aller Welt dar. Relativ schwer zugänglich sind die Höhlen Gua Kalak und Luweng Ombo bei Watu Karang (ca. 25 km südwestlich von Pacitan; Anfahrt über Dadapan oder Punung an der Hauptstraße in Richtung Solo; nur sehr sporadisch Bemos). Leichter zu erreichen dagegen sind die Tropfsteinhöhlen Gua Gombak Sari und Gua Tabuhan, die sich ca. 5 km nordwestlich von Punung in einer von den bizarren Formen tropischer Kegelkarste geprägten Landschaft befinden. Gua Tabuhan trägt auch den Beinamen ›Musikhöhle‹; hier wird gelegentlich für zahlende Touristen mit den Stalagtiten und -miten als Klangkörper eine ganz besondere Art von *Gamelan*-Musik vorgeführt.

Von Pacitan aus kann man mit regulären Überlandbussen sowohl Surakarta im Nordwesten als auch Ponorogo im Nordosten erreichen; beide Routen beeindrucken durch großartige Landschaftsszenerien.

Die eigentliche Rundreise führt uns nun weiter von Tulungagung brantasabwärts zum 30 km nördlich gelegenen historisch bedeutsamen Ort **Kediri.** Ab Mitte des 10. Jhs. befand sich hier in den fruchtbaren Reisniederungen des Brantas-Flusses fast 300 Jahre lang der unumstrittene Schwerpunkt von Politik, Wirtschaft und Kultur ganz Javas (vgl. S. 78). Steinerne Zeugen dieser großen Vergangenheit allerdings sind nicht erhalten geblieben. Die nachfolgend beschriebenen, kunsthistorisch weniger bedeutsamen Tempelanlagen bei Pare (ca. 25 km nordöstlich von Kediri) entstanden im mittleren bzw. späten 14. Jh., also bereits unter Majapahit-Herrschern. Kediri ist heute ein unattraktiver Ort, der sich aber als Standquartier für Ausflüge in die nähere Umgebung anbietet.

Knapp 10 km nordöstlich von Pare stehen die Überreste des hinduistisch-shivaistischen Candi Tegawangi. Um das allein erhaltene quadratische Tempelpodium verläuft ein unvollendetes Reliefband, das Szenen aus dem Mahabharata zeigt (Anfahrt: ab Pare Colt bis Desa Tegawangi, von dort ca. 2 km zu Fuß). Rund 6 km östlich von Pare liegt Candi Surowono, ein ebenfalls nur noch fragmentarisch erhaltener königlicher Totentempel (Anfahrt mit Becak oder Ojek).

Ein weiterer lohnenswerter Ausflug ab Kediri bringt uns in die nördlichen Vorberge des Vulkans G. Liman (2563 m). Über Loceret erreicht man den Bergort Sawahan, von dort führt eine kurvenreiche Straße noch etwa 8 km weiter bergaufwärts und endet unmittelbar am Air Terjun Sedudo, der beeindruckende 70 m senkrecht abstürzt. Zwischen Loceret und Sawahan zweigt bei Kuncir eine Straße nach Ngetos ab (ca. 3 km); dort ragt die außergewöhnliche, bis auf einen Kala-Kopf schmucklose Ruine des Backsteintempels Candi Ngetos auf (Anfahrt: ab Kediri Bus in Richtung Nganjuk bis Loceret, von dort Colt nach Sawahan; von Sawahan zum Wasserfall Sedudo nur sehr sporadisch Colts, eventuell per Ojek).

Wir kehren nun in das historisch so bedeutsame Tal des Brantas zurück und erreichen das an der Hauptstraße nach Mojokerto gelegene, unscheinbare Dorf **Trowulan.** Lediglich Reisende mit einem ganz besonderen Interesse an der indonesischen Geschichte legen für gewöhnlich hier einen längeren Zwischenstop ein. Nichts läßt vermuten, daß sich in dieser weiten Ebene ehedem die Hauptstadt des Majapahit-Imperiums (1294–ca. 1520), dessen Machtsphäre den gesamten Malaiischen Archipel einschließlich von Teilen der Philippinen umfaßte, ausbreitete (vgl. S. 78). Das Gebiet der Reichshauptstadt schloß einmal die gesamte Region zwischen den modernen Orten Trowulan, Mojoagung und Mojokerto ein. Einst muß diese Anlage einzigartig gewesen sein, doch heute, ein halbes Jahrtausend nach ihrer Blütezeit, liegen die Pracht und Herrlichkeit der Kapitale in Ruinen. Die Majapahit-Bauten waren ausschließlich aus relativ leicht vergänglichem, rotem Ziegelstein und aus Holz errichtet worden; einige Grundmauern und Tempelreste sind das einzige, was die Zeitenläufe überdauert hat. Lebensgrundlage dieser südostasiatischen Großmacht war der Brantas-Fluß, der sich 300 km weit quer durch Ostjava windet und bei Surabaya in der Meerenge von Madura mündet. Er bewässerte nicht nur die ertragreichen Reisanbaugebiete, sondern diente auch

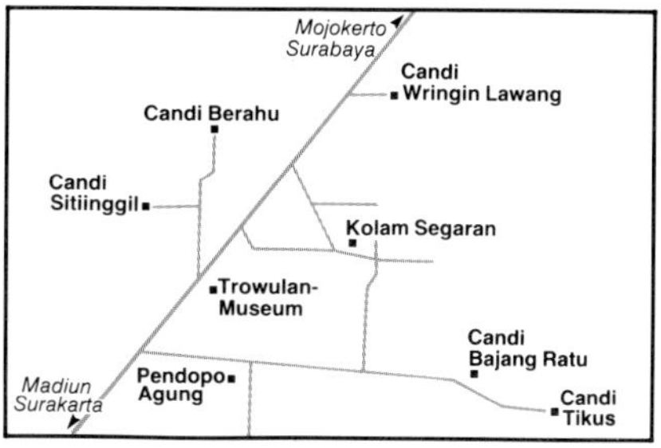

Ebene von Trowulan

als schiffbare Wasserstraße, auf der Barken Reis und andere landwirtschaftliche Produkte zu den Exporthäfen im Brantas-Delta transportierten. Luftaufnahmen machen deutlich, daß die antike Metropole überdies ein ausgedehntes Netz von Kanälen besaß.

Besuchen Sie zunächst das kleine Trowulan-Museum, das eine interessante Sammlung von Terrakotta-Figuren, Relieffragmenten sowie Bronzestatuetten und -gefäßen besitzt. Anhand einer genauen topographischen Karte können Sie sich hier auch einen Überblick über die Lage der noch erhaltenen, weit verstreuten Bauwerke verschaffen. Öffnungszeiten: Di, Mi, Do und So 7–14 Uhr, Fr 7–11 Uhr, Sa 7–12.30 Uhr, Mo geschlossen. In die ca. 12–15 km lange Rundfahrt, für die Sie sinnvollerweise ein Becak mieten, könnten Sie folgende Sehenswürdigkeiten einbeziehen: Candi **Wringin Lawang** (ca. 2 km nordöstlich des Museums, an der Hauptstraße nach Mojokerto im Dorf Jatipesar): dies ist kein Tempel, sondern das gespaltene Eingangsportal zum heute längst versunkenen Palasthof des großen Majapahit-Premiers Gajah Mada. **Candi Berahu** (ca. 2 km nördlich des Museums): ein wuchtiger, schmuckloser und bereits stark verfallener Tempel inmitten von Reisfeldern; auf halbem Weg, etwas abseits, steht die Ruine von **Candi Kaki** (auch Candi Sitiinggil genannt). **Candi Bajang Ratu** (ca. 3 km östlich des Museums): ein schlankes Eingangstor zum einstigen Königspalast aus rotem Backstein; von der Ornamentierung sind noch Kala-Köpfe aus Terrakotta erhalten. Auf dem Weg zu diesem Bauwerk passiert man einen riesigen künstlichen Teich *(Kolam Segaran Peninggalan Kerajaan Majapahit)*, der eine gewisse Vorstellung von den monumentalen Dimensionen der alten Hauptstadt gibt; etwas abseits davon steht der Sockel des kleinen **Candi Minakjinggo. Candi Tikus** (ca. 1 km östlich von Candi Bajang Ratu): der ›Mäusetempel‹, ein kleines von Wasserbecken umgebenes Heiligtum; vermutlich ein königlicher Badeplatz. **Pendopo Agung** (ca. 2 km südöstlich des Museums): die Nachbildung eines Audienzpavillons der Majapahit-Herrscher mit Bildnissen einiger hoher Persönlichkeiten aus Indonesiens neuerer Geschichte.

Bedeutende, im geschichtsträchtigen Brantas-Tal zutage geförderte Fundstücke (auch aus der Vor-Majapahit-Epoche) befinden sich im Stadtmuseum von **Mojokerto** (*Museum Purbakala Mojokerto*, Jl. A. Yani). Zu den imposantesten Exponaten gehört die Statue des Königs Airlangga, die ihn als Vishnu, auf dem Sonnenvogel Garuda reitend, zeigt. Öffnungszeiten: Di–Do 7–14 Uhr, Fr 7–11 Uhr, Sa 7–12.30 Uhr, So 7–14 Uhr, Mo geschlossen.

Südöstlich von Mojokerto, den mächtigen Vulkanen Arjuna (ruhend, 3339 m) und Welirang (semiaktiv, 3156 m) vorgelagert, erhebt sich in fast perfekter Konusform der **Gunung Penanggungan** (1653 m). Der von insgesamt acht Nebengipfeln umgebene Vulkan besitzt eine auffallende Ähnlichkeit mit dem mythologischen Weltenberg Meru und galt daher vor allem in hindu-javanischer Zeit als eine besonders heilige Stätte. Aus diesem Grund ist er geradezu übersät mit Dutzenden von kleinen Tempeln, Einsiedlerhöhlen, Meditationsgrotten und Badeplätzen. Die meisten dieser 81 bislang freigelegten Heiligtümer stammen aus dem 13.–15. Jh. und liegen am Nord- und Westhang des Vulkans. Ausgehend von dem Höhenort Tretes als Standquartier (s. u.), führt ein wegen der herrlichen Berglandschaft nicht nur für kunsthistorisch besonders Interessierte sehr lohnenswerter Tagesausflug zu einigen der bedeutenderen Sehenswürdigkeiten am G. Penanggungan. Von Watukosek, ca. 5 km westlich von Gempol, verläuft ein Fahrweg nach Kandangan (ca. 4 km). Eine halbe Stunde zu Fuß entfernt von diesem kleinen Bergdorf liegt das Badeheiligtum von Belahan. Einige Tempelreste und ein künstlicher Badeteich aus dem 11. Jh. sind hier zu sehen. Wenig ist bekannt von diesem heiligen Ort, doch wird vermutet, daß König Airlangga hier viele Jahre seines Lebens als Einsiedler verbrachte und daß sich hier auch seine Begräbnisstätte befindet. Von Kandangan aus schlängelt sich ein Weg entlang der Nordflanke des Berges nach Jedong (ca. 6 km), einem größeren Dorf, in dem der Candi Jedong (bemerkenswerte Kala-Köpfe) steht. Ein weiterer Tempel, Candi Jalatunda, liegt rund 6 km bergaufwärts. Zwischen Jedong und Ngoro an der Hauptstraße Gempol – Mojokerto pendeln Motorrad-Taxen.

Tretes, 55 km südlich von Surabaya gelegen, ist eine der Höhensiedlungen, die sich unter niederländischem Einfluß zu beliebten Erholungsorten verwandelt haben. Das 800 m hoch gelegene Städtchen besitzt selbst keine Attraktionen, bietet sich aber wegen des angenehmen Klimas und der ausgezeichneten Unterkünfte als Ausgangspunkt für die Erkundung der näheren Umgebung an. Ein vielleicht halbstündiger Spaziergang durch einen Pinienpark und eine wildromantische Schlucht bringt Sie zu dem nordwestlich des Ortes gelegenen Wasserfall Air Terjun Kakek Bodo. Zum Wasserfall Air Terjun Puthuk Truno sind es etwa 3 km ab Ortsmitte. Ungefähr auf halbem Weg zwischen Pandaan und Tretes erhebt sich der perfekt restaurierte Candi Jawi, ein buddhistisches Heiligtum, das Ende des 13. Jhs. als einer der Totentempel für den 1292 ermordeten Singhasari-Herrscher Kertanagara errichtet wurde. Ganz in der Nähe liegt das große Freilichttheater Candra Wilwatikta, in dem von Mai bis Oktober (jeweils am ersten und dritten Samstag) nach Vorlagen aus dem Ramayana-Epos oder nach volkstümlichen Legenden klassische javanische Tanzdramen auf die Bühne gebracht werden (nähere Informationen: Sekretariat Taman Candra Wilwatikta, Jl. Progo 14, Surabaya, ✆ 1682).

Praktische Hinweise

Unterkunft: Tulungagung: Losmen Centrum, Jl. A. Yani Barat 37; Losmen Gaja Mas, Jl. R. A. Kartini 13 (zentral gelegen). **Pacitan:** Hotel Bali Queen, Jl. A. Yani (etwas außerhalb, beste Unterkunft im Ort); Losmen Sidumulyo, Jl. Panglima Sudirman 25; Losmen Wisma Rahayu, Jl. A. Yani; Losmen Wisma Remaja, Jl. A. Yani; Losmen Wisma Wijaya, Jl. Panglima Sudirman 41. **Kediri:** Hotel Safari Indah I, Jl. Urip Sumoharjo 66–68, ✆ 41786, Hotel Safari Indah II, Jl. Panglima Sudirman 51–53; Losmen Doho, Jl. Panglima Sudirman 91. **Tretes:** ***Bath Hotel Tretes, Jl. Pasanggrahan 2, ✆ 91161; Hotel Dirgahayu Indah, Jl. Ijen 5; Hotel Sermeru, Jl. Raya (ca. 4 km unterhalb in Prigen); Hotel Tretes Raya, Jl. Malabar 166 (schöne Bungalowanlage, Swimming-pool); Penginapan MulyoSejati, Jl. Wijaya Kusuma; Penginapan Sumber Rejeki, Jl. Sedap Malam 30 (schön gelegen).

Surabaya

Surabaya, die Verwaltungszentrale der Provinz Ostjava, ist mit über 4 Mill. Einwohnern im Einzugsbereich die zweitgrößte Stadt Indonesiens und, neben Jakarta und Medan, der bedeutendste Hafen des Inselreiches. Die ostjavanische Metropole (ihr Name bedeutet ›Tapfer in der Gefahr‹) blickt auf eine bewegte, über 700jährige Geschichte zurück. Obwohl bereits im 13. Jh. von dem Singhasari-König Kertanagara gegründet, erlebte Surabaya seine erste große Blütezeit erst im 16. Jh., als seine zum Islam konvertierten Herrscher zahlreiche andere Küstenfürstentümer eroberten. 1625 jedoch wurde die Stadt von Sultan Agung, dem Begründer des zweiten Reiches von Mataram, unterworfen. Im 18. und 19. Jh. florierte Surabaya als unumstrittener wirtschaftlicher Mittelpunkt des gesamten Archipels. Im November 1945 war die Großstadt Schauplatz der historischen ›Schlacht von Surabaya‹. Nach der Kapitulation der Japaner im Zweiten Weltkrieg waren im September 1945 britische Truppen in Surabaya gelandet; sie hatten den Auftrag, die Japaner zu entwaffnen und die Region bis zur Rückkehr der Holländer zu besetzen. Aus Mißverständnissen und unbedachten Provokationen heraus entwickelten sich blutige Straßenkämpfe zwischen den Engländern und indonesischen Nationalisten, die schließlich in heftigen Bomben- und Artillerieangriffen der Briten auf Surabaya kulminierten. Die schlecht bewaffneten indonesischen Unabhängigkeitskämpfer hatten keine Chance gegen die moderne Kriegsmaschinerie der Engländer. Während auf britischer Seite nur einige hundert Soldaten fielen, mußten auf indonesischer über 15000 Menschen ihr Leben lassen. Seit diesen leidvollen Tagen trägt Surabaya zum Gedächtnis an die getöteten Freiheitskämpfer den offiziellen Beinamen ›Stadt der Helden‹.

Heute ist die über 800 km östlich von Jakarta gelegene Metropole der Dreh- und Angelpunkt des Wirtschaftslebens auf Ostjava und landesweit einer der bedeutendsten Industriestandorte (Schiff- und Maschinenbau, Petrochemie, Nahrungs- und Genußmittelindustrie, Zuckerverarbeitung u. a.). Stadtarchitektur wie Atmosphäre des an Sehenswürdigkeiten armen Surabaya zeigen sich stark westlich geprägt und bieten kaum ›asiatische Exotik‹. Als wichtiger Verkehrsknotenpunkt dient Surabaya den meisten Reisenden nur als Durchgangsstation. Ein angenehmerer Ausgangspunkt für Ausflüge in die Umgebung ist der 55 km weiter südlich gelegene Bergort Tretes (vgl. S. 248).

Die beiden bedeutendsten Sehenswürdigkeiten Surabayas, der Kalimas-Hafen und der Zoologische Garten, liegen an der nördlichen bzw. südlichen Peripherie der Stadt (Anfahrt ab Zentrum mit Bus Nr. 1 bzw. Nr. 2). Der moderne, ausgedehnte Hafen Tanjung Perak ist, mit Ausnahme der Passagierterminals, nicht zugänglich. Der malerische und sehr lebhafte **Flußhafen** Kalimas dagegen lohnt unbedingt einen Besuch. Die hier ständig ankernden, dickbäuchigen Frachtensegler, die sogenannten Makassar- oder Bugis-Schoner (vgl. S. 150), verhelfen auch heute noch zu einem Hauch von Nostalgie. Hier sind überdies noch vereinzelt alte holländische Lagerhäuser erhalten geblieben, historische Bauten, an denen allerdings unübersehbar der Zahn der Zeit nagt. Machen Sie von hier aus einen Abstecher in das alte **Araberviertel,** das sich in dem winkeligen Gassengewirr östlich der Jl. K. H. Mansyur ausbreitet. Dort befindet sich auch die Mesjid Agung mit dem Grabmal des Sunan Ampel, eines der neun heiligen Wali, die den islamischen Glauben auf Java verbreiteten. Weiter südlich grenzt Surabayas Chinesenviertel an. In der Jl. Slompretan steht das älteste chinesische Heiligtum der Stadt, der buddhistisch-taoistische **Hok An Kiong-Tempel** aus dem 18. Jh.

Im Zentrum erinnert das 45 m hohe Heldendenkmal *(Tugu Pahlawan)* an die Schrecken der ›Schlacht von Surabaya‹. Gegenüber dem kolonialen Gouverneurssitz in der Jl. Pemuda steht in einer kleinen Parkanlage *(Taman Apsari)* die Joko Dolog-Statue, ein Bildnis des Stadtgründers König Kertanagara.

Der **Zoologische Garten** von Surabaya *(Kebun Binatang Surabaya)* zählt zu den bedeutendsten Tierparks in ganz Südostasien. Neben Komodo-Waranen und Sumatra-Tigern beherbergt er u. a. seltene Tierarten wie den Hirscheber *(Babirusa)* und den Wildzwergbüffel *(Anoa)* aus Sulawesi sowie den Süßwasserdelphin aus dem Mahakam-Fluß auf Kalimantan. Öffnungszeiten: täglich 7–18 Uhr. Das Museum Negeri MPU Tantular, gegenüber dem Zoo, enthält eine kleine Sammlung javanischer Kunstgegenstände. Öffnungszeiten: Di –Do 8–13 Uhr, Fr 8–10 Uhr, Sa und So 8–12 Uhr, Mo geschlossen.

Praktische Hinweise

Unterkunft: Hotels höherer Kategorien: ****Hyatt Bumi, Jl. Basuki Rahmat, ✆ 470875; ***Garden, Jl. Pemuda 21, ✆ 470001; ***Majapahit, Jl. Tunjungan 65, ✆ 43351; ***Ramayana, Jl. Basuki Rahmat 67–69, ✆ 46321. **Mittlere Hotels:** **Sarkies, Jl. Embong Malang 7–11, ✆ 44514; *Cenda-

Surabaya: Sehenswürdigkeiten
1 Flußhafen Kalimas 2 Mesjid Agung 3 Hok An Kiong-Tempel 4 Heldendenkmal 5 Gouverneurspalast 6 Taman Apsari 7 Surabaya-Zoo
Öffentliche Einrichtungen
8 Tourist Information Centre 9 Ausländerbehörde 10 Hauptpostamt 11 Fähre nach Madura 12 PELNI-Büro 13 Busterminal Joyoboyo 14 Busterminal Jembatan Merah 15 Bahnhof Kota 16 Bahnhof Gubeng 17 Bahnhof Pasar Turi 18 Tunjungan Shopping Centre 19 Taman Hiburan Rakyat (Volkspark)
Hotels und Losmen
20 Hotel Hyatt Bumi 21 Garden Hotel 22 Bamboo Denn-Transito Inn 23 Hotel Merdeka 24 Wisma Ganesha

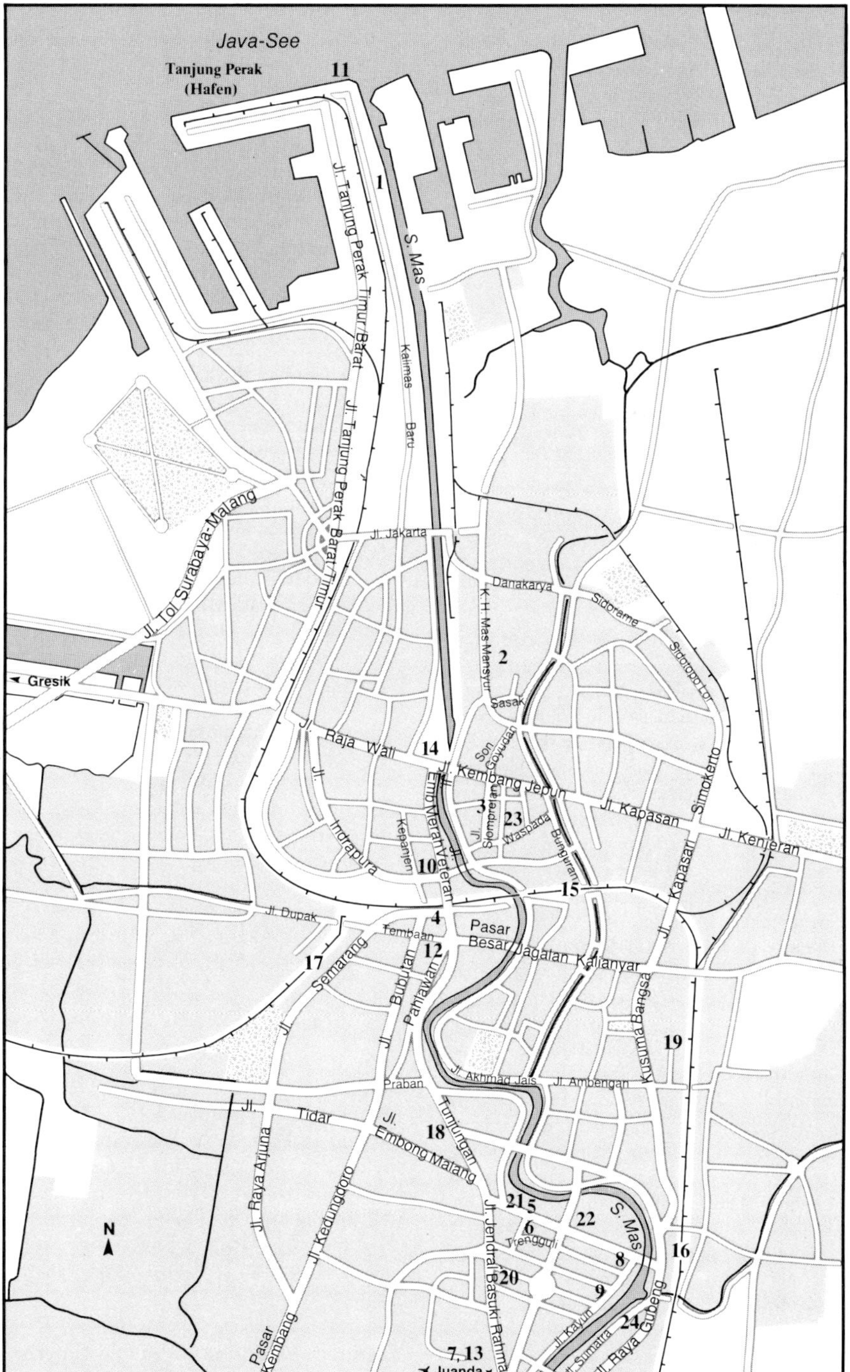

Java-See
Tanjung Perak
(Hafen)
11
1
Jl. Tanjung Perak Timur Barat
Jl. Tanjung Perak Barat Timur
S. Mas
Kalimas Baru
Jl. Tol Surabaya-Malang
Jl. Jakarta
Danakarya
K. H. Mas Mansyur
Sidorame
Sidotopo Lor
2
Gresik
Sasak
Jl. Raja Wali
14
Son Goyudan
Jl. Kembang Jepun
Jl. Kapasan
Simokerto
Jl. Kenjeran
Jl. Indrapura
Kepanjen
Jl. Emb. Merah Veteran
3
23
Jl. Slompretan
Waspada
Bunguran
10
15
Jl. Kapasari
Jl. Dupak
4
Tembaan
Pasar Besar
Jagalan
Kalianyar
12
17
Jl. Semarang
Jl. Bubutan
Pahlawan
Kusuma Bangsa
19
Jl. Akhmad Jais
Jl. Ambengan
Praban
Jl. Tidar
Jl. Embong Malang
18
Tunjungan
Jl. Raya Arjuna
Jl. Kedungdoro
Jl. Jendral Basuki Rahmat
21
5
6
22
Tenggilis
S. Mas
8
16
20
9
Jl. Kayun
24
Jl. Sumatra
Jl. Raya Gubeng
Pasar Kembang
7, 13
Juanda
N

na Indah, Jl. K. B. P. M. Duryat 6, ✆ 42251; *Royal, Jl. Panglima Sudirman 68, ✆ 43547. **Nicht klassifizierte Hotels und Pensionen:** Bamboo Denn-Transito Inn, Jl. Pemuda 19, ✆ 40333; Gubeng, Jl. Sumatra 18; Kayoon, Jl. Kayoon; Merdeka, Jl. Bongkaran 6, ✆ 20654 (gehobenere Preislage); Wisma Ganesha, Jl. Sumatra 34 A.

Verkehr: Anreise: Als wichtiger Verkehrsknotenpunkt wird Surabaya von allen größeren nationalen Fluglinien angeflogen; täglich Flüge der Garuda u. a. ab Jakarta, Denpasar, Ujung Pandang; der Bouraq u. a. ab Jakarta, Denpasar, Bandung, Banjarmasin; der Mandala u. a. ab Jakarta und Ujung Pandang; der Merpati u. a. ab Jakarta, Denpasar, Yogyakarta, Banjarmasin, Ujung Pandang (weitere Fluginformationen vgl. S. 544).

Surabaya wird auch von verschiedenen Passagierschiffen der Staatslinie PELNI angelaufen; Anreisemöglichkeiten bestehen u. a. von Jakarta, Banjarmasin, Balikpapan und Ujung Pandang (vgl. auch S. 547).

Täglich zahlreiche (Nacht-)Busse ab Jakarta, Terminal Pulo Gadung, sowie u. a. ab Yogya, Solo, Semarang, Malang, Denpasar.

Täglich zwei klimatisierte Nacht-Expreßzüge, Bima und Mutiara, ab Jakarta, Kota Station sowie jeweils ein nicht klimatisierter Schnellzug ab Jakarta, Gambir Station (Gaya Baru Selatan) und ab Jakarta, Pasar Senen Station (Gaya Baru Utara); weitere Anreisemöglichkeiten per Eisenbahn u. a. von Yogya, Solo, Semarang, Malang, Probolinggo, Banyuwangi.

Stadt- und Vorortverkehr: Wichtige öffentliche Verkehrsmittel in Surabaya sind Stadtbusse, die auf festen Routen (vorwiegend Nord-Süd-Richtung) pendeln. Wichtige Buslinien: Nr. 1 Jl. Basuki Rahmat – Hafen Tanjung Perak; Nr. 2 Jl. Panglima Sudirman – Busterminal Joyoboyo/Zoo. Innerhalb der Stadtgrenzen operieren zudem, ebenfalls auf festen Routen, zahllose Bemo. Die wichtigsten Terminals für Bemo sind Terminal Wonokromo (beim Busbahnhof Joyoboyo) und Terminal Jembatan Merah (Jl. Kembang Jepun). Taxen, meist nicht als solche gekennzeichnet und ohne Taxameter, erhält man über Hotelvermittlung. Viele Becak.

Fernverkehr: Flughafen Juanda ca. 12 km südlich. Fluglinien: Garuda, Jl. Tunjungan 29, ✆ 40460, 40480; Bouraq, Jl. Sudirman 70, ✆ 42383; Mandala, Jl. Raya Darmo 109, ✆ 66861; Merpati, Jl. Urip Sumoharjo 68, ✆ 40773 (Fluginformationen s. o. ›Anreise‹ und vgl. S. 544.

PELNI, Jl. Pahlawan 20, ✆ 21041 (Informationen zu Schiffsverbindungen vgl. im Gelben Info-Teil S. 547). Nach Kalimantan fahren zudem zahlreiche Frachtschiffe; die Büros verschiedener Linien befinden sich in der Jl. Kalimas Baru; Informationen auch im Büro des Hafenmeisters *(Syahbandar)*, Jl. Kalimas Baru 194. Fähren nach Madura (Kamal) ab Tanjung Perak von 4.30 Uhr bis spätnachts alle 30 Min.

Der zentrale Busbahnhof Joyoboyo für Überlandbusse in alle Hauptrichtungen befindet sich im Süden der Stadt, nahe dem Tierpark (zu erreichen ab Zentrum mit Stadtbus Nr. 2). (Mini-)Busse in nordwestliche Richtung (Gresik, Kudus, Semarang u. a.) auch ab Terminal Jembatan Merah (Jl. Kembang Jepun). Busse nach Madura (Pamekasan, Sumenep u. a.) ab Terminal Joyoboyo (Fährfahrt im Preis inbegriffen). (Nacht-)Expreßbusse nach Jakarta und Denpasar (ca. 16 bzw. 11 Std. Fahrzeit): Elteha, Jl. Sumatra 73; Kembang Expreß, Jl. Tidar 58 und Jl. Basuki Rahmat 36.

Es gibt drei Bahnhöfe: Gubeng Station und Kota Station (Züge nach Jakarta via Solo und Yogya sowie u. a. nach Banyuwangi, Malang, Blitar) sowie Pasar Turi Station (Züge nach Jakarta via Semarang). Gubeng Station ist am zentralsten gelegen (vgl. Stadtplan; Zugverbindungen s. o. ›Anreise‹).

Reiseagenturen: Natrabu, Jl. W. R. Supratman 76, ✆ 67368; Nitour, Jl. Urip Sumoharjo 63, ✆ 45309; Pacto, Mirama Hotel, Jl. Raya Darmo 72–74, ✆ 69500; Tunas Indonesia, Hotel Simpang, Jl. Pemuda 1–3, ✆ 46898.

Restaurants: Chez Rose, Jl. Panglima Polim 12 (chinesisch, indonesisch, europäisch); Garden, Jl. Pemuda 21 (chinesisch, indonesisch, europäisch); Granada Modern Bakery, Jl. Pemuda (gutes Frühstückscafé); Miami, Jl. Urip Sumoharjo 34 (Fischspezialitäten, teuer); Phoenix, Jl. Genteng Kali 15 (chinesisch); Taman Sari Indah, Jl. Taman Apsari 5 (chinesisch, indonesisch).

Kulturelle Veranstaltungen und Unterhaltung: Jeden Abend ab 20 Uhr *Wayang Orang*

– sowie *Ludruk*- und *Ketoprak* – (volkstümliches Theater) Vorführungen im Volkspark Taman Hiburan Rakyat (THR), Jl. Kusuma Bangsa. Von Mai bis Oktober (jeweils am ersten und dritten Samstag im Monat) klassische ostjavanische Tänze im Freilichttheater Candra Wilwatikta von Pandaan (vgl. S. 249). Alljährlich im August, September und Oktober Stierrennen (vgl. S. 254) in verschiedenen Orten auf der Insel Madura (genaue Informationen beim Touristenbüro).

Einkauf: Surabaya ist Freihafen; Kameras, Kassettenrekorder und andere elektronische Geräte sollen hier zu ähnlich günstigen Preisen wie in Singapur zu erstehen sein. Gute Einkaufsmöglichkeiten im Tanjungan Shopping Centre, Jl. Tanjungan. Antiquitätengeschäfte konzentrieren sich in der Jl. Urip Sumoharjo. Buchladen: Gramedia, Jl. Basuki Rahmat 95.

Information und wichtige Adressen: Touristeninformation: Regionales Touristeninformationsbüro, Jl. Pemuda 118, ✆ 472503; Fremdenverkehrsamt der Provinz Ostjava, Jl. A. Yani 242–244, ✆ 815312. **Ausländerbehörde:** Kantor Imigrasi, Jl. Keputih 49 A, ✆ 68697 und Jl. Kayoon 50, ✆ 40707. **Post und Telefon:** Hauptpostamt, Jl. Kebon Rojo; Telefonamt, Jl. Pemuda/Jl. Mergoyoso. **Bank:** Bank Dagang Negara, Jl. Tanjungan 39; Bank Negara Indonesia 1946, Jl. Pemuda. **Gesundheit:** Rumah Sakit Umum Dr. Sutomo, Jl. Darma Husada 6–8, ✆ 40061. **Goethe-Institut:** Jl. Taman Ade Irma Surjani Nasution 15, ✆ 43735–6.

Die Insel Madura

Madura, ca. 150 km lang und durchschnittlich 30 km breit, liegt mit ihren bis zu 400 m hohen Bergen unmittelbar vor der Nordostküste Javas, mit der sie vor der Eiszeit durch eine Landbrücke verbunden war. Die 4470 km^2 große Insel gehört mit ihren unfruchtbaren, wasserdurchlässigen Böden auf Kalkplateaus und Mergelrücken bei relativ starker Trockenheit zu den ausgesprochen ungünstigen, aber dennoch dichtbesiedelten Gegenden Indonesiens. Ertragreiches Agrarland beschränkt sich auf die schmalen Küstensäume, die damit auch zu den bevorzugten Siedlungsräumen zählen. Die Inselökonomie basiert aufgrund der vorherrschenden Grassteppen in erster Linie auf der Viehzucht (hauptsächlich Rinder und Ziegen) sowie auf Salzgewinnung, vereinzelt Tabakanbau und Fischfang.

Die Maduresen, deren Sprache sich sowohl vom Javanischen als auch Sundanesischen unterscheidet, besitzen den Ruf eines sehr freiheitsliebenden Volkes. Nur äußerst widerwillig ließen sie sich vom mächtigen Majapahit-Reich einen Vasallenstatus aufzwingen. Verzweifelt, aber vergeblich wehrten sie sich 1624 gegen das Invasionsheer des Mataram-Herrschers Sultan Agung. Im 18. Jh. erhob sich Madura unter Cakraningrat gegen die Holländer und unterstützte schließlich 1825 die erfolglose Rebellion des Prinzen Diponegoro.

Madura (Inselhauptstadt Pamekasan) gehört heute zur Provinz Ostjava und wird von Surabaya aus verwaltet. Man erreicht die Insel mit einer Personen- und Autofähre, die zwischen Surabayas Hafen Tanjung Perak und Kamal pendelt (Fahrtdauer ca. 30 Min.). Madura zählt nicht zu den bevorzugten Zielen der meisten Indonesien-Reisenden, Besucher zieht es aber vor allem im August, September und Oktober auf die Insel. Dies sind die Monate, in denen die berühmten Stierrennen *(Kerapan Sapi)* veranstaltet werden.

Die Hauptstraße an der Südküste von Kamal nach Pamekasan (ca. 100 km) führt durch beschauliche Fischerdörfer, die eine beinahe mediterrane Stimmung ausstrahlen. Ein zum Schwimmen geeigneter Strand erstreckt sich 15 km westlich von Pamekasan bei Camplong. Im Osten der Insel überrascht Sumenep mit imposanten Kolonialhäusern, die mit ihren weißen Säulengängen fast an römische Tempel erinnern. Ein Besuch lohnt

Exkurs: Stierrennen auf Madura

Vermutlich entwickelten sich die maduresischen Stierrennen aus dem eher spielerischen Wettstreit, den einst Bauern beim Pflügen ihrer Reisfelder austrugen. Heute erfreuen sich diese Wettkämpfe einer ungeheuren Popularität unter den Maduresen, allerdings dienen sie nicht nur der reinen Volksbelustigung. Rennstiere müssen bestimmte Voraussetzungen hinsichtlich Gewicht, Gesundheit und Körperbau erfüllen, somit gehen von diesen Wettbewerben auch wichtige Impulse auf die insulare Viehzucht aus. Alljährlich nehmen rund 1600 Stiere an den Rennen teil; ihre Aufzucht und Pflege wird mit größter Sorgfalt betrieben. Sie werden täglich gewaschen und massiert sowie einmal pro Woche mit besonderen Heilpflanzen, rohen Eiern, Honig und bisweilen sogar mit Bier gefüttert. Die Ambitionen der Züchter zielen auf möglichst kurzbeinige Tiere ab, da diese, nach Meinung von einheimischen Experten, angeblich die größeren Siegeschancen besitzen.

Für die Rennen werden zwei Stiere von gleicher Größe und gleichem Gewicht (ca. 600 kg) sowie auch möglichst gleichem Temperament mit einem über den Nacken gelegten, buntbemalten und mit Fähnchen geschmückten Holzgeschirr zusammengebunden. Der Lenker des Gespanns, gleichsam ein südostasiatischer Ben Hur, steht auf einem mit Schnitzwerk verzierten, hölzernen Schlitten zwischen den Tieren, die er mit wilden Schreien anfeuert. Vor dem Rennen werden die Büffel dem Publikum in einer farbenprächtigen Parade präsentiert. Jedes Gespann begleiten eine Musikkapelle und begeisterte Anhänger. Es herrscht Volksfeststimmung; obwohl verboten, werden Wetten abgeschlossen. Die Länge der 40 m breiten Graspisten, auf denen man die Rennen austrägt, schwankt je nach lokalen Gegebenheiten zwischen 110 und 140 m. Zehn Sekunden nur benötigen die schnellsten Stiere, um diese Distanz zu bewältigen. Die Zuschauer verfolgen die Wettkämpfe mit allergrößter Leidenschaft, steht bei ihnen doch mitunter das Renommee eines ganzen Dorfes auf dem Spiel. Die Ehre, die siegreichen Stiere zu besitzen, wird als weitaus wichtiger erachtet als der ausgesetzte Geldpreis.

Nach der Ernte, für gewöhnlich ab Anfang August, beginnen die Vorläufe und Ausscheidungsrennen auf Gemeindeebene, danach folgen die Regionalkämpfe (bei den Orten Bangkalan, Sampung und Sumenep); Ende September/Anfang Oktober treten die Besten zum großen Finale in Pamekasan an (die exakten Termine erfahren Sie in Surabaya im Touristenbüro oder bei verschiedenen Reiseagenturen. Manche Reiseveranstalter in Surabaya bieten auch außerhalb der Saison, im Rahmen von Touren nach Madura, eigens für Touristen arrangierte Rennen an).

sich im Sultanspalast aus der Mataram-Epoche und im gegenüberliegenden kleinen Provinzmuseum, in dem u. a. ein außergewöhnliches, angeblich über 300 Jahre altes chinesisches Bett zu sehen ist. Sumeneps Moschee mit dem markanten dreistufigen Dach stammt aus dem 17. Jh. Die Grabmale der Königsfamilie befinden sich auf dem Asta Tinggi-Friedhof, der sich etwas außerhalb auf einem Hügel ausbreitet.

Air Mata (›Träne‹), ein weiteres lohnenswertes Reiseziel, liegt an der Westküste (ca. 11 km nördlich von Bangkalan, Bemo bis Arosbaya, dann ca. 4 km landeinwärts zu Fuß oder per Ojek). Dies ist ein sehr schön am Rande einer kleinen Schlucht gelegener islamischer Friedhof. Besondere Aufmerksamkeit verdient das überaus reich ornamentierte Grabmal von Kanjeng Ratu Ibu, der Gemahlin von Cakraningrat I. Als ein Zentrum der insularen Batikproduktion gilt der kleine Ort Tanjung Bumi an der Nordküste. Maduresische Batikstoffe zeichnen sich aus durch ihre leuchtenden

Blumenmuster, in denen die Farben Rot, Purpur und Blau vorherrschen.

Praktische Hinweise

Anreise und Verkehrsverbindungen: ab Surabayas Hafen Tanjung Perak von 4.30 Uhr bis spätnachts etwa alle 30 Min. Fähren nach Kamal. Ab Surabayas Busbahnhof Joyoboyo tagsüber zahlreiche Direktbusse nach Pamekasan, Sumenep u. a. (Busticket inklusive Fährpreis). Zwischen Panarukan (bei Situbondo) und dem ostmaduresischen Hafenort Kalianget verkehrt täglich ein Fährboot (Fahrtdauer ca. 4 Std.). Auf der südlichen Küstenstraße von Madura (zwischen Bangkalan und Sumenep) pendeln tagsüber ständig (Mini-)Busse; entlang der Nordküste verkehren Colts, allerdings weniger regelmäßig.

Unterkunft: Pamekasan: Hotel Garuda, Jl. Masigit 1; Hotel Trunojoyo, Jl. Trunojoyo; Losmen Bahagia, Jl. Trunojoyo. **Sumenep:** Losmen Damai, Jl. Sudirman; Losmen Matahari, Jl. Sudirman; Losmen Wijaya I und II, Jl. Trunojoyo (nahe Busterminal).

Vulkane und andere landschaftliche Höhepunkte im äußersten Osten Javas

Östlich einer imaginären, zwischen Surabaya und Malang gezogenen Linie wird Java von drei mächtigen Vulkanmassiven geprägt: dem Tengger-Gebirge mit dem bekannten Bromo-Vulkan, dem Yang-Plateau um den Gunung Argopuro und dem Ijen-Massiv zwischen den Vulkanen Merapi und Raung. Da er relativ mühelos zugänglich ist, wird der nach der Hindu-Gottheit Brahma benannte **Vulkan Bromo** besonders häufig von Touristen besucht. Die Anreise erfolgt für gewöhnlich von der Nordküste, entweder ab Pasuruan über Tosari (die schwierigere und weniger gebräuchliche Route; komfortable und teuere Unterkunft in Tosari: Bromo Cottages; Reservierung Jl. Basuki Rachmat 78, Surabaya, ✆ [031] 515253) oder ab Probolinggo über Sukapura und Ngadisari (die

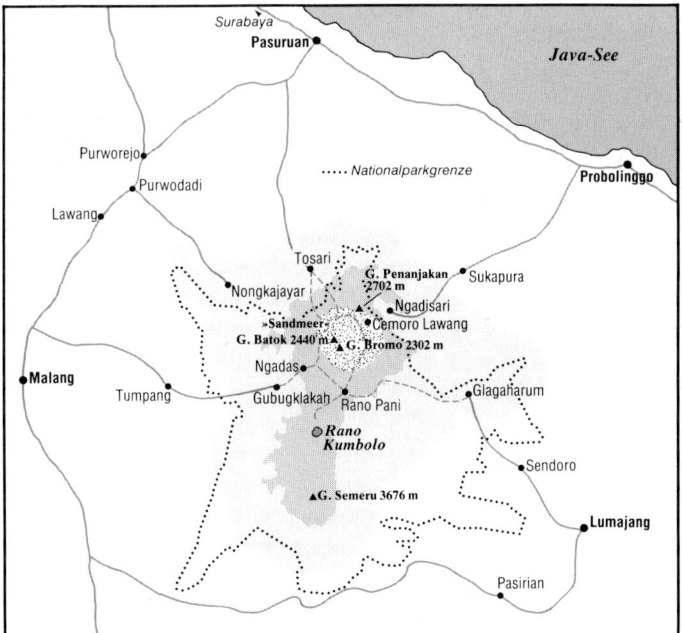

Bromo-Semeru-Massiv

bequemere und allgemein beliebtere Anfahrt; komfortable und teuere Unterkunft in Sukapura: Grand Bromo Hotel; Reservierung Grand Interwisata, Jl. Maj. Jend. Sungkono, Surabaya, ✆ [031] 66007). Von der recht gesichtslosen Provinzstadt Probolinggo aus (Colts ab Pasar Gotong Royong, Jl. Maruta; normalerweise nur bis zum frühen Nachmittag) windet sich eine schmale Straße 42 km lang durch eine atemberaubende Berglandschaft zu dem Tenggeresen-Dorf **Ngadisari,** das sich 3 km unterhalb des Tengger-Kraters ausbreitet. Um diesen 1868 m hoch gelegenen Ort herum sind die Berghänge von sanftgeschwungenen Gemüseterrassen strukturiert. Die fruchtbaren, vulkanischen Böden erlauben hier reiche Ernten. Die von Colts befahrbare Straße endet in Ngadisari. Sie können sich hier in einer der bescheidenen Unterkünfte (Losmen Bromo Indah, Wisma Wisata Ut Jik sowie Privatübernachtungen) einquartieren oder, was empfehlenswerter ist, ca. 2,5 km steil bergauf nach **Cemoro Lawang** (2004 m) laufen (oder eventuell ein Pferd mit Führer mieten), wo sich, unmittelbar am Rand des urzeitlichen Tengger-Kraters, das recht komfortable Hotel Bromo Permai befindet. Unweit davon gibt es in Yoschi's Guest House preiswerte und saubere Unterkünfte, die indonesisch-internationale Küche ist empfehlenswert. Am Busterminal von Probolinggo kann man sich ans Reisebüro Mt. Bromo Travel (ständig geöffnet) wenden, man bekommt hier außerdem eine bequeme Transportmöglichkeit zum Gästehaus.

Das Tengger-Gebirgsmassiv (auch Bromo-Semeru-Massiv genannt) breitet sich in einer Höhenlage zwischen 1500 und 3676 m über eine Gesamtfläche von 800 km² aus. Durch einen kesselförmigen Einsturz über entleerten Magmakammern hat sich vor Jahrmillionen der Tengger-Krater gebildet, mit einer Ausdehnung von 8,5 × 10 km weltweit eine der größten Calderen. Der Boden dieses riesigen, über 2000 m hoch gelegenen Kraters ist mit feinen, vulkanischen Sanden bedeckt, weshalb ihm der Volksmund den Beinamen ›Sandmeer‹ gab (Farbabb. 25). Im Zentrum dieses urzeitlichen Einbruchkessels sind sieben jüngere Vulkane entstanden (Bromo, Batok, Kursi, Widodaren, Ider-Ider u. a.). Aufgrund seiner zahlreichen Ausbrüche (die letzten gefährlicheren ereigneten sich erst 1980 und 1983) ist der Bromo (2302 m) der bekannteste. Er gehört zu dem durch seine plumpe, gedrungene Form charakterisierten Typ des Asche- und Tuffvulkans (weltweit auch als ›Ostjavatyp‹ bekannt) und besteht aus vulkanischem, sehr erosionsanfälligem Lockermaterial. Nördlich des Bromo (vom Hotel Bromo Permai aus gesehen rechts) erhebt sich der Batok (2440 m), in dessen eindrucksvollen Aschekegel starke Regenfälle tiefe Erosionsfurchen gerissen haben.

Von Cemoro Lawang aus sind es nur 3 km oder eine knappe Stunde zu Fuß zum **Bromo-Krater.** Sehr eindrucksvoll ist die Wanderung (bzw. der Ponyritt) zum Bromo in den frühen Morgenstunden, wenn über dem ›Sandmeer‹ ein dichtes ›Nebelmeer‹ wabert, das durch die nächtliche Abkühlung entstanden ist und aus der Caldera nicht entweichen kann. Gelbe Markierungssteine dienen als Orientierungshilfe in der Urlandschaft des Tengger-Kraters. Erst durch das ›Sandmeer‹ und dann über ein riesiges Feld erkalteter Lavaströme aus vielen Eruptionen erreichen wir den Sockel des Bromo, zu dessen Kraterrand nun ein bequemer Stufenpfad führt. Oben schließlich eröffnet sich ein überwältigender Blick in die Caldera mit ihren zahllosen Solfataren, aus denen beißende Schwefeldämpfe aufsteigen. Vom Bromo aus ist der Sonnenaufgang ein beeindruckendes Erlebnis, noch imposanter aber ist er, mit Blick auf alle Vulkane, vom Gunung Penanjakan (2702 m), der sich am Nordrand des Tengger-Kraters erhebt. Denken Sie bei Nachtwanderungen an eine warme Jacke (die Temperaturen können bis nahe dem Gefrierpunkt abfallen!) und an eine Taschenlampe. Falls Sie den Sonnenaufgang am Bromo erleben wollen, sollten Sie gegen 4 Uhr von Cemoro Lawang aufbrechen, von Ngadisari bereits gegen 3 Uhr.

Den Vulkan Bromo kann man auch vom nordwestlich gelegenen Tosari (einfache Unterkünfte vorhanden oder eventuell Privatübernachtung) aus erreichen. Dieser 19 km lange Weg führt über den Bergrücken Cemarapupul zum Mungal-Paß und windet sich schließlich im Zick-Zack die hier 600 m steil abfallende Wand des Tengger-Kraters hinab zum ›Sandmeer‹. Eine dritte Anreiseroute führt von Westen her: Mit Colts gelangt man von Malang über Tumpang nach Gubugklakah; von dort fahren meist am frühen Vormittag Lastwagen zum Dorf Ngadas beim Vulkan Widodaren (von hier ca. 12 km zum Bromo) und weiter über die Grassteppe des Rujak-Plateaus zum Dorf Rano Pani (ebenfalls ca. 12 km vom Bromo entfernt). Dieser in einer Höhe von rund 2200 m nahe dem gleichnamigen, malerischen See gelegene Tenggeresen-Ort ist der übliche Ausgangspunkt für die Besteigung des **Gunung Semeru**, des mit 3676 m höchsten Berges auf Java. Dieser typische Stratovulkan zählt wegen seiner ›klassischen‹, nahezu symmetrischen Kegelform zu den schönsten Bergen der Welt. An die Gefährlichkeit des immer noch aktiven Semeru-Vulkans erinnern die Rauchwolken, die er in periodischen Zeitabständen ausstößt. In Rano Pani ist eine Übernachtung im dortigen PPA-Haus möglich; sämtliche Ausrüstung (Schlafsack, Verpflegung u. a.) muß mitgebracht werden. Von Rano Pani führt ein Pfad in südwestlicher Richtung zum Gunung Ayek-Ayek (2800 m), einem Vorberg des Semeru, und fällt dann steil ab zum Kratersee Rano Kumbolo (2400 m; ca. 10 km entfernt von Rano Pani). Hier bietet eine weitere PPA-Außenstelle eine

Kulturlandschaft in der Nähe des Bromo-Vulkans

Exkurs: Die Tenggeresen

Als Anfang des 16. Jhs. das hindu-javanische Majapahit-Großreich unter der machtvollen Ausbreitung des Islam zusammenbrach, flohen dessen Aristokraten und ein Großteil der einfachen Bevölkerung nach Bali. Ein kleinerer Teil aber zog sich in die unwirtliche Gebirgsgegend des Tengger-Massivs zurück. Die hier heute siedelnden Tenggeresen, rund 25000 an der Zahl, betrachten sich selbst als direkte Nachkommen dieser hinduistisch-buddhistischen Flüchtlinge. Sie sind phantastische Landschaftsarchitekten, die selbst steilste Berghänge mit exakt angelegten Gemüsegärten terrassieren. Aufgrund ihrer relativen geographischen Isolation gelang es den Tenggeresen, altüberlieferte Anschauungen und Lebensformen sowie magische Riten bis zum heutigen Tage zu bewahren. In ihrer Religion, die sie selbst Agama Buddha (›buddhistische Religion‹) nennen, vermischen sich buddhistische und hinduistische Elemente mit altjavanischen animistischen Fragmenten. Es existieren keine Tempel, aber zu jedem Wohnhaus gehört ein kleiner Schrein für kultische Zwecke. Ihr nach wie vor bestehendes Kastensystem weist, ebenso wie ihr Kalender, eine Ähnlichkeit mit dem der Balinesen auf. Eine sehr bedeutende Funktion haben die Priester der Tenggeresen, die sogenannten *Dukun.* Sie verfügen über einen besonderen Ornat, dessen Jacke aus bunten, dreieckigen Stücken zusammengenäht ist. Zu ihren wichtigsten Sakralgegenständen gehören Weihwassergefäße, Weihrauchschalen, Handleuchter und Gebetsglocken. Von besonderer Bedeutung sind Totenfeiern, mehr noch aber verschiedene ›Seelenbetreuungsrituale‹ und Feste zu Ehren der Ahnengottheiten.

Nach ihrem Schöpfungsmythos leiten die Tenggeresen ihren Ursprung von den legendären Stammeseltern Roro Anteng und Jiko Seger ab. Lange Jahre war diesen der Nachwuchs versagt geblieben. Schließlich aber erhörten die Götter ihre Gebete und versprachen ihnen Fruchtbarkeit – unter einer Bedingung: Sie müßten ihr jüngstes Kind im Bromo-Krater opfern. Roro Anteng und ihr Gemahl Jiko Seger bekamen 25 Kinder, opferten ihr jüngstes mit dem Namen Kesuma aber erst, nachdem die Vulkangötter in ihrem Zorn den Weltuntergang angedroht hatten. Sobald Kesuma im Kraterschlund verschwunden war, ertönte plötzlich eine geheimnisvolle Stimme, die dazu aufforderte, diesem Ereignis alljährlich mit einem Opferfest zu gedenken.

Einer alten Tradition folgend, versammeln sich am 14. Tag des letzten Monats *(Kesada)* des auf dem Mondjahr basierenden Tengger-Kalenders Pilger und Priester bei Sonnenuntergang, um in einem feierlichen Ritual Opfergaben vorzubereiten. Sobald der Vollmond am Himmel erscheint, setzt sich bei Fackellicht eine aus Tausenden von Gläubigen bestehende Prozession zum Bromo in Bewegung. Am Kraterrand entzünden die *Dukun* Weihrauch und sprechen Gebetsformeln *(Mantra);* sie flehen die Vulkangottheiten an, ihre Gaben anzunehmen und die Menschen mit ihrem Zorn zu verschonen. Gegen Mitternacht geht das Kesada-Fest seinem Höhepunkt entgegen: Beim Klang von *Gamelan*-Orchestern werden die Opfergaben (Reis, Früchte, Gemüse und Blumen, aber auch lebende Schweine und Hühner) von den Hohepriestern geweiht und anschließend in den Schwefeldampf speienden Krater gestürzt (den genauen Termin des Kesada-Festes erfahren Sie beim indonesischen Fremdenverkehrsamt in Frankfurt oder bei jedem größeren Touristenbüro im Lande selbst).

Unterkunftsmöglichkeit. Der vor allem im oberen Drittel (loses Ergußmaterial!) sehr harte Auf- und Abstieg zum Semeru-Krater dauert von hier aus etwa zwölf Stunden. Bergtouren im Tengger-Massiv sind vom Mai bis Oktober ratsam.

Erholung von strapaziösen Bergtouren im Tengger-Massiv bietet **Pasir Pu-**

tih (›Weißer Sand‹), ein kleines Dorf an der Nordküste zwischen Probolinggo und Situbondo, das praktisch nur aus Hotels und Restaurants besteht. Obwohl Pasir Putih nicht unter die Kategorie ›Südsee-Traumstrand‹ fällt, bieten sich doch gute Möglichkeiten zum Schwimmen und Baden. An den Wochenenden zieht es sehr viele einheimische Touristen hierher, doch während der Wochentage kann man in Pasir Putih ruhige und beschauliche Strandtage verbringen und eventuell neue Kräfte für eine weitere Vulkanbesteigung sammeln.

Im östlichsten Teil Javas befindet sich das **Ijen-Massiv.** Auch dieses Hochplateau, auf dem sich als höchste Vulkane der Gunung Raung (3332 m) und der Gunung Merapi (2800 m) erheben, ist eine urzeitliche Riesencaldera mit einem Durchmesser von 16 km. In dem immensen, 134 km^2 großen Einbruchkessel dehnen sich heute die größten Kaffeeplantagen Indonesiens aus. Nur mit einem eigenen Fahrzeug läßt sich der Ausflug zur Hauptattraktion des Vulkanmassivs, dem Schwefelsee im Ijen-Krater, von Pasir Putih als Standquartier aus im Rahmen einer Tagestour durchführen. Ist man auf die hier recht sporadisch verkehrenden öffentlichen Transportmittel angewiesen, sollte man zumindest eine Übernachtung auf dem Plateau einplanen. Zwischen Bondowoso und Situbondo (beide Orte sind für ihre Stierkämpfe – Stier gegen Stier – bekannt) zweigt bei Wonosari eine Straße in südöstliche Richtung zum Ijen-Plateau ab. Mit einem Colt oder einem Lkw erreicht man ab Wonosari über Sukosari den bereits über 1500 m hoch gelegenen Ort Sempol, der sich, ebenso wie die 14 km weiter südlich auf der Hochfläche gelegene Siedlung Jampit, als Ausgangspunkt für die Wanderung bzw. den Ponyritt zum Kratersee anbietet (Unterkunft: in Sempol nur Privatübernachtung, in Jampit Guest House Wisma Jampit). Von Sempol sind es ca. 16 km zu Kawah IJen, von Jampit ca. 18 km. In beiden Orten können Pferde und Führer gemietet werden. Der eigentliche Ausgangspunkt für die Tour, die kleine Plantagenarbeiter-Siedlung Watu Capil (ca. 6 km östlich von Sempol bzw. ca. 8 km nördlich von Jampit), ist eventuell auch mit einem Lkw zu erreichen. Etwa 2 km östlich von Watu Capil zweigt von dem nach Gending Wuluh führenden Fahrweg ein ausgeschilderter Fußpfad zum

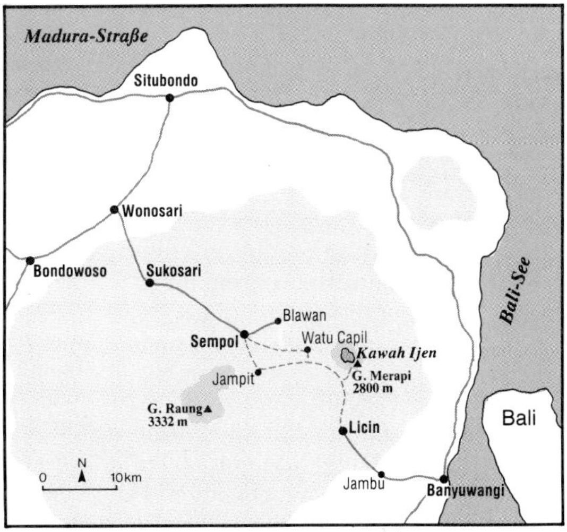

Ijen-Massiv

Ijen-Krater (=*Kawah Ijen*) ab. Nach ca. 45 Minuten gelangt man zu einer zusammengebrochenen Brücke über einen kleinen Fluß, danach wird der Pfad schmaler und schlängelt sich erst durch dichtes Unterholz, später durch hohes Alang Alang-Gras. Nach weiteren 45 Minuten hat man bereits eine 1950 m hoch gelegene seismographische Station *(Pondok Seng)* erreicht. Von hier aus müssen Sie mit einer weiteren Stunde bis zum Kraterrand rechnen. Etwa auf halbem Weg trifft man auf Wohnbaracken für die Arbeiter, die oben im Kawah Ijen Sulfate für die chemische Industrie abbauen. Für die Strapazen des teilweise sehr steilen Aufstiegs entschädigt der spektakuläre Anblick des türkisgrünen Schwefelsees, der sich im Ijen-Krater, ca. 500 m unterhalb des Merapi-Gipfels, gebildet hat.

Über dem von steilen Felswänden umrahmten Kratersee, der einen Durchmesser von rund 1 km besitzt, vermischen sich Nebelschwaden mit den aufsteigenden Schwefeldämpfen. Ein halsbrecherischer Stufenpfad führt hinab in diese Welt aus Rauch und Schwefel. Am Rand des Sees breitet sich ein riesiges Schwefelfeld aus; überall entweichen dem Erdinnern aus Felsspalten und Solfataren stinkende Gase. Hier wird hellgelber Schwefel abgebaut und von Lastenträgern in rund 50 kg schweren Körben auf einem steilen Pfad etwa vier Stunden bergabwärts nach Licin geschleppt, von wo aus der begehrte Rohstoff per Lkw zum Verarbeitungsbetrieb in Jambu transportiert wird. Auch dieser von Banyuwangi aus leicht mit Colts zu erreichende Ort könnte als Ausgangspunkt für die Ijen-Tour dienen. Allerdings gilt die östliche Aufstiegsroute als sehr anstrengend. Egal, ob Sie die Tour von Westen oder von Osten her unternehmen, Sie sollten frühzeitig aufbrechen, denn oftmals ist die gesamte Kraterregion bereits am späten Vormittag in dichte Wolken gehüllt. Bringen Sie für die Wanderung durch die Kaffeeplantagen ein gutes Insektenschutzmittel mit und denken Sie auch an einen ausreichenden Trinkwasservorrat.

Ein weiterer lohnender Ausflug führt von Sempol zu dem kleinen Ort Blawan (ca. 6 km nordöstlich), in dessen Nähe sich heiße Quellen und der sehr sehenswerte Wasserfall Air Terjun Tamarulan befinden.

Neben dem Kawah Ijen-Nationalpark gibt es in Javas östlichster Region noch drei weitere Naturschutzgebiete: Baluran National Park, Banyuwangi Selatan Reserve (besser bekannt als Blambangan National Park) und Meru Betiri Reserve. Sinnvollerweise sollten Sie Ausflüge zu diesen Natur- und Tierreservaten von Banyuwangi aus unternehmen; hier erhalten Sie auch detaillierte, aktuelle Informationen (Touristenbüro, Jl. Diponegoro 2, ✆ 41761; PPA-Büro, Jl. A. Yani 108, ✆ 41119; Nitour-Reiseagentur, Jl. Raya 43 C).

Am leichtesten zugänglich ist der **Naturpark Baluran;** die Einfahrt befindet sich bei dem Ort Wonorejo, 37 km nördlich von Banyuwangi (hier gibt es auch eine PPA-Außenstelle). Das 250 km^2 große Naturschutzgebiet gliedert sich in zwei prägnante Vegetationszonen: Der südliche Teil um den 1247 m hohen Gunung Baluran ist mit dichtem Regenwald bedeckt, der nördliche dagegen charakterisiert durch offenes Savannenland, das fast an den ›Schwarzen Kontinent‹ erinnert. Vom Parkeingang führt eine 12 km lange Allwetterpiste nach Bekol, wo ein Beobachtungsturm und ein kleines Gästehaus stehen (bei Voranmeldung im PPA-Büro/Banyuwangi ist hier eventuell eine Übernachtung möglich; ein weiteres Gästehaus steht 3 km östlich am Strand von Bamah). Zu den Hauptattraktionen der Fauna des Wildreservats gehören Leoparden, Wildrinder *(Banteng)*, Zwerghirsche *(Muncak)* sowie wilde Warzenschweine.

Schwieriger zu erreichen ist das **Banyuwangi Selatan Reserve** auf der Blambangan-Halbinsel. Die Überlandroute (Banyuwangi – Muncar – Tegaldlimo – Pancur) ist nur mit einem robusten Motorrad oder einem geländegängigen Auto zu bewältigen. Bequemer ist die Anfahrt über Benculuk und Purwoharjo nach Grajagan (ab Banyuwangi per Colt möglich). Von Grajagan ist es ein Zwei-Tages-Marsch oder eine dreistündige Bootsfahrt zum Wildreservat. Mit Ausnahme des hier heimischen Wildhundes *(Ajak)* ähnelt die Fauna dieses 620 km^2 großen Naturparks der des Baluran Nationalparks. Die Bucht von Grajagan mit ihren vor allem in den Monaten Mai bis Juli sehr hohen Wellen wurde mittlerweile von Surfern entdeckt. Bei Plengkung, nördlich von Cape Purwo (innerhalb des Naturschutzgebietes), haben Wassersportler, offenbar mit einer Sondergenehmigung, aus einfachen Bambushütten ein sogenanntes Surfing Camp errichtet (einwöchige ›Grajagan Surfing Tours‹ bieten verschiedene Reiseagenturen in Kuta, Legian und Sanur auf Bali an, z. B. Kuta Surf Shop, Jl. Pantai Kuta in Kuta).

Auch der Ausflug zum **Meru Betiri Reserve** erfordert eine etwas umfassendere Vorbereitung. In diesem 500 km^2 großen Naturschutzgebiet wurden Anfang der 80er Jahre noch Spuren der letzten Java-Tiger gesichtet (vermutlich nur noch fünf Exemplare). Hauptattraktion dieses Natur- und Tierreservats ist der geschützte Turtle Beach, ein 3 km langer Sandstrand bei Sukamade, wo Riesenschildkröten ihre Eier ablegen. Unterkunft bietet in Sukamade möglicherweise das Gästehaus der dortigen Gummi- und Kaffeeplantage Sukamade Baru. In dem kleinen Fischerdorf Rajegwesi (ca. 10 km östlich von Sukamade) befindet sich zudem ein PPA-Gästehaus (Voranmeldung in Banyuwangi erforderlich). Sukamade ist relativ schwer mit öffentlichen Verkehrsmitteln zu erreichen. Entweder über Genteng oder Glenmore an der Hauptstraße Banyuwangi–Jember gelangt man nach Pesanggaran und von dort weiter nach Sarungan (auf dieser Route verkehren sporadisch Colts). Die 15 km von Sarungan nach Sukamade kann man mit Motorrad-Taxen bewältigen.

Banyuwangi, Javas östlichste Stadt, hat dem Touristen, mit Ausnahme der Baiturrahman-Moschee, wenig zu bieten. 8 km weiter nördlich in Ketapang legen stündlich Fähren nach Bali (Gilimanuk) ab (Fahrtdauer ca. 45 Minuten).

Praktische Hinweise

Unterkunft: Probolinggo: Hotel Bromo Permai II, Jl. Panglima Sudirman 237, ✆ 21510 (gegenüber dem zentralen Busterminal; hier können Sie gegebenenfalls die Zimmerreservierung für das Hotel Bromo Permai I in Cemoro Lawang vornehmen); Hotel Victoria, Jl. Suroyo 1. **Pasir Putih:** Hotel Bhayangkara, Hotel Pasir Putih Inn (gehobenere Preislage), Hotel Sido Muncul. **Bondowoso:** Hotel Slamet, Jl. Sudirman 45; Wisma Anugerah, Jl. Bungur. **Banyuwangi:** **Manyar, ✆ 41741 (nahe Fährhafen Ketapang); Hotel Banyuwangi, Jl. Dr. Wahidin 10 (gehobenere Preislage); Hotel Baru, Jl. Pattimura 82–84; Wisma Blambangan, Jl. Dr. Wahidin 4.

Bali

Allgemeines

Auf der nur gut halbstündigen Fährfahrt vom ostjavanischen Ketapang über die gerade 4 km breite Meerenge von Bali nach Gilimanuk überschreitet der Reisende eine unsichtbare, aber dennoch deutliche Grenze: Die nur knapp 5600 km^2 große Insel Bali ist die letzte fast rein hinduistische Enklave im von Moslems dominierten indonesischen Archipel. Die westlichste der Kleinen Sunda-Inseln ist das einzige Eiland, auf das der Islam keinen Einfluß ausüben konnte; hier haben sich auf den Gebieten der Religion und der Kultur indische und hindu-javanische Überlieferungen mit noch älteren, eigenständigen Elementen vermischt und bis zum heutigen Tage nahezu unverfälscht erhalten. Das tägliche Leben des einzelnen, der Familie, der Dorfgemeinschaft und schließlich der ganzen Insel wurzelt fest in diesen alten Traditionen.

Acht Grad südlich des Äquators gelegen, erstreckt sich Bali bei einer durchschnittlichen Breite von 80 km über eine Länge von rund 150 km. In west-östlicher Richtung wird die Insel von einem Zentralgebirge durchzogen. Kegelförmige Vulkane beherrschen das Inselrelief und gliedern die Gebirgssilhouette. Im Ostteil ragt der höchste Vulkangipfel auf, der den Balinesen heilige 3142 m hohe Gunung Agung (›Großer Berg‹, Farbabb. 24). Im Zentrum liegen die mächtigen Massive des Gunung Batur (1717 m) und des Gunung Batukau (2276 m). Ein gutes Drittel des westlichen Bali nimmt das Hochland von Jembrana ein, vom Urwald dicht überzogen, ohne Wege und so gut wie unbewohnt. Dem Süden der Insel vorgelagert und mit ihr durch eine Landenge verbunden, verläuft die heiße und trockene Halbinsel Bukit Badung.

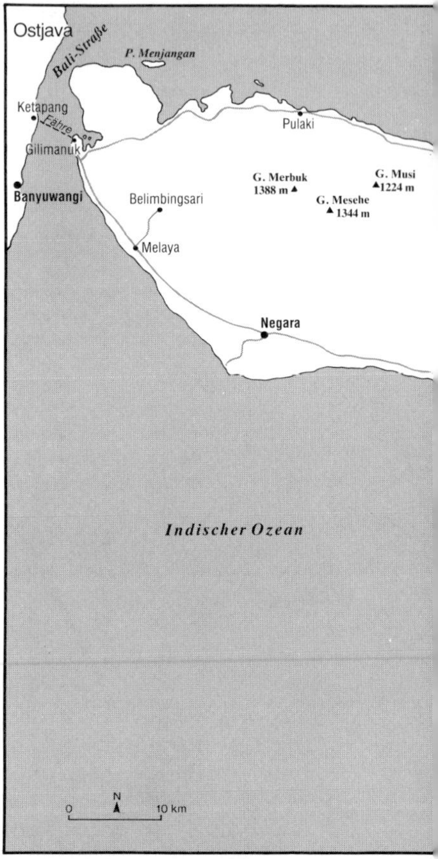

Bali

Während die Bergkette nach Norden zu ziemlich steil abfällt und nur ein schmaler Küstensaum agrarisch genutzt werden kann, ist an der flach zum Meer hin auslaufenden Südseite durch Verwitterung vulkanischer Ablagerungen ein fruchtbares Tiefland entstanden. Hier haben die Balinesen ihre Insel in eine Kulturlandschaft umgestaltet, die ihresgleichen sucht: Terrassenförmige Reisfelder, sämtlich ingeniös bewässert und bis in Höhen von 500 m hinaufreichend, prägen das Landschaftsbild. Da Bali, nur durch eine schmale und relativ flache Wasserstraße von Java getrennt, geologisch die Fortsetzung der großen Nach-

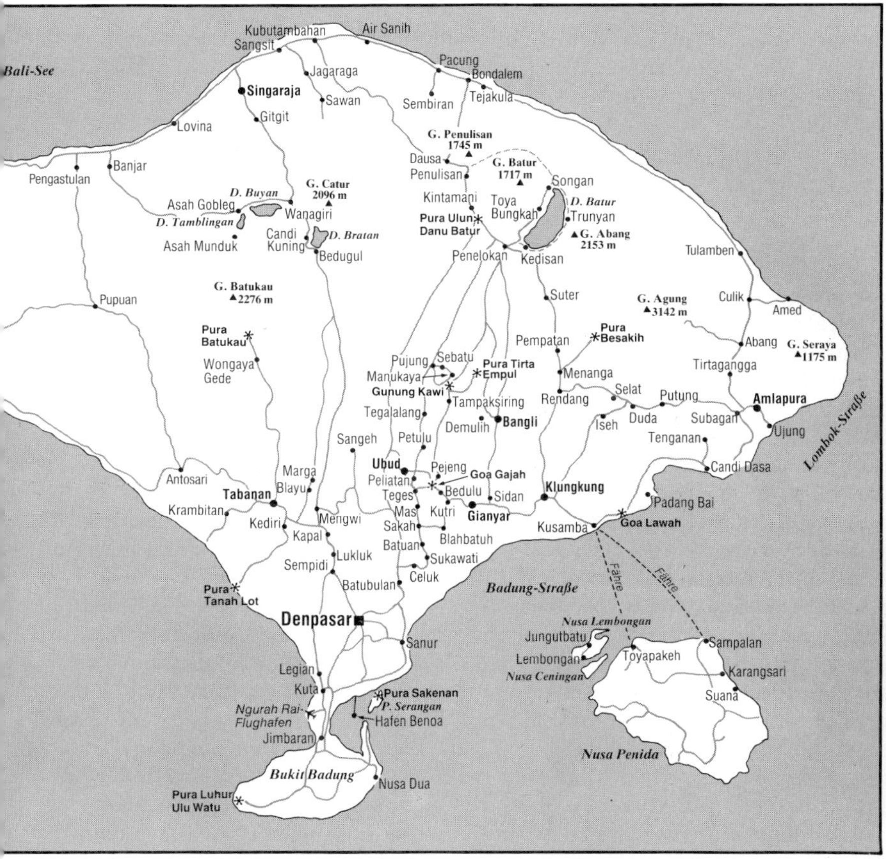

barinsel bildet, sind sich auch Klima sowie Fauna und Flora der beiden Inseln sehr ähnlich.

Als eine der 27 Provinzen der indonesischen Republik ist Bali administrativ in acht Regierungsbezirke *(Kabupaten)* eingeteilt, die etwa den Machtsphären der einstigen lokalen Fürsten entsprechen. Badung, der bevölkerungsreichste Bezirk, liegt im Süden; hier befinden sich die Hauptstadt Denpasar sowie die Touristenzentren Kuta, Legian, Sanur und Nusa Dua. Das die gesamte Nordküste umfassende Buleleng ist flächenmäßig am größten. Jembrana und Tambanan nehmen den südwestlichen Teil Balis ein. Gianyar, Bangli, Klungkung und Karangasem formen zusammen Ostbali.

Mit rund 3,2 Mill. Einwohnern zählt Bali zu den dichtestbesiedelten Regionen des Landes (ca. 520 Einw./km^2). Wie auf den meisten Inseln des indonesischen Archipels lebt auch hier eine ethnisch sehr vielschichtige Bevölkerung, in der sich die verschiedenen Einwanderungswellen widerspiegeln (vgl. S. 68). Als Urbevölkerung gelten die Bali Aga, die sich der hindu-javanischen Beeinflussung widersetzten und in ihren geographisch isolierten Rückzugsgebieten seit Jahrhunderten ihre Sozialordnung und ihre religiös-kulturellen Vorstellungen unverändert bewahrten. Fast 94% der Inselbewohner hängen der balinesischen Hindu-Dharma-Religion an. Die islamische Bevölkerungsminorität konzentriert sich an der Nordküste; Chinesen leben vorwiegend in den Wirtschaftszentren Denpasar und Singaraja.

Die Landwirtschaft, in der ca. 90% der Einwohner tätig sind, bildet nach wie vor die Basis der insularen Ökonomie. An erster Stelle steht der Naßreisanbau. Die fruchtbaren vulkanischen Verwitterungsböden und das fast überall reichlich vorhandene Wasser ermöglichen bis zu drei Ernten pro Jahr. Weitere Hauptprodukte sind neben allen Arten von Obst und Gemüse, Tabak, Kaffee, Erdnüsse und Zuckerrohr. Seit Mitte der 60er Jahre hat sich vor allem in den Fremdenverkehrszentren des südlichen Bali der Tourismus zu einem bedeutenden Wirtschaftsfaktor und Arbeitgeber entwikkelt. Besonders in den letzten beiden Jahrzehnten stieg die Zahl der Besucher sprunghaft an. Während die Insel vor dem Zweiten Weltkrieg jährlich lediglich etwa 3000 Touristen aus Übersee verzeichnete, wuchs deren Zahl über 250000 (1983) auf mittlerweile rund 500000 Reisende (vorwiegend Australier, Japaner und Europäer) pro Jahr an. Diese offiziellen Zahlen enthalten jedoch nur die sogenannten Pauschaltouristen. Werden zudem noch die Individualtouristen und ›Traveller‹ berücksichtigt, so ergibt sich eine Gesamtzahl von rund eine Million Touristenankünften pro Jahr, was einem Ausländer auf je drei Einwohner entspricht.

›Morgen der Welt‹ – so hat Indiens einstiger Premier Nehru in zartem Sprachgefühl die exotische Tropeninsel anläßlich seines Staatsbesuches im Jahre 1954 genannt. Doch das paradiesische Bali hat seine Unschuld längst verloren. Die Masseninvasion der Touristen veränderte vor allem die Südspitze in den letzten drei Jahrzehnten nachhaltig. Zumindest hier entwickelte sich die ›Götterinsel‹ mit zahllosen Touristenherbergen, Restaurants, Diskotheken und Boutiquen zu einem südostasiatischen Mallorca. Auch in den Menschen hat diese Kulturinvasion teilweise tiefe Spuren hinterlassen; Zunahme des Alkohol- und Drogenkonsums unter jugendlichen Balinesen, Anstieg der Prostitution und krimineller Delikte – das sind nur die offensichtlichen der negativen Begleiterscheinungen des internationalen Fremdenverkehrs. Schon frühzeitig erkannte man auf Bali diese Gefahren. Ein Masterplan wurde entwickelt, dem die Idee zugrunde lag, die ökonomischen Vorteile des Tourismus zu nutzen und gleichzeitig die Nachteile auf ein Mindestmaß zu reduzieren. Der Touristenstrom soll kanalisiert, die Reisenden an wenigen Orten konzentriert werden; Ferienzentrum heißt das Schlagwort. In Nusa Dua nimmt eines dieser Touristenghettos Gestalt an. Als erste Nobelherberge hat 1983 das Nusa Dua Beach Hotel eröffnet; weitere Luxushotels sind geplant. Hier sollen die Touristen im Kreise Gleichgesinnter Sonne, Sand und Sex genießen und sich mit balinesischer Kultur als folkloristische Dreingabe beim Festdinner begnügen. Doch immer mehr Einheimische wollen die goldene Kuh Tourismus melken, immer mehr Klein- und Kleinstbetriebe der Fremdenverkehrsbranche sind im Entstehen. Der Tourismus wuchert mittlerweile unkontrolliert über die gesamte Insel, kaum ein Ort, der noch nicht von ihm infiltriert wäre. Bei keinem Tempelfest entlang der Reiserouten bleibt die Dorfgemeinschaft mehr unter sich. Prunkvolle Leichenverbrennungen werden von lokalen Reiseagenturen skrupellos vermarktet.

Trotz aller Wandlungen aber blieben die allermeisten der tief in ihrer Religiosität verwurzelten Balinesen in ganz erstaunlichem Maße ihren tradierten Denk-, Handlungs- und Lebensweisen treu. Fremdenverkehr und Bewahrung der kulturellen Identität, andernorts so

Exkurs: Allgemeine Verhaltensregeln

Gastfreundschaft und eine geradezu legendäre Toleranz – das sind zwei herausragende Charaktereigenschaften der Balinesen. Generell schätzen und würdigen die Balinesen das Interesse aufgeschlossener Ausländer an ihrer Kultur. Für gewöhnlich wird keinem Besucher aus einem fremden Land der Zutritt zu einem Tempel oder die Teilnahme an einer öffentlichen Zeremonie verwehrt, vorausgesetzt dieser ist bereit, sich den einheimischen Sitten und Gebräuchen anzupassen. Bestimmte Verhaltensregeln sind vor allem bei Tempelbesuchen einzuhalten. Vor dem Betreten eines Heiligtums müssen Männer wie Frauen unbedingt ein Tuch oder einen Schal *(Selendang)* um die Taille schlingen. Wer keine solche Tempelschärpe trägt, wird höflich, aber bestimmt aus dem heiligen Bezirk gewiesen. Ein *Selendang,* praktisch überall für wenige Rupiah zu erstehen, sollte daher zu den Grundaccessoires eines Bali-Reisenden gehören. Auch wenn die Kommerzialisierung von Tänzen und sakralen Festen teilweise bereits bedenkliche Formen angenommen hat, muß man unbedingt den besuchten Tempel mit dem Respekt behandeln, den ihm auch die Einheimischen entgegenbringen. Prinzipiell hat man sensibel aufzutreten und sich zu vergewissern, ob man willkommen ist oder als störend empfunden wird. Von großer Bedeutung ist das äußere Erscheinungsbild. Kurze Hosen und Röcke werden auf Bali am Strand und am Swimming-pool akzeptiert, aber auch nur dort. Auf gar keinen Fall darf man auf Mauern, vor allem nicht auf Tempelmauern sowie auf -schreine, klettern. Als sehr unhöflich gilt es, sich über die Köpfe insbesondere älterer Personen zu erheben; gar einen erhöhten Standort über dem Priester einzunehmen, käme einem Affront gleich. Blut auf dem Tempelboden bedeutet eine rituelle Verunreinigung, daher dürfen Menschen, die sich verletzt haben und bluten sowie auch Frauen während ihrer Periode einen balinesischen Tempel nicht betreten. Weiterhin darf man sich nie vor einem betenden Gläubigen aufhalten, vor allem nicht zwischen ihm und dem Schrein, vor dem er betet. Vor dem Fotografieren sollte man unbedingt klären, ob man damit nicht die Gefühle der Gläubigen verletzt und eventuell die Zeremonie stört; dies gilt ganz besonders für nächtliche Feste, wenn ein Blitzlicht erforderlich wird. Auch außerhalb der Tempelmauern müssen unbedingt die beiden folgenden Verhaltensregeln beachtet werden: Wie fast überall in Südostasien gilt auch auf Bali der Kopf eines Individuums als heilig und darf unter keinen Umständen berührt werden. Ein freundschaftlicher Klaps auf den Hinterkopf würde bei einem Balinesen tiefen Schmerz und Ärger verursachen. Die linke Hand gilt als unrein und ist tabu; beleidigend könnte es wirken, wenn man mit der linken etwas zureicht oder entgegennimmt (vgl. auch S. 577).

aussichtslos wie die Quadratur des Kreises, scheint auf Bali, und das gehört zu den vielen Phänomenen dieser Insel, möglich zu sein. Geschickt verstehen es die meisten Balinesen, sich aus dem Dilemma, in das sie der devisenbringende Tourismus gestürzt hat, zu ziehen, indem sie strikt trennen zwischen ›ihr‹ und ›wir‹. Sondervorführungen von Kecak, Legong und anderen Tänzen vor einem zahlenden Touristenpublikum, das ist die eine Seite; Tänze für die Götter und die verstorbenen Ahnen, nachts und hinter den Mauern ihrer Tempel und Höfe, die andere. Und die vielen, oft rücksichtslosen Touristen bei öffentlichen Tempelfesten? Meist ertragen die Balinesen diese mit Toleranz und Gleichmut, haben sie im Verlauf ihrer Geschichte doch schon ganz anderen Katastrophen als einer Touristeninvasion widerstanden.

Geschichte

Die berühmte Bronzetrommel ›Mond von Bali‹, die in einem Tempel von Pejeng bei Ubud aufbewahrt wird und die man auf einige Jahrhunderte vor der Zeitenwende datiert, bezeugt, daß Bali mit Sicherheit bereits zur Bronzezeit besiedelt war. Die Geschichte der Insel bis zum achten nachchristlichen Jahrhundert liegt weitgehend im dunkeln; wann sich auf Bali erste indische Einflüsse spürbar durchzusetzen vermochten, entzieht sich unserer Kenntnis. Dic frühesten, auf eine hinduistische Kultur hinweisenden Inschriften stammen aus dem 9. Jh. und sind in altbalinesischer Sprache abgefaßt. Wenige Jahrzehnte nachdem das hinduistische Mataram-Reich seinen Regierungssitz von Zentral-nach Ostjava verlegt hatte, kam es zu intensiveren Einflüssen kultureller wie politischer Art. Eine umfassende Hinduisierung Balis aber setzte erst ein, nachdem der balinesische Fürst Udayana gegen Ende des 10. Jhs. die javanische Prinzessin Mahendradatta aus der Mataram-Dynastie geheiratet hatte und sich damit die beiden Herrscherfamilien eng miteinander verbanden. Aus dieser Ehe ging Airlangga hervor, der 1019 zum König von Mataram gekrönt wurde und die beiden Reiche unter seiner Oberherrschaft vereinigte. Als Ostjava nach Airlanggas Tod (1042) in einen Strudel politischer Wirren gerissen wurde, gelang es den Königen von Bali, bis 1284 selbständig zu bleiben. In diesem Jahr jedoch eroberte Kertanagara, der letzte Herrscher der ostjavanischen Singhasari-Dynastie, Bali. Bereits acht Jahre später, Kertanagara war bei einer Palastrevolte ermordet worden, gewann Bali erneut die Unabhängigkeit. 1343 aber zwang Gajah Mada die Insel unter die straffe Herrschaft des mächtigen Majapahit-Imperiums. Bali war nun eine Provinz dieses javanischen Königreiches und wurde von dessen Vasallen regiert. Nunmehr begann die eigentliche javanisch-balinesische Epoche. Zur letzten Bastion des Hinduismus wurde Bali, als Anfang des 16. Jhs. der letzte Herrscher des Majapahit-Reiches vor der machtvollen Ausbreitung des Islam mit seinem gesamten Hofstaat, mit Priestern und Gelehrten sowie zahlreichen Handwerkern und Künstlern, auf das sichere Bali floh. Daraus erwuchsen dem Eiland neue kräftige Impulse für die eigene Kulturentwicklung, die sich in den kommenden dreieinhalb Jahrhunderten, ungestört von wesentlichen politischen Umwälzungen, zu einer beispiellosen Hochblüte entfalten konnte. Nach der islamischen Eroberung Javas wurde Bali ab 1550 zunächst von Gelgel aus streng zentralistisch regiert, aber die politische Einheit hielt nur ein Jahrhundert lang. Durch Intrigen und innere Zwistigkeiten zerfiel das balinesische Reich 1651 in etwa ein Dutzend selbständige, sich häufig befehdende Fürstentümer *(Kerajaan)*.

Obwohl die Holländer bereits 1597 zum ersten Mal auf Bali gelandet waren, eroberten sie erst 1846 den nördlichen Teil der Insel mit dem Haupthafen Singaraja. Rivalitäten zwischen den einzelnen Rajas erleichterten ihnen dabei die Ausweitung ihrer Machtsphäre. Einen vergleichsweise unbedeutenden Zwischenfall nahmen die Niederländer Anfang des 20. Jhs. zum Anlaß, auch die noch freien Fürstentümer im Süden unter ihre Herrschaft zu bringen. Im Frühjahr 1904 war ein kleines Handelsschiff an der Küste von Sanur gestrandet. Die Küstenbewohner retteten zwar die Schiffbrüchigen, plünderten aber auch deren Schiff aus. Der chinesische Schiffseigner verlangte daraufhin von der holländischen Kolonialregierung eine Entschädigung und eine Bestrafung der Strandräuber. Die Niederländer leiteten die Forderung an den Raja von Badung weiter, der sich jedoch strikt weigerte zu zahlen. Die Verhandlungen zogen sich jahrelang hin und wurden zu einer ernsten politischen Affäre aufgebauscht. Schließlich erklärten die Holländer dem Badung-König und seinen Verbündeten den Krieg. Schon bald erkannten die primitiv bewaffneten Balinesen, daß sie ihrem Feind hoffnungslos unterlegen waren. In dieser verzweifelten Situation gab es für den Raja, seine Familie und sein gesamtes Gefolge nur eine Lösung – ehrenvoll zu sterben. In einem grauenvollen rituellen Amokangriff *(Puputan)* rannten rund 2000 Balinesen ungeschützt in die Gewehrsalven der Holländer oder stürzten sich in ihre eigenen Krise. Das gesamte Königshaus von Badung wurde bei dieser Selbstvernichtungsschlacht ausgelöscht. Beim weiteren Vormarsch der Holländer zogen auch andere Fürstenfamilien den Tod der Unterwerfung vor. Bis 1914 hatte die Kolonialmacht ganz Bali unter ihre Kontrolle gebracht. Kooperationsbereite Adlige, wie die Herrscher von Gianyar und Karangasem, wurden wieder als Regenten eingesetzt und erhielten sogar eine begrenzte Autonomie. Die kulturell-religiöse Eigenständigkeit der Balinesen tasteten die Holländer nicht an; es kam zu keiner Missionstätigkeit oder anderen Versuchen der Einflußnahme.

Die Eroberung von Bali durch die Holländer in einer zeitgenössischen Darstellung

Nach dem Zweiten Weltkrieg war Bali einer der Hauptschauplätze des indonesischen Unabhängigkeitskampfes gegen die Niederländer (Schlacht von Marga am 20. November 1946 unter I Gusti Ngurah Rai). Nachdem mit der republikanischen Staatsform sämtliche Feudalherrschaft abgeschafft worden war, verloren Anfang der 50er Jahre auch die balinesischen Aristokraten ihre politische Macht. Als Bewahrer der alten Traditionen wird ihnen jedoch heute noch große Verehrung entgegengebracht. Eine schwierige Phase durchlebte das Tropeneiland Mitte der 60er Jahre. Obwohl nicht unmittelbar von den Ereignissen in Jakarta betroffen, kam es Ende 1965 nach dem vergeblichen Versuch kommunistischer Revolutionäre, die Staatsmacht an sich zu reißen, auf Bali zu blutigen Auseinandersetzungen, in deren Verlauf schätzungsweise 50000 als religionsfeindliche Kommunisten Verdächtige ermordet wurden.

Kastensystem und Sprachstruktur

Bei der Hinduisierung Balis wurde das Kastenwesen (balin.: *Wangsa*, ind.: *Varna*) übernommen, jedoch ist die Separierung der einzelnen Kasten weit weniger rigoros als in Indien. Die drei obersten Kasten werden unter der Bezeichnung *Triwangsa* zu einer Dreierkaste zusammengefaßt, der rund 7% der Balinesen angehören. Die heutigen führenden Kreise Balis rekrutieren sich ausschließlich aus der von Java gekommenen Oberschicht. Bis heute hält man es auf Bali für ein Zeichen von Vornehmheit, ein *Wong Majapahit*, ein Mensch majapahitischer Herkunft zu sein, anstatt von einer balinesischen Dynastie der Vor-Majapahit-Zeit abzustammen. Welcher Kaste eine Person angehört, geht aus dem Titel hervor, der im vollen Namen seines Trägers enthalten ist. Auch auf Bali bilden die brahmanischen Priester *(Pedanda)* die höchste Kaste *(Brahmana)*; sie führen den Titel *Ida Bagus* (für Männer) und *Ida Ayu* (für Frauen). Dann folgt die Kaste des Hochadels, also die Nachkommen der ehemaligen Herrscherfamilien (*Ksatria* oder *Satria;* Titel: *Anak Agung, Ratu* oder *Cokorde*). Die dritte Kaste *(Wesia)* setzt sich zusammen aus Angehörigen des niederen Adels; früher zählten zu ihr auch die Krieger (Titel: *Gusti*). Am unteren Ende der gesellschaftlichen Hierarchie steht die Kaste des einfachen Volkes, der Bauern und Handwerker (balin.: *Jaba*, ind.: *Sudra*); ihr gehören etwa 93% der Bevölkerung an. In dieser niedrigsten Kaste richtet sich der Anredetitel nach der Reihenfolge der Geburt: *Wayan* ist der Erst-, *Made* der Zweit-, *Nyoman* der Dritt- und *Ketut* der Viertgeborene. Zur Unterscheidung zwischen Jungen und Mädchen wird meist ein ›I‹ (männlich) oder ein ›Ni‹ (weiblich) vorangestellt. Bei mehr als vier Kindern beginnt die gleiche Namensgebung wieder von vorne. *Paria* (›Unberührbare‹) gibt es auf Bali nicht. Einem Schöpfungsmythos zufolge sollen diese vier Kasten ihren Ursprung in der Urgottheit Brahma haben. Die priesterlichen Brahmanen gingen aus seinem Mund hervor, die *Satria* aus seinen Armen, die *Wesia* aus seinen Schenkeln und die *Jaba* aus seinen Füßen.

Das Kastensystem hat auf Bali zur Entwicklung einer komplizierten Sprachstruktur geführt. Prinzipiell unterscheidet man im Balinesischen zwei Sprachebenen: *Alus* (Respektssprache) und *Kasar* (Vulgär- oder Volkssprache). Das heißt, daß es für ein und denselben Begriff zwei lautlich verschiedene, inhaltlich aber gleichbedeutende Wörter gibt, eins der *Alus*- und eins der *Kasar*-Ebene. Der Unterschied zwischen ihnen liegt allein in dem durch sie zum Ausdruck gebrachten Status, den die Gesprächspartner in der Kastenhierarchie innehaben. Das *Kasar*-Niederbalinesische, einer der zahlreichen malaiisch-polynesischen Dialekte, ist die Alltagssprache der meisten Balinesen. Will jedoch ein *Jaba* mit oder über eine Person von höherem Rang sprechen, so darf er nur das *Alus*-Hochbalinesische verwenden. Andererseits redet ein Mitglied einer Adelskaste in der Volkssprache mit oder über einen *Jaba.* Innerhalb der Hoch- oder Respektssprache sanskrit-javanischen Ursprungs gibt es noch zahlreiche feine Nuancen. Nicht einmal alle *Triwangsa*-Angehörigen beherrschen diese komplizierte Sprache perfekt. Einfache Leute kennen für gewöhnlich nur einige Begriffe und Wendungen, die sie im Umgang mit Höherrangigen benötigen. Daneben existiert noch das aus den beiden Sprachen gemischte Mittelbalinesisch, das höflicherweise dann angewandt wird, wenn die Standeszugehörigkeiten der Gesprächspartner nicht klar sind.

Ein Gehöft in Bali

Eine vierte Variante, das *Kawi*, eine Ritualsprache in fast reinem Sanskrit, lebt weiter im traditionellen balinesischen Schauspiel, in der Literatur sowie in den *Mantra*, den Gebetsformeln der Brahmanen. In der Praxis jedoch ist im Bali der Gegenwart dieser strikte Sprachgebrauch ebenso wie das gesamte Kastenwesen allmählich im Verschwinden begriffen. Als offizielle Amtssprache wird heute durchweg das von Kastenrücksichten freie Nationalidiom *Bahasa Indonesia* gesprochen.

Die Dorfgemeinschaft

Die balinesische Gesellschaft ist seit alters her agrarisch strukturiert; nach wie vor leben über 90% aller Balinesen in Dorfverbänden auf dem Lande. Die Anlage eines Dorfes folgt meistens einem regelmäßigen Plan. Zwei von Gehöften gesäumte Straßen kreuzen sich im rechten Winkel. Um den im Schnittpunkt entstandenen Platz gruppieren sich die wichtigsten öffentlichen Gebäude: der Dorftempel *(Pura Desa)*, die Versammlungshalle (*Bale Agung* oder *Bale Banjar*), die Hahnenkampfarena *(Wantilan)*, der Musikpavillon mit den *Gamelan*-Instrumenten *(Bale Gong)* und mitunter der Palast des lokalen Fürsten *(Puri)*. Oftmals steht hier auch ein großer Banyan- oder Waringin-Baum mit seinen charakteristischen Luftwurzeln; im Geäst dieses als heilig erachteten Baumes befindet sich bisweilen eine hölzerne Trommel *(Kulkul)*, die zu Festen und Versammlungen ruft, aber auch vor Gefahren (z. B. Feuer) warnt. Im Zentrum des Dorfes breitet sich meist auch der Markt *(Pasar)* aus. Die Hauptstraße folgt immer der Richtung vom Meer *(Kelod)* zu den Bergen *(Kaja)*. Im Oberdorf, also im bergwärts gewandten Teil, steht zur Verehrung der Gründerahnen als wichtigster Tempel der *Pura Puseh*, während seewärts und außerhalb des Dorfes der Begräbnis- und Verbrennungsplatz sowie der Tempel für die Todesgöttin *(Pura Dalem)* liegen. Entlang der Straßen reihen sich dicht an dicht die einzelnen Familienanwesen. Sie besitzen meist identische Abmessungen und sind zum Schutz vor bösen Geistern und Dämonen mit einer hohen Lehm- oder Steinmauer umgeben. Im Innern gruppieren sich in lockerer Anordnung um einen zentralen Hof die Wohn- und Schlafpavillons der Familienmitglieder und einzelne Wirtschaftsgebäude (Schweinestall, Reisscheune u. a.) sowie der Familientempel und verschiedene Götterschreine.

Obwohl sie natürlich in eine zentrale Provinzverwaltung eingegliedert sind, haben sich die meisten balinesischen Dörfer eine erstaunliche Autonomie bewahrt und stellen eine Art kleine ›Dorfrepubliken‹ mit einer für gewöhnlich ausgezeichnet funktionierenden Selbstverwaltung dar. Die Bevölkerung eines balinesischen Dorfes bildet eine Sozial- und Arbeitsgemeinschaft, deren Zusammenleben auf dem *Adat* basiert (vgl. S. 39).

Größere Dörfer *(Desa)* sind in der Regel in kleinere Dorfbezirke *(Banjar)* untergliedert. *Banjar* ist auch die Bezeichnung für die Volksvertretung der kleineren Einheiten. Diese Nachbarschaftskooperativen, die jeweils ca. 150–300 Familienoberhäupter umfassen, entscheiden über alle wesentlichen Dorfangelegenheiten (u. a. Straßenbau, Landverpachtung, Genossenschaftswesen, Organisation von Festen, Unterhalt der Tempelbauten). In den Händen der *Banjar* liegt auch die niedere Gerichtsbarkeit; stets wird versucht, bei Streitigkeiten interne Lösungen herbeizuführen. Die Mitgliedschaft im *Banjar* ist freiwillig, jedoch besteht für jeden verheirateten Mann eine große moralische Verpflichtung, dieser Vereinigung beizutreten, sofern er sich nicht in eine Außenseiterrolle begeben will. Insgesamt existieren auf Bali rund 3800 *Banjar*.

Eine zweite Form genossenschaftsähnlicher Verbindung ist der *Subak*. Dies ist eine landwirtschaftliche Vereinigung zur Organisation von Gemeinschaftsarbeiten sowie zur Regelung der lebenswichtigen Bewässerung beim Reisbau. Mit bis zu drei Ernten pro Jahr gilt das balinesische Reisanbausystem als eines der effektivsten der Welt. Diese Tatsache ist in erster Linie auf die Bereitschaft der Bauern zurückzuführen, innerhalb der Reisbau-Vereinigungen rationell zusammenzuarbeiten. Der *Subak* legt den Arbeitsrhythmus seiner Mitglieder fest, er bestimmt, wann die einzelnen Felder *(Sawah)* überflutet werden können und wann schließlich die Ernte stattfindet. Auch die verschiedenen Zeremonien um den Reisbau (z. B. die Opfer zu Ehren der Reisgöttin Dewi Sri) werden von dem *Subak* vorbereitet. Mindestens einmal pro Monat findet im *Subak*-Tempel eine Mitgliederversammlung statt. Eine solche Landgenossenschaft muß nicht auf ein Dorf beschränkt sein, zu ihr können sich auch mehrere Dörfer, die von einem gemeinsamen Wasserzulauf abhängig sind, zusammenschließen. Auf Bali übrigens ist es, im Gegensatz zu anderen südostasiatischen Regionen, ein Privileg der Männer, die Reisschößlinge zu setzen; die Frauen dürfen lediglich bei der Ernte helfen.

Kollektivsinn und Gruppenzugehörigkeit sind in der balinesischen Gesellschaft so beherrschend, daß jeder in erster Linie treues Mitglied seiner Gemeinschaft ist und erst in zweiter Linie Inhaber irgendeiner anderen sozialen Position. Dieses Aufgehen in der Gemeinschaft erklärt auch die Tatsache, daß auf Bali das Streben nach persönlichem Ruhm und öffentlicher Anerkennung nur schwach ausgeprägt ist. Die gefürchtetste Strafe war und ist größtenteils noch heute die Verstoßung aus der Dorfgemeinschaft.

Religion

Während sich ringsum auf dem indonesischen Archipel der Islam ausbreitete, blieb auf Bali der weltweit einzigartige Hindu-Dharma-Glaube erhalten, eine Religion, der fast 94 % der Inselbevölkerung anhängen und die das tägliche Leben in zahlreichen Ritualen und Festen von der Geburt bis zum Tod und sogar über den Tod hinaus bestimmt. Religion ist auf Bali die Quelle der Existenz, sie ist die Grundlage des Zusammenhalts von Familie und Dorfgemeinschaft, sie ist die ethische Leitlinie allen Handelns. Ihrer Religiosität verdanken die Balinesen eine ungebrochene kulturelle Identität, die sich dem Besucher als eine alles umfassende Harmonie mitteilt.

Es ist nicht leicht, die hindu-balinesische Religion darzustellen, ist doch nicht einmal ihr Name eindeutig definiert. Weil heiliges Wasser in kultischen Handlungen eine große Rolle spielt, nannte man sie früher u. a. Agama Tirta (›Religion des geweihten Wassers‹). Heute wird meist die Bezeichnung Agama Hindu Dharma (›Hindu-Dharma-Religion‹) gebraucht. Die hindu-balinesische Religion ist aber genauso wenig ›reinrassig‹ wie der Islam auf den Nachbarinseln, sie ist weit entfernt vom orthodoxen Hinduismus indischer Prägung. Seit alters her glauben die Balinesen an die allmächtigen Kräfte der Natur und an die Beseeltheit der Umwelt, deshalb haben sie ihre uralte Naturverehrung nie aufgegeben. Eine ebenso wichtige Rolle spielt seit eh und je ein ausgeprägter Ahnenkult. Alle im Lauf der Zeit importierten Glaubens- und Kulturströme, insbesondere der Mahayana-Buddhismus und der Hinduismus shivaistischer Ausrichtung, wurden mit diesen religiösen Fundamenten zu einem komplexen, aber harmonischen Gebilde, der heutigen Hindu-Dharma-Religion, zusammengeschmolzen.

Dem dualistischen Weltbild dieses Religionssystems zufolge basiert das gesamte Universum auf einem unabdingbar zusammengehörenden Antagonismus, durch dessen Bestehen das Gleichgewicht im Kosmos gewahrt wird. Nach balinesischer Vorstellung ist die Welt zweigeteilt, was in Gegenüberstellungen wie Himmel und Erde, Sonne und Mond, Tag und Nacht, Götter und Dämonen, Leben und Tod sowie vor allem Gut und Böse zum Ausdruck kommt. Jegliche Existenz, das Bestehen dieser Welt schlechthin, wird erst möglich durch das Zusammenwirken dieser Gegensatzpaare. Aus diesem Grund muß den entgegengesetzten Kräften gleichermaßen Beachtung geschenkt werden, muß Dämonen wie Göttern gleicherweise gehuldigt werden. Das ganze Streben der Balinesen zielt darauf ab, Harmonie und Ausgleich zwischen diesen Gegenpolen herzustellen. Nach dem balinesischen Weltbild unterliegt alles einer kosmischen Ordnung, ist jedes Ding und jedes Wesen an einem festen Platz im Universum verankert. Der heilige Gunung Agung, der höchste Berg der Insel, ist als Sitz von Shiva das Zentrum des Universums und Mittelpunkt dieses Ordnungsgesetzes. Eine ausschlaggebende Rolle im System der Weltharmonie spielt der Gegensatz zwischen *Kaja* und *Kelod,* zwischen Berg und Meer. Obwohl sie Inselbewohner sind, ist das Leben der Balinesen nicht auf das Meer ausgerichtet, sondern landeinwärts, hin zu den Bergeshöhen. Mit dem Begriff *Kaja* wird das Göttliche und Heilige, das Glück- und Fruchtbarkeitbringende assoziiert, während *Kelod* die chthonische Sphäre, die Welt der Leid und Unheil verursachenden Dämonen repräsentiert. Auf den Vulkanen und hohen Bergen wohnen die Götter, die vergöttlichten Naturkräfte und die Geister der Ahnen. Dem entgegengesetzt sind das Meer und die Unterwelt, wo menschenfeindliche Dämonen und böse Geister hausen. Die Menschen leben in der dazwischenliegenden mittleren Welt, die ihnen aber die Götter nur zu Lehen gaben. Aufgrund der Lage zwischen diesen Extremen ist auf Bali jedes Dorf, jeder Tempel und jedes Gehöft entlang einer imaginären Achse zwischen Meer und Bergen angelegt. Weil das Wohl und Wehe der irdischen Welt von der oberen Welt der Götter und der unteren Welt der Dämonen beeinflußt wird, stellt das Leben der Menschen eine einzige Huldigung an die Überirdischen sowie eine ständige Besänftigung der Unterirdischen dar.

Auf Bali, als ›Insel der Götter‹ *(Pulau Dewata)* bekannt, ist Gott in allem und alles ist Gott – allerdings nicht im Sinne eines europäischen Pantheismus, sondern in Form eines großen Ordnungsstifters, der über dem Kosmos waltet. Dieses höchste göttliche Prinzip, das den Namen Sanghyang Widhi Wasa (›Göttlicher Herrscher über das Schicksal‹) trägt, birgt alle göttlichen Manifestationen in sich, d. h., in ihm verschmelzen alle balinesischen Gottheiten sowie die vergöttlichten Ahnen und Naturkräfte zu einer allumfassenden Einheit. Ihrem Grundcharakter nach ist die balinesische ›Agama Hindu Dharma‹, ganz in Übereinstimmung mit den ›Pancasila‹-Prinzipien des indonesischen Staates, eine monotheistische Religion. Dennoch werden Tempelzeremonien und Gebete fast nie an den Einen Allmächtigen Gott direkt gerichtet. Mit einer Ausnahme (Pura Jagatnatha in Denpasar) hat man ihm auch keinen Schrein oder Tempel unmittelbar geweiht, sondern immer einer der vielen Gottheiten, in denen er sich offenbart.

Die wichtigste Erscheinungsform des Allerhöchsten ist die hinduistische Dreieinigkeit (*Trisakti* oder *Trimurti*) Brahma-Vishnu-Shiva. Als Brahma ist Sanghyang Widhi Wasa der Schöpfer der Welt und des Universums, als Vishnu der Lebensspender und Bewahrer und als Shiva der Todbringer und Zerstörer des materiellen Universums, der durch die Vernichtung aber erst die Voraussetzung für die Neuentstehung schafft. Verschiedene Farben symbolisieren auf Bali diese drei Gottheiten: Rot steht für Brahma, Schwarz für Vishnu und Weiß für Shiva. Neben diesen drei wichtigsten Manifestationen des Allerhöchsten Wesens gibt es noch eine Vielzahl von Göttern, die männlich *(Dewa)* oder weiblich *(Dewi)* sein können, aber immer Verkörperungen des Einen Allmächtigen Gottes darstellen. Von großer Bedeutung sind die Gattinnen der *Trisakti*-Gottheiten. Dewi Saraswati, die Göttin der Weisheit, ist die Begleiterin Brahmas. Vishnu besitzt zwei Gefährtinnen: Dewi Sri, die Göttin der Fruchtbarkeit, und Dewi Lakshmi, die Göttin des Glücks und des Wohlstands. Shivas ambivalenter Charakter spiegelt sich wider in seiner Gemahlin Parvati, die u. a. in Gestalt der Todesgöttin Dewi Durga, aber auch als Göttin der Liebe und der Schönheit, Dewi Uma, erscheinen kann. Im balinesischen Götterpantheon findet auch Buddha Platz; er gilt als Shivas jüngerer Bruder. Die Anzahl der Gottheiten ist unbestimmt. Nach dem balinesischen Religionsverständnis offenbart sich der Allerhöchste dem Menschen in so vielen Erscheinungsformen wie dieser benötigt, um zur Gotterkenntnis zu gelangen.

Als Gegenpart zu den Göttern existiert auf Bali ein Heer von Dämonen, bösen Geistern, Hexen und Ungeheuern. Diese werden von den Balinesen als wichtiger Bestandteil der kosmischen Ordnung akzeptiert, tragen sie doch dazu bei, daß das Universum nicht aus dem Gleichgewicht gerät. Etwas anders verhält es sich mit den Leyak, den Gehilfinnen der Hexenfürstin Rangda, die als Geister der Nacht das ewig Böse verkörpern und sehr wohl in der Lage sind, die kosmische Balance empfindlich zu stören. Sie entfalten ihre Macht in der Nacht und können Tod und Verderben über die Menschen bringen. Ihrer Abwehr und Besänftigung dienen besondere Rituale und Zeremonien.

Die balinesische Priesterschaft ist vielfältig gegliedert. Größte Hochachtung genießen als geistig-religiöse Führer der Glaubensgemeinschaft sowie als Mittler zwischen dem Allerhöchsten Wesen und den Menschen die Hohepriester *(Pedanda)*. Auf Bali amtieren heute noch sowohl hinduistisch-shivaistische Hohepriester (*Pedanda Shiva;* Erkennungsmerkmal: Haarknoten) als auch buddhistische (*Pedanda Buddha;* Erkennungsmerkmal: schulterlanges Haar). Bei größeren Zeremonien wirken meist beide der Brahmanenkaste angehörenden Priester mit. Zu den wichtigsten Aufgaben dieser Priestergruppe gehört die Konsekration von Wasser, das bei zahlreichen rituellen Handlungen benötigt wird, vor allem bei Purifikations- oder Reinigungszeremonien. *Pedanda* widmen sich in erster Linie der Meditation sowie theologischen Studien und enthalten sich profaner Tätigkeiten. Den *Pemangku,* einfachen Volks- oder Tempelpriestern, obliegt die Betreuung der Tempel und ihrer Schreine; zudem sind sie verantwortlich für die Organisation der Feste. Die Tätigkeit der *Balian* wurzelt noch stark im Schamanentum. Als Lehrmeister der Weißen Magie fällt ihnen die Aufgabe zu, mittels Beschwörungsformeln und Riten böse Einflüsse von Haus und Hof fernzuhalten. Vorwiegend mit exorzistischen Handlungen beschäftigen sich die *Sengguhu.*

Nicht nur die Priester sind bemüht, die Harmonie des Weltalls, der Insel, des Dorfes und der Familie im Gleichgewicht zu halten, alle gläubigen Balinesen sind daran beteiligt. Die antagonistischen Kräfte müssen ständig dadurch in Einklang gebracht werden, indem man den guten wie den bösen Mächten gleichermaßen Opfergaben darbringt. Ungemein zeitaufwendig ist die Anfertigung der meist sehr kunstvollen und farbenprächtigen Speiseopfer für Tempelfeste. Schlicht und einfach dagegen sind die kleinen, aus einem Bananenblatt mit Blumenblüten, Reiskörnern und mitunter einem Räucherstäbchen bestehenden Opferschälchen, die mehrmals am Tag an besonderen Stellen dargebracht werden müssen, um Dämonen und böse Geister zu besänftigen. Diesen Opferritualen aber ist nur dann Erfolg beschieden, wenn die geistige und körperliche Reinheit der Ausführenden gewährleistet ist. Der Zustand der Reinheit wird durch vorbereitende Purifikationsrituale herbeigeführt; überdies müssen beflekkende Handlungen, wie z. B. die Berührung mit Blut, unbedingt vermieden werden.

Die balinesische Hindu-Dharma-Religion basiert auf fünf offiziellen Glaubensgrundsätzen: 1. Der Glaube an Sanghyang Widhi Wasa, den einzigen und höchsten Gott. 2. Der Glaube an die vom Allerhöchsten Wesen ausgehende Lebens- und Seelenkraft *(Atman).* 3. Der Glaube an das fundamentale Gesetz, dem zufolge die Gesamtheit des guten und bösen Handelns eines Menschen bestimmend ist für sein Schicksal von einer Inkarnation zur anderen *(Karma Pala).* 4. Der Glaube an die Wiedergeburt nach dem Tode, an den kontinuierlichen Kreislauf von Geburt, Sterben und Wiedergeburt *(Samsara).* 5. Der Glaube daran, sich durch ein fehlerfreies religiöses Leben *(Marga)* aus dem Kreise der Wiedergeburten befreien zu können, um zu einem Teil des Göttlichen zu werden *(Moksa).*

Tempel

Nirgendwo auf unserem Globus gibt es so viele Tempel wie auf Bali. Man nennt Bali auch ›Insel der zehntausend Tempel‹. Das ist noch nicht einmal übertrieben, denn auf dem Territorium des kleinen Tropeneilands finden sich nach vorsichtigen Schätzungen rund 20000 sakrale Bauten; das bedeutet also vier heilige Schreine pro Quadratkilometer. Zählt man noch die sogenannten Familientempel hinzu, kommt man auf eine schwindelerregende Summe. Allein in der großen Zahl der Kultstätten spiegelt sich die überragende Rolle wider, die die Religion auf Bali spielt. Viele der Heiligtümer erwecken, bedingt durch das feuchtwarme, moosansetzende Klima, einen uralten Eindruck; man ist daher jedesmal überrascht, wenn man erfährt wie jung die allermeisten Tempel eigentlich sind. Aus der Anfangszeit der Hinduisierung Balis sind nur sehr wenige Kulturdenkmäler und Kunstwerke erhalten; diese zeigen eine nahe Verwandtschaft mit der indisierten Kunst Javas.

Jedes balinesische Gehöft verfügt über einen Familien- oder Haustempel *(Sanggah)*. Dieses Heiligtum, das sich innerhalb des Anwesens immer an der bergwärts gewandten Seite befindet, besteht in der Regel aus vier Schreinen, von denen *Sanggah Kemulan* als Stätte der Ahnenverehrung die größte Bedeutung zukommt.

Jedes Dorf besitzt für gewöhnlich drei Tempel, die entlang der bereits erwähnten Berg-Meer-Achse ausgerichtet sind: 1. *Pura Dalem;* dieser Tempel liegt immer seewärts außerhalb des Dorfes nahe dem Begräbnis- und Verbrennungsplatz. In dieser der Todesgöttin Durga geweihten Kultstätte wird die Verbindung zu den chthonischen Mächten, den Wesen der Unterwelt, hergestellt. 2. *Pura Desa;* dies ist der zentrale Dorftempel, in dem die allgemeinen religiösen Zeremonien vollzogen werden. Gleichzeitig dient er als Versammlungsort für die Gemeinschaft. 3. *Pura Puseh;* als den vergöttlichten Dorfgründern geweihter Ursprungstempel (*Puseh* = Nabel bzw. Ursprung) ist dieses Heiligtum der rituelle Mittelpunkt des Dorfes. Immer bergwärts und innerhalb der Dorfgrenzen gelegen, dient der *Pura Puseh* der Kontaktaufnahme mit den uranischen Wesen, den göttlichen Mächten der Oberwelt.

Neben diesen Haupttempeln existiert noch eine ganze Reihe anderer. So verfügen bestimmte Gesellschafts- oder Berufsgruppen über ihre eigenen Kultstätten, die für den Bestand der jeweiligen Vereinigung von existentieller Bedeutung sind (z. B. *Subak*-Tempel für die Reisbau-Genossenschaften). Einzelne Familien, insbesondere solche aus höheren Kasten, können zur Verehrung der gemeinsamen Ahnen neben den kleineren Familientempeln noch größere Sippentempel besitzen. Weiterhin gibt es zahlreiche Natur-, Berg- und Quellheiligtümer, die bisweilen einen sehr schlichten, fast archaischen Charakter haben können. In den Tempeln sucht der Mensch die Nähe der Götter und der vergöttlichten Ahnen. Sie werden eingeladen, zu Opferfesten aus ihren hohen Sitzen von den Bergen herabzusteigen auf ihre irdischen Wohnsitze, die Altäre, Schreine und Meru in den Tempeln. Sind die Gottheiten wieder in die obere Welt zurückgekehrt, so bleiben die Tempel verwaist und funktionslos bis zum nächsten Fest. Balinesische Tempel stellen, im Gegensatz zu Kirchen und Moscheen, keine allgemeinen Gebetsstätten dar. Für gewöhnlich benutzen und unterhalten immer nur ganz bestimmte Gruppen innerhalb der Gesamtbevölkerung einen Tempel. Eine Ausnahme bilden die sogenannten Staatstempel (*Sad Kahyangan;* Pura Ulu Watu, Pura Batukau, Pura Tanah Lot u. a.), die als wichtigste sakrale Bauwerke auf ganz Bali religiöse Verehrung genießen. Als heiligster Tempel überhaupt gilt der Muttertempel Pura Besakih am Hang des Gunung Agung.

Die balinesischen Tempel *(Pura)* unterscheiden sich nach Bedeutung und Bestimmung, sind sich aber hinsichtlich Anlage und Ausstattung überall sehr ähnlich. In ihrer Architektur spiegeln die Tempel das Wesen des hindu-balinesischen Glaubens wider: Es gibt keine düsteren, verschlossenen Hallen oder Räume. Balis Tempelanlagen sind offene, in verschiedene Höfe gegliederte und nur von einer Mauer umfriedete Plätze mit vielen Altären, Schreinen und Pavillons sowie großen und kleinen Pagoden, den Meru. Die Anlage der Tempel folgt stets einem festgelegten Grundschema: Ein *Pura* besteht aus drei (auf Nordbali zumeist aus zwei) ummauerten, durch Tore verbundenen Höfen, die auf Südbali normalerweise auf einem ebenen Ni-

Candi Bentar

veau, im Norden dagegen auf Terrassenstufen liegen. Fast jedes dieser Heiligtümer betritt man durch ein sogenanntes gespaltenes Tor *(Candi Bentar).* Dieses einem axial durchschnittenen javanischen Candi ähnelnde Eingangsportal verkörpert die Dualität allen Lebens, die unser Sein bestimmenden Gegensatzpaare. Der erste Hof *(Jaba Sisi),* eine Art Vorplatz, symbolisiert die irdische Welt. Hier befinden sich in der Regel eine Küche für die Zubereitung der Opfergaben und die Reisspeicher sowie verschiedene Pavillons *(Bale)* als Ruheplätze für die Gläubigen. Gelegentlich steht in einer Ecke ein Turm oder ein Waringin-Baum mit der hölzernen Signaltrommel *(Kulkul).* In diesem Vorhof finden auch bei bestimmten Anlässen Hahnenkämpfe statt. Durch ein überdachtes, meist besonders reich verziertes Tor (*Kori Agung* oder *Padu Raksa*) gelangt man vom ersten in den zweiten Hof. Dieses vor allem auf Südbali mit Abstand schönste und aufwendigste Monument innerhalb des Komplexes wird von zwei Wächterdämonen *(Raksasa)* oder Wächterhexen *(Rangda)* flankiert. Gleich hinter dem Durchgang erhebt sich eine Steinmauer *(Aling Aling)* zur Geisterabwehr. Während der Vorhof lediglich als Warte- und Vorbereitungsplatz für Tempelfeste und -rituale dient, bildet der mittlere Hof *(Jaba Tengah)* die Schleuse zum Allerheiligsten. Hier stehen im allgemeinen eine große Versammlungshalle *(Bale Agung)* sowie andere Pavillons zur Aufbewahrung der *Gamelan*-Instrumente oder verschiedener kultischer Requisiten. Ein letzter Tordurchlaß führt in den dritten Hof oder in den abgegrenzten hinteren Teil des zweiten Hofes – zum eigentlichen Heiligtum; dieser innerste Bereich *(Jeroan)* ist den Göttern vorbehalten. Hier reihen sich an der bergwärts *(Kaja)* gewandten Seite die Altäre, Schreine und Pagoden, die den Gottheiten während ihres Aufenthalts auf Erden als Ehrensitze dienen. Ein charakteristisches Merkmal aller balinesischen Tempel sind die Meru: Auf einem steinernen

Rangda-Hexe als Wächterfigur vor einem nordbalinesischen Tempel

Sockel errichtete Holzkonstruktionen mit einer jeweils unterschiedlichen Anzahl pagodenartig gestaffelter, sich nach oben verjüngender Dächer, die mit Palmwedel eingedeckt sind. Sie symbolisieren den mythologischen Weltenberg Meru, den Sitz der Götter. Die Zahl der Dächer (von drei bis elf, aber immer ungerade) läßt erkennen, welchen Rang die jeweilige Gottheit im balinesischen Pantheon einnimmt; je höher die Anzahl, desto bedeutender der Gott, dem der Meru geweiht ist. Elf Dächer stehen allein Shiva zu, dem auf Bali eine ganz besondere Verehrung entgegengebracht wird. Die Brahma oder Vishnu geweihten Meru sind durch neun Dächer gekennzeichnet. In einem sehr wichtigen (geschlossenen) Schrein des inneren Hofes *(Gedong Penimpanan)* werden die Tempelreliquien aufbewahrt. Dies können heilige *Lontar*-Bücher, antike Steinskulpturen, Krise oder *Linga,* steinerne Phallussymbole des Shiva, sein. Im innersten Tempelbezirk fehlt nie der *Padmasana,* der steinerne, dem Sonnengott Surya geweihte Lotosthron. Die Rückseite stets dem Gunung Agung zugewandt und mit der mythologischen Schildkröte Bedawang als Basis, symbolisiert er den Kosmos. Ebenfalls im Allerheiligsten stehen der *Bale Pesimpangan,* ein gemeinschaftlicher Empfangspavillon für Götter, die keinen speziellen Ehrensitz im Tempel haben, sowie der *Bale Piasan,* in dem Opfergaben aufgestellt werden.

Die zahlreichen Tempel Balis zeichnen sich durch den verschwenderischen Reichtum ihrer Dekorationsmotive aus (Arabesken, Spiralen, Blumen, Dämonenköpfe, Hexenfiguren u. a.). Vor allem die nordbalinesischen Tempel präsentieren sich mit ihrem vielfältigen und phantasievollen Skulpturenschmuck in einer geradezu barocken Üppigkeit. Charakteristischerweise gibt es keine Bildnisse oder Idole von Gottheiten; die Götter sind unsichtbar und unfaßbar. Sehr konkrete Vorstellungen hat man dagegen von Dämonen, Hexen und anderen menschenfeindlichen Ungeheuern. Ihnen muß der Zutritt zu den Heiligtümern unbedingt verwehrt werden. Bemerkenswerterweise geschieht dies mit Hilfe phantastischer, bisweilen geradezu skurriler Wächterfiguren, die genau identisch sind mit den Unterweltwesen, die sie eigentlich fernhalten sollen.

Feste

Die Balinesen sind eines der festfreudigsten Völker der Welt. Eine praktisch nie abreißende Kette von Familien- und Sippenfesten, dörflichen Zeremonien wie Tempelweihen und -reinigungen sowie allgemeinen Jahresfesten, die alle Anhänger der hindu-balinesischen Religion feiern, bestimmt den Lebensrhythmus der Inselbewohner. Der offizielle Bali-Fest-Kalender verzeichnet durchschnittlich 200 feierliche Anlässe pro Jahr, von denen verschiedene an vielen Orten der Insel gleichzeitig begangen werden, so daß sich leicht eine Gesamtsumme von alljährlich über 1000 Veranstaltungen ergibt. Die allermeisten der Feierlichkeiten werden durch den Hindu-Dharma-Glauben oder das *Adat* bestimmt und

Frauen und Mädchen mit Opfergaben bei der Prozession zu einem Tempel

besitzen somit einen religiösen Charakter. Balinesische Feste sind bewegliche Feste, die in einem komplizierten Rechensystem und unter Berücksichtigung mannigfaltiger Regeln von Brahmanen und spezialisierten Astrologen nach dem 210 Tage umfassenden balinesischen Kalender *(Wuku)* festgelegt werden. Jahresfeste wiederholen sich also auf Bali alle 210 Tage. Besondere Ereignisse wie Krankheiten oder Unglücksfälle können außerhalb der Reihe bestimmte Austreibungsrituale oder Purifikationszeremonien erforderlich machen.

Der Höhepunkt des dörflichen Festkalenders ist das alljährliche, mit großem Aufwand begangene Odalan-Fest, der Jahrestag der Tempelweihe. Obwohl, *Adat*-bedingt, lokale und regionale Unterschiede bestehen, läuft dieses Hauptereignis doch nach einem allgemein gültigen Grundschema ab. Bei einem Tempelfest, das für gewöhnlich drei Tage dauert, sollen drei Hauptanliegen der Glaubensgemeinschaft realisiert werden: der Empfang der Gottheiten, die rituelle Reinigung des Dorfes und die Beschwichtigung oder Vertreibung böser Geister und Dämonen. Von zentraler Bedeutung ist die Einladung an die Götter und die gottgewordenen Ahnen *(Bhatara)* und schließlich ihr Empfang auf den heiligen Ehrensitzen oder in den Symbolfiguren des Tempels. Schon Wochen vor der Feier beginnt man mit den Vorbereitungen, in deren Verlauf alle Beteiligten eine Volkskunst von beispiellosem Reichtum entfalten. Frauen stellen in mühsamer Arbeit kunstvolle Flecht- und Steckwerke aus Palmblättern her. Typische Palmblattdekorationen sind die *Lamak*, gelegentlich bis zu 10 m lange Palmblattschleppen mit die kosmische Welt symbolisierenden Motiven, die der Ausschmückung von Opfernischen dienen, sowie die *Penjor*, hohe Bambusstangen, von denen aus Palmblättern geflochtene Girlanden herabhängen. Ganz besonders prachtvoll gestaltet werden die vielfältigen Reisopfer, in denen meist die *Cili*-Figur (Symbol der Fruchtbarkeit und des Glücks) dominiert. Geradezu spektakulär wirken die hohen Opfertürme aus Reiskuchen, Früchten und Blumen. Vergängliche Kunstwerke sind sie allesamt, denn sie werden nur einmal gebraucht; nichts darf zweimal geopfert werden.

Vor Beginn des Odalan muß der längere Zeit verwaiste Tempel rituell mit Weihwasser *(Tirta)* gereinigt werden. In früheren Jahren bildete der Hahnenkampf den rituellen Auftakt eines jeden Tempelfestes. Sinn war es, die Dämonen mit einem Blutopfer zu besänftigen, damit sie die nachfolgenden religiösen Zeremonien nicht mehr störten. Auch heute noch gilt der Hahnenkampf als ein fester Betandteil des Odalan, allerdings ist er nicht nur ein religiöses Ritual, sondern auch ein gesellschaftliches Ereignis, bei dem jedermann, obwohl offiziell verboten, seiner Wettleidenschaft frönen kann. Meist endet ein Hahnenkampf schon nach wenigen Augenblicken oder Minuten mit dem raschen Tod eines der beiden Kontrahenten, die rasiermesserscharfe Stahlklingen an den Sporen tragen. Keiner indonesischen Regierung gelang es bislang, diesen ›Nationalsport‹ der Balinesen auszumerzen, obwohl der Hahnenkampf in anderen Teilen des Archipels verboten ist. Offiziell erlaubt sind allerdings nur solche Hahnenkämpfe, die aus rituellen Gründen nötig sind.

Hahnenkampf ist ausschließlich Männersache; an anderen wichtigen Vorbereitungen für das große Ereignis aber nimmt die gesamte Gemeinschaft teil. Unter der Anleitung von Tempelpriestern schmücken Gruppen von Männern und Frauen die Altäre und Schreine mit dem zu Hause vorbereiteten Zierat sowie mit Fahnen, Tuchfriesen und den Hoheitsschirmen des Tempels. Auch die Wächterdämonen und -hexen werden bekleidet; sie erhalten schwarz-weiß karierte Tücher, die Farben von Vishnu und Shiva. Sobald der heilige Bezirk für die Ankunft der Götter hergerichtet ist, nimmt der weißgekleidete Hohepriester die *Arja*-Statuetten, kleine Sandelholzfiguren, aus dem *Gedong Penimpanan.* Diese oft menschenähnlichen Figuren stellen keineswegs die Tempelgottheiten selbst dar, sie werden von ihnen lediglich vorübergehend beseelt und dienen ihnen als Wohnstätte während der Feier. Der Hohepriester beginnt nun die heiligen *Mantra* zu singen, wobei er seinen Gesang mit einer ausdrucksvollen Zeichensprache der Hände, den *Mudra,* begleitet. Weihrauch steigt in die Höhe, einer Leiter gleich, die den Gottheiten den Abstieg aus ihren himmlischen Gefilden erleichtern soll. Schläge auf die *Kulkul*-Trommel schließlich verkünden die Ankunft der Götter und rufen alle Gläubigen zum Tempel. Ununterbrochen ziehen nun festlich gekleidete Menschen zum Dorfheiligtum. Die Frauen tragen den langen, eng gewickelten Rock *(Sarong),* die bis zu den Hüften reichende, langärmelige Bluse mit Mitteleinsatz *(Kebaya)* und um die Taille den obligatorischen Zeremonialschal *(Selendang).* Auch die Männer erscheinen in *Adat*-Kleidung, d. h. in *Sarong,* Hemd und *Selendang.* Wichtigster Bestandteil jedes Odalan ist die Darbringung von Opfergaben, mit denen das Allerhöchste Wesen in all seinen verschiedenen Manifestationen verehrt wird. Mit beinahe akrobatischem Geschick balancieren die Balinesinnen farbenprächtige, oft bis zu einem Meter hohe Opfertürme auf ihrem Haupt zum Dorftempel. Dort werden sie von den *Pemangku*-Priestern in Empfang genommen und anschließend von dem *Pedanda* mit heiligem Wasser gesegnet. Drei Tage lang bleiben die Opferspenden im heiligen Bezirk, um die Götter zu ehren und zu erfreuen. Natürlich sind die Speiseopfer nicht als wirkliche Nahrung für die anwesenden Gottheiten gedacht, diese sollen nur deren Wesensgehalt entgegennehmen, was bleibt, die materielle Substanz, darf am Ende des Tempelfestes wieder mit nach Hause genommen und dort im Familienkreis als geweihtes Mahl verzehrt werden. Nach der Darreichung der Opfergaben versammeln sich die Dorfbewohner um den Hohepriester zum Gebet und zur Reverenzbezeugung an die Götter. Bei dieser Zeremonie spielt wiederum geweihtes Wasser eine wesentliche Rolle.

In ihrem ambivalenten Charakter sind balinesische Tempelfeste sakrale und profane Ereignisse zugleich, sie sollen Götter wie Menschen gleichermaßen erfreuen. Die nähere Umgebung des Tempels verwandelt sich während des Odalan in einen Jahrmarkt mit Verkaufsbuden und Imbißständen. Im äußeren Tempelbezirk finden tagsüber Hahnenkämpfe statt; meist nachts werden dort Tanzdramen und Schattenspielaufführungen veranstaltet. Über allen Aktivitäten liegt der geheimnisvolle Klangteppich des *Gamelan*-Orchesters. Am dritten Tag geht die Feier ihrem Ende entgegen. Im innersten Tempelbereich vollziehen sich weitere Purifikationsriten und Opferhandlungen. Während der letzten Nacht findet hier die Verabschiedung der Götter statt. Nachdem diese die ihnen zugewiesenen Besuchsstätten verlassen haben und in die obere Welt zurückgekehrt sind, werden die Sandelholzfiguren und andere heilige Reliquien wieder sorgfältig in ihrem Schrein verschlossen – bis zum nächsten Odalan in 210 Tagen.

Im liturgischen Jahr der Balinesen finden neben den lokalen Odalan-Zeremonien noch weitere bedeutende Feste statt, die inselweit von allen Anhängern der Hindu-Dharma-Religion gefeiert werden.

Die wichtigsten Feiertage des balinesischen Jahres konzentrieren sich auf die zwei Wochen um die Galungan- und Kuningan-Tage (*Hari Raya Galungan* und *Hari Raya Kuningan*). Am Galungan-Fest gedenkt man der siegreichen Rebellion gegen den legendären König Sang Mayadenawa, einen tyrannischen Herrscher des 3. Jhs., der seinen Untertanen die Religionsausübung und die Verehrung ihrer Ahnen untersagte. Nach balinesischer Überlieferung steigt am Galungan-Tag das Allerhöchste Wesen Sanghyang Widhi Wasa zusammen mit anderen Gottheiten und den Seelen der Vorfahren vom Himmel zu den irdischen Tempeln herab, wo sie die Lebenden mit ihrer Anwesenheit erfreuen, bis sie nach dem ersten Kuningan-Tag wieder in ihre himmlischen Gefilde zurückkehren. An Galungan werden Schweine, Enten und Hühner geschlachtet, dies sowohl zu Opferzwecken als auch für das Festmahl im Kreise der Familie. Gekleidet in ihre festlichsten Gewänder bringen die Menschen farbenprächtige Opfergaben zu den Tempeln. Vor den Altären, aber auch vor den Hausschreinen, werden Gebete, insbesondere für die Seelen der Vorfahren, gesprochen. Die Dorfstraßen sind geschmückt mit *Penjor*-Bambusstangen, an denen Früchte und Palmblattgeflechte baumeln – ein Zeichen der Dankbarkeit für den von Sanghyang Widhi Wasa gewährten Wohlstand. Den ganzen Tag über durchstreifen *Barong*-Gestalten tanzend die Dörfer und Städte. Der zehn Tage nach Galungan begangene Kuningan-Tag beendet die Festperiode. An diesem Tag empfangen die Götter und Ahnengeister ihre letzten Opfergaben, bevor sie wieder in die obere Welt aufsteigen.

Zur Zeit der Tagundnachtgleiche im März feiern die Balinesen ihr dreitägiges Nyepi-Neujahrsfest, das als einziges der balinesischen Feste nach dem unserem Gregorianischen Kalender ähnlichen *Saka*- oder Mondkalender festgelegt wird. Um das neue Jahr frisch und rein beginnen zu können, versuchen die Balinesen, alle bösen Geister und Dämonen von ihrer Insel zu vertreiben. Am ersten Festtag werden den Mächten der Unterwelt an Orten, wo sie sich besonders gerne aufhalten (Straßenkreuzungen, Begräbnisplätzen), reiche Opfergaben (vor allem Fleisch) dargebracht, während auf erhöhten Podesten Priester Zauberformeln sprechen, um diese chthonischen Wesen zu verbannen. In der folgenden Nacht ist jedermann auf den Beinen, um sich mit allerlei Krachinstrumenten an der Vertreibung der bösen Geister und Dämonen zu beteiligen. Nach dem nächtlichen Radau herrscht am zweiten Nyepi-Tag absolute Stille. Es darf kein Feuer entzündet und keinerlei Arbeit verrichtet werden. Die Gläubigen bleiben zu Hause und widmen sich dem Gebet und der Meditation. Eventuell zurückkehrende Dämonen sollen glauben, die Insel sei ausgestorben und deshalb wieder abziehen. Auch der dritte Tag ist ein Tag der Ruhe, an dem neuerdings aber häufig Verwandtenbesuche gemacht werden.

Der Saraswati-Tag ist Dewi Saraswati, der schönen Göttin der Weisheit sowie der Wissenschaft, der Literatur und der Kunst, geweiht. Dieser Festtag wird der Meditation und der Besinnung vorbehalten; es darf weder gelesen noch geschrieben werden.

Der Pagerwesi-Tag (vier Tage nach Saraswati) wird vor allem auf Nordbali mit großer Hingabe gefeiert. Wörtlich bedeutet *Pagerwesi* soviel wie ›eiserner Zaun‹; der Feiertag soll an die Stärke dieses imaginären Zauns erinnern, der Bali jahrhundertelang vor Invasoren bewahrt hat.

Neben den Jahresfesten werden in den neun Reichstempeln noch aufwendige Zehnjahresfeiern, sogenannte Landreinigungszeremonien, begangen. Das Fest aller Feste ist jedoch das großartige Eka Dasa Rudra, das nur alle 100 Jahre einmal im Muttertempel von Besakih stattfindet. Auf dem Höhepunkt dieses Festes werden vielerlei Tiere geopfert; eines von jeder der in der balinesischen Fauna vorkommenden Arten. Hinter diesen

Frau mit einem Opferturm bei einem Tempelfest

Opfern steht die Absicht der rituellen Reinigung des gesamten Universums.

Da sie zumeist dem balinesischen Kalender folgen, wechseln die genauen Termine der Bali-Feste gemäß dem westlichen Gregorianischen Kalender von Jahr zu Jahr. Über genaue Daten informiert ein ›Calendar of Events‹, der beim indonesischen Fremdenverkehrsamt in Frankfurt oder bei den verschiedenen balinesischen Touristenbüros erhältlich ist.

Den Lebenslauf eines Balinesen begleiten neben den feststehenden kalendarischen Tempel- und Jahresfesten auch zahlreiche Zeremonien und Riten, die mit den menschlichen individuellen Entwicklungsstadien verbunden sind. Erste Zeremonien werden bereits während der Schwangerschaft, im dritten oder vierten Monat, abgehalten. Nach der Geburt müssen die ›vier Geschwister‹ des Neugeborenen (*Kanda Empat*; Plazenta, Nabelschnur, Fruchtwasser und Blut) vor dem Haus vergraben werden. Wichtige Purifikationszeremonien für das Kind und die kultisch noch unreine Mutter finden am 12. und am 42. Tag nach der Geburt statt. Bei der sogenannten Drei-Monats-Feier vollzieht ein Priester den ersten Haarschnitt; außerdem erhält der Säugling Fußringe sowie Arm- und Halsbänder zum Schutz vor bösen Geistern. 210 Tage nach der Geburt, also nach einem balinesischen Jahr, feiert die Familie den ersten Geburtstag des Kindes. Ein Priester bringt an diesem Tag Opfergaben dar und der Vater verleiht dem Kind einen Namen. Balinesische Kinder dürfen in ihrem ersten Lebensjahr den Boden, das Reich der Dämonen, nicht berühren, denn sie sind als Inkarnation verstorbener Ahnen noch ganz rein. Das gewährleistet ihnen den ständigen, liebevollen Kontakt mit den Eltern oder älteren Geschwistern. Am ersten Geburtstag wird das Kind zum ersten Mal auf die Erde gesetzt und damit der Übergang von der göttlichen in die menschliche Sphäre vollzogen.

Vor allem Balinesen höherer Kasten richten für Mädchen anläßlich der ersten Monatsblutung eine Pubertätszeremonie aus, bei der ihr Eintritt in die Welt der erwachsenen Frauen gefeiert wird. In der Regel müssen sich zwischen Pubertät und Heirat sowohl Jungen als auch Mädchen der schmerzhaften Zahnfeilung unterziehen. Dabei werden die oberen sechs Schneide- und Eckzähne von einem Priester geradegefeilt, denn nur böse Geister und Tiere haben spitze Zähne. Zudem markiert die Zahnfeil-Zeremonie den Übergang von der Jugend ins Erwachsenendasein.

Um auf Bali eine Heirat in die Wege zu leiten, gibt es verschiedene Möglichkeiten. Besonders in den höheren Kasten arrangieren oftmals die Eltern die Eheschließung, mitunter bereits im vorpubertären Alter ihrer Kinder. Weiterhin kann der zukünftige Ehemann ganz offiziell bei den Schwiegereltern um die Hand ihrer Tochter anhalten. Manche Hochzeiten beginnen spektakulär mit einer vorher zwischen den Eheleuten in spe verabredeten Brautentführung (*Ngrorod*). Beide Elternpaare werden damit vor vollendete Tatsachen gestellt, und nach der Rückkehr des Paares kann die formelle Hochzeitszeremonie stattfinden. Von jedem balinesischen Mann wird erwartet, daß er heiratet. Unverheiratete können nicht *Banjar*-Mitglieder werden und haben damit auch kein Mitspracherecht in Dorfangelegenheiten.

Am großartigsten entfaltet sich der religiöse Kult auf Bali beim bedeutendsten und prunkvollsten aller Familienfeste, bei der Leichenverbrennung (*Ngaben*), besonders wenn es sich bei dem Verstorbenen um ein *Triwangsa*-Mitglied handelt. So paradox es klingt – der Tod ist für die Balinesen nicht nur etwas Natürliches, sondern etwas Positives, ja mehr noch ein fröhliches Ereignis. Nicht gerade der Tod selbst ist ein Grund zur Freude, der bedeutet auch auf Bali einen schmerzvollen Abschied, aber vielmehr die darauffolgenden Feierlichkeiten der Verbrennung – wird doch jetzt die Seele endlich von der Last des irdischen Körpers befreit, löst sie sich nun doch von der alten Inkarnation, um eine neue, bessere einzugehen. Für einen Balinesen ist die Gewißheit, daß für die Befreiung seiner Seele alles getan wird, wichtiger als alle Fürsorge für das irdische Wohlergehen. Die Tradition aufwendiger Kremationen muß gewahrt bleiben, auch am Rande des finanziellen Fiaskos. Nicht selten kostet eine Totenverbrennung die Familie weit mehr als ihre Mitglieder in einem Jahr zu verdienen imstande sind. Reichen die Ersparnisse nicht aus, oder ist der Zeitpunkt für die Verbrennung ungünstig, so wird die Leiche vorerst auf dem Friedhof beigesetzt. Vor allem ärmere Leute warten oft ab, bis ein Angehöriger der Dreierkaste stirbt und eine allgemeine Verbrennungsfeier angesetzt wird. Verstorbene Fürsten und Priester werden bis zu ihrer Verbrennung, die nur an einem ganz besonders heiligen Tag stattfinden kann, in einbalsamiertem Zustand aufgebahrt.

Die eigentliche Verbrennungszeremonie vollzieht sich in drei Abschnitten. Zunächst werden die sterblichen Überreste im Familienanwesen aufgebahrt. Die Gebeine der Toten, die bereits begraben waren, werden exhumiert und gereinigt. Sollte man nach Jahren überhaupt keine Knochenreste mehr finden, so werden die Verstorbenen bei der großen Zeremonie durch Effigien aus Sandelholz symbolisch vertreten. Vor der Kremation müssen jeweils ein Transport- und ein reich geschmückter Verbrennungssarg hergestellt werden. Wichtig auch sind die Fertigstellung von Symbolfiguren, die Eigenschaften des Verstorbenen darstellen und diesen auf seinem Weg in die jenseitige Welt begleiten sollen, sowie die Bereitstellung heiligen Wassers für die rituelle Reinigung des Toten.

Nach der Aufbahrung wird die Leiche in einer prachtvollen Prozession zum Verbrennungsplatz gebracht, der sich stets meerwärts außerhalb des Ortes befindet. Als Transportschrein dient ein auf einer vielfach verstrebten Bambusplattform stehender Verbrennungsturm (*Bade*, Farbabb. 13). Bei Angehörigen der *Jaba*-Kaste handelt es sich um schlichte, einstöckige Trageschreine. Der Verbrennungsturm für einen verstorbenen Fürsten aber ist ein gewaltiges Bauwerk, das eine Höhe von 15 m und mehr erreichen kann. Überreich geschmückt mit buntem Glanzpapier, Lametta, Blumensträußen und kunstvoll geschnitzten Dämonenfiguren zur Abwehr böser Geister symbolisiert dieser Bambusturm den Kosmos: ein breiter Sockel, oft in Form der schlangenumwundenen Schildkröte Bedawang, als Träger der Welt, dann eine Mitteletage als Sinnbild der irdischen Welt und unmittelbar darüber, also zwischen Himmel und Erde, eine Nische für den Verstorbenen. Das aus einem mehrfach gestaffelten Pagodendach bestehende Oberteil des *Bade* ähnelt einem Meru und symbolisiert die überirdische Welt. Priesterliche Brahmanen werden in einer Trage in Form des *Padmasana*-Lotosthrons zum Verbrennungsplatz gebracht. Die eigentlichen Särge für die

Brennender Stiersarkophag bei der Kremation eines balinesischen Fürsten

Feuerbestattung trägt man leer zur Verbrennungsstätte. In diesen Kremationsschreinen spiegelt sich die Kastenhierarchie wider: Einfache Leute müssen sich mit schlichten, aber reich geschmückten Holzkisten begnügen, während hochrangige Persönlichkeiten in prächtigen Sarkophagen verbrannt werden. Ein weißer, in Form eines Stieres oder einer Kuh ist den Brahmanenpriestern vorbehalten, ein schwarzer, ebenfalls in Stier- oder Kuhgestalt den Angehörigen des Hochadels, einer mit dem Aussehen eines Hirsches oder eines geflügelten Löwen den Mitgliedern des niederen Adels. Um die oftmals tonnenschweren Verbrennungstürme für fürstliche Kremationen zur Verbrennungsstätte zu transportieren, sind bis zu 200 Männer nötig. Unter lautem Geschrei dreht man an jeder Wegegabelung und Straßenkreuzung den *Bade* einige Male wild im Kreise herum, es gilt, die Dämonen zu verwirren; auch soll die Seele des Toten nicht wieder den Weg zurückfinden und das Familienhaus unsicher machen. Ist ein Verbrennungsturm besonders hoch ausgefallen, werden vorsichtshalber sämtliche elektrischen Leitungen, die ihm in die Quere kommen könnten, abmontiert.

Nach der Ankunft am Kremationsplatz bettet man den Leichnam in den Tiersarkophag um. Nachdem ein Hohepriester die sterblichen Überreste mit Weihwasser besprengt und Gebetsformeln rezitiert hat, werden sowohl Verbrennungsschrein als auch -turm in Brand gesetzt. Innerhalb weniger Minuten ist von den prachtvollen Kunstwerken, deren Herstellung Monate gedauert und ein Vermögen gekostet hat, nur noch ein glimmender Aschehaufen übrig. Nicht besser jedoch könnten die Balinesen die Essenz ihres Glaubens demonstrieren: Alle Materie ist vergänglich, nur die Seele hat ewigen Bestand. In einer feierlichen Prozession werden am darauffolgenden Tag die Aschereste des Leichnams einem Fluß oder der See übergeben. Nachdem nun der irdische Leib auf vorgeschriebene Weise in die Grundelemente Erde, Feuer und Wasser zurückgeführt wurde, ist die Seele frei für die Wiedergeburt im Körper eines neugeborenen Kindes. Nach dem Religionsverständnis der Balinesen gibt es keinen Tod, sondern nur eine vorübergehende Reise mit sicherer Wiederkehr in absehbarer Zeit, und zwar zurück in die familiäre Umgebung.

Tänze und Tanzdramen

Keiner anderen Kunstform kommt auf Bali eine größere Bedeutung zu als dem Tanz. Tanzaufführungen sind, mit Ausnahme der eigens für Touristen arrangierten Veranstaltungen, stets an festliche Ereignisse gekoppelt. Häufigste Anlässe bilden Tempelfeste, Totenverbrennungen, Geburtstage und Hochzeiten. Kennzeichnend ist der ambivalente Charakter aller balinesischen Tänze und Tanzspiele, immer stellen sie eine Mischung aus Volksbelustigung und religiösem Kult dar. Grob lassen sich die balinesischen Tänze in drei Kategorien einordnen: 1. Heilige Kulttänze mit oftmals exorzistischem Charakter, bei denen in Trance gefallene Medien eine bedeutende Rolle spielen und die für gewöhnlich nur im Rahmen von Tempelzeremonien, vorwiegend nachts, aufgeführt werden. Sie dienen der Kommunikation mit der Welt der Götter und Geister. 2. Opfertänze, die sowohl in Tempeln als auch in Fürstenpalästen stattfinden. Diese Ritualtänze werden, wie die *Gamelan*-Musik, die sie begleitet, zu Ehren der Götter und der vergöttlichten Ahnen dargebracht. 3. Schautänze mit eher profanem Charakter, die sich aus teilweise jahrhundertealten Tänzen entwickelt haben, einer ständigen Wandlung unterliegen und zu immer neuen Mutationen alter Vorbilder führen.

Im Unterschied zu den klassischen Tänzen Javas, bei denen es sich um eine

Art aristokratisches Hofzeremoniell handelt, hat sich auf Bali aufgrund des stets vorhandenen sozialen und religiösen Hintergrunds die Ausübung und Weiterentwicklung der Tanzkunst nicht auf die Fürstenpaläste beschränkt. Demzufolge hat sich der balinesische Tanzstil weit entfernt von den höfischen Formen, wie sie noch in Yogyakarta oder Surakarta lebendig sind. Die Tänze und Tanzspiele Balis sind weitaus lebhafter, dynamischer und leidenschaftlicher als die gemessenen und beschaulichen Zeremonialtänze Javas; auch das balinesische *Gamelan* hat einen entsprechenden, eigenständigen Charakter. Aber ebenso wie auf Java, kommt es auch auf Bali beim *Gamelan*-Orchester nicht auf virtuose Solodarbietungen an, sondern auf die Fähigkeit des einzelnen, sich ganz exakt in das harmonische Zusammenspiel der Gemeinschaft einzuordnen (vgl. S. 120). Fast jedes Dorf besitzt seine eigene Tanzgruppe und sein eigenes *Gamelan*-Orchester, deren Mitglieder tagsüber ihrer alltäglichen Arbeit nachgehen. Bei den Akteuren handelt es sich also mit wenigen Ausnahmen stets um Amateure, die sich aber zum Teil einer langen und intensiven Ausbildung unterziehen müssen. Während bei manchen Männertänzen, wie z. B. dem Barong, eine gewisse Improvisationsfreiheit besteht, folgen die Frauentänze, allen voran der berühmte Legong, einer festgelegten Choreographie, die das Gebärdenspiel der Hände und Finger sowie die Expressivität der Augen exakt vorschreibt. Authentische Tanzaufführungen finden stets nachts statt (vor allem in Vollmondnächten) und können mitunter bis zum Morgengrauen dauern. In den Fremdenverkehrszentren Südbalis werden regelmäßig gekürzte Fassungen von Tänzen und Tanzdramen vorgeführt. Einerseits drohen sie zwar, aus dem religiös-mystischen Zusammenhang gerissen, zu Folklore und Spektakel für zahlende Touristen zu werden, andererseits aber verhelfen sie den Tanzgruppen zu regelmäßigen Einnahmen, die diese wieder in Kostüme, Masken u. a. investieren können. Zudem vermitteln diese Veranstaltungen dem interessierten Besucher einen ersten Überblick über die vielfältigen Ausprägungen der balinesischen Tanzkunst. Auf dem kleinen Tropeneiland gibt es über 200 verschiedene Tänze und Tanzdramen; aus dieser immensen Anzahl können hier nur die wichtigsten und bekanntesten (in alphabetischer Reihenfolge) vorgestellt werden.

Baris: Als Kriegstanz stellt der Baris das männliche Pendant zum anmutigen und ausgesprochen weiblichen Legong dar. Das Wort bedeutet eigentlich Linie oder Reihe und stand früher als Bezeichnung für die klassische Angriffsformation der Krieger. Dieser traditionelle Tanz, heute meist bei Totenzeremonien und stets innerhalb der Tempelmauern aufgeführt, glorifiziert den Mut und die Tapferkeit der legendären balinesischen Krieger. Der Baris wird normalerweise von mehreren Tänzern vorgeführt, kann aber auch ein Solotanz sein.

Barong oder Kristanz: Dieses Tanzspiel (Farbabb. 9) stellt den ewigen Konflikt zwischen den uralten antagonistischen Kräften des Kosmos dar, es symbolisiert das dualistische Weltbild der Balinesen, den Kampf des Guten gegen das Böse. Hauptakteure sind der Barong, ein löwenähnliches, mythisches Fabeltier, der als Beschützer der Menschheit das positive Prinzip verkörpert und das Gute verteidigt, während die mit ihrem zotteligen Haar und den langen Krallen furchteinflößend aussehende Rangda als Herrin der Schwarzen Magie und Herrscherin über die Mächte der Dunkelheit das zerstörerische Prinzip symbolisiert und Tod und Vernichtung über die Menschen bringt. Rangda übrigens hat ihr historisches Vorbild in der angeblich mit mächtigen Zauberkräften ausgestatteten Mutter des balinesisch-javanischen Königs Airlangga.

Während die Berührung des Barong-Felles Gesundheit und Glück bringt, gilt die Rangda-Maske mit ihren hervorquellenden Augen, den vier hauerähnlichen Zähnen und der weit heraushängenden roten Zunge als dermaßen gefährlich und unheilbringend, daß sie außerhalb der Aufführungen in einem speziellen Schrein des Totentempels streng unter Verschluß gehalten wird, um ihre Zauberkraft in Schach zu halten. Das Barong-Tanzdrama wird, abgesehen von den für Touristen inszenierten Veranstaltungen in Batubulan, bei denen der kultische Hintergrund aber kaum mehr zum Ausdruck kommt, dann aufgeführt, wenn durch irgendwelche Ereignisse das Böse die Oberhand gewinnt und der Dorfgemeinschaft ernste Gefahr droht. Das Barong-Spiel kann dazu beitragen, das verschobene Kräftegleichgewicht wieder in die Balance zu bringen.

Bei der Aufführung schlüpfen zwei gut aufeinander eingespielte Tänzer in das Barong-Fell. Wenn Barong und Rangda auf dem Höhepunkt des Tanzdramas aufeinandertreffen und sich ihre gewaltigen Zauberkräfte entgegenschleudern, weiß man nie im voraus, wer von den beiden den Sieg davontragen wird. Sollte Rangda gewinnen, so würde das unendliches Unheil über das Dorf bringen. Schließlich kommen dem arg in Bedrängnis geratenen Barong Kristänzer mit einer verzweifelten Attacke auf Rangda zu Hilfe, aber die Hexenfürstin verzaubert sie, so daß sie die tödliche Waffe gegen sich selbst richten. Doch im Gegenzug macht der Barong die Tänzer unverwundbar für ihre eigenen Dolchstiche. Der Ausgang des Kampfes bleibt schließlich unentschieden und symbolisiert damit, daß sowohl das Gute als auch das Böse feste Bestandteile der kosmischen Ordnung sind. Bei den Krisszenen befinden sich die Darsteller in Trance; Aufpasser stehen bereit, um einzugreifen, falls sich die Tänzer selbst zu erstechen drohen.

Janger: Dieser in den 30er Jahren entstandene Tanz, dessen Ursprung in Trancezeremonien wurzelt, wird von je einem Dutzend Mädchen und Jungen sowie einem Leittänzer dargeboten. Die weiblichen Akteure tragen einen markanten fächerförmigen Kopfschmuck. Den dargestellten Themen liegen Episoden aus dem Mahabharata-Epos zugrunde.

Jauk: Dies ist ein pantomimischer Maskentanz ohne festgelegten Handlungsablauf. Der eine Furcht und Schrecken einflößende Dämonengestalt verkörpernde Darsteller trägt eine weiße Maske mit hervorquellenden Kulleraugen sowie Handschuhe mit überlangen Fingernägeln. Beim Jauk richtet sich die musikalische Untermalung des *Gamelan*-Orchesters nach dem Tänzer, dessen Bewegungen denen des Baris-Tänzers ähneln, aber noch fulminanter, grotesker und bedrohlicher wirken.

Kebyar: Diese Solodarbietung, die als eine der sublimsten und kompliziertesten auf Bali gilt, wurde in den 20er Jahren von dem berühmten Tänzer Mario unter Einbeziehung von Stilelementen des Legong und des Sanghyang-Trancetanzes entwickelt. Charakteristisch für den Kebyar ist, daß er in einer sitzenden Position getanzt wird, wodurch der Gestik und der Mimik des Darstellers eine große Bedeutung zukommt. Anders als beim Baris und beim Jauk dirigiert bei diesem Ausdruckstanz der Akteur nicht das *Gamelan*-Orchester, das sich im Quadrat um ihn gruppiert, im Gegenteil – er muß die Klänge visualisieren, seine Bewegungen, vor allem sein Augenspiel, müssen alle musikalischen Stimmungen widerspiegeln.

Kecak: Dieser spektakuläre, oft mit fanatischer Hingabe dargebotene Tanz ist eigentlich ein Rhythmusspiel. Die Ursprünge des Kecak gehen auf einen altbalinesischen Beschwörungsritus zur Abwehr von Krankheitsdämonen zurück. Beim heutigen, dem Geschmack der Touristen angepaßten Kecak sitzen 100–150 nur mit einem schwarz-weiß gewürfelten Tuch bekleidete Männer in konzentrischen Kreisen um eine Tanzfläche, in deren Mitte Begebenheiten aus dem Ramayana-Epos aufgeführt werden. Die Männergruppe übernimmt dabei den Part des tapferen, von Hanuman geführten Affenheeres, was dem Kecak den Beinamen ›Affentanz‹ eingebracht hat. Dieses Rhythmusspiel wird charakterisiert durch ekstatische, sich ständig wiederholende Bewegungen des Kopfes, der Arme und des Oberkörpers, wobei die Männer mit lauten Ke-tschak Ketschak-Rufen (deshalb auch der Name Kecak) ein *Gamelan*-Orchester imitieren. Mit ihrem monotonen, hypnotisierenden ›Gesang‹ helfen Kecak-Gruppen auch bei Sanghyang-Tänzen, die Darsteller in Trance zu versetzen. In den 30er Jahren hat der deutsche Maler Walter Spies im Zusammenwirken mit balinesischen Tänzern der choreographischen Gestaltung des Kecak neue Impulse gegeben.

Legong: Dies ist der anmutigste und femininste unter den klassischen Tänzen Balis. Den Legong gibt es in verschiedenen Variationen, am bekanntesten ist der Legong Kraton, der ursprünglich nur von königlichen Prinzessinnen getanzt werden durfte. Für die Ausbildung zur Legong-Tänzerin werden nur die begabtesten und hübschesten Mädchen ausgewählt. Sie müssen rein und unberührt sein und dürfen keinerlei Makel aufweisen. Ihr körperlich außerordentlich anstrengendes Training beginnt meist schon mit fünf Jahren und endet mit ihrer ersten Monatsblutung im 13. oder 14. Lebensjahr. Der hochstilisierte Legong Kraton erzählt eine Legende aus dem 13. Jh.: Der König von Lasem entführt die Prinzessin Rangkesari und hält sie in seinem Palast gefangen. Der Bruder des Mädchens, der Prinz von Daha, fordert die Freilassung seiner Schwester und droht dem Lasem-Herrscher mit Krieg. Dieser jedoch weigert sich und entscheidet sich für den Kampf. Wie von einem mythischen Vogel prophezeit, ereilt ihn allerdings auf dem Weg zur Schlacht der Tod. Die Geschichte wird eindringlich von drei in prachtvollen Brokatkostümen gekleideten Mädchen pantomimisch dargestellt. Doch ist die Handlung im Vergleich zur Eleganz des Tanzes von vollkommen untergeordneter Bedeutung. Die Geschmeidigkeit der Tänzerinnen, die man ebenfalls Legong nennt, gilt als Inbegriff von Weiblichkeit und Anmut. Alle Bewegungen, insbesondere das schnelle Vibrieren der Finger und das kontrollierte Spiel der Augen, laufen, genauestens abgestimmt auf die komplizierten Rhythmen des *Gamelan*-Orchesters, mit der Präzision eines Uhrwerks ab und sprechen in einer feinen Symbolik. Die gesamte Bewegungstechnik unterliegt den Regeln einer strengen Choreographie; nicht das kleinste Detail bleibt der Improvisation überlassen. Dem ausländischen Zuschauer wird es schwerfallen, die subtile Nuancierung dieses Tanzspiels zu verstehen, was den rein ästhetischen Genuß jedoch kaum mindert.

Pendet: Dieser Ritualtanz war ursprünglich auf den heiligen Tempelbezirk beschränkt und diente dort bei Zeremonien der Begrüßung der Götter oder leitete die Darbringung der Opfergaben ein. Heute wird der Pendet, häufig von ganz jungen, gerade fünf oder sechs Jahre alten Mädchen zur Eröffnung von Legong-Aufführungen getanzt. Am Ende der Darbietung werfen die zierlichen Tänzerinnen, die Zuschauer segnend und begrüßend, Frangipani-Blüten ins Publikum.

Sanghyang-Trancetänze: Der Trancezustand ist auf Bali ein tiefreligiöses Erlebnis, durch ihn treten die Menschen in direkte Verbindung mit Göttern und Geistern. Die in Trance Gefallenen werden zu Medien, durch die die uranischen Wesen zu den Menschen sprechen. Balinesische Trancetänze können aber auch Beschwörungs- und Austreibungsrituale sein, die den Zweck haben, die Gemeinschaft von bösen Geistern und Dämonen zu befreien. Der exorzistische Sanghyang Dedari (›Tanz der verehrungswürdigen Engel‹) wird von zwei sehr jungen, in Legong-Kostümen gekleideten Mädchen zelebriert, die unter Einwirkung von Gesängen und Weihrauch in Trance geraten. Von dem beschwörenden Gesang eines Frauenchores angelockt, ergreifen Himmelsnymphen (*Widadari*) Besitz von den Körpern. Sind die Mädchen in Trance gefallen, können sie ohne Bewußtsein wie Puppen zum Tanzplatz getragen werden. Auf wunderbare Weise sind sie fähig, auf den Schultern von Männern oder auf dem Boden der Tanzfläche den Legong zu tanzen, obwohl sie nie zuvor eine Tanzschule besucht haben. Durch Besprengen mit heiligem Wasser erweckt sie ein Priester aus der Trance und ruft sie wieder ins Diesseits zurück. Wie allen, die nahen Kontakt zu den Göttern haben, wird auch den Sanghyang-Tänzerinnen größte Hochachtung entgegengebracht.

Beim Sanghyang Jaran werden Knaben oder Männer von den rhythmischen Rufen eines Kecak-Chores in Trance versetzt. Auf einem Strohpferd reiten sie anschließend ekstatisch über den Tanzplatz. Sie empfinden nun keinen Schmerz mehr und sind in der Lage, barfuß über glimmende Kokosnußhälften zu tanzen. Ihre Haut weist danach keinerlei Verbrennungen auf – ein Phänomen, dem westliche Wissenschaftler bis heute nachrätseln. Anscheinend besteht zwischen unserem Kausaldenken und der mythisch-magischen Vorstellungswelt der Balinesen eine unüberbrückbare Kluft. Wohl sehen wir den halbnackten Trancetänzer im brennenden Kokosnußhaufen und die nach allen Seiten davonstiebenden Funken, wirklich verstehen und nachvollziehen aber können wir den Vorgang nicht.

Wayang Topeng: Neben dem Schattenspiel (vgl. S. 114) erfreut sich auf Bali auch dieser pantomimische Maskentanz einer großen Popularität. Meist treten drei bis vier Spieler auf, wobei der Hauptdarsteller mit Hilfe verschiedener Masken die unterschiedlichsten Charaktere verkörpern kann. Die Akteure halten ihre sehr naturalistisch und ausdrucksstark geschnitzten Masken mittels eines an der Innenseite befestigten Holzpflocks oder Riemens zwischen den Zähnen; sie können also während der Vorstellung nicht sprechen. Erklärende Kommentare werden von Halbmasken tragenden Clowns abgegeben. Den dargestellten Themen liegen Begebenheiten aus der Geschichte Balis, vor allem Heldentaten balinesischer Herrscher und Krieger, zugrunde.

Kunst und Kunsthandwerk

Balis künstlerische Tradition gilt nicht nur als eine der vielfältigsten im gesamten südostasiatischen Raum, sondern auch als besonders anpassungs- und entwicklungsfähig. Die klassische balinesische Kunst der letzten Jahrhunderte ist aus der Vereinigung bodenständiger Kunstformen mit solchen ausländischen Ursprungs hervorgegangen. Bezeichnenderweise wurden alle indischen, hindu-javanischen, chinesischen, islamischen und europäischen Kultureinflüsse einem langwierigen Prozeß der Assimilation und Integration unterworfen, in dessen Verlauf man alles ausschied, was unvereinbar mit der hindu-balinesischen Religion erschien. Das reiche geistig-kulturelle Erbe wird heute von allen Balinesen bewahrt. Auf Bali besitzt anscheinend jeder schöpferisches Talent, sei es als Maler, Bildhauer, Tänzer oder Musiker. Die balinesische Kunst steht nicht außerhalb des Lebens und schon gar nicht außerhalb des Glaubens. Hier gibt es keine Kunst als Kunst. Kunst ist auf Bali, abgesehen von den Produkten

Werk eines balinesischen Malers aus Ubud

für den Touristenmarkt, nicht Selbstzweck, sondern in einem tiefreligiösen Sinn immer zweckgebunden. Vielleicht ist dies eine Erklärung dafür, weshalb die balinesische Sprache den Begriff ›Kunst‹ oder ›Künstler‹ überhaupt nicht kennt. Die fast ausschließlich religionsgebundene Ausdrucksform der Kunst währte bis in die 20er Jahre unseres Jahrhunderts. Der in den 30er Jahren einsetzende Fremdenverkehr führte im Laufe der Jahrzehnte zu einer deutlichen Profanierung von Teilbereichen, die sich heute bereits zu einer bedenklichen Kommerzialisierung gesteigert hat. Der Tourismus mag auf Bali als Devisenbringer enorm wichtig sein, der balinesischen Kunstentwicklung hat er nicht immer positive Impulse gegeben. Im reichen Kitschangebot für den Touristenmarkt spiegelt sich allerdings nicht allein gesunder Geschäftssinn wider, sondern vor allem auch der schlechte Geschmack der unkritischen Käufer, denn auch auf Bali folgt das Angebot der Nachfrage. Doch außerhalb dieser Kunsthandwerksindustrie blüht auch weiterhin eine heimische Kunst von allgemein hohem Niveau.

Steinmetzkunst: Ein charakteristisches Merkmal aller balinesischen Tempel (*Pura*) sowie auch der alten Fürstenpaläste (*Puri*) ist ihre geradezu verschwenderische Ausstattung mit Schmuckornamenten. Bemerkenswerterweise handelt es sich bei dem reichen Steinzierat an Mauern und Portalen sowie an Altären und Schreinen nicht um isoliert stehende Einzelelemente. Typisch für die balinesische Steinmetzkunst ist vielmehr die Verschmelzung von Relief und Vollplastik. Köpfe, die eigentlich zu freistehenden Statuen gehören könnten, gliedern sich harmonisch in Basreliefs ein, andererseits gehen diese oftmals allmählich in eine dreidimensionale Bauplastik über. Vor allem an nordbalinesischen Tempeln entdeckt man kaum eine freie Außenfläche; sämtliche Gebäude werden von einem nahezu lükkenlosen Mantel aus bauplastischen Ornamenten überzogen. In der barocken Üppigkeit dieser Baugesinnung spiegelt sich ein wesentlicher Aspekt der balinesischen Lebensphilosophie wider: Wie sich das Individuum harmonisch in die Familie, die Dorfgemeinde oder eine andere übergeordnete Gemeinschaft einzugliedern hat, so muß auch das einzelne Schmuckelement als Detail des Dekors zum überwältigenden Gesamteindruck beitragen. In keinem balinesischen Tempel gibt es Götterstatuen, wohl aber ungemein phantasievolle Bildnisse von Dämonen und Hexen. Über jedem Portal thront ein von einem Rankengeflecht umwucherter Kala- bzw. Boma-Kopf, der jeden Eintretenden symbolisch verschlingt.

Die balinesischen Bildhauer verwenden fast ausschließlich einen weichen vulkanischen Tuffstein (*Paras*), der meist an den Steilufern der Flüsse gebrochen wird und sich ausgezeichnet bearbeiten läßt. Da dieser Stein aufgrund der hohen Luftfeuchtigkeit sehr rasch verwittert sowie Moos und Flechten ansetzt, aber von alters her eine große moralische Verpflichtung zur permanenten Instandhaltung der sakralen Bauwerke besteht, haben auf Bali ganze Bataillone von Bildhauern und Steinmetzen alle Hände voll zu tun, um die ständige Nachfrage zu befriedigen. Daraus resultiert letztendlich auch eine kontinuierliche Weiterentwicklung der sakralen Steinplastik, in die, da Balinesen Impulsen von außen stets aufgeschlossen gegenüber stehen, überdies laufend neue Motive und Stile Eingang finden. Neuerdings werden aber auch die Schmuckornamente für die vielen Tempel in zunehmendem Maße im modernen Zementgußverfahren hergestellt. Als Zentrum der traditionellen Steinmetzkunst gilt Batubulan bei Denpasar.

Holzschnitzkunst: Aufgabe der balinesischen Holzschnitzer in früheren Jahren war es vorwiegend, dekorative Elemente zur Ausschmückung von Tempeln und Fürstenpalästen herzustellen. Erst in den letzten Jahrzehnten löste sich auf Bali die Holzschnitzerei von der Architektur und entwickelte sich zu einer selbständigen Kunstgattung. Wesentlichen Anteil an dieser Wandlung hatte der aufkommende Massentourismus, der vor allem die Aktivität der Holzschnitzer beeinflußte, damit aber nicht unbedingt immer zu einer Steigerung der Qualität beitrug. Gerade unter den balinesischen Holzschnitzern gibt es nur relativ wenige wirklich elementar schöpferische Künstler. Den Produkten aller übrigen läßt sich allenfalls das Qualitätssiegel ›Kunsthandwerk‹ aufdrücken. Als Zweig der Fremdenverkehrsbranche beschränkt sich die Holzschnitzerei heutzutage zusehends auf die fließbandmäßige Produktion normierter und stereotyper Massenware. Die Experimentierfreude ist mittlerweile von den Zugeständnissen an den Touristengeschmack gänzlich ins Abseits gedrängt worden. Die meisten der heutigen Schnitzereien geben in überwiegend freistehenden Figuren sowohl Motive aus dem Inselalltag als auch Szenen aus der hindu-balinesischen Mythologie wider. Besonderer Beliebtheit erfreuen sich die Heroen des Ramayana-Epos sowie Darstellungen geflügelter Löwen und des Sonnenvogels Garuda. Gebräuchliche Sorten für diese Schnitzereien sind das helle Satin-, das braune Sawo- und das rotbraune Mahagoniholz. Am häufigsten verwandt wird Ebenholz, das seine glänzend schwarze Patina für gewöhnlich mit Hilfe simpler Schuhcreme erhält. In einer sehr alten Tradition wurzelt immer noch die Maskenschnitzerei, denn den Masken wird oft ein magischer Charakter zugesprochen. Allerdings tragen die ausschließlich zum Verkauf hergestellten Masken auch bereits deutlich Merkmale der Serienfertigung. Die Zentren der balinesischen Holzschnitzerei konzentrieren sich um Ubud und Mas.

Malerei: Während im Java der nachhinduistischen Epoche der abbildungsfeindliche Islam die traditionelle Malerei weitgehend aus dem kulturellen Leben verbannte, blieb diese auf Bali bis in die 30er Jahre unseres Jahrhunderts lebendig. Die Maler der damaligen Zeit wählten als Themen vorwiegend Episoden aus den großen Hindu-Epen Ramayana und Mahabharata. Ihre Malweise nannte man wegen der Ähnlichkeit ihrer zweidimensionalen Menschendarstellung mit Schattenspielfiguren auch den Wayang-Stil. Aufgrund ihrer strengen Regelhaftigkeit und des Fehlens individueller Ausdrucksformen hatte die traditionelle balinesische Malerei eher den Charakter einer rein dekorativen Kunst. Farblich dominierte ein verhaltenes Rotbraun, während andere Farben wie blau, grün und schwarz mehr zurücktraten. Diesen Malstil behielt man auf Bali jahrhundertelang bei. Die damals produzierten Bilder lassen sich grob in zwei Kategorien einordnen: 1. *Ider Ider,* 30–40 cm breite und 5–6 m lange Bandmalereien, die bei Zeremonien in den Tempelhöfen ausgehängt wurden. 2. *Langse,* große, rechteckige Gemälde, die als Wandbehang oder Vorhang dienten. Parallel zur Malerei entwickelte sich beim Kopieren alter Manuskripte eine besondere graphische Kunst, die heute noch von einigen Spezialisten im Bali Aga-Dorf Tenganan gepflegt wird. Mit einer Eisenfeder ritzt man altbalinesische Texte in der Ritualsprache *Kawi* zusammen mit Miniaturillustrationen in ca. 3 cm breite und 40–60 cm lange Blätter der Lontar-Palme und schwärzt die Gravuren anschließend mit einem Gemisch aus Öl und Ruß. Zusammengehalten werden die Einzelblätter mit einem verzierten Doppeldeckel aus Sandelholz. Alte Lontar-Manuskripte werden in der Bibliothek des Kirtya-Instituts in Singaraja (Nordbali) aufbewahrt. Generell hat die Malerei als Ausdrucksform bis Anfang unseres Jahrhunderts auf Bali stets im Schatten von Theater, Tanz und Musik sowie auch von Plastik und Architektur gestanden.

Eine Renaissance erlebte die balinesische Malerei (wie auch die Holzschnitzkunst) Anfang der 30er Jahre unter dem Einfluß europäischer Künstler, die sich auf Bali niedergelassen hatten. Besonders nachhaltige Impulse gingen von dem Holländer Rudolf Bonnet und dem Deutschen Walter Spies aus. Beide Europäer ließen sich in ihrem Wirken von der balinesischen Kunst beeinflussen, ermutigten aber ihrerseits die einheimischen Maler zu Experimenten mit neuen Materialien, neuen Stilelementen und neuen Inhalten. Thematisch vollzog sich die Wendung vom Sakralen, von der Welt der Götter und Dämonen, zum Profanen, der Welt der Menschen. Szenen aus dem alltäglichen Leben der Dorfgemeinschaft (Tempelrituale, Tanzaufführungen, Marktsituationen u. a.) fanden nun, dreidimensional dargestellt, Eingang in die Gemälde. Diese Wiederbelebung der balinesischen Malkunst hatte ihren Ursprung in Ubud, das bis heute das Zentrum der Malerei auf Bali geblieben ist. Hier entstand in den 50er Jahren auch unter der behutsamen Anleitung des holländischen Malers Arie Smit die ›Schule der Jungen Künstler‹. Einen guten Überblick über die Entwicklung der balinesischen Malerei in diesem Jahrhundert vermitteln die Museen Puri Lukisan und Neka in Ubud (vgl. S. 334).

Denpasar

Der einstige Mittelpunkt des historischen Königreiches von Badung zählt heute rund 300 000 Einwohner und ist seit der Unabhängigkeit Indonesiens die Hauptstadt der Provinz Bali. Seit den 60er Jahren hat Denpasar im Kielwasser der Tourismusentwicklung eine beinahe dramatische Wandlung von einem unbedeutenden Provinzstädtchen zur hektisch-geschäftigen Inselmetropole vollzogen. Allerdings führte das unvermittelte Zusammentreffen von balinesischer Tradition mit Attributen der modernen westlichen Welt zu einer nicht immer glücklichen Synthese. Die meisten Touristen machen einen weiten Bogen um das lebhafte Handels- und Verwaltungszentrum Balis, dessen chronisch verstopftes Einbahnstraßenlabyrinth kaum noch in der Lage ist, das gewaltige Verkehrsaufkommen zu bewältigen. Doch auch Badung, so der alte, aber unter den Einheimischen immer noch gebräuchliche Name der Inselhauptstadt, hat dem Besucher einiges zu bieten und lohnt zumindest einen kurzen Aufenthalt.

Im Zentrum Denpasars liegt der **Puputan-Platz** mit einem einer stilisierten Lotosblüte entwachsenen Heldendenkmal, das an den rituellen Selbstvernichtungskampf des Fürsten von Badung und seines Gefolges im Jahre 1906 erinnert (vgl. S. 92). An der nordwestlichen Ecke des Platzes erhebt sich Bhatara Guru, eine 1972 errichtete riesige Statue mit vier Gesichtern und acht Armen, die das Allerhöchste Wesen in seiner Eigenschaft als Wächter der vier Himmelsrichtungen darstellt. Hier treffen sich die beiden Hauptgeschäftsstraßen Denpasars, die Jl. Gajah Mada und die Jl. Veteran, beide mit gediegenen Antiquitäten- und Kunstgewerbeläden. Ebenfalls an der Nordseite des Puputan-Platzes beherbergt ein palastähnliches Bauwerk die Residenz des Provinzgouverneurs.

Unbedingt in Ihre Besichtigungstour einplanen sollten Sie einen Besuch im 1932 von den Holländern eröffneten **Bali-Museum,** das einen ausgezeichneten Überblick über die vielfältigen Ausprägungen balinesischer Kunst von vor- und frühgeschichtlicher Zeit bis zur Gegenwart vermittelt. In den verschiedenen Gebäuden des sich an der Ostseite des Puputan-Platzes ausbreitenden Museumskomplexes spiegelt sich nicht nur die traditionelle balinesische Palast- und Tempelarchitektur wider, hier vermengen sich auch die typischen Baustile Nord-, Ost- und Westbalis zu einem harmonischen Ganzen. Einen guten Überblick über die weitläufige Anlage sowie den benachbarten Tempel Pura Jagatnatha können Sie sich vom Kulkul-Turm an der Nordseite (links vom Eingang) verschaffen. Der gegenüberliegende Pavillon im Stil des nordbalinesischen Buleleng-Palastes beherbergt eine hervorragende Sammlung von *Topeng*-Masken und Schattenspielfiguren sowie Barong- und Rangda-Gestalten. Vor dem Gebäude stehen Steinskulpturen säugender Mütter. Das mittlere Gebäude, dessen Architektur dem Baustil der ostbalinesischen Paläste von Karangasem nachempfunden ist, enthält u. a. prähistorische Fundstücke, chinesische Porzellane, Bronzestatuetten aus dem 10.–15. Jh. sowie Modelldarstellungen von Zahnfeilungs-, Hochzeits- und Verbrennungszeremonien. Vor dem Gebäude gruppieren sich um zwei mit einem Drachen-Schlangen-Kopf verzierte Kanonenrohre Bildnisse von Musikanten, schwangeren Frauen und kindersäugenden Müttern. Das südlich anschließende Bauwerk ist eine Nachbildung des Fürstenpalastes von Tabanan (Westbali). Hier befindet sich eine sehenswerte Sammlung von Steinskulpturen, Tonfiguren, Holzstatuen und Elfenbeinschnitzereien. Im Erdgeschoß eines vierten, modernen Gebäudes sind Werke traditioneller und zeitgenössischer Malerei zu sehen; die Ausstellung im oberen Stockwerk beschäftigt sich mit Kunsthandwerk und Volkskunst auf Bali. Öffnungszeiten: Di–Do 8–14 Uhr, Fr 8–11 Uhr, Sa 8–12.30 Uhr, So 8–14 Uhr, Mo geschlossen.

An der Nordseite des Bali-Museums grenzt der **Tempelkomplex Pura Jagatnatha** (›Tempel des Weltherrschers‹) an.

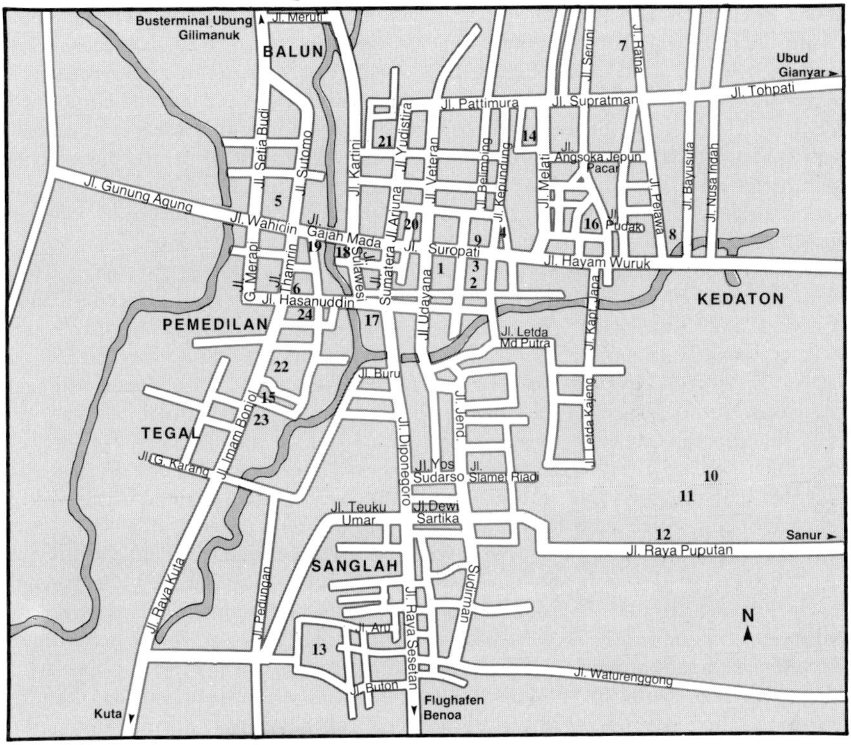

Denpasar: Sehenswürdigkeiten
1 Puputan-Platz 2 Bali-Museum 3 Pura Jagatnatha 4 St. Joseph-Kirche 5 Pura Maospahit 6 Puri Pemecutan 7 Kokar-Akademie 8 Werdhi Budaya Art Centre

Öffentliche Einrichtungen
9 Badung Government Tourism Office 10 Bali Government Tourism Office 11 Ausländerbehörde 12 Hauptpostamt 13 Krankenhaus Sanglah 14 Garuda- und Merpati-Büros 15 Bemoterminal Tegal 16 Bemo- und Busterminal Kereneng 17 Bemoterminal Suci 18 Pasar Badung 19 Pasar Kumbasari

Hotels und Losmen
20 Natour Bali Hotel 21 Losmen Adiyasa 22 Two Brothers Inn 23 Losmen Taman Suci 24 Losmen Tambora

Dieses 1906 beim *Puputan* zerstörte, aber bereits 1908 wieder aufgebaute Heiligtum ist als einer der neun Reichstempel dem Einen Allmächtigen Gott, Sanghyang Widhi Wasa, geweiht. Die allumfassende Gottheit thront als goldene Statue auf dem zentralen siebenstufigen *Padmasana*-Lotosthron aus weißem Korallengestein, dessen Basis die schlangenumwundene mythologische Schildkröte Bedawang bildet. Tempelzeremonien finden hier vor allem in den Vollmondnächten statt. Etwas weiter östlich zweigt von der Jl. Surapati in nördlicher Richtung die Jl. Kepundung ab. Hier befindet sich die **St. Joseph-Kirche**, ein katholisches Gotteshaus, das eher einem hindu-balinesischen Tempel ähnelt. Die einzelnen Schmuckornamente der Fassade zeigen christliche Motive im balinesischen Stil; so tragen die Engel *Sarong* und selbst Wächterdämonen hat man nicht vergessen.

Wir folgen nun der Jl. Surapati und später der Jl. Gajah Mada in westlicher Richtung und gelangen schon bald zum Pasar Badung, einem modernen, mehrstöckigen Marktgebäude. Gegenüber steht etwas verloren der kleine Pura Desa. Am jenseitigen Ufer des Flusses liegt der Pasar Kumbasari, ein Einkaufszentrum für Kunstgewerbe, das zudem über eine Reihe ordentlicher Restaurants verfügt. Im Untergeschoß hält man täglich ab ca. 16 Uhr einen lebhaften Nachtmarkt (*Pasar Malam* oder *Pasar Senggol*) ab. Nördlich der Jl. Gajah Mada, an der Jl. Dr. Sutomo, breitet sich **Pura Maospahit** aus, ein aus rotem Ziegelstein errichteter Tempelkomplex, dessen Ursprünge in das 14. und 15. Jh. zurückgehen. Das Innere des Heiligtums ist über einen Seiteneingang im Gang III zugänglich. Dort, wo die Jl. Thamrin in die Jl. Hasanuddin einmündet, steht der **Puri Pemecutan,** eine Rekonstruktion des ehemaligen Fürstenpalastes von Badung, der während des grauenhaften Massenamoklaufs im Jahre 1906 in Flammen aufgegangen war. Ein Teil des Gebäudekomplexes beherbergt heute ein Hotel und Restaurant, ein anderer den privaten Wohntrakt der königlichen Familie. Im Empfangspavillon gegenüber dem Eingang werden die wenigen Erinnerungsstücke aus dem ursprünglichen *Puri* aufbewahrt, darunter alte Waffen, Lontar-Manuskripte und ein vollständiges *Gamelan*-Orchester.

Versäumen Sie auch nicht, zwei weitere bedeutende kulturelle Institutionen Denpasars zu besuchen. Wochentags bietet die **Kokar-Akademie** (*Konservatori Kerawitan*), Balis führendes Konservatorium für darstellende Künste, die Möglichkeit, bei Tanz-, Theater- und *Gamelan*-Proben zuzuschauen. Die 1962 gegründete Schule befindet sich in der Jl. Ratna, der Ausfallstraße nach Gianyar und Ubud. Einen längeren Aufenthalt lohnt das in der Jl. Bayusuta an Denpasars östlicher Peripherie gelegene **Werdhi Budaya Art Center**. Die verschiedenen Pavillons des architektonisch überaus ansprechend gestalteten Komplexes beherbergen sehenswerte Dauerausstellungen balinesischer Mal- und Holzschnitzkunst. Darüber hinaus geben temporäre Verkaufsausstellungen einen umfassenden Überblick über die weite Palette balinesischen Kunsthandwerks. Eine kleine Galerie ist dem Andenken des deutschen Malers Walter Spies gewidmet, der in den 30er Jahren zahlreiche balinesische Künstler auf vielfältige Weise inspirierte. Weiterhin sind in das Kulturzentrum Übungssäle für Musik und Tanz sowie Freilichtbühnen integriert. Seit 1979 finden hier jedes Jahr, meist im Juni und Juli, das ›Bali Art Festival‹ mit Musik-, Tanz- und Theateraufführungen sowie zahlreiche Sonderausstellungen statt. Öffnungszeiten: täglich 8–16.30 Uhr. Täglich zwischen 18.30 und 19.30 Uhr Vorführungen einer auf Anregung von Walter Spies entwickelten Fassung des Kecak-Tanzspiels.

Praktische Hinweise

Unterkunft (bei einem längeren Aufenthalt empfiehlt es sich, eine Unterkunft in einem der nahen Badeorte zu wählen): ***Natour Bali Hotel, Jl. Veteran 3, ✆ 25681; **Pemecutan Palace, Jl. M. H. Thamrin 2, ✆ 23491 (stilvolles Hotel im wiederaufgebauten Fürstenpalast von Badung); Adiyasa, Jl. Nakula 23, ✆ 22679; Agung, Jl. Hasanuddin 97, ✆ 26369; Baliagung, Jl. Kresna 5; Kayumas Inn, Jl. Surapati 23, ✆ 26934; Taman Suci, Jl. Imam Bonjol 45, ✆ 26724 (nahe Terminal Tegal); Tambora, Jl. G. Tambora 6 (ruhig; nahe Terminal Tegal); Two Brothers Inn, Jl. Imam Bonjol, Gang VII/5 (nahe Terminal Tegal).

Verkehr: Anreise: vgl. ›Praktische Hinweise Bali: An- und Weiterreise‹, S. 356.

Stadt- und Vorortverkehr: Dominierende öffentliche Verkehrsmittel innerhalb Denpasars sind auf festen Routen pendelnde Bemo und Bajaj. Innerstädtische Terminals für Bemo und Bajaj sind den Busterminals für den Überlandverkehr auf Bali angegliedert. Taxen, in der Regel nicht als solche gekennzeichnet und ohne Taxameter, über Hotelvermittlung. An markanten Kreuzungen sowie bei den Bus- und Bemoterminals finden sich zahlreiche Motorrad-Taxen (Ojek).

Fernverkehr: Flughafen Ngurah Rai, ca. 13 km südlich (ca. 3 km südlich von Kuta). Fluglinien: Garuda, Jl. Melati 61, ✆ 27825 und 22788; Bouraq, Jl. Sudirman 19 A, ✆ 24656; Merpati, Jl. Melati 57, ✆ 22864 und 25841 (Fluginformationen vgl. ›Praktische Hinweise Bali: Anreise‹ und ›Weiterreise‹, S. 356 sowie ›Reisen in Indonesien: ... mit dem Flugzeug‹, S. 544).

Es gibt vier größere Bus- und Bemoterminals für den innerbalinesischen Fernverkehr: **Terminal Tegal** (Jl. Imam Bonjol, ca. 2 km südlich des Zentrums in Richtung Kuta): Bemo nach Kuta, Legian und zum Flughafen sowie nach Nusa Dua und andere Orte auf der Halbinsel Bukit Badung (letztes Bemo nach Kuta gegen 20 Uhr!); **Terminal Ubung** (Jl. Cokroaminoto, ca. 3 km nördlich): (Mini-)Busse nach Nord- und Westbali (Bedugul, Singaraja, Mengwi, Kediri, Tanah Lot, Tabanan, Negara, Gilimanuk u. a.) sowie Fernverkehrsbusse nach Java; **Terminal Kereneng** (Jl. Kamboja): (Mini-)Busse nach Ost- und Zentralbali (Gianyar, Ubud, Bangli, Kintamani, Klungkung, Padangbai, Candi Dasa, Amlapura u. a.) sowie Bemo nach Sanur; **Terminal Suci** (Jl. Hasanuddin): Bemo nach Benoa (Hafen) und Suwung (kl. Hafen nach Serangan). Informationen zur Weiterreise vgl. ›Praktische Hinweise Bali: An- und Weiterreise‹, S. 356.

Restaurants: Atoom Baru, Jl. Gajah Mada 98 (chinesisch, indonesisch, Fischspezialitäten); Ayodya, Jl. Tanjung Bungkak (chinesisch, indonesisch, europäisch, Fischspezialitäten); Hongkong, Jl. Gajah Mada 99 (chinesisch und indonesisch); Puri Selera, Jl. Gajah Mada 16 (chinesisch, indonesisch, Fisch).

Information und wichtige Adressen: Touristeninformation: Badung Government Tourism Office, Jl. Surapati 7, ✆ 23399 und 23602 (vorwiegend Informationen über Denpasar und Südbali: erhältlich ist hier der sehr wichtige aktuelle ›Calendar of Events‹. Öffnungszeiten: Mo–Do 8–14 Uhr, Fr 8–11 Uhr, Sa 8–12.30 Uhr, So und an Feiertagen geschlossen); Bali Government Tourism Office, Kompleks Niti Mandala, Jl. S. Parman, ✆ 22387 und 26313 (Informationen über ganz Bali; Öffnungszeiten: Mo–Do 7.30–14.30 Uhr, Fr und Sa 7.30–11.30 Uhr, So und an Feiertagen geschlossen). **Ausländerbehörde:** Kantor Imigrasi, Kompleks Niti Mandala, Jl. Panjaitan, ✆ 27828. Öffnungszeiten: Mo–Do 8–13 Uhr, Fr 8–11 Uhr, Sa 8–12 Uhr. **Post und Telefon:** Kantor Pos Besar (Hauptpostamt), Jl. Raya Puputan; nicht direkt mit öffentlichen Verkehrsmitteln zu erreichen. Öffnungszeiten: Mo–Do 8–14 Uhr, Fr 8–11 Uhr, Sa 8–13 Uhr); Telefonamt, Jl. Veteran 66E. **Banken:** Die meisten Banken befinden sich in der Jl. Gajah Mada, z. B. Bank Bumi Daya, Bank Ekspor-Impor Indonesia und Bank Negara Indonesia. **Gesundheit:** Rumah Sakit Umum Sanglah, Jl. Kesehatan, ✆ 27911; Dr. med. A. Made Udayana, Jl. W. R. Supratman, ✆ 247295 und Dr. med. Alex Hostiadi, Jl. Wijaya Kasuma 25, ✆ 259782 (deutschsprechende Ärzte). **Konsulate:** BRD, Jl. Pantai Karang 17, Sanur, ✆ 8535; Schweiz, Swiss Restaurant Jl. Legian, Kuta, ✆ 51735. Weitere Informationen vgl. ›Praktische Hinweise Bali‹, S. 356.

Das südliche und südwestliche Bali

Die Strände und Ferienzentren Südbalis

Der Südzipfel Balis war seit alters her eines der Haupteinfallstore für freundlich wie feindlich gesonnene Invasoren. Hier landeten Anfang des 16. Jhs. die ersten Majapahit-Führer, von hier aus brachten aber auch die Holländer zu Beginn unseres Jahrhunderts die widerspenstigen südbalinesischen Fürstentümer endgültig unter ihre Kuratel. Die

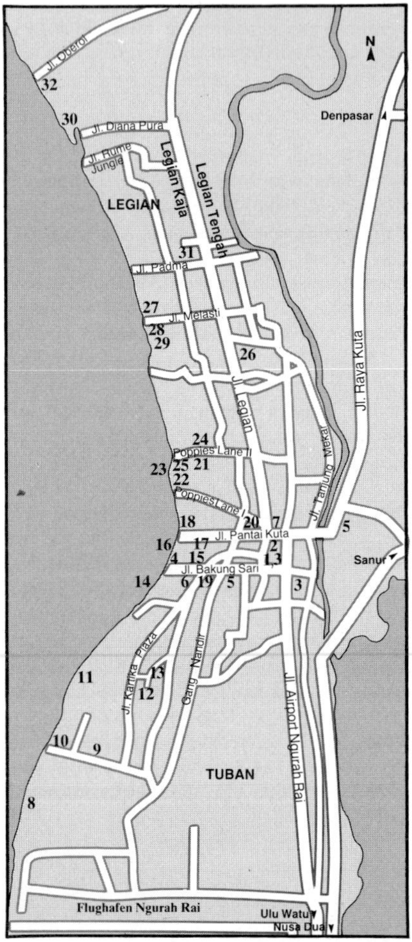

Kuta/Legian: Öffentliche Einrichtungen: 1 Tourist Information Office 2 Polizei 3 Postamt 4 Kuta Art Market 5 Supermarkt 6 Taxistand 7 Bemo nach Denpasar **Hotels und Losmen:** 8 Pertamina Cottages 9 Rama Beach Cottages 10 Sunset Hotel 11 Kartika Plaza 12 Dayu Beach Inn 13 Pendawa Inn 14 Melasti Beach Inn 15 Kuta Cottages 16 Kuta Beach Hotel 17 Yulia Beach Inn 18 Hotel Yasa Samudra 19 Agung Beach Bungalows 20 Poppies Cottages I 21 Barong Cottages 22 Hotel Maharani 23 Kuta Sea View Cottages 24 Losmen Cempaka 25 Poppies Cottages II 26 Mastapa Garden 27 Legian Beach Hotel 28 Bali Intan Cottages 29 Bruna Beach Inn 30 Hotel Legian Cottage 31 Puri Damai Cottage 32 Hotel Bali Oberoi

einschneidendsten Veränderungen für die Südregion Balis aber kamen in den 60er Jahren mit dem vehement einsetzenden Massentourismus. Welchen Wandel wahre Heerscharen von ausländischen Besuchern bewirken können, demonstrieren besonders drastisch die beiden Zwillingsorte Kuta und Legian, nur wenige Kilometer südlich von Denpasar. Gerade Kuta hat in den vergangenen drei Jahrzehnten eine hektische, nahezu unkontrollierte Entwicklung vom beschaulichen Fischerdorf, das ehedem unter Weltenbummlern als ›Geheimtip‹ gehandelt wurde, zu einer der beliebtesten Ferienmetropolen im gesamten südostasiatischen Raum durchlaufen. Der Name ist synonym mit Touristenhotels, Restaurants, Diskotheken und tropischem Strand- und Badeleben. Trafen sich hier in früheren Jahren vorwiegend jugendliche Reisende, ›Traveller‹ und Hippies, so bietet Kuta heute mit seiner gemischten touristischen Infrastruktur Erholungs- und Vergnügungsmöglichkeiten für jeden Geldbeutel. Geschickt verstehen es die Einheimischen, das Geld aus den Taschen der Besucher in die eigenen umzulenken; kaum einer, der in Kuta nicht versuchte, sich ein Stück vom Tourismuskuchen abzuschneiden. In den Hauptstraßen des Ortes, der Jl. Bakung Sari, Jl. Pantai Kuta, Jl. Buni Sari und Jl. Legian, reihen sich dichtgedrängt Hotels, Losmen, Restaurants, Wechselstuben, Auto- und Motorradverleihe aneinander. Hier findet man so ziemlich alles, was das Touristenherz für einen runden Badeurlaub begehrt. Bars und Diskotheken sorgen bis spätnachts für lärmende Unterhaltung; allenfalls in den frühen Morgenstunden ebbt der von knatternden Zweitaktmotoren verursachte unangenehme hohe Geräuschpegel etwas ab. Daß man auch an Kutas viel gerühmtem kilometerlangen Sandstrand, dessen traumhafte Surfwellen vor allem australische Wellenreiter in Scharen anlocken, kaum erholsame Ruhe findet, dafür sorgen Bataillone von fliegenden Händlern sowie neuerdings vor allem die zwielichtigen ›Kuta Cowboys‹ auf ihren Motorrädern, die den Strandurlauber mit einer obskuren Angebotspalette von leichten Mädchen bis harten Drogen belästigen.

Trotz allem: Kuta Beach gehört immer noch zu den schönsten Küstenstreifen des gesamten indonesischen Archipels. Wessen Urlaubsaktivitäten sich in ›dolce far niente‹ am Strand und ›laisser-faire‹ im Nachtleben – alles bei einem erstaunlich niedrigen Preisniveau – erschöpfen, der ist in Kuta gut aufgehoben. Kuta ist aber genauso wenig wie die anderen Touristenenklaven ringsherum identisch mit Bali. Den Einheimischen, mittlerweile eine Minorität im eigenen Ort, fällt allenfalls eine Statistenrolle im Fremdenverkehrsgewerbe zu, das typische Dorfleben spielt sich nur noch ganz am Rande ab und die reiche balinesische Kultur ist hier zur Staffage, zur folkloristischen Abendunterhaltung verkommen. Der Profit heiligt auch in Kuta beinahe alle Mittel – als eine unangenehme Begleiterscheinung des Tourismus ist eine steigende Kriminalitätsrate zu verzeichnen. Besonders häufig sind Einbrüche in Hotel- und Pensionszimmer, auch tagsüber während man am Strand liegt, sowie Überfälle im Schutz der Dunkelheit. Empfehlenswert ist es daher, eine Unterkunft (eventuell einen Familienbetrieb) zu wählen, wo ständig jemand anwesend ist sowie, wenn möglich, alle Wertsachen, gegen Quittung, beim Besitzer zu deponieren. Vorsicht geboten ist auch bei nächtlichen Spaziergängen! Beachten Sie überdies, daß Nacktbaden und allzu freizügige Kleidung abseits der Strände verboten sind und mit Freiheitsstrafen belegt werden können; gleiches gilt natürlich auch für den Konsum von Drogen aller Art. Die Badefreuden am Kuta-Strand werden zeitweilig von recht gefährlichen Unterströmungen beeinträchtigt – schwimmen Sie daher nie weiter hinaus, wie Sie noch festen Grund unter den Füßen haben. Am sichersten sind Baden und Schwimmen in den von Rettungsdiensten überwachten Strandabschnitten. Kuta und die anderen Ferienzentren auf Südbali verzeichnen ihre Hauptsaison im Juli und August sowie um die Weihnachtszeit; Sie müssen dann möglicherweise mit Schwierigkeiten bei der Zimmersuche rechnen.

Der Tourismus hat auch Legian, nördlich von Kuta gelegen, aber bereits mit ihm verschmolzen, seinen Stempel aufgedrückt. Jedoch verläuft das Leben hier noch etwas weniger hektisch als in Kuta; an der nördlichen Peripherie des Ortes findet man sogar noch ausgesprochen ruhige Unterkünfte und jenseits des Bali Oberoi-Hotels hat man die übervölkerten Strandabschnitte bereits hinter sich gelassen.

Praktische Hinweise Kuta und Legian

Unterkunft: In Kuta und Legian gibt es annähernd 300 Unterkünfte sämtlicher Kategorien, vom Fünfsterne-Luxusstrandhotel bis zum Losmen, wo der Familienanschluß gratis ist. Während der Hauptsaison empfiehlt es sich, vor allem in den größeren Hotels, rechtzeitig eine Zimmerreservierung vorzunehmen.

Hotels höherer Kategorien: *****Pertamina Cottages, Kuta Beach, P.O. Box 121 Denpasar, ✆ 51161; ***Bali Oberoi, Jl. Kayu Aye, Legian, P.O. Box 351 Denpasar, ✆ 51061 (am nördlichen, ruhigeren Strandabschnitt in Legian gelegen). **Mittlere Hotels:** **Kartika Plaza, Jl. Kartika, Kuta Beach, P.O. Box 84 Denpasar, ✆ 51067 (schönes Strandhotel im Süden von Kuta); **Kuta Beach Hotel, Jl. Pantai Kuta 1, P.O. Box 393 Denpasar, ✆ 51461 (zentral, aber dennoch ruhig gelegenes Bungalowhotel). **Nicht klassifizierte Hotels und Pensionen:** Barong Cottages, Poppies Lane II, Kuta, ✆ 51804 (mit Swimming-pool); Cempaka, Poppies Lane II, Kuta, (relativ ruhig); Dayu Beach Inn, Jl. Kartika, Kuta (südlich von Kuta gelegen; relativ ruhig); Legian Cottage, Legian Kaja (ruhig und in Strandnähe gelegen; gehobenes Preisniveau); Lori Beach Inn, Legian Kaja (ruhig und in Strandnähe gelegen); Mastapa Garden, Jl. Legian, Kuta, ✆ 51660; Melasti Beach Inn, Jl. Kartika, Kuta, ✆ 25206 (relativ ruhig); Pendawa Inn, Jl. Kartika, Kuta, ✆ 52387 (südlich von Kuta gelegen, hübscher Garten); Poppies Cottages, Poppies Lane I, Kuta, ✆ 51059 (sehr schöne Bungalowanlage, ca. 300 m zum Strand, gehobenes Preisniveau); Puri Damai Cottage, Jl. Padma, Legian (ruhig, ca. 400 m vom Strand); Taman Sari Cottages, Poppies Lane, Kuta (einfach); Yasa Samudra, Jl. Pantai Kuta, Kuta, ✆ 51305 (hübsche Bungalows; zentral, aber in Strandnähe gelegen; gehobenes Preisniveau); Yulia Beach Inn, Jl. Pantai Kuta, Kuta, ✆ 51055.

Verkehr: Ein zentraler Taxistandplatz (Limousinen und Minibusse) befindet sich am Eingang zum Kuta Art Market (Jl. Bakung Sari/Jl. Kartika) – keine festen Tarife, Preis ist Verhandlungssache. Auto-, Motorrad- und Fahrradverleihe finden sich vorwiegend in der Jl. Bakung Sari, Jl. Buni Sari, Jl. Pantai Kuta und Jl. Legian. Es gibt keine Direkt-Bemo von Kuta nach Sanur (erst nach Denpasar/Terminal Tegal, dann zu Terminal Kereneng, ab dort Bemo nach Sanur). Die Bukit Badung-Halbinsel ist ab Kuta nur sehr schwer mit öffentlichen Verkehrsmitteln zu erreichen.

In den Hauptstraßen von Kuta und Legian befinden sich zahlreiche Reiseagenturen, die Bus- und Flugtickets vermitteln; im Preis der Bustickets nach Java ist für gewöhnlich auch der Transfer von Kuta/Legian zum Terminal der jeweiligen Busgesellschaft inbegriffen. Als zuverlässig kann die Agentur Perama (Jl. Legian, Kuta, ✆ 51551) empfohlen werden. Ein Garuda-Büro befindet sich im Kuta Beach Hotel, Jl. Pantai Kuta 1, ✆ 51179. Weitere Informationen vgl. ›Praktische Hinweise Bali: An- und Weiterreise‹, S. 356, sowie ›Praktische Hinweise Bali: Reisen auf Bali‹, S. 357.

Restaurants: In Kuta und Legian gibt es eine Vielzahl von ausgezeichneten Restaurants, die durchweg sowohl indonesische und chinesische als auch europäische Küche sowie überdies vor allem Fischspezialitäten bieten. Erstklassig und uneingeschränkt zu empfehlen sind die (teuren) Restaurants der Sterne-Hotels. Nachstehend einige empfehlenswerte Restaurants mittleren Preisniveaus in Kuta: Bamboo Indah, Jl. Bakung Sari; Daruma, Jl. Pantai Kuta (japanisch); Dayu I, Jl. Bakung Sari; Dayu II, Jl. Buni Sari; La Barong, Jl. Pantai Kuta (mexikanisch); Lenny Seafood, Jl. Pantai Kuta; Made's Warung, Jl. Pantai Kuta; Nagasari, Jl. Bakung Sari; Poppies, Poppies Lane I (sehr stilvolles Gartenrestaurant); Swiss Restaurant, Jl. Legian, Legian.

Einkauf: Die Hauptstraßen von Kuta und Legian sind vollgestopft mit Andenken-, Antiquitäten- und Kunstgewerbeläden sowie Boutiquen und Textilgeschäften. Das Angebot ist schier unerschöpflich, das Preisniveau erscheint niedrig, die Qualität jedoch ist häufig minderwertig. Bei kritischem Kauf lassen sich in Kuta und Legian vor allem Textilien, Lederwaren und Musikkassetten günstig erstehen. Abgesehen von einigen wenigen Geschäften mit Festpreisen, ist es üblich zu handeln. Verschiedene Buchläden kaufen und verkaufen Second-Hand-Bücher (englisch, deutsch, französisch u. a.); die ausgelesenen Bücher nehmen sie für gewöhnlich zum halben Preis zurück (z. B. Kerta Book Shop, Jl. Pantai Kuta und Jl. Legian).

Unterhaltung: In Kuta und Legian gibt es verschiedene Bühnen, die mehrmals wöchentlich speziell für Touristen Aufführungen balinesischer Tänze veranstalten. Eintrittskarten werden meist von Kindern in Restaurants oder auf der Straße verkauft.

Vorwiegend lokale Reiseagenturen bieten außerdem Tickets für kulturelle Veranstaltungen außerhalb von Kuta und Legian an; der Transport mit einem Minibus ist in der Regel im Preis inbegriffen (vgl. auch ›Praktische Hinweise Bali: Kulturelle Veranstaltungen‹, S. 358).

Sport: Im Surf-Mekka Kuta/Legian bestehen natürlich zahlreiche Möglichkeiten, Surfboards zu mieten. Verleih von Surfbrettern in allen größeren Hotels und besseren Losmen sowie in einigen speziellen ›Surf Shops‹ in der Jl. Legian (z.B. Bali Barrel Surf Shop). Tauchexkursionen sowie Kurse für Tauchanfänger bietet Gloria Maris, Jl. Raya Kuta.

Information und wichtige Adressen: Touristeninformation: Government Tourist Information Office, Jl. Bakung Sari/Jl. Raya Kuta, ✆ 51419 (neues Gebäude, hier auch Postamt; Öffnungszeiten: Mo–Sa 8–15 Uhr, So geschlossen). **Polizei:** Polizeiwache, Jl. Raya Kuta. **Post und Telefon:** Kantor Pos Besar (Hauptpostamt), Jl. Raya Kuta sowie zwei kleinere Postämter (›Postal Agent‹) in Jl. Bakung Sari/Jl. Raya Kuta und in Jl. Legian; in allen Postämtern ›Poste restante‹-Service. Telefonamt, Jl. Legian, Kuta und Ngurah Rai International Airport, Tuban, Kuta. **Geldwechsel:** Am schnellsten und unproblematischsten bei den zahlreichen Geldwechslern; die Kurse differieren meist nur geringfügig und sind oft besser als die von den Banken offerierten (Öffnungszeiten: meist 8 – ca. 20 Uhr). Banken: Bank Negara Indonesia, Jl. Bakung Sari. Weitere Informationen vgl. ›Praktische Hinweise Bali‹, S. 356).

Auch Sanur an der Ostseite der schmalen Landbrücke, die Bali mit der Halbinsel Bukit Badung verbindet, hat seit seiner Erschließung für den Fremdenverkehr in den 60er Jahren eine sprunghafte Entwicklung vollzogen. Eingeleitet wurde der Touristenboom 1966 mit der Eröffnung des im Rahmen japanischer Reparationsleistungen errichteten Bali Beach-Hotels. Mit seinen zehn Stockwerken wirkt der pompöse 605-Zimmer-Koloß wie ein Stück nach Bali verpflanztes Miami Beach. Nach der Fertigstellung dieser sterilen Luxusherberge durfte aufgrund einer Anordnung der Provinzregierung kein Haus mehr höher gebaut werden als eine Kokospalme. Alle nachfolgenden Luxushotels, vorwiegend geschmackvolle Bungalowanlagen, entsprechen in ihrer Architektur auch mehr dem traditionellen balinesischen Baustil. Alles in allem besitzt Sanur sämtliche Attribute eines mondänen und eleganten Weltbadeorts. Der Sandstrand jedoch kann bei weitem nicht mit Pantai Kuta konkurrieren. Ein Korallenriff bricht die Wucht des herandonnernden Meeres; das macht das Baden und Schwimmen in der viel gerühmten Lagune sicher, allerdings nur bei Flut. Bei Ebbe zieht sich das Meer weit zurück und die Strandlandschaft gleicht bis hinaus zum Riff einem Watt.

In den 30er Jahren, als Sanur noch ein weltabgeschiedenes Fischerdorf war, hatten sich hier zahlreiche Intellektuelle und Künstler aus aller Welt niedergelassen, unter ihnen auch der belgische Maler Le Mayeur. Noch vor seinem Tod im Jahre 1958 vermachte er all seine Gemälde dem indonesischen Staat. Sie sind heute im **Museum Ni Pollok** (unweit Bali Beach Hotel) zu sehen; Öffnungszeiten: Di–Do 8–14 Uhr, Fr 8–11 Uhr, Sa und So 8–14 Uhr, Mo geschlossen.

Am südlichen Ortsrand von Sanur liegt der kleine **Tempel Pura Belancong,** ein schlichtes und unauffälliges Heiligtum, das jedoch eine große historische Bedeutung besitzt. Hier entdeckte man eine Säuleninschrift, die auf das Jahr 914 datiert wird und Hinweise auf die älteste bekannte balinesische Herrscherdynastie gibt.

Von Sanur aus (besser und billiger aber ab Benoa, dem bedeutendsten Hafen Balis) kann man sich mit einer *Perahu,* einem der farbenprächtigen Auslegerboote der balinesischen Fischer, zur **Schildkröteninsel Serangan** übersetzen lassen. Seinen Namen hat das vorwiegend von moslemischen Bugis aus Süd-

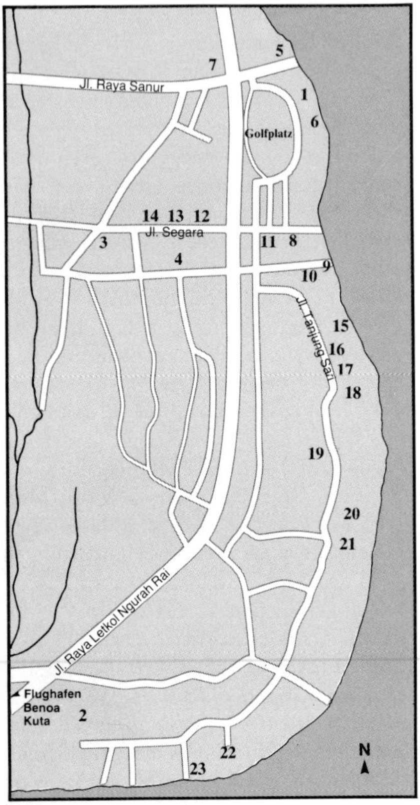

Sanur: Sehenswürdigkeiten: 1 Museum Ni Pollok 2 Pura Belancong **Öffentliche Einrichtungen:** 3 Postamt 4 Telefonamt **Hotels und Losmen:** 5 Alit's Beach Bungalow 6 Bali Beach Hotel 7 Mars Bungalows 8 Segara Village Hotel 9 Sindhu Beach Hotel 10 Narmada Inn 11 Tourist Beach Inn 12 Hotel Sanur Indah 13 Hotel Taman Sari 14 Hotel Rani 15 Gazebo Beach Cottages 16 Bali Sanur Irama Bungalows 17 Bali Sanur Besakih Bungalows 18 Santrian Beach Cottages 19 Hotel Ramayana 20 Bali Sanur Peneeda View Bungalows 21 Bali Hyatt Hotel 22 Sanur Beach Hotel 23 Surya Beach Hotel

sulawesi besiedelte Eiland von den Wasserschildkröten, die man hier fängt, mit Seegras mästet und dann schlachtet, um das Fleisch an Restaurants zu verkaufen. Bitte beachten Sie: Die Seeschildkröten gehören zu den vom Aussterben bedrohten Tierarten und stehen unter Naturschutz. Nach dem Washingtoner Artenschutzabkommen dürfen präparierte Tiere und Schildpattprodukte nicht in die BRD eingeführt werden. Bitte überlegen Sie sich auch, ob Sie unbedingt die von zahlreichen Restaurants offerierten ›Turtle Steaks‹ essen müssen.

Zweimal im Jahr, immer am zweiten Tag des Kuningan-Festes, pilgern Tausende gläubiger Balinesen zu den beiden Meeresheiligtümern der Insel, **Pura Sakenan** und **Pura Susunan Wadon.** Der Sakenan-Tempel wird als besonders bedeutendes Heiligtum mitunter zu den sogenannten Staatstempeln gezählt, in denen alle Anhänger der hindu-balinesischen Religion Opfer darbringen dürfen. Während des Kuningan-Festes schafft man in einer farbenprächtigen Wasserprozession komplette *Gamelan*-Orchester und riesige Barong-Puppen zu der im Pura Sakenan stattfindenden Zeremonie.

Bereits auf der Bukit Badung-Halbinsel liegt **Nusa Dua,** Balis jüngstes Touristenzentrum, das als Nonplusultra unter den balinesischen Resorts gilt. Anfang der 70er Jahre begann man mit Unterstützung der Weltbank, hier ein neues Konzept zu realisieren, das darauf abzielt, den Bali-Tourismus in einigen

Regionen zu konzentrieren und damit negative Begleiterscheinungen des Fremdenverkehrs wie sozio-kulturelle Veränderungen auf ein erträgliches Maß zu beschränken. In der ersten Ausbauphase wurde an einem 3,5 km langen Strandabschnitt ein Areal von über 300 ha für großzügig angelegte Hotelkomplexe erschlossen sowie eine Schnellstraße zum internationalen Flughafen gebaut. Mittlerweile haben die ersten Nobelherbergen eröffnet – als erste 1983 das Nusa Dua Beach Hotel.

Praktische Hinweise Sanur und Nusa Dua

Unterkunft (allgemein sehr hohes Preisniveau): **Hotels höherer Kategorien:** *****Nusa Dua Beach Hotel, Nusa Dua, P.O. Box 1028 Denpasar, ✆ 71210; ****Bali Beach Hotel, Sanur, P.O. Box 275 Denpasar, ✆ 8511–7; ****Bualu Hotel, Desa Bualu, Nusa Dua, P.O. Box 217 Denpasar, ✆ 71310; ****Sanur Beach and Seaside Bungalow, Sanur, P.O. Box 279 Denpasar, ✆ 8011–5; ***Segara Village, Sanur, P.O. Box 91 Denpasar, ✆ 8407–8. **Mittlere Hotels:** **Alit's Beach Bungalow, Jl. Hang Tuah, Sanur, P.O. Box 102 Denpasar, ✆ 8567; **Bali Sanur Irama Bungalows, Jl. Tanjung Sari, Sanur, ✆ 8423–4; **Gazebo Beach Cottages, Jl. Tanjung Sari, Sanur, P.O. Box 134 Denpasar, ✆ 8300. **Nicht klassifizierte Hotels und Pensionen:** Mars, Jl. Pantai Sanur Utara, Sanur, ✆ 8236; Ramayana, Jl. Tanjung Sari, Sanur, ✆ 26429; Rani, Jl. Segara, Sanur; Taman Sari Inn, Jl. Segara, Sanur; Tourist Beach Inn, Jl. Segara, Sanur, ✆ 8418.

Verkehr: ab Denpasar/Terminal Kereneng Bemo nach Sanur; ab Denpasar/Terminal Tegal Bemo nach Nusa Dua. Keine öffentlichen Verkehrsmittel von Sanur direkt nach Kuta (nur über Denpasar). Fluglinien: Garuda, Bali Beach Hotel, Sanur, ✆ 8511130 und Nusa Dua Beach Hotel, Nusa Dua, ✆ 971210; die internationalen Fluglinien British Airways, Cathay Pacific, Quantas und Thai Airways haben Buchungsbüros im Bali Beach Hotel, Sanur. Nach Auskunft Einheimischer fahren ab Sanur täglich vormittags reguläre Passagierboote zur Insel Nusa Lembongan (vgl. S. 346).

Restaurants: Beach Market, Jl. Segara, Sanur (indonesisch und Fischspezialitäten); Puri Putih (im Hotel Bali Sanur Irama Bungalows), Jl. Tanjung Sari, Sanur (indonesisch, europäisch, Fischspezialitäten); Lenny, Jl. Raya, Sanur (chinesisch und Fischspezialitäten); Trattoria da Marco, Jl. Segara, Sanur (italienisch).

Die Südspitze Balis

Wie ein Appendix, nur durch eine schmale Landbrücke mit Bali verbunden, schließt sich südlich von Kuta die Halbinsel Bukit Badung an. Mit seinem kargen und steppenartigen Charakter bildet dieses Kalkplateau, das unter dem Einfluß des vom australischen Festland herüberwehenden heißen Südostmonsuns steht, einen krassen Kontrast zu der gewohnten üppigen Reisfeldlandschaft Balis. Nur wenige kleine Dörfer gibt es in dieser unwirtlichen Region, deren unfruchtbare, wasserdurchlässige Böden keine agrarische Nutzung zulassen. Eine kurvenreiche, nur sehr sporadisch von öffentlichen Verkehrsmitteln befahrene Straße windet sich zur Südwestspitze der Halbinsel, wo die Klippen der Steilküste senkrecht über 100 m ins Meer abfallen. Hoch über dem Südkap erhebt sich das bereits im 10. Jh. gegründete **Felsenheiligtum Pura Luhur Ulu Watu,** der wegen seiner Lage und Schönheit berühmteste Tempel des südlichen Bali. In Ulu Watu wird Dewi Danu, die Schutzgöttin des Meeres, verehrt. Nach einer Legende ist der Felsvorsprung, auf dem der Meerestempel steht, das zu Stein gewordene Schiff der einst über das Meer fahrenden Gottheit, die nun an Balis Küste, als Beschützerin der balinesischen Bergseen, zur Ruhe gekommen ist. Pura Ulu Watu zählt als eine der heiligsten Stätten Balis zu den neun Reichstempeln, die von allen Anhängern der hindu-balinesischen

Religion verehrt werden. Daraus geht hervor, welche Bedeutung die Inselbevölkerung der Macht des Meeres und der Notwendigkeit seiner Besänftigung beimißt. Verschiedene architektonische Attribute, wie das ungewöhnliche, nach außen geschwungene Candi Bentar und das archaisch wirkende, von einem Kala-Kopf gekrönte Tor, deuten auf sehr alte ostjavanische Vorbilder hin. Das legendenumrankte Heiligtum ist nicht nur Anziehungspunkt für Touristen, sondern auch Ziel zahlreicher Pilger, dennoch ist die Anfahrt per öffentlichem Verkehrsmittel kaum möglich. Der Ausflug zur Südspitze Balis aber lohnt sich allein schon wegen des herrlichen Blicks auf die Steilküste und die wild tosende Brandung; geradezu dramatisch wirken von hier die Sonnenuntergänge. Etwa 3 km nördlich von Pura Ulu Watu erstreckt sich der Strand von Suluban, der sich wegen seiner meterhohen Wellen zu einem neuen Dorado für Surfer entwikkelt hat.

Der Pura Sadha in Kapal

Ausflug in den Südwesten

Die nachfolgend beschriebenen Sehenswürdigkeiten des südwestlichen Bali lassen sich, wenn man über ein eigenes Fahrzeug verfügt, mit einem der Badeorte Südbalis als Standquartier im Rahmen eines Tagesausflugs erschließen. Ist man auf öffentliche Verkehrsmittel angewiesen (Busse in westliche Richtung ab Denpasar/Terminal Ubung), so empfehlen sich statt einer Rundreise Einzeltouren.

An der von Denpasar aus in den Westen führenden Hauptstraße liegen die Dörfer **Sempidi** und **Lukluk;** beide sind bekannt für die reiche und kunstvolle statuarische Plastik ihrer Tempel. Ein längerer Aufenthalt lohnt sich bereits in **Kapal.** Der Ort gilt als das Töpferzentrum Balis, jedoch werden die Töpfereien zusehends verdrängt von den modernen Zementgießereien, die in den letzten Jahren aufgrund der immensen Nachfrage nach Schmuckornamenten für die zahllosen Tempel der Insel entstanden sind. Der bekannteste Tempel Kapals ist der am westlichen Ortsende gelegene Pura Sadha, ein Ahnenheiligtum zur Erinnerung an einen javanischen Adeligen. Die Grundmauern der Anlage werden auf das 12. Jh. datiert, einige Monumente, wie das gespaltene Tor, dürften aus der Majapahit-Periode stammen.

Nordwestlich von Kapal zweigt eine Straße ab nach **Mengwi,** das bis 1891 der Mittelpunkt eines mächtigen, aus der Gelgel-Dynastie hervorgegangenen Königreiches war. Hier befindet sich der zweitgrößte, aber vielleicht schönste Tempelkomplex Balis, der Reichstempel Pura Taman Ayun. Die weitläufige, mitten in einem Lotossee gelegene Anlage wurde 1634 errichtet und im Jahre 1937 bei gründlichen Restaurierungsarbeiten auf die heutige Größe erweitert. In der Nachbarschaft des Pura Taman Ayun

Im Affenwald von Sangeh

befindet sich das Museum Manusa Yadnya, ein Komplex aus mehreren kleinen Pavillons, die vor allem sehenswerte Modelldarstellungen verschiedener balinesischer Zeremonien enthalten; Öffnungszeiten: täglich 7–14 Uhr.

Marga, einige Kilometer nordwestlich von Mengwi, war am 20. November 1946 Schauplatz einer verzweifelten Selbstvernichtungsschlacht, die Parallelen aufweist zu den *Puputan* der balinesischen Fürstenhäuser zu Anfang unseres Jahrhunderts. Obwohl der holländischen Kolonialarmee zahlenmäßig und waffentechnisch hoffnungslos unterlegen, weigerte sich ein Regiment von Unabhängigkeitskämpfern unter Oberstleutnant I Gusti Ngurah Rai zu kapitulieren und kämpfte schließlich bis zum letzten Mann. An diese für das indonesische Nationalbewußtsein ungemein wichtige Schlacht erinnern ein Heldenfriedhof *(Taman Makam Pahlawan)* und ein Ehrenmal. Die fünf symbolischen Steinmedaillons im Denkmal stehen für die fünf Grundpfeiler der indonesischen Staatsphilosophie *Pancasila* (vgl. S. 43).

Blayu, südlich von Marga gelegen, gilt als ein Zentrum der traditionellen Webkunst. Auf einfachen Bambuswebstühlen stellen hier Frauen in wochenlanger mühevoller Arbeit golddurchwirkte Hüfttücher *(Songket)* her. Diese wertvollen, nicht waschbaren Textilien werden nur bei besonderen Zeremonien und Tempeltänzen getragen.

Ein beliebtes Ausflugsziel und fester Bestandteil im Programm lokaler Reiseagenturen ist der 11 km nordöstlich von Mengwi gelegene **Affenwald von Sangeh,** der von Hunderten aggressiver und diebischer Affen bevölkert wird. Der balinesischen Version des Ramayana-Epos zufolge handelt es sich bei diesen Tieren um die Nachkommen von Truppen der Affenarmee Hanumans, die zur Erde fielen, als der Affengeneral den Dämonenfürsten Ravana mit dem heiligen Weltenberg Meru zerschmetterte. Inmitten des sakralen Hains aus hochwüchsigen Muskatbäumen *(Pala)* versteckt sich die moosüberwachsene Tempelanlage Pura Bukit Sari. Der zentrale Innenhof des im wesentlichen aus dem 17. Jh. stammenden und dem Gott Vishnu geweihten Heiligtums beherbergt eine bemerkenswerte Steinstatue des mythischen Sonnenvogels Garuda. In den Verkaufsbuden am Rande des Affenwaldes werden die üblichen Bali-Souvenirs feilgeboten (Direktverbindung ab Denpasar: Bemo ab Terminal Wangaya, Jl. Kartini).

Tabanan, inmitten einer fruchtbaren Reisfeldlandschaft gelegen, war im 17. Jh. das Zentrum eines mächtigen und kriegerischen Raja-Reiches. Das von zahlreichen handeltreibenden Chinesen bewohnte Provinzstädtchen hat keine nennenswerten kulturhistorischen Baudenkmäler aufzuweisen, doch mißt man in der Geburtsstadt des großen Tänzers I Nyoman Mario der Pflege des klassischen balinesischen Tanzes große Be-

Farblegenden

1 Auf dem Weg zum Kuin Floating Market bei Banjarmasin (Kalimantan)
2 Fischerboote vor der Insel Komodo
3 Frachtensegler (Bugis-Schoner) im Hafen Sunda Kelapa, Jakarta
4 Pura Ulun Danu bei Bedugul (Bali)
5 Der große Muttertempel Pura Besakih (Bali)
6 Borobudur-Tempelanlage (Java)
7 Detail aus dem Borobudur-Tempel (Java)
8 Candi Plaosan bei Yogyakarta (Java)
9 Barong-Tanzspiel in Batubulan (Bali)
10 Tanzdrama in Ubud (Bali)
11 Gamelan-Orchester (Bali)
12 Totenfeier; Ankunft der Priester am Verbrennungsplatz (Bali)
13 Totenfeier; brennender ›Bade‹ (Bali)
14 Gehörne geopferter Wasserbüffel als Insignien von Macht und Wohlstand an der Fassade eines Toraja-Hauses (Palawa, Sulawesi)
15 Heiligtum Pura Tanah Lot (Bali)
16 Mann aus Sumatra
17 Dani-Frau bei der Feldarbeit (Irian Jaya)
18 Trauergast bei einer Totenfeier der Toraja (Sulawesi)
19 Mann aus Flores
20 Dani-Mann aus dem Baliem-Tal (Irian Jaya)
21 Mädchen aus Kalimantan
22 Schwimmendes Dorf bei Tanjungisui (Ostkalimantan)
23 Kraterbereich des Vulkans Sibayak bei Brastagi (Nordsumatra)
24 In der Gipfelregion des Gunung Agung (Bali)
25 ›Sandmeer‹ im Tengger-Krater mit den Vulkanen Bromo (links) und Batok (rechts, Ostjava)
26 Einer der drei Kraterseen des Kelimutu (Flores)
27 Kratersee Segara Anak des Vulkans Rinjani (Lombok)
28 Reisfelder bei Tirtagangga (Ostbali)
29 Terrassenfelder auf dem Dieng Plateau (Java)
30 Obstmarkt in Brastagi (Nordsumatra)

2

3

◁1

4▷

6

7

◁5

8▷

10

◁ 9

11

12

13

14▷

2 13

16

17

◁ 15

18

19

20

21

22 ▷

23

24

25

26

29

60 BOXES

deutung bei. Am östlichen Ortsrand von Tabanan befindet sich das Museum Subak, das über die traditionelle balinesische Reiskultivierung in all ihren Aspekten informiert (Direktverbindung ab Denpasar: Bemo ab Terminal Ubung).

Westlich von Tabanan zweigt meerwärts eine Straße zum Dorf **Krambitan** ab. Unter den dort noch erhaltenen sehenswerten Gebäuden im traditionellen Baustil fällt vor allem der Musikpavillon *(Bale Gong)* mit seinem vergoldeten Holzschnitzwerk und den eingelassenen chinesischen Porzellantellern auf. Eine Stichstraße führt von hier aus zur Küste mit nahezu unberührten, grausandigen Stränden.

Ein weiterer, überaus lohnenswerter Abstecher bringt uns von Tabanan in nördlicher Richtung zum **Bergheiligtum Pura Batukau** (auch Batukaru genannt) an den südlichen Ausläufern des Gunung Batukau (›Kokosnußschalenberg‹), mit 2276 m der zweithöchste Vulkan Balis (Bemo ab Tabanan, Jl. Gajah Mada oder vom außerhalb gelegenen Terminal Tuak Hilang zum ca. 19 km nördlich gelegenen Wongaya Gede). Auf dem Weg nach Wongaya Gede, dem Dorf, das dem Bergtempel am nächsten liegt, passiert man die heißen Quellen von Yeh Panas (ca. 200 m abseits der Hauptstraße). In dem langgestreckten Bergort fallen zahlreiche kleinere Tempel und Götterschreine auf, insbesondere das Baumheiligtum Pura Dalem Setera mit seinen furchteinflößenden Hexenfiguren (am südlichen Ortseingang gelegen).

Zum oberhalb von Wongaya Gede auf einer von dichter Urwaldvegetation umrahmten Lichtung stehenden Pura Luhur Batukau führt eine schmale, ca. 3 km lange Teerstraße. Als einer der Reichstempel ist das Bergheiligtum besonders an wichtigen Feiertagen Ziel zahlreicher Pilger. Östlich des Tempels liegt inmitten eines verwilderten Parks ein von Menschenhand geschaffener, quadratischer Teich, in dem sich zwei kleine Götterschreine erheben. Weniger die bauliche Schönheit des Tempelkomplexes, als vielmehr seine herrliche Lage und die von dem Heiligtum ausgehende mystische, weltentrückte Atmosphäre machen den Besuch zu einem der beiden Höhepunkte unserer Rundfahrt im südwestlichen Bali.

Den zweiten Höhepunkt des Tages, den **Meerestempel Pura Tanah Lot,** sollten Sie sich wegen der phantastischen Stimmung bei Sonnenuntergang für den späten Nachmittag aufheben. Östlich von Tabanan zweigt bei Kediri (hier finden regelmäßig lebhafte Viehmärkte statt) eine Stichstraße in südlicher Richtung nach **Tanah Lot** ab (auf dieser Strecke nur bis ca. 16 Uhr öffentliche Verkehrsmittel; wer den Sonnenuntergang erleben möchte, sollte für die Rückfahrt über ein eigenes Fahrzeug verfügen). Pura Tanah Lot (Farbabb. 15), ein Heiligtum auf einem bei Flut von der Brandung umspülten Felsenriff, gehört zu einer ganzen Reihe von schützenden Tempeln an der Südküste Balis, die den mit dem Meer in Verbindung stehenden Gottheiten und Geistern geweiht sind. Als einer der neun Reichs- oder Staatstempel ist Pura Tanah Lot Pilgerziel von Gläubigen aus ganz Bali, die hierher kommen, um mit Opfergaben die Dämonen des Meeres zu besänftigen. Das kleine Heiligtum, dessen Gründung dem Hindu-Priester Nirartha zugeschrieben wird, besitzt mit seinen einfachen palmwedelgedeckten Schreinen keine überragende künstlerische Bedeutung. Einmalig aber ist seine eindrucksvolle landschaftliche Lage. Wenn sich bei Ebbe das Meer weit zurückzieht, kann man die Insel mit dem Tempel trockenen Fußes erreichen. In den vom Wasser ausgespülten Felsenhöhlen rings um Pura Tanah Lot nisten zahlreiche Seeschlangen, die als heilige Tiere gelten. Einer Legende zufolge soll auch in einem der Schreine, als Herrin des Tempels, eine riesige

Schlange hausen. Allabendlich kann man in Tanah Lot Zeuge eines spektakulären Naturschauspiels werden, wenn sich die Felseninsel mit den pagodenartigen Schreinen als Schattenriß gegen den rot glühenden Himmel abhebt. Den schönsten Blick hat man vom Aussichtspunkt auf den gegenüberliegenden, steil abfallenden Klippen. Sehr lohnenswert ist es auch, dem schmalen Fußweg entlang der Steilküste ein Stückchen in westlicher Richtung zu folgen. Auf verschiedenen Felsvorsprüngen liegen weitere winzige Tempel. Zunächst erreicht man, noch in Sichtweite von Pura Tanah Lot, das kleine Heiligtum Pura Galuh. Auf einer durchspülten Klippe erhebt sich einige hundert Meter weiter Pura Batu Bolong. Vom noch etwas weiter westlich gelegenen Pura Batu Mejan führen Stufen hinunter zur heiligen Quelle Bejitaman Sari. Von Reisfeldern umrahmt breitet sich etwas landeinwärts die größere Tempelanlage Pura Luhur Pekendungan mit ihrem weithin sichtbaren siebenstufigen Meru aus.

Über 70 km westlich von Tabanan liegt **Negara**, die von Touristen kaum besuchte Hauptstadt des lediglich an den Küstensäumen besiedelten Verwaltungsbezirks Jembrana. Hauptattraktion Negaras sind die hier nach den Reisernten, vorwiegend in den Monaten Juli bis Oktober, veranstalteten Stierrennen. Im Gegensatz zu den Kurzstreckenrennen auf Madura gehen die Rennen hier über eine Distanz von mehr als 2 km. Wie die balinesischen Hahnenkämpfe dienen auch diese Wettbewerbe nicht nur der Volksbelustigung und der Befriedigung der Wettleidenschaft, sondern haben auch eine rituelle Funktion: Man will die Götter erfreuen und sie um ihren Segen für die kommenden Reisernten bitten.

Rund 700 km^2 des wegelosen und nahezu völlig unbewohnten Hochlands von Jembrana nimmt der **Bali Barat-Nationalpark** ein. U. a. beherbergt das

Das Bergheiligtum Pura Batukau

Tierreservat den vom Aussterben bedrohten Rothschild-Star sowie die ebenfalls stark gefährdete Wildform des Balirindes. Zu diesem Natur- und Tierschutzgebiet gehört auch die nordwestlich vorgelagerte Insel Menjangan, deren Korallenriffe als Dorado für Sporttaucher gelten. Eine PPA-Außenstelle mit Gästehaus befindet sich an der Terima-Bucht, ca. 20 km östlich des Fährhafens Gilimanuk.

In **Gilimanuk** legen stündlich Fähren nach Java (Banyuwangi/Ketapang) ab (Fahrtdauer ca. 45 Minuten).

Das zentrale Bali

Unterwegs nach Ubud

Die etwa einstündige Fahrt von Denpasar nach Ubud (Minibusse ab Terminal Kereneng) führt durch Ortschaften, in denen verschiedene Gattungen des traditionellen Kunsthandwerks gepflegt werden. Die Durchgangsstraße von **Batubulan,** ca. 8 km nordöstlich von Denpasar, säumen wahre Heerscharen von Götter- und Dämonenstatuen – wir befinden uns hier im Zentrum der balinesischen Steinmetzkunst. Die ganze Handfertigkeit der hiesigen Steinschnitzer offenbart sich eindrucksvoll in der reichen Formenvielfalt des Skulpturenschmucks am Pura Puseh, der östlich der Hauptstraße im Norden des Ortes liegt. Das massive, einem mehrstufigen Candi ähnelnde gedeckte Tempeltor ist geradezu überzogen mit einer zweiten Haut von Schmuckornamenten. Bemerkenswerterweise wird das Kori Agung von zwei in Nischen sitzenden, meditierenden Buddhas flankiert – ein steingewordenes Symbol für den religiösen Synkretismus auf Bali. In unmittelbarer Nachbarschaft der beiden Dorftempel Pura Puseh und Pura Desa befinden sich Bühnen, auf denen täglich von 9.30–10.30 Uhr das Barong-Tanzspiel zur Aufführung kommt (vgl. S. 285).

Celuk, 3 km weiter östlich, gilt als die Hochburg der Gold- und Silberschmiede. In kleinen, oft sehr einfach ausgestatteten Werkstätten, die man besichtigen kann, werden vor allem hochwertige Filigranarbeiten, auch nach speziellem Kundenauftrag, hergestellt. Im Nachbarort **Sukawati** fertigt und verkauft man Schattenspielfiguren sowie Hoheitsschirme und andere für Tempelzeremonien wichtige Devotionalien. In Sukawati sind zudem die besten Puppenspieler *(Dalang)* Balis zu Hause. Die Künstler von **Batuan** (ca. 1 km nördlich) spielten während der 30er Jahre eine sehr wichtige Rolle bei der Entwicklung der modernen balinesischen Malerei. Die kleine Ortschaft ist heute noch ein bedeutendes Zentrum der Malkunst, in dem ein eigenständiger Stil gepflegt wird. Auch die inselweit bekannten Baris- und Legong-Tänzer(innen) Batuans haben viel zum Renommee des Orts beigetragen.

Wenige Kilometer nördlich des Verkehrsknotenpunktes Sakah liegt **Mas** (der Name bedeutet ›Gold‹), das Dorf der Holzschnitzer. An der langgezogenen Durchgangsstraße reihen sich dicht an dicht die teilweise recht exklusiven Ateliers und Galerien der Kunsthandwerker, deren nach dem gängigen Touristengeschmack gefertigten Produkten allerdings oft unübersehbar der Makel der Massenware anhaftet. Nach balinesischen Überlieferungen hat gegen Ende des 15. Jhs. in der Gegend des heutigen Ortes Mas der javanische Hindu-Heilige Sanghyang Nirartha (auch Pedanda Sakti Bahu Rauh genannt) gelebt. Dieser Priester, auf den die Mehrzahl der Brahmanen Balis ihre Abstammung zurückführt, gilt als Schöpfer der hindu-balinesischen Religion. Dort, wo sich einst sein Wohnsitz befunden haben soll, steht heute das Dorfheiligtum Pura Taman

Pule mit einem reichgeschmückten Tempeltor.

Bereits am Ortsrand von Ubud liegt das Dorf **Peliatan,** dessen Name durch Gastspielreisen seiner Tanzgruppe auch in Europa und Amerika bekannt geworden ist. Im Puri Agung, dem Fürstenpalast, wird heute noch nach alter Tradition die klassische Tanzkunst Balis gepflegt. Für gewöhnlich ist es möglich, bei den meist am Sonntagvormittag stattfindenden Proben im Palast zuzuschauen. Auch in Peliatan haben sich zahlreiche Maler niedergelassen und Ateliers eröffnet.

Ubud

Der ehemalige Mittelpunkt eines Fürstentums ist seit Jahrzehnten das unbestrittene Zentrum der balinesischen Malerei, deren Renaissance zu Anfang der 30er Jahre im wesentlichen auf die Initiative der einstmals hier lebenden europäischen Künstler Walter Spies und Rudolf Bonnet zurückgeht. Mit Unterstützung des Aristokraten Cokorde Sukawati gründeten diese beiden Maler damals die *Pitha Maha,* eine Gesellschaft zur Förderung junger balinesischer Künstler. Zu den bedeutendsten einheimischen Malern, die aus dieser Vereinigung hervorgingen, zählen Ida Bagus Made Nadera und der 1978 im Alter von 116 Jahren verstorbene I Gusti Nyoman Lempad. Die kilometerlange Hauptstraße der ausgedehnten Ortschaft wird heute gesäumt von den Ateliers und Galerien der zahlreichen hier ansässigen Maler; die weite Palette der Stilrichtungen reicht vom traditionellen Wayang-Stil bis hin zu modernistischen Motiven und Techniken. In den Studios der meisten Künstler sind interessierte Besucher jederzeit willkommen. Überdies vergeht kaum eine Woche, in der nicht in Ubud oder in einem der umliegenden Dörfer eine farbenprächtige Tempelzeremonie oder ein anderes religiöses Fest stattfände.

Ein längerer Aufenthalt in Ubud ist also ein ›Muß‹ für jeden Bali-Reisenden, der sich ernsthaft für die Kunst und Religion der Insel interessiert. Mit seinen durchweg recht komfortablen Unterkünften sowie den teilweise ausgezeichneten Restaurants und nicht zuletzt wegen des aufgrund der höheren Lage recht angenehmen Klimas bietet sich Ubud zudem als idealer Ausgangsort für Ausflüge in die sowohl landschaftlich als auch kulturell überaus reizvolle Umgebung an.

Im Zentrum Ubuds, gegenüber dem Markt, liegt **Puri Saren,** die Residenz der fürstlichen Familie, deren Mitglieder traditionell als großzügige Mäzene der heimischen Kunst gelten. Ein Teil des Palastes dient heute als Hotel; der Privattrakt kann nicht besichtigt werden. Etwas weiter nördlich steht der Familientempel des Fürstengeschlechts, der **Pura Pamerajan Sari Cokorda Agung.**

Seit den Zeiten von Walter Spies und Rudolf Bonnet hat Ubud ständig Künstler aus aller Welt angezogen. Einer der bedeutenderen ausländischen Maler, die gegenwärtig in Ubud leben, ist der Holländer Han Snel; seine an ein Restaurant gekoppelte Galerie erreicht man, wenn man in Höhe des Pura Desa von der Hauptstraße in nördliche Richtung abbiegt.

Pura Taman Kemude Saraswati ist eine sehenswerte, der Göttin der Künste und Wissenschaften geweihte Tempelanlage, die südlich, zur Hauptstraße hin, von einem Lotosteich begrenzt wird. Westlich schließt sich **Puri Saraswati** an, ein weiterer Fürstenpalast, der heute ebenfalls ein Hotel beherbergt. Kompetente Leute leiten das private Touristenbüro Bina Wisata (gegenüber dem Puri Saraswati). Hier erhält man eine gute Karte von Ubud und Umgebung und erfährt die genauen Termine von kulturellen Veranstaltungen und Tempelzeremonien (Öffnungszeiten: Mo–Sa 8.30–19.30 Uhr, So geschlossen).

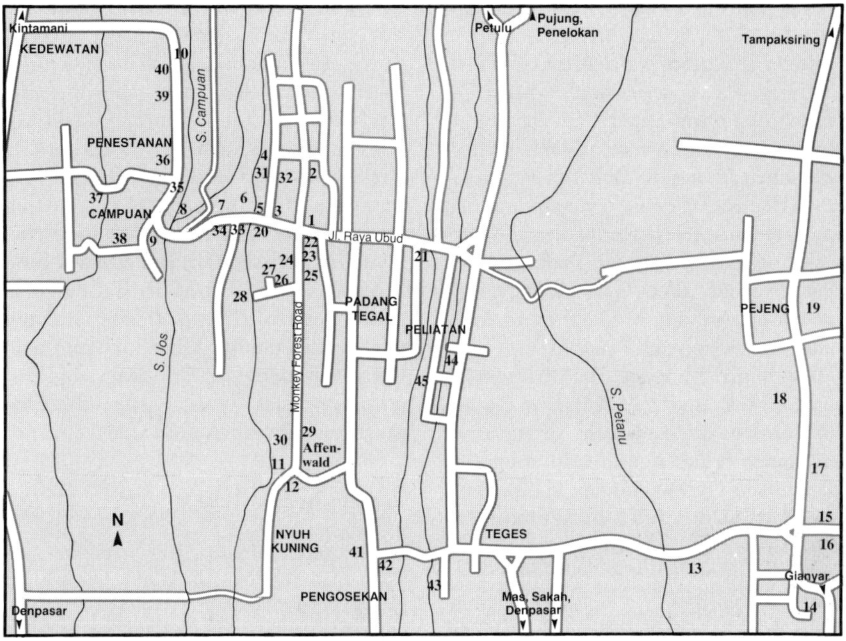

Ubud und Umgebung: Sehenswürdigkeiten
1 Puri Saren 2 Pura Pamerajan Sari Cokorda Agung 3 Pura Desa 4 Han Snel (Restaurant und Galerie) 5 Pura Taman Kemude Saraswati und Puri Saraswati 6 Puri Lukisan 7 Pura Dalem 8 Pura Gunung Lebah 9 Haus von Antonio Blanco 10 Museum Neka 11 Pura Beji, Badeplatz und Quellheiligtum 12 Pura Dalem Agung Padang Tegal 13 Goa Gajah 14 Yeh Pulu 15 Pura Samuan Tiga 16 Kulturzentrum Mandala Wisata 17 Museum Purbakala Gedung Arca 18 Pura Kebo Edan 19 Pura Penataran Sasih

Öffentliche Einrichtungen
20 Touristenbüro ›Bina Wisata‹ 21 Postamt 22 Pasar (Markt)

Hotels und Losmen
23 Candri Accommodation 24 Puri Muwa Accommodation 25 Losmen Ibu Rai 26 Sari Nadi 27 Oka Wati Sunset Bungalow 28 Nick's Pension 29 Ubud Inn 30 Monkey Forest Hideaway 31 Siti Bungalows 32 Losmen Arjana 33 Hotel Menara 34 Mawar Homestay 35 Hotel Campuan 36 Sadri Rasman Homestay 37 Pugig House 38 Arjuna's Inn 39 Ananda Cottages 40 Jepun Homestay 41 Bali Breeze Bungalows 42 Oka Homestay 43 Sari Bungalows 44 Mandala Bungalows 45 Mandala Homestay

Inmitten einer hübschen Parkanlage breitet sich der aus mehreren Gebäuden bestehende Komplex des **Museums Puri Lukisan** (›Palast der Gemälde‹) aus. Ein Besuch dieses im Januar 1956 auf Betreiben des inzwischen verstorbenen niederländischen Malers Rudolf Bonnet eröffneten Kunstmuseums vermittelt einen ausgezeichneten Überblick über die Entwicklung der modernen balinesischen Malerei (und auch der Holzschnitzkunst) seit Anfang der 30er Jahre. Öffnungszeiten: täglich 8–16 Uhr.

Wir folgen nun der Hauptstraße (Jl. Raya Ubud) und gelangen, vorbei am **Pura Dalem** (man beachte die moosbewachsenen Rangda- und Dämonenfiguren, die den Treppenaufgang flankieren), schon bald zu dem mit Ubud zusammengewachsenen Dorf Campuan. Kurz vor der Doppelbrücke, die eine vom Uos-Fluß gebildete, wildromantische Schlucht überspannt, führt rechter Hand ein Stufenpfad hinunter zum herrlich gelegenen **Tempel Pura Gunung Lebah,** der in einem seiner Schreine einen heiligen Barong beherbergt.

Auf einer Anhöhe jenseits der Campuan-Brücke liegt das private Kunstmuseum des Malers Antonio Blanco, eines exzentrischen Amerikaners philippinischer Herkunft. Hier zweigt auch eine Betonstraße nach **Penestanan** ab. In diesem Dorf, das einige ruhige Unterkünfte besitzt und sich somit als alternativer Standort zu Ubud anbietet, lebte in den 50er Jahren der holländische Maler Arie Smit. Unter seiner Ägide entwickelte sich hier die ›Schule der Jungen Künstler‹. Zahlreiche aus dieser Gruppe hervorgegangene Maler sind heute noch aktiv und freuen sich über Besuche interessierter Kunstfreunde in ihren Ateliers. Nach Penestanan führt auch ein steiler Stufenpfad, der ca. 500 m nördlich des Hotels Puri Campuan (hier befand sich einst der Wohnsitz von Walter Spies) abbiegt. Folgt man der Hauptstraße in nördlicher Richtung, so erreicht man nach ca. 1,5 km das **Museum Neka,** das mit einem repräsentativen Querschnitt durch die balinesische Malerei unseres Jahrhunderts den Übergang von der traditionellen zur modernen Malkunst anschaulich demonstriert. Eines der Gebäude aus dem 1982 eröffneten Museumskomplex ist temporären Ausstellungen zeitgenössischer balinesischer Künstler vorbehalten. Ein anderes birgt Werke traditioneller Maler Balis und ein drittes schließlich enthält eine umfangreiche allgemeine Gemäldesammlung, u. a. mit Bildern von Arie Smit, Han Snel und von dem Javaner Affandi. Öffnungszeiten: täglich 8–16 Uhr.

Praktische Hinweise

Unterkunft: Hotels der Sternekategorie sucht man vergebens in Ubud. Doch bietet eine ganze Reihe nicht klassifizierter Hotels eine relativ preiswerte und komfortable Unterkunft. Darüber hinaus gibt es eine Vielzahl von einfachen, aber durchweg recht ordentlichen Losmen und Homestays. Als alternative Standorte zu Ubud bieten sich einige der umliegenden Dörfer an; auch dort findet man ruhige Unterkünfte in oftmals sehr schöner Lage. Mitunter vermieten Maler und andere Künstler in ihren Anwesen Zimmer an Touristen.

Unterkunft in Ubdu: Nicht klassifizierte Hotels mit gehobenem Standard: Hotel Menara, Jl. Raya (gegenüber Puri Lukisan); Hotel Puri Saren, Jl. Raya (gegenüber Markt); Puri Saraswati Bungalows, Jl. Raya (unweit Puri Lukisan); Siti Bungalows, Jl. Kajeng (im Besitz des Malers Han Snel). **Losmen und Homestays** (alle in der Monkey Forest Road): Agus Pension, Candri Accomodation, Gerhana Sari Bungalows, Puri Muwa Accomodation, Monkey Forest Hideaway (außerhalb und sehr ruhig gelegen), Nick's Pension (inmitten von Reisfeldern), Oka Wati Sunset Bungalow (ruhig gelegen, komfortabel), Sari Nadi (klein, gemütlich), Ubud Inn (nahe Affenwald, sehr schöner Losmen im balinesischen Stil, etwas teurer). **Unterkunft in Campuan** (alle gehobenes Preisniveau): Ananda Cottages, Arjuna's Inn (schön gelegen), Hotel Campuan, Jepun Homestay (nahe Museum Neka), Mumbul Inn, Sika Garden Cottages, Wisata Cottages. **Unterkunft in Penestanan:** Penestanan Bungalows, Pugig House, Sadri Rasman Homestay. **Unterkunft in Pengosekan:** Bali Breeze Bungalows, Oka Homestay. **Unterkunft in Peliatan:** W. Hardja Homestay (Besitzer ist Maler).

Restaurants in Ubud (alle indonesische, chinesische und europäische Küche): Bendi's Restaurant, Jl. Monkey Forest; Griya, Jl. Raya; Han Snel's Garden Restaurant, Jl. Kajeng; Lotus (im Puri Saraswati Hotel), Jl. Raya; Murni's Warung, Jl. Raya (bei Campuan-Brücke); Nomad, Jl. Raya; Oka Wati's Warung, Jl. Monkey Forest; Surya, Jl. Raya.

Die Umgebung von Ubud

Zwischen Ubud und den umliegenden Dörfern breitet sich eine liebliche Landschaft aus: Reisfelder und -terrassen in allen Phasen der Bewässerung, der Bestellung, des Wachstums und der Reife. Neben landschaftlichen Attraktionen und zahlreichen Tempelanlagen der Neuzeit hat die Umgebung von Ubud einige der bedeutendsten Altertümer Balis zu bieten. Die von einem engmaschigen Wege- und Straßennetz durchzogene Landschaft bietet sich geradezu an für Wanderungen und Radtouren, auf denen man auch – zumindest in ersten Ansätzen – Einblick in die Lebens- und Arbeitsbedingungen der balinesischen Landbevölkerung gewinnt. Die nachfolgend beschriebene Rundfahrt läßt sich an einem Tag durchführen, wenn man über ein eigenes Transportmittel verfügt (eventuell auch per Fahrrad).

Etwa 2 km südlich von Ubud erstreckt sich der **Affenwald** (›Monkey Forest‹), in dem eine Horde halbzahmer Affen haust. Im Zentrum des heiligen Hains erhebt sich auf einem freien Platz ein riesiger Banyan-Baum. Kurz davor führt eine Betontreppe zu einer nahen Schlucht, wo sich zwischen mächtigen Bäumen der kleine Tempel Pura Beji versteckt. Ganz in der Nähe befindet sich ein zweiteiliger Badeplatz mit moosbewachsenen Wasserspeiern sowie ein bedeutendes Quellheiligtum, das nicht betreten werden darf. Hält man sich beim zentralen Banyan-Baum nach rechts, so gelangt man zum malerisch gelegenen Totentempel **Pura Dalem Agung Padang Tegal.** Beachtenswert sind hier vor allem die steinernen Rangda-Figuren mit ihren gewaltigen Hängebrüsten und den weit heraushängenden Zungen; die beiden äußeren Hexen sind gerade im Begriff, hilflose Menschenwesen zu verschlingen. Folgt man von diesem Unterweltstempel aus einem Fußweg südwärts, so kommt man zum Dorf **Nyuh Kuning,** wo Holzschnitzer beheimatet sind. Unweit des Pura Dalem liegt auch ein Begräbnis- und Verbrennungsplatz. Die Straße nach Padang Tegal führt in südlicher Richtung weiter nach Pengosekan, das sich seit den 30er Jahren zu einem bekannten Malerdorf entwickelt hat.

Über Teges erreichen wir auf einer vielbefahrenen Straße (hier auch Bemoverkehr) die geheimnisvolle **Elefantengrotte Goa Gajah** bei Bedulu, eines der bedeutendsten Kulturdenkmäler aus der altbalinesischen Epoche. Dieses erst 1923 wiederentdeckte Heiligtum aus dem 11. Jh. hat seine Bezeichnung entweder vom nahen Petanu-Fluß (der früher *Lwa Gajah* =›Elefantenfluß‹ hieß) oder von Ganesha, dem elefantenköpfigen Sohn Shivas, dessen Bildnis sich im Innern der Höhle befindet. Vermutlich haben sich einst asketische Mönche hierher zur Meditation zurückgezogen. Im rechten Teil der Querhöhle steht auf einem Steinaltar ein dreifacher Linga, der die hinduistische Trinität Brahma-Vishnu-Shiva symbolisiert. Im linken Quergang thront der Elefantengott Ganesha. Zur Goa Gajah gehört ein prächtig geschmückter Badeplatz, den man erst 1954 bei Ausgrabungen freilegte. Sechs

Reisterrassen bei Pujung

himmlische Wassernymphen *(Widadari)* aus vulkanischem Tuffstein halten Krüge in den Händen, aus denen Wasser in das Becken sprudelt. Südlich der Grotte führt ein steiler Abstieg hinab ins Flußtal. Am jenseitigen Ufer des Petanu findet man zwei Buddhastatuen, von denen eine bereits ziemlich zerstört ist. Diese beiden Standbilder legen Zeugnis davon ab, daß offenbar auch auf Bali Hinduismus und Buddhismus eine Zeitlang friedlich koexistierten.

Von der nach Bedulu (früher der Mittelpunkt des Reiches von Pejeng) weiterführenden Hauptstraße zweigt in südlicher Richtung der etwas schwer zu findende Weg zu dem berühmten, aber wenig besuchten **Relieffries von Yeh Pulu** ab. Dieses inmitten von Reisfeldern gelegene kleine Heiligtum besitzt ein 27 m langes und 2 m hohes tief in die Felswand eingemeißeltes Reliefband. Die ungemein plastisch herausgearbeiteten, lebensgroßen Figuren stammen vermutlich aus dem 14. und 15. Jh. Abgesehen von einem Bildnis des sitzenden Ganesha handelt es sich ausschließlich um profane Darstellungen. Obwohl das Relief bereits 1925 freigelegt wurde, hat man die dargestellten Szenen noch nicht zweifelsfrei deuten können; möglicherweise handelt es sich um eine Episode aus dem Leben Krishnas, einer Inkarnation des Gottes Vishnu. Am äußersten Ende des Reliefbands befindet sich eine kleine Meditationshöhle. Eine nicht unbedingt empfehlenswerte Unterkunft bietet nahe den Ruinen von Yeh Pulu der sehr hübsche Lantur Homestay.

Östlich der von einer vierköpfigen Richtungsgottheit geschützten Hauptkreuzung in Bedulu liegt gegenüber dem Pura Samuan Tiga, einem der hinduistischen Dreieinigkeit geweihten Tempel, das architektonisch interessant gestaltete, aber leider meist geschlossene Kulturzentrum Mandala Wisata.

Etwa 1,5 km nördlich von Bedulu befindet sich unmittelbar an der Hauptstraße das archäologische **Museum Purbakala Gedung Arca.** Hier sind neben neolithischen Fundstücken und bronzezeitlichem Schmuck u. a. chinesische Keramiken ausgestellt. Besondere Beachtung aber verdienen die Steinsarkophage im ummauerten Innenhof, die vermutlich aus dem 2. und 3. Jh. v. u. Z. stammen. Öffnungszeiten: Mo–Do 8–14 Uhr, Fr 8–11 Uhr, Sa 8–13 Uhr, So geschlossen.

Zwischen Bedulu und Pejeng stößt man auf eine ganze Reihe von kleinen Schreinen und Pavillons, die antike Steinplastiken oder zumindest Fragmente davon enthalten und als heilige Stätten verehrt werden. Eines dieser Heiligtümer ist der kleine **Pavillon Pelinggih Arjuna Metapa** gegenüber dem archäologischen Museum. Ein Stückchen weiter nördlich birgt im **Pura Kebo Edan**

(›Tempel des verrückten Büffels‹) ein Pavillon eine riesige, 3,6 m hohe Statue. Dieser steinerne Gigant mit seinem enormen Phallus sowie verschiedene Wächterdämonen mit ihren von Totenkopfkränzen gekrönten Häuptern lassen vermuten, daß sich hier einst ein Zentrum erotisch-tantrischer Geheimkulte befunden hat.

Der Pura Penataran Sasih in **Pejeng** beherbergt eines der bedeutendsten altertümlichen Fundstücke – den sogenannten ›Mond von Bali‹. Dabei handelt es sich um den größten erhaltenen vorgeschichtlichen Bronzegong der Welt. Die riesige Kesseltrommel, in einem Stück gegossen, stammt vermutlich aus dem 3. Jh. v. u. Z., besitzt einen Durchmesser von rund 140 cm und ist mit stilisierten Menschenköpfen prachtvoll verziert. Leider hängt das Instrument in einem ziemlich hohen *Bale* und ist nur sehr schlecht zu sehen. Die Entdeckung von Steinformen für den Guß ähnlicher, aber kleinerer Gongs in der Nähe von Pejeng beweist, daß die Kunst des Bronzegusses auf Bali schon früh hochentwickelt war. Ob aber der ›Mond von Bali‹ im Lande gefertigt wurde oder ob man ihn einführte, ist ungeklärt. Die Entstehung ihres Kesselgongs führen die Einheimischen auf folgende Begebenheit zurück: Einmal waren anstatt der zwölf Monde (einer für jeden Monat des Jahres) deren 13 am Himmel. Eines Nachts fiel ein Mond herab und blieb an einem Baum hängen. Sehr zum Ärger einer Diebesbande erleuchtete er nun die Nächte taghell. Um auch weiterhin ungestört auf Beutezüge gehen zu können, entschloß sich der kühnste der Spitzbuben, das Licht auszulöschen, indem er über den Mond pinkelte. Daraufhin zerbarst dieser, erschlug den Frevler und stürzte in Form der Bronzetrommel von Pejeng zu Boden. Dem ›Mond von Bali‹, dem man auch heute noch magische Kräfte zuspricht, werden regelmäßig Blumenopfer dargebracht.

Durch Reisterrassen und -felder sowie quer durch eine malerische Schlucht führt von Pejeng eine landschaftlich recht reizvolle, ca. 3–4 km lange Wanderung über Pejeng Kawan und Titiapi zurück nach Ubud. (Achtung: Wegen des steilen Abstiegs in das Tal des Petanu-Flusses nur zu Fuß möglich, nicht per Fahrrad.)

Die sich von Pejeng aus nordwärts windende Landstraße bringt uns zu den eindrucksvollsten Monumenten der balinesischen Frühgeschichte, die gleichzeitig Zeugnis ablegen vom Prozeß der Javanisierung Balis – zu den aus dem 11. Jh. stammenden **Königsgräbern von Gunung Kawi** (›Berg der Dichter‹) bei Tampaksiring. Diese neun Grabmale wurden in den Tuffstein der Felswände getrieben, die das schmale Tal des heiligen Flusses Pakerisan säumen. Ein Fußpfad führt von der Hauptstraße hinab in die tief eingeschnittene, malerische Schlucht, die teilweise von steil abfallenden Reisterrassen strukturiert wird. Wendet man sich nach einem Felsentor links ab, so gelangt man zu einer Gruppe von vier Grabmonumenten, der Weg nach rechts über eine Brücke bringt uns zur Hauptgruppe mit fünf Monolithtürmen. In den 7 m hohen, spitzbogigen Nischen stehen mächtige Sarkophage mit pyramidalen Dachaufbauten. Sie ähneln den Totenheiligtümern (Candi) der Singhasari- und Majapahit-Dynastien und zeugen damit eindeutig von der Übernahme des damaligen ostjavanischen Baustils. Bemerkenswerterweise hat man in den Fassaden, deren Rückfront sich an die natürliche Felswand anlehnt, keine menschlichen Aschereste gefunden. Die Gunung Kawi-Monumente sind also keine Mausoleen, sondern Gedenkstätten für vergöttlichte Fürsten. Inschriften weisen auf König Udayana und seine Familie hin. Einer Theorie zufolge errichtete man die fünf Candi der Hauptgruppe zu Ehren von folgenden Persönlichkeiten (von links nach rechts): den ersten für König Udayana, den zweiten für seine Gemahlin, die aus einem ostjavanischen Fürstengeschlecht stammende Königin Mahendradatta, den dritten für die Lieblingskonkubine Udayanas, den vierten und den fünften für seine beiden Söhne Marakata und Anak Wungsu. Die vier schlichteren Felsentempel auf der gegenüberliegenden Flußseite dienen vermutlich dem Andenken von vier Konkubinen des Fürsten Anak Wungsu, der als jüngerer Bruder des bedeutenden javanischen Königs Airlangga von 1049–71 über Bali herrschte. Rechts von der Hauptgruppe sind weitere Nischen in die Felswand geschlagen; diese möglicherweise aus dem 9. Jh. stammende Anlage war vermutlich eine Mönchsklause. Ein zehntes Bauwerk, dessen Bestimmung noch unklar ist, liegt etwa 1 km entfernt am Südende der Schlucht. Nach einer Legende soll der Riese Kebo Iwo den gesamten, erst 1920 entdeckten Komplex von Gunung Kawi in einer einzigen Nacht mit seinen gigantischen Fingernägeln aus dem Fels gekratzt haben.

Folgt man von **Tampaksiring,** das bekannt ist für kunstvolle Elfenbein- und Knochenschnitzereien, der Hauptstraße nordwärts, so erreicht man nach ca. 1 km eine weitläufige Parkanlage mit dem 1954 erbauten Sommerpalast des ehemaligen Präsidenten Sukarno. Vom Istana führt eine Treppe hinab zum **Quellheiligtum Pura Tirta Empul,** das der Überlieferung zufolge der Gott Indra selbst geschaffen haben soll. Seit alters her spielt in der balinesischen Hindu-Dharma-Religion bei rituellen Reinigungszeremonien geweihtes Wasser eine bedeutende Rolle. Aus diesem Grund ist es leicht verständlich, daß die heilige Quelle von Tirta Empul, deren Wasser eine magische Heilwirkung zugesprochen wird, zu den meist besuchten Wallfahrtszielen Balis zählt. In einer Vollmondnacht des vierten balinesischen Monats bringen die Einwohner des nahegelegenen Dorfes Manukaya alljährlich in einer feierlichen Prozession einen heiligen Stein zur rituellen Reinigung in das Quellheiligtum. Vor wenigen Jahren erst gelang es, eine altbalinesische Inschrift auf dieser Reliquie zu entziffern, die das Jahr 962 als Gründungsjahr des Quelltempels Tirta Empul angibt. Der gesamte Sakralkomplex wurde 1969 vollständig renoviert, wobei man neue Schreine und Pavillons hinzufügte. Etwa auf halbem Weg zwischen dem Pura Tirta Empul und den Königsgräbern von Gunung Kawi liegt, wie ein Bindeglied zwischen den beiden Heiligtümern, der einem ostjavanischen Candi ähnelnde Tempel Pura Mengening.

Südlich von Desa Manukaya führt eine wenig befahrene Straße durch eine herrliche Reisfeldlandschaft nach **Sebatu** (zu Fuß ca. 1 Stunde). Unweit von Sebatu befindet sich das malerisch in einem Talkessel gelegene und kaum von Touristen besuchte Quellheiligtum Pura Gunung Kawi (nicht zu verwechseln mit den Königsgräbern von Gunung Kawi bei Tampaksiring!). Die rechts anschließende Tempelanlage Pura Sakti Puseh Gelgel birgt zahlreiche buntbemalte Schreine und Statuen.

Eine nur sporadisch von öffentlichen Verkehrsmitteln befahrene Straße führt von dem Holzschnitzerdorf Pujung in nördlicher Richtung nach Penelokan oberhalb des Batur-Sees. Südwärts folgt die Straße in Richtung Ubud einem tief eingeschnittenen Flußtal, an dessen Hängen sich kunstvoll angelegte Reisterrassen übereinander staffeln. In **Tegalalang** (ca. 4 km nördlich von Ubud) sind ebenfalls Holzschnitzer beheimatet. Westlich von Petulu (ca. 2,5 km nördlich von Ubud; nicht zu verwechseln mit Bedulu!), in **Petulu Gunung**, nisten auf hohen Bäumen Tausende von weißen Reihern.

Von Ubud nach Bangli

Um von Ubud aus mit öffentlichen Verkehrsmitteln in östlich oder nordöstliche Richtung zu kommen, muß man für gewöhnlich zunächst zurück zum südlich an der Hauptstraße Denpasar–Klungkung gelegenen Verkehrsknotenpunkt **Sakah.** Wenige Kilometer östlich von Sakah liegt das Städtchen **Blahbatuh** mit dem sehenswerten Tempel Pura Puseh Blahbatuh (bisweilen auch Pura Gaduh genannt), in dem der legendäre Riese Kebo Iwo verehrt wird. In der Gestalt dieses mit übernatürlichen Kräften ausgestatteten Giganten, auf den die Errichtung zahlreicher steinerner Monumente auf Bali zurückgeführt wird (u.a. die Elefantengrotte Goa Gajah und die Königsgräber von Gunung Kawi), mischen sich historische Fakten und mythische Überlieferungen. Der historische Kebo Iwo war als treuer Minister des letzten unabhängigen Fürsten von Bedulu ein entschiedener Gegner des Majapahit-Premiers Gajah Mada, der ihn nach der Eroberung Balis im Jahre 1343 ermorden ließ. Der Pura Puseh, eine Rekonstruktion der bei einem Erdbeben 1917 völlig zerstörten ursprünglichen Tempelanlage, beherbergt im Innern eines turmartigen Pavillons den 1 m hohen Steinkopf von Kebo Iwo.

Der **Tempel Pura Durga Kutri** (auch Pura Bukit Dharma genannt; ca. 5 km nördlich von Blahbatuh) gilt als das bedeutendste Durga-Heiligtum Balis. Ein Stufenpfad führt von der eigentlichen Tempelanlage hinauf zu einem kleinen Pavillon, der die auf das frühe 11. Jh. datierte Skulptur der achtarmigen Todesgöttin Durga, die gerade einen Dämon tötet, birgt. Tatsächlich soll es sich bei dieser bereits stark verwitterten Steinplastik um die Darstellung der Königin Mahendradatta, der Mutter Airlanggas, handeln. Da diese Herrscherin zu Lebzeiten den Gott Shiva verehrte, hat man sie, so vermutet man heute, als Todesgöttin Dewi Durga, die Gemahlin Shivas, dargestellt. Auch Rangda, eine hexenhafte Inkarnation der Durga, hat ihr historisches Vorbild in Mahendradatta.

Gianyar, das Zentrum der balinesischen Textilindustrie, bietet dem Besucher relativ wenig. Zwar besitzt die Provinzstadt als ehemaliger Mittelpunkt eines machtvollen Fürstentums (das zu Beginn unseres Jahrhunderts aktiv mit den Niederländern kooperierte) einen prachtvollen königlichen Palast im typischen balinesischen Baustil, allerdings ist dieser nicht zugänglich für die Öffentlichkeit, da hier heute noch die Nachkommen der Königsfamilie residieren. Südlich von Gianyar liegt das Dorf **Bona,** wo regelmäßig Kecak- und Trancetänze stattfinden.

Der Unterweltstempel Pura Dalem Sidan ▷

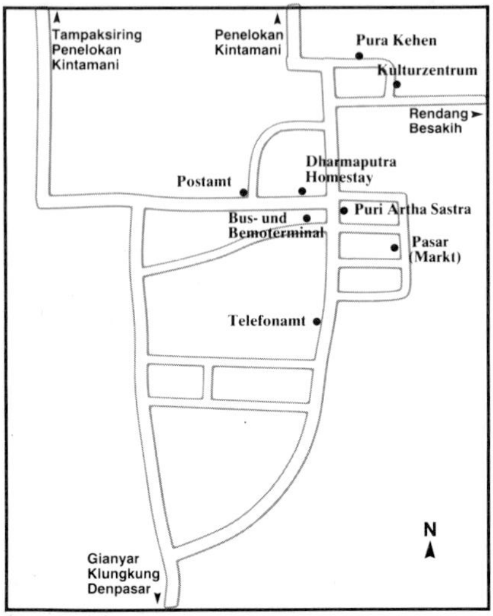

Bangli

Hinter Gianyar zweigt von der west-östlichen Hauptroute eine nach Norden zum Batur-See führende Straße ab. Nahe dem Dorf **Sidan** (ca. 3 km nordöstlich von Gianyar) steht in einer markanten Kurve, unmittelbar an der Hauptstraße, der **Pura Dalem Sidan,** einer der eindrucksvollsten Unterweltstempel ganz Balis. Mit seinem üppigen Skulpturenschmuck ähnelt dieses Heiligtum einem der ›barock‹ überladenen nordbalinesischen Tempel. Am **Pura Merajan Agung,** einem weiteren Tempel in Sidan, fallen verschiedene nach modernen Vorlagen gestaltete vollplastische Steinfiguren auf (z. B. ein Soldat auf einem Fahrrad).

Bangli, ehedem die Hauptstadt eines aus der alten Gelgel-Dynastie hervorgegangenen Königreiches, liegt bereits an der Südflanke des zentralen Gebirgsmassivs und besitzt demzufolge ein recht angenehmes Klima. Mit dem ca. 2 km nördlich des Zentrums gelegenen **Pura Kehen** verfügt Bangli über eine der größten und sehenswertesten Tempelanlagen Balis. Dieses in drei Terrassen an einem Berghang ansteigende, vermutlich bereits im 11. Jh. gegründete Heiligtum zählt ebenfalls zu den neun Nationaltempeln. Ein alter Schrein am Fuße des von Steinfiguren flankierten Treppenaufgangs birgt Kupferplatten mit Inschriften aus dem Jahre 1204.

Man sollte nach der Tempelbesichtigung den halbstündigen Aufstieg zum Bukit Bangli, dem Bergrücken oberhalb des Pura Kehen, nicht scheuen. Auf dem Gipfel liegen drei kleine moosbewachsene Tempel; überdies ist der Panoramablick von dort oben wirklich sehr eindrucksvoll. Ein weiterer Aussichtspunkt befindet sich ca. 3 km westlich von Bangli nahe dem Dorf Demulih. Eine ruhige Unterkunft bietet in Bangli der Puri Artha Sastra, ein kleines Hotel in einem ehemaligen Fürstenpalast.

Das östliche Bali

Klungkung

Nach dem Zusammenbruch des Majapahit-Imperiums landeten Ende des 15. Jhs. die ersten hindu-javanischen Emigranten an der Südostküste Balis und wählten Gelgel (ca. 4 km südlich von Klungkung) als Sitz ihres neuen Königreiches. Unter dem Titel *Dewa Agung* (›Erhabener Gott‹) traten die Majapahit-Fürsten die Hegemonie über ganz Bali an. Mitte des 17. Jhs. zerfiel das Gelgel-Reich in etwa ein Dutzend selbständiger, sich häufig befehdender Fürstentümer. Die Gelgel- oder Klungkung-Dynastie (1710 hatte man die Hauptstadt von Gelgel nach Klungkung verlegt) wurde aber weiterhin als das ranghöchste, weil älteste der balinesischen Fürstengeschlechter angesehen. Klungkung spielte ab dem frühen 18. Jh. weniger auf politischem, als vielmehr auf kulturell-religiösem Gebiet eine besondere Führungsrolle. Am Hofe der Klungkung-Fürsten erreichten die schönen Künste, vor allem Musik und Tanz sowie die heute hier noch gepflegte Wayang-Malerei, eine Hochblüte. Überdies war Klungkung jahrhundertelang der Sitz des für ganz Bali zuständigen obersten Gerichtshofes. Den Untergang dieser mächtigen Dynastie leiteten zu Beginn unseres Jahrhunderts die Niederländer mit ihrem Feldzug gegen die rebellischen südbalinesischen Fürstentümer ein. Ebenso wie andere Herrschergeschlechter zogen auch die Familie und das Gefolge des *Dewa Agung* von Klungkung den *Puputan*-Freitod der Unterwerfung unter die holländische Oberherrschaft vor. Bei der Strafexpedition der Kolonialherren im Jahre 1908 wurden der fürstliche Palast sowie die meisten bedeutenden Bauwerke Klungkungs zerstört oder schwer beschädigt.

Von der großen Vergangenheit zeugt heute nur noch der **Taman Gili** (›Park mit Inselchen‹) mit zwei bemerkenswerten, vollständig restaurierten Kulturdenkmälern. In der Ostecke der Anlage erhebt sich die offene im 18. Jh. erbaute **Gerichtshalle Kerta Gosa,** die als eines der schönsten Beispiele balinesischer Profanarchitektur gilt. Hier richteten einst hohe Brahmanenpriester als oberste Justitiare Balis im Namen des Königs über Verbrechen. Eine von zwei Naga-Schlangen flankierte Treppe führt hinauf zu dem auf einem 2 m hohen Steinpodest stehenden Justizpavillon. Der offene

Klungkung

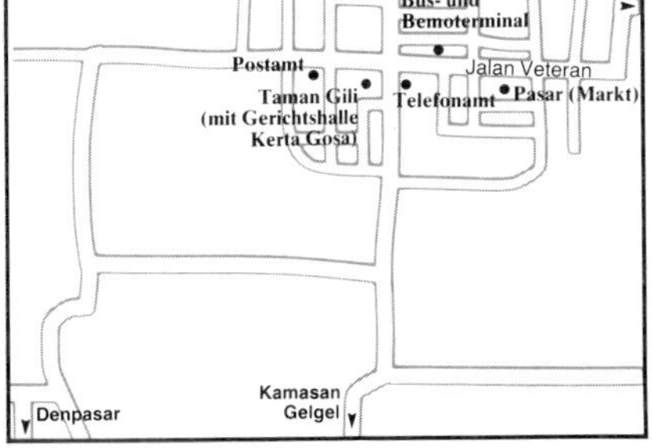

Dachstuhl des Gebäudes ist im Innern über und über mit eindrucksvollen Dekkenfresken im reinsten Wayang-Stil dekoriert. Die unteren Bildreihen schildern anschaulich alle Folterqualen der Hölle, während die oberen alle Wonnen des Paradieses darstellen. Zu wiederholten Malen restauriert, zuletzt in den Jahren 1930 und 1960, wirken sie wie von einem balinesischen Höllen-Brueghel ersonnen. Inmitten eines künstlichen Lotosteiches liegt der **Bale Kembang,** der schwimmende Pavillon. Auch dieses Bauwerk, in das sich der Raja mit seinen Konkubinen während der heißen Tageszeiten zurückzuziehen pflegte, besitzt sehenswerte Wayang-Malereien. Als letztes Überbleibsel des ehemaligen Fürstenpalastes ragt außerhalb des Parks ein gedecktes Ziegelsteintor auf.

Klungkung hat sich in den letzten Jahren zu einer geschäftigen Handelsstadt entwickelt, die über einen lebhaften Markt sowie einige besuchenswerte Antiquitäten- und Kunstgewerbeläden, nicht aber über gemütliche Unterkünfte verfügt. Empfehlenswert erscheint es daher, sein Standquartier weiter östlich in Candi Dasa oder in der Gegend um Amlapura aufzuschlagen.

Im Malerdorf **Kamasan,** 2 km südlich von Klungkung, pflegt man heute noch den traditionellen Wayang-Stil; überdies sind hier zahlreiche Gold- und Silberschmiede beheimatet. Weitere 2 km südlich liegt Gelgel, das einstige Machtzentrum der Majapahit-Emigranten, das aber keine bemerkenswerten Baudenkmäler mehr aufzuweisen hat.

Pura Besakih: Balis bedeutendstes Tempelheiligtum

Von Klungkung aus windet sich eine ca. 20 km lange, landschaftlich sehr reizvolle Bergstraße hinauf zu den Ausläufern des Gunung Agung (Farbabb. 24). In etwa 950 m Höhe an der Südwestflanke dieses heiligen Berges, der als Sitz der Götter angesehen wird, liegt Pura Besakih (Farbabb. 5), die heiligste aller balinesischen Sakralanlagen. Als Muttertempel sämtlicher Tempel auf Bali wird Pura Besakih von allen Anhängern der Hindu-Dharma-Religion verehrt. Jedes der alten Fürstentümer unterhält in diesem großen Tempelareal, das sich mit seinen zahlreichen Einzelkomplexen über ein ausgedehntes Gebiet erstreckt, einen eigenen Bezirk, alle balinesischen Dorfgemeinschaften haben hier Schreine und Altäre, die die Verbindung ihrer Dorftempel mit diesem zentralen Heiligtum herstellen. Damit symbolisiert Pura Besakih die Einheit des hindu-balinesischen Glaubens.

Die Ursprünge des Pura Besakih gehen auf ein altes prähinduistisches Terrassenheiligtum zurück, in dem die Gottheiten des Agung-Vulkans angebetet wurden. Inschriften ist zu entnehmen, daß man hier bereits im frühen 11. Jh. hinduistisch-shivaistische Tempelzeremonien veranstaltete. Seit dem 15. Jh. dient das Zentralheiligtum von Besakih als Ahnentempel der einst führenden Dynastie von Bali, des Fürstengeschlechts Gelgel-Klungkung.

Der heutige Tempelkomplex besteht aus drei Hauptheiligtümern, um die sich wiederum verschiedene kleine Nebentempel gruppieren. Wichtigster und heiligster Tempel innerhalb der Gesamtanlage ist der zentrale Pura Panataran Agung Besakih, in dem der Eine Allmächtige Gott, Sanghyang Widhi Wasa, in seiner wichtigsten Erscheinungsform als Shiva, der wiederum die beiden Gottheiten Brahma und Vishnu in sich enthält, verehrt wird. Zu diesem Hauptheiligtum, das von der Gelgel-Klungkung-Dynastie unterhalten wird, führt ein von mythologischen Figuren aus dem Mahabharata flankierter Treppenaufgang. Der Zutritt zu diesem Allerheiligsten ist für gewöhnlich nur Mitgliedern der hindu-balinesischen Glaubensgemeinschaft gestattet, jedoch bietet sich von den höher gelegenen Nebentempeln aus ein guter Überblick über diese zentrale Anlage mit ihren fast 60 Einzelbauwerken, die sich auf sieben übereinander gestaffelten Terrassen verteilen.

Vorbei an den Nebentempeln Pedarman Dalem Sukawati, Pedarman Dalem Bakus und Pedarman Puri Gede Kaba Kaba führt ein Fußpfad über eine von Wächterdämonen geschützte Steinbrükke zum Pura Kiduling Kreteg, dem östlichen Haupttempel, der dem Gott Brahma geweiht ist und von der Karangasem-Dynastie unterhalten wird. Westlich des Pura Panataran Agung liegt das mit dem Fürstentum Bangli verbundene Vishnu-Heiligtum Pura Batu Madeg. Diese dreiteilige Anlage des Besakih-Komplexes symbolisiert also wiederum die hinduistische Dreieinigkeit. Während der Feste und Zeremonien werden die Schreine der einzelnen Tempel mit Tüchern und Bannern in den Symbolfarben der Gottheiten geschmückt: rot für Brahma, schwarz für Vishnu und weiß für Shiva.

In seiner Geschichte hat der Pura Besakih immer wieder den Zorn (aber auch die Gnade) der Götter zu verspüren bekommen. Nur alle hundert Jahre einmal findet in Besakih die Eka Dasa Rudra-Zeremonie statt, das größte aller balinesischen Opferrituale, dessen Ziel die symbolische Reinigung des gesamten Universums ist. Bei den Vorbereitungen für diese Jahrhundertfeier im März 1963 brach plötzlich der Gunung Agung aus, der seit vielen Jahren nicht mehr tätig gewesen war. Die Katastrophe forderte auf Ostbali rund 2000 Todesopfer und machte fast 300000 Menschen obdachlos. Die Gläubigen jedoch, die im Tempel von Besakih ausharrten, blieben unversehrt. Wie durch ein Wunder stoppte der Lavastrom kurz vor dem Heiligtum. Trotz alledem verehren die Balinesen ihren höchsten Berg nach wie vor als symbolischen Mittelpunkt des Universums und als Sitz der hinduistischen Dreieinigkeit. Das Eka Dasa Rudra-Fest wur-

Pura Besakih – Balis bedeutendstes Tempelheiligtum

de, dieses Mal ohne Zwischenfälle, im Jahr 1979 wiederholt.

Da sich der Gunung Agung meist bereits im Laufe des Vormittags in dichte Wolken hüllt, empfiehlt sich ein Besuch des Pura Besakih in den frühen Morgenstunden. Bei Menanga, ca. 6 km südwestlich von Besakih, liegt ein kleiner Losmen mit Restaurant (›Arca Valley‹), der sich als günstiges Standquartier anbietet.

Besteigung des Gunung Agung

Zwei populäre Aufstiegsrouten führen auf den mit 3142 m höchsten Berg Balis. Die weniger bekannte südliche Route beginnt in den Dörfern Selat oder Putung. Die meisten Bergwanderer aber bevorzugen den Aufstieg ab Besakih. Zwar benötigt man für die Besteigung des Gunung Agung nicht unbedingt eine bergsteigerische Erfahrung, allerdings ist der durchweg recht steile Aufstieg, der häufig über loses Eruptionsmaterial führt, alles andere als ein Spaziergang. Da vor allem in der von mächtigen Lavaströmen zerfurchten Gipfelregion der Weg sehr schwer zu finden ist, empfiehlt es sich unbedingt, in Besakih einen orts- und geländekundigen Führer zu nehmen. Ab Besakih sollte man für den Aufstieg ca. sieben bis acht Stunden ansetzen. Den Abstieg kann man in ca. fünf bis sechs Stunden bewältigen. Haben Sie für die Agung-Besteigung nur einen Tag Zeit, sollten Sie unbedingt bereits gegen 2 Uhr morgens in Besakih aufbrechen. Übernachten können Sie im Restaurant und Losmen ›Arca Valley‹ (ca. 6 km südwestlich von Besakih) oder privat bei Ihrem Bergführer unmittelbar in Besakih. Denken Sie neben der üblichen Ausrüstung für Bergtouren (robustes Schuhwerk, Kälte- und Nässeschutz, Proviant u. a.) vor allem an eine gute Taschenlampe und genügend Trinkwasser (es gibt keine Trinkwasserquellen auf der Aufstiegsroute). Bei unsicheren Wetterverhältnissen (vor allem während der Regenzeit) ist von einer Besteigung des Agung-Vulkans abzuraten.

Der Aufstieg beginnt an der Ostseite des Hauptheiligtums von Besakih, des Pura Panataran Agung. Nach einer knappen halben Stunde passiert man den Pura Gelap und nach weiteren 30 Minuten den malerisch gelegenen Pura Pangubengan. Der nun merklich steiler werdende Aufstieg führt ab dort stundenlang durch Mischwald mit auffallend vielen Pinien. Nach insgesamt ca. sechs Stunden erreichen Sie Kori Agung, ein mächtiges Felsmassiv, das leider über und über mit stupider Graffiti beschmiert ist (hier eventuell Übernachtung möglich). Nach Kori Agung geht es über ein schroffes Geröllfeld. Man muß sich nun rechts halten, also ostwärts orientieren, und gelangt über einen Bergkamm, zu dessen beiden Seiten weite Lavafelder steil abfallen, nach ca. zwei Stunden zum Gipfel. Meist am frühen Vormittag bieten sich von dort eine überwältigende Fernsicht über weite Teile Balis und ein phantastischer Blick in den mächtigen, ca. 100 m steilwandig abfallenden Krater des Gunung Agung.

Balis Südostküste

An den schwarzen Lavaständen um das Fischerdorf **Kusamba,** östlich von Klungkung, gewinnt man auf traditionelle Weise Salz, indem man Meerwasser in großen Trockenparzellen an der Sonne verdunsten läßt. Kusamba ist Ausgangspunkt für Fahrten nach **Nusa Penida,** eine der Südostküste vorgelagerte Insel. Auf dieses karstige und trockene Eiland mit seiner spärlichen Vegetation, aber ungewöhnlichen Tierwelt wurden früher Straftäter verbannt. Heute ist die Insel von ca. 45 000 Menschen bewohnt, die vorwiegend vom Fischfang in der ertragreichen Meerenge von Badung leben. Nusa Penida aber gilt auch als die Heimat des Riesendämons Ratu Gede Mecaling, in dessen Macht es steht, vom Meer her Epidemien zu verbreiten; was aber eine steigende Anzahl von Bali-Reisenden nicht davon abhält, dieser Insel einen Besuch abzustatten. Von Kusamba fahren täglich Boote nach Toyapakeh und Sampalan (hier auch Übernachtungsmöglichkeiten). Sehenswert sind einige Tempel wie der Pura Ped mit einem von einem Teich umgebenen Schrein (bei Toyapakeh) und der Pura Batu Medau (bei Suana) sowie die große Tropfsteingrotte Goa Karangsari mit einem unterirdischen See (südöstlich von Sampalan). Über eine etwas besser entwickelte touristische Infrastruktur verfügt die nordwestlich vorgelagerte kleinere Nachbarinsel **Nusa Lembongan,** die sich in den letzten Jahren zu einem Dorado für Surfer und Taucher entwickelt hat (Anreise ab Toyapakeh auf Nusa Penida oder ab Sanur; Unterkünfte in Jungutbatu).

Fährt man von Kusamba aus ostwärts, so erreicht man nach einigen Kilometern die direkt an der Hauptstraße gelegene **Fledermaushöhle Goa Lawah,** die als bedeutendes Heiligtum ebenfalls zu den neun Reichstempeln Balis gezählt wird. Im Innern der Grotte nisten Tausende von Fledermäusen, die als heilig gelten. In dem Höhlentempel verehrt man aber vor allem die beiden mythologischen Schlangen Sanghyang Basuki (›Herr der Schlangen‹) und die Weltenschlange Antaboga; ihnen sind hier zwei Steinthrone geweiht. In der Vorstellung der Gläubigen soll sich Goa Lawah bis zum Fuß des fernen Gunung Agung erstrecken und somit die Verbindung zwischen den kosmischen Gegenpolen Berg und Meer bzw. Ober- und Unterwelt herstellen. Das Höhlenheiligtum hatte aber auch in Balis Geschichte eine große politische Bedeutung. Da hier zu Beginn unseres Jahrhunderts die Adligen Balis bei Geheimtreffen ihren Widerstand gegen die

Holländer organisierten, gilt Goa Lawah auch als ein Symbol des Freiheitskampfes.

Etwa 2 km südlich der Hauptstraße nach Amlapura erstreckt sich an einer malerischen Bucht das Hafenstädtchen **Padang Bai.** Von hier aus verkehren täglich ein- oder zweimal Schiffe nach Labuhan Lembar auf Balis östlicher Nachbarinsel Lombok.

Candi Dasa, noch etwas weiter östlich an der traumhaft schönen Bucht Labuhan Amuk gelegen, hat in den letzten Jahren eine sprunghafte Entwicklung vom wenig besuchten Fischerdorf zu einem beliebten Erholungsort vollzogen. Beiderseits der Hauptstraße reihen sich zahlreiche Unterkünfte (teils einfach und preiswert, teils recht komfortabel) sowie verschiedene Restaurants aneinander. Der weiße Sandstrand kann zwar kaum mit dem berühmten Kuta Beach konkurrieren, dafür aber verbringt man in Candi Dasa wesentlich ruhigere Urlaubstage als in den quirligen südbalinesischen Ferienzentren. Überdies empfiehlt sich dieser Badeort als idealer Stützpunkt, um Ostbali näher zu erkunden (Direktverbindung ab Denpasar: (Mini-)Bus ab Terminal Kereneng, Fahrtdauer ca. 2 Std.).

Praktische Hinweise

Unterkunft: Padang Bai: Beach Inn, Jl. Silaykuti; Hotel Madya, Jl. Raya. **Candi Dasa:** Ayodya Homestay (einfach und preiswert), Bayu Paneeda Beach Inn (ca. 1 km westlich), Candi Dasa Beach Bungalows (Strandhotel mit Swimming-pool; Reservierung: P.O. Box 270 Denpasar, ✆ 51205), Kalapa Mas (schöne Bungalowanlage mittleren Preisniveaus), Pandawa Homestay (preiswerte und ruhige Bungalows), Pondok Bamboo (komfortable Bungalows gehobenen Preisniveaus), Puri Pandan (stilvolle Bungalows gehobenen Preisniveaus). **Balina Beach** (ca. 5 km westlich): Nelayan Village, Puri Buitan Cottages (komfortable Bungalowhotels gehobenen Preisniveaus).

Das Bali Aga-Dorf Tenganan

Westlich von Candi Dasa zweigt eine 3 km lange Stichstraße in nördlicher Richtung nach Tenganan ab, einem alten, noch aus prähinduistischen Zeiten stammenden Dorf (kein Bemoverkehr, aber Motorrad-Taxen). Während in anderen balinesischen Orten die Einflüsse der westlichen Zivilisation zur Zersetzung traditioneller Werte und zur Erosion vieler kultureller Erscheinungsformen führten, hat die streng konservative Ritualgemeinschaft der *Bali Aga* (Altbalinesen) in ihrem Rückzugsgebiet ihre urbalinesischen, vom Hinduismus kaum tangierten sozio-religiösen Grundprinzipien bis in die heutigen Tage nahezu unverfälscht bewahren können. Tenganan besteht aus fünf Verwaltungsbezirken mit insgesamt ca. 3500 Einwohnern. Die eigentlichen *Bali Aga* aber leben ausschließlich in dem mauerumwehrten Zentraldorf Tenganan Pegeringsingan. Diese etwa 300 Personen umfassende kastenlose Dorfgemeinschaft betrachtet sich selbst als eine ›Gesellschaft der Auserwählten‹. Die Arbeit auf ihren ausgedehnten Reisfeldern lassen die *Bali Aga* gegen die Hälfte des Ernteertrags von Balinesen aus den umliegenden Dörfern besorgen. Das verschafft den Tenganannern genügend Mußezeit, in der sie sich dem Dienst der Götter und der Pflege ihres feudalen Lebensstils widmen können. Da die Ländereien Gemeinschaftsbesitz sind, teilen die Mitglieder des Sozialwesens den von den gemieteten Arbeitskräften erwirtschafteten Profit unter sich auf. Man könnte das Gesellschaftssystem der *Bali Aga* also vielleicht als eine Art ›feudalen Sozialismus‹ bezeichnen. Ihren Wohlstand und ihre Auserwähltheit halten die Tengananer für gottgegeben, war es doch ihrem Schöpfungsmythos zufolge der Gott Indra selbst, der mit den ersten beiden Menschen ihre Stammeseltern geschaffen hat. Um den Fortbestand dieses

Ritueller Kare-Kampf in Tenganan

Reichtums und dieses exklusiven Status, die beide keineswegs unabänderliche Zustände sind, zu sichern, müssen die *Bali Aga* komplexe religiöse Riten aufs genaueste einhalten. Das Leben der Tengananer ist in ein enges Korsett von strikten Vorschriften und Pflichten eingebunden, die die individuellen Freiheiten des einzelnen enorm beschneiden. Allergrößte Bedeutung kommt in Tenganan der Endogamie, der sogenannten Binnenheirat zu. Einem *Bali Aga* ist es nicht erlaubt, eine Frau aus einem anderen Dorf zu ehelichen; bricht er dieses Tabu, so muß er im Ostteil des Dorfes wohnen, der sogenannten Straße der ›Verbannten‹, oder das Dorf ganz verlassen. Von Kindesalter an haben sich die Tengananer in streng organisierte Gruppen einzuordnen. Etwa zwischen dem 8. und dem 15. Lebensjahr wird das gesamte Dasein der Kinder und Heranwachsenden von speziellen Mädchen- und Jungenvereinigungen bestimmt. In diesen Verbänden werden ihre Mitglieder mit dem traditionellen sozialen und religiösen Wertesystem der *Bali Aga* vertraut gemacht und auf ihre späteren vielfältigen rituellen Aufgaben vorbereitet. Nur wer einer dieser Vereinigungen angehört hat, kann später Sitz und Stimme im Dorfrat *(Krama Desa)* erhalten, dem alle verheirateten Tengananer mit noch unvermählten Kindern angehören. Jeder, der sich gegen die strengen Gesetze und Bräuche vergeht, wird gnadenlos aus der Kerngemeinschaft ausgeschlossen. Auch körperlich und geistig Behinderte können keine Vollmitglieder der *Krama Desa* werden.

In den 60er Jahren noch war Tenganan ein geschlossenes Dorf, das ausländische Besucher nur mit einer besonderen Genehmigung betreten durften. Heute begegnen die Tengananer Fremden, denen der Zutritt zum Dorf mittlerweile generell erlaubt ist, mitunter etwas reserviert, aber durchweg überaus höflich. Den von Mauern umschlossenen rechteckigen Ortskern prägen zwei leicht ansteigende, parallel verlaufende Pflaster- und Lehmstraßen, die von langen Reihen aneinander anschließender Gehöfte gesäumt werden. Zwischen den beiden Dorfstraßen stehen auf terrassenförmig ansteigenden Grasflächen Pavillons und Tempel, in denen sich das soziale und sakrale Leben abspielt. Die teilweise außerhalb der Dorfmauern gelegenen Heiligtümer der *Bali Aga* haben einen sehr schlichten, beinahe archaischen Charakter.

Weltweit bekannt und von Sammlern sehr geschätzt sind die im komplizierten Verfahren des Doppel-*Ikat* (vgl. S. 125) hergestellten *Geringsing*-Stoffe der Tengananer. Diese magischen Tücher schützen vor dämonischen Kräften und werden, auch außerhalb von Tenganan, bei zeremoniellen Anlässen benützt (Zahnfeilung, Eheschließung, Aufbahrung der Toten u. a.). Die Färbe- und Webtechnik des Doppel-*Ikat*, die auf Bali nur hier praktiziert wird, ist derart kompliziert, daß eine Frau zur Anfertigung eines Tuches fünf bis zehn Jahre braucht. Entsprechend hoch sind die Preise, die bis zu mehreren tausend Mark betragen können. Allerdings werden nur fehlerhafte und kaputte Stücke verkauft, die besten Exemplare bleiben im Dorf. In Tenganan wird außerdem eine weitere aussterbende Kunstgattung, das Kopieren altbalinesischer Texte auf Blätter der Lontar-Palme, gepflegt. Als einer der besten Lontar-Schreiber Balis gilt I Wayan Muditadñana.

Einmal im Jahr findet in Tenganan das dreitägige Mekare-Kare-Fest statt. Bei dieser Zeremonie werden zwischen den Häuserreihen riesige kultische Stufenschaukeln errichtet und zu den Klängen des heiligen *Selunding Gamelan,* dessen Melodien nicht auf Tonband aufgenommen werden dürfen und dessen Metallplatten kein Fremder berühren darf, rituelle Opfertänze aufgeführt. Höhepunkt sind die Kare-Kämpfe, bei denen halbnackte Jugendliche mit stacheligen Pandanus-Blättern aufeinander einschlagen. Hierbei handelt es sich um ein Fruchtbarkeitsritual: Mit dem vergossenen Blut der Kämpfer erbittet man den Segen der Götter für die kommende Reisernte.

Amlapura und Umgebung

Ganz im Osten Balis liegt in einer von Reisterrassen geprägten Landschaft Amlapura, die Hauptstadt des Regierungsbezirks Karangasem. Einst befand sich in diesem Ort, der früher ebenfalls den Namen Karangasem trug, der Mittelpunkt eines mächtigen Fürstentums, dessen Herrschaftsbereich auch die Nachbarinsel Lombok umfaßte. Im Gegensatz zu anderen balinesischen Herrschern hat der Raja von Karangasem zu Beginn unseres Jahrhunderts mit den Holländern zusammengearbeitet; als Belohnung durfte er nach der niederländischen Eroberung seinen Titel und seine Machtbefugnisse behalten. Früher zählte seine Residenz, der **Puri Agung Kanginan,** zu den schönsten Fürstenpalästen der Insel, heute aber zeigen mehrere Gebäude des Komplexes deutliche Spuren der letzten Erdbeben. Zum Innenhof der Palastanlage, in dessen Zentrum sich ein Lotosteich befindet, führt ein gedecktes Tor mit vierstufigem Dach. In der Architektur des im frühen 20. Jh. erbauten *Puri* vermengen sich chinesische, europäische und einheimische Stilelemente.

Vom Faible des Karangasem-Fürsten für Wasserpaläste zeugen auch die Ruinen der beiden **Lustschlösser von Ujung und Tirtagangga** außerhalb von Amlapura. Von dem ca. 4 km südöstlich gelegenen, 1921 errichteten Wasserpalast von Ujung allerdings ist seit einem der in dieser Region Balis recht häufigen Erdbeben nicht mehr viel zu sehen. Auch das königliche Refugium von Tirtagangga (›Wasser des Ganges‹) wurde von verschiedenen Naturkatastrophen arg in Mitleidenschaft gezogen. Von diesem gegen 1947 erbauten, sehr malerisch an den südöstlichen Agung-Ausläufern gelegenen Wasserpalast (ca. 6 km nordwestlich von Amlapura) sind heute nur noch Gebäudefundamente sowie aus phantasievollen Wasserspeiern gespeiste Bassins erhalten. Die gesamte Anlage hat man zu einem der Öffentlichkeit zugänglichen Freibad ausgebaut (Badesa-

Amlapura

chen nicht vergessen!). Tirtagangga verfügt über sehr schöne Unterkünfte und bietet sich daher als alternativer Standort zu Candi Dasa an.

Von Tirtagangga aus führt eine nur sporadisch von öffentlichen Verkehrsmitteln befahrene Straße entlang des nahezu unbesiedelten nordöstlichen Küstensaums bis **Singaraja** (ca. 85 km). Die Landschaft hier ist geprägt von riesigen, bis ans Meer reichenden Lavafeldern, die an den verheerenden Ausbruch des Gunung Agung im März 1963 erinnern (vgl. S. 353).

Von **Subagan** aus (südwestlich von Amlapura) windet sich eine schmale Landstraße durch eine traumhaft schöne Landschaft mit den vielleicht kunstvollsten Reisterrassenanlagen ganz Balis über Sibetan nach **Putung.** In Duda bei Putung befindet sich in herrlicher Lage, direkt an einem Steilhang, ein kleines Bungalowhotel. Allein schon wegen der herrlichen Aussicht sollte man hier eine kurze Rast einlegen. Westlich von Putung zweigt eine Straße zum malerischen Dorf **Iseh** ab, wo einst viele Jahre lang der deutsche Maler Walter Spies lebte. Die Hauptstraße führt weiter nach **Selat** (sehenswerte Reis- und Gemüseterrassen) und trifft schließlich in Rendang auf die Straße Klungkung–Besakih. Eine wenig befahrene Nebenstrecke schraubt sich von Rendang über Pempatan und Suter durch eine einsame, ebenfalls durch die zerstörerische Gewalt des Agung gekennzeichnete Berglandschaft hinauf zum Batur-See.

Praktische Hinweise

Unterkunft: Amlapura: Homestay Sidha Karya, Jl. Gatot Subroto. **Tirtagangga:** Dhangin Taman Inn (am Eingang zum Wasserpalast), Kusumajaya Inn (herrlich gelegen!), Rejasa Homestay, Taman Sari Inn. **Putung:** Putung Bungalow (phantastische Lage).

Das nördliche Bali

Der Batur-See und seine Umgebung

Vom Süden her führen verschiedene parallel verlaufende Bergstraßen zum Riesenkrater um den Gunung Batur. Dieser 1717 m hohe, noch relativ junge und aktive Vulkan, der zweitheiligste Berg Balis, erhebt sich in einem gewaltigen Einbruchkessel, der mit einem Durchmesser von 12 km zu den größten Calderen der Welt zählt. Von **Penelokan** (der Name bedeutet ›Aussichtspunkt‹), 1450 m hoch am Südwestrand des riesigen alten Batur-Kraters gelegen, bietet sich ein phantastischer Panoramablick auf den Gunung Batur, an dessen Flanken sich weite, schwarz zerklüftete Lavafelder ausdehnen, sowie auf den herrlichen Batur-See, der im tiefsten Absenkungsbereich ungefähr ein Drittel der urzeitlichen Caldera ausfüllt. Zahlreiche Ausbrüche belegen die Gefährlichkeit der Vulkane Gunung Batur und Gunung Abang (2153 m), der am Südostrand der mächtigen Caldera aufragt. Zweimal wurde zu Beginn unseres Jahrhunderts (1917 und 1926) das einst an der Westseite des Batur-Sees gelegene Dorf Batur bei verheerenden Eruptionen unter Lavaströmen begraben, so daß die den Katastrophen Entronnenen gezwungen waren, ihre neuen Siedlungen in sicherer Entfernung am oberen Calderarand anzulegen.

Um den Batur-Vulkan zu besteigen, muß man zunächst hinab zum Batur-See. Eine steile, ca. 8 km lange Straße, auf der sporadisch Bemos verkehren, schraubt sich von Penelokan, teils über erstarrte Lavaströme, hinunter zum am Westrand des Batur-Sees gelegenen Ort **Toya Bungkah.** Hier gibt es in unmittelbarer Nähe der im seichten Uferbereich sprudelnden heißen Quellen einige recht komfortable Unterkünfte. Zur Wanderung auf den Batur sollte man wegen der meist bereits am frühen Vormittag aufziehenden Wolken so bald wie möglich aufbrechen (am besten in Toya Bungkah übernachten). Der Aufstieg, der auch für Untrainierte in zwei bis drei Stunden zu bewältigen ist, beginnt einige hundert Meter südlich von Toya Bungkah. Wegen des offenen Geländes ist ein Führer nicht unbedingt nötig, jedoch sollte man, vor allem im Kraterbereich, wegen der zahllosen Fumarolen die ausgetretenen Fußpfade nicht verlassen. Bis auf einen relativ steilen Abschnitt mit lockerem Lavagestein unmittelbar unterhalb des Kraterrands ist der gesamte Aufstieg relativ unproblematisch. Festes Schuhwerk ist allerdings unabdingbar! Alles in allem erscheint die Batur-Tour lohnend, aber weitaus weniger spektakulär als beispielsweise die Ausflüge zu den Vulkanen Bromo, Ijen oder Merapi auf Java.

In Toya Bungkah oder in Kedisan, das am Südende des Danau Batur liegt, kann man Motorboote für Ausflüge auf dem See chartern. Die *Bali Aga* (Altbalinesen) von **Trunyan,** in älteren Reiseführern als äußerst fremdenfeindlich und aggressiv geschildert, haben mittlerweile die kommerziellen Vorteile des Tourismus erkannt und ihren Ort teilweise ausländischen Besuchern geöffnet. In der relativen geographischen Isolation von Trunyan ist vom prähinduistischen Erbe mehr erhalten geblieben als anderswo auf Bali. Der zentrale Tempel Pura Puser Jagat beherbergt die größte Steinplastik der Insel, eine fast 4 m hohe Statue des Dewa Ratu Gede Pancering Jagat, den die Trunyaner als ihre höchste Gottheit verehren. Diese Riesenstatue, deren Ursprung möglicherweise in die megalithische Epoche Balis zurückgeht, wird im Innern eines siebenstufigen Meru versteckt gehalten und kommt nur einmal im Jahr, während eines großen Festes im Oktober, zum Vorschein. Die *Bali Aga* von Trunyan hängen heute noch einem uralten animistischen Glauben an, der sich vor allem in den Beisetzungssitten manifestiert. Nach altem Brauch werden die Toten weder begraben noch verbrannt, wie auf Bali allgemein üblich, sondern auf einem Friedhof aufgebahrt ihrem Schicksal überlassen. Diese Bestattungsriten wurzeln in der Vorstellung, wilde Tiere würden die Verstorbenen in die jenseitige Welt hinübertransportieren. Die wenige hundert Meter von Trunyan entfernt am Fuße einer Steilklippe gelegene Totenstätte ist nur per Boot zu erreichen. Auch dieser heilige Ort wird mittlerweile von geschäftstüchtigen Trunyanern auf recht pietätlose Weise als Touristenattraktion ›vermarktet‹. Das *Bali Aga*-Dorf ist ab Kedisan in ca. zwei Stunden auch zu Fuß zu erreichen.

Die am oberen Rand der Riesencaldera verlaufende Panoramastraße eröffnet immer wieder grandiose Blicke auf die bizarre Batur-Vulkanlandschaft. Nahe dem langgezogenen Straßendorf **Kintamani,** wo alle drei Tage ein lebhafter Markt abgehalten wird, steht der Pura Ulun Danu Batur, ein Tempel, der um einen beim katastrophalen Vulkanausbruch von 1926 (1500 Todesopfer) geretteten Schrein wiederaufgebaut wurde. Wenige Kilometer nordwestlich von Kintamani breitet sich auf dem Gunung Penulisan (1745 m) der höchstgelegene Tempelkomplex Balis, der **Pura Tegeh Koripan** aus. In einer scharfen Kurve, kurz vor dem Scheitelpunkt der Paßstraße, beginnt ein langer, steiler Treppenpfad, der zu dem oft von Nebelschwaden umwallten und von Windböen umtosten Bergheiligtum hinaufführt. Die relativ schmucklosen Pavillons der Tempelanlage, die einst als zentrales Heiligtum des Reichs von Pejeng diente, bergen zahlreiche heilige Steinskulpturen, vor allem Linga-Darstellungen, die vermutlich aus der Zeit zwischen dem 10. und 13. Jh. stammen. An klaren Tagen reicht der Blick von hier bis hinüber zum Gunung Rinjani auf Lombok.

Eine kurvenreiche, aber gut ausgebaute Straße windet sich von Penulisan steil hinab zur Nordküste.

Praktische Hinweise

Unterkunft: Penelokan: Caldera Batur Bungalow, Danau Batur Inn (außerhalb Richtung Kintamani), Lake View Homestay, Losmen Gunawan (außerhalb Richtung Kintamani). **Toya Bungkah:** Amerthas Accomodation (neue, komfortable Bungalows), Arlina's Losmen, Awangga Homestay, Balai Seni (Zentrum für Kunst und Meditation mit Gästehaus und Restaurant), Homestay Siti Inn, Mountain View Losmen, Nyoman Pangus Homestay. **Kintamani:** Homestay Kintamani, Losmen Batur Sari, Losmen Kencana, Losmen Miranda, Puri Astina Inn (etwas außerhalb gelegen).

Verkehr: Direktverbindung ab Denpasar: (Mini-)Busse ab Terminal Kereneng über Gianyar und Bangli nach Penelokan und Kintamani. Zwischen Penelokan/Kintamani und Kubutambahan/Singaraja pendeln tagsüber ständig Bemo.

Balis Nordküste

Die gesamte Nordküste wird von Balis flächenmäßig größtem Regierungsbezirk, Buleleng, eingenommen. Bereits ab dem 10. Jh. wurde der Hafen Buleleng, als ein weltoffenes Zentrum des Außenhandels, von chinesischen Dschunken angelaufen. Im Jahre 1846, also rund sechs Jahrzehnte früher als in den südlichen und östlichen Fürstentümern Balis, übernahmen hier die Holländer die Herrschaft. Der Norden Balis ist anders als der Süden und der Osten; wesentliche Unterschiede bestehen in der Tempelarchitektur (symmetrische Anlage, oftmals Fehlen der Meru, noch üppigere Ausstattung mit Schmuckornamenten u. a.), in den schönen Künsten und in der Sprache, aber auch in der Sozialstruktur, in der das Kastensystem noch weniger rigoros ausgeprägt ist als im restlichen Bali.

Singaraja, die mit rund 25 000 Einwohnern größte Stadt Nordbalis, war einst Mittelpunkt eines Fürstentums, dessen Einflußbereich bis nach Kintamani reichte. Im späten 19. Jh. etablierte sich hier der holländische Resident, um den Kolonialbesitz auf den Kleinen Sunda-Inseln zu verwalten. Bis 1953 diente Singaraja als Hauptstadt der alten Provinz Nusa Tenggara, die einst von Bali bis nach Timor reichte. Heute laufen in dem Verwaltungszentrum Bulelengs, das eine bedeutende chinesische Kolonie besitzt, sämtliche Fäden der nordbalinesischen Ökonomie zusammen. Singaraja bietet dem Besucher in kunstgeschichtlicher Hinsicht nicht allzu viel. Lohnenswert allein ist ein Besuch in der historischen Bibliothek Gedung Kirtya mit einer hochinteressanten Sammlung von ca. 3000 Lontar-Manuskripten und zahlreichen in altbalinesischer Sprache beschriebenen Metallplatten *(Prasasti)* aus dem 14. Jh., auf denen königliche Erlasse festgehalten sind.

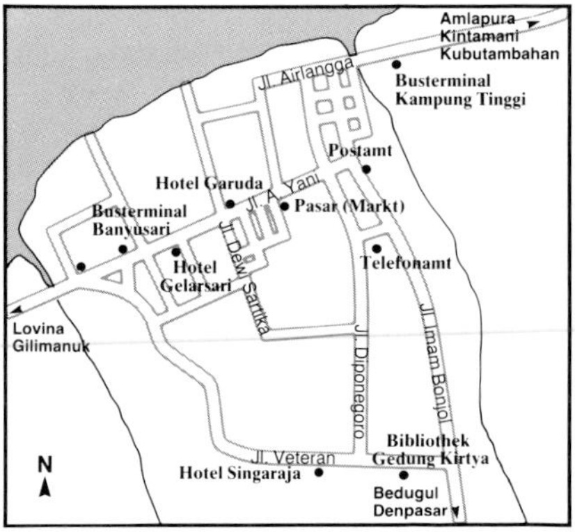

Singaraja

In **Sangsit,** ca. 8 km nordöstlich von Singaraja, befindet sich einer der sehenswertesten Tempel, der gleichzeitig repräsentativ ist für die nordbalinesische

Tempelarchitektur – der Pura Beji. Hervorstechendstes Merkmal dieses *Subak*-Heiligtums ist das Fehlen des Meru. Als dominierendes Gebäude erhebt sich auf der zentralen Steinterrasse ein der Reisgöttin Dewi Sri geweihter Pavillon. Die Haupt- und die drei Nebentreppen, die auf die Plattform hinaufführen, dürfen nicht betreten werden. Pura Beji ist ein Paradebeispiel für die überschwengliche, ›barocke‹ Bauplastik der nordbalinesischen Tempel. Die gesamte Anlage wird überzogen von einem wildwuchernden Mantel aus Skulpturen von Dämonen, Fabelwesen und tropischen Pflanzen. Einige hundert Meter östlich dieses Heiligtums liegt der Pura Dalem Sangsit. Neben den furchteinflößenden Rangda-Statuen mit ihren Hängebusen, Feuerzungen und Hauerzähnen fallen hier besonders die erotischen Reliefs an der Außenmauer des Kori Agung auf. Wie an verschiedenen anderen balinesischen Tempeln werden auch hier Liebespaare in Kopulation als Abbild des Urzeugungs- und Schöpfungsaktes dargestellt.

Sawan, ca. 8 km südöstlich von Sangsit, besitzt neben einer Gonggießerei verschiedene Tempel mit phantasievollem Relief- und Plastikschmuck. Ganz besondere Beachtung verdient der zwischen Sangsit und Sawan gelegene Unterweltstempel Pura Dalem Jagaraga. Dieses Heiligtum fällt wegen seiner ausufernden statuarischen Schmuckelemente und vor allem auch wegen seiner ungewöhnlichen Reliefs an der Innen- und Außenseite der Umfassungsmauer auf. Dargestellt werden u. a. ins Meer stürzende ›Flugzeuge‹ mit Menschenköpfen und Fischschwänzen, ein von Seeungeheuern attackiertes Fischerboot und ein Ford T, dessen Insassen von Banditen bedroht werden.

Da der Norden Balis regenärmer und daher unfruchtbarer ist als der Süden, kommt dem **Pura Maduwe Karang** in Kubutambahan eine ganz besondere Bedeutung zu. Dieses Heiligtum ist dem ›Herrn der Felder‹, dem männlichen Pendant zur Reisgöttin Dewi Sri, geweiht, den man mit Opfergaben bittet, die Fruchtbarkeit der umliegenden Kaffee- und Maispflanzungen zu gewährleisten. Auch hier befinden sich verschiedene interessante Tempelreliefs, vor allem die Darstellung eines Radfahrers, dessen Gefährt Räder aus Blumen hat.

Wenn man über ein eigenes Fahrzeug verfügt, lohnt sich von Kubutambahan aus ein Abstecher in östliche Richtung. Folgt man der Küstenstraße, so erreicht man nach ca. 6 km **Air Sanih,** wo sich nahe einem von Quellen gespeisten natürlichen Pool zwei kleine Hotels befinden (Puri Sanih Bungalow und Losmen Es Es). Den Charakter der Küstenlandschaft prägen im weiteren Streckenverlauf graue Sandstrände und schwarze Klippen; die einzigen Farbtupfer bilden bunte Fischerboote. Ca. 9 km östlich von Air Sanih liegt direkt an der Hauptstraße das kleine, von dem Hindu-Heiligen Pedanda Sakti Bahu Rauh gegründete Meeresheiligtum **Pura Ponjok Batu.** Bei Pacung zweigt eine steil ansteigende Stichstraße von 3 km Länge südwärts nach **Sembiran** ab. Die Einwohner dieses malerischen Bergorts, der über beinahe zwei Dutzend Tempel mit megalithischen Skulpturen verfügt, bezeichnen sich selbst als *Bali Aga.* Weiter entlang der Küstenstraße gelangt man über Julah nach Tejakula. Unweit der Ortsmitte dieses verschlafenen Städtchens befindet sich das prächtige **Mandi Kuta,** das ehemalige ›Pferdebad‹ der Buleleng-Fürsten, das mittlerweile zu einer öffentlichen Badeanstalt umgestaltet wurde. Von Tejakula aus führt die Küstenstraße um die Nordflanken der Vulkane Batur und Agung herum bis nach Amlapura (vgl. S. 349).

Lovina Beach ist ein Küstenstreifen 5 bis 10 km westlich von Singaraja, zwischen den Dörfern Pemaron, Anturan, Kalibukbuk und Lovina. Dieses Erholungsgebiet mit seinem kilometerlangen grauen Sandstrand und den sanft heranrollenden Wellen (nicht geeignet für Surfer!) erfreut sich vor allem bei Reisenden großer Beliebtheit, denen Kuta und die anderen südbalinesischen Ferienzentren zu hektisch und zu überlaufen sind. Neben Schnorcheln und Tauchen beim vorgelagerten Korallenriff bieten verschiedene Ausflüge Abwechslung zum Strandleben: z. B. zum Sing Sing-Wasserfall (ca. 4 km südwestlich; Bemo bis Labuhan Aji, ab dort ca. 1 km zu Fuß), zum buddhistischen Kloster Brahma Vihara-Arama (ca. 15 km südwestlich; Bemo bis Banjar Tegeha, ab dort ca. 2 km zu Fuß; sehr schöne Aussicht!), zu den heißen Quellen Air Panas Komala Tirta (ca. 1 km westlich von Banjar; schöne Quellenanlage mit gutem Restaurant; Badesachen nicht vergessen!) oder zum Nationaltempel Pura Agung Pulaki (ca. 45 km westlich von Lovina).

Praktische Hinweise

Unterkunft: Singaraja: Hotel Garuda, Jl. A. Yani 76; Hotel Gelarsari, Jl. A. Yani 87; Hotel Saka Bindu, Jl. A. Yani 104; Hotel Singaraja, Jl. Veteran 1 (ehemalige Residenz des holländischen Gouverneurs). **Lovina Beach:** Ayodya Accomodation, Kalibukbuk; Banyualit Beach Inn, Kalibukbuk; Baruna Beach Cottages, Pemaron (schönes Strandhotel); Lila Cita Cottages, Anturan (am Strand gelegen); Manggala Homestay, Lovina; Parma Homestay, Lovina; Permata Cottages, Lovina (in Strandnähe gelegen, Zimmer und Bungalows verschiedener Preislagen); Simon's Seaside Cottages, Anturan (schöne Bungalows in Strandnähe).

Verkehr: In Singaraja gibt es zwei Bus- und Bemoterminals – Terminal Banyusari (an der Ausfallstraße nach Westen): Bemo nach Anturan, Kalibukbuk, Lovina u. a. sowie Busse nach Gilimanuk und Denpasar (über Bedugul); Terminal Kampung Tinggi (nahe Hafen Buleleng): Bemo und Busse nach Sangsit, Sawan, Kubutambahan, Kintamani, Bangli, Klungkung, Amlapura und Denpasar (über Kintamani). Zwischen den beiden Terminals pendeln Bemo. Ab Singaraja verkehren Direktbusse nach Surabaya; die Büros verschiedener Buslinien befinden sich nahe der Kreuzung Jl. A. Yani/Jl. Diponegoro.

Der Bratan-See und seine Umgebung

Die kleine Insel Bali wird durch das enge Nebeneinander stark kontrastierender Landschaften geprägt. Nur wenige Kilometer südlich von Singaraja hat man die sonnige Tropenküste hinter sich gelassen und erreicht ein ebenso fruchtbares wie feuchtes Bergland. Eine gut ausgebaute Straße windet sich von Singaraja steil hinauf zum 1200 m hoch gelegenen Bratan-See, um anschließend sanft zur Südküste hin abzufallen. Ein erster Stopp lohnt sich bereits nach ca. 5 km: Nahe dem Dorf Gitgit befindet sich unweit der Hauptstraße ein sehenswerter Wasserfall (Hinweisschild beachten!).

Der malerische Bratan-See, der Teile eines riesigen, erloschenen Vulkankraters füllt, wird von den Einheimischen ›Heiliger Bergsee‹ genannt. Sein Wasser soll magische Heilkräfte besitzen und auf den mit ihm bewässerten Feldern für eine erstaunliche Fruchtbarkeit sorgen. **Bedugul** ist ein kleiner, praktisch nur aus Hotels und Restaurants bestehender Erholungsort am Südende des Danau Bratan, etwa 1 km abseits der Hauptstraße. Hier bieten sich vielfältige Möglichkeiten für Wassersport (u. a. Wasserski). An der Hauptstraße nördlich von Bedugul erstreckt sich der Marktflecken **Bukit Mungsu,** wo vor allem Obst und Gemüse verkauft werden. **Candi Kuning,** noch ein Stückchen weiter nördlich, ist bekannt für seinen knapp 130 ha großen Botanischen Garten *(Kebun Raya),* in dem ein ausgedehntes Wegenetz zu langen Spaziergängen einlädt; Öffnungszeiten: täglich 7–17 Uhr.

Teils auf einer Landzunge, teils auf zwei kleinen Inseln im Danau Bratan, unweit von Candi Kuning, liegt **Pura Ulun Danu** (Farbabb. 4), ein Seetempel, in dem Dewi Danu, die Göttin des Meeres und der Seen, verehrt wird. Der elfstufige Meru dieses Heiligtums symbolisiert nach hindu-balinesischer Vorstellung den vom Urozean umgebenen kosmischen Berg (Maha-)Meru, den Mittelpunkt des Universums. An die Übernahme buddhistischer Glaubenselemente in den Hinduismus balinesischer Prägung erinnern fünf meditierende Buddhas, die links vom gespaltenen Tor, vor einer Pagode, in Nischen sitzen.

Im Gegensatz zur kargen Vulkanlandschaft um den Gunung Batur präsentiert sich die Umgebung des Bratan-Sees in einem üppigen Grün. Sehr reizvoll ist eine kleine Wanderung entlang des Seeufers. Vom Hotelkomplex in Bedugul führt ein Dschungelpfad unterhalb der Hauptstraße zum Pura Ulun Danu. Von dort aus winden sich Fußwege durch Zwiebel- und Kohlfelder zur nordöstlichen Seeseite. Über der gesamten Ostflanke des Danau Bratan aber türmt sich eine steil abfallende, mit dichtem Urwald bewachsene Bergwand auf. Immer wieder versperren mit undurchdringlicher Vegetation überwucherte Felsvorsprünge den Uferpfad. Nach Auskunft Einheimischer soll es einen Weg geben, der sich hoch über dem See durch den Bergurwald zurück nach Bedugul schlängelt. Allerdings scheint dies alles andere als ein angenehmer Sonntagsspaziergang zu sein.

Ebenso zauberhaft wie der Danau Bratan sind die beiden Nachbarseen Buyan und Tamblingan, die ebenfalls von dichten Bergwäldern umrahmt werden. In **Wanagiri** an der Hauptstraße nach Singaraja zweigt westwärts eine hoch über dem Buyan-See verlaufende Straße in Richtung **Munduk** ab (hier sporadisch Bemoverkehr). Bci **Asah Gobleg** (ca. 10 km ab Wanagiri) biegt ein Fahrweg in südlicher Richtung ab und führt oberhalb des Tamblingan-Sees zum Dorf **Asah Munduk** (ca. 3 km). Das Seeufer selbst erreicht man entweder über verschiedene steile Pfade, die sich von der ›Hauptstraße‹ aus mehr oder weniger in der Direttissima hinabschrauben, oder man läuft bis Asah Munduk und folgt

von dort einer bequemen Stichstraße zum Südufer des Sees, wo sich die **Tempelanlage Pura Gubug Tamblingan** befindet. Ein schmaler Pfad schlängelt sich um das südöstliche Seeufer herum zu einem kleinen Fischerdorf. Nach Auskunft von Einheimischen ist es möglich, von diesem Dorf aus an der Südseite der beiden Bergseen entlang auf einem Fußpfad, der allerdings stellenweise sehr schlecht zu finden sein soll, zur Hauptstraße Bedugul-Singaraja zurückzukehren.

Zu Wanderungen in der Umgebung des Bratan-Sees sollten Sie frühzeitig aufbrechen, denn nachmittags ziehen oft Wolken auf, die nicht selten schwere Regenfälle mit sich bringen.

Praktische Hinweise

Unterkunft: Bedugul: Hotel Bedugul (Bungalowanlage oberhalb des Sees), Losmen Hadi Raharjo (an der Hauptstraße, einfach). **Candi Kuning:** Lila Graha Bungalows (sehr schön gelegen, gehobenes Preisniveau). **Pancasari:** Bali Handara Country Club (sehr schönes, aber auch sehr teures Landhotel mit Tennisanlagen und Golfplatz; Reservierung: P. O. Box 324, Denpasar, ✆ 28866).

Verkehr: Direktverbindung ab Denpasar: (Mini-)Busse ab Terminal Ubung über Mengwi nach Bedugul; ab Singaraja: Bemo ab Terminal Banyusari.

Praktische Hinweise Bali

An- und Weiterreise: Internationale Flüge: Als östliches Eingangstor Indonesiens wird Balis internationaler Flughafen Ngurah Rai auch von verschiedenen Städten außerhalb des Landes angeflogen. Direkte Flugverbindungen bestehen zwischen Denpasar und verschiedenen australischen Städten (u. a. Sidney, Melbourne, Perth und Darwin); diese Strecken werden von Garuda und der australischen Qantas bedient. Garuda fliegt außerdem von Europa (Frankfurt, Amsterdam u. a.) und Singapur mit Zwischenlandung in Jakarta nach Bali. Weiterhin bedient Garuda in Zusammenarbeit mit der amerikanischen Fluglinie Continental die Route Bali–Biak (Irian Jaya)–Honolulu–Los Angeles. **Nationale Flüge:** täglich Flüge der Garuda u. a. von und nach Jakarta, Yogyakarta, Surabaya und Ujung Pandang; der Bouraq u. a. von und nach Jakarta, Surabaya und Kupang auf Timor (entweder über Waingapu auf Sumba oder über Maumere auf Flores); der Merpati u. a. von und nach Jakarta, Surabaya, Malang sowie verschiedenen Städten der Provinz Nusa Tenggara (u. a. Mataram auf Lombok, Bima auf Sumbawa und Waingapu auf Sumba). Weitere Fluginformationen vgl. S. 544. **Adressen von Fluglinien:** Büros der Garuda, Bouraq und Merpati befinden sich in Denpasar (vgl. S. 295; Garuda hat zudem Büros im Kuta Beach Hotel (Jl. Pantai Kuta, ✆ 51179), im Bali Beach Hotel (Sanur, ✆ 8511130) und im Nusa Dua Beach Hotel (Nusa Dua, ✆ 971210). Im Bali Beach Hotel, Sanur, haben folgende internationale Fluglinien Buchungsbüros: British Airways (✆ 8511), Cathay Pacific (✆ 8576), KLM (✆ 8511), Malaysian Airlines System (✆ 8716), Quantas (✆ 8331), Singapore Airlines (✆ 8063) und Thai Airways (✆ 8063). **Flughafen:** Flughafen Ngurah Rai, ca. 13 km südlich von Denpasar (ca. 3 km südlich von Kuta). Außerhalb des Terminals befindet sich ein Schalter des Koperasi Taxi Service. Ca. 500 m vom Terminal entfernt findet man tagsüber an der Hauptstraße Bemo nach Kuta. **Flughafensteuer:** für internationale Flüge Rp. 11000, für Inlandsflüge Rp. 1500–3300.

Schiff: Reguläre Fähren verbinden Bali mit Java und Lombok. Fähren nach Java (Ketapang) ab Gilimanuk, vom frühen Morgen bis zum späten Abend etwa jede Stunde (Fahrzeit 45 Min.); Fähren nach Lombok (Labuhan Lembar) ab Padang Bai, für gewöhnlich dreimal täglich (9, 14 und 17 Uhr; Fahrzeit ca. 4 Std.). Der wichtigste Hafen Balis ist Benoa südlich von Denpasar, allerdings legt das PELNI-Schiff KM Kelimutu in Padang Bai an. Ein PELNI-Büro befindet sich in Benoa (Jl. Pelabuhan, ✆ 4387). Weitere Informationen zu Schiffsverbindungen vgl. S. 547.

Bus: täglich zahlreiche (Nacht-)Busse ab Jakarta, Terminal Pulo Gadung über Surabaya nach Denpasar (Fahrzeit ca. 16 bzw. 26 Std.); weitere Anreisemöglichkeiten per Bus u. a. von Yogyakarta und Surakarta (Fahrzeit ca. 14 bzw. 12 Std.). Wer zunächst an die Nordküste will, sollte in Gilimanuk in einen lokalen Bus umsteigen. Bustickets nach Bali werden in Jakarta und anderen javanischen Großstädten häufig von Reiseagenturen, aber auch Hotels vermittelt; das gleiche gilt umgekehrt für Busse von Bali nach Java. Für gewöhnlich ist die Fährpassage Ketapang-Gilimanuk im Preis inbegriffen. Fernverkehrsbusse nach Java fahren in Denpasar vom Terminal Ubung ab. Man sollte sein Busticket mindestens zwei bis drei Tage vor der geplanten Abreise bestellen; die Fahrkarten kauft man entweder direkt bei der jeweiligen Busgesellschaft oder bei einer der in den südbalinesischen Ferienzentren zahlreich vertretenen Reiseagenturen. Buslinien nach Java (alle in Denpasar): Arthamas, Jl. Diponegoro, ✆ 6884; Bali Express, Jl. Hasanuddin, ✆ 4151; Bali Indah, Jl. Hasanuddin, ✆ 4530; Damri, Jl. Diponegoro, ✆ 4038; Gita Bali, Terminal Suci, Jl. Hasanuddin, ✆ 2349.

Eisenbahn: Auf Bali selbst gibt es keine Bahnlinien. Vor allem wenn man längere Distanzen zu bewältigen hat, sollte man eine kombinierte An- bzw. Abreise per Bus und Bahn in Erwägung ziehen; also z. B. per Eisenbahn von Jakarta nach Surabaya, Yogya u. a. und von dort per Bus weiter nach Bali (oder direkt per Eisenbahn bis nach Banyuwangi). Es gibt auch die Möglichkeit, auf Bali ein kombiniertes Bahn-Bus-Ticket zu kaufen, d. h. von Denpasar nach Gilimanuk per Bus und dann ab Banyuwangi (Ostjava) mit dem Zug weiter (Auskunft: Eisenbahnbüro PJKA, Jl. Diponegoro 172, Denpasar). Beachten Sie, daß Bali seit dem 1. Januar 1988 zur zentralindonesischen Zeitzone gerechnet wird (d. h. eine Stunde plus gegenüber Java).

Reisen auf Bali: Öffentliche Verkehrsmittel: Mit öffentlichen Verkehrsmitteln (Busse, Minibusse und Bemo) erreicht man auf Bali fast alle bekannteren Sehenswürdigkeiten; vor allem auf Nebenstrecken allerdings ist es oft sehr schwierig, nach 16 Uhr noch ein Bemo zu finden. Hauptsächlich in den Touristenzentren kann man Bemo und Minibusse auch stunden- oder tageweise mieten. In Denpasar als insularem Verkehrsknotenpunkt gibt es vier größere Bus- und Bemoterminals (vgl. S. 295).

Taxen: Taxen, generell nicht als solche gekennzeichnet und ohne Taxameter, erhält man in der Regel über Hotel- oder Reisebüro-Vermittlung. Mit Ausnahme der Flughafentaxen gibt es keine festen Tarife, die Preise sind also immer Verhandlungssache. Taxen bzw. Mietwagen mit Chauffeur empfehlen sich für denjenigen, der unabhängig reisen möchte, aber als Selbstfahrer Schwierigkeiten mit Balis oftmals chaotischem Verkehrsaufkommen hat.

Motorräder: Bali auf einem Motorrad zu erkunden, erscheint praktisch und preisgünstig, ist aber nicht unbedingt empfehlenswert. Davon abgesehen, daß die Lärm- und Abgasbelästigung durch die stinkenden und knatternden Zweitakter bereits beängstigende Ausmaße angenommen hat, ist aufgrund der Verkehrsdichte auf Bali auch die Unfallgefahr sehr groß. Alljährlich kommen mehrere Touristen bei Motorradunfällen ums Leben, zahlreiche andere landen verletzt in Krankenhäusern (die keinen besonders guten Ruf haben!). Sollten Sie dennoch ein Motorrad mieten wollen, beachten Sie folgendes: Stellen Sie zunächst Preisvergleiche an; versuchen Sie, eventuell einen günstigeren Wochentarif auszuhandeln; prüfen Sie den technischen Zustand Ihrer Maschine; vergewissern Sie sich, ob die Versicherung bereits im Mietpreis inbegriffen ist; tragen Sie stets einen Sturzhelm und zumindest lange Jeans; vermeiden Sie Nachtfahrten; fahren Sie stets langsam und defensiv. Prinzipiell sollte man bereits über eine ausreichende Fahrpraxis verfügen, bevor man sich auf Balis Straßen wagt. Verlangt wird ein internationaler Führerschein Klasse Eins. Eine nur für Bali gültige temporäre Fahrberechtigung kann man auf der Insel erwerben; man muß hierfür eine einfache Fahrprüfung ablegen. Für gewöhnlich verlangt man die Vorlage des Reisepasses sowie drei Paßbilder. Auskunft: Traffic Police Department, Jl. Seruni, Denpasar, ✆ 22828.

Mietwagen: Ein Maximum an Unabhängigkeit (vor allem wenn man entlegene Inselgegenden bereisen möchte oder nächtliche kulturelle Veranstaltungen besuchen will) bieten Leihwagen. In allen balinesischen Touristenzentren werden die verschiedensten Modelle angeboten, beliebt sind vor allem die VW-Safari und die komfortableren Suzuki Jimny. Auch hier sollte man versuchen, günstigere Wochentarife auszuhandeln. Wollen Sie ein Auto mieten, müssen Sie einen internationalen Führerschein vorlegen (eine temporäre balinesische Fahrerlaubnis für Autos gibt es nicht mehr).

Fahrräder: Für sportliche Leute mit Zeit die optimale Möglichkeit, Bali abseits der vielbefahrenen Hauptstraßen zu erkunden. Längere Distanzen und Bergstrecken kann man bisweilen auch samt Fahrrad in halbleeren Bemo bewältigen.

Reiseagenturen: Zahlreiche Reiseagenturen bieten halb-, ganz- und mehrtägige Ausflüge und Rundfahrten an; ein gutes Renommee besitzen folgende: Bali Tours & Travel, Jl. Raya Sanur 130, Sanur, P. O. Box 312 Denpasar, ✆ 26099; Pacto, Jl. Tanjung Sari, Sanur, P. O. Box 52 Denpasar, ✆ 8247; Tunas Indonesia, Bali Beach Hotel, Sanur, ✆ 8056 (im Angebot auch Touren zu verschiedenen ostjavanischen und balinesischen Nationalparks sowie zur Insel Komodo).

Kulturelle Veranstaltungen: Man unterscheidet generell zwischen kulturellen Veranstaltungen, die eigens für Touristen arrangiert werden, und solchen Tanz- und Theateraufführungen, die fester Bestandteil einer jeden religiösen Zeremonie sind. Einen ersten Überblick über die Vielfalt der balinesischen Tanzkunst vermitteln die in den nachfolgend aufgelisteten Orten regelmäßig stattfindenden Aufführungen.

Aktuelle Veranstaltungshinweise erhalten Sie in den verschiedenen Touristenbüros, Eintrittskarten verkauft man in Reiseagenturen, Restaurants, Hotels u. a. Bei den ›Touristenveranstaltungen‹ kann man in der Regel fotografieren (meist auch mit Blitzlicht); man sollte jedoch die Bühne oder Tanzfläche nicht betreten! Bei authentischen Tempeltänzen ist große Zurückhaltung angebracht.

Barong: Batubulan (täglich 9.30–10.30 Uhr); Puri Saren, Ubud (Fr 18.30–19.30 Uhr). **Kecak:** Ayodya Pura, Tanjung Bungkak, Denpasar (täglich 18.30–19.30 Uhr); Werdhi Budaya Art Centre, Denpasar (täglich 18.30–19.30 Uhr); Padang Tegal, Ubud (So 18–19 Uhr). **Kecak und Trancetanz:** Bona, Gianyar (Mo, Mi, Fr und So 19–20.30 Uhr). **Legong:** Peliatan Stage, Ubud (Fr 18.30–19.30 Uhr); Puri Peliatan, Ubud (So 19.30–21 Uhr); Puri Saren, Ubud (Mo 19.30–21 Uhr). **Wayang Kulit:** Mars Hotel, Sanur (Di, Do und So 18–21 Uhr); Oka Kartini, Peliatan, Ubud (Sa 20–21 Uhr). **Gabor-Tanz:** Ubud Kelod, Ubud (Do 19.30–20.30 Uhr). **Raja Pala-Tanz:** Ubud Kelod, Ubud (Di 19.30–20.30 Uhr). **Mahabharata:** Banjar Teges, Ubud (Di 18.30–20 Uhr). **Ramayana:** Banjar Buni, Kuta (Mo und Do ab 20 Uhr).

Alljährlich im Juli, wenn die aus südlicher Richtung wehenden australischen Winterwinde für günstige Flugbedingungen sorgen, wird in Padang Galak (östlich von Denpasar) ein zweitägiger Drachenwettbewerb (Kite Festival) ausgetragen. Die für die Flugwettkämpfe konstruierten Drachen besitzen teilweise die gewaltigen Ausmaße von 6–8 m!

Reisezeit: Trockenzeit (mit gelegentlichen Regenfällen): Mai bis September; ›kühlster‹ und trockenster Monat ist Juli. Regenzeit: Oktober bis April; heißester und feuchtester Monat ist Dezember. Auch in der Regenzeit halten sich die Niederschläge im nördlichen Bali in Grenzen. Hauptsaison herrscht auf Bali von Juni bis August (während des Ramadan kommen zusätzlich zahlreiche Touristen von Java) sowie während der Weihnachtszeit.

Informationen und wichtige Adressen: vgl. ›Praktische Hinweise Denpasar‹, S. 294.

Nusa Tenggara

Nusa Tenggara (›Südöstliche Inseln‹) heißt die Inselkette, die sich von Bali nach Osten hin fortsetzt und im Bogen bis zu den Südmolukken reicht. Besser bekannt ist dieser Archipel unter der Bezeichnung Kleine Sunda-Inseln, zu denen während der holländischen Kolonialzeit aus administrativen Gründen auch Bali gezählt wurde, obwohl es weder geographisch noch kulturell zu dieser Inselgruppe gehört. Drei der 27 Provinzen Indonesiens bilden die Region Nusa Tenggara: Das westliche Nusa Tenggara umfaßt Lombok und Sumbawa (insgesamt 20177 km^2, Hauptstadt Mataram); hier leben rund 3,4 Mill. Menschen, von denen 96,5 % dem Islam anhängen. Zum östlichen Nusa Tenggara gehören Flores, Sumba und Westtimor sowie Komodo, Solor, Alor, Wetar, Roti und verschiedene andere kleinere Inseln (insgesamt 47876 km^2, Hauptstadt Kupang); von den 3,6 Mill. Bewohnern dieser Provinz sind 53 % Katholiken, 31 % Protestanten und 8 % Mos-

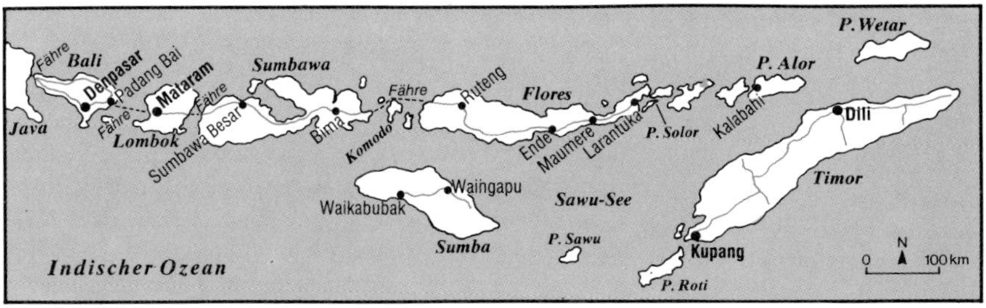

Nusa Tenggara (Übersichtskarte)

lems. Die ehemalige portugiesische Kolonie Osttimor zählt erst seit 1976 als 27. Provinz des Landes zum indonesischen Staatsverband (700000 Einwohner, 14874 km², Hauptstadt Dili).

Geographisch sind die Inseln von Nusa Tenggara ein Teil des großen Sundagebirgssystems, das sich in zwei parallel laufenden Gebirgszügen von Nordsumatra bis zu den Molukken schwingt. Während Sumba, Sawu, Roti und Timor zur äußeren, größtenteils unter Wasser liegenden und nichtvulkanischen Gebirgskette gehören, sind Lombok, Sumbawa, Komodo, Flores sowie die Inseln des Solor- und Alor-Achipels Bestandteile des inneren Faltengebirgszugs, der sich durch starke vulkanische Aktivität auszeichnet. Ähnelt Lombok landschaftlich noch Bali, so erinnern, je weiter man nach Osten reist, Landschaftsbild und Fauna eher an Australien und bekräftigen somit die Theorie, nach der die Inseln von Nusa Tenggara vor der letzten Eiszeit zum australischen Kontinent gehörten, während Bali und Java mit Asien verbunden waren. Vor allem Sumba und Timor liegen im Einflußbereich der heißen und trockenen Winde, die von Australien herwehen; hier kommt es zu ausgeprägten Trockenperioden, die oft monatelang anhalten können (vor allem August und September sind sehr trockene Monate). Den Charakter der Landschaft des südöstlichen Nusa Tenggara prägt eine karge Vegetation. An die Stelle der feuchten, immergrünen Tropenwälder (die man lediglich vereinzelt an den Luvseiten der Gebirgszüge findet) treten dornige Trockenbusch-Savannen und ausgedehnte Hochgras-Steppen. Aufgrund der wenig fruchtbaren Böden und des trockenen Klimas liefert der Ackerbau in diesen Regionen nur spärliche Erträge, dagegen bildet die Viehwirtschaft, insbesondere auf Sumba und Timor, einen wichtigen Stützpfeiler der insularen Ökonomie.

Die gravierenden Unterschiede zwischen der eurasischen Tier- und Pflanzenwelt der Großen Sunda-Inseln und Balis sowie der australasiatischen Fauna und Flora der Kleinen Sundas hat Mitte des vergangenen Jahrhunderts der englische Biologe Alfred Russel Wallace gründlich erforscht. Nach seiner Theorie stellt der tiefe Meeresgraben, der zwischen Bali und Lombok verläuft und sich nördlich davon in der Makassar-Straße zwischen Borneo und Sulawesi fortsetzt, die botanische und zoologische Grenze zwischen dem asiatischen und australischen Festlandsockel dar. An dieser nach ihm benannten Wallace-Linie treffen sich die Faunen und Floren zweier Kontinente. Die asiatische Großtierwelt (Elefanten, Nashörner, Tiger, Büffel, Wildschweine, Affen) gelangte nur bis zu dieser biologischen Grenze, wohingegen östlich davon bereits Vertreter der australischen Fauna auftauchten (u.a. verschiedene Beuteltier- und Vogelarten). Die Wallacesche Auffassung aber wurde später modifiziert und die endgültige natürliche Ausbreitungsschranke für den größten Teil der asiatischen Fauna und Flora zwischen den Kleinen Sunda-Inseln und den Molukken auf der einen sowie Australien und Neuguinea auf der anderen Seite gezogen. Heute bezeichnet man das Gebiet der Kleinen Sunda-Inseln als eine Übergangszone (die sogenannte ›Wallacea‹), wo eine australisch-asiatische Mischfauna und -flora existiert.

Auf den Inseln von Nusa Tenggara, wo die Bevölkerungsdichte von West nach Ost deutlich abnimmt, findet sich eine Vielzahl sprachlich und kulturell eigenständiger Völkergruppen. Die westlichen Inseln, Lombok und Sumbawa, zählen mit ihrer überwiegend moslemischen Bevölkerung jungmalaiischer Abkunft noch zum Bereich der javanischen Hochkultur. Im Ostteil des Archipels, etwa von Zentralflores ab, leben dunkelhäutige und kraushaarige Melanesiden, die jedoch meist von Zuwanderern (vorwiegend Bugis und Makassaren) aus den Küstensäumen in abgelegene oder gebirgige Rückzugsgebiete abgedrängt wurden. Weitere wichtige Bevölkerungsgruppen stellen, vor allem im westlichen Nusa Tenggara, die Nachkommen arabischer Immigranten sowie chinesischstämmige Indonesier. Viele der ethnologisch und kulturhistorisch hochinteressanten Völkergruppen auf einigen der Kleinen Sunda-Inseln, insbesondere auf Sumbawa und (Ost-)Timor, sind völkerkundlich noch recht wenig erforscht. Vor allem auf Sumba und Timor spielen in der Religion Geisterglaube und Ahnenkult eine bedeutende Rolle. Auch auf anderen Inseln von Nusa Tenggara hängen melaneside oder protomalaiische Altvölker noch uralten animistischen Glaubensformen an, die von der Tünche der christlichen oder islamischen Hochreligion oft nur dürftig überdeckt werden.

Zwar waren die Kleinen Sunda-Inseln östlich von Bali bereits seit dem 11. oder 12. Jh. in das sich über den indonesischen Archipel ausbreitende Handelsnetz eingewoben (eines des Haupthandelsgüter war Sandelholz), aber dennoch lagen sie bis zum 15. Jh. stets mehr oder weniger an der Peripherie bedeutender historischer Entwicklungen. So haben die hindu-javanischen Einflüsse zwar relativ frühzeitig Bali erreicht, nicht aber die Inseln östlich davon. Im 14. und 15. Jh. umfaßte die Machtsphäre des javanischen Majapahit-Imperiums auch den Nusa Tenggara-Archipel, allerdings bestand nur eine relativ lockere Vasallenbeziehung, die lokale Potentaten zu Tributzahlungen verpflichtete, aber keine direkte politische oder militärische Kontrolle. Zu Beginn des 16. Jhs. breitete sich auf einigen der südöstlichen Inseln der Islam aus. Die Holländer zeigten jahrhundertelang an der Nusa Tenggara-Kette nur wenig Interesse, dagegen hatten die Portugiesen, angelockt vom lukrativen Sandelholzhandel, schon im 16. Jh. auf Flores und Timor Fuß gefaßt. Erst nach der Jahrhundertwende brachten die Holländer ganz Nusa Tenggara unter ihre Oberherrschaft, mit Ausnahme der portugiesischen Kolonie Osttimor. Dieser einstige Zankapfel der ehemaligen Kolonialmächte geriet Mitte der 70er Jahre in die Schlagzeilen der Weltpresse, nachdem indonesische Truppen die soeben in ihre Unabhängigkeit entlassene überseeische Provinz Portugals gewaltsam annektierten (vgl. S. 388).

Ökonomisch gehört heute vor allem das östliche Nusa Tenggara zu den Stiefkindern der indonesischen Entwicklung – was in Europa das Nord-Süd-Gefälle, das ist auf den Kleinen Sunda-Inseln der West-Ost-Verlauf. Eine nennenswerte Industrie existiert nicht einmal in Ansätzen und auch an Bodenschätzen ist die Region sehr arm. Die meisten der Bewohner verdienen ihren Lebensunterhalt als Fischer, Ackerbauern und Viehzüchter. Hinsichtlich der Infrastruktur gehören die Inseln östlich von Sumbawa zu den rückständigsten Gebieten Indonesiens.

Praktische Hinweise Nusa Tenggara

An- und Weiterreise: Obwohl mittlerweile eine direkte Flugverbindung der Merpati zwischen Kupang (Westtimor) und dem australischen Darwin besteht, reisen doch die meisten Touristen von Java über Bali nach Nusa Tenggara. Zwei weitere interessante Anreisemöglichkeiten bieten sich von Ujung Pandang (Südsulawesi) aus: Merpati fliegt von dort aus nach Maumere (Flores) und das PELNI-Schiff KM Kelimutu verkehrt von dort aus nach Bima (Sumbawa) sowie weiter nach Waingapu (Sumba), Ende (Flores) und Kupang (Westtimor). Verkehrsverbindungen zwischen dem östlichen Nusa Tenggara und den Molukken oder Irian Jaya bestehen bislang noch nicht; um in diese östlichsten Regionen Indonesiens zu gelangen, muß man zunächst nach Ujung Pandang oder Denpasar zurück.

Reisen in Nusa Tenggara: Während Lombok bereits seit einiger Zeit eine beliebte Alternative darstellt für Reisende, denen Bali zu überlaufen ist, wird die weite Region des zentralen und östlichen Nusa Tenggara bislang kaum vom Fremdenverkehr berührt. Gestaltet sich das Reisen auf Lombok und Sumbawa noch recht angenehm, so muß man östlich dieser beiden Inseln, trotz neuer Straßen sowie verbesserter Flug- und Schiffsverbindungen, mitunter allerlei Unannehmlichkeiten in Kauf nehmen. Außerhalb der indonesischen Ferienzeit funktioniert das engmaschige Flugnetz der Merpati in Nusa Tenggara (vgl. Übersichtsplan) meist recht zuverlässig. Andere Routen werden von der Bouraq bedient (z. B. Denpasar – Maumere, Denpasar – Waingapu, Maumere – Kupang, Waingapu – Kupang). Eine bequeme Transportmöglichkeit bietet auch das PELNI-Schiff KM Kelimutu, das auf folgender Strecke verkehrt: Surabaya (Ostjava) – Padang Bai (Bali) – Labuhan Lembar (Lombok) – Ujung Pandang (Südsulawesi) – Bima (Sumbawa) – Waingapu (Sumba) – Ende (Flores) – Kupang (Westtimor).

Reguläre Fähren verkehren täglich zwischen Lombok und Sumbawa, dreimal wöchentlich zwischen Sumbawa und Flores, einmal wöchentlich zwischen Flores und Timor sowie zweimal monatlich zwischen Timor und Sumba. Viel Zeit mitbringen muß, wer mit kleineren Schiffen von Insel zu Insel ›hüpfen‹ will (z. B. im Solor- und Alor-Archipel östlich von Flores).

Unter Zeitdruck darf man auch nicht stehen, wenn man auf den Inseln östlich von Sumbawa per Überlandbus reisen möchte. Auf Lombok, Sumbawa und Timor (hier wohl aus militärischen Gründen) sind die Straßen relativ gut; am schlechtesten sind sie auf (West-)Flores.

Die Regenzeit führt teilweise zu starken Beeinträchtigungen des Flug-, Schiffs- und Busverkehrs in Nusa Tenggara; man sollte seine Reise also während der Trockenzeit zwischen Juli und Oktober durchführen. Spezielle Genehmigungen *(Surat Jalan)* werden derzeit (1991) für Nusa Tenggara nicht verlangt. Seit Anfang 1989 ist auch die Provinz Osttimor, die 15 Jahre lang für Reisende absolut tabu war, wieder geöffnet, d. h. es ist keine Sondergenehmigung mehr erforderlich. Hotels und Pensionen (oftmals erstaunlich komfortabel) konzentrieren sich vorwiegend in den größeren Städten. Da es mitunter, vor allem im östlichen Nusa Tenggara, Probleme mit dem Geldwechseln geben kann, sollten Sie sich am besten von Bali oder Lombok einen ausreichenden Vorrat an Rupiah mitbringen.

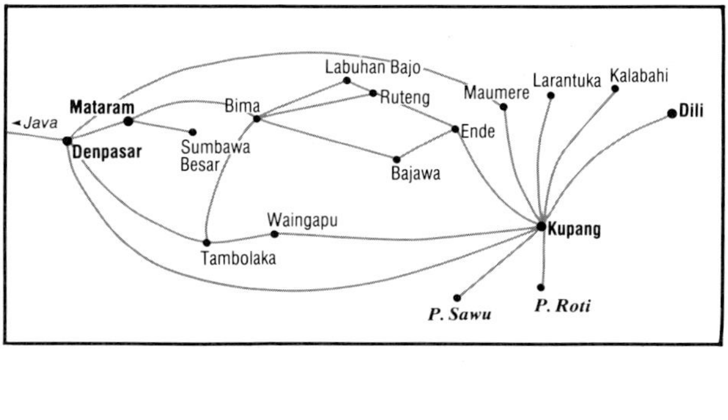

Merpati- und Bouraq-Flüge in Nusa Tenggara

Lombok

Lombok (der Name bedeutet ›Chili-Pfeffer‹) wird von Bali durch eine 35 km breite und sehr tiefe Meerenge getrennt. Mit rund 4600 km² und 2,3 Mill. Einwohnern ist Lombok kleiner als die berühmte Nachbarinsel. Wie auf Bali durchzieht eine vulkanische Gebirgskette die nur sehr dünn besiedelte Nordhälfte der Insel. Eine dominierende Rolle im Bild der Landschaft wie auch im religiösen Leben der Insulaner (die ihn ähnlich wie die Balinesen ihren Gunung Agung als heiligen Berg betrachten) spielt der das Gebirgsmassiv mit 3726 m überragende aktive Vulkan Rinjani (Ausbrüche in den Jahren 1900 und 1944), einer der höchsten Berge Indonesiens. Eine wesentlich niedrigere, nichtvulkanische Bergkette nimmt den unfruchtbaren Südteil Lomboks ein. Dazwischen breitet sich eine weite Alluvialebene aus, in der die Mehrheit der Bevölkerung lebt. Diese Region bildet bei ganzjährigen Bewässerungsmöglichkeiten das Kerngebiet Lomboks; kultiviert werden Reis und an den nördlichen Gebirgsausläufern Kaffee.

Lombok, im 14. und 15. Jh. Bestandteil des hindu-javanischen Majapahit-Reiches, bildete nach dessen Niedergang ab dem frühen 16. Jh. ein häufiges Streitobjekt zwischen den Fürsten von Makassar (Südsulawesi), die sich auf Sumbawa wichtige Stützpunkte errichtet hatten, und den Herrschern des ostbalinesischen Karangasem-Reiches. Im 18. Jh. wurde Lombok von zwei Seiten angegriffen und erobert: 1740 brachte die Karangasem-Dynastie den Westteil der Insel unter ihre Kontrolle, während etwa zur gleichen Zeit die Ostregion unter den Einfluß des moslemischen Makassar geriet. Ab Mitte des 18. Jhs. waren Geschichte und Kultur Westlomboks eng mit Bali verbunden; unter balinesischem Einfluß erlangten hier die Architektur und andere Kunstgattungen eine später niemals wieder erreichte Hochblüte. Die berühmtesten Baudenkmäler des westlichen Lombok (z. B. der Wasserpalast Taman Mayura in Cakranegara) gehen auf diese glanzvolle Epoche zurück. 1849 vereinte der Raja von Karangasem ganz Lombok unter seiner Oberherrschaft. Doch bereits 1894 eroberten die Holländer in einem blutigen Feldzug die Insel und gliederten sie in ihr Kolonialreich ein; unterstützt wurden sie dabei von der einheimischen moslemischen Sasak-Aristokratie, die sich von der balinesischen Hegemonie befreien wollte.

Heute stellen die Sasak den Hauptanteil der Bevölkerung Lomboks, während Balinesen mit etwa 10% der Inselbewohner eine vorwiegend in der westlichen Region lebende Minderheit bilden. Bereits seit dem 16. Jh. wurden die Sasak zum Islam bekehrt, ohne jedoch alle animistischen Glaubensvorstellungen aufgegeben zu haben. Dies trifft vor allem für die Anhänger der sogenannten Wetu Telu-Religion zu, zu der sich etwa 30% aller Sasak bekennen. Diese Glaubensrichtung stellt einen einzigartigen religiösen Synkretismus dar – die Verschmelzung von Animismus, Ahnenkult, Hinduismus balinesischer Prägung und Islam. Während die moslemischen Sasak vorwiegend im Tiefland und an den Küstensäumen siedeln, leben die Wetu Telu-Anhänger in den Bergdörfern des nördlichen Lombok. Die Sasak standen in ihrer Geschichte jahrhundertelang unter Fremdherrschaft; das mag der Grund dafür sein, weshalb hier Kunst und Kultur niemals ein Niveau erreichten, das dem Balis vergleichbar wäre. Als geschickte Kunsthandwerker stellen die Sasak vor allem Webarbeiten sowie Gegenstände aus Gold, Silber und Eisen her. Auch auf Lombok gibt es Tanzspiele; sie haben jedoch einen wesentlich volkstümlicheren Charakter als die sublimen Ritualtänze Balis. Sehr großer Beliebtheit erfreuen sich die bei bestimmten Feierlichkeiten aufgeführten

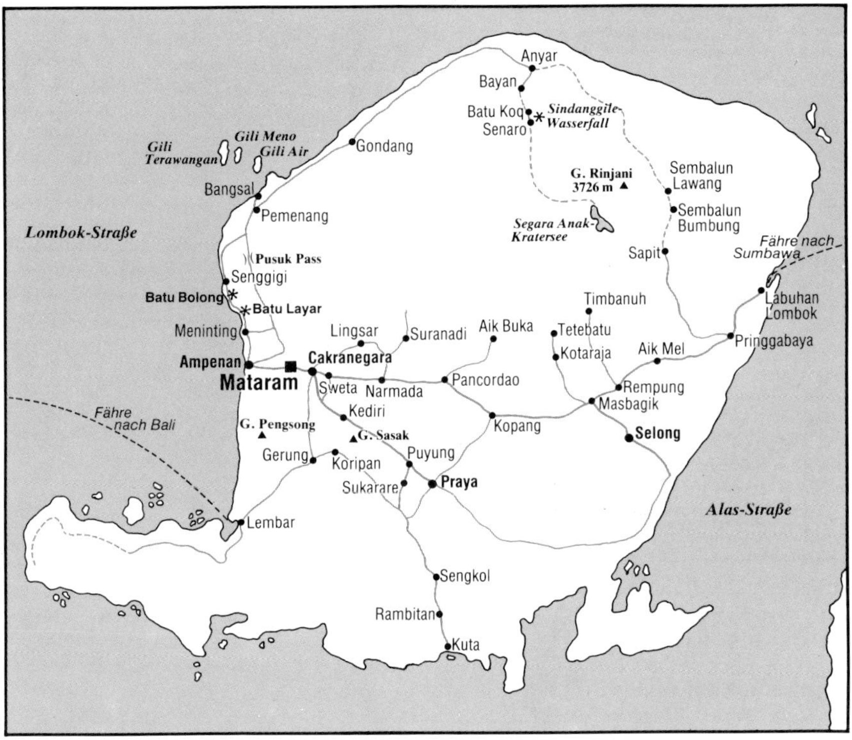

Lombok

Kampfspiele Peresean und Karaci. Früher waren diese Bestandteil des Trainings junger Sasak-Krieger, heute dienen sie mehr der Volksbelustigung. Zwei Kontrahenten mit nacktem Oberkörper tragen als passive Bewaffnung einen Lederschild, als aktive lange Bambusrohre; mit denen schlagen sie aufeinander ein, oftmals bis Blut fließt.

Ampenan, Mataram und Cakranegara

Mittlerweile sind die drei größten Orte Lomboks – Ampenan, Mataram und Cakranegara – zu einer einzigen Großstadt zusammengewachsen, die sich über rund 6 km entlang einer von der Westküste landeinwärts führenden Straße erstreckt. Die Hafenstadt Ampenan, einst ein wichtiger Stützpunkt für den Gewürzhandel der Holländer, hat viel von ihrer einstigen Bedeutung eingebüßt. Die Lagerhäuser verfallen, und der versandete Hafen kann nur noch von kleinen Fischerbooten benutzt werden. Ampenan, wo zahlreiche Nachkommen von vor Jahrhunderten eingewanderten Arabern leben, hat dem Besucher wenig Attraktionen zu bieten. Sehenswerter als der kleine chinesische **Po Hwa Kiong-Tempel** in der Jl. Pabean ist der etwas weiter nördlich gelegene balinesische **Tempel Pura Segara.** Der ausgedehnte chinesische Friedhof in der Nachbarschaft des *Pura* spiegelt mit seinen prächtigen Grabmalen den Wohlstand der chinesischen Bevölkerungsminorität wider.

Als Hauptort Lomboks und moderne Verwaltungszentrale der Provinz West-

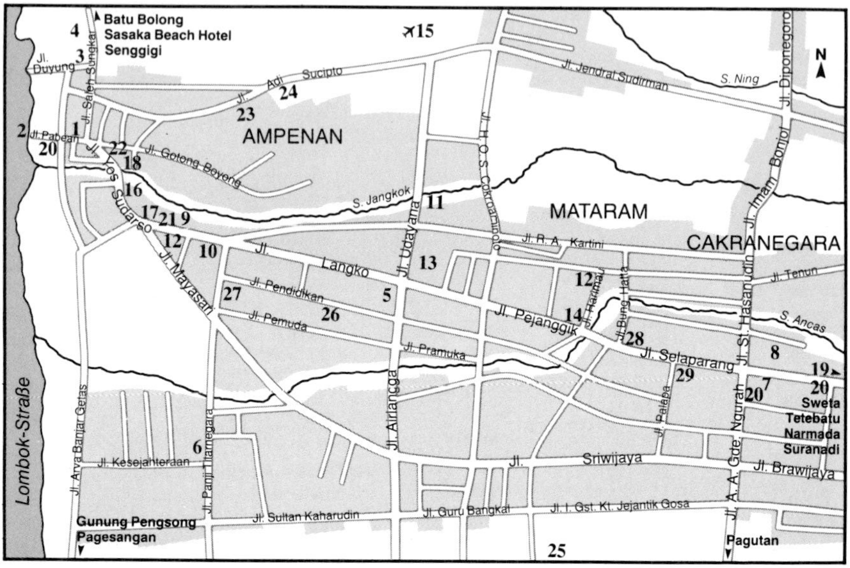

Ampenan, Mataram und Cakranegara: Sehenswürdigkeiten
1 Po Hwa Kiong-Tempel 2 Alter Hafen 3 Pura Segara 4 Chinesischer Friedhof 5 Mesjid Raya 6 Museum Negeri Nusa Tenggara Barat 7 Pura Meru 8 Taman Mayura

Öffentliche Einrichtungen
9 West Nusa Tenggara Regional Tourist Office 10 Polizei 11 Ausländerbehörde 12 Postamt 13 Bank Indonesia 14 Krankenhaus 15 Flughafen Selaparang 16 Merpati 17 Garuda 18 Bemoterminal 19 Bus- und Bemoterminal Sweta 20 Pasar (Markt)

Hotels und Losmen
21 Wisma Melati 22 Hotel Zahrir 23 Losmen Horas 24 Wisma Triguna 25 Granada Hotel 26 Losmen Kamboja 27 Wisma Nusantara 28 Hotel Mataram 29 Hotel Ratih

Nusa Tenggara *(Nusa Tenggara Barat)* wird das Erscheinungsbild der Nachbarstadt Mataram geprägt von Verwaltungsgebäuden und Banken, die sich entlang der breiten Hauptstraßen reihen. Sehr lohnenswert ist ein Besuch im neueröffneten heimat- und völkerkundlichen **Museum Negeri Nusa Tenggara Barat** in der Jl. Panji Tilarnegara; Öffnungszeiten: Di–Do 8–13.30 Uhr, Sa und So 8–12 Uhr, Fr 8–10.30 Uhr, Mo geschlossen.

Für Besucher am interessantesten in diesem weitläufigen Städtekonglomerat ist das östlich an Mataram anschließende Cakranegara. Die einstige königliche Hauptstadt der balinesischen Eroberer präsentiert sich heute, deutlich chinesisch geprägt, mit seinem großen und lebhaften Markt als die unbestrittene Handelsmetropole Lomboks. An der west-östlichen Hauptverkehrsader steht der **Pura Meru.** Dieses 1720 erbaute, größte hindu-balinesische Heiligtum auf Lombok folgt mit seiner dreigliedrigen Anlage dem Vorbild der Tempelkomplexe auf der Mutterinsel. Im innersten Bezirk erheben sich als Symbol der hinduistischen Trinität Brahma-Vishnu-Shiva drei Meru. Jede der auf Lombok lebenden hindu-balinesischen Glaubensgemeinschaften unterhält in der großen Tempelanlage einen Schrein. Gegenüber dem Pura Meru breitet sich der im Jahre 1744 angelegte königliche **Lustgarten Taman Mayura** (auch Puri Mayura genannt) aus. In seinem Zentrum erhebt sich ein von einem Lotosteich umgebener Pavillon, der Bale Kembang. Dieses Gebäude diente früher als Versammlungsstätte und Gerichtshalle. Die gegenüberliegende ehemalige Fürstenresidenz, ein bemerkenswert schlichtes Bauwerk, beherbergt heute ein kleines Museum.

Praktische Hinweise

Unterkunft: Ampenan: **Wisma Melati, Jl. Langko 80, ✆ 23780; *Sasaka Beach Cottages, Jl. Meninting, P. O. Box 48 Ampenan, ✆ 22711 (Bungalowhotel ca. 5 km nördlich von Ampenan); Hotel Zahrir, Jl. Koperasi 12, ✆ 22403; Losmen Horas, Jl. Koperasi 62, ✆ 21695; Losmen Pabean, Jl. Pabean 146, ✆ 21758; Wisma Triguna, Jl. Koperasi, ✆ 21705 (hier kann man Zelt, Schlafsack u. a. für Rinjani-Touren mieten). **Mataram:** **Granada Hotel, Jl. Bung Karno, ✆ 22275 (komfortables Hotel mit Swimming-pool); Losmen Kamboja, Jl. Supratman 10, ✆ 22211; Wisma Nusantara, Jl. Suprapto 28, ✆ 23492; Wisma Paradiso, Jl. Angsoka 3, ✆ 22675. **Cakranegara:** *Hotel Mataram, Jl. Pejanggik 105, ✆ 23411; Hotel Ratih, Jl. Pejanggik 127, ✆ 21096 (komfortabel); Losmen Merpati, Jl. Hasanuddin 17, ✆ 22212.

Verkehr: Anreise: vgl. ›Praktische Hinweise Lombok: An- und Weiterreise‹, S. 370.

Stadt- und Vorortverkehr: Die drei Städte verfügen über ein gut funktionierendes Nahverkehrssystem: Bemo verkehren auf einer festen Route zwischen Ampenan (Terminal in Jl. Yos Sudarso) über Mataram-Cakranegara und dem östlich von Cakranegara gelegenen Busterminal Sweta. Taxen gibt es nur über Hotelvermittlung oder am Flughafen; dagegen kann man an den Bemoterminals auch reguläre Bemo für Sonderfahrten chartern.

Fernverkehr: Flughafen Selaparang, ca. 2 km nördlich von Ampenan bzw. 5 km nördlich von Mataram. Fluglinien: Garuda (Nitour-Reiseagentur), Jl. Yos Sudarso 6, Mataram, ✆ 23762; Bouraq, Jl. Langko, Ampenan, ✆ 22670; Merpati, Jl. Langko, Ampenan, ✆ 21757 und Jl. Pejanggik 40–42 (Hotel Selaparang), Cakranegara, ✆ 23235 (Fluginformationen vgl. ›Praktische Hinweise Lombok: An- und Weiterreise‹, S. 370 sowie ›Reisen in Indonesien: ... mit dem Flugzeug‹, S. 544). PELNI, Jl. Kapitan 1, Ampenan, ✆ 21604.

Der Überlandverkehr auf Lombok wird über das Busterminal Sweta (ca. 1 km östlich von Cakranegara) abgewickelt; von hier (Mini-)Busse in alle Hauptrichtungen. Informationen zur Weiterreise ab Lombok vgl. ›Praktische Hinweise Lombok: An- und Weiterreise‹, S. 370.

Restaurants: Ampenan: Rumah Makan Cirebon, Jl. Pabean 113 (chinesisch); Rumah Makan Pabean, Jl. Pabean 111 (chinesisch). **Mataram:** Garden House, Jl. Pejanggik (chinesisch und indonesisch; gute Eiscreme); Ken Dedes, Jl. Rumah Sakit Islam (chinesisch und indonesisch), Paradiso, Jl. Angsoka 3 (Sasak-Gerichte). **Cakranegara:** Asia, Jl. Selaparang (chinesisch); Harum, Jl. Selaparang (chinesisch); Minang, Jl. Selaparang (Padang).

Einkauf: In Ampenan gibt es einige Antiquitäten- und Kunstgewerbeläden, in denen sich das Stöbern lohnen könnte, z. B.: Musdah, Jl. Dayan Peken/Gg. Sape 16 (nahe Hotel Zahrir); Sudirman, Jl. Yos Sudarso 88; Zohdi, Jl. Koperasi 52.

Information und wichtige Adressen: Touristeninformation: West Nusa Tenggara Regional Tourist Office, Jl. Langko 70, Mataram, ✆ 21866 und 21730. **Ausländerbehörde:** Kantor Imigrasi, Jl. Udayana 2, ✆ 22520. **Post:** Jl. Langko, Ampenan und Jl. Ismail Marzuki, Mataram (hier Poste Restante-Service). **Banken:** Bank Negara Indonesia 1946, Jl. Langko, Mataram; Bank Umum Nasional, Jl. Selaparang, Cakranegara. **Gesundheit:** Rumah Sakit Umum, Jl. Pejanggik, Mataram. Weitere Informationen vgl. ›Praktische Hinweise Lombok‹, S. 370.

Weitere Reiseziele auf Lombok

... im Norden von Mataram:
Die bedeutendsten Sehenswürdigkeiten Lomboks sind im Westteil der Insel konzentriert, und zwar im Umkreis von rund 20 km um Mataram. Auch die schönsten Strände Lomboks erreicht man von Mataram aus in weniger als einer Stunde. Für die Erkundung Lomboks (mit Ausnahme der Rinjani-Besteigung) genügen, vor allem wenn man über ein eigenes Fahrzeug verfügt, etwa drei Tage. Ein angenehmerer Standort für Ausflüge auf Lombok als Mataram u. a. ist der Badeort Senggigi nördlich von Ampenan.

Von Ampenan führt eine Küstenstraße in nördliche Richtung. Vorbei am Sasaka Beach Hotel in Meninting (ca. 5 km nördlich) erreicht man **Batu Layar,** das auf einem Hügel gelegene Grabmal eines Ulama, das als das wichtigste Heiligtum der Wetu Telu-Anhänger gilt. Noch etwas weiter nördlich steht auf einer Felsenklippe **Batu Bolong,** einer der ältesten balinesischen Tempel auf Lombok. Eine Strandwanderung von etwa 2 km bringt uns von hier zum (noch) beschaulichen Fischerdorf **Senggigi,** das sich entlang einer wunderschönen halbmondförmigen Bucht erstreckt. Hier hat sich in den letzten Jahren eines der wichtigsten Ferienzentren Lomboks mit Unterkünften sämtlicher Preislagen entwickelt.

Von Senggigi aus folgt die Landstraße dem Küstenverlauf bis nach **Bangsal** (kaum Bemoverkehr); von dort aus verkehren Boote zu den drei kleinen, der Westküste vorgelagerten **Inseln Gili Air, Gili Meno** und **Gili Terawangan.** Diese drei Tropeneilande, auf denen mittlerweile zahlreiche Touristenunterkünfte entstanden sind, bieten dem Erholungssuchenden weiße Sandstrände sowie Korallengärten mit einer einzigartigen submarinen Fauna. Landschaftlich überaus reizvoll ist die Anreise nach Bangsal von Mataram aus über Pemenang. Diese Route führt über den dicht mit Bergurwald bewachsenen Pusuk Pass; vom Bus aus kann man Horden von Affen, die am Straßenrand sitzen, beobachten.

Praktische Hinweise

Verkehrsverbindungen: Auf der Küstenstraße von Ampenan nach Senggigi verkehren nur sporadisch reguläre Bemo; Charter von Bemo im Terminal von Ampenan (Jl. Yos Sudarso) möglich. (Mini-)Busse nach Pemenang findet man im Busbahnhof Sweta bei Cakranegara. Zwischen Pemenang und Bangsal (ca. 1,5 km) pendeln Cidomo (Pferdekutschen). Für die Passagierboote von Bangsal zu den vorgelagerten Inseln gelten feste Tarife.

Unterkunft: Senggigi: ***Lombok Intan Laguna; ***Senggigi Beach Hotel (Reservierung: Aerowisata Hotels, P. O. Box 279, Denpasar, Bali, ✆ 8011 oder P. O. Box 2, Mataram, Lombok, ✆ 23430); Mascot Cotta-

Fischerboote am Strand von Senggigi

ges (schöne Strandbungalows); Pondok Senggigi (etwas abseits vom Strand, aber hübsche Bungalows; gutes Restaurant; Senggigi Holiday Inn (mittlere Preislage). **Gili Air:** Han's Bungalow (am Strand gelegen), Losmen Gili Indah (am Strand gelegen), Losmen Paradiso, Losmen Nusa Tiga, Sederhana Beach Inn (am Strand gelegen). **Gili Meno:** Kontiki Meno Cottages, Mallia's Child Bungalow. **Gili Terawangan:** Losmen von Pak Majid.

... im Osten von Mataram:

In **Narmada,** ca. 15 km östlich von Mataram, haben sich zu Beginn des 19. Jhs. die balinesischen Karangasem-Fürsten einen prächtigen, von terrassenartig angelegten Gärten und verschiedenen Schwimmbecken umrahmten Sommerpalast errichtet. Hier trafen einst die fremden Rajas ihre Auswahl unter den schönsten Töchtern des Landes, die sich ihnen nackt in den Badebecken präsentieren mußten. Heute hat man die königlichen Lustgärten zu einem Erholungsort umgestaltet, der vor allem an den Wochenenden sehr viele Städter anlockt.

Einige Kilometer nördlich von Narmada befindet sich in **Lingsar** eine einzigartige Tempelanlage, die sowohl hindu-balinesischen Gläubigen als auch Anhängern der Wetu Telu-Religion als Andachtsstätte dient. Im nördlichen, höher gelegenen balinesischen *Pura* stehen als wichtigste Heiligtümer zwei Schreine, die den Gottheiten der Vulkane Agung und Rinjani gewidmet sind. Der südliche Bezirk birgt ein Bassin mit heiligen, dem Gott Vishnu geweihten Aalen sowie einen Pavillon mit Dutzenden von schwarzen Opfersteinen.

Der älteste hindu-balinesische Tempel auf Lombok wurde in **Suranadi** (ca. 7 km nordöstlich von Narmada) um eine heilige Quelle herum errichtet. Ähnlich wie das balinesische Badeheiligtum Tirta Empul ist dieser Tempel wegen wichtiger Reinigungsrituale ständig Pilgerziel von hindu-balinesischen Gläubigen. In zwei Quellwasserbecken tummeln sich auch hier heilige Aale. Der Überlieferung zufolge geht die Gründung dieser bedeutenden Anlage auf den Hindupriester Pedanda Sakti Bahu Rauh (auch Nirartha genannt) zurück, den Schöpfer der Hindu-Dharma-Religion. In der Nachbarschaft des Tempels befindet sich das stilvolle Suranadi Hotel aus kolonialer Zeit; die einzelnen Gästebungalows gruppieren sich um einen von Quellen gespeisten Swimming-pool. Die herrliche Berglandschaft lädt bei angenehm frischem Klima zu ausgedehnten Spaziergängen ein.

Nördlich der von Narmada aus ostwärts führenden Hauptstraße liegen weitere lohnenswerte Ausflugsziele. Um nach **Air Buka,** einem kleinen Ferienort mit Thermalbädern, zu gelangen, biegt man in Pancordao in nordöstliche Richtung ab. **Tetebatu** ist ein malerisch an den südlichen Ausläufern des Rinjani-

Massivs gelegener Bergort. Eine ruhige und komfortable Unterkunft bieten Bungalows, die sich um eine schöne, alte Kolonialvilla gruppieren. Eine Besteigung des Rinjani ist von Tetebatu aus nicht möglich, doch verlockt die herrliche, von Reisterrassen sowie Kaffee- und Gewürznelken-Plantagen geprägte Landschaft zu kleineren Wanderungen.

Während West- und Zentrallombok kaum einen landschaftlichen Unterschied zu Bali erkennen lassen, wird dieser umso deutlicher, je weiter man nach Osten reist, wo die gewohnten Reisfelder zusehends kargen Busch- und Steppengebieten weichen.

Praktische Hinweise

Verkehrsverbindungen: Minibusse nach Narmada verkehren vom Sweta-Terminal aus; auf den Strecken Narmada–Lingsar und Narmada–Suranadi pendeln tagsüber ständig Bemo. Zwischen Pancordao und Air Buka fahren nur sporadisch Bemo, aber man kann ein Motorrad-Taxi mieten. Um nach Tetebatu zu gelangen, nehmen Sie in Sweta einen (Mini-)Bus nach Masbagik oder Labuhan Lombok und lassen sich in Paok Motong (westlich von Masbagik) absetzen. Von dort aus geht es mit einem Bemo oder einem Motorrad-Taxi nach Kotaraja. Die 5 km zwischen Kotaraja und Tetebatu kann man laufen oder mit einer Pferdekutsche bewältigen.

Unterkunft: Suranadi: *Suranadi Hotel, P.O. Box 10 Ampenan, ✆ 23686. **Air Buka:** Air Buka Homestay. **Tetebatu:** Wisma Soedjono (herrlich gelegene Unterkunft mit Swimmingpool, mittlere Preislage).

... im Süden von Mataram:

Von Cakranegara aus erreicht man mit öffentlichen Verkehrsmitteln in ca. zwei Stunden den abgelegenen Fischerort **Kuta** an der von kilometerlangen,weißen Sandstränden geprägten Südküste. Im Gegensatz zu seinem berühmten Namensvetter auf Bali wird das Kuta auf Lombok bislang nur von wenigen Reisenden besucht, die absolute Ruhe an menschenleeren Stränden suchen und sich mit einer sehr bescheidenen touristischen Infrastruktur zufrieden geben. Auf der Anreise nach Kuta lohnt sich ein kurzer Abstecher zum Weberdorf **Sukarare** (westlich von Praya), wo qualitativ hochwertige Textilien hergestellt werden. **Sengkol** und **Rambitan** sind traditionelle Sasak-Dörfer nördlich von Kuta.

Ebenfalls südlich von Mataram liegen zwei weitere, mit öffentlichen Verkehrsmitteln nur schwer erreichbare, landschaftliche Sehenswürdigkeiten: der **Gunung Pengsong,** ein Hügel mit einem hinduistischen Heiligtum, sowie der **Gunung Sasak,** ein Berg mit einem modernen Denkmal, von dem aus sich ein schöner Blick über weite Teile Lomboks bietet (zu erreichen über Gerung und Koripan).

Praktische Hinweise

Verkehrsverbindungen: Auf der ca. 50 km langen Strecke von Sweta nach Kuta müssen Sie dreimal umsteigen: zunächst ab Sweta mit einem Minibus nach Praya, dann per Bemo weiter nach Sengkol und von dort aus mit einem weiteren Bemo nach Kuta. Vor allem zwischen Sengkol und Kuta gibt es bereits nach 14 Uhr oft große Transportschwierigkeiten. Wenn Sie nach Sukarare fahren wollen, müssen Sie in Puyung, westlich von Praya, aussteigen und dort eine Pferdekutsche nehmen.

Unterkunft: Kuta: Losmen Kartika (im Dorf), Mascot Seaview Cottage (am Strand), Yellow Flower Cottage (am Strand). **Lembar** (Fährhafen von und nach Bali): Losmen Sri Wayhu.

Besteigung des Gunung Rinjani

Der die nördliche Gebirgskette Lomboks überragende Gunung Rinjani ist mit 3726 m nach dem Gunung Kerinci auf Sumatra der zweithöchste Berg des westlichen und zentralen Indonesiens (nur die schneebedeckten Gipfel Irian

Reisfelder bei Tetebatu am Fuße des Rinjani-Vulkans

Jayas sind noch höher). Eine Wanderung auf diesen Vulkan zählt zu den faszinierendsten Bergtouren im gesamten Archipel. Der eigentliche Gipfel des Gunung Rinjani ist die höchste Erhebung auf dem Rand eines riesigen, urzeitlichen Kraters, der zum Teil von dem verästelten Kratersee Segara Anak (›Kind des Ozeans‹) ausgefüllt wird, aus dessen Mitte wiederum ein neuer, aktiver Vulkan, der Gunung Baru (letzte Ausbrüche 1884 und 1901), gewachsen ist. Das majestätische Rinjani-Massiv dominiert einen rund 400 km^2 großen Nationalpark, dessen dichte, noch weitgehend unberührte Regenwälder die unteren und mittleren Lagen des Berges bedecken. Sowohl die auf Lombok lebenden Balinesen als auch die einheimischen Sasak verehren den Rinjani als heiligen Berg, den sich die Götter zum Sitz erkoren haben. Vor allem bei Vollmond pilgern Hunderte von Gläubigen auf den Vulkan, um ihren Gottheiten Opfer darzubringen und mittels Meditation mit ihnen Kontakt aufzunehmen.

Es gibt zwei populäre Aufstiegsrouten, für die man jeweils drei bis vier Tage ansetzen sollte. Die als schwieriger geltende Route beginnt auf Ostlombok im Bergdorf Sapit und führt über Sembalun Bumbung und Sembalun Lawang von Nordosten her zum Kraterbereich. Der kürzere und vermutlich auch ›bequemere‹ Aufstieg erfolgt von Norden her über die Dörfer Bayan und Senaro. Diese Route, die zwar eine gute Kondition erfordert, aber auch ohne bergsteigerische Erfahrung durchgeführt werden kann, ist nachstehend kurz skizziert.

Vorbereitung: Einkauf von Lebensmitteln (unbedingt bereits in Mataram); bei der Ausrüstung vor allem an ausreichenden Kälte- und Nässeschutz denken. Zelt und Schlafsack (sehr zu empfehlen!) kann man eventuell im Wisma Triguna (Jl. Koperasi, Ampenan) ausleihen. Sehr wichtig sind weiterhin robustes Schuhwerk, Wasserflasche, Wasserentkeimungsmittel (Micropur), Sonnenschutzmittel (Hut), Streichhölzer, Taschenlampe, Taschenmesser sowie eventuell Kochutensilien (zumindest in der Trockenzeit ist ein Kocher allerdings nicht nötig, da man im Krater genügend Brennholz für ein Lagerfeuer findet). Die besten Klettermonate fallen in die Trockenzeit (April bis Oktober). Zwar ist auch während der Regenperiode der Aufstieg zum Kraterrand möglich, der steile Abstieg ins Innere dann jedoch nicht ungefährlich.

1. Tag: Mit einem Bus der Gesellschaft Damri von Sweta nach Bayan (Fahrzeit ca. 3 Std.). Von dort aus zu Fuß oder per Motorrad-Taxe auf einer staubigen Straße hinauf in das 5 km weiter südwestlich gelegene Batu Koq. In diesem Bergdorf befindet sich seit 1983 eine PPA-Außenstelle, wo Sie sich anmelden müssen; eventuell vermittelt man Ihnen hier auch eine Bleibe für die Nacht und einen Führer (empfiehlt sich nur aus Sicherheitsgründen oder wenn man sein Gepäck nicht selbst tragen will; der Weg zum Kraterrand ist kaum zu verfehlen). Eine private Pension befindet sich in Batu Koq nahe der Schule. Sehr lohnenswert ist der ca. 2 km lange Spaziergang von Batu Koq zum rund 60 m hohen Wasserfall Air Terjun Sindanggile.

2. Tag: Aufbruch zur Wanderung möglichst noch vor Sonnenaufgang. Nach ca. 2 km passiert man das Sasak-Dorf Senaro; an der Weggabelung hinter diesem Ort links halten und dann immer dem bergaufwärts führenden, an den steilsten Stellen mit Stufen präparierten Pfad folgen. Nach ca. zwei Stunden erreicht man eine offene Schutzhütte (= Pos. II) und nach weiteren eineinhalb Stunden eine Blockhütte mit Veranda (= Pos. III; hier Übernachtung möglich; eine Quelle befindet sich etwas unterhalb, hinter der Hütte). Zum Kraterrand sind es von hier aus noch einmal eineinhalb Stunden. Der Regen- und Nebelwald geht nun langsam in einen lichten Pinienwald und schließlich in eine niedrige busch- und steppenartige Vegetation über. Vom Kraterrand (ca. 2500 m über dem Meeresspiegel) bietet sich vor allem am Vormittag eine überwältigende Fernsicht und ein phantastischer Blick auf den türkisfarbenen Kratersee Segara Anak (Farbabb. 27, gegen Mittag ziehen meist Wolken auf!). Der steile Abstieg in den Kraterkessel ist nur von einer einzigen Stelle am Nordrand aus möglich (nur wenige Meter rechts von der Stelle, wo der Bergpfad auf den Kraterrand trifft). Für den Abstieg benötigen Sie noch einmal ca. zwei Stunden und dann eine weitere halbe Stunde, um am felsigen Seeufer entlang (links halten) zu einem Campingplatz mit einer offenen Schutzhütte (= Pos. IV) unweit heißer Quellen zu gelangen. Das schwefelhaltige Seewasser sollte man nicht trinken; sauberes, klares Trinkwasser liefert eine Quelle etwas unterhalb der heißen Quellen.

3. Tag: Erholung von den Strapazen des Aufstiegs an den Thermalquellen oder Erkundung des Kraterinnern. Nach Auskunft einheimischer Bergführer erfordert die anscheinend nicht ganz einfache Besteigung des eigentlichen Rinjani-Gipfels eine gewisse bergsteigerische Erfahrung. Mit Pos. IV als Ausgangspunkt muß man für den Auf- und Abstieg etwa zehn Stunden veranschlagen.

4. Tag: Abstieg auf der gleichen Route nach Batu Koq (ca. 6–8 Std.); letzter Bus von Bayan nach Sweta ca. 16 Uhr. Eine Alternative dazu stellt der Abstieg nach Osten über Sembalun Lawang nach Sapit dar. Zwischen Sembalun Bumbung und Aik Mel sollen Lkws verkehren (Abfahrt täglich gegen 13 Uhr); in Aik Mel Minibusse zurück nach Sweta.

Praktische Hinweise Lombok

An- und Weiterreise: Flugzeug: täglich Flüge der Garuda von und nach Jakarta über Surabaya; der Merpati u.a. von und nach

Denpasar (Flugzeit ca. 20 Min.), Bima, Waingapu und Kupang (weitere Fluginformationen vgl. S. 544).

Adressen von Fluglinien: Büros der Garuda, Bouraq und Merpati befinden sich in Ampenan, Mataram und Cakranegara (vgl. S. 365).

Schiff: Reguläre Fähren verbinden Lombok mit Bali und Sumbawa. Fähren nach Bali (Padang Bai) ab Labuhan Lembar (ca. 30 km südwestlich von Mataram), für gewöhnlich dreimal täglich (9, 14 und 17 Uhr, Fahrzeit ca. 4 Std.); Fähren nach Sumbawa (Labuhan Alas) ab Labuhan Lombok (ca. 75 km östlich von Mataram), für gewöhnlich dreimal täglich (morgens und am frühen Vormittag, Fahrzeit ca. 3 Std.).

Ein PELNI-Büro befindet sich in Ampenan (Jl. Kapitan 1, ✆ 21604). Weitere Informationen zu Schiffsverbindungen (vor allem PELNI-Schiffe) vgl. S. 547.

Bus: Verschiedene Busgesellschaften in Cakranegara offerieren Direktverbindungen nach Denpasar, Surabaya, Malang, Yogyakarta u. a., z. B.: Bali Indah, Jl. Selaparang 65 C; Damai Indah, Jl. Wanasari 8; Puspa Sari, Jl. Selaparang 71.

Bei rechtzeitiger Voranmeldung kann man sich von den Bussen nach Labuhan Lembar und Labuhan Lombok frühmorgens im Hotel abholen lassen.

Reisen auf Lombok: Öffentliche Verkehrsmittel: Mit Bemo und (Mini-)Bussen erreicht man auf Zentrallombok alle bekannteren Sehenswürdigkeiten. Die gebirgigen Süd- und Nordregionen sind dagegen verkehrsmäßig weniger gut erschlossen. Wichtigster Busbahnhof der Insel ist Sweta (1 km östlich von Cakranegara). Beliebte Transportmittel in abgelegenen Gebieten sind Motorrad-Taxen (Ojek) und einspännige, zweirädrige Pferdekutschen (Cidomo oder Dokar). In ganz entlegenen Gegenden reist man gelegentlich auch auf den Ladeflächen von Lkws.

Motorräder: Motorradfahren erscheint auf Lombok wegen der geringeren Verkehrsdichte weniger gefährlich als auf Bali. Motorräder vermietet z. B. P. T. Bakor, Jl. Gelatik, Cakranegara.

Reiseagenturen: Paradiso Tours & Travel, Jl. Angsoka 3, Mataram, ✆ 22675; Swastika Tours & Travel, Jl. Yos Sudarso, Ampenan, ✆ 21037.

Information und wichtige Adressen
Vgl. ›Praktische Hinweise Ampenan‹, S. 365.

Sumbawa

Östlich von Lombok gelegen und von der Nachbarinsel durch die 15 km breite Meerenge von Alas getrennt, ist Sumbawa mit rund 14000 km² größer als Bali und Lombok zusammen. Eigentlich ist diese Insel eine Agglomeration mehrerer Halbinseln, die von stark zerklüfteten Gebirgsmassiven und Hügelketten überzogen werden. Vor allem im Osten wird das Landschaftsbild von einer zerrissenen Küstenlinie mit weit ins Land reichenden Meeresarmen geprägt. Nahe der Nordküste erreicht Sumbawa in dem in neuerer Zeit allein tätigen Vulkan Gunung Tambora mit 2821 m seine höchste Erhebung. Dem bislang letzten von gewaltigen Ascheauswürfen begleiteten Ausbruch dieses Stratovulkans fielen im Jahre 1815 rund 90000 Menschen zum Opfer. Diese bis heute weltweit stärkste vulkanische Eruption schleuderte mit der Explosionskraft von 170000 Hiroshima-Atombomben etwa 150 km³ Asche und Gestein in die Atmosphäre, was 1816 zum berühmten ›Jahr ohne Sommer‹ führte. Bei dem katastrophalen Ausbruch wurde der Gipfel des Tambora zerstückelt und sackte von geschätzten 4300 m auf die gegenwärtige Höhe zusammen. Die Riesencaldera des Vulkans besitzt einen Durchmesser von 7 km. Das verwitterte vulkanische Eruptionsmaterial sorgte auf Sumbawa aber auch für eine große Bodenfruchtbarkeit. In den weiten Tälern des Inselinnern sowie in den alluvialen Küstensäumen wird auf bewässerbarem Land vor allem Naßreis kultiviert. Sumbawa ist eine der indonesischen Inseln, die Reis exportieren können; bereits die ersten moslemischen

Sumbawa

Eroberer, die hier im 15. Jh. eintrafen, gaben dem Eiland den Beinamen *Pulau Nasi* (›Reisinsel‹). Spielte früher der Export von Sandelholz eine bedeutende Rolle, so bildet heute die Viehhaltung (Pferde und Rinder) eine weitere wichtige Stütze der insularen Ökonomie.

Die 900 000 Bewohner Sumbawas gliedern sich in zwei große Bevölkerungsgruppen. Während die in der westlichen Hälfte lebenden Sumbawaner malaiischer Herkunft sind und sprachlich wie kulturell eine deutliche Verwandtschaft mit den Sasak auf Lombok zeigen, weisen die Bima im Osten der Insel bereits einen starken melanesiden Einschlag auf. Als die ältesten Stammesgruppen auf Sumbawa gelten die in gebirgigen Fluchtgebieten siedelnden und noch fest in uralten Naturreligionen verankerten Dompa, Do-Donggo und Sanggua. Sind auf Lombok noch hinduistische Einflüsse des benachbarten Bali zu spüren, so ist Sumbawa deutlich vom Islam geprägt. Bereits in frühen Zeiten betrachteten die moslemischen Herrscher von Makassar (Südsulawesi) die Insel als ihr Einflußgebiet und gründeten vor allem an der Nordküste verschiedene kleine Sultanate. Heute hängen die Einwohner Sumbawas fast ausschließlich einem Islam eher orthodoxer Prägung an. Da es ihnen wirtschaftlich gut geht, können sich jedes Jahr Tausende den Pilgerflug nach Mekka leisten; der Bezirk Bima besitzt den größten Anteil an *Haji* im ganzen Archipel.

Für die meisten Indonesien-Reisenden stellt Sumbawa nur eine Durchgangsstation auf dem Weg von Lombok nach Komodo oder Flores dar. Zwar besitzt die Insel außergewöhnliche landschaftliche Attraktionen, doch hält die unterentwickelte (touristische) Infrastruktur die meisten Besucher von einem längeren Aufenthalt ab. Eine einzige relativ gut ausgebaute Straße durchzieht Sumbawa in west-östlicher Richtung. Das gesamte südwestliche Sumbawa ist ebenso wie die nordöstliche Region um den Gunung Tambora verkehrsmäßig kaum erschlossen.

65 km östlich des Fährhafens **Labuhan Alas** liegt **Sumbawa Besar,** die Hauptstadt Westsumbawas. Einzige Sehenswürdigkeit des 40 000 Einwohner zählenden Ortes ist der ehemalige Sultanspalast Dalam Loka. Dieses 1885 errichtete Pfahlbauwerk aus Holz birgt die heiligen Krönungsinsignien *(Pusaka)* der Sultansfamilie, die heute freilich keinerlei politische Macht mehr besitzt. Hin-

weise auf eine sehr frühe Besiedelung Sumbawas geben neolithische Steinsarkophage, die man in Batu Tering (ca. 30 km südöstlich von Sumbawa Besar) entdeckte. **Bima,** das mit dem Nachbarort **Raba** zur östlichen Inselmetropole zusammengewachsen ist, besitzt ebenfalls eine alte, allerdings nicht zugängliche Sultansresidenz. Von **Sape** am Ostende Sumbawas legen regelmäßig Fährschiffe nach Komodo und Flores ab. Nahe dem Städtchen befinden sich kleine Werften, wo man in traditioneller Holzbauweise mit einfachen Mitteln große Boote konstruiert.

Praktische Hinweise Sumbawa

An- und Weiterreise: Flugzeug: Als einzige Gesellschaft fliegt derzeit Merpati die beiden Hauptorte Sumbawa Besar und Bima an; mehrmals wöchentlich Flüge u. a. von Denpasar über Ampenan nach Sumbawa Besar und Bima (v. v.), von Kupang (Timor) über Waingapu und Tambulaka (Sumba) nach Bima (v. v.) sowie von Ende über Ruteng und Labuhan Bajo (Flores) nach Bima (v. v.). Buchungsbüros der Merpati: Sumbawa Besar, Jl. Hasanuddin 80, ✆ 21026; Bima, Jl. Sukarno Hatta 30, ✆ 197.

Schiff: Reguläre Fähren verbinden Sumbawa mit Lombok sowie Komodo und Flores. Fähren nach Lombok (Labuhan Lombok) ab Labuhan Alas, für gewöhnlich dreimal täglich (morgens und im Laufe des frühen Vormittags, Fahrzeit ca. 3 Std.); Fähren nach Flores (Labuhan Bajo) ab Sape, für gewöhnlich dreimal wöchentlich (Mo, Mi und Sa Abfahrt zwischen 8 und 9 Uhr, Fahrzeit ca. 8–10 Std.; Sa mit Zwischenstop auf Komodo). Ein PELNI-Büro befindet sich in Bima (Jl. Pelabuhan 103, ✆ 45203). Weitere Informationen zu Schiffsverbindungen (vor allem PELNI-Schiffe) vgl. S. 547.

Bus: Verschiedene Busgesellschaften in Bima (vorwiegend in der Jl. Kaharudin) offerieren Direktverbindungen nach Mataram und Denpasar.

Reisen auf Sumbawa: Öffentliche Verkehrsmittel: Zahlreiche (teils recht komfortable) Busse warten in Alas auf die Ankunft der Lombok-Fähre. Die Fahrt von Alas nach Sumbawa Besar dauert ca. 2 Std., von dort aus sind es noch einmal 5–6 Std. nach Bima. Die Fahrt von Bima zum Fährhafen Sape dauert ca. 2 Std. (man kann sich bei Voranmeldung im Hotel abholen lassen).

Reiseagenturen: Komodo Wisata, Jl. Hasanuddin (Hotel Sang Hyang), Bima; Mbojo Tours & Travel, Jl. Pattimura, Bima.

Unterkunft: Sumbawa Besar: Hotel Tambora, Jl. Garuda, ✆ 21555 (am westlichen Stadtrand gelegen; Losmen Mekar Sari, Desa Bugis; bestes Haus am Platz); Losmen Suci, Jl. Hasanuddin 57, ✆ 21589; Losmen Tunas, Jl. Hasanuddin 37, ✆ 21212. **Bima:** Hotel Parewa, Jl. Sukarno-Hatta 40, ✆ 652 (beste und teuerste Unterkunft im Ort); Hotel Sang Hyang, Jl. Hasanuddin, ✆ 778; Losmen Komodo, Jl. Putra Kahi; Losmen Lila Graha, Jl. Lombok 20, ✆ 740; Losmen Pelangi, Jl. Lombok 18. **Sape:** Losmen Friendship; Losmen Give.

Restaurants: Sumbawa Besar: Rumah Makan Anda, Jl. Dr. Wahidin 18 (chinesisch und indonesisch); Rumah Makan Aneka Rasa, Jl. Hasanuddin 10 (chinesisch und indonesisch). **Bima:** Rumah Makan Anda, Jl. Sultan Kaharudin (chinesisch und indonesisch); Rumah Makan Nirwana, Jl. Lombok (chinesisch und indonesisch).

Information und wichtige Adressen: PPA-Büros: Sumbawa Besar, Jl. Garuda; Sape, Jl. Pasar Sape (Information über Komodo). **Bank:** Bank Negara Indonesia, Jl. Kartini 10, Sumbawa Besar; Bank Negara Indonesia, Jl. Monginsidi/Jl. Hasanuddin, Bima.

Komodo

Zwischen Ostsumbawa und Westflores erstreckt sich eine zersplitterte Inselwelt, ein filigranes Mosaik Dutzender kleiner Eilande vulkanischen Ursprungs. Die größten Inseln dieses Archipels, Komodo (340 km^2), Rinca (196 km^2) und Padar (20 km^2), wurden 1980 zum Nationalpark erklärt und bilden das Refugium der

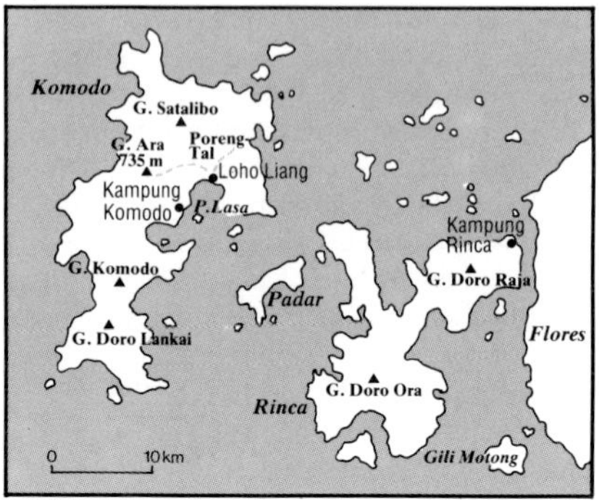

Komodo

berühmten Komodo-Warane. Nach sehr widersprüchlichen Angaben leben noch zwischen 500 und 5000 dieser von den Einheimischen *Ora* genannten Riesenechsen auf den drei ›Dracheninseln‹, die lange Zeit durch starke und tückische Meeresströmungen von den Nachbareilanden weitgehend isoliert waren. Die besten und am leichtesten erreichbaren Plätze, um die Warane in ihrer natürlichen Umwelt zu beobachten, befinden sich auf Komodo (Farbabb. 2). Nur etwa 2,5 km von der PPA-Außenstelle in Loho Liang entfernt liegt der Aussichtspunkt Banu Nggulung, von wo aus man die mit einem Ziegenköder angelockten Warane beim Fressen beobachten kann (Teleobjektiv nicht vergessen!). Um zu einer anderen Futterstelle im Poreng-Tal zu gelangen, muß man einen anstrengenden Fußmarsch von ca. 6 km ab Loho Liang in Kauf nehmen, allerdings sollen dort die Warane noch wesentlich ›wilder‹ sein als in Banu Nggulung. Eine weitere lohnenswerte Wanderung führt vom kleinen Inseldorf Kampung Komodo ca. 8 km weit durch hügeliges, savannenartiges Terrain, aus dem vereinzelt dürre Lontar-Palmen aufragen, zum Gunung Ara. Von dieser mit 735 m höchsten Erhebung Komodos bietet sich ein grandioser Rundumblick über weite Teile der Inselkette zwischen Sumbawa und Flores. Diese drei Ausflüge sind nur in Begleitung von PPA-Mitarbeitern möglich; auf eigene Faust darf kein Besucher den Nationalpark durchstreifen. Neben den ›Komodo-Drachen‹ gibt es auf der Insel noch andere Tierarten wie Wildschweine, Rotwild und wilde Wasserbüffel. Die rund 700 Einwohner der einzigen Siedlung auf Komodo leben vorwiegend vom Fischfang und verdienen sich in letzter Zeit ein kleines Zubrot, indem sie Ziegen züchten und als Köder für die Warane an Touristen verkaufen. Neben der ›Drachen-Beobachtung‹ bietet Komodo als weitere Attraktion traumhaft schöne Sandstrände mit vorgelagerten Korallenriffs, die über eine arten- und erlebnisreiche Unterwasserfauna verfügen. Per Boot lassen sich ab Loho Liang Pantai Merah (›Roter Strand‹) sowie die kleine Insel Pulau Lasa, ein Paradies für Schwimmer und Schnorchler, erreichen.

Die östlichen Nachbarinseln Padar und Rinca sind weit weniger gut erschlossen als Komodo. Die weiten Grassteppen von Rinca sind die Heimat von zahlreichen Wildpferden.

Praktische Hinweise Komodo

An- und Weiterreise: Das 1984 in Betrieb genommene Fährschiff KMP Komodo fährt jeden Samstag gegen 8 Uhr von Sape (Ostsumbawa) nach Labuhan Bajo (Westflores) und geht dabei vor Komodo vor Anker; jeden Dienstag fährt das gleiche Schiff von Labuhan Bajo (Abfahrt gegen 8 Uhr) über Komodo zurück nach Sape. Die Fähre verkehrt auch an anderen Tagen zwischen Sape und Labuhan Bajo, jedoch ist ein Stop außer der Reihe für gewöhnlich nicht möglich (außer gegen einen sehr hohen Aufpreis), da der Abstecher nach Komodo die Fähre wegen der extremen Strömungen einige Stunden Zeit kostet. Eine teure Anreise nach Komodo in einem gecharterten Fischerboot ist sowohl ab Sape als auch Labuhan Bajo möglich. Empfehlenswerter ist sicherlich die kürzere Anreise ab Labuhan Bajo (ca. 4–6 Std., je nach Boot und Witterungsverhältnissen), da die See in der Meerenge von Sape als sehr unruhig und unberechen-

Exkurs: Der Komodo-Waran

Als Raubtier ohne Konkurrenz lebt der legendäre Komodo-Waran *(Varanus komodoensis)* auf den winzigen, zwischen den Kleinen Sunda-Inseln Sumbawa und Flores gelegenen Eilanden Komodo, Rinca und Padar. Erstaunlicherweise wurde diese Riesenechse, ein Überbleibsel aus dem Eozän (vor 60 Mill. Jahren), erst 1912 von Major P. C. Bouwens, dem damaligen Direktor des weltberühmten Botanischen Gartens in Bogor, aufgespürt. Damit ist dieser Nachfahre des Dinosauriers nach dem afrikanischen Okapi das zuletzt entdeckte Großtier unseres Planeten. Die größte lebende Landechse der Erde kann über 3 m lang werden sowie ein Gewicht von 170 kg und ein Alter von 100 Jahren erreichen. Mit seiner lederartigen Haut, seinem mehr als körperlangen Schwanz (eine gefährliche Waffe!) und seiner langen, tiefgespaltenen Zunge

gleicht der scheue, schwer aufzufindende Räuber einem urweltlichen Drachen. Der Fleischfresser ernährt sich von wildlebenden Schweinen, Rehen und Ziegen, mitunter aber auch von Aas; charakteristisch ist, daß er seine Beute in großen Brocken mitsamt den Knochen, ohne zu kauen, verschlingt. Seine Eier, aus denen im Frühling etwa 40 cm große Jungtiere schlüpfen, legt der in seinem Bestand sehr bedrohte Komodo-Waran in tiefen Erdlöchern ab. Der *Varanus komodoensis* ist erstaunlich behende und sogar imstande zu schwimmen. Menschen, die sich ihm unvorsichtig nähern, kann er sehr gefährlich werden.

Wer die beschwerliche Fahrt zu den ›Dracheninseln‹ aus Kosten- oder Zeitgründen scheut, kann Exemplare des Komodo-Warans auch in den Zoologischen Gärten von Jakarta, Yogyakarta und Surabaya vorfinden.

bar gilt. Sowohl Bima (Sumbawa) als auch Labuhan Bajo werden mehrmals wöchentlich, mit verschiedenen Zwischenlandungen, von kleinen Merpati-Maschinen ab Denpasar angeflogen.

Einzel- und Gruppenreisen nach Komodo werden von zahlreichen Reiseagenturen organisiert, z. B.: Grand Komodo Tours, Jl. Nangka 19, P. O. Box 477, Denpasar, Bali, ✆ 25045; Nusa Dua Bali Tours & Travel, Jl. I. Gusti Ngurah Rai, P. O. Box 419, Tuban, Denpasar, Bali, ✆ 51223; Tunas Indonesia, Bali Beach Hotel, Sanur, Bali, ✆ 8056; Komodo Wisata Tours & Travel, Hotel Sang Hyang, Jl. Hasanuddin, Bima, Sumbawa; Pitoby Travel Service, Jl. Siliwangi 65, Kupang, Timor.

Vorbereitung: Genügend Proviant mitbringen und eventuell an Schnorchelausrüstung denken! Eine Köderziege kostet auf Komodo mehr als in Sape oder Labuhan Bajo. Man schafft sich in Kampung Komodo aber nicht gerade Freunde, wenn man das Tier selbst mitbringt; der Ziegenverkauf ist für die Insulaner ein lukrativer Nebenverdienst. Das für den Zutritt zum Nationalpark erforderliche Permit erhält man auf Komodo; Informationen kann man bereits bei den PPA-Außenstellen in Sape und Labuhan Bajo einholen.

Aufenthalt auf Komodo: Auf dem Komplex der PPA-Außenstelle in Loho Liang gibt es einfache, jugendherbergsartige, aber durchaus ausreichende Gästebungalows (Gesamtkapazität ca. 50 Personen). Auf der Insel Rinca ist man auf die Gastfreundschaft der Einheimischen angewiesen; Padar ist unbewohnt. Wer ins Inselinnere von Komodo vordringen will, muß von einem PPA-Führer begleitet werden. Auf Wanderungen immer feste Schuhe und lange Hosen tragen – es gibt zahllose Schlangen. Erkundigen Sie sich auch vorm Schwimmen und Schnorcheln bei den PPA-Mitarbeitern nach eventuell drohenden Gefahren (Strömungen, Wasserschlangen, Haien u. a.).

Reisezeit: Trockenzeit von April bis Oktober; als beste Besuchsmonate gelten April bis Juni. Während der Regenzeit von Dezember bis März können Stürme Bootstouren gefährlich gestalten.

Flores

Mit 14250 km² ist Flores die zweitgrößte der Kleinen Sunda-Inseln. Die sich in West-Ost-Richtung über 360 km erstreckende und maximal 70 km breite Insel, die verwaltungsmäßig bereits zur Provinz Ost-Nusa-Tenggara *(Nusa Tenggara Timur)* gehört, durchzieht in ihrer gesamten Länge eine von Hochebenen durchsetzte Gebirgskette mit einer Reihe von aktiven Vulkanen. Infolge des seit Jahrhunderten praktizierten Brandrodungsfeldbaus ist die natürliche Waldvegetation in Form von Monsun- und Regenwäldern in weiten Teilen von schwer rekultivierbaren Alang-Alang-Grassteppen verdrängt worden. Auf Flores bestehen extreme Klimagegensätze; während das ›Verkehrsnetz‹ der westlichen Region bei Niederschlagsmengen von über 3500 mm pro Jahr in der Regenperiode (November bis März) in schlammige Wegelosigkeit versinkt, gehört der Ostteil mit unter 700 mm zu den trockensten Gebieten ganz Indonesiens.

Schon lange vor Ankunft der europäischen Kolonialmächte waren die Hafenstädte von Flores in ein weites, sich von Nordsumatra bis zu den Molukken spannendes Handelsnetz einbezogen. Unter ihrem ursprünglichen Namen Larantuka gehörte Flores im 14. Jh. zum Herrschaftsbereich des javanischen Majapahit-Imperiums. Im 15. und 16. Jh. gerieten einige Küstensiedlungen unter den Einfluß des islamischen Sultanats von Makassar. Als erste Europäer landeten Mitte des 16. Jhs. die Portugiesen auf Flores. Diesen Namen hatte die Insel schon über 100 Jahre zuvor von vorbeisegelnden portugiesischen Seefahrern erhalten, die ihre nordöstliche Spitze ›Cabo das Flores‹ (›Kap der Blumen‹) nannten. Die Portugiesen waren auf der Suche nach Gewürznelken und Muskatnüssen sowie anderen sagenhaften Schät-

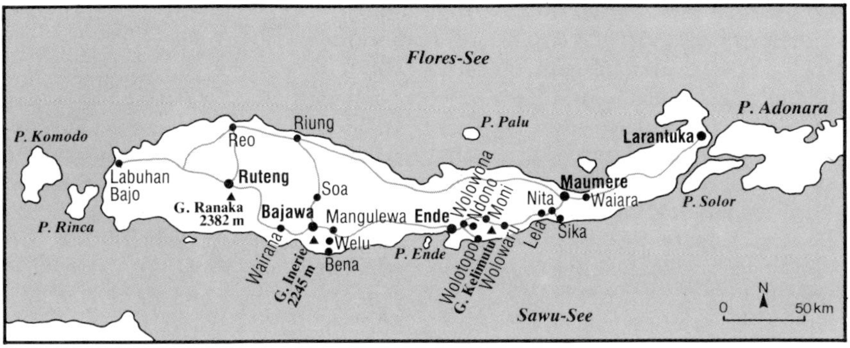

Flores

zen des Ostens. Sie suchten aber auch überall dort, wo der Islam noch nicht Fuß gefaßt hatte, nach Seelen. Bereits 1570 existierte in Larantuka auf Ostflores eine Missionsstation mit Priesterseminar; schon bald hatte sich der römisch-katholische Glaube über die ganze Insel ausgebreitet. Eine Ausnahme bildete die auch weiterhin zur Machtsphäre der islamischen Makassar-Herrscher gehörende Stadt Ende. Zwar mußten die Portugiesen Mitte des 19. Jhs. ihren niederländischen Konkurrenten das koloniale Feld überlassen (die übrigens Flores erst zu Anfang unseres Jahrhunderts vollständig unter ihre Kontrolle brachten), doch ist das lusitanische Erbe auch heute noch in vielen Bereichen deutlich zu spüren. Von den 1,5 Mill. Einwohnern bekennen sich 85 % zum Katholizismus. Katholische Feiertage werden, vor allem auf Ostflores (z. B. die Osternacht-Prozession in Larantuka), nach alter Tradition wie im einstigen Mutterland begangen. Ebenfalls im östlichen Teil von Flores tragen insbesondere die Nachfahren bedeutender einheimischer Aristokraten portugiesische Familiennamen, und der südeuropäische Rasseneinschlag ist bei vielen der sogenannten ›schwarzen Portugiesen‹, der Abkömmlinge iberisch-floresischer Eheleute, auch heute noch unübersehbar.

Der Katholizismus auf Flores aber ist genauso wenig orthodox wie der Islam auf Java oder der Hinduismus auf Bali. Unter dem Mantel der Hochreligion sind nach wie vor altüberlieferte animistische Glaubenselemente lebendig und werden von der katholischen Priesterschaft mehr oder weniger geduldet. Weitverbreitet ist insbesondere der Glaube an Ahnengeister, von denen die natürliche Umwelt (Bäume, Berge u. a.) beseelt ist. Auf Flores haben übrigens Christen, Moslems und Anhänger von Naturreligionen aufgrund ihres gemeinsamen Schatzes an (religiösen) Sitten und Gebräuchen seit alters her friedlich koexistiert. Seit 1913 ist auf Flores die Steyler Mission (›Societas Verbi Divini‹; SVD) aktiv; viele ihrer vorwiegend deutschen Mitarbeiter haben sich neben ihrer eigentlichen Missionstätigkeit mit großem Enthusiasmus der Erforschung der Kulturen und Sprachen von Flores gewidmet.

Flores weist eine von West nach Ost zunehmende Bevölkerungsdichte auf. Im dünner besiedelten Westteil leben die Manggarai, die im Gegensatz zu den melanesiden Bevölkerungsgruppen des mittleren und östlichen Flores in ihrem Charakter stärker malaiisch sind. Moslemische Zuwanderer (vor allem Bugis und Makassaren) haben sich vorwiegend in den Küstensäumen niedergelassen. Für etwa 80 % der Inselbewohner ist eine immer wieder von Dürreperioden und Mißernten bedrohte Landwirtschaft die einzige Existenzgrundlage. Entwicklungsbemühungen konzentrieren sich in den wenigen städtischen Zentren; viele der im Hinterland gelegenen Dörfer sind aufgrund ihrer isolierten Lage oftmals relativ unberührt geblieben von den Einflüssen der modernen Zivilisation.

In manchen Inselregionen hat der Brautpreis nach wie vor eine ganz wesentliche kulturelle und auch ökonomische Bedeutung. Eine Heirat gilt vielerorts nur dann als vollzogen, wenn der Bräutigam dem Brautvater, gewissermaßen als Entschädigung für den ›Verlust‹ der Tochter, bestimmte Geschenke überreicht hat; dies können je nach gesellschaftlicher Position wertvolle *Ikat*-Webereien, Haustiere (Büffel, Schweine), Geld oder, bei adeligen Familien, Elfenbeinstoßzähne sein. Eine alte Tradition besitzen auch die Peitschenduelle *(Caci),* die bei keiner ›anständigen‹ Hochzeit oder einer anderen wichtigen Zeremonie fehlen dürfen, vor allem nicht im Manggarai-Distrikt von Westflores. Diese rituellen Kampfspiele, bei denen oft genug Blut fließt, wurzeln in der Verehrung der Ahnengeister. Neben Sumba befinden sich auf Flores die wichtigsten Zentren der ostindonesischen *Ikat*-Webkunst.

Trotz der unterentwickelten (touristischen) Infrastruktur und der mitunter recht großen Reisestrapazen lohnt sich ein Besuch von Flores unbedingt, denn diese Insel gehört zu den landschaftlich und kulturell interessantesten des indonesischen Archipels.

Das westliche Flores

Labuhan Bajo im äußersten Westen von Flores ist ein malerisches Dorf mit einer christlich-moslemischen Mischbevölkerung, das nur jeden zweiten Tag aus seiner tropisch-verschlafenen Lethargie erwacht, wenn hier das Fährschiff von Sumbawa vor Anker geht. Der freundliche Ort mit seinem wunderschönen Naturhafen sollte nicht nur Zwischenstation auf dem Weg zur Insel Komodo oder zum Bergort Ruteng sein, vor allem für Schwimmer und Schnorchler lohnt sich ein längerer Aufenthalt. Ca. 3 km südlich von Labuhan Bajo erstreckt sich der Sandstrand Pantai Pede, der allerdings an Wochenenden recht überlaufen ist. Sehr schöne Strände und vor allem eindrucksvolle Korallenbänke findet man auf bzw. vor den Inseln Pulau Bidadari, Pulau Sature und Pulau Saboloh, die man ab Labuhan Bajo in einer guten halben Stunde mit einem gemieteten Auslegerboot erreichen kann. Ca. 20 Minuten dauert die Bootsfahrt von Labuhan Bajo zum Waecico Beach Nature Park, wo den Besucher ein langer Sandstrand und sehenswerte Korallengärten erwarten (1988 waren am Waecicu Beach Strandbungalows und ein Restaurant im Bau, die mittlerweile eröffnet sein dürften). Rund 4 km nördlich von Labuhan Bajo, in der Nähe des Flugplatzes, befindet sich die Tropfsteinhöhle Batu Cermin.

Von Labuhan Bajo aus windet sich eine ›Straße‹, die diese Bezeichnung eigentlich gar nicht verdient und nur außerhalb der Regenperiode von zu ›Bussen‹ umgebauten Lkws befahren werden kann, über knapp 130 km durch das gebirgige, von dichtem Regenwald bewachsene westliche Drittel von Flores hinauf zum über 1000 m hoch gelegenen **Ruteng.** Der weitläufige, wenig attraktive Hauptort des Manggarai-Distriks besitzt als einzige Sehenswürdigkeit drei traditionelle *Adat*-Häuser (in der Verlängerung der Jl. Motang Rua), die heute Verwaltungsbehörden beherbergen. Lohnenswert ist ein Ausflug zum etwa 20 km weiter östlich gelegenen, malerisch in dichte Bergurwälder eingebetteten **See Danau Ranamese** (Anfahrt: ab Ruteng Bus oder Lkw in Richtung Bo-

Auf der Fahrt von Labuhan Bajo nach Ruteng

rong oder Bajawa). Auf den ruhenden Vulkan Gunung Ranaka (2382 m), der Ruteng im Süden überragt, führt ein ca. 11 km langer Versorgungsweg für die in Gipfelnähe errichtete Radiostation.

Über **Wairana,** ein Dorf mit einer katholischen Missionsstation, und andere christlich geprägte Dörfer erreicht man auf einer ›rauhen Piste‹ das regnerisch-kühle **Bajawa** (Beiname *Kota Hujan* = ›Regenstadt‹). Der von Vulkanen (darunter der 2245 m hohe Gunung Inerie mit seiner ›klassischen‹ Konusform) umrahmte Bergort bietet sich als Ausgangspunkt für Ausflüge in die sowohl landschaftlich als auch kulturell hochinteressante Umgebung an.

Wenn die Hütten in einem Dorf noch keine Wellblechdächer haben und wenn die Einwohner handgewebte Kleider tragen, dann kann man davon ausgehen, daß traditionelle Lebensformen erhalten geblieben sind. Eines dieser Dörfer ist das ca. 30 km südöstlich von Bajawa gelegene (mit öffentlichen Verkehrsmitteln nur schwer zu erreichende) **Bena,** das sich dem Besucher als eine Art lebendes Museum präsentiert. Das von der indonesischen Regierung unter Denkmalschutz gestellte Dorf (Neubauten dürfen nur im alten *Adat*-Stil errichtet werden) besteht aus zwei langen Reihen von Wohnhäusern, die sich auf unterschiedlich hohen Ebenen gegenüberliegen. Wie in anderen Orten um Bajawa fallen auch in Bena die sogenannten *Ngadhu*-Schreine auf, die bei Opferritualen und bei der Ahnenverehrung eine wichtige Rolle spielen. Ein *Ngadhu* besteht aus einem einzigen, bisweilen mit Schnitzwerk verzierten Holzpfeiler, der sich auf einem Fundament aus aufgeschichteten Steinen erhebt und ein konusförmiges, mit Reisstroh eingedecktes Dach trägt. Ein weiteres charakteristisches Kennzeichen der protomalaiischen Kultur, die hier seit zwei Jahrtausenden überlebt hat, sind die megalithischen Steinmale auf dem

Dorfplatz, die vermutlich an bedeutende Stammeshäuptlinge erinnern. In Bena kontrastieren christliche Gräber und eine Marienstatue in einer Felsengrotte am südlichen Dorfende mit den traditionellen *Ngadhu*-Geisterhäuschen und legen damit Zeugnis ab vom religiösen Synkretismus auf Flores. Manche der Häuser in Bena, die verandaartige Vorbauten mit Bambusdächern besitzen, tragen Menschenfiguren oder Hausmodelle auf dem Dachfirst; dadurch sind die getrennten Wohnstätten für Jungen und Mädchen gekennzeichnet. Wie in anderen Sozialverbänden, die noch fest in protomalaiischen Traditionen verwurzelt sind, leben auch in Bena die Heranwachsenden von einem bestimmten Alter an bis zur Heirat nicht mehr bei den Eltern, sondern in speziellen Jungen- und Mädchenhäusern. Vor einer Besichtigung des Dorfes sollte man sich unbedingt beim *Kepala Desa,* dem Dorfvorsteher, melden und ihm eine kleine Spende für die Dorfgemeinschaft überreichen.

Ein weiterer alter Ort, in dem viele Traditionen erhalten geblieben sind, ist **Soa** (ca. 20 km nordöstlich von Bajawa). Einige Kilometer abseits dieses großen Dorfes gibt es Thermalquellen.

Praktische Hinweise

Verkehrsverbindungen: Labuhan Bajo: Vor allem wenn sich die Urwaldstraße von Labuhan Bajo hinauf nach Ruteng nach heftigen Regenfällen in eine Schlammpiste verwandelt hat, mutet die Fahrt auf der Ladefläche eines Lkw mitunter recht abenteuerlich an. Selbst bei günstigen Witterungsumständen benötigt man für diese ersten 130 km der insgesamt rund 650 km langen Trans-Flores-Straße mindestens 10 Std.; halten Sie bei dieser Lkw-Fahrt unbedingt Regen- und Kälteschutz bereit. Alternativen zu dieser beschwerlichen Überlandreise sind der mehrmals pro Woche stattfindende Merpati-Flug von Labuhan Bajo nach Ruteng (ein Merpati-Büro befindet sich im Ort) oder die Fahrt in einem der einigermaßen regelmäßig zwischen Labuhan Bajo und Reo verkehrenden Passagierboote an die Nordküste; von Reo gehen auf einer angeblich weniger abenteuerlichen Strecke Busse hinauf nach Ruteng (ca. 60 km). **Ruteng:** Von Ruteng (Busbahnhof nahe dem Markt) fahren auf einer nur abschnittsweise geteerten Straße Busse nach Bajawa (135 km/ca. 7 Std.) oder direkt nach Ende (260 km/ca. 13 Std.). Merpati fliegt von Ruteng nach Labuhan Bajo und Ende sowie nach Bima auf Sumbawa; Merpati-Büro in der Jl. Pertiwi 15. **Bajawa:** Um von Bajawa nach Bena zu gelangen, nehmen Sie eines der regulären, meist morgens verkehrenden Bemo nach Welu; von dort aus führt eine ca. 6 km lange Wanderung den Berg hinunter nach Bena. Mit einem gecharterten Bemo ist Bena nur während der Trockenzeit zu erreichen, bei Regen kann die Bergstrecke Welu–Bena allenfalls von allradgetriebenen Fahrzeugen bewältigt werden. Häufiger verkehren reguläre Bemo oder Lkw zwischen Bajawa und Soa. Busse von Bajawa nach Ende (125 km/ca. 6 Std.) fahren meist im Laufe des Vormittags ab; nach Riung an der Nordküste verkehren nur sporadisch Lkws. Merpati fliegt von Bajawa u. a. nach Ende.

Unterkunft: Labuhan Bajo: Bajo Beach Inn, Losmen Komodo, Losmen Mutiara (einfach), Losmen Soni, Waecicu Beach Accomodation & Restaurant (ca. 20 Min. per Boot ab Labuhan Bajo; einfache Strandbungalows, die im April 1988 noch im Bau waren). **Reo:** Losmen Teluk Bayur, Jl. Mesjit 8. **Ruteng:** Losmen Karya, Jl. Motang Rua; Wisma Agung I, Jl. Wae Ces (ca. 1 km außerhalb); Wisma Agung II, Jl. Motang Rua 10 (zentral gelegen, gutes Restaurant); Wisma Sindha, Jl. Yos Sudarso 26. **Bajawa:** Losmen Dam, Losmen Johny, Losmen Mawar, Pondok Wisata Virgo, Wisma Kembang (bestes Haus am Platz).

Das östliche Flores

Ende, heute mit rund 70000 Einwohnern die größte und sowohl politisch als auch wirtschaftlich bedeutendste Stadt auf Flores, war vom späten 17. Jh. bis Mitte des 19. Jhs. als Hafenstadt ein wichtiger Handels- und Militärstützpunkt der moslemischen Sultane von

Makassar. Obwohl sich heute immer noch die Hälfte der Einwohner zum Islam bekennt, ist Ende eines der Zentren der katholischen Missionsarbeit auf Flores. Der Ort, in dem während der 30er Jahre Sukarno eine Zeitlang im Exil lebte, hat dem Besucher außer einer islamisch geprägten Altstadt und einem farbenfrohen Markt, wo man die bekannten floresischen *Ikat Sarong* erstehen kann, wenig zu bieten. Sehr interessant dagegen sind Ausflüge in die nähere Umgebung.

Nicht nur für Sammler wertvoller Textilien lohnt sich die Fahrt ins ca. 8 km nordöstlich gelegene Weberdorf **Ndono,** wo *Ikat*-Stoffe allerbester Qualität hergestellt werden. Auch in einigen Nachbardörfern (z.B. Desa Onelako, ca. 1 km nördlich von Ndono) kann man Weberinnen bei ihrer kunst- und mühevollen Arbeit beobachten (Anfahrt: Bemo ab Terminal nahe dem Hafen).

Eine landschaftlich überaus reizvolle, knapp zweistündige Wanderung bringt uns von Ende zum südöstlich gelegenen traditionellen Dorf **Wolotopo.** Nehmen Sie vom zentralen Busterminal in Ende ein Bemo nach Wolowona. Gleich hinter der Brücke an der nach Ndona führenden Straße zweigt ein asphaltierter Fahrweg südwärts ab und trifft nach ca. 2 km auf den Nanga Nesa-Strand. Ein Fußpfad schlängelt sich von hier aus, immer dem abwechslungsreichen Küstenverlauf folgend, nach Wolotopo (ca. 4–5 km). Von den steilen Klippen, die es zu überqueren gilt, bieten sich immer wieder grandiose Ausblicke auf die wunderschöne Bucht mit der kleinen Pulau Koa und dem dahinter aufragenden Gunung Meja (›Tischberg‹). Das ca. 2500 Seelen zählende, sich amphitheaterförmig an den Berghang schmiegende Dorf Wolotopo beherrscht eine große, von einem deutschen Missionar erbaute Kirche. Auf einem Hügel hoch über dem Dorf stehen vier alte *Adat*-Häuser (Sao Sue, Sao Adalaki, Sao Atropo und Sao Ria). Die höchste Erhebung dominiert ein Zeremonialhaus *(Katakaukan)*, um das sich megalithische Grabmale gruppieren. Auch in diesem Dorf werden hochwertige *Ikat*-Webereien angefertigt. Bitte melden Sie sich vor der Besichtigung beim *Kepala Desa* und entrichten Sie eine kleine Spende für die Dorfgemeinschaft.

Eine Attraktion ganz besonderer Art ist der **Vulkan Gunung Kelimutu** (1690 m) mit seinen drei verschiedenfarbigen Kraterseen (ca. 60 km nordöstlich von Ende, Farbabb. 26). Die durch steil abfallende Felswände voneinander getrennten Seen wechseln erstaunlicherweise ständig ihre Farben. Vor 50 Jahren war einer blaugrün, einer tiefgrün und einer rot. Heute schillern zwei der Seen in einem rötlichen Braun, während der dritte hell türkisgrün leuchtet. Eine exakte wissenschaftliche Untersuchung der Seen hat man noch nicht vorgenommen. Es wird jedoch vermutet, daß das Wasser immer tiefer in neue Gesteinsschichten vordringt und dort verschiedenartige Mineralien löst, die schließlich das Farbenphänomen hervorrufen. Für die Einheimischen stellt der türkisgrüne See das Paradies dar, in dem sich die guten Seelen tummeln, die beiden rotbraunen dagegen die Hölle, wo die armen Sünder schmachten.

Ausgangspunkt für eine Wanderung auf den Kelimutu ist der kleine Ort **Moni** an der Hauptstraße zwischen Ende und Maumere. Etwa 1,5 km westlich von Moni zweigt eine rund 12 km lange, abschnittsweise geteerte Straße ab, die direkt zu den Kraterseen führt. Man kann diese Strecke mit einem robusten Auto, einem Motorrad oder auf dem Rücken eines gemieteten Pferdes bewältigen; man kann aber auch eine nicht allzu anstrengende, etwa dreistündige Wanderung unternehmen. Auf alle Fälle sollte man sehr zeitig aufbrechen, um noch vor Sonnenaufgang am Gipfel zu sein, denn oftmals hüllt sich der gesamte Kraterbereich bereits am frühen Vormittag in

Meeresbucht mit der Insel Pulau Koa und dem Berg Gunung Meja bei Ende (Ostflores)

dichte Wolken. Während Wanderer für den nächtlichen Aufstieg den bequemen Fahrweg nehmen sollten, empfiehlt sich für den Abstieg eine Abkürzung *(Jalan Potong)*, die etwa auf halber Höhe unmittelbar an der PPA-Hütte beginnt und von dort aus in nur etwa einer halben Stunde nach Moni zurückführt. Einige hundert Meter westlich von Moni windet sich linker Hand ein Pfad hinab ins Tal zu einem Wasserfall, der sich in einen natürlichen Pool ergießt; gleich in der Nähe sprudeln heiße Quellen.

Auch die Gegend um Moni und den Nachbarort **Wolowaru** (ca. 12 km östlich) ist bekannt für qualitativ hochwertige *Ikat*-Webereien, die oft noch mit Naturfarben hergestellt werden. Ein besuchenswertes Dorf ist **Nuaone** (ca. 2–3 km östlich von Moni); andere Zentren der lokalen *Ikat*-Weberei sind an der von Wolowaru aus südwärts zur Küste führenden Landstraße zu finden (z. B. Jopu, Wolojita und Nggela).

Maumere, ein Hafenort an der Nordküste, liegt in einer der dichtest besiedelten Regionen der Insel. Sehr lohnenswert ist ein Besuch im völkerkundlichen Museum des Priesterseminars von **Ledalero** (ca. 10 km südwestlich), das u. a. über eine hervorragende Sammlung von *Ikat*-Stoffen aus verschiedenen Regionen Nusa Tenggaras verfügt; Öffnungszeiten: täglich 8–17 Uhr (Anfahrt: Bemo ab Terminal in Richtung Nita). Südlich von Ledalero liegen die Weberdörfer **Nita, Lela** und **Sikka.** Etwa 4 km östlich von Maumere steht in einer seichten Lagune das von zugewanderten Bugis aus Südsulawesi erbaute Pfahlbautendorf **Wuring.** Das bislang einzige teure Touristenhotel auf Flores ist der Sea World Club (Sao Wisata) an einem schönen Strandabschnitt zwischen Kewapante und Waiara (ca. 13 km östlich von Maumere). Bereits in unmittelbarer Strandnähe kann man hier beim Schnorcheln Korallen in phantastischer Vielfalt entdecken. Der Sea World Club organisiert auch Bootstouren zu den vorgelagerten Inseln Pulau Besar, Pulau Kambing und Pulau Pemana mit ihren spektakulären Korallengärten.

Durch eine Landschaft, deren Charakter von einer zunehmend karger werdenden Vegetation geprägt wird, führt von Maumere aus eine staubige Straße nach **Larantuka** am östlichsten Ende von Flores. Drei Jahrhunderte lang war dieses Hafenstädtchen die Hochburg der Portugiesen, von der aus sie den katholischen Glauben über die ganze Insel verbreiteten. Das eindrucksvollsteVermächtnis des Katholizismus iberischer Prägung ist die berühmte Osternacht-Prozession von Larantuka. Eine große Bedeutung hat der Ort heute vor allem als Fährhafen für die östlich an Flores anschließenden Inseln des Solor- und Alor-Archipels.

Praktische Hinweise

Verkehrsverbindungen: Ende: Von Ende (Busterminal nahe dem Hafen) fahren Busse in östlicher Richtung nach Moni (55 km/ca. 2 Std.) oder direkt nach Maumere (150 km/ca. 7 Std.), in westlicher Richtung nach Bajawa und Ruteng (Abfahrt meist am frühen Vormittag und am Abend). Merpati fliegt von Ende über Ruteng und Labuhan Bajo nach Bima (Sumbawa) sowie u. a. nach Bajawa, Maumere, Larantuka, Kupang (Timor) und Waingapu (Sumba); Merpati-Büro in der Jl. Nangka. Ende wird von dem PELNI-Schiff KM Kelimutu angelaufen; PELNI-Büro in der Jl. Pabean 6. Sporadisch verkehren kleinere Passagierschiffe zwischen Ende und Labuhan Bajo sowie zwischen Ende und Waingapu (Sumba). **Moni:** Busse nach Ende und in die Gegenrichtung nach Maumere passieren Moni für gewöhnlich im Laufe des Vormittags. **Maumere:** Von Maumere (Busterminal ca. 2 km außerhalb) fahren Busse in westlicher Richtung nach Moni und Ende, in östlicher nach Larantuka (140 km/ca. 6 Std.). Merpati fliegt von Maumere nach Larantuka, Ende und Ruteng sowie u. a. nach Kupang (Timor), Denpasar (Bali) und mehrmals wöchentlich nach Ujung Pandang (Sulawesi); Bouraq fliegt mehrmals wöchentlich von Maumere nach Kupang und Denpasar. Merpati-Büro in der Jl. Pasar Lama Barat 3 (✆ 242), Bouraq-Büro in der Jl. Madawat (✆ 167). **Larantuka:** Von Larantuka fahren Busse in westlicher Richtung nach Maumere (Abfahrt vormittags). Merpati fliegt von Larantuka u. a. nach Maumere und mehrmals wöchentlich nach Kupang (Timor); Merpati-Büro in der Jl. Basuki Rahmat 5 (geg. kath. Kirche). Der Flugplatz liegt etwa 10 km nordöstlich des Zentrums (Merpati bietet einen Shuttle Service). Zweimal wöchentlich fährt ein größeres Passagierschiff von Larantuka nach Kupang. Täglich oder zumindest jeden zweiten Tag fahren kleinere Schiffe nach Lamakera (Solor) und Lewoleba (Lembata); nur einmal wöchentlich verkehren Schiffe zwischen Larantuka und Lamalerap (Lembata) sowie Larantuka und Kalabahi (Alor). PELNI-Büro in der Jl. Niaga; zuverlässige Auskunft über Schiffsverbindungen erhält man in der Polizeiwache am Hafen.

Unterkunft: Ende: Losmen Ikhlas, Jl. A. Yani (einfach); Losmen Solafide, Jl. Onekore 2; Wisma Amica, Jl. Garuda, ✆ 283; Wisma Melati, Jl. Wolowona, ✆ 311 (nahe Flugplatz); Wisma Safari, Jl. A. Yani, ✆ 499; Wisma Wisata, Jl. Kelimutu, ✆ 368 (bestes Haus am Platz). **Moni:** Losmen Amina Moe, Sao Lelegana; Wisma Kelimutu (einfach; bei der Kirche); Sao Ria Wisata (dem Kelimutu am nächsten gelegene und komfortabelste Unterkunft im Ort). **Wolowaru:** Losmen Setia. **Maumere:** Losmen Beng Goan, Jl. Pasar Baru Timur, ✆ 447; Losmen Bogor I und II, Jl. Slamet Riadi; Losmen Flora Jaya, Jl. A, Yani 2, ✆ 333; Sea World Club, Waiara (komfortables Strandhotel ca. 13 km östlich von Maumere). **Larantuka:** Hotel Tresna, Jl. Yos Sudarso 8, ✆ 72; Losmen Kartika (am Hafen); Penginapan Rulies, Jl. Yos Sudarso.

Restaurants (chinesisch und indonesisch): **Ende:** Depot Ende, Jl. Sudirman 6; Ruman Makan Anugerah, Jl. Aembonga; Rumah Makan Terminal, Jl. M. Hatta. **Maumere:** Depot Shanty, Jl. Moatoda; Restaurant Citarasa (nahe Busterminal). **Larantuka:** Depot Nirwana, Jl. Niaga.

Information und wichtige Adressen: Post: Hauptpostamt, Jl. Gajah Mada, Ende (hier Poste Restante-Service). **Bank:** Bank Rakyat Indonesia, Jl. Sudirman, Ende.

Praktische Hinweise Flores

An- und Weiterreise: Flugzeug: Derzeit fliegen nur Merpati und Bouraq die Hauptorte auf Flores von anderen Inseln aus an; die wichtigsten Flugverbindungen: mehrmals wöchentlich Flüge der Merpati u. a. von Bima (Sumbawa) über Labuhan Bajo und Ruteng nach Ende (v. v.), von Denpasar (Bali) nach Maumere (v. v.), von Ujung Pandang (Südsulawesi) nach Maumere (v. v.), von Kupang (Timor) nach Maumere (v. v.) und von Kupang nach Larantuka (v. v.); mehrmals wöchentlich Flüge der Bouraq von Denpasar und Kupang nach Maumere (v. v.).

Schiff: Fähre nach Sumbawa (Sape) ab Labuhan Bajo, für gewöhnlich dreimal wöchentlich (So, Di und Do Abfahrt zwischen 8 und 9 Uhr, Fahrzeit 8–10 Std.; Di mit Zwischenstop auf Komodo). Schiffsverbindungen von und nach Osten vgl. ›Praktische Hinweise: Das östliche Flores: Verkehrsverbindungen‹, S. 383. Ende liegt auf der Route des PELNI-Schiffes KM Kelimutu (An- und Weiterreise von/nach Kupang, Waingapu, Bima, Ujung Pandang); nähere Auskünfte in den PELNI-Büros oder den jeweiligen Büros der Hafenmeister.

Reisen auf Flores: Vor allem während der Regenzeit kann das Überlandreisen auf Flores sehr strapaziös sein; man könnte dann in Erwägung ziehen, problematische Streckenabschnitte per Flugzeug zurückzulegen (z. B. Labuhan Bajo–Ruteng und Ruteng–Ende). Auf ganz Flores kann man sich bei rechtzeitiger Voranmeldung für gewöhnlich von seiner Buslinie im Hotel abholen lassen. Da Flores touristisch wenig erschlossen ist, sind Grundkenntnisse der indonesischen Sprache sehr hilfreich. Bei einer ernsthaften Erkrankung begebe man sich am besten ins Missionskrankenhaus von Lela (südlich von Maumere).

Der Solor- und Alor-Archipel

Zwischen Ostflores und Osttimor erstreckt sich ein Archipel aus fünf größeren Inseln (Solor, Adonara, Lembata, Pantar und Alor) sowie unzähligen kleinen Eilanden. Während in den Küstenräumen vorwiegend moslemische Zuwanderer malaiischer Herkunft siedeln, leben im gebirgig-zerklüfteten Innern dieser Insel alteingesessene melaneside Völkerschaften, die eine Vielzahl verschiedener Sprachen bzw. Dialekte sprechen und eine weite Palette von Insel zu Insel und von Region zu Region variierender religiöser und kultureller Traditionen pflegen. Trotz einer regen Tätigkeit christlicher Missionare, die den Archipel bereits Mitte des 16. Jhs. erreichten, sind vor allem die Binnenländler nach wie vor fest in ihren altüberlieferten animistischen Glaubensvorstellungen und Ahnenkulten verankert. Noch Mitte unseres Jahrhunderts wurden in manchen entlegenen Gebieten des Archipels, vor allem auf Alor, blutige Stammeskämpfe ausgetragen, bei denen die Kopfjagd eine bedeutende Rolle spielte. Heute noch erinnert die Anlage mancher Dörfer, die zur besseren Verteidigung auf Hügel- und Bergkuppen erbaut wurden, an diese kriegerischen Zeiten.

Solor war einst ein wichtiger Stützpunkt der Portugiesen; um ihre Handelsinteressen zu sichern, errichteten sie hier in der Nähe des heutigen Ortes Lohaiong 1566 die Steinfestung Henrique. Das Fort liegt heute in Trümmern, jedoch kann man noch die mächtigen Grundmauern und einige verrostete Kanonen sehen. In **Lamakera,** einem Fischerdorf im Osten der Insel, sind Walfänger beheimatet.

Bekannt für den mit einfachen Mitteln betriebenen Walfang ist aber vor allem die von rund 60 000 Menschen bewohnte Insel **Lembata** (früherer Name Lomblem). Lembata ist mit knapp 1300 km^2 nicht nur die größte Insel des Solor- und Alor-Archipels, sondern mit ihren bis zu 1700 m aufragenden Vulkankegeln wohl auch die landschaftlich schönste. Von **Lewoleba,** dem Hauptort der Insel, windet sich eine sporadisch von Lkws befahrene Straße durch gebirgiges Terrain in nordöstli-

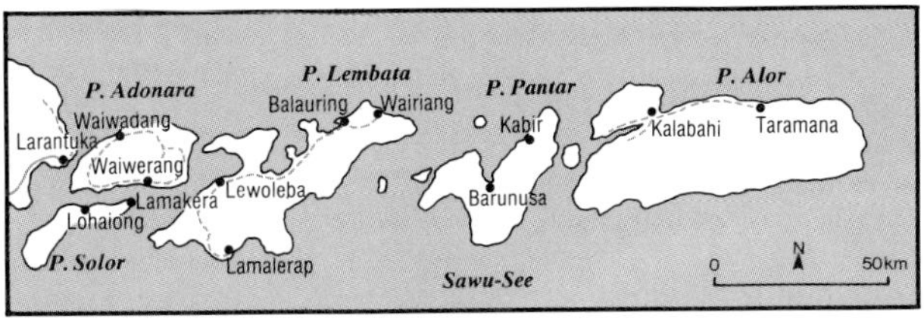

Solor- und Alor-Archipel

cher Richtung nach **Balauring** und weiter nach **Wairiang**. Die meisten der wenigen Besucher Lembatas zieht es jedoch an die Südküste in das bekannte Walfängerdorf **Lamalerap**. Wegen des kargen und unfruchtbaren Bodens, der kaum Ackerbau zuläßt, bildet seit alters her der Walfang die einzige Existenzgrundlage der Bewohner dieses Dorfes. Bei der Jagd auf die riesigen Meeressäuger (*Ikan Paus*) werden kleine, hölzerne Segelboote eingesetzt. Auf einem schmalen Bambussteg im Vorschiff hält ein Harpunierer Ausschau, um sich in einem günstigen Augenblick mit einem meterlangen Speer auf den Rücken des Wales zu stürzen. Oftmals ziehen die mächtigen Tiere die zerbrechlichen Boote stundenlang hinter sich her, bis sie verenden oder von den Männern getötet werden können. Pro Saison erlegen die Waljäger von Lamalerap mit ihren bescheidenen Fangmethoden etwa 15–20 Pottwale, was diese Tierart in ihrer Existenz gewiß nicht bedroht. Den unter totalem Artenschutz stehenden, von den Industrienationen beinahe ausgerotteten Blauwal hat man in Lamalerap übrigens nie gejagt. Da die modernen russischen und japanischen Fangflotten den Bestand an Pottwalen drastisch dezimiert haben, gelingt es den Lamalerap-Fischern in den letzten Jahren immer seltener, einen dieser kapitalen Meeressäuger anzulanden; oftmals müssen sie sich mit Haien, Delphinen, Mantas oder Marlins begnügen. Die Insel Lembata ist auch bekannt für hochwertige *Ikat*-Webereien.

Über die Geschichte der beiden weiter östlich gelegenen Inseln **Pantar** und **Alor** ist wenig bekannt, auch sind die rund 120000 Inselbewohner, die sich aus verschiedenen Ethnien zusammensetzen, bislang völkerkundlich nur wenig erforscht. Ein wichtiger kultureller Unterschied zwischen dem Inselpaar Pantar–Alor und den westlich gelegenen Inseln des Archipels ist die Form des Brautpreises. Während man in der Region zwischen Larantuka und Wairiang zur Zahlung des Brautpreises antikes Elfenbein verwendet, dienen auf Pantar und Alor hierfür bronzene Kesseltrommeln (*Moko*), die oftmals Jahrhunderte alt sind und Trommeln der bronzezeitlichen Dong-son-Kultur ähneln. **Kalabahi,** der bedeutendste Ort von Alor, liegt wunderschön am östlichen Ende einer schmalen, von Bergen gesäumten Meeresbucht.

Praktische Hinweise Solor- und Alor-Archipel

An- und Weiterreise: Flugzeug: Merpati fliegt bislang nur Kalabahi auf Alor an; mehrmals wöchentlich Flüge von und nach Kupang sowie Larantuka. Merpati-Büro in Kalabahi, Jl. Mujair 7.

Schiff: Regelmäßige Schiffsverbindungen bestehen zwischen Larantuka und den Hauptorten des Archipels. (Fast) täglich verkehren größere Passagierboote zwischen Larantuka und Waiwerang (Adonara), Lamakera (Solor) sowie Lewoleba (Lembata); nur einmal wöchentlich dagegen zwischen Larantuka und Lamalerap (Lembata) sowie Kalabahi (Alor). Zwischen Kalabahi und Kupang (Timor) soll ebenfalls ein reguläres Passagierschiff verkehren.

Reisen im Solor- und Alor-Archipel: Ein Abstecher in den Solor- und Alor-Archipel sei nur Reisenden mit viel Zeit empfohlen, die zudem nur wenig Ansprüche an Komfort stellen. Zwischen den größeren Inseln verkehren zwar mehr oder weniger regelmäßig Boote, dennoch ist aufgrund der oftmals sehr unsicheren Verbindungen ein hohes Maß an Flexibilität erforderlich. Für gewöhnlich relativ zuverlässig funktionierende Verbindungen bestehen zwischen folgenden Hauptorten: Waiwerang (Adonara) – Lamakera (Solor), Waiwerang (Adonara) – Lewoleba (Lembata), Lamakera (Solor) – Lamalerap (Lembata),

Lewoleba (Lembata) – Lamalerap (Lembata), Balauring (Lembata) – Kabir (Pantar) – Kalabahi (Alor). Sporadisch sollen auf einer sehr schlechten Straße zwischen Lewoleba und Lamalerap (beide auf Lembata) Lkws verkehren; zuverlässiger erscheint die Schiffsverbindung.

Unterkunft: Lewoleba (Lembata): Losmen Rahmat, Penginapan Rejeki. **Kalabahi (Alor):** Losmen Adi Dharma, Losmen Melati. In allen anderen Orten sind bislang keine kommerziellen Unterkünfte vorhanden; für gewöhnlich findet man ohne größere Probleme (eventuell mit Hilfe des jeweiligen *Kepala Desa*), gegen eine angemessene Bezahlung, bei Einheimischen eine Bleibe.

Timor

Mit rund 33 850 km² ist die fast 500 km lange und bis zu 100 km breite Insel Timor die größte der Kleinen Sunda-Inseln. Über die gesamte Länge wird Timor von zwei zentralen, mit einer Reihe von Hochplateaus durchsetzten Gebirgsketten (höchste Erhebung 2960 m) durchzogen. Wie die Nachbarinseln Sumba, Sawu und Roti gehört Timor zum äußeren, nichtvulkanischen Bogen des Sundagebirgssystems. Das Klima der Insel ist gekennzeichnet durch eine kurze Regenzeit (November bis Februar) und eine lange Trockenphase mit oftmals extremen Dürreperioden. Abgesehen von Mangrovensümpfen an einigen Abschnitten der Südküste und lichten Monsunwäldern in höheren Lagen des Inselinnern, bestimmen vorwiegend weite Grassavannen und Steppen das Bild der Landschaft. Die ehemals reichen Sandelholzbestände Timors (sie gaben der Insel den Beinamen *Pulau Cendana* = ›Sandelholzinsel‹) wurden über viele Jahrhunderte hinweg rücksichtslos ausgebeutet und sind heute bis auf kleine Reste verschwunden. Eine für die Inselökonomie wichtige Rolle spielt heutzutage die Viehwirtschaft.

Die alteingesessene melaneside Inselbevölkerung gliedert sich in zwei große Volksgruppen: die auf West- und Zentraltimor lebenden Atoni, die sich selbst *Atoni Pah Meto* (›Volk des trockenen Landes‹) nennen, und die in den östlichen Regionen siedelnden Belu. Die Atoni gelten als Meister in der Kunst des *Ikat*-Webens. Zwar bekennt sich ein Großteil der noch sehr traditionsgebundenen Inselbevölkerung zum Katholizismus oder Protestantismus, doch sind animistische Glaubensvorstellungen nach wie vor weit verbreitet. Auch in christlichen Dörfern werden beispielsweise wie in grauer Vorzeit Hunde geschlachtet, weil deren Leber eine rituelle Bedeutung hat.

Bereits Anfang des 16. Jhs. landeten die Portugiesen wiederholt auf Timor. Erste Handelsniederlassungen und Missionsstationen wurden Mitte des 16. Jhs. gegründet. Schon ab dem frühen 17. Jh. kam es zwischen den Portugiesen und den Holländern, die Teile Westtimors unter ihre Kontrolle gebracht hatten, zu Auseinandersetzungen um den kolonialen Besitz. Die heute noch bestehende Teilung Timors geht auf einen Vertrag zwischen den beiden europäischen Kolonialmächten im Jahre 1859 zurück. Die Niederländer behielten nach diesem Abkommen Westtimor; die Portugiesen zogen sich in die Exklave Oecussi Ambeno und in die Ostregionen der Insel zurück. Während Westtimor nach der Unabhängigkeit Indonesiens in den indonesischen Staatsverband eingegliedert wurde, blieb Osttimor bis 1975 im Besitz Portugals. Nachdem sich die Portugiesen endgültig aus ihrer Überseeprovinz zurückgezogen hatten, entbrannte um die ehemalige Kolonie ein heftiger Machtkampf (vgl. S. 388). Indonesiens 27. Provinz, Osttimor (*Timor Timur* bzw. *Tim Tim*), 15 Jahre lang durch die Militärbehörden hermetisch abgeschlossen, ist seit Anfang 1989 wieder offiziell für Touristen geöffnet, d. h. es wird keine Sondergenehmigung mehr verlangt. Die (touristische) Infrastruktur gilt allerdings nach wie vor als unterentwickelt.

Westtimor

Kupang (ca. 70 000 Einw.) ist nicht nur die politische und ökonomische Metropole, sondern auch die Verwaltungshauptstadt der Provinz Ost-Nusa-Tenggara. Seit der Eröffnung einer populären Flugverbindung von hier zum australischen Darwin wird Kupang wieder häufiger von Indonesien-Reisenden besucht. Da die Stadt keine nennenswerten Attraktionen besitzt, lohnt sich ein längerer Aufenthalt allerdings nicht. Angenehm ist ein abendlicher Bummel durch die beiden chinesisch geprägten Hauptgeschäftsstraßen Jl. Siliwangi und Jl. Garuda, die parallel zum Strand verlaufen. Ausflüge in die nähere Umgebung von Kupang führen zum 18 km südöstlich gelegenen Weberdorf **Baun** und zum sich 10 km östlich erstreckenden Badestrand Lasiana; einen schönen Sandstrand besitzt auch die vorgelagerte Insel **Pulau Kera.**

Von Kupang nach **Atambua** (283 km) schneidet eine relativ gut ausgebaute Landstraße diagonal durch den Westteil von Timor. Kurze Aufenthalte lohnen sich in dem Marktflecken **Camplong** sowie in dem von den Holländern angelegten weitläufigen Bergort **Soe** (46 bzw. 110 km nordöstlich von Kupang). Von Kupang aus kann man auch die für ihre kunstvollen *Ikat*-Webereien bekannten Inseln **Sawu** und **Roti** erreichen.

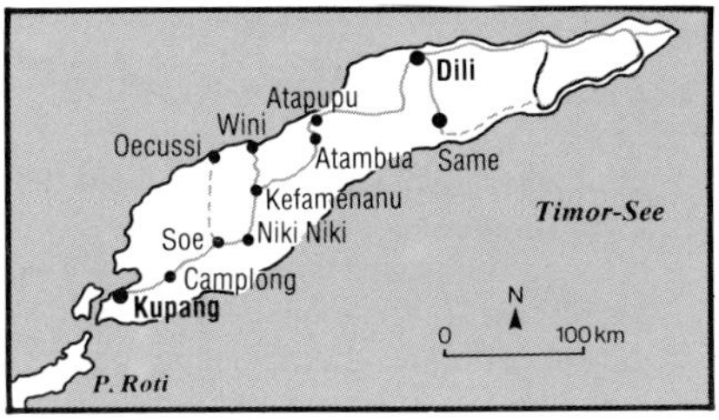

Timor

Praktische Hinweise Westtimor

An- und Weiterreise: Flugzeug: Kupangs Flughafen El Tari (ca. 15 km südöstlich) wird von Garuda, Bouraq und Merpati angeflogen. Mehrmals wöchentlich Flüge der Garuda von Jakarta über Denpasar nach Kupang und weiter nach Dili auf Osttimor (v. v.); der Bouraq von Denpasar über Maumere (Flores) oder Waingapu (Sumba) nach Kupang (v. v.); der Merpati u. a. von Denpasar über Tambolaka und Waingapu auf Sumba nach Kupang (v. v.), von Ende, Maumere und Larantuka auf Flores nach Kupang (v. v.), von den Inseln Alor, Sawu und Roti nach Kupang (v. v.) sowie von Ujung Pandang auf Sulawesi über Maumere nach Kupang (v. v.). Merpati fliegt überdies zweimal wöchentlich die Route Kupang – Darwin (Di und Fr). Adressen der Fluglinien (alle in Kupang): Garuda, Jl. Kosasih, ✆ 22088; Bouraq, Jl. A. Yani 21, ✆ 21392; Merpati, Jl. Sudirman 21, ✆ 21961.

Schiff: Kupang ist der östlichste Punkt der Route des PELNI-Schiffs KM Kelimutu. Zweimal wöchentlich fährt ein größeres Passagierschiff von Kupang über Waiwerang (Adonara) nach Larantuka auf Flores (v. v.). Zweimal im Monat fährt ein PELNI-Schiff von Kupang über Sawu nach Waingapu auf Sumba (v. v.). Eine regelmäßige Schiffsverbindung besteht auch zwischen Kupang und den Inseln Alor und Roti. Kupangs Hafen Tenau liegt etwa 7 km südwestlich (mit einem Bemo erreichbar). Auskunft: PELNI-Büro, Jl. Pahlawan 3, ✆ 21944 oder im Büro des Hafenmeisters, Jl. Yos Sudarso 23, Tenau, ✆ 21790. Bislang bestehen keine Verkehrsverbindungen von Kupang zu den Molukken oder nach Irian Jaya.

Reisen auf Westtimor: Merpati fliegt von Kupang aus weitere Orte auf Timor an (u. a. Oecussi und Atambua sowie Dili auf Osttimor). Von Kupangs zentralem Bus- und Bemoterminal (Jl. Siliwangi/Jl. Sukarno) fahren (Mini-)Busse in alle Hauptrichtungen.

Spezielle Reisegenehmigungen (Surat Jalan) werden derzeit (1991) weder für West- noch für Osttimor verlangt. Da sich vor allem die Situation auf Osttimor jedoch wieder ändern kann, empfiehlt es sich, rechtzeitig vor Reiseantritt bei den diplomatischen Vertretungen der Republik Indonesien (vgl. S. 538) aktuelle Informationen einzuholen. Auskunft erhält man auch bei der obersten Polizeibehörde Direktorat Intelpam Polri, Subdirektorat Poa, Jl. Trunojoyo, Kebayoran, Jakarta.

Reiseagenturen: Gajah Mada Tours & Travel, Jl. Sumatera 37, ✆ 22522; Pitoby Travel Service, Jl. Siliwangi 65, ✆ 21222 (hat u. a. eine Tour nach Komodo im Angebot).

Unterkunft: Kupang: Hotel Sasando, Jl. Perintis Kemerdekaan, ✆ 22224 (bestes Hotel in Kupang; ca. 5 km außerhalb in Richtung Flughafen); Wisma Andhika, Jl. Kosasih, ✆ 22645; Wisma Nusantara, Jl. Tim Tim 8, ✆ 21147; Wisma Susi, Jl. Sumatera 37, ✆ 22172 (zentral gelegen). **Soe:** Losmen Anda, Jl. Kartini; Losmen Bahagia, Jl. Diponegoro. **Atambua:** Wisma Liurai, Wisma Sahabat.

Restaurants: Kupang: Rumah Makan Beringin Jaya, Jl. Garuda 7 (Padang); Rumah Makan Karang Mas, Jl. Siliwangi 84–88 (chinesisch und indonesisch), Rumah Makan

Exkurs: Der Osttimor-Konflikt

Infolge der kolonialen Machtkämpfe zwischen Portugal und den Niederlanden war die Insel Timor, nachdem die VOC im 17. Jh. die Vorherrschaft im indonesischen Archipel errungen hatte, in zwei Hälften geteilt worden. Der westliche Teil kam nach der Proklamation der Unabhängigkeit zur Republik Indonesien, der östliche blieb bis Ende 1975 eine sogenannte überseeische Provinz Portugals. Die nach der portugiesischen ›Nelkenrevolution‹ Mitte der 70er Jahre eingeleiteten Dekolonialisierungsmaßnahmen entfachten um die Zukunft Osttimors einen heftigen Bürgerkrieg zwischen Anhängern der ›Revolutionären Front für die Unabhängigkeit Osttimors‹ (FRETELIN) und den proindonesischen Kräften wie der ›Demokratischen Union von Timor‹ (UDT). Wenige Monate nach dem endgültigen Abzug der portugiesischen Kolonialherren und einem kurzen Zwischenspiel der Unabhängigkeit überschritten am 7. Dezember 1975 indonesische Truppen die Grenze zwischen den beiden Inselteilen und annektierten Osttimor gewaltsam. Im darauffolgenden Jahr, am 17. Juli 1976, wurde die einstige portugiesische Kolonie, nach einem auch auf internationaler Ebene umstrittenen Plebiszit, als 27. Provinz dem indonesischen Staat angegliedert. Beweggrund für die militärische Intervention der Regierung Suharto waren nicht territoriale Gewinne oder potentielle Bodenschätze, sondern die Verhinderung eines angeblichen ›Cuba in Asien‹ durch die Machtübernahme der vermeintlich kommunistischen Befreiungsbewegung FRETELIN. Diese setzte in der Folgezeit, nachdem die überlegenen Invasionstruppen die Städte unter ihre Kontrolle gebracht hatten, ihren Guerillakrieg aus den zentralen, schwer zugänglichen Berggebieten fort. 1977 begann die indonesische Luftwaffe, Rebellendörfer auszuradieren, und die Armeeführung richtete KZ-ähnliche ›strategische Lager‹ für Umsiedlungsaktionen ein. Rund 150000 Menschen, ein Viertel der Bevölkerung Osttimors, sind bisher infolge der immer noch andauernden Kampfhandlungen umgekommen oder wurden aufgrund der zerstörten (Land-)Wirtschaft und der völlig unzureichenden medizinischen Versorgung Opfer von Unterernährung und Krankheit. Internationale Menschenrechtsorganisationen werfen der Militärregierung in Jakarta Genozid vor, bezichtigen sie des Mordes am Volk der Osttimoresen.

Pantai Laut, Jl. Ikan Paus 1 (chinesisch, indonesisch und timoresisch).

Information und wichtige Adressen (alle in Kupang): **Touristeninformation:** East Nusa Tenggara Tourist Office, Jl. Basuki Rahmat 1, ✆ 21540. **Ausländerbehörde:** Kantor Imigrasi, Jl. Perintis Kemerdekaan. **PPA-Büro:** Jl. Perintis Kemerdekaan. **Post und Telefon:** Hauptpostamt, Jl. Palapa; Telefonamt, Jl. Urip Sumohardjo. **Banken:** Bank Dagang Negara, Jl. Sukarno 10; Bank Negara Indonesia 1946, Jl. Brawijaya 2. **Gesundheit:** Rumah Sakit Umum, Jl. Sudirman.

Sumba

Sumba (11100 km²/ca. 420000 Einw.) liegt südlich von Sumbawa und Flores und damit nicht mehr im vulkanischen Bogen des Sundagebirgssystems. Nicht nur verwaltungsmäßig, sondern auch klimatisch ist die beinahe ovale Insel in zwei sehr unterschiedliche Hälften geteilt. Mit über 1800 mm Niederschlag/Jahr erhält Westsumba eine etwa dreimal höhere Regenmenge als Ostsumba, dessen Landschaftsbild als Folge von Brandrodungsfeldbau und nachfolgender Bodenerosion von kahlen Berghängen und weiten, mit Hochgrassteppen bedeckten Ebenen geprägt wird. Im östlichen Teil Sumbas ist der Boden zu unfruchtbar für Ackerbau; seit frühen Zeiten verdienen die Ostsumbanesen daher ihren Lebensunterhalt mit der Aufzucht von Rindern und Pferden, die sie bis nach Westjava exportieren. Der Handel mit Sandelholz, früher eine wichtige Einnahmequelle, ist heute auf ein bescheidenes Maß zurückgegangen. Der einstige Reichtum an Sandelholz war auch der Grund dafür, daß die niederländische VOC Sumba im 17. und 18. Jh. in ihre Interessensphäre einbezog. Ansonsten aber lag die Insel stets im Schatten bedeutender geschichtlicher Ereignisse und wurde weder vom Hinduismus noch vom Islam oder christlichen Religionen in nennenswertem Ausmaß beeinflußt.

Obwohl Sumba mit einer Länge von rund 300 km und einer Breite von maximal 80 km verhältnismäßig klein ist, hat sich innerhalb der Inselbevölkerung, aufgrund der lange Zeit bestehenden geographischen Isolation zahlreicher Gebiete, eine Vielzahl von kulturell-religiösen und sprachlichen Unterschieden herausgebildet. Allgemein jedoch ist die sumbanesische Gesellschaft feudalistisch strukturiert. Man unterscheidet im wesentlichen drei (früher klar voneinander getrennte) soziale Schichten: die *Maramba* (die adeligen Volksführer, die Herren des Stammeseigentums, die Hüter des *Adat;* zu ihren Statussymbolen gehören große Viehherden und weite Ländereien), die *Kabihu* (die freien Bürger) und schließlich die *Ata* (die früheren Sklaven und Leibeigenen, die einst durch Niederlagen in Stammeskämpfen in Abhängigkeit gerieten). Seit einiger Zeit vollzieht sich bei verschiedenen sumbanesischen Stämmen ein Prozeß, der die Standesunterschiede immer mehr verwischt, ohne sie jedoch völlig auszulöschen. In ihrer Funktion als Priester (bzw. Schamanen), Schicksalsdeuter und weltliche Richter nehmen die allseits hochgeachteten *Rato* eine bedeutende Stellung ein.

Trotz reger Aktivitäten zahlreicher christlicher Missionare verharren rund zwei Drittel der Sumbanesen nach wie vor fest in der Welt des Marapu, einer Religion, in der die als Gottheiten verehrten Ahnen die entscheidende Rolle spielen. Marapu ist nicht nur der kollektive Begriff für alles, was zur transzendenten Welt gehört, mit Marapu bezeichnet man auch die höchste, göttliche Macht, der, nach den religiösen Vorstellungen der meisten Sumbanesen, jegliche irdische Existenz zugrunde liegt. Ihrem Grundcharakter nach ist Marapu also eine monotheistische Religion, in der sich ein übernatürliches, konkret nicht faßbares, aber absolut mächtiges höheres Wesen in der Gestalt von Ahnengeistern und Naturgottheiten offenbart. Der Glaube an die magischen Kräfte der Vorfahren bestimmt das alltägliche Leben der Insulaner. Vor allem der Tod eines vergöttlichten *Maramba* ist ein Ereignis von hoher religiöser und sozialer Bedeutung. Die Begräbnisfeierlichkeiten dauern Tage und sind verbunden mit großen Tieropfern, bei denen oftmals ganze Wasserbüffelherden und eine Unzahl von Schweinen geschlachtet werden. Beigesetzt werden die Stammesfürsten in monumentalen Megalith-Gräbern, die oftmals mit einem reichen Skulpturenschmuck versehen sind.

Zu den uralten religiösen Traditionen gehört auch das *Nyale*-Ritual, das alljährlich im westlichen Sumba der Aussaat auf den Feldern vorausgeht (für gewöhnlich im Februar oder März). Benannt ist diese bedeutende Zeremonie nach den buntschillernden Ringelwürmern, die wie auf ein Zauberwort an zwei Tagen des Jahres, genau zu einer bestimmten Mondphase, frühmorgens aus dem Meer hochsteigen und auf die Strände der Insel kriechen. Für die Menschen auf Sumba ist dies ein Zeichen des Himmels. Aus der Verfassung der Würmer im Moment des Einsammelns leiten die animistischen Hohepriester Vorhersagen für die kommende Ernte ab. Der spek-

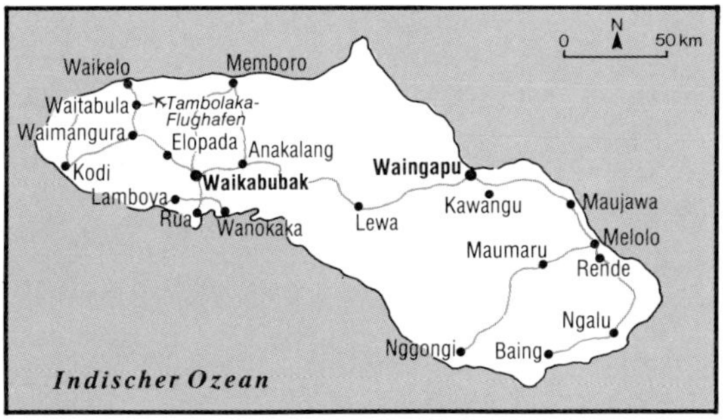

Sumba

takulärste Teil des *Nyale* ist das *Pasola*. Bei diesem Kriegsspielritual treten Dutzende, bisweilen auch Hunderte von Reitern mit langen Holzspeeren gegeneinander an wie die Ritter in mittelalterlichen Turnieren. Stundenlang galoppieren sie auf ungesattelten Pferden aufeinander los und schleudern ihre stumpfen Speere mit aller Wucht auf den Gegner; dennoch werden viele Reiter während des Kampfspiels verletzt, nicht selten gibt es dabei auch Tote. Seinen Ursprung hat das *Pasola* in der Auffassung, daß (ähnlich wie beim Hahnenkampf auf anderen Inseln) die Erde mit Blut gedüngt werden müsse, um ihre Fruchtbarkeit sicherzustellen. Ebenso wie das *Pasola* sind auch die am Vorabend des Reiterkampfes stattfindenden kultischen Boxkämpfe (*Pajura*) ein Fruchtbarkeitsritual. Damit auch bei diesen Kämpfen genügend Blut fließt, umwickeln die Kontrahenten ihre Fäuste mit Bündeln scharfkantigen Grases. Diese gewalttätigen Rituale erinnern daran, daß auf Sumba noch vor weniger als einem Jahrhundert die Kopfjagd existierte. Auf diese kriegerischen Zeiten geht auch die Anlage der traditionellen Dörfer zurück, die man zur besseren Verteidigung vorwiegend auf Hügeln errichtete. Für gewöhnlich gruppieren sich um einen Kultplatz mit megalithischen Grabmalen doppelzeilig oder ringförmig die einzelnen Wohnhäuser, die als charakteristische Baumerkmale weit ausladende, nach oben hin keilförmig zulaufende Walmdächer tragen. Das kriegerische Moment im Volkscharakter deuten überdies die Kurzschwerter (*Katopo*) an, die von vielen sumbanesischen Männern auch heute noch fast ständig getragen werden.

Vor allem auf Ostsumba hat die *Ikat*-Webkunst eine sehr hohe Entfaltung erreicht. Die selbstgefertigten Textilien spielen sowohl im religiösen als auch sozialen Leben eine überaus wichtige Rolle. Man unterscheidet prinzipiell zwischen Tüchern für Männer (*Hinggi*) und solchen für Frauen (*Lau*). Die reich ornamentierten *Ikat*-Webereien, die zumeist als Festtracht getragen werden, symbolisieren bei wichtigen Zeremonien, insbesondere bei Hochzeiten und Beerdigungen, den Sozialstatus des Trägers. Die Sumbatücher besitzen häufig auch eine rituelle Bedeutung; man verwendet sie beispielsweise zum Einhüllen der Toten. Als die schönsten und feinsten der Webstücke gelten die sogenannten *Hinggi Kombu* und *Lau Kombu*, die unter Verwendung der Rinde und der Wurzeln eines bestimmten Baumes rostbraun gefärbt werden. Der *Hinggi Kawuru* bzw. *Lau Kawuru* ist ein indigoblaues Tuch mit weißen Bildern und Ornamenten. Während in anderen indonesischen Zentren der *Ikat*-Weberei geometrische Muster bevorzugt werden, überwiegt auf Ostsumba die figurale Ornamentik. Häufig finden sich auf den Tüchern Darstellungen von Vögeln, Schlangen, Fischen und Krebsen. Andere charakteristische Motive sind kahlköpfige menschliche Figuren mit erhobenen Armen.

Ostsumba

Waingapu ist mit rund 30000 Einwohnern die Hauptstadt des sehr trockenen und felsigen Ostsumba. Der weitläufige Hafenort selbst besitzt keine Sehenswürdigkeiten, doch empfiehlt es sich, von hier aus das östliche Sumba zu erkunden. Etwa 3 km östlich von Waingapu (Richtung Flugplatz Mauhau) liegt das Dorf **Prailiu,** eines der bekanntesten *Ikat*-Zentren Sumbas. Beherrscht wird der kleine Ort von mehreren monumentalen Königsgräbern. In **Kawangu** (10 km östlich von Waingapu) findet man zwei weitere, fast noch eindrucksvollere megalithische Grabmale, auf denen sich stelenartige anthropomorphe Steinfiguren erheben.

Ein Tagesausflug führt in das Gebiet des alten Königreiches von Rende, südlich des Hafenstädtchens Melolo (62 km südöstlich von Waingapu). Das traditionelle Dorf **Praiyawang** erstreckt sich 7 km südöstlich von Melolo auf einer Hügelkuppe in einem weiten Flußtal. Den Kultplatz zwischen den Wohnhäusern, die sich in zwei Reihen gegenüberstehen, dominieren einige der mächtigsten Hochgräber ganz Sumbas. Diese megalithischen Grabmonumente für ehemalige Stammeskönige bestehen aus vier Quadern, auf denen tonnenschwere, mit archaischen Motiven geschmückte Steinplatten lagern. Die Grabkammern befinden sich in der Erde zwischen den Stützsteinen. Beachtung verdienen auch die beiden (unbewohnten) Zeremonialhäuser des Dorfes, in denen Totenfeiern stattfinden. Die hier wie auch an den Eingängen der meisten Wohnhäuser als Trittstufen angebrachten gewaltigen Büffelhörner symbolisieren die männliche Kraft und Kampfbereitschaft. Weitere Steinplattengräber stehen in dem ebenfalls sehenswerten Dorf **Paraikahembi** unweit von Praiyawang (der Hauptstraße in südöstlicher Richtung folgen und nach der Brücke rechts abbiegen, dann noch ca. 1 km). Entlang der Südostküste zwischen Ngalu und Baing gibt es mehrere Weberdörfer, in denen die berühmten Sumbatücher hergestellt werden (z. B. Mangili, ca. 30 km südöstlich von Praiyawang). Der Strand von **Kalala,** unweit von Baing, hat sich in letzter Zeit zu einem (mit öffentlichen Verkehrsmitteln schwer erreichbaren) ›Surfer-Paradies‹ entwickelt. (Anfahrt nach Praiyawang/ Rende: Bus ab Terminal Waingapu nach Melolo und von dort aus weiter mit einem der sporadisch verkehrenden Bemo oder gleich einen Bus ab Waingapu in Richtung Mangili nehmen und beim unmittelbar an der Hauptstraße gelegenen Praiyawang aussteigen.)

Westsumba

Durch ausgedehnte Grassavannen, die, je weiter man nach Westen kommt, langsam in eine während der Regenzeit üppig-grüne Reisfeldlandschaft übergehen, führt von Waingapu aus eine Straße quer durch die Insel nach **Waikabubak.** Die Umgebung des Hauptortes von Westsumba (ca. 12000 Einw.) ist kulturell die interessanteste Region der ganzen Insel. Hier findet man zahlreiche Dörfer mit traditionellen *Adat*-Häusern und zum Teil kunstvoll behauenen monumentalen Grabmalen. Bereits im Ortsbereich von Waikabubak stehen drei sehenswerte Megalithe: Kadung Tana, Watu Karagata und Bulu Peka Mila.

Desa Dedekadu ist ein doppelzeilig angelegtes Dorf, das sich nur 1 km außerhalb von Waikabubak malerisch an einen Berghang schmiegt. Zwischen den beiden terrassenförmig ansteigenden Häuserreihen befinden sich mächtige Steinplattengräber. Auf einem Hügel oberhalb des Marktes von Waikabubak breitet sich ein weiteres sehenswertes altes Dorf aus – **Desa Tarung.** In dieser Ansiedlung, die den rituellen Mittelpunkt der hiesigen Marapu-Religion darstellt, hat der ›Fortschritt‹ in Form von Wellblech bislang noch nicht Einzug gehalten. Viele der traditionellen

Hochgräber und Wohnhäuser im Dorf Praiyawang bei Melolo

Das Dorf Desa Dedekadu bei Waikabubak

Häuser, die sich ringförmig um einen Kultplatz mit megalithischen Gräbern gruppieren, sind mit mächtigen Kerbau-Gehörnen und Schweineschädeln geschmückt, Insignien des Wohlstands der Dorfnoblen, die an frühere Opferfeste erinnern.

Ein Tagesausflug führt in den Bezirk von **Anakalang** (tagsüber reger Bemoverkehr). 22 km östlich von Waikabubak steht direkt an der Hauptstraße nach Waingapu im Dorf **Pasunga** eines der faszinierendsten Königsgräber ganz Sumbas. Bei diesem Grabmonument handelt es sich um ein horizontales Plattengrab, an dessen Stirnseite sich eine prachtvoll skulpierte Steinstele erhebt. Schräg gegenüber zweigt ein Schotterweg von der Hauptstraße ab und führt in östlicher Richtung zum Dorf **Matakakeri** (ca. 1 km), wo sich das gigantische Grabmal des früheren Raja von Anakalang, das größte Königsgrab auf Sumba, befindet. Es wird berichtet, daß 2000 Arbeiter drei Jahre lang beschäftigt waren, um den 70 t schweren Megalithen aus einem entfernt gelegenen Felsen herauszumeißeln und an seinen heutigen Standort zu transportieren. Bei der damaligen Begräbniszeremonie hat man angeblich 250 Wasserbüffel geopfert. Auf einem Hügel oberhalb von Matakakeri (ca. 1 km entfernt) liegt das Dorf **Lai Tarung,** das rituelle Zentrum des Anakalang-Bezirks. Besondere Beachtung verdient hier das pavillonartige Zeremonialhaus, dessen Dach von vier großen und sechs kleineren mit geometrischen Mustern verzierten Steinsäulen getragen wird. Nach Auskunft von Einheimischen wurden diese Megalithe aus einem 10 km entfernten Steinbruch herangeschleppt. In **Prai Bokul** (ca. 4 km südöstlich von Matakakeri) steht Umbu Sawola, ein weiteres Grabmal mit außerordentlich schönen Steinschnitzereien.

Weitere traditionelle Dörfer findet man in der Umgebung von Wanokaka (18 km südlich von Waikabubak). Das Watu Kajiwa-Monument in **Prai Goli** soll das älteste Megalith-Grab Westsumbas sein. Einige Kilometer westlich von **Wanokaka** bietet der Badestrand von Rua Abwechslung zum Kulturprogramm. 90 km westlich von Waikabubak erheben sich in der Nähe des Weberdorfes **Kodi** (schwer mit öffentlichen Verkehrsmitteln zu erreichen) behauene Megalithe direkt am Strand.

Praktische Hinweise Sumba

An- und Weiterreise: Flugzeug: Bouraq und Merpati fliegen die beiden Hauptorte Sumbas an. Waingapus Flugplatz Mauhau liegt 6 km östlich der Stadt, Westsumbas Flugplatz Tambolaka 42 km nordwestlich von Waikabubak. Mehrmals wöchentlich Flüge der Bouraq von Denpasar (Bali) und Kupang (Timor) nach Waingapu (v. v.); der Merpati u. a. von Denpasar über Tambolaka nach Waingapu (v. v.) und von Denpasar über Ampenan (Lombok) und Bima (Sumbawa) nach Tambolaka (v. v.). Buchungsbüros der Fluglinien: Bouraq, Jl. Yos Sudarso 49, ✆ 36, Waingapu; Merpati, Jl. Matawai 20, ✆ 180, Waingapu und Jl. A. Yani 35 (Hotel Elim), ✆ 32, Waingapu sowie Jl. A. Yani (Toko Cendana), ✆ 51, Waikabubak.

Schiff: Waingapu liegt auf der Route des PELNI-Schiffes KM Kelimutu (An- und Weiterreise in östlicher Richtung von/nach Ende und Kupang, in westlicher u. a. von/nach Bima und Ujung Pandang). Zweimal im Monat fährt ein kleineres PELNI-Schiff von Kupang über Sawu nach Waingapu (v. v.). Eine weniger regelmäßige Schiffsverbindung besteht zwischen Waingapu und Ende (Flores). Vom Hafen Waikelo an der Nordküste Westsumbas aus verkehren derzeit keine Passagierschiffe. Ein PELNI-Büro befindet sich in Waingapu (Jl. Pelabuhan 2, ✆ 27).

Reisen auf Sumba: Zwischen den beiden Hauptorten Waingapu und Waikabubak verkehren täglich mehrere Busse (137 km/ca. 6 Std.); bei rechtzeitiger Voranmeldung wird man im Hotel abgeholt. Während entlang der west-östlichen Hauptroute (etwa zwischen Waikelo und Melolo) zumindest tagsüber mehr oder weniger regelmäßig Busse und Bemo pendeln, sind abseits gelegene Dörfer für gewöhnlich sehr schwer mit öffentlichen Verkehrsmitteln zu erreichen. Über Hotelvermittlung (in Waingapu Hotel Elim, in Waikabubak Losmen Mona Lisa) kann man geländegängige Fahrzeuge mieten. Zweimal wöchentlich fliegt Merpati von Waingapu nach Tambolaka (v. v.).

Vor der Besichtigung von traditionellen Dörfern und Grabstätten sollte man sich höflichkeitshalber kurz beim *Kepala Desa* vorstellen und ihm eine kleine Spende für die Dorfgemeinschaft überreichen. Die Erlaubnis des Dorfvorstehers ist unbedingt einzuholen, wenn man bei Zeremonien zugegen sein möchte.

Unterkunft: Waingapu: Hotel Elim. Jl. A. Yani 35, ✆ 32 (ruhig); Hotel Sandalwood, Jl. Matawai, ✆ 117 (bestes Haus am Platz); Hotel Surabaya, Jl. El Tari 2, ✆ 125 (nahe Busterminal; gutes chinesisches Restaurant). **Waikabubak:** Hotel Rakuta, Jl. Veteran; Losmen Mona Lisa, Jl. Gajah Mada (gutes chinesisches Essen; der Besitzer arrangiert ein- und mehrtägige Touren zu Sehenswürdigkeiten Westsumbas); Losmen Pelita, Jl. A. Yani.

Feste: Das *Pasola* findet im Februar in den Dörfern Kodi und Lamboya sowie im März in Wanokaka statt (alle Orte auf Westsumba). Große Begräbniszeremonien werden für gewöhnlich zwischen Juli und Oktober abgehalten.

Sumatra

Sumatra (indon.: ›Sumatera‹) erstreckt sich von Nordwesten nach Südosten bei einer maximalen Breite von 400 km über eine Länge von 1770 km. Mit einer Flächenausdehnung von 473 606 km² ist Sumatra die zweitgrößte Insel Indonesiens und zugleich die fünfgrößte der Welt. Im Nordosten wird das vom Äquator in zwei etwa gleich große Hälften geteilte Sumatra durch die Malakka-Straße von der Malaiischen Halbinsel getrennt, im Süden durch die Sunda-Straße von Java. Mit über 37 Mill. Menschen nimmt die verwaltungsmäßig in acht Provinzen gegliederte Insel auch der Einwohnerzahl nach im indonesischen Archipel die zweite Stelle ein, ist jedoch mit durchschnittlich 78 Einw./km^2 recht dünn besiedelt. Die geringe Bevölkerungsdichte der Insel kontrastiert mit ihrer überragenden wirtschaftlichen Bedeutung: Sumatra ist allen übrigen indonesischen Inseln an natürlichen Ressourcen weit überlegen und steht hinsichtlich des Exportvolumens (Öl, Erdgas, Kohle, Zinn, Bauxit, Edelhölzer, Kautschuk, Palmöl, Tabak, Tee, Kaffee u. a.) unbestritten an erster Stelle des ganzen Landes. Hier werden rund 60 % des indonesischen Bruttosozialproduktes erwirtschaftet. Während das südöstliche und zentrale Sumatra beinahe drei Viertel des indonesischen Erdöls liefern, ist Nordsumatra das eigentliche Kernland der großflächigen Plantagenwirtschaft. Um die gewaltigen Reichtümer der Insel auszubeuten und zugleich der Überbevölkerung Javas ein Ventil zu verschaffen, versucht die Zentralregierung in Jakarta im Rahmen der nationalen *Transmigrasi*-Programme, Hunderttausende von Javanern nach Sumatra umzusiedeln. Trotz der ökonomischen Schlüsselposition ist die Infrastruktur noch immer unterentwickelt, denn der größte Teil des erwirtschafteten Kapitals fließt nach Java, das ohne die große Nachbarinsel kaum lebensfähig wäre.

Wegen der Nähe zum asiatischen Festland sind auf Sumatra verschiedene Tierarten beheimatet, die in anderen Regionen des indonesischen Archipels kaum oder überhaupt nicht vorkommen. Dazu zählt das vom Aussterben bedrohte zweihörnige Sumatra-Nashorn sowie der ebenfalls stark gefährdete Königstiger und der Indische Tapir. Auch die Rückzugsgebiete der letzten Elefantenherden auf Sumatra werden durch die zunehmende Erschließung der Insel immer stärker beschnitten. Während noch vor wenigen Jahrzehnten die Zahl der Krokodile in den Flußläufen Legion war, ist der Bestand der Riesenechsen heute ebenfalls drastisch dezimiert. Nur noch in den tropischen Regenwäldern Sumatras und Borneos kommt der ebenfalls gefährdete Orang-Utan vor (vgl. S. 423).

Sumatra ist die Heimat eines breiten Spektrums von sehr unterschiedlichen und ethnologisch hochinteressanten Völkerschaften. Da die östlichen Tiefländer mit ihren unwirtlichen Regenwäldern und Mangrovengürteln kaum eine Besiedelung zulassen, lebt die überwiegende Mehrheit der Bewohner Sumatras nicht in den Küstenbereichen, sondern in den Vorbergen und Hochplateaus des Bukit Barisan-Gebirges. Sumatra ist vorwiegend von kulturell und in ihren sozialen Organisationsformen stark differierenden Ethnien alt- und jungmalaiischer Herkunft besiedelt. Unter den jungmalaiischen Gruppen dominieren die im Hochland von Padang auf Westsumatra lebenden Minangkabau, die traditionell an einer matrilinearen Gesellschaftsform festhalten (vgl. S. 409). Fest in einem Islam orthodoxer Prägung verankert sind die als sehr freiheitsliebend und auch kriegerisch bekannten, ebenfalls jungmalaiischen Aceher an der Nordspitze der Insel. Lebensraum der in mehrere Untergruppen zerfallenden protomalaiischen Batak ist das Gebirgsland um den Toba-See auf Nordsumatra (vgl. S. 428). Die den Batak kulturell verwandten Alas und Gayo siedeln im zentralen Gebirgsland des nördlichen Sumatra. Kleinere, im Aussterben begriffene archaische Völkersplitter wie die Kubu, Sakai, Akit u. a. schweifen als halbnomadische Jäger und Sammler in den Sümpfen und Regenwäldern des südöstlichen Teils der Insel.

Einen relativ hohen Anteil an der Bevölkerung stellen die Nachfahren der einst von den holländischen Kolonialherren als Plantagenarbeiter ins Land gebrachten Chinesen, die eine bedeutende Rolle bei der dynamischen Wirtschaftsentwicklung spielen. Ergänzt wird die Bevölkerung durch seit alters her an den

Küsten siedelnde Bugis sowie durch in jüngerer Vergangenheit zugewanderte Javaner und Balinesen. Die Bewohner Sumatras bekennen sich zum Islam; eine Ausnahme bilden die christianisierten Batak. In Sumatras Geschichte war die Vielschichtigkeit der Bevölkerung wiederholt Ursache von sozio-politischen Konflikten und Spannungen.

Seit frühen Zeiten galt Sumatra für Invasoren als das Haupteinfallstor in den indonesischen Archipel. Bereits in den ersten Jahrhunderten nach der Zeitenwende begann die von Südostindien ausgehende friedliche indische Kolonisation der östlichen Küstenregionen, die ab dem 5. Jh. zur Bildung der ersten indomalaiischen Königreiche auf Sumatra führte. Auf die Bühne der Weltgeschichte ist die Insel aber erst ab dem 7. Jh. mit dem Aufstieg des Reiches von Sri Vijaya getreten. Dieses buddhistische Großreich, dessen Macht auf der Kontrolle des Seehandels in den Meerengen von Sunda und Malakka basierte, wurzelte in der Gegend des heutigen Palembang. Nachdem sich die Sri Vijaya-Herrscher zu Beginn des 9. Jhs. mit der buddhistischen Shailendra-Dynastie aus Mitteljava (die später den Thron von Sri Vijaya übernahm) verbündet hatten, erreichte ihr Imperium in den darauffolgenden zwei Jahrhunderten seine größte Machtentfaltung. Die Hegemonie erstreckte sich von der Malaiischen Halbinsel bis Siam und Kambodscha und umfaßte neben dem benachbarten Westjava auch noch so weit entfernte Regionen wie die Philippinen und Ceylon. Über ein halbes Jahrtausend lang konnte Sri Vijaya seine Vormachtstellung behaupten, bevor gegen Ende des 13. Jhs. die Attacken der expansionsorientierten Singhasari-Dynastie aus Ostjava seinen Niedergang einleiteten. Im Gegensatz zu den zentral- und ostjavanischen Königreichen sind auf Sumatra keine Überreste einer sakralen Architektur entdeckt worden. Das mag sich sowohl auf politisch-soziale Ursachen als vor allen Dingen auch auf umweltbedingte Faktoren im Bereich des südostsumatranischen Schwemmlandes zurückführen lassen.

Seit etwa 1300 brachten indische und arabische Seehändler die Lehre Mohammeds nach Sumatra. Vor allem im Norden und Nordosten fielen im Laufe der Zeit mehr und mehr Küstenfürstentümer vom hinduistischen Majapahit-Reich ab und bildeten wichtige Brückenköpfe für den Islam. Von einem dieser Sultanate, Samudra, soll sich der Name der Insel ableiten. Zur Hochburg der neuen Religion entwickelte sich auf Nordsumatra das Reich von Aceh, dessen Sultan Iskandar Muda (1607–36) nicht nur ganz Nord- und Ostsumatra, sondern auch bedeutende Häfen auf der Malaiischen Halbinsel unter seiner Oberherrschaft vereinigte. Ähnlich wie einst bei Sri Vijaya beruhte die Machtentfaltung des Sultanats von Aceh auf der Kontrolle des Schiffs- und Warenverkehrs durch die Straße von Malakka. Nach der Eroberung Malakkas durch die Niederländer Mitte des 17. Jhs. begann aber auch die Bedeutung Acehs als Machtzentrum allmählich zu schwinden. Religiöse Differenzen zwischen radikalen Moslems aus Aceh und konservativen Anhängern der altüberlieferten *Adat*-Ordnung aus dem westsumatranischen Minangkabau führten in den Jahren 1803–45 zu den blutigen Padri-Kriegen, bei denen die Holländer den Minangkabau zur Seite standen. Das freiheitsliebende Volk der Aceher zur Anerkennung ihrer Oberhoheit zu zwingen, aber gelang den Kolonialherren erst nach den 30 Jahre dauernden sogenannten Aceh-Kriegen (1873–1903), die auf beiden Seiten Tausende von Todesopfern forderten. In Anerkennung seiner Bedeutung für den nationalen Befreiungskampf gegen die Holländer erhielt Aceh wie Yogyakarta nach der Gründung der indonesischen Republik den Status eines autonomen Sondergebiets.

Hinsichtlich des Fremdenverkehrs hat Sumatra im letzten Jahrzehnt eine sprunghafte Entwicklung vollzogen und rangiert unter den meistbesuchten Reisezielen Indonesiens hinter Java und Bali an dritter Stelle. Die touristischen Kerngebiete sind der Toba-See und seine Umgebung auf Nordsumatra sowie das Land der Minangkabau um Bukittinggi auf Westsumatra.

Praktische Hinweise Sumatra

An- und Weiterreise: Flugzeug: Als westliches Eingangstor Indonesiens wird Medans internationaler Flughafen Polonia auch von verschiedenen Städten außerhalb des Landes aus angeflogen. Günstige Verbindungen verschiedener Linien (u. a. Garuda, Malaysian Airlines System, Singapore Airlines) bestehen täglich zwischen Medan und Penang, Medan und Kuala Lumpur sowie Medan und Singapur. Garuda fliegt Medan außerdem von Amsterdam aus an. Weitere Flugverbindungen zwischen Sumatra und Singapur: Pakanbaru–Singapur (täglich; Garuda), Palembang–Singapur (täglich; Garuda), Padang–Singapur (täglich; Garuda). Sämtliche Hauptorte Sumatras sind an das innerindonesische Flugnetz angeschlossen (vgl. ›Reisen in Indonesien: ... mit dem Flugzeug‹, S. 544).

Schiff: Mehrmals im Monat verkehrt ein Fährschiff zwischen Medan und Penang (Fahrzeit ca. 14 Std.) sowie zweimal wöchentlich ein Fährschiff zwischen Dumai (Provinz Riau, Ostsumatra) und Malakka (Fahrzeit ca. 2 Std.; bei der Einreise über Dumai benötigt man ein Visum!). (Fast) täglich verkehren Passagierschiffe von Tanjung Pinang aus über die Riau-Insel Batam nach Singapur; Schiffe bzw. Boote in Gegenrichtung fahren in Singapur am Finger Pier ab (bei der Einreise über Batam und Tanjung Pinang ist kein Visum erforderlich!). Von Tanjung Pinang aus täglich ein Passagierboot nach Pakanbaru (v. v.; Fahrzeit ca. 40 Std.), einmal wöchentlich auch ein Passagierschiff nach Jakarta und Medan. Zudem fliegt Merpati täglich von Tanjung Pinang nach Pakanbaru (v. v.). Reguläre Autofähren pendeln zwischen Sumatra (Bakauheni) und Java (Merak); Abfahrt für gewöhnlich zu jeder vollen Stunde, Fahrzeit ca. 2 Std. Verschiedene PELNI-Schiffe verkehren zwischen Medan und Jakarta sowie zwischen Padang und Jakarta (vgl. ›Reisen in Indonesien: ... mit dem Schiff‹, S. 547).

Bus: täglich zahlreiche (Nacht-)Busse ab Jakarta, Terminal Kalideres u. a. nach Palembang (ca. 24 Std.) und Padang (ca. 48 Std.); die Fährpassage ist normalerweise im Buspreis inbegriffen.

Reisen auf Sumatra: Bus und Privatwagen: Der Trans-Sumatra-Highway zwischen Telukbetung im Süden und Banda Aceh im Norden (fast 2600 km!) ist mittlerweile durchgehend geteert und, abgesehen von zahlreichen mit einer Unmenge von Schlaglöchern übersäten Streckenabschnitten, ohne größere Schwierigkeiten befahrbar. Generell ist das Straßennetz Sumatras immer noch sehr weitmaschig. Während sich die Straßen des westlichen und nördlichen Sumatra in einem vergleichsweise guten Zustand befinden, kann die Überlandfahrt von Padang in südlicher Richtung nach Jambi und Palembang sowie weiter nach Telukbetung zur Tortur werden. Plant man eine Überlandfahrt durch Sumatra, sollte man die klimatischen Verhältnisse berücksichtigen, da während der Regenzeit viele Nebenstrecken unpassierbar sind und es auch auf einzelnen Abschnitten des Trans-Sumatra-Highways, vor allem im südlichen Teil der Insel, zu Verkehrsbehinderungen kommen kann. Als beste, weil für gewöhnlich trockenste Reisemonate gelten (trotz regionaler Unterschiede) inselweit Mai bis September. Das Busreisen auf Sumatra ist billig, aber in oftmals alten und zudem meist hoffnungslos überfüllten Fahrzeugen mitunter nicht nur sehr unbequem, sondern auch recht strapaziös. Zwischen den größeren Städten pendeln oft Ferntaxen (meist größere Kombi-Pkw für fünf bis sechs Passagiere), die zwar etwa 50 % teurer, aber auch wesentlich bequemer und schneller sind als Busse. Sowohl Busreisende als auch Selbstfahrer sollten sich stets der enormen Distanzen auf Sumatra bewußt sein (z. B. Medan–Padang 820 km, Medan–Pakanbaru 950 km, Bukittinggi–Prapat 550 km).

Eisenbahn: Als einzige der ›Außeninseln‹ verfügt Sumatra über einige Eisenbahnlinien, allerdings werden derzeit nur auf der Strecke Tanjungkarang–Palembang Passagiere transportiert. Keine Passagierzüge verkehren mehr zwischen Padang und Bukittinggi sowie zwischen Medan und Banda Aceh.

Schiff: In der gesamten Ostregion bilden die Flüsse seit alters her bedeutende Verkehrsadern. Wichtige Flußhäfen befinden sich u. a. in Palembang, Jambi und Pakanbaru. Schiffe zur Insel Nias verkehren ab Sibolga.

Flugzeug: Wessen Reisezeit begrenzt ist, der sollte größere Distanzen gelegentlich per Flugzeug zurücklegen. Garuda und Merpati unterhalten Flugverbindungen zwischen allen sumatranischen Großstädten (vgl. S. 544).

Das südliche Sumatra

Der Süden Sumatras gliedert sich verwaltungsmäßig in die vier Provinzen Lampung, Südsumatra, Jambi und Bengkulu. Diese riesige, bei weitem noch nicht völlig erschlossene und mit einer durchschnittlichen Bevölkerungsdichte von weniger als 30 Einw./km² nur sehr dünn besiedelte Region birgt die größten natürlichen Ressourcen ganz Sumatras. Während man hier früher in erster Linie Pfeffer anbaute (Lampung galt noch bis Mitte unseres Jahrhunderts als der größte Pfeffererzeuger der Welt), bilden heute die Öl- und in geringerem Maße die Kautschukproduktion der Südprovinzen Sumatras das Fundament der gesam-

Das südliche Sumatra

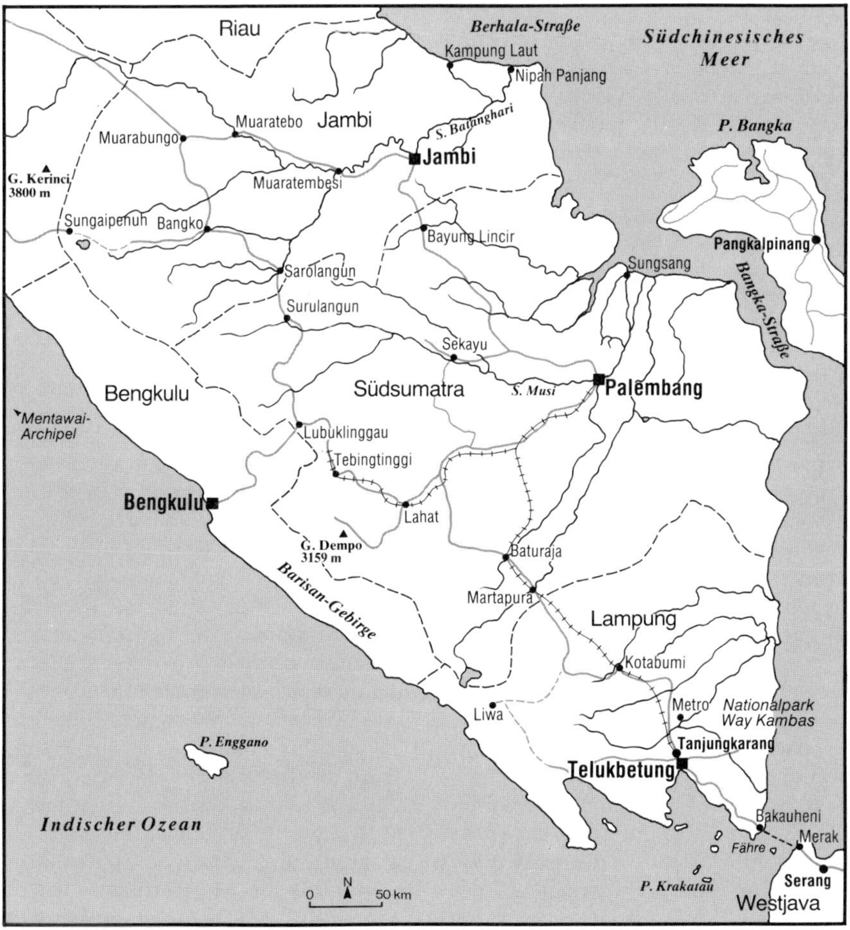

ten indonesischen Volkswirtschaft. Eine weitere wichtige Stütze der nationalen Ökonomie sind die beiden zur Provinz Südsumatras gehörenden ›Zinninseln‹ Bangka und Belitung (auch Billiton genannt), die Schlußglieder des sich von Südburma im Bogen über die Malaiische Halbinsel bis zu den Sumatra südöstlich vorgelagerten Inseln erstreckenden sogenannten Zinngürtels. Auf Bangka und Belitung werden 20% des derzeitigen Weltbedarfs an Zinn gefördert.

In den südlichen Provinzen Sumatras prallen auch moderne Zivilisation und archaische Lebensformen unvermittelt aufeinander. Während in den urbanen Zentren der Region ständig neue Industrieanlagen aus dem Boden gestampft werden und vorwiegend javanische Transmigranten immer mehr Urwaldgebiete erschließen, durchstreifen die negritoiden Kubu und andere wildbeuterische, animistische Stämme, die zu den ältesten Bevölkerungssubstraten Indonesiens gerechnet werden, wie in grauer Vorzeit als nomadisierende Jäger und Sammler die Mangrovenwälder Südsumatras.

Lampung

Diese Provinz nimmt die gesamte Südspitze Sumatras ein. Während der Osten Lampungs aus einer weiten, zu einem Großteil mit unzugänglichen Mangrovensümpfen bedeckten Schwemmlandebene besteht, ragen im Westen die südlichen Ausläufer des Bukit Barisan-Gebirges auf. Die von Java kommenden Fähren legen südlich der Provinzhauptstadt **Telukbetung** im Hafen Bakauheni an. Von **Tanjungkarang** aus, der Nachbarstadt Telukbetungs, führt, abschnittweise parallel zum Trans-Sumatra-Highway, eine Eisenbahnlinie in nördliche Richtung. Lampung, arm an Sehenswürdigkeiten, stellt für die meisten Reisenden nur eine Transitregion auf dem Weg nach Palembang oder Padang dar. Nur für historisch besonders Interessierte lohnt sich die mühevolle Fahrt zu den in der westlichen Gebirgsregion gelegenen archäologischen Ausgrabungsstätten bei **Talangpadang, Liwa** und **Bojong,** wo man megalithische Skulpturen und Petroglyphen freigelegt hat. Möglichkeiten zur Beobachtung wild lebender Elefanten, Tapire und anderer seltener Tierarten bietet das 130 km^2 große **Tierreservat Way Kambas** nordöstlich von Telukbetung (nähere Informationen im PPA-Büro von Tanjungkarang).

Praktische Hinweise

Verkehrsverbindungen: ab Telukbetung/Tanjungkarang zahlreiche Direktbusse u.a. nach Palembang und Bengkulu. Palembang und das westlich gelegene Lubuklinggau kann man auch per Eisenbahn erreichen. Der Flugplatz Branti, nördlich von Tanjungkaran, wird von Merpati von Jakarta aus angeflogen.

Unterkunft: Telukbetung: *Marcopolo, Jl. Dr. Susilo 4, ✆ 41511; Pacific, Jl. Yos Sudarso, ✆ 42218; Srivijaya, Jl. Kalimantan 30, Bandar Lampung, ✆ 41026.

Palembang und die Provinz Südsumatra

Palembang, die Hauptstadt der Provinz Südsumatra, wird durch den breiten Sungai Musi (mit 650 km der längste Fluß Sumatras) mit dem Südchinesischen Meer verbunden und ist, obwohl 160 km weit landeinwärts gelegen, einer der bedeutendsten Häfen ganz Sumatras, über den vor allem petrochemische Produkte verschifft werden. In der Nähe von Südsumatras Metropole, mit rund 950000 Einwohnern die zweitgrößte Stadt der Insel, liegen die ergiebigsten Ölfelder ganz Indonesiens. Das ›schwarze Gold‹ hat Palembang zu einer der wohlhabendsten Städte des Archipels gemacht und ihr die Beinamen ›Ölstadt‹ oder ›PERTAMINA City‹ (nach dem

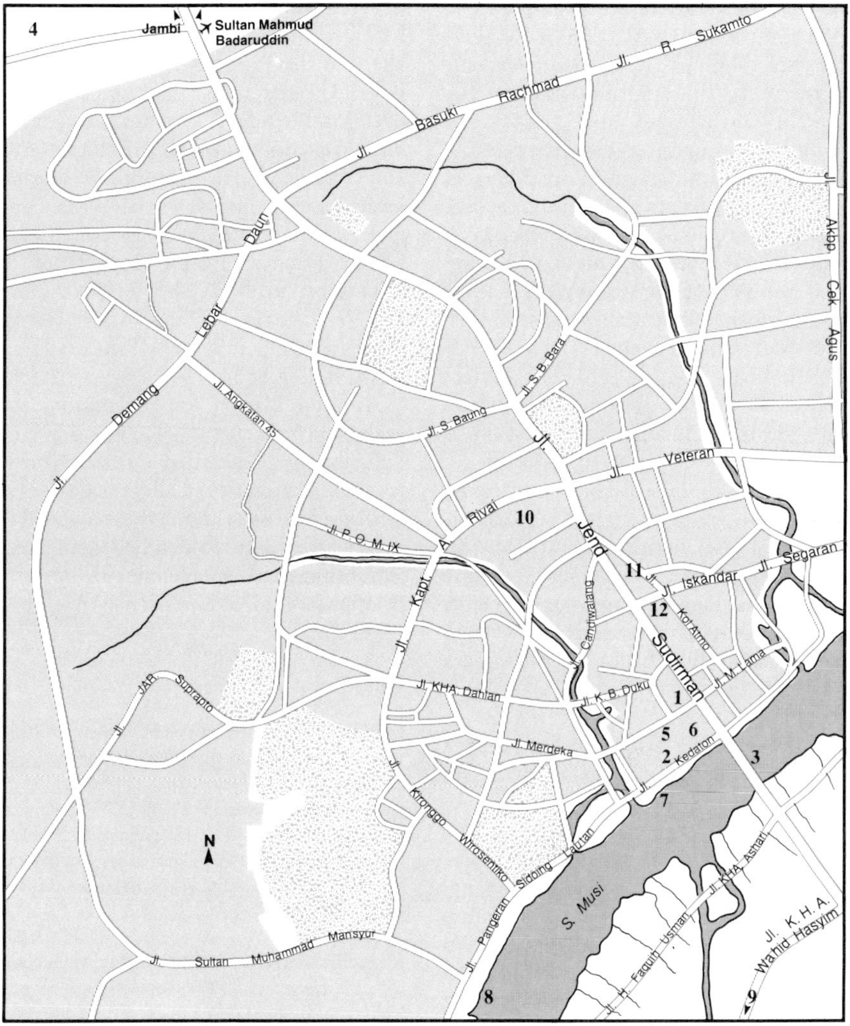

Palembang: Sehenswürdigkeiten
1 Mesjid Agung 2 Museum Budaya Sultan Mahmud Badaruddin 3 Ampera-Brücke 4 Museum Sumatera Selatan

Öffentliche Einrichtungen
5 Postamt 6 Bemoterminal 7 Anlegestelle für ›Flußbusse‹ 8 Passagierboote nach Muntok (Insel Bangka) 9 Bahnhof Kertapati

Hotels
10 Hotel Sanjaya 11 King's Hotel 12 Hotel Nusantara und Hotel Srividjaya

staatlichen Petrokonzern) eingebracht. Neben Erdölraffinerien prägen vor allem Kautschuk verarbeitende Fabriken und Werften das Bild dieses rasch expandierenden Industriezentrums.

Palembang kann auf eine bewegte Geschichte zurückblicken. In der Nähe der heutigen Großstadt lag einst das Zentrum des Sri Vijaya-Reiches (vgl. S. 75). Vom einstigen Glanz, von den Klöstern und Schulen, in denen einst Tausende von Mönchen des Mahayana-Buddhismus studierten, ist nichts an baulichen Zeugnissen erhalten geblieben. Nicht einmal die genaue Lage der Hauptstadt, die, vermutlich vollständig aus Holz, buchstäblich auf (Schwemm-)Sand gebaut war, konnte bislang zweifelsfrei festgestellt werden. Wahrscheinlich investierten die maritim orientierten Sri Vijaya-Herrscher auch mehr in ihre Kriegs- und Handelsschiffe als in prachtvolle Repräsentationsbauten. Bereits ab Mitte des 17. Jhs. diente Palembang der niederländischen VOC als Umschlagplatz für Pfeffer und später zudem als Verladehafen für das in den Bergwerken auf der Insel Bangka, gegenüber dem Musi-Delta, geförderte Zinn.

Die wenigen Sehenswürdigkeiten Palembangs liegen in der Nähe der Hauptmoschee, der Mesjid Agung Palembang, in der Jl. Sudirman. Gegenüber der moslemischen Gebetsstätte erhebt sich ein pompöses Freiheitsdenkmal *(Monumen Merdeka)*, das von zwei Wandreliefs mit Szenen aus dem Unabhängigkeitskampf flankiert wird. Auf dem Gelände der alten holländischen Festung beherbergt heute eine verfallene Kolonialvilla das **Museum Budaya Sultan Mahmud Badaruddin** mit etwas angestaubten Memorabilien des einstigen Herrschergeschlechts. Ein schöner Blick auf den Sungai Musi, an dessen Ufern Pfahlbauten stehen und ›schwimmende‹ Häuser auf Holzflößen vor Anker liegen, bietet sich von der Ampera-Brücke, dem Wahrzeichen des modernen Palembang. Unweit der Jembatan Ampera liegen auch die lebhaftesten Märkte der Stadt, der **Pasar Ilir** und der **Pasar Kuto.** Am nordöstlichen Ortsrand, ca. 5 km vom Zentrum entfernt, befindet sich in der Jl. Srivijaya das **Museum Sumatera Selatan** mit einer bedeutenden Sammlung hindu-javanischer Kunst sowie einer sehenswerten naturgeschichtlichen Abteilung; Öffnungszeiten: Di–Do 8–14 Uhr, Fr 8–11 Uhr, Sa 8–12 Uhr, So 9–15 Uhr, Mo geschlossen (Anfahrt: Rotes Bemo ab Terminal bei Ampera-Brücke; Hinweisschild ›KM 5‹).

Auf dem Plateau von **Pasemah** in der Nähe von Lahat (ca. 200 km westlich von Palembang) hat man megalithische Kunstwerke entdeckt, die auf das erste Jahrhundert nach der Zeitenwende datiert werden und zu den bedeutendsten Schöpfungen der frühgeschichtlichen Bildhauerei im indonesischen Archipel gehören.

Praktische Hinweise

Unterkunft (allgemein recht hohes Preisniveau): ***Sanjaya, Jl. Kapt. A. Rivai, ✆ 24299; **King's Hotel, Jl. Kol. Atmo; *Puri Indah, Jl. Merdeka 28–40, ✆ 20685; Aman, Jl. Lematang 453, ✆ 26467; Musi, Jl. Merdeka 252, ✆ 22107; Nusantara, Jl. Letkol Iskandar; Srivijaya, Jl. Letkol Iskandar 31/48, ✆ 24193 (zum Teil AC-Zimmer).

Verkehr: Anreise: täglich Flüge der Garuda u. a. ab Jakarta, Jambi, Pakanbaru, Padang, Medan und Banda Aceh sowie ab Singapur; der Merpati u. a. ab Branti (Tanjungkarang), Tanjung Pinang, Batam und Pakanbaru (weitere Fluginformationen vgl. S. 544).

Täglich zahlreiche (Nacht-)Busse ab Jakarta, Terminal Kalideres sowie u. a. ab Tanjungkarang, Bengkulu, Jambi, Padang. Täglich zwei Züge ab Tanjungkarang sowie ab Lubuklinggau.

Stadt- und Vorortverkehr: Auf festgelegten innerstädtischen Routen pendeln Bemo. Ein großes Bemoterminal befindet sich nahe der Ampera-Brücke auf der nördlichen Seite des Musi-Flusses. Zahlreich vertreten sind Becak. Taxistände nahe der größeren Hotels.

Fernverkehr: Flughafen Sultan Mahmud Badaruddin ca. 12 km nordöstlich. Fluglinien: Garuda, Jl. Kapt. A. Rivai 35, ✆ 22029; Merpati, Jl. Kapt. A. Rivai 61–93 (Hotel Sanjaya), ✆ 22029 (Fluginformationen s. o. ›Anreise‹ und vgl. S. 544).

Eine wichtige An- und Ablegestelle für ›Flußbusse‹ befindet sich nahe der Ampera-Brücke am nördlichen Musi-Ufer; von hier aus verkehren Boote nach Sungsang an der Musi-Mündung sowie nach Muara Telang, Sekayu, Panuguan, Sungai Lilin und Bayung Lincir. Die An- und Ablegestelle für Passagierboote nach Muntok auf der Insel Bangka (täglich ein Boot; Fahrzeit ca. 12 Std.) befindet sich in Höhe der Jl. Pangeran Sidoing Lautan.

Busse nach Jakarta (ca. 24 Std.) sowie u. a. nach Bengkulu (ca. 12 Std.), Jambi (ca. 18 Std.) und Padang (ca. 24 Std.) fahren bei den Büros der jeweiligen Busgesellschaften ab, z. B. Beteng Jaya, Jl. Kol. Atmo und ANS, Jl. Kol. Iskandar 903. Der Bahnhof Kertapati liegt ca. 8 km außerhalb an der Jl. Meragon am südlichen Musi-Ufer (Zugverbindungen s. o. ›Anreise‹).

Restaurants: Citra, Jl. Kol. Atmo 103–105 (chinesisch und indonesisch); Jakarta, Jl. Kol. Atmo 58 (chinesisch und indonesisch); Musi, Jl. Merdeka 252 (chinesisch und indonesisch); New Holland Bakery, Jl. Sudirman 828–829 (gutes Frühstücksrestaurant).

Information und wichtige Adressen: Touristeninformation: South Sumatra and Jambi Regional Tourist Office, Jl. Rajawali 22, ✆ 28948. **Ausländerbehörde:** Kantor Imigrasi, Jl. A. Yani 14, ✆ 23120.

Bengkulu

Die langgezogene, schmale Provinz Bengkulu erstreckt sich über fast 350 km zwischen den Provinzen Westsumatra und Lampung. Der Großteil ihres Territoriums wird von den südlichen Ausläufern des Bukit Barisan-Gebirges eingenommen, das zum Indischen Ozean hin jäh abfällt und nur Raum für einen schmalen Küstensaum läßt. Bengkulu (ca. 70000 Einw.), die Hauptstadt der gleichnamigen Provinz, war vor dem Bau der Straße nach Lubuklinggau vor allem während der Regenzeit einer der isoliertesten Orte in Indonesien. Gegründet wurde die Stadt mit dem früheren Namen Bencoolen 1685 durch die Briten, die von ihrem hier errichteten befestigten Handelsstützpunkt aus versuchten, das Pfeffermonopol der Niederländer zu durchbrechen. In den Jahren 1818–23 residierte hier Sir Thomas Stamford Raffles, der während des britischen Interregnums Gouverneur von Java war und später Singapur gründete. Während seines kurzen Aufenthalts verhalf Raffles dem vorher stagnierenden Pfefferhandel zu einem bemerkenswerten Aufschwung. Auf seine Initiative hin entstanden auch Kaffee-, Gewürznelken- und Zuckerrohrplantagen. Die britische Flagge über dem Fort Marlborough aber wurde 1824 eingeholt, nachdem die Engländer ihre Besitzungen auf Sumatra gegen das holländische Malakka eingetauscht hatten.

Während das bereits 1690 errichtete Fort York nicht mehr erhalten ist, erhebt sich das **Fort Marlborough** (1762) frisch restauriert in neuem Glanz über der Hafeneinfahrt. Zwar wird die Festung heute von der indonesischen Armee genutzt, kann aber trotzdem besichtigt werden. Von der mächtigen Umwallung aus bietet sich ein herrlicher Blick über die Stadt und den Hafen. Ein Besuch lohnt sich auch im **Botanischen Garten** Dendam Taksuda, wo zwischen September und November die nach Sir Raffles benannte größte Blume der Welt, die Rafflesia, in Blüte steht. Pantai Panjang ist ein schöner Strandabschnitt ganz in der Nähe der Stadt.

Praktische Hinweise

Verkehrsverbindungen: täglich Direktbusse von und nach Palembang und Padang über Lubuklinggau oder Bus nach Lubuklinggau und von dort aus per Eisenbahn weiter nach Palembang. Der Flugplatz Padang Kemiling bei Bengkulu wird von Garuda von Jakarta und Palembang, von Merpati von Branti (Tanjungkarang) aus angeflogen. Buchungsbüros: Garuda, c/o Fa. M.J. Assik, Jl. A. Yani 922 B, ✆ 31119; Merpati, Jl. S. Parman 178. Sporadisch sollen Schiffe zwischen Bengkulu und Padang verkehren.

Unterkunft: *Dena, Jl. Fatmawati, ✆ 31981; Aman, Jl. Pendakian 329; Rafflesia, Jl. A. Yani 924, ✆ 31650; Samudra, Jl. Bumiat 213.

Touristeninformation: Provincial Tourist Service (Diparda), Jl. Sukarno-Hatta, ✆ 31272.

Jambi

Jambi (ca. 220000 Einw.), die Hauptstadt der gleichnamigen Provinz, ist am Sungai Batanghari, einem der mächtigsten Ströme Sumatras, gelegen. Der von dichtem Dschungel umrahmte, relativ uninteressante Ort ist ein Schmelztiegel der verschiedensten Ethnien; hier leben u.a. Chinesen, Sundanesen, Javaner, Bugis, Inder und Nachfahren arabischer Zuwanderer. Heute noch sollen gelegentlich Tiger bis in die Randgebiete dieser Urwaldstadt vordringen. In den Regenwäldern und Mangrovensümpfen der Schwemmlandebene um Jambi leben noch relativ isoliert einige Stämme, die zur Urbevölkerung Sumatras zählen.

Praktische Hinweise

Verkehrsverbindungen: täglich Direktbusse von und nach Palembang und Padang. Der Flugplatz Sultan Taha Syarifudin (ca. 15 km außerhalb von Jambi) wird von Garuda u.a. von Jakarta, Palembang und Padang aus angeflogen. Fluglinien: Garuda, Jl. Dr. Wahidin, ✆ 22041; Merpati, Jl. Damar 55, ✆ 22184. In der Tieflandprovinz Jambi spielen die Flüsse eine wichtige Rolle als Verkehrsadern. Von Jambi aus verkehren ›Flußbusse‹ u.a. nach Nipah Panjang und Kampung Laut im breiten Mündungstrichter des Batanghari. Um nach Padang zu kommen, könnte man mit einem ›Flußbus‹ bis nach Muara Bungo fahren und dort einen Bus nehmen. Zur Busfahrt nach Palembang bietet sich folgende Alternative: Minibus ab Jambi bis Bayung Lincir und von dort aus mit einem ›Flußbus‹ weiter.

Unterkunft: *Telanaipura, Jl. Sudirman 126, ✆ 23827; Makmur, Jl. Taman Bahagia 14, ✆ 23226; Mustika, Jl. Sultan Agung 31, ✆ 24672.

Touristeninformation: Provincial Tourist Agency (Bapparda), c/o Kantor Gubernur, Jl. Suprapto 7 A, ✆ 23221.

Das östliche Sumatra

Über einen großen Teil der Ostküste erstreckt sich die Provinz Riau, die mit knapp 95000 km^2 etwa ein Fünftel der Gesamtfläche Sumatras einnimmt. Zu dieser mit nur rund 3 Mill. Einwohnern extrem dünn besiedelten Provinz (Bevölkerungsdichte 31 Einw./km^2) gehört auch die aus über 1000 kleinen und kleinsten Eilanden bestehende zersplitterte Inselwelt der Riau- und Lingga-Archipele zwischen der Südspitze der Malaiischen Halbinsel und der Ostküste Zentralsumatras sowie der geographisch isolierte Bunguran-Archipel zwischen Westmalaysia und Kalimantan. Die an ihrer schmalsten Stelle knapp 13 km messende Meerenge von Malakka, die maritime Verbindung zwischen Sumatra und der Malaiischen Halbinsel, wird als eine der wichtigsten internationalen Wasserstraßen jedes Jahr von rund 40000 Öltankern und Frachtschiffen passiert. Bildeten in früherer Zeit vor allem der Fischfang, die Holzwirtschaft und der Seehandel die Existenzgrundlage der Riau-Bewohner, so basiert der Wohlstand der Provinz heute vorwiegend auf der Ausbeutung der reichen Öl-, Zinn- und Bauxitvorkommen. Die größten Ölfelder liegen nahe der Provinzhauptstadt Pakanbaru; sie sind durch Pipelines mit dem Raffineriezentrum Dumai, gegen-

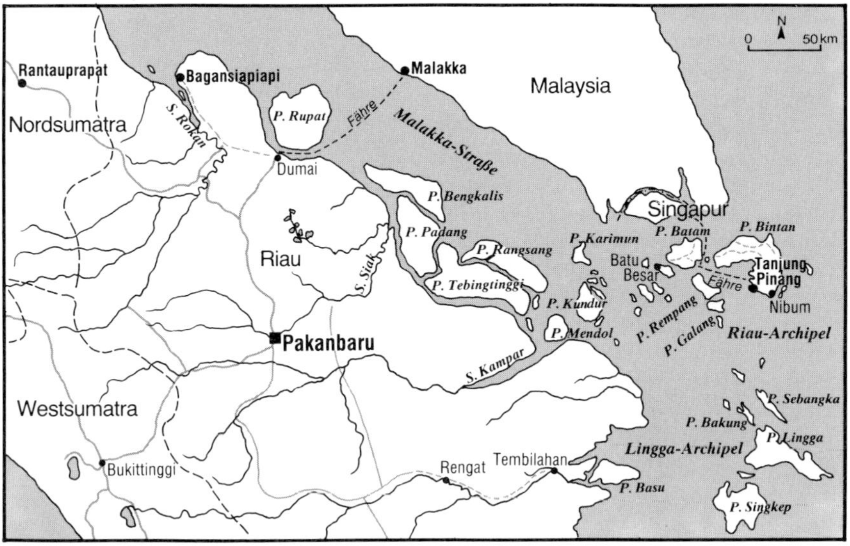

Das östliche Sumatra

über dem malaysischen Malakka, verbunden.

Am Schnittpunkt der west-östlichen Handelsrouten gelegen, stellten die Riau- und Lingga-Archipele vom 16. bis zum 18. Jh. bedeutende Zentren der malaiischen Kultur dar. Seit alters her ist die Riau-Provinz hauptsächlich von Indonesiern jungmalaiischer Herkunft besiedelt. Eine Sonderstellung nehmen neben der chinesischen Minorität die sogenannten Orang Laut (etwa ›Seemenschen‹) ein. Die wegen ihres Nomadendaseins in den weiten Meeresgebieten zwischen Malaysia und den Molukken auch ›Seezigeuner‹ genannten Orang Laut leben ständig im Familienverband auf kleinen, aber seetüchtigen Hausbooten. Meist schließen sie sich zu Verbänden zusammen, die bis zu zwei oder drei Dutzend Boote umfassen können. Vielfach haben sich ›Seemenschen‹ auch an Land niedergelassen oder auf weitausladenden, hochgelegenen Korallenriffen mitten im Meer Pfahlbausiedlungen errichtet. Ob seßhaft oder nomadisch, die Orang Laut sind in ihren Lebens- und Wirtschaftsformen an das Meer als Lebensraum gebunden. Ihre Haupterwerbszweige stellen Fischfang und Perlentaucherei dar, neuerdings auch die Kultivierung von Seetang (ein Grundstoff für die chemische und pharmazeutische Industrie) auf großen submarinen Feldern. Die seefahrenden Orang Laut folgen überwiegend einer animistischen Religion, die aufs engste mit der Natur verknüpft ist, seßhafte ›Seemenschen‹ dagegen bekennen sich häufig zum Islam, ohne jedoch ihren Geisterglauben gänzlich abzulegen.

Pakanbaru und Umgebung

Die bedeutendste Stadt der Riau-Provinz ist Pakanbaru. Das Erscheinungsbild des 160 km stromaufwärts am Sungai Siak gelegenen Flußhafens wird geprägt von modernen Verwaltungs- und Bankgebäuden, die während des Ölbooms der letzten beiden Jahrzehnte aus dem Boden geschossen sind. Pakanbaru hat dem Besucher außer einem Stelzendorf und Hausbooten am Siak-Fluß keine weiteren ›exotischen‹ Sehenswürdigkeiten zu bieten, eignet sich jedoch gut als Ausgangsort für die Erkundung der noch weitgehend mit Regenwäldern und Mangrovensümpfen bedeckten Schwemmlandebene dieser Tieflandprovinz. Trotz der florierenden Petrowirtschaft gehört der ›festländische‹ Teil von Riau zu den ursprünglichsten indonesischen Wildnissen. Hier befindet sich neben einem der letzten Rückzugsgebiete des vom Aussterben bedrohten Sumatra-Nashorns auch die Heimat anderer stark gefährdeter Tierarten (Königstiger, Elefant, Tapir u. a.). Pakanbaru ist heute durch eine von öffentlichen Verkehrsmitteln regelmäßig befahrene Allwetterstraße mit Bukittinggi im Südwesten und Dumai im Nordosten verbunden. Wie in anderen Regionen des ostsumatranischen Tieflands spielen auch in Riau die mächtigen Ströme eine wichtige Rolle als Verkehrsadern. Der an der Küste gelegene Ort **Dumai,** ein Zentrum der Erdöl verarbeitenden Industrie, hat touristisch nur Bedeutung als Fährhafen nach Malakka.

Praktische Hinweise

Verkehrsverbindungen: täglich Direktbusse zwischen Pakanbaru und Bukittinggi sowie zwischen Pakanbaru und Dumai (Busbahnhof-Pakanbaru in der Jl. Nangka im Nordwesten der Stadt).

Pakanbarus Flughafen Simpang Tiga (12,5 km südwestlich) wird von Garuda u. a. von Jakarta, Medan, Padang und Batu Besar (Batam), von Merpati von Tanjung Pinang, Palembang und Rengat aus angeflogen. Garuda fliegt auch täglich die Route Pakanbaru–Singapur (v. v.). Fluglinien: Garuda, Jl. Sudirman 207, Pakanbaru, ✆ 21026; Merpati, Jl. Tjokroaminoto 18, Pakanbaru, ✆ 23558 sowie Jl. Sultan Sarifkasim 18, Dumai, ✆ 21555.

Täglich ein Passagierboot von Pakanbaru nach Tanjung Pinang (Fahrzeit mindestens 40 Std.; sehr unkomfortabel und anstrengend) sowie zweimal wöchentlich eine Fähre von Dumai nach Malakka (ca. 2½ Std.). Dumai liegt zudem auf der Route des PELNI-Schiffes KM Lawit (vgl. S. 547). PELNI-Büros befinden sich in Pakanbaru (Jl. Moch. Yamin 3, ✆ 23584) und in Dumai (Jl. Sei Masang 131, ✆ 21140).

Unterkunft (allgemein recht hohes Preisniveau): **Pakanbaru:** **Sri Indrayani, Jl. Bangka 2, ✆ 21870; *Anom, Jl. Subroto, ✆ 22636; *Riau, Jl. Diponegoro 26, ✆ 22986; Asmar, Jl. K. H. Agus Salim 57; Dharma Utama, Jl. Sisingamangaraja 2 (einfach); Tun Teja, Jl. Kampar (einfach). **Dumai:** Andys Nur, Jl. Sudirman 147; Robinson, Jl. Sudirman 23.

Information und wichtige Adressen: Touristeninformation: Provincial Tourist Agency (Bapparda), c/o Kantor Gubernur, Jl. Sudirman 233, Pakanbaru. **Ausländerbehörde:** Kantor Imigrasi, Jl. Sudirman 233, Pakanbaru, ✆ 21860 und Jl. Yos Sudarso, Dumai, ✆ 21280. **Banken:** Bank Indonesia, Jl. Sudirman 464, Pakanbaru; Bank Negara Indonesia 1946, Jl. Sudirman 63, Pakanbaru.

Der Riau-Archipel

Keine 100 km Luftlinie von Singapur entfernt, hat sich **Tanjung Pinang** auf der Insel Bintan als Verkehrsknotenpunkt und Drehscheibe der insularen Wirtschaft zur bedeutendsten und größten Stadt des Riau-Archipels entwickelt. Für die meisten der aus Singapur einreisenden Indonesien-Touristen stellt Tanjung Pinang lediglich eine Durchgangsstation dar. Außer dem **Kandil Riau-Museum** (ca. 2 km außerhalb im Vorort Batu Dua) mit königlichen Erbstücken und Hoheitsinsignien der alten Herrscherdynastien von Riau hat die Stadt keine Attraktionen aufzuweisen. Lohnenswert aber ist ein Ausflug zur kleinen, vorgelagerten **Pulau Penyenget,** die man nach einer knapp halbstündigen Bootsfahrt von Tanjung Pinangs Hafen aus erreicht. Auf dieser gerade 2,5 km^2 großen Insel befand sich vom 17. bis 19. Jh. die Hauptstadt des Sultanats von Johore-Riau, das im Zenit seiner Macht die Riau- und Lingga-Archipele sowie weite Regionen Ostsumatras und den heutigen malaysischen Bundesstaat Johore umfaßte. An die historische Bedeutung der kleinen Insel, deren Bewohner heute noch die alte malaiische Hochsprache sprechen, erinnern die von tropischer Vegetation überwucherten Ruinen des Sultanspalastes aus dem Jahre 1808 sowie die Grabmale des Fürstengeschlechts und eine zauberhafte Moschee.

Mit Bintans Nachbarinsel **Batam** (derzeit ca. 85 000 Einw.), nur 30 km von Singapur gelegen, haben indonesische Wirtschaftsstrategen große Pläne. Hier soll einmal eine Freihandelszone entstehen, in der ausländische Unternehmen zu günstigen Bedingungen (u. a. geringe Steuertarife, Zollfreiheit, niedriges Lohnniveau) produzieren können. Bis zum Jahr 2000 will man auf Batam neben Industriekomplexen und einem Tiefwasserhafen eine Stadt für 700 000 Menschen mit großzügigen Siedlungen, Freizeitanlagen, Luxushotels u. a. errichten.

Praktische Hinweise

Verkehrsverbindungen: Tanjung Pinangs Flugplatz Kijang (15 km nordöstlich) wird von Merpati u. a. von Jakarta und Palembang (über Batu Besar auf Batam) sowie direkt von Pakanbaru aus angeflogen. Der neue Flughafen von Batu Besar auf Batam wird von Garuda u. a. von Jakarta, Medan, Pakanbaru und Padang sowie Pontianak (Westkalimantan) und Balikpapan (Ostkalimantan) aus angeflogen. Fluglinien: Garuda, Pesero Bldg., Batu Ampar, Batam, ✆ 58510; Merpati, Pertokoan Pribumi, Jl. Teuku Umar Blk. A/6, Batam, ✆ 58227 und Jl. Bintan 44, Tanjung Pinang, ✆ 21267.

Täglich ein Passagierboot von Tanjung Pinang nach Pakanbaru (Fahrzeit mindestens 40 Std.) sowie täglich ein Schnellboot von Tanjung Pinang über Batam nach Singapur (Fahrzeit ca. 5 Std.). Mehrmals täglich verkehren Schnellboote zwischen Batam und Singapur (Fahrzeit ca. 30 Min.).

Unterkunft: Tanjung Pinang: Ahmody's Homestay, Jl. Pelantar Datuk 10 (einfach); Wisma Riau, Jl. Yusuf Kahar 690, ✆ 21023 (komfortabel). **Batam:** ****Batam View Beach Resort, Nongsa, ✆ 22281 (luxuriöses Strandhotel); ****Turi Beach Resort, Batu Ampar, ✆ 21543 (luxuriöses Strandhotel).

Ausländerbehörde: Kantor Imigrasi, Jl. A. Yani, Tanjung Pinang, ✆ 21034.

Westsumatra

Die an der Westküste des zentralen Sumatra gelegene Provinz Westsumatra (49 778 km^2) gliedert sich geographisch in einen schmalen Streifen alluvialen Küstentieflands und ein aus mehreren parallel verlaufenden Gebirgsketten bestehendes Hochland, das zu den landschaftlich reizvollsten Gebieten ganz Indonesiens gehört. Westsumatra ist auch bekannt als *Tanah Minangkabau* (›Land der Minangkabau‹); 95 % der rund 4,2 Mill. Einwohner zählenden Provinzbevölkerung gehören zu dieser jungmalaiischen und fast rein moslemischen Volksgruppe. Als kultureller Mittelpunkt der Region gilt der Bergort Bukittinggi, nördlich der Verwaltungshauptstadt Padang auf einem Hochplateau des Bukit Barisan-Gebirges gelegen. Administrativ, keinesfalls aber ethnisch und kulturell, bilden auch die Sumatras Westküste vorgelagerten Inseln der Mentawai-Gruppe (Siberut, Sipura sowie Pagai Utara und Pagai Selatan) einen Bestandteil der Provinz Westsumatra.

Padang und Umgebung

Mit fast 700 000 Einwohnern ist die Metropole Padang zwar die drittgrößte Stadt auf Sumatra, steht aber hinsichtlich kultureller und touristischer Bedeutung klar im Schatten von Bukittinggi. Jahrhundertelang befand sich Padangs Hafen Teluk Bayur unter der Kontrolle der Sultane von Aceh, die über ihn einen Teil ihres lukrativen Pfefferhandels abwikkelten. Die Holländer begannen erst Mitte des 19. Jhs. mit der wirtschaftli-

Westsumatra

chen Ausbeutung Westsumatras; sie bauten u. a. eine Eisenbahnlinie von Padang zu den Kohlebergwerken in Sawahlunto südlich von Bukittinggi. Im gesamten indonesischen Archipel ist Padang heute bekannt für das hier kreierte scharf gewürzte *Nasi Padang*, das aus verschiedenen kalten Fleisch-, Fisch- und Gemüsegerichten besteht, zu denen als Beilage Reis gereicht wird.

An touristischen Sehenswürdigkeiten ist die weitflächige Stadt relativ arm. Einen ersten Überblick über die Kultur der Minangkabau gewinnt man während eines Besuchs im heimat- und völkerkundlichen **Museum Negeri Sumatera Barat** in der Jl. Diponegoro. Das architektonisch einem *Adat*-Haus der Minangkabau nachempfundene Museumsgebäude birgt u. a. eine beachtenswerte Sammlung von traditionellen Trachten und Kunstgegenständen aus dieser Region. Öffnungszeiten: Di–Do 7–13 und 14–18 Uhr, Fr 7–11 und 14–18 Uhr, Sa und So 7–12.30 und 14–18 Uhr, Mo geschlossen. Im benachbarten Kulturzentrum **Taman Budaya** finden regelmäßig Aufführungen traditioneller Minangkabau-Tänze und andere kulturelle Veranstaltungen statt.

Sehr lohnenswert ist ein Bummel durch den ausgedehnten **Pasar Raya** (›Großer Markt‹), der seinen Namen wirklich verdient hat. Auch in der Nähe des Marktes befinden sich einige öffentliche Gebäude im typischen Minangkabau-Stil, der sich durch gekrümmten Büffelhörnern nachgeformte, kühn geschwungene spitzgiebelige Dächer auszeichnet. Entlang der kilometerlangen Strandpromenade, die ab dem späten Nachmittag zu quirligem Leben erwacht, gelangt man in südlicher Richtung zu dem Vorort **Muara,** in dessen Nähe sich ein weitläufiger chinesischer Friedhof über einen Hügel ausbreitet.

Eine schöne Aussicht bietet sich vom Gipfel des Gunung Monyet (auch Gunung Padang genannt), der sich auf einer Halbinsel an der Mündung des Muara-Flusses erhebt. Noch ein Stückchen weiter südlich liegt das Fischerdorf **Air Manis** (›Süßwasser‹); die beiden vorgelagerten kleinen Inseln kann man bei Ebbe zu Fuß erreichen. Vor allem bei Einheimischen erfreut sich der Badestrand **Pantai Nirwana** (ca. 12 km außerhalb) recht großer Beliebtheit. Lohnender aber ist die Fahrt zur wunderschönen **Bucht von Bungus,** etwa 20 km südlich von Padang (Anfahrt: Bemo ab Jl. Yamin). Mit einem gemieteten Segelboot kann man sich von hier aus übersetzen lassen zu den nahe gelegenen Inseln **Sikoai, Sirandah** und **Pagang,** die alle gute Tauch- und Schnorchelmöglichkeiten bieten. Unterkunft findet man beispielsweise im hübschen Carolina Beach Resort. **Pasir Jambak,** ein recht abgelegener Badestrand, erstreckt sich 20 km nördlich von Padang; allerdings sind dort bislang noch keine kommerziellen Übernachtungsmöglichkeiten vorhanden.

Südlich von Padangpanjang, an der landschaftlich ungemein reizvollen

Padang: Sehenswürdigkeiten

1 Museum Negeri Sumatera Barat
2 Kulturzentrum
3 Pasar Raya (Markt)
4 Strandpromenade
5 Chinesischer Friedhof
6 Gunung Monyet

Öffentliche Einrichtungen

7 West Sumatra Regional Tourist Office
8 Ausländerbehörde
9 Polizei
10 Hauptpostamt
11 Busterminal Lintas Andalas
12 Bemoterminal
13 Bahnhof

Hotels und Losmen

14 Hotel Mariani International
15 Hotel Hang Tuah
16 Hotel Muara
17 Losmen Tiga Tiga I

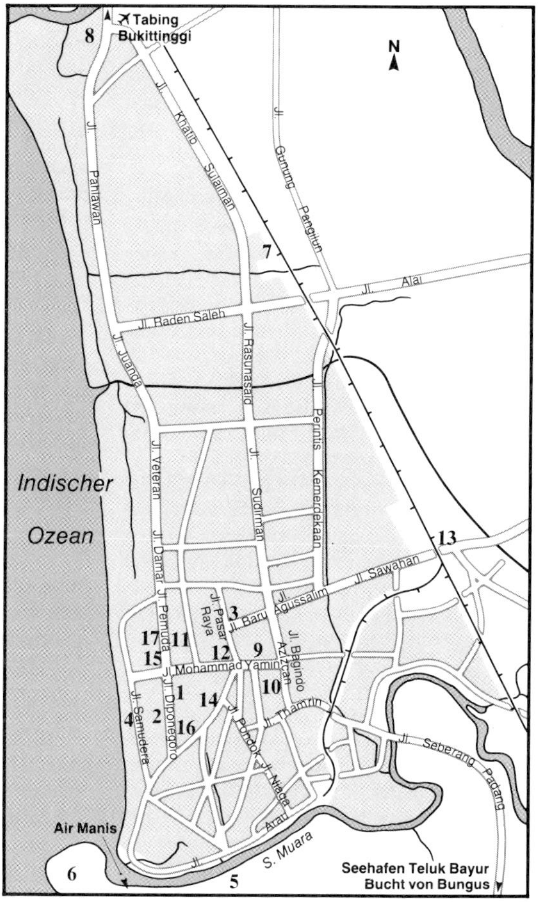

Bergstraße von Padang nach Bukittinggi, liegt das Naturschutzgebiet **Anai Valley** mit einem fast 50 m hohen Wasserfall. An der Südspitze der Provinz Westsumatras ragt im Zentrum des 1500 km² großen Kerinci-Seblat-Nationalparks das mächtige Vulkanmassiv des Gunung Kerinci (3800 m) auf. In den urwüchsigen Bergregenwäldern dieser Region finden sich u. a. seltene Tierarten wie Tiger, Tapir, Sumatra-Nashorn und gefleckte Bengalenkatze.

Praktische Hinweise

Unterkunft: **Mariani International, Jl. Bundo Kandung 35, ✆ 25466; *Hang Tuah, Jl. Pemuda 1, ✆ 26556 (komfortabel; preiswerter sind die Zimmer ohne AC); *Natour Hotel Muara, Jl. Gereja 34, ✆ 25600; *New Kartika, Jl. Gurun 40, ✆ 23621; Cendrawasih, Jl. Pemuda 27, ✆ 22894; Garuda, Jl. Pasar Raya 4, ✆ 22176; Samudra, Jl. Permindo 8, ✆ 23065 (einfach); Tiga Tiga I, Jl. Pemuda 33, ✆ 22633 (einfach; nahe Busterminal); Tiga Tiga II, Jl. Veteran 33 (neues Hotel; teurer als Tiga Tiga I).

Verkehr: Anreise: täglich Flüge der Garuda u. a. ab Jakarta, Medan, Pakanbaru und Palembang sowie ab Singapur; der Merpati u. a. ab Pakanbaru und Palembang sowie der Mandala fünfmal wöchentlich ab Jakarta (weitere Fluginformationen vgl. S. 544).

Padang liegt auf der Route des PELNI-Schiffes KM Kerinci (An- und Weiterreise in südlicher Richtung u. a. von/nach Jakarta, Surabaya und Ujung Pandang, in nördlicher von/nach Sibolga; vgl. auch S. 547).

Täglich (Nacht-)Busse ab Jakarta, Terminal Kalideres sowie u. a. ab Medan, Prapat, Bukittinggi, Pakanbaru, Palembang.

Stadt- und Vorortverkehr: Auf festgelegten innerstädtischen Routen pendeln Bemo bzw. sogenannte Mikrolet. Wichtige Bemoterminals in der Jl. Pemuda (nahe Busbahnhof) sowie in der Jl. Pasar Raya Barat. Taxen erhält man über Hotelvermittlung oder mit Hilfe der unten aufgeführten Reisebüros.

Fernverkehr: Flughafen Tabing 11 km nördlich (Taxi oder Bemo ab der ca. 200 m vom Terminal entfernten Hauptstraße). Fluglinien: Garuda, Jl. Sudirman 2, ✆ 23823; Merpati, Jl. Pemuda 45 A, ✆ 21303; Mandala, Jl. Pemuda 29 A, ✆ 21979 (Fluginformationen s. o. ›Anreise‹ und vgl. S. 544).

Seehafen Teluk Bayur 6 km südlich. Neben dem erwähnten PELNI-Schiff (s. o. ›Anreise‹) verkehren sporadisch kleinere Passagierschiffe entlang der Westküste, u. a. nach Sibolga und nach Bengkulu. PELNI-Büro in der Jl. Tanjung Priok 32, Teluk Bayur, ✆ 22109. Zweimal wöchentlich verkehrt ein Schiff der Rusco Lines von Teluk Bayur aus nach Muara Sikabaluan auf der Insel Siberut, Fahrzeit ca. 12 Std. (Auskunft: Rusco Lines, Jl. Batang Arau 31 A, ✆ 21941).

Zentraler Busbahnhof Lintas Andalas in der Jl. Pemuda, ab hier Busse in alle Hauptrichtungen (u. a. nach Palembang, ca. 24 Std.; nach Medan, ca. 24 Std.; nach Jakarta, ca. 48 Std.); Büros verschiedener Busgesellschaften rings um den Busbahnhof. Als zuverlässig gilt die Gesellschaft ANS, Jl. Pemuda 15, ✆ 26214. Eine Haltestelle für Busse nach Bukittinggi befindet sich in Jl. Pemuda/Jl. Hang Tuah (tagsüber mindestens stündlich ein Bus).

Reiseagenturen: Natrabu, Jl. Pemuda 29 B, ✆ 25366; Nitour, Jl. Pemuda 7, ✆ 22175; Pacto, Jl. Pemuda 1, ✆ 27780.

Restaurants: Chan's Restaurant, Jl. Pondok 94 (chinesisch); Hang Tuah, Jl. Pemuda 1 (chinesisch und indonesisch); Machudum's Restaurant, Jl. Hiligoo 43–45 (chinesisch, indonesisch, europäisch); Mariani, Jl. Bundo Kandung 35 (chinesisch, indonesisch, europäisch); Roda Baru, Jl. Pasar Raya 6 (indonesisch).

Information und wichtige Adressen: Touristeninformation: West Sumatra Regional Tourist Office, Jl. Khalib Sulaiman 10, ✆ 22118 (weit außerhalb; Anfahrt mit Bemo ab Terminal Jl. Pasar Raya Barat, Hinweisschild ›Lapai‹). **Ausländerbehörde:** Kantor Imigrasi, Jl. S. Parman, Ulak Kerang, ✆ 25113. **Post:** Hauptpostamt, Jl. B. A. Chan 7. **Banken und Geldwechsel:** Bank Bumi Daya, Jl. Sudirman 2; Bank Negara Indonesia 1946, Jl. Dobi 1; Citra Setia Prima (Geldwechsler), Jl. Diponegoro 5. **Gesundheit:** Rumah Sakit Umum, Jl. Jati, ✆ 22603.

Exkurs: Die Minangkabau

Der Siedlungsraum der Minangkabau, einer der dynamischsten jungmalaiischen Bevölkerungsgruppen ganz Indonesiens, zieht sich von der Westküste Mittelsumatras bis in das vulkanische Hochland des Bukit Barisan-Gebirges hinauf. In ihrer überwiegenden Mehrheit sind die Minangkabau Bauern, die auf terrassierten Feldern Reis, Tabak, Obst und Gemüse kultivieren. Darüber hinaus gelten sie als geschickte (Kunst-)Handwerker und vor allem auch als tüchtige Geschäftsleute, die in den westsumatranischen Städten sogar die Chinesen als Zwischenhändler ausgeschaltet haben.

Traditionelles Klan-Haus der Minangkabau in Pandai Sikat bei Bukittinggi

Der volkstümlichen Überlieferung zufolge setzt sich der Name Minangkabau aus zwei Wörtern zusammen: *Minang* (siegreich) und *Kabau* (Büffel; im modernen Indonesisch *Kerbau*). Die Legende berichtet, daß in uralten Zeiten ein mächtiger javanischer Fürst Westsumatra zu erobern versuchte. So zahlreich und so gut bewaffnet waren die fremden Soldaten, daß die Sumatraner befürchten mußten, in einer offenen Feldschlacht hoffnungslos verloren zu sein. Um einem schrecklichen Gemetzel zu entgehen, unterbreiteten sie den Invasoren folgenden Vorschlag: Zwei Büffel sollten in einer Art Stellvertreterkrieg miteinander kämpfen und ein Gottesurteil herbeiführen. Im Vertrauen auf die Stärke ihres *Kerbau* ließen sich die Javaner darauf ein. Die Einheimischen aber griffen zu einer List. Sie ließen ein noch nicht entwöhntes Büffelkalb zehn Tage lang hungern. Vor dem Kampf befestigten sie eine Eisenspitze an seiner Nase. Kaum war das Kalb losgelassen, stürzte es sich, außer sich vor Hunger, auf den kraftstrotzenden Wasserbüffel der Javaner. Das nach dem Muttereuter suchende Kälbchen zerfetzte dabei mit seiner eisenbewehrten Nase den Leib des hilflosen javanischen Büffels und wurde Sieger. Der feindliche Fürst erkannte die List seiner Gegner und die eigene Niederlage an und zog mit seinem Heer ab. Seither führt die Bevölkerung Westsumatras den Namen Minangkabau. Ebenfalls auf dieser Sage basiert der Brauch, die Hausgiebel in Form von Büffelgehörnen zu erstellen.

Etymologen allerdings bezweifeln diese Herkunft des Volksnamens. Nach ihrer Meinung handelt es sich bei dem Begriff Minangkabau um eine Abwandlung von *Pinang Kabhu,* was soviel bedeutet wie Ursprungsland. Verschiedenen Theorien zufolge haben sich einige Jahrhunderte vor der Zeitenwende von Südchina eingewanderte deuteromalaiische Völkerschaften zunächst im westlichen Sumatra niedergelassen, bevor sie von hier aus den gesamten indonesischen Archipel besiedelten. Die rätselhafte, wenig erforschte Vergangenheit der Minangkabau verliert sich relativ rasch im Dunkel der Geschichte. Als erwiesen gilt, daß das einstmals machtvolle Minangkabau-Reich um die Jahrtausendwende ganz Zentralsumatra sowie Teile der Malaiischen Halbinsel umfaßte und nicht zum Herrschaftsbereich des Sri Vijaya-Imperiums gehörte. Auch während der Kolonialzeit stand das Land nur unter lockerer holländischer Kontrolle. Im Gegensatz zu verschiedenen javanischen Herrschern haben die Minangkabau-Fürsten auf Versuche der Niederländer, ihr Regime mit Gewalt zu etablieren, stets mit Widerstand und Rebellion geantwortet. In der ersten Hälfte des 19. Jhs. versuchten radikale Moslems aus Aceh, die sogenannten *Padri,* im Minangkabau-Land die alte malaiische *Adat*-Ordnung aufzuheben und das Land unter die Gebote des Islam zu zwingen. Die daraus resultierenden blutigen Padri-Kriege (1803–45) konnten die Minangkabau schließlich mit militärischer Unterstützung der Holländer für sich entscheiden. Obwohl der Islam bereits Mitte des 16. Jhs. zur führenden religiösen Kraft im Minangkabau-Reich geworden war, hat er doch nie eine ähnlich orthodoxe Form wie beispielsweise in Aceh angenommen. Die Religion der Minangkabau ist vielmehr eine Mischung aus alten Glaubensvorstellungen mit dem Hinduismus und dem Islam, wobei heute natürlich moslemische Elemente dominieren.

Trotz der Prägung durch die islamische Glaubenslehre, die auf einer patriarchalischen Gesellschaftsstruktur beruht, ist das Land der Minangkabau ein altes Mutterrechtsgebiet, das einzige in dieser Form in ganz Indonesien. Vermutlich hat es eine matrilineare Gesellschaftsform bereits zu prähinduistischen Zeiten gegeben. Auch heute noch ist die traditionelle Gesellschaftsstruktur der Minangkabau von matrilinearen Abstammungs- und Verwandtschaftsgruppen geprägt. Jede Sippe führt ihre Herkunft auf eine (mythische) Ur- oder Stammesmutter zurück; sie kennt also nur die mütterliche Linie als Band der einander folgenden Generationen. Die Gesellschaftsordnung aber darf auf keinen Fall als Frauenherrschaft mißverstanden werden. Matriarchat bei den Minangkabau bezieht sich in erster Linie auf die Erbfolge. Die Frauen sind nominell die Besitzerinnen aller Immobilien, wie Häuser und Reisfelder, die als Existenzgrundlage der Familie unveräußerlich sind und nur in der mütterlichen Linie weitervererbt werden. Die Verfügungsgewalt über die Kinder liegt nicht beim Mann, sondern bei der Familie der Mutter. So können die Kinder, die Mitglieder der mütterlichen Sippe bleiben, Namen und Besitz nur von der Mutter erben. Keineswegs aber sind die Männer in der Minangkabau-Gesellschaft unterdrückt, als Onkel und Bruder haben sie das gleiche Mitspracherecht wie die Frauen, allein die Rolle des Ehemannes unterscheidet sich vollkommen von der in anderen Gesellschaftsordnungen. Traditionell bleibt die Frau nach ihrer Heirat im Haus der mütterlichen Verwandten, so, wie auch der Ehemann weiterhin bei seiner eigenen Sippe wohnt. Die Ehe beschränkt sich auf temporäre Besuche des Gatten im Stammhaus seiner Frau, in dem er nur ein Gastrecht besitzt. Nach seiner Heirat teilt ein Minangkabau-Mann seine Arbeitsleistungen zwischen der Familie seiner Mutter und der seiner Frau auf. Erst nach einiger Zeit, wenn sich die Ehe harmonisch entwickelt, siedelt er in die

Hausgemeinschaft der Frau über. Allerdings hat er im Stammhaus seiner Frau auch weiterhin kaum Rechte, diese beschränken sich auf den eigenen mütterlichen Familienverband. Nur innerhalb der eigenen Sippe, der sie sich ihr Leben lang verpflichtet fühlen, bestimmen die Minangkabau-Männer als Bruder und Onkel bei wichtigen Entscheidungen mit. Väterliche Funktionen gegenüber den Kindern werden für gewöhnlich vom ältesten Bruder der Mutter wahrgenommen. Die Männer tragen also für die Kinder ihrer Schwestern mehr Verantwortung als für die eigenen.

Die Hausgemeinschaft, im täglichen Leben die wichtigste soziale Einheit der Minangkabau, setzt sich in der Regel aus drei bis vier Generationen matrilinearer Verwandten zusammen; sie besteht also aus den Müttern mit ihren Kindern, den Mutterbrüdern sowie den Großmüttern mit ihren Brüdern. Die Ehemänner wohnen zwar zumindest zeitweise (als Gast) im Sippenhaus der Frau, gehören aber genealogisch weiterhin ausschließlich dem eigenen mütterlichen Familienverband an. Jede Hausgemeinschaft wählt einen Hausvorstand, der die Sippe nach außen hin vertritt; für gewöhnlich fungiert der älteste Bruder der Frau als Repräsentant der Familie *(Mamak Rumah)*. Zu den wichtigsten Pflichten des *Mamak* gehören die Vermittlung von Ehen, die Übernahme der Vormundschaft der Kinder im Todesfall der Mutter, die Verwaltung des Familienbesitzes sowie gegebenenfalls dessen Verteilung an die weiblichen Familienmitglieder.

Heute weniger häufig als in früheren Zeiten, in denen die Minangkabau noch fester in ihrer strengen Gesellschaftsordnung verwurzelt waren, wird jedesmal, wenn ein weibliches Familienmitglied heiratet, ein neuer Flügel mit dem typischen Büffelhorngiebel an das bereits bestehende Klanhaus *(Rumah Gadang)* angebaut. An den spitzen geschwungenen Giebeln, die wie ein Schiffsbug nach oben gezogen sind, läßt sich also die Zahl der im Haus lebenden Familien erkennen. Die Häuser der Minangkabau sind Pfahlbaukonstruktionen, deren Boden etwa 2 m über der Erde liegt. Durch die Stützpfeiler, die im Innern bis zum Dach hinaufreichen, werden die sehr geräumigen Häuser in mehrere Wohnungen für die einzelnen Familien unterteilt. Die Fassaden und Giebel der Häuser sind reich mit farbigen, verschlungenen Holzschnitzereien verziert, die von hinduistischem Einfluß zeugen und oftmals durch handwerkliche Virtuosität bestechen. Sehr kunstvolle Schmuckornamente besitzen auch die kleinen Reisspeicher *(Rangkiang)*, die normalerweise den Klanhäusern gegenüberstehen.

Seit Mitte unseres Jahrhunderts verliert die matrilineare Gesellschaftsordnung mehr und mehr an Bedeutung. Die traditionellen Großfamilienverbände werden heute zunehmend durch Kleinfamilien nach westlichem Vorbild ersetzt. Darüber hinaus ist die Minangkabau-Gesellschaft seit jeher durch eine ausgeprägte Mobilität gekennzeichnet. Das Streben nach Ungebundenheit und die Unzufriedenheit mit dem matrilinearen System hat schon frühzeitig zahlreiche junge Männer zum Verlassen ihrer Heimatgemeinden veranlaßt. Minangkabau-Männer, die in ganz Indonesien ein ausgezeichnetes Renommee genießen, spielen heute im politischen, wirtschaftlichen und kulturellen Leben des Landes eine wichtige Rolle. Unter den bedeutendsten Politikern der jüngeren Geschichte Indonesiens stammen Mohammed Hatta und Sutan Sjahrir aus Minangkabau.

Bukittinggi

Das einst von den Niederländern auf dem Agam-Plateau des Padangschen Hochlands angelegte Fort de Kock entwickelte sich unter seinem heutigen Namen Bukittinggi (wörtlich ›Hoher Hügel‹) zum Verkehrsknotenpunkt und ökonomischen Zentrum des Minangkabau-Landes, während dessen historische und kulturelle Kerngebiete in dörflichen Orten der Umgebung liegen. Das ange-

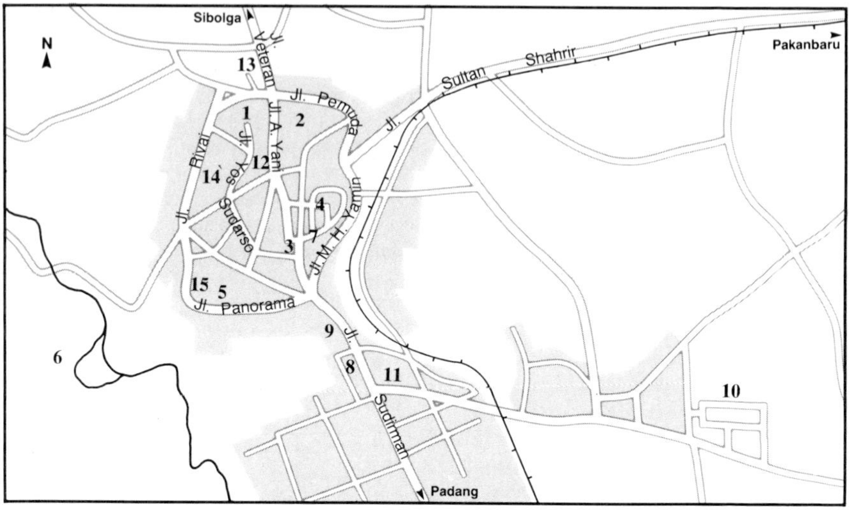

Bukittinggi: Sehenswürdigkeiten: 1 Fort de Kock 2 Museum und Zoo 3 Jam Gadang (Uhrturm) 4 Pasar Atas (Oberer Markt) 5 Armeemuseum 6 Ngarai Sianok-Cañon **Öffentliche Einrichtungen:** 7 Tourist Information Office 8 Postamt 9 Telefonamt 10 Bus- und Bemoterminal Aur Kuning **Hotels und Losmen:** 11 Hotel Dymen's International 12 Benteng Hotel 13 Lima's Hotel 14 Mountain View Hotel und Wisma Bukittinggi 15 Minang Hotel

nehme, frühlingshafte Höhenklima von Bukittinggi (ca. 930 m hoch gelegen) sowie die guten Hotels und Restaurants machen den Ort zum idealen Ausgangspunkt für die Erkundung des sowohl landschaftlich als auch kulturell hochinteressanten Minangkabau-Landes.

Das sich über mehrere Hügel ausbreitende Zentrum Bukittinggis, in dem sich sämtliche Sehenswürdigkeiten der Stadt konzentrieren, wird von einem Netz schmaler Straßen und Gassen durchzogen. Auf der höchsten Erhebung im Westen der Stadt errichteten die Holländer 1825 das **Fort de Kock,** von dem nur noch Mauerreste sowie einige Kanonen aus den Padri-Kriegen zu sehen sind. Benannt wurde die Festung nach dem niederländischen General de Kock, der die Verteidigung der Stadt gegen die moslemischen Rebellen des Imam Bonjol aus Aceh leitete. Vor allem bei Sonnenuntergang ist der sich von hier aus bietende weite Panoramablick über die von Vulkanen umrahmte Hochebene sehr eindrucksvoll.

Auf dem gegenüberliegenden Hügel steht ein klassisches Sippenhaus, eine Spitzenleistung der Minangkabau-Architektur und -Ornamentik. Der Mitte des vergangenen Jahrhunderts errichtete *Adat*-Bau beherbergt heute das **Museum Rumah Adat Baanjuang,** dessen zwar kleine, aber sehr interessante ethnologische Sammlung (traditionelle Hochzeitsgewänder, Musikinstrumente, Produkte des regionalen Kunsthandwerks, Modelle traditioneller Häuser u. a.) einen guten Überblick über die Kultur der Minangkabau vermittelt. Öffnungszeiten: Mo–Do 7–17 Uhr, Fr 7–11 und 12–17 Uhr, Sa und So 7–17 Uhr. Umgeben wird das Museum von einem Zoologischen Garten, der aber eher einem Rummelplatz gleicht und ein abschreckendes Beispiel dafür ist, wie ein Tierpark keinesfalls aussehen sollte.

Das Wahrzeichen der Stadt, der von einem büffelhornförmigen Dach gekrönte **Uhrturm Jam Gadang,** überragt den sich auf zwei Ebenen ausbreitenden farbenfrohen Markt. Auch vom ›Big Ben‹ Bukittinggis hat man eine herrliche Aussicht (Öffnungszeiten: täglich 10–14 Uhr). Bukittinggis moderner Marktkomplex **Pasar Atas** (›Oberer Markt‹) bietet gute Möglichkeiten zum Einkauf von Kunsthandwerk (Silberarbeiten, Stickereien u. a.) und Antiquitäten. Mittwochs und samstags dehnt sich das lebhafte Markttreiben auf das gesamte Areal zwischen den durch steile Treppenaufgänge miteinander verbundenen oberen und unteren Marktplätzen aus.

Schräg gegenüber dem Armeemuseum in der Jl. Panorama (Öffnungszeiten: Mo–Do 8–16 Uhr, Fr 8–11 und 13–16 Uhr, Sa 8–16 Uhr, So 8–17 Uhr) liegt ein kleiner Park mit mehreren Aussichtspunkten, von denen sich ein schöner Blick auf den zerfurchten **Ngarai Sianok-Cañon** bietet. Das Felsmassiv, auf dem sich der Park erstreckt, ist durchzogen von einem weitverzweigten Stollensystem *(Lobang Jepang),* das die Japaner im Zweiten Weltkrieg als Munitionslager anlegten.

Praktische Hinweise

Unterkunft: ***Dymen's International, Jl. Nawawi 3–5, ✆ 21015; *Benteng, Jl. Benteng 1, ✆ 21115 (nahe dem Fort de Kock gelegenes Hotel); *Denai, Jl. Rivai 26, ✆ 21460; *Lima's, Jl. Kesehatan 34, ✆ 22641 (mittlere Preislage); Minang International, Jl. Panorama 20 A, ✆ 21220 (sehr schönes und empfehlenswertes Hotel; gehobenes Preisniveau); Mountain View, Jl. Yos Sudarso 3, ✆ 21621 (schön gelegen); Suwarni Guest House, Jl. Benteng 2 (einfach); Wisma Bukittinggi, Jl. Yos Sudarso 1 A, ✆ 22900 (ruhig gelegen). Die meisten der billigeren Unterkünfte befinden sich in der Jl. A Yani, z. B.: Hotel Gangga (Nr. 70), Grand Hotel (Nr. 99), Penginapan Tigo Balai (Nr. 100), Yany Hotel (Nr. 101), Hotel Nirwana (Nr. 113), Hotel Murni (Nr. 115) und Singgalang Inn (Nr. 130).

Verkehr: Anreise: täglich zahlreiche Direktbusse ab Padang; weitere Anreisemöglichkeiten per Bus oder Ferntaxi u. a. ab Medan, Prapat, Sibolga und Pakanbaru.

Stadt- und Vorortverkehr: Auf festgelegten Routen pendeln Bemo; ein großes Bemoterminal befindet sich nahe dem Busbahnhof Aur Kuning. Mietwagen mit Chauffeur (Pkws und Minibusse) erhält man durch Vermittlung der unten aufgeführten Reiseagenturen.

Fernverkehr: Der große Busbahnhof für Nah- und Fernverkehrsbusse Aur Kuning befindet sich am südöstlichen Stadtrand, ab hier Busse in alle Hauptrichtungen (u. a. nach Padang, ca. 2 Std.; nach Pakanbaru, ca. 6 Std.; nach Padangsidempuan, ca. 10 Std.; nach Sibolga, ca. 12 Std.; nach Prapat, ca. 18 Std.; nach Medan, ca. 24 Std.). Büros verschiedener Buslinien finden sich am Terminal. Einen guten Ruf hat die Gesellschaft ANS, Jl. Pemuda 79 B, ✆ 22626. Von Bukittinggi aus in nördliche und östliche Richtung verkehren auch Ferntaxen, die schneller und bequemer sind als Busse (z. B. Safa Marwa-Taxi, c/o Hotel Yogya, Jl. M. Yamin 17, ✆ 21142; Auskunft auch bei den unten aufgeführten Reiseagenturen). Die Tickets für Fernbusse läßt man sich am besten von einer der Reiseagenturen besorgen, die normalerweise auch den Transfer vom Hotel zum Busbahnhof organisieren. Auf der Eisenbahnlinie Padang –Bukittinggi verkehren keine Personenzüge mehr.

Reiseagenturen: Maju Indosari, Jl. Muka Jam Gadang 17, ✆ 21671 (Agent für Garuda, Merpati, PELNI); Parindo, Jl. A. Yani 101, ✆ 22740 (Agent für Garuda, Merpati, Mandala); Yogya Wisata, Jl. M. Yamin 17, ✆ 21142. Für Reisende mit wenig Zeit und ohne eigenes Transportmittel stellt die Teilnahme an einem von einer Reiseagentur organisierten Tagesausflug die wahrscheinlich beste und bequemste Möglichkeit dar, das Minangkabau-Land kennenzulernen. Angeboten werden solche Touren zu recht günstigen Preisen von Parindo sowie von verschiedenen, in der Regel recht zuverlässigen freiberuflichen Fremdenführern (Auskunft im Three Tables Coffee House, Jl. A. Yani 142).

Restaurants: Coffee House, Jl. A. Yani 105 (chinesisch, indonesisch, europäisch); Family, Jl. Benteng (Padang); Monalisa, Jl. A. Yani 58 (chinesisch); Nasional, Jl. Teuku Umar 11 (chinesisch); Roda, Pasar Atas (Padang); Simpang Raya, Jl. Muka Jam Gadang (Padang); Three Tables Coffee House, Jl. A. Yani 142 (chinesisch, indonesisch, europäisch).

Einkauf: Kunstgewerbliche Souvenirs und Antiquitäten bieten folgende Geschäfte an: Aisah Chalik, Jl. Cindur Mato 94 (nahe Museum); Antique Shop Anis Salim, Jl. A. Yani 2; Basrida, Jl. Yos Sudarso 2; Nuraini, Jl. Minangkabau 25; Reskino, Pasar Atas, Blok A, Lantai II/19 (bei Bank Negara Indonesia 1946).

Information und wichtige Adressen: Touristeninformation: Tourist Information Office, Jl. Syekh Bantam 1, ✆ 22403 (nahe Uhrturm). **Post und Telefon:** Hauptpost und Telefonamt in Jl. Sudirman. **Bank:** Bank Negara Indonesia 1946, Pasar Atas.

Die Umgebung von Bukittinggi

Um Bukittinggi breitet sich auf der Agam-Hochebene eine fruchtbare Kulturlandschaft aus, die umrahmt wird von mehreren, zum Teil noch aktiven Vulkanen, darunter der Singgalang (2878 m), der Sago (2262 m) und der Merapi (2891 m; nicht zu verwechseln mit dem gleichnamigen ›Feuerberg‹ auf Zentraljava). Im Gegensatz zu den sauren Aschen anderer Vulkane Sumatras ist das Eruptionsmaterial der Minangkabau-Vulkane sehr nährstoffreich und sorgt für eine hohe Bodenfruchtbarkeit. Landschaftlich gehört das aus mehreren parallellaufenden Gebirgszügen bestehende Hochland um Bukittinggi mit seinen schroffen Vulkanmassiven, tief eingeschnittenen Schluchten und malerischen Kraterseen zu den reizvollsten und abwechslungsreichsten Regionen des indonesischen Archipels.

Zu Fuß kann man von Bukittinggi aus den **Ngarai Sianok-Cañon** (Beiname ›Grand Cañon von Indonesien‹), eine tiefe Felsenschlucht, die das Agam-Plateau über eine Länge von 13 km durchzieht, erreichen. Von der Jl. Panorama führt ein schmaler Fußpfad hinab in die Schlucht. Wer den Cañon durchquert, erreicht nach einem anstrengenden Aufstieg über einen verwachsenen Stufenpfad

Mesjid Darusalam in Kota Baru bei Bukittinggi

auf der anderen Seite das ca. 6 km von Bukittinggi entfernte Dorf **Kota Gadang,** wo noch nach alter kunsthandwerklicher Überlieferung feine Silberfiligran-Arbeiten und kunstvolle Handstickereien hergestellt werden. Mit einem Bemo (bzw. Oplet) kann man von hier aus nach Bukittinggi zurückkehren.

Im Herzen des Minangkabau-Hochlandes, 36 km westlich von Bukittinggi, liegt der **Danau Maninjau,** einer der schönsten Bergseen ganz Indonesiens (Anfahrt: Bus ab Terminal

Aur Kuning). Bei diesem von einer dramatischen Gebirgskulisse umrahmten See handelt es sich um den wassergefüllten, riesigen (8,5 × 16 km) Einbruchkessel über einem bei einer vulkanischen Eruption entstandenen Hohlraum. In 44 Haarnadelkurven windet sich ab dem Ort **Matur** eine atemberaubende, von kunstvollen Reisterrassen gesäumte Höhenstraße hinab zum See. Eine Alternative zur Bus- oder Autofahrt ist die ca. 3–4stündige Wanderung vom Dorf Lawang (nordwestlich von Matur) über Bukit Lawang durch dichten Bergurwald nach Bayur am Danau Maninjau und von dort aus weiter zum Dorf **Maninjau.** Um die reizvolle Landschaft um den Kratersee näher zu erkunden, könnte man sich in einem der Hotels von Maninjau einmieten; allerdings sind diese vor allem an Wochenenden häufig von Ausflüglern aus Padang belegt.

In **Kota Baru,** südlich von Bukittinggi, an der Hauptstraße nach Padang, steht die sehenswerte Mesjid Darusalam. Dieser Ort ist auch der Ausgangspunkt für Wanderungen auf den Vulkan Merapi (einen Führer für die Bergtour vermittelt das Coffee House in Bukittinggi). 4 km südwestlich von Kota Baru liegt das Dorf **Pandai Sikat,** ein Zentrum der Webkunst und Holzschnitzerei. Besonders bekannt sind die *Songket*-Webereien, bei denen die Stoffe mit Goldfäden durchwirkt werden. Beachtung verdient in Pandai Sikat auch ein traditionelles Minangkabau-Klanhaus.

Ein ebenfalls sehr beliebtes Ausflugsziel für Städter aus Padang ist der **Danau Singkarak,** der zwar leichter zugänglich, aber landschaftlich längst nicht so schön gelegen ist wie der Maninjau-See. **Solok,** im Süden des Singkarak-Sees, ist ein Bergort mit einigen *Adat*-Häusern, an denen jedoch häßliche Wellblechdächer die Harmonie der traditionellen Formen empfindlich stören. Südlich von Solok liegen die malerischen Zwillingsseen **Danau Dibawah** und **Danau Diatas** (›Unterer See‹ und ›Oberer See‹).

Batusangkar (wörtlich ›Steinerner Vogelkäfig‹), rund 50 km südöstlich von Bukittinggi gelegen, war einst Sitz der Könige des historischen Minangkabau-Reiches und gilt heute als die eigentliche kulturelle Kapitale der Minangkabau. In **Pagarruyung,** 5 km südöstlich von Batusangkar, steht die erst Mitte der 70er Jahre errichtete originalgetreue Nachbildung eines alten Königspalastes. Mit ihrer überaus reichen Schmuckornamentik ist diese gewaltige Holzkonstruktion das wohl eindrucksvollste Bauwerk der Minangkabau. An der Verbindungsstraße zwischen Batusangkar und Pagarruyung findet man auf Steinen verwitterte Kawi-Inschriften zum Gedächtnis des Königs Adityawarman, eines mächtigen Herrschers des 14. Jhs.

Nahe dem Dorf **Batang Palapuh,** ca. 12 km nördlich von Bukittinggi, blüht im Juli und August die seltene *Rafflesia arnoldi,* die größte Blume der Welt. 15 km östlich von Bukittinggi liegt die kilometerlange **Tropfsteingrotte Goa Ngalau Kamang,** in der sich während der Padri-Kriege das Hauptquartier des Imam Bonjol, eines der ersten indonesischen Freiheitskämpfer gegen die holländische Kolonialherrschaft, befunden haben soll. Im Natur- und Wildreservat **Harau Valley** (6 km nördlich von Payakumbuh) soll es noch immer Tiger geben. Etwa 3 km vom Parkeingang entfernt ergießt sich ein ca. 150 m hoher Wasserfall in einen natürlichen Pool.

Etwa 150 km nordöstlich von Bukittinggi (zu erreichen über Payakumbuh und Muaramahat) liegen die **Ruinen von Muaro Takus** aus dem 11. und 12. Jh., die einmal zu einer mehrere Quadratkilometer großen Stadt gehört haben. Der Stupa Maligai, das am besten erhaltene Bauwerk des Komplexes, ist einer der wichtigsten und ältesten buddhistischen Tempel auf Sumatra.

Reist man von Bukittinggi aus in nördlicher Richtung, so überquert man beim Ort Bonjol (55 km von Bukittinggi entfernt) den Äquator und erreicht nach weiteren 50 km das 3000 ha große **Rimba Panti-Naturschutzgebiet.** Der im weiteren Streckenverlauf sehr kurvenreiche Trans-Sumatra-Highway führt von hier aus weiter in die Provinz Nordsumatra.

Praktische Hinweise
Unterkunft: Maninjau: *Maninjau Indah (sehr schön am See gelegen; auch preiswerte Zimmer vorhanden), Pasir Panjang Permai Hotel. **Singkarak:** Jayakarta Hotel, Jl. Batang Hari 2; Minang International, Batu Tebal. **Payakumbuh:** Candano Hotel, Jl. Sudirman 84; Harau Hotel, Jl. Tembakan 28.

Feste: Großer Popularität erfreuen sich im Minangkabau-Land Stierkämpfe, bei denen zwei Bullen solange gegeneinander kämpfen, bis einer die Flucht ergreift. Diese Wettkämpfe werden für gewöhnlich regelmäßig jeden Dienstag (Beginn gegen 17 Uhr), mit Ausnahme des Ramadan, in Kota Baru und verschiedenen umliegenden Dörfern abgehalten.

Nordsumatra

Nordsumatra (70787 km²) erstreckt sich von West nach Ost zwischen dem Indischen Ozean und der Meerenge von Malakka. Im Norden grenzt die Provinz an Aceh, im Süden an Westsumatra und Riau. Mit einer Gesamtbevölkerung von rund 10,5 Mill. Einwohnern ist Nordsumatra, speziell der nordöstliche Provinzteil um die Verwaltungshauptstadt und Industriemetropole Medan, die am dichtesten besiedelte Region der Insel (ca. 150 Einw./km²). Die Provinzbevölkerung gliedert sich in Indonesier alt- und

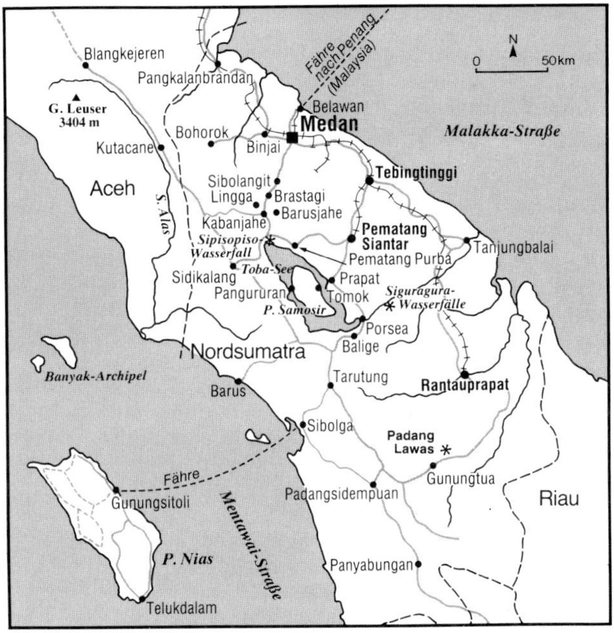

Nordsumatra

jungmalaiischer Herkunft. In der (nord-) östlichen Schwemmlandebene siedeln vorwiegend sogenannte Küstenmalaien sowie in den dortigen urbanen Zentren die Nachfahren von Chinesen, die einst von den Holländern als Plantagenarbeiter ins Land gebracht wurden. Im Süden von Medan erstreckt sich in Höhenlagen zwischen 600 und 1300 m das Land der protomalaiischen Batak, die sich wiederum in mehrere Stämme spalten. In dieser Region befindet sich mit dem unwahrscheinlich schönen Toba-See auch ›die‹ touristische Attraktion.

Nordsumatra gilt als eine der wohlhabendsten Provinzen Indonesiens; nach offiziellen Angaben wird hier über ein Viertel des gesamten Nationaleinkommens erwirtschaftet. Das Rückgrat der Ökonomie bildet der großflächige Anbau von landwirtschaftlichen Exportprodukten. Die nordöstlichen Küstenniederungen im Gebiet des einstigen Sultanats von Deli bieten mit ihren nur schmalen Mangrovensumpfgürteln und ihren fruchtbaren Schwemmlandböden die idealen Voraussetzungen für ausgedehnte Pflanzungen von Handelsgewächsen. Ab 1870 begannen die Holländer die Umgebung von Medan zu ihrem ›Culturgebied‹, zu einer weiträumigen, geschlossenen Plantagenwirtschaftszone, zu entwickeln. Der Aufstieg der Plantagenregion von Deli begann mit dem Tabakanbau. Später folgten riesige Kautschuk-, Ölpalmen-, Kaffee- und Teepflanzungen. Bewirtschaftet wurden diese Plantagen von auswärtigen Wanderarbeitern, die man vorwiegend aus Java, China und Indien heranschaffte. Die Arbeits- und Lebensbedingungen dieser Kulis waren unvorstellbar hart; Zehntausende von ihnen wurden Opfer von Unterernährung und Krankheit. Erst zu Anfang unseres Jahrhunderts begann man nach und nach die Lage der Plantagenarbeiter zu verbessern. Einen schweren Rückschlag erlitt die nordsumatranische Plantagenwirtschaft während des Zweiten Weltkriegs und in den Jahren

Exkurs: Kautschuk – Der Stoff, aus dem die Reifen sind

Vor der Einführung der Ölpalme war der ursprünglich im tropischen Regenwald des Amazonasbeckens beheimatete, bis zu 30 m hohe Kautschukbaum *(Hevea brasiliensis)* der ›König‹ der Plantagenbäume Indonesiens. Kautschuk ist die vom indianischen Wort *Cahuchu* oder *Cauchu* (= ›weinender Baum‹) abgeleitete Bezeichnung für Latex, die ›Milch‹ der Stämme oder, genauer, das aus dem Kautschukbaum gewonnene Rohgummi. Ein Baum muß fünf bis sechs Jahre alt sein, bis er zum ersten Mal ›gemolken‹ werden kann. Um die in der Rinde liegenden Milchröhren anzuzapfen, wird rund um den Stamm in Mannshöhe eine spiral- oder V-förmige, fingerbreite Kerbe geschnitten, an deren unterem Ende ein Napf (oft halbe Kokosnußschalen) zum Auffangen des ausfließenden, milchigweißen Latex-Saftes befestigt ist. Da die Baumwunde stets wieder verheilt, wird sie alle zwei bis vier Tage, in der Regel frühmorgens, neu angeritzt. Das Ritzen der Stämme mit einem Hohlmesser und das Einsammeln der Latex-Milch gehören zu den Haupttätigkeiten der Zapfer, deren Vorfahren von den holländischen Kolonialherren um die Jahrhundertwende vor allem aus Java nach Nordsumatra geholt wurden. Ein Plantagenarbeiter versorgt pro Stunde bis zu 500 Gummibäume, die exakt vermessen wie Zinnsoldaten in Reih und Glied stehen. Als Gründünger und zum Schutz gegen Austrocknung werden zwischen den Kautschukbäumen, die in der Regel nach 30–35 Jahren ausgezehrt sind, bodendekkende Kräuter gepflanzt. In regelmäßigen Abständen leeren die Zapfer die Tiegel und bringen den Latex in milchkannenähnlichen Gefäßen zu einer Sammelstelle. Dort wird er in großen Tanks mit Hilfe von Ameisensäure zum Gerinnen gebracht und, nachdem das Konzentrat zwischen Walzen zu dünnen Matten gepreßt wurde, auf Holzgestellen zum Trocknen aufgehängt. Der so gewonnene Naturkautschuk ist in dieser Form nicht lange haltbar; bei zu hohen Temperaturen kann er leicht schmelzen. Erst durch Zusatz von Schwefel (Vulkanisation) wird das Naturprodukt in haltbares Gummi umgewandelt und kann in die Fabriken der Industrieländer transportiert werden.

Bis Mitte der 70er Jahre des vergangenen Jahrhunderts besaß Brasilien das Weltmonopol der Kautschukgewinnung, auf die Ausfuhr von Kautschukbäumen und -samen stand die Todesstrafe. Nachdem es dem englischen Biologen Sir Henry Wickham 1876 gelungen war, einige Zehntausend Samen nach England zu schmuggeln, breitete sich der Kautschukbaum über die ganze Welt aus. Trotz der starken Konkurrenz anderer Plantagenländer, vor allem Malaysias, zählt Indonesien seit Jahrzehnten zu den bedeutendsten Naturgummi-Produzenten (ca. 25 % des Weltbedarfs). Erst die Entwicklung des synthetischen Kautschuks aus Erdöl hatte einen rapiden Preisverfall für Latex zur Folge und führte dazu, daß mehr und mehr Plantagen mit Ölpalmen umgepflanzt werden.

nach der Erlangung der Unabhängigkeit durch die Nationalisierung der ausländischen Unternehmen. Mangel an Ausrüstung und Kapital sowie auch Mißwirtschaft und Korruption führten zu einem drastischen Absinken der Produktion. Im Laufe der Konsolidierung der politischen Lage nach den Ereignissen der Jahre 1965/66 begann man mit der Rückgabe der Plantagen an ihre ausländischen Besitzer.

Heute sind die agro-industriellen Großbetriebe teils Staatseigentum, teils befinden sie sich im Besitz von multinationalen Konzernen wie Goodyear und Uni-Royal. Aufgrund der stagnierenden Nachfrage nach Naturkautschuk und angesichts des starken Bedarfs der Industrieländer an pflanzlichen Fetten gilt die erst um die Jahrhundertwende aus Westafrika eingeführte Ölpalme als das zukunftsträchtigste Plantagengewächs.

Medan

Mit rund 2,5 Mill. Einwohnern ist Medan, die Hauptstadt der Provinz Nordsumatra und eines der internationalen Eingangstore nach Indonesien, die viertgrößte Stadt des Landes und einzige Millionenmetropole außerhalb Javas. Der Name der Stadt bedeutet ›(Schlacht-) Feld‹, weil hier in früheren Zeiten die Sultane von Deli undAceh wiederholt ihre militärischen Machtkämpfe austrugen. Seit seiner Gründung am Zusammenfluß des Sungai Deli mit dem Sungai Babura Mitte des 17. Jhs. unterschied sich Medan bis zum letzten Drittel des vergangenen Jahrhunderts in nichts von Zehntausenden anderer indonesischer Dörfer. Erst nachdem die Holländer ab 1870 im Deli-Gebiet riesige Pflanzungen angelegt und Medan 1886 zu ihrer regionalen Hauptstadt gemacht hatten, begann der kometenhafte Aufstieg des Ortes. Wie in der Vergangenheit, so ist Medan auch in der Gegenwart das Zentrum der nordsumatranischen Plantagenwirtschaft. Die ökonomische Bedeutung der Stadt wirkte schon während der Kolonialzeit wie ein Magnet auf die verschiedensten Volksgruppen und ließ Medan zu einem Schmelztiegel der Rassen und Religionen werden. In enger Nachbarschaft berühren sich hier Kulturen aus dem ganzen südostasiatischen Großraum. Besonders augenfällig wird das Völkermosaik aus Javanern, Minangkabau, Batak, Aceher, Chinesen, Sikh und Tamilen (das weitere Facetten durch Europäer, Amerikaner und Australier erhält) in den vielen Gebetsstätten der verschiedenen Konfessionen.

Medan ist eine übersichtliche, nach rein ökonomischen Gesichtspunkten angelegte Stadt, deren offenes Erscheinungsbild mit ihrem Namen (›Feld‹) korrespondiert. Während sich die Umgebung noch ländlich gibt, besitzt Medan mit seinen breiten Geschäftsstraßen, durch die sich ein schier endloser Verkehrsstrom wälzt, und seinen tristen Zweckbauten, denen alte Kolonialgebäude weichen mußten, alle Attribute einer modernen, wenn auch reizlosen Großstadt. Wegen ihrer Weitläufigkeit sowie des hektischen Verkehrs und der abgasgeschwängerten Luft ist Medan keine sehr fußgängerfreundliche Stadt. Für eine Stadtbesichtigung empfiehlt sich daher eines der zahlreich vorhandenen (auch motorisierten) Becak.

Architektonische Überbleibsel aus der schillernden kolonialen Vergangenheit, die noch nicht der Spitzhacke zum Opfer gefallen sind, konzentrieren sich um den großen **Freiheitsplatz** *(Lapangan Merdeka).* An seiner Westseite erheben sich in blendendem Weiß das ehemalige niederländische **Stadhuis** (1908; heute das Rathaus von Medan) und die einstige ›**De Javaanse Bank**‹ (1907; heute Bank Indonesia). Gegenüber dem kolonialen Postgebäude (1911) stand früher das berühmte Hotel de Boer; heute ist das traditionsreiche Kolonialhotel mit einem klobigen Erweiterungsbau zum Hotel Dharma Deli verschmolzen. Auch das Bahnhofsgebäude im Osten des Merdeka-Platzes stammt noch aus holländischer Zeit. Verschiedene Kolonialbauten, die zum Teil Antiquitäten- und Kunstgewerbeläden beherbergen, säumen auch die Jl. A. Yani, Medans wichtigste Einkaufsstraße. Hier befindet sich zudem die sehenswerte Villa des verstorbenen chinesischen Millionärs Chong Ah-tie.

Folgt man der Jl. A. Yani und später der Jl. Pemuda in südlicher Richtung, so gelangt man zu Medans berühmtem **Sultanspalast Istana Maimoon,** einem nicht nur historisch, sondern auch ästhetisch bedeutsamen Bauwerk. Dieses 1888 erbaute Märchenschloß, das sich in einer orientalischen Pracht wie aus Tausendundeiner Nacht präsentiert, wurde mit den Erlösen aus der Verpachtung der fürstlichen Ländereien an holländische Pflanzer finanziert. Istana Maimoon legt gleichzeitig Zeugnis ab von der für Indo-

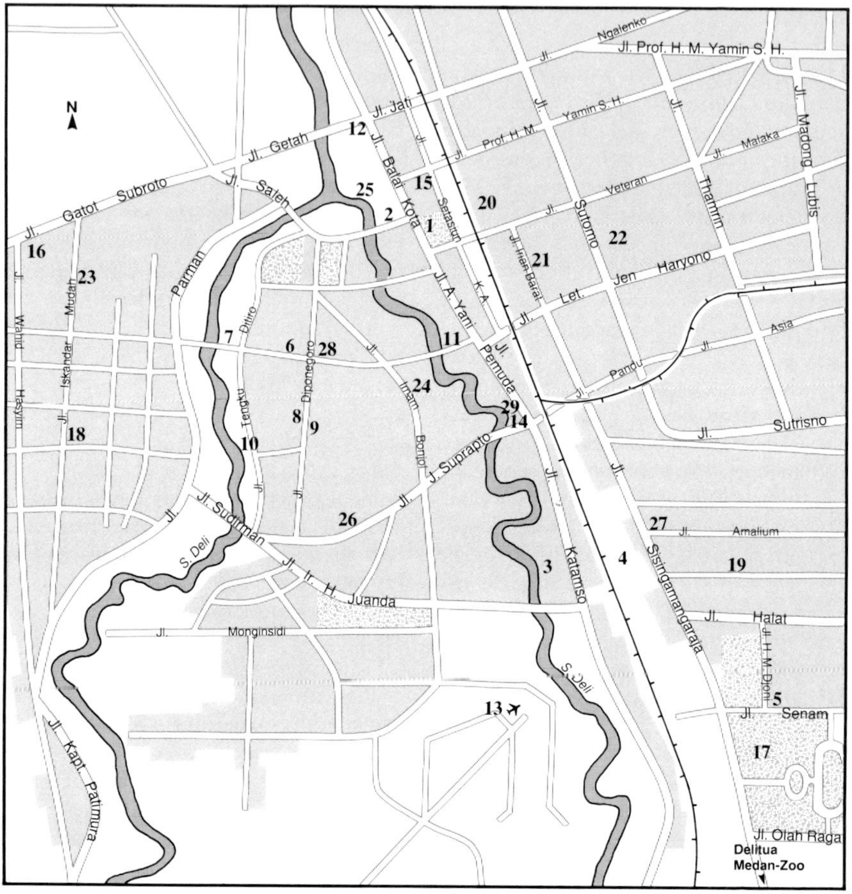

Medan: Sehenswürdigkeiten: 1 Freiheitsplatz 2 Rathaus 3 Istana Maimoon 4 Mesjid Raya 5 Museum Sumatera Utara 6 Militärmuseum 7 Parisada Hindu Dharma-Tempel 8 Mesjid Agung 9 Immanuel-Kirche 10 Vihara Gunung Timur-Tempel **Öffentliche Einrichtungen:** 11 Tourist Service 12 Polizeipräsidium und Ausländerbehörde 13 Flughafen Polonia 14 Garuda 15 Postamt 16 Busterminal (Bohorok und in die Provinz Aceh) 17 Busterminal (Prapat und Pematang Siantar) 18 Busterminal (Brastagi) 19 Busterminal (Padang) 20 Bahnhof 21 Bus- und Bemoterminal Sambu 22 Zentralmarkt 23 Einkaufszentrum **Hotels und Losmen:** 24 Hotel Danau Toba International 25 Hotel Dharma Deli 26 Hotel Polonia 27 Hotel Garuda 28 Losmen Irama 29 Losmen Siguragura

nesien so typischen Mesalliance zwischen Kolonialherren und heimischen Herrschern. Durch geschickte Diplomatie, aber auch durch Intrigenspiel verschafften sich die Holländer, nicht nur im nördlichen Sumatra, die Nutzungsrechte für ausgedehnte Gebiete, akzeptierten zum Schein die Souveränität lokaler Potentaten, wie die des Sultans von Deli, verhalfen ihnen zu enormen Pachtgewinnen und sicherten sich so die Loyalität der heimischen Aristokraten. Heute noch residieren die Nachfahren des Sultans in ihrem Palast, dennoch ist ein Teil des Bauwerks für Publikumsbesuch geöffnet. Dem Sultanspalast gegenüber, jenseits der Bahnlinie, steht der elegante Kuppelbau der 1905 erbauten **Mesjid Raya** (›Große Moschee‹), deren Besichtigung möglich und sehr lohnend ist. Nur sonntags kann man auf das schlanke, etwas abseits stehende Minarett hinaufsteigen und die Aussicht über weite Teile Medans genießen.

Ebenfalls in die Stadtbesichtigung einplanen sollten Sie einen Besuch im **Ethnologischen Museum** Sumatera Utara (Jl. H. M. Djoni; im Südosten der Stadt), das anschaulich über Kultur und Alltagsleben nordsumatranischer Stämme informiert. Beachtung verdient die Fassade des Museumsgebäudes, die ornamentale Stilelemente von traditionellen Häusern der verschiedenen Ethnien Nordsumatras vereinigt. Öffnungszeiten: Di–Do 9–14.30 Uhr, Fr 9–11 Uhr, Sa 9–13 Uhr, So 9–14.30 Uhr, Mo geschlossen. Nur bei genügend Zeit lohnt sich die Weiterfahrt zum **Zoo** Taman Margasatwa (in Medans südlichem Vorort Delitua), wo Vertreter der sumatranischen Fauna ein bedauernswertes Dasein fristen müssen.

Westlich des zu einem schmutzigen Rinnsal verkommenen Sungai Deli breiten sich die besseren Wohnviertel, wie z. B. Polonia, aus. In der Jl. H. Z. Arifin befindet sich unweit des Militärmuseums (Öffnungszeiten: Mo–Do 8–13 Uhr, Fr und Sa 8–11 Uhr, So geschlossen) der **Parisada Hindu Dharma-Tempel,** das religiöse Zentrum der Tamilen-Gemeinde Medans. Gegenüber der größten moslemischen Andachtsstätte Medans, der Mesjid Agung, steht in der Jl. Diponegoro die protestantische **Immanuel-Kirche** aus dem Jahre 1921. Am Westende der Jl. Hang Tuah liegt eine der größten buddhistisch-taoistischen Tempelanlagen Indonesiens, der **Vihara Gunung Timur Medan.**

Praktische Hinweise

Unterkunft: Hotels höherer Kategorien: ****Danau Toba International, Jl. Imam Bonjol 17, ✆ 327000; ***Dharma Deli, Jl. Balai

Mesjid Raya, die ›Große Moschee‹

Kota 2, ✆ 327001 (preiswertere ›Standard‹-Zimmer im alten Komplex; Swimming-pool; zentral gelegen); ***Polonia, Jl. Sudirman 14, ✆ 325300. **Mittlere Hotels:** **Garuda, Jl. Sisingamangaraja 27, ✆ 36255; **Pardede International, Jl. Ir. H. Juanda 14, ✆ 323866; *Sumatra, Jl. Sisingamangaraja 21, ✆ 24973. **Nicht klassifizierte Hotels und Pensionen:** Irama, Jl. Palang Merah 112 (einfach, winzige Zimmer; ›Traveller‹-Treffpunkt); Melati, Jl. Amaliun 6, ✆ 516021 (nahe Busbahnhof in Jl. Sisingamangaraja); Rion, Jl. Palang Merah 56; Siguragura, Jl. Suprapto 24 (einfach, hier auch Schlafsaal).

Verkehr: Anreise vom Ausland: vgl. ›Praktische Hinweise Sumatra: An- und Weiterreise‹, S. 396. **Anreise von anderen indonesischen Städten:** täglich (mehrere) Flüge der Garuda u. a. ab Jakarta, Palembang, Pakanbaru, Padang, Banda Aceh sowie mehrmals wöchentlich ab Pontianak (via Batam); der Merpati u. a. ab Jakarta sowie der Mandala ab Jakarta (weitere Fluginformationen vgl. S. 544).

Medans Hafen Belawan liegt auf der Route verschiedener PELNI-Schiffe (An- und Weiterreise in südlicher Richtung u. a. von/nach Jakarta, Surabaya, Ujung Pandang, Pontianak; vgl. auch S. 547).

Anreisemöglichkeiten per Bus u. a. ab Banda Aceh, Takengon, Prapat, Sibolga, Bukittinggi, Padang.

Stadt- und Vorortverkehr: Auf festgelegten innerstädtischen Routen pendeln Bemo und Busse; Terminal Sambu, das zentrale Terminal für den Stadtverkehr, liegt in der Jl. Irian Barat, südöstlich des Hauptbahnhofs. Taxen erhält man über Vermittlung von Hotels und Reisebüros. Zahlreich vertreten sind (häufig motorisierte) Becak.

Fernverkehr: Flughafen Polonia 2 km südlich. Fluglinien: Garuda, Dharma Deli Hotel, Jl. Balai Kota 2, ✆ 516400; Malaysian Airlines System (MAS), Hotel Danau Toba International, Jl. Imam Bonjol 17, ✆ 519333; Mandala, Jl. Katamso 37 E, ✆ 513369; Merpati, Jl. Katamso 41 J, ✆ 514102; KLM, Dharma Deli Hotel, Jl. Balai Kota 2, ✆ 327011; Sabang Merauke Air Charter (SMAC), Jl. Imam Bonjol 59, ✆ 515934 (Flüge nach Gunungsitoli auf Nias!); Singapore Airlines (SIA), Polonia Hotel, Jl. Sudirman 14, ✆ 325300 (Fluginformationen s. o. ›Anreise‹ und vgl. S. 544).

Seehafen Belawan 26 km nördlich. Mehrmals im Monat verkehrt von hier aus ein Fährschiff nach Penang (Malaysia). PELNI-Büro in Jl. Kol. Sugiono/Cakrawati 5–7, ✆ 25100 und 25180 (Informationen zu PELNI-Schiffen vgl. S. 547).

Es gibt vier Terminals für Fernbusse: Terminal in Jl. Wahid Hasyim (Busse nach Bohorok und in die Provinz Aceh), Terminal in Jl. Sisingamangaraja (Busse nach Prapat und Pematang Siantar), Terminal in Jl. Iskandar Mudah (Busse nach Brastagi), Terminal in Jl. Utama (Busse nach Padang). Wichtige Buslinien (Abfahrt der Busse für gewöhnlich vor dem Büro der jeweiligen Gesellschaft): ABS, Jl. Sutrisno 128, ✆ 322352 (Busse nach Padang); ALS, Jl. Amaliun 2 A, ✆ 22014 (Busse nach Bukittinggi, Padang, Pakanbaru, Jambi, Palembang, Jakarta); ANS, Jl. Sisingamangaraja, ✆ 515775 (Busse nach Bukittinggi, Padang, Pakanbaru, Dumai, Jakarta); Humbang Jaya, Jl. Sisingamangaraja, ✆ 529269 (Busse nach Sibolga); PMTOH, Jl. Wahid Hasyim, ✆ 28195 (Busse nach Banda Aceh und Takengon). Ungefähre Fahrzeiten: nach Prapat via Tebingtinggi 4 Std., nach Prapat via Brastagi 6 Std., nach Bukittinggi und Padang 24 Std., nach Banda Aceh 20 Std. Hauptbahnhof in der Jl. Kreta Api; es verkehren keine Personenzüge mehr zwischen Medan und Bandu Aceh.

Reiseagenturen: King's Star, Jl. Pemuda 24 B, ✆ 515111; Nitour, Jl. M. Yamin 21 E, ✆ 23191; Pacto, Jl. Palang Merah 26 F, ✆ 28828.

Restaurants: Restaurants mit indonesischer, chinesischer und europäischer Küche: Bali Plaza, Jl. Kumango 1 A; De Boer (im Hotel Dharma Deli), Jl. Balai Kota 2; Garuda, Jl. Pemuda 20 C; Lynn's Bar, Jl. A. Yani (**Faßbier!**); Tip-Top, Jl. A. Yani 92. Indische Restaurants: G's Koh-I-Noor, Jl. Mesjid 21.

Einkauf: Antiquitäten und Kunsthandwerk aus ganz Sumatra bieten folgende Geschäfte an: Arafah Art Shop, Jl. A. Yani 56; ABC Art Shop, Jl. A. Yani 50; Rufino Art and Curio Shop, Jl. A. Yani 64; Toko Asli, Jl. A. Yani 62. Batikgeschäfte: Batik Keris, Jl. Arifin 200; Batik Semar, Jl. A. Yani 128.

Information und wichtige Adressen: Touristeninformation: North Sumatra Regional Tourist Office, Jl. Alfalah 22, Kampung

Baru, ✆ 24418 (weit außerhalb); Provincial Tourist Service (Diparda), Jl. Palang Merah 66, ✆ 22099 (zentral gelegen; hier auch Veranstaltungskalender des Kulturzentrums Tapian Dayan erhältlich). **Ausländerbehörde:** Kantor Imigrasi, Jl. Putri Hijau 4, ✆ 322109. **Polizei:** Polizeipräsidium, Jl. Putri Hijau, ✆ 327053. **Konsulate:** BRD, Jl. S. Parman 217, ✆ 324073; Österreich, Jl. Balai Kota 2, ✆ 20700; Schweiz, Jl. A. Yani 2, ✆ 24030. **Post:** Hauptpostamt, Jl. Bukit Barisan; ein zentrales Postamt in der Jl. Balai Kota. **Banken:** Bank Dagang Negara, Jl. A. Yani 100–109; Bank Negara Indonesia 1946, Jl. Pemuda 12. **Gesundheit:** Rumah Sakit Elisabeth, Jl. Imam Bonjol 38, ✆ 322455; Dr. med. Josuar Gunanti, Jl. Juanda 45, ✆ 243862 (deutschsprechender Arzt).

Reiseziele in der Umgebung von Medan

Über **Belawan,** Indonesiens drittgrößten Hafen (26 km nördlich von Medan), wird ein Großteil des Exports der Insel Sumatra abgewickelt. Von diesem mit ausländischer Finanzhilfe ausgebauten Hafen verkehren auch regelmäßig Fähren zur malaysischen Insel Penang.

8 km außerhalb von Medan liegt **Taman Buaya Asam Kumbang,** eine Krokodilfarm, die in zahlreichen Bassins und Gehegen über 1000 Riesenechsen jeden Alters beherbergt. Öffnungszeiten: täglich 9–17 Uhr; Fütterung: täglich 16.30 Uhr. Anfahrt: Bemo Nr. 14 ab Terminal Sambu bis Pasar VI, ab dort ca. 2 km per Becak.

In **Bohorok** (ca. 100 km westlich Medans), an der Ostflanke des 830 km² großen **Gunung Leuser-Nationalparks,** wurde mit Unterstützung des World Wildlife Fund (WWF) ein sogenanntes Orang-Utan-Rehabilitationszentrum eingerichtet, wo illegal gefangenen und als Haustiere gehaltenen Orang-Utan ihr natürliches, zum Überleben im Dschungel notwendiges Verhalten (Nestbau, Nahrungssuche u. a.) wieder antrainiert wird. Zu den Fütterungszeiten (am frühen Vormittag und am Nachmittag) hat man die Gelegenheit, halbwilde Menschenaffen in Freiheit zu beobachten. Für den Besuch der Bohorok-Station benötigt man eine Genehmigung der staatlichen Naturschutzbehörde PPA *(Perlindungan Hutan dan Pelestarian Alam),* die entweder in Medan (Jl. Sisingamangaraja 20) oder von der PPA-Außenstelle in Bukit Lawang bei Bohorok ausgestellt wird. Unterkunft und Verpflegung bietet ein kleines PPA-Gästehaus. Anfahrt: Bus ab Terminal in Jl. Wahid Hasyim; letzter Bus zurück nach Medan für gewöhnlich bereits am frühen Nachmittag. Überdies organisieren verschiedene Reiseagenturen in Medan Ausflüge nach Bohorok.

Exkurs: Orang-Utan – Der ›Mensch des Waldes‹

Sein Name stammt aus dem Indonesischen: *Orang* heißt ›Mensch‹ und *Hutan* ›Wald‹, Orang-Utan bedeutet also ›Mensch des Waldes‹. Der Orang-Utan *(Pongo pygmaeus)* kommt nur noch in den tropischen Regenwäldern Borneos und Sumatras vor. Aber auch in diesen riesigen Urwaldgebieten leben höchstens noch 2500 bis 3000 dieser Menschenaffen. Nicht ganz so stattlich wie der Gorilla, wird der ›Waldmensch‹, dessen rotbraunes Fell zottig, dicht und bis zu 50 cm lang ist, 1,20 bis 1,50 m groß. Als einziger wirklicher Baumbewohner unter den Primaten ist er perfekt an das Kletterleben angepaßt: Mit einer Spannweite von 2,50 m hat er die längsten und kräftigsten Arme aller Menschenaffen, dagegen sind die Beine relativ unterentwickelt. Das Männchen erreicht ein Gewicht von 75 bis 100 kg, das Weibchen, wesentlich kleiner, wiegt rund 40 kg. Charakteristische Erkennungsmerkmale des männlichen Tieres sind ein großer Kehlsack und breite Backenwülste. Nach einer Tragezeit von knapp acht Monaten wird das nur 1,1–1,5 kg wiegende Junge, ähnlich wie der menschliche Säugling, in völlig hilflosem Zustand geboren und von der Mutter, die es drei bis vier Jahre lang stillt, mit größter Sorgfalt aufgezogen. Während dieser Zeit werden die Affenbabies eingehend auf ihr späteres selbständiges Leben in der Wildnis vorbereitet, denn ein Orang-Kind muß viel lernen und handelt keineswegs nur instinktmäßig. Mit vier Jahren macht sich der kleine Orang-Utan unabhängig von der Mutter und kann fortan selbst für sich sorgen. ›Waldmenschen‹ durchstreifen in kleinen Verbänden die Dschungel, bauen sich aus Zweigen in bis zu 30 m Höhe Schlafnester und ernähren sich als reine Vegetarier vorzugsweise von Früchten. Der Orang-Utan, der 30–35 Jahre alt werden kann, hat keine natürlichen Feinde außer dem Menschen, den er übrigens niemals angreift, sofern er sich nicht von diesem bedroht fühlt.

Als der Biologe Alfred Russel Wallace Mitte des vorigen Jahrhunderts den Malaiischen Archipel bereiste, zählte die Orang-Utan-Population noch mehrere Millionen. Wie Knochenfunde belegen, wurde dieser Primat bereits von steinzeitlichen Frühmenschen gejagt und auf Java sowie Sulawesi vermutlich von ihnen ausgerottet. Nachdem Darwin und Wallace im letzten Jahrhundert unabhängig voneinander die Selektionstheorie aufgestellt hatten, rückte der Orang-Utan in den Brennpunkt wissenschaftlichen Interesses. Zahlreiche Naturforscher der damaligen Zeit wollten ihren eigenen Beitrag zur Evolutionstheorie liefern, und so wurden in der Folgezeit Orang-Utan in Massen für zoologische Sammlungen und wissenschaftliche Untersuchungen eingefangen und getötet. Wallace selbst erlegte auf seiner achtjährigen Forschungsreise viele Dutzend Orang-Utan, um sie zu präparieren, und seine ihm auf den Fersen folgenden Kollegen sowie zahlreiche für Museen und zoologische Gärten arbeitende Tierfänger standen ihm in nichts nach. Erst mit Beginn unseres Jahrhunderts wandten sich namhafte Wissenschaftler gegen den Massenmord an den Orang-Utan. Doch obwohl der heute in seiner Urheimat vom Aussterben bedrohte Menschenaffe in all seinen Lebensräumen unter gesetzlichem Schutz steht, werden immer noch Tiere gejagt, getötet und gefangen. Besonders grausam dabei ist, daß ganz bewußt vor allem Muttertiere geschossen werden, um so in den Besitz von Jungtieren zu kommen, die dann gegen hohe Summen an ausländische Händler verkauft und außer Landes geschmuggelt werden. In verschiedenen sogenannten Rehabilitationszentren, beispielsweise in Bohorok bei Bukit Lawang auf Nordsumatra, werden ständig Dutzende von jungen Orang-Utan, die in Gefangenschaft aufwachsen mußten, auf ein freies Leben in der Wildnis vorbereitet und später im Urwald ausgesetzt.

Das Karo-Hochland

Brastagi

Im Herzen des Karo-Hochlandes, zwischen Medan und dem Toba-See, liegt 1320 m über dem Meeresspiegel, flankiert von den aktiven Vulkanen Sibayak (2172 m, Farbabb. 23) und Sinabung (2451 m) der Bergort Brastagi. Während der Kolonialperiode suchten hier europäische Plantagenbesitzer und -angestellte Erholung von dem ungesunden, feuchtheißen Klima der malariaverseuchten Küstenniederungen. Aus diesen Zeiten sind noch einige Kolonialbauten erhalten, wie beispielsweise das imposante **Hotel Bukit Kubu,** das sich am nördlichen Ortseingang inmitten eines weitläufigen Parkgeländes (heute Golfplatz) erhebt. Das erfrischend kühle Klima von Brastagi eignet sich auch hervorragend für die Kultivierung von Obst, Gemüse und Blumen; bekannt ist vor allem die exotische Marquisha-Frucht, aus der ein köstliches Erfrischungsgetränk gewonnen wird. Brastagi selbst ist kein sonderlich attraktiver Ort, bietet sich aber aufgrund seiner guten Infrastruktur als Ausgangspunkt für Touren in die landschaftlich wie kulturell sehr reizvolle Umgebung an. Lohnenswert ist ein Bummel durch den großen **Zentralmarkt** *(Pasar Pusat;* vor allem samstags) und durch den am nördlichen Ende der kilometerlangen Jl. Veteran gelegenen farbenfrohen **Obstmarkt** (*Pasar Buah;* Farbabb. 30). Einen schönen Blick über den Ort und die umgebende Landschaft hat man vom **Gundaling Hill** im Nordwesten der Stadt, den man nach einem halbstündigen Spaziergang durch gepflegte Villenviertel erreicht.

Praktische Hinweise

Unterkunft: **Rudang, Jl. Sempurna, ✆ 326172; *Brastagi Cottage, Jl. Gundaling, ✆ 20908; *Bukit Kubu, Jl. Sempurna (stilvolles Kolonialhotel); *Rose Garden, Jl. Peceren, ✆ 20099; Bella Vista, Jl. Gundaling (außerhalb gelegen, ruhig); Bungalow B. J. B., Jl. Pendidikan (weit außerhalb gelegen, ruhig); Bungalow Mekar, Jl. Pendidikan; Dieng, Jl. Udara 27 (zentral gelegen, einfach); Ginsata, Jl. Veteran 79; Lingga Inn, Jl. Veteran 65; Torong Inn, Jl. Veteran 4; Wisma Sibayak, Jl. Udara 1 (zentral gelegen, einfach; gute Informationen).

Verkehr: Das zentrale Bus- und Bemoterminal befindet sich vor dem Pasar Pusat in der Jl. Veteran; Busse nach Medan fahren meist auf

Brastagi: 1 Pasar Pusat (Zentralmarkt) 2 Pasar Buah (Obstmarkt) 3 Gundaling Hill 4 Tourist Information Service 5 Polizei 6 Postamt 7 Telefonamt 8 Bus- und Bemoterminal 9 Busse nach Medan 10 Rudang Hotel 11 Bukit Kubu Hotel 12 Brastagi Cottage 13 Bella Vista 14 Ginsata Hotel 15 Torong Inn 16 Wisma Dieng 17 Wisma Sibayak

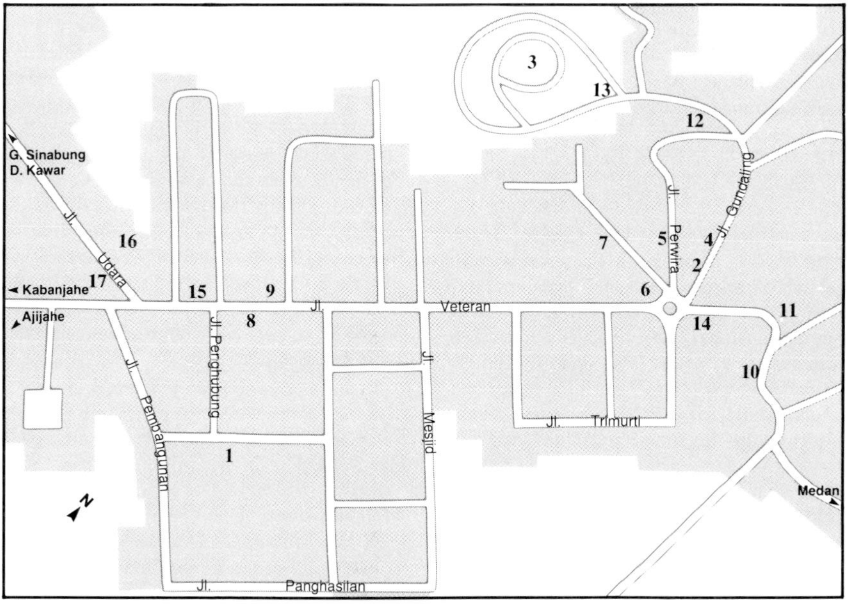

der gegenüberliegenden Seite der Jl. Veteran ab. Zwischen Brastagi und Medan verkehren auch Kollektivtaxen, z. B. Jaya Taxi, Jl. Veteran 125. Motorroller vermietet man im Wisma Dieng, Jl. Udara 27.

Restaurants: Asia, Jl. Veteran 10 (chinesisch); Eropah, Jl. Veteran 48 G (chinesisch und europäisch); Hongkong, Jl. Veteran 93 (chinesisch, indonesisch, europäisch); Lingga Inn, Jl. Veteran 65 (chinesisch, indonesisch, europäisch); Minang Jaya, Jl. Veteran 86 (Padang).

Einkauf: Kunsthandwerkliches und Souvenirs bieten folgende Läden an: Karo Karo, Jl. Veteran 117; Modesty, Jl. Veteran 85; Namaken, Jl. Veteran 8.

Touristeninformation: Tourist Information Service, Jl. Gundaling (oberhalb vom Obstmarkt).

Ausflüge im Karo-Hochland

Lingga (ca. 7 km südwestlich; Anfahrt: kein Direktbus ab Brastagi; zunächst nach Kabanjahe, der offiziellen Hauptstadt des Karo-Landes, dort an der Verlängerung der Jl. Veteran Bemo nach Lingga und auch zum 27 km weiter nordwestlich gelegenen See Danau Kawar): In diesem etwa 2500 Seelen zählenden Karo-Batak-Dorf sind noch mehrere klassische Sippenhäuser sowie Reisspeicher und andere Gebäude im traditionellen Baustil erhalten. Das Zentrum des Dorfes dominiert ein halboffener Versammlungspavillon. Etwas abseits davon stehen zwei ca. 100–150 Jahre alte Totenhäuser, in denen die Schädel von Stammesfürsten aufbewahrt werden. Besichtigen kann man das rund 400 Jahre alte, angeblich ohne einen einzigen Nagel errichtete Königshaus, in dem heute noch die Nachfahren des einstigen Herrscherklans leben. Sehr sinnvoll erscheint es, sich einem der im Ort tätigen englischsprechenden Führer anzuvertrauen, durch dessen Vermittlung auch die Besichtigung des Innern verschiedener Häuser möglich ist (bitte nicht vergessen, sich bei der jeweiligen Hausgemeinschaft mit einer kleinen Spende zu bedanken).

Die Hauptstraße führt in nordwestlicher Richtung weiter zum malerisch am Fuß des Gunung Sinabung gelegenen Danau Kawar. Ausgangspunkt für den, nach Auskunft Einheimischer, vier Stunden dauernden Aufstieg zum Gipfel des Vulkans ist das Dorf Sigaranggarang. Am Ufer des Danau Kawar befindet sich eine bescheidene Unterkunft (Bungalow Surprice).

Bintang Meriah (Anfahrt: Minibus ab Kabanjahe, Verlängerung der Jl. Veteran nach Tanjung, ca. 1 Std. Fahrzeit; von dort ca. 2 km nach Bintang Meriah. Rückfahrt: von Bintang Meriah ca. 4–5 km zur Hauptstraße zwischen Kabanjahe und Kutacane; ab dort bis ca. 15 Uhr Bus zurück nach Kabanjahe/Brastagi): Dieses traditionelle Karo-Dorf liegt in den westlichen Ausläufern des Sinabung-Vulkans inmitten einer sanfthügeligen, anmutigen Landschaft, die von Gewürznelken- und Vanilleplantagen geprägt wird. Beachtung verdient neben einigen *Adat*-Häusern vor allem das monumentale Grabmal des Raja Bena Bena.

Barusjahe (ca. 15 km östlich von Kabanjahe; Anfahrt: Bemo ab Terminal-Kabanjahe): In diesem großen Dorf stehen die mächtigsten, allerdings zum Teil bereits im Verfall begriffenen Sippenhäuser des Karo-Hochlandes. Insgesamt weniger sehenswert als Lingga.

Sipisopiso-Wasserfall (ca. 25 km südlich von Brastagi; Anfahrt: Bus ab Terminal-Kabanjahe in Richtung Pematang Siantar; beim Dorf Situnggaling aussteigen und ca. 2–3 km zu Fuß oder mit einem der sporadischen Bemo zum Aussichtspunkt nahe dem Wasserfall): Der sich aus großer Höhe in eine tief eingeschnittene Schlucht ergießende Air Terjun Sipisopiso gehört wohl zu den eindrucksvollsten Wasserfällen ganz Indonesiens. Von der Aussichtsplattform bietet sich zudem ein phantastischer Panoramablick über den Toba-See und die ihn umgebende zerfurchte, fast baumlose Berglandschaft. Von hier aus windet sich eine gelegentlich von Bemo befahrene Straße hinab zum am Ufer des Sees gelegenen Dorf Tongging.

Pematang Purba (ca. 45 km südöstlich von Brastagi, unweit der Hauptstraße Kabanjahe –Pematang Siantar; Anfahrt: Bus ab Terminal-Kabanjahe in Richtung Pematang Siantar): Das 1810 errichtete Königsdorf der alten Herrscherdynastie von Simalungun präsentiert sich heute, nachdem es 1964 vollständig restauriert wurde, als ein sehenswertes Freilichtmuseum. Die Anlage beherrscht der

Mädchen in einem traditionellen Karo Batak-Sippenhaus in Lingga

mächtige Königspalast, eine Pfahlbaukonstruktion, die auf 20 reich verzierten Teakholzsäulen ruht. Um dieses imposante Beispiel batakscher Holzbaukunst gruppiert sich eine Reihe von Nebengebäuden, darunter ein prachtvoller Reisspeicher und eine Gerichtshalle. Etwas abseits befinden sich die Grabmale der Königsfamilie.

Pematang Siantar (91 km östlich von Kabanjahe; Anfahrt: Bus ab Terminal-Kabanjahe): Einzige Sehenswürdigkeit der nach Medan zweitgrößten Stadt Nordsumatras ist das Simalungun-Museum mit einer interessanten Sammlung von Kunstgegenständen (Zauberstäbe, Orakelbücher, Ahnenfiguren, Masken u. a.) und Waffen der Simalungun-Batak; Öffnungszeiten: täglich, außer So, 8–12 Uhr und 14–17 Uhr (Unterkunft: ***Siantar, Jl. Supratman 3 A; Delima, Jl. Thamrin 131).

Vulkan Gunung Sibayak: Eine nicht allzu anstrengende Tageswanderung führt von Brastagi auf das bizarre Vulkanmassiv des knapp 2200 m hohen Gunung Sibayak. Es gibt zwei Möglichkeiten, Radja Berne (auch Desa Semangat Gunung genannt), den eigentlichen Ausgangspunkt für den Aufstieg, zu erreichen: entweder zu Fuß ab Brastagi über das Dorf Lau Gumba (Abzweigung bei Kilometerstein 64 an der Hauptstraße Brastagi –Medan, nahe dem Kraftwerk von Brastagi; ca. 3 Std.) oder per Bemo ab Terminal-Brastagi. Sollte es kein Direktbemo nach Radja Berne geben, dann nehmen Sie einen (Mini-)Bus in Richtung Medan und steigen an der Abzweigung Doulu (8 km) aus; von dort aus führt eine schmale Teerstraße durch eine reizvolle Kulturlandschaft nach Radja Berne (ca. 5 km). Etwa 2 km von der Abzweigung Doulu entfernt befinden sich die heißen Quellen von Lau Debuk-Debuk. Von Radja Berne aus führen verschiedene Wege, zunächst durch Gemüsegärten und -felder und später durch dichten Bergurwald, zum Gipfel des Sibayak; der bequemste ist ein für den Abtransport von Schwefelgestein angelegter Betonstufenpfad. Wesentlich mehr als zwei Stunden werden Sie für den Aufstieg, für den ein Führer nicht nötig ist, kaum brauchen. Sobald man die Baumgrenze passiert hat, bietet sich ein grandioser Rundumblick über das Karo-Hochland. Im von wildzerklüfteten Felsenklippen umrahmten Krater breiten sich Schwefelfelder aus, wo Sulfate für die chemische Industrie abgebaut werden. Lastenträger schleppen den begehrten Rohstoff in rund 50 kg schweren Körben hinunter nach Radja Berne. Überall entweichen dem Erdinnern aus Felsspalten stinkende Gase. Vom Kraterbereich windet sich ein Fußpfad in westlicher Richtung hinab zu einer Lehmstraße (ca. 1 Std.), die in weitem Bogen über den Aussichtspunkt Panorama Tuah Lingga nach Brastagi zurückführt (weitere 2 Std.). Eine brauchbare Karte für die Sibayak-Besteigung erhält man im Wisma Sibayak in Brastagi. Denken Sie an festes Schuhwerk und einen warmen Pullover!

Von Brastagi nach Medan (Bus ab Jl. Veteran): Dies ist wohl eine der landschaftlich eindrucksvollsten Bergstraßen Indonesiens. 13 km nördlich von Brastagi führt rechter Hand ein Fußweg zum sehenswerten Wasserfall Sikulikap. Bandar Baru (20 km), ein kleiner Bergort mit zahlreichen Gästebungalows, ist ein vor allem bei Männern aus dem nahen Medan beliebtes Ausflugsziel. Unterhalb von Sibolangit (28 km) liegt ein 20 ha großer Botanischer Garten.

Von Brastagi nach Takengon (Provinz Aceh): Für denjenigen, der in die Provinz Aceh weiterreisen will, ist die landschaftlich überaus reizvolle Fahrt von Brastagi/Kabanjahe durch das Tal des Alas-Flusses nach Takengon am Tawar-See eine lohnende Alternative zur recht monotonen Küstenstraße Medan–Banda Aceh. Zwischen Kabanjahe und Kutacane verkehren auf einer relativ gut ausgebauten Straße regelmäßig Busse (Fahrzeit 5–6 Std.). Nördlich von Kutacane erstreckt sich der um den Gunung Leuser (mit 3404 m der zweithöchste Berg Sumatras) angelegte Leuser-Nationalpark, die Heimat von Sumatra-Nashorn, Königstiger, Orang-Utan und anderen seltenen Tierarten. Während auf dem Streckenabschnitt Kutacane – Blangkejeren ebenfalls regelmäßig Busse fahren (Fahrzeit ca. 4 Std.), kann die rauhe Urwaldstraße zwischen Blangkejeren und Takengon (ca. 90 km) vor allem während der Regenzeit unpassierbar sein. Einfache Unterkünfte sind in Kutacane und Blangkejeren vorhanden; aktuelle Informationen über diese Route erhält man eventuell im Wisma Sibayak in Brastagi.

Exkurs: Die Batak

Zahlenmäßig wie auch kulturell sind die Batak die führende altmalaiische Volksgruppe Indonesiens. Die rund 1,5 Mill. im Bergland rings um den Toba-See lebenden Batak gliedern sich nach Sprache und Kultur in zwei Hauptgruppen: Der südlichen Gruppe werden die Toba-, Angkola- und Mandailing-Batak zugeordnet, während man die Dairi-, Pakpak- und Karo-Batak als Nordgruppe zusammenfaßt. Die Timur- oder Simalungun-Batak, die im Osten des Toba-Sees im nahen Umkreis von Pematang Siantar siedeln, nehmen eine Zwischenstellung ein. Die bedeutendsten Batak-Stämme sind die Toba (ca. 900 000 Menschen), die südlich des gleichnamigen Sees und auf der im See liegenden Insel Samosir leben, und die Karo (ca. 400 000 Menschen), deren Siedlungsraum sich um die Städte Brastagi und Kabanjahe ausbreitet. Während die Toba, Karo, Simalungun und die anderen nördlichen Batak-Gruppen weitgehend christianisiert sind, bekennen sich die im Südwesten der Provinz Nordsumatra lebenden Angkola- und Mandailing-Batak fast ausschließlich zum Islam.

Die Vorfahren der Batak kamen während mehrerer protomalaiischer Einwanderungsintervalle zwischen 2500 und 1500 v.u.Z. vom asiatischen Festland. Obwohl die Batak noch bis Mitte des vergangenen Jahrhunderts ständig sehr isoliert von anderen malaiischen Völkern lebten, zeigen sich in ihrer Kultur Spuren indischen Einflusses (u. a. Naßreisbau, Pflügen mit Wasserbüffeln, Übernahme vieler Namen und Bezeichnungen aus dem Sanskrit, Glaubensvorstellungen hinduistischer Herkunft). Eine systematische christliche Missionsarbeit setzte im Batak-Land erst gegen 1860 ein; bis zu diesem Zeitpunkt war es den holländischen Kolonialherren nicht gelungen, die widerspenstigen Batak unter ihre Oberherrschaft zu zwingen. Trotz christlicher Missionierung haben die Batak neben den Toraja (Sulawesi) und den Dayak (Borneo) die ursprüngliche altmalaiische Kultur am unverfälschtesten bewahrt. Völkerkundlich am besten erforscht sind die Toba-Batak, von denen sich möglicherweise die anderen Stämme abgespalten haben.

Ähnlich wie bei anderen protomalaiischen Völkerschaften des indonesischen Archipels war die traditionelle Batak-Gesellschaft feudalistisch strukturiert. Früher unterschied man drei klar voneinander getrennte soziale Schichten: die Adeligen, die Freien und die Sklaven. Als höchste weltliche und geistliche Autorität stand bis zum Jahre 1907 (in dem sich die Niederländer nach erbitterten Kämpfen endlich im Batak-Land festsetzen konnten) eine Art Priesterkönig über allen Batak-Stämmen. Die Sklaverei wurde erst gegen 1915 abgeschafft.

Im Gegensatz zu den Minangkabau sind die Batak vaterrechtlich organisiert; ihre Genealogie ist streng patrilinear, d. h., sie kennt nur die väterliche Linie als Band der einander folgenden Generationen. Die verschiedenen Batak-Stämme sind in Klans unterteilt, die *Marga* heißen. Jede *Marga,* als Verwandtschaftsverband die grundlegende soziale Einheit, führt ihren Ursprung auf einen gemeinsamen (mythischen) Ahnherren zurück. Der Stammvater aller Batak, Si Radja Batak, ist ebenfalls im Mythischen angesiedelt. Ein wichtiger Aspekt der *Marga* besteht in ihrer Exogamie, d. h. im Verbot der Heirat zwischen Mitgliedern desselben Klans. Bei den Batak heiratet die Frau, für die ein Brautpreis entrichtet werden muß, in die Familie des Mannes; sie verläßt ihre eigene Sippe und wird mit der Heirat Mitglied der *Marga* ihres Gatten. In früheren Zeiten galt die Frau als Besitz des Ehemannes und mußte selbst dann in dessen Familie verbleiben, wenn sie Witwe geworden war; nur durch Rückerstattung des Brautpreises konnte sie in den eigenen Verband zurückkehren. Eine strikte exogame Heiratsordnung läßt sich heute bei Klans mit oftmals mehreren tausend Angehörigen natürlich nicht mehr durchführen. Die Bedeutung der *Marga,* die jedem ihrer Mitglieder Schutz und Geborgenheit bietet, ist aber auch in der Gegenwart ungebrochen. Nicht wenige Batak leben weit entfernt von ihrer Heimat, doch auch wer abgewandert ist, hält an Bindungen zur Familie und zum Sippenverband fest.

Die protestantische (in geringerem Ausmaß die katholische) Missionierung konnte im Batak-Land so große Erfolge verzeichnen wie sonst nirgends im indonesischen Archipel. Doch obwohl die Batak heute die größte geschlossene Gruppe von Christen in Indonesien bilden und die protestantische Batak-Kirche *(Huria Kristen Batak Protestan)* als die vitalste des ganzen Landes gilt, hat die Überprägung mit der christlichen Hochreligion die uralten Glaubensvorstellungen nicht zu verdrängen vermocht, im Gegenteil – hinter der christlichen Fassade wird den traditionellen Glaubensinhalten zum Teil sogar eine größere Bedeutung beigemessen als den importierten religiösen Botschaften. Überhaupt führte die Christianisierung der Batak nicht zur Zerstörung ihrer hochentwickelten, eigenständigen Kultur, wie dies in anderen Missionsgebieten, z. B. in Minahasa auf Nordsulawesi, geschehen ist. Nach ihrer mythischen Lehre von der Entstehung der Welt stellten sich die vorchristlichen Toba-Batak den Kosmos dreigeteilt vor: In der Oberwelt leben die Götter, in der unteren Welt die Toten, die Geister und die Dämonen; die mittlere Sphäre ist den Menschen vorbehalten. Diese Auffassung kommt auch in der altüberlieferten Farbensymbolik der Batak zum Ausdruck, wonach Weiß der oberen, Rot der mittleren und Schwarz der unteren Welt entspricht. Im Mittelpunkt der alten animistischen Religion steht der Glaube an seelische Mächte. Hierbei sind *Tondi* (›Lebensseele‹) und *Begu* (›Totenseele‹) zwei Begriffe von zentraler Bedeutung. *Tondi* ist die Seelensubstanz, die alles Leben, nicht nur menschliches, sondern auch tierisches und pflanzliches, durchdringt und ihm Energie verleiht; mehr noch, die *Tondi* kann auch leblose Materie mit Kraft erfüllen. Stirbt der Mensch, dann verwandelt sich seine *Tondi* in eine *Begu,* in die Seele des Toten, der nun in einer neuen Existenzform sein irdisches Leben weiterführt. Nach der Vorstellung der Batak werden nicht nur der Tod, sondern auch Krankheit und Schlaf durch die (zeitweilige) Loslösung der Lebensseele vom Körper bewirkt. Auf dem Glauben, daß die *Tondi* teilbar und auf andere übertragbar sei, beruhte auch die von den Batak noch in nicht allzu ferner Vergangenheit praktizierte, mit rituellem Kannibalismus verbundene Kopfjägerei. Bei den Stammeskriegen und der Kopfjagd ging es selten um materiellen Gewinn. Triebfeder dieser blutigen ›Hackordnung‹ war die Auffassung, daß durch das Erbeuten der Köpfe feindlicher Krieger sowie den Verzehr ihrer Körper die Kräfte, Fähigkeiten und Seelenenergien der Getöteten auf die Sieger übergingen.

Karo Batak-Sippenhaus

Da die Geister der Ahnen die Geschikke der lebenden Verwandten weitgehend beeinflussen können, muß deren Beistand immer wieder mit Opfern und Riten erbeten werden. Eine sehr bedeutende Rolle spielten bei den Batak vor ihrer Christianisierung die Schamanen und Priester, zu deren wichtigsten Aufgaben es zählte, den Kontakt zu den Seelen der Verstorbenen zu pflegen. Kaum ein anderer protomalaiischer Stamm hat über so verwickelte Formen der Zauberei, so ausgeklügelte Praktiken der Magie verfügt wie die Batak. Zu den unentbehrlichen Zeremonialgeräten der Zauberpriester bei magischen Handlungen wie Krankheitsbeschwörungen und Fruchtbarkeitsriten gehörten einst die herrlich geschnitzten, figurengeschmückten Zauberstäbe *(Tunggal Panaluan).* Diese mußten, bevor sie ihre magischen Kräfte entfalten konnten, ebenso wie die heiligen Ahnenbildnisse mit einer geheimnisvollen Substanz *(Pupuk),* die man aus dem Gehirn und anderen Körperteilen eines getöteten Sklaven im Kindesalter herstellte, künstlich beseelt werden. Von ähnlich großer Bedeutung wie der Zauberstab waren für die Batak-Priester das Zauber- und Orakelbuch *(Pustaka)* sowie der magische Kalender *(Porhalaan),* die ihnen halfen, die komplizierten astrologischen Zusammenhänge zu deuten und die richtigen Tage für wichtige Zeremonien festzulegen.

In einer patriarchalisch organisierten Gesellschaft kommt der Geburt eines männlichen Nachfahren eine besondere Bedeutung zu, nicht nur für das irdische Leben, sondern auch für das Leben nach dem Tode. Ohne die Gebete seines Sohnes kann die Totenseele eines verstorbenen Batak im Jenseits nicht zur Ruhe kommen. Stirbt ein Mann ohne Sohn, so tritt an dessen Stelle eine lebensgroße, bewegliche Holzpuppe *(Si Gale Gale),* die nun als ›Fürsprecher‹ für den Verstorbenen fungiert.

Der Animismus der Batak war bis in die jüngste Vergangenheit mit einer megalithischen Kultur gepaart. Zeugnisse megalithischer Steinsetzung finden sich im Batak-Land in der näheren Umgebung des Toba-Sees und vor allem auf der Insel Samosir. Dort sind noch einige Dörfer von Mauern aus zyklopischen Steinen umgeben, und auf manchen Dorfplätzen stehen steinerne Stühle und Tische zum würdigen Empfang der Ahnen bei wichtigen Zusammenkünften. Häufig stößt man auch auf kunstvoll behauene, bootsförmige Steinsarkophage, in denen die Schädel verstorbener Stammesfürsten beigesetzt wurden. Auch die oftmals riesigen Ahnendenkmale der Gegenwart erinnern an den altbatakschen megalithischen Monumentalstil der

Vergangenheit. Diese Monumentalgräber *(Tugu)* sind ein weithin sichtbares Zeichen dafür, daß der Ahnenkult trotz christlicher Einflüsse weiterlebt. Gleichzeitig sind diese bombastischen Zement- und Fliesenmonumente, die in einem schreienden Kontrast zu den oftmals armseligen Behausungen der Lebenden stehen, ein Symbol für den Sozialstatus der Sippe sowie eine Demonstration des Zusammenhalts der Lebenden und der Toten.

Auf die Zeiten der blutigen Stammeskriege geht die festungsartige Anlage der traditionellen Batak-Dörfer, vor allem die der Toba-Batak, zurück. In der Regel sind diese Wehrdörfer von Erdwällen oder Steinmauern umgeben; Zutritt gewähren nur schmale Eingangspforten. In der Anordnung der Häuser wird ein Unterschied zwischen der nördlichen und der südlichen Batak-Gruppe deutlich. Während die Siedlungen der Toba-Batak als Reihendörfer, in denen sich die einzelnen Gebäude gegenüberliegen, konzipiert sind, folgen die Dörfer der Karo-Batak einem weniger strikten Anlageschema. Trotz gemeinsamer Merkmale (rechteckiger Grundriß, Pfahlbaukonstruktion u. a.) offenbaren sich auch im Hausbau kulturelle Unterschiede. Ein typisches Haus der Karo-Batak, die als die geschicktesten Baumeister unter den Batak gelten, besitzt einen hohen, kubischen Raum unter einem mächtigen Walmdach, der innen in durchschnittlich acht Familienabteile untergliedert ist. Damit zeigt das Karo-Batak-Haus eine deutliche Verwandtschaft zu den sogenannten Langhäusern anderer protomalaiischer Stämme, bei denen die einzelnen Wohnabteile allerdings für gewöhnlich einer Längsanordnung folgen (wie z. B. bei den Sippenhäusern der Dayak). Ein beliebtes Schmuckelement der Karo ist das Eidechsenornament. Die Architektur der kleineren, meist nur von einer Familie bewohnten Häuser der Toba-Batak besticht in erster Linie durch die elegant geschwungenen Satteldächer. Ein traditionelles Haus der Toba-Batak ist in drei Zonen gegliedert, in denen sich die kosmische Trinität von Ober-, Mittel- und Unterwelt widerspiegelt. Der unteren Welt entspricht die fast mannshohe Pfahlkonstruktion des Unterbaus, durch die unter dem eigentlichen Haus ein freier Platz für die Haustiere bleibt. Über dem schlichten Wohnraum, der Mittelwelt, erhebt sich pyramidenförmig die Dachkonstruktion, die als Symbol der Götterwelt am aufwendigsten gestaltet ist. Vor allem die Giebelfronten, weniger die Seitenwände, der Toba-Batak-Häuser sind künstlerisch reich verziert mit kultisch bestimmten, überwiegend in den symbolischen Farben Weiß, Rot und Schwarz bemalten Holzschnitzereien. Unter den plastischen Schmuckelementen kommt dem *Singa*-Kopf eine besondere Bedeutung zu. Dieser stilisierte Kopf eines mythischen Ungeheuers ist ein Fruchtbarkeitssymbol, das zugleich der Abwehr von Dämonen dient. Als Ausdruck des allmählichen Niedergangs alter Kulturformen der Batak kann man den Kontrast zwischen den großartigen ornamentalen Schnitzereien der Fassaden und den immer häufiger verwendeten häßlichen Wellblechdächern interpretieren.

Wie die jungmalaiischen Minangkabau gelten heute auch die protomalaiischen Batak als eine der dynamischsten und fortschrittlichsten Bevölkerungsgruppen Indonesiens. Auch sie stellen heute einen unverhältnismäßig hohen Teil der politischen und wirtschaftlichen Elite des Landes.

Der Toba-See

Eine der gewaltigsten Vulkanexplosionen, die die Welt bislang erlebte, hat den bis zu 529 m tiefen Toba-See geschaffen, auf dessen Fläche von 1264 km² (ohne die Insel Samosir) der Bodensee zweimal Platz fände. Der 910 m über dem Meeresspiegel gelegene, 90 km lange und 30 km breite See wird von der 530 km² großen Gebirgsinsel Samosir (höchste Erhebung 1630 m; durch einen Damm mit dem westlichen Seeufer verbunden) über eine weite Strecke in zwei Hälften ge-

Toba-See

teilt. Umrahmt von einer oftmals dramatisch schönen Bergkulisse, aus der vier um die 2000 m hohe Vulkankegel aufragen, gehört der Toba-See zu den imposantesten Binnenmeeren der Welt. Die landschaftliche Schönheit des ›Lago Maggiore Asiens‹ und die seiner Umgebung (nicht zu vergessen das angenehme Höhenklima) haben die gesamte Toba-See-Region zu einem der beliebtesten Ausflugs- und Erholungsgebiete ganz Indonesiens gemacht. Die Batak betrachten das Gewässer als den mystischen Nabel der Welt und als die Wiege ihrer Zivilisation und Kultur. Bislang ungeklärt ist, weshalb der Wasserspiegel des Toba-Sees in den letzten fünf Jahren um mehr als 3 m gefallen ist. Viele einheimische Batak geben dem neuen Wasserkraftwerk, das am Ausfluß des Sungai Asahan am nordöstlichen Seeufer entstanden ist und zu den größten ganz Indonesiens zählt, die Schuld an dieser Entwicklung, deren Konsequenzen noch nicht absehbar sind.

Prapat

Exakt 176 km südlich von Medan liegt am Ostufer des Toba-Sees Prapat (auch Parapat), einer der führenden Ferienorte Indonesiens (Beiname *Kota Turis* = ›Touristenstadt‹), in dem sich auch der frühere Präsident Sukarno ein Sommerchalet errichten ließ. Mit seinen hervorragenden Hotels und seinem umfassenden Angebot an Sport- und Unterhaltungsmöglichkeiten (Golf, Wasserski, Segeln, Tennis, Reiten u. a.) lockt Prapat in erster Linie einheimische Touristen (vorwiegend aus den Großstädten Medan und Padang) an. Reisende aus dem Ausland machen hier selten für längere Zeit Station; für sie ist Prapat meist nur Ausgangspunkt für die Bootsfahrt zur Insel Samosir. Sehenswert ist der samstags stattfindende Markt. Ausflüge führen in südlicher Richtung zu den **Sigura-gura-Wasserfällen** östlich von Porsea (angeblich die höchsten Wasserfälle in ganz Südostasien) sowie in das Provinzstädtchen **Balige** mit einem interessanten *Adat*-Haus und verschiedenen Marktgebäuden im typischen Batak-Stil.

Praktische Hinweise

Unterkunft: (allgemein sehr hohes Preisniveau): ***Natour, Jl. Marlihat 1, ✆ 41012;

***Parapat, Jl. Marlihat 1, ✆ 41018; **Danau Toba, Jl. Pulau Samosir 17, ✆ 41583; *Wisma Danau Toba, Jl. Pulau Samosir 316, ✆ 41302; Cendrawasih, Jl. Pulau Samosir 21, ✆ 41589; David Inn, Jl. Balige (Billigunterkunft an der Hauptstraße); Hasoloan, Jl. Balige; Pago Pago Inn, Jl. Haranggad 50 (einfach).

Verkehr: Fernbusse fahren für gewöhnlich vor dem Büro der jeweiligen Gesellschaft an der Durchgangsstraße ab. Da von Medan kommende Fernbusse (nach Bukittinggi, Padang u. a.) sehr häufig bereits bis zum letzten Platz besetzt sind, empfiehlt sich in jedem Fall eine möglichst frühzeitige Buchung. Lokale Busse und Kollektivtaxen verkehren von Prapat aus nach Pematang Siantar, Brastagi, Medan, Sibolga, Padangsidempuan u. a. Ein Busterminal für den Nahverkehr und mittlere Distanzen befindet sich beim Tigaraja-Markt. Hier legen auch die Passagierboote nach Samosir ab. Nahe dem Pier befinden sich einige Reiseagenturen und Wechselstuben (z. B. Murni und Dolok Silau). Ein kleines Touristenbüro in der Jl. Pulau Samosir (gegenüber Wisma Danau Toba).

Die Insel Samosir

Steil und vegetationsarm ragt aus dem Toba-See die 40 km lange und 20 km breite Insel Samosir, die Heimat von rund 150000 Toba-Batak. Nicht nur landschaftlich gehört Samosir zu den Höhepunkten einer Indonesien-Reise, hier sind auch die eindrucksvollsten Zeugnisse der altbatakschen Megalithkultur erhalten geblieben. Von Prapat aus ist die Insel in einer halbstündigen Bootsfahrt bequem zu erreichen. Der Tourismus auf Samosir konzentriert sich bislang auf die nordöstliche Inselregion, insbesondere auf die drei Orte Tomok, Tuk Tuk und Ambarita, in denen bereits seit den 60er Jahren Weltenbummler gerne einen längeren Zwischenaufenthalt einlegen. Mittlerweile sind neben den zahlreichen Billigunterkünften auch einige komfortable, größere Hotels entstanden. Bildeten früher allein Ackerbau und Viehzucht die Existenzgrundlage der Bewohner Samosirs, so gehört heute der Fremdenverkehr zu den wichtigsten Stützen der insularen Ökonomie.

Tomok, der historisch bedeutendste Inselort, ist bekannt wegen der Königsgräber der Sidabutar-Dynastie. Von der Bootsanlegestelle aus erreicht man über einen bergaufwärts führenden, von zahlreichen Souvenirständen gesäumten Weg einen Hain aus mächtigen Hariara-Bäumen, unter denen die berühmtesten megalithischen Grabmale der Batak liegen. Bei ihnen handelt es sich um aus einzelnen Monolithen geschlagene Steintröge, die mit abgeschrägten Steinplatten zugedeckt sind und die Schädel verstorbener Stammesfürsten sowie die ihrer nächsten Angehörigen enthalten. Unter diesen eine archaische Würde ausstrahlenden Steinsarkophagen aus dem 18. Jh. verdient der des Königs Sidabutar ganz besondere Beachtung. An der Stirnseite dieses Trogs kauert unter einem mächtigen *Singa*-Haupt eine männliche Gestalt, vielleicht ein Bildnis des Raja selbst, der sich auf diese Weise unter den Schutz dieses mythischen Wesens stellt. Auf dem hinteren Teil der Deckplatte befindet sich eine opferbringende Frauenfigur. Auch die christianisierten Nachfahren des Königs Sidabutar fanden in diesem heiligen Hain ihre letzte Ruhestätte. Ihre schlichten Steinsarggräber sind mit Kreuzen versehen; der Sarkophag des letzten Königs trägt als Schmuck das Modell eines Batak-Hauses. Vielfach übersehen, steht etwas abseits hinter einer Holzumzäunung eine archaische Figurengruppe (König, Königin, Priester und Wasserbüffel), die Darstellung eines Opferrituals mit dem Ziel, Regen zu erbitten. Unterhalb des königlichen Friedhofs erheben sich einige, abgesehen von den Wellblechdächern, perfekt restaurierte *Adat*-Häuser. Bisweilen führt man Besuchern hier, gegen eine kleine Spende, eine *Si Gale Gale*-Holzpuppe, einen der Totenfürbitter der Batak, vor.

Si Gale Gale-Holzpuppe, ein Totenfürbitter der Batak in Tomok

Über die gesamte, ca. 4 km nördlich von Tomok gelegene Halbinsel breitet sich der Ort **Tuk Tuk,** das Touristenzentrum Samosirs, aus. Ein angenehmer, etwa einstündiger Spaziergang führt von Tuk Tuk zum wiederum 4 km weiter nördlich gelegenen **Ambarita,** das über sehenswerte megalithische Steinsetzungen verfügt. Im Ortsbereich von Ambarita, unweit der Bootsanlegestelle, befindet sich das alte **Königsdorf Siallagan.** Auf einem teils von einer klobigen Steinmauer umgebenen, teils von traditionellen Batak-Häusern flankierten Versammlungsplatz stehen hier aus Naturstein gehauene Stühle und Sessel sowie ein runder Tisch. Nur wenige Schritte entfernt liegt ein zweiter, offener Platz mit einer weiteren Megalithgruppe. Einen dritten von Megalithen geprägten Versammlungsort findet man etwas südlich von Ambarita. Diese etwa 300 Jahre alten megalithischen Baudenkmäler dienten verschiedenen Zwecken. Hier trafen sich einst die Könige mit ihren einflußreichen Priestern zur Beratung, hier wurden kannibalische Ritualopfer abgehalten, hier traten aber auch die Lebenden mit den vergöttlichten Ahnen, die in den verschiedenen anthropomorphen Steinfiguren persönlich anwesend waren, in Kontakt.

16 km von Ambarita entfernt, an der Nordspitze von Samosir, liegt in der Ortschaft **Simanindo** das alte **Königsdorf Huta Bolon,** das noch deutlich die festungsartige Anlage der traditionellen Batak-Dörfer erkennen läßt. In diesem, wohl nicht zuletzt im Interesse der Fremdenverkehrswerbung als lebendes Museum konservierten Wehrdorf kann das mächtige, ca. 250 Jahre alte Haus des ehemaligen Königs Sidauruk, das heute ein kleines Museum beherbergt, besichtigt werden. Das Freilichtmuseum Huta Bolon ist täglich von 9–17 Uhr für Besucher geöffnet; täglich von 10–11.30 Uhr werden hier traditionelle Tänze der Toba-Batak aufgeführt, die sich durch strenge Rhythmen und zurückhaltende Bewegungen auszeichnen. Auf der kleinen, Simanindo vorgelagerten Insel Tao bietet ein Bungalowhotel eine komfortable Unterkunft.

Überall auf Samosir stößt man auf weithin sichtbare Mausoleen oder Ahnendenkmale für die verstorbenen Verwandten. Eines der aufwendigsten dieser Grabmonumente *(Tugu)* erhebt sich wenige Kilometer südwestlich von Simanindo im Dorf **Simarmata.** Hier steht auf einer mächtigen Steinsäule die in einem traditionellen *Kain Ulos* gekleidete Statue eines bedeutenden Stammesfürsten.

An Samosirs Westküste entlang führt die Erkundung der Insel weiter nach **Pangururan,** das über eine Brücke mit dem sumatranischen ›Festland‹ verbunden ist. Überquert man die Brücke und hält sich anschließend rechts, so gelangt man nach ca. 4 km zu **Thermalquellen** *(Air Panas;* unweit davon befinden sich zwei einfache Losmen). Falls man über

Versammlungsplatz im alten Königsdorf Siallagan bei Ambarita

ein eigenes Fahrzeug verfügt, kann man von Pangururan aus auf einer abschnittweise sehr rauhen Straße um die Südspitze Samosirs herum nach Tomok zurückkehren. Von Pangururan führt auch ein Fußpfad quer über die Insel nach Tomok. Da Samosir im Osten recht steil aufragt, im Westen jedoch sanft zum Toba-See hin abfällt, empfiehlt es sich, eine eventuelle Inseldurchquerung (ca. 30–35 km) in west-östlicher Richtung durchzuführen. Unterkunft findet man gegebenenfalls (gegen eine angemessene Bezahlung) bei Einheimischen im Dorf Roonggurni Huta in der Nähe des kleinen Sees Danau Sidihoni.

Praktische Hinweise

Unterkunft: Mittlerweile spannt sich das weite Spektrum an Unterkünften auf Samosir von bescheiden-spartanischen Losmen bis hin zu eleganten Bungalowhotels. Die allermeisten Pensionen und Hotels, die architektonisch oft traditionellen Batak-Häusern nachempfunden sind, konzentrieren sich auf der Halbinsel Tuk Tuk. Zu den Unterkünften mit gehobenem Preisniveau gehören Toba Beach Hotel (Reservierung: Medan, Jl. Katamso 62 A), Toledo Inn (Reservierung: Prapat, Jl. Ikan Pora-Pora), Hotel Silintong (Reservierung: ✆ 529265) sowie Pulo Tao Cottage (auf Tao-Insel bei Simanindo; Reservierung: Pematang Siantar, Jl. Anggrek 9). Zu den empfehlenswerten Unterkünften mittlerer Preislage zählen Carolina Cottage und Wisma Dumasari. Preiswert sind u. a. folgende Losmen: Abadi, Bernard (schön gelegen), Christina, Marroan, Rohandy (in Ambarita, bei Bootsanlegestelle), Romlan. Alle Hotels und Losmen bieten ein durchweg sehr gutes (dem westlichen Geschmack angepaßtes) Essen.

Verkehr: Von Prapats Markt Tigaraja aus verkehren tagsüber zwischen 7–18 Uhr ständig reguläre Passagierboote nach Tomok und Tuk Tuk (ca. 30 Min.) sowie nach Ambarita (ca. 45 Min.). Die meisten der Hotels und Losmen auf der Tuk Tuk-Halbinsel liegen unmittelbar am Seeufer und besitzen eigene Bootsanlegestellen; man kann sich also von seinen Bootsleuten direkt zur gewünschten Unterkunft bringen lassen (für gewöhnlich ohne Aufpreis). Viele Bootseigner ›sammeln‹ für die Rückfahrt nach Prapat ihre Passagiere auch wieder einzeln ein.

Zwischen Tomok und Pangururan verkehren über die Nordspitze Samosirs gelegentlich Kleinbusse. Auf der um die Südspitze der Insel herumführenden sehr schlechten Straße fahren keine öffentlichen Verkehrsmittel. In verschiedenen Hotels und Pensionen in Tuk Tuk vermietet man Motorräder. Sonntags verkehrt regelmäßig ein Passagierschiff zwischen Tuk Tuk und Pangururan (Abfahrt gegen 8 Uhr, Rückfahrt gegen 16 Uhr). Von Pangururan fahren (Mini-)Busse über Tele nach Sidikalang, dort Anschluß nach Kabanjahe/Brastagi.

Einkauf: Batak-Kunsthandwerk, das leider oft mit dem Makel der Serienfertigung behaftet ist, wird vorwiegend auf den ›Kunstmärkten‹ von Tomok und Ambarita angeboten. Mit Glück kann man ein schönes gewebtes Batak-Tuch *(Kain Ulos)* erstehen. Bei den ›Zauberstäben‹ und Ahnenfiguren handelt es sich meist um minderwertige Schnitzereien. Auch die Qualität der nachgemachten Batak-Kalender und Orakelbücher ist vielfach recht dürftig.

Sibolga

Sibolga, 173 km südlich von Prapat, besitzt einen bereits gegen 1800 angelegten Naturhafen; ansonsten aber hat die ehemalige Hauptstadt des Tapanuli-Reiches touristisch nichts zu bieten. Die heute vorwiegend von Batak, Minangkabau und Javanern bewohnte Hafenstadt ist lediglich das Sprungbrett für die kulturhistorisch überaus interessante Insel Nias. Falls man auf die Fähre nach Nias warten muß, kann man sich die Zeit mit einem Ausflug zum Strand von Pandan, 11 km außerhalb an der Bucht von Sibolga, vertreiben. Barus, 60 km nördlich von Sibolga, war einst ein bedeutender Hafen für arabische, chinesische und indische Seehändler. An diese Zeiten erinnern angeblich 1500 Jahre alte Grabmäler mit Inschriften in Sanskrit und arabischer Sprache.

Praktische Hinweise

Unterkunft: Indah Sari, Jl. A. Yani 29 (eine der besseren Unterkünfte in Sibolga; auch AC-Zimmer); Maturi, Jl. A. Yani; Rodaminang, Jl. Mesjid; Sambas, Jl. Horas; Sudi Mampir, Jl. Mesjid.

Verkehr: Von Sibolga aus verkehrt täglich (Abfahrt 20 Uhr) ein Passagierschiff nach Gunungsitoli auf Nordnias (Fahrzeit ca. 10 Std.) sowie ein- bis zweimal pro Woche ein Frachtschiff nach Telukdalam auf Südnias (Fahrzeit ca. 12–14 Std.). Nach Auskunft verschiedener Reisender ist die Überfahrt in den oftmals überfüllten Schiffen, vor allem bei rauhem Seegang, alles andere als ein Vergnügen. Information: P. T. Nias Shipping, Jl. Imam Bonjol oder im Büro des Hafenmeisters *(Syah Bandar)* PELNI-Büro in Jl. Pelabuhan 46, ✆ 21193. Busbahnhof in der Jl. Sisingamangaraja, ab hier (Fern-)Busse in alle Hauptrichtungen (Vorausbuchung ist ratsam).

Die Insel Nias

Etwa 100 km vor der Westküste Sumatras erstreckt sich im Indischen Ozean eine Inselkette, die zum nichtvulkanischen äußeren Bogen des Sundagebirgssystems gehört. Die nur von Vertretern der protomalaiischen Schicht bewohnten Inseln Simeuluë, Nias und Enggano sowie die Batu- und Mentawai-Archipele sind Gebiete, in denen aufgrund ihrer relativen geographischen Isolation Reste einer besonders altertümlichen Kultur erhalten blieben. Das bergige Nias, mit knapp 5000 km^2 etwa so groß wie Bali, ist die größte und bekannteste dieser Inseln. Noch in der ersten Hälfte unseres Jahrhunderts war auf Nias eine der reinsten Megalithkulturen der Welt, die in einem monumentalen Kunst- und Baustil zum Ausdruck kam, lebendig.

Ethnologisch ist der Ursprung der Niasser bislang noch nicht vollständig geklärt, doch lassen Parallelen, welche ihre Glaubens- und Kulturformen zu denen der Batak und denen der Dayak aufweisen, auf eine ebenfalls protomalai-

Reisen in Südnias

ische Herkunft schließen. Erste Hinweise auf die Insel und ihre Bewohner finden sich in alten Schriften arabischer und persischer Seekaufleute aus dem 9. Jh. Verschiedene kulturelle Ausprägungen belegen, daß Nias während der hindu-javanischen Epoche zumindest peripher unter indischem Einfluß stand. Gegen Ende des 17. Jhs. errichteten die Holländer einen Handelsstützpunkt auf der Insel und gliederten sie, nach einem kurzen Zwischenspiel der Engländer Mitte des 18. Jhs., zu Beginn des 19. Jhs. endgültig in ihr Kolonialimperium ein. Auf die Niederländer soll auch der heutige Name der Insel zurückgehen; angeblich wandelten sie den von den Einheimischen geprägten Begriff *Tanö Niha* (etwa ›Land der Menschen‹) in Nias ab. Wie die Batak auf Sumatra galten insbesondere die Südniasser als außerordentlich kriegerisch und wild. Blutige Stammesfehden wurden vor allem ausgetragen, um Sklaven zu fangen und Köpfe von Feinden zu erbeuten. Den Sklavenhandel mit Sumatra sowie religiös motivierte Kopfjagden hat es noch bis weit ins 20. Jh. hinein gegeben. Seit Mitte des vergangenen Jahrhunderts sind auf Nias christliche Missionare tätig; heute bekennt sich etwa die Hälfte der Inselbewohner zum protestantischen Glauben. Im Gegensatz zu anderen indonesischen Inseln besitzt Nias keine fruchtbaren Vulkanböden, dennoch bildet der Ackerbau (neben Trockenreisbau vor allem Sago- und Yamskulturen, neuerdings auch Kautschukplantagen kleineren Stils) die Existenzgrundlage der meisten Inselbewohner. Schweine werden zu Ernährungs- und Opferzwecken gezüchtet und stellen darüber hinaus ein Statussymbol dar, in dem sich der Wohlstand des Besitzers widerspiegelt.

Ähnlich wie bei den Batak war die traditionelle Gesellschaft der Niasser feudalistisch strukturiert. Die überkommene dreigliedrige Ständegesellschaft

(Adel, gemeines Volk und Sklaven) gruppierte sich bis zu Beginn unseres Jahrhunderts um die absolute Autorität eines Dorfhäuptlings, dessen Macht und Würde erblich waren. Nach den überlieferten Vorstellungen der Niasser galten die Stammesoberhäupter als wiedergeborene Ahnen, denen deshalb eine gottgleiche Verehrung entgegengebracht wurde. Die Sklaven, für gewöhnlich Gefangene aus den Stammeskriegen oder verschuldete Dörfler, dienten als Arbeitskräfte, aber auch als wichtige Handelsware und Ritualopfer bei Begräbniszeremonien und anderen großen kultischen Festen. Eine wichtige Rolle spielte einst der Ältestenrat, in dem alle Angelegenheiten von sozialer und religiöser Relevanz diskutiert wurden. Letzte Instanz aber war in jedem Fall das Dorfoberhaupt, das auch bei Rechtsstreitigkeiten und bei Vergehen gegen den komplizierten Gesetzeskodex das Urteil sprach. Nach dem traditionellen Stammesrecht der Niasser wurden vor allem Delikte gegen Frauen, die auch heute noch innerhalb der Inselgesellschaft eine hochgeachtete Stellung einnehmen (im Süden beispielsweise gelten Frauen für die Feldarbeit als zu vornehm), besonders streng geahndet. Auch der unbedingten Einhaltung der Sexualmoral kam höchste Bedeutung zu; die voreheliche Jungfräulichkeit war unabdingbar. So konnte einstmals einem Mann für das strafbare Vergehen, die Brust einer Frau berührt zu haben, die Hand abgehackt werden.

Die Bevölkerung von Nias konzentriert sich vorwiegend auf dem südlichen und nördlichen Teil der Insel. Da diese beiden Regionen viele Jahrhunderte lang stark voneinander isoliert waren, bestehen zwischen den Süd- und Nordniassern deutliche sprachliche, kulturelle und soziale Unterschiede. So waren die Bewohner des Nordens weit weniger kriegerisch als die des Südens. Dieser grundlegende Unterschied kommt vor allem in den verschiedenen Anlageschemata der Dörfer zum Ausdruck. Auf Südnias erinnert der Festungscharakter

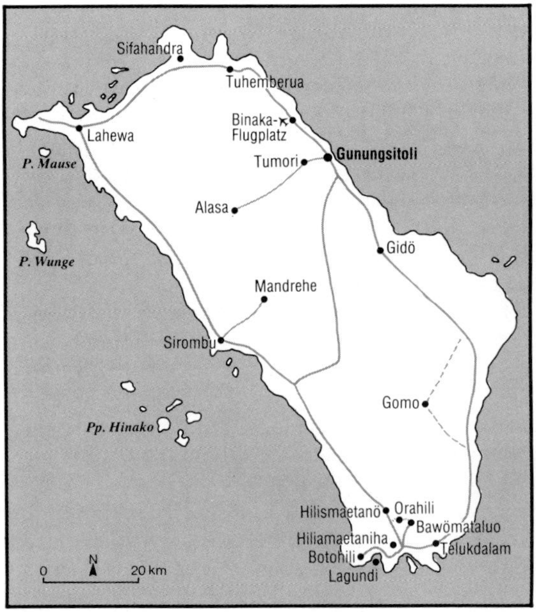

Nias

der Dörfer noch an die martialischen Zeiten der blutigen Kopfjagd. Die strategisch günstig auf Hügelkuppen angelegten Wehrdörfer waren einst mit hohen Verteidigungswällen aus zyklopischen Steinen und Dornenhecken umsäumt und allein über lange Steintreppen zugänglich. Die vielfach heute noch erhaltenen Stufenpfade münden in breiten, mit Steinplatten gepflasterten Straßen, zu deren beiden Seiten sich die einzelnen Häuser dicht an dicht aneinanderreihen. Diese besitzen einen rechteckigen Grundriß, quadratische Fassaden und eine steil ansteigende Dachkonstruktion. Besonders eindrucksvoll sind auf Südnias die auf mächtigen Pfählen ruhenden fürstlichen Holzhäuser, die noch immer Macht und Ansehen der Stammesoberhäupter widerspiegeln. Der Bau eines großen Häuptlingshauses nahm mehrere Jahre in Anspruch; bei jeder wichtigen Bauphase wurden Menschenopfer dargebracht. Die *Adat*-Häuser auf Nordnias sind Pfahlbauten von runder oder ovaler Form. Im Gegensatz zu den streng konzipierten Reihendörfern des Südens sind in nordniassischen Dörfern die Häuser locker gruppiert.

Auf Südnias erreichte die Megalithkultur im indonesischen Archipel ihren Höhepunkt, mehr noch, hier erlangte der megalithische Monumentalstil einen auf der Welt einmaligen Grad an Vollkommenheit. Bemerkenswerterweise stand diese megalithische Kultur bis weit in unser Jahrhundert hinein in voller Blüte. In jedem traditionellen Dorf auf Südnias stößt man auf Menhire und Dolmen, die zur Ehre bedeutender lebender Männer oder zum Gedenken bereits verstorbener errichtet wurden, sowie auf steinerne Tische und Sitze (*Darodaro*), die den Geistern der Ahnen als Ruheplätze dienen, aber auch von den Lebenden bei Versammlungen und Zeremonien verwandt werden. Diese Steinmonumente oder Megalithen stehen in engem Zusammenhang mit der hochentwickelten religiösen Vorstellungskraft der Niasser; sie sind Zeugen ihrer religiösen Bräuche. Trotz christlicher Überprägung leben auf Nias immer noch traditionelle Glaubensformen fort. Bedeutende Wesensmerkmale der altniassischen Religion sind Ahnenverehrung und Geisterbeschwörung. Die Niasser glauben an ein Leben nach dem Tode und sind weiterhin der Überzeugung, daß die Seelen der Verstorbenen das Schicksal der Lebenden weitgehend mitbestimmen können. Die megalithischen Monumente stellen ein Bindeglied zwischen der Welt der Lebenden und der der Toten dar und bilden zugleich den Mittelpunkt des religiösen Lebens der Dorfgemeinschaft. Die Errichtung eines neuen Steindenkmals ist auch in der Gegenwart immer mit einer großen Zeremonie verbunden, bei der stets zahlreiche Schweine (in früheren Zeiten auch Menschen) geopfert werden. Ein wichtiger Aspekt des Ahnenkultes auf Nias ist überdies die Anfertigung holzgeschnitzter Ahnenstatuen (*Adu Zatua*), die als Ruhesitze der Totenseelen ebenfalls als Medien zwischen den Verstorbenen und den Lebenden fungieren. Durch besondere Rituale werden diese Bildnisse der verstorbenen Verwandten künstlich beseelt und dienen den Ahnengeistern fortan als Wohnstätte. Diesen Idolen, die in keinem Haus auf Nias fehlen, müssen regelmäßig Opfergaben (vor allem Stücke von Schweinelunge, -leber und -herz) dargebracht werden, um den Beistand und das Wohlwollen der in ihnen enthaltenen Totengeister zu gewährleisten. Die Kunstfertigkeit der Holzschnitzer, die die *Adu Zatua* oftmals in einem enormen Detailreichtum ausarbeiten, steht derjenigen der niassischen Steinmetze in nichts nach.

In den traditionellen Dörfern auf Südnias fällt eine ganz besondere Art von megalithischen Monumenten auf; es sind dies Steinpyramiden, die aus Dutzenden von großen Quadern aufgeschichtet sind und oben eine massive Abdeckplatte tragen. Der Sprung über diese rund 2 m hohen, einstmals zudem mit angespitzten Bambusstäben bewehrten Steinhindernisse bildete in früheren Zeiten den Hauptbestandteil des Kriegstrainings der jungen Männer von Südnias. Voraussetzung für einen erfolgreichen Raubzug war damals die Fähigkeit der Krieger, die hohen Palisaden und Wälle feindlicher Dörfer möglichst rasch zu überwinden. Beim heutigen Wettkampfspiel des ›Steineüberspringens‹ (*Fahombe*) versuchen unverheiratete junge Männer, die ›Pyramide‹ nach einem kurzen Anlauf von einem ca. 40 cm hohen Trittstein aus in einem akrobatischen Satz, ohne sich aufzustützen, zu überspringen. Wie das *Fahombe* wird auch der berühmte Kriegstanz der Südniasser, der *Tulotulo*, bei dem bis zu 100 junge Männer in traditionellen Stammestrachten rituelle Kampfszenen imitieren, nur noch bei besonderen Anlässen oder für zahlende Touristen aufgeführt.

Das ›Fahombe‹ in Bawömataluo

Regelmäßige Schiffs- und Flugverbindungen bestehen nur zwischen Nordnias und Sumatra, obwohl landschaftlich und vor allem kulturhistorisch der Südteil der Insel wesentlich interessanter und ergiebiger ist. In **Gunungsitoli,** der recht unattraktiven Hauptstadt von Nias, leben auffallend viele Chinesen, die den Handel der kleinen Hafenstadt dominieren und sich in der Jl. Sirao mit dem Vihara Vimala Dharma-Tempel ihr religiöses Zentrum geschaffen haben. Ein lohnenswerter Ausflug (zu Fuß oder per Motorrad-Taxi, das man am Busterminal mieten kann) führt von Gunungsitoli zu den 4 bzw. 5 km südwestlich gelegenen Dörfern **Dahana** und **Tumori,** den einzigen Orten in der näheren Umgebung von Gunungsitoli, wo noch mehrere der traditionellen *Adat*-Häuser mit ovalem Grundriß stehen.

Von Gunungsitoli aus windet sich eine ›Straße‹, die zwar mittlerweile (1989) teilweise asphaltiert ist, aber über weite Abschnitte immer noch allenfalls Feldwegqualität besitzt, durch das zerklüftete, gebirgige Inselinnere nach **Telukdalam.** Zwar ist diese rund 120 km lange Fahrt recht anstrengend, doch entschädigen herrliche Landschaftsszenerien reichlich für alle Strapazen.

Das Hafenstädtchen Telukdalam, (›Tiefe Bucht‹) hat touristisch nichts zu bieten, eignet sich jedoch gut als Ausgangspunkt für die Erkundung von Südnias. Alternative Standorte zu Telukdalam wären die vorwiegend von moslemischen Fischern bewohnten Dörfer **Lagundi** (auch Lagundri genannt) und **Jamburai** an der unwahrscheinlich schönen Bucht von Lagundi (ca. 12 km westlich von Telukdalam). Entlang des kilometerlangen, palmenbestandenen Sandstrands sind inzwischen zwei bis drei Dutzend bescheidene Unterkünfte und Restaurants aus dem Boden gewachsen, allerdings sind die Verbindungen mit öffentlichen Verkehrsmitteln nach Telukdalam denkbar schlecht. Seit Jahren schon gilt die Bucht von Lagundi Wellenreitern aus aller Welt, die die dortigen Surfbedingungen mit denen auf Hawaii vergleichen, als ein neues Dorado.

Zwei sehenswerte traditionelle Dörfer sind von Lagundi aus auf kleineren Wanderungen zu erreichen. Von der Verbindungsstraße Telukdalam–Lagundi führt in nördlicher Richtung ein steingepflasterter Fußweg zu dem auf einem Hügel gelegenen Dorf **Hiliamaetaniha**. Etwa auf halbem Weg passiert man eine kleine protestantische Kirche, von der aus sich ein herrlicher Blick über die weite Bucht von Lagundi bietet. Hiliamaetaniha ist eines der typischen südniassischen Reihendörfer. Zu beiden Seiten der breiten, mit Steinplatten gepflasterten Dorfstraße liegen dicht aneinandergedrängt rund 60 traditionelle Südnias-Häuser, vor denen wiederum zahlreiche Steintische und -bänke stehen. Westlich von Lagundi erstreckt sich das Stammesdorf **Botohili.** Im Zentrum der dortigen Dorfstraße erhebt sich eine typische Sprungstein-Pyramide, in deren Nähe sich, als Symbol der Kampfbereitschaft und des Machtwillens, die plastische Darstellung eines steinernen Krokodils befindet.

Bawömataluo (›Sonnenberg‹), das älteste und wohl eindrucksvollste der traditionellen Stammesdörfer in der Region Südnias, liegt ca. 15 km nordwestlich von Telukdalam auf einem Plateau in einer Höhe von 400 m über dem Meeresspiegel. Es gibt zwei Möglichkeiten, Bawömataluo zu erreichen: Falls man über ein eigenes Transportmittel verfügt, kann man auf einer neu angelegten Bergstraße bis zum Dorfeingang fahren. Anstrengender, aber wesentlich eindrucksvoller ist der knapp 2 km lange Aufstieg über einen aus 480 Steinstufen bestehenden Treppenpfad von **Orahili** aus, einem ebenfalls sehr sehenswerten Dorf mit hervorragend gearbeiteten Megalithen (zu erreichen ab Telukdalam mit einem der sporadisch verkehrenden Minibusse).

Die Anlage von Bawömataluo folgt einem T-förmigen Grundriß. Der Schnittpunkt der beiden gepflasterten Dorfstraßen, an die sich über 250 *Adat*-Häuser reihen, bildet das Zentrum des rund 3500 Seelen zählenden Dorfes. Hier erhebt sich auch das mächtige Häuptlingshaus, ein Meisterwerk südniassischer Holzbaukunst. Dieses auf 66 Säulen von ca. 1 m Umfang ruhende, angeblich ohne einen einzigen Metallnagel errichtete Bauwerk besitzt eine Höhe von 23 m, eine Länge von ebenfalls 23 m und eine Breite von 10 m. Leider wird die Harmonie der traditionellen Formen durch das für einen Teil der Bedachung verwandte Wellblech doch empfindlich gestört. Eine Besichtigung dieses rund 150 Jahre alten Holzpalastes, der früher auch als wichtigste Versammlungshalle des Dorfes diente und heute noch von den Nachfahren des letzten Stammeskönigs bewohnt wird, ist gegen eine kleine Spende möglich. Der aus schweren Holzplanken bestehende Boden des ersten Stockwerks zeigt eine Abstufung in verschiedenen Niveaus. Entsprechend ihrer Ränge in der Dorfhierarchie wurden hier bei Versammlungen den Gefolgsleuten des Stammesoberhauptes ihre Plätze zugewiesen, wobei die höchste Ebene natürlich dem Häuptling selbst gebührte. Auch die obligatorische Pyramide für das ›Steineüberspringen‹, das von jungen Männern des Dorfes gegen Bezahlung vorgeführt wird, befindet sich auf dem Versammlungsplatz vor dem Häuptlingshaus.

Einige Kilometer nordwestlich von Orahili liegt unmittelbar an der nordwärts führenden Hauptstraße das langgestreckte Reihendorf **Hilismaetanö,** dessen 2500 Einwohner in rund 200 traditionellen *Adat*-Häusern leben. Am südlichen Dorfeingang gibt es einen Versammlungsplatz mit Steinbänken und einem steinernen Königsthron, wo sich einst das Stammesoberhaupt mit dem Ältestenrat zu treffen pflegte. Auch vor vielen Wohnhäusern dieses interessanten Dorfes stehen sehenswerte Steinmale.

Von Touristen nur sehr selten besucht wird der Distrikt Gomo im zentralen Nias, wo verschiedene traditionelle Dörfer ebenfalls eindrucksvolle Zeugnisse der Megalithkultur bergen.

Praktische Hinweise

An- und Weiterreise: Der Flugplatz Binaka ca. 20 km entfernt von Gunungsitoli wird täglich ab Medan von der Gesellschaft SMAC (Sabang Merauke Air Charter) mit kleinen Propellermaschinen (nur 10 kg Freigepäck!) angeflogen (Abflug in Medan 8 Uhr, Rückflug 9.30 Uhr). Büros der SMAC befinden sich in Medan (Jl. Imam Bonjol 59, ✆ 515934) und in Gunungsitoli (Jl. Gomo 4, ✆ 21949). Passagierschiffe verkehren täglich zwischen Sibolga und Gunungsitoli (Abfahrt in beiden Orten für gewöhnlich gegen 20 Uhr; Fahrzeit ca. 10 Std.), Frachtschiffe nur ein- bis zweimal wöchentlich zwischen Sibolga und Telukdalam. Sporadisch soll es Schiffe zwischen Padang und Gunungsitoli geben. Keine regulären Direktverbindungen bestehen dagegen zwischen Nias und den Nachbarinseln Simeuluë und Siberut. Nach Siberut gelangt man mit regulären Passagierschiffen oder eventuell auch Missionsbooten ab Padang. Verschiedene Reiseagenturen in Medan haben mehrtägige Ausflüge nach Nias im Programm.

Reisen auf Nias: Die zwischen Gunungsitoli und Telukdalam pendelnden Busse fahren in beiden Orten für gewöhnlich gegen 8 Uhr oder früher ab. Da die Busse oft bis zum letzten Platz besetzt sind, empfiehlt es sich, möglichst frühzeitig vorzubuchen und auch mindestens eine Stunde vor der geplanten Abfahrt am Terminal zu sein. Die recht strapaziöse Fahrt dauert je nach Witterungsverhältnissen zwischen 7–12 Std.; da zumindest noch ein Fluß an einer Furt durchquert werden muß, kann die Strecke während heftiger Regenfälle auch völlig blockiert sein. In beiden Hauptorten kann man auch für kürzere Tagestouren Geländewagen mit Fahrer mieten (Auskunft bei den größeren Hotels). Nach schweren Unfällen mit Todesopfern verkehren zwischen Gunungsitoli und Telukdalam keine Passagierboote mehr. Südnias mit öffentlichen Verkehrsmitteln erkunden zu wollen, ist sehr zeitaufwendig, wenn nicht gar ganz unmöglich. Regelmäßig nur an Markttagen, ansonsten sehr sporadisch verkehren beispielsweise Busse oder Lkws von Telukdalam aus nach Lagundi, Bawömataluo und Hilismaetanö. Falls man nicht weite Strecken zu Fuß zurücklegen will, sollte man in Telukdalam einen Wagen oder ein Motorrad mieten.

Unterkunft: Gunungsitoli: Beringin, Jl. Sirao (sehr einfach); Gomo, Jl. Gomo 148–150 (auch AC-Zimmer); Soliga (ca. 4 km außerhalb in Richtung Flugplatz gelegen); Tenang, Jl. Sirao 78 (einfach); Wisata, Jl. Mesjid. **Telukdalam:** Ampera, Effendi (Familienpension mit angenehmer Atmosphäre), Jamborae (einfach). **Lagundi:** zahlreiche einfache Losmen mit relativ einheitlichem Standard und Preisniveau, z. B. Amans Losmen und Yanti Inn.

Sonstiges: Touristenbüros befinden sich in Gunungsitoli, Jl. Sukarno 19 (nahe Moschee) sowie in Telukdalam im Kantor Camat. Sehr gute Informationen erhält man in Telukdalam von dem ausgezeichnet englischsprechenden Andreas Duha, der sowohl Touren in der näheren Umgebung von Telukdalam als auch im Gomo-Distrikt organisiert und auch mit der Insel Siberut vertraut ist (Kontaktaufnahme über Hotel Effendi oder Yanti Inn). In Gunungsitoli gibt es zwei Banken (Bank Rakyat Indonesia, Jl. Mesjid und Bank Negara Indonesia 1946, Jl. Imam Bonjol), die aber nur zu recht ungünstigen Kursen wechseln (ausreichenden Vorrat an Rupiah mitbringen!). Sehr gut chinesisch essen kann man in Gunungsitoli im Restoran Bintang Terang, Jl. Mesjid 32. Dringend zu empfehlen ist für Nias eine ausreichende Malariaprophylaxe.

Padangsidempuan

Dieser für seine köstlichen Salak-Früchte bekannte, aber ansonsten wenig attraktive Ort (88 km südöstlich von Sibolga) ist Ausgangspunkt für einen Abstecher zu den hinduistischen Tempelruinen in der Ebene von Padang Lawas.

Unweit des Städtchens Portibi (ca. 15 km östlich des größeren Ortes Gunungtua) breitete sich im 12. und 13. Jh. das Zentrum eines hinduistischen, bislang kaum erforschten Königreiches aus, das vermutlich Beziehungen zu den ostjavanischen Dynastien von Kediri und Singhasari unterhalten hat. Von den einstmals über drei Dutzend Candi aus roten Backsteinen ist nur noch einer in gutem Zustand erhalten; verschiedene andere werden eben restauriert.

Von Padangsidempuan (bequem zu erreichen per Bus u. a. ab Sibolga und Bukittinggi) fahren regelmäßig Busse über Gunungtua nach **Portibi** (ca. 2 Std.). Von dort aus gelangt man mit einem Bemo oder einem gecharterten (motorisierten) Becak zu den **Ruinenfeldern von Padang Lawas.** Unweit der Hauptstraße stößt man auf Candi Pulo, der allerdings vollständig in Trümmern liegt. Am sehenswertesten ist der restaurierte Candi Bahal I (auch Candi Biara genannt), ca. 1 km von der Hauptstraße entfernt. Die Reliefs dieses Ziegelsteinbaus sind allerdings nur noch fragmentarisch erhalten. Ca. 500 m bzw. 1000 m entfernt befinden sich die noch nicht wieder aufgebauten Tempelruinen der Candi Bahal II und Bahal III.

Praktische Hinweise

Unterkunft: Maninjau, Jl. Sudirman (zentral gelegen; sehr einfach); Samudera, Jl. Teuku Umar 60 A; Wisma Anita, Jl. Danau Laut Tawar.

Aceh

In Sumatras äußerstem Norden gelegen, bildet Aceh Indonesiens westlichste Provinz. Das 55 400 km^2 umfassende Territorium besteht vorwiegend aus zerklüftetem Bergland, dem sich ein schmaler Schwemmlandsaum, das bevorzugte Siedlungsgebiet der 3,3 Mill. Aceher, vorlagert. Hier am Nordzipfel Sumatras faßte der Islam zuerst Fuß, und noch heute bekennen sich fast 90 % der streng konservativen Provinzbevölkerung zu einem islamischen Glauben orthodoxer Prägung. Unter den indonesischen Mekkapilgern stellen die Aceher einen bedeutenden Anteil.

Von jeher war diese Region ein wichtiges Einfallstor für alle vom asiatischen Festland kommenden Einwanderungswellen und Kulturströmungen. Kaufleute aus dem südöstlichen Indien brachten seit den ersten nachchristlichen Jahrhunderten über Aceh den Hinduismus und Buddhismus auf den indonesischen Archipel. Ab dem späten 13. Jh. gelangte mit indischen und arabischen Seehändlern die Lehre des Propheten Mohammed nach Aceh. Die ersten Berichte über islamisierte Fürstentümer auf Nordsumatra stammen von dem berühmten Weltreisenden Marco Polo, der im Jahre 1292 auf der Rückkehr von China nach Venedig auf Nordsumatra Station machte. Nach dem Niedergang des buddhistischen Sri Vijaya-Reiches war an Sumatras Nordspitze ein Machtvakuum entstanden, welches auch das aufkommende javanische Majapahit-Imperium nicht zu füllen vermochte. Somit hatte sich ein idealer Brückenkopf für den Islam gebildet, der von hier aus fast die gesamte indonesische Inselwelt eroberte. Am Knotenpunkt der Schiffahrtslinien zwischen China und Indien gelegen, entwickelte sich Aceh im 16. und 17. Jh. zu einem blühenden Handelszentrum und gleichzeitig zum Mittelpunkt eines aggressiv über weite Teile Sumatras expandierenden Sultanats, das seine Machtsphäre während des sogenannten Goldenen Zeitalters unter Sultan Iskandar Muda (1607–36) sogar bis auf die Malaiische Halbinsel ausdehnte. Ab Mitte des 17. Jhs. begann die Macht Acehs zu schwinden, und das Reich zerfiel in mehrere Kleinstaaten, die sich erst im letzten Drittel des 19. Jhs. im Kampf gegen die Holländer wieder zusammenschlossen.

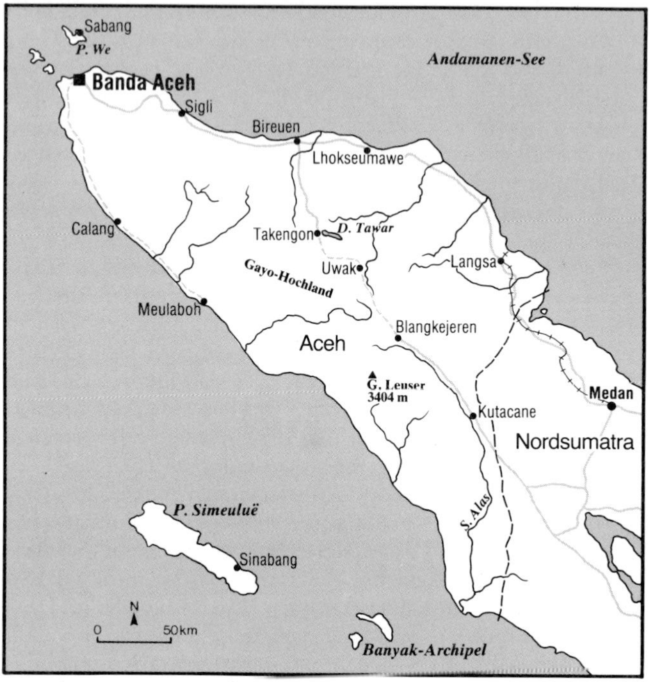

Aceh

Seit den Versuchen der Niederländer, das lukrative Pfeffermonopol Acehs zu brechen und das Sultanat ihrem Kolonialreich einzuverleiben, stand die Geschichte Acehs im Zeichen des Widerstandes gegen den holländischen Kolonialismus, der seinen blutigen Höhepunkt ab 1873 in den 30 Jahre währenden sogenannten Aceh-Kriegen erreichte. Angesichts der überlegenen Militärmaschinerie der Niederländer setzte das kleine Volk in seinem ›Heiligen Krieg‹ gegen die Ungläubigen auf Untergrundkampf und Guerillataktik. Von den offenen Küstensäumen aus, die sie schon bald unter ihre Kontrolle gebracht hatten, gelang es den Holländern, den Widerstand der Aceher zu brechen und das Sultanat in ihre Kolonialverwaltung einzubeziehen. Der Blutzoll, den beide Seiten in diesem Krieg zu entrichten hatten, war enorm: Auf Seiten der Holländer fielen über 30000 Soldaten, die Aceher verloren über 70000 Mann. Einer der wichtigsten Führer war der heute als indonesischer Nationalheld verehrte Teuku Umar (1854–99), der einst mit den Holländern kooperierte, dann aber die Fronten wechselte und zu ihrem erbittertsten Gegner wurde. Nach der Gründung des säkularen indonesischen Staates im Jahre 1949 kämpften die Aceher, die eine islamische Gesamtrepublik errichten wollten, von 1953–61 um ihre politische Autonomie. Erst seit 1961 ist Aceh eine Provinz der Republik Indonesien, die jedoch als *Daerah Istimewa* (›Distrikt mit begrenzter Autonomie‹) verwaltungsmäßig eine Sonderstellung einnimmt. Noch in nicht allzu ferner Vergangenheit hat die separatistische Splittergruppe ›Nationale Befreiungsfront von Aceh‹, die auch weiterhin einen unabhängigen Staat anstrebt, wiederholt mit militanten Aktionen auf sich aufmerksam gemacht.

Banda Aceh

Die an Sumatras nördlichster Spitze gelegene Provinzhauptstadt war einst das kosmopolitische Zentrum des Sultanats von Aceh. Architektonische Zeugnisse aus der Blütezeit des 17. Jhs. sind kaum mehr erhalten, da viele der historischen Baudenkmäler während der Aceh-Kriege zerstört wurden.

Den geographischen Mittelpunkt Banda Acehs, das als die strenggläubigste Stadt des indonesischen Archipels gilt, und zugleich den Fixpunkt im religiösen Leben der Stadtbewohner bildet die Hauptmoschee, die **Mesjid Raya Baiturrahman** (Farbabb., Umschlagrückseite). Die ursprünglich an dieser Stelle stehende islamische Gebetsstätte war 1873 bei der Invasion der Holländer zerstört worden. Mit holländischen Geldern aber wurde bereits sechs Jahre später der Bau einer neuen Moschee finanziert, die sich heute, nachdem sie 1936 und 1957 um jeweils zwei Kuppeln erweitert wurde, in einer märchenhaften Pracht nach Vorbildern aus Tausendundeiner Nacht präsentiert. Hinter der Moschee, zwischen der Jl. Diponegoro und der Jl. Perdagangan, liegt der von Chinesen dominierte große **Markt.**

Einen guten Einblick in Kunst und Kultur der Aceher vermittelt das **Museum Negeri Aceh** (Jl. Sultan Alaidin Mahmudsyah), das u. a. auch historische Erinnerungsstücke aus der Zeit der Aceh-Kriege birgt. Besondere Beachtung verdienen vor allem die Krissammlung und die Kollektion feinen, mit Juwelen besetzten Filigranschmucks. Öffnungszeiten: Di–Do und So 8.30–13.30 Uhr, Fr 8.30–11 Uhr, Sa 8.30–12 Uhr, Mo geschlossen. Auf dem weitläufigen Museumskomplex steht auch das **Rumah Aceh,** ein traditionelles, ohne Nägel erbautes *Adat*-Haus, das auf zahlreichen Holzstelzen ruht. Vor dem Rumah Aceh befindet sich ein kleiner Pavillon mit einer imposanten Glocke von 1 m Durchmesser, die den Namen Cakra Donya trägt und zu Beginn des 15. Jhs. dem damaligen Aceh-Herrscher von Admiral Cheng Ho, einem Abgesandten des chinesischen Kaisers, als Geschenk überreicht wurde. Etwas abseits liegen verschiedene Sultansgräber, darunter das große Grabmal des bedeutenden Iskandar Muda.

In der Jl. Teuku Umar, am Ufer des Sungai Darul, erhebt sich in blendendem Weiß der **Gunungan,** ein bizarres Bauwerk, das wie eine zu Stein erstarrte überdimensionale Hochzeitstorte wirkt. Dieses während der Regierungszeit von Sultan Iskandar Muda zu Beginn des 17. Jhs. errichtete Märchenschloß bildete einst den Mittelpunkt eines königlichen Lustgartens.

Neben dem Gunungan liegt das Grabmal des Sultans Iskandar Dani, des Schwiegersohns von Iskandar Muda; etwas entfernt befinden sich die ehemaligen Badebassins der königlichen Prinzessinnen.

Auf dem sich schräg gegenüber ausbreitenden holländischen Friedhof Peucot fanden rund 2000 in den Aceh-Kriegen gefallene niederländische Soldaten ihre letzte Ruhestätte; die Namen sind auf großen Marmortafeln am Eingangsportal an der Jl. Iskandar Muda festgehalten (der etwas schwer zu findende Zugang liegt nahe der Schule SD Karya Budhi).

Ein bedeutendes Pilgerziel für zahlreiche Gläubige ist das Grabmal des heiligen Islamgelehrten Teuku Syiah Kuala, das ca. 5 km außerhalb im Dorf Kampung Kuala liegt.

Schöne Sandstrände erstrecken sich 15–20 km westlich von Banda Aceh bei Lhok'nga und Lampu'uk, allerdings soll dort das Baden und Schwimmen wegen der starken Brandung und der tückischen Unterströmungen nicht ungefährlich sein.

Banda Aceh ist auch der Ausgangspunkt für Fährfahrten zur vorgelagerten

Insel We, deren größte Ortschaft, Sabang, Freihandelszone ist. Der einst den Holländern als Versorgungsbasis für ihre Schiffe dienende Hafen Sabang ist der westlichste Punkt Indonesiens. Zusammen mit der innerhalb der Landesgrenzen am weitesten im Osten gelegenen Stadt Merauke, bildet er die gängige Parole »Von Sabang bis Merauke«, mit der indonesische Nationalisten die Einheit ihres riesigen Staatsgebietes zum Ausdruck bringen wollen. Mit ihren herrlichen Badestränden (u. a. Pantai Paradiso, Pantai Kasih und Pantai Sumur Tiga) und ihrem kleinen Süßwassersee Danau Anak Laut (›Kind des Meeres‹) stellt Pulau We ein beliebtes Ausflugsziel für Städter aus Banda Aceh dar.

Praktische Hinweise

Unterkunft: *Seulawah, Jl. Nyak Adam Kamil IV/1, ✆ 21749; Aceh, Jl. Moh. Yamin 1, ✆ 21354 (kleines Kolonialhotel bei der Hauptmoschee); International, Jl. A. Yani (einfach); Medan, Jl. A. Yani 9, ✆ 21501 (zentral gelegen); Prapat, Jl. A. Yani 11, ✆ 22159; Sri Budaya, Jl. Prof. A. Majid Ibrahim III/5 E, ✆ 21751 (nahe Hauptmoschee).

Unterkunft in Sabang: Hotel Sabang, Jl. Diponegoro; Sabang Hill Hotel, Jl. Sabang Hill 1, ✆ 21043.

Verkehr: Anreise: täglich Flüge der Garuda ab Medan sowie u. a. ab Jakarta, Padang und Pakanbaru (via Medan); der SMAC ab Medan (weitere Fluginformationen vgl. S. 544). Anreisemöglichkeiten per Bus u. a. ab Medan und Takengon.

Stadt- und Vorortverkehr: Auf festgelegten innerstädtischen Routen pendeln sog. Oplet; ein zentrales Terminal für den Stadtverkehr befindet sich in der Jl. Diponegoro.

Fernverkehr: Flughafen Blang Bintang 10 km östlich. Garuda-Büro, Rasa Sayang Ayu Hotel, Jl. Teuku Umar 439 A, ✆ 21983 (Fluginformationen s. o. ›Anreise‹ und vgl. S. 544). PELNI-Büro, Jl. Cut Mentia 51, ✆ 23976 (Informationen zu PELNI-Schiffen vgl. S. 547). Passagierboote zur Insel We täglich ab Banda Acehs altem Hafen Ulehleh, ca. 5 km westlich (Fahrzeit ca. 3–4 Std.).

Busbahnhof Setui etwas außerhalb in der Jl. Teuku Umar; ab hier Fernbusse u. a. nach Medan (ca. 18–20 Std.), Takengon (ca. 8–10 Std.) und Meulaboh.

Reiseagenturen: Nustra Agung, Jl. Diponegoro 7 B, ✆ 2483; Sastra, Jl. Supratman 26, ✆ 2916.

Restaurants: Aroma, Jl. Cut Nyak Dhien (chinesisch; **hier gibts auch Bier!**); Cindy Baru, Jl. Cut Nyak Dhien 39 (chinesisch, indonesisch, europäisch); Tropicana, Jl. A. Yani 90–92 (chinesisch und indonesisch). Gegen Abend werden in der Jl. A. Yani, gegenüber dem Hotel Medan, zahlreiche Straßenküchen und Essensstände aufgebaut.

Information und wichtige Adressen: Touristeninformation: Aceh Provincial Tourist Service (Diparda), Jl. Lhok'nga 106, ✆ 21365. **Ausländerbehörde:** Kantor Imigrasi, Jl. Teuku Nyak Arief 33, ✆ 22437. **Post:** Hauptpostamt, Jl. Kuta Alam. **Banken:** Bank Dagang Negara, Jl. Diponegoro; Bank Negara Indonesia 1946, Jl. Merduati 56.

Sonstiges: Konservative und unauffällige Kleidung ist wegen der orthodoxen Moslems dringend anzuraten. Frauen sollten Schultern und Oberschenkel bedeckt halten.

Der Tawar-See und seine Umgebung

Dieser 57 km² große, rund 1200 m über dem Meeresspiegel im Gayo-Hochland von Zentralaceh gelegene Binnensee steht nicht vorrangig auf der Reiseroute von Touristen. Auf der Fahrt von Banda Aceh zum Tawar-See passiert man an der Ostküste den historisch bedeutsamen Ort **Sigli,** der während der Padri-Kriege (1803–45) als wichtiger Stützpunkt der orthodox islamischen Eiferer von den Holländern nach erbitterten Kämpfen eingenommen und zerstört wurde. Das wiederaufgebaute Sigli bietet dem Besucher gute Einkaufsmöglichkeiten für lokales Kunsthandwerk, aber keine nennenswerten Sehenswürdigkeiten. Von **Bireuen** aus (106 km östlich von Sigli), dem wichtigsten Umschlagplatz für

Agrarprodukte (vor allem Kaffee und Tabak) aus dem fruchtbaren Gayo-Hochland, schraubt sich eine Straße in zahllosen Kehren und Kurven hinauf ins kühle Bergland um den Tawar-See. Über weite Streckenabschnitte wird die Landschaft von ausgedehnten Kaffeeplantagen mit ihren charakteristischen Schattenbäumen beherrscht.

Der stark moslemisch geprägte Ort **Takengon** (auch Takingeun genannt), am Ufer des Danau Tawar gelegen, gilt als die Hauptstadt des Gayo-Hochlandes. Trotz ihrer ethnischen und kulturellen Verwandtschaft mit den Batak konvertierten die altmalaiischen Gayo bereits im 17. Jh. unter dem Druck der Aceher nahezu geschlossen zum Islam, ohne jedoch ihren altüberlieferten animistischen Glaubensvorstellungen gänzlich abzuschwören. Takengon selbst hat außer einem großen Markt touristisch nichts Interessantes zu bieten. Eine etwa einstündige Wanderung führt entlang des von steil abfallenden Bergen gesäumten Danau Tawar zur Loyong Kerbau, der ›Wasserbüffelhöhle‹ bei Desa Towerau (zu erreichen auch per Bemo ab Jl. Siah Utama). In Simpang Balik, einem kleinen Ort 20 km nördlich von Takengon an der Hauptstraße nach Bireuen, laden Thermalquellen zum Baden ein.

Praktische Hinweise Takengon

Unterkunft: ***Renggali (ca. 2 km außerhalb, direkt am See gelegenes Luxushotel); Buntulkubu, Jl. Siah Utama (einfach); Murni, Jl. Pasar Inpres 18; Pariwisata, Jl. Terminal.

Verkehr: Anreisemöglichkeiten per Bus ab Medan und Banda Aceh (z. B. mit den Gesellschaften Melati und PMTOH). Fernbusse fahren in Takengon in der Jl. Terminal ab, nach Medan (ca. 12 Std.) für gewöhnlich gegen 18 Uhr, nach Banda Aceh (ca. 8–10 Std.) meist morgens. Zumindest in der Trockenzeit soll es mittlerweile möglich sein, mit öffentlichen Verkehrsmitteln von Takengon über Blangkejeren und Kutacane nach Brastagi/Kabanjahe zu reisen. Zwischen Takengon und Uwak verkehren regelmäßig Busse. Schwierig ist der Streckenabschnitt Uwak–Blangkejeren, der nur bei günstigen Witterungsverhältnissen von Bussen befahren werden kann. Relativ unproblematisch ist dann die Weiterfahrt nach Brastagi (vgl. S. 428).

Kalimantan

Die Regenwaldinsel Borneo, die größte Insel des Malaiischen Archipels sowie nach Grönland und Neuguinea die drittgrößte der Welt, ist mit 736 000 km² fast dreimal so groß wie die Bundesrepublik Deutschland. Drei Staaten teilen sich das vom Äquator in der Mitte durchschnittene Rieseneiland, wobei die politische Separation keine Rücksicht auf geographische oder ethnische Gegebenheiten nimmt. Das nordwestliche Viertel wird von zwei Gliedstaaten der Föderation Malaysia eingenommen, nämlich von Sabah und von Sarawak, wo sich einst der englische Abenteurer Brooke zum ›Weißen Raja‹ ernannt hatte. Dazwischen liegt das Ölsultanat Brunei, das zum Jahreswechsel 1983/84 aus dem britischen Protektoratsstatus in die staatliche Selbständigkeit entlassen wurde. 539 460 km² bzw. 73 % der Gesamtfläche Borneos aber gehören zur Republik Indonesien, in deren Nationalidiom diese gigantisch große Region Kalimantan genannt wird. Das verwaltungsmäßig in vier Provinzen untergliederte Kalimantan (Süd-, Ost-, West- und Zentralkalimantan) umfaßt zwar 28 % des indonesischen Staatsgebietes, doch leben hier nur 8,5 Mill. Menschen (knapp 5 % der Gesamtbevölkerung), also weniger als in der Hauptstadt Jakarta. Mit einer durchschnittlichen Dichte von nur 15 Einw./km² gehört Kalimantan zu den am dünnsten besiedelten Gebieten der Welt. Die Bevölkerung konzentriert sich vor-

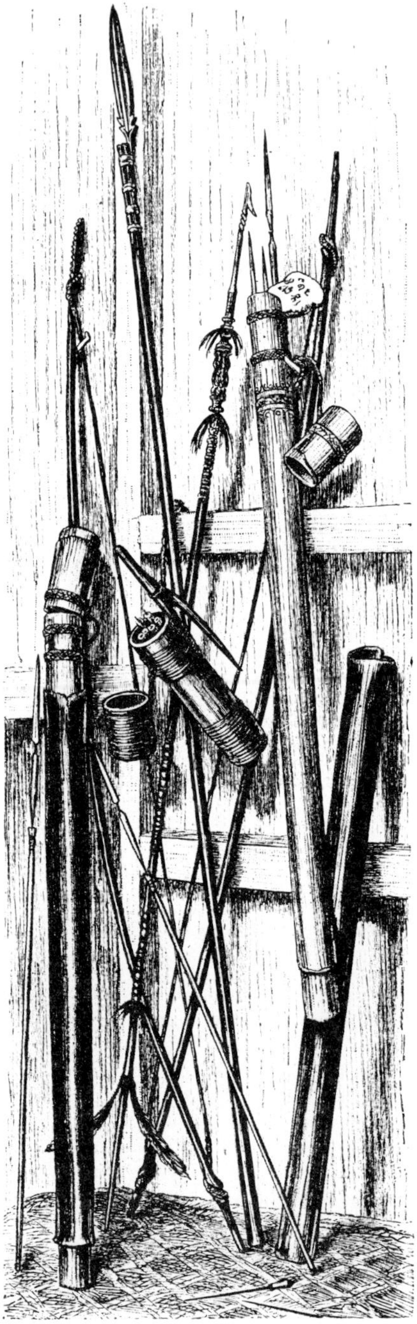

Waffen der Dayak: Bogen, Blasrohr, Lanzen, Pfeile und Köcher

wiegend in den wenigen im Einzugsbereich der weitverzweigten Flußdeltas wuchernden Küstenstädten, auf die sich auch die wirtschaftliche Entwicklung beschränkt; ausschließlich hier sind die aufstrebenden Industrien im Erdöl-, Erdgas-, Holz- und Kohlesektor ansässig. Die unter dem Sammelbegriff Dayak zusammengefaßten protomalaiischen Altvölker, zu denen etwa 35 % bzw. 3 Mill. Menschen Kalimantans zählen, siedeln vorwiegend entlang der mächtigen Urwaldströme im Innern der Insel und stoßen nur an wenigen Stellen bis in die Küstensäume vor, wo – abgesehen von den Chinesen – jungmalaiische, bereits im 16. Jh. islamisierte Völkerschaften leben. Eine Mischbevölkerung ganz besonderer Art, die sich aus Javanern, Bugis, See-Dayak, Indern und Arabern zusammensetzt, hat sich im Küstengebiet des südöstlichen Kalimantan gebildet. Die Dayak sind keine homogene Gruppe, sondern zerfallen in rund 300 auf das Gebiet ganz Borneos verteilte, sprachlich und kulturell verschiedene Stämme, die sich auch auf recht unterschiedlichen Entwicklungsstufen befinden. Dazu kommen oft als Jäger und Sammler lebende Rest- und Splittervölker wie die Punan. Im krassen Gegensatz zu dem recht hohen ökonomischen Entwicklungsstand der Küstenbewohner lebt der größte Teil der alteingesessenen Landbevölkerung auf dem Subsistenzniveau. Abseits der Städte und größeren Siedlungen ist die Infrastruktur unzureichend oder gar nicht vorhanden, dort mangelt es u. a. an Bildungsmöglichkeiten und vor allem an einer ausreichenden medizinischen Versorgung. Um die vier unterbevölkerten Provinzen Kalimantas mit ihren immensen natürlichen Ressourcen zu erschließen und zugleich den Bevölkerungsdruck und die zunehmende Verarmung auf der Hauptinsel Java zu verringern, versucht die Zentralregierung in Jakarta, im Rahmen der nationalen Transmigrationsprogramme Hunderttausende von Javanern auf diese ›Außeninsel‹ umzusiedeln (vgl. S. 29). Unter der tropischen Urwalddecke birgt Kalimantan wertvolle Bodenschätze, auch wenn bislang noch nicht alle Regionen des Landes systematisch geologisch untersucht und auch noch längst nicht alle Lagerstätten erschlossen wurden. Einen bedeutenden Beitrag zum Nationaleinkommen liefern das in Ostkalimantan geförderte Erdöl und Erdgas (Schwerpunkte um Balikpapan, Bontang und Tarakan). Eine enorme kommerzielle Bedeutung hat auch die Holzwirtschaft; allein aus Ostkalimantan, vorwiegend aus dem Einzugsgebiet des Mahakam-Flusses, stammen rund 70 % der indonesischen Holzexporte. Tropische Urwaldböden sind sehr nährstoffarm, deshalb spielt die Agrarwirtschaft in Kalimantan, abgesehen von einigen Kautschuk- und Kokosplantagen in Küstengebieten, eine untergeordnete Rolle. Der indonesische Teil von Borneo ist von Lebensmittelimporten aus Java abhängig.

Ausgedehnte äquatoriale Regenwälder, die nur noch von denen des Amazonasgebietes übertroffen werden, ziehen sich von den Küstenbereichen durch das hügelige Tiefland zwischen 200–900 m Meereshöhe und über die 1000–2000 m hohen zentralen Gebirgsketten hinweg. In diesen tropischen Waldgebirgen befinden sich auch die Quellen der großen Flußsysteme Kalimantans, mächtige Wasserstraßen mit zahlreichen Nebenflüssen, die von alters her im wegelosen Inselinnern die oftmals einzigen Verkehrsadern bilden. Kalimantans und zugleich ganz Indonesiens längste, in Deltanähe oft kilometerbreite Flüsse sind der Kapuas (1065 km), der Mahakam oder Kutai (840 km) und der Barito (725 km). Die in gewundenen Mäanderläufen fließenden Ströme transportieren riesige Mengen an Sanden und Schwebstoffen, aus denen sich in den Küstenniederungen ständig neues Schwemmland aufbaut. Ausgedehnte, weit landeinwärts reichende Sümpfe legen einen dichten, unwirtlichen Saum aus Mangroven und anderen salzwassertoleranten Pflanzen um die Insel; diese Gebiete können nicht agrarisch genutzt werden und erschweren den Schiffsverkehr erheblich.

Angeblich sollen noch über zwei Drittel der Gesamtfläche Borneos von artenreichen Regenwäldern bedeckt sein, komplizierten Ökosystemen, in denen der Mensch allenfalls als ›primitiver‹, adaptionsfähiger Sammler und Jäger einen Platz findet, ohne das sensible Gleichgewicht der Natur empfindlich zu stören. Vor allem im Osten Kalimantans aber hat ein oftmals von ausländischen Konzessionären betriebener intensiver und weitgehend unkontrollierter Holzeinschlag bereits zu irreparablen ökologischen Schäden geführt. Allein 35 000 km^2 wertvolle Waldbestände (das entspricht etwa der Größe Nordrhein-Westfalens) wurden 1982/83 in Ostkalimantan bei einem verheerenden Waldbrand, einer der schlimmsten Umweltkatastrophen der Menschheitsgeschichte, zerstört (vgl. S. 21). Doch noch sind weite Regionen Borneos von dichten, geschlossenen Primärwaldbeständen überzogen, der Heimat einer vielfältigen Tierwelt. Zu den exotischsten Vertretern der Fauna Borneos gehören der Orang-Utan, der großäugige Koboldmaki, der Flugdrache (der Weltmeister im Reptilien-Fliegen), der Zwerghirsch Kancil (eines der kleinsten Huftiere der Welt), der Rhinozerosvogel mit seinem hornförmigen, nach oben gebogenen Schnabelaufsatz sowie schließlich, als eine der großen Kuriositäten Borneos, der Nasenaffe mit seiner gurkenartigen, weit über das Maul herabhängenden roten Nase.

Aufgrund ihrer durch die natürlichen Gegebenheiten bedingten schweren Erschließbarkeit lag die Insel Borneo bis in nicht allzu ferner Vergangenheit stets mehr oder weniger an der Peripherie bedeutender historischer Entwicklungen im Malaiischen Archipel. Im Gegensatz zu Java und Sumatra sind hier keine großen Kulturen entstanden, und auch die europäischen Kolonisatoren haben sich von Borneo erst relativ spät angezogen gefühlt. Allerdings soll es bereits im 4. Jh. nach der Zeitenwende im Distrikt Kutai rund um Tenggarong am Mahakam-Fluß (heute Ostkalimantan) unter dem Fürsten Mulawarman ein hinduisiertes Königreich gegeben haben. Die dort gefundenen Steininschriften in klassischem Sanskrit aus dem frühen 5. Jh. sind noch 50 Jahre älter als die *Batutulis* von Bogor auf Westjava. Von anderen Zeugen der Kultureinflüsse, die aus dem indischen Subkontinent einströmten, ist jedoch kaum etwas sichtbar geblieben. Auch an anderen Flußläufen und Mündungsdeltas entstanden in der zweiten Hälfte des ersten nachchristlichen Jahrtausends kolonial-indische Fürstentümer, die im 14. und 15. Jh. zu Vasallen des ostjavanischen Majapahit-Imperiums wurden. Bereits um die Jahrtausendwende haben an Borneos Nord- und Westküste blühende chinesische Handelsstationen bestanden. Im 15. und 16. Jh. wurden die Küstengebiete Borneos von islamisierten Malaien kolonisiert, die die einheimischen Dayak-Stämme ins Binnenland zurückdrängten (ebenso wie diese zuvor die negritoide und australoide Urbevölkerung vertrieben hatten) und eine Reihe von Sultanaten gründeten. Die wichtigsten dieser Sultanate, die enge politische und ökonomische Beziehungen zu islamischen Fürstentümern auf Java und Sulawesi unterhielten, waren Banjarmasin, Pontianak, Kutai und Brunei (von dem sich der Name Borneo ableitet). Im 18. Jh. setzte die verspätete europäische Kolonisation mit der Gründung einiger VOC-Niederlassungen ein. Erst gegen Mitte des 19. Jhs. gelang es den Europäern, fest auf Borneo Fuß zu fassen: Die Holländer unterwarfen bis 1855 die gesamte Südregion der Insel, während der Norden unter britische Herrschaft geriet. Seit 1949 gehört das ehemalige Niederländisch-Borneo unter dem Namen Kalimantan zur Republik Indonesien. Sabah und Sarawak auf Nordborneo wurden 1963 in die Föderation Malaysia integriert. Das fast ein Jahrhundert lang unter britischer Schutzherrschaft stehende Sultanat Brunei ist seit 1984 unabhängig.

Praktische Hinweise Kalimantan

An- und Weiterreise: Ausland: Über die Anreise von bzw. die Weiterreise nach Sabah und Sarawak liegen höchst widersprüchliche Informationen vor. Die Reisebestimmungen zwischen Kalimantan und diesen beiden malaysischen Teilstaaten scheinen sich laufend zu ändern und überdies von den zuständigen Konsulaten und Grenzbehörden oft recht unterschiedlich ausgelegt zu werden. Die Erfahrung einzelner Reisender mit den zuständigen indonesischen und malaysischen Behörden differieren erheblich, beispielsweise gelang es Touristen von Tawau in Sabah nach Tarakan in Ostkalimantan (v. v.) per regulärem Passagierboot zu reisen, andere erhielten die jeweilige Einreisegenehmigung nur nach Vorlage eines Flugscheins für diese Strecke, und wieder anderen wurde das Visum für die Einreise nach Indonesien über Tarakan ganz verweigert. Pontianak und Balikpapan sind die einzigen Städte Kalimantans, über die die Einreise ohne Visum erfolgen kann. Ist die Einreise über eine andere Stadt Kalimantans geplant, benötigt man ein Visum. Reguläre Passagierboote verkehren zwischen Tawau und Tarakan über die kleine, im Ostkalimantan gelegene Hafenstadt Nunukan. Die Strecke Tarakan–Tawau (v. v.) wird von Bouraq bedient, die Route Pontianak–Kuching (v. v.) von Merpati. Garuda fliegt mehrmals wöchentlich von Balikpapan über Pontianak nach Singapur (v. v.). Zwischen Tarakan und Zamboanga auf der philippinischen Insel Mindanao bestehen keine Flugverbindungen mehr.

An- und Weiterreise: Inland: Flugzeug: Sämtliche Hauptorte Kalimantans sind an das innerindonesische Flugnetz angeschlossen und werden von den drei Gesellschaften Garuda, Bouraq und Merpati angeflogen (vgl. ›Reisen in Indonesien: ... mit dem Flugzeug‹, S. 544).

Schiff: Verschiedene PELNI-Schiffe verkehren zwischen Kalimantan und Java sowie zwischen Kalimantan und Sulawesi (vgl. ›Reisen in Indonesien: ... mit dem Schiff‹, S. 547). Kleinere Passagierschiffe pendeln zwischen Ostkalimantan und den Städten Pare Pare und Palu auf Sulawesi.

Reisen auf Kalimantan: Mit Ausnahme einiger Küstenstädte steckt der Tourismus in Kalimantan noch in den Kinderschuhen; die meisten Regionen sind vom Fremdenverkehr bislang noch nicht erschlossen. Auf eigene Faust Kalimantan entdecken zu wollen, erfordert nicht nur viel Zeit, sondern auch ein wenig Wagemut und vor allem die Bereitschaft, die Grenzen komfortablen Reisens bisweilen deutlich zu überschreiten, denn touristische Unternehmungen auf der Insel Borneo können in Stil und Aufwand leicht den Charakter von Expeditionen annehmen.

Mittlerweile kann man bei verschiedenen Reiseveranstaltern Touren ins Inselinnere buchen, wer aber in wirklich ursprüngliche Gebiete vordringen will, ist auf seinen eigenen Unternehmungsgeist und bisweilen auf die Hilfe einheimischer Führer angewiesen.

Komfortable Hotels gibt es nur in den größeren Küstenstädten (auch in kleineren Hotels wird häufig eine 21%ige Steuer auf den Rechnungsbetrag aufgeschlagen). Je weiter man ins Landesinnere vordringt, desto seltener findet man kommerzielle Unterkunftsmöglichkeiten, allerdings ist die Gastfreundschaft der einheimischen Dayak in der Regel überwältigend, und es gibt normalerweise keine Probleme, für ein paar Tage in einem Langhaus unterzukommen. Man sollte aber auf keinen Fall vergessen, sich bei seinen Gastgebern mit einem Geschenk oder einem angemessenen Geldbetrag zu bedanken.

Flugzeug: In Kalimantan ist das Fluzgzeug (für den eiligen Touristen) das wichtigste und über weite Strecken das einzige Transportmittel. Zwischen den größeren Küstenstädten unterhalten Garuda, Bouraq, Merpati und DAS (Dirgantara Air Service) Direktverbindungen. Zu kleinen Orten im Inselinnern verkehren häufig nur Maschinen von Missionsgesellschaften oder Flugzeuge von Holz- und Ölfirmen; falls Plätze frei sind, nimmt man gegen Bezahlung für gewöhnlich auch Touristen mit (weitere Fluginformationen vgl. S. 544).

Binnenschiffe: In Kalimantan wickelt sich der Massenverkehr immer noch vorwiegend über die großen Ströme und ihre Nebenflüsse, die seit jeher wichtigsten Verkehrsadern, ab. Zum weiten Spektrum der Boote und Schiffe gehören u. a. sogenannte ›Flußtaxen‹ *(Taksi Sungai)* und ›Flußbusse‹ *(Bis Sungai)*, die über längere Distanzen sowohl Passagiere als auch Fracht transportieren, sowie wesentlich kleinere Passagierboote, wie beispielsweise die *Spedbots* (›Schnellboote‹) und *Longbots* (›Langboote‹). Die Binnenschiffe und -boote, oftmals die einzigen verfügbaren Verkehrsmittel, fahren häufig ohne Plan; mitunter bestimmt der Wasserstand der Flüsse, an deren Oberläufen häufig Stromquellen den Transport behindern, die Verkehrstage und die Dauer der Reise.

Straßenverkehr: Der Straßenverkehr hat in Kalimantan in den letzten Jahren gewaltige Fortschritte gemacht, steckt aber immer noch in den Anfängen. Gut ausgebaute Straßen erschließen meist nur die Umgebung der größeren Städte. Der sogenannte Trans-Kalimantan-Highway, dessen Bau in den 50er Jahren mit russischer Hilfe begonnen wurde und der von Banjarmasin über Balikpapan nach Samarinda verläuft, befindet sich über weite Abschnitte in einem sehr schlechten Zustand. Mittlerweile ist die nördliche Verlängerung dieser Fernstraße bis nach Bontang fast fertiggestellt; in ferner Zukunft soll sie einmal bis nach Tarakan weiterführen. Zwischen Sangkulirang und Muara Wahan in Ostkalimantan haben deutsche Experten im Auftrag der indonesischen Regierung die erste Ost-West-Straßenverbindung Kalimantans gebaut; Ziel ist es, damit neue Transmigrationsgebiete zu erschließen. Eine recht gute Straße führt von Pontianak in nördlicher Richtung über Singkawang nach Sambas. Die bei Seipenyu in östliche Richtung abzweigende Straße ist zumindest in der Trockenzeit bis Bodok befahrbar. Auf Kalimantan werden übrigens Minibusse (normalerweise Bemos) oft Taxi genannt, Pkw-Taxen dagegen heißen häufig Sedan. In entlegeneren Gebieten sind Motorrad-Taxen (Ojek) sehr beliebt.

Exkurs: Die Dayak

Der Begriff ›Dayak‹ (wörtlich etwa ›Binnenland‹) wurde einst von den Holländern als Sammelname für die Inlandbevölkerung Borneos verwendet. Dieser Kollektivbegriff umfaßt eine Vielzahl von eigenständigen Volks- und Sprachgruppen unterschiedlicher Gesellschafts- und Wirtschaftsentwicklung. Die Vorfahren der heutigen Dayak waren im Laufe verschiedener protomalaiischer Einwanderungsintervalle zwischen 2500–1500 v. u. Z. vom asiatischen Festland her nach Borneo gekommen und hatten als anfänglich vermutlich relativ homogene Gruppen die Küstensäume besiedelt. Von jungmalaiischen Zuwanderern nach der Zeitenwende ins Inselinnere abgedrängt, zersplitterten sie sich in zahlreiche Einzelgruppen, die sich vorwiegend an den Uferbänken der großen Flüsse niederließen. Durch die geographische Isolation bedingte mangelnde Kontaktmöglichkeiten zu benachbarten Stämmen sowie Anpassungszwänge an variierende Umweltgegebenheiten bewirkten Eigenentwicklungen in der Lebens- und Siedlungsweise, im Verhalten und in der Sprache, in der materiellen Kultur und in der Kunst sowie in den Glaubensformen und in den religiösen Riten. Eines der gemeinsamen Merkmale aller Dayak-Stämme ist, daß der Sammelbegriff ›Dayak‹ bei ihnen selbst ungebräuchlich ist und vielfach sogar als eine Kränkung

Querschnitt durch ein Langhaus der Dayak: 1 Küche 2 Wohn- und Schlafraum 3 Reisspeicher 4 ›Wohnstraße‹ 5 Überdachte Gemeinschaftsveranda 6 Gästeveranda 7 Außenveranda

empfunden wird. Die eigentlichen Stammesnamen leiten sich häufig von den Flüssen der jeweiligen Siedlungsgebiete ab.

Auf ganz Borneo gibt es einige Dutzend Dayak-Völker, die sich wiederum in rund 300 eigenständige Stämme teilen. Nach den geographischen Regionen Borneos unterscheidet man folgende Hauptgruppen: 1. die Dayak-Völker des zentralen und südlichen Kalimantan, zu denen u. a. die Ngaju, Biaju, Taboyan und Barito-Dusun zählen; 2. die Stammesgruppen der Kenyah, Kayan und Bahau, die überwiegend in der indonesischen Provinz Ostkalimantan siedeln und als diejenigen mit der reinsten Dayak-Kultur gelten; 3. die Völker in Westkalimantan und im westlichen Sarawak, die sogenannten Land-Dayak oder Kendayan, deren Kultur einige Jahrhunderte lang einer deutlichen hindu-javanischen Überprägung ausgesetzt war, sowie die Klemantan, von denen sich angeblich der Name Kalimantan ableitet; 4. die Völkerschaften der Dusun, Murut und Kelabit in Sabah auf Nordborneo, die noch, ähnlich den Bewohnern der Insel Nias, im 20. Jh. megalithische Grabdenkmäler errichteten; 5. die Iban oder See-Dayak, die als größte und bedeutendste Dayak-Gruppe das malaysische Sarawak bevölkern. Die vermutlich während der letzten protomalaiischen Einwanderungswelle an die Küsten Borneos gekommenen, lange Zeit als sehr aggressiv und kriegerisch geltenden See-Dayak waren einst wegen ihrer Piraterie gefürchtet.

Jedes Dayak-Volk setzt sich aus mehreren Stämmen zusammen, deren zahlreiche Großfamilien und Sippen sich wiederum in Unterstämme gliedern. Die Dayak siedeln vorwiegend entlang der Flüsse, zum einen weil diese seit jeher die natürlichen Verkehrswege bilden, zum anderen weil die Böden in Flußnähe fruchtbarer sind als in höher gelegenen Urwaldregionen. Die traditionelle Siedlungsform der meisten Dayak-Stämme sind die auf 3–4 m hohen Hartholzpfählen errichteten Langhäuser (*Lamin*), massive Holzbauten, die nicht selten bei einer Breite von 15–20 m eine

Länge von 150–200 m erreichen. Ein typisches Dayak-Dorf besteht aus einem oder zwei dieser Gemeinschaftshäuser, die jeweils bis zu 300 Menschen beherbergen können. Die Architektur der *Lamin* weist trotz gewisser regionaler Unterschiede prinzipielle Gemeinsamkeiten auf. Jede Familie besitzt im Haus ihren eigenen separaten Raum, wobei die einzelnen Wohnabteile, die meist zugleich als Aufenthaltsraum, Schlafzimmer und Küche dienen, einer Längsanordnung folgen. Vor diesen Wohnungen zieht sich für gewöhnlich über die gesamte Länge des Hauses eine überdachte Veranda entlang, auf der sich das Gemeinschaftsleben abspielt. Die im tropischen Klima ideale Stelzenbauweise gewährleistet eine gute Ventilation und zudem Schutz vor Ungeziefer. In den traditionellen *Lamin* spiegelt sich der ausgeprägte Sippengeist der Dayak wider. Dem Langhausbau lagen einst aber auch rein praktische Aspekte zugrunde. In diesen Gemeinschaftszentren können kleine Kinder, Alte und Kranke optimal betreut werden, so daß fast alle übrigen Bewohner auf den Feldern arbeiten oder zur Jagd gehen können. In den früheren Zeiten der Kopfjägerei waren die hohen Pfahlbauten überdies wesentlich leichter gegen angreifende Feinde zu verteidigen als die verstreut liegenden Hütten eines Urwalddorfes; drohte Gefahr, so konnten die gekerbten Palmstämme, die Leitern zum Eingang, blitzschnell hinaufgezogen werden.

Die Sozialstruktur war bei vielen Dayak-Stämmen sehr differenziert. Die traditionelle Gesellschaftsordnung der meisten Hauptgruppen kannte einst drei soziale Klassen: Der Stammeshäuptling, dessen Amt und Würden für gewöhnlich nicht erblich waren, und seine nächsten Verwandten bildeten die Oberschicht, gefolgt von den Freien und, am unteren Ende der Hierarchie, den Sklaven. Im allgemeinen wählte eine Art von Ältestenrat auf Vorschlag des amtierenden Häuptlings noch zu dessen Lebzeiten seinen Nachfolger. Die Dorfoberhäupter fungierten als Repräsentanten ihres Stammes, ihnen oblag zudem die Rechtsprechung, die auf dem ungeschriebenen Gewohnheitsrecht (*Adat*) basierte. Die Existenzgrundlage der meisten Dayak beruht einst wie heute auf der Landwirtschaft, die immer noch vorwiegend im traditionellen, äußerst produktionsextensiven Brandrodungswanderfeldbau betrieben wird.

In entlegenen Regionen des Inselinnern, in die weder Islam noch Christentum vorgedrungen sind, halten noch zahlreiche Dayak-Stämme an den alten Naturreligionen fest, aus deren Ritus freilich durch das strikte Verbot der Kopfjagd eines ihrer Hauptelemente herausgebrochen ist. Die in geflochtenen Körben im Deckengebälk der Gemeinschaftsveranden aufgehängten, geräucherten menschlichen Schädel gehörten einst zu den wichtigsten Schmuckstücken eines traditionellen Langhauses. Diese Trophäen spielten in der komplexen religiösen Vorstellungswelt der Dayak eine bedeutende Rolle. Die Kopfjägerei war einstmals keine archaische Art der Konfliktbewältigung, sie wurzelte vielmehr im kultischen Bereich. Ihr Ursprung war die Vorstellung, jeder Mensch trage in seinem Kopfe eine lebendige Kraft oder Seelenenergie, die direkt übertragbar sei und vom Erbeuter des Schädels zu eigenem Nutzen verwendet werden könne. Den Schädeltrophäen sprach man besondere magische Kräfte zu, die imstande waren, das gesamte Langhaus vor Krankheit, Tod und anderen Unglücksfällen zu schützen. Darüber hinaus dienten die erbeuteten Köpfe von Mitgliedern feindlicher Sippen dazu, die kollektive Lebenskraft der eigenen Gruppe zu stärken. Die magischen Energien der Schädel aber schwanden im Laufe der Zeit, so daß neue Kopfjagden erforderlich wurden, die zugleich als eine Art von Mutprobe und als ein Mannbarkeitsritual das persönliche Prestige eines jungen Kriegers steigern konnten. Kein Dayak-Mädchen heiratete früher einen Mann, wenn er ihr nicht zumindest eine Kopftrophäe zu Füßen legen konnte. Als die blutdürstigsten Kopfjäger unter den Dayak galten einst die Iban. Während der Kolonialepoche gingen sowohl Niederländer als auch Briten schärfstens gegen die rituelle Kopfjagd vor. Einen Rückfall in die alten Bräuche gab es ein letztes Mal 1945, als die Kopfjägerei vorübergehend quasi legalisiert war, da es sich ja um die Jagd auf die verhaßten japanischen Besatzer handelte.

Trotz regionaler Unterschiede hinsichtlich der Glaubensformen sowie der Rituale und Zeremonien, gibt es dennoch wesentliche Gemeinsamkeiten in der religiösen Vorstellungswelt der meisten Dayak-Gruppen. Die traditionellen Stammesreligionen, denen trotz christlicher Missionierungsversuche noch immer die Mehrheit der Dayak anhängt, kennen eine oberste Gottheit, einen Schöpfergott, dem gute und böse Geister untergeordnet sind. Über Zauberpriester und Schamanen (*Wadian* oder *Balian*) als Medien können die Menschen mit den übernatürlichen Wesen Kontakt aufnehmen. Neben den komplexen Fruchtbarkeitszeremonien sind heute noch die Formen der Ahnenverehrung und des Totenkultes allgemein sehr vielfältig. Eine wichtige Rolle in den Glaubensvorstellungen der Dayak spielen Ahnenstatuen, deren Anfertigung auf der Überzeugung beruht, die Seelen der Ahnen blieben mit den Lebenden auch weiterhin in Kontakt und beeinflußten ihr künftiges Schicksal. Aus diesem Grund werden den verstorbenen Verwandten Bildnisse in Holz geschnitzt, in die dann die Totenseelen übersiedeln können. Andere totempfahlähnliche Holzskulpturen (*Belawang*), überwiegend teils fast lebensgroße Männerfiguren auf Holzpostamenten, die vor den Langhäusern oder bei Begräbnisstätten aufgestellt werden, haben eine reine Abwehrfunktion und sollen böse Geister vertreiben. Ausgehend vom Glauben an ein Weiterleben nach dem Tode, stellte man bei manchen Dayak-Stämmen kunstvoll ornamentierte kahnförmige Särge her; in diesen ›Totenschiffen‹ geht die Reise des Verstorbenen in die jenseitige Welt vonstatten.

In der Kunst vieler Dayak-Völker sind neben Einflüssen der bronzezeitlichen Dong-Son-Kultur auch hindu-javanische Elemente sichtbar. Besonders ausgeprägt ist bei der Ornamentik die Vorliebe für geometrische Muster. Am gebräuchlichsten sind Haken, Dreiecke, Spiralen und Schlangenlinien sowie stilisierte Tiermotive und anthropomorphe Figuren. Im Kunsthandwerk betätigen sich Frauen und Männer, wobei jedoch eine Art von ›Arbeitsteilung‹ besteht. Während sich die Männer in erster Linie der Holzschnitzerei und der Metallschmiedekunst widmen, fertigen die Frauen teils ausgezeichnete (*Ikat*-)Webereien, Flechtwaren sowie vor allem Perlenstickereien an, bei denen Tausende von kleinen, bunten Glasperlen zu Beuteln, Taschen, Mützen und Stirnbändern sowie sogar zu Röcken und Jacken verarbeitet werden.

Eine Domäne der Frauen ist auch die alte Dayak-Kunst der Tätowierung, die mit Ausnahme der Land-Dayak bei allen Stammesgruppen gepflegt wird, jedoch bei den Kayan ihr künstlerisch höchstes Niveau erreicht hat. Für gewöhnlich haben die angewandten Muster keine symbolische, sondern lediglich eine ästhetische Bedeutung; nur bei den Kayan durften sich Männer erst nach ihrer ersten erfolgreichen Kopfjagd tatauieren lassen. In den Tätowierungen der Frauen kommt gelegentlich ihr Sozialstatus in der Dorfgemeinschaft zum Ausdruck. Während die Herstellung der Holzstempel mit den Ziermustern häufig den Männern obliegt, ist die Arbeit der eigentlichen Tatauierung ausschließlich den Frauen vorbehalten. Das Muster wird mit einer Mischung aus Ruß und Kokosnußöl auf die entsprechende Hautpartie aufgedruckt und dann in einer schmerzhaften Prozedur mittels einer spitzen Stecknadel und einem Metallschlegel in die Haut ›gestanzt‹. Für die bläuliche Farbtönung der Tätowierungen verwendet man ein Gemisch aus Ruß, Wasser und Zuckerrohrsaft.

Ebenfalls als Schönheitsideale galten früher (heute nur noch bei isoliert lebenden Dayak-Stämmen) die durchbohrten und weit in die Länge gezogenen Ohrläppchen, in die Frauen, je nach sozialer Stellung und Wohlstand, Schmuckringe aus Gold, Silber oder Messing hängten. Im Laufe der Jahre und Jahrzehnte dehnten die schweren Metallgewichte die Ohrläppchen mancher Frauen fast bis zu den Schultern aus.

Wie bei vielen anderen protomalaiischen Völkerschaften ist auch bei den Dayak das Kauen von Betelnüssen ein weitverbreitetes Stimulanzmittel. Frauen wie Männer präparieren aus dem gekochten und getrockneten Samen der nußartigen Arekafrucht zusammen mit Sirih-Blättern, Tabak und etwas Kalkpulver kleine Bällchen und schieben diese wie einen Priem hinter die Backenzähne. Diese leicht berauschende Dauerdroge, die nicht nur als Genußmittel geschätzt wird, sondern auch den Hunger betäubt, reicht man Gästen häufig als Willkommensgruß. Beim Kauen entwickelt sich ein rötlicher Saft, der von Zeit zu Zeit in hohem Bogen ausgespuckt wird und auf Europäer meist recht unappetitlich wirkt. Im Laufe der Jahre verfärben sich zudem die Zähne schwarz, was aber durchaus der Intention der Dayak entspricht, denn nach ihren Vorstellungen dürfen nur wilde Tiere weiße Zähne haben.

Mit dem Vordringen der holländischen Kolonisatoren begann im indonesischen Teil Borneos der Niedergang der alten Dayak-Kultur, die heute einer weiteren Erosion durch die forcierte wirtschaftliche Erschließung Kalimantans sowie durch die mit den Transmigrationsprojekten verknüpfte Überfremdung ausgesetzt ist. Am drastischsten kommt der Kulturverfall im allmählichen Verschwinden der traditionellen Langhäuser zum Ausdruck. Zahlreiche junge Dayak, die ihre Heimatdörfer auf der Suche nach Arbeit in der Öl- oder Holzindustrie verlassen haben, leben heute an den Peripherien der Großstädte in einer Art von Mischzivilisation, unfähig, sich weder in der einen noch in der anderen zurechtzufinden. Man muß schon in ganz entlegene Regionen Borneos vorstoßen, um auf indonesischem Staatsgebiet noch traditionelle Dayak-Siedlungen zu finden, wo sich bis in die Gegenwart hinein wesentliche Aspekte der alten Kultur in Brauchtum, Architektur, sozialer Organisation und in der Religion erhalten haben. Der eigentliche Schwerpunkt der Dayak-Kultur liegt nicht mehr im indonesischen Kalimantan, sondern auf malaysischem Gebiet, in Sabah und Sarawak, wo auch die Langhäuser weiterhin (noch) eine verbreitete Siedlungsform darstellen.

Neben den altmalaiischen Dayak und den jungmalaiischen Küstenbewohnern unterscheidet man auf Borneo noch eine dritte große Bevölkerungsgruppe: Die rund 50000 wildbeuterischen Punan, die noch in der Primitivkultur der ›steinzeitlichen‹ Jäger und Sammler leben und als die letzten unverfälschten Waldnomaden der Erde gelten. Diese zu den ältesten Bevölkerungssubstraten Indonesiens gehörende Splittergruppe zählt zu den in Indien und auf Sri Lanka stärker verbreiteten Weddiden. Wegen ihrer hochgradigen Anpassung an die Natur sagt man von ihnen, sie könnten der Spur einer Ameise folgen. Die Punan, deren Zahl ständig rückläufig ist, leben zwar häufig in wirtschaftlicher Symbiose mit den Dayak, beschränken den Kontakt mit Außenstehenden aber auf das Notwendigste. In lockeren Gruppen durchstreifen sie abgelegene Urwaldgebiete. Zur Jagd benützen sie Pfeil und Bogen, bisweilen auch Blasrohre. Als Unterkunft dienen ihnen häufig immer noch temporäre einfache Windschirme sowie als Kleidung Durchziehschurze aus Baststoffen.

Südkalimantan

Südkalimantan

Die mit 37600 km² flächenmäßig kleinste Provinz Kalimantans wird von den meridional verlaufenden Muratus-Bergen (höchste Erhebung Gunung Besar, 1892 m) durchzogen, die sowohl im Westen als auch im Osten von ausgedehnten Sumpfgebieten flankiert werden. In der für Kalimantan recht hohen Bevölkerungsdichte von 65 Einw./km² spiegelt sich der hier bereits erreichte hohe ökonomische Entwicklungsstand wider. Bedeutende Stützen der Wirtschaft sind neben Erdöl vor allem Kautschuk, Holz und Rattanprodukte. 97% der rund 2,5 Mill. Banjaresen Südkalimantans, eine relativ junge Mischbevölkerung aus Javanern, Bugis und Dayak sowie den Nachfahren indischer und arabischer Zuwanderer, sind strenggläubige Moslems, die, da es ihnen wirtschaftlich gut geht, einen hohen Anteil der indonesischen Mekkapilger stellen. Im 14. und 15. Jh. stand das südöstliche Kalimantan unter hindu-javanischem Einfluß. Bedeutende hinduistische Tempelanlagen befanden sich einst bei den Städten Amuntai (Candi Agung) und Rantau (Candi Laras), da es sich jedoch um Holzbauwerke handelte, sind heute keine Überreste mehr erhalten.

Banjarmasin

Banjarmasin (ca. 500000 Einw.), einer der bedeutendsten Häfen Kalimantans und Ausgangspunkt für Reisen ins Landesinnere, ist heute nicht nur das administrative, ökonomische und touristische, sondern als Universitätsstadt auch das kulturelle Zentrum der Provinz Südkalimantan. In ihrer fast 500jährigen Geschichte war die Stadt lange Zeit Sitz von Königen und Fürsten, zuerst hinduistisch-javanischer, später moslemischer Prägung. Auch die Portugiesen, die Engländer und vor allem natürlich die Holländer hatten hier einst Niederlassungen angelegt. In der sumpfigen Küstenniederung, in der sich Banjarmasin ausbreitet, haben allerdings keine historischen Baudenkmäler aus diesen Epochen die Zeitläufte überdauert. 22 km landeinwärts, im weitverzweigten Mündungstrichter der mächtigen, schwemmstoffreichen Flüsse Barito und Martapura nur wenige Dezimeter über dem höchsten Gezeitenwasserspiegel gelegen und von einem labyrinthartigen, engmaschigen Netz aus Nebenflüssen und Kanälen durchzogen, hat Banjarmasin den zutreffenden Beinamen ›Venedig des Ostens‹ erhalten. Das alltägliche Leben der Banjaresen ist eng mit dem Wasser verbunden. Wie eh und je sind die Gewässer der Stadt für ihre Bewohner Transportweg, Einkaufsstraße, Marktplatz, Waschhaus, Badezimmer und Toilette in einem. Banjarmasins Flüsse und Kanäle, an deren Ufern auf floßartigen Plattformen errichtete ›schwimmende Häuser‹ *(Lanting)* verankert sind, werden täglich von Tausenden von Schiffen und Booten aller Art befahren.

Den besten Eindruck vom amphibischen Charakter Banjarmasins vermittelt eine frühmorgendliche Bootsfahrt zum **Kuin Floating Market** (Farbabb. 1), der täglich von ca. 5–9 Uhr morgens nördlich des Trisakti-Hafens, nahe der Mündung des Sungai Miai in den Barito, abgehalten wird. Auf diesem faszinierenden ›schwimmenden Markt‹ tummeln sich Hunderte von Booten. Von den größeren, den *Jukung,* aus werden Fisch, Gemüse und Obst sowie vielerlei Artikel des täglichen Gebrauchs angeboten, dazwischen drängen sich die kleinen Kanus und Einbäume der Einkäufer. Selbst ›schwimmende Restaurants‹ gibt es hier, wo man sein Frühstück einnehmen kann.

Nehmen Sie sich die Zeit und setzen Sie die Bootsfahrt fort zur nahe gelegenen **Pulau Kembang,** einer ca. 60 ha großen, im hier fast 1 km breiten Barito gelegenen Insel mit einem

Banjarmasin: Sehenswürdigkeiten: 1 Kuin Floating Market 2 Pulau Kembang 3 Kampung Basirih 4 Mesjid Raya Sabilal Muhtadien 5 Gouverneursresidenz **Öffentliche Einrichtungen:** 6 South Kalimantan Regional Tourist Office 7 Ausländerbehörde 8 Polizei 9 Postamt 10 Krankenhaus 11 Flußhafen Trisakti 12 Anlegestelle für ›Flußbusse‹ 13 Anlegestelle für Flußboote 14 Bemoterminal 15 Einkaufszentrum **Hotels und Losmen:** 16 Hotel Maramin 17 Hotel Febiola 18 Hotel Rahmat 19 Hotel Perdana

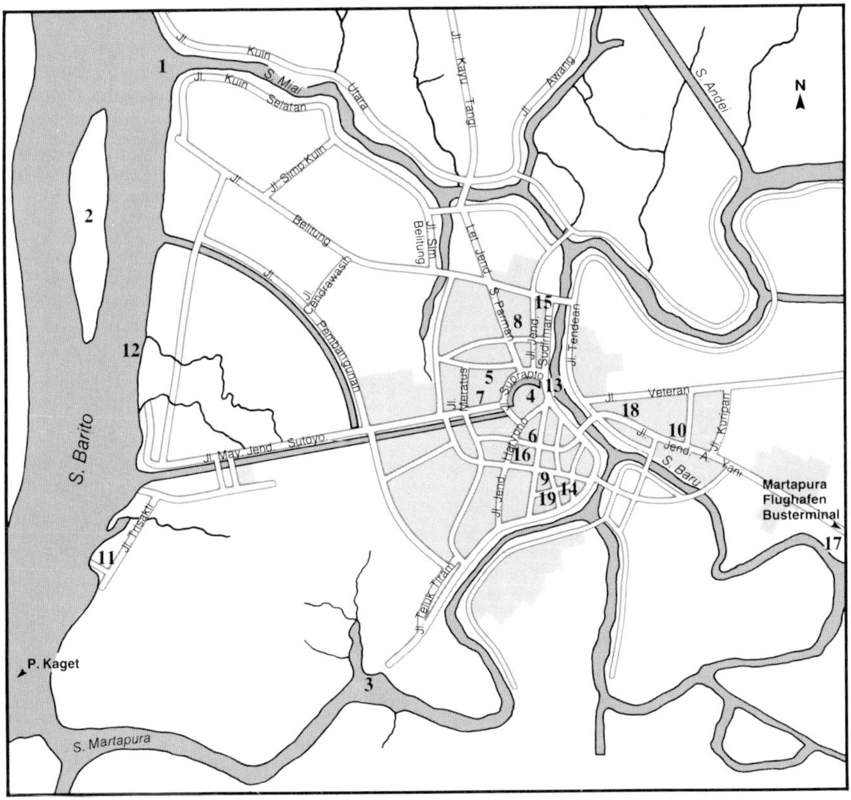

kleinen chinesischen Tempel. Bevölkert wird dieses mangrovengesäumte Eiland von Horden halbzahmer, teils recht aggressiver Makaken. Die berühmten auf Borneo endemischen Nasenaffen (*Nasalis larvatus;* indon.: *Bakantan*) kann man, am besten bei Sonnenauf- oder -untergang, im mangrovenbestandenen Südteil von **Pulau Kaget** beobachten. Diese 270 ha große, zum Tierschutzgebiet erklärte Insel liegt im Mündungsdelta des Barito, ca. 12 km stromabwärts von Banjarmasin.

Südlich von Pulau Kembang, im Seehafen Trisakti, liegen ständig zahlreiche Makassar-Schoner vor Anker. Diese Frachtensegler laden hier das in den nahen Sägewerken produzierte, meist für Java bestimmte Schnittholz. Über den Martapura-Fluß, der etwas weiter südlich in den Barito mündet, kehrt man wieder nach Banjarmasin zurück. Auf dem Rückweg passiert man das am Martapura gelegene Dorf **Kampung Basirih** mit seinen ›schwimmenden Häusern‹ sowie einige Schiffswerften, wo in einer jahrhundertealten Tradition von hier ansässigen Bugis die dickbauchigen Makassar-Frachtensegler gebaut werden.

Als eine Feste des Islam besitzt Banjarmasin mit seiner Hauptmoschee, der **Mesjid Raya Sabilal Muhtadien,** die nach der Istiqlal-Moschee von Jakarta zweitgrößte moslemische Andachtsstätte Indonesiens. Das prachtvolle, 15000 Gläubigen Platz bietende Marmorbauwerk mit seinem 45 m hohen Hauptminarett erhebt sich am Ufer des Sungai Martapura, dort wo einst das holländische Fort Benteng Tatas stand. In der Nähe der Moschee liegt die Residenz des Gouverneurs, ein sehenswertes Gebäude, in dem traditionelle und moderne architektonische Elemente eine harmonische Synthese eingegangen sind.

Banjarmasin ist ein Zentrum der indonesischen Rattanindustrie, die vorwiegend Matten für den Export produziert. Sämtliche Phasen des Herstellungsprozesses können in verschiedenen Rattanfabriken beobachtet werden; eine vorherige telefonische Kontaktaufnahme ist empfehlenswert (z. B. P. T. Kalindo Raya Utama, Jl. Belitung Barat 141, ✆ 2579). Liebhabern antiker Porzellane und Keramiken sei ein Besuch im kleinen Privatmuseum der Familie Parands empfohlen. Neben Keramiken aus China, Japan, Korea und Holland ist auch eine interessante Sammlung von Dayak-Kunst zu sehen (Museum Parands, Jl. Kuripan, Gang Antik 42 F, RT 5, ✆ 2111).

Praktische Hinweise

Unterkunft (allgemein recht hohes Preisniveau): **Maramin, Jl. Lambung Mangkurat 32, ✆ 8944; *Febiola, Jl. A. Yani, ✆ 2707; Banjar, Jl. Suprapto 3, ✆ 3561; Cempaka, Jl. Cempaka Besar 23; Metro, Jl. Sutoyo 102, ✆ 2427; Perdana, Jl. Katamso 3, ✆ 3276; Rahmat, Jl. A. Yani, ✆ 4429; Sabrina, Jl. Bank Rakyat 21, ✆ 4442.

Verkehr: Anreise: täglich (mehrere) Flüge der Garuda u. a. ab Jakarta, Surabaya und Balikpapan; der Bouraq u. a. ab Jakarta, Surabaya, Yogyakarta, Denpasar (via Surabaya) und Manado (via Balikpapan); der Merpati u. a. ab Jakarta, Surabaya, Tarakan (via Balikpapan) und Palangkaraya (weitere Fluginformationen vgl. S. 544).

Banjarmasin liegt auf der Route des PELNI-Schiffes KM Kelimutu (An- und Weiterreise u. a. von/nach Semarang und Surabaya; vgl. auch S. 547). Anreisemöglichkeiten per Bus ab Balikpapan und Samarinda.

Stadt- und Vorortverkehr: Auf festgelegten innerstädtischen Routen pendeln Bemo. Ein wichtiges Bemoterminal für den Stadtverkehr befindet sich nahe der Kreuzung Jl. Samudra/Jl. Pasar Baru (von hier u. a. Bemo zum Busbahnhof Km 6). Taxen erhält man über Vermittlung von Hotels und Reisebüros (z. B. Taksi Service Antekesuma, Jl. Bukit Raya 11, ✆ 2530). Zahlreich vertreten sind Becak und Ojek.

Auch im innerstädtischen Verkehr spielt der Flußtransport eine wichtige Rolle. Eine Anlegestelle für ›Flußtaxen‹ im Stadtgebiet befindet sich an der Rückseite des Pasar Pusat am Sungai Martapura. Typische *Klotok*-Boote mit Außenbordmotor für die Fahrt zum ›schwimmenden Markt‹ kann man an der Anlegestelle am Sungai Martapura gegenüber der Hauptmoschee mieten; als sinnvoll erscheint es, bereits am Vortag eine verbindliche Absprache mit dem betreffenden Bootseigner zu machen.

Fernverkehr: Flughafen Syamsudin Noor 26 km südöstlich (Bemo an der ca. 1 km vom Terminal entfernten Hauptstraße Banjarmasin – Martapura; Anfahrt ab Banjarmasin: Bemo ab Terminal Km 6 in Richtung Martapura, an der Abzweigung zum Airport aussteigen und 1 km zu Fuß oder per Ojek). Fluglinien: Garuda, Jl. Hasanuddin 11 A, ✆ 4023; Bouraq, Jl. Lambung Mangkurat 40 D, ✆ 2445; DAS, Jl. Hasanuddin 6, ✆ 2902; Merpati, Jl. Haryono MT 4, ✆ 4433 (Fluginformationen s. o. ›Anreise‹ und vgl. S. 544).

Passagierschiffe nach Java gehen im Flußhafen Trisakti vor Anker; PELNI-Büro in Jl. Martadinata 192, ✆ 3171 (Informationen zu PELNI-Schiffen vgl. S. 547).

Banjarmasin ist ein wichtiger Ausgangspunkt für Fahrten mit Binnenschiffen bzw. -booten ins Landesinnere. Da die großen Ströme Barito, Kapuas und Kahayan im Deltagebiet durch künstliche Kanäle miteinander verbunden sind, kann man von Banjarmasin aus mit regulären Wasserfahrzeugen (›Flußbussen‹ oder auch kleineren Schnellbooten) u. a. bis nach Palangkaraya (240 km/›Flußbus‹ 18–20 Std., Schnellboot 7–8 Std.) und Muarateweh (470 km/›Flußbus‹ mind. zwei Tage) fahren. Größere ›Flußbusse‹ (z. B. nach Palangkaraya) legen am Barito-Flußhafen gegenüber Pulau Kembang ab. Eine wichtige Anlegestelle für kleinere Boote befindet sich am Sungai Martapura gegenüber der Hauptmoschee (z. B. Schnellboote nach Kualakapuas und Palangkaraya). Das Terminal Km 6 für (Fern-)Busse befindet sich 6 km südöstlich an der Jl. A. Yani; ab hier täglich 10–12 Busse nach Balikpapan (Abfahrt meist am Nachmittag, Fahrzeit ca. 14–16 Std.) sowie Minibusse nach Banjarbaru und Martapura.

Reiseagenturen: Adi Angkasa, Jl. Pos 4, P. O. Box 180, ✆ 3131; Banjar Baru, Jl. Niaga 30, ✆ 3898; Wira Dharma, Jl. Samudra 23, ✆ 2476.

Restaurants: Blue Ocean, Jl. Hasanuddin (chinesisch); Mie Ayam Gajah Mada, Jl. Sudimampir (chinesisch); Sakura, Jl. Sudimampir (chinesisch, indonesisch); Shinta, Jl. Lambung Mangkurat (chinesisch, indonesisch, europäisch; gehobene Preislage). In der Jl. Veteran östlich des Sungai Martapura gibt es verschiedene kleine Chinarestaurants, die exotische Spezialitäten wie *I Tik Panggang* (gegrillte Ente), *Sate Bidawang* (gegrilltes Schildkrötenfleisch) und *Sate Buaya* (gegrilltes Krokodilfleisch) anbieten.

Diamantenwäscher in der Nähe von Martapura

Einkauf: In Banjarmasin kann man neben (Halb-) Edelsteinen vor allem (kunstgewerbliche) Produkte der Dayak kaufen, z.B. Schwerter *(Mandau)*, Speere *(Tombak)*, Schilde *(Tameng)* und Blasrohre *(Sumpit)* sowie Holzschnitzereien und Perlenstickereien. Die meisten Souvenirläden befinden sich in der Jl. Simpang Sudimampir sowie in deren Nebenstraßen. Eine permanente Verkaufsausstellung von Erzeugnissen des regionalen Kunsthandwerks findet im Gebäude der Firma Dekranas in der Jl. Panjaitan 16 (nahe Touristenbüro) statt.

Information und wichtige Adressen: Touristeninformation: South Kalimantan Regional Tourist Office, Jl. Panjaitan 31, ✆ 2982 (kompetente Mitarbeiter; Vermittlung von Führern und Organisation von Ausflügen; als zuverlässiger Führer für Stadtbesichtigungen und Touren nach Loksado kann Akhmad Arifin empfohlen werden). **Ausländerbehörde:** Kantor Imigrasi, Jl. Parman 85, ✆ 2790. **Post und Telefon:** Hauptpostamt, Jl. Lambung Mangkurat; Telefonamt, Jl. Samudra. **Banken:** Bank Dagang Negara, Jl. Lambung Mangkurat 8; Bank Negara Indonesia 1946, Jl. Lambung Mangkurat 37. **Gesundheit:** Rumah Sakit Umum, Jl. A. Yani.

Die Umgebung von Banjarmasin

In **Banjarbaru,** einem modernen Geschäfts- und Verwaltungsort 36 km südöstlich von Banjarmasin (Anfahrt: Minibus ab Terminal Km 6), befindet sich das neue Museum Negeri Lambung Mangkurat, das anschaulich über Kunst und Kultur der Dayak-Stämme Südkalimantans informiert. Beachtung verdient auch der originalgetreue Nachbau eines *Tambangan,* eines der traditionellen Langboote der Banjarmasin-Region. An Sonn- und Feiertagen werden in diesem sehenswerten Museum häufig traditionelle Tänze aufgeführt. Öffnungszeiten: Di–Do 8.30–14 Uhr, Fr 8.30–11 Uhr, Sa 8.30–13 Uhr, So 8.30–14 Uhr, Mo geschlossen.

Die südwestlichen Ausläufer der Muratus-Gebirgskette gehören zu den bedeutendsten Diamantenfördergebieten Indonesiens. In den zahlreichen primitiven Diamantenminen rings um das Städtchen **Cempaka** und in der Umgebung des Riamkanan-Stausees arbeiten angeblich rund 30000 Menschen. Unter der ständigen Gefahr von Schachteinbrüchen fördern Männer aus bis zu 50 m tiefen Gruben diamant- und halbedelsteinhaltiges Erdreich zutage, das dann vorwiegend von Frauen an Bächen und Flüssen ausgewaschen wird. Mit einem Bemo oder einem Motorrad-Taxi gelangt man ab dem großen Kreisverkehr zwischen Banjarbaru und Martapura zu den ca. 7–8 km entfernten Diamantenminen von **Pumpung Lukaas** und **Jungkal** in der Nähe von Cempaka. Die Diamantenstadt **Martapura** ist der Umschlagplatz für die (Halb-) Edelsteine. Hier befinden sich zudem zahlreiche Schleifwerkstätten, in denen teilweise noch mit jahrhundertealten Methoden gearbeitet wird. Verschiedene Diamantenschleifereien können besichtigt werden, z.B. P.T. Kayu Tangi in der Jl. Sukar-Amai. In ihrer Mehrzahl sind die Diamanten Kalimantans relativ geringwertig und werden häufig für industrielle Zwecke (z.B. Glasschneider) exportiert. Man hat bei Martapura jedoch auch schon wahre Raritäten entdeckt, beispielsweise im Jahre 1965 einen 167karätigen Rohdiamanten. Auf dem Markt von Martapura bieten mehrere Souvenirläden neben Halbedelsteinen wie Achate, Saphire und Amethyste auch Gold- und Silberschmuck sowie alte Dayak-Schmuckstücke an.

26 km südöstlich von Martapura bildet der aufgestaute Sungai Martapura den ca. 600 m hoch gelegenen **Riamkanan-See.** Lohnenswert ist ein Bootsausflug von Desa Tiwingin nahe dem Staudamm zur kleinen Insel Pulau Pinus (Anfahrt: Direktbemo ab Kreisverkehr zwischen Banjarbaru und Martapura nach Tiwingin).

Ein mehrtägiger Ausflug, der auch von verschiedenen Reiseveranstaltern in Banjarmasin angeboten wird, führt zu den **Langhäusern der Kaharingan-Dayak** bei Loksado nordöstlich des Provinzstädtchens Kandangan. Reguläre Busse verkehren zwischen Banjarmasin und Kandangan (135 km/3 Std.). Mit einem Motorrad-Taxi kann man sich von Kandangan nach Lumpangi bringen lassen (25 km/2 Std.). Von Lumpangi nach Loksado sind es ca. 15 km, die man auf einer vier- bis fünfstündigen Wanderung bewältigen kann. In der Umgebung von Loksado gibt es noch rund 20 traditionelle Dayak-Langhäuser, das größte (ca. 30 Familien) befindet sich in Malaris wenige Kilometer östlich von Loksado. Übernachtungsmöglichkeiten bieten ein staatliches Gästehaus in Loksado oder, gegen angemessene Bezahlung, die *Lamin*-Gemeinschaften der einzelnen Dörfer um Loksado. Eine wegen verschiedener Stromschnellen etwas abenteuerliche Alternative für den Rückweg ist die Fahrt auf einem Bambusfloß von Loksado nach Malutu unweit von Kandangan. Eine andere Möglichkeit ist die dreitägige Wanderung von Loksado nach Miawa bei Rantau, die durch weitere traditionelle Dayak-Dörfer führt.

Neben dem **Tierreservat Pulau Kaget** (vgl. S. 458) sind von Banjarmasin aus noch zwei weitere Naturschutzgebiete zu erreichen. Nur 50 km südöstlich von Banjarmasin liegt das 300 km^2 große **Pleihari Martapura Reserve.** Wesentlich mehr Organisationsaufwand und Mühe erfordert die Exkursion zu dem rund 350 km westlich von Banjarmasin, südlich der Stadt Pangkalanbun und bereits in Zentralkalimantan gelegenen **Tanjung Puting Reserve.** Innerhalb dieses 3050 km^2 großen, fast ausschließlich aus Sumpfland bestehenden Nationalparks befindet sich das **Camp Leakey Orang-Utan-Rehabilitationszentrum** (detaillierte Informationen über die beiden Nationalparks erhält man beim Touristenbüro in Banjarmasin).

Ostkalimantan

In der riesigen Provinz Ostkalimantan, mit rund 211500 km^2 flächenmäßig nur wenig kleiner als die BRD, leben etwa 1,8 Mill. Menschen, von denen sich über die Hälfte auf die drei größten Städte Samarinda (Provinzhauptstadt), Balikpapan und Tarakan konzentrieren. Die ohnehin geringe Bevölkerungsdichte von durchschnittlich 8 Einw./km^2 sinkt damit außerhalb der urbanen Zentren auf nur 2 Einw./km^2. Ostkalimantan steht seit zwei bis drei Jahrzehnten im Mittelpunkt des Interesses indonesischer Wirtschaftsstrategen. In Balikpapan, Samarinda, Bontang und Tarakan entstanden ganze Kolonien, in denen ausländische Spezialisten wohnen, die ins Land geholt wurden, um die enormen Rohstoffvorkommen (Öl, Erdgas, Holz und Kohle) möglichst effektiv auszubeuten. Obwohl Ostkalimantans Großstädte vom Petrogeschäft geprägt sind, hat im gesamtindonesischen Maßstab die Ölförderung der Provinz eine untergeordnete Position. Die Hauptfelder liegen auf und vor Ostsumatra sowie in Irian Jaya. 60 % der regionalen Einkommen stammen aus der Holzerzeugung und -verwertung. Rund 100 Einschlagunternehmen besitzen derzeit Konzessionen zur Nutzung der Regenwaldbestände von 130000 km^2 (!). Die durch unkontrollierten Raubbau verursachten ökologischen Schäden sind gravierend. Der wirtschaftliche Bereich Ostkalimantans ist geprägt von einem auch für andere entlegene Regionen Indonesiens typischen Dualismus: auf der einen Seite die hochentwickelten, nach modernsten Methoden arbeitenden Sektoren der Holz- sowie Erdöl- und Erdgasindustrien, auf der anderen die auf Subsistenz ausgerichtete Agrarwirtschaft der Inlandbewohner. Ostkalimantan ist gekennzeichnet von einem Spannungsverhältnis zwischen Tradition und Moderne, zwischen Stein- und Ölzeitalter. Entlegenen Dayak-Dörfern, wo sich seit Generationen die Kultur und das Alltagsleben kaum verändert haben, stehen die wild wuchernden Industriestädte der Küstenregionen gegenüber, in denen, angelockt vom Holz- und Ölboom, Indonesier aus allen Teilen des Archipels eine zweite Heimat gefunden haben.

Balikpapan

Balikpapan (ca. 280000 Einw.) und sein Hinterland, wo im 200 km entfernten Tanjung schon 1938 größere Ölvorkommen entdeckt wurden, ist das Hauptzentrum der Petroförderung im indonesischen Teil Borneos. In der durch Pipelines mit den Erdölfeldern der Umgebung verbundenen Stadt befinden sich ein hochmodernes petrochemisches Kombinat und ein wichtiger Hafen zur Verschiffung von Erdölprodukten und Edelhölzern. Vor 100 Jahren noch war die Region, wo sich heute die Stadt mit ihrem bunten Völker-Potpourri ausbreitet, von dichtem Urwald überzogen; heute gehört Balikpapan zu den am raschesten expandierenden Städten Indonesiens. Der Ort ist allenfalls als Verkehrsknotenpunkt, nicht aber als Touristendestination von Interesse.

Praktische Hinweise

Unterkunft (allgemein sehr hohes Preisniveau): *****Benakutai, Jl. Antasari, P.O. Box 200, ✆ 21804; *Balikpapan, Jl. Garuda

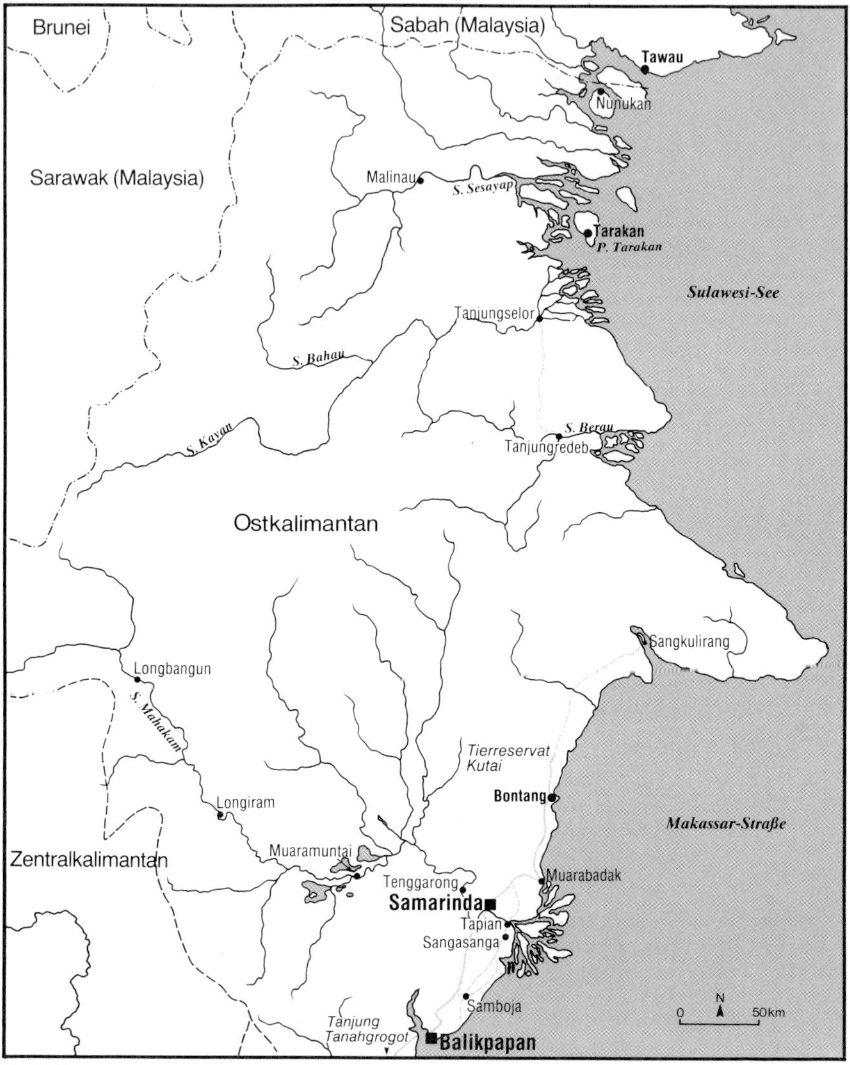

Ostkalimantan

2, ✆ 21490; *Blue Sky, Jl. Suprapto 1, ✆ 22267 (ordentliche AC-Zimmer; falls unterbelegt, wird eventuell ein Rabatt gewährt); Bahtera, Jl. Gajah Mada SK 1/47, ✆ 22603; Budiman, Jl. Antasari 4, ✆ 22583; Sederhana, Jl. A. Yani 7, ✆ 22564 (im alten Trakt preiswertere Zimmer vorhanden); Tirta Plaza, Jl. Panjaitan XX/51–52, ✆ 22324 (schönes, aber relativ teures Bungalowhotel).

Verkehr: Anreise: täglich (mehrere) Flüge der Garuda u. a. ab Jakarta, Surabaya, Pakanbaru, Batu Besar (Batam), Banjarmasin und Pontianak sowie mehrmals wöchentlich ab Singapur (via Pontianak; v. v.); der Bouraq u. a. ab Jakarta, Surabaya, Yogyakarta (via Banjarmasin), Ujung Pandang (via Palu), Manado, Banjarmasin, Samarinda und Tarakan; der Merpati u. a. ab Jakarta, Surabaya,

Ujung Pandang, Banjarmasin und Tarakan (weitere Fluginformationen vgl. S. 544).

Balikpapan liegt auf der Route der PELNI-Schiffe KM Kerinci und KM Kambuna (An- und Weiterreise u.a. von/nach Surabaya, Ujung Pandang und Toli Toli auf Nordsulawesi; vgl. auch S. 547). Anreisemöglichkeiten per Bus ab Banjarmasin und Samarinda.

Stadt- und Vorortverkehr: Auf festgelegten Routen verkehren Bemo. Das zentrale Terminal Rapak für den Stadtverkehr befindet sich am nördlichen Ende der Jl. Panjaitan. Zahlreich vertreten sind Ojek. Taxen findet man vor dem Hotel Benakutai.

Fernverkehr: Flughafen Sepinggan 9 km nordöstlich. Fluglinien: Garuda, Jl. P. Antasari 21, ✆ 25300; Bouraq, c/o Hotel Benakutai, Jl. Antasari 4, ✆ 21107; Merpati, Jl. A. Yani 29, ✆ 22380; Buchungsbüros der internationalen Fluglinien British Airways, Japan Airlines und KLM befinden sich im Hotel Benakutai, Jl. Antasari 4 (Fluginformationen s. o. ›Anreise‹ und vgl. S. 547).

Balikpapans Seehafen für Passagierschiffe liegt 4 km südlich; hier auch das PELNI-Büro (Jl. Pelabuhan bzw. Jl. Yos Sudarso 1, ✆ 22187; Informationen zu PELNI-Schiffen vgl. S. 547). Von Balikpapan aus verkehren regelmäßig Schiffe nach Pare Pare (Zentralsulawesi); Auskunft bei PELNI oder beim Hafenmeister. Der zentrale Busbahnhof Batuampar liegt ca. 4–5 km nördlich; ab hier Busse nach Samarinda und Banjarmasin.

Reiseagenturen: Adisantosa Dharma, Jl. Gajah Mada 40; Angkasa Express, Jl. Sutoyo 29, ✆ 21424.

Restaurants (fast durchweg indonesische, chinesische und europäische Küche): Atomik, Jl. Sutoyo I/2; Bondy Steak House, Jl. Antasari; Florida Café, Jl. A. Yani 26; Ikan Bakar Istana, Jl. Gn. Sari Ilir V/3 (Fischspezialitäten); Rainbow Coffee Shop (im Blue Sky Hotel), Jl. Suprapto 1; Shangrila, Jl. Gn. Sari Ilir RT XII/2 (Fischspezialitäten).

Einkauf: Kunsthandwerkliches bieten folgende Läden: Martapura Art Shop, Jl. Suprapto 40; Susila Art Shop, Jl. Suprapto 7 sowie verschiedene Souvenirstände im Pasar Inpres Kebun Sayur, Jl. Suprapto.

Information und wichtige Adressen: Touristeninformation: Kantor Pariwisata, Jl. Pangeran Andi Petta Rani, ✆ 21142. **Ausländerbehörde:** Kantor Imigrasi, Jl. A. Yani, ✆ 21175. **Post:** Hauptpostamt, Jl. A. Yani. **Banken:** Bank Bumi Daya, Jl. A. Yani 66; Bank Negara Indonesia 1946, Jl. A. Yani 30; Haji La Tunrung, Jl. Antasari 57 (Geldwechsler; geöffnet täglich 6–22 Uhr).

Samarinda

Aus dem westlich des verästelten Mahakam-Deltas gelegenen, bereits 1730 gegründeten Handelsstädtchen Samarinda, das fast zweieinhalb Jahrhunderte lang ein geruhsames Provinzdasein führte, hat sich in den letzten Jahren eine lebhafte Metropole mit über 200000 Einwohnern entwickelt. Die Verwaltungshauptstadt der Provinz Ostkalimantan lebt in erster Linie von der Holzwirtschaft. Entlang des hier teilweise kilometerbreiten Mahakam reihen sich zahlreiche Sägemühlen und Sperrholzfabriken, die mit moderner Technik die früher billig ausgeführten Rundhölzer an Ort und Stelle verarbeiten und damit den Exportwert beträchtlich steigern. Überall auf dem Mahakam sieht man riesige Pontons mit Nutzholzladungen und gewaltige Baumflöße, zu denen die am Oberlauf des Flusses geschlagenen Stämme zusammengebunden wurden. Samarinda ist touristisch uninteressant und besitzt ein relativ hohes Preisniveau, so daß man in Erwägung ziehen sollte, sein Standquartier eventuell im stromaufwärts gelegenen Städtchen Tenggarong aufzuschlagen.

Transmigrationsgebiete, in denen seit einigen Jahren vorwiegend Javaner angesiedelt werden, befinden sich bei Teluk Dalam und Bukit Raya, ca. 25 km westlich von Samarinda.

Praktische Hinweise

Unterkunft (allgemein sehr hohes Preisniveau): **Mesra, Jl. Pahlawan 1, ✆ 21011; **Sewarga Indah, Jl. Sudirman 43, ✆ 22066; *Lamin Indah, Jl. Bhayangkara 57, ✆ 23836; Andhika, Jl. K.H. Agus Salim 37, ✆ 22358; Holiday Inn, Jl. Pelabuhan 29, ✆ 21185; Jakarta I, Jl. Sudirman 57, ✆ 22624 (einfach); Jakarta II, Jl. Dewi Sartika, ✆ 23895; Sukarni, Jl. Panglima Batur 154, ✆ 21134 (komfortabel und zentral gelegen).

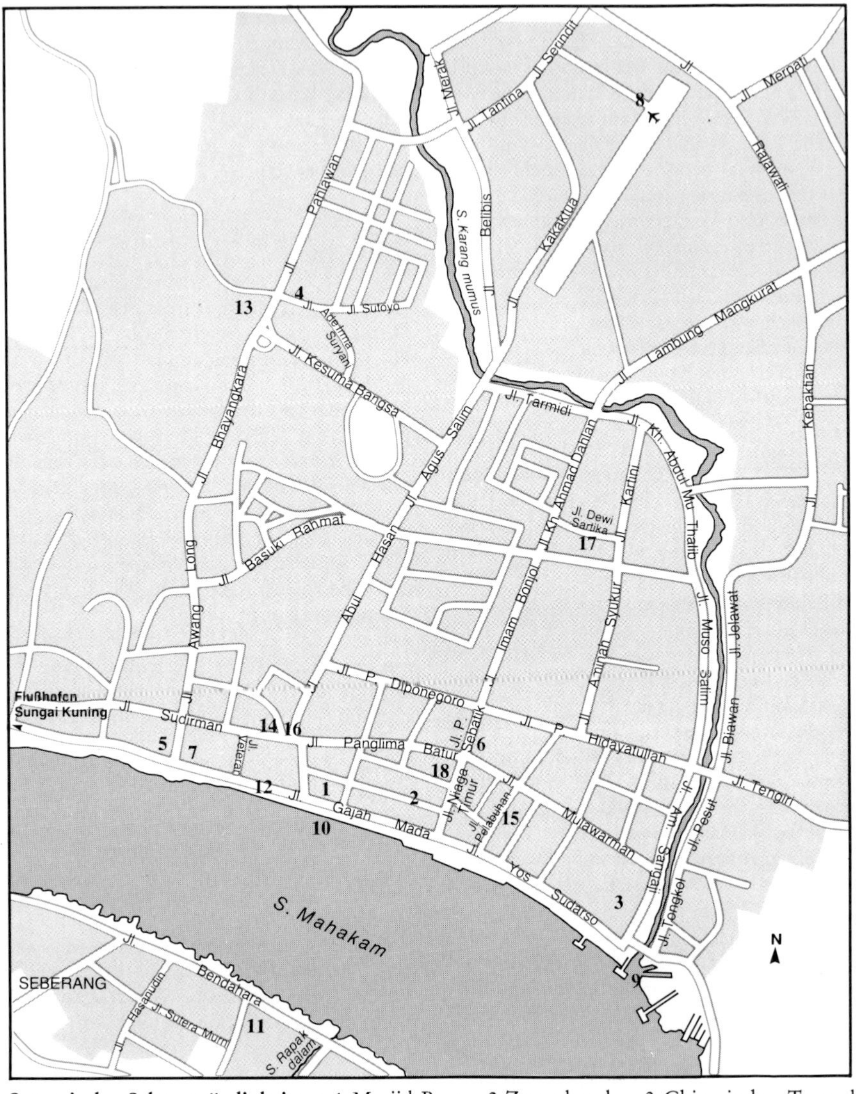

Samarinda: Sehenswürdigkeiten: 1 Mesjid Raya 2 Zentralmarkt 3 Chinesischer Tempel **Öffentliche Einrichtungen:** 4 Tourist Office 5 Postamt 6 Bank Negara Indonesia 7 Bank Rakyat Indonesia 8 Flughafen Temindung 9 Pelabuhan Besar (Hafen) 10 Anlegestelle für Passagierboote (nach Seberang, Tenggarong, Bontang u. a.) 11 Busterminal 12 Bemoterminal **Hotels und Losmen:** 13 Hotel Mesra 14 Hotel Sewarga Indah 15 Hotel Holiday Inn 16 Hotel Jakarta I 17 Hotel Jakarta II 18 Hotel Sukarni

Verkehr: Anreise: täglich (mehrere) Flüge der Bouraq und der Merpati u. a. ab Balikpapan, Tanjungredeb (Berau) und Tarakan; keine Flüge der Garuda (weitere Fluginformationen vgl. S. 544). Anreisemöglichkeit per Bus ab Balikpapan.

Stadt- und Vorortverkehr: Auf festgelegten innerstädtischen Routen pendeln Bemo (gleichzeitig eine Art von Kollektivtaxi). Ein Bemoterminal für den Stadt- und Vorortverkehr befindet sich bei der Hauptmoschee in der Jl. Gajah Mada (ab hier Bemo zum Flußschiffhafen Sungai Kunjang). Zwischen Samarinda und Seberang verkehren tagsüber ständig kleine Passagierboote (Abfahrt schräg gegenüber der Hauptmoschee).

Fernverkehr: Flughafen Temindung ca. 3 km östlich. Fluglinien: Bouraq, Jl. Mulawarman 24, ✆ 21105; Merpati, Jl. Sudirman 57, ✆ 22624 (Fluginformationen s. o. ›Anreise‹ und vgl. S. 544). Auskünfte über Flüge von Holz- und Ölfirmen sowie Missionsgesellschaften in entlegene Gebiete des Inselinnern erhält man beim Touristenbüro. Auch Bouraq und Merpati setzen kleine Propellermaschinen für Flüge zu weit im Inselinnern gelegenen Siedlungen ein; Merpati fliegt z. B. regelmäßig Data Dawan bei Long Pahangai am Mahakam-Oberlauf an.

Es gibt in bzw. bei Samarinda drei größere Flußhäfen: 1. Pelabuhan Besar am östlichen Ende der Jl. Yos Sudarso; ab hier u. a. unregelmäßig Schiffe nach Surabaya, Palu (Sulawesi) sowie Tanjungredeb und Tarakan (Auskunft im Büro des Hafenmeisters); 2. die Anlegestelle gegenüber der Hauptmoschee an der Jl. Gajah Mada; ab hier u. a. Passagierboote nach Tenggarong sowie nach Bontang (Abfahrt täglich am frühen Morgen); 3. der große Flußschiffhafen Sungai Kuning ca. 5 km südwestlich (Anfahrt: Bemo A ab Jl. Gajah Mada); ab hier täglich ›Flußbusse‹ und ›Flußtaxen‹ zu Orten am Mittel- und Oberlauf des Mahakam, z. B.: Tenggarong (45 km; besser mit Minibus ab Seberang), Muara Muntai (201 km/mind. 18 Std.), Melak (325 km/mind. 28 Std.), Longiram (409 km/mind. 36 Std.), Longbangun (523 km/mind. 48 Std.). Beachten Sie die Hinweistafel am Zugang zum Flußhafen (hier Informationen über Schiffe, Fahrtziele, Abfahrtszeiten u. a.).

Das zentrale Busterminal befindet sich in Seberang; ab hier Busse und Kollektivtaxen *(Sedan)* nach Tenggarong und Balikpapan.

Reiseagenturen: Duta Miramar, Jl. Sudirman 5, ✆ 1648; Masnun Anindya, Jl. Sudirman 57, ✆ 22624.

Restaurants: Depot Lily, Jl. Imam Bonjol (chinesisch, indonesisch; Fischspezialitäten); Gumarang, Jl. Sulawesi 24 (Padang); Oriental, Jl. P. Batur 121 (chinesisch).

Einkauf: Dayak-Kunsthandwerk unterschiedlicher Qualität bieten folgende Läden: Art Shop Syachran, Jl. P. Batur 142; Toko Souvenir Hollywood, Jl. P. Batur 144. Einige Kunstgewerbeläden befinden sich zudem an der südwestlichen Ausfallstraße, der Jl. Martadinata.

Information und wichtige Adressen: Touristeninformation: East Kalimantan Regional Tourist Office, Jl. Ade Irma Suryani 1, ✆ 22641. **Ausländerbehörde:** Kantor Imigrasi, Jl. Sutoyo, ✆ 23782. **Post:** Hauptpostamt, Jl. Gajah Mada. **Banken:** Bank Bumi Daya, Jl. Irian; Bank Dagang Negara, Jl. Mulawarman 66; Bank Negara Indonesia 1946, Jl. Pulau Sebatik 1.

Von Samarinda nach Tarakan

Eine mittlerweile angeblich durchgehend befahrbare Straße verbindet Samarinda mit der knapp 100 km weiter nördlich gelegenen Stadt Bontang, dem Zentrum Kalimantans für die Verflüssigung von Erdgas (›Liquefied Natural Gas‹, LNG). Das nordwestlich von Bontang gelegene 2000 km^2 große **Kutai-Tierschutzgebiet** gehörte mit seiner vielfältigen Fauna und Flora einst zu den bedeutendsten Nationalparks Indonesiens. Mittlerweile aber werden die Dipterocarpaceen-Wälder des Kutai-Parks, der lediglich den Status eines Tierreservats, nicht aber den eines Naturschutzgebietes besitzt, von Holzeinschlagunternehmen ausgebeutet. Eine für den Abtransport der Edelhölzer quer durch den Regenwald geschlagene Schneise erleichtert zwar den Zugang zum Kutai Reserve, allerdings sind seltene Tierarten wie Rhinozerosse und Nasenaffen mittlerweile verschwunden; zu sehen sind u. a. noch Orang-Utan und Banteng-Wildbüffel (detaillierte Auskünfte, auch hinsichtlich Anreise und Unterkunft, bei Dinas Perhutanan, Jl. Kusuma Bangsa, Samarinda).

Die von Bontang aus in nördlicher Richtung nach Sangkulirang weiterführende Straße ist derzeit noch im Bau. Bislang nur mit Küstenschiffen oder per Flugzeug zu erreichen sind **Tanjungredeb** (Hauptstadt der Berau-Region), **Tanjungselor** (Ausgangspunkt für Expeditionen zu den am Oberlauf des Sungai Bahau siedelnden, ethnologisch hoch-

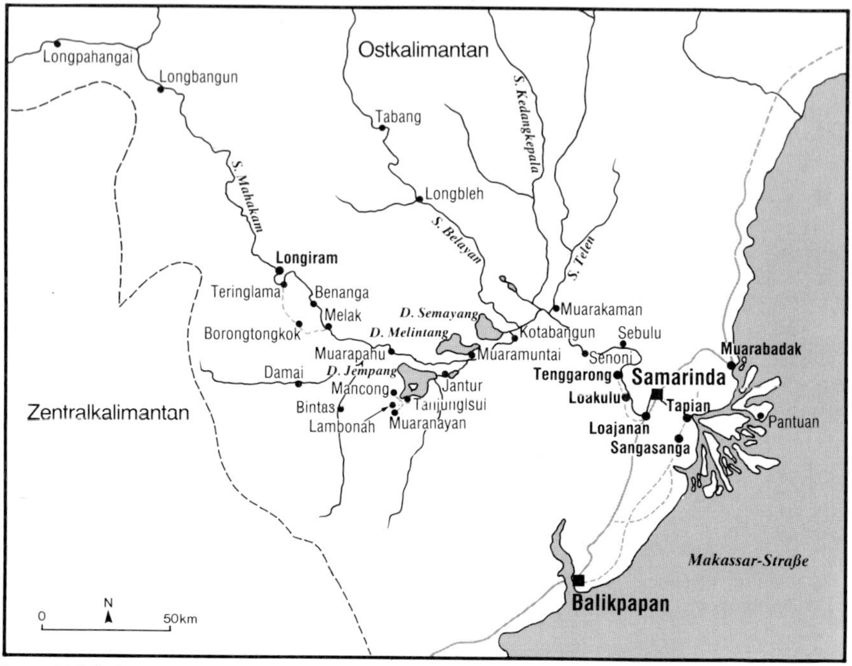

Sungai Mahakam

interessanten Bahau-Dayak) sowie **Tarakan** auf der gleichnamigen Insel, ein weiteres Zentrum der Erdölförderung in Kalimantan und Durchgangsstation für die Ein- oder Ausreise von/nach Sabah.

Praktische Hinweise Tarakan

Unterkunft: *Tarakan Plaza, Jl. Yos Sudarso, ✆ 501; Alam Indah, Jl. Yos Sudarso, ✆ 21145; Jakarta, Jl. Sudirman 112, ✆ 21979; Orchid, Jl. Sudirman 171, ✆ 21664; Wisata, Jl. Sudirman 46, ✆ 221.

Verkehr: Anreise: täglich (mehrere) Flüge der Bouraq und der Merpati u. a. ab Samarinda, Tanjungredeb (Berau) und Balikpapan (weitere Fluginformationen vgl. S. 544). Tarakan liegt auf der Route des PELNI-Schiffes KM Kerinci (vgl. S. 547). An- und Weiterreise von/nach Sabah vgl. S. 450.

Fernverkehr: Fluglinien: Bouraq, Jl. Yos Sudarso 9 B, ✆ 21248; Merpati, Jl. Yos Sudarso 48, ✆ 21911 (Fluginformationen vgl. S. 544).

PELNI-Büro, Jl. Yos Sudarso, ✆ 202 (Informationen zu PELNI-Schiffen vgl. S. 547). Von Tarakan aus fahren unregelmäßig Schiffe nach Pare Pare und Palu (Sulawesi). Küstenschiffe verkehren u. a. zwischen Tarakan und Tanjungselor, Tarakan und Tanjungredeb sowie Tarakan und Nunukan.

Auf dem Mahakam nach ›Ulu‹

Ulu oder *Hulu* – so wird mit etwas geringschätzigem Unterton von den Bewohnern des Kutai-Beckens um Samarinda die ausgedehnte Region am Mittel- und Oberlauf des Mahakam genannt. Dieser mit 840 km zweitlängste Fluß Borneos, der auf einer Länge von über 500 km schiffbar ist, entspringt in den Bergen der Müller Range, nahe der Grenze zum ostmalaysischen Sarawak. Eine Fahrt im ›Flußbus‹ den Mahakam aufwärts ist für anpassungsfähige Reisende, die zu gewissen Abstrichen an Komfort bereit sind, ein faszinierendes Erlebnis. Allerdings ist am Unterlauf des Mahakam die alte Dayak-Kultur bereits weitgehend von den Einflüssen der Neusiedler überlagert. Die Samarinda am nächsten gelegenen traditionellen Dayak-Langhäuser findet man erst in der Umgebung von Tanjungisui am Jempang-See, etwa eine Tagesreise stromaufwärts. Die Tour auf dem Mahakam beginnt in Samarindas großem Flußhafen Sungai Kuning (vgl. S. 465). Man kann aber auch mit einem Minibus das 45 km stromaufwärts gelegene Tenggarong erreichen, den Ort in aller Ruhe besichtigen und später dort die Flußfahrt starten (Schiffe, die morgens in Samarinda ablegen, gehen für gewöhnlich gegen Mittag in Tenggarong kurz vor Anker).

Unter einem Fürsten namens Mulawarman war **Tenggarong** bereits im 4. Jh. nach der Zeitenwende das Zentrum eines frühen Hindu-Reiches, das Handelsbeziehungen mit chinesischen und arabischen Seekaufleuten unterhielt. Einige Stunden stromaufwärts hat man bei Muara Kaman Steininschriften gefunden, die ins frühe 5. Jh. datieren und als die ältesten Zeugnisse aus der Frühphase der Hinduisierung des indonesischen Archipels gelten. Strategisch günstig gelegen, entwickelte sich Tenggarong in späterer Zeit zu einem wichtigen Handelsstützpunkt der Küstenmalaien und Chinesen mit den flußaufwärts im unermeßlichen Mahakam-Hinterland siedelnden Dayak. Als einziges Relikt dieser bewegten Vergangenheit ist der Sultanspalast erhalten, bei dem es sich jedoch um eine von holländischen Architekten in den 30er Jahren unseres Jahrhunderts errichtete Rekonstruktion handelt, da der ursprüngliche Palast schon vor längerer Zeit zerstört wurde. Heute beherbergt die ehemalige Sultansresidenz das Museum Negeri Mulawarman mit erlesenen Sammlungen antiken Chinaporzellans und alter Dayak-Kunst sowie den Erbstücken der Sultansdynastie von Kutai. Das Palastmuseum ist umgeben von einem etwas verwilderten Garten, in dem sich ein Orchideenhaus *(Sanggar Anggrek)* sowie alte Sultansgräber mit bemerkenswerten Holzschnitzereien befinden. Ganz besondere Beachtung jedoch verdienen die bereits recht verwitterten, aber dennoch sehr ausdrucksstarken Dayak-Holzskulpturen, die einst zur Abwehr von Dämonen und bösen Geistern vor Dayak-Langhäusern standen. Öffnungszeiten des Museums: Di–Do 8–14 Uhr, Fr 8–11 Uhr, Sa 8–13 Uhr, So 8–14 Uhr, Mo geschlossen; der Museumsgarten ist täglich bis zum späten Nachmittag zugänglich.

Den ersten Zwischenstopp legen die meisten Mahakam-Flußbusse in **Senoni** ein, einem kleinen Ort mit einer Vielzahl ›schwimmender Restaurants‹. Hinter **Kotabangun,** einer Urwaldstadt mit vielen Schiffswerften, weitet sich das Mahakam-Becken zu einer ausgedehnten Sumpflandschaft, in der sich die drei sehr seichten Seen Semayang, Melintang und Jempang ausbreiten. **Muaramuntai,** eine rund 12000 Einwohner zählende Stadt, in der die ufernahen Straßen aus massiven Holzplanken bestehen, ist Ausgangspunkt für Fahrten über den Danau Jempang nach Tanjungisui. Zwischen Mai und Juli, also auf dem Höhepunkt der Trockenzeit, ist dieser Binnensee so seicht, daß auf den ihn durchziehenden, kaum mehr knietiefen Fahrrinnen nur noch kleine Motorboote verkehren können. Über die am Ostufer des Sees gelegene, relativ junge Pioniersiedlung Desa Jantur erreicht man das ›schwimmende Dorf‹ **Tanjung Haur,** dessen Bewohner ausschließlich vom Fischfang im Danau Jempang leben. Den berühmten Süßwasserdelphinen *(Lumba Lumba Air Tawar)* begegnet man im Jempang-See nur während der Regenzeit, wenn der Wasserspiegel deutlich steigt.

Langhaus von Macong bei Tanjugisui

Tanjungisui (Farbabb. 22) hat außer einem kleinen Langhaus, in dem gelegentlich für zahlende Touristengruppen ›authentische‹ Dayak-Tänze aufgeführt werden, keine Sehenswürdigkeiten zu bieten, allerdings lohnen sich Ausflüge in das vorwiegend von Tanjung- und Banuaq-Dayak besiedelte Hinterland. In **Mancong,** ca. 9 km südwestlich von Tanjungisui (während der Regenzeit per Boot, während der Trockenzeit per Motorrad-Taxi oder zu Fuß zu erreichen) steht ein erst 1985 errichtetes Langhaus. Ursprünglich erhob sich hier ein mächtiges, zweistöckiges *Lamin* aus dem Jahre 1925. Vor dem heutigen, ca. 60 m langen Bauwerk befinden sich einige eindrucksvolle Holzskulpturen, die als Mittler zwischen den Verstorbenen und den Lebenden das Langhaus und seine Bewohner vor bösen Geistern schützen sollen. Hinter dem Gebäude liegen eine Begräbnisstätte mit zwei verwitterten, über 100 Jahre alten Grabmalen und der Opferplatz, wo bei bestimmten Zeremonien Wasserbüffel geschlachtet werden. Auch die Motorradfahrt nach **Lambonah** (ca. 18 km südlich von Tanjungisui) lohnt sich. Dort erstreckt sich ein gut erhaltenes, sehenswertes Langhaus aus dem Jahre 1922. Die ebenfalls sehr alten *Lamin* der jeweils etwa 15 Fußminuten entfernten Nachbardörfer Muara Nayan und Pentat allerdings sind bereits im Verfall begriffen.

Bei entsprechend hohem Wasserstand kann man von Tanjungisui aus direkt, ohne den Umweg über Muaramuntai, mit kleinen Passagierbooten nach **Melak** fahren. Zwischen Melak und Borongtongkok breitet sich innerhalb des 5000 ha großen **Padang Luwai-Naturschutzgebietes** das Orchideenreservat Kersik Luwai aus. Hier blühen in den Regenmonaten von Oktober bis März über 50 Arten epiphytischer Orchideen in unglaublicher Fülle, darunter auch die sehr seltene ›Schwarze Orchidee‹ *(Cologeneia pandurata).* Zu dem ca. 16 km südwestlich von Melak gelegenen Schutzgebiet gelangt man per Motorrad-Taxi. Die Orte Melak, Borongtongkok und Teringlama sind durch eine Straße miteinander verbunden, die zumindest während der Trockenzeit von Motorrädern befahren werden kann.

Von Teringlama nach **Longiram** sind es nur noch etwa 10 km. Während Longiram noch relativ einfach zu erreichen ist, wird die Reise weiter flußaufwärts zunehmend beschwerlicher. Vor allem am Oberlauf des Mahakam kann ein zu hoher Wasserstand den Flußverkehr ebenso behindern wie ein zu niedriger. Zusätzliche Probleme schaffen insbesondere zwischen Longbangun und Longpahangai starke Stromschnellen, wo die Boote teilweise von Trägern über Land transportiert werden müssen. Nur unerschrockene Abenteurer mit ausgesprochen viel Zeit werden sich die beschwerliche Wanderung vom Oberlauf des Mahakam über die Gebirgskette der Müller Range zum Quellgebiet des Kapuas zutrauen. Mit (kleineren) Passagierbooten kann man vom Dorf **Putussibau,** am Oberlauf des Kapuas und bereits in Westkalimantan gelegen, stromabwärts die exakt 869 km bis nach **Pontianak** bewältigen; diese Flußreise kann allerdings bis zu zwei Wochen dauern.

Praktische Hinweise

Allgemeines: Für Reisen auf dem Mahakam braucht man, vor allem wenn man in Gebiete westlich von Longiram vorstoßen will, in erster Linie sehr viel Zeit und Flexibilität. Widrige Witterungsverhältnisse, unregelmäßige Bootsverbindungen und andere Imponderabilien können einen genau festgelegten Reiseplan schon sehr bald null und nichtig machen. Nicht alle der auf dem Mahakam verkehrenden ›Flußbusse‹ und ›Flußtaxen‹ bieten den Passagieren einen mit (schmuddeligen) Matratzen ausgestatteten Schlafsaal, vielfach steht nur der blanke Holzboden zur Verfügung. Sinnvoll sind daher ein (aufblasbares) Kissen, eine Decke und eventuell eine Liegematte. Weitere empfehlenswerte Ausrüstungsgegenstände: warme Kleidung (die Nächte am Fluß sind nebelig und kalt!), Regenschutz, Taschenlampe, Moskitonetz, Insektenschutzmittel, Lesematerial (tagelange Flußfahrten können recht langweilig werden), Gastgeschenke (z. B. konservierte Nahrungsmittel, Zigaretten, Feuerzeuge, Kugelschreiber, Taschenlampen, Batterien sowie eventuell auch Medikamente, u. a. gegen Infektionen, Malaria, Durchfall; unbedingt genaue Dosierungsanleitung geben und vor Mißbrauch warnen!). An einen ausreichenden Vorrat an Rupiah denken (kleinere Banknoten)! Obwohl bereits in der Regenzeit gelegen, gelten die Monate September bis Dezember als günstig. In den Trockenmonaten Mai–Juli kann vielfach ein niedriger Wasserstand den Flußverkehr behindern. Eine spezielle Reisegenehmigung *(Surat Jalan)* wird derzeit (1989) für die Mahakam-Region nicht verlangt. Da sich die Situation aber, vor allem hinsichtlich der Gebiete nahe der malaysischen Grenze, ändern kann, sollte man in Samarinda (Touristenbüro) aktuelle Informationen einholen. Gute Auskünfte erhält man auch in dem kleinen Touristenbüro von Tenggarong (nahe dem Mulawarman-Museum). Die Reiseagentur P. T. Mahakam Kutai Permai (Jl. Diponegoro 20, Tenggarong) bietet organisierte Mahakam-Fahrten in Privatbooten an.

Unterkunft: Tenggarong: Anda I, Jl. Diponegoro; Anda II, Jl. Sudirman; Diana, Jl. Sudirman; Indonesia, Jl. Diponegoro; Payungasri, Jl. A. Yani; Zaranah, Jl. Diponegoro. **Kotabangun:** Penginapan Mekar, Losmen Mukjizat. **Muaramuntai:** Losmen Nita Wardana, Losmen Taro, Penginapan Sri Muntai Indah. **Tanjungisui:** Penginapan Beringin. **Melak:** Penginapan Bahagia, Losmen Mulia. **Longiram:** Losmen Longiram, Penginapan Sukarasa.

Westkalimantan

In der überwiegend aus sumpfigem Tiefland bestehenden Provinz Westkalimantan (146 760 km^2) leben rund 3,2 Mill. Menschen, was einer Bevölkerungsdichte von 22 Einw./km^2 entspricht. Der überdurchschnittlich hohe Anteil chinesischstämmiger Indonesier an der Provinzbevölkerung spiegelt sich nicht nur im Erscheinungsbild der größeren Städte wider, sondern auch in der Religionsstatistik. Nur 50 % der Bewohner Westkalimantans hängen dem Islam an, die andere Hälfte bekennt sich vorwiegend zum Protestantismus und Katholizismus oder zu buddhistisch-taoistischen Glaubensrichtungen.

In den 60er Jahren galt dieser Teil von Kalimantan als der ›Wilde Westen‹ Indonesiens. Im Herbst 1963 kam es im Grenzgebiet zum malaysischen Sarawak infolge der Konfrontationspolitik Sukarnos (vgl. S. 103) zu militärischen Aktionen der indonesischen Streitkräfte gegen den Nachbarstaat. Noch lange nach den Ereignissen von 1965/66 war die obere Kapuas-Region ein berüchtigtes Operationsgebiet kommunistischer Rebellen. Die Wirtschaft Westkalimantans basiert heute in erster Linie auf der Produktion von Naturkautschuk sowie auf der Holzerzeugung und -verwertung.

Pontianak

Das direkt am Äquator gelegene Pontianak ist nicht nur die Hauptstadt der Provinz Westkalimantan, sondern mit rund 400 000 Einwohnern auch die größte Stadt des indonesischen Teils von Borneo. Die von Chinesen dominierte Handelsstadt breitet sich am Zusammenfluß des Sungai Landak mit dem Sungai Kapuas Kecil aus. Der Sungai Kapuas Besar, mit 1065 km der längste Fluß Borneos, mündet etwa 20 km südlich der Stadt ins Südchinesische Meer. Die beiden Hauptsehenswürdigkeiten der von Kanälen durchzogenen Stadt liegen am nördlichen Ufer des Sungai Kapuas Kecil. Mit einem kleinen Motor- oder Ruderboot kann man sich von einer der Anlegestellen entlang der Jl. Sultan Muhammad über den breiten Strom direkt zur **Mesjid Sultan Abdurrahman,** der ältesten Moschee Pontianaks (1771), bringen lassen. Im gleichen Jahr wurde der ganz in der Nähe gelegene **Sultanspalast** *(Kraton Kadriah Kesultanan)* erbaut. Ein Flügel des sehenswerten Bauwerks beherbergt ein kleines Museum mit Memorabilien der Sultansfamilie. Einen ersten Einblick in Kunst und Kultur Westkalimantans gibt das **Museum Kalimantan Barat** in der Jl. A. Yani; Öffnungszeiten: Di–Do 8–14 Uhr, Fr 8–11 Uhr, Sa 8–13 Uhr, So 8–14 Uhr, Mo geschlossen. Sehenswert sind weiterhin verschiedene chinesische Tempel, z. B. der Dwi Dharma Bakti in der Jl. Tanjungpura und der Vihara Bodhisatva Karaniya Metta beim zentralen Markt Pasar Kapuas Indah.

Eine gut ausgebaute Küstenstraße verbindet Pontianak mit dem rund 150 km weiter nördlich gelegenen Handelsstädtchen **Singkawang,** das zu 80 % von Chinesen bewohnt wird. Südlich des Ortes erstreckt sich der 5 km lange Badestrand Pasir Panjang, an dem sich ein Freizeitpark *(Taman Rekreasi)* mit Hotel befindet. Sambas, weiter nordöstlich gelegen, ist bekannt für seine mit Goldfäden durchwirkten *Kain Sambas*-Textilien.

In Seipenyu zweigt von der Küstenstraße eine ins Inselinnere führende Landstraße ab. Um den Ort **Mandor** breitet sich ein 2000 ha großes Naturschutzgebiet gleichen Namens

Westkalimantan

aus. An seiner Peripherie liegen das Kriegerdenkmal Makam Juang Mandor sowie verschiedene Orchideengärten *(Kebun Anggrek)*, wo während der Regenzeit (Oktober–März) exotische Orchideen in voller Blüte stehen. 45 km östlich von Mandor steht bei dem Dorf Bahuman ein großes, traditionelles Dayak-Langhaus, in dem rund drei Dutzend Familien leben.

Praktische Hinweise

Unterkunft (allgemein recht hohes Preisniveau): *Dharma, Jl. Imam Bonjol 10, ✆ 4759; Fatimah Guest House, Jl. Fatimah 5, ✆ 2250 (einfach); New Equator Guest House, Jl. Tanjungpura 91, ✆ 2092 (AC-Zimmer); Orient, Jl. Tanjungpura, ✆ 2651; Pontianak City, Jl. Pak Kasih 44, ✆ 2495; Wijaya Kusuma, Jl. Musi, ✆ 2547 (zentral gelegen).

Verkehr: Anreise: täglich Flüge der Garuda u. a. ab Jakarta, Balikpapan und Batu Besar (Batam). Weitere Fluginformationen vgl. S. 544. Pontianak liegt auf der Route des PELNI-Schiffes KM Lawit (An- und Weiterreise von/nach Jakarta; vgl. S. 547).

Stadt- und Vorortverkehr: Auf festgelegten Routen pendeln Bemo. Ein wichtiges Terminal für den Stadtverkehr befindet sich beim zentralen Markt Pasar Inpres Cempaka in der Jl. Musi. Taxen findet man in der Nähe des

Gedung Kapuas Indah in der Jl. Musi. Sehr zahlreich vertreten im Ort sind Becak. Entlang der Jl. Sultan Muhammad viele Anlegestellen für kleine Passagierboote auf die andere Seite des Sungai Kapuas Kecil und Sungai Landak. Autofähre zum Stadtteil Siantan am nördlichen Landak-Ufer nahe Pasar Kapuas Indah.

Pontianak: Sehenswürdigkeiten: 1 Mesjid Sultan Abdurrahman 2 Sultanspalast 3 Museum Kalimantan Barat 4 Dwi Dharma Bakti-Tempel 5 Vihara Bodhisattva Karaniya Metta-Tempel 6 Pasar Kapuas Indah **Öffentliche Einrichtungen:** 7 Tourist Agency 8 Ausländerbehörde 9 Postamt 10 Bank Dagang Negara 11 Garuda 12 Bouraq 13 DAS 14 Flußhafen 15 PELNI 16 Busterminal 17 Bemoterminal 18 Taxistand **Hotels und Losmen:** 19 Hotel Dharma 20 New Equator Guest House 21 Orient Hotel 22 Pontianak City Hotel

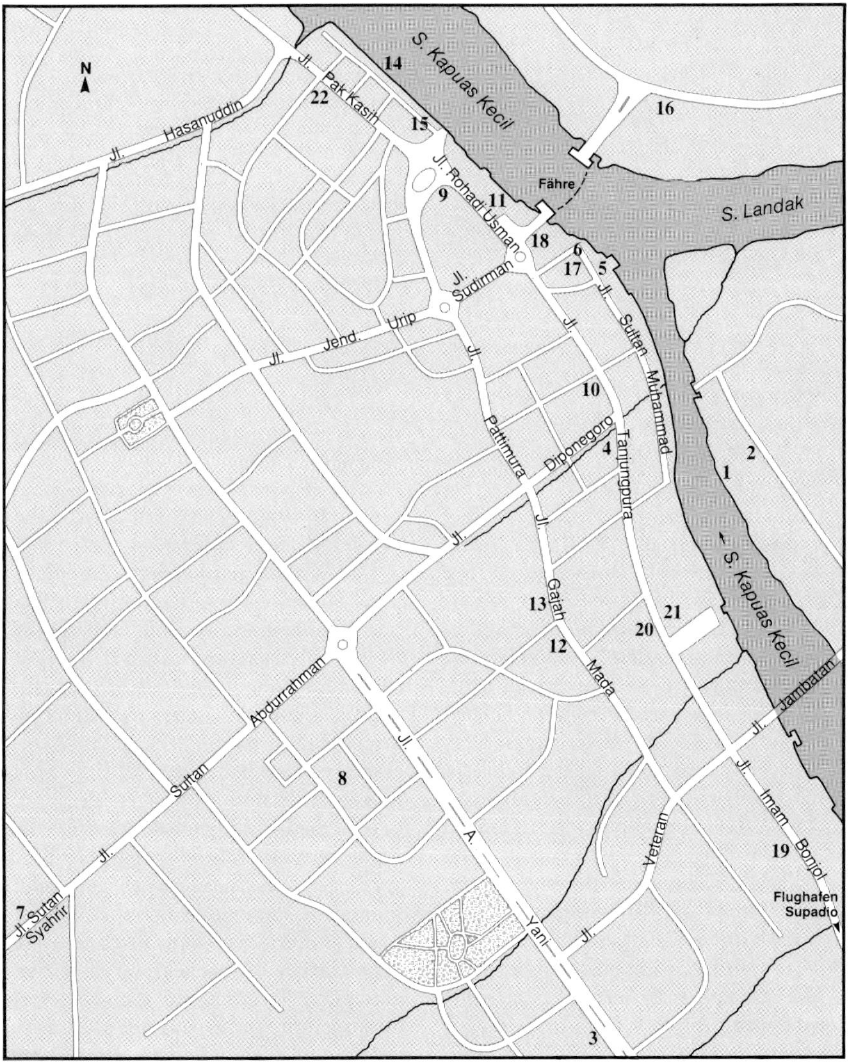

Fernverkehr: Flughafen Supadio 17 km südöstlich. Fluglinien: Garuda, Jl. Rohadi Usman 8 A, ✆ 34142; Bouraq, Jl. Gajah Mada 57, ✆ 2683; DAS, Jl. Gajah Mada 67, ✆ 583 (u. a. Flüge nach Ketapang, Sintang, Putussibau, Nanga Pinoh); Merpati, Jl. Ir. H. Juanda 50 A, ✆ 2332 (Fluginformationen s. o. ›Anreise‹ und vgl. S. 544).

PELNI-Büro, Jl. Pelabuhan 2, ✆ 2685 (Informationen zu PELNI-Schiffen vgl. S. 547). Von Pontianak aus fahren regelmäßig Flußschiffe den Kapuas aufwärts bis Sintang (458 km/mind. 2 Tage) und Putussibau (869 km/mind. 4 Tage); Abfahrt der Schiffe/Boote täglich (meist nachmittags) nahe dem Pasar Kapuas Indah, Jl. Musi. Reservierungen für Küstenschiffe nach Ketapang bei P. T. Karimata, Jl. Barito 1–3.

Das zentrale Busterminal liegt im Stadtteil Siantan auf der nördlichen Seite des Landak; ab hier u. a. Busse nach Singkawang (3 Std.), Sambas (5 Std.), Mandor (2 Std.), Sanggau (6 Std.) und Sintang (10 Std.).

Reiseagenturen: Asia Jaya Nusantara, Jl. Mahakam 11, ✆ 620; Insan Worldwide, Jl. Tanjungpura, ✆ 2841.

Restaurants: Corina, Jl. Tanjungpura 124 (chinesisch); Orient Hotel Restaurant, Jl. Tanjungpura (chinesisch, indonesisch); Paradiso, Jl.Tanjungpura 6 (chinesisch); Sahara, Jl. Tanjungpura 81 (Padang); Tahiti, Jl. Imam Bonjol 567–569 (chinesisch, indonesisch, europäisch).

Information und wichtige Adressen: Touristeninformation: Provincial Tourist Agency (Bapparda), Jl. Sutan Syahrir 21, ✆ 2323. **Ausländerbehörde:** Kantor Imigrasi, Jl. K. S. Tubun 11, ✆ 2242. **Banken:** Bank Dagang Negara, Jl. Tanjungpura 17; Safari Tanjungpura Jaya, Jl. Tanjungpura 12 (Geldwechsler).

Sulawesi

Zwischen Borneo und den Molukken gelegen, umfaßt Sulawesi mit einer Flächenausdehnung von 189035 km² rund 10 % des indonesischen Staatsgebietes. Die viertgrößte Insel des Archipels ist auch bekannt unter dem aus portugiesischer Zeit stammenden Namen Celebes. Offenbar waren die seefahrenden Portugiesen, die als erste Europäer die Küsten Sulawesis im 16. Jh. erreichten, mehrfach in Scharmützel mit den gefürchteten Piraten der Insel verwickelt gewesen und hatten sie deswegen ›Ponto dos Celebres‹ (›Ort der Berüchtigten‹) genannt. Der seit der Unabhängigkeit Indonesiens geläufige Name der Insel, Sulawesi, soll sich nach der Volksetymologie von *Sula Besi* (etwa ›Eisenschmieden‹) ableiten.

Die Wirtschaft basiert in erster Linie auf der Produktion landwirtschaftlicher Exportgüter (Kopra, Kaffee, Tabak, Gewürznelken u. a.) sowie auf der Ausbeutung von Bodenschätzen (Gold, Silber, Nickel, Eisen, Kupfer u. a.).

Ihrer Fauna und Flora nach bildet die Insel Sulawesi zusammen mit den Kleinen Sunda-Inseln eine Übergangszone zwischen Asien und Australien. Während die südliche und östliche Region deutlich von trockenerem Klima gezeichnet und häufig von Alang-Alang-Grassavannen bedeckt sind, findet man im zentralen und nördlichen Teil weite, geschlossene Regenwaldgebiete. Die Mischfauna ist relativ arm an Großsäugern, aber die erdgeschichtlich schon sehr frühe Trennung sowohl vom asiatischen als auch vom australischen Kontinent führte zur Entwicklung einer faszinierenden Tierwelt mit einigen Arten, die sonst nirgendwo auf der Welt anzutreffen sind. Zu den endemischen Tierarten gehören u. a. der Wildzwergbüffel *(Anoa)*, der Hirscheber *(Babirusa)* mit seinen charakteristischen Hauern, die ihm aus dem Oberkiefer wachsen, der stummelschwänzige Schwarze Makake sowie der *Maleo*, ein Vogel, der seine Eier von der Sonnen- oder der vulkanischen Erdwärme ausbrüten läßt.

Der Heterogenität der geologischen Formation Sulawesis, der Vielfalt der Landschaftstypen dieser Insel, entspricht die Mannigfaltigkeit des Völkerbildes. In der über 13 Mill. Menschen zählenden Bevölkerung spiegeln sich die verschiedenen Einwanderungswellen, die den indonesischen Archipel erreicht haben, wider. Bei den ältesten Bewohnern Sulawesis, den erst zu Beginn unseres Jahrhunderts von Schweizer Forschungsreisenden im Südwesten der Insel entdeckten weddiden Toala, war noch bis vor wenigen Jahrzehnten eine mesolithische Jäger- und Sammlerkultur lebendig. Inzwischen ist diese kleine Restgruppe der prähistorischen Urbevölkerung unter dem Einfluß der Bugis zum Ackerbau übergegangen. Als wichtigste Vertreter der Völker, die während der protomalaiischen Invasion auf die Insel gelangten, sind neben den Toraja die islamisierten Gorontalo und die christianisierten Minahasa auf der Nordhalbinsel zu nennen. Während die im gebirgigen Innern des südlichen, östlichen und zentralen Sulawesi siedelnden, kulturell verwandten Stammesgruppen, die man unter dem Sammelbegriff Toraja zusammenfaßt, ihre traditionellen Lebensformen zumindest teilweise bewahrt haben, sind von der ursprünglichen Kultur der nördlichen Altvölker kaum noch Elemente erhalten. Zu den Jungmalaien gehören die islamisierten Bugis (auch Buginesen genannt) und die mit ihnen nahe verwandten Makassaren auf der Südwesthalbinsel, die beide früher zu den aktivsten Seefahrervölkern Ostindiens zählten. Darüber hinaus besitzt Sulawesi noch weitere Volksstämme, die infolge geographischer Abgeschiedenheit und schlechter infrastruktureller Erschließung viele ihrer charakteristischen Eigenheiten bewahren konnten.

Zeugnis von dem weit in prähistorische Zeiten zurückreichenden Zivilisationsprozeß Sulawesis legen neben neolithischen Funden vor allem Höhlenzeichnungen ab, die man unweit von Ujung Pandang entdeckte und deren Alter man auf rund 5000–10000 Jahre schätzt. Den frühen Einfluß von Hochkulturen belegen auf Südsulawesi gefundene buddhistische Bronzestatuen, die in das 5. Jh. nach der Zeitenwende datieren. Die beiden südlichen Halbinseln gehörten im 14. und 15. Jh. zur Machtsphäre des ostjavanischen Majapahit-Reiches. Während der Norden bereits ab Mitte des 16. Jhs. den moslemischen Sultanen von Ternate untertan war, kam der Süden erst im Laufe des 17. Jhs. unter islamische Herrschaft, allerdings hatte es schon zuvor intensive Handelsbeziehungen der südsulawesischen Königreiche mit den islamischen Küstenfürstentümern des nördlichen Java gegeben. Aufgrund seiner zentralen und strategisch günstigen Lage zwischen Java und den ostindonesischen Gewürzinseln waren auf Sulawesi schon lange vor Ankunft der ersten europäischen Kolonisatoren einige bedeutende Hafenstädte, wichtige Drehscheiben für die Handelsbeziehungen innerhalb der indonesischen Inselwelt, entstanden. In diesen kosmopolitischen Umschlagplätzen wickelten Seekaufleute aus Arabien, China, Indien, Siam und Java ihre Handels- und Tauschgeschäfte ab. Angelockt von den Reichtümern des Ostens, landeten die Portugiesen erstmals um die Mitte des 16. Jhs. auf Sulawesi und gründeten befestigte Handelsstützpunkte. Den Lusitanen folgten 1625 die Holländer, denen es gegen Mitte des 17. Jhs. nicht nur gelang, die europäischen Konkurrenten von der Insel zu vertreiben, sondern auch, nach langen und erbitterten Kämpfen, das mächtige islamische Fürstentum Makassar unter Sultan Hasanuddin zu unterwerfen. Die Vormachtstellung der Niederländer aber beschränkte sich zunächst auf die küstennahen Gebiete, erst zu Beginn unseres Jahrhunderts hatten sie die ganze Insel politisch und militärisch unter ihre Kontrolle gebracht. Als Celebes unter dem nun offiziellen Namen Sulawesi im Jahre 1949 in den indonesischen Staatsverband integriert wurde, flammten auf der Insel von separatistischen Moslems geschürte Unruhen auf. Es dauerte fast zwei Jahrzehnte, bis diese Autonomiebestrebungen von der Zentralregierung in Jakarta unterdrückt werden konnten.

Praktische Hinweise Sulawesi

An- und Weiterreise: Flugzeug: Sulawesis wichtigste Eingangstore, Ujung Pandang und Manado, sind an das innerindonesische Flugnetz angeschlossen und werden von den Gesellschaften Garuda, Bouraq und Merpati sowie von Mandala angeflogen. Eine wenig bekannte, aber interessante Flugverbindung unterhält die Bouraq zwischen Manado und Balikpapan in Ostkalimantan sowie die Merpati zwischen Ujung Pandang und Maumere auf Flores (weitere Informationen vgl. ›Reisen in Indonesien: ...mit dem Flugzeug‹, S. 544).

Schiff: Aufgrund der Lage im Zentrum des indonesischen Archipels wird Sulawesi von verschiedenen PELNI-Schiffen angelaufen; Verbindungen bestehen von/nach Java, Kalimantan, Lombok, Sumbawa, Ambon, Ternate sowie Irian Jaya (vgl. ›Reisen in Indonesien: ...mit dem Schiff‹, S. 547). Kleinere Passagierschiffe pendeln regelmäßig zwischen den Städten Pare Pare und Palu und Ostkalimantan (Balikpapan, Samarinda und Tarakan). Reguläre Schiffsverbindungen bestehen zudem zwischen Manado und Ternate (Nordmolukken). Unerschrockene (männliche) Reisende könnten stilvoll mit einem der traditionellen Makassar-Frachtensegler an- oder weiterreisen; Kontaktmöglichkeiten mit den Kapitänen bieten sich in den Häfen von Jakarta, Surabaya und Ujung Pandang.

Beachten Sie die Zeitverschiebung (plus eine Stunde) zwischen Java und Sulawesi!

Reisen auf Sulawesi: Auf Sulawesi sind bislang nur der Süden mit dem Toraja-Land sowie die Nordprovinz mit ihren berühmten Tauchrevieren touristisch und verkehrsmäßig erschlossen. Alle anderen Inselregionen sind nach wie vor eine von ausländischen Reisenden nur selten besuchte touristische ›terra incognita‹, die zu bereisen viel Zeit und Anpassungsfähigkeit erfordert. Die Hochsaison in Tanah Toraja, der wichtigsten Destination des Fremdenverkehrs, fällt in die Trockenmonate Juni–August, doch konzentrieren sich die (Pauschal-)Touristen für gewöhnlich auf eine Handvoll Orte rund um Rantepao.

Flugzeug: Sulawesi ist von einem engmaschigen Flugstreckennetz überzogen (vorwiegend Bouraq und Merpati); völlig unproblematisch ist es vor allem, von einer Provinzhauptstadt zur anderen zu gelangen. Zu entlegenen Orten der östlichen Regionen verkehren häufig nur Maschinen der Missionary Aviation Fellowship (MAF); falls unter den, vorrangig für Mitarbeiter von Missionsgesellschaften reservierten, Plätzen welche frei sein sollten, nimmt man gegen Bezahlung für gewöhnlich auch Touristen mit (weitere Fluginformationen vgl. S. 544).

Schiff: Schiffsverbindungen bestehen zwischen Watampone (Südsulawesi) und Kolaka (Südostsulawesi) sowie zwischen Poso (Zentralsulawesi) und Gorontalo (Nordsulawesi). Es verkehren regelmäßig Küstenschiffe zwischen Palu und Toli Toli (beide Zentralsulawesi) und Manado (Nordsulawesi).

Straßenverkehr: Es existiert mittlerweile eine durchgehende Straßenverbindung zwischen Ujung Pandang und Manado, allerdings sind verschiedene Abschnitte nur außerhalb der Regenzeit (und dann häufig nur mit Geländewagen) passierbar. Besonders problematisch sind die Streckenabschnitte zwischen Wotu (an der Bucht von Bone) und Pendolo (am Poso-See) sowie zwischen Palu und Gorontalo; letzterer eine Route, deren Bewältigung auch in der Trockenzeit mehrere Tage dauern kann.

Südsulawesi

Südsulawesi *(Sulawesi Selatan;* Abk.: *Sulsel),* mit 72781 km² die flächenmäßig größte und mit rund 7,1 Mill. Einwohnern auch die bevölkerungsreichste der vier Inselprovinzen, umfaßt die gesamte südwestliche Halbinsel und weite Teile des gebirgigen Zentrallandes sowie die der Südspitze vorgelagerte Insel Salayar. Administrativ gehört auch das ethnologisch und landschaftlich außerordentlich reizvolle Toraja-Land *(Tanah Toraja;* Abk.: *Tator)* zur Provinz Südsulawesi, die seit einigen Jahren zu den beliebtesten Reisezielen Indonesiens zählt.

Zwischen dem 13. und dem frühen 17. Jh. existierten im Gebiet des heutigen Südsulawesi mehrere kleine, aber mächtige Königreiche, die überwiegend unter der Kontrolle der jungmalaiischen Bugis und Makassaren standen. Schon lange vor Gründung ihrer zentralen Königreiche Bone, Wajo und Soppeng hatten die seefahrenden Bugis politische und wirtschaftliche Kontakte zu Herrscher-Dynastien in der gesamten malaiischen Inselwelt geknüpft. Obwohl ethnisch und kulturell miteinander verwandt, bekriegten sich die Bugis und Makassaren jahrhundertelang. Zu Beginn des 17. Jhs. entwickelte sich das von Makassaren beherrschte Königreich von Gowa zu einem wichtigen Stützpunkt der Gegner der holländischen Ostindiencompagnie. Zur Einflußsphäre der islamischen Gowa-Könige, deren Macht vorwiegend auf dem Handel mit Gewürzen beruhte, gehörten die Kleinen Sunda-Inseln Lombok und Sumbawa ebenso wie weite Teile Borneos und der Molukken. Nach wiederholten Handelsblockaden und blutigen Belagerungen gelang es den Niederländern im Jahre 1666 mit Unterstützung wichtiger Bugis-Herrscher, ihren erbittertsten Widersacher, Sultan Hasanuddin von Gowa, der heute noch als Nationalheld verehrt wird, zu unterwerfen. In Anerkennung ihrer Hilfe wurden die Bugis von den Holländern mit einer weitaus größeren Bewegungsfreiheit, als anderen indonesischen Volksgruppen damals erlaubt war, belohnt.

Noch in nicht allzu ferner Vergangenheit galten die Bugis als ein ebenso kühnes Seefahrer- wie berüchtigtes Piratenvolk. Vermutlich schon in sehr frühen Zeiten erreichten sie mit ihren hochseetüchtigen *Pinisi*-Schonern (vgl. S. 150) die Nordküste Australiens, wo sie in der Sprache der dortigen Eingeborenen Spuren hinterlassen haben. Später machten sie als Sklavenhändler die ganze Java- und Sunda-See unsicher und drangen auf ihren Beutezügen über die größeren Flüsse regelmäßig bis tief in das Innere von Borneo und Sumatra ein. Im 18. und 19. Jh. waren die Bugis die eigentliche herrschende Macht im westlichen Teil der Inselwelt; von ihren Sultanaten auf der Malaiischen Halbinsel und auf dem Riau-Archipel bedrohten sie sogar die holländische Garnison in Malakka. In zwei Dingen sind sich die Bugis, deren Siedlungen man an den Küsten fast aller indonesischer Inseln finden kann, bis auf den heutigen Tag treu geblieben: in ihrer handwerklichen Virtuosität als Schiffsbauer und in ihrem Geschick als Händler. Mit ihren sturmerprobten, zweimastigen Frachtenseglern, die heute noch nach Urväterbrauch zusammengezimmert werden und wie Liebhaberstücke längst vergangener Windjammertage wirken (Farbabb. 3), besorgen sie noch immer einen großen Teil des interinsularen Transports im indonesischen Archipel.

Ujung Pandang

Die mit rund 1,1 Mill. Einwohnern sechstgrößte Stadt Indonesiens ist nicht nur das vitale wirtschaftliche und politische Zentrum Sulawesis, sondern auch der bedeutendste Verkehrsknotenpunkt zwischen dem westlichen und dem östlichen Teil

Südsulawesi

des Inselstaates. Bereits vor Beginn der europäischen Kolonisation war die Stadt unter ihrem alten Namen Makassar ein wichtiger Handelshafen und ein bedeutendes islamisches Zentrum, das sich gegen Ende des 16. Jhs. rasch ausbreitete. Die hier residierenden Könige von Gowa bemächtigten sich eines wesentlichen Teils des östlichen Gewürzhandels, bis sie sich 1666 den Niederländern unterwerfen mußten. Aber auch unter europäischer Herrschaft war Makassar jahrhundertelang eine der wichtigsten merkantilen Drehscheiben zwischen den ostindonesischen Inseln der Molukken und Kontinentalasien. Ihren heutigen Namen erhielt die Handelsmetropole erst nach der Unabhängigkeit Indonesiens.

An die Blütezeit des alten Makassar erinnert heute nur noch wenig. Wie in den meisten bedeutenden Städten Indonesiens hat die Moderne auch in Ujung Pandang ihre tristen Einheitsblöcke, zumeist Verwaltungsgebäude, ins Bild gestreut. Eines der wenigen sichtbaren Zeugnisse der bewegten Vergangenheit ist das **Fort Rotterdam** *(Benteng Ujung Pandang),* das sich als Wahrzeichen der Stadt unmittelbar am Meer erhebt. Das massive, 1545 errichtete Bollwerk war ursprünglich nur eine von elf Befestigungsanlagen des alten Königreiches von Gowa. Nach der Eroberung Makassars durch die Holländer wurde die Bastion von Admiral Cornelius Speelman in Fort Rotterdam umbenannt und nach europäischen Vorstellungen zum steinernen Symbol für die Vormachtstellung der VOC im östlichen Teil der indonesischen Inselwelt umgestaltet. Nach umfangreichen Restaurierungsarbeiten präsentiert sich Fort Rotterdam heute wieder nahezu vollständig in alter Größe und Pracht. Die holländischen Kolonialgebäude innerhalb der Festungsmauern beherbergen derzeit das Nationalarchiv, das historisch-archäologische Institut, das Konservatorium für Tanz und Musik sowie das Museum La Galigo mit einer sehenswerten Sammlung von Chinaporzellan, historischen Dokumenten und Münzen, traditionellen Trachten und alten Musikinstrumenten u. v. a.; Öffnungszeiten: Di–Do 8–13.30 Uhr, Fr 8–10.30 Uhr, Sa und So 8–12 Uhr, Mo geschlossen. Die Festung selbst ist täglich bis 16 Uhr geöffnet. Im Kerker des Fort Rotterdam wurde auch einer der bekanntesten indonesischen Nationalhelden, *Pangeran* (›Prinz‹) Diponegoro (1785–1855), von den Kolonialherren 28 Jahre lang gefangengehalten. Als einer der führenden Vertreter der javanischen Aristokratie hatte der charismatische Prinz während des Java-Krieges (1825–30) einen Volksaufstand gegen die Kolonialmacht angeführt und mit seiner Guerillataktik die Holländer in arge Bedrängnis gebracht. Nach Friedensverhandlungen wurde er 1830 festgenommen und in die Verbannung nach Makassar geschickt. Heute noch gilt Prinz Diponegoro als ein Symbol des nationalen Selbstbewußtseins und sein schlichtes Grabmal in der nach ihm benannten Straße (nordöstlich des Fort Rotterdam) ist immer noch Pilgerziel zahlreicher patriotischer Indonesier.

Lohnenswert ist auch der Abstecher zu dem ca. 3–4 km nördlich des Fort Rotterdam gelegenen **Pelabuhan Paotere,** dem malerischen und an vielen Stellen herzerfrischend unordentlichen alten Hafen, wo die berühmten *Pinisi*-Schoner der Bugis vor Anker gehen, um ihre Ladung zu löschen und neue Fracht aufzunehmen.

Neben der Besichtigung verschiedener sehenswerter chinesischer Tempel (z. B. an den Kreuzungen Jl. Sulawesi/Jl. Bali und Jl. Sulawesi/Jl. Serui Sama) lohnt sich auch ein Besuch im Privatmuseum des Holländers C. L. Bundt in der Jl. Mochtar Lufti 15. Hier befindet sich neben einer umfangreichen Muschelsammlung eine der berühmtesten Orchideenzuchten Indonesiens. Der engagierte

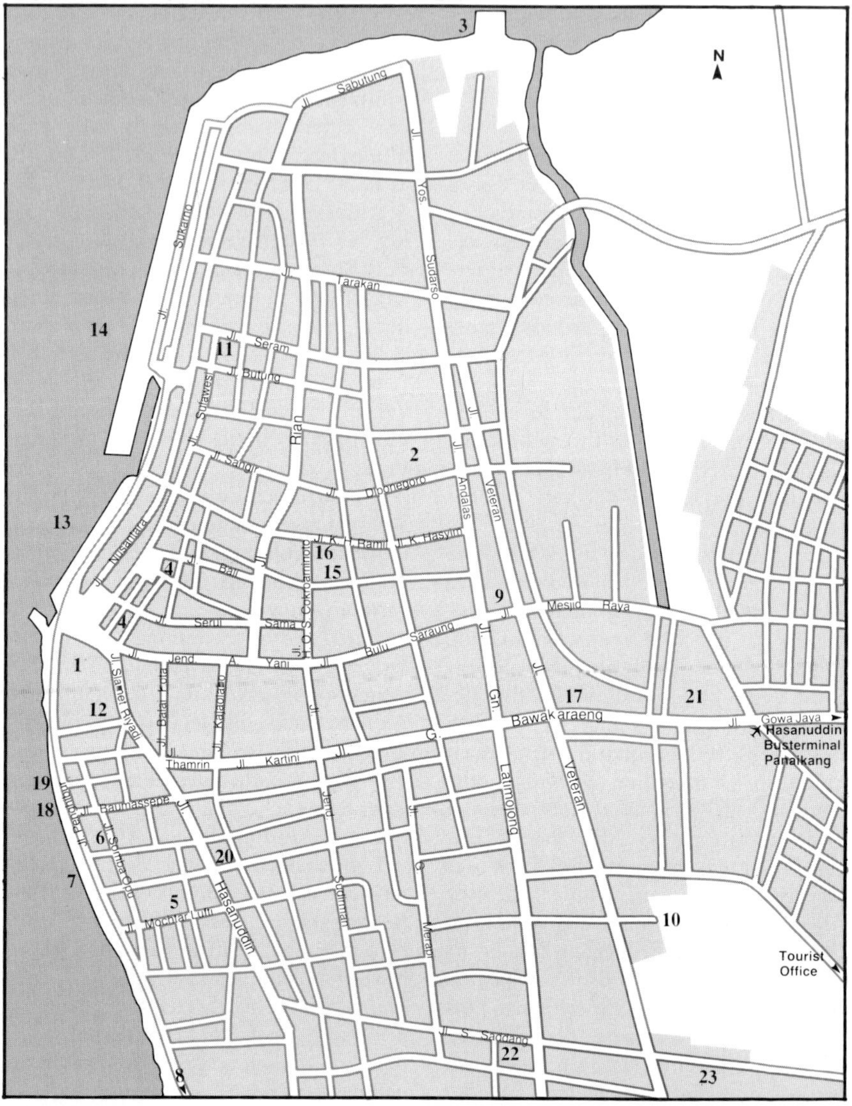

Ujung Pandang: Sehenswürdigkeiten: 1 Fort Rotterdam und Museum La Galigo 2 Grabmal von Prinz Diponegoro 3 Paotere-Hafen 4 Chinesischer Tempel 5 Muschelsammlung und Orchideengarten 6 Einkaufsstraße Jl. Somba Opu 7 Uferpromenade Pantai Losari 8 Pasar Ikan (Fischmarkt) 9 Mesjid Raya 10 Taman Hiburan Rakyat (Volkspark) **Öffentliche Einrichtungen:** 11 Ausländerbehörde 12 Postamt 13 Seehafen Hatta 14 Seehafen Sukarno 15 Bus- und Bemoterminal für den Stadt- und Nahverkehr 16 Zentralmarkt 17 Supermarkt **Hotels und Losmen:** 18 Makassar Golden Hotel 19 Pantai Losari Indah Hotel 20 Marannu City Hotel 21 Hotel Ramayana 22 Losmen Alaska 23 Pondok Wisata Bontocinde holländische Orchideenzüchter exportiert von Ujung Pandang aus seine bizarren Blumenschönheiten in alle Welt.

Nach einem Bummel am späten Nachmittag durch die Jl. Somba Opu, die wichtigste Einkaufsstraße der Stadt mit zahlreichen Souvenirläden und den Werkstätten von Goldschmieden, versäume man auf gar keinen Fall den wunderschönen Sonnenuntergang über der Bucht von Makassar. Der beste Platz, um dieses Naturschauspiel zu beobachten, ist die Uferpromenade entlang der Jl. Penghibur, auch Pantai Losari genannt.

Praktische Hinweise

Unterkunft (allgemein recht hohes Preisniveau): **Hotels höherer Kategorien:** ****Makassar Golden, Jl. Pasar Ikan 52, ✆ 22208; ****Marannu City, Jl. Hasanuddin 3–5, ✆ 21470; ***Raodah, Jl. Khairil Anwar 28, ✆ 7055. **Mittlere Hotels:** *Kenari Pantai, Jl. Somba Opu 283, ✆ 82183 (gutes Mittelklassehotel in zentraler Lage); *Pantai Losari Indah, Jl. Pasar Ikan 8, ✆ 4363 (zentral gelegen); *Pasanggrahan Beach Hotel, Jl. Somba Opu 279, ✆ 82616; *Ramayana, Jl. G. Bawakaraeng 121, ✆ 22165. **Nicht klassifizierte Hotels und Pensionen:** Alaska, Jl. S. Saddang 52, ✆ 83424; Benteng, Jl. Ujung Pandang 8, ✆ 22172 (zentral gelegen); Marannu, Jl. G. Bulukunyi 19, ✆ 81919 (AC-Zimmer; nicht zu verwechseln mit dem teuren Marannu City Hotel); Nusantara, Jl. Sarappo 103, ✆ 3163 (einfach); Oriental, Jl. Monginsidi 38 (einfach); Pondok Wisata Bontocinde, Jl. S. Saddang 66, ✆ 81229 (ruhig gelegen).

Verkehr: Anreise: täglich (mehrere) Flüge der Garuda u. a. ab Jakarta, Surabaya, Denpasar, Ambon und Manado; der Bouraq u. a. ab Balikpapan (via Palu) und Manado; der Merpati u. a. ab Jakarta, Yogyakarta, Surabaya, Balikpapan, Ambon und Maumere (Flores); der Mandala u. a. ab Jakarta (via Surabaya) und Ambon (weitere Fluginformationen vgl. S. 544).

Ujung Pandang liegt auf der Route verschiedener PELNI-Schiffe (An- und Weiterreise u. a. von/nach Jakarta, Surabaya, Lembar auf Lombok, Bima auf Sumbawa, Balikpapan, Ambon, Ternate und Jayapura in Irian Jaya; vgl. auch S. 547).

Stadt- und Vorortverkehr: Auf festgelegten innerstädtischen Routen pendeln Bemo (hier Petepete genannt) und Doppeldeckerbusse. Ein wichtiges Bemo- und Busterminal für den Stadt- und Vorortverkehr befindet sich in der Jl. Cokroaminoto (nahe Zentralmarkt); ab hier auch Bemo zum Flughafen. Taxen (auch für Ausflüge in die nähere Umgebung) erhält man über Vermittlung von Hotels und Reisebüros. Zahlreich vertreten sind Becak.

Fernverkehr: Flughafen Hasanuddin 20 km nördlich (Bemo an der ca. 500 m vom Terminal entfernten Hauptstraße ins Zentrum). Fluglinien: Garuda, Jl. Slamet Riyadi 5, ✆ 22804; Bouraq, Jl. Cokroaminoto 7 C, ✆ 22253; Merpati, Jl. Bawakaraeng 109, ✆ 4114; Mandala, Jl. Irian 2 F, ✆ 21289. Merpati fliegt mehrmals wöchentlich nach Rantepao im Toraja-Land (weitere Fluginformationen s. o. ›Anreise‹ und vgl. S. 544).

PELNI-Büro, Jl. Martadinata 38, ✆ 7961 (Informationen zu PELNI-Schiffen vgl. S. 547). Von Ujung Pandang aus fahren gelegentlich Passagier- und Frachtschiffe nach Ostkalimantan (Balikpapan, Samarinda und Tarakan); Auskunft: PPSS, Jl. Martadinata 57, ✆ 7474; Samudera, Jl. Pasar Ikan 1, ✆ 6673.

Das zentrale Terminal für Fernbusse Panaikang befindet sich in der Jl. Bulu Saraung nördlich der Stadt (Richtung Flughafen); ab hier Busse in alle Hauptrichtungen (Anfahrt: Petepete oder Doppeldeckerbus ab Zentralterminal, Jl. Cokroaminoto). Busse nach Rantepao im Toraja-Land fahren meist bei den Büros der einzelnen Gesellschaften ab. Abfahrt für gewöhnlich frühmorgens und abends (Fahrzeit ca. 8–10 Std./328 km); vor allem in der Hauptsaison ist eine rechtzeitige Reservierung sehr sinnvoll. Buslinien: Liman Express, Jl. Laiya 25, ✆ 5851; Alam Indah, Jl. Diponegoro, ✆ 4937; Damri, Jl. Latimojong 21, ✆ 4226; Litha, Jl. Gunung Merapi, ✆ 4847; Satra, Jl. Veteran 127, ✆ 81367. Minibusse nach Watampone (Fähre nach Südostsulawesi) setzen folgende Gesellschaften ein: Haji Kalla, Jl. Andalas 33–35, ✆ 4225; MPS, Jl. Martadinata 142.

Reiseagenturen: Limbunan, Jl. Bawakaraeng 16 A, ✆ 21710; Mattappa, Jl. Pattimura 16–18, ✆ 3993; Pacto, Jl. Sudirman 56, ✆ 83208; Ramayana, Jl. Bawakaraeng 121, ✆ 22165.

Restaurants: Ujung Pandang ist bekannt für schmackhafte Fischgerichte; an erster Stelle steht *Ikan Bakar*, ein Seefisch, der über Holzkohlenfeuer gegrillt und mit roten Pfefferschoten serviert wird. Eine weitere lokale Delikatesse ist *Soto Makassar*, eine scharfe Suppe aus Wasserbüffel-Eingeweiden. Gegen Abend werden an der Strandpromenade Pantai Losari Dutzende mobiler Garküchen und Straßenrestaurants aufgebaut; hier wird in der Regel gutes Essen serviert, auch wenn die Hygiene nicht unbedingt mitteleuropäischem Standard entspricht. In der Jl. Penghibur am Pantai Losari gibt es auch eine ganze Reihe kleiner Restaurants (oft als *Kios* bezeichnet), die vorwiegend Fischgerichte im Programm haben (z. B. Kios Bali und Kios Semerang). Nachstehend aufgelistete Restaurants bieten indonesische und chinesische Gerichte sowie Fischspezialitäten: Asia Baru, Jl. Salahutu 2; Bambooden, Jl. Latimojong 35; Garden, Jl. Bulukunyi 3 A; Losari Beach, Jl. Penghibur 3 B/C; Malabar, Jl. Sulawesi 290; Ria Indah, Jl. Ujung Pandang 2.

Einkauf: Handgewebte *Sarong* aus Naturseide, Filigranschmuck aus Silber, Toraja-Holzschnitzereien und Webarbeiten sowie andere kunstgewerbliche Produkte aus ganz Sulawesi bieten folgende Läden an: Asdar, Jl. Somba Opu 199; Kanebo, Jl. Somba Opu/Jl. Pattimura; Keradjinan, Jl. Somba Opu; Mutiara, Jl. Somba Opu 117 A. Souvenirläden findet man auch im Obergeschoß des Pasar Inpres Kampung Baru in der Jl. Pattimura. Muscheln und Schnecken kauft man am besten bei C. L. Bundt, Jl. Mochtar Lufti 15. Interessant ist die Besichtigung einer Fabrik, wo Seiden-*Sarong* hergestellt werden, z. B. in der Jl. Onta 408. Buchläden: Bhakti, Jl. A. Yani; Gunung Mulia, Jl. Balaikota 1 A.

Information und wichtige Adressen: Touristeninformation: South Sulawesi Regional Tourist Office, Jl. Pangeran Andi Petta Rani, ✆ 21142 (ca. 4 km nördlich des Zentrums; Anfahrt: Petepete Nr. 6 oder Doppeldeckerbus 301, 302 und 303 vom zentralen Terminal in der Jl. Cokroaminoto). **Ausländerbehörde:** Kantor Imigrasi, Jl. Seram 2, ✆ 5439. **Post und Telefon:** Hauptpostamt, Jl. Slamet Riyadi 10; Telefonamt, Jl. Balaikota 2. **Banken:** Bank Bumi Daya, Jl. Nusantara 72; Bank Rakyat Indonesia, Jl. Slamet Riyadi. **Gesundheit:** Rumah Sakit Umum Stella Maris, Jl. Somba Opu 369.

Ausflüge in die Umgebung von Ujung Pandang

Sungguminasa (11 km südlich von Ujung Pandang; Anfahrt: Petepete ab Terminal Pa'baeng-baeng in Jl. Sultan Alauddin): Dieser unscheinbare Ort war einst der Mittelpunkt des mächtigen Reiches von Gowa. Der ehemalige Palast beherbergt heute das Museum Balla Lompoa, in dem neben Waffen und königlichen Kleidungsstücken auch die Krönungsinsignien der Gowa-Dynastie ausgestellt sind; Öffnungszeiten: Mo–Do 8–14 Uhr, Fr 8–11 Uhr, Sa 8–12.30 Uhr, So geschlossen. In der Nähe von Sungguminasa befinden sich außerdem die Grabmale der Gowa-Könige, darunter das des berühmten Sultans Hasanuddin (1629–70). Vor den Mauern des Königsfriedhofs steht der legendenumrankte Tomanurung-Stein, auf dem die Herrscher von Gowa einst gekrönt wurden. Nach der Volksmythologie ist der Stammesvater der Gowa-Dynastie von göttlichem Ursprung und hat auf diesem Stein zum ersten Mal die Erde betreten.

Pulau Khayangan und andere Inseln in der Bucht von Makassar (reguläre Boote zur Khayangan-Insel ab Anlegestelle gegenüber Fort Rotterdam; Fahrtdauer ca. 15 Min.; hier auch Charter von Motorbooten zu anderen Inseln): Pulau Khayangan ist mit ihren Gästebungalows und Restaurants ein beliebtes Ausflugsziel für die Stadtbevölkerung und vor allem an Wochenenden sehr überlaufen. Idyllischer sind die etwas weiter entfernten Inseln Barrang Lampo, Barrang Caddi und Kodingarengkeke, die alle drei weißsandige Badestrände besitzen und von Korallenriffen umsäumt sind. Nach Auskunft des regionalen Fremdenverkehrsamtes gibt es auf der nahe gelegenen Pulau Samalona Touristenunterkünfte.

Malino (71 km östlich von Ujung Pandang/Fahrzeit ca. 2 Std.; Anfahrt: Minibus ab dem zentralen Terminal in der Jl. Cokroaminoto oder ab Terminal Pa'baeng-baeng in der Jl. Sultan Alauddin; letzter Bus zurück nach Ujung Pandang gegen 15–16 Uhr): Mit seinem kühlen Klima bietet dieser rund 850 m über dem Meeresspiegel an den Hängen des Gunung Bawakaraeng gelegene und von lichten Pinienwäldern umgebene Bergort die be-

Schiffswerft bei Tanah Beru

ste Möglichkeit, der feuchten Hitze der Küstenniederungen zu entfliehen. Ein lohnenswerter Spaziergang führt von Malino aus, vorbei an kunstvollen Reisterrassenanlagen, zum Air Terjun Takapala, einem Wasserfall, der ca. 5 km weiter südlich aus 50 m Höhe in eine halbmondförmige Schlucht stürzt (Unterkunft: Penginapan Pasangrahan, am Ortseingang; mehrere Privatunterkünfte).

Bantimurung (45 km nordöstlich von Ujung Pandang; Anfahrt: Minibus ab Zentralterminal, eventuell in Maros umsteigen): In der Nähe dieses Ortes erwartet den Besucher eine höchst eindrucksvolle Landschaft aus bizarr erodierten, von Dschungel überwucherten Kalksteinformationen, sogenannten Turm- oder Kegelkarsten. Den hier angelegten Naturpark durchzieht ein schmaler Fußweg, der schon nach wenigen hundert Metern zu einem kaskadenartigen Wasserfall führt. Folgt man dem Pfad flußaufwärts, so gelangt man nach einer Viertelstunde zu einem kleinen, türkisgrün schillernden See, in den sich ein zweiter Wasserfall ergießt. Die den See umrahmenden Kalksteinklippen sind von zahlreichen Felsgrotten durchsetzt; gegen ein kleines Entgelt stellen sich Jugendliche aus den Nachbardörfern als Höhlenführer zur Verfügung. Eine weitere Attraktion dieser Urwaldschlucht sind Myriaden farbenprächtiger, exotischer Schmetterlinge (Unterkunft: Losmen Bantimurung beim Parkeingang; sehr schön gelegen, aber während der Woche recht karges Angebot an Verpflegung. Penginapan Jenetaesa, zwischen Bantimurung und Parkeingang). Etwa auf halbem Weg zwischen Maros und Bantimurung zweigt in Desa Pakalu eine zu den Leang-Leang-Höhlen führende Straße ab (ca. 5 km; Bemo nahe der Polizeistation an der Brücke). In einer dieser vermutlich im Mesolithikum von frühen Einwanderern bewohnten Felsgrotten, der Gua Pettae, hat man erst vor wenigen Jahrzehnten Höhlenmalereien (Wildtiere und Handabdrucke) entdeckt, deren Alter auf 5000–10 000 Jahre geschätzt wird.

Fahrt an die Südspitze von Südsulawesi (Minibusse nach Banta Eng und Bulukumba ab Terminal Pasar Kalimbu, Jl. Veteran oder Terminal Pa'baeng-baeng, Jl. Sultan Alauddin): 20 km südlich von Ujung Pandang erstreckt sich bei Baronbong der Badestrand Pasir Putih (keine Unterkünfte), 74 km südöstlich befindet sich der Strandpark Birta Ria (ebenfalls keine Unterkünfte). Bei Bangkala, westlich von Banta Eng, passiert man Salinen, in denen durch Verdunstung von Meerwasser Salz gewonnen wird. Zwischen Banta Eng, Bulukumba und Bira sind die Strände zumeist grausandig und steinig, also wenig einladend. Was die Weiterfahrt dennoch interessant macht, sind die kleinen Werften entlang der

Südküste, wo man seit vielen Generationen nach einer altüberlieferten Konstruktionsmethode, ohne Pläne und mit denkbar einfachen Hilfsmitteln, die dickbauchigen *Pinisi*-Schoner baut. In mühsamer Handarbeit werden die salzwasserbeständigen Eisenholzplanken für den Schiffsrumpf aus mächtigen Baumstämmen herausgesägt und später nicht mit Metallstiften, sondern ausschließlich mit Holzzapfen miteinander verbunden. Das Zentrum der buginesischen Schiffbauindustrie ist das Städtchen Tanah Beru, etwa auf halbem Weg zwischen Bulukumba und Bira. Ca. 1 km westlich von Bira trifft man auf einen herrlichen, weißen Sandstrand, allerdings gibt es auch hier bislang noch keine Übernachtungsmöglichkeiten. Von Bira aus verkehrt täglich ein Passagierschiff nach Batangmata auf der vorgelagerten Insel Salayar. Sehr lohnend ist der etwa halbstündige Spaziergang von Bira zum Aussichtspunkt Puncak Bira, von wo aus sich ein grandioser Panoramablick bietet. Eine kurvenreiche Straße führt von Bulukumba in nördlicher Richtung durch eine reizvolle Landschaft nach Sinjai. Die recht abenteuerliche Gebirgsstrecke zwischen Sinjai und Malino wird nur sehr sporadisch von öffentlichen Verkehrsmitteln befahren.

Praktische Hinweise

Unterkunft: Banta Eng: Penginapan Himalaya, Wisma Ahriani, Wisma Maliling. **Bulukumba:** Penginapan Sinar Fajar, Jl. H. A. Sulthan 29; Penginapan Sinar Jaya, Jl. Sawerigading 4. **Benteng (Salayar):** Losmen Berlian, Losmen Harmita. **Sinjai:** Wisma Sanrego, Jl. Hasanuddin 37.

Von Ujung Pandang ins Land der Toraja

Verschiedene Wege führen von Ujung Pandang nach Tanah Toraja bzw. Tator. Die ›klassische‹ Reiseroute verläuft entlang der Westküste über Pare Pare und Enrekang nach Makale und weiter nach Rantepao. **Pare Pare,** die zweitgrößte Stadt Südsulawesis, übertraf einst als Seehafen sogar noch das alte Makassar, wurde jedoch mittlerweile wirtschaftlich schon längst von Ujung Pandang überflügelt. Von Pare Pare aus verkehren heute regelmäßig Passagierschiffe und *Pinisi*-Frachtensegler nach Ostkalimantan.

Eine nur von wenigen Reisenden genutzte Alternativroute führt von Ujung Pandang aus zunächst nach Watampone an der Ostküste, dann in nördlicher Richtung über Sengkang nach Palopo und von dort aus schließlich nach Rantepao. Landschaftlich außerordentlich abwechslungsreich (Reisterrassen, Kegelkarste u. a.) ist die 170 km lange Fahrt von Ujung Pandang nach **Watampone,** dem einstigen Mittelpunkt des buginesischen Königreiches von Bone. Das kleine Stadtmuseum Lapawawoi birgt neben historischen Dokumenten und Erinnerungsstücken die Krönungsinsignien der Bone-Könige; Öffnungszeiten: Mo–Do 8–13 Uhr, Fr 8–11 Uhr, Sa 8–12 Uhr, So geschlossen. Watampones Hafen ist Ausgangspunkt für Fährfahrten nach Kolaka auf der südöstlichen Halbinsel.

34 km nordwestlich von Watampone, nahe dem Ort Uloe, liegt **Goa Mampu,** die größte Tropfsteingrotte Südsulawesis, deren legendenumrankte Stalagmiten und Stalaktiten Menschen und Tieren ähneln. Der Ort **Sengkang** am Tempe-See ist das Zentrum der südsulawesischen Seidenproduktion und -weberei. Auf der wegen ihrer schroffen Abgründe und spektakulären Ausblicke atemberaubenden Gebirgsstraße zwischen der wenig attraktiven Hafenstadt Palopo und Rantepao verkehren regelmäßig Minibusse.

Praktische Hinweise

Unterkunft: Pare Pare: Hotel Gandaria, Jl. Bau Massepe 171; Hotel Kartika, Jl. Lompobattang 110; Hotel Tanty, Jl. Hasanuddin. **Watampone:** Wisma Mario Pulana, Jl. Kawerang 16; Wisma Rio Rita, Jl. Kawerang 4. **Sengkang:** Hotel Al Salam, Jl. Sentosa 27. **Palopo:** Hotel Palopo, Jl. Kelapa 11; Losmen Marlia, Jl. Diponegoro 25; Losmen Risma, Jl. Andi Jemma 14.

Exkurs: Die Toraja

Neben den Batak auf Sumatra und den Dayak auf Borneo zählen die Toraja zu den bedeutendsten protomalaiischen Altvölkern Indonesiens. Zwischen 2500–1500 v. u. Z. aus dem südchinesischen Raum eingewandert, siedelten die Toraja wahrscheinlich zuerst an der Küste und wurden von später eintreffenden jungmalaiischen Stämmen, die ihnen zivilisatorisch und kriegerisch überlegen waren, ins Bergland der Insel abgedrängt. Der Begriff *To-ri-aja* entstammt dem Idiom der in den Küstenniederungen Südsulawesis lebenden Bugis und bedeutet ›Menschen im Inneren‹. Obwohl gleichen ethnischen Ursprungs, bilden die schätzungsweise 500 000–600 000 Toraja keine sprachliche und kulturelle Einheit. Ethnologen unterscheiden zwischen einer Ost-, West- und Südgruppe, von denen jede wiederum in Dutzende von Unterstämmen zerfällt. Das Siedlungsgebiet der Ost-Toraja erstreckt sich um den auf Zentralsulawesi gelegenen Poso-See, das der West-Toraja zwischen der Bucht von Tomini und der Makassar-Straße.

Der 3600 km^2 umfassende Verwaltungsbezirk Tanah Toraja ist die Heimat der rund 300 000 Süd- oder Sadang-Toraja, benannt nach dem Fluß, der ihr Kernland durchfließt. Noch Ende des vergangenen Jahrhunderts gab es zwischen einzelnen Stammesgruppen der Toraja häufig kriegerische Auseinandersetzungen. Erst als die Holländer zu Beginn unseres Jahrhunderts sich daran machten, auch das Toraja-Land unter ihre Hegemonie zu bringen, schlossen sie sich angesichts der drohenden Gefahr einer Unterwerfung zum gemeinsamen Widerstand gegen die Invasoren zusammen. Vergeblich – 1906 war Tanah Toraja erobert, und die Niederländer begannen mit dem Aufbau ihrer Kolonialverwaltung. Obwohl die militärische Eroberung und die wenige Jahre später einsetzende christliche Missionierung der eigenständigen Toraja-Kultur ein Ende bereiteten, haben sich die sozialen und religiösen Traditionen dieses Volkes in ihren Grundzügen bis heute kaum verändert.

Früher legten die Toraja ihre festungsartigen Dörfer aus strategischen Gründen auf schwer zugänglichen Hügelkuppen an. Nach der Unterwerfung durch die Holländer wurden sie gezwungen, sich in Tälern und Ebenen niederzulassen. Doch nach wie vor ist das Dorf die traditionelle Siedlungsform der Toraja; im Distrikt Tator gibt es außer dem Verwaltungszentrum Makale und dem Marktflecken Rantepao keine größeren Ortschaften. Ebenso wie ihre Vorfahren leben die Toraja heute noch vorwiegend von der Landwirtschaft, insbesondere vom Naßreisanbau auf terrassierten Feldern, gelegentlich auch von der Kultivierung von Kaffee. Große Bedeutung kommt der Viehzucht zu, allerdings werden Schweine und Wasserbüffel in erster Linie als rituelle Opfertiere und nicht als Fleisch- und Nutztiere gehalten. In ihnen spiegelt sich überdies der Sozialstatus und der Wohlstand des Besitzers wider.

Im Dorf als Fundament der Toraja-Gemeinschaft hat sich bis zum heutigen Tag eine feudalistische Sozialstruktur erhalten. Noch immer beruht die streng hierarchisch gegliederte und vom Kastendenken geprägte Gesellschaftsordnung auf der strikten Unterscheidung zwischen Besitzenden und Besitzlosen. Von alters her existieren drei soziale Klassen: 1. Der Adel (bei manchen Toraja-Stämmen untergliedert in Hochadel und mittleren Adel; *Tokapua*); diesen Feudalherren, die teilweise noch heute den (inoffiziellen) Titel ›König‹ *(Puang)* tragen, und ihren Familien (ca. 5 % der Bevölkerung) gehört der größte Teil des Grund und Bodens. 2. Das einfache freie Volk *(Tomakaka;* ca. 25 %), die Beamten und Händler sowie die Kleinbauern mit etwas Landbesitz. 3. Die Besitzlosen *(Tobuda;* ca. 70 %); dies sind die ehemaligen Sklaven, die sich heute noch, dem Adel verpflichtet, als landlose Tagelöhner, also quasi Leibeigene, verdingen müssen und den Großteil der Arbeitslast zu tragen haben. Noch zu Beginn unseres Jahrhunderts gab es auf Sulawesi florierende Sklavenmärkte, auf denen die

Leibeigenen nach Belieben verkauft und vertauscht werden konnten. Dieser gewachsenen sozialen Rangordnung kommt, mehr noch als im Alltagsleben, bei den Begräbniszeremonien eine besonders große Bedeutung zu. Auch wenn in der Gegenwart das Toraja-Land fest in die moderne indonesische Verwaltungsstruktur integriert ist, so besitzen die Toraja-Fürsten trotzdem noch umfassende, wenn auch lokal begrenzte Machtbefugnisse, die auf dem strengen Gewohnheitsrecht *(Adat)* basieren. Nur Mitglieder der Adelsschicht können innerhalb der Dorfgemeinschaft Führerpositionen *(Ambe' Tondok)* einnehmen.

Im Gefolge der holländischen Kolonialtruppen waren um die Jahrhundertwende die ersten christlichen Missionare ins Land der Toraja gekommen. In nur wenigen Jahrzehnten gelang es ihnen, etwa die Hälfte der Toraja für den Christengott abzuwerben. Die Protestanten waren auf diesem ›Kreuzzug‹ ganz besonders erfolgreich: Rund 40 % der Toraja bekennen sich zum evangelischen, lediglich 10 % zum römisch-katholischen Glauben. Etwa 50 % der Toraja setzen dem Eifer der Missionare weiterhin ihr ungebrochenes Traditionsbewußtsein entgegen und hängen auch heute noch der altüberlieferten Religion der Vorväter, Aluk Todolo, an. Ganz abgeschworen haben aber auch die christianisierten Toraja dem kultischen Erbe und den alten Bräuchen noch nicht. Gerade beim Totenkult mit seinen blutigen Tieropfern, der bei den Toraja seit jeher eine zentrale Rolle spielt, sind die Grenzen zwischen den im Toraja-Land praktizierten Religionen fließend. Aber auch viele andere Rituale, beispielsweise Fruchtbarkeitszeremonien und Erntedankfeste, die ursprünglich der alten Religion entstammen, wurden im Laufe der Zeit von den Missionaren übernommen und in die christliche Glaubenswelt integriert.

Toraja-Büffelopfer bei Rantepao

Ähnlich dem hindu-balinesischen Glauben beruht die alte Aluk Todolo-Religion der Toraja auf der Vorstellung, daß jegliche diesseitige und jenseitige Existenz der Dualität, der Wechselwirkung gegensätzlicher Kräfte, zuzuschreiben sei. Die Toraja unterteilen das Universum in eine Ober- und eine Unterwelt, in denen übernatürliche Wesen, gute und böse Geister, leben. Zwar kennen die animistischen Glaubensvorstellungen der Toraja auch einen allmächtigen und allgegenwärtigen Schöpfergott (Puang Matua), doch wird das Leben der Menschen in erster Linie von jenen guten und bösen Geistern (Dewata und Bombo) beherrscht, wobei sich in den die Natur beseelenden Dewata die zu Gottheiten gewordenen Ahnen offenbaren. Ihnen müssen ständig, ebenso wie den unheilbringenden Bombo, nach vorgeschriebenen Regeln Opfergaben dargebracht werden.

Ihrem Grundcharakter nach ist die alte Toraja-Religion eine Verehrung der vergöttlichten Ahnen, die sich mit Elementen des Animismus, also dem Glauben an die Beseelung der Umwelt, vermengt. Nicht nur alle Menschen, sondern auch alle Tiere und Pflanzen besitzen eine Lebenskraft bzw. Seelenenergie; besonders viel Substanz konzentriert sich im Büffel und im Reis, den beiden mythischen Brüdern des ersten, von Puang Matua geschaffenen Menschen. In der Vorstellung, daß auch das menschliche Haupt ein hohes Maß an Seelenkraft birgt und daß diese von einem Getöteten auf den Sieger übergehen kann, wurzelte auch die einst von allen Toraja-Stämmen praktizierte rituelle Kopfjagd, die hier allerdings eine geringere kultische und soziale Bedeutung gehabt hat als bei den Batak und Dayak. Kern des alten Toraja-Glaubens ist die Überzeugung vom Weiterleben aller Menschen und Tiere nach dem Tode. Nach dem Ableben verläßt die Seele den Körper und begibt sich auf die Reise nach Puya, in das Reich der Toten. Diese jenseitige Welt ist nicht das Paradies, sondern eine Art von Abbild des Diesseits. Befreit von der körperlichen Hülle setzt die Seele des Verstorbenen in Puya ihr irdisches Dasein fort. Damit die Ahnen nichts entbehren, was ihnen auf dieser Welt gehört hat, und damit sie die Geschicke der Nachfahren wohlwollend lenken, müssen die Toraja ihren Toten rituelle Opfer darbringen. Ausgehend vom Glauben, daß die Seelen der geopferten Schweine und Büffel (die ja hienieden Wertmesser des gesellschaftlichen Prestiges sind) den Toten nach Puya begleiten und ihm auch dort zu Rang und Geltung verhelfen, muß bei der Begräbniszeremonie eine der sozialen Stellung des Toten adäquate Anzahl von Tieren geopfert werden. Noch in nicht allzu ferner Vergangenheit hatten einem verstorbenen Toraja-Adeligen nicht nur Dutzende von Wasserbüffeln und Hunderte von Schweinen in den Tod nachzufolgen, sondern außerdem mehrere Sklaven, um ihrem Herrn auch im Jenseits zu Diensten stehen zu können. Demzufolge bestehen in Puya die Klassenschranken ebenfalls weiter; der arme Bauer bleibt auch im Jenseits, was er auf Erden war, und der Feudalherr bleibt Feudalherr.

Die Totenseele kann aber erst dann ins Jenseits eingehen, wenn den nach dem *Adat* streng festgelegten Totenritualen genüge getan ist. Werden die erforderlichen Zeremonien vernachlässigt, so muß die Seele des Verstorbenen rastlos umherirren und kann dabei die Harmonie des Lebens der Hinterbliebenen empfindlich stören. Aus diesem Grund nehmen im religiösen wie sozialen Leben der Toraja aufwendige Bestattungszeremonien *(Rambu Solo)* einen ganz besonderen Stellenwert ein. In diesen Totenfeiern, die dem Sozialstatus des Verstorbenen gemäß nach genau vorgeschriebenen Regeln abgehalten werden müssen, spiegelt sich die soziale Hierarchie der Toraja am deutlichsten wider. Allein den Angehörigen des Hochadels gebührt das höchste Totenritual, die meist mit unvorstellbarem Aufwand durchgeführte Dirapai-Zeremonie.Nicht wenige Toraja haben diese ungeheure Reichtümer verschlingenden Totenfeiern in den Ruin getrieben. Während sich die Bestattung eines armen Tagelöhners in aller Stille vollzieht, haben die Totenfeierlichkeiten für einen verstorbenen Adeligen oft den Charakter eines Volksfestes, an dem Tausende von Menschen teilnehmen und mitunter bis zu 100 Büffel geschlachtet werden.

Vor den eigentlichen Begräbnisritualen, die erst nach dem Einbringen der Reisernte beginnen (gegen Ende August, Anfang September), wird der einbalsamierte und in handgewebte Decken gewickelte Tote oft monate- oder sogar jahrelang am südlichen Ende des Hauses seiner Familie aufgebahrt. Bei den Toraja gilt ein Verstorbener bis zu seiner Bestattung lediglich als ›krank‹; ihm werden beispielsweise von den Frauen, die die Totenwache abhalten, regelmäßig Mahlzeiten angeboten. Der endgültige Tod tritt erst mit Abschluß der Totenfeier ein. Die Vorbereitungen für eine große Begräbniszeremonie erfordern viel Zeit. Die Trauerfamilie muß sich über die Modalitäten des Festes einigen, Erbschaftsfragen müssen geklärt und Opferbüffel beschafft werden. Zu den Vorbereitungen gehört auch der Aufbau eines kompletten Dorfes aus Bambusrohr, in dem die zahlreichen Trauergäste während der Feierlichkeiten wohnen und das nach dem großen Ereignis für gewöhnlich wieder niedergerissen wird. Der öffentliche Teil der Beerdigungszeremonie findet meist auf einem besonderen Festplatz *(Rante)* statt. Hier erheben sich auch die Menhire, die dem Gedächtnis bedeutender Stammeshäuptlinge dienen und an die häufig die zum Opfer bestimmten Wasserbüffel angebunden werden.

Ebenso wie die Anzahl der Opfertiere ist auch der Ablauf und die Dauer des Totenrituals je nach Standeszugehörigkeit genau festgelegt. Am ersten Tag des Dirapai versammeln sich die schwarz gekleideten Angehörigen im Familienhaus *(Tongkonan).* Der Leichnam wird in neue Tücher gehüllt und in einen zylinderförmigen Holzsarg gebettet, den man schließlich auf einer bunt geschmückten Empore unter dem Dach des *Tongkonan* präsentiert. Häufig steht daneben ein hölzernes Abbild des Toten *(Tau Tau).* Der zweite Tag, der Empfangstag, ist der erste Höhepunkt der Zeremonie. Von überall her treffen nun die Trauergäste ein (Farbabb. 18) und ziehen in langer Reihe vor dem Sarg des Toten auf. Die Hinterbliebenen nehmen hier die Geschenke der Gäste entgegen: Wasserbüffel und Schweine, Hühner und Reisgarben sowie vor allem in langen Bambusröhren Unmengen von *Balok* (Palmwein; in anderen Teilen Indonesiens *Tuak* genannt). Es wird sorgfältig Buch geführt über die mitgebrachten Geschenke, denn diese ›Schulden‹ müssen eines Tages bei gleichem Anlaß wieder beglichen werden. Aber auch Regierungsbeamte sind anwesend, die sich eifrig Notizen machen. Jedes Totenfest muß bei der Bezirksverwaltung angemeldet werden und für jedes der Opfertiere sind Abgaben fällig (Rp. 5000 für ein Schwein, Rp. 25000 für einen Büffel). Mittlerweile hat man Dutzende von Schweinen zur Verpflegung der Gäste geschlachtet. Die darauffolgende Nacht verbringen die Anverwandten mit rhythmischen Gesängen und oftmals wilden Tänzen. Wichtiger Bestandteil ist das Ma'badong, ein Epos zu Ehren des Verstorbenen, bei dem Episoden aus seinem Leben besungen werden. Am Morgen des dritten Tages kulminiert die Begräbnisfeier in der rituellen Opferung der Wasserbüffel, wobei jedes der Tiere mit einem einzigen Schwertstreich (früher meist mit einem Lanzenstich) getötet werden muß. Unter den Opferbüffeln ist der *Tedong Bonga* mit seinem hellen, gescheckten Fell der schönste und wertvollste seiner Art. Diese bis zu 10000 DM teuren Tiere mit den blauen Augen werden eigens für das Opferritual aufgezogen und müssen nicht wie ihre Artgenossen in den Reisfeldern ackern. Sobald der *Pa'tinggoro,* der ›Büffeltöter‹, mit einem wuchtigen Hieb die Kehle des Büffels durchtrennt hat, stürzen kleine Jungen herbei und stoßen Bambusrohre in das klaffende Loch an der Gurgel, um möglichst viel Blut aufzufangen, das später für die Zubereitung des Festmahls benötigt wird. Durch den Genuß des Blutes glaubt man, sich die Kraft des Tieres aneignen zu können. Danach werden die Kadaver enthäutet, sachgerecht zerlegt und das Fleisch schließlich an die zahlreichen Festgäste verteilt. Die Reihenfolge bei der Fleischverteilung ist streng vom sozialen Rang der Beschenkten sowie auch vom Wert der eingebrachten Spende abhängig. Vor den Ritualopfern veranstaltet man bisweilen Büffelkämpfe, bei denen die Tiere aber meist vernünftig genug sind, den blutrünstigen Zuschauern nicht die Freude zu bereiten, sich gegenseitig die Hörner in den Leib zu rammen. Den Abschluß dieses wichtigsten Tages der Totenfeier (er wird *Tomate* genannt) bildet eine große Schlemmerei, bei der auch dem Palmwein ausgiebig zugesprochen wird. Da nach dem Glauben der Toraja das oftmals leidvolle irdische Dasein lediglich eine Vorbereitungsphase für das glücklichere Leben im Jenseits, in den Gefilden der Seligen, ist, stellt eine Begräbniszeremonie ganz und gar kein trauriges Ereignis dar. Mehr noch, der Tod gilt als der eigentliche Höhepunkt des Lebens.

Am letzten Tag der Dirapai-Zeremonie wird die hausähnliche Sargsänfte, ein mit herrlichen Ornamenten geschmückter Miniatur-*Tongkonan,*zur Begräbnisstätte gebracht. Unter wildem Schreien stoßen die Träger die Bahre immer wieder in die Höhe und ändern bei ihrem Totenzug ständig die Richtung – die bösen Geister sollen verwirrt werden, um der Seele des Verstorbenen nicht folgen zu können.

Die Toraja kennen vier Grabtypen bzw. Bestattungsarten: 1. Die Felsengräber *(Liang),* die in mühevoller Arbeit aus dem harten Gestein senkrecht abfallender Felswände gehauen werden. Von alters her sind diese künstlichen Steinkavernen, ebenso wie auch die natürlichen Karsthöhlen, als letzte Ruhestätte den Adligen vorbehalten. Diese zum Schutz vor Plünderung mit oftmals reich ornamentierten Holztüren verschlossenen Grabkammern bergen meist die Gebeine mehrerer Familienangehöriger. Die eigens für die Bestattung gebauten, wackeligen Bambusgerüste werden sofort nach der Beisetzung wieder entfernt. Den Transportschrein und meist auch den leeren Sarg läßt man für gewöhnlich am Fuße der Felswand stehen, wo sie im Laufe der Jahre vermodern. Neben den Grabkammern befinden sich in den Fels gemeißelte Nischen oder hölzerne Veranden für die *Tau Tau.* Diese bekleideten Holzfiguren, die oft realistische Züge tragen, sind keine Grabwächter mit einer Schutzfunktion, sondern Effigien, symbolische Abbilder der toten Ahnen, derer sich die Hinterbliebenen ständig erinnern sollen. Mit ihren ausgestreckten Armen und geöffneten Händen fordern sie ihrer Sippe beharrlich neue Opfergaben ab, die Voraussetzung für ein angemessenes Dasein in der jenseitigen Welt sind. Leider sind diese *Tau Tau* schon lange nicht mehr vor Grabschändern sicher, und die Lücken in den Ahnengalerien werden immer größer. 2. Die Bestattung in hölzernen Särgen *(Erong);* diese stellt man entweder, oft zu Dutzenden, in größeren Felsgrotten ab, oder man pflockt sie mittels Holzbalken in den Karstklippen fest. Viele dieser zweiteiligen, bootsförmigen Tröge sind im Laufe der Zeit aus ihren ›hängenden Gräbern‹ herabgestürzt. Heute bietet sich unterhalb solcher Begräbnisstätten oftmals eine makabere Szenerie aus Sargtrümmern sowie Totenschädeln und anderen Skelett-Teilen. 3. Die relativ modernen Grabhäuser aus Stein *(Patane),* die oft den traditionellen *Tongkonan* der Toraja ähneln. 4. Die Baumgräber für Kleinkinder *(Pasiliran);* dies sind ausgehöhlte Bäume, in denen Kinder, die starben, bevor sie ihre ersten Milchzähne bekommen hatten, bestattet werden. Angehörige der untersten Kaste werden entweder in der Erde verscharrt oder in eine Schlucht geworfen.

Neben den rituellen Bestattungszeremonien stellen die traditionellen Wohnbauten der Toraja-Aristokratie *(Tongkonan)* ein weiteres charakteristisches Merkmal der Kultur dieser protomalaiischen Volksgruppe dar. Mit ihren kühn geschwungenen Satteldächern gehören diese Häuser, die eine stilistische Verwandtschaft sowohl mit Haustypen auf Sumatra als auch auf Neuguinea zeigen, zu den Spitzenleistungen der indonesischen Holzbaukunst. Gewaltige, auf steinernen Sockeln ruhende eckige Holzpfeiler tragen das in drei Räume untergliederte, ohne einen einzigen Metallstift gebaute Wohnhaus, das von einem weit ausladenden Dach in Form eines Schiffsrumpfes überragt wird. Die ungewöhnliche Dachkonstruktion gibt, nach Meinung von Ethnologen, Hinweise auf die Herkunft der Toraja und deutet auf deren Vergangenheit als Seefahrer und Bootsbauer hin. Das mächtige vorspringende *Tongkonan*-Dach ist

Traditionelle ›Tongkonan‹ im Königsdorf Siguntu bei Rantepao

auf die großartige Giebelfront hin orientiert und stützt sich auf einen massiven, mit Schnitzwerk verzierten Mittelpfosten. An diesem werden als Symbole der Ahnenverehrung und als Insignien für Prestige und Wohlstand der Familie die Gehörne der geopferten Wasserbüffel aufgehängt (Farbabb. 14). Die traditionelle Dachbedekkung, mehrere Lagen aus gespaltenen Bambusröhren, deren Haltbarkeit beachtliche 50 Jahre beträgt, wird heute aus Kostengründen zunehmend von uniformem Wellblech (Haltbarkeit ca. 10–15 Jahre) abgelöst. Die immer nach Norden hin ausgerichtete Hauptfassade unter dem steil ansteigenden First ist mit geschnitzten und bemalten Ornamenten – meist rein geometrischen Mustern, aber auch stilisierten Menschen- und Tiermotiven – überreich verziert. Auch in der Art dieser Ornamentik spiegelt sich der soziale Stand der Hausbesitzer wider. Die vorherrschenden Farben haben ebenfalls einen symbolischen Charakter: Rot als die Farbe des Blutes und Weiß als die von Fleisch und Skelett symbolisieren das Leben, Schwarz steht für den Tod und Gelb für Sonne und Mond sowie für den Segen der Götter. Die Anlage eines *Tongkonan* folgt immer einer strengen Ausrichtung von Nord nach Süd. Nach der Toraja-Kosmologie ist der Norden die Sphäre des Lebens, der Süden die des Todes. Als Wohnsitz einer einflußreichen Adelssippe bildet ein *Tongkonan* stets den Mittelpunkt der sozialen und religiösen Aktivitäten einer Dorfgemeinschaft. Die Häuser von Angehörigen der unteren Schichten unterscheiden sich von den Sippenhäusern der Noblen durch eine wesentlich bescheidenere Bauweise und eine schlichtere Ausstattung. In größeren Dörfern erhebt sich gegenüber der Reihe der Wohnbauten die der Reisscheuern *(Alang)*. Auch die Dächer dieser reich ornamentierten Gebäude, die auf Rundpfählen ruhen und deren Vorderfronten nach Süden ausgerichtet sein müssen, wölben sich nach oben wie Bug und Heck eines Schiffes. Bei den Vorratsspeichern kommt in der Gestaltung der Schmuckornamente sowie in der Größe, Zahl und Höhe der tragenden Holzpfähle ebenfalls eine soziale Differenzierung der Besitzer zum Ausdruck.

Tanah Toraja – Das Land der Toraja

Als Hauptreiseziel Sulawesis ist der Bezirk Tator für den Tourismus recht gut erschlossen, wobei sich allerdings auch die negativen Auswirkungen des Fremdenverkehrs bereits deutlich bemerkbar machen. Neben Makale, der administrativen ›Hauptstadt‹ des Toraja-Landes, ist das Touristenzentrum Rantepao (ca. 25 000 Einw.) der bedeutendste Ort der Region. Außer dem lebhaften, alle sechs Tage stattfindenden Wochenmarkt (zugleich auch Büffel- und Schweinemarkt) hat Rantepao selbst keine nennenswerten Attraktionen zu bieten. Der kleinen, aber durchweg recht komfortablen Hotels und der ordentlichen Restaurants sowie der zentralen Lage wegen eignet sich das Städtchen gut als Ausgangspunkt für die Erkundung des Toraja-Landes. Fast alle der bedeutenderen Toraja-Dörfer sind, teils mit öffentlichen Verkehrsmitteln, teils zu Fuß, im Rahmen von Tagesausflügen leicht von Rantepao aus zu erreichen.

Ausflüge in die Umgebung von Rantepao

... in Richtung Süden

Londa (6 km; Bemo in Richtung Makale, dann ca. 2 km auf einer asphaltierten Stichstraße zu Fuß): In dieser wohl bekanntesten Begräbnisstätte der Sadang-Toraja, einem steilen, von tropischem

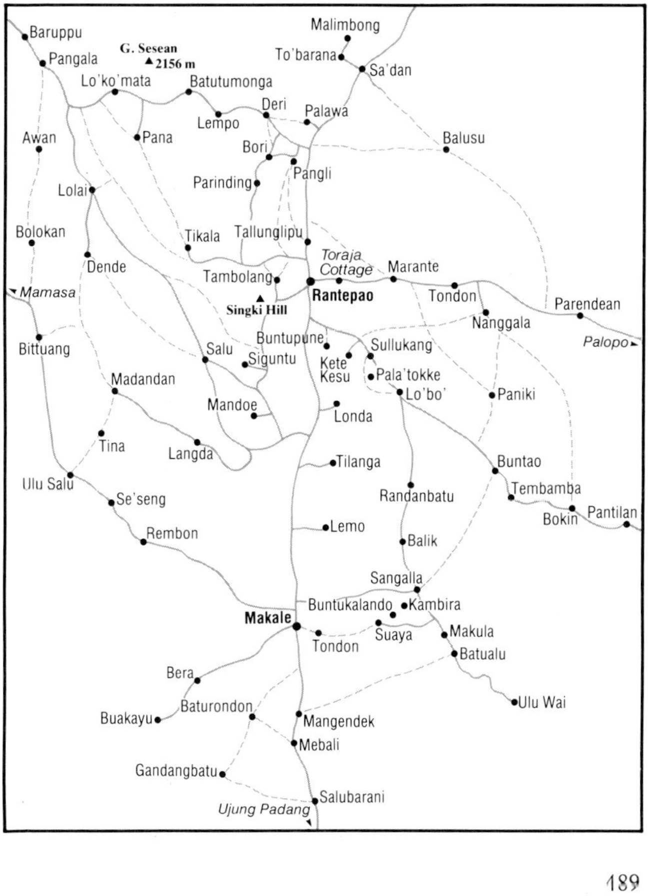

Tanah Toraja

Wildwuchs überwucherten Kalksteinfelsen, der sich am Rande eines malerischen Talkessels aus Reisterrassen erhebt, hat man die Verstorbenen auf zwei verschiedene Arten beigesetzt. In den beiden natürlichen und durch einen Stollen miteinander verbundenen Karstgrotten werden die Toten verschiedener Sippen in Holzsärgen *(Erong)* bestattet. Vereinzelt findet man hier auch künstliche Felsengräber *(Liang)*, in denen jeweils nur die Angehörigen eines bestimmten Klans beigesetzt sind. Vor den beiden Höhleneingängen stehen auf einer hölzernen Veranda dicht gedrängt die Ahnenfiguren *(Tau Tau)*. Daneben sind arg verwitterte Holzsärge, zwischen die man dekorativ Totenschädel plaziert hat, aufgestapelt. Mit Petroleumlampen ausgerüstete Jugendliche aus dem nahen Dorf stellen sich für interessierte Besucher als Höhlenführer zur Verfügung. Die besten Lichtverhältnisse zum Fotografieren herrschen hier am späten Nachmittag.

Tilanga (9 km; Bemo in Richtung Makale, dann ca. 3 km zu Fuß): In der Nähe dieses Dorfes befindet sich, romantisch in einen Bambushain eingebettet und von einem imposanten Felsmassiv überragt, ein kleiner Badesee, der von einer kühlen Quelle gespeist wird.

Lemo (12 km; Bemo in Richtung Makale, dann auf einer asphaltierten Stichstraße ca. 1 km zu Fuß): Hier findet man einen der eindrucksvollsten Bestattungsfelsen des Tanah Toraja – eine rund 40 m senkrecht abfallende Grabwand mit zahlreichen künstlichen Steinkavernen und Figurennischen. Die ältesten Grabkammern dieser Begräbnisstätte sollen aus dem 17. Jh. stammen. Leider fielen die meisten der ursprünglich angeblich 60 *Tau Tau*-Puppen in- und ausländischen Kulturvandalen zum Opfer, so daß die Galerie der Ahnen in Lemo bereits stark gelichtet ist. Beste Lichtverhältnisse: früher Vormittag (vor 10 Uhr!).

... in Richtung Südwesten

Singki Hill (1 km ab Rantepao-Zentrum): Ca. 200 m nach der Brücke über den Sungai Sadang, am südwestlichen Ortsrand von Rantepao, zweigt ein Fußweg ab, der, vorbei an modernen Grabhäusern und traditionellen Felsengräbern, auf den Gipfel dieses Berges führt. Ein kurzer, aber steiler Aufstieg, der mit einem herrlichen Panoramablick belohnt wird.

Siguntu (7 km; schöner Spaziergang entlang des Westufers des Sungai Sadang): Dieses traditionelle, auf einer Hügelkuppe gelegene und von Touristen kaum besuchte Königsdorf besitzt drei sehr sehenswerte, weit über 100 Jahre alte *Tongkonan* mit den dazugehörigen Reisspeichern. Eine ca. 500 m südlich von Siguntu bergwärts abzweigende Stichstraße führt nach Mandoe, einem weiteren typischen, aber relativ schlichten Toraja-Dorf. Wenn man etwa 1 km südlich von Siguntu den Sadang-Fluß auf einer Brücke überquert, gelangt man zur Hauptstraße Makale–Rantepao, wo man ein Bemo für die Rückfahrt stoppen kann.

... in Richtung Südosten

Buntupune (2 km; Bemo in Richtung Makale oder Kete Kesu, dann ca. 1000 m bzw. 300 m zu Fuß): Ein altes Toraja-Dorf mit zwei sehenswerten *Tongkonan* und sechs Reisspeichern. Auf einem Felsen oberhalb des Dorfes erhebt sich ein Grabmonument in *Tongkonan*-Form *(Patane)*. In der Felswand befinden sich Grabkavernen und ›hängende Gräber‹.

Kete Kesu (4 km; eventuell Direktbemo, ansonsten ab Hauptstraße Rantepao–Makale ca. 2 km zu Fuß): Die vier Sippenhäuser und zahlreichen Reisscheuern dieses Feudaldorfes wurden seit Beginn der 70er Jahre wiederholt restauriert und präsentieren sich heute in einem museal gepflegten Zustand. Einer der *Tongkonan* beherbergt ein Souvenirgeschäft, allerdings ist das Gebäude sehr

Reisscheuern im Feudaldorf Nanggala bei Rantepao

viel sehenswerter als die offerierten Artikel, die mit echter Volkskunst recht wenig gemein haben. Folgt man vom Dorfplatz aus einem Betonpfad, so kommt man nach ca. 200 m zu einer Begräbnishöhle mit Särgen und einer Felswand, in die man massive Holzbalken getrieben hat, auf denen mehrere trogartige Särge stehen.

Sullukang (6 km): Dieses alte Dorf besitzt einen großen Zeremonialplatz *(Rante)* mit Menhiren. Etwas außerhalb befinden sich auf einem überwucherten Felsvorsprung mehrere Holzsärge und sitzende *Tau Tau*-Puppen.

Pala'tokke (9 km ab Rantepao; ca. 2 km südlich der Hauptstraße Rantepao–Buntao): Der Weg zu diesen, auch *Mengke'pe'* genannten, Klippengräbern ist etwas schwer zu finden; am besten, man läßt sich, gegen ein kleines Trinkgeld, von einem Jugendlichen aus dem Dorf Lo'bo', wo der sich später häufig verästelnde Fußweg abzweigt, führen. Die ›hängenden Gräber‹ des mächtigen Kalksteinmassivs von Pala'tokke sind die ältesten ihrer Art im Toraja-Land. Am Fuß der Felswand bietet sich eine schaurig-schöne Szenerie aus herabgestürzten Holzsärgen sowie einer Unmenge von Schädeln und Knochen.

... in Richtung Osten

Marante (6 km; Bemo ab Jl. Pahlawan / Jl. Diponegoro): Diese typische Toraja-Siedlung liegt nur etwa 200 m abseits der nach Palopo führenden Hauptstraße. Der Bestattungsfelsen unterhalb des Dorfes ist übersät mit Grabkammern sowie Holzsärgen, die man in Felsnischen und -spalten abgestellt hat. In Tondon, einige Kilometer weiter östlich, erhebt sich als eine Art von steingewordenem Synkretismus eine protestantische Kirche, deren Turm vom Modell eines Toraja-Hauses gekrönt wird.

Nanggala (15 km): In diesem herrlich auf einem Plateau gelegenen Feudaldorf stehen einer leicht geschwungenen Reihe aus 14 prachtvollen Reisscheuern zwei Wohnbauten gegenüber, einer davon ein *Tongkonan.* Von Nanggala aus führt eine etwa dreistündige Wanderung durch eine gebirgige Landschaft, die zunächst geprägt ist von Reisterrassen, Bambushainen und lichten Nadelwäldern sowie später von ausgedehnten Kaffeeplantagen, nach Paniki. Weitere zwei Fußstunden sind es von dort nach Buntao, wo man ein Bemo für die Rückfahrt nach Rantepao findet.

... in Richtung Norden

(tagsüber laufend Bemo bis Pangli, Palawa und Sa'dan) **Tallunglipu** (1,5 km): In diesem ca. 500 m westlich der nach Pangli führenden Straße gelegenen Dorf steht ein großes Sippenhaus, an dessen Hauptfassade sich unter dem steil ansteigenden Giebelfirst ein Glaskasten mit den Schädeln zweier bei einer Bestattungszeremonie geopferter Sklaven befindet.

Pangli (7 km): Nahe dem Krankenhaus dieses größeren Ortes erstreckt sich ein Zeremonialplatz mit Megalithen, die vermutlich bereits um die Zeitenwende hier aufgestellt wurden. Unweit der Dorfkirche befindet sich vor einem Grabmal in *Tongkonan*-Form eine in einem Steinsessel sitzende steinerne Ahnenfigur, die an eine hochgestellte Persönlichkeit erinnert.

Palawa (9 km; ca. 700 m westlich der Hauptstraße Rantepao–Sa'dan): Wegen seiner außergewöhnlich schönen traditionellen *Adat*-Häuser steht dieses Toraja-Dorf im Programmangebot der lokalen Reiseveranstalter an exponierter Stelle. Die Hauptfassade eines der *Tongkonan,* die sich auf einer Seite des langgestreckten, rechteckigen Dorfplatzes gegenüber der Kette der Reisspeicher erheben, ist mit mehreren Dutzend Büffelgehörnen verziert.

Sa'dan (12 km): Sa'dan und das benachbarte Dorf To'barana gelten als die Zentren der Handwebkunst im Toraja-Land; man kann hier Frauen bei der Arbeit an einfachen Webstühlen beobachten.

... in Richtung Nordwesten

Ein sehr lohnenswerter Tagesausflug führt von Rantepao aus zum 26 km weiter nordwestlich an den südlichen Ausläufern des Gunung Sesean (2156 m) gelegenen Dorf **Lo'ko'mata.** Wegen der außergewöhnlich eindrucksvollen Landschaftsszenerien empfiehlt es sich, zumindest einige Abschnitte der Tour zu Fuß zurückzulegen. Eine andere Möglichkeit wäre, mit einem der zumindest in der Trockenzeit sporadisch verkehrenden Bemo die Bergstraße von Rantepao nach Lo'ko'mata hinaufzufahren (Abfahrt gegenüber Victoria Hotel, Jl. Pahlawan) und dann den ersten Teil der nachstehend beschriebenen Wanderung in entgegengesetzter Richtung durchzuführen.

Vom 7 km nördlich von Rantepao gelegenen Ort Pangli führt ein Fahrweg zum Dorf **Bori** (ca. 3 km), in dessen Nähe der imposante Zeremonialplatz Rante Kalimbuang mit ungewöhnlich großen Megalithen liegt. Ein stellenweise steil ansteigender Fußweg verbindet Bori mit dem ca. 5 km weiter nördlich gelegenen Dorf Deri. Versuchen Sie unbedingt, diesen an sehenswerten *Tongkonan* und kunstvollen Reisterrassenanlagen vorbeiführenden Pfad zu finden, und vermeiden Sie die Wanderung entlang der ›Hauptstraße‹, auf die Sie bei Deri wieder treffen. In **Lempo,** einem typischen Toraja-Ort (ca. 3 km westlich von Deri), wird die Fassade eines wunderschönen Sippenhauses von rund 100 Wasserbüffelhörnern geschmückt. **Batutumonga** (ca. 3 km westlich von Lempo) erreicht man über einen schmalen Fußpfad, der sich unterhalb der Landstraße durch Reisterrassen schlängelt. An klaren Ta-

Tau Tau-Holzfiguren in einer Grabwand nahe Suaya (bei Makale)

gen bietet sich von diesem Bergort aus ein spektakulärer Panoramablick über die weite Hochebene um Rantepao. Wer hier übernachten möchte, wende sich an den Lehrer Pak Anton. Die Landschaft zwischen Batutumonga und Lo'ko'mata gehört zu dem Schönsten, was Indonesien zu bieten hat: Reisterrassen steigen wie die Ränge eines Amphitheaters an den unteren Lagen des Gunung Sesean empor; verstreut über diese gewaltige Naturkulisse sind Tausende von meterhohen Findlingen – als ob Zyklopen Würfel gespielt hätten. Der riesige Bestattungsfelsen von Lo'ko'mata ist durchlöchert von den rechteckigen und quadratischen Nischen zahlreicher Grabkammern; ganz in der Nähe steht ein modernes *Patane*-Grabmal. Einige hundert Meter westlich von Batutumonga beginnt ein Fußweg, der über Pana (Dorf mit Felsengräbern und *Tau Tau*) nach Tikala führt (ca. 10–12 km); zwischen Tikala und Rantepao verkehren bis zum späten Nachmittag Minibusse.

... nach Makale und zu den historischen Stätten östlich von Makale: Makale ist das Verwaltungszentrum des Bezirks Tanah Toraja und überdies ein wichtiger Stützpunkt verschiedener ausländischer Missionsgesellschaften. Mit Ausnahme eines erlebenswerten Wochenmarktes ist die von Niederländern in den 20er Jahren angelegte Kleinstadt touristisch uninteressant. Aber nur einige hundert Meter östlich des Zentralmarktes stößt man bei Tondon auf Felsengräber und eine interessante *Tau Tau*-Galerie.

Eine der großartigsten Grabwände des Toraja-Landes ragt in der Nähe von **Suaya** (ca. 7 km östlich von Makale) auf. Auch die Wanderung zu diesem Felsenfriedhof lohnt die Mühe, denn sie führt durch eine reizvolle Landschaft, in der bizarre Kegelkarste mit anmutigen Reisfeldern kontrastieren. Der Bestattungsfelsen von Suaya zeichnet sich vor allem durch die hier noch komplett erhaltenen Ahnengalerien mit zahlreichen *Tau Tau*-Holzfiguren aus. Beachtung verdienen auch die am Fuße der Felswand unter einem Schutzdach aufgestellten reich ornamentierten Holzsärge, von denen zwei in der Form von knienden Wasserbüffeln gearbeitet sind. Beste Lichtverhältnisse herrschen hier am Vormittag.

Das Dorf **Buntukalando** (ca. 1,5 km östlich von Suaya) besitzt einen großen *Rante* mit merkwürdig geformten Megalithen. Am östlichen Ortsrand beherbergt ein ›königliches‹ Sippenhaus das Museum Buntukalando mit einer Sammlung von Toraja-Volkskunst sowie traditionellen Haushalts- und Arbeitsgeräten; Öffnungszeiten: täglich 7.30–17 Uhr. 1 km weiter nördlich steht in der Nähe des Dorfes Kambira inmitten eines dichten Bambushaines ein mächtiger Baum, in dessen ausgehöhltem Stamm sich Kindergräber *(Pasiliran)* befinden. Sangalla (12 km östlich von Makale; auch per Bemo zu erreichen) ist ein weitläufiges Dorf mit einigen interessanten *Tongkonan*. In Makula, noch einmal 3 km weiter östlich, laden Thermalquellen zum Baden ein.

Praktische Hinweise

Verkehr: An- und Weiterreise: Anreise von Ujung Pandang vgl. S. 482. Merpati bedient mehrmals wöchentlich die Strecke Ujung Pandang – Tator (das Flugfeld liegt ca. 10 km außerhalb von Rantepao). Merpati-Büro, Jl. Pongtiku 11, Lingkungan-Karassik, Rantepao, ✆ 38. Busse nach Ujung Pandang (Abfahrt für gewöhnlich gegen 7 Uhr und 19 Uhr): Liman Express, Jl. Pahlawan; Flora, Jl. Sesean 25; Satra, Jl. Diponegoro 14; Virgo, Jl. Landorundan 7 (bei Kreisverkehr an der Hauptstraße). Verschiedene Busgesellschaften fahren von Rantepao aus regelmäßig über Malili nach Soroako am Matana-See (ca. 290 km / Fahrzeit 7–8 Std.), z. B.: Amerlinda und Gamlut (beide Jl. Pahlawan / Jl. Pasar). Nur bei ausgesprochen günstigen Witterungsverhältnissen fahren Minibusse der Gesellschaft Erlin (Jl. Pahlawan / Jl. Pasar) von Rantepao nach Palu auf Zentralsulawesi (vgl. S. 496). Vor allem bei Fahrten nach Ujung Pandang empfiehlt sich eine rechtzeitige Vorausbuchung; man kann sich dann meist auch im Hotel abholen lassen.

Reisen im Toraja-Land: Die meisten Nahverkehr-Bemo fahren in der Nähe des Marktes oder beim markanten Kreisverkehr an der Jl. Pahlawan ab. Bis zum späten Nachmittag verkehren mehr oder weniger regelmäßig Bemo von Rantepao aus nach Makale, Palawa / Sa'dan, Buntao, Tikala und in Richtung Nanggala (v. v.). Es lohnt sich sehr, von den jeweiligen Abzweigungen an den Hauptstraßen aus zu den einzelnen Dörfern zu wandern. Da es nicht in allen Dörfern *Warung* gibt, sollte man etwas Proviant und Wasser mitnehmen. Die Toraja-Dörfer im Umkreis von ca. 20 km um Rantepao sind durchweg touristisch sehr überlaufen; man wird beispielsweise immer wieder von bettelnden Kindern bedrängt, die allem Anschein nach nur zwei Worte kennen: *Kasih Gula Gula*, was soviel heißt wie ›ich möchte Süßigkeiten‹. In den Hotels und Restaurants von Rantepao bieten zahlreiche Fremdenführer ihre Dienste an. Vor allem wenn man vorhat, (Bestattungs-) Zeremonien zu besuchen, kann ein englischsprechender einheimischer Führer sehr hilfreich sein. Das gleiche gilt für mehrtägige Trekkingtouren, z. B. nach Bituang und Mamasa. Führer kann man beispielsweise im Restaurant Rachmat, wo es auch gute Informationen gibt, kontakten. Hier läßt sich auch in Erfahrung bringen, wo man ein Motorrad oder einen Pkw mit Fahrer mieten kann.

Einige Verhaltenstips für Besuche von Toraja-Festen: Für gewöhnlich sind ausländische Besucher bei den berühmten Begräbniszeremonien der Toraja willkommen. Sehr empfehlenswert ist es, sich von einem einheimischen Führer der Trauerfamilie vorstellen zu lassen und einem der Hinterbliebenen als Zeichen der Anteilnahme an der Kollektivtrauer ein kleines Gastgeschenk zu überreichen (z. B. eine Stange Kretek-Zigaretten). Erwartet wird vom Besucher eine dem Ereignis angemessene Kleidung (lange Hose und

Hemd bzw. langer Rock und Bluse). Fotografieren ist in der Regel möglich, man sollte aber eine gewisse Sensibilität zeigen. Christliche Missionare übrigens beklagen, daß der zunehmende Tourismus in Tator zur Renaissance der traditionellen Totenrituale und anderer ›heidnischer‹ Zeremonien beigetragen hat.

Unterkunft: Rantepao: ***Toraja Cottage, Jl. Pakubalasara (ca. 3 km östlich an der Hauptstraße nach Palopo; sehr schönes Bungalowhotel mit Swimming-pool); **Misiliana, Jl. Pao (außerhalb in Richtung Makale); Barita, Jl. Landorundan (= Jl. Pasar) 57; Flora, Jl. Sesean 25 (einfach); Indra, Jl. Landorundan 63 (zentral gelegen); Maria, Jl. Dr. Ratulangi 48 (ruhig); Marlin, Jl. Pahlawan 35; Nirmala, Jl. Pahlawan 118; Victoria, Jl. Pahlawan 40 (einfach). **Makale** (alle aufgeführten Unterkünfte nördlich des Ortskerns, an der Straße nach Rantepao): Barana, Batupapan, Kartika, Martha, Merry, Puri Artha.

Restaurants (durchweg indonesische, chinesische und europäische Gerichte): Chez Dodeng, Jl. Pahlawan / Jl. Sesean; Flora, Jl. Sesean 25; Poppie's Coffee Shop (am südlichen Ortsende, etwas abseits der Hauptstraße; hier auch die sehr ruhige Pia's Pension); Rachmat, Jl. Pahlawan; Sulo, Jl. Dr. Ratulangi 66.

Sonstiges: Kunstgewerbliches bieten verschiedene Souvenirgeschäfte in der Jl. Pahlawan (nahe Zentralmarkt) an. Geldwechsel in der Bank Rakyat Indonesia in der Jl. Pahlawan oder bei den Geldwechslern nahe dem Rachmat Restaurant und dem Hotel Indra. Postamt in der Jl. Pahlawan (nahe Hotel Marlin). Krankenhaus Rumah Sakit Elim ebenfalls in der Jl. Pahlawan. In Tanah Toraja wird von ausländischen Besuchern eine ›Touristensteuer‹ (Rp. 2000; 1986) erhoben.

Vom Toraja-Land nach Zentralsulawesi

Die Fahrt von Tanah Toraja nach Zentralsulawesi sowie in den nordöstlichen Teil der Provinz Südsulawesi ist zwar landschaftlich reizvoll, aber wegen der vor allem bei widrigen Witterungsverhältnissen kaum kalkulierbaren Reisedauer nur Leuten mit entsprechend viel Zeit zu empfehlen. Von Rantepao aus windet sich eine kurvenreiche Straße durch eine herrliche Gebirgslandschaft nach **Palopo,** einer Hafenstadt an der Bucht von Bone ohne nennenswerte Sehenswürdigkeiten. In **Wotu,** einem uninteressanten Provinzstädtchen ca. 120 km nordöstlich von Palopo, gabelt sich die Landstraße: in nördlicher Richtung geht es durch das zentrale Gebirgsmassiv zum Poso-See, in östlicher zu den beiden Binnenseen Danau Matana und Danau Towuti.

Der rund 100 km lange Streckenabschnitt Wotu – Pendolo am Danau Poso ist sehr beschwerlich und kann nach anhaltenden Regenfällen auch von allradgetriebenen Geländefahrzeugen nicht mehr bewältigt werden. Bei günstigen klimatischen Bedingungen verkehren auf dieser Route, als eine Art von Kollektivtaxi, Toyota Landcruiser, die man aber in Wotu oder im 12 km weiter nördlich gelegenen Mangkutana auch für Sonderfahrten chartern kann. Während das erste und das letzte Wegviertel relativ harmlos sind, haben es die dazwischen liegenden 50 km der in endlosen Windungen durch den Bergurwald mäandernden ›Straße‹ in sich! Für die Strapazen aber entschädigen traumhafte Landschaftskulissen reichlich. Der erste Höhepunkt der Fahrt ist der Air Terjun Sungai Anoa, ein Katarakt des Anoa-Flusses, den man auf einer Brücke überquert. Etwa auf halbem Weg erreicht man die Paßhöhe Puncak Kayulangi, von wo aus sich eine grandiose Aussicht bietet. Gelegentlich passiert man Holzfällercamps und bisweilen auch kleine Ansiedlungen mit bescheidenen *Warung;* Wanderer könnten hier eventuell eine Unterkunft finden. Endpunkt der Fahrt ist Pendolo am Südufer des Poso-Sees, der bereits in der Provinz Zentralsulawesi liegt (vgl. S. 498).

Weitaus weniger problematisch gestaltet sich die Fahrt von Wotu über Malili nach **Soroako** am Matana-See. Um die wenig einladend wirkende Stadt Soroako breiten sich weitläufige Nickelgruben aus. Im Rahmen eines indonesisch-kanadischen ›Joint Venture‹ baut hier die International Nickel Co. (INCO) im Tagebau eines der größten Nickelvorkommen der Welt ab. Die Bulldozer und Muldenkipper der INCO bewegen alljährlich rund 25 Mill. t Erdreich und haben im Laufe der Zeit die Umgebung von Soroako in eine zerfurchte Mondlandschaft verwandelt. In **Salonsa** am Danau Matana (ca. 3 km westlich von Soroako) hat die INCO für ihre knapp 3500 Mitarbeiter großzügige Freizeit-

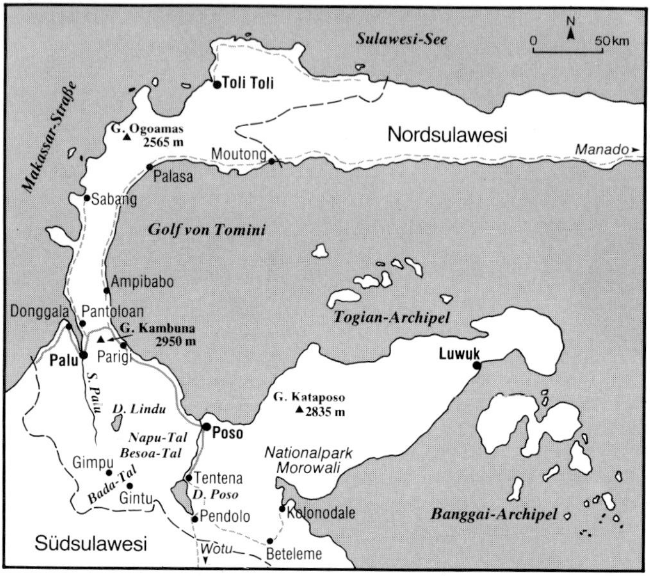

Zentralsulawesi

anlagen (Tennis, Golf, Wasserski u. a.) geschaffen, die zum Teil auch von (zahlenden) Touristen genutzt werden können. Ein Bootsausflug führt von Soroako aus ans Westufer des Matana-Sees, wo sich bei Desa Matana uralte Grabhöhlen befinden. Mit einem öffentlichen Minibus erreicht man über Wawondula den 22 km südöstlich von Soroako am Danau Towuti, dem größten Binnensee Sulawesis, gelegenen Ort **Timampu.**

Bislang gibt es noch keine regulären Verkehrsverbindungen zwischen Soroako und der Provinz Südostsulawesi. Wer in diese abgelegene und touristisch kaum erschlossene Inselregion mit ihrer Hauptstadt **Kendari** (Zentrum der Silberwaren-Industrie Sulawesis) reisen will, muß entweder von Ujung Pandang aus nach Kendari fliegen oder in Watampone eine Fähre nach Kolaka nehmen.

Praktische Hinweise

Unterkunft: Palopo: vgl. S. 482. **Wotu:** Penginapan Takdir (sehr einfach). **Mangkutana:** Penginapan Melati Mekar, Wisma Marlia. **Malili:** Penginapan Megaria, Penginapan Setia. **Soroako:** Hotel Lusiana, Jl. Tambora 12; Hotel Mulia, Jl. Tambora 37. **Kendari:** **Kendari Beach, Jl. Hasanuddin 44, ✆ 21988; Wisma Andika, Jl. A. Yani, ✆ 21651.

Zentralsulawesi

Diese Provinz umfaßt einen Großteil des gebirgigen Kernlands von Sulawesi (höchste Erhebung Gunung Kambuna, 2950 m) sowie ein gutes Drittel der nördlichen Halbinsel. Die rund 1,7 Mill. Menschen zählende Bevölkerung dieser sehr dünn besiedelten Region ist ethnisch in zahlreiche Stammesvölker und -gruppen zersplittert. Die größten Anteile bilden buginesische Zuwanderer aus Südsulawesi, die vorwiegend in den Küstensäumen siedeln, sowie seit einigen Jahren Transmigranten aus Java und Bali. Als wichtigste protomalaiische Volksgruppe auf Zentralsulawesi sind die West-Toraja zu nennen.

Noch zu einem Großteil von Primärwald bedeckt, besitzt die 69726 km² umfassende Provinz mehrere bedeutende Naturschutzgebiete, darunter die Nationalparks Lore Lindu und Morowali. Wegen der noch sehr unterentwickelten Infrastruktur ist Zentralsulawesi vom Tourismus größeren Stils bislang völlig unberührt.

Palu

Das Verwaltungszentrum der Provinz Zentralsulawesi ist Palu. Diese hauptsächlich von Bugis bewohnte Stadt liegt an der Westküste,

Palu

1 Museum Negeri Sulawesi Tengah
2 Central Sulawesi Provincial Tourist Office
3 Ausländerbehörde
4 Hauptpostamt
5 Garuda
6 Merpati
7 PELNI
8 Pasar (Markt)
9 Palu Beach Hotel
10 Hotel Taurus
11 Hotel Pattimura

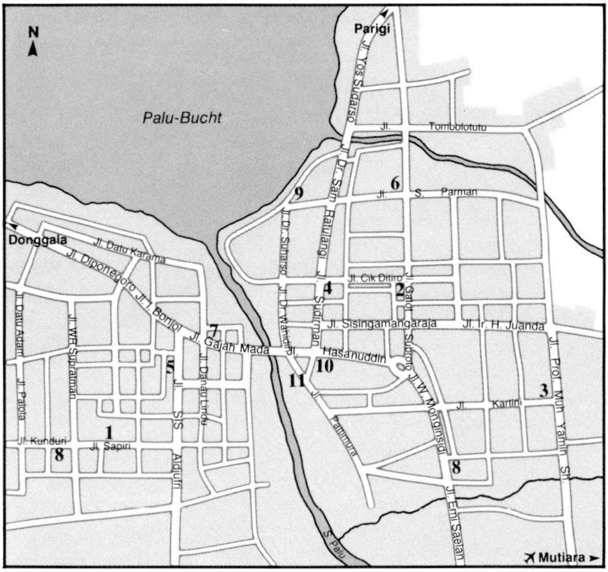

am südlichen Ende der schmalen Meeresbucht Teluk Palu. Die vom Palu-Fluß in zwei Hälften geteilte Provinzmetropole ist ebenso weiträumig wie gesichtslos. Als einzig nennenswerte Sehenswürdigkeit der Stadt lohnt das **Museum Negeri Sulawesi Tengah** in der Jl. Sapiri einen Besuch. Dieses ethnographische Museum informiert recht anschaulich über Kunst, Kultur und Brauchtum der verschiedenen Ethnien Zentralsulawesis. Beachtung verdienen die vor dem modernen Ausstellungsgebäude aufgestellten Repliken von Megalithen, die man im südlich von Palu gelegenen Bada-Tal gefunden hat; Öffnungszeiten: Mo–Do 8–14 Uhr, Fr 8–11 Uhr, Sa 8–12.30 Uhr, So geschlossen.

Palu ist für gewöhnlich auch der Ausgangspunkt für Ausflüge zum **Lore Lindu-Nationalpark,** die aber in Stil und Aufwand schon fast den Charakter von Expeditionen annehmen. Dieses mit 2500 km² größte Naturschutzgebiet Sulawesis, in dessen Zentrum sich der Binnensee Danau Lindu (Achtung: Bilharziose-Gefahr!) ausbreitet, bietet eine vielfältige Flora und Fauna (u. a. *Anoa* und *Babirusa* sowie Schwarze Makaken). Ganz besonderes Interesse verdienen innerhalb des Nationalparks das Napu-, Besoa- und Bada-Tal. Hier hat man mysteriöse megalithische Statuen und zahlreiche andere Großsteinsetzungen entdeckt, die den Wissenschaftlern bislang noch einige Rätsel aufgeben. Die eindrucksvollste dieser gigantischen Steinfiguren, die 4 m hohe Batu Palindo-Statue, erhebt sich auf dem Sepe-Plateau beim Dorf Gintu im Bada-Tal. Eine recht populäre Trekking-Route führt quer durch dieses Tal von Gintu nach Gimpu. Detaillierte Auskünfte, auch hinsichtlich Ausrüstung und Unterkunftsmöglichkeiten, erhält man bei BKSDA *(Balai Konservasi Sumber Daya Alam),* Jl. Prof. Moh. Yanier, Palu.

Pantai Tanjungkarang, der wohl schönste Badestrand in der Umgebung von Palu, erstreckt sich knapp 40 km weiter nördlich, in der Nähe der Hafenstadt Donggala.

Praktische Hinweise

Unterkunft: Palu: **Palu Beach, Jl. Raden Saleh 22, ✆ 21126; *Wisata, Jl. S. Parman 39, ✆ 21175; Garuda, Jl. Hasanuddin 33; Kita, Jl. Cut Nyak Dien 18; Pattimura, Jl. Pattimura 18; Taurus, Jl. Hasanuddin 36, ✆ 21567. **Donggala:** Bhakti, Jl. Samauna 9; Rame, Jl. Pettalolo 51.

Verkehr: Anreise: tägliche Flüge der Bouraq u. a. ab Ujung Pandang, Manado, Gorontalo und Balikpapan; der Merpati u. a. ab Ujung Pandang, Manado und Poso (weitere Fluginformationen vgl. S. 544).

Palus Hafen Pantoloan liegt auf der Route der PELNI-Schiffe KM Kerinci und KM Kambuna (An- und Weiterreise u. a. von/nach Ujung Pandang, Balikpapan, Tarakan und Bitung bei Manado; vgl. auch S. 547).

Stadt- und Vorortverkehr: Bemo (hier Mikrolet genannt) auf festen Routen. Ein populäres Nahverkehrsmittel sind Dokar-Pferdekutschen.

Fernverkehr: Flughafen Mutiara 7 km östlich. Fluglinien: Garuda, Jl. SIS Aldjufri 12 B, ✆ 21095; Bouraq, Jl. Mawar 5, ✆ 21195; Merpati, Jl. S. Parman 63, ✆ 21219. Merpati verbindet Palu mit anderen Städten Zentralsulawesis (u. a. Poso, Luwuk und Toli Toli). Flüge in entlegene Gebiete (eventuell auch Charter) bietet die Missionary Aviation Fellowship (MAF) an, die mit kleinen Cessnas fliegt, u. a. von Palu nach Tentena sowie von Tentena nach Gintu, Beteleme und Kolonodale (weitere Fluginformationen s. o. ›Anreise‹ und vgl. S. 544).

Palus Seehafen Pantoloan liegt 20 km nordöstlich der Stadt; hier gehen die PELNI-Schiffe vor Anker. PELNI-Büro, Jl. Gajah Mada 86, ✆ 21696 (Informationen zu PELNI-Schiffen vgl. S. 547). Zentralsulawesis zweitwichtigster Hafen, Donggala, liegt 35 km nordwestlich von Palu. Von beiden Häfen aus verkehren neben den PELNI-Schiffen regelmäßig kleinere Passagierschiffe nach Toli Toli, Manado, Bitung und Ujung Pandang sowie nach Balikpapan. Die Büros verschiedener Schiffahrtslinien findet man in den beiden Häfen.

Auf der Strecke Palu – Poso (Fahrzeit ca. 7–8 Std.) setzen folgende Gesellschaften Minibusse ein: P. O. Sabarjaya, Jl. Hasanuddin 47, ✆ 21868 und P. O. Saudra, Jl. Hasanuddin 32. Die Straße von Palu über Gorontalo nach Manado soll sich nach wie vor in einem sehr schlechten Zustand befinden; die Busfahrt Palu – Manado kann bis zu drei Tage dauern (Auskunft und Ticketkauf): P. O. Popula, Jl. Sudirman 4).

Reiseagenturen: Avia Express, Jl. Sudirman 92, ✆ 21285; Rajawali Ashhab, Jl. SIS Aldjufri 12 B, ✆ 21095 (bietet u. a. Touren in den Lore Lindu-Nationalpark an).

Restaurants: Asia Baru, Jl. Dr. Wahidin 81 (indonesisch, chinesisch); Dunia Baru, Jl. Danau Lindu 14 (indonesisch, chinesisch, europäisch); Malabar, Jl. Imam Bonjol 171 (indonesisch); Ujung Pandang, Jl. Tadulako 11 (indonesisch, chinesisch).

Information und wichtige Adressen: Touristeninformation: Central Sulawesi Provincial Tourist Office, Jl. Cik Ditiro 32, ✆ 21795. **Ausländerbehörde:** Kantor Imigrasi, Jl. Kartini, ✆ 21233. **Post:** Hauptpostamt, Jl. Sudirman. **Banken:** Bank Dagang Negara, Jl. Gajah Mada; Bank Negara Indonesia 1946, Jl. Imam Bonjol. **Gesundheit:** Rumah Sakit Umum Undata, Jl. Dr. Suharso 33, ✆ 21270.

Von Palu zum Poso-See

Die von Palu aus nach **Parigi** an der Ostküste führende kurvenreiche Bergstrecke gehört gewiß zu den landschaftlich eindrucksvollsten Höhenstraßen ganz Indonesiens. Mit etwas Glück kann man auf der Fahrt von Parigi nach Poso entlang der Bucht von Tomini ein echtes balinesisches Odalan-Tempelfest erleben. Im Verlauf dieser Fahrt passiert man nämlich immer wieder Siedlungen von Transmigranten aus Bali, die sämtliche Attribute eines typischen balinesischen Dorfes aufweisen.

Poso ist eine recht freundliche, aber dennoch wenig interessante Stadt. Sollte man hier ›hängenbleiben‹, könnte man sich die Zeit mit einem Spaziergang zum ca. 2 km weiter nordwestlich gelegenen Fischerdorf Kayamanya vertreiben.

Das Städtchen **Tentena** an der Nordspitze des Danau Poso, bereits seit Ende des vergangenen Jahrhunderts ein wichtiger Stützpunkt der protestantischen Missionsarbeit auf Sulawesi, umgeben ausgedehnte Gewürznelken-Plantagen. In der Nähe des Ortes, am Westufer des Poso-Flusses, den man auf einer über 200 m langen Holzbrücke überquert, befindet sich Gua Pamona, eine Bestattungshöhle aus dem 12. Jh.

Zwischen Tentena und Pendolo am Südufer des Poso-Sees besteht mittlerweile eine Straßenverbindung, wesentlich reizvoller aber ist die etwa dreistündige Bootsfahrt über diesen 323 km² großen und sehr fischreichen Binnensee, auf dessen Grund nach der Volksmythologie die Fossilien eines heiligen Drachen ruhen. Danau Poso ist zwar nicht der größte, aber wohl schönste aller Binnenseen Sulawesis. Besonders zauberhaft ist die Morgenstimmung, wenn Nebelschwaden in den Bergurwäldern wabern und feiner Dunst über dem See hängt. Von Pendolo führt in östlicher Richtung eine sporadisch von öffentlichen Verkehrsmitteln befahrene Straße nach **Kolonodale,** dem Ausgangspunkt für das Morowali-Naturschutzgebiet. Die Beschreibung der Route Pendolo – Wotu (Südsulawesi) finden Sie auf S. 495.

Praktische Hinweise

Verkehr: Merpati (Jl. Yos Sudarso 9, Poso) fliegt von Poso aus mehrmals wöchentlich nach Soroako, Palu, Gorontalo, Manado und Ujung Pandang. Zweimal wöchentlich verkehrt von Poso aus über Ampana und die Insel Togian ein Passagierschiff nach Gorontalo auf Nordsulawesi; Auskunft im Büro des Hafenmeisters (Jl. Pattimura 3). Die Missionary Aviation Fellowship (MAF) fliegt von Tentena aus regelmäßig nach Palu, Gintu, Beteleme und Kolonodale.

Unterkunft: Poso: Hotel Bambu Jaya, Jl. H. A. Salim 101; Hotel Kalimantan, Jl. H. A. Salim 18; Penginapan Antariksa, Jl. H. A. Salim 40; Penginapan Sederhana, Jl. H. A. Salim 30. **Tentena:** Hotel Panorama, Hotel Puse Lembo, Penginapan Wisata Remaja. **Pendolo:** Losmen Sederhana, Losmen Sumber Tani, Penginapan Danau Poso.

Nordsulawesi

Die mit 19023 km² flächenmäßig kleinste Provinz Sulawesis umfaßt gut zwei Drittel der über 700 km langen, aber durchschnittlich gerade 50 km breiten Nordhalbinsel, die sich über die Sangihe- und Talaud-Archipele zur nördlich gelegenen philippinischen Insel Mindanao hin fortsetzt. Die mineralstoffreichen vulkanischen Verwitterungsböden bieten die optimale Voraussetzung für die Anlage ausgedehnter Gewürznelken-, Muskat-, Kaffee- und Kokosplantagen, auf denen der hohe wirtschaftliche Entwicklungsstand der Provinz basiert. Mit einer Monatsproduktion von annähernd 20000 t gehört Nordsulawesi zu den bedeutendsten Kopra-Erzeugern Indonesiens.

Die nach ihrer zahlenmäßig größten Bevölkerungsgruppe auch Minahasa genannte Halbinsel zählt nicht nur zu den Regionen mit dem höchsten Lebensstandard des gesamten indonesischen Archipels, sie gehört auch zu den Gebieten des Inselstaates, die in erstaunlich hohem Maße westlich-kulturelle Einflüsse aufgenommen haben. Bereits seit dem frühen 16. Jh. unterhielten die protomalaiischen Minahasa (einst wie die Toraja gefürchtete Kopfjäger) intensive Kontakte zu den Europäern. Portugiesischen Gewürzhändlern folgten schon bald von den Philippinen her spanische Missionare, die zahlreiche Einheimische zum katholischen Glauben bekehrten. Anfang des 19. Jhs. begannen die Niederländer, ihre Position auf Nordsulawesi zu festigen. Im Gefolge von Kolonialbeamten und Kaffeepflanzern kamen protestantische Missionare und veränderten die Sozialstruktur der Minahasa von Grund auf. In nur wenigen Jahrzehnten entwickelte sich aus einem Kopfjägerstamm eine seßhafte bäuerliche Bevölkerung, die eine stark christlich-westlich geprägte Kultur angenommen hat. Die Holländer bezeichneten dieses stark europäisierte Gebiet in den letzten Jahrzehnten der Kolonialzeit sogar als ›zwölfte Provinz‹ der Niederlande. Die Loyalität der Minahasa den Holländern gegenüber ging so weit, daß sie Söldnertruppen zur Niederschlagung von Aufständen gegen die Kolonialmacht auf andere Inseln entsandten. Mitte der 50er Jahre, nach der Proklamation des indonesischen Einheitsstaates, schlossen sich die Minahasa den Autonomiebestrebungen anderer peripherer Landesteile an. Heute ist die Provinz mit ihren 2,5 Mill. Einwohnern fest integriert in die Gesamtrepublik und zahlreiche Minahasa bekleiden aufgrund ihres überdurchschnittlich hohen Bildungsstandes landesweit wichtige Posten in Politik, Militär und Wirtschaft.

Elemente der alten, facettenreichen Glaubenswelt und Kultur sind heute nur noch ansatzweise in Volkstänzen lebendig geblieben, die jedoch zusehends zum folkloristischen Spektakel für Touristen verkommen. Als ein typischer Minahasa-Tanz gilt der Maengket, der früher vorwiegend während der Erntezeit getanzt wurde. Fast in Vergessenheit geraten ist der Cakalele, der uralte Kopfjägertanz der Minahasa. Eine weitere Besonderheit der regionalen Kultur sind die Muschelblasorchester, bei denen die Instrumente der Musiker aus einfachen Muscheln bestehen. Jeder Mu-

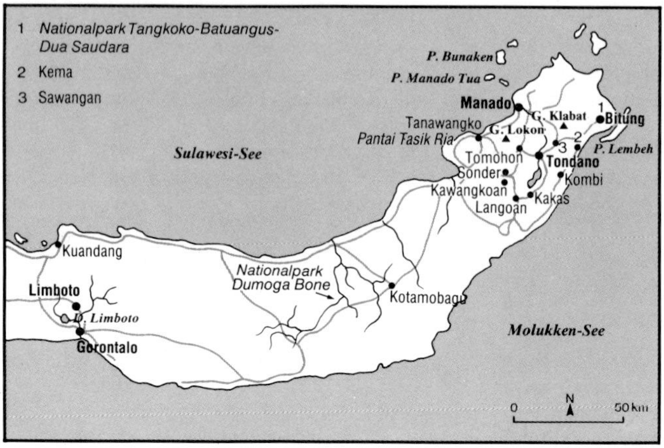

Nordsulawesi

siker kann seinem Horn nur einen, bestenfalls zwei leicht voneinander verschiedene Töne entlocken, je nachdem wie er beim Anblasen die Ausgangsöffnung des Schneckenhauses offenläßt oder mit der hohlen Hand verschließt. Aber diese Einzeltöne sind mit einer derartigen Präzision aufeinander abgestimmt, daß sich ganz erstaunliche Melodien ergeben.

Touristisch steht die Minahasa-Region nach wie vor im Schatten des berühmten Toraja-Landes. Vom Norden Sulawesis werden in erster Linie Tauchsportler angezogen, auf die hier eine vielfältige Unterwasserlandschaft mit üppigen Korallenkulturen wartet.

Manado

Die nach Ujung Pandang größte Stadt Sulawesis wurde während des Zweiten Weltkriegs durch heftige japanische Bombardements stark zerstört und präsentiert sich heute nach ihrem Wiederaufbau ebenso farb- und gesichtslos wie die meisten indonesischen Großstädte. Während der Kolonialzeit war Manado ein wichtiger Stützpunkt der Holländer auf der Gewürzhandelsstraße und auch heute ist die Stadt mit ihrem 45 km entfernten Hafen Bitung der bedeutendste Umschlagplatz für die Agrarprodukte des Hinterlands. Der relative Wohlstand eines Großteils der 300000 Einwohner der Provinzstadt (darunter sehr viele chinesischstämmige Indonesier) spiegelt sich im vergleichsweise gepflegten Erscheinungsbild Manados wider.

Touristisch bietet die Minahasa-Metropole recht wenig. Lohnenswert sind ein Bummel durch den weitläufigen **Zentralmarkt Pasar 45** im Herzen der Stadt sowie ein Besuch im **Museum Negeri Sulawesi Utara,** dessen ethnographische Sammlung einen guten Überblick über Kunst und Kultur der Minahasa vermittelt (Museum Sulut in der Jl. Dewantoro; Öffnungszeiten: Mo–Do 8–14 Uhr, Fr 8–11 Uhr, Sa 8–12 Uhr, So geschlossen). Das religiöse Zentrum der chinesischen Bevölkerungsminorität ist der bereits im vergangenen Jahrhundert erbaute **Klenteng Ban Hian Kiong** in der Jl. Panjaitan; als ältester chinesischer Tempel Manados gilt der **Klenteng Kwan Im Tong** in der Jl. Sisingamangaraja. Diese beiden konfuzianischen Andachtsstätten stehen auch im Mittelpunkt des alljährlich zwei Wochen nach dem chinesischen Neujahr (gegen Mitte Februar) stattfindenden farbenprächtigen Toa Peh Kong-Festes.

Praktische Hinweise

Unterkunft (allgemein recht hohes Preisniveau): ***Kawanua City, Jl. Sam Ratulangi 1, ✆ 52222; *Angkasa Raya, Jl. Kol. Soegiono 12, ✆ 2049; Jepindra, Jl. Sam Ratulangi 37, ✆ 4049; Keluarga, Jl. Teuku Umar 20 (einfach); Minahasa, Jl. Sam Ratulangi 199, ✆ 2059; Mini Cakalele, Jl. Korengkeng 40, ✆ 52942; Mustika, Jl. Hasanuddin 107, ✆ 51801.

Verkehr: Anreise: täglich (mehrere) Flüge der Garuda u. a. ab Jakarta, Denpasar, Ujung Pandang, Sorong, Biak und Jayapura; der Bouraq u. a. ab Jakarta, Surabaya, Yogyakarta, Balikpapan, Ujung Pandang, Palu, Gorontalo und Ternate; der Merpati u. a. ab Jakarta, Surabaya, Balikpapan, Ujung Pandang, Gorontalo und Ternate; der Mandala ab Jakarta, Surabaya und Ujung Pandang (weitere Fluginformationen vgl. S. 544).

Nordsulawesis Haupthafen Bitung liegt auf der Route der PELNI-Schiffe KM Kambuna und KM Umsini (An- und Weiterreise u. a. von/nach Ujung Pandang, Balikpapan, Palu (Pantoloan), Ternate, Sorong und Jayapura; vgl. auch S. 547). Anreisemöglichkeit per Bus u. a. ab Palu und Gorontalo.

Stadt- und Vorortverkehr: Auf festgelegten innerstädtischen Routen pendeln sogenannte Mikrolet; die Fahrtziele sind seitlich angeschrieben. Das zentrale Terminal für den Stadt- und Vorortverkehr befindet sich beim Pasar 45. Taxen nur über Hotel- oder Reisebürovermittlung. Es gibt keine Becak.

Fernverkehr: Flughafen Sam Ratulangi 13 km nordöstlich. Fluglinien: Garuda, Jl. Diponegoro 15, ✆ 4535; Bouraq, Jl. Sarapung 27 B, ✆ 2757; Merpati, Jl. Sam Ratulangi 138, ✆ 4027; Mandala, Jl. Sarapung 17, ✆ 51743. Obwohl Manado ein ideales Sprungbrett für die Philippinen wäre, wurden die Bouraq-Flüge nach Davao auf Mindanao eingestellt (weitere Fluginformationen s. o. ›Anreise‹ und vgl. S. 544).

Die PELNI-Schiffe KM Kambuna und KM Umsini gehen im Hafen von Bitung (ca. 45 km östlich von Manado) vor Anker; PELNI-Büro, Jl. Sam Ratulangi 3, Manado, ✆ 2844 und Jl. Jakarta, Bitung, ✆ 21167 (Auskunft zu PELNI-Schiffen vgl. S. 547). Sowohl von Manado als auch von Bitung aus verkehren regelmäßig kleinere Passagierschiffe nach Palu, Toli Toli, Ternate (Nordmolukken) sowie zu den Inselgruppen Sangihe und Talaud.

Es gibt vier Terminals für (Mini-)Busse in die nähere und fernere Umgebung von Manado: **Terminal Calaca** (nördlich Pasar 45): u. a. Bemo zum Flughafen; **Terminal Karombasan** (Anfahrt: Bemo ab Pasar 45, Hinweisschild ›Wanea‹): Minibusse nach Tomohon, Tondano und Kawangkoan; **Terminal Paal Dua** in der Jl. Martadinata (Anfahrt: Bemo ab Pasar 45, Hinweisschild ›Paal 2‹): Minibusse nach Bitung und Airmadidi; **Terminal Sario** (Anfahrt: Bemo ab Pasar 45,

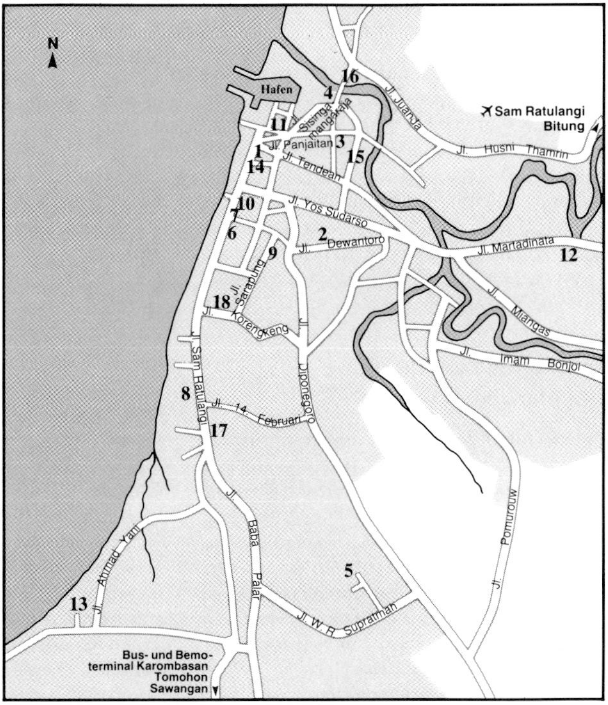

Manado: Sehenswürdigkeiten: 1 Pasar 45 (und Bemoterminal für den Stadt- und Vorortverkehr) 2 Museum Negeri Sulawesi Utara 3 Ban Hian Kiong-Tempel 4 Kwan Im Tong-Tempel **Öffentliche Einrichtungen:** 5 North Sulawesi Regional Tourist Office 6 Hauptpostamt 7 Garuda 8 Merpati 9 Bouraq und Mandala 10 PELNI 11 Bemoterminal Calaca 12 Bemoterminal Paal Dua 13 Bemo- und Busterminal Sario **Hotels und Losmen:** 14 Kawanua City Hotel 15 Hotel Angkasa Raya 16 Penginapan Keluarga 17 Hotel Minahasa 18 Hotel Mini Cakalele

Hinweisschild ›Bahu-Sario‹): Busse nach Westminahasa, u. a. nach Kotamobagu und Gorontalo.

Reiseagenturen: Pola Pelita, Jl. Sam Ratulangi 74, ✆ 52231; Sutras Raya, Jl. Sam Ratulangi 12, ✆ 3527.

Restaurants: Die meisten der typischen Minahasa-Gerichte dürften für europäische Gaumen etwas ungewohnt sein, zu ihnen zählen u. a. scharf gewürztes Hundefleisch *(Gulai Anjing)*, gegrillte Feld- und Waldratten *(Tikus Hutan Goreng)* sowie geröstete Fledermäuse *(Kelawar Panggang)*.

Cakalang (im Kawanua City Hotel), Jl. Sam Ratulangi 1 (indonesisch, chinesisch, europäisch); Depot Jawa Timur, Jl. Sarapung (javanisch); Jit Hien, Jl. Panjaitan 35 (chinesisch); Miami, Jl. Yos Sudarso 73 (chinesisch); Minang Putra, Jl. Sam Ratulangi 27 (Padang); Phoenix, Jl. Sam Ratulangi 171 (chinesisch); Selera Minahasa, Jl. Dotulolong Lasut 50 (Minahasa); Tinoor Jaya, Jl. Sam Ratulangi 193 (Minahasa).

Information und wichtige Adressen: Touristeninformation: North Sulawesi Regional Tourist Office, Jl. Eddy Gagola, ✆ 4299 (Anfahrt: Bemo ab Pasar 45); North Sulawesi Provincial Tourist Service, Jl. Diponegoro 111, ✆ 51723; Informationen über Nationalparks auf Nordsulawesi bei PPA, Jl. Supratman 68, ✆ 2688. **Ausländerbehörde:** Kantor Imigrasi, Jl. Diponegoro 87. **Post:** Hauptpostamt, Jl. Sam Ratulangi. **Banken:** Bank Dagang Negara, Jl. Dotulolong Lasut 15; Bank Negara Indonesia 1946, Jl. Dotulolong Lasut 1. **Gesundheit:** Rumah Sakit Umum Gunung Wenang, Jl. Yos Sudarso, ✆ 2292.

Ausflüge in die Umgebung von Manado

Pulau Bunaken: Diese 7 km nordwestlich von Manado gelegene, 2400 ha große und von rund 3000 Menschen bewohnte Insel ist die touristische Hauptattraktion Nordsulawesis. Vor zehn Jahren noch so gut wie unbekannt, zieht Bunaken heute Wassersportler aus aller Welt an. Taucher und Schnorchler finden in den steilabfallenden Korallenriffs, die nach Expertenmeinung zu den weltweit spektakulärsten gehören, erstklassige, arten- und erlebnisreiche Unterwasserreviere. Auf Manado Tua, einer der vier Nachbarinseln von Bunaken, erhebt sich ein ruhender Vulkan; einst diente diese Insel den Portugiesen und Spaniern als Stützpunkt im Gewürzhandel.

Praktische Hinweise: Bunaken ist ab Manados Hafen mit regulären Passagierbooten zu erreichen. Um zu den besten Tauchgründen zu gelangen, sollten sich Wassersportler ein Boot mieten. Sehr erfahren und hilfsbereit ist Loky Herlambang, der Leiter des Nusantara Diving Centre (NDC) in Malalayang bei Manado. Das NDC bietet Kurse für Anfänger an, vermietet Boote und organisiert Tauchgänge. Im Pauschalpreis von US-$ 70 pro Tag sind zwei Tauchgänge, die komplette Ausrüstung, Verpflegung und die Unterkunft in hübschen Strandbungalows inbegriffen. Tauchsaison ist von April–September. Information und Reservierung: Nusantara Diving Centre, Malalayang 1, Dusun V, P.O.Box 15, Manado 95001, Sulawesi Utara oder Tirta Satwa Diving Club, Malalayang 1, Jaga IV P.O.Box 82, Manado 95001, Sulawesi Utara. Anfahrt nach Malalayang: Bemo ab Pasar 45 zu Terminal Sario, dort Bemo nach Malalayang.

Sawangan (Anfahrt: zunächst Bemo nach Airmadidi ab Terminal Paal Dua; ab Airmadidi Bemo in Richtung Tondano, ca. 5 km bis Sawangan): Etwa 100 m von der Durchgangsstraße entfernt erstreckt sich in diesem Minahasa-Ort der Taman Purbakala Waruga Waruga, die bedeutendste kulturelle Sehenswürdigkeit Nordsulawesis. Dieser kleine Park birgt eine umfangreiche Sammlung von noch im 19. Jh. benutzten Steingräbern *(Waruga)*. Diese sarkophagähnlichen, aus Sand- oder Tuffstein gehauenen ca. 1–1,5 m hohen Hockgräber, die zum Teil über 300 Jahre alt sind, dienten einst vornehmen Minahasa-Familien als Begräbnisstätte. In ihnen wurden früher die Toten zusammen mit Grabbeigaben (Gold- und Silberschmuck, Chinaporzellan u. a.) in Embryonalstellung beigesetzt. Bei den *Waruga*, die mit einem satteldach- oder pyramidenförmigen Steindeckel versehen wurden, sind Grab und Grabstein identisch. Der First ist zumeist mit einer Plastik oder einem Relief geschmückt, das den Toten darstellt und bisweilen auch Hinweise auf sein Leben und sein Schicksal gibt. Einst standen diese Steingräber in unmittelbarer

Hockergräber in Sawangan

Nähe der Sippenhäuser. Um sie der Nachwelt zu erhalten, hat man sie im Park von Sawangan zusammengetragen. Sawangan ist auch bekannt für die hier gelegentlich stattfindenden Aufführungen des Cakalele; allein die Bewohner dieses Dorfes sollen diesen Kriegstanz noch richtig beherrschen.

Von Sawangan aus kann man zum Städtchen Tondano weiterfahren, das 600 m über dem Meeresspiegel in der Nähe des 60 km² großen gleichnamigen Sees liegt. Auf dem Weg passiert man Felsbunker, die den Japanern während des Zweiten Weltkriegs als Munitionsdepots und Schutzräume dienten.

Tomohon (Anfahrt: Bemo ab Terminal Karombasan in Manados Vorort Wanea): Die 25 km lange Bergstrecke von Manado zum 800 m hoch gelegenen Tomohon führt durch ausgedehnte Gewürznelken- und Kokospalmenplantagen. Ein Zwischenstop lohnt sich in Tinoor, wo man in gepflegten Restaurants typische Minahasa-Gerichte probieren kann. In Kinilow, kurz vor Tomohon, laden Thermalquellen *(Air Panas)* zum Baden ein. Das Missions- und Handelszentrum Tomohon (großer Markt am Dienstag, Donnerstag und Samstag) wird überragt vom aktiven Vulkan Gunung Lokon, der sich immer wieder durch gewaltige Ascheausstöße in Erinnerung bringt.

Ausgangspunkt für die Besteigung dieses 1580 m hohen ›Feuerberges‹ ist der ca. 5 km westlich von Tomohon gelegene Ort Kakaskasen. Bei dem etwa zweistündigen Aufstieg orientiere man sich an einem (ausgetrockneten) Flußlauf, der direkt zum aktiven Krater Mahawu führt. Aus einer großen Felsspalte am Boden dieser Caldera entweichen in periodischen Zeitabständen unter Donnergetöse mächtige Wolken aus Schwefeldampf. Da der Lokon als sehr unberechenbar gilt und erst Ende der 70er Jahre durch größere Ausbrüche von sich reden machte, sollte man vor dieser Vulkanbesteigung unbedingt bei Einheimischen (eventuell auch bei der PPA in Manado) aktuelle Informationen einholen.

Bei Lahendong (ca. 7 km südlich von Tomohon) liegt der türkisgrün schillernde Schwefelsee Danau Linow (ca. 10 Fußminuten ab Hauptstraße). Sonder (ca. 5 km südlich von Lahendong) ist ein kleiner Marktflecken mit Thermalquellen. Kurz vor Kawangkoan stößt man auf ein mächtiges Felsmassiv, in dem die Japaner 1943 ein weitverzweigtes Stollensystem angelegt haben.

Mit einem Bemo gelangt man von Kawangkoan zum 3 km entfernten Dorf Pinabetengan; von dort sind es noch einmal 3 km (nur sehr sporadisch Bemo) zum größten Heiligtum der Minahasa aus vorchristlicher Zeit: dem riesigen, über und über mit rätselhaften geometrischen Zeichen bedeckten Findlingsblock Batu Pinabetengan. Nach der Volksmythologie ist dies der Ort, an dem das Minahasa-Land unter sieben Stämmen aufgeteilt wurde. Die Ritzzeichnungen auf dem ›Stein der Verteilung‹, deren genaue Deutung bislang nicht möglich war, sollen die Entstehung der einzelnen Minahasa-Stämme darstellen. In späterer Zeit diente das Heiligtum den lokalen Fürsten als Versammlungs- und Beratungsstätte. Heute noch ist dieses megalithische Monument, über dem ein formschöner Pavillon errichtet wurde, ein viel besuchtes Pilgerziel der Minahasa; einmal im Jahr findet hier ein großes Volksfest statt.

Bitung (Anfahrt: Bemo ab Terminal Paal Dua): In diesem durch die vorgelagerte Insel Lembeh geschützten Hafen wird ein Großteil der landwirtschaftlichen Produkte der Minahasa-Provinz umgeschlagen. Hier gehen auch die meisten Passagierschiffe vor Anker. Bitung selbst besitzt keine Sehenswürdigkeiten, eignet sich aber als Ausgangsort für Besuche des um die drei Berge Tangkoko, Batuangus und Dua Saudara angelegten gleichnamigen Nationalparks. Obwohl mit nur knapp 90 km^2 relativ klein, beherbergt dieses Natur- und Tierreservat eine ungewöhnlich vielfältige Fauna und Flora. Dieser vergleichsweise leicht zugängliche Nationalpark bietet dem Besucher vielleicht die beste Möglichkeit, die einzigartige Tierwelt Sulawesis kennenzulernen. Zu sehen sind u. a. Wildzwergbüffel *(Anoa)*, Schwarze Makaken, Koboldmakis, Kuskuse und Maleo-Vögel. Der Zugang zum Reservat befindet sich bei Kampung Batuputih, wo für Übernachtungen ein bescheidener Gästebungalow der PPA (keine Bewirtung) zur Verfügung steht. Batuputih erreicht man ab Bitung entweder mit einem kleinen Motorboot oder, nur in der Trockenzeit (Mai–September), mit einem robusten Fahrzeug über die Dörfer Girian und Dua Saudara. Genaue Informationen sowie die Erlaubnis zum Betreten des Naturschutzgebietes erhält man im PPA-Büro in Manado (Jl. Supratman 68, ✆ 2688).

Badestrände bei Manado: Ein beliebtes Ausflugsziel der Stadtbevölkerung ist Pantai Tasik Ria wenige Kilometer nördlich des Städtchens Tanawangko (Anfahrt: Bemo ab Jl. Piere Tendean / Jl. Wolter Monginsidi); hier sind kleine Restaurants und Picknickhütten vorhanden, aber keine Unterkünfte. Pantai Kawurukan erstreckt sich an der Ostküste nahe dem Ort Kema (Anfahrt: Bemo ab Terminal Paal Dua).

Kotamobagu (Busse ab Terminal Sario): In der Nähe dieser rund 200 km westlich von Manado gelegenen Stadt liegen die beiden Naturschutzgebiete Gunung Ambang Reserve (90 km^2) und Dumoga Bone Reserve (1936 km^2).

Gorontalo (Busse ab Terminal Sario sowie Flüge der Merpati und Bouraq): Die zweitwichtigste Stadt der Provinz Nordsulawesi ist deutlich moslemisch geprägt (98% der Einwohner bekennen sich zum Islam). Nahe der Stadt befinden sich die Ruinen der vermutlich von den Portugiesen erbauten Festung Benteng Otanaha. Lohnenswert ist ein Ausflug zum malerischen See Danau Limboto.

Praktische Hinweise

Verkehr: Von Gorontalo aus fliegen Bouraq (Jl. A. Yani 34) und Merpati (Jl. 23 Januari 19) täglich nach Manado und Palu sowie mehrmals wöchentlich nach Poso. Zweimal wöchentlich verkehrt von Gorontalo aus ein Passagierschiff nach Poso. Schiffe nach Manado, Toli Toli und Donggala ab Kuandang an der Nordküste.

Unterkunft: Tomohon: Wisma Indraloka (in Kinilow). **Bitung:** Penginapan Beringin, Jl. Yos Sudarso; Wisma Samudra Jaya, Jl. Yos Sudarso. **Kotamobagu:** Losmen Lely, Jl. A. Dolot; Wisma Kabela, Jl. Sutoyo. **Gorontalo:** Hotel Mini Saronde, Jl. Walanda Maramis 17; Losmen Shinta, Jl. S. Parman 35; Losmen Teluk Kau, Jl. S. Parman 42.

Molukken

Die Molukken, die legendären ›Gewürzinseln‹, die Indonesien ursprünglich im Westen berühmt gemacht haben, liegen zwischen der Cendrawasih-Halbinsel von Irian Jaya im Osten, Sulawesi im Westen und den östlichsten der Kleinen Sunda-Inseln im Süden. Im Norden öffnet sich der Pazifische Ozean und im Nordwesten erstrecken sich die Inselgruppen Sangihe und Talaud. Die 999 Molukken-Inseln, ein Großteil von ihnen vulkanischen Ursprungs, breiten sich über ein Gebiet aus, das größer ist als Borneo, aber dennoch macht ihre Gesamtfläche von 74000 km^2 nur etwas mehr als 4% der gesamten Landfläche des indonesischen Archipels aus. Die beiden größten Eilande des filigranen und überwiegend gebirgigen Inselgeflechts, Seram (Ceram) und Halmahera, sind jeweils rund 17000 km^2 groß; auf Seram erhebt sich mit dem Gunung Binaiya (3019 m) der höchste Berg der Re-

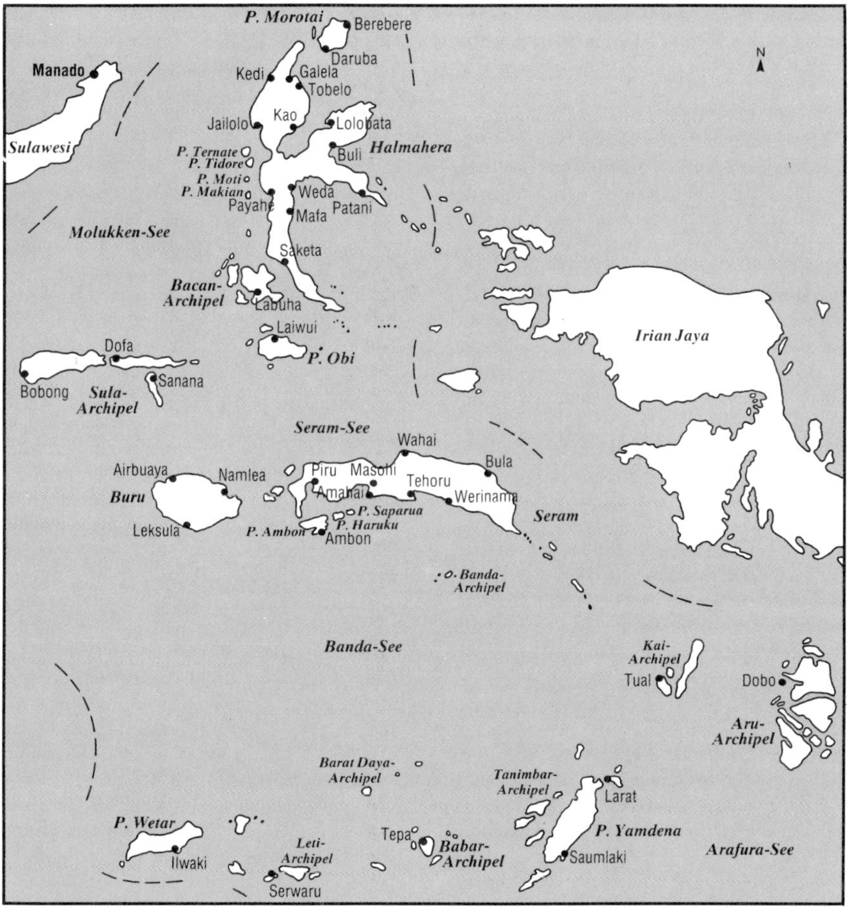

Molukken

gion. Die meisten der Molukken-Inseln aber sind kleine und kleinste Eilande, häufig nur von Korallenriffen umgebene, unbewohnte Atolle. Im ›Feuergürtel‹ Indonesiens gelegen, ist diese zersplitterte Inselgruppe geologisch-tektonisch recht instabil; Vulkanausbrüche und Erdbeben gehören daher schon fast zur Tagesordnung.

Der geographische, politische und wirtschaftliche Mittelpunkt der Provinz ist die Verwaltungshauptstadt Ambon auf der Insel gleichen Namens. Die Bezeichnung Molukken geht auf den Begriff *Maloko Kirana* zurück, der ›fünf gebirgige Inseln‹ bedeutet und sich ursprünglich nur auf die der Westküste Halmaheras vorgelagerte Inselkette Ternate, Tidore, Moti, Mare und Makian bezog.

Der insularen Zersplitterung der Provinz Maluku entspricht ein ungemein vielfältiges Völkermosaik. Die Gesamtbevölkerung von 1,8 Mill. Menschen zerfällt in eine kaum überschaubare Anzahl von Volks- und Sprachgruppen sehr unterschiedlicher Gesellschafts- und Wirtschaftsentwicklung. Die Bewohner der Städte und Küstenniederungen gehören einer bunten Palette malaiischer Völker an.

Während sich vor allem auf den Nordmolukken der Islam durchgesetzt hat, gehören die zentralmolukkischen Inseln um Ambon zu den Bastionen des christlichen Glaubens in

Indonesien. Insgesamt bekennen sich 54% der Molukker zum Islam sowie 38% zum protestantischen und 5,5% zum katholischen Glauben. Im gebirgigen und oftmals kaum zugänglichen Innern der Inseln, vor allem auf Seram, Halmahera und Buru, siedelt die autochthone, in zahllose Stämme unterteilte Urbevölkerung, die man unter dem Sammelbegriff Alfuren zusammenfaßt. Abgeschnitten von den großen wirtschaftlichen und politischen Entwicklungen der Region, konnten sie in ihren entlegenen Rückzugsgebieten ihre traditionellen Lebens- und Kulturformen sowie ihre überlieferten Glaubensvorstellungen bis in die Gegenwart weitgehend bewahren. Noch oft begegnet man in den Siedlungsgebieten der Altvölker einem außerordentlich stark ausgeprägten Ahnenkult. Dies trifft insbesondere auf die südöstlichen Inseln Tanimbar, Aru und Kai zu, die religiös-kulturell eine Übergangszone zwischen den malaiischen und melanesisch-papuanischen Sphären darstellen. Besonders bemerkenswert sind die auf diesen Inseln hergestellten religiös bestimmten anthropomorphen Holzstatuen, die als die Wohnstätten der Seelen der vergöttlichten Ahnen verehrt werden.

Fauna und Flora der Molukken, die beide zahlreiche endemische Arten aufweisen, zeigen eine auffallende Ähnlichkeit zur australisch-neuguineanischen Tier- und Pflanzenwelt. Ganz besonders deutlich wird dies in der Vogelwelt, die mit exotischen Spezies wie dem Paradiesvogel und dem Schwarzen Kakadu aufwarten kann. Während weite Regionen der südlichen Inseln von Sekundärvegetation wie Alang-Alang-Gras bedeckt sind, finden sich vor allem auf den großen zentralen und nördlichen Inseln Buru, Seram und Halmahera noch ausgedehnte geschlossene Regenwaldgebiete, in die aber zunehmend rigorose Kahlschlagstrategie betreibende Holzfällertrupps vordringen.

Schon lange bevor sich die Europäer auf ihre sagenumwobenen Entdeckungsreisen begaben, waren die Molukken als ein Handelsplatz für Gewürze bekannt. Bereits im Mittelalter brachten arabische, chinesische und indische Händler Spezereien von den Molukken in den Mittelmeerraum, wo sie für diese Kostbarkeiten stolze Preise erzielten. Enormen Profit zog auch das hindu-javanische Majapahit-Reich, das im 14. Jh. Stützpunkte auf Ambon unterhielt, aus dem Gewürzhandel mit den Molukken. Der Hunger Europas nach Pfeffer, Muskat, Nelken und Zimt aber wurde zu Beginn des 16. Jhs. immer größer, der Zugang zu Gewürzen war mittlerweile fast wichtiger als der zu Gold. Um das Gewürzmonopol der ausländischen Zwischenhändler zu brechen und ihrem Preisdiktat zu entgehen, machten sich die Europäer selbst auf die Suche nach dem legendären Herkunftsland der Gewürze. Die frühe Kolonialgeschichte sah auf den Molukken den zirkumglobalen Zusammenstoß der über Afrika und Indien segelnden Portugiesen mit den von Mexiko her über den Pazifik vorstoßenden Spaniern. Die Rivalität zwischen den im 15. Jh. entstandenen Sultanaten Ternate und Tidore, die erbittert um die Vorherrschaft auf den Molukken fochten, ausnutzend, gründeten die Portugiesen ab 1512 ihre ersten Niederlassungen auf Ternate und später auf Ambon. Gegenüber den 1521 eintreffenden Spaniern konnten sich die Lusitanen zwar behaupten, vor den Niederländern aber mußten sie schließlich kapitulieren. Schon sehr früh hatten die Portugiesen und Spanier mit der Verbreitung des Christentums auf den Molukken begonnen. Im Jahre 1546 war der spanische Jesuit Francis Xavier, der ›Apostel Asiens‹, auf der kleinen Insel Ambon, die damals noch keine große Rolle im Gewürzhandel spielte, gelandet und hatte einige tausend Einheimische zum katholischen Glauben bekehrt. Seit 1599 bzw. 1605 folgten den Iberern Niederländer und Briten, die sich die wichtigsten Molukken-Inseln wechselseitig streitig machten. Schließlich gewannen die Holländer die Oberhand und beherrschten, nachdem sie die Portugiesen (1607), die Engländer (1623) und die Spanier (1663) vertrieben hatten, die Molukken vollständig. Nur während der Napoleonischen Kriege, zu Beginn des 19. Jhs., war die Inselgruppe kurzzeitig wieder britisch. Über zwei Jahrhunderte verfolgten die Niederländer auf den Molukken eine rigorose Kolonialpolitik, deren Ziel es war, ein Maximum an Profit aus diesen überseeischen Besitzungen herauszuholen (vgl. S. 91). Diese Ausbeutungspolitik basierte auf dem Gewürzhandelsmonopol der VOC, das teilweise zu untergraben allerdings Mitte des 18. Jhs. einigen Engländern und Franzosen gelang, die Muskatsämlinge auf die westindischen Inseln der Karibik schmuggeln konnten. Seit Ende des 18. Jhs. verlor der Gewürzhandel an

Bedeutung und die Molukken gerieten wirtschaftlich ins Abseits. Während das holländische Erbe vorwiegend in wuchtigen Festungsbauten, steinernen Zeugen des absoluten Machtanspruchs, überlebt hat, offenbart sich der iberische Einfluß heute noch in der Folklore und in der Sprache der Molukker.

Trotz ihrer großen Vergangenheit gehören die Molukken heute zu den ökonomisch am wenigsten entwickelten Regionen des indonesischen Archipels. Die Bedeutung der für die Geschichte dieser Inseln entscheidenden Gewürzpflanzen ist stark zurückgegangen. Zwar bildet die Produktion von Gewürznelken und Muskatnuß auch weiterhin eine wichtige Stütze der insularen Wirtschaft, jedoch hat den Spezereien als Hauptexportprodukt mittlerweile Kopra den Rang abgelaufen. Noch weitgehend ungenutzt sind die natürlichen Ressourcen der Molukken. An mineralischen Bodenschätzen vermutet man u. a. Erdöl, Nickel und Mangan, jedoch wurden bislang noch längst nicht alle Regionen der Inselwelt systematisch geologisch untersucht. Erst seit jüngster Vergangenheit bemüht man sich, die Fischerei (vor allem Thunfisch) zu intensivieren.

Praktische Hinweise Molukken

An- und Weiterreise: Flugzeug: Als wichtigstes Eingangstor der Molukken wird die Provinzhauptstadt Ambon von den Gesellschaften Garuda, Merpati und Mandala regelmäßig von allen bedeutenderen Städten sowohl West- wie Ostindonesiens aus angeflogen. Weiterhin bestehen regelmäßige Flugverbindungen zwischen Ternate und Sulawesi (Bouraq und Merpati) sowie zwischen Ternate und verschiedenen Städten in Irian Jaya (Merpati; weitere Informationen vgl. ›Reisen in Indonesien: ... mit dem Flugzeug‹, S. 544).

Schiff: Sowohl Ambon als auch Ternate liegen auf den Routen von PELNI-Schiffen; Verbindungen bestehen von/nach Java, Sulawesi, Kalimantan und Irian Jaya (vgl. ›Reisen in Indonesien: ... mit dem Schiff‹, S. 547). Kleinere Passagierschiffe pendeln regelmäßig zwischen Manado (Nordsulawesi) und Ternate sowie sporadisch zwischen Sorong (Irian Jaya) und Ternate.

Beachten Sie die Zeitverschiebung (plus zwei Stunden) zwischen Java sowie anderen westindonesischen Inseln und den Molukken!

Reisen auf den Molukken: Die meisten Molukken-Inseln liegen immer noch im Schatten anderer indonesischer Reiseziele. Während man auf Ambon, Banda, Ternate und Tidore gelegentlich nostalgische Holländer trifft oder Weltenbummler, die sonst schon alles gesehen haben, werden alle anderen Inseln der Provinz, vor allem die Südostmolukken, so gut wie gar nicht von Touristen besucht. Für den Fremdenverkehr einigermaßen erschlossen sind bislang nur die bereits oben erwähnten Inseln. Zwar ist das Reisen auf den Molukken wegen der noch recht unterentwickelten Infrastruktur mitunter sehr anstrengend, doch begegnen die meisten Inselbewohner dem fremden Besucher sehr aufgeschlossen, hilfsbereit und gastfreundlich. Zwischenmenschliche Begegnungen gehören zu den Höhepunkten einer Reise. Sehr hilfreich sind vor allem in diesem Teil des indonesischen Archipels Grundkenntnisse der indonesischen (auf Ambon auch der holländischen) Sprache. Im Gegensatz zu Westindonesien liegen hier die besten Reisemonate zwischen September–März. Während der Regenzeit von April–August kann es zu erheblichen Behinderungen des Reiseverkehrs kommen.

Flugzeug: Größere Entfernungen werden auf den Molukken durch ein relativ dichtes Flugnetz überbrückt. Merpati bietet von Ambon oder Ternate aus sogar Linienflüge an zu so abgelegenen Orten wie u. a. Bandaneira (Banda), Saumlaki (Tanimbar), Tual (Kai), Namlea (Buru), Amahai (Seram), Labuha (Bacan) sowie Kao und Galela (Halmahera). Bei den auf diesen Strecken meist eingesetzten kleinen Propellermaschinen sind für gewöhnlich nur 10 kg Freigepäck erlaubt. Sehr zuverlässig sind die Flugverbindungen zwischen Ambon und Ternate.

Schiff: Die Hauptverkehrsmittel sind nach wie vor Boote und Schiffe, nicht nur für den interinsularen Verkehr, sondern auch, wegen fehlender Straßen, um von einem Teil einer Insel zu einem anderen zu gelangen. Zwischen benachbarten Inseln bestehen für gewöhnlich regelmäßige Schiffsverbindungen, so z. B. zwischen Ambon und Seram, zwischen Ternate und Tidore sowie zwischen Ternate und Halmahera. Sehr zeitaufwendig ist das Reisen per Schiff über längere Distanzen. Von Ambon aus verkehrt jeweils ein PELNI-Perintis-Schiff in südlicher Richtung nach Banda, Kai, Tanimbar u. a. sowie in nördlicher Richtung mit zahlreichen Zwischenstops nach Ternate.

Straßenverkehr: Auf den Molukken gibt es bislang insgesamt lediglich rund 2000 km Straßen, von denen gerade ein Viertel asphaltiert sein dürfte. Gut ausgebaute Straßen erschließen nur die Umgebung der Städte Ambon und Ternate.

Ambon und die Zentralmolukken

Ambon, auf der Insel gleichen Namens gelegen, ist als größte Stadt der Molukken (knapp 280000 Einw.) Verwaltungssitz, Handelszentrum und Verkehrsknotenpunkt der zersplitterten Inselprovinz. Ambon besteht aus den beiden Halbinseln Leihitu und Leitimur, die durch einen schmalen Isthmus miteinander verbunden sind. Während die südliche Peninsula mit der Stadt Ambon vorwiegend von Christen bewohnt wird, leben auf der nördlichen in erster Linie Moslems. Der Name Ambon soll sich aus dem indonesischen Wort *Embun* ableiten, was ›Nebel‹ bedeutet und auf das regenreiche Klima der Insel hinweist.

Die Ursprünge der an einer malerischen und gut geschützten Bucht gelegenen Stadt gehen auf das 16. Jh. zurück. Nukleus der Ansiedlung war eine von den Portugiesen 1574 errichtete Festungsanlage. Schon zu Beginn des 17. Jhs. aber mußten die Lusitanen ihren niederländischen Konkurrenten das koloniale Feld überlassen und Ambon entwickelte sich zu einem der wichtigsten Stützpunkte der holländischen Hegemonie über die ostindonesischen Inseln. Auf dem Höhepunkt der kolonialistischen Ausbeutungspolitik der Niederländer entfachte der von der Nachbarinsel Saparua stammende Kapitan Pattimura, mit wirklichem Namen Thomas Matulessy, einen Aufstand gegen die Kolonialherren. 1817 besetzte er das holländische Fort Duurstede auf Saparua und brachte als früher Meister und Stratege der Guerillataktik die Niederländer in große Bedrängnis. Schließlich endete er ebenso wie seine Kampfgefährten am Galgen: Während der Friedensverhandlungen, denen er sich gestellt hatte, wurde er öffentlich gehenkt.

Im weiteren Verlauf der Kolonialepoche aber verwuchsen die Ambonesen, die mit den Javanern oder anderen westindonesischen Völkerschaften ethnisch wie geistig-kulturell recht wenig gemein haben, in ganz erstaunlichem Maße mit dem holländischen Kolonialregiment. Wegen ihrer Tapferkeit von den Holländern besonders gern für die ›Königlich Niederländisch-Indische Armee‹ rekrutiert, wurden die Ambonesen, neben den Minahasa von Nordsulawesi, zu den zuverlässigsten Stützen des Kolonialsystems. In Anerkennung ihrer Dienste hatten die Niederländer den Ambonesen in der ›Konferenz am runden Tisch‹ von Den Haag im Jahre 1949 noch weitgehende Autonomie zugesichert, die ihnen aber die indonesische Zentralregierung in Jakarta verwehrte. Als im April 1950 die ›Republik der Südmolukken‹ (*Republik Maluku Selatan;* RMS) ausgerufen wurde, ließ der da-

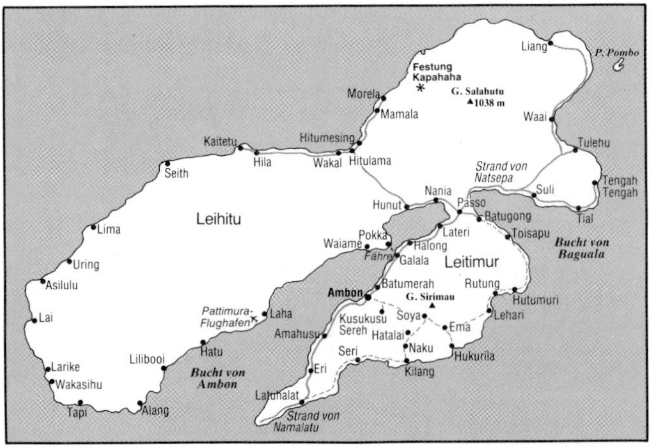

Die Insel Ambon

malige Präsident Sukarno die von den Niederländern inspirierte Sezessionsbewegung mit Waffengewalt niederschlagen. Gebrochen wurde der Widerstand der Separatisten bereits im November 1950, doch setzten versprengte Guerillaeinheiten der Ambonesen in den Bergen der Nachbarinsel Seram den Kampf noch bis 1968 fort. Um Verfolgungen zu entgehen, flüchteten Anfang der 50er Jahre Zehntausende von Ambonesen, insbesondere diejenigen, die in der niederländischen Armee und Polizei gedient hatten und somit als Kollaborateure mit der ehemaligen Kolonialmacht verrufen waren, nach den Niederlanden. In ihrem selbstgewählten Exil versuchten sie noch in den 70er Jahren, mit militanten Protestaktionen (Geiselnahme, Eisenbahnentführung) die Weltöffentlichkeit auf ihre politische und soziale Lage aufmerksam zu machen. Nachdem der Führer der Sezessionisten, Dr. Soumokil, 1963 den Kampf für einen unabhängigen südmolukkischen Teilstaat offiziell für beendet erklärt hatte, schritt die Integration Ambons in die Gesamtrepublik zügig voran. Im heutigen Indonesien spielen Ambonesen bis in die höchsten Spitzen von Politik, Militär und Wirtschaft hinauf eine Rolle, die weitaus bedeutender ist, als es das kleine Ambon vermuten lassen könnte.

Die Stadt Ambon

Den einstigen kolonialen Charme der Molukken-Metropole legten 1945 heftige japanische Bombenangriffe in Schutt und Asche. Der Wiederaufbau nach dem Zweiten Weltkrieg allerdings hat wenig Rücksicht genommen auf das ehemalige Stadtbild. Das Gesicht Ambons wird heute von der Farblosigkeit moderner Zementfestungen geprägt und unterscheidet sich in nichts von dem anderer indonesischer Großstädte. Historische Reminiszenzen entdeckt man allenfalls noch in architektonischen Details.

Das portugiesische Zwischenspiel hinterließ die Festung **Kota Laha** als sichtbares

Ambon: Sehenswürdigkeiten: 1 Fort Victoria 2 Pattimura-Denkmal 3 Pasar Gotong Royong (Zentralmarkt) 4 Mesjid Raya 5 Mesjid Jame **Öffentliche Einrichtungen:** 6 Maluku Regional Tourist Office (im Amtssitz des Gouverneurs) 7 Hauptpostamt 8 Garuda 9 Merpati 10 Mandala 11 Hafen 12 Anlegestelle für kleinere Passagierschiffe 13 PELNI 14 Bus- und Bemoterminal 15 Bemoterminal 16 Taxistand **Hotels und Losmen:** 17 Hotel Amboina 18 Hotel Cendrawasih 19 Hotel Eleonor 20 Hotel Relfanny und Hotel Beta 21 Hotel Silalou

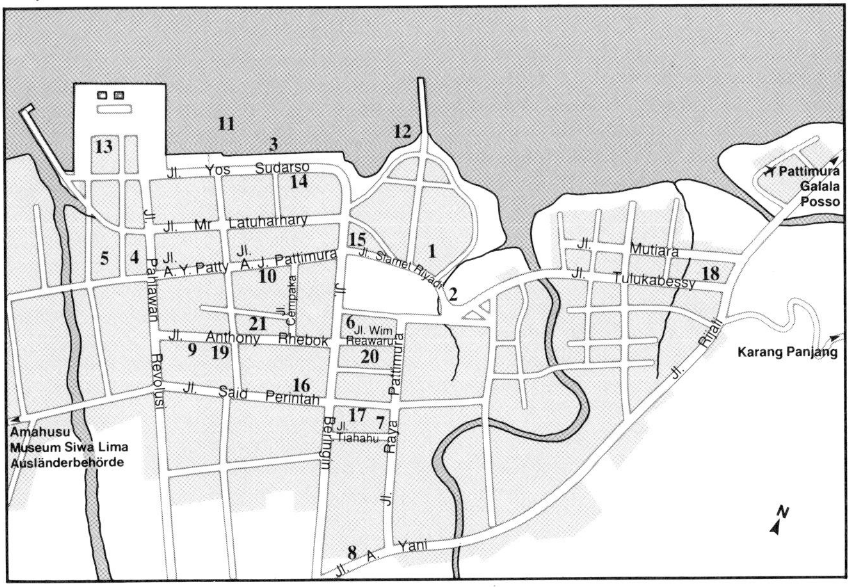

Zeugnis im Stadtbild. Dieses 1574 errichtete Bollwerk wurde später von den Niederländern übernommen und in Fort Nieuw Victoria umbenannt. Heute stehen von der im Stadtzentrum an der Jl. Slamet Riyadi gelegenen historischen Festungsanlage nur noch die seewärts gewandten Außenmauern und ein einsamer Torbogen mit Resten holländischer Stadtwappen. Da im Fort heute Einheiten der indonesischen Armee stationiert sind, ist eine Besichtigung nur in Begleitung eines Uniformierten möglich. In der Nähe der Festung erhebt sich in martialischer Drohgebärde ein Standbild des Nationalhelden Pattimura, der zu Beginn des 19. Jhs. nach einer gescheiterten Rebellion von den Niederländern hingerichtet wurde. Das Denkmal von Martha Christiana Tiahahu, einer Kampfgefährtin Pattimuras, steht gegenüber dem Parlamentsgebäude der Provinz Maluku im Vorort Karang Panjang, der sich auf einem Hügel über der Stadt ausbreitet. Von hier bietet sich zudem ein sehr eindrucksvoller Blick über die Bucht von Ambon. Nicht versäumen sollte man einen Bummel durch den geschäftigen **Pasar Gotong Royong,** den großen Zentralmarkt, der sich über ein weitläufiges Areal südwestlich des Fort Victoria erstreckt. Noch etwas weiter südlich liegt im Umkreis der beiden großen Moscheen Mesjid Raya und Mesjid Jamé das Wohnviertel der moslemischen Bevölkerungsminorität Ambons.

Etwa 5 km südwestlich der Stadt, im Vorort Amahusu, steht auf dem Hügel Taman Makmur das sehr sehenswerte **Museum Siwa Lima,** das anschaulich über Kunst und Kultur der zahlreichen Ethnien der Zentral- und Südostmolukken sowie auch Irian Jayas informiert. Besondere Beachtung verdient die umfangreiche Sammlung religiöser Stammeskunst von den Inseln Kai, Aru und Tanimbar; Öffnungszeiten: Mo, Mi, Do und Sa 9–14 Uhr, So 10–15 Uhr, Di und Fr geschlossen. Etwa 100 m oberhalb des modernen Museumsgebäudes ragt ein kleiner balinesischer Tempel auf. Am Strand unterhalb des Museumskomplexes erhebt sich Batu Capeo, ein bizarr verwitterter Korallenfelsen von der Form eines gigantischen Kopfes.

Praktische Hinweise

Unterkunft (allgemein sehr hohes Preisniveau): *Abdulalie, Jl. Sultan Babullah, ✆ 2057; *Amboina, Jl. Kapitan Ulupaha 5 A, ✆ 41725; *Cendrawasih, Jl. Tululabessy, ✆ 2487; *Eleonor, Jl. Anthony Rhebok 30, ✆2834; Bahtera, Jl. Tiahahu, ✆ 41088; Beta, Jl. Wim Reawaru 114, ✆ 3463 (nahe Kantor Gubernur); Relfanny, Jl. Wim Reawaru 115, ✆ 41692; Sela, Jl. Anthony Rhebok, ✆ 2422; Silalou, Jl. Sedap Malam 41, ✆ 3197.

Verkehr: Anreise: täglich Flüge der Garuda u. a. ab Jakarta, Surabaya und Denpasar (via Ujung Pandang) sowie ab Biak, Sorong und Jayapura; der Merpati u. a. ab Jakarta, Surabaya, Ujung Pandang, Manado, Ternate, Biak und Jayapura; der Mandala ab Jakarta, Surabaya und Ujung Pandang (weitere Fluginformationen vgl. S. 544).

Ambon liegt auf der Route des PELNI-Schiffes KM Rinjani (An- und Weiterreise u. a. von/nach Jakarta, Surabaya, Ujung Pandang und Sorong; vgl. S. 547).

Stadt- und Vorortverkehr: Auf festgelegten innerstädtischen Routen pendeln Bemo. Das zentrale Terminal für den Stadt- und Vorortverkehr sowie auch für die meisten Fahrtziele auf der Insel Ambon befindet sich in der Jl. Yos Sudarso (eventuell ist bereits das neue Terminal westlich des Fort Victoria in Betrieb). Taxen findet man in der Jl. Said Perintah. Zahlreich vertreten sind Becak. Eine Auto- und Personenfähre verkehrt zwischen Galala auf der Halbinsel Leitimur und Pokka auf Leihitu.

Fernverkehr: Flughafen Pattimura 36 km westlich. Fluglinien: Garuda, Jl. A. Yani, ✆ 2481; Merpati, Jl. Anthony Rhebok 28, ✆ 3480; Mandala, Jl. J. Patty SK 14/18, ✆ 42551. Merpati fliegt von Ambon aus täglich nach Ternate sowie zwei bis dreimal pro Woche u. a. nach Bandaneira (Banda), Tual (Kai), Saumlaki (Tanimbar), Namlea (Buru) und Amahai auf Seram (weitere Fluginformationen s. o. ›Anreise‹ und vgl. S. 544).

Alle 14 Tage geht im Hafen von Ambon das PELNI-Schiff KM Rinjani vor Anker; PELNI-Büro, Jl. Pelabuhan 1, ✆ 3161 (Informationen zu PELNI-Schiffen vgl. S. 547). Ein PELNI-Perintis-Schiff verkehrt von Ambon aus regelmäßig etwa alle zwei bis drei Wochen nach Bandaneira (Fahrzeit ca. 12 Std.), Tual (ca. 2 Tage), Saumlaki (ca. drei Tage) und anderen kleinen Häfen der südlichen Molukken. Ein anderes Schiff der gleichen Linie fährt von Ambon aus etwa alle zwei bis drei Wochen mit zahlreichen Zwischenstops (u. a. in Namlea, Sanana und Labuha) nach Ternate (Fahrzeit ca. sieben bis zehn Tage). Kleinere Passagierschiffe für Reiseziele innerhalb der Zentralmolukken findet man im Hafen nördlich des Marktes bzw. westlich von Fort Victoria. Schiffe nach Seram und Saparua legen in Tulehu an der Ostküste von Ambons Nordhalbinsel Leihitu ab (Abfahrt meist frühmorgens).

Reiseagenturen: Daya Patal, Jl. Said Perintah SK II/27 A, ✆ 3529; Sumber Budi, Jl. Mardika II/16, ✆ 3205.

Restaurants: Halim, Jl. Sultan Hairun (indonesisch, chinesisch); Sakura, Jl. Sultan Hairun (indonesisch, chinesisch); Tip-Top, Jl. Sultan Hairun (indonesisch, chinesisch).

Einkauf: Die in Ambon angebotenen Souvenirs (Lampen und Wandschmuck aus Muscheln, Modelle von Segelschiffen aus Gewürznelken u. a.) fallen größtenteils unter die Kategorie ›Kitsch‹. Mit Glück stößt man auf schöne handgewebte Textilien von den südöstlichen Molukken. Souvenir- und Kunstgewerbeläden befinden sich in der Jl. A. J. Patty und in der Jl. Pattimura.

Information und wichtige Adressen: Touristeninformation: Maluku Regional Tourist Development Board, c/o Governor's Office, Jl. Pattimura, ✆ 2471 (kompetente Mitarbeiter). **Ausländerbehörde:** Kantor Imigrasi, Jl. Sultan Babullah, ✆ 2003 und Jl. Dr. Kayadoe 48 A, Kudamati. **Post:** Hauptpostamt, Jl. Pattimura. **Banken:** Bank Ekspor Impor, Jl. Pattimura; Bank Negara Indonesia 1946, Jl. Said Perintah. **Gesundheit:** Ruman Sakit Umum, Kudamati, ✆ 3595.

Ausflüge auf der Insel Ambon

Latuhalat (16 km südwestlich von Kota Ambon; Anfahrt: Bemo ab Jl. Yos Sudarso): An der Südspitze der Halbinsel Leitimur erstreckt sich nahe dem Dorf Latuhalat der Korallenstrand Namalatu (gute Schnorchelmöglichkeiten).

Soya (7 km östlich von Kota Ambon; Anfahrt: Bemo ab Jl. Sirimau): In diesem ca. 300 m über dem Meeresspiegel gelegenen christlichen Dorf, das von kleinen Muskat- und Nelkenpflanzungen umgeben wird, steht eine alte holländische Kirche. Ein rund halbstündiger Spaziergang führt von Soya weiter zum Gipfel des Gunung Sirimau. Dort befinden sich auf einer Lichtung ein legendenumrankter Steinaltar, der sogenannte Thron der Ahnen, sowie eine heilige Wasserurne *(Tempayan Keramat),* die nie austrocknet und nach dem Volksglauben eine Art Jungbrunnen darstellt. Allein wegen des sich hier bietenden grandiosen Panoramablicks lohnt sich der Ausflug. Auch in der Nähe anderer Bergdörfer an den Hängen des Gunung Sirimau (z. B. Ema, Kilang, Naku und Hatalai) stehen uralte Megalithe, die, obwohl sich die Bewohner der Ansiedlungen schon seit Jahrhunderten zum christlichen Glauben bekennen, nach wie vor als Heiligtümer verehrt werden.

Kusukusu Sereh (ca. 5 km südöstlich von Kota Ambon; Anfahrt: Bemo ab Jl. Yos Sudarso nach Mangga Dua): Von Mangga Dua führt eine ca. 30–40minütige Wanderung durch eine malerische Urwaldschlucht (immer der Wasserleitung folgen) nach Kusukusu Sereh. Ganz in der Nähe dieses Dorfes liegt die größte Höhle der Insel Ambon, in der sich ebenfalls mysteriöse Megalithe befinden.

Batumerah/Galala (ca. 3 bzw. 7 km nordöstlich von Kota Ambon; Anfahrt: Bemo ab Jl. Yos Sudarso): Über Batumerah (sehenswerte alte Moschee) erreicht man entlang der Küstenstraße den kleinen Ort Galala. Von hier aus verkehren regelmäßig Fähren und kleine Passagierboote über die Bucht von Ambon nach Pokka auf der nördlichen Halbinsel Leihitu. Die Fährfahrt führt vorbei am Marthafons Cape mit dem luxuriösen Bungalowhotel Pertamina Cottages. In Galala und Pokka befinden sich Fakultäten der renommierten Pattimura-Universität.

Waai (31 km nordöstlich von Kota Ambon; Anfahrt: Bemo ab Jl. Yos Sudarso): Auf dem Weg zu diesem protestantischen Dorf an der Ostküste von Leihitu passiert man bei Suli den beliebten Badestrand Pantai Natsepa sowie das verschlafene Hafenstädtchen Tulehu (ab hier Schiffe nach Amahai auf Seram sowie zu den Inseln Saparua, Haruku und Nusalaut). Die große Attraktion von Waai (›Wasser‹) ist ein Pool mit klarem Quellwasser, in dem sich heilige Aale tummeln, die von den Dorfbewohnern mit rohen Eiern gefüttert werden. Die unter Naturschutz stehende Insel Pombo mit ihren Korallengärten erreicht man mit einem gemieteten Boot ab Tulehu, Waai oder Liang. Noch attraktiver für

Schnorchler und Taucher soll die rund drei Bootsstunden entfernte Insel Kasa sein. Allerdings sind die Korallenkulturen der Riffe beider Inseln durch das hier praktizierte Fischen mit Dynamit schon stark geschädigt worden.

Hitu/Mamala (Anfahrt: Minibus ab Jl. Yos Sudarso): Vom Ort Passo am Isthmus zwischen den beiden Halbinseln führt eine landschaftlich sehr reizvolle Bergstraße nach Hitu, einem hübsch gelegenen Ort an der Nordküste von Leihitu. Auf einem von tropischem Wildwuchs dicht überwucherten und kaum zugänglichen Berg nordöstlich von Mamala erhebt sich die Ruine der alten Festung Kapahaha.

Hila-Kaitetu (42 km nordwestlich von Kota Ambon; Anfahrt: Minibus ab Jl. Yos Sudarso nach Hitu, ab dort sporadisch Bemo nach Hila; am späten Nachmittag oft Transportprobleme): In diesem ›Doppeldorf‹ leben Christen und Moslems streng getrennt voneinander. Im islamischen Kaitetu steht die ohne einen einzigen Nagel errichtete Mesjid Wapaue, die älteste Moschee Ambons, deren Ursprünge ins 15. Jh. zurückreichen. Die Imanuel-Kirche im christlichen Hila stammt aus dem Jahre 1780. Einen Besuch lohnt auch die Ruine des holländischen Fort Amsterdam, das am Ortsrand von Hila an einem nicht nur strategisch günstigen, sondern auch landschaftlich reizvollen Platz aufragt, aber nur noch vom Wurzelwerk eines mächtigen Banyan-Baumes zusammengehalten wird.

Die Nachbarinseln

Die drei sich östlich an Ambon anschließenden Inseln Haruku, Saparua und Nusalaut sind Zentren der regionalen Nelken- und Muskaterzeugung. Auf allen drei Inseln finden sich weißsandige Badestrände mit vorgelagerten Korallenriffen. Historische Bedeutung besitzt **Pulau Saparua.** Hier attackierte der Rebellenführer Thomas Matulessy alias Kapitan Pattimura im Jahre 1817 das holländische Fort Duurstede, dessen Ruinen noch zu sehen sind. Eine entscheidende Schlacht wurde auf dem heute gelegentlich von Ausflüglern besuchten Strand von Waisisil ausgetragen.

Im großen und ganzen aber verirren sich äußerst selten Touristen auf eine dieser drei Inseln.

Seram, die mit 17151 km^2 größte Insel der Zentralmolukken, wird von einer bewaldeten Gebirgskette (höchste Erhebung Gunung Binaiya, 3019 m) durchzogen. Relativ dicht besiedelt ist nur die südliche Region um die beiden Hauptorte Amahai und Masohi (= Verwaltungssitz des Distrikts Zentralmaluku). In den gebirgigen Rückzugsgebieten des Inselinnern leben mehrere melaneside, unter dem Kollektivbegriff Alfuren zusammengefaßte Altvölker, an deren überkommenen Lebensformen sich bis auf den heutigen Tag kaum etwas geändert hat. Einst wilde Kopfjäger, gelten die Patasiwa auf Westseram noch immer als sehr fremdenfeindlich. Leichter zugänglich ist das Gebiet der Naulu; ihre traditionellen Dörfer Janeero und Bonara sind von Amahai aus, teils per Bemo, teils zu Fuß, in ca. zwei bis drei Stunden zu erreichen. Gemeinsames Kennzeichen der Alfurenstämme ist eine halbnomadische und wildbeuterische Lebensweise; als Grundnahrungsmittel dient Sago (vgl. S. 522). Neu erschlossen wurden in den letzten Jahren die Regionen um die Orte Wahai und Bula an der Nordküste. In der Umgebung von Wahai, das mit Masohi durch eine jüngst angelegte Straße verbunden ist, siedeln Transmigranten aus Java; in der Nähe von Bula bohrt die PERTAMINA nach Erdöl.

Einen traurigen Ruf als Gefangeneninsel hat sich das ebenfalls sehr gebirgige und dicht bewaldete **Buru** erworben. Nach dem kommunistischen Umsturzversuch vom 30. September 1965 entstanden hier zahlreiche Strafkolonien für politische Häftlinge, die in jüngerer Vergangenheit aber zumindest teilweise wieder aufgelöst worden sein sollen. Während es lange Zeit unmöglich war, diese Insel zu besuchen, ist heute, nach Auskunft einzelner Reisender, dafür nicht einmal mehr eine Genehmigung *(Surat Jalan)* der Militärbehörden in Ambon nötig. Es empfiehlt sich jedoch unbedingt, vor einer Reise nach Buru aktuelle Informationen einzuholen.

Praktische Hinweise

Verkehr: Die Inseln Haruku, Saparua und Nusalaut sind per Boot von Tulehu (Ambon) aus zu erreichen. Die tägliche Fähre Tulehu – Amahai (Seram) hält für gewöhnlich kurz auf Saparua (Abfahrt in Tulehu gegen 7 Uhr morgens). Amahai (Seram) und Namlea (Buru) werden von Merpati zwei- bis dreimal wöchentlich von Ambon aus angeflogen.

Unterkunft: Masohi (Seram): Hotel Lelemuku, Losmen Mujur, Losmen Nusantara, Penginapan Ole Sio.

Hinweis: Dieses Kapitel basiert vorwiegend auf Informationen des Fremdenverkehrsamtes in Ambon.

Der Banda-Archipel

Dieser rund 160 km südöstlich von Ambon gelegene, weit über die Banda-See verstreute Archipel besteht aus Dutzenden von kleinen und kleinsten Eilanden vulkanischen Ursprungs mit einer Gesamtfläche von gerade 100 km^2. Die größten Inseln der Banda-Gruppe sind Neira mit dem Hauptort Bandaneira, Lonthor (auch Banda Besar oder Groß-Banda genannt), Run, Ai, Rozengain und die Vulkaninsel Gunung Api.

Obwohl heute außerhalb Indonesiens kaum bekannt, waren die Banda-Inseln, einst heftig umkämpft von miteinander rivalisierenden europäischen Kolonialmächten, vor Jahrhunderten ein bedeutender Schauplatz der Weltgeschichte und spielten lange Zeit eine Schlüsselrolle in der Machtpolitik um den östlichen Teil des indonesischen Archipels. Die Bandas waren in den Brennpunkt kolonialen Interesses geraten, weil hier bereits seit dem frühen Mittelalter ein Großteil der Weltproduktion an Muskatblüten und -nüssen erzeugt wurde. Dem ›Entdecker‹ der Banda-Inseln, dem portugiesischen Seefahrer Afonso d' Albuquerque, der zu Beginn des 16. Jhs. einen ungemein einträglichen Handel mit den Insulanern aufbaute (die Gewinnspanne beim Gewürzhandel betrug ca. 1000%!), folgten Jahrzehnte später die Holländer. Nach zahlreichen Scharmützeln mit ihren Konkurrenten aus Portugal und England sowie den einheimischen Bandanesen gewannen die Niederländer mit einer mächtigen Flotte von Kriegsschiffen im Jahre 1621 schließlich die Oberhand, erlangten die Kontrolle über die Muskatinseln und verwalteten sie fortan mit unnachsichtiger Brutalität. Um sich gegen den Widerstand der Banda-Insulaner das Monopol des Muskathandels zu sichern, rotteten die holländischen Invasoren innerhalb weniger Jahre nach ihrer Ankunft in grauenvollen Massakern fast die gesamte Inselbevölkerung aus. Aber es gelang den Engländern und Franzosen, Muskatsämlinge herauszuschmuggeln, so daß die Exporte immer mehr zurückgingen und die Bandas schließlich ab dem frühen 19. Jh. in wirtschaftlicher und politischer Bedeutungslosigkeit versanken. Während im 17. und 18. Jh. durchschnittlich rund 2000 t Muskatnuß auf den Inseln erzeugt wurden, sank ab Mitte unseres Jahrhunderts die Jahresproduktion auf 300 t ab. Mittlerweile hat Thunfisch Muskatnuß und -blüte als Hauptexportprodukt abgelöst.

Die heute ca. 25000 Bewohner des Archipels sind gemischter Herkunft, zumeist Nachfahren von Javanern und Makassaren sowie Einwohner benachbarter Inseln, die von den Niederländern anstelle der ursprünglichen Bandanesen, die entweder getötet oder vertrieben worden waren, als Arbeitssklaven für die Muskatnußplantagen hierher gebracht worden waren.

Bandaneira, die ›Hauptstadt‹ des Archipels, ist ein Ort, in dem die Vergangenheit noch nicht aufgehört hat, Gegenwart zu sein. Es braucht nicht viel Phantasie, um sich bei einem Rundgang durch das Bandaneira des 20. Jhs. zurückzuträumen in die Zeit der holländischen *Perkenier,* der aus Batavia herbeigebrachten Siedler und Pflanzer. Ausgangspunkt einer Ortsbesichtigung sollte Rumah Budaya, das ›Haus der Kultur‹, sein. Die Familie Alwi-Baadillah, Nachkommen arabischer Seefahrer, hat ihren kolonialen Wohnsitz umgewandelt in ein kleines, aber sehr se-

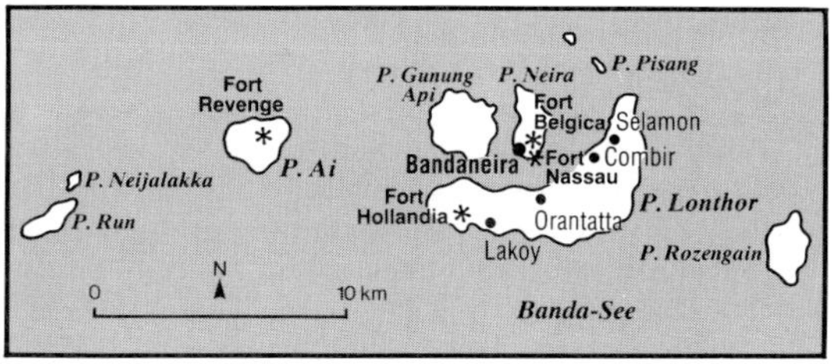

Banda-Archipel

Die Hauptstraße der Inselkapitale Bandaneira

henswertes Museum mit einer umfangreichen Sammlung von Erbstücken und Memorabilien. Ein schockierendes Gemälde stellt ein ungemein grausames Ereignis vom 8. Mai 1621 dar. An diesem Tag ließ der von der VOC neu eingesetzte, damals erst 31jährige Generalgouverneur Jan Pieterszoon Coen 44 *Orang Kaya* (Dorfnoblen), denen eine Verschwörung gegen die Holländer vorgeworfen worden war, auf brutale Weise hinrichten. Die Inselhäuptlinge wurden von japanischen Söldnern im Dienste der VOC erst geköpft und dann gevierteilt; ihre Köpfe schließlich zur Abschreckung auf Bambusstangen aufgespießt. In nur wenigen Monaten hatte Coen, dessen Name zu einem Synonym für Grausamkeit und Brutalität wurde, die Bevölkerung der Bandas von ursprünglich 15000 auf nicht einmal mehr 1000 Seelen dezimiert. Tausende von Insulanern, die nicht bereit waren, sich der Fremdherrschaft zu beugen, wurden von den holländischen Kolonialherren ermordet, gefangengenommen und als Sklaven nach Batavia verkauft oder in entlegenen Inselregionen zusammengetrieben, wo sie dem Hungertod ausgeliefert waren. Nur wenigen Bandanesen gelang die Flucht in kleinen *Orambai* (Kanus) auf andere Molukken-Inseln wie Seram, Kai oder Aru.

Allenthalben begegnen wir in Bandaneira dem Holland der Kolonialzeit: teils musealgepflegt, teils pittoresk-verfallen die bisweilen 200–300 Jahre alten Wohnsitze der holländischen Plantagenverwalter, gediegen-prunkvoll der ehemalige, kürzlich restaurierte Gouverneurspalast, düster-drohend das wuchtige Benteng Belgica. Die meisten der 70–80 noch erhaltenen Kolonialgebäude findet man in der ›Middenstraat‹, der Hauptstraße Bandaneiras. Die überwiegend aus Korallengestein errichteten Häuser wurden bewußt niedrig gebaut, weil in diesem tektonisch instabilen Gebiet häufig Erdbeben auftreten. Einem Erdstoß fiel Mitte des vergangenen Jahrhunderts auch die alte protestantische Kirche zum Opfer; auf ihren Fundamenten erhebt sich heute ein Gotteshaus aus dem Jahr 1870. Historische, zwischen die mächtigen Portalsäulen eingelassene Grabplatten erinnern an Engländer, die hier ihre letzte Ruhestätte fanden. Auf einen der interessantesten Friedhöfe ganz Indonesiens stößt man unweit des Ortskerns im Dorf Merdeka. Ganz in der Nähe der Mesjid Merdeka erstreckt sich ein alter Gottesakker mit verwitterten und teils von dichter tropischer Vegetation überwucherten Grabmalen, welche die Namen von ehemaligen Gouverneuren und anderen Inselpersönlichkeiten tragen.

Der Hauch einer großen Vergangenheit weht auch durch das mächtige Bollwerk des holländischen Fort Belgica (1611), dessen wuchtige Präsenz auf einem Hügel oberhalb des Hafens heute noch furchteinflößend wirkt. Im Burghof befindet sich ein ›Brunnen‹, in Wirklichkeit der Zugang zu einem Geheimgang, der zum tiefer, in Strandnähe gelegenen Benteng Nassau führt. Nirgendwo offenbart sich Vergänglichkeit so eindringlich wie im Anblick dieser ursprünglich von den Portugiesen im Jahre 1527 errichteten und später von den Holländern übernommenen Festung, die sich in einem Zustand grün überwucherter Tristesse präsentiert. Wesentlich besser erhalten sind die ehemalige Gouverneursresidenz aus dem Jahre 1820 (achten Sie hier auf ein hinreißendes Gedicht, das ein heimwehkranker Holländer 1832 in eine Fensterscheibe geritzt hat!), das alte, heute noch gelegentlich benutzte Gefängnis sowie die daran anschließenden Kolonialgebäude, die Mitte der 30er Jahre unseres Jahrhunderts von den beiden exilierten indonesischen Nationalisten und Freiheitskämpfern Mohammad Hatta und Sutan Sjahrir bewohnt wurden.

Mit einem der häufig verkehrenden regulären Passagierboote kann man mühelos in einer knappen Viertelstunde Neiras Nachbarinsel **Lonthor** erreichen. Auch hier findet man noch verwitterte Spuren der Holländer. Über eine massive Steintreppe gelangt man ins bis zu 200 m hoch gelegene zentrale Plateau, wo die ehemaligen Kolonialherren 1754 Benteng Hollandia errichteten, eine Festung, die in trutziger Wehrhaftigkeit die Meerenge zwischen Neira und Lonthor bewacht. Ein kurzer Spaziergang führt von hier durch das Inselinnere, das geprägt ist von *Kebun,* lichten Muskatbaum-Plantagen, zum Pantai Belakan, einem herrlichen Sandstrand an der Ostseite von Lonthor.

Zwei Stunden etwa braucht man mit einem kleinen Motorboot für die gut zehn Seemeilen von Bandaneira zur am weitesten westlich gelegenen Banda-Insel **Run.** Immer wieder begleiten Schwärme von elegant durch das Wasser pflügenden Delphinen das Boot. Vorbei geht es an Pulau Ai, einer Insel, auf der sich idyllische Fischerdörfer zwischen dem Meer und steil aufragenden, schroffen Klippen einen Platz gesucht haben und in deren hügeligem Innern sich die Überreste des Fort Revenge, eines weiteren historischen Bollwerks der Niederländer, erheben. Ein Zwischenstop lohnt sich auch auf Pulau Neijalakka, einem kleinen Eiland mit blendend weißen Sandstränden, das der größeren Schwesterinsel Run dicht vorgelagert ist. Auf Run selbst sollte man die Mühe nicht scheuen, auf den vielleicht 300 m hohen, die Insel dominierenden Berg hinaufzusteigen – die Aussicht ist phantastisch.

Angelockt werden vom Banda-Archipel seit einiger Zeit schon vor allem Sporttaucher, denn in den Gewässern zwischen den Inseln liegen märchenhafte Korallenriffe, die wohl weltweit zu den faszinierendsten Unterwasserrevieren gehören. Als besonders spektakulär gelten die Tauch- und Schnorchelgründe um die nordwestlich von Neira gelegene Insel **Suanggi.** Das Sonnegat, der enge Kanal zwischen Neira und der Vulkaninsel Gunung Api, kann ebenfalls mit zauberhaften Korallengärten aufwarten; hier liegen auch die Wracks zweier japanischer Kriegsschiffe, die von den Amerikanern 1945 versenkt wurden.

Aber auch für Bergsteiger hat der Archipel etwas zu bieten. Bandas ›Feuerberg‹, der Gunung Api, erhebt sich direkt gegenüber von Neira in beinahe perfekter Symmetrie aus enormen Meerestiefen zu einer Höhe von 665 m. Das mag bescheiden klingen, doch man sollte diesen Vulkan nicht unterschätzen, denn der Weg führt mehr oder weniger in der Direttissima hinauf zum Gipfel des Kompositkegels. Doch die Mühe des zweistündigen Aufstiegs lohnt sich, bietet sich von oben doch ein weiter Blick über die gesamte Inselkette der Bandas, eine Landschaftskulisse von makelloser Schönheit.

Praktische Hinweise

Anreise: Zweimal wöchentlich fliegt Merpati mit kleinen CASA-Propellermaschinen von Ambon nach Bandaneira (Achtung: Nur 10 kg Freigepäck!). Alle zwei bis drei Wochen verkehrt von Ambon aus ein PELNI-Perintis-Schiff nach Bandaneira (Fahrzeit ca. 12 Std.).

Die Vulkaninsel Gunung Api von der Insel Lonthor aus gesehen

Reisezeit: Auf dem Banda-Archipel gibt es zwei Trockenzeiten: von Mitte März bis Mitte Mai sowie von Mitte September bis Anfang Dezember. Als bester, weil meist trockenster Monat gilt der Oktober. Während der Regenmonate von Juni–August kann eine aufgewühlte See den Bootsverkehr stark behindern.

Unterkunft: Kommerzielle Unterkunftsmöglichkeiten gibt es nur in Bandaneira. Sehr komfortabel, aber auch teuer sind Laguna Inn und Maulana Inn am Hafen (hier auch Verleih von Tauch- und Schnorchelausrüstung, Vermietung von Booten sowie Organisation von Tauchgängen; Information und Reservierung: P. T. Avisarti Corporation, Jl. Let. Jen. Suprapto 60, Cempaka Putih, P.0. Box 2087, Jakarta, ✆ 410151). Empfehlenswert ist die Pension im Nebengebäude des Museums Rumah Budaya (gleicher Besitzer wie Laguna Inn und Maulana Inn); etwas billiger und bescheidener, aber sehr gastfreundliche Besitzer, das Penginapan Delfika sowie das Penginapan Selecta.

Exkurs: Die ›Geldbäume‹ der Molukken

In jedem Küchenschrank und auf jedem Tisch eines Restaurants stehen heute Pfefferstreuer; ihr Inhalt wird für gewöhnlich als alltägliches Gewürz so gleichgültig wie beispielsweise Salz behandelt. Aber vor einem halben Jahrtausend wurde Pfeffer nach Körnern gezählt und beinahe mit Silber aufgewogen. Bereits im Mittelalter brachten indische und arabische Seekaufleute Pfeffer, Nelken, Muskat und andere Gewürze von den ostindonesischen Inseln zu den Basaren des Vorderen und Mittleren Orients. Dort wurden diese Kostbarkeiten von italienischen Händlern erworben und in Europa zu astronomischen Preisen weiterverkauft. Auf der Suche nach den sogenannten ›Gewürzinseln‹ entdeckte Kolumbus durch Zufall Amerika. Die Kontrolle über den gewinnbringenden Spezereihandel, der zur damaligen Zeit u. a. wegen der mangelhaften Konservierungsmöglichkeiten eine weitaus größere Bedeutung hatte als heute, zu erreichen, war letztendlich auch der Anlaß für Magellans Weltumsegelung. Auf der Schiffsreise von den Molukken zu den Warenhäusern in Lissabon und später Amsterdam vertausendfachte sich der Wert der Ladung. Die Gewürze brachten unermeßlichen Reichtum nach Europa, auf den Erzeugerinseln hinterließen sie eine unbeschreibliche Not (vgl. S. 86). Allein von den Banda-Inseln der Zentralmolukken exportierten die Holländer nach Schätzungen von Historikern bis zur Auflösung der VOC im Jahre 1790 Muskatnuß und -blüte im Wert von über einer Milliarde Gulden (in alter, nicht moderner Währung!). Um ihr Handelsmonopol zu sichern, rotteten sie die dortige Bevölkerung fast vollständig aus. Zwar werden heute wegen der ›Geldbäume‹ der Gewürzinseln keine Schlachten mehr geschlagen, aber als Einnahmequelle spielen sie für die einheimischen Insulaner nach wie vor eine große Rolle.

Der Gewürznelkenbaum (*Eugenia caryophyllata*) wird vorwiegend in kleinen Plantagen (*Kebun*) kultiviert und erreicht durchschnittlich eine Höhe von rund 20 m sowie ein Alter von etwa 60 Jahren. Besonders tragfähige Bäume liefern pro Jahr über 100 kg Knospen, die man getrocknet als Gewürznelken (*Cengkeh*) bezeichnet. Heute landet die gesamte Ernte der Molukken in javanischen Zigarettenfabriken, wo sie den weltberühmten Kretek-Zigaretten ihr unvergleichliches Aroma geben. 1 kg Gewürznelken bringen dem Pflanzer derzeit ca. 10 DM.

Der Muskatnußbaum (*Myristica fragrans*) wird bis zu 10 m hoch und trägt pfirsichgroße Früchte. Das Fruchtfleisch ist eßbar, aber nicht sehr schmackhaft. Der Samenkern im Innern, etwa von der Größe einer Murmel, wird als Muskatnuß (*Pala*) bezeichnet und, nach dem Trocknen in der Sonne oder einer Art Darrofen, gemahlen als Gewürz verwendet. Umhüllt ist der Kern von einem dünnen, scharlachroten Samenmantel, der sogenannten Muskatblüte, getrocknet und aufbereitet ebenfalls ein wertvolles Gewürz. Geerntet wird die Muskatfrucht, die man überdies wegen ihrer Heil- und Stärkungskräfte sehr schätzt, zweimal jährlich (meist im Juli und im Dezember). Ein typisches Merkmal von Muskatpflanzungen sind die hohen *Kanari*-Schattenbäume. Gegenwärtig wird 1 kg Muskatnuß mit knapp 4 DM gehandelt, 1 kg Muskatblüte mit ca. 12,50 DM. Innerhalb des indonesischen Archipels haben sich heute die Hauptanbaugebiete nach Java und Sulawesi verlagert. Der Löwenanteil der Weltproduktion an Muskatnuß und -blüte kommt derzeit vom karibischen Grenada. Die Molukker aber sind nach wie vor der Meinung, daß die Muskatfrucht nur beim Geräusch der nahen Molukken-See richtig gedeihen könne.

Der schwarze Pfeffer (*Piper nigrum*), ursprünglich in Indien heimisch, ist eine Schlingpflanze, die in Plantagenkulturen an Stangen etwa 4–5 m hoch gezogen wird. Die roten, johannisbeerähnlichen Früchte des Kletterstrauchs pflückt man für gewöhnlich in halbreifem Zustand. Beim Trocknen schlägt die rote Farbe in Dunkelbraun um; aus diesen ›Körnern‹ gewinnt man den bekannten schwarzen Pfeffer. Werden die Früchte geschält, so verbleibt nur der helle Samen, der den sogenannten weißen Pfeffer liefert. Pflanzungen finden sich heute auf den Molukken, vorwiegend aber auf Sumatra und Borneo. Im frühen 17. Jh. hatten die Portugiesen den Chile- oder Chilipfeffer (*Capsiam longum;* eine lateinamerikanische Paprikaart) nach Südostasien eingeführt, nachdem die Spanier ihn in Westindien entdeckt hatten. Die Spanier gaben ihm auch seinen Namen, um ihn vom ›echten‹ Pfeffer Ostindiens und der ostindischen Inseln zu unterscheiden. Die Chilischoten werden nach der Ernte zum Trocknen ausgebreitet und liefern, zu Pulver gemahlen, den bekannten Cayennepfeffer.

Ternate und die Nordmolukken

Am bekanntesten unter den 353 Inseln der Nordmolukken sind die beiden eng nebeneinander liegenden Vulkaninseln Ternate und Tidore. Zusammen mit den südlich gelegenen winzigen Eilanden Moti, Mare und Makian bildeten sie ursprünglich die eigentliche Gruppe der ›Gewürzinseln‹, um die die europäischen Kolonialmächte vor Jahrhunderten so schwere Kämpfe ausgefochten haben. Schon lange vor Ankunft der ersten Europäer unterhielten die beiden im 15. Jh. von den Südphilippinen aus islamisierten Königreiche Ternate und Tidore Handelskontakte zu arabischen, chinesischen und javanischen Seekaufleuten. Jahrhundertelang waren diese beiden insularen Sultanate, deren Macht- und Einflußsphären sich Hunderte von Kilometern in alle Himmelsrichtungen erstreckten, erbitterte Rivalen um die Vorherrschaft im östlichen Teil des indonesischen Archipels.

Ternate und Tidore

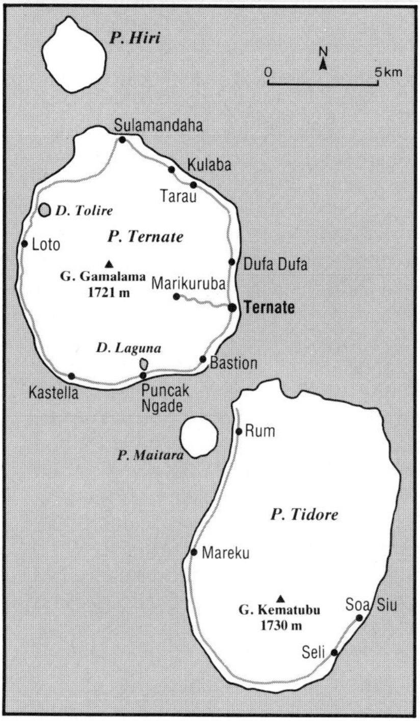

Mittels geschickten Intrigenspiels und wechselseitigen Paktierens mit den verfeindeten Sultanen gelang es seit dem frühen 16. Jh. zunächst den Portugiesen und später auch den Spaniern, auf den Nelkeninseln Fuß zu fassen und den lukrativen Handel mit den begehrten Spezereien an sich zu reißen. Im Laufe des 17. Jhs. entschieden die Holländer die blutigen kolonialen Machtkämpfe zu ihren Gunsten und begannen, ihr Handelsmonopol gegen den Widerstand der lokalen Potentaten mit Waffengewalt durchzusetzen. Auf den beiden Inseln Ternate und Tidore haben die europäischen Kolonisatoren ihre Spuren in Form wuchtiger Verteidigungsanlagen hinterlassen; hier findet man wohl die höchste ›Dichte‹ an Festungen im gesamten indonesischen Archipel. Auf den kleinen Inseln aber konzentrieren sich auch die vielfältigen landschaftlichen Reize Indonesiens: unberührte Strände, dschungelbewachsene Berghänge, imposante Vulkankegel, pittoreske Fischerdörfer, prächtige Korallengärten und entlegene Buchten, die Robinsonidylle bieten. Im Gegensatz zu den Zentralmolukken, wo die Mehrzahl der Bevölkerung dem christlichen Glauben anhängt, ist auf den meisten nordmolukkischen Inseln die islamische Tradition noch tief verwurzelt.

Die Stadt Ternate

Fast die Hälfte der knapp 90 000 Bewohner der beinahe kreisrunden Insel Ternate leben in dem an der Südostküste gelegenen Ort gleichen Namens. Das verschlafene Hafenstädtchen, das nichts von der Vitalität Ambons besitzt, ist das Verwaltungs- und Handelszentrum der Nordmolukken. Von dem mächtigen Vulkan Gamalama (1721 m) mit seinem Ensemble aus drei Gipfeln überragt, wirkt Ternate auf Anhieb anheimelnd und sympathisch. An die lange holländische Geschichte gemahnt das 1607 errichtete **Benteng Oranye,** eine im Verfall begriffene Festung, von der nur noch die mit verrosteten Kanonen bewehrte Umfassungsmauer steht. Noch gut erhalten dagegen ist der im 19. Jh. erbaute ehemalige **Sultanspalast,** der von einem Hügel an der nördlichen Peripherie der Stadt die Meerenge zwischen Ternate und Tidore überblickt. Nach dem Tode des letzten Herrschers im Jahre 1974 wurde das großräumige Gebäude restauriert und als Museum der Öffentlichkeit zugänglich gemacht. Mit seiner umfangreichen Sammlung an Erbstücken der Sultansfamilie und dem prächtigen Mobiliar vermittelt es ein anschauliches Bild der damaligen Zeit und ihres Lebensstils. Auf Wunsch wird dem Besucher die Krone (*Mahkota Sultan Ternate*) gezeigt, mit der es eine ganz besondere Bewandtnis hat. Die der Legende nach dem ersten Ternate-Herrscher von den Göttern persönlich verliehene Krone ist geschmückt mit Juwelen und Menschenhaar, das angeblich auf wunderbare Weise ständig nachwächst und einmal jährlich bei einer feierlichen Zeremonie geschnitten wird. Öffnungszeiten: Di–Do 8–13.30 Uhr, Fr 8–10.30 Uhr, Sa und So 8–12 Uhr, Mo geschlossen. Lohnenswert ist noch ein kleiner Spaziergang zu Ternates geschäftigem **Hafen Pelabuhan Samudera,** von wo aus sich ein schöner Blick auf die Nachbarinseln Tidore und Maitara bietet.

Praktische Hinweise

Unterkunft (allgemein recht hohes Preisniveau): Angin Mamiri, Jl. Sultan Baabullah 17; Chrysant, Jl. A. Yani, ✆ 21288 (einige AC-Zimmer); El Shinta, Jl. Pahl. Revolusi; Nirwana, Jl. Pahl. Revolusi, ✆ 21787; Sejahtera, Jl. Lawa Mena; Surya Damai, Jl. Sultan Baabullah 4, ✆ 21934 (familiäre Atmosphäre); Yamin, Jl. Pahl. Revolusi (direkt am Hafen gelegen).

Verkehr: Anreise: Ternate wird nur von Bouraq und Merpati angeflogen, u. a. ab Ambon, Manado und Sorong (weitere Fluginformationen vgl. S. 544). Ternate liegt auf der Route des PELNI-Schiffes KM Umsini (An- und Weiterreise u. a. von/nach Ujung Pandang, Bitung, Sorong und Jayapura, vgl. auch S. 547).

Stadt- und Vorortverkehr: Das zentrale Terminal für den Stadt- und Vorortverkehr sowie auch für die meisten Fahrtziele auf der Insel Ternate befindet sich an der Jl. Pahlawan Revolusi gegenüber dem Gemüsemarkt; hier auch Charter eines Bemo für eine Inselrundfahrt möglich. Beliebte Nahverkehrsmittel sind Pferdekutschen (Bendi), Becak dagegen gibt es nicht.

Fernverkehr: Flugplatz Baabullah 7 km nördlich. Fluglinien: Garuda, Jl. Bosoiri, ✆ 21605; Bouraq, Jl. Pahl. Revolusi 58, ✆ 21787 und Jl. Bosoiri 73, ✆ 21542; Merpati, Jl. Bosoiri 81, ✆ 21651. Bouraq bietet interessante Flugverbindungen von Ternate aus nach Sulawesi und weiter nach Kalimantan. Merpati fliegt von Ternate aus täglich nach Ambon sowie zwei- bis dreimal pro Woche u. a. nach Kao und Galela (Halmahera), Labuha (Bacan) sowie Morotai (weitere Fluginformationen s. o. ›Anreise‹ und vgl. S. 544).

Alle 14 Tage geht im Hafen von Ternate das PELNI-Schiff KM Umsini vor Anker; PELNI-Büro, Kompleks Pelabuhan, ✆ 21276 (Informationen zu PELNI-Schiffen vgl. S. 547). Ein PELNI-Perintis-Schiff verkehrt von Ternate aus regelmäßig alle zwei bis drei Wochen mit zahlreichen Zwischenstopps (u. a. in Labuha, Sanana und Namlea) nach Ambon (Fahrzeit ca. sieben bis zehn Tage). Regelmäßige Schiffsverbindungen bestehen zwischen Ternate und Bitung auf Nordsulawesi (ca. drei- bis viermal pro Monat) sowie zwischen Ternate und Tobelo auf Halmahera (ca. drei- bis viermal pro Woche; meist via Daruba auf Morotai). Büros kleiner Schiffslinien findet man im Hafenkomplex; Auskunft gibt auch der Hafenmeister. Passagierboote nach Dodinga auf Halmahera legen beim Gemüsemarkt (Jl. Pahl. Revolusi) ab. Boote nach Tidore (mehrmals täglich von 6–18 Uhr) und nach Moti, Mare, Makian (ein bis zwei Boote pro Tag) sowie kleinere Passagierschiffe nach Bacan (ca. dreimal pro Woche) findet man im Hafen von Bastion südlich von Kota Ternate.

Restaurants: Gamalama, Jl. Pahl. Revolusi 16 (indonesisch); Garuda, Jl. Pahl. Revolusi 27 (indonesisch, chinesisch); Rodabaru, Jl. Pahl. Revolusi (Padang); Umsini, Jl. A. Yani (Padang).

Information und wichtige Adressen: Ausländerbehörde: Kantor Imigrasi, Jl. SKSD Palapa, ✆ 21568. **Post:** Hauptpostamt, Jl. Pahl. Revolusi (bei Hotel El Shinta). **Banken:** Bank Ekspor Impor, Jl. Pahl. Revolusi; Bank Negara Indonesia 1946, Jl. Pahl. Revolusi.

Rundfahrt um die Insel Ternate

Mit Ausnahme des ca. 10 km langen Teilabschnitts zwischen Loto und Kastella, auf dem nur sehr sporadisch Bemo verkehren, kann man die Rundfahrt um die Insel Ternate, die einen Durchmesser von ca. 9 km und einen

Umfang von ca. 45 km hat, mit öffentlichen Verkehrsmitteln durchführen.

An strategisch günstiger Stelle, auf einer Felsenklippe oberhalb des Fischerdorfes **Dufa Dufa** (ca. 2 km nördlich von Kota Ternate), erhebt sich das im Jahre 1512 unter dem portugiesischen Admiral Afonso d' Albuquerque errichtete und später von den Holländern übernommene **Fort Benteng Tolucco.** Etwa 4 km weiter nördlich, nahe dem Dorf Tarau, erinnert Batu Angus (›Verbrannter Felsen‹), ein erstarrter Lavastrom, an den verheerenden Ausbruch des heute noch aktiven Gamalama-Vulkans im Jahre 1737. Im Fischerdorf **Sulamandaha,** an Ternates Nordspitze, kann man Boote mieten für Ausflüge zur vorgelagerten Insel Hiri, wo sich schöne Sandstrände erstrecken. An der Westflanke des Gunung Gamalama (ca. fünf Fußminuten ab der Küstenstraße) liegt der steilwandige Kratersee Danau Tolire. Zwischen die Ausläufer des Inselvulkans und das Meer gedrängt, schlängelt sich die kurvenreiche Straße entlang der Westküste über steile Klippen zum Dorf Kastella, wo die spärlichen Überreste der portugiesischen **Festung Benteng Nostra Señora del Rosario** liegen. Etwa auf halbem Weg zwischen Kastella und Kota Ternate stößt man auf die überwucherte Ruine des aus dem 16. Jh. stammenden portugiesischen **Forts Benteng Santo Pedro e' Paulo**. In der Nähe dieser Festung, die früher einer der wichtigsten Stützpunkte der Lusitanen auf Ternate war, beim Dorf Desa Fitu (auch Puncak Ngade genannt), zweigt von der Küstenstraße ein Fußpfad ab, der zu dem dicht mit Lotosblumen bewachsenen See Danau Laguna führt. Unweit von Bastion hat das kurze englische Zwischenspiel auf Ternate die **Festung Benteng Kayu Merah** hinterlassen.

Die gesamte Insel dominiert der Vulkan Gunung Gamalama, der zuletzt in den Jahren 1980 und 1983 sowie im Februar 1988 ausbrach. Ihn zu besteigen, ist recht beschwerlich, eine vergleichsweise einfache Wanderung aber führt zum Pohon Cengkeh Afu, einem über 350 Jahre alten Gewürznelkenbaum, der etwa 600 m über dem Meeresspiegel am Südosthang des Gamalama steht. Mit einem Bemo erreicht man ab Ternate (Jl. Nukila) das Dorf Marikuruba. Von dort aus führt der etwa einstündige Aufstieg durch Nelken- und Muskatpflanzungen zu diesem legendären Baum, der immer noch rund 100 kg Gewürznelken pro Jahr liefert. Wunderschön ist der Blick von hier auf die Nachbarinseln Tidore und Maitara.

Die Insel Tidore

Gerade eine Viertelstunde dauert die Überfahrt in einem kleinen Passagierboot von Bastion über die 2 km breite Meerenge nach **Rum** auf der Nachbarinsel Tidore. Hier scheint sich das portugiesisch-spanische Erbe deutlicher erhalten zu haben als auf ihrer Schwesterinsel. Zweimal pro Woche, für gewöhnlich donnerstags und sonntags, findet in Rum ein lebhafter Markt statt. Benteng Rumtua, ein altes portugiesisches Fort, erhebt sich in Ortsnähe. Auf der ca. 40 km langen Fahrt von Rum nach **Soa Siu,** dem Hauptort der Insel, wo ein Großteil der rund 40000 Insulaner lebt, umrundet man Tidore beinahe. Sehenswert in Soa Siu ist das Museum Memorial Kesultanan Tidore mit Erb- und Erinnerungsstücken der hiesigen Sultansfamilie. Ganz in der Nähe des Museums ragt das Benteng Tahula auf, und etwas weiter nordwestlich davon stößt man auf die Grundmauern des alten Sultanspalastes. Total von tropischem Wildwuchs überwuchert, verwittert am nördlichen Ortsrand auf einem Hügel oberhalb eines kleinen Friedhofs die alte Schanzanlage Benteng Igo Mafu. Auch Soa Siu wird von einem mächtigen Vulkankegel überragt, dem Gunung Kematubu (1730 m), der zuletzt 1969 aktiv war. Unterkunft findet man in Soa Siu im Losmen Nurlaila oder im Wisma Itogapura.

Die Insel Halmahera

Die größte der Molukken-Inseln, die früher den Namen Gilolo trug, stellt hinsichtlich ihrer Gestalt eine Art Miniaturausgabe von Sulawesi dar. Ebenso wie die große Schwesterinsel besteht Halmahera aus vier langgestreckten Halbinseln, die drei große Meeresbuchten umschließen. Von dichtbewaldeten Gebirgsketten durchzogen, sind weite Regionen Halmaheras bislang noch nahezu unerforscht. Verkehrsmäßig am besten erschlossen ist die Nordspitze der Insel um die Orte Tobelo und Galela. Auch die Kultur- und Lebensformen der in rund 30 Stämme zersplitterten Urbevölkerung Halmaheras sind bislang ethnologisch nur unzureichend untersucht. Während

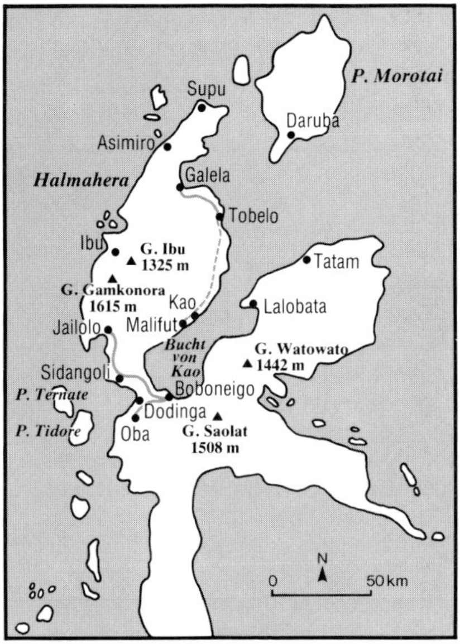

Nordhalmahera

alle Sprachen Indonesiens (Ausnahme Irian Jaya) dem westlichen Zweig der austronesischen (malaiisch-polynesischen) Sprachenfamilie angehören, werden von den Altvölkern Nordhalmaheras den verschiedenen Papua-Dialekten verwandte Idiome gesprochen. In ihren gebirgigen Fluchtgebieten leben die Ureinwohner Halmaheras, die vermutlich melanesisch-papuanischer Herkunft sind und kollektiv als Alfuren bezeichnet werden, auch heute noch zu einem großen Teil auf der Kulturstufe mesolithischer Sammler und Jäger. Die Arbeit christlicher Missionare konzentriert sich bislang vorwiegend auf die Nordregion der Insel. In den Küstenniederungen haben sich jungmalaiische Volksgruppen niedergelassen, in jüngerer Vergangenheit vor allem Transmigranten aus Java.

Halmahera liegt ziemlich abseits der touristischen Routen, allein die nördliche Halbinsel wird gelegentlich von ausländischen Reisenden besucht. Täglich, meist am frühen Vormittag, fährt von **Kota Ternate** (Abfahrt nahe dem Gemüsemarkt Pasar Sayur) zumindest ein Passagierboot nach Dodinga am schmalen Isthmus, der die nördliche Halbinsel mit dem Kernland Halmaheras verbindet. Während Dodinga mit der alten Sultansstadt **Jailolo** durch eine Allwetterstraße verbunden ist, existiert noch keine Straßenverbindung zwischen **Dodinga** und **Kao** an der gleichnamigen Bucht. Auf der nur 7 km langen, aber sehr rauhen ›Piste‹ zwischen Dodinga und **Boboneigo** an der Kao-Bucht verkehren kleine Lkws, die die Passagiere auf den Ladeflächen transportieren. Mehrmals pro Woche fährt von Boboneigo (Naturhafen) aus ein Passagierboot über die Bucht von Kao nach **Malifut** oder eventuell direkt nach **Kao**. In der Umgebung der Transmigrantensiedlung Malifut (Unterkunft: Penginapan Mini in Desa Matsa) erinnern die verrostenden Wracks eines japanischen Kampfschiffes und zahlreicher Landungsboote an die Schrecken des Pazifischen Krieges, der auf den Nordmolukken einen seiner Hauptschauplätze fand. Per Lkw oder Boot gelangt man von Malifut nach Kao (Unterkunft: Penginapan Sejahtera; hier auch gutes Essen und **kaltes Bier!**). Kleine Merpati-Maschinen verbinden Kao mit **Ternate.** Die Weiterreise in nördlicher Richtung nach **Tobelo** gestaltet sich schwierig, wenn man das nur zwei- bis dreimal pro Woche verkehrende reguläre Passagierboot verpaßt hat. Die ca. 90 km lange Urwaldstraße zwischen Kao und Tobelo ist nämlich in einem denkbar schlechten Zustand und kann allenfalls von Geländewagen oder robusten Motorrädern bewältigt werden.

Tobelo ist eine kleine Hafen- und Marktstadt am Fuße des aktiven Vulkans Gunung Mamuya (1234 m). Ebenso wie das nördlich gelegene **Galela** eignet sich der Ort gut als Ausgangspunkt für Wanderungen zu den abgelegenen Dörfern der Alfuren, die von den Neusiedlern oft verächtlich als *Orang Primitif* bezeichnet werden. Zum Baden und Schwimmen läßt man sich am besten zur vorgelagerten Pulau Kumo übersetzen. Unterkunft bieten in Tobelo Hotel Megaria (zu empfehlen; hier auch Buchung von Merpati-Flügen nach Ternate), Hotel Pantai Indah und Penginapan Karunia. Von Galela aus kann man zwei- bis dreimal wöchentlich nach Ternate zurückfliegen, lohnenswert aber ist auch die Rückfahrt per Schiff ab Tobelo (drei- bis viermal pro Woche). Diese führt für gewöhnlich über den Hafenort Daruba auf der nördlichsten Molukken-Insel Morotai. Im Pazifikkrieg befanden sich auf dieser Insel wichtige Luftwaffenstützpunkte der Japaner, von denen auch die Flugzeuge aufstiegen, die 1942 das australische Darwin bombardierten. Nach der Rückeroberung durch die Alliierten errichtete General MacArthur hier vorübergehend sein Hauptquartier. Für einen Soldaten der kaiserlich japanischen Armee ging der Zweite Weltkrieg übrigens erst Anfang der 80er Jahre zu Ende, als man den Versprengten in den nur schwer zugänglichen Bergdschungeln Morotais entdeckte.

Exkurs: Die Sagopalme

Vorzugsweise im Übergangsbereich vom Sumpf- zum Trockenland der immerfeuchten tropischen Küstenniederungen gedeiht die Sagopalme, deren stärkehaltiges Mark ein unersetzliches Grundnahrungsmittel für die Tieflandbewohner Ostindonesiens (Molukken und Irian Jaya) sowie der Sumatra westlich vorgelagerten Mentawai-Inseln darstellt. Bei einem Umfang von bis zu einem Meter wird die Sagopalme 7–13 m hoch. Sie blüht nur einmal, dann allerdings mehrere Jahre lang und sammelt in dieser Zeit in ihrem dicken Stamm reichlich Stärke, aus der man später das gekörnte Sagomehl gewinnt. Dazu wird das aus dem aufgebrochenen Stamm herausgeholte rosafarbene, faserige Mark unter reichlichem Wässern weichgeklopft oder -getreten. Das so entstandene Konzentrat läßt man schließlich an der Sonne trocknen. Auf diese Weise erhält man mit relativ geringem Arbeitseinsatz ein Quantum an Sago, das einer mehrköpfigen Familie etliche Wochen lang ausreicht. Das verhältnismäßig nährwertarme Sagomehl kann zu einem sehr trockenen, weißbrotähnlichen Brot gebacken werden. Basisnahrung und vor allem auf den Nordmolukken beliebtestes Gericht aber ist *Popeda,* der Sagobrei, ein geleeartiger, gelblicher Schleim, der die Konsistenz von Tapetenkleister besitzt und in der Regel mit einer schmackhaften Fischsuppe gegessen wird.

Irian Jaya

Irian Jaya umfaßt die westliche Hälfte von Neuguinea, der mit 805 800 km² nach Grönland zweitgrößten Insel der Erde. Neuguinea liegt knapp südlich des Äquators auf dem Sahul-Schelf, dem australischen Festlandsockel, und ist durch die relativ flache Torres-Straße und die Arafura-See vom fünften Kontinent getrennt, der nur rund 200 km entfernt ist. Der seit 1963 zu Indonesien gehörende Westteil der Rieseninsel umfaßt einschließlich Biak, Yapen, Misool, Salawati, Waigeo und anderer kleinerer vorgelagerter Inseln eine Fläche von 421 981 km². Obwohl Irian 22 % der indonesischen Landfläche ausmacht, wird es gerade von 1,6 Mill. Menschen bewohnt – das ist weniger als 1 % der Gesamtbevölkerung. Mit durchschnittlich 4 Einw./km² liegt die Bevölkerungsdichte extrem niedrig, wobei die Verteilung sehr ungleichmäßig ist: Einigen Hochtälern und Küstenabschnitten mit Bevölkerungskonzentrationen von bis zu 200 Einw./km² stehen fast menschenleere Gebiete im Zentralgebirge und den weiten Tieflandebenen des Südens gegenüber. Der östliche Teil Neuguineas, früher teils englische, teils deutsche Kolonie, später australisches Protektorat, ist seit 1975 als Papua Niugini (Papua-Neuguinea) ein autonomer Staat.

Die hohe Luftfeuchtigkeit begünstigt ein ausgesprochen üppiges Wachstum der Vegetation. Immergrüner tropischer Regenwald überzieht nahezu drei Viertel der Insel. Die Mangrovengebiete der Küstenregionen werden mit steigender Höhe von Dipterocarpaceen abgelöst, denen ab ca. 2000 m Nebelwälder und oberhalb von 3000 m bis knapp unter die Schneegrenze alpine Höhenwälder folgen. Seit Menschengedenken praktizierter Wanderfeldbau mit Brandrodung sowie der unkontrollierte Holzeinschlag der Gegenwart

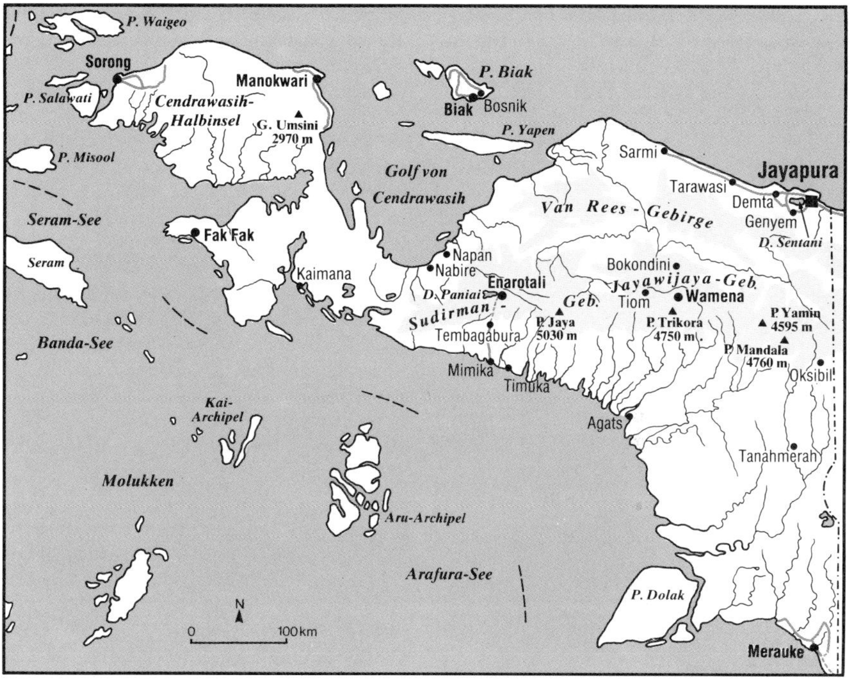

Irian Jaya

haben auch auf Neuguinea zu gravierenden ökologischen Schäden geführt. Weniger artenreich als die Flora ist die Fauna, vor allem weil bis auf Rotwild und Schweine größere Säugetiere fehlen. Eine Ausnahme bildet die Vogelwelt, die mit Hunderten verschiedener Spezies aufwarten kann, darunter als besonders exotische Vertreter der riesige, aber flugunfähige Kasuar und der prächtige Paradiesvogel, dessen leuchtendes Gefieder von den Einheimischen als Schmuck verwendet wird. Der tropische Regenwald beheimatet überdies verschiedene Beuteltierarten wie das Baumkänguruh und das Opossum, die die ehemalige Verbindung mit dem australischen Kontinent erkennen lassen. Zahlreich vertreten sind auch Reptilien wie Krokodile und Schlangen.

Die Vielfalt der Landschaftstypen spiegelt sich kulturgeographisch in einer enormen Zersplitterung der Inselbevölkerung wider. Die Stammesverbände reichen dabei von nur wenige hundert Mitglieder umfassenden Gruppen bis zu Völkern von mehreren zehntausend Köpfen. Die Ureinwohner Irian Jayas, die nach groben Schätzungen rund eine Million Menschen zählen, läßt sich aus linguistischen Gründen in zwei Hauptgruppen untergliedern: die Melanesier in den Küstenniederungen und die Papua in den Hochtälern. Die melanesisch sprechenden Völkerschaften erreichten vermutlich vor etwa 5000 Jahren vom Westen kommend die Küstenregionen des nördlichen Irian und drängten die alteingesessenen Papua weitgehend ins gebirgige Inselinnere zurück. Das wesentliche Unterscheidungsmerkmal zwischen melanesischen und papuanischen Bevölkerungsgruppen ist die Sprache. Während die austronesischen Sprachen der Melanesier alle miteinander verwandt sind und auch Ähnlichkeiten mit den Idiomen der malaiischen Völker Indonesiens aufweisen, bilden die Dialekte der Papua keine Einheit. Sie differieren mitunter so stark, daß sich Angehörige benachbarter Stammesverbände oft nicht miteinander verständigen können.

Die Hauptsiedlungsgebiete der melanesischen Völker von Irian Jaya erstrecken sich entlang der Nord- und Westküste von Sorong auf der Vogelkop-Halbinsel bis zur Provinzhauptstadt Jayapura an der Grenze zu Papua-Neuguinea. Melanesier haben sich auch auf Biak, Yapen und anderen Inseln in der Bucht von Cendrawasih niedergelassen. Sie stellen rund ein Drittel der Urbevölkerung Irian Jayas. Ihre Existenzgrundlage bildet vielfach die im Brandrodungswanderfeldbau betriebene Kultivierung von Taro und Yams; viele melanesische Stammesverbände leben auch noch als Sagosammler und wildbeuterische Jäger.

In Hunderte von kleinen ethnischen Gruppen zersplittert, besiedeln die Papua die Hochebenen und -täler der Zentralkordillere. Siedlungen finden sich aber auch an den Flußläufen der sumpfigen Alluvialebene des südlichen Tieflands. Das Wort Papua (*Papu-Wa*) entstammt einem auf den Molukken gesprochenen malaiischen Idiom und bedeutet soviel wie ›wolliges Haar‹. Es wurde von portugiesischen Seefahrern im 16. Jh. aufgegriffen und zur Bezeichnung der Bewohner Neuguineas eingeführt. Aufgrund der geographisch bedingten Isolation der Einzelstämme hat sich innerhalb der Papua-Bevölkerung eine in der Welt wohl einmalige sprachliche und kulturelle Vielfalt entwickelt. Trotz westlicher Zivilisationseinflüsse, die mittlerweile (hauptsächlich durch die Aktivitäten christlicher Missionare) auch bis in sehr entlegene Regionen vorgedrungen sind, haben sich inmitten einer alles beherrschenden Natur die traditionellen Kulturformen und Religionsvorstellungen zahlreicher Papua-Gruppen bis heute nicht grundlegend verändert. Viele Papua stehen in ihrer Lebens- und Arbeitsweise noch auf einem sehr einfachen Niveau, wenn auch das in verschiedenen Publikationen verwandte Attribut ›steinzeitlich‹ nur noch auf einige wenige Stammesgruppen in kaum zugänglichen Urwald- und Hochlandgebieten zutrifft. Beispielsweise auf die noch in jüngster Vergangenheit völlig unbekannten Eipo-Pygmäen, die erst seit 1974 intensiver ethnologisch erforscht werden.

Die materielle Kultur einzelner Papua-Stämme wird weitgehend von den Umweltbedingungen diktiert, vor allem die Behausungen sind den äußeren Gegebenheiten angepaßt. So errichten beispielsweise an der Südküste die Asmat, deren Lebensraum ein riesiger Sumpfwald ist, Holzpfahlbauten. Noch bis vor kurzem mußten die Asmat die Steine für ihre traditionellen Steinäxte von den flußaufwärts in höheren Regionen lebenden Bevölkerungsgruppen gegen Trockenfisch einhandeln. Ihre Nahrung gewinnen sie aus dem Meer und aus den Flüssen; Grundnahrungsmittel aber ist das Mark der in den Sümpfen üppig wachsenden Sagopalme. Die kunsthandwerkliche Fertigkeit der Asmat kommt in Holzschnitzereien (vor allem Masken und Schilde) zum Ausdruck, die von Liebhabern der sogenannten primitiven Kunst hochgeschätzt werden. Ganz anders geartet dagegen sind die Lebens- und Wirtschaftsformen der Hochlandstämme, beispielsweise die der Dani des Baliem-Tals, die schon seit Jahrhunderten einen intensiven Süßkartoffel-Gartenbau betreiben und bei denen überdies der Aufzucht von Hausschweinen eine ganz besondere Bedeutung zukommt (vgl. S. 536).

Trotz unterschiedlicher Mythen und Rituale lassen sich hinsichtlich der animistischen Glaubensvorstellungen der einzelnen Papua-Stämme Gemeinsamkeiten feststellen. Grundlage aller Stammesreligionen sind Ahnenkult und Geisterglaube. Vor allem die Geister der verstorbenen Vorfahren sind es, die die Natur beseelen und die Geschicke der Hinterbliebenen ganz entscheidend beeinflussen. Ein charakteristisches gemeinsames Merkmal aller auf Neuguinea existierenden archaischen Papua-Kulturen waren einst die mit Kopfjagd und rituellem Kannibalismus verbundenen Stammeskriege. Vor allem die Kopfjagd spielte bis in nicht allzu ferner Vergangenheit eine zentrale Rolle in der Glaubenswelt der Papua. Sie beruhte auf der im Mythos begründeten Vorstellung, daß erst die absichtsvolle Tötung eines Menschen die Entstehung neuen Lebens ermögliche. Auch der noch Mitte unseres Jahrhunderts praktizierte Kannibalismus war seinem Wesen nach magisch-religiös bestimmt. Durch das Essen von Menschenfleisch glaubte man, sich die Lebenskraft des Getöteten aneignen zu können.

Als der Spanier Inogio Ortiz de Retez als erster Europäer im Jahre 1545 an der Nordküste Neuguineas anlegte und die dunkelhäutigen, kraushaarigen Insulaner erblickte, fühlte er sich an das westafrikanische Guinea erinnert und gab der von ihm ›entdeckten‹ Insel den bis heute gültigen Namen. Zwar berührten im 16. und vor allem im 17. Jh. noch mehrmals Spanier und auch Portugiesen die neuguineanischen Küstengebiete, doch blieb die Insel aufgrund ihrer Lage abseits der großen Handelsrouten, ihrer meist feindseligen Einwohner sowie der undurchdringlichen Bergurwälder und Küstensümpfe jahrhundertelang weitgehend vor europäischen Einflüssen bewahrt. Erst im 19. Jh. begann die Erforschung und Besitzergreifung Neuguineas durch die Holländer und die Briten. 1828 annektierten die Niederländer den Westteil der Insel, während die Engländer das Territorium des heutigen Papua-Neuguinea in ihre koloniale Interessensphäre einbezogen. 1848 einigten sich die beiden europäischen Kolonialmächte auf die mit dem Lineal gezogene Nord-Süd-Grenze, deren schwerwiegende Folgen bis in die Gegenwart hineinreichen. 1884 konnte das Deutsche Kaiserreich den nordöstlichen Teil Neuguineas, das spätere Kaiser-Wilhelm-Land, sowie eine vorgelagerte Inselgruppe, den späteren Bismarck-Archipel, in Besitz nehmen. Nach dem Ersten Weltkrieg mußten sich sowohl die Engländer als auch die Deutschen aus Neuguinea zurückziehen, und der Ostteil der Insel kam als Treuhandgebiet des Völkerbundes, später der Vereinten Nationen, unter australische Verwaltung. Seine Autonomie erhielt Papua-Neuguinea am 16. September 1975.

West-Neuguinea wurde erst 1962/63 aus dem früheren holländischen Kolonialbesitz unter UN-Treuhänderschaft der indonesischen Verwaltung übergeben. Vorausgegangen waren dieser Entscheidung eine militärische Konfrontation zwischen Indonesien und Holland sowie eine nachdrückliche Intervention der USA zugunsten Indonesiens. Zunächst wurde die letzte asiatische Kolonialbastion der Niederländer unter dem Namen ›Westirian‹ von den Vereinten Nationen interimistisch verwaltet. 1963 übergaben die UN-Administratoren das Gebiet an Indonesien, mit der Auflage, ein Plebiszit zum Selbstbestimmungsrecht der Irianer abzuhalten. Diese Volksabstimmung hat nie stattgefunden, denn der umstrittene ›Act of Free Choice‹, ein Pseudoreferendum, das am 2. August 1969 mit 1025 ausgesuchten Wahlmännern der einheimischen Stämme abgehalten wurde und bei dem eine Oppositionsbewegung gegen den Anschluß keinerlei Chance hatte, kann kaum als eine echte Volksentscheidung der Bevölkerung Westirians bezeichnet werden. 1973 wurde Irian Barat (›Westirian‹) offiziell in Irian Jaya, d. h. ›Siegreiches Irian‹, umbenannt. Im Grunde genommen aber gehört Irian Jaya weder geographisch noch bevölkerungsmäßig zu Indonesien. Allein die Tatsache, daß es einst Bestandteil des niederländischen Kolonialreichs von Insulinde war, ist der Grund für diese politische Entscheidung gewesen. Den eventuellen moralischen Bedenken gegen diese völkerrechtswidrige Annexion standen die unermeßlichen Reichtümer der Provinz entgegen. Nachdem die Australier im September 1975 Papua-Neuguinea seine staatliche Unabhängigkeit gewährt hatten, wurde die Teilung der Insel Neuguinea entlang einer von den Kolonialmächten einst willkürlich gezogenen Grenzlinie, die zwischen gleichen ethnischen Gruppen verläuft, zu einem völkerrechtlichen Faktum.

Bereits 1969 formierte sich eine Befreiungsbewegung der Papua (*Organisasi Papua Merdeka;* OPM), die sich gegen die Integration Westirians in den indonesischen Staatsverband wehrt. Der Widerstand erreichte seinen Höhepunkt Ende der 70er Jahre, doch der massive und, wie viele ausländische Beobachter meinen, ungewöhnlich brutale Einsatz von indonesischen Militäreinheiten gegen die oftmals nur mit Pfeil und Bogen bewaffneten Rebellen hat die Bewegung weitgehend zerschlagen. Während dieses Guerillakampfes oder in seiner Folge verloren Zehntausende von Papua ihr Leben. Besonders viele Opfer hatten die erst 1938 im Baliem-Tal entdeckten Dani-Stämme zu beklagen. In den Blickpunkt der Weltöffentlichkeit aber geriet dieser Krisenherd erst Mitte der 80er Jahre, als rund 15000 Irianer vor den indonesischen Angriffen über die Grenze nach Papua-Neuguinea flüchteten und sich der Flüchtlingskommissar der Vereinten Nationen einschaltete. Zu Spannungen zwischen Indonesien und Papua-Neuguinea, das die indonesischen Hoheitsrechte über den Westteil der Insel ohnehin nicht anerkennt, kam es, als indonesische Soldaten bei der Verfolgung von OPM-Mitgliedern wiederholt die Grenzlinie zwischen den beiden Ländern überschritten. Splittergruppen der restlichen aktiven OPM-Anhänger machen auch in der Gegenwart noch bisweilen durch militante Aktionen von sich reden. Ihr Mitgliederbestand wird sehr vage auf wenige hundert bis einige tausend Mann geschätzt; zu gering, um eine Veränderung herbeizuführen, aber genügend, um Unruhe zu stiften. Spätestens seit der Entdeckung von gewaltigen Erdöl-, Kupfer- und Nickelvorkommen in Irian Jaya und deren Abbau durch multinationale Konzerne ist der Ruf nach einem autonomen Staat völlig illusionär geworden, von zu großer Bedeutung sind die zukunftsträchtigen Ressourcen Irian Jayas für die wirtschaftliche und soziale Entwicklung der Gesamtrepublik. Die Zentralregierung in Jakarta verfolgt die Absicht, die Bewohner der östlichsten Provinz möglichst rasch zu Indonesiern zu machen. Ein Mittel zur Realisierung dieses Vorhabens ist die Umsiedlung Hunderttausender von Javanern in das bevölkerungsarme Irian Jaya. Die große Zahl der Transmigranten hat bei den Irianern, die sich bereits jetzt wirtschaftlich benachteiligt und kulturell unterdrückt fühlen, Überfremdungsängste ausgelöst und schon längst die Sorge geweckt, als Minorität in der eigenen Heimat an die Peripherie gedrängt zu werden.

Praktische Hinweise Irian Jaya

An- und Weiterreise: Ausland: Es gibt zwar einen wöchentlichen Flug (1989 immer mittwochs) der Air Niugini von Jayapura über Wewak nach Port Moresby in Papua-Neuguinea (Ticketkauf bei Merpati in Jayapura), ob aber ausländische Touristen die obligatorische Ausreisegenehmigung erhalten, hängt ganz entscheidend von den aktuellen politischen Verhältnissen zwischen Indonesien und dem Nachbarstaat ab. Reisende, die beabsichtigen, von Jayapura nach Papua-Neuguinea weiterzureisen, sollten auf alle Fälle bereits in Jakarta aktuelle Informationen und die erforderlichen amtlichen Bewilligungen einholen; am besten wende man sich direkt an die oberste Polizeibehörde Direktorat Intelpam Polri, Subdirektorat Poa Jl. Trunojoyo, Kebayoran, Jakarta. Auskunft können eventuell auch die Botschaften der Republik Indonesien in Bonn, Wien und Zürich geben. Die endgültige Entscheidung über die Ausreise liegt aber erfahrungsgemäß bei den Behörden in Jayapura. Für die Einreise nach Papua-Neuguinea benötigt man ein Visum, das man u. a. bei der papua-neuguineanischen Botschaft in Jakarta beantragen kann; in Jayapura gibt es keine diplomatische Vertretung. Umgekehrt ist auch für die Einreise von Papua-Neuguinea nach Irian Jaya ein indonesisches Visum nötig, das eventuell von der indonesischen Botschaft in Port Moresby ausgestellt wird. Irian Jayas internationaler Flughafen Biak wird u. a. von Garuda in Zusammenarbeit mit der amerikanischen Fluglinie Continental auf der Route Bali – Biak – Honolulu – Los Angeles (v. v.) angeflogen.

An- und Weiterreise: Inland: Um Irian Jayas Großstädte wie Jayapura, Biak , Sorong u. a. zu besuchen, braucht man derzeit keine spezielle Reisegenehmigung (*Surat Jalan*). Für Reisen ins Landesinnere (auch Baliem-Tal!) aber ist diese Genehmigung zwingend vorgeschrieben. Wer in einem als ›unsicher‹ eingestuften Gebiet ohne dieses Legitimationspapier angetroffen wird, muß damit rechnen, auf eigene Kosten nach Jayapura oder in die nächste Großstadt zurückgeschickt zu werden. Für gewöhnlich muß man dieses *Surat Jalan* bereits beim Kauf des Flugtickets ins Inland vorlegen. Die Sondergenehmigung wird momentan (zumindest für das Baliem-Tal) ohne weitere Probleme von der obersten Polizeibehörde in Jakarta-Kebayoran (Adresse s. o.) oder auch von den lokalen Polizeihauptquartieren in Jayapura (Jl. A. Yani), Biak, Sorong und Merauke ausgestellt (vier Paßbilder nicht vergessen!). Derzeit (1991) sind nicht nur Grenzgebiete zu Papua-Neuguinea für Touristen kategorisch gesperrt, sondern auch verschiedene ›unsichere‹ Inlandsregionen, u. a. Ilaga, Enarotali, Oksibil, Kiwirok, Archbold und auch Agats im Asmat. Die Situation ändert sich jedoch ständig, weshalb man unbedingt vor Reiseantritt aktuelle Informationen über die Lage einholen sollte; wirklich zuverlässige Auskünfte erhält man aber erfahrungsgemäß nur vor Ort. Normalerweise muß man sich mit seinem *Surat Jalan* bei der Polizeistation des jeweiligen Ortes zur Registrierung melden. Hinweis: Der Puncak Jaya und der Puncak Mandala sind z. Zt. für ausländische Bergsteiger ›gesperrt‹, ›offen‹ dagegen ist der Puncak Trikora bei Wamena. Da die Wechselkurse in Irian Jaya sehr ungünstig sind, sollte man sich unbedingt mit einem ausreichenden Vorrat an Rupiah eindecken (unbedingt auch an kleine Banknoten denken!) Wegen Pauschalarrangements wende man sich an die Reiseagenturen Pacto und Tunas Indonesia in Jakarta (Adressen vgl. S. 161). Beachten Sie die Zeitverschiebung (plus zwei Stunden) zwischen Java sowie anderen westindonesischen Inseln und Irian Jaya!

Flugzeug: Sämtliche wichtigen Provinzstädte Irian Jayas sind an das innerindonesische Flugnetz angeschlossen und werden von Garuda und Merpati angeflogen. Die Anreise nach Jayapura erfolgt ab Jakarta/Denpasar für gewöhnlich via Ujung Pandang, Ambon und Biak. Mit Merpati kann man auch (mit mehreren Zwischenstopps!) von Ostkalimantan, Nordsulawesi und Ternate auf den Nordmolukken aus anreisen. Es bestehen keine Flugverbindungen zwischen Kupang (Westtimor) und Irian Jaya (weitere Informationen vgl. ›Reisen in Indonesien: ... mit dem Flugzeug‹, S. 544).

Schiff: Jayapura und Sorong liegen auf der Route von PELNI-Schiffen; Verbindungen bestehen von und nach Ambon, Nord- und Südsulawesi sowie Java (vgl. ›Reisen in Indonesien: ... mit dem Schiff‹, S. 547). Kleinere Passagierschiffe pendeln sporadisch zwischen Ternate (Nordmolukken) und Sorong.

Reisen in Irian Jaya: Die meisten Regionen Irian Jayas liegen weit abseits der touristischen Routen. 1985 beispielsweise besuchten 3266 Ausländer (meist Geschäftsleute) die östlichste Provinz Indonesiens; Wamena im Baliem-Tal konnte im gleichen Jahr gerade 199 Touristenankünfte verzeichnen. Besucher können heute noch an der Erforschung der Insel unmittelbar teilhaben, sofern sie eine gehörige Portion Abenteuergeist mitbringen und von den indonesischen Behörden die erforderlichen Reisebewilligungen erhalten. Vor unvorbereiteten Reisen ins Unbekannte aber muß gewarnt werden! Touristische Unternehmungen in Irian Jaya können leicht den Charakter von Expeditionen annehmen. Vergleichsweise einfach durchzuführen sind Wanderungen im Baliem-Tal (vgl. S. 529).

Eine ideale Reisezeit für ganz Irian Jaya gibt es nicht, jede Region hat ihre spezifischen Regenperioden. Feuchte Hitze und starke Niederschläge charakterisieren die Ebenen. Im Hochland vermischen sich der aufsteigende Nebel und die tiefhängende Wolkendecke nicht selten zu unerwartet empfindlicher Kälte. Als beste Reisemonate für das Baliem-Tal gelten Juni–August.

Flugzeug: Da die großen Entfernungen und das zerklüftete Terrain einen Straßenbau kaum zulassen, beruht der Verkehr zwischen der Küste und dem Inland weitgehend auf Flugzeugen. Garuda und Merpati unterhalten ein engmaschiges Flugnetz zwischen den größeren Küstenstädten Irian Jayas, Merpati verbindet diese wiederum mit Orten im Landesinnern. Merpati bietet z. B. von Jayapura aus Linienflüge nach Wamena, Enarotali, Oksibil, Bokondini und Nabire (derzeit aber nicht ins Asmat). Bei Reisen in entlegene Gebiete ist man häufig auf Missionshilfe angewiesen. Verschiedene Missionsgesellschaften haben in Irian Jaya kleine Propellermaschinen und Hubschrauber eingesetzt. Falls unter den vorrangig für Mitarbeiter der eigenen Missionsgruppe reservierten Plätzen welche frei sein sollten, nimmt man gegen Bezahlung für gewöhnlich auch Touristen mit. Sehr sinnvoll ist es, sich vor Ort möglichst frühzeitig mit in Frage kommenden Gesellschaften in Verbindung zu setzen. Die drei größten Fluglinien, Missionary Aviation Fellowship (MAF), Associated Missions Aviation (AMA) und Christian Missionary Alliance (CAMA), haben Niederlassungen auf dem Flughafen Sentani von Jayapura; die MAF zudem u. a. in Wamena, Manokwari, Nabire und Bokondini. Beachten Sie, daß bei Flügen mit kleinen Propellermaschinen meist nur 10 kg Freigepäck erlaubt sind.

Schiff: Anders als auf Sumatra und Borneo spielen in Irian Jaya weder die Binnen- noch die Küstenschiffahrt eine große Rolle.

Straßenverkehr: Die häufig bereits von den Amerikanern während des Zweiten Weltkrieges gebauten Straßen, die eine Gesamtlänge von nur wenigen hundert Kilometern besitzen, verbinden lediglich lokale Zentren mit ihrem Hinterland.

Jayapura und Umgebung

Im Namenswandel der ungünstig im Nordosten Irian Jayas gelegenen Verwaltungshauptstadt spiegelt sich die historische Entwicklung der östlichsten Provinz Indonesiens im 20. Jh. wider: Die Niederländer gründeten den Ort im Jahre 1910 unter den Namen Hollandia als Hauptstadt von Holländisch-Neuguinea, des östlichsten Auslegers ihres asiatischen Kolonialbesitzes. 1962 verwandelten die interimistischen Administratoren der Vereinten Nationen Hollandia vorübergehend in Kota Baru (›Neue Stadt‹). Mit der Absicht, sich ein Denkmal über den Tod hinaus zu schaffen, taufte der damalige indonesische

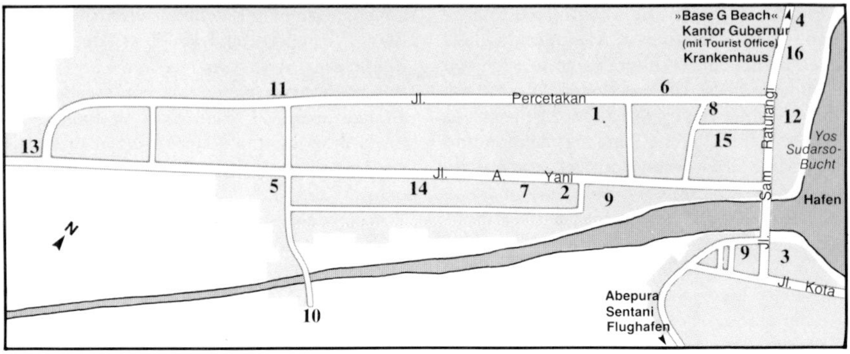

Jayapura 1 Ausländerbehörde 2 Polizeihauptquartier 3 Hauptpostamt 4 Bank Indonesia 5 Bank Ekspor Impor 6 Hotel Dafonsoro und Garuda-Büro 7 Merpati 8 PELNI 9 Bemoterminal 10 Pasar (Markt) 11 Supermarkt 12 Kirche 13 Hotel Triton und Restaurant Rasa Sayang 14 Losmen Irian Indah 15 Hotel Sederhana 16 Losmen Mess GKI

Präsident Sukarno 1963 Kota Baru zu Sukarnopura um. Sein Nachfolger Suharto aber setzte dem Personenkult ein Ende und gab der Stadt ihren vorläufig letzten Namen – Jayapura (›Stadt des Sieges‹). Im Bemühen der Zentralregierung in Jakarta, die sensible Ostprovinz unter Kontrolle zu bekommen, entwikkelte sich die Hauptstadt Irians zu einem typischen indonesischen Verwaltungszentrum, in dem Javaner und andere Nicht-Papua unmißverständlich den Ton angeben.

Im Pazifischen Krieg war Jayapura von großer strategischer Bedeutung. Im April 1944 nahmen die Alliierten die Stadt gegen den erbitterten Widerstand der Japaner ein. Später errichtete General MacArthur hier sein Pazifik-Hauptquartier, von dem aus er die Rückeroberung der Philippinen plante. Als Reminiszenzen an diese Zeit liegen noch zahlreiche verrostende Wracks von Panzern, Amphibienfahrzeugen und Landungsbooten an manchen Stränden, so z. B. am sogenannten ›Base G Beach‹ (auch *Pantai Bestiji* genannt), dem wohl angenehmsten Badestrand in Ortsnähe. Dieser Abschnitt kann aber kaum konkurrieren mit dem **Pantai Holtekan,** der sich ca. 40 km östlich von Jayapura, dicht an der Grenze zu Papua-Neuguinea, an der Yos Sudarso-Bucht erstreckt (zu erreichen mit Mietwagen oder -boot). Den eindrucksvollsten Blick über diese halbmondförmige Meeresbucht und das hier angelegte **Naturschutzgebiet Yotefa Nature Reserve** hat man vom sogenannten Skyline Viewpoint aus, einem Aussichtspunkt zwischen Jayapura und dem westlich gelegenen Ort Abepura. Ganz in der Nähe zweigt bergwärts eine schmale Straße ab, auf der man nach ca. 2,5 km zu einer **Krokodilfarm** (*Taman Buaya*) gelangt. Eine größere Echsenfarm befindet sich in Entrop, einem Dorf an der westlichen Peripherie von Jayapura. Hier werden junge, in der Wildnis gefangene Salz- und Süßwasserkrokodile aufgezogen, im Alter von zwei Jahren geschlachtet und das Leder vorwiegend nach Singapur exportiert, wo es zu den bekannten Krokodilleder-Artikeln verarbeitet wird, ohne die manche Menschen glauben nicht auskommen zu können.

Sehr zu empfehlen ist ein Besuch im **Museum Loka Budaya,** einem kleinen anthropologischen Museum auf dem Campus der Cendrawasih-Universität in Abepura, wo man sich einen ersten Überblick über Kunst und Kultur der verschiedenen melanesischen und papuanischen Ethnien Irian Jayas verschaffen kann. Besondere Beachtung verdienen die bemerkenswerten, oftmals religiös bestimmten Holzschnitzereien der Asmat, eines im Umkreis der Stadt Agats an der Südküste Irian Jayas lebenden Papua-Stammes. Die meisten dieser Artefakte wurden mit finanzieller Hilfe der Rockefeller-Stiftung erworben. In einem dem Museum angegliederten Souvenirladen kann man Asmat-Schnitzereien kaufen, allerdings sind diese durchweg von recht bescheidener Qualität. Öffnungszeiten: Mo–Do 8–14.30 Uhr, Fr 8–11 Uhr, Sa 8–13.30 Uhr,

So geschlossen. Das zweite Museum der Region, das **Museum Negeri Provinsi Irian Jaya** in Waena (zwischen Abepura und dem Flughafen Sentani) besitzt eine interessante ethnographische Sammlung (Öffnungszeiten s. o.).

An den Ufern des langgestreckten und stark verästelten Danau Sentani, eines mit zahlreichen Inseln übersäten Binnensees westlich von Jayapura, stehen kleine, malerische Pfahlsiedlungen. Über dem See, ca. 6 km südlich des Dorfes **Sentani,** ragt der Gunung Ifar auf, wo sich in den Jahren 1944/45 das Hauptquartier von General Douglas MacArthur befand. Auf einer durch ein Militärcamp führenden Straße kann man hinauffahren zu dieser geschichtsträchtigen Stätte, wo heute ein kleines Denkmal *(Tugu MacArthur)* an den US-General erinnert. Überwältigend ist der sich von hier aus bietende Blick über den Danau Sentani. Landeinwärts erheben sich majestätisch die von nahezu undurchdringlichem, jungfräulichem Bergurwald bedeckten Cyclops Mountains, die den Mittelpunkt eines 225 km² großen Naturschutzgebietes bilden.

Praktische Hinweise

Unterkunft (allgemein sehr hohes Preisniveau): Dafonsoro, Jl. Percetakan 20–24, ✆ 21870; Irian Indah, Jl. A. Yani; Irian Plaza, Jl. Setiapura; Mansapur Rani (nahe Flughafen); Mess GKI, Jl. Sam Ratulangi 6, ✆ 21574; Sederhana, Jl. Halmahera 2, ✆ 22157 (AC-Zimmer, preiswertere Zimmer mit Ventilator); Triton, Jl. A. Yani.

Verkehr: Anreise: täglich Flüge der Garuda u. a. ab Jakarta, Surabaya und Denpasar (via Ujung Pandang, Ambon und Biak) sowie ab Manado (via Sorong und Biak); der Merpati u. a. ab Jakarta und Surabaya (via Ujung Pandang, Ambon und Biak) sowie ab Balikpapan (via Manado, Ternate und Sorong; weitere Fluginformationen vgl. S. 544). Jayapura liegt auf der Route des PELNI-Schiffes KM Umsini (An- und Weiterreise u. a. von/nach Jakarta, Surabaya, Ujung Pandang, Bitung, Ternate und Sorong; vgl. auch S. 547).

Stadt- und Vorortverkehr: Wichtige Bemoterminals befinden sich in der Jl. A. Yani (nahe Polizeihauptquartier) und in der Jl. Kota (jenseits des Flusses). Mit den tagsüber ständig zwischen Jayapura und Sentani pendelnden Bemo kann man auch die beiden Museen in Abepura und Waena erreichen.

Fernverkehr: Flughafen Sentani 36 km westlich (Taxi direkt am Terminal oder Bemo ab dem ca. 0,5 km entfernten Dorf Sentani). Fluglinien: Garuda, c/o Hotel Dafonsoro, Jl. Percetakan 20–24, ✆ 21220; Merpati, Jl. A. Yani 15, ✆ 21111; die Missionsfluglinien AMA, CAMA und MAF haben Büros am Sentani-Flughafen. Merpati fliegt von Jayapura aus täglich u. a. nach Wamena im Baliem-Tal (Abflug 7 Uhr morgens; weitere Fluginformationen s. o. ›Anreise‹ und vgl. S. 544). Alle 14 Tage geht im Hafen von Jayapura das PELNI-Schiff KM Umsini vor Anker; PELNI-Büro, Jl. Halmahera 1, ✆ 21270 (Informationen zu PELNI-Schiffen vgl. S. 547).

Restaurants (durchweg indonesische und chinesische Küche): Asia, Jl. Matahari; Dafonsoro, Jl. Percetakan 20–24; Flamboyan, Jl. Percetakan 40; Gloria, Jl. Percetakan 30; Rasa Sayang (im Hotel Triton), Jl. A. Yani; Queen, Jl. Matahari.

Information und wichtige Adressen: Touristeninformation: Provincial Tourist Service (Diparda), c/o Kantor Gubernur, Jl. Soa Sio Dok II, P. O. Box 499, ✆ 2138 (weit außerhalb; Bemo ab Jl. A. Yani). **Ausländerbehörde:** Kantor Imigrasi, Jl. Percetakan, ✆ 22147. **Polizei:** Polizeihauptquartier, Jl. A. Yani (hier *Surat Jalan* für Wamena). **Post:** Hauptpostamt, Jl. Kota. **Banken** (schlechter Kurs): Bank Ekspor Impor, Jl. A. Yani; Bank Indonesia, Jl. Sam Ratulangi. **Gesundheit:** Rumah Sakit Umum Pusat, Jl. Kesehatan.

Das Baliem-Tal

Das mehr oder weniger im geographischen Zentrum Irian Jayas, in der Jayawijaya-Gebirgskette der Zentralkordillere, gelegene 15–20 km breite und gut 70 km lange Baliem-Tal gehörte noch bis vor wenigen Jahrzehnten zu den unzugänglichsten Gebieten der Insel Neuguinea. Erst in den 30er Jahren unseres Jahrhunderts wurde dieses weite, von hohen Bergen umrahmte Tal, durch das der lehmgelbe, schwemmstoffreiche Baliem-Fluß träge mäandert, von einem mit kartographischen Arbeiten betrauten amerikanischen Piloten entdeckt. Genauere Untersuchungen nahm

Baliem-Tal

die Expedition des Amerikaners Richard Archbold im Jahre 1938 vor. Unterbrochen wurde die weitere Erforschung des neu entdeckten Gebietes durch den Ausbruch des Pazifischen Krieges. In die Schlagzeilen der Weltpresse geriet das Baliem-Tal erst wieder 1945, als nach einem Flugzeugabsturz in dieser Region die Überlebenden in einer dramatischen Aktion gerettet wurden. Die ersten Missionare trafen hier 1954 ein. Zwei Jahre später errichtete die holländische Kolonialregierung einen Stützpunkt in Wamena. Rund 100000 Angehörige von etwa zwei Dutzend Dani-Stämmen, die sich zwar nicht kulturell, aber sprachlich voneinander unterscheiden, leben in diesem Hochtal, das vermutlich zu den ältesten Siedlungsgebieten Irian Jayas zählt. Ihre kleinen, von Gärten und Feldern umgebenen Dörfer mit den charakteristischen strohgedeckten Rundhütten verteilen sich gleichmäßig über dieses Berggebiet. Hingerissen von der landschaftlichen Schönheit des Baliem-Tals prägten seine westlichen Entdekker den heute noch oft zitierten Vergleich mit dem verlorenen Paradies Shangri-La. Doch weite Teile des Baliem Valley haben ihre Unschuld inzwischen längst verloren: Durch die Anwesenheit christlicher Missionare sowie zunächst holländischer und später indonesischer Soldaten und Beamten hat sich diese Region seit ihrer Entdeckung nachhaltiger verändert als in ihrer vorhergehenden, vermutlich rund 5000jährigen Siedlungsgeschichte. Eine Wanderung im Baliem-Tal ist gewiß keine Reise in die Steinzeit mehr, doch sie vermag immer noch Kontakte zu schaffen zu Menschen, die trotz westlicher Zivilisationseinflüsse manche Elemente ihrer alten Kultur bewahren konnten. Landschaftlich prägen die Gegend in erster Linie von Steinwällen umsäumte Felder und teils terrassierte Gemüsegärten sowie hügelige Grassavannen. Es gibt unerwartet wenig Wald, erst jenseits des Baliem-Tals erstrecken sich die dichten Dschungelgebiete Irian Jayas.

Etwa 1600 m über dem Meeresspiegel gelegen, besticht **Wamena,** der Hauptort der Baliem-Region, durch sein angenehmes Klima, das sich durch warme Tage und kühle Nächte auszeichnet. Damit erschöpfen sich die Reize des indonesischen, von Javanern dominierten Administrationszentrums des Jayawijaya-Hochlandes aber auch schon beinahe. Der erste Gang in diesem ebenso weitläufigen wie unattraktiven Ort, dessen Erscheinungsbild vor allem Dutzende von wellblechgedeckten Verwaltungsbaracken prägen, führt zur Polizeistation, um das *Surat Jalan* abstempeln zu lassen. Die erste Begegnung mit den Dani findet für gewöhnlich auf Wamenas geschäftigem Markt, dem Pasar Nayak, statt. Hier fühlt man sich wie am Schnittpunkt zweier Welten, wo sich Dani in traditioneller ›Kleidung‹, den Penishüllen aus getrockneten Flaschenkürbissen, mit westlich angehauchten Stammesgenossen mischen, die Shorts und T-Shirts tragen.

Das von einem engmaschigen Netz schmaler Fußpfade und einer wachsenden Anzahl wenig befahrener Straßen durchzogene Baliem-Tal bietet sich geradezu an für Wanderungen. Seit einiger Zeit ist es möglich, verschiedene Dani-Orte von Wamena aus auch mit regelmäßig verkehrenden Mini-Bussen zu erreichen, beispielsweise **Aikima** und **Jiwika** im Norden sowie **Hepoba** und **Hitegima** im Süden. Von Wamena aus kann man lohnenswerte Tagesausflüge unternehmen, doch in viele interessante Dani-Dörfer sowie auch landschaftlich reizvolle Gebiete gelangt man nur im Rahmen von mehrtägigen Wanderungen.

Auf einem bequemen Halbtagesausflug kommt man in östlicher Richtung nach **Pugima.** Ab dem südlichen Drittel der Startbahn des Flugplatzes von Wamena führt eine Schotterstraße zum Dorf Mukoko und weiter zum Baliem-Fluß; dort hält man sich rechts und erreicht nach wenigen Minuten eine schwankende Hängebrücke. Der am jenseitigen Ufer beginnende relativ breite Weg führt durch eine sehr karge und steinige Landschaft nach Pugima, einem traditionellen Dani-Dorf.

Auf eine andere zerbrechlich-bizarre Brükkenkonstruktion stößt man, wenn man von Wamena aus ca. eine Stunde in Richtung Westen nach Sinatma läuft. Bei diesem Ort, in der Nähe eines kleinen Wasserkraftwerks, überspannt eine nur aus Ästen und Lianen gefertigte wackelige Brücke den Wamena-Fluß, einen Nebenfluß des Baliem.

Ein Ausflug, für den man einen vollen Tag ansetzen sollte, führt von Wamena in südlicher Richtung zu den Salzquellen von Hitegima. Mit einem der sporadisch verkehrenden Minibusse (mitunter auch zu Bussen umfunktionierte kleine Lkws), die nahe dem Zentralmarkt von Wamena abfahren, kommt man bis Hepoba, bei günstigen Witterungsbedingungen direkt bis Hitegima oder sogar noch weiter bis Sugukmo. Falls man laufen muß, sollte man für die Strecke Wamena – Hitegima mit ca. drei Stunden rechnen. Das hübsche Dani-Dorf **Hitegima** liegt etwas abseits der nach Kurima weiterführenden ›Straße‹. Der Fußpfad von Hitegima zu den Salzquellen *(Air Garam)* schlängelt sich durch ein wunderschönes Seitental des Baliem Valley, dessen Hänge von Gemüseterrassen strukturiert sind, zum Dorf **Asotipo** (ca. 45 Min.; sinnvoll ist es, in Hitegima einen Führer zu engagieren!). Wenn Sie von dort aus dem Kali Kasin flußaufwärts folgen, erreichen Sie nach etwa einer halben Stunde die sogenannten Quellen, wo Dani-Frauen in einer traditionellen Methode Salz gewinnen: Poröse Bananenblätter werden in salzhaltiges Wasser eingelegt, dann getrocknet und schließlich verbrannt; die Asche dient als Salz. Am südlichen Ende des Baliem-Tals, bei Kurima (ca. drei Fußstunden ab Hitegima), werden die Wasser des Baliem in eine enge Felsenschlucht gepreßt, und der träge Strom verwandelt sich in einen reißenden Gebirgsfluß.

Dani-Knabe auf dem Weg nach Wamena

Dani-Männer bei der Feldarbeit

Eine erst Mitte der 80er Jahre fertiggestellte, gut ausgebaute Allwetterstraße, auf der tagsüber laufend Minibusse pendeln, verbindet Wamena mit dem 18 km weiter nördlich gelegenen **Jiwika.** Die große Attraktion des Dani-Dorfes **Aikima,** kurz nach der Brücke über den Baliem, ist der angeblich 250 Jahre alte mumifizierte Leichnam eines bedeutenden Häuptlings. Um aber diese makabre ›Sehenswürdigkeit‹ besichtigen oder gar fotografieren zu dürfen, muß man etwa Rp. 10 000–20 000 berappen. Billiger kommt es in **Sopaima,** nördlich von Jiwika, dort wird eine Mumie für ca. Rp. 2000–5000 präsentiert. Jiwika selbst hat keine nennenswerten Attraktionen zu bieten, allerdings kann man hier im bescheidenen La'uk Inn eine preiswerte Unterkunft finden. Ca. eine Fußstunde östlich von Jiwika liegen weitere *Air Garam,* wo sich die Dani regelmäßig mit Salz versorgen. Derzeitige Endstation der Bemo ist das Dorf **Waga-Waga.** Am Fuße steilwandiger Kalksteinklippen entlang führt von dort aus ein Fußpfad zur Felsengrotte Gua Kontilola nahe dem Dorf **Isaima** (ca. 45 Min.). Rund fünf Stunden läuft man von Isaima nach **Bugi,** einem ungemein malerisch im Tal des Wollo-Flusses gelegenen Dani-Dorf. Etwa zwei Stunden flußaufwärts liegt das Dorf **Wollo** und noch einmal drei Stunden weiter die Missionsstation **Ilugwa.** Der Abstecher in dieses Seitental, dessen Bild bizarre Kalksteinformationen prägen, gehört sicherlich zu den landschaftlichen Höhepunkten einer Wanderung im nördlichen Baliem-Tal. Achten Sie zwischen Bugi und Wollo auf eine nur aus Naturmaterialien konstruierte Brücke über den Wollo-Fluß.

Um nach **Piramid** am Westufer des Baliem zu kommen, kann man sich mit einem der bei den Dani gebräuchlichen Bambusflöße übersetzen lassen. Etwa zwei Stunden flußaufwärts aber überspannt eine moderne Hängebrücke den Fluß, was wohl die bei weitem sicherere Methode der Flußüberquerung sein dürfte. Oberhalb von Piramid, einem größeren Dani-Dorf, das als Missionsstation auch über eine Landepiste verfügt, erhebt sich ein pyramidenförmiger Berg, der dem Ort seinen Namen gab. Von Piramid zurück nach Wamena müssen Sie mit einem Fußmarsch von acht bis zwölf Stunden rechnen, je nachdem, welchen Weg Sie nehmen. Kürzer ist der am Baliem entlangführende Fußpfad über Miligatnem und Musatfak nach Hom-Hom bei Wamena, allerdings gilt es hier, einige Bäche und Flüsse auf Baumstämmen und wackeligen Brücken zu überqueren. Bequemer ist der, auch von robusten Fahrzeugen zu bewältigende Weg über Miligatnem, Ibele und Elagaima nach Sinatma westlich von Wamena.

Praktische Hinweise

An- und Weiterreise: Die Anreise erfolgt für gewöhnlich ab Jayapura. Die bislang einzige Alternative zu dem knapp einstündigen Merpati-Flug (täglich gegen 7 Uhr ab Jayapura, gegen 8.30 Uhr ab Wamena) ist ein wochenlanger Fußmarsch durch die Bergwälder Zentralirians. Ab Wamena unterhalten Merpati und MAF Flugverbindungen zu anderen Orten im zentralen Hochland; Merpati fliegt u. a. nach Karubaga, Bokondini und Oksibil, MAF u. a. nach Karubaga, Bokondini, Kelila, Maggi, Tiom, Kiwirok, Oksibil, Kurima sowie sporadisch nach Agats. Vor allem bei MAF-Flügen empfiehlt sich eine möglichst frühzeitige Buchung. Das Merpati-Büro befindet sich in der Abfertigungshalle des Flugplatzes, das MAF-Büro in unmittelbarer Nähe des Flugplatzes.

Wandern im Baliem-Tal: Da die Temperaturen nachts auf unter 5 °C absinken können, sollte man unbedingt an warme Kleidung sowie an einen ordentlichen Schlafsack denken. Wer zum Aufwärmen Hochprozentiges benötigt, muß die entsprechenden Getränke aus Jayapura mitbringen, denn Wamena ist eine ›trockene‹ Stadt. Gastgeschenke nicht vergessen, u. a. Zigaretten, Konserven, Einwegfeuerzeuge; mit einer preiswerten Armbanduhr schafft man sich im Baliem-Tal einen Freund fürs Leben! Ein Zelt ist nicht unbedingt erforderlich, da man für gewöhnlich in größeren Dörfern ohne Probleme bei Lehrern unterkommen kann; allerdings sollte man unbedingt als Dank für die Gastfreundschaft deren karge Gehälter mit einem angemessenen Geldbetrag aufbessern. In entlegenen Dörfern ohne Schulen wende man sich wegen einer Unterkunft an das Dorfoberhaupt. Mitarbeiter von Missionsgesellschaften, deren Gastfreundschaft anscheinend bereits stark ausgenutzt wurde, stehen Wanderern oft sehr reserviert gegenüber. Wichtig ist es, sich bereits in Wamena mit dem nötigen Proviant einzudecken. Sehr sinnvoll ist es, in Wamena (über Hotelvermittlung) einen Führer oder Träger zu engagieren, mit dem man sich auf englisch oder indonesisch verständigen kann. Vergessen Sie nicht, sich spätestens in Wamena mit einem ausreichenden Vorrat an 100-Rupiah-Scheinen einzudecken – 100 Rupiah ist der von den Dani in Wamena und Umgebung verlangte Standardpreis für ein Foto! Als beste, weil für gewöhnlich trockenste Wandermonate gelten Juni–August.

Unterkunft in Wamena: Baliem Cottage (etwas heruntergekommen, aber immer noch das beste Haus am Platze; Reservierung: Jl. Matahari 11, Jayapura, ✆ 22666); Jayawijaya Hotel (bei Honailama, ca. 5 km außerhalb); La'uk Inn (in Jiwika; einfach); Losmen Sri Lestari (beim Markt; einfach); Nayak Hotel (am Flugplatz; gutes Restaurant).

Sonstiges: Zu den beliebtesten von Touristen im Baliem-Tal gekauften Souvenirs gehören neben den typischen Dani-Penishüllen (*Horim;* indon.: *Koteka*) vor allem Steinäxte (*Yage;* indon.: *Kapak Batu*), weidengeflochtene Armbänder *(Sekan)* sowie aus Stengelorchideen geflochtene Tragenetze *(Noken).* Ein kleines Souvenirgeschäft befindet sich nahe dem Nayak Hotel. Geldwechsel (schlechter Kurs!) in der Bank Rakyat Indonesia beim Flugplatz. Das Postamt befindet sich ebenfalls beim Flugplatz.

Exkurs: Die Dani

Mit nach vagen Schätzungen etwa 180000 Seelen sind die Dani die größte autochthone ethnische Gruppe Neuguineas. Allein rund 100000 dieser zu den Ureinwohnern der zweitgrößten Insel der Welt zählenden Menschen siedeln im Tal des Baliem-Flusses. In grauer Vorzeit lebten die Dani, ebenso wie die anderen Hochlandstämme Neu-Guineas, als halbnomadische Jäger und Sammler in den sumpfigen Küstenniederungen, bevor sie von neuangekommenen melanesischen Völkerschaften in das zentrale Bergland abgedrängt wurden, wo sie sich zu seßhaften Gartenbauern entwickelten. Die Dani-Bevölkerung des Baliem-Tals zerfällt in rund zwei Dutzend Stammesverbände, diese sind wiederum in Klans und Großfamilien untergliedert, deren Mitglieder sich aber auf verschiedene Dörfer verteilen können. Trotz sprachlicher Unterschiede verbinden die Dani-Gesellschaften grundlegende kulturelle Gemeinsamkeiten.

Eines der hervorstechendsten Merkmale der Dani-Kultur war vor wenigen Jahrzehnten noch ein nur von kurzen Atempausen unterbrochener sakraler Kriegszustand. Die mit Kopfjagd und rituellem Kannibalismus eng verbundenen Stammeskämpfe wurden einst als selbstverständlicher, unabdingbarer Bestandteil des täglichen Lebens betrachtet. Dabei handelte es sich allerdings selten um Kämpfe aller auf Leben und Tod. Meist war dem Urgesetz des Krieges genüge getan, wenn ein Angehöriger der feindlichen Gruppe verwundet oder getötet wurde. Danach zog man sich in die befestigten Dörfer zurück, bis zum nächsten, oft geringfügigen Anlaß, der die Feindseligkeiten wieder neu aufflammen ließ. Solche Anlässe konnten der einst so beliebte Frauenraub und der nicht minder populäre Schweinediebstahl sein. Die tieferen Ursachen für die kriegerischen Auseinandersetzungen aber wurzelten letztendlich in der den Ahnen- und Naturgeistern verbundenen Stammesreligion. Auf dem Glauben an eine alles durchdringende Seelensubstanz oder Lebenskraft beruhten ehedem die Kopfjagd und der rituelle Kannibalismus, die wiederum häufige Auslöser für blutige Stammesfehden waren. Nach der im Mythos begründeten Überzeugung der Dani mußte die Lebensenergie eines Menschen immer wieder erneuert werden, weiterhin ermöglichte erst die absichtsvolle Tötung eines Feindes die Entstehung neuen Lebens in der eigenen Sippe. Um das Gedeihen eines Neugeborenen sicherzustellen, mußte einst der Schädel eines Stammesfremden, als Träger von dessen Lebenskraft, besorgt werden. Auch der Kannibalismus war seinem Charakter nach ein magisch-ritueller Akt, um die Kräfte des Feindes in sich aufzunehmen; niemals wurden im Baliem-Tal Menschen als Nahrung verspeist.

Militäreinheiten der Niederländer begannen um 1960, das Baliem-Tal zu ›befrieden‹; eine Aufgabe, die später von den Indonesiern fortgesetzt wurde. Gegen Ende der 60er Jahre waren die rituellen Stammeskriege praktisch verschwunden. Fälle von Kannibalismus allerdings hat es noch in jüngster Vergangenheit gegeben. So wurden 1974 in einem Randgebiet des Baliem-Tals holländische Missionare von Dani getötet und später verspeist. Mit den ersten Missionaren war ab 1954 die erste nachhaltige Fremdbestimmung ins Land der Dani gekommen. Heute kümmern sich verschiedene Missionsgesellschaften um das Seelenheil der Dani, von denen sich viele taufen und zum christlichen Glauben bekehren ließen, was allerdings nicht unbedingt bedeutet, daß damit die Geisterwelt der Vergangenheit angehört.

An den überkommenen Lebensformen der meisten Dani hat sich, trotz der westlichen Kultureinflüsse, im Grunde genommen kaum etwas geändert. In ihrer überwiegenden Mehrheit siedeln sie in kleinen, über das gesamte Baliem-Tal verstreuten Dorfgemeinschaften von ca. 100–300 Mitgliedern. Als Dorfoberhäupter fungieren meist Männer, die sich in früheren Zeiten als Krieger oder heute durch spezielle Fähigkeiten (z. B. eine profunde Kenntnis der Mythologie) in besonderer Weise hervorgetan haben. Für gewöhnlich treten diese Repräsentanten der Dorfgemeinschaft ab einem bestimmten Alter freiwillig von ihrem nicht erblichen Amt zurück. Noch immer leben die Dani vorwiegend in von dichten Hecken oder Lehmwällen umgebenen Runddörfern. An der Stirnseite gegenüber dem Dorfeingang erheben sich die strohgedeckten Rundhütten der Männer (*Honai* oder *Pilamo*), an der einen Längsseite stehen die kleineren, ebenfalls runden Familienhütten, in denen die Frauen mit den Kleinkindern und Schweinen leben *(Hinila),* an der anderen erstreckt sich in Rechteck-Bauweise das langhausähnliche gemeinsame Küchenhaus, in dem jede Frau ihre eigene Feuerstelle besitzt. In den Zeiten der Stammeskriege hatte man um jedes Dorf hohe Beobachtungsstände errichtet, die Tag und Nacht von speerbewaffneten Kriegern besetzt waren, um das Dorf vor feindlichen Überfällen zu schützen.

Auch in der polygamen Dani-Gesellschaft ist die kleinste soziale Einheit die Kernfamilie, die allerdings nicht in einem gemeinsamen Haushalt lebt. Die Kinder verbringen ihre ersten Lebensjahre fast ausschließlich bei den Müttern. Im Alter von sechs bis zehn Jahren treten die Jungen nach streng festgelegten Initiationsriten, die stets mit großen Festen verbunden sind, in das Männerhaus ihres Vaters ein. Fortan wird die Erziehung der Knaben von den erwachsenen Kriegern des Dorfes übernommen. Die Mädchen, die mit dem Einsetzen der ersten Monatsblutung als erwachsen gelten, bleiben bis zu ihrer Heirat bei der Mutter im Familienhaus. Hat ein Dani-Mann mehrere Frauen geheiratet, so muß er für jede einzelne eine runde Familienhütte bauen. In der patriarchalischen Gesellschaftsordnung der Dani herrscht große Ungleichheit zwischen den Geschlechtern, insbesondere nach der Kindheit. Auf den Frauen lastet der größte Teil der täglichen Arbeit zur Sicherung des Lebensunterhaltes. Sie bewirtschaften die Gärten und Felder und sind überdies für die Aufzucht der Schweine verantwortlich. Die Frauen sind es, die sich allein um das Essen und die Kleinkinder kümmern, während die Männer stundenlang palavern können. Die Aufgabe der Männer ist es, Hütten zu bauen und neue Felder anzulegen – beides ist allerdings nur selten notwendig. Als die Stammeskriege noch zum Alltag gehörten, mußte der Mann seine Frau(en) bei der Arbeit auf den oft entlegenen Feldern beschützen, da ständig ein Angriff feindlicher Krieger drohte. Mit dem Ende der Stammeskämpfe fiel diese Notwendigkeit zwar weg, doch die einmal festgelegte ungleiche Arbeitsteilung wurde beibehalten. Ein gewohnter Anblick sind daher schwer bepackte Frauen mit mehreren aus Stengelorchideen geflochtenen Tragenetzen *(Noken),* in denen sie alles transportieren, was zu ihrem täglichen Leben gehört: Süßkartoffeln, Bananen, junge Schweine und zumeist auch noch ein Kleinkind. Die Säuglinge, welche die Frauen stets mit zur Feldarbeit nehmen, werden mehrere Jahre lang gestillt, und oft muß sich ein Kind die Mutterbrust mit einem Ferkel teilen. Selten hat eine Dani-Frau mehr als drei Kinder, denn nach der Geburt eines Kindes beginnt ein Beischlaftabu, das zu jahrelanger sexueller Abstinenz zwingt. Zwar wird diese natürliche Geburtenkontrolle durch die Polygamie wieder ausgeglichen, doch bleibt aufgrund dieses Regulativs und auch wegen der hohen Kindersterblichkeit die Bevölkerungszahl relativ konstant. Liebesheiraten sind im Dani-Land recht selten. Zum einen muß ein für die Verhältnisse enorm hoher Brautpreis entrichtet werden, der die Familie des Mädchens für die Erziehung und die verlorene Arbeitskraft entschädigen soll, zum anderen spielen bei der Partnerwahl auch soziale Aspekte eine wichtige Rolle. Heiraten sollen nämlich zur Friedenssicherung beitragen, durch sie sollen verwandtschaftliche Bande geknüpft werden, die Fehden zwischen den einzelnen Klans verhindern.

Obwohl immer mehr Dani, vor allem in und um Wamena, zumeist aufgrund des Einwirkens christlicher Missionare westliche Kleidungsstücke tragen, blieb die ›Kleidung‹ eines Großteils der Dani traditionell. Trotz der oftmals sehr niedrigen Temperaturen tragen die Hochländer als Schutz und Schmuck ihrer Männlichkeit lediglich einen röhrenförmigen Penisköcher aus verholzten Kalebassenstielen, der ihnen in phallischem Imponiergehabe oftmals bis zur Taille oder sogar bis zur Brust reicht. Außer diesen Penishüllen, die in der Danisprache *Holim* und auf indonesisch – mit abwertendem Unterton – *Koteka* genannt werden, sind die Männer gelegentlich noch mit einem Netz versehen, in das sie ihr wolliges Haupthaar binden. Die Dani-Krieger verwenden viel Zeit auf Schönheitspflege und putzen sich bei festlichen Anlässen

Das Dani-Dorf Hitegima

prächtig heraus. Oft tragen sie, auch um ihren Wohlstand zu zeigen, Brustschmuck aus Kaurischnecken und einen phantasievollen Kopfputz aus Vogelfedern (vgl. Farbabb. 20). Manche Accessoires, wie Armbänder aus Baststoff oder Brustbeutel aus Schweinehoden, besitzen eine magische Funktion und dienen der Geisterabwehr. Auch die Frauen haben fast nichts am Leib; sie sind lediglich mit einem Schamschurz *(Yokal)* bekleidet. Auf den ersten Blick läßt sich erkennen, ob eine Frau verheiratet oder ledig ist. Die unverheirateten Mädchen tragen kurze Baströckchen, die verheirateten Frauen Röcke aus Orchideenfaserschnüren. Trauernde Witwen beschmieren sich den Oberkörper mit gelbem oder grauem Lehm und lassen sich (auch heute noch) nicht selten zum Zeichen des Schmerzes ein Fingerglied abtrennen. Früher war es außerdem üblich, am dritten Tag nach der Verbrennung eines Toten dem jüngsten Mädchen aus seiner Verwandtschaft mit einer Steinaxt ebenfalls ein Fingerglied abzuhacken. Manche Frauen haben daher nach mehreren Todesfällen nur noch Fingerstümpfe an den Händen.

Die Subsistenzwirtschaft der Dani basiert auf dem Anbau von Taroknollen, Yamswurzeln, Blattspinat, verschiedenen Bananensorten sowie vor allem Süßkartoffeln *(Hepere),* von denen sie etwa 70 verschiedene Arten kennen und die ihren Nahrungsbedarf zu rund 90 % decken. Die Dani des Baliem-Tals gelten als erfahrene Ackerbauern, die wahrscheinlich schon seit Jahrhunderten (Terrassen-)Felder anlegen und künstlich bewässern, während viele umliegende Stämme immer noch auf der Stufe des Brandrodungswanderfeldbaus verharren. Die Gärten werden fast ausschließlich von Frauen nach altüberlieferter Methode mit einem einfachen Grabstock bearbeitet, obwohl bereits seit Jahren Geräte der westlichen Zivilisation Eingang gefunden haben. Ein weiteres typisches Arbeitsgerät der Dani-Kultur ist das Steinbeil (*Yage*; indon.: *Kapak Batu*), das aber zunehmend außer Gebrauch gerät. Untrennbar verbunden mit der Hochlandkultur ist die Schweinehaltung. Schweine *(Wam),* seit jeher der Gradmesser für Wohlstand und Sozialstatus, werden nicht als regelmäßige Nahrungsquelle angesehen. Vielmehr spielen sie im Zeremonialleben sowie in den Brautpreis- und Tauschsystemen eine zentrale Rolle. Überdies gilt das Schwein als ein Symbol der Fruchtbarkeit, kann es doch im Vergleich zum Menschen das Vielfache an ›Kindern‹ zur Welt bringen. Schweinediebstahl gehört nach wie vor zu den schlimmsten Delikten, die man in der Dani-Gesellschaft kennt. Das rituelle Schlachten der Schweine wird nach der traditionellen Methode durchgeführt: Während zwei Männer das Tier halten, tötet es ein dritter aus kurzer Distanz mit Pfeil und Bogen.

Einige Begriffe aus der Dani-Sprache

Etwas kompliziert sind die Begrüßungsformeln der Dani: Ein Mann begrüßt einen anderen Mann mit *Nayak* sowie andere Männer mit *Nayaklak;* eine Frau dagegen begrüßt er mit *Lauk* sowie mehrere Frauen mit *Lauknya.* Frauen allerdings grüßen ausschließlich mit *Lauk* bzw. der Pluralform *Lauknya.*

Danke – wah / Ich – an / Du – hat / Wir – hit / Wie heißt Du? – hat hetake sa? / Ich heiße – an nitakhe / Wo ist das Dorf ...? – hat kila wilakhen ...? / Ist dies der Weg nach ...? – holak yei ...? / Es gibt bzw. gibt es? – wereg? / Es gibt nicht – dek / Wo? – yewereg? / Wohin? – komalakken? / Ich möchte – walok / Ich möchte nicht – nait / Berg – tom / Fluß – ih / Dorf – omma / Mann – ap / Frau – humi / Mädchen – horak / Kinder – yekerugi / Schwein – wam / Geld – eka / Regen – messo / Steinbeil – yage / Bogen – sikhe / Pfeil – male / Süßkartoffel (auch Nahrung allgemein) – hepere / Banane – haki / Gut – hano / Sehr gut – hano mottok / Schlecht – weak / Groß – kogat / Klein – bugat / Weit – walekgat / Kalt – sokheik / trinken – ihknuwok

1 – pakkeat / 2 – pere / 3 – hinagan / 4 – pereok-pereok / 5 – isainyom / 6 – elobainyom / 7 – obalabokhoinyom / 8 – akhakeinyom / 9 – sisikinyom / 10 – arat

Praktische Reiseinformationen

Reisevorbereitungen

Informationsstellen

Das Indonesische Fremdenverkehrsamt für Europa in der Bundesrepublik Deutschland erteilt Auskunft über alle mit einer Indonesienreise zusammenhängenden Fragen und versendet kostenlos verschiedene Broschüren und Prospekte.

Indonesisches Fremdenverkehrsamt für Europa, 6000 Frankfurt/Main 1, Wiesenhüttenstraße 17, ✆ (069) 233677/78.

Die Deutsch-Indonesische Gesellschaft e.V. (DIG), 5000 Köln 41 (Lindenthal), Lortzingstraße 72, ✆ (0221) 401797, informiert über die Kultur Indonesiens, erteilt jedoch keine touristischen Auskünfte.

Diplomatische Vertretungen der Republik Indonesien

... in Deutschland
Botschaft:
5300 Bonn 2, Bernkasteler Straße 2, ✆ (0228) 38299-0.
Konsulate:
1000 Berlin 33, Rudeloffweg 7, ✆ (030) 8315076; 2000 Hamburg 60, Bebelallee 15, ✆ (040) 512071/73; 2300 Kiel, Sophienblatt 13–17, ✆ (0431) 603425; 2800 Bremen, Katharinenstr. 36/37, ✆ (0421) 325058; 3000 Hannover, Georgsplatz 1, ✆ (0511) 1032150; 4000 Düsseldorf, Berliner Allee 2, ✆ (0211) 353081; 6082 Mörfelden-Walldorf, Nordendstraße 44, ✆ (06105) 76001; 7000 Stuttgart, Herdweg 62, ✆ (0711) 223729; 8000 München 22, Wiedenmayerstraße 24, ✆ (089) 294609

... in Österreich
Botschaft:
1180 Wien, Gustav-Tszhermak-Gasse 5–7, ✆ (0222) 342533–35
Konsulat:
1190 Wien, Johannesgasse 26, ✆ (0222) 738195

... in der Schweiz
Botschaft:
3006 Bern, Elfenauweg 51, ✆ (031) 440983/85
Konsulat:
1207 Genf, Rue de la Servette 93, ✆ 341602/03

... in Australien
Botschaft:
Canberra, Yarralumla, 8 Darwin Avenue, ✆ 733222
Konsulate:
Darwin, Stuart Park, 22 Corronation Drive, ✆ 819352; Melbourne, 52 Albert Road South, ✆ 6907811; Sidney, 222 Pitt Street, ✆ 2642976

... in Malaysia
Botschaft:
Kuala Lumpur, Jl. Tun Razak 233, ✆ 421011
Konsulat:
Penang, Jl. Burmah 467, ✆ 25162

... in Papua-Neuguinea
Botschaft:
Port Moresby, Sel 410 Lot 182 Waigoni, Sir John Guisa Drive, ✆ 253116

... in den Philippinen
Botschaft:
Metro Manila, Makati, Legaspi Village, 185–187 Salcedo Street, ✆ 855061

... in Singapur
Botschaft:
Singapur 1024, 7 Chatsworth Road, ✆ 7377422

... in Thailand
Botschaft:
Bangkok, 600–602 Patchburi Road,
✆ 2523135/40

Einreisebestimmungen

Seit dem 1. April 1983 benötigen Reisende aus Deutschland, Österreich und der Schweiz für eine reine Touristenreise von maximal 60 Tagen kein Visum mehr. Die Aufenthaltserlaubnis, deren Verlängerung nicht möglich ist, wird direkt bei der Ankunft im Land gegen Vorlage eines Reisepasses mit einer Mindestgültigkeit von sechs Monaten sowie eines Rück- oder Weiterreisetikkets (Flug- oder Schiffticket) ausgestellt. Ist man nicht im Besitz eines Ausreisetickets aus Indonesien, so muß man dieses vor Bewilligung der Einreisegenehmigung in Indonesien am Flug- oder Seehafen lösen. Diese Bestimmung wird erfahrungsgemäß am Sukarno-Hatta-Flughafen in Jakarta sehr streng gehandhabt, bei der Einreise über andere Orte angeblich etwas lockerer. Voraussetzung für die Einreise ohne Visum ist, daß diese über einen der nachstehenden Orte erfolgt:
Jakarta (Flughafen Sukarno-Hatta oder Seehafen Tanjung Priok), Surabaya (Flughafen Juanda oder Seehafen Tanjung Perak), Denpasar (Flughafen Ngurah Rai oder Seehafen Benoa und Padang Bai), Kupang (Flughafen El Tari), Medan (Flughafen Polonia oder Seehafen Belawan), Batam (Flughafen Batu Besar oder Seehafen Batu Ampar und Sekupang), Pakanbaru (Flughafen Simpang Tiga), Balikpapan (Flughafen Sepinggan), Pontianak (Flughafen Supadio), Manado (Flughafen Sam Ratulangi oder Seehafen Bitung), Ambon (Flughafen Pattimura oder Seehafen Yos Sudarso, Biak (Flughafen Frans Kaisiepo), Semarang (Seehafen Tanjung Emas), Tanjung Pinang (Seehafen).

Für die Einreise über andere Orte wird weiterhin ein Touristenvisum benötigt, das eine Gültigkeit von 30 Tagen besitzt und in Indonesien bei den Immigrationsbehörden *(Kantor Imigrasi)* nochmals um 15 Tage verlängert werden kann. Dieses Visum wird von jeder indonesischen Auslandsvertretung ausgestellt. Erforderlich sind zwei Paßbilder und zudem ein Ausreiseticket bzw. eine Bestätigung in zweifacher Ausführung über eine gebuchte und bezahlte Rück- oder Weiterreise. Das Touristenvisum ist für deutsche Staatsangehörige kostenlos und ab Ausstellungsdatum drei Monate für die Einreise gültig. Die Botschaft der Republik Indonesien in der BRD macht ausdrücklich darauf aufmerksam, daß geschäftliche Angelegenheiten mit einem Touristenvisum nicht getätigt werden können und daß der Mißbrauch dieses Visums zu »großen Unannehmlichkeiten« führen kann. Genauere Auskunft über weitere Visa-Arten, z. B. Geschäftsreisevisum (Gültigkeit 5 Wochen und Verlängerungsmöglichkeit im Land bis zu drei Monate) oder semipermanentes Visum (Gültigkeit drei Monate bis ein Jahr; lange Bearbeitungszeit!), gibt ein Merkblatt der indonesischen Botschaft.

Die erlaubte Aufenthaltsdauer sollte man nach Möglichkeit nicht überziehen, denn dies kann (erfahrungsgemäß sogar schon bei wenigen Stunden) zu Problemen bei der Ausreise führen (eventuell Geldstrafe!). Falls Sie aus gesundheitlichen Gründen nicht rechtzeitig ausreisen können, benötigen Sie die Bestätigung eines Arztes oder Krankenhauses, die Sie sicherheitshalber auch noch von der regionalen Ausländerbehörde abstempeln lassen sollten. Eine zusätzliche Visumverlängerung wird für gewöhnlich gewährt, wenn für den geplanten Ausreisetermin der vorgesehene Flug nachweislich überbucht ist.

Wenn die zweimonatige Aufenthaltsdauer oder das maximal 45 Tage gültige Touristenvisum abgelaufen ist, man aber noch länger in Indonesien reisen möchte, muß man kurzfristig in eines der Nachbarländer ausreisen. Die Wiedereinreise nach Indonesien kann bereits am darauffolgenden Tag erfolgen. Vergewissern Sie sich aber, ob Sie für die Wiedereinreise ein indonesisches Visum benötigen (das hängt vom Einreiseort ab; s. o.), und beachten Sie auch die Einreisebestimmungen des jeweiligen Nachbarlandes! Zu den populärsten und preiswertesten Verbindungen ins benachbarte Ausland gehören u. a. die Flüge Jakarta – Singapur, Medan – Penang, Medan – Kuala Lumpur, Medan – Singapur, Pakanbaru – Singapur, Pontianak – Singapur, Pontianak – Kuching, Tarakan – Tawau und Denpasar – Darwin sowie die Schiffsverbindungen Medan – Penang, Dumai – Malakka und Tanjung Pinang/Batam – Singapur.

Einreisebestimmungen der Nachbarländer: Malaysia: Für einen Aufenthalt von weniger als drei Monaten benötigen Deutsche, Österreicher und Schweizer kein Visum; für gewöhnlich bekommt man bei der Ankunft im Land vier Wochen Aufenthalt gewährt (in Sabah und Sarawak meist nur zwei Wochen), der aber problemlos verlängert werden kann. **Philippinen:** Reisende aus der BRD, Österreich und der Schweiz benötigen erst für einen Aufenthalt von mehr als 21 Tagen ein Visum. **Singapur:** Für Deutsche und Schweizer gelten die gleichen Bestimmungen wie in Malaysia. Österreicher können ohne Visum 30 Tage bleiben. **Australien:** Für die Einreise benötigen Deutsche, Österreicher und Schweizer ein Visum, das für gewöhnlich zu einem Aufenthalt von drei Monaten berechtigt.

Devisenvorschriften: Die Ein- und Ausfuhr von Devisen in jeglicher Form ist in unbegrenzter Höhe möglich. Es empfiehlt sich allerdings, größere Devisenbeträge bei der Einreise zu deklarieren, um beim Verlassen des Landes eventuellen Schwierigkeiten vorzubeugen, obwohl normalerweise keine Devisenerklärung verlangt wird. Es dürfen höchstens 50000 Indonesische Rupiah ein- und ausgeführt werden. Der Rücktausch von überschüssigen Rupiah in ausländische Währungen ist möglich, Sie benötigen dafür jedoch in der Regel die offiziellen Umtauschquittungen der Banken.

Zollbestimmungen: Diese werden bei der Einreise für Touristen meist großzügig gehandhabt. Zollfrei einführen darf man neben den üblichen Reiseutensilien 200 Zigaretten oder 50 Zigarren oder 100 g Tabak, bis zu zwei Liter alkoholische Getränke, Geschenke im Gesamtwert von bis zu 100 US-$ sowie ein bis zwei Fotoapparate mit Objektiven und dazugehörigem Filmmaterial, ein bis zwei Schmalfilm- oder Videokameras, ein Kofferradio, eine Reiseschreibmaschine und ein Fernglas. Die zuletzt genannten Artikel sind zu deklarieren und werden gegebenenfalls auch in den Reisepaß eingetragen, um die Wiederausfuhr zu gewährleisten. Verboten ist die Einfuhr von Waffen und Munition, Drogen sowie kommunistischer Literatur und pornographischem Material (sehr strenger Maßstab!). Für die Einfuhr von Kraftfahrzeugen und Tieren gelten besondere Bestimmungen, über die die indonesischen Auslandsvertretungen informieren.

Gesundheitsvorsorge

Impfungen sind derzeit für Reisende aus infektionsfreien Gebieten nicht zwingend vorgeschrieben. Zum persönlichen Schutz sind jedoch generell prophylaktische Maßnahmen gegen Cholera, Typhus/Paratyphus, Polio, Tetanus, Hepatitis A und Malaria zu empfehlen.

Alle Kosten für Krankenhausaufenthalte, ärztliche Behandlungen und Medikamente müssen zunächst vom Patienten selbst getragen werden. Die bisherige Praxis der Kostenrückerstattung durch die gesetzliche Krankenversicherung fiel durch die Gesundheitsreform weg. So empfiehlt sich der Abschluß einer privaten Reisekrankenversicherung.

Reisezeit

Das entweder von äquatorial-tropischem oder monsunal-tropischem Klima bestimmte Wettergeschehen im indonesischen Archipel kennt nur zwei regional mehr oder weniger deutlich ausgeprägte Jahreszeiten, die sich weniger in der Temperatur als vielmehr in der Niederschlagsmenge unterscheiden. Wer den unwirtlichen Wintermonaten Mitteleuropas entfliehen will, indem er nach Indonesien reist, wird dort auf den meisten Inseln, besonders in den Monaten von November–März, mit der Regenzeit konfrontiert. Aufgrund der kontinentalen Ausdehnung besitzt der indonesische Archipel kein einheitliches Großklima, doch können für die meisten Gebiete trotz regional spezifischer Regenperioden die Monate Mai–September als beste, weil meist niederschlagsärmste Reisemonate gelten. Da das konkrete Wettergeschehen im indonesischen Archipel sehr komplex ist und von Region zu Region variiert, nachstehend eine knappe Übersicht über die Klimate der wichtigsten Inseln.

Java: Die Gebirgsregionen Westjavas erhalten fast ganzjährig Niederschläge (3000–4000 mm, an einzelnen Vulkanflanken bis über 7000 mm) mit Maxima zwischen November und März. Während der Regenzeit kommt es meist nachmittags zu heftigen Wolkenbrüchen, oft auch Gewittern. Von Mittel- nach Ostjava treten zunehmend mehrmonatige Trockenzeiten (Mai–September) auf. Die Jahresmittel der Temperatur liegen im Tiefland bei etwa 26 °C, im Gebirge bis unter 10 °C. Beste Reisezeit: Mai–August.

Bali: Die Regenzeit liegt in den Monaten Oktober–April mit Niederschlagsmaxima im Dezember und Januar. Allerdings sind die feuchten Monate mit sonnenreichen Tagen durchsetzt, und auf Nordbali halten sich auch während der Regenzeit die Niederschläge in Grenzen. Die feuchtesten Monate sind zugleich auch die heißesten (bzw. schwülsten). Von Mai–August bringt der relativ trockene, von Australien her wehende Ostmonsun sonnenreiche, nur ab und zu von kurzen, heftigen Tropengewittern unterbrochene Tage. Als ›kühlster‹ und trockenster Monat gilt Juli (Durchschnittstemperatur 26 °C.) Beste Reisezeit: Mai–August.

Nusa Tenggara: Während der westliche Teil dieser Region (Lombok, Sumbawa, Westflores u. a.) klimatisch mit Bali verglichen werden kann (Trockenzeit: April–September; Regenzeit: Oktober–März), macht sich, je weiter man nach Osten kommt, der Einfluß des austrocknenden Südostmonsuns immer deutlicher bemerkbar. So hat die Provinz Ost-Nusa Tenggara (Ostflores, Sumba, Timor u. a.) eine extrem lange Trockenzeit (teils sogar ausgesprochene Dürreperioden), die von März–Dezember dauern kann. Vor allem gegen Ende der Trockenzeit kann es im östlichen Teil Nusa Tenggaras unerträglich heiß werden. Timor ist die einzige Insel des indonesischen Archipels, die bisweilen von tropischen Wirbelstürmen heimgesucht wird. Beste Reisezeit: Mai–August.

Sumatra: Das Wettergeschehen Sumatras wird weitgehend vom ›Winter‹- oder Westmonsun bestimmt, der die riesige Insel jedoch in verschiedenen Monaten erreicht. Südlich des Äquators liegen die Niederschlagsmaxima in den Monaten November – März, nördlich davon kann die Regenperiode etwas früher einsetzen. Zu einer weniger stark ausgeprägten Regenzeit kommt es auf Nordsumatra in den Monaten April und Mai. Während des Südostmonsuns (Mai–August) nehmen die Niederschläge deutlich ab. Die Temperaturen im Tiefland weisen kaum jahreszeitliche Schwankungen auf (durchschnittlich 26–28 °C.). Beste Reisezeit: Mai – September.

Kalimantan: Auf Kalimantan gibt es keine ausgeprägte Trockenzeit, obwohl für gewöhnlich im Juli und August die Niederschläge geringer sind. Ausgesprochen viel Regen fällt in den Monaten Oktober–März. Das ganze Jahr hindurch herrscht ein feucht-heißes ›Treibhausklima‹. Beste Reisezeit: Juli und August.

Sulawesi: Trotz regionaler Unterschiede liegen die niederschlagsreichsten Monate etwa zwischen November/Dezember und März/April. Am trockensten sind der Südteil der Südhalbinsel sowie die südöstliche Halbinsel, regenreicher sind das zentrale Kernland sowie die Nordhalbinsel. Beste Reisezeit: Mai–Oktober.

Molukken: Klimatisch gesehen sind die Molukken die große Ausnahme im indonesischen Archipel. Vor allem die Zentral- und Südostmolukken erhalten ihre Niederschlagsmaxima in den Monaten April–August. Wegen erheblicher Behinderungen des Reiseverkehrs sollte man diese östliche Landesregion während der Regenzeit meiden. Beste Reisezeit: September–März.

Irian Jaya: Eine ideale Reisezeit für ganz Irian Jaya gibt es nicht, da jede Region ihre spezifischen Regenperioden hat. Als beste Reisemonate für das Baliem-Tal gelten Juli und August.

Anreise nach Indonesien

... mit dem Flugzeug

Jakarta wird von zahlreichen internationalen Gesellschaften (darunter Garuda, Lufthansa, Swissair und KLM) regelmäßig im Liniendienst angeflogen. Die Flugzeit Frankfurt – Jakarta (Entfernung ca. 12000 km) beträgt, einschließlich der Zwischenlandungen, ca. 16–18 Stunden. Da zwischen Jakarta und anderen Metropolen des Fernen Ostens (Singapur, Kuala Lumpur, Bangkok, Manila) hervorragende Flugverbindungen bestehen, sollte man bei der Anreise eventuell einen Zwischenstopp in Erwägung ziehen. Die Einreise nach Indonesien muß nicht notwendigerweise über Jakarta erfolgen, zwei der Hauptreiseziele des Landes, Nordsumatra und Bali, sind auch per Direktflug ab Europa zu erreichen (Garuda bedient in Zusammenarbeit mit KLM einmal pro Woche die Route Amsterdam–Wien–AbuDhabi–Medan–Denpasar; die französische Gesellschaft UTA fliegt ab Paris direkt nach Bali).

Beachten Sie, daß Garuda, die nationale Fluglinie Indonesiens, ihren internationalen Fluggästen auf Anschlußflüge im Inland verschiedene Rabattmöglichkeiten gewährt (vgl. S. 545).

Agenturen der Garuda

... in der Bundesrepublik Deutschland: 2000 Hamburg 1, Hermannstraße 40, ✆ (040) 327459/50; 6000 Frankfurt/Main 1, Poststraße 2–4, ✆ (069) 2380688; 8000 München 2, Sophienstr. 4, ✆ (089) 591712.

...in Österreich: 1010 Wien, Fleischmarkt 14, ✆ (0222) 5134070–71.

... in der Schweiz: 8006 Zürich, Sumatrastraße 25, ✆ 3636444/5.

Fluganknft: Ankunftsflughafen für die meisten Touristen ist der neue internationale Flughafen Sukarno-Hatta bei Cengkareng, eine großzügige, erst im April 1985 eröffnete Anlage ca. 25 km nordwestlich des Zentrums von Jakarta. Bereits im Flugzeug sollten Sie die für statistische Zwecke wichtige Einreisekarte (›Embarkation/Disembarkation Card‹) sowie gegebenenfalls eine Zoll- und Devisenerklärung ausgefüllt haben. Nach der Paß- und Gepäckkontrolle können Sie im Flughafengebäude etwas Geld tauschen (lassen Sie sich für die Taxi- oder Busfahrt ins Zentrum auch kleinere Geldscheine geben!). Wechselstuben (24 Stunden geöffnet), die allerdings einen relativ schlechten Kurs bieten, finden Sie ebenso wie einen Auskunftsschalter des indonesischen Fremdenverkehrsamtes (Vermittlung von Hotelzimmern, Stadtplan, allgemeine Informationen u. a.) in der Ankunftshalle hinter den Durchgängen der Paßkontrolle. Falls Sie einen Anschlußflug im Inland haben, können Sie sich direkt zu den Abfertigungs- und Wartehallen für den Inlandsflugverkehr begeben (Terminal B: Inlandsflüge der Garuda; Terminal C: Inlandsflüge anderer indonesischer Fluglinien).

Zwischen dem Sukarno-Hatta-Flughafen und verschiedenen Stadtteilen Jakartas

(Gambir, Blok M in Kebayoran Baru, Kemayoran, Rawamangun, Pasar Minggu, Halim Perdanakusuma) verkehren komfortable, klimatisierte Busse der Gesellschaft DAMRI. Abfahrt der Busse etwa jede halbe Stunde zwischen 3 Uhr morgens und 20 Uhr, meist vor dem Terminal B. Für Gäste verschiedener großer Hotels (Jakarta Hilton, Sahid Jaya, Kartika Plaza, Mandarin, Wisata, Sabang, Hyatt, Borobudur u. a.) besteht ein zusätzlicher Shuttlebus-Service. Taxen (fast ausschließlich klimatisierte ›Blue Bird‹-Taxen) warten ebenfalls vor dem Flughafengebäude; die gültigen Tarife können Sie den Schautafeln vor dem Terminal entnehmen.

... mit dem Schiff

Die Seereise von Europa nach Indonesien dauert ca. fünf bis sechs Wochen. Allerdings gibt es schon lange keine Passagierschiffe mehr, die regelmäßig zwischen Europa und Indonesien verkehren. Der Passagierverkehr wird für gewöhnlich von Frachtschiffen durchgeführt, die nur eine kleine Anzahl von Reisenden 1. Klasse aufnehmen. Der Fahrpreis liegt entsprechend hoch und übersteigt die Kosten eines Fluges in der Touristenklasse bei weitem. Die derzeit einzige Reederei, die gelegentlich Frachtschiffe zwischen Europa und Indonesien einsetzt und auf diesen Fahrten auch Passagiere mitnimmt, ist die Polish Ocean Line (Auskunft: Reiseagentur Hamburg-Süd, 2000 Hamburg 11, Ost-West-Straße 59, ∅ (040) 37050). Eine andere sehr kostspielige Anreisemöglichkeit wäre, eine Passage auf einem der im Westpazifik bzw. im östlichen Indischen Ozean eingesetzten Kreuzfahrtschiffe zu buchen, die auch in einem indonesischen Hafen anlegen; Ausgangs- und Zielhäfen sind meist Singapur oder Hongkong. Anreisemöglichkeiten per Fährschiff oder Schnellboot von Singapur und Malaysia (Penang und Malakka) nach Sumatra (Medan, Dumai und Batam/Tanjung Pinang) vgl. S. 396.

Reisen in Indonesien

Der eigene Wagen ist als Fortbewegungsmittel auf einer Indonesien-Tour in den meisten Fällen von vorneherein ausgeschlossen (hohe Transportkosten, komplizierte Einfuhrbestimmungen u. a.). Das Reisen mit öffentlichen Verkehrsmitteln gestaltet sich in Indonesien, zumindest auf den Hauptrouten, jedoch weitgehend unproblematisch. Die meisten der touristisch interessanten Orte können mit Flugzeug, Schiff (Boot) und Bus erreicht werden. Europäischen Komfort darf man, von Ausnahmen abgesehen, in der Regel nicht erwarten, dafür aber liegen die Tarife niedrig. Prinzipiell sollten Sie die nachstehenden Hinweise beherzigen, vor allem wenn Sie sich etwas abseits der sogenannten ausgetretenen Touristenpfade bewegen wollen: Orientieren Sie sich bei Ihrer Reiseplanung nach Möglichkeit an den trockenen Jahreszeiten (vgl. S. 540) und meiden Sie während der Regenperioden vor allem entlegene Inselregionen; stellen Sie sich bei Reisen in der Regenzeit auf Transportprobleme ein (häufig wird der Flug- und Schiffsverkehr vorübergehend eingestellt; viele Gebiete versinken während heftiger Wolkenbrüche in Wegelosigkeit und sind zeitweise vom Verkehr abgeschnitten). Rechnen Sie auch während der indonesischen Ferienzeit (für gewöhnlich von Anfang Juni bis Mitte Juli) sowie vor allem zu Beginn und am Ende des Fastenmonats Ramadan mit ganz erheblichen Reisebehinderungen. In der Woche vor dem großen moslemischen Feiertag Idul Fitri bzw. Lebaran, dem Ende der Fastenzeit, verlassen beispielsweise jedes Jahr rund 1,5–2 Mill. Menschen Jakarta, um Verwandte in den Provinzen zu besuchen. Etwa eine Woche nach Idul Fitri setzt die ›Völkerwanderung‹ in entgegengesetzter Richtung ein. Während dieser Hauptreisezeiten sind die Flüge zumeist schon Wochen im voraus ausgebucht und es ist, vor allem in den dicht bevölkerten Regionen Indonesiens, auch kaum mehr möglich, Schiffs-, Zug- oder Buspassagen zu bekommen. Überdies sind in den großstadtnahen Urlaubs- und Erholungsgebieten häufig sämtliche Hotels und Pensionen hoffnungslos überbelegt. Ebenfalls ungeeignet für längere Bus- und Bahnfahrten sind Sonn- und Feiertage (vor allem auf Java). Zeigen Sie sich beim ›Inselspringen‹ im indonesischen Archipel flexibel, und halten Sie nicht starr an einer einmal ausgearbeiteten Route fest (sofern dem nicht eine eingeengte Ferienzeit entgegensteht). Bedenken Sie, daß man bei Reisen in entlegenen Gebieten der indonesischen Inselwelt vor allem drei Dinge braucht: Erstens etwas Zeit, zweitens noch mehr Zeit und drittens noch viel mehr Zeit. In Regionen abseits der populären Touristenrouten gibt man Entfernungen selten in Kilometern an; man rechnet in Stunden und Tagen. Oft werden Reisetage zu Wochen, wenn beispielsweise in Kalimantan entweder die Wege überschwemmt sind oder die Ströme zu wenig Wasser für die Binnenschiffe führen. Legen Sie niemals die Maßstäbe deutscher Pünktlichkeit an, und beachten Sie, daß in entlegenen Gebieten höchst selten Fahrpläne existieren und daß Busse oder Bemo sowie Schiffe oder Boote häufig nach Bedarf verkehren, d. h., wenn genügend Passagiere da sind. *Waktu Karet* sagen die Einheimischen dazu – ›Gummizeit‹. Versuchen Sie hinsichtlich Abfahrtszeiten möglichst viele Informationen einzuholen, und rechnen Sie damit, daß Busse und Schiffe eventuell bereits vor dem angegebenen Zeitpunkt abfahren (auch so kann die ›Gummizeit‹ aussehen!). Eignen Sie sich Grundkenntnisse der indonesischen Sprache *(Bahasa Indonesia)* an; nicht nur in entlegenen Regionen sind diese von sehr großem Nutzen. Bedenken Sie schließlich noch, daß auf (Bus-)Bahnhöfen und in Häfen eine ganz besonders hohe Diebstahlgefahr besteht.

Generell empfiehlt es sich, den landesüblichen öffentlichen Verkehrsmitteln den Vorzug zu geben (z. B. vor Leihwagen oder teuren klimatisierten Touristenbussen). Gegen Vorlage eines internationalen Studentenausweises wird vielfach eine Studentenermäßigung gewährt (z. B. von den Fluglinien Merpati, Bouraq und Mandala sowie von der staatlichen Eisenbahngesellschaft). Autostop ist in Indonesien völlig unüblich und bei den durchweg sehr billigen Bustarifen praktisch unnötig.

Spezielle, von der Polizei ausgestellte Reisegenehmigungen *(Surat Jalan)* sind seit Mitte der 80er Jahre nur noch für einige ›kritische‹ Regionen des indonesischen Archipels erforderlich, dazu gehören die Inlandsregionen von Irian Jaya (auch das Baliem-Tal!) sowie verschiedene Gebiete in Kalimantan, die nahe der indonesisch-malaysischen Grenze liegen. Einige als ›unsicher‹ eingestufte Regionen Irian Jayas (vgl. S. 526) sind derzeit generell gesperrt für ausländische Touristen. Ein *Surat Jalan* wird in Jakarta von der obersten Polizeibehörde (Direktorat Intelpam Polri, Subdirektorat Poa, Jl. Trunojoyo, Kebayoran) ausgestellt; dort erfährt man auch, für welche Landesteile derzeit ein *Surat Jalan* benötigt wird. In manchen Regionen Indonesiens (nicht nur auf den Außeninseln, sondern auch auf Java) herrscht strenge Meldepflicht, d. h., man muß in Hotels und Pensionen Meldezettel ausfüllen, die dann häufig zusammen mit dem Reisepaß der lokalen Polizeibehörde zur Kontrolle vorgelegt werden.

... mit dem Flugzeug

Dem geographischen Charakter des Landes angemessen, ist das Binnenflugnetz in den letzten Jahren sehr dicht geworden. Alle Provinzhauptstädte und eine Reihe weiterer städtischer Zentren sind (zumindest außerhalb der Hauptreisezeit) problemlos mit dem Flugzeug zu erreichen. Aber selbst kleine Inseln, von denen man es kaum erwartet, besitzen einen Passagierflugplatz oder zumindest einen Landestreifen (wobei aber winzige, oft nur wenige hundert Meter lange Gras- oder Kieslandepisten gelegentlich schon dafür sorgen, daß der Adrenalinspiegel merklich ansteigt). Tarife, die zu den niedrigsten der Welt gehören, und ein meist recht or-

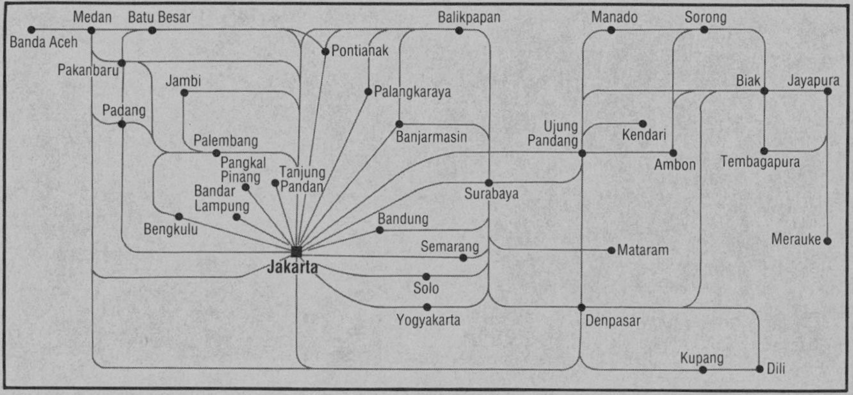

Binnenflugnetz Garuda

dentlicher Service machen das Fliegen zur bequemsten Art des ›Inselspringens‹. Der Großteil der innerindonesischen Flugdienste wird durch die beiden großen staatlichen Gesellschaften Garuda und Merpati sowie die beiden privaten Fluglinien Bouraq und Mandala durchgeführt.

Garuda ist zwar ca. 10–15 % teurer als die anderen Gesellschaften, gilt jedoch, was die Einhaltung der Flugpläne und der Platzreservierungen angeht, als die bei weitem zuverlässigste Fluglinie. Garuda bietet zudem verschiedene Rabattmöglichkeiten. Wer mit Garuda von Europa nach Jakarta, Denpasar oder einem anderen internationalen Flughafen Indonesiens fliegt, erhält auf Anschlußflüge mit Garuda innerhalb Indonesiens eine Ermäßigung, und zwar 50 % für Flüge nach Sulawesi und Irian Jaya sowie zu den Molukken und 25 % für Flüge zu den anderen Zielen innerhalb des Landes. Eine weitere Voraussetzung ist, daß die Flugroute vorher festgelegt und die Tickets vor Reiseantritt gekauft werden. Garuda offeriert bei Inlandsflügen jedoch keine Studentenermäßigung.

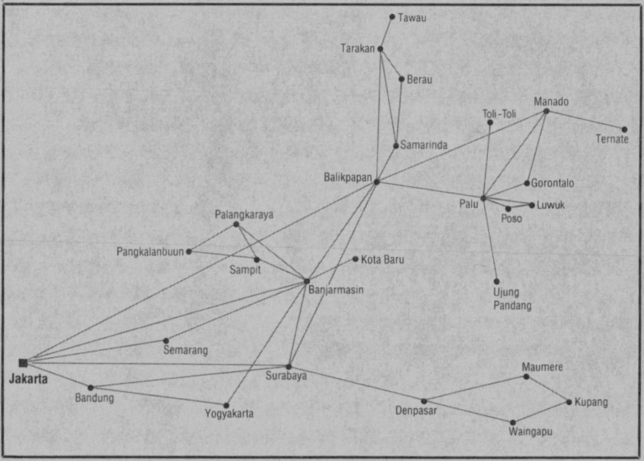

Binnenflugnetz Bouraq

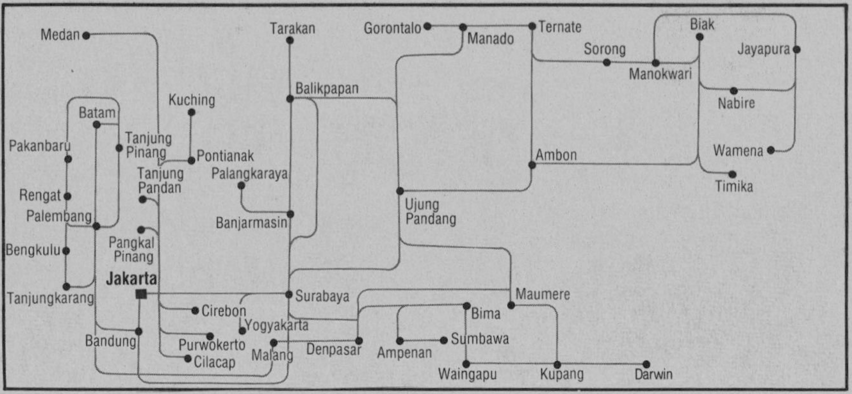

Binnenflugnetz Merpati

Merpati (›Taube‹), eine Tochtergesellschaft der Garuda, fliegt in praktisch alle Landesteile, bedient aber vorwiegend die weniger frequentierten Routen zu entlegeneren Orten und Inseln in Zentral- und Ostindonesien. In sehr abgelegene Regionen bietet Merpati erstaunlich preisgünstige Flüge an (sogenannte Perintis- oder Pionier-Flüge), denn diese werden von der Regierung subventioniert, um die Entwicklung des jeweiligen Landesteils zu fördern. Merpati bedient überdies die internationalen Strecken Pontianak (Westkalimantan) – Kuching (Ostmalaysia) und Kupang (Westtimor) – Darwin (Australien). Die private Fluggesellschaft Bouraq ist in erster Linie für Kalimantan, Sulawesi und die Inselregion Nusa Tenggara zuständig, bedient aber auch die Strecke Tarakan (Ostkalimantan) – Tawau (Ostmalaysia). Recht angenehm und auch preiswert sind die Langstreckenflüge der privaten Gesellschaft Mandala, die überwiegend mit viermotorigen Propellermaschinen vom Typ Lockheed Electra operiert und u. a. folgende Strecken bedient: Jakarta – Medan (v. v.), Jakarta – Padang (v. v.), Jakarta – Semarang – Surabaya (v. v.), Jakarta – Ujung Pandang-Manado (v. v.) sowie Jakarta – Ambon (v. v.). Merpati, Bouraq und Mandala gewähren bei Inlandsflügen 25 % Studentenermäßigung. Darüber hinaus existieren noch verschiedene kleinere private Fluglinien (Airfast, Dirgantara Air Service, Sabang Merauke Air Charter, Sempati u. a.) sowie Fluglinien von Missionsorden (z. B. Missionary Aviation Fellowship; MAF) und von Öl- und Holzfirmen (z. B. Pelita Air Service, die Fluglinie des staatlichen Petrokonzerns PERTAMINA), die auch mehr oder weniger regelmäßige Flugverbindungen mit teilweise extrem abgelegenen Gebieten unterhalten. Falls es ihre Kapazitäten zulassen, nehmen die Fluglinien der Missionen sowie die der Öl- und Holzfirmen auch (zahlende) Touristen mit. Wer beabsichtigt, während seiner Indonesien-Reise viel zu fliegen, sollte bei der jeweiligen Gesellschaft den aktuellen Flugplan sowie die gültige Preisliste anfordern (Adressen der zentralen Verwaltungen der Inlandsfluglinien vgl. S. 160).

Als Flugreisender in Indonesien haben Sie noch folgendes zu beachten: Zu den Hauptreisezeiten (vgl. S. 543) sind meist alle Flüge schon Wochen im voraus ausgebucht (gegebenenfalls sollten Sie versuchen, Ihre Garuda-Inlandsflüge bereits in Europa zu buchen); bei Binnenflügen besteht meist freie Sitzwahl (Ausnahme Garuda); wer einen Fensterplatz will, muß rechtzeitig eintreffen; auch mit einem ›OK‹ versehene Tickets müssen ein bis zwei Tage vor Abflug noch einmal rückbestätigt werden; zu den Flugpreisen kommt eine geringe Flughafensteuer hinzu, die für gewöhnlich bereits beim Tikketkauf berechnet wird; offiziell liegt die Freigepäcksgrenze bei Inlandsflügen bei 20 kg, bei Flügen mit kleinen Propellermaschinen allerdings oft nur bei 10 kg; in verschiedenen Orten bieten die Fluglinien einen kostenlosen oder preiswerten Zubringerservice zum Flugplatz an (man kann sich gelegentlich sogar im Hotel abholen lassen).

... mit dem Schiff

Schiffe, Fähren und Boote stellen die wichtigsten Transportmittel im interinsularen Güter- und Personenverkehr dar. Sie bieten eine erstaunlich preiswerte, oft aber auch recht abenteuerliche Möglichkeit, die indonesische Inselwelt kennenzulernen. Die modernsten, schnellsten und zuverlässigsten Schiffe werden von der staatlichen Reederei PELNI *(P. T. Persero Pelayaran Nasional Indonesia)* eingesetzt. Diese zugleich größte indonesische Schiffahrtsgesellschaft verbindet alle bedeutenden Seehäfen sowie eine ganze Reihe von größeren Provinzhäfen des Landes miteinander. Mittlerweile hat PELNI sechs moderne Passagierschiffe aus deutschen Werften in Dienst gestellt (KM Kerinci, KM Kambuna, KM Rinjani, KM Umsini, KM Kelimutu, KM Lawit). Diese nach indonesischen Vulkanen benannten Schiffe können jeweils zwischen 900 und 1750 Passagiere befördern und verkehren nach festen Fahrplänen auf festgelegten Routen, für die sie hin und zurück jeweils etwa 14 Tage benötigen (vgl. PELNI-Routenplan). Die Unterbringung auf den PELNI-Schiffen entspricht europäischem Standard und erfolgt in verschiedenen Klassen. Alle Kabinen und Räume sind klimatisiert. Es stehen Restaurants und sogar Bars zur Verfügung sowie für gläubige Moslems eine Schiffsmoschee. Diese preiswerte und auch recht komfortable Art des Reisens setzt allerdings voraus, daß man genügend Zeit mitbringt, so benötigt beispielsweise die KM Kambuna für die Fahrt von Jakarta nach Surabaya ca. 20 Std., von dort nach Ujung Pandang nochmals 24 Std. sowie von der Hauptstadt Südsulawesis weiter nach Balikpapan in Ostkalimantan weitere 24 Std. Die aktuellen Fahrpläne sowie gültige Preislisten erhält man bei der zentralen Verwaltung der PELNI (Jl. Angkasa 18, P. O. Box 115/JKT., Jakarta, ✆ 416262 und 417136) oder im zentralen Buchungsbüro (Jl. Pintu Air 1, Jakarta, ✆ 358398 und 347337). Neben ihren Flaggschiffen hat PELNI auf weniger frequentierten Routen (z. B. innerhalb der Molukken) sogenannte Perintis- oder Pionier-Schiffe eingesetzt, die aber keinem Vergleich mit dem Standard der modernen Passagierschiffe dieser Linie standhalten.

Während alle PELNI-Schiffe mehr oder weniger zuverlässig nach einem festen Fahrplan verkehren, existieren für die überwiegende Mehrzahl der im interinsularen Verkehr eingesetzten kleineren Passagierschiffe und -boote keine festen Abfahrts- bzw. Ankunftszeiten. Beim ›Inselspringen‹ mit dieser Art von Transportmitteln muß man viel Zeit, Geduld und Flexibilität mitbringen. Man sollte sich im jeweiligen Hafen erkundigen (beste Informationsquelle ist der Hafenmeister bzw. *Syah Bandar*) und bereit sein, tagelang zu warten oder sofort an Bord zu springen, wenn gerade das begehrte Schiff oder Boot die Anker lichtet. Vor allem auf Nebenstrecken und zwischen entlegenen Außeninseln verkehren meist Schiffe sehr einfacher Kategorie, bei denen man oft erhebliche Abstriche am Komfort in Kauf nehmen muß. Häufig stehen auch bei Passagierschiffen, die nachts verkehren, keine Liegeplätze zur Verfügung, meist sind die sanitären Anlagen völlig unzureichend und total verdreckt. Einen ausreichenden Reiseproviant hat man in jedem Fall selbst mitzubringen. Bedenken Sie auch, daß das Reisen mit kleineren Schiffen und Booten nicht ganz ungefährlich ist: 1985 wurden in den Gewässern des indonesischen Archipels über 300 Unfälle registriert. Recht abenteuerlich ist eine Reise auf einem der traditionellen Bugis-Frachtensegler (vgl. S. 150). Es besteht durchaus die Möglichkeit, mit einem Makassar-Schoner von Jakartas altem Hafen Sunda Kelapa nach Kalimantan oder Su-

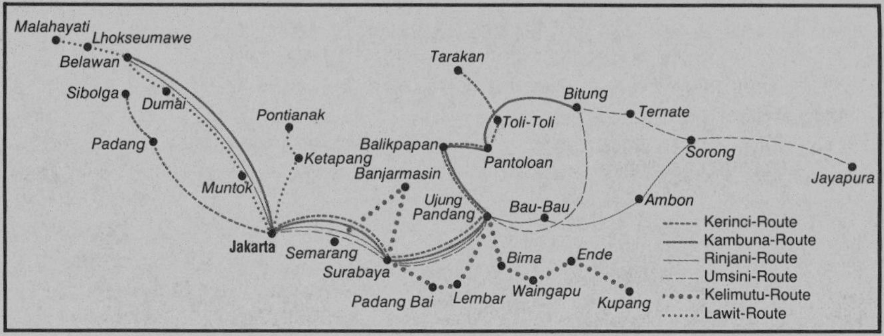

Routen der PELNI-Schiffe

lawesi zu gelangen (empfehlenswert nur für männliche Reisende).

... mit dem Bus

Autobusse sind das meistbenutzte öffentliche Verkehrsmittel in Indonesien. Ungeachtet der oftmals katastrophalen Qualität, findet man sie auf fast allen Straßen des Landes und erreicht mit ihnen, zumindest auf den Hauptinseln, beinahe jeden Ort. Zumindest theoretisch ist es möglich, mit Expreßbussen in ca. acht bis zehn Tagen von Banda Aceh auf Nordsumatra bis Bima auf Sumbawa zu reisen. Auf längeren Strecken werden häufig Nachtbusse *(Bis Malam)* eingesetzt. Große Gesellschaften haben in der Regel auch klimatisierte Fahrzeuge in ihrem Fuhrpark. Diese durchweg modernen Fernbusse sind im allgemeinen nicht nur recht zuverlässig, sondern bieten auch wesentlich mehr Komfort (z. B. vier statt fünf Sitzplätze in einer Reihe) als die normalen Busse; der Fahrpreis liegt etwa 25–30 % höher. Die Beschaffenheit eines Großteils der Überlandbusse entspricht zwar nicht immer deutschen TÜV-Vorstellungen, zudem sind sie wenig komfortabel und meist total überfüllt (oft sitzen die Passagiere, trotz polizeilicher Verbote, auf dem Dach oder hängen in Trauben aus den Türen), doch liegen dafür die Tarife niedrig. Indonesische Busfahrer sind allzu häufig echte Draufgänger, die ohne Rücksicht auf die Sicherheit der Passagiere rasen, als hätten sie einen Skorpion im Schuh, vielfach ihre schweren Fahrzeuge aber geradezu virtuos beherrschen. Wer sehr schwache Nerven hat, sollte eventuell besser nicht in einen indonesischen Bus einsteigen (Kraftfahrzeugunfälle gehören zu den häufigsten Todesarten in Indonesien).

Die Busstationen können im Zentrum oder auch an der Peripherie der Städte liegen (Informationen hierzu sowie hinsichtlich Verkehrsverbindungen finden Sie jeweils im Abschnitt ›Praktische Hinweise‹). An großen Busbahnhöfen können Sie die Tickets oft bereits vor Reiseantritt kaufen; vor allem bei kürzeren Distanzen löst man sie jedoch in der Regel im Bus beim Schaffner (um von diesem nicht übervorteilt zu werden, sollte man sich vorher bei Mitreisenden nach dem korrekten Fahrpreis erkundigen). Ihren Bus erkennen Sie an der Hinweistafel mit dem Zielort an der Frontscheibe. Falls Sie die Auswahl haben, sollten Sie Expreßbusse nehmen, da die anderen Fahrzeuge (vor allem Minibusse) auch auf offener Strecke häufig anhalten oder bisweilen sogar weite Umwege machen, um die Passagiere einzeln aufzulesen (was natürlich die Fahrzeit erheblich verlängern kann). Falls Sie selbst unterwegs in einen Bus zusteigen, müssen Sie damit rechnen, nur noch einen Stehplatz zu erhalten. Prinzipiell sollten Sie sich gerade bei längeren Busfahrten immer für möglichst große Fahrzeuge entscheiden, da gerade in Minibussen der enge Sitzabstand eher für schmächtige Indonesier als langbeinige Europäer konzipiert ist. Ihre Gepäckstücke müssen Sie in der Regel mit in den Innenraum nehmen und dort im Mittelgang abstellen; wird das Gepäck auf dem Dach verladen, achten Sie auf eine ausreichende Sicherung (eventuell mit einem Fahrrad-Kettenschloß am Dachträger befestigen). Proviant müssen Sie auch auf Langstrecken nicht mitnehmen, da für gewöhnlich unterwegs bei einfachen Restaurants angehalten wird und Sie überdies bei jedem kurzen Zwischenstop von einer Vielzahl fliegender Händler mit allerlei Trink- und Eßbarem bestens versorgt werden. Sie sollten prinzipiell damit rechnen, daß Pannen zum Teil erhebliche Verspätungen verursachen können, und daß Sie nach Fahrten über schottrig-staubige Pisten mit einer feinen, grauen Patina überzogen sind. Einfache Überlandbusse erreichen auf Java ein Stundenmittel von ca. 35–40 km, auf verkehrsmäßig weniger gut erschlossenen Außeninseln deutlich weniger. Unterschätzen Sie auch nicht die enormen Entfernungen auf indonesischen Inseln (einige Beispiele: Jakarta – Yogyakarte 14 Std., Jakarta – Denpasar 28 Std., Jakarta – Palembang 22 Std., Jakarta – Padang 42 Std., Jakarta – Medan drei Tage). Denken Sie schließlich gerade bei Langstreckenfahrten an eine rechtzeitige Platzreservierung, und rechnen Sie damit, daß während der Hauptreisezeiten die Fernverkehrsbusse regelrecht gestürmt werden.

Für mittlere Distanzen werden vielfach auch Minibusse oder vor allem auf Java und Sumatra Kollektivtaxen (größere Kombi-Pkw) eingesetzt. Von solchen Fahrzeugen kann man sich bisweilen, bei rechtzeitiger Voranmeldung, sogar im Hotel abholen lassen.

... mit der Eisenbahn

Die Bedeutung der Eisenbahn für den Reiseverkehr ist regional beschränkt, da nur Java (einschließlich Madura) ein dichtes Netz und Sumatra einige größere Linien besitzen (insgesamt ca. 7000 km). Recht gut entwickelt ist das Eisenbahnwesen auf Java, wo es durch Modernisierungsmaßnahmen in den letzten Jahren große Fortschritte gemacht hat. Von Jakarta breitet sich ein umfassendes Netzwerk aus. Die beiden Hauptlinien verlaufen zwischen Jakarta und Surabaya, wobei die Züge entweder auf der kürzeren Nordroute über Cirebon und Semarang oder auf der längeren Südroute über Yogyakarta und Solo verkehren. Für Reisende, denen das Busfahren als zu risikoreich erscheint, ist die Eisenbahn eine bequeme und relativ preiswerte Alternative. Die Tarife allerdings variieren je nach Zugtyp ganz erheblich.

Die beiden vollklimatisierten Nachtexpreßzüge Bima und Mutiara, die West- und Ostjava miteinander verbinden, lassen hinsichtlich Komfort und Service kaum Wünsche offen. Der Bima verkehrt zwischen Jakarta und Surabaya über die südliche Route (via Yogyakarta und Solo) und bietet in der 1. Klasse 2-Bett-Abteile sowie in der 2. Klasse 3-Bett-Abteile. Der Mutiara befährt die nördliche Route über Cirebon und Semarang nach Surabaya, hat aber keine Schlafwagen. Zudem gibt es noch eine ganze Reihe von nichtklimatisierten Schnellzügen, die tagsüber auf diesen Hauptrouten verkehren (vgl. S. 161). Auf Sumatra konzentrieren sich die Eisenbahnlinien in der südlichen Inselregion (um Palembang) sowie im Nordteil (um Medan).

Es ist dringend zu empfehlen, die Fahr- und Platzkarten wenn möglich schon am Tag vor Reiseantritt zu kaufen. Viel Zeit und Mühe spart man sich, wenn man sich das Ticket gegen einen kleinen Aufpreis von einem zuverlässigen, auf den Bahnverkehr spezialisierten Reisebüro besorgen läßt. Studenten wird normalerweise je nach Zugtyp eine Ermäßigung von 10–25 % gewährt, allerdings nicht bei Fahrten mit dem Bima und dem Mutiara.

... mit einem Leihwagen

In den wichtigsten indonesischen Städten unterhalten internationale Leihwagenfirmen Lizenzbetriebe; allerdings sind die einheimischen Verleihfirmen oft billiger (Preisvergleiche lohnen sich unbedingt!). Es werden verschiedene Wagenkategorien angeboten; die weite Palette umfaßt kleinere Mittelklassewagen (meist japanische Fabrikate) ebenso wie große klimatisierte Limousinen (auch europäische Marken) und Kleinbusse (je nach Fahrzeugtyp gut für sechs bis zwölf Personen). Wollen Sie ein Auto mieten, müssen Sie einen internationalen Führerschein oder eine indonesische Fahrerlaubnis vorlegen und in der Regel eine Kaution zahlen. Die Tarife sind oft Verhandlungssache; rechnen Sie für einen kleineren Mittelklassewagen (z. B. Ford Laser oder Toyota Corolla) mit einer Tagespauschale von ca. 80–100 DM. Kilometergeld wird gewöhnlich nicht berechnet, die Spritkosten aber gehen natürlich zu Ihren Lasten. Sehr günstige Tarife für Mietwagen sowie auch für Motorräder werden auf Bali geboten (vgl. S. 357). Möglich ist es auch, ein Auto mit Fahrer zu mieten (für Stadttouren oder stadtnahe Ausflüge auch stundenweise). Wochenarrangements sind meist günstiger als einzelne Tage. Es empfiehlt sich, eine rechtzeitige Reservierung vorzunehmen und das gemietete Auto vor Fahrtantritt möglichst genau zu überprüfen. Wegen der chaotischen Verkehrsverhältnisse und des chronischen Mangels an Parkplätzen wird von einer Besichtigung Jakartas und anderer indonesischer Großstädte im Mietwagen abgeraten (außer mit Chauffeur). Adressen von Leihwagenfirmen finden Sie im Branchenverzeichnis (›Yellow Pages‹) der lokalen Telefonbücher. Häufig werden Mietwagen auch von Reiseagenturen vermittelt (z. B. dem staatlichen Reisebüro Nitour).

Weitere Verkehrsmittel

Stadtbusse: Einen Stadtbusverkehr gibt es nur in großstädtischen Zentren wie Jakarta, Bandung, Yogyakarta, Semarang und Surabaya. Für gewöhnlich halten Stadtbusse an gekennzeichneten Bushaltestellen.

Bemo, Colt, Oplet und Mikrolet: Dies sind die populärsten öffentlichen Verkehrsmittel im Kurzstreckenbereich. Bei ihnen handelt es sich zumeist um Minibusse japanischer Herkunft, die in verschiedenen Regionen des indonesischen Archipels mit jeweils anderen Namen bezeichnet werden. Colts, so benannt nach dem bekannten Mitsubishi-Modell, verkehren zumeist auf javanischen Straßen. Oplet (angeblich die Verkleinerungsform einer berühmten deutschen Automarke) fahren vorwiegend auf Sumatra und Mikrolet auf Sulawesi. Mit dem Wort Bemo (Abkürzung für *Becak Motor*) wurden früher vor allem auf Java ausschließlich dreirädrige Kleintransporter für sechs bis acht Passagiere bezeichnet. Heute ist Bemo als eine Art von Sammelbegriff für Kleinbusse im Stadt- und Vorortverkehr praktisch überall im Land geläufig. Für gewöhnlich pendeln diese Minibusse jeweils auf einer bestimmten Fahrtroute (im Stadtbereich, aber auch außerhalb), die oberhalb der Frontscheibe oder seitlich an der Karosserie angegeben ist (meist Bezeichnungen für Straßen, Stadtteile oder markante Punkte wie beispielsweise Märkte). Während im innerstädtischen Verkehr vorwiegend Einheitspreise bestehen, sind außerhalb die Tarife durchweg nach der Entfernung gestaffelt und hängen häufig auch von der Beschaffenheit der Straßen ab. Bemo verkehren zwar zwischen bestimmten Endhaltepunkten, doch kann man sie praktisch überall durch Handzeichen anhalten. Mitunter fungieren sie auch als eine Art von Kollektivtaxi und setzen ihre Fahrgäste jeweils direkt am gewünschten Zielpunkt ab. Wollen Sie aussteigen, dann machen Sie es wie die meisten Indonesier: Klopfen Sie kräftig an das Wagendach und rufen Sie laut *Kiri!* bzw. mit Nachdruck *Kiri, Kiri!* Im innerstädtischenVerkehr befördern Bemo in der

Regel etwa acht bis zwölf Fahrgäste. Die Ladekapazität der Provinz-Bemo aber versetzt Mitteleuropäer immer wieder in Erstaunen: Auf den beiden häufig in Längsrichtung angebrachten Bänken im Fond drängen sich oft 14–16 Passagiere, vier oder fünf sitzen auf Holzschemeln im Mittelgang, drei weitere quetschen sich neben den Fahrer und mindestens acht bis zehn klammern sich am Dachgepäckträger oder den hinteren Trittbrettern fest. Die Seele des ganzen Fuhrbetriebs ist der Bemo-Boy. Er turnt drahtig und flink wie ein Akrobat auf dem rückwärtigen Trittbrett herum, kassiert das Fahrgeld, verstaut Gepäckstücke und hält nach neuen Passagieren Ausschau. An Verkehrsknotenpunkten steigt er ab, läuft umher und sucht sich durch lautes Ausrufen des Fahrtziels seine Fahrgäste zusammen. Indem er den Marktfrauen sogar die schweren Körbe zum Wagen schleppt und sie dort verstaut, sichert er sich die Kundschaft. Bemo kann man praktisch überall im Archipel für einen meist recht günstigen Pauschalpreis auch stunden- oder tageweise mieten. Vor allem in entlegenen Gebieten verkehren reguläre Bemo häufig nur bis zum späten Nachmittag.

Taxen: Lizenzierte Taxen, die man als solche erkennen kann und die auch mit einem Taxameter ausgestattet sind, gibt es bislang nur in Jakarta (vgl. S. 162). In allen anderen Inselmetropolen stehen als Taxen mietwagenähnliche Limousinen zur Verfügung, die man für gewöhnlich durch die Vermittlung eines Hotels oder einer Reiseagentur samt Fahrer mieten kann. Die Preise sind in der Regel Verhandlungssache; es empfiehlt sich, vor Fahrtantritt aus zuverlässiger Quelle den ungefähren Tarif in Erfahrung zu bringen. Auf den meisten größeren Flughäfen des Landes findet man Taxen, die zu festen Tarifen zwischen dem Airport und dem Stadtzentrum verkehren; oft muß man bereits vor der Fahrt an einem dafür vorgesehenen Schalter ein Ticket lösen.

Becak (gesprochen ›Betschak‹ oder ›Betscha‹): Diese Fahrradtaxen, dreirädrige, von Menschenkraft betriebene Vehikel, sind aus dem Erscheinungsbild der meisten indonesischen Städte ebensowenig wegzudenken wie die roten Doppeldeckerbusse aus dem der britischen Hauptstadt London. Als ›Taxi des armen Mannes‹ bewältigen sie einen Großteil des unmittelbaren Nahverkehrs. Die Konstruktion der Becak variiert von Region zu Region. Auf Java nehmen die Fahrgäste auf einer gepolsterten Sitzbank zwischen den beiden Vorderrädern Platz. Vor der Sonne schützt sie ein Klappverdeck, bei Regen wird vor die Sitze zusätzlich eine Plastikplane gespannt. Auf einem erhöhten Fahrersitz rackert sich dahinter der in Schweiß gebadete Fahrer *(Tukang Becak)* ab. In Medan auf Nordsumatra sitzen die Passagiere neben dem Fahrer wie im Seitenwagen eines Motorrades. Abenteuerlich beladen, transportieren sie nicht selten vielköpfige Familien nebst Gepäck und Haustieren. Sind sie unbesetzt, fahren sie langsam durch die Straßen und zeigen durch Klingeln an, daß sie frei sind. Jede dieser klassischen Fahrraddroschken trägt ganz individuelle Züge, jede Rikscha ist buntgeschmückt mit Darstellungen naiver Malerei. Da sieht man Filmstars und Helden aus den großen Hindu-Epen, Reisfeldlandschaften und Dorfidyllen – Volkskunst auf Rädern. Becak sind billig zu konstruierende, leicht zu wartende und umweltfreundliche Allzweckfahrzeuge. Auch Touristen schätzen die Vorzüge der Fahrradrikschas: Vom Fahrtwind gelind umfächelt und mit ungehindertem Blick auf das nur langsam vorbeifließende Straßenleben fährt man gemächlich dahin; überdies bieten sich vom Becak aus oft ausgezeichnete Blickwinkel zum Fotografieren. Hart und menschenunwürdig mag uns die Arbeit eines Becak-Fahrers erscheinen, doch ist sie für Zehntausende aus dem Riesenheer der Arbeitslosen in den indonesischen Großstädten oftmals die einzige Möglichkeit das Überleben für sich und ihre Familien zu sichern. Vielfach haben besitzlose Fahrer ihre Vehikel nur zu einer festen Tagespauschale gemietet und müssen nicht selten einen Großteil ihrer ohnehin sehr kargen Einkünfte an den Besitzer abliefern. Was nach einem harten Tag der Plackerei bleibt, sind häufig nicht mehr als ein paar Mark. Zu einem Hindernis für den ständig zunehmenden motorisierten Verkehr in den Städten geworden, werden die Becak seit einigen Jahren zusehends aus den Stadtzentren verbannt und in die Vororte abgedrängt. Überdies passen die mit Muskelkraft betriebenen Fahrradtaxen allem Anschein nach nicht mehr ins Bild eines aufstrebenden Schwellenlandes. Bereits Sukarno sah in den Becak ein Musterbeispiel für die ›Ausbeutung des Menschen durch den Menschen‹. Vor allem in Jakarta wurden in letzter Zeit in großen Aktionen Tausende dieser buntbemalten Gefährte von der Polizei beschlagnahmt und im Meer versenkt. Der Fahrpreis für ein Becak, der sich gewöhnlich nach der Zahl der Passagiere und natürlich nach der Entfernung richtet, hängt von Ihrem Verhandlungsgeschick ab. Bitte bedenken Sie aber, daß in Indonesien kaum jemand härter für eine Schale Reis arbeitet als ein Becak-Fahrer, und reagieren Sie nicht gleich verärgert, falls das geforderte Entgelt etwas überhöht erscheint.

Bajaj und Helicak: Aus den Becak haben sich vor allem in Jakarta die verschiedensten motorisierten Vehikel für den Personentransport entwickelt. Ein Bajaj ist ein Transport-›Zwitter‹ aus Fahrradrikscha und Motorrad, ein meist recht preiswertes Kleintaxi mit einer Passagierkabine für zwei bis drei Personen; der Fahrer sitzt an einer Lenkstange davor. Bei einem Helicak, einem dreirädrigen Minitaxi mit Motorrad-Motor, nehmen die beiden Passagiere in einem kistenförmigen Aufbau vor dem Fahrer Platz. Diese Kleintaxen sind als originelle Transportmittel für Stadtbesichtigungen zu empfehlen, allerdings dürfen von ihnen oft bestimmte Hauptverkehrsstraßen nicht befahren werden. Vergessen Sie nicht, den Fahrpreis auszuhandeln, bevor Sie einsteigen!

Ojek: Wenn man an Straßenkreuzungen oder anderen wichtigen Verkehrsknotenpunkten bisweilen Gruppen junger Männer auf Motorrädern sieht, so handelt es sich dabei nicht um indonesische Rocker, sondern meist um Ojek-Fahrer. Diese neue Art von Taxen wird vor allem in ländlichen Gebieten immer populärer. Mit einem Ojek-Motorradtaxi kann man gelegentlich entlegene Fahrtziele erreichen, zu denen keine öffentlichen Transportmittel verkehren. Allerdings sollte man sich immer vergegenwärtigen, daß Motorradfahren in Indonesien nicht ungefährlich ist. Lassen Sie sich vom Ojek-Fahrer auf alle Fälle stets einen Sturzhelm geben!

Pferdewagen: Nostalgische, meist einspännige und zweirädrige Pferdedroschken, die von Region zu Region verschiedene Namen tragen (Dokar, Delman, Bendi, Andong oder Sado), konnten sich vor allem in ländlichen Gebieten, aber auch in manchen städtischen Zentren seit Jahrzehnten erfolgreich gegen den motorisierten Verkehr behaupten. Die hochrädrigen Pferdewagen sind vor allem nach heftigen Monsunregen, wenn Taxen und Bemo vielfach in den Fluten stekkenbleiben, ideale Fortbewegungsmittel. Über den Fahrpreis sollten Sie sich mit dem Kutscher ebenfalls im voraus verständigen.

Unterkunft und Essen im Land

Hotels und Pensionen

Indonesien-Reisenden steht ein breitgefächertes Angebot an Unterkünften zur Verfügung. Fast überall im indonesischen Archipel verbessern sich die touristischen Einrichtungen ständig. Heute hat praktisch jede Provinzmetropole oder andere bedeutende Stadt mindestens ein Sternehotel und eine Reihe anderer Unterkunftsmöglichkeiten. Für gewöhnlich gibt es auch in touristisch weniger erschlossenen Regionen kaum Probleme, eine geeignete Unterkunft zu finden. Sollten Sie in ganz entlegenen Gebieten einmal Schwierigkeiten mit der Unterbringung haben, so ist es angeraten, sich an den Dorfvorsteher *(Kepala Desa)* zu wenden. In der Regel wird Ihnen dieser eine Übernachtungsmöglichkeit besorgen. Man sollte aber keinesfalls die Gastfreundschaft der Einheimischen ausnutzen und bei der Abreise entweder ein Gastgeschenk oder einen Geldbetrag zurücklassen, der dem für eine normale Unterbringung entspricht. Wohnt man in ländlichen Gebieten zeitweise bei Einheimischen, muß man meist deutliche Einschränkungen des Privatlebens in Kauf nehmen und damit rechnen, mit dem ersten Hahnenschrei voll ins Dorfleben integriert zu sein. Weit abseits der touristischen Hauptrouten bieten sich gelegentlich auch Polizeistationen als Notunterkünfte an. Bedenken Sie auch, daß in den Ferienzentren Indonesiens gerade die billigeren Hotels und Pensionen während der Hauptsaison (April bis August) stark von Touristen frequentiert werden, so daß eine rechtzeitige Zimmersuche (d. h. keinesfalls am späten Abend) ratsam ist. Wer morgens gerne lange schläft, sollte bei der Zimmersuche darauf achten, daß sich keine Moschee in der Nähe der Unterkunft befindet. Reservierungen sind in der Regel nur für klassifizierte Hotels möglich (auch von Europa aus), aber – vielleicht mit Ausnahme von Bali in der Hauptsaison – kaum nötig, da diese meist relativ schlecht ausgelastet sind (durchschnittlich nur zu etwa 50 %). In Hotels und Pensionen sämtlicher Kategorien stehen häufig ausschließlich Doppel- oder Mehrbettzimmer zur Verfügung; mitunter aber räumt man Einzelreisenden einen günstigeren Tarif ein. Es ist durchaus üblich, in allen Hotels (auch in den Spitzenetablissements) über die Zimmerpreise zu verhandeln, vor allem wenn man einen längeren Aufenthalt plant.

Klassifizierte Hotels : Die vom Generaldirektorat für Tourismus in Jakarta vorgenommene Klassifizierung der Hotels kennt fünf Kategorien, wobei ***** die höchste und * die niedrigste Klasse bezeichnet. Bei der Einteilung wurden allerdings offensichtlich nicht immer einheitliche Maßstäbe angelegt, so daß innerhalb einer Kategorie die Qualität stark differieren kann und manche Hotels auch als falsch eingeordnet erscheinen. Die Klassifizierung gibt überdies nur ungefähre Hinweise auf die Zimmerpreise. In Regionen mit vergleichsweise niedrigen Lebenshaltungskosten und einer hohen Konzentration an touristischen Einrichtungen (z. B. Bali, Toba-See, Tanah Toraja und Yogyakarta) können die Tarife für Zimmer gleichen Standards wesentlich günstiger sein als in Gegenden, die weniger von Touristen frequentiert werden und ein allgemein höheres Preisniveau besitzen. Beispielsweise sind die Zimmerpreise eines Zwei-Sterne-Hotels auf Nordsulawesi oder in Ostkalimantan vergleichbar mit denen eines Drei-Sterne-Hotels in Jakarta und denen eines Vier-Sterne-Hotels auf Bali.

Nicht klassifizierte Hotels und Pensionen: Vielfach haben auch einfachere Hotels und Pensionen ein durchaus akzeptables Niveau. Nicht selten finden sich kleine Unterkünfte, die sich in der Qualität kaum von Hotels der *Kategorie unterscheiden und zusätzlich eine angenehme, fast familiäre Atmosphäre bieten, die man in den großen Touristenhotels oft vermißt. Die populärsten unter den einfacheren Unterkünften sind unter den Namen Losmen, Penginapan und

Homestay bekannt. Sie können als eine Art Mittelding zwischen kleinem Hotel und Familienpension gelten, aber mit deutlicher Tendenz zu letzterer. Zimmer in dieser Kategorie von Unterkünften verfügen meist, aber nicht immer, über einen Ventilator; Bad und WC sind vielfach Gemeinschaftseinrichtungen. Diese Quartiere gibt es fast in jedem größeren Ort des indonesischen Archipels, jedoch sind der gebotene Komfort und vor allem die Übernachtungspreise von Insel zu Insel sehr unterschiedlich. Durchweg sehr preiswert und sauber sind vor allem die für Bali typischen Homestay, die bisweilen wirklich zu einer Art von zweitem Zuhause werden können. Im Zimmerpreis sind praktisch überall Tee (manchmal auch Kaffee) in beliebiger Menge sowie ein kleines Frühstück inbegriffen. Ein mit Wisma bezeichneter Unterkunftstyp weist hinsichtlich Ausstattung, aber auch Preis, ein meist deutlich höheres Niveau auf. Diese häufig als Familienunternehmen geführten kleineren Gästehäuser bieten in der Regel saubere, oft klimatisierte Zimmer, bisweilen mit privatem Bad und WC. Mitunter sind die Grenzen zwischen guten Wisma und klassifizierten Hotels (auch hinsichtlich der Tarife) fließend. Auf der anderen Seite sind viele Hotels im Grunde genommen nichts anderes als Pensionen mit anderem Namen.

Restaurants, Geschäfte und Märkte

Restaurants: Um ihr leibliches Wohl müssen Indonesien-Reisende im allgemeinen nicht besorgt sein; außer in ganz abgelegenen Orten gibt es überall ein weites Angebot an Restaurants aller Preislagen. In Jakarta und anderen Großstädten haben Sie zudem die Wahl zwischen indonesischen, chinesischen, japanischen, indischen und diversen europäischen Restaurants. In allen Touristenzentren haben sich mittlerweile die meisten Restaurants außerdem weitgehend an den europäischen Geschmack angepaßt. Die lokalen Küchen Indonesiens versprechen fast immer kulinarische Abenteuer; häufig sehr im Unterschied zu den Leistungen großer Hotels und Restaurants mit internationalen Standardgerichten. Luxusrestaurants sind wie überall keineswegs immer eine Garantie für gehobene Kochkunst. Das Preisniveau liegt, abgesehen von den Restaurants der oberen Kategorie, durchweg unter dem mitteleuropäischen. Generell sind Gerichte, die Fleisch, Fisch oder Geflügel enthalten, wesentlich teurer als Reis-, Nudel- und Gemüsespeisen. Enorm hohe Preise werden für importierte Lebensmittel verlangt. Warme Mahlzeiten werden in der Regel durchgehend zwischen 8 und 22 Uhr serviert; feste Essenszeiten gibt es für gewöhnlich vor allem in den einfacheren Restaurants nicht.

In indonesischen und chinesischen Restaurants sind Messer praktisch unbekannt; es ist üblich, auch Fleischgerichte mit Löffel und Gabel zu zerteilen. In chinesischen Restaurants stehen natürlich auch Eßstäbchen zur Verfügung, in einfacheren indonesischen benutzt man sehr häufig die Finger, und zwar ausschließlich die der rechten Hand. Mit der linken Hand, die als unrein gilt, sollte man auch niemals Speisen entgegennehmen oder weiterreichen. Zum Reinigen der Hände vor und nach dem Essen werden Schalen mit Wasser auf den Tisch gestellt. Indonesier speisen gerne in größerer Tafelrunde. Für gewöhnlich bestellt man dann das Essen nicht pro Person, sondern mehrere verschiedene Gerichte, die gemeinsam verzehrt werden. Die Suppe ißt man dabei oft nicht als Vorspeise, sondern zu den Hauptgängen. Da ein Nachnehmen von Speisen zum guten Ton gehört und man den Gast bei Einladungen mit Sicherheit dazu auffordern wird, esse man zu Anfang mit Maßen. Wenn man zum Probieren aufgefordert wird, sollte man die angebotenen Speisen nicht zurückweisen. Werden Speisen und Getränke aufgetragen, wartet man als höflicher Gast die Aufforderung des Gastgebers zum Essen ab. Vor allem in einfacheren Restaurants wird die Bestellung üblicherweise vom Gast auf einen Zettel notiert. Um etwaige Mißverständnisse auszuschließen, schreiben Sie am besten den Preis gleich dazu. (Ungesüßter) Tee wird normalerweise in unbegrenzter Menge kostenlos serviert. Es empfiehlt sich stets, die Rechnung zu überprüfen; hinter häufig falschen Endsummen allerdings stehen meist keine betrügerischen Absichten, sondern Probleme mit der Arithmetik. 10 % Bedienungs- und Steuerzuschlag werden fast nur in Restaurants gehobener Preislage berechnet. In besseren Restaurants lassen Sie das Trinkgeld (etwa 5–10 %) beim Gehen auf dem Tisch zurück. Auch während des Fastenmonats Ramadan müssen Indonesien-Reisende für gewöhnlich weder hungern noch darben. Zwar sind in streng moslemischen Regionen tagsüber alle Restaurants geschlossen, doch findet man immer wieder einen Chinesen, der das Hintertürchen seines Speiselokals geöffnet hat.

Die preiswerteste Versorgungsmöglichkeit in größeren wie kleineren Städten stellen die mobilen Essensstände, die zahllosen fahr- und tragbaren Garküchen, dar. Man sollte auch als Tourist seine eventuelle Abneigung gegen die ›fliegenden Köche‹ und ihre Buden möglichst bald ablegen, denn den Magen und damit kostbare Urlaubstage kann man sich auch in ›guten‹ Restaurants verderben. Vor allem bei Straßenständen, die von Einheimischen stark frequentiert werden, hat man meist die Gewähr, frisch zubereitete Speisen zu bekommen. Die ambulanten Küchen konzentrieren sich auf belebten Straßen und Plätzen, bei den Märkten oder in der Nähe von Kinos. Oft aber transportieren die Freiluftköche ihre Utensilien (Holzkohleöfchen, Töpfe, Teller, Besteck, Zutaten sowie einen Eimer mit Wasser für den Abwasch) auch mittels einer wippenden Schultertrage *(Pikulan)* oder auf einem zweirädrigen Karren durch die Straßen. Meist machen sie die Kundschaft mit charakteristischen Rufen, Glöckchen, Klappern oder anderen Signalen auf ihr Kommen aufmerksam. Vorwiegend werden in diesen ›wandernden Restaurants‹ kleinere Zwischenmahlzeiten angeboten: *Nasi goreng* (gebratener Reis), *Mie Goreng* (gebratene Nudeln), *Sate* (Fleischspießchen), *Soto Ayam* (Hühnersuppe), *Pisang Goreng* (gebratene Bananen), *Martabak* (eine Art Pfannkuchen) u. a. Mit Einbruch der Dämmerung schießen an den genannten Orten ganze Budenstädte wie Pilze aus dem Boden. Für gewöhnlich ist jede dieser Ein-Mann-Küchen auf ein ganz bestimmtes Gericht spezialisiert; bei einem Rundgang kann man sich sein Menü zusammenstellen. Diese Essensstände unter freiem Himmel werden landesweit *Warung* genannt. Ein *Warung* aber kann auch ein kleines, immobiles Restaurant sein, z. B. eine einfache Bretterbude mit einem Tisch und zwei Bänken davor, die von einem Sonnendach überspannt werden. Andere, billigere Restaurants tragen zumeist die Bezeichnung *Rumah Makan* (›Haus, in dem man ißt‹); in manchen Landesteilen heißen sie auch *Depot* oder *Kios.* Diese einfachen Lokalitäten findet man gehäuft an der Peripherie von Märkten und in der Nähe von Busbahnhöfen. Insbesondere während der Mittagshitze ist es in den oft von Ventilatoren gekühlten *Rumah Makan* wesentlich angenehmer als in den *Warung.* In einem *Warung* kann man sich oft für weniger als 2 DM sattessen, in einem einfachen *Rumah Makan* zahlen Sie für ein komplettes Menü selten mehr als 4–5 DM. *Restoran* sind in der Regel Speiselokale mit besserer Ausstattung (Klimaanlage, Speisekarte u. a.), aber auch einem deutlich höheren Preisniveau. Im ganzen Archipel sehr beliebt sind die Padang-Restaurants *(Masakan Padang),* die fast ausschließlich von Zuwanderern aus dem westsumatranischen Minangkabau-Land geführt werden. Sobald man in einem solchen Restaurant Platz genommen hat, serviert einem der Kellner, ohne die Bestellung abzuwarten, sofort ein Dutzend der verschiedensten, durchweg sehr scharf gewürzten Gerichte. Man bedient sich selbst und kann auf diese Weise ganz individuelle Menüs zusammenstellen. Am Ende der Mahlzeit werden nur die verzehrten Speisen berechnet. Zu den billigsten Gastwirtschaf-

Exkurs: Einige typische, landesweit bekannte Speisen

Babi Guling: Balinesische Spanferkelspezialität. *Bakmi Goreng:* gebratene javanische Nudeln; Zubereitung wie *Nasi Goreng. Bakmi Kuah:* Nudeln mit Brühe. *Baso:* scharf gewürzte Brühe mit halbgarem Gemüse und Reisnudeln, in der kleine Kugeln aus geschabtem Fleisch schwimmen. *Bebek Panggang:* balinesische gegrillte Ente. *Bubur Ayam:* dicke Reissuppe mit Hühnerfleisch. *Cap Cai:* die indonesische Variante des weltberühmten chinesischen *Chop Suey.* Kleingeschnittene Fleisch- und Gemüsestückchen werden in einer Pfanne kurz angebraten und üblicherweise mit *Nasi Putih* serviert. *Gado-Gado:* blanchiertes Gemüse, das mit Erdnußsoße (gelegentlich auch harten Eiern) garniert und kalt gegessen wird. *Krupuk:* in Öl gebackene, knusperige Fladen oder Kräcker aus Tapiokamehl und gemahlenen Krabben oder auch Fischen; dient bei Tisch als eine Art Brotersatz. *Longtong:* in Bananenblätter gewikkelte (mitunter recht süße) Klebreiskuchen. *Martabak:* eine Art Pfannkuchen, der mit einer Mischung aus geschnetzeltem Lammfleisch, gehackten Zwiebeln sowie Gewürzen gefüllt, zu einer viereckigen Pastete zusammengefaltet und in einer großen Pfanne auf jeder Seite kurz angebraten wird. *Nasi Campur* und *Nasi Rames:* diese beiden Nationalgerichte sind eine Art von Miniatur-Reistafel. Zum gekochten, weißen Reis wird eine kleine Auswahl verschiedener (oft kalter) Beilagen gereicht (z. B. geschnetzeltes Rindfleisch, Huhn, Fisch, Gemüse und Koskosraspeln). *Nasi Goreng:* das heißt ganz einfach ›gebratener Reis‹. Vorgekochter Reis wird in einer großen runden Pfanne mit etwas Gemüse und Zwiebeln sowie je nach Preis und auch Region mit kleingeschnittenem Krabben-, Hühnchen-, Schweine- oder Rindfleisch angebraten und mit vielen Pfefferschoten oder Chilis gewürzt. *Nasi Goreng Istimewa* erhält als Beilage ein Spiegelei. *Sambal:* die landesweit meist gebrauchte Gewürzmischung; eine sehr scharfe pikante Paste aus zerriebenen Pfefferschoten, Salz, Tomaten, Knoblauch, Zwiebeln und Öl. *Pisang Goreng:* gebratene Bananen; eine kleine, auf jedem Markt erhältliche Zwischenmahlzeit. *Rujak:* ein scharfer, würziger Fruchtsalat u. a. aus kleingeschnittenen Ananas, grünen Mangos, Papaya, Gurken, Jambu (ähnlich Kohlrabi), gemischt mit einer pikanten Soße aus braunem Rohrzucker und Paprika. *Sate* oder *Satay:* diese über Holzkohlenfeuer gegrillten Fleischspießchen sind wohl das bekannteste Gericht des ganzen malaiischen Archipels. Je nach Region und vor allem Religion werden unterschiedliche Fleischarten (mitunter auch Innereien) verwendet: Rind *(Daging),* Büffel *(Kerbau),* Schwein *(Babi),* Ziege *(Kambing),* Huhn *(Ayam),* Hammel *(Domba),* Schildkröte *(Bidawang)* oder sogar Krokodil *(Buaya).* Obligatorisch ist eine dunkelbraune, würzig-süße Erdnußsoße. *Soto:* mit *Soto* werden generell dicke, kräftige Suppen bezeichnet, die durch das angehängte Wort näher charakterisiert werden, z. B. *Soto Ayam* (Hühnersuppe). Mitunter gleicht eine *Soto* eher einem Fleisch- und Gemüseeintopf. Landesweit bekannt ist *Soto Madura,* eine mit *Santen* (Kokossahne) eingedickte Kuttelsuppe. Dünnere Suppen oder Brühen faßt man unter dem Begriff *Sop* zusammen. *Tahu* und *Tempe:* beide Gerichte werden aus Sojabohnen hergestellt. *Tahu* ist ein sehr eiweißhaltiger Bohnenquark, der normalerweise in Würfelform angeboten wird; eine beliebte Zwischenmahlzeit ist *Tahu Goreng,* in schwimmendem Fett goldbraun gebackene *Tahu*-Stückchen. *Tempe* besteht aus ganzen Sojabohnen, die zu einem Block oder ›Kuchen‹ zusammengepreßt sind; ebenso wie *Tahu Goreng* gibt es auch *Tempe Goreng.*

Getränke

Tee aus landeseigenen Pflanzungen ist das populärste und neben Wasser auch billigste Getränk. Getrunken wird er heiß oder mit Eiswürfeln gekühlt *(Teh Panas* oder *Teh Es),* mit oder ohne Zucker *(Teh Manis* oder *Teh Pahit).* In jedem Restaurant wird ungesüßter Tee kostenlos zum Essen gereicht. Mittlerweile gibt es Tee auch als hygienisch abgefülltes Flaschengetränk *(Teh Botol)*. Überall in Indonesien gehört der Tee zum Ausdruck des Willkommens, und das mit einem Deckel aus Blech oder Plastik vor Fliegen geschützte Glas steht als Standardausrüstung auf allen Schreibtischen der Ämter und Behörden. Das zweite Nationalgetränk ist Kaffee, der ähnlich wie türkischer Mokka zubereitet wird. Es gibt ein großes Angebot an durchweg sehr süßen Erfrischungsgetränken (›Softdrinks‹), die eine ganz erstaunliche Palette an knalligen Popfarben abdecken. Zu den bodenständigen alkoholfreien Getränken gehört das weite Spektrum der Fruchtsäfte (z. B. *Air Jeruk* = Orangensaft), die man entweder frisch gepreßt oder aus der Dose erhält. Als köstliche Erfrischung sehr zu empfehlen: *Es Kelapa Muda* – der mit Eiswürfeln gekühlte Saft junger Kokosnüsse (meist mit geschnetzeltem Fruchtfleisch). Mineralwasser (z. B. ›Aqua‹) erfreut sich zunehmender Beliebtheit, ist allerdings relativ teuer. Reines (abgekochtes) Wasser ist ›gesellschaftsfähig‹ und auch in feinen Restaurants durchaus üblich. Zu den ›Exoten‹ unter den indonesischen Getränken gehört *Cendol* (auch *Es Buah* genannt), ein Erfrischungsgetränk aus fein geraspeltem Stangeneis mit grellbunt gefärbten Gelatinestückchen.

Obwohl Indonesien mit seiner moslemischen Bevölkerungsmehrheit stark vom Islam geprägt ist, gibt es kein ausgesprochenes Alkoholverbot, jedoch liegt der Konsum alkoholischer Getränke sehr niedrig (durchschnittlicher Bierkonsum: jährlich 0,5 Liter pro Person). Die beiden landesweit populärsten Biersorten werden unter holländischer Lizenz gebraut, *Bir Bintang* von Heineken, *Bir Anker* von Breda. Sehr teuer ist das *Bir Hitam,* die indonesische Version des irischen Guinness Stout; der Preis einer 0,6 Liter Flasche entspricht etwa dem Tageslohn eines einfachen Arbeiters. Sehr häufig wird Bier mit Eiswürfeln gekühlt. Importierte hochprozentige Spirituosen sind in den Hotelbars und in großstädtischen Supermärkten zu haben, allerdings orientieren sich die Preise an wohlgefüllten europäischen Brieftaschen. Vorwiegend in ländlichen Gebieten trinkt man gerne *Tuak,* den milchigen, leicht säuerlichen Palmwein, der frisch ähnlich wie Federweißer schmeckt (er hat übrigens eine leicht abführende Wirkung). Man läßt den *Tuak* für gewöhnlich in Bambusrohren gären, in denen er meist auch transportiert wird. *Brem* heißt der vor allem auf Bali sehr beliebte Reiswein. Hohen Alkoholgehalt hat *Arak,* ein Branntwein, der aus *Brem* oder *Tuak* destilliert wird.

ten allerdings gehören die Padang-Restaurants für gewöhnlich nicht. Sehr gut und meist auch relativ preisgünstig essen Sie prinzipiell in den vielen China-Restaurants, die es häufig auch in kleineren Orten gibt. Teurer und in der Regel weniger zu empfehlen sind die vor allem in großstädtischen Zentren immer mehr aufkommenden Abfütterungsstationen nach amerikanisch-europäischem Vorbild.

Märkte und Lebensmittelläden: Jeder bedeutendere Ort verfügt über mindestens einen großen Markt *(Pasar Besar* oder *Pasar Pusat),* dessen Zentrum meist von einer Markthalle eingenommen wird. Hier finden täglich und meist auch ganztägig die Lebensmittelmärkte statt, die normalerweise die besten Einkaufsmöglichkeiten für Frischwaren aller Art bieten. Die modernen Märkte der Inselmetropolen, vielfach mehrstöckige Steingebäude, haben mit ihren langen Ladenreihen häufig den Charakter von Einkaufszentren. Eine besondere Bedeutung kommt in jeder größeren Stadt dem Nachtmarkt *(Pasar Malam)* zu. Sobald die drükkende Hitze des Tages der angenehmen ›Kühle‹ des Abends gewichen ist, frönen die Indonesier einer ihrer Leidenschaften: gesellig flanieren, gucken, feilschen und einkaufen. Indonesier sind meist sehr kritische Verbraucher. Unermüdlich wird die Ware geprüft, befühlt und verglichen. Bevor das Geld den Besitzer wechselt, wird erst einmal gehandelt. Fixpreise *(Harga Pas)* dagegen haben kleine Lebensmittelläden ebenso wie

Supermärkte (nur in Großstädten), die neben einheimischen auch importierte Lebensmittel führen. Nichtalltägliche Nahrungsmittel wie Wurst sowie Käse und andere Milchprodukte sind sehr teuer und fast ausschließlich in Supermärkten erhältlich. Größere Ladengeschäfte tragen für gewöhnlich die Bezeichnung *Toko.*

Exkurs: Tropische Früchte

In Indonesien gibt es einen unermeßlichen Reichtum an tropischen Früchten. Sie werden in monokulturaler Plantagenwirtschaft industriemäßig für den Außenhandel produziert, aber auch in Kleingärten sowie in Baumhainen in der Umgebung der Dörfer für eine vielseitige Selbstversorgung der Bevölkerung. Tropische Baumfrüchte sind somit nicht nur ein bedeutender Devisenbringer, sondern bilden auch eine wichtige zusätzliche Einnahmequelle für kleinbäuerliche Betriebe. Den indonesischen Märkten, den Hauptumschlagplätzen für Lebensmittel, geben in erster Linie die bunten Früchte ihren exotischen Reiz.

Vor allem wegen ihrer erfrischenden Wirkung, weniger wegen ihres Nährwerts oder Vitamingehalts, ist die **Ananas** *(Ananas comosus;* indon.: *Nanas)* eine der beliebtesten tropischen Früchte. Bisweilen kann man frische, geschälte Ananas von Straßenhändlern in Stücken kaufen.

Ein Grundnahrungsmittel der Tropen und darüber hinaus ein bedeutendes Exportprodukt stellen **Bananen** *(Musa acuminata;* indon.: *Pisang)* dar, von denen es in Indonesien annähernd zwei Dutzend verschiedene, in Größe und Geschmack voneinander abweichende Arten gibt. Als Massennahrungsmittel sind Bananen, die auf 5–10 m hohen Stauden wachsen, im allgemeinen äußerst billig. Am häufigsten sind zahlreiche Arten von Obst- oder Zuckerbananen, die sehr aromatisch, leicht verdaulich und von hohem Kaloriengehalt sind. Einen angenehmen, süßlichen Geschmack haben beispielsweise die in europäischen Breiten kaum bekannten kleinen, gerade fingergroßen Bananen *(Pisang Tuju).* Verschiedene (mehlige) Variationen verwendet man zum Braten *(Pisang Goreng),* mitunter auch gekocht als Beigabe für Fleisch- und Gemüsegerichte. Diese bis zu 50 cm langen, grünen Koch- oder Mehlbananen können nur – wie Kartoffeln – gekocht oder gebraten gegessen werden, da in ihnen die Stärke nur in geringem Umfang in Zucker umgewandelt ist. Die Blätter der Bananenstaude dienen in der Regel zum Einwickeln von gekochtem Reis und anderen Lebensmitteln.

Weniger bekannt in außertropischen Ländern ist die **Papaya** *(Carica papaya;* indon.: *Pepaya).* Diese melonenähnliche tropische Frucht wächst auf dem unverzweigten, bis zu 6 m hohen Papayabaum heran, der als Krone einen Schopf tiefeingeschnittener, handförmiger Blätter trägt. Reife Früchte verfärben sich von grün zu gelb und wiegen meist um 1 kg; im richtigen Reifezustand sollten sie dem Daumendruck sanft nachgeben. Das goldgelbe, weiche Fruchtfleisch liegt unter einer festen Haut und läßt sich am besten mit einem Löffel essen; für gewöhnlich beträufelt man es mit etwas Limonensaft. Grüne Papayas ergeben gekocht ein schmackhaftes Gemüse. Vor allem im unreifen Stadium enthalten die Früchte Papain, ein eiweißzersetzendes Enzym mit positiver Wirkung bei Verdauungsschwäche. Nicht eßbar sind die schwarzen, wie Kaviar aussehenden Samenkörner. In Hotels und Restaurants wird die Papaya häufig zum Frühstück oder als Nachspeise serviert.

Die **Mango** *(Magnifera indica;* indon.: *Mangga),* oftmals die ›Königin der Früchte‹ genannt, hat in Asien eine ähnliche Bedeutung wie der Apfel in unseren Breiten. Der immergrüne Mangobaum kann eine Höhe bis zu 30 m erreichen. Die vitaminreiche, nierenförmige Frucht wiegt 300–500 g und zeigt im richtigen Reifestadium eine sattgelbe Farbe. Eine lederartige, nicht eßbare Haut umschließt das gelb-orangene, saftige Fruchtfleisch und einen großen Kern. Mangos drittelt man am besten mit einem scharfen Messer der Länge nach um den Kern herum und ißt den Inhalt dann mit einem Löffel. Unreife, grüne, saure Früchte ergeben gekocht ein wohlschmeckendes Gemüse.

Bei der **Durian** *(Durio zibethinus;* indon.: *Durian)* teilen sich die Geschmäcker. Diese Frucht, so sagt man, schmecke himmlisch, der Geruch aber sei höllisch. Der bedeutende Naturforscher Alfred Russel Wallace soll einmal bemerkt haben, daß sich eine Reise nach Südostasien allein wegen der Durian lohnen würde. Die stachelige, bis zu 3 kg schwere Frucht enthält eine Vielzahl von kastaniengroßen Samen, die von einem gelb-weißen, cremig-klebrigen Samenmantel bzw. Fruchtfleisch, dem genießbaren Teil, umhüllt sind. Wegen des penetranten, käseartigen Geruchs wird die Durian, der man im übrigen eine aphrodisiakische Wirkung nachsagt, in Flugzeugen sowie auch in vielen Hotels und Restaurants nicht serviert.

Darüber hinaus gibt es in Indonesien noch eine ganze Reihe wahrlich exotischer, außerhalb der Tropen kaum bekannter Früchte. Die größte eßbare Frucht der Welt (ca. 30–80 cm lang und bis zu 20 kg schwer), die grüne, kürbisförmige **Jack Fruit** *(Artocarpus heterophyllus;* indon.: *Nangka),* ist äußerst nahrhaft und wird für gewöhnlich, im nicht ausgereiften Zustand, gekocht als Gemüse gegessen. Unter der dunkelgrün bis braunrot glänzenden Schale der aus Mittelamerika stammenden **Avocado** *(Persea gratissima)* findet sich ein butterweiches Fruchtfleisch, das man am besten aus der halbierten Frucht löffelt. Das saftige, glasigweiße Fruchtfleisch der **Lychee** *(Nephelium litchi;* indon.: *Kelengkeng)* ist von süßem, fast kirschenähnlichem Geschmack. Ganz ähnlich schmeckt auch die Haarfrucht oder **Rambutan** *(Nephelium lappaceum; Rambut* = Haar); die charakteristische, haarig-stachelige, rosafarbene Schale läßt sich normalerweise problemlos abstreifen. Apfelartig mundet die **Salak** *(Zalacca edulis),* eine kleine, braune, fast nußartige Frucht, die man in Indonesien aufgrund ihrer dünnen, lederartigen Haut auch Schlangenfrucht nennt. Auch auf dem indonesischen Archipel weniger bekannt sind die **Manilafrucht** *(Achras zapota;* indon.: *Sawo),* die in Geschmack und Aussehen einer Birne ähnelt; die angenehm süß-säuerlich schmeckende, pflaumengroße **Langsat** *(Lausium domesticum;* indon.: *Duku);* die sehr fremdartige, purpurrot bis lilafarbene **Mangosteen** *(Garcinia mangostana;* indon.: *Manggis),* deren blaßrosa Fruchtfleisch wie bei einer Apfelsine segmentiert ist; die kleine, gelbe oder grüne, meist sehr saure **Blimbing;** sowie der runde, gelbliche, braungetupfte **Granatapfel** *(Punica granatum;* indon.: *Delima).* Ausgesprochen beliebt ist auf allen indonesischen Inseln eine Vielzahl von **Zitrusfrüchten** (indon.: *Jeruk),* vor allem Apfelsinen *(Jeruk Manis)* und Limonen oder Zitronen *(Jeruk Asam)* sowie Grapefruit und Pampelmusen oder Riesenorangen.

Sprachführer Indonesisch

Die Sprachbarriere ist eines der größten Hindernisse, denen sich der Indonesien-Reisende fortwährend gegenübersieht. Auch als Englisch sprechender Besucher des Landes werden Sie nicht nur in entlegenen Regionen der indonesischen Inselwelt, sondern auch in großstädtischen, mitunter sogar in touristischen Zentren Verständigungsschwierigkeiten haben. Erfreulicherweise aber gehört das indonesische Nationalidiom Bahasa Indonesia zu den einfachsten Sprachen der Welt. Ohne allzu große Mühe ist es möglich, sich in einigen Wochen Grundkenntnisse der Landessprache anzueignen, mit denen man über ein regelrechtes ›Sesam öffne dich‹ verfügt. Selbst die Beherrschung von nur einigen wenigen Brocken Bahasa Indonesia wird von den Einheimischen als eine Sympathiebekundung für ihr Land und ihre Kultur empfunden. Wie überall auf der Welt tragen auch in Indonesien Sprachkenntnisse wesentlich zu einem tieferen Verständnis über und für die Menschen des Gastlandes bei. Auf die sehr unkomplizierte Grammatik muß man im Indonesischen wenig Rücksicht nehmen, wichtig ist allein das Lernen von Vokabeln. Sehr oft trifft man auf langen Bus- oder Schiffahrten indonesische Mitreisende, denen es sichtlichen Spaß macht, vorübergehend als Sprachenlehrer zu fungieren. Sehr nützlich ist es, stets ein handliches Taschenwörterbuch *(Kamus)* mit sich zu führen.

In einer lange vorbereiteten Rechtschreibreform fand 1972 eine Anpassung der Schreibweise der Bahasa Indonesia an das Malaiische (Bahasa Melayu) statt, wie es in Malaysia und zum Teil auch in Singapur geschrieben wird. Nach diesem Abkommen hat man die Schreibung beider Sprachen generell auf die international vorherrschende lateinische Schrift umgestellt und benutzt eine im wesentlichen identische Orthographie. Nach der neuen Rechtschreibung wurde u. a. (dj) zu (j), also z. B. Djakarta zu Jakarta; (j) zu (y), z. B. Jogjakarta zu Yogyakarta; (tj) zu (c), z. B. tjandi zu candi; sowie (oe) zu (u), z. B. Soekarno zu Sukarno.

Die Aussprache des Indonesischen ist recht einfach: Es gibt praktisch keine Laute, die einem Deutschen große Schwierigkeiten bereiten, bis auf wenige Ausnahmen werden alle Buchstaben so ausgesprochen wie im Deutschen. Beachten Sie aber folgende Besonderheiten: (c) wird wie ›tsch‹ ausgesprochen (candi [Tempel] = ›tschandi‹), (j) wie ›dsch‹ (Jakarta = ›Dschakarta‹), (y) wie das deutsche ›j‹ (saya [ich] = ›saja‹) und (ny) wie das deutsche ›nj‹ (nyonya [Frau] = ›njonja‹); (r) wird stets gerollt wie im Spanischen und (s) immer ›scharf‹ ausgesprochen. Doppelvokale spricht man immer getrennt aus (z. B. baik [gut] = ›ba-ik‹ oder laut [Meer] = ›la-ut‹). (e) wird wie das deutsche ›e‹ ausgesprochen, zwischen zwei Konsonanten jedoch häufig verschluckt (z. B. berapa [wieviel] = ›brapa‹ oder selamat pagi [guten Morgen] = ›slamat pagi‹). Verschluckt werden mitunter auch Endkonsonanten (z. B. enak [lecker] = ›ena‹ oder tidak [nein] = ›tida‹; aber anak [Kind] = ›anak‹). Die Betonung liegt in der Regel auf der vorletzten Silbe eines Wortes; enthält die vorletzte Silbe ein(e), so verlagert sich der Akzent auf die letzte Silbe.

Grammatikalisch ist Bahasa Indonesia eine sehr einfach strukturierte Sprache. Im Indonesischen gibt es weder bestimmte noch unbestimmte Artikel. Beim Hauptwort kennt man weder eine Trennung nach Geschlechtern noch eine Deklination. Die Mehrzahl bildet man gewöhnlich durch Verdoppelung des Substantivs (z. B. anak = Kind, anak-anak = Kinder; Kurzform: an-ak^2). Das Adjektiv steht immer hinter dem Substantiv (z. B. rumah besar = ein großes Haus); die Steigerung erfolgt durch Voranstellung von lebih für den Komparativ und paling bzw. ter- für den Superlativ (z. B. murah = billig, lebih murah = billiger, paling murah oder termurah = sehr billig oder am billigsten). Eine Verbflexion oder Tempora gibt es in der indonesischen Sprache ebenfalls nicht (z. B. saya makan = ich esse, anda makan = du ißt, dia makan = er, sie, es ißt u.s.w.). Die einzelnen Zeitenstufen werden durch Hinzufügen von Zeitangaben zum Ausdruck gebracht (z. B. saya sudah makan = ich habe schon gegessen; besok saya makan nasi = morgen werde ich Reis essen); die Zukunft kann man allgemein auch durch Voranstellen von akan kennzeichnen (z. B. saya akan datang = ich werde kommen). Das Hilfsverb sein existiert nicht im Indonesischen (z. B. saya beruntung [wörtlich: ich glücklich] = ich bin glücklich). Das Passiv wird durch das Präfix di- bezeichnet. Die Personalpronomen lauten: saya (ich) aku (ich, weniger gebräuchlich), kamu (du, bei Kindern), anda (du oder Sie, höfliche Anrede), dia (er, sie, es), kami (wir; wenn die angesprochene Person ausgeschlossen ist), kita (wir; wenn die angesprochene Person mit einbezogen ist), kamu sekalian (ihr), mereka (sie). Die besitzanzeigende Form bildet man dadurch, daß man das persönliche Fürwort hinter das Substantiv stellt (z. B. rumah saya = mein Haus).

Die Indonesier legen sehr viel Wert auf einen harmonischen und vor allem auch respektvollen Umgang mit ihren Mitmenschen. Eine große Rolle spielen dabei Höflichkeitsformeln und bestimmte Anredeformen. Bapak oder die Kurzform pak (Vater) wird in jeder höflichen Anrede älterer Männer oder allgemein zu respektierender männlicher Personen verwendet, ibu oder bu (Mutter) im gleichen Fall bei (älteren) Frauen. Gesprächspartner gleichen Alters, mit denen man noch nicht sehr vertraut ist, redet man mit saudara (bei Männern) bzw. saudari (bei Frauen) an. Die höfliche Anrede einer verheirateten Frau lautet nyonya, die einer unverheirateten nona. Hochgestellte Persönlichkeiten und sehr häufig auch (ältere) männliche Besucher aus dem Ausland werden von Indonesiern mit tuan (Herr) angeredet. Als vertrauliche Anrede für Hotelangestellte und Kellner sowie Becak- und Taxifahrer benutzt man vor allem auf Westjava häufig bung sowie auf Zentral- und Ostjava mas; beide Worte bedeuten soviel wie Bruder oder Kamerad.

Bemerkenswert ist der recht große Lehnwortschatz des Indonesischen. Eingang in die indonesische Sprache haben neben Wörtern arabischen, chinesischen und indischen Ursprungs vor allem Begriffe aus dem Portugiesischen (z. B. sepatu = Schuh, sabun = Seife, meja = Tisch, Minggu = Sonntag), aus dem Holländischen (z. B. meubel und mobil sowie knalpot = Auspuff) und aus dem Englischen (z. B. birokrasi, paspor, polisi, revolusi, taksi) gefunden. Seit der Rechtschreib- und Sprachreform von 1972 wurden die niederländischen Sprachelemente zugunsten der englischen zurückgedrängt. Relativ neu sind Wortschöpfungen wie individualisasi oder kondomisasi (wie anders als mit solchen Lehnwörtern sollte man auch Sachverhalte ausdrücken, die in der traditionellen indonesischen Gesellschaft völlig unbekannt waren).

Blickt man genauer hin, so entdeckt man auch sehr viel Poesie in der indonesischen Sprache. So heißt terima kasih im alltäglichen Gebrauch ganz schlicht ›vielen Dank‹, wörtlich übersetzt aber ›empfange Liebe‹. Matahari ist die Sonne, eigentlich aber ›das Auge des Tages‹; bunga uang sind die Bankzinsen, wörtlich allerdings ›die Blumen des Geldes‹; und kupu kupu malam bezeichnet die ›Schmetterlinge der Nacht‹, also (junge) Frauen, die, wenn genügend Rupiah im Spiel sind, Männerbekanntschaften nicht abgeneigt sind.

Sehr zu empfehlen zur Vorbereitung sind folgende Sprachlehrbücher: Langenscheidts Sprachführer Indonesisch, Langenscheidt Verlag, Berlin und München 1988; Bernd Nothofer, Karl-Heinz Pampus, Gloria und Soepomo Poedjosoedarmo, Bahasa Indonesia – Indonesisch für Deutsche, Band I, Julius Groos Verlag, Heidelberg 1985. Sehr nützlich für unterwegs: Gunda Urban, Indonesisch für Globetrotter, Kauderwelsch-Sprachführer Band I, Peter-Rump-Verlag, Bielefeld 1983.

Begrüßungs- und Höflichkeitsformeln

Herzlich willkommen	selamat datang
Guten Morgen	selamat pagi
Guten Tag (mittags)	selamat siang
Guten Tag (nachmittags)	selamat sore
Guten Abend	selamat malam
Gute Nacht	selamat tidur
Auf Wiedersehen (zu dem, der bleibt)	selamat tinggal
Auf Wiedersehen (zu dem, der geht)	selamat jalan
Auf Wiedersehen (allgemein)	sampai bertemu lagi
Ich freue mich sehr, Sie zu sehen	saya senang bertemu dengan anda/saudara
Danke (sehr)	(banyak) terima kasih
Danke gleichfalls	terima kasih kembali oder sama-sama
Entschuldigung	maaf

Ich bitte vielmals um Entschuldigung	saya (minta) mohon maaf
Verzeihung, gestatten Sie	permisi
Treten Sie bitte ein	silakan masuk
Nehmen Sie bitte Platz	silakan duduk
Bitte essen Sie	mari makan
Wie geht es Ihnen/Dir?	apa khabar?
Danke, gut	khabar baik/baik baik, saja
Bitte sehr, keine Ursache	tidak apa-apa

Wichtige Redewendungen und Begriffe

Ja	ya
Nein	tidak (mit Adjektiv oder Verb) bukan (mit Substantiv)
Dies / das	ini / itu
Was ist dies / das?	apa ini / itu?
Und	dan
Sprechen Sie Englisch / Deutsch?	apakah anda / saudara (dapat) berbahasa Inggris / Jerman?
Ich spreche leider nicht Indonesisch	maaf, saya tidak dapat berbahasa Indonesia
Ich lerne Indonesisch	saya (sedang) belajar Bahasa Indonesia
Ich verstehe	saya mengerti
Ich verstehe nicht	saya tidak / kurang mengerti
Ich weiß nicht	saya tidak / kurang tahu
Wie heißt dies auf Indonesisch?	apa artinya dalam Bahasa Indonesia?
Bitte sprechen Sie langsam	tolong bicara pelan-pelan
Wie heißen Sie?	siapa namanya anda / saudara?
Mein Name ist . . .	nama saya . . .
Woher kommen Sie?	darimana anda / saudara?
Ich komme aus Westdeutschland / Österreich / der Schweiz	saya (datang) dari Jerman Barat / Austria / Swiss
Wie lautet Ihre Anschrift?	alamat anda / saudara dimana?
Wo wohnen Sie	tinggalnya dimana?
Wohin gehen Sie?	mau / pergi kemana?
Ich möchte nur spazierengehen	saya hanya mau jalan-jalan
Wie alt sind Sie?	berapa umur anda / saudara?
Sind Sie schon verheiratet?	anda / saudara sudah kawin?
Wie lange sind Sie schon in Indonesien?	anda / saudara sudah berapa lama di Indonesia?
Ich liebe Dich	aku cinta padamu
Darf ich fotografieren?	apakah saya boleh memotret
Bitte helfen Sie mir!	harap tolong saya!
Mann, Männer	laki-laki
Frau, Frauen	perempuan, wanita
Achtung! Vorsicht!	awas! / hati-hati!
Ach! Sieh 'mal an!	aduh!
Rauchen verboten!	dilarang merokok!

Zahlen

0	nol	6	enam
1	satu	7	tujuh
2	dua	8	delapan
3	tiga	9	sembilan
4	empat	10	sepuluh
5	lima	11	sebelas

12	duabelas
13	tigabelas
14	empatbelas
15	limabelas
16	enambelas
17	tujuhbelas
18	delapanbelas
19	sembilanbelas
20	dua puluh
21	dua puluh satu
22	dua puluh dua
etc.	
30	tiga puluh
31	tiga puluh satu
etc.	
40	empat puluh
50	lima puluh
60	enam puluh
70	tujuh puluh
80	delapan puluh
90	sembilan puluh
100	seratus
110	seratus sepuluh

200	dua ratus
300	tiga ratus
etc.	
1000	seribu
2000	dua ribu
2110	dua ribu seratus sepuluh
3000	tiga ribu
etc.	
10000	sepuluh ribu
50000	lima puluh ribu
100000	seratus ribu
500000	lima ratus ribu
1000000	sejuta
5000000	lima juta
17586	tujuhbelas ribu lima ratus delapan puluh enam

½	setengah
⅓	sepertiga
¼	seperempat
¾	tiga per empat
1½	satu setengah

Zeitangaben

Früher Morgen (5–7 Uhr)	pagi-pagi
Morgen (7–11 Uhr)	pagi
Mittag (11–15 Uhr)	siang
Nachmittag (15–18 Uhr)	sore
Abend (ab 18 Uhr)	malam
Minute	menit
Stunde	jam
Tag	hari
Woche	minggu
Monat	bulan
Jahr	tahun
Heute	hari ini
Gestern	kemarin
Morgen	besok
Übermorgen	lusa
In fünf Tagen	lima hari lagi
Wieviel Uhr ist es?	jam berapa?
Wann?	kapan?
Jetzt	sekarang
Bald, gleich	sebentar
Noch nicht	belum
Schon	sudah
Später	nanti
»Gummizeit«	jam karet bzw. waktu karet

Die Wochentage

Montag	(Hari) Senen
Dienstag	(Hari) Selasa
Mittwoch	(Hari) Rabu
Donnerstag	(Hari) Kamis
Freitag	(Hari) Jumat
Samstag	(Hari) Sabtu
Sonntag	(Hari) Minggu
Feiertag	hari raya

Die Monate

Januar	Januari
Februar	Pebruari
März	Maret
April	April
Mai	Mei
Juni	Juni
Juli	Juli
August	Augustus
September	September
Oktober	Oktober
November	Nopember
Dezember	Desember

Farben

Farbe / farblos	warna / tidak berwarna
Blau / braun	biru / coklat
Gelb / grau	kuning / kelabu
Grün / rot	hijau / merah
Schwarz / weiß	hitam / putih

Reise und Verkehr

Wo / wohin / woher?	dimana / kemana / darimana?
Links / nach links	kiri / kekiri
Rechts / nach rechts	kanan / kekanan
Geradeaus	terus
Nah / fern	dekat / jauh
Norden / Süden	utara / selatan
Osten / Westen	timur / barat
Stadt / Dorf	kota / desa, kampung
Straße / Markt	jalan / pasar
Tempel / Moschee	candi / mesjid
Berg / Hügel	gunung / bukit
Wald / Höhle / Krater	hutan / goa / kawah
Meer / (Binnen-)See	laut / danau
Fluß / Quelle / Wasserfall	sungai / mata air / air terjun
Insel / Bucht / Strand	pulau / teluk / pantai
Bus / Nachtbus	bis / bis malam
Busbahnhof	setasiun bis
Eisenbahn	kereta api
Bahnhof	setasiun kereta api
Bahnhofsvorsteher	kepala setasiun
Flugzeug	kapal terbang
Flugplatz	lapangan terbang

Flughafen	pelabuhan udara
Schiff	kapal laut
Seehafen	pelabuhan
Auto	mobil
Fahrrad / Motorrad	sepeda / sepeda motor
Fahrkarte / Schalter	karcis / loket
Sitzplatz / Fensterplatz	tempat duduk / tempat duduk dekat jendela
Ankunft / Abfahrt	kedatangan / keberangkatan
Auskunft	penerangan
Eingang / Ausgang	masuk / keluar
Reiseagentur	agen perjalanan
Wie komme ich nach ...?	bagaimana saya sampai ke ...?
Wie weit ist es nach ...?	berapa jauh ke ...?
Wieviele Kilometer (Stunden) sind es bis ...?	berapa kilometer (jam) sampai ke ...?
Wo ist der Busbahnhof?	dimana ada setasiun bis?
Welcher Bus fährt nach ...?	bis yang mana pergi ke ...?
Wo kann ich eine Busfahrkarte kaufen?	dimana saya dapat membeli karcis bis?
Wann fährt der Bus ab?	jam berapa bis berangkat?
Biegen Sie nach links / nach rechts ab!	belok kekiri / kekanan!
Wo muß ich aussteigen?	dimana saya harus turun?
Ich möchte hier aussteigen.	saya mau turun disini.
Halten Sie hier!	kiri disini!
Toilette (Frauen / Männer)	kamar kecil (wanita / laki-laki oder pria)
Wo ist eine Toilette?	dimana ada kamar kecil?

Unterkunft

Zimmer	kamar
Einzelzimmer / Doppelzimmer	kamar untuk satu / dua orang
Bad	kamar mandi
Schlüssel	kunci
Bett / Tisch / Stuhl	tempat tidur / meja / kursi
Kissen / Decke	bantal / selimut
Moskito	nyamuk
Leer / voll	kosong / penuh
Wo kann ich übernachten?	dimana saya bisa bermalam menginap?
Wo gibt es ein Losmen / Hotel?	dimana ada losmen / hotel?
Haben Sie noch freie Zimmer?	masih ada kamar kosong disini?
Kann ich das Zimmer erst ansehen?	bolekah saya melihat kamar dulu?
Wie teuer ist dieses Zimmer?	berapa harga untuk kamar ini?
Gibt es ein Moskitonetz?	ada kelambu?
Bitte sprühen Sie mein Zimmer!	tolong menyemprot kamar saya!
Bitte waschen Sie diese Kleider!	tolong mencuci pakaian ini!
Ich reise morgen früh ab.	saya akan berangkat besok pagi.

Essen und trinken

Ich möchte essen	saya ingin (minta) makan
Ich möchte trinken	saya ingin (minta) minum
Essen, Gericht	makanan
Trinken, Getränk	minuman
Frühstück	makan pagi, sarapan
Mittagessen	makan siang
Abendessen	makan malam
Essensstand	warung

Restaurant	rumah makan, restoran
Speisekarte / Rechnung	daftar / rekening, bon
Teller / Glas / Tasse	piring / gelas / cangkir
Löffel / Gabel / Messer	sendok / garpu / pisau
Reis	nasi (gekocht), beras (ungekocht)
Brot / Kuchen	roti / kue
Nudeln	mie, bakmie, bihun
Fleisch	daging
Rind- / Schweine- / Hammel- / Ziegenfleisch	daging sapi / babi / domba / kambing
Huhn / Ente	ayam / bebek
Leber / Herz / Gehirn	hati / jantung / otak
Fisch / Krabben / Hummer	ikan / udang / udang karang
Gemüse / Kartoffel	sayur-sayuran / kentang
Zwiebel / Erdnüsse	bawang / kacang
Ei / gekochtes Ei / Spiegelei	telur / telur rebus / telur mata sapi
Salz / Pfeffer / Chili	garam / merica / lombok
Zucker / Süßigkeiten	gula / gula-gula
Frucht, Früchte	buah / buah-buahan
Apfelsine / Ananas / Avocado	jeruk manis / nanas / apokat
Banane / Kokosnuß	pisang / kelapa
Limone / Mango	jeruk asam / mangga
Wasser / Trinkwasser / abgekochtes Wasser	air / air minum / air matang
Kaffee / Tee / Milch / Bier	kopi / teh / susu / bir
Das Essen schmeckt köstlich.	makanan enak sekali.

Einkauf

Kaufen / verkaufen	(mem)beli / (men)jual
Handeln	menawar
Geld	uang
Preis / normaler Preis / fester Preis	harga / harga biasa / harga pas
Wieviel kostet dies?	berapa harga(nya) ini?
Das ist zu teuer.	itu terlalu mahal.
Haben Sie etwas Billigeres?	ada yang lebih murah?
Können Sie mit dem Preis etwas heruntergehen?	harap turun sedikit?
Wo kann ich . . . kaufen	dimana saya dapat membeli . . .?
Gibt es hier . . .?	apakah disini ada . . .?
Was ist das?	apa itu?
Das gefällt mir	saya senang ini
Ich nehme es	saya akan ambil ini
Ich möchte nur gucken.	saya mau lihat saja.
Ich komme später wieder.	saya akan kembali lagi.
Hemd bzw. Bluse / Hose / Kleid	kemeja / celana / baju
Moskito-Coils	obat nyamuk

Behörden, Polizei, Bank und Post

(Familien-)Name	nama (keluarga)
Adresse / Alter	alamat / umur
Geburtsdatum / Geburtsort	tanggal lahir / tempat lahir
Nationalität / Religion	kebangsaan / agama
Paßnummer / Beruf	nomor paspor / pekerjaan
Grund der Reise	maksud kunjungan
Verheiratet	kawin
Unterschrift	tanda tangan

Erlaubnis, Genehmigung	ijin
Wann ist . . . geöffnet?	kapan . . . dibuka?
Wann ist . . . geschlossen?	kapan . . . ditutup?
Ich möchte mit . . . sprechen	saya mau bicara dengan . . .
Wie lange wird es dauern?	berapa lamanya?
Geduldig sein	sabar
Schmiergeld	ongkos korupsi
Polizeiwache	kantor polisi
Ich bin bestohlen worden.	saya kecurian.
Wo kann ich Geld wechseln?	dimana saya dapat menukar uang?
Ich möchte Deutsche Mark wechseln	saya mau menukar mark jerman
Wie hoch ist der Wechselkurs?	berapa perbandingan harga?
Reiseschecks / Bargeld / Überweisung	cek perjalanan / uang tunai / pengiriman
Postamt	kantor pos
Brief / Postkarte	surat / kartu pos
Briefmarke / Porto	perangko / ongkos
Luftpost	pos udara
Ich möchte diesen Brief nach Westdeutschland schicken	saya mau mengirim surat ini ke Jerman Barat
Bitte stempeln Sie diesen Brief sofort ab!	saya minta menyetempel surat ini sekarang!

Im Krankheitsfall

Arzt / Krankenhaus	dokter / rumah sakit
Apotheke / Drogerie	apotik / toko obat
Medikament	obat
Kopfschmerzen / Zahnschmerzen	pusing / sakit gigi
Durchfall / Fieber	berak-berak / demam
Ich bin krank	saya sakit
Wo gibt es ein sehr gutes Krankenhaus?	dimana ada rumah sakit yang paling baik?
Bitte holen Sie einen Arzt!	tolong panggil dokter!
Ich brauche ein Medikament gegen . . .	saya perlu obat untuk . . .

Einige wichtige Adjektive und Adverbien

Gut, in Ordnung / schlecht	baik / kurang baik
Gut, schön	bagus
Groß / klein	besar / kecil
Lang / kurz	panjang / pendek
Viel / wenig	banyak / sedikit
Schwer / leicht	berat / ringan
Alt / neu	tua / baru
Richtig / falsch	betul / salah
Billig / teuer	murah / mahal
Langsam / schnell	pelan-pelan / cepat
Arm / reich	miskin / kaya
Trocken / naß	kering / basah
Heiß / kalt	panas / dingin
Süß / sauer	manis / asam
Hungrig / durstig	lapar / haus
Sauber / schmutzig	bersih / kotor
Oben / unten	atas / bawah
Innen / außen	dalam / luar
Vorne / hinten	depan / belakang
Hier / dort	disini / disana
Dick / dünn	gemuk / tipis

Praktische Informationen von A–Z

Auskunftsbüros für Touristen

Das zentrale Auskunftsbüro der staatlichen Fremdenverkehrsbehörde (Directorate General of Tourism) befindet sich in Jakarta (Pusat), Jl. Kramat Raya 81, P. O. Box 409, ✆ 310317–9 und 310352–5. Sehr nützlich ist vor allem der von dieser Organisation alljährlich neu veröffentlichte ›Calendar of Events‹, eine kalendarische Zusammenstellung aller weltlichen und religiösen Feiertage sowie auch der wichtigsten jährlich wiederkehrenden Veranstaltungen. Sehr hilfsbereit und gut informiert ist auch das Personal im Visitor Information Centre, Jakarta (Pusat), Jakarta Theatre Building, Jl. M. H. Thamrin 9, ✆ 354094 und 364093. Die staatliche Fremdenverkehrsbehörde unterhält in sämtlichen Provinzhauptstädten Auskunftsbüros, die entweder die Bezeichnung ›Provincial Tourist Service‹ *(Diparda)* oder ›Provincial Tourist Agency‹ *(Bapparda)* tragen. Darüber hinaus existieren noch lokale oder regionale Auskunftsbüros, die als *Kanwil Pariwisata* bzw. *Kantor Pariwisata* bekannt sind. Generell sind die einzelnen Auskunftsbüros von recht unterschiedlichem Nutzen. Gute Informationen von Englisch sprechenden Mitarbeitern erhält man durchweg nur in den großstädtischen und touristischen Zentren. Die genauen Anschriften und Telefonnummern der Auskunftsbüros finden Sie im Reiseteil jeweils unter ›Praktische Hinweise: Information‹; Öffnungszeiten (regional mitunter recht unterschiedlich) meist: Mo–Do 8–15 Uhr, Fr 8–11 Uhr, Sa 8–13 Uhr, So und feiertags geschlossen.

Weitere Informationsmöglichkeiten: Auskunft in touristischen Belangen erhält man gelegentlich auch bei Provinz-, Stadt- und Gemeindeverwaltungen. In ländlichen Gebieten sind häufig Dorfvorsteher *(Kepala Desa)* gute Ansprechpartner für ratsuchende Reisende. Hier wie auch bei den meisten kleineren regionalen Touristenbüros gilt fast generell: ohne Grundkenntnisse der indonesischen Sprache keine Auskünfte! Vielfältige Informationen vermitteln überdies die in größeren Städten oft sehr umfangreichen Branchenverzeichnisse (›Yellow Pages‹). Die aktuellsten Reisetips erhält man gewöhnlich in den Treffpunkten von jugendlichen Reisenden (billigere Hotels, Restaurants u. a.).

Bettler

Bettlern begegnet man in Indonesien praktisch ausschließlich in den von ausländischen Touristen frequentierten Orten. Zwar sind Armut und Elend vielerorts offensichtlich, doch erscheint es fraglich, ob man mit einem Obolus, den man einem Bettler in die Hand drückt, tatsächlich helfen kann. Es gibt Anzeichen dafür, daß Bettler vielfach zu gut organisierten Syndikaten zusammengeschlossen sind und einen Großteil ihrer Einnahmen an skrupellose Geschäftemacher abliefern müssen (Artikel in der ›Jakarta Post‹ vom 21. Juli 1986). Betteln ist in Indonesien überdies gesetzlich verboten und kann mit Gefängnisstrafen zwischen sechs Wochen und drei Monaten belegt werden. Vor allem bettelnden Kindern gegenüber sollte man in den meisten Fällen hart sein, denn wenn diese erst den Erfolg ihrer Bemühungen sehen, bleiben sie häufig der Schule fern und ›verdienen‹ durch mehrmaliges Händeausstrecken am Tag mehr als der schwer arbeitende Vater auf dem Feld oder in der Fabrik. Angebrachter als ein spontanes Almosen auf der Straße, das letztlich doch nur der Gewissensberuhigung dient, erscheint die gezielte Unterstützung humanitärer Organisationen, die im Lande sinnvolle Arbeit leisten.

Diplomatische Vertretungen

... der Bundesrepublik Deutschland: Jakarta, Jl. M. H. Thamrin 1, ✆ 323908,

324292 und 324357 (Goethe-Institut: Jakarta, Jl. Matraman Raya 23, ✆ 8504798 und 8581139)

...von Österreich:
Jakarta, Jl. Diponegoro 44, ✆ 3338090 und 338101

... der Schweiz:
Jakarta, Jl. Rasuna Said, Blok E 3/2, Kuningan, ✆ 516061

Öffnungszeiten allgemein Mo–Fr 9–12 Uhr. Weitere Botschaftsadressen vgl. S. 166.

Drogen

Eine sehr strenge Gesetzgebung verbietet in Indonesien die Herstellung, Verbreitung, den Besitz und Konsum sowie die Ein- und Ausfuhr von Drogen. Seit Anfang der 80er Jahre verhängen indonesische Richter bei Verstößen gegen die Drogengesetze drakonische Urteile bis hin zur Todesstrafe. Vor allem auf Bali wird streng durchgegriffen, denn die Insel hat sich seit den 70er Jahren zu einem Sammelplatz für Kiffer und Fixer entwickelt. Viele von ihnen brachten – zum eigenen Gebrauch oder zur Finanzierung ihrer Reise – immer ungenierter das aus Nordsumatra stammende Hanfprodukt Ganja oder sogar Heroin aus Thailand mit. Derzeit sitzen in Balis Zentralgefängnis Kerobokan zahlreiche europäische, australische und nordamerikanische Dealer langjährige Haftstrafen ab. Viele von ihnen waren einem gefährlichen Irrtum unterlegen: Sie hatten, wie das auch in verschiedenen Reiseführern bis heute beschrieben wird, auf eine korrupte indonesische Justiz gesetzt und waren davon ausgegangen, im Falle einer Festnahme glimpflich davonzukommen.

Die hohen Strafen bei Drogenmißbrauch erstrecken sich sogar auf den Tatbestand des Nichtanzeigens von bekannten Drogenkonsumenten bei der Polizei. Hilfe der Botschaft können Sie bei Drogendelikten kaum erwarten. Die Einhaltung der gesetzlichen Bestimmungen ist daher im eigenen Interesse dringend zu empfehlen.

Elektrizität

In den Großstädten und Touristenzentren (vor allem in den Hotels der oberen Kategorie) meist 220 Volt, in kleineren Provinzorten durchweg nur 110 Volt Wechselstrom. Es ist ratsam, sich vor Gebrauch danach zu erkundigen. Für die Steckdosen benötigt man einen Zwischenstecker.

Feste und Feiertage

Angesichts der Fülle der im multiethnischen Inselstaat Indonesien begangenen Feste und Feiertage erscheint deren vollständige Auflistung praktisch unmöglich. Überdies folgen fast alle (regionalen) religiösen Feste und Feiertage unterschiedlichen Kalendersystemen, so daß sich die genauen Termine im Gregorianischen Kalender von Jahr zu Jahr verschieben, eine exakte kalendarische Zusammenstellung an dieser Stelle also auch nicht möglich ist. Deshalb sollten Sie sich vor einer Reise nach Indonesien beim Fremdenverkehrsamt in Frankfurt oder nach der Ankunft in Jakarta bei der staatlichen Fremdenverkehrsbehörde (vgl. S. 165) den alljährlich neu veröffentlichten ›Calendar of Events‹, eine Auflistung aller weltlichen und religiösen Feiertage sowie auch der jährlich wiederkehrenden touristisch bedeutsamen Veranstaltungen, besorgen. Sehr sinnvoll ist es darüber hinaus, bei den Auskunftsbüros für Touristen in den einzelnen Provinzhauptstädten die exakten Termine regionaler Feste und Veranstaltungen zu erfragen. Beispielsweise veröffentlichen die Fremdenverkehrsämter in Denpasar und Yogyakarta alljährlich genaue Listen mit allen regional bedeutsamen Festen und Veranstaltungen. Auf die wichtigsten lokalen und regionalen Feste wird im Reiseteil gesondert hingewiesen.

Staatsfeiertage: Die nationalen und viele überregionalen Feiertage folgen wie auch der gesamte politische und ökonomische Jahresablauf dem westlichen Kalender mit 365 Tagen im Jahr bzw. 366 Tagen in

Schaltjahren. Zu den Staatsfeiertagen gehören das Neujahrsfest am 1. Januar sowie die christlichen Feiertage Karfreitag, Ostersonntag, Christi Himmelfahrt und der 1. Weihnachtstag am 25. Dezember; diese Feiertage werden in christlichen Regionen (Toraja-Land und Minahasa-Region auf Sulawesi, Batak-Land auf Nordsumatra, Flores und Ambon) teils recht spektakulär begangen. Einen Höhepunkt im nationalen Festkalender bildet der Unabhängigkeitstag, der alljährlich am 17. August von ›Sabang bis Merauke‹ mit farbenprächtigen Umzügen, Paraden, Sportveranstaltungen u. a. gefeiert wird. Halboffiziellen Charakter haben der Kartini-Tag, eine Art indonesischer Muttertag (21. April; vgl. S. 42), sowie der ›Pancasila‹-Tag (1. Oktober) und der Tag der Streitkräfte (5. Oktober). Von Bedeutung sind auch die Jahrestage wichtiger Städte, beispielsweise Jakarta (22. Juni), Surabaya (31. Mai), Manado (14. Juli), Palembang (17. Juni) und Banjarmasin (24. Oktober).

Moslemische Feiertage: Eine dominierende Stellung im Festkalender des Landes nehmen natürlich die moslemischen Feiertage ein, deren Daten von dem auf dem 30jährigen Mondzyklus basierenden islamischen Kalender (354 Tage im Jahr bzw. 355 Tage in Schaltjahren) bestimmt werden. Der neunte Monat des islamischen Mondjahres steht ganz im Zeichen der Fastenzeit. Im Fastenmonat Ramadan (auch *Bulan Puasa* genannt) ist strenggläubigen Moslems von Sonnenaufgang bis -untergang Essen und Trinken sowie auch Rauchen verboten. Gewöhnlich beginnt im Fastenmonat der Tag für eine moslemische Familie gegen 4 Uhr morgens mit einem kräftigen Frühstück; abends trifft man sich häufig im größeren Familienkreis zu gemeinsamen Mahlzeiten. Zahlreiche Moslems unternehmen im Ramadan auch Pilgerfahrten zu heiligen Stätten wie beispielsweise den Grabmalen der Wali (vgl. S. 197). Besonders strikt befolgt man die Fastenregeln in orthodox moslemischen Regionen, z. B. Aceh, Südsulawesi, Sumbawa und in Banjarmasin auf Südkalimantan. Das Ende des Ramadan markiert der große moslemische Feiertag Idul Fitri (auch *Lebaran* genannt). Dieses zweitägige Fest wird nach einem Monat der Entsagung häufig mit fröhlichen und ausgelassenen Feiern begangen. Bereits am Vorabend finden, begleitet vom Krachen von Knallkörpern, Fackelumzüge zu den großen Moscheen statt. Am frühen Morgen des ersten *Lebaran*-Tages versammeln sich in den Großstädten unüberschaubare, nach Zehntausenden zählende Menschenmengen zum gemeinsamen Gebet auf den Alun Alun-Plätzen, wo sich meist auch die Hauptmoscheen befinden. An Idul Fitri pflegt man traditionell Verwandtenbesuche abzuhalten, die geprägt sind von heiligen Festessen *(Selamatan)* und dem Austausch von Geschenken sowie dem Ritus der gegenseitigen Bitte um Vergebung aller im vergangenen Jahr begangenen Sünden. Weitere wichtige moslemische Feiertage sind Is'ra Mi'raj Nabi Muhammad, der Tag der Himmelfahrt des Propheten, Maulid Nabi Muhammad, der Geburtstag des Propheten (auch Hari Natal genannt; besonders feierlich begangen in Surabaya und Gresik auf Ostjava), Muharram, das moslemische Neujahrsfest, sowie Idul Adha, der moslemische Opfertag (vor den Moscheen werden Tieropfer dargebracht und das Fleisch an die Armen verteilt). Die großen Moslem-Feste werden vor allem in Yogyakarta und Surakarta sehr spektakulär mit farbenprächtigen Prozessionen gefeiert (vgl. S. 221).

Balinesische Feiertage: Die wohl festfreudigste Bevölkerungsgruppe Indonesiens sind die Balinesen. Der offizielle Bali-Festkalender verzeichnet durchschnittlich 200 Feste pro Jahr, allerdings ist es durch die zeitlichen Verschiebungen des komplizierten balinesischen Kalenders nicht möglich, an dieser Stelle exakte Festtermine anzuführen (vgl. S. 277).

Chinesische und buddhistische Feiertage: Auch die chinesische Bevölkerungsminorität feiert im indonesischen Archipel ihre eigenen Feste. Besonders hervorzuheben ist das chinesische Neujahrsfest (Ende Januar/Anfang Februar), das in Städten bzw. Stadtteilen mit hohem chinesischen Bevölkerungsanteil (z. B. im Chinesenviertel Glodok in Jakarta) mit Feuerwerken und Drachentänzen gefeiert wird. Am Waicak-Tag (meist Mitte Mai), dem höchsten buddhistischen Feiertag, gedenkt man der Geburt von Gautama Buddha und zugleich seinem Eingang ins Nirvana; an diesem Festtag findet eine feierliche Prozession vom Mendut-Tempel zur Tempelanlage von Borobudur statt.

Fotografieren

In allen indonesischen Großstädten sind Filme internationaler Marken erhältlich, allerdings meist teurer als in Europa und vielfach unsachgemäß gelagert. Es empfiehlt sich also, einen ausreichenden Filmvorrat mitzubringen. Haben Sie vor, Ihre belichteten Filme per Luftpost zu verschicken, sollten Sie sich erkundigen, ob im Empfängerland Röntgenkontrollen vorgenommen werden. Ein großes Sicherheitsrisiko sind prinzipiell die Röntgenkontrollen auf allen indonesischen Flughäfen. Nicht alle Prüfgeräte sind in ihrer Dosierung so abgestimmt, daß sie unschädlich sind; viele gelten als regelrechte ›Filme-Killer‹. Versuchen Sie also, die Röntgenkontrolle zu umgehen, indem Sie das Personal zu einer Handvisitation überreden (gewöhnlich völlig problemlos möglich). Achten Sie auch darauf, daß kein Film in der Kamera liegt, wenn Sie durch die Kontrolle gehen, denn das Personal kann verlangen, daß Sie die Kamera öffnen. Das Aufnahmematerial gehört grundsätzlich ins Handgepäck, denn auch das aufgegebene Gepäck wird fast immer durchleuchtet.

Im Gegensatz zu den moslemischen Ländern des Vorderen und Mittleren Orient, in denen wegen der Bildnisfeindlichkeit des Islam das Fotografieren bisweilen recht problematisch ist, gibt es diesbezüglich in Indonesien kaum Probleme. Vielerorts sind die Einheimischen, obwohl moslemisch, erstaunlich extrovertiert und lassen sich sehr gerne fotografieren. Versuchen Sie aber stets, auch als eine Geste der Höflichkeit, Ihre Fotos im Einverständnis mit dem Betreffenden zu machen – oft genügt ein kurzer Blickkontakt oder ein freundliches Lächeln; man kann aber auch höflich um Erlaubnis bitten: *Saya ingin memotret disini, boleh?* (›Ich möchte gerne ein Foto machen – darf ich?‹). Respektieren Sie stets die Selbstachtung der Menschen des Gastlandes, und akzeptieren Sie vor allem in orthodox moslemischen Gebieten die Kamerascheu mancher Einheimischer (vor allem von Frauen und älteren Männern). Gerade bei religiösen Festen sind Diskretion und Zurückhaltung oberstes Gebot (das gilt insbesondere für das Fotografieren mit Blitzgeräten). Angebracht ist es, als eine Art Selbstkontrolle immer folgenden Gedanken im Hinterkopf zu haben: Hätte ich etwas dagegen, wenn ich zu Hause in einer vergleichbaren Situation als ›Fotomodell‹ für einen ausländischen Touristen dienen sollte? Schon ein leiser Zweifel bei diesem Gedanken sollte ausreichen, um nicht auf den Auslöser zu drücken.

Geld und Geldwechsel

Landeswährung ist die Indonesische Rupiah (Rp.). Unterteilt wird die Rupiah noch in 100 Sen (S.), eine Einheit, die allerdings wegen ihres minimalen Wertes im Zahlungsverkehr heutzutage weitgehend ungebräuchlich ist. Im Umlauf befinden sich Münzen zu 5, 10, 25, 50 und 100 Rp. sowie Scheine zu 100, 500, 1000, 5000 und 10000 Rp. Die jährliche Inflationsrate liegt derzeit bei etwa 6,5 %. Die aktuellen, am US-$ orientierten Wechselkurse können Sie den Tageszeitungen entnehmen. Sie sollten stets darauf achten, genügend Kleingeld bei sich zu haben (vor allem bei Taxi- und Busfahrten sowie generell bei Reisen in entlegenere Gebiete; kein Wechselgeld zu haben, ist eine geläufige Ausrede, um dieses zu sparen).

Die günstigsten Wechselkurse bieten gewöhnlich die Banken in Jakarta und anderen Großstädten auf den Hauptinseln sowie die lizenzierten Wechselstuben in den Ferienzentren Balis. Je weiter man sich von den großstädtischen und touristischen Zentren entfernt, desto mehr nimmt der Wert der Devisen ab, soweit sie von Provinzbanken überhaupt angenommen werden (dies gilt insbesondere für Devisen jeglicher Art in DM und SFr). Allerdings ist der Kursunterschied beim Wechseln ausländischer Zahlungsmittel bei Banken und Geldwechslern an ein und demselben Ort meist nur sehr gering. Beachten Sie aber, daß von Banken gewöhnlich eine kleine Bearbeitungsgebühr erhoben wird. Bei Reiseschecks müssen Sie, wie allgemein üblich, den Reisepaß vorlegen, gelegentlich auch die Kaufquittung. Die Banken sind im allgemeinen Montag bis Donnerstag von 8 oder 8.30 Uhr bis 12 oder 14 Uhr, Freitag von 8 oder 8.30 bis 11 Uhr sowie Samstag häufig von 8 oder 8.30 Uhr bis 12 Uhr geöffnet. Länger geöffnet sind gewöhnlich Bankfilialen in den internationalen Hotels sowie private Wechselstuben. Außerhalb der allgemeinen Öffnungszeiten kann man in den internationalen Flughäfen des Landes tauschen (vor allem in Jakarta, Denpasar und Medan; Bargeld und Schecks). Eurocheques der Deutschen Bank werden von der Deutschen Bank Asia (ehemals European Asian Bank, Jakarta Pusat, Jl. Imam Bonjol 80) akzeptiert, sind aber ansonsten völlig ungebräuchlich. Auszahlungen gegen Vorlage der Eurocard bei der Bank Central Asia (Jakarta Pusat, Jl. K. H. Wahid Hasyim 183 A). Die zentrale Verwaltung der American Express Bank in Indonesien befindet sich in Jakarta Pusat, Jl. Sudirman 2, Arthaloka Bldg., ✆ 587401. Es existiert so gut wie kein Schwarzmarkt für die Indonesische Rupiah. Telegraphische Geldüberweisungen von Europa an indonesische Banken sind möglich; als schnell und zuverlässig gilt in Jakarta die Deutsche Bank Asia (nützlich kann es sein, die Telexnummer der eigenen Bank dabei zu haben).

Rücktausch: Überschüssige Indonesische Rupiah können Sie in ausländische Währungen zurücktauschen; Sie benötigen dafür jedoch unbedingt die offiziellen Umtauschquittungen der Banken bzw. Wechselstuben. Es dürfen maximal Rp. 50000 ein- bzw. ausgeführt werden.

Wechselkurs (Stand: Dezember 1990): 100 Indonesische Rupiah = ca. 0,09 DM; 1 DM = 1160 Indonesische Rupiah; 1 US-$ = 1860 Indonesische Rupiah; 1 SFr = 1425 Indonesische Rupiah.

Gesundheit

Prophylaktische Maßnahmen gegen Malaria werden in allen Landesteilen (außer in Großstädten und Gebirgsregionen) dringend empfohlen (vor allem bei Reisen in den sumatranischen Provinzen Aceh, Riau, Jambi, Südsumatra und auf der Insel Nias; weiterhin in ganz Kalimantan und in Irian Jaya sowie auf den Inseln Flores, Timor, Sumba und den gesamten Molukken, insbesondere Seram und Halmahera). Typische Symptome der Malaria sind abendliches, anfallsartiges Fieber bis über 40° C, Schweißausbruch, Schüttelfrost, Gliederschmerzen und Benommenheit. Es ist dringend anzuraten, beim Verdacht auf Malaria einheimische Ärzte, die gewöhnlich eine große Erfahrung in der Behandlung dieser Krankheit besitzen, aufzusuchen. Denken Sie in gefährdeten Gebieten stets an die Malaria-Prophylaxe, vermeiden Sie aber in ungefährdeten Regionen eine nutzlose Einnahme der Präparate (teils gefährliche Nebenwirkungen!).

In verschiedenen Regionen (vor allem auf Nordsulawesi und in Teilen Kalimantans) ist die Bilharziose verbreitet, eine durch kleine Süßwasserschnecken übertragene Wurmkrankheit, die Darm, Blase, Leber, Lunge und Gehirn angreifen kann. Vermeiden Sie daher grundsätzlich das Baden in flachen, **stehenden** Binnengewässern (in schnell fließenden Wasserläufen ist nichts zu befürchten).

Sehr ernst nehmen sollte man in den Tropen prinzipiell Hautverletzungen jeglicher Art; auch die kleinste Wunde muß unbedingt desinfiziert werden, um größeren Wundinfektionen vorzubeugen. Die sinnvollste Vorbeugungsmaßnahme gegen Hauterkrankungen (z. B. Hautpilze) ist eine ausreichende Hygiene (häufiges Duschen und Wechseln der Unterwäsche). Geschlechtskrankheiten (›Venereal Diseases‹; Gonorrhöe und die gefährlichere Syphilis) sind weit verbreitet und sollten nur von Fachärzten behandelt werden.

Krankenhäuser: Die besten Krankenhäuser finden Sie in Jakarta und den Provinzhauptstädten, allerdings genügen auch diese häufig nicht europäischen Ansprüchen. Als sehr unzureichend gilt auch die medizinische Versorgung auf Bali. Überdies besteht im indonesischen Gesundheitswesen ein deutliches Stadt-Land-Gefälle, d. h., je weiter man sich von den großstädtischen Zentren entfernt, desto mangelhafter wird die Hilfe im Falle einer Krankheit oder eines Unfalls. Die Behandlung an staatlichen Gesundheitszentren (*Pusat Kesehatan Masyarakat;* PUSKESMAS) erfolgt in der Regel kostenlos (mit Ausnahme einer geringen Aufnahmegebühr sowie der Medikamente). Einen besseren Ruf als die staatlichen Krankenhäuser haben die von ausländischen Missionsgesellschaften geführten Kliniken und Hospitäler. In vielen entlegenen Regionen wird die medizinische Versorgung der Bevölkerung ausschließlich durch Missionsgruppen sichergestellt. In schwerwiegenden Krankheitsfällen sollte man sich, wenn möglich, nach Singapur oder Malaysia begeben, wo eine bessere medizinische Behandlung gewährleistet ist. Adressen und Telefonnummern von Krankenhäusern finden Sie im Reiseteil jeweils unter ›Praktische Hinweise‹ (Gesundheit).

Ärzte: Freipraktizierende Ärzte gibt es in allen größeren Orten, die Sprechzeiten sind jedoch häufig auf die Nachmittagsstunden beschränkt; Adressen und Telefonnummern finden Sie in den Branchenverzeichnissen (›Yellow Pages‹). Einen guten Ruf genießen durchweg chinesische Ärzte, die häufig auch besser Englisch sprechen als ihre indonesischen Kollegen. Die Arztrechnungen sind vergleichsweise niedrig, müssen jedoch in der Regel sofort in bar bezahlt werden. Lassen Sie sich eine detaillierte Rechnung ausstellen (Name, Behandlungsort und -datum, exakte Diagnose, Beschreibung der erbrachten Leistungen, Unterschrift des Arztes), um nach der Rückkehr die Krankenkosten erstattet zu bekommen.

In Jakarta praktiziert ein deutschsprachiger Arzt (Vertragsarzt der Lufthansa): Dr. med. Didid Tjindarbumi, Jl. Matraman Raya 13A, ✆ 884634 (Sprechzeiten: Mo–Fr 16–18 Uhr).

Apotheken tragen die Bezeichnung *Apotik* oder *Toko Obat* (Drogerie). Erhältlich sind auch viele der in Europa gebräuchlichen Medikamente, meist rezeptfrei und durchweg erheblich billiger als bei uns.

Gewichte und Maße

Für Gewichte und Maße ist im allgemeinen das metrische System gebräuchlich. Gelegentlich erfolgen Höhenangaben in Fuß (1 foot = 30,48 cm). Temperaturen werden meist in Celsius angegeben, seltener in Fahrenheit.

Kinos

Kinos spielen im Spektrum der Unterhaltungsmöglichkeiten eine herausragende Rolle. In fast jedem kleinen Provinznest gibt es ein Lichtspielhaus, in größeren Orten meist mehrere Filmpaläste von oft gewaltigen Dimensionen. Ein Kinobesuch ist ein preiswertes, meist aber recht niveauloses Vergnügen, denn in der Gunst des indonesischen Publikums dominieren Actionfilme (Kung Fu-, Kriegs- und Kriminalfilme) sowie seichte Komödien und rührselige Liebesdramen. Neben (oft unsynchronisierten) Filmen aus den USA, Hongkong, Taiwan und Indien stehen auch Produktionen einheimischer Provenienz auf den Spielplänen. Die allermeisten indonesischen Filme bevorzugen die Themen romantische Liebe und Märchenwelt sowie Horror und Brutalität. Konsequent wird die soziale und politische Realität ausgeklammert; so gut wie nie erscheint in der kolorierten indonesischen Kinowelt eines der drängenden Gegenwartsprobleme des Landes wie Arbeitslosigkeit, Überbevölkerung oder Massenelend. Gewöhnlich gibt es in indonesischen Kinos zwar feste Anfangszeiten, aber keine geregelten Einlaßzeiten (d. h., ein ständiges Kommen und Gehen der Zuschauer ist fester Bestandteil jeder Filmvorführung). Ehe der Film abläuft, wird man gelegentlich durch ein Dia vor seinem Nachbarn gewarnt: *Awas Copet!* leuchtet auf – ›Vorsicht Taschendiebe!‹ Zunehmend wird Indonesien auch vom überall in Südostasien grassierenden Video-Fieber erfaßt. In jedem Hotel der gehobenen Preisklasse kann man sich per Knopfdruck Sylvester Stallone oder Arnold Schwarzenegger ins Zimmer holen, und bei ›langweiligen‹ Busfahrten sorgt Kung Fu-Kämpfer Bruce Lee für Unterhaltung.

Nationalparks

Insgesamt gibt es im indonesischen Archipel rund 320 Nationalparks und Naturschutzgebiete mit einer Gesamtfläche von 129000 km² (ca. 7% der Landfläche Indonesiens). Diese Wild- und Naturreservate unterstehen der Verwaltung der staatlichen Naturschutzbehörde PPA *(Perlindungan Hutan dan Pengawetan Alam)*. Die meisten Reservate dürfen nur mit einer speziellen Erlaubnis betreten werden; oft erhält man diese vor Ort im jeweiligen PPA-Außenbüro, mitunter aber muß man die Genehmigung direkt bei der PPA-Zentralverwaltung in Bogor beantragen (Reisepaß nicht vergessen!). Sinnvoll ist es in jedem Fall, sich vor dem Besuch eines Nationalparks mit dem lokalen PPA-Büro in Verbindung zu setzen und detaillierte Informationen hinsichtlich Ausrüstung, möglicher Unterkünfte, Führer u. a. einzuholen. Sehr hilfreich ist die von der indonesischen Fremdenverkehrsbehörde herausgegebene Broschüre ›Indonesia: National Parks and Nature Reserves‹. In Jakarta sowie in den meisten Provinzmetropolen gibt es Reiseagenturen, die sich auf Ausflugsreisen in Nationalparks spezialisiert haben. Diese kümmern sich gewöhnlich auch um die erforderliche Erlaubnis und die notwendige Ausrüstung. Will man einen Nationalpark auf eigene Faust besuchen, so wende man sich wegen ausführlicher Informationen und der Genehmigung an eine der beiden folgenden Behörden: Direktorat Perlindungan dan Pengawetan Alam (Naturschutzbehörde), Jl. IR. H. Juanda 9, Bogor, ✆ 24013 oder Direktorat Taman Nasional dan Hutan Wisata (Nationalparkverwaltung), Jl. IR. H. Juanda 100, Bogor.

Öffnungszeiten

Geschäfte haben unterschiedliche Öffnungszeiten, üblicherweise montags bis samstags durchgehend von 8 oder 9 bis 19 oder 20 Uhr; kleinere Läden und vor allem zahlreiche Märkte sind vielfach bis weit in die Nacht geöffnet. Manche Geschäfte schließen für eine Siesta zwischen 13 und 17 Uhr. Obwohl an Sonn- und Feiertagen allgemeine Geschäftsruhe herrscht, haben manche Ladengeschäfte auch an diesen Tagen geöffnet (vor allem Andenkengeschäfte in Touristenzentren).

Regierungsbüros montags bis donnerstags von 8–15 Uhr, freitags von 8–11 Uhr und samstags von 8–13 Uhr.

Geschäftsbüros haben schwankende Öffnungszeiten, meist montags bis freitags von 8 oder 9 bis 16 oder 17 Uhr. Manche Geschäftsbüros sind sonnabends am Vormittag geöffnet; freitags (moslemischer Feiertag) durchweg eingeschränkte Präsenz der Mitarbeiter.

Post

Die Postämter *(Kantor Pos dan Giro)* befinden sich meist in den Stadtzentren und sind gewöhnlich montags bis donnerstags von 8 bis 14 oder 16 Uhr, freitags von 8–11 Uhr sowie samstags von 8–12.30 Uhr geöffnet (Adressen finden Sie im Anschluß an die Ortsbeschreibungen jeweils unter ›Praktische Hinweise‹ (Post).

Post aus Indonesien sollten Sie stets per Luftpost verschicken (deutliche Aufschrift ›Air Mail‹ bzw. *Pos Udara!*). Die Beförderungsdauer nach Mitteleuropa liegt ab den Hauptpostämtern in Jakarta bei etwa fünf bis sieben Tagen, ab kleinen Provinzpostämtern erheblich darüber. Die Gebühren sind deutlich billiger als die mitteleuropäischen. Achten Sie vor allem bei kleineren Postämtern darauf, daß die Briefmarken sofort abgestempelt werden. Da die indonesische Post nicht den Ruf großer Zuverlässigkeit besitzt (häufig gehen Sendungen verloren oder werden gestohlen), sollten Sie kein Geld oder andere Wertsachen verschicken. Bei wichtiger Post bietet der Versand per Einschreiben eine gewisse Sicherheit. Gewöhnlich können Touristen ihre Post auch an den Rezeptionen der größeren Hotels aufgeben.

Pakete werden nur bis zu einem Gewicht von 10 kg befördert und müssen neutral verpackt (braunes Papier) sowie verschnürt sein.

Luftpostpakete brauchen bis Mitteleuropa ca. zwei bis drei Wochen; auf dem Seeweg dauert es mindestens zwei bis drei Monate (jeweils ab Jakarta). Wenn möglich, sollte man Pakete in Malaysia oder Singapur aufgeben, da das dortige Postwesen zuverlässiger funktioniert.

Sendungen nach Indonesien können an die jeweiligen Botschaften (Vermerk ›wird abgeholt‹), an Hotels oder postlagernd an die Hauptpostämter der verschiedenen Städte adressiert werden (in letzterem Fall Name, Vermerk ›poste restante‹, dann General Post Office bzw. *Kantor Pos Pusat* und Name der Stadt sowie eventuell auch Name der Insel; sinnvoll ist es, den Familiennamen zu unterstreichen und keine Sondermarken mit ›Liebhaberwert‹ zu verwenden). Bedenken Sie, daß Ihre Post möglicherweise unter Ihrem Vornamen eingeordnet sein könnte. Bei Abholung von ›poste restante‹-Sendungen wird eine geringe Gebühr erhoben. Gewöhnlich werden nicht abgeholte Sendungen nach drei Monaten an den Absender zurückgeschickt.

Sicherheit

Diebstähle und Betrügereien konzentrieren sich auf die Haupttouristenzentren. Sie sollten alle nur denkbaren Vorsichtsmaßnahmen beachten, um sich vor Verlust und Schaden zu schützen.

Gewaltverbrechen (vor allem Raubüberfälle), bei denen Reisende Opfer sind, waren bislang in Indonesien ausgesprochen selten, sollen sich aber, glaubwürdigen Berichten zufolge, in den Haupttouristenzentren in letzter Zeit gehäuft haben. Werden Sie überfallen, bewahren Sie Ruhe und wehren Sie sich vor allem nicht, denn die Angreifer tragen vielfach Waffen (vor allem Messer) und setzen diese auch ein! Prinzipiell sind alleinreisende Frauen im Moslemstaat Indonesien bei entsprechenden Vorsichtsmaßnahmen kaum stärker gefährdet als männliche Touristen.

Telefon

Vor allem während der Hauptgeschäftszeiten kommt es in Jakarta und anderen indonesischen Großstädten bisweilen einem Glücksspiel gleich, jemanden fernmündlich sprechen zu wollen. Die lokalen Telefonnetze der meisten Metropolen reichen bei weitem nicht aus; neue Anschlüsse sind heiß begehrt und werden zu Schwarzmarktpreisen gehandelt. Auch bei innerindonesischen Ferngesprächen ist oft viel Zeit und Geduld vonnöten, obwohl hier das neue Satelliten-Kommunikationssystem Palapa B-1 großflächig Verbindungen ermöglicht und zu deutlichen Verbesserungen im Fernmeldewesen geführt hat. Für Orts- und Ferngespräche von öffentlichen Telefonen *(Telepon Umum)* aus benötigen Sie bei den meisten Apparaten einen ausreichenden Vorrat an 100 Rupiah-Münzen (Hörer abnehmen; wählen; wenn sich Teilnehmer meldet, Münze einwerfen; sobald Signalton ertönt, Münze nachwerfen, da sonst das Gespräch unterbrochen wird; bei Ortsgesprächen gilt gewöhnlich der Drei-Minuten-Takt). Bedenken

Sie, daß sich Telefonnummern in Indonesien (u. U. auch die in diesem Buch angegebenen!) häufig ändern. Die Rufnummer der Auskunft ist 100 (national) und 101 (international); die landesweiten Notrufe lauten: 110 (Polizei), 113 (Feuerwehr), 118 und 119 (Notfall, Krankenwagen).

Vorwahlnummern wichtiger indonesischer Städte: Ambon (0311), Balikpapan (0542), Bandung (022), Bogor (0251), Cirebon (0231), Denpasar (0361), Jakarta (021), Malang (0341), Manado (0431), Medan (061), Padang (0751), Palembang (0711), Semarang (024), Surabaya (031), Surakarta (0271), Ujung Pandang (0411), Yogyakarta (0274).

Internationale Verbindungen funktionieren oft sehr viel besser; so kann eine Telefonverbindung mit Deutschland bisweilen schon in 10–20 Min. hergestellt werden (allerdings nur in Großstädten wie Jakarta, Denpasar oder Medan). Am bequemsten ist es, Auslandsferngespräche im Hotel anzumelden; in Jakarta kann man sich auch direkt ins zentrale Telefonamt begeben (*Pusat Pelayan Telekomunikasi,* Skyline Bldg., Jl. M. H. Thamrin 9). Denken Sie bei der Wahl der Anrufzeit an die sechs- bis achtstündige Zeitverschiebung (vgl. S. 581)!

Vorwahlnummern international: Bundesrepublik Deutschland 0049, Österreich 0043, Schweiz 0041, Indonesien 0062, Malaysia 0067, Singapur 0065.

Toiletten

Die geläufige Bezeichnung für Toiletten ist *Kamar Kecil* (wörtlich ›kleines Zimmer‹). Die Toilettentüren tragen gewöhnlich die Beschriftungen *Wanita* (Damen) und *Laki-Laki* oder *Pria* (Herren). Westliche Sitztoiletten und Toilettenpapier findet man häufig nur in Hotels und Restaurants der gehobenen Preisklasse. Indonesier bevorzugen gewöhnlich das ›Hock-Klo‹, d. h. ein simples in den Boden eingelassenes Loch. In entlegenen Regionen werden Sie zumeist vergeblich nach Toiletten suchen; dort werden größere und kleinere Geschäfte üblicherweise in Flüssen und Bächen oder am Meeresstrand verrichtet. Sehr häufig entsprechen indonesische Toiletten (außer in guten Hotels, Pensionen und Restaurants) nicht den mitteleuropäischen Vorstellungen von Hygiene. Toilettenpapier ist selten vorhanden und auch nicht überall erhältlich (eventuell in Apotheken oder Drogerien nachfragen). Toilettenpapier wird im übrigen nach dem Gebrauch in eigens dafür bereitgestellte, mit Deckeln versehene Körbe geworfen und nicht in den Abfluß. Dieser Brauch dient nicht etwa dem Recycling, sondern soll lediglich die Verstopfung des Abflußsystems verhindern. Sollte kein Papier zur Verfügung stehen, dienen drei Instrumente der Hygiene: ein Wasserbecken, eine Schöpfkelle und die linke Hand.

Trink- und Bedienungsgelder

In besseren Restaurants (sowie auch in größeren Hotels) sind im Rechnungsbetrag meist bereits 10 % Bedienungszuschlag enthalten, trotzdem ist es üblich, nochmals rund 5–10 % Trinkgeld (*Uang Rokok* oder *Persen*) zu geben. Vor allem in einfacheren Restaurants, wo das Gehalt des Bedienungspersonals meist sehr niedrig liegt, sind Trinkgelder in derselben Höhe angebracht. In den Hotels der mittleren und oberen Kategorie erwarten Hotelpagen sowie Zimmerkellner und -mädchen eine kleine finanzielle Anerkennung, deren Höhe in Ihrem Ermessen liegt. Einem Taxifahrer sollte man etwa Rp. 300–500 Trinkgeld geben. Gepäckträger auf (Bus-)Bahnhöfen und Flughäfen erhalten je nach Gewicht des Gepäcks ca. Rp. 200–300 pro Gepäckstück. Kleine Trinkgelder sind generell in allen Servicebereichen üblich, es besteht allerdings keine Mußregel. Bedenken Sie aber auch, daß aufgrund der hohen Arbeitslosigkeit für viele Indonesier kleinere Dienstleistungen im Fremdenverkehrsgewerbe die einzige Einnahmequelle sind und daß wegen des sehr niedrigen Lohnniveaus auch viele Erwerbstätige auf Trinkgelder angewiesen sind.

Verhalten im Alltag

Begegnungen mit den Menschen gehören zu den schönsten Erlebnissen und Höhepunkten einer Indonesien-Reise. Die kulturellen Besonderheiten dieser Inselrepublik begreift man nicht durch Bestaunen von Baudenkmälern und Folklore, sondern richtig erst durch Kontakte mit den Menschen im Gastland. Im Umgang mit den Indonesiern sollte man allerdings unbedingt deren Spielregeln beachten. Sitten und Gebräuche haben, wie überall auf der Welt, auch in Indonesien traditionelle Wurzeln und bedeuten den Menschen entsprechend viel. Obwohl es im Vielvölkerstaat Indonesien so etwas wie einen einheitlichen Volkscharakter nicht gibt, existieren doch (javanisch geprägte) Verhaltensmuster und kulturelle Werte, die landesweit eine gewisse Allgemeingültigkeit besitzen, sich aber von westlichen Maßstäben und Vorstellungen zum Teil ganz erheblich unterscheiden. Vor allem wenn man die Absicht hat, sich von den Touristenzentren, in denen bereits vieles auf die Bedürfnisse der westlichen Besucher *(Orang Barat)* eingestellt ist, zu entfernen, ist es unumgänglich, seine Verhaltensweisen den Sitten und Gebräuchen des Gastlandes anzupassen. Kein Indonesier erwartet von einem Touristen die Beachtung sämtlicher traditioneller Regeln und Tabus, deren Liste endlos lang ist. Das Übertreten einiger geheiligter Gesetze allerdings wird selbst Fremden häufig verübelt, wenn man es auch oft hinter einem freundlichen Lächeln verbirgt. Respektiert man jedoch die wichtigsten Grundsätze und hält man sich überdies an einige Touristentugenden, die man in Indonesien sehr schätzt (Höflichkeit, Bescheidenheit, Toleranz, Anpassungsfähigkeit, sensibles Auftreten, Geduld u. a.), wird es einem gelingen, auch die schroffsten kulturellen Klippen mühelos zu umschiffen.

Das Leitmotiv des sozialen Miteinanders der Javaner im speziellen und der Indonesier im allgemeinen ist der Geist der Konfliktvermeidung sowie das Bestreben nach Ausgleich und Harmonisierung der Gegensätze. Was für den europäischen Verstand oft widersprüchlich zu sein scheint, bringt ›der‹ Indonesier miteinander in Einklang. Sein Ziel ist es, innere und äußere Harmonie zu schaffen. Innere, was das eigene Seelenleben angeht, äußere Harmonie, um in einer so bunten Völkerfamilie in Frieden leben zu können. Der Zustand des Friedens und der Geborgenheit in der Familien- und Dorfgemeinschaft ist das oberste moralische Ziel, das dadurch erreicht wird, daß jeder seinen Platz in der Gemeinschaft kennt und die ihm zugedachte Rolle erfüllt. Gutes Benehmen im Sinne der sozialen Harmonie zu haben ist eine feste gesellschaftliche Norm, die durch eine ausgefeilte Etikette erfüllt wird. Was immer ein Indonesier tut, sagt oder läßt, wird daran gemessen, ob er und sein Gegenüber ›das Gesicht wahren‹. Mit ›Gesicht‹ ist dabei nicht das Antlitz gemeint, sondern die Würde des einzelnen. Wer sie antastet, begeht die schwerste Beleidigung, die auch einem Fremden nicht verziehen wird. Im gesamten zwischenmenschlichen Bereich ist man stets darauf bedacht, Rücksicht auf die Gefühle anderer zu nehmen. Als ganz besonders unfein gilt es, Konflikte jeglicher Art, die zu einer Kompromittierung führen könnten, offen auszutragen. Aber auch eine harmlose Art der Bloßstellung kann zu einem ›Gesichtsverlust‹ führen – Beispiel: Sie bitten einen Indonesier um eine Auskunft, kann er Ihnen weiterhelfen, so ist alles in Ordnung; ist dies jedoch nicht der Fall, so droht ihm ein ›Gesichtsverlust‹. Um sich keine Blöße zu geben, wird er Ihnen vielleicht eine falsche Auskunft geben, sich wortlos von Ihnen abwenden oder die Frage einfach ignorieren und Sie freundlich anlächeln.

Auf Konfrontation ausgerichtete Diskussionen entsprechen nicht dem Naturell der Indonesier. Indonesische Wesensart ist auf dezente, konfliktvermeidende Zwischentöne gestimmt. Europäer sind es meist gewohnt, die Dinge beim Namen zu nennen und unmißverständlich zu sagen, was ihnen gerade in den Sinn kommt. Indonesier, vor allem Javaner, vermeiden solche Direktheit; sie halten gewöhnlich mit ihren Ansichten zurück, um nicht die Empfindungen des Gesprächspartners zu verletzen. Die wahren Gefühle zu verstecken, seinem Gegenüber lieber zuzustimmen, als Widerpart zu geben, auf Fragen keine direkten, eindeutigen Antworten zu erteilen – das alles gehört zum tugendhaften Prinzip der Konfliktvermeidung. Themen, die ein gewisses Konfliktpotential in sich bergen (vor allem Politik), werden besonders bei zufälligen Gesprächen in der Regel von vornherein ausgeklammert. Wenn ein Europäer ›ja‹ oder ›nein‹ sagt, ist das meist relativ konsequent gemeint; gerade Javaner aber empfinden ein (höfliches) ›Ja‹ oder ›Nein‹ als weniger folgenschwer, weniger verbindlich. Die Beantwortung einer Frage mit ›ja‹ bedeutet also noch lange nicht, daß der Sprechende wirklich ›ja‹ meint. Sie sollten damit rechnen, daß ein ›Ja‹ oftmals ein ›Vielleicht‹ und ein ›Vielleicht‹ eigentlich ein ›Nein‹ bedeuten kann. Selten wird ein Javaner unverblümt sagen: ›Ich kann nicht kommen‹, sondern ›Ich werde versuchen zu kommen‹, was aber dann bedeutet, daß er nicht kommen kann. Oftmals muß man im Verlauf des Gesprächs mit viel Feingefühl und tastenden Fragen versuchen, die wirkliche Meinung des Betreffenden herauszufinden; eine für Europäer, die direkte Gespräche gewöhnt sind, meist recht schwierige Übung. Um nicht von einem ›Fettnäpfchen‹ ins andere zu treten, sollte man sich bei der Konversation mit Indonesiern angewöhnen, sich indirekt zu verhalten, ›zwischen den Zeilen‹ oder ›durch die Blume‹ zu sprechen und vor allem niemals kompromißlose Töne anzuschlagen. Insbesondere Kritik von Angesicht zu Angesicht wird schon fast als eine mindere Form der Gewaltanwendung betrachtet; sie verletzt die Menschen und bedroht die Harmonie des Äußeren. Bedenken Sie, daß lautes Reden als grober Höflichkeitsverstoß empfunden wird, daß aber bedächtiges Reden die Bedeutung dessen, was man sagen möchte, noch unterstreicht. Vermeiden Sie beim Reden im übrigen das Gestikulieren, denn manche unserer westlichen Gesten haben in Indonesien eine andere, mitunter obszöne Bedeutung.

Eine wichtige soziale Funktion erfüllt das beinahe permanente Lächeln der Indonesier. Es dient als eine Art Schutzwall vor Konflikten, kaschiert häufig heftige Gefühlsregungen und überspielt in manchen Situationen, ebenso wie oftmals völlig unmotiviert erscheinendes Lachen, Gefühle der Unsicherheit oder Verlegenheit. Es gibt Indonesier, die sich aus vielen unangenehmen Situationen ganz einfach ›herauslächeln‹, wobei sie jegliche Worte und Handlungen vermeiden, die später bedauert werden könnten. Prinzipiell kommt es einem Affront gleich, in der Öffentlichkeit seine Beherrschung zu verlieren. Nur im engen Kreis der Familie dürfen die Indonesier ihre ständige Selbstkontrolle fallen lassen und Gefühle spontan äußern.

Die Hochachtung vor dem Alter ist ehernes Gesetz in allen indonesischen Kulturen. Alter wird besonders dann sozialer Status, wenn eine große Nachkommenschaft besteht, wenn zahlreiche Enkel und Urenkel leben. Auch ein Ausländer sollte als Gast einer indonesischen Familie durch entsprechendes Verhalten seinen Respekt vor dem Familienoberhaupt bezeugen. Ganz allgemein spielt die Anerkennung der Autorität von Vorgesetzten und Führergestalten eine bedeutende Rolle im Wertegefüge der indonesischen Gesellschaft.

Wahrscheinlich das wichtigste Charakteristikum der Indonesier, gleich welcher ethnischen Herkunft oder welchen Glaubens sie sind, ist eine großzügige Gastfreundschaft. Oftmals geben die Menschen (vor allem auf dem Lande) in ihrer Gastfreundschaft mehr als sie selbst haben; sie lassen dem Gast beim Essen den Vortritt, bieten ihm das einzige Bett an, schlafen selbst auf dem Boden und sind bei einer Ablehnung zutiefst beleidigt. Man sollte als Indonesien-Reisender unbedingt beachten, daß die Verpflichtungen einem Gast gegenüber für eine Durchschnittsfamilie eine große finanzielle Belastung bedeuten können, und dieses offene Entgegenkommen auf keinen Fall ausnutzen! Revanchieren Sie sich möglichst mit kleinen Gastgeschenken, eventuell auch mit einem angemessenen Geldbetrag (z. B. als Unterstützung für die Ausbildung der Kinder o. ä.).

Erhalten Sie von Indonesiern eine Einladung, so dürfen Sie als Grundregel nie die vereinbarte Zeit einhalten, sondern sollten etwa 20–30 Min. zu spät kommen – ein absolut pünktlicher Mensch gilt als reichlich ungehobelt! Prinzipiell wird eine Zeitangabe nie als genau fixierter Termin angesehen, sondern immer nur als ungefährer Anhaltspunkt. Die beste Tageszeit für unangemeldete Besuche bei moslemischen Indonesiern ist der Nachmittag zwischen 16 und 18 Uhr, also nach der Arbeit und vor dem Abendgebet. Gewöhnlich werden die Schuhe an der Türschwelle ausgezogen, sofern man Sie nicht ausdrücklich gebeten hat, es zu lassen. Jemandes Wohnung vorsätzlich mit Schuhen zu betreten, würde als grobe Überheblichkeit und Beleidigung verstanden werden. Zur Begrüßung hat sich überall in Indonesien das europäische Händeschütteln verbreitet; man reicht sich die rechte Hand allerdings nur zu einer eher flüchtigen Berührung (auf keinen Fall schraubstockartig umschließen und kräfig schütteln!), anschließend führt jeder seine Hand an sein Herz. Beachten Sie in größerer Runde bei der Begrüßung unbedingt die Rangfolge nach Alter und Titel. Prinzipiell sollten Sie immer warten, bis man Ihnen ein Sitzplatz anbietet. In ländlichen Gebieten pflegt man mitunter auf Bodenmatten zu sitzen, dabei gilt es aber als höchst unfein und sogar beleidigend, die Fußsohlen als den unsaubersten Teil des Körpers auf eine Person zu richten. Männer sitzen gewöhnlich im Schneidersitz, Frauen schlagen die Beine nebeneinander seitwärts unter. Ein absoluter Fauxpas wäre es, die Füße auf den Tisch zu legen. Nicht nur bei privaten Einladungen gehen Indonesier stets hinter sitzenden Menschen vorbei, vor allem wenn es sich bei diesen um ältere oder zu respektierende Personen handelt, nehmen sie zudem eine gebückte Haltung ein, um dadurch ihre Ehrerbietung zu bezeugen. Geschenke dürfen Sie nur mit der rechten Hand überreichen; es entspricht der Tradition, diese erst zu öffnen, nachdem sich die Gäste wieder verabschiedet haben. Männer und Frauen sitzen bei größerer Tafelrunde gewöhnlich getrennt. Meist wird bei gemeinsamen Essen dem Mann zuerst serviert. Wenn Sie sich selbst bedienen, so füllen Sie Ihren Teller zu Anfang mit Maßen, denn das Nachnehmen von Speisen gehört zum guten Ton, und man wird Sie als Gast mit Sicherheit dazu auffordern. Die Höflichkeit gebietet, von allen angebotenen Speisen zumindest symbolisch zu probieren. Als höflicher Gast wartet man stets die Aufforderung des Gastgebers zum Essen und Trinken ab (*Silakan* = bitte sehr). Beim Essen gehört die linke Hand unter den Tisch; sie ist unrein, nur auf der Toilette nützlich. Speisen empfängt und ißt man ausschließlich mit der rechten Hand. Im Fastenmonat Ramadan ist es ein Gebot der Höflichkeit, den Einheimischen gegenüber während des Tages (nicht nur bei Einladungen) in Essen, Trinken und Rauchen große Zurückhaltung zu üben. Bei Gesprächen vermeiden Sie im Zweifelsfalle verfängliche Themen wie Politik und Religion. Meist wird man Sie fragen, ob ihnen Indonesien und die Leute gefallen oder ob Ihnen das Essen geschmeckt habe; hier sind stets höfliche Antworten angebracht. Man sollte sich einerseits bei privaten Besuchen ausreichend Zeit nehmen, denn ein Gast in Eile kann verletzend wirken, andererseits aber sollte man bedenken, daß sich indonesische Familien (vor allem auf dem Lande) meist relativ früh zur Ruhe begeben; man sollte sich in diesem Falle rechtzeitig empfehlen.

Indonesier nehmen gerne jede Gelegenheit wahr, mit Fremden ins Gespräch zu kommen. Oft gestellte Fragen sind die nach dem Familienstand, nach dem Alter, nach der Zahl der Kinder und Ähnlichem. Jeder fragt, der Taxifahrer, der Straßenhändler, die Marktfrau; ein Bombardement von Fragen, an das man sich aber schnell gewöhnt und das man nicht als Einbruch in die Privatsphäre mißverstehen sollte. Diese Fragen sind ebenso wie die Standardfragen nach dem Woher und Wohin *(Darimana? / Kemana?)* Zeichen der Freundlichkeit und Gastfreundschaft und signalisieren zumeist ein ehrliches Interesse am Besucher.

Bitte beachten Sie auch, daß bestimmte Verhaltensweisen, die bei uns in Europa als durchaus üblich und gesellschaftsfähig gelten, in Indonesien Anstoß und Ärger erregen können. Beispielsweise sind wir es vielfach gewohnt, Menschen, die wir mögen (auch wenn wir noch nicht sonderlich vertraut mit ihnen sind), freundschaftlich anzufassen. Für einen Indonesier aber ist die Berührung durch einen Fremden, egal ob Mann oder Frau, ein Zeichen der Respektlosigkeit. Vor allem auf Java und Bali gilt der Kopf als Sitz der Seele als heilig und darf von einem Fremden in keiner Weise berührt werden; auch kleinen Kindern darf man niemals zärtlich übers Haupt streichen.

Die Grenzen des Anstands schließen in der Öffentlichkeit jederlei körperliche Berührung zwischen den beiden Geschlechtern aus. Vor den Augen fremder Menschen Zuneigung zur Schau zu stellen, heißt ein Tabu zu brechen und bedeutet ›Gesicht zu verlieren‹; zarte Gesten sind eine reine Privatsache. Hingegen haben befreundete Frauen und Männer untereinander keine Scheu vor Berührungen in der Öffentlichkeit. Die Angewohnheit vieler ›Westler‹, beim Gespräch mit jemandem aufrecht stehend die Hände in die Hüften zu stützen oder die Arme vor der Brust zu verschränken, kommt ebenfalls einer Beleidigung gleich, denn diese Haltung wird häufig als Herausforderung und Arroganz interpretiert. Ebenso unhöflich und überheblich ist es, mit dem Finger direkt auf eine Person zu deuten oder jemanden durch das Krümmen des Fingers herbeirufen zu wollen. Um eine Person oder auch ein Taxi herbeizurufen, winkt man mit nach unten gerichteten Fingern, ausgestrecktem Arm und hält dabei den Handrücken nach oben gerichtet.

Das äußere Erscheinungsbild ist als eines der offensichtlichsten Statuskennzeichen in Indonesien von sehr großer Bedeutung. Die allzu lässige westliche Urlaubskleidung schätzt man nicht sonderlich; als sehr unhöflich gilt es, sich in Strandkleidung abseits der Strände sehen zu lassen. Die westliche Besucherin, die als wohlanständig eingeschätzt werden will, sollte auf ein sommerlich-offenes Décolleté ebenso verzichten wie auf knappe Shorts oder jedes andere Kleidungsstück, das mehr freiläßt als zu bedecken; zudem sollte sie stets einen BH tragen. Verpönt sind kurze Hosen auch bei Männern. Absolut unakzeptabel für Indonesier sind Touristen in zerrissener und schmutziger Kleidung. Besonders bei der Vorsprache in Ämtern sowie bei Besuchen von Moscheen und Tempeln sollte man unbedingt auf korrekte Kleidung achten.

Berücksichtigen Sie beim Besuch von Moscheen und Tempeln auch folgende Verhaltensregeln: Vor dem Betreten einer Moschee zieht man die Schuhe aus und stellt sie vor dem Eingang ab. Männer sollten eine lange Hose tragen, Frauen auf alle Fälle ebenfalls eine knöchellange Bekleidung. Vor dem Betreten eines balinesischen Tempels müssen Männer wie Frauen unbedingt eine Schärpe *(Selendang)* um die Taille schlingen (detaillierte Hinweise zum Verhalten in balinesischen Tempeln vgl. S. 265). Prinzipiell sollten Sie allen Andachtsformen mit dem notwendigen Respekt begegnen, auch wenn sie Ihnen noch so fremd vorkommen. Bei religiösen Zeremonien gebietet es der Anstand, sich ruhig im Hintergrund zu halten und die Feierlichkeiten nicht (bspw. durch aggressives Fotografieren) zu stören.

Vor allem bei den häufig unvermeidbaren Behördengängen tut man gut daran, die allgemeinen Spielregeln peinlich genau zu beachten. Feste Schuhe und eine ordentliche Kleidung sind eine unabdingbare Voraussetzung dafür, um in öffentlichen Amtsstuben überhaupt ernst genommen und höflich behandelt zu werden. Zur gepflegten Gesamterscheinung gehört bei Männern überdies nicht allzu langes Haar. Man sollte stets freundlich auftreten sowie niemals die Ruhe und Gelassenheit verlieren, auch wenn das selbstherrliche Verhalten eines Beamten oder die Umständlichkeit eines anderen bei einer banal erscheinenden Angelegenheit die durch das Klima bereits gereizten Nerven auf das äußerste anspannen. Bedenken Sie, daß Korruptionsgelüste zum indonesischen Beamtenalltag gehören, was aber bei dem extrem niedrigen Lohnniveau keineswegs verwundert. Nicht nur im Umgang mit indonesischen Bürokraten empfiehlt es sich, eines der vielleicht gängigsten Worte zu beherzigen – *Sabar* (= ›geduldig sein‹). Geduld ist neben Höflichkeit und Toleranz die große Zauberformel, mit der man in Indonesien fast immer zum Ziel kommt.

Zeit

Wegen der enormen Ost-West-Erstreckung des Inselreiches gibt es in Indonesien drei Zeitzonen mit jeweils einer Stunde Unterschied. Die Zeitdifferenz zwischen Westindonesien (Sumatra, Java, Madura, West- und Zentralkalimantan) und Mitteleuropa beträgt plus sechs Stunden, d. h., wenn es in Jakarta 12 Uhr mittags ist, zeigt die Uhr in Hamburg sechs Uhr morgens. Zwischen Zentralindonesien (Nusa Tenggara, Süd- und Ostkalimantan sowie Sulawesi; seit 1. Januar 1988 wird auch Bali zur zentralindonesischen Zeitzone gerechnet!) und Mitteleuropa beträgt der Zeitunterschied plus sieben Stunden, zwischen Ostindonesien (Molukken und Irian Jaya) und Mitteleuropa plus acht Stunden. Während unserer Sommerzeit verringert sich diese Differenz natürlich um eine Stunde.

Zeitungen, Radio und Fernsehen

Zeitungen und Zeitschriften spielen in Indonesien nur eine untergeordnete Rolle. Zwar erscheinen in der Inselrepublik derzeit rund 90 Tageszeitungen, ca. 100 Wochenzeitschriften und über 60 Monatshefte, jedoch erreicht die Gesamtauflage aller Tageszeitungen nicht einmal 3 Mill. Exemplare. Überdies kommen die auflagenstärksten Periodika in Jakarta und anderen Großstädten heraus, für die Mehrheit der auf dem Lande lebenden Bevölkerung also ist das gedruckte Wort ein wenig populäres Medium. Ebenso wie die anderen Massenmedien haben die indonesischen Zeitungen und Zeitschriften eine wichtige Funktion bei der Verbreitung der Regierungsprogramme. Die Presse des Landes ist geknebelt durch eine ganze Reihe von Gesetzen, die eine kritische Berichterstattung (vor allem über die Arbeit der Regierung) verhindern. In Indonesien kontrollieren nicht die Journalisten die Politiker –

Zeitzonen

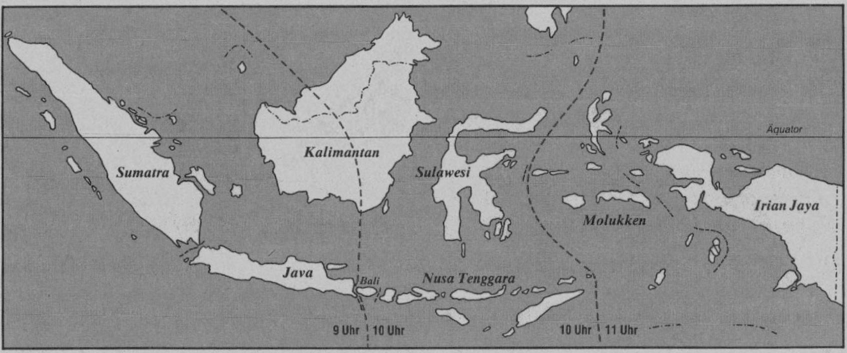

das Gegenteil ist der Fall. Zu den wichtigsten Tageszeitungen gehören (mit Auflagenhöhe): der katholische ›Kompas‹ (ca. 570000), das Boulevardblatt ›Pos Kota‹ (ca. 280000), die protestantische ›Sinar Harapan‹ (ca. 225000; im Oktober 1986 bis auf weiteres verboten) und das Regierungsblatt ›Suara Karya‹ (ca. 155000). Unter den drei überregionalen englischsprachigen Tageszeitungen erreicht die ›Jakarta Post‹ mit knapp 15000 Exemplaren die höchste Auflage. Einer enormen Popularität (auch bei Leuten, die nicht lesen können) erfreuen sich die Comics, die in vielerlei Varianten den indonesischen Zeitschriftenmarkt überschwemmen.

Internationale englischsprachige Nachrichtenmagazine und Zeitungen wie ›Newsweek‹, ›Time‹, ›Asiaweek‹ und ›International Herald Tribune‹ erhalten Sie (gelegentlich zensiert) in größeren Orten meist in Buchhandlungen oder Supermärkten. Deutsche Tages- und Wochenzeitungen sowie Magazine und Illustrierte gibt es (sehr teuer) in großen Hotels und am Flughafen in Jakarta sowie in den verschiedenen Goethe-Instituten.

Radio und Fernsehen: Der Rundfunk ist das wichtigste Informationsmedium für den weitaus größten Teil der Bevölkerung. Die staatliche Anstalt *Radio Republik Indonesia* (RRI), das wichtigste Instrument der Regierungspropaganda, verfügt über ein Zentralstudio in Jakarta und strahlt ihre Programme landesweit über 49 Stationen aus. Seit Mitte der 60er Jahre gibt es auch zahlreiche nichtstaatliche Rundfunkstationen, deren Programmschwerpunkte allerdings meist auf der Unterhaltung liegen. Das staatliche Fernsehen *Televisi Repulik Indonesia* (TVRI) nahm 1962 den Sendebetrieb auf, schaffte seinen großen Durchbruch aber erst 1976, als Indonesien einen eigenen Kommunikationssatelliten *(Palapa)* in die Erdumlaufbahn brachte und das deutsche PAL-Farbfernsehen einführte. Seitdem sind die 27 Provinzen der Republik an das zentral produzierte Programm angeschlossen. Derzeit sind mehr als 5 Mill. Fernsehapparate registriert. War die ›Flimmerkiste‹ anfangs lediglich ein Spielzeug der großstädtischen Mittel- und Oberschicht, so ist der Besitz eines TV-Gerätes heute so prestigeträchtig geworden, daß auch in unteren sozialen Schichten nicht selten das gesamte Familienvermögen in dessen Erwerb investiert wird.

Ein Kurzwellenempfänger ermöglicht den Empfang des deutschsprachigen Programms der Deutschen Welle Köln. Da sich die Sendefrequenzen häufig ändern, ist es ratsam, sich kurz vor der Abreise über die aktuelle Situation zu informieren (Deutsche Welle, Raderberggürtel 50, Postfach 100444, 5000 Köln 1, ✆ (0221) 389–0

Zollbestimmungen für die Ausreise

Sie dürfen Artikel des persönlichen Bedarfs sowie Souvenirs und Geschenkartikel in unbegrenzter Höhe ausführen. Die Ausfuhr von Antiquitäten unterliegt Beschränkungen. Sie sollten überdies die europäischen Zollbestimmungen beachten. Für die zollfreie Einfuhr von Souvenirs liegt die Wertgrenze in der Bundesrepublik Deutschland bei 100 DM, in Österreich bei 650 ÖS, in der Schweiz bei 200 Franken. Beachten Sie bei der Mitnahme von Souvenirs auch die Bestimmungen des Washingtoner Artenschutzabkommens. Denken Sie zudem daran, daß Sie maximal 50000 Indonesische Rupiah ausführen dürfen. Ein spezielles Ausreisevisum benötigen nur Personen, die sich länger als sechs Monate in Indonesien aufgehalten haben.

Hinweise zur Rück- und Weiterreise

Sie sollten unbedingt 72 Stunden vor der Abreise bei Ihrer gebuchten Fluglinie (Adressen und Telefonnummern verschiedener Agenturen in Jakarta finden Sie auf S. 160) den Rück- oder Weiterflug rückbestätigen. Sie können dies auch telefonisch erledigen, um Mißverständnissen vorzubeugen, ist es aber sinnvoller, persönlich ins Buchungsbüro der jeweiligen Gesellschaft zu gehen. Versäumen Sie die Rückbestätigung, erlischt Ihre Flugreservierung, bei Charterflügen sogar die Flugberechtigung. Bedenken Sie, daß viele der sogenannten ›Billigflieger‹ häufig mit Überbuchung arbeiten und daß schon mancher Reisende trotz bestätigten Rückflugs nicht mitfliegen konnte. Sinnvoll ist es daher, rechtzeitig (d. h. ca. zwei bis drei Stunden vor Abflug) am ›Check-In‹-Schalter des Flughafens zu sein! Beachten Sie auch, daß in den Hauptverkehrszeiten die Fahrzeit vom Zentrum Jakartas zum Sukarno-Hatta-Flughafen in Cengkareng eine Stunde oder mehr betragen kann. Denken Sie überdies an die Flughafensteuer von (1991) Rp. 11 000, die bei allen internationalen Flügen erhoben wird und beim ›Check-In‹ zu bezahlen ist. (Un-)Belichtetes Filmmaterial sollten Sie unbedingt im Handgepäck mitführen und dieses auf keinem der internationalen Flughäfen Indonesiens durchleuchten lassen.

Falls Sie Ihren Rück- oder Weiterflug nicht bereits in Europa gebucht haben, sollten Sie bedenken, daß Flugtickets vor allem in Jakarta und auf Bali (Kuta, Legian und Sanur) derzeit relativ preisgünstig angeboten werden.

Literaturauswahl

Allgemeine Landesübersichten

Beyer, Ulrich: Entwicklung im Paradies. Verlag Otto Lembeck, Frankfurt/Main 1974

Kötter, Herbert / Junghans, Kurt H. / Roeder, Rolf O. G. (Hg.): Indonesien. Horst Erdmann Verlag, Tübingen und Basel 1979

MERIAN-Heft Indonesien. Hoffmann und Campe, Hamburg 1989

Röll, Werner: Indonesien – Entwicklungsprobleme einer tropischen Inselwelt. Ernst Klett Verlag, Stuttgart 1981

Siebert, Rüdiger: Roter Reis im Paradies – Indonesische Gespräche. Jugenddienst-Verlag, Wuppertal 1976

Siebert, Rüdiger: 5mal Indonesien. Serie Piper Panoramen der Welt, München 1987

Studienkreis für Tourismus: Indonesien verstehen. Sympathie-Magazin Nr. 7, Starnberg 1989

von Veltheim-Ostrau, Hans-Hasso: Der Geist Asiens. Claassen Verlag, Düsseldorf 1976

Landeskunde mit regionalem Schwerpunkt

Covarrubias, Miguel: Island of Bali. Oxford University Press, Singapore 1984 (Erstveröffentlichung 1937)

Gardner, Robert / Heider, Karl G.: Dugum Dani – Leben und Tod der Steinzeitmenschen Neuguineas. Verlag F. A. Brockhaus, Wiesbaden 1969

Heuken, Adolf: Historical Sites of Jakarta. Yayasan Cipta Loka Caraka, Jakarta 1983

Loeb, Edwin M.: Sumatra – Its History and People. Oxford University Press, Singapore 1985 (Erstveröffentlichung 1935)

MacKinnon, John: Borneo. Time Life-Verlag, 1978

May, Hermann-Josef (Hg.): Die Insel Sumba – Mächte und Mythen der Steinzeit im 20. Jahrhundert. Hofbauer Verlag, Bonn o. J.

MERIAN-Heft Bali. Hoffmann und Campe, Hamburg o. J.

Smithies, Michael: Yogyakarta – Cultural Heart of Indonesia. Oxford University Press, Singapore 1986

Geschichte und Politik

Dahm, Bernhard: Indonesien – Geschichte eines Entwicklungslandes (1945–1971). E. J. Brill-Verlag, Leiden / Köln 1978

Douwes Dekker, Eduard F. E. (Multatuli): Max Havelaar oder die Kaffeeversteigerung der Niederländischen Handelsgesellschaft. Aufbau-Verlag, Berlin 1948

Kebschull, Dietrich: Transmigration – Indonesiens organisierte Völkerwanderung. Friedrich Ebert Stiftung, Bonn 1984

Kubitschek, Hans-Dieter / Wessel, Ingrid: Geschichte Indonesiens. Akademie-Verlag, Berlin 1981

Ludwig, Klemens / Horta, Korinna: Osttimor – Das vergessene Sterben. Gesellschaft für bedrohte Völker, Göttingen 1985
Schlereth, Einar: Indonesien. Verlag Klaus Wagenbach, Berlin 1983
Werning, Rainer: Indonesien 1965–85 – Lange Schatten des Terrors. Wurf Verlag, Münster 1985

Religion und Gesellschaft

Berningshausen, Jutta / Kerstan, Birgit: Die Töchter Kartinis – Berichte und Reportagen aus dem Leben indonesischer Frauen. EXpress Edition, Berlin 1984
Hall, Cathy / Draine, Barbara: Kultur-Knigge Indonesien. Verlag Simon & Magiera, Nördlingen 1988
Italiaander, Rolf: Indonesiens verantwortliche Gesellschaft. Verlag der ev.-luth. Mission, Erlangen 1976
Marschall, Wolfgang: Der Berg des Herrn der Erde – Alte Ordnung und Kulturkonflikt in einem indonesischen Dorf. Deutscher Taschenbuch Verlag, München 1976
Naipaul, V. S.: Eine islamische Reise, Frankfurt 1984
Suseno, Frans-Magnis: Javanische Weisheit und Ethik. Oldenburg Verlag, München-Wien 1981
Stöhr, Waldemar / Zoetmulder, Piet: Die Religionen Indonesiens. W. Kohlhammer Verlag, Stuttgart 1965
Wickert, Utta: Im Jahr der Schlange – Tizars Geschichte. Verlag Beltz & Gelberg, Weinheim / Basel 1977
Wickert, Utta: Immer im Januar – Saras' Geschichte. Verlag Beltz & Gelberg, Weinheim / Basel 1979

Kunst und Kultur

Bodrogi, Tibor: Kunst in Indonesien. Verlag Anton Schroll, Wien – München 1972
Haake, Annegret: Javanische Batik. Hannover 1984
Pink-Wilpert, Clara B.: Das indonesische Schattentheater. Holle Verlag, Baden-Baden 1976
Ramseyer, Urs: Kultur und Volkskunst in Bali. Atlantis Verlag, Fribourg und Zürich 1977
Spitzing, Günter: Das indonesische Schattenspiel. DuMont Buchverlag, Köln 1981
Wagner, Frits A.: Indonesien – Die Kunst eines Inselreiches. Holle Verlag, Baden-Baden 1961

Folklore, Küche, Sprache

Bader, Louise: Rund um die Reistafel. Heyne Verlag, München 1983
Heuken, Adolf: Kamus Jerman – Indonesia / Deutsch-Indonesisches Wörterbuch. Yayasan Cipta Loka Caraka, Jakarta 1987
Karow, Otto / Hilgers-Hesse, Irene: Indonesisch-Deutsches Wörterbuch / Kamus Bahasa Indonesia – Jerman. Verlag Otto Harrassowitz, Wiesbaden 1962
Krause, Erich-Dieter: Lehrbuch der indonesischen Sprache. VEB Verlag Enzyklopädie, Leipzig 1984
Langenscheidts Sprachführer Indonesisch. Langenscheidt Verlag, Berlin und München 1988
Nothofer, Bernd (u. a.): Bahasa Indonesia – Indonesisch für Deutsche. Julius Groos Verlag, Heidelberg 1985
Owen, Sri: Die indonesische Küche. Heyne Verlag, München 1985
Schoch, Lilli N.: Kaki Lima and Streethawkers in Indonesia. P. T. Indira, Jakarta 1986
Urban, Gunda: Indonesisch für Globetrotter. Peter-Rump-Verlag, Bielefeld 1983

Reiseberichte

Geisthövel, Wolfgang: Zwischen Ahnenkult und Video – Reisen durch Südostasien: Borneo, Sumatra, Sulawesi und Neuguinea. Keil Verlag, Bonn 1986
Helbig, Karl: Urwaldwildnis Borneo. Braunschweig 1941
Hotze, Ilona: Darimana? Kemana? – Leben auf der Insel Bali. Selbstverlag, Berlin 1984
Johann, A. E.: Die wunderbare Welt der Malaien. Heyne Verlag, München 1983
Möbius, Michael/Ster, Annette: Inselträume in Indonesien. Frederking & Thaler, München 1989
Narciß, Georg Adolf (Hg.): Von Hinterindien

bis Surabaya – Forscher und Abenteurer in Südostasien. Horst Erdmann Verlag, Tübingen 1977
Schulte, Michael: Bambus, Coca-Cola, Bambus – Von einer Reise nach Celebes. Meyster Verlag, München 1982
Siebert, Rüdiger: Wolken über Borneo – Insel der Träumer, Narren und Piraten. Arena Verlag, Würzburg 1984
Székely, Ladislao: Tropic Fever – The Adventures of a Planter in Sumatra. Oxford University Press, Singapore 1985 (Erstveröffentlichung 1937)
Titze, Kurt: Bali, Timor, Philippinen. Schnell & Steiner, München-Zürich 1978
Uhlig, Helmut: Bali – Insel der lebenden Götter. Safari bei Ullstein, Frankfurt-Berlin-Wien 1981
Uhlig, Helmut: Indonesien hat viele Gesichter. Safari bei Ullstein, Frankfurt-Berlin-Wien 1980
Weiglein, Werner / Zahorka, Herwig: Expeditionen durch Indonesien. Edition momos, Frankfurt / Main 1986

Reiseführer

Bräker, Hans: Indonesien. Walter-Verlag, Olten und Freiburg im Breisgau 1987
Bruce, Ginny (u. a.): Indonesia – a travel survival kit. Lonely Planet Publications, South Yarra – Australia 1986
Dalton, Bill: Indonesien-Handbuch. Verlag Gisela E. Walther, Bremen 1985
Helfritz, Hans: Indonesien (Kunst-Reiseführer). DuMont Buchverlag, Köln 1988
Höfer, Hans (Hg.): Bali. Nelles Verlag, München 1986
Höfer, Hans (Hg.): Indonesien. Nelles Verlag, München 1986
Loose, Stefan (u. a.): Bali – Traveller Handbuch. Stefan Loose Verlag, Berlin 1989
Loose, Stefan (u. a.): Indonesien – Traveller Handbuch. Stefan Loose Verlag, Berlin 1988
Rump, Peter: Bali & Lombok. Peter-Rump-Verlag, Bielefeld 1987
Rump, Peter (Hg.): Südostasien Reisehandbuch. Peter-Rump-Verlag, Bielefeld 1988
Spitzing, Günter: Bali (Kunst-Reiseführer). DuMont Buchverlag, Köln, 1989
Truelove, Adrienne / Pentes, Tina: Reisen mit Kindern in Indonesien. Peter-Rump-Verlag, Bielefeld 1988
Urban, Gunda: Komodo, Sumbawa & Flores. Peter-Rump-Verlag, Bielefeld 1988
Winterton, Bradley / Wheeler, Nik: Bali-Insider's Guide. Kümmerly & Frey, Bern 1989

Bildbände

Guichonnet, Paul / Imber, Walter: Indonesien. Mondo-Verlag, Lausanne 1975
Imber, Walter / Uhlig, Harald: Indonesien. Kümmerly & Frey, Bern 1973
Leemann, Albert: Bali – Insel der Götter. Umschau Verlag, Frankfurt/Main 1979
Mrázek, Rudolf / Forman, Bedrich: Bali. Reich Verlag, Luzern 1984
Muller, Kal / Zach, Paul: Indonesien. Edition Weltkultur, Berlin 1987
Stadler, Otto / Ruth, Ernst Hermann (Fotos); Siebert Rüdiger (Text): Bali. Verlag C. J. Bucher, München u. Luzern 1987

Romane, Erzählungen, Gedichte

Anwar, Chairil: Feuer und Asche (Sämtliche Gedichte). Octopus Verlag, Wien 1978
Aveling, Harry (Hg.): From Surabaya to Armageddon. Heinemann Educational Books, Singapore 1980
Baum, Vicki: Liebe und Tod auf Bali. Kiepenheuer & Witsch, Köln 1984 (Erstveröffentlichung 1937)
Hase, Michael / Schlaeger, Hilke (Hg.): Himmel und Erde – Ein Südostasien-Lesebuch. EXpress Edition, Berlin 1985
Hilger-Hesse, Irene (Hg.): Perlen im Reisfeld und andere indonesische Erzählungen. Horst Erdmann Verlag, Tübingen 1971
Koch, Christopher J.: Ein Jahr in der Hölle. Klett-Cotta-Verlag, Stuttgart 1988
Lubis, Mochtar: Twilight in Djakarta. Oxford University Press, Singapore 1985
Lubis, Mochtar: A Road with no End. Graham Brash Ltd., Singapore 1982
Lulofs, Madelon H.: Coolie. Oxford University Press, Singapore 1987
Powell, Hickman: The Last Paradise – An American's ›Discovery‹ of Bali in the 1920s. Oxford University Press, Singapore 1987
Salij, H. Jathar: Shadow Play and Other Stories. Heinemann Asia, Singapore 1982
Toer, Pramoedya Ananta: Bumi Manusia – Garten der Menschheit (Roman). EXpress Edition, Berlin 1984

Toer, Pramoedya Ananta: Das ungewollte Leben (Erzählungen). EXpress Edition, Berlin 1987

Tantri, K'tut: Revolt in Paradise. Gramedia Publishing Division, Jakarta 1981

Märchen, Sagen, Epen

Dubuvska, Zorica / Stovicek, Vratislav (Hg.): Indonesische Märchen. Verlag Werner Dausien, Hanau/Main 1979

Kratz, Ernst Ulrich (Hg.): Indonesische Märchen. Eugen Diederichs Verlag, Köln-Düsseldorf 1973

Overbeck, Hans (Hg.): Malaiische Geschichten. Eugen Diederichs Verlag, Köln-Düsseldorf 1975

Picard, Walter G.: Gadjah der Elefant und andere indonesische Geschichten. Erich Röth-Verlag, Kassel 1972

Roy, Biren / Römer, Elisabeth (Hg.): Mahabharata. Eugen Diederichs Verlag, Köln-Düsseldorf 1978

Valmiki: Ramayana. Eugen Diederichs Verlag, Köln-Düsseldorf 1986

Die Bibliographie enthält nur eine begrenzte Auswahl aus der umfangreichen (Fach-)Literatur über Indonesien und will den Leser lediglich auf weitere, relativ leicht zugängliche Werke hinweisen. Ausführliche Literaturhinweise (nicht berücksichtigt sind allerdings neuere Werke): Werner Müller, Bibliographie deutschsprachiger Literatur über Indonesien, Institut für Asienkunde, Dokumentationsstelle Asien, Hamburg 1979.

Landkarten

Übersichtlich, aktuell, preiswert und für touristische Belange in der Regel völlig ausreichend ist die in Zusammenarbeit mit dem APA-Verlag (Singapur) vom Nelles-Verlag (München) herausgegebene, bislang siebenteilige Indonesien-Kartenserie: Indonesia 1 (Sumatra im Maßstab 1:1500000; mit Stadtplänen Medan, Padang und Palembang), Indonesia 2 (Java und West-Nusa Tenggara im Maßstab 1:1500000; mit Stadtplänen Jakarta, Yogyakarta, Surabaya, Bandung und Semarang), Indonesia 3 (Bali im Maßstab 1:180000; mit Detailplan Denpasar-Kuta-Legian-Sanur), Indonesia 4 (Kalimantan mit Sabah, Sarawak und Brunei im Maßstab 1:1500000), Indonesia 5 (Java und Bali im Maßstab 1:650000), Indonesia 6 (Sulawesi im Maßstab 1:1500000), Indonesia 7 (Irian Jaya und Molukken im Maßstab 1:1500000). Sehr hilfreich für Reisende, die sich länger in Jakarta aufhalten wollen, ist die Falk-Straßenkarte Jakarta im Maßstab 1:17500.

Bildnachweis

Alle Farbaufnahmen von Roland Dusik

S/W-Fotos und Textillustrationen

Ullstein Bilderdienst S. 97, 98, 99, 101, 102, 267
Alle weiteren S/W-Fotos von Roland Dusik
Die Zeichnung auf S. 452 fertigte Karl-Heinz Jeiter, Aachen
Die Illustration auf S. 118 entspricht dem Ölgemälde von Putu Windya Anaya (Yeh Embang, Bali, Indonesien); © Peter-Rump-Verlag, Bielefeld
Alle weiteren Illustrationen aus den Archiven von Autor und Verlag

Karten

DuMont Buchverlag (Helga Everhartz und Anna-Maria Klages); Gerda Rebensburg

Ortsregister

(Sachbegriffe, die über die Inhaltsverzeichnisse S. 5ff. und S. 537 erschlossen werden können, sind nicht erfaßt. In Klammern stehende Abkürzungen hinter den Ortsbezeichnungen: B = Bali, F = Flores, IJ = Irian Jaya, J = Java, K = Kalimantan, Ko = Komodo; L = Lombok, M = Molukken, Ma = Madura, SA = Solor- und Alor-Archipel, Sb = Sumba, Sul = Sulawesi, Sum = Sumatra, Sw = Sumbawa, T = Timor)

Personen- und Sachregister

Raum für Reisenotizen

Thailand und Burma

Tempelanlagen und Königsstädte zwischen Mekong und Indischem Ozean

Von Johanna Dittmar. 371 Seiten mit 51 farbigen und 125 einfarbigen Abbildungen, 68 Zeichnungen und Plänen, Glossar, Bibliographie, 22 Seiten praktischen Reisehinweisen, Register, kartoniert (DuMont Kunst-Reiseführer)

»Richtig reisen«: Thailand

Von Renate Ramb und Stefan Loose. 359 Seiten mit 59 farbigen und 285 einfarbigen Abbildungen, 9 Karten und Plänen, 55 Seiten praktischen Reisehinweisen, Register

»Dieser Reiseführer gehört zu jenen, die recht behutsam in ein kompliziertes Land einführen, bemüht darum, über Erklärungen zu Geschichte, Politik, sozialem Leben, Religion und Kunst Thailand besser erfaßbar zu machen, mit dem Ziel, das Grundwissen des Touristen zu verbessern.« *Frankfurter Allgemeine Zeitung*

Bangkok und Südthailand

Von Rainer Krack. 237 Seiten mit 10 farbigen und 30 einfarbigen Abbildungen, 12 Karten und Plänen, 39 Seiten praktischen Reisehinweisen, Register (DuMont Reise-Taschenbücher, Band 2003)

Malaysia und Singapur

Dschungelvölker, Moscheen, Hindutempel, chinesische Heiligtümer und moderne Stadtkulturen im Herzen Südostasiens

Von Anita Rolf. 408 Seiten mit 38 farbigen und 85 einfarbigen Abbildungen, 129 Plänen und Zeichnungen, 28 Seiten praktischen Reisehinweisen, kartoniert (DuMont Kunst-Reiseführer)

»Dieser Reiseführer gibt einen fundierten Überblick über die landschaftliche und ethnische Vielfalt von Malaysia und Singapur, informiert ausführlich über die kulturellen Traditionen dieses Kernraums von Südostasien und stellt in übersichtlich angeordneten Reiserouten fast alle Sehenswürdigkeiten detailliert vor. Eine Fülle praktischer Hinweise, vor allem für den, der Malaysia und Singapur auf eigene Faust erkunden möchte, beschließt das Buch. Dieser Band ist empfehlenswert.« *Sender Freies Berlin*

Vietnam

Pagoden und Tempel im Reisfeld – im Focus chinesischer und indischer Kultur

Von Annaliese Wulf. Etwa 420 Seiten mit etwa 35 farbigen und etwa 80 einfarbigen Abbildungen, 90 Karten und Plänen, praktischen Reisehinweisen, Literaturverzeichnis, Glossar, Register (DuMont Kunst-Reiseführer)

Papua-Neuguinea

Niugini. Steinzeit-Kulturen auf dem Weg ins 20. Jahrhundert

Von Heiner Wesemann. 344 Seiten mit 52 farbigen und 60 einfarbigen Abbildungen, 149 Zeichnungen und Plänen, 32 Seiten praktischen Reisehinweisen, Literaturverzeichnis, Register, kartoniert (DuMont Kunst-Reiseführer)

»Richtig reisen«

- Ägypten
  - Kairo
  - Sinai und Rotes Meer
- Algerische Sahara
- Arabische Halbinsel
- Bahamas

Belgien
  - Belgien mit dem Rad

Bundesrepublik Deutschland
  - Berlin
  - München
- China
- Cuba
- Dänemark
  - Bornholm
- Ferner Osten
- Finnland

Frankreich
  - »Richtig wandern«: Bretagne
  - »Richtig wandern«: Burgund
  - Elsaß
  - Korsika
  - Paris
- Griechenland
  - Kreta
  - »Richtig wandern«: Kykladen
  - »Richtig wandern«: Nordgriechenland
  - »Richtig wandern«: Rhodos
- Großbritannien
  - London
  - »Richtig wandern«: Nord-England
  - »Richtig wandern«: Schottland
- Guadeloupe · Martinique
- Holland
  - Amsterdam
- Hongkong mit Macau und Kanton

Indien
  - Nord-Indien
  - Süd-Indien
- Indonesien
  - Von Bangkok nach Bali
- Irland
- Italien
  - Friaul – Triest – Venetien
  - Neapel
  - Oberitalien
  - Rom
  - Sizilien
  - Süditalien
  - »Richtig wandern«: Südtirol
  - Toscana
  - »Richtig wandern«: Toscana und Latium
  - Venedig
- Jamaica
- Kanada und Alaska
  - Ost-Kanada
  - West-Kanada und Alaska

Luxemburg
  - Belgien und Luxemburg
- Madagaskar – Komoren
- Malediven
- Marokko
- Mauritius
- Mexiko
- Nepal
- Neuseeland
- Norwegen

Österreich
  - Graz und die Steiermark
  - Wien
- Ostafrika
- Philippinen
- Portugal
- Réunion
- Schweden
- Die Schweiz und ihre Städte
- Seychellen

Sowjetunion
  - Moskau
- Spanien
  - Andalusien
  - Gran Canaria
  - Ibiza/Formentera
  - Lanzarote
  - Madrid und Kastilien
  - »Richtig wandern«: Mallorca
  - Teneriffa

Südamerika
  - Argentinien – Chile – Paraguay – Uruguay
  - Peru und Bolivien
  - Venezuela, Kolumbien und Ecuador
- Thailand
  - Von Bangkok nach Bali
- Türkei
  - Istanbul
- Tunesien

USA
  - Florida
  - Hawaii und Südsee
  - Kalifornien
  - Los Angeles
  - Neu-England
  - New Orleans und die Südstaaten
  - New York
  - Texas
  - Südwesten – USA
- Zentralamerika
- Zypern